3. Am Ende des Kapitels

Die wichtigsten Inhalte aus jedem Kapitel werden auf den Seiten **Alles im Blick** kompakt zusammengefasst. Damit können Sie sich gut auf eine Prüfung vorbereiten.

Am Kapitelende warten zudem auf den Seiten **Zum Üben und Weiterdenken** eine große Anzahl bunt gemischter Aufgaben darauf, gelöst zu werden. Auch hier sind anspruchsvolle Aufgaben sowie Medienkompetenz-Aufgaben gesondert markiert.

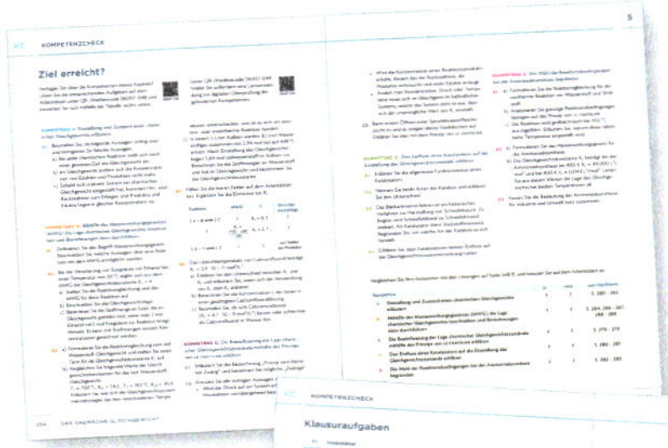

Mit den Seiten **Ziel erreicht?** können Sie überprüfen, ob Sie die neuen Inhalte des Kapitels verstanden haben. Das entsprechende Arbeitsblatt können Sie unter dem QR- bzw. Mediencode herunterladen und Ihre Antworten mit den Lösungen im Anhang abgleichen. Zudem finden Sie auch hier digitale Lernanwendungen sowie Seitenverweise zum Nachlesen im Buch.

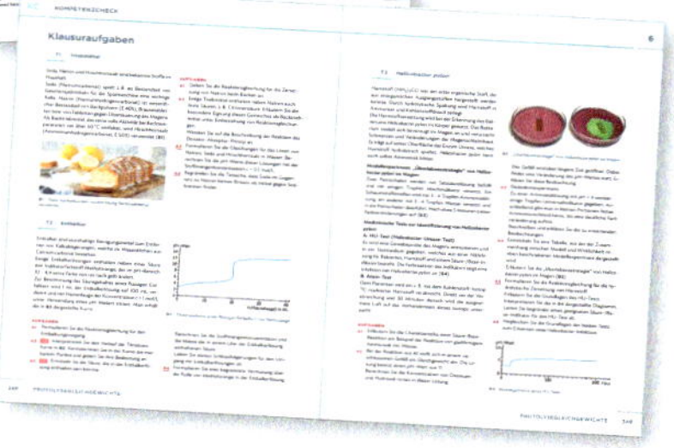

Auf den Seiten **Klausuraufgaben** finden Sie eine Vielzahl materialbasierter Aufgabenblöcke zum jeweiligen Kapitel, welche ideal für die Vorbereitung auf eine anstehende Prüfung geeignet sind.

4. Sonderseiten

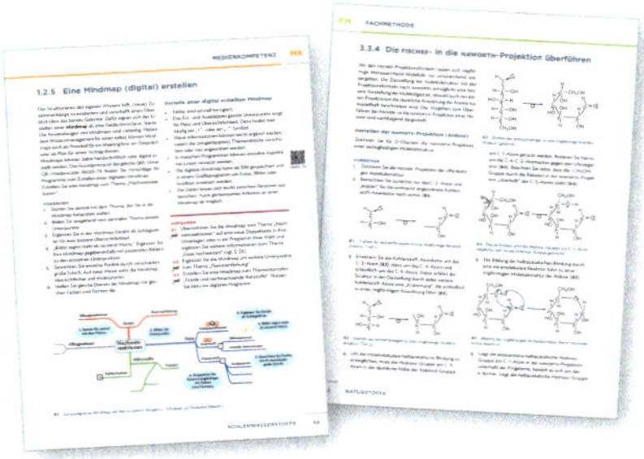

Der Einsatz digitaler Medien spielt in der Chemie eine große Rolle. Auf den **Medienkompetenz**-Seiten lernen Sie, wie man gezielt Informationen im Internet oder einer App sucht, mit chemischen Programmen arbeitet, Quelleninhalte analysiert und beurteilt oder Wissen mithilfe von digitalen Programmen an andere weitergibt. Fachmethoden der Chemie sind Werkzeuge, deren Handhabung gelernt sein will. Auf den Seiten **Fachmethode** wird Schritt für Schritt erklärt, wofür eine Methode gut ist und wie man sie anwendet.

Auf den Seiten **Exkurs** können Sie „über den Tellerrand blicken". Spannende Themen, z. B. aus Biologie, Physik, Medizin, Umwelt oder Erdkunde, werden wie in einer Zeitschrift vorgestellt. Die **Bildung für nachhaltige Entwicklung** finden Sie auf separaten BNE-Seiten im Buch.

INFO Hier und da finden Sie kleine Fachmethoden-, Exkurs- und Medienkompetenz-Kästen in den entsprechenden Farben auch auf anderen Seitentypen.

Übersicht – Laborgeräte

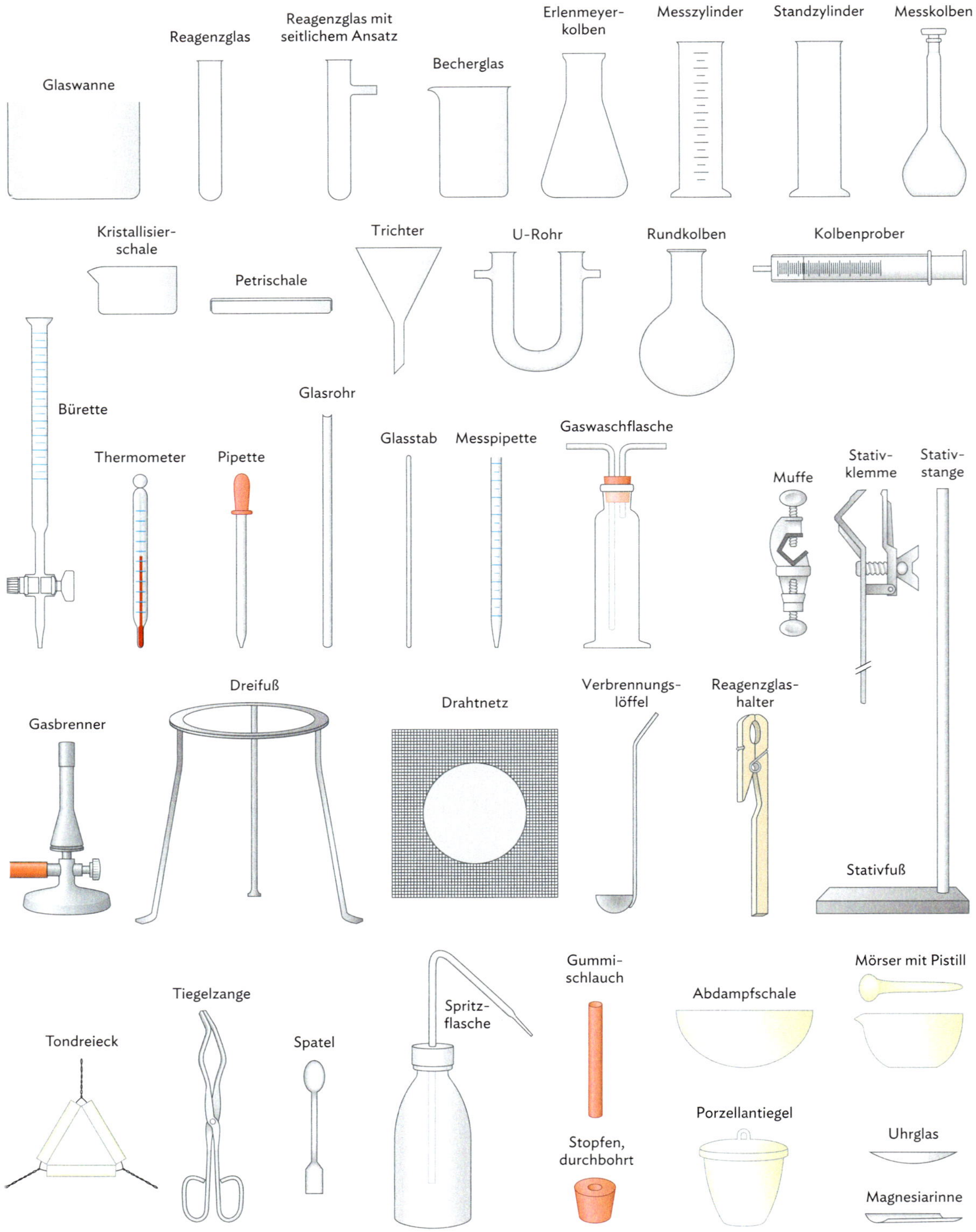

Chemie

Qualifikationsphase

Hessen

C.C.Buchner

Chemie Hessen – Sek II

Chemie Qualifikationsphase

Bearbeitet von Claudia Bohrmann-Linde, Iustin Hahn, Hannelore Köhle, Melanie Monke, Kerstin Rothermel-Mulch und Ilona Siehr unter Beratung von Claudia Bohrmann-Linde und unter Verwendung von Beiträgen der Autorinnen und Autoren folgender Werke:

- ISBN 978-3-661-06001-9
- ISBN 978-3-661-06002-6
- ISBN 978-3-661-06010-1
- ISBN 978-3-661-06011-8
- ISBN 978-3-661-06015-6
- ISBN 978-3-661-06022-4

Zu diesem Lehrwerk ist erhältlich:
Digitales Lehrermaterial click & teach Qualifikationsphase Einzellizenz, WEB-Bestell-Nr. 060091
Weitere Lizenzformen (Einzellizenz flex, Kollegiumslizenz) und Materialien unter www.ccbuchner.de.

Dieser Titel ist auch als digitale Ausgabe click & study unter www.ccbuchner.de erhältlich.

1. Auflage, 1. Druck 2024

Alle Drucke dieser Auflage sind, weil untereinander unverändert, nebeneinander benutzbar.

Dieses Werk folgt der reformierten Rechtschreibung und Zeichensetzung. Ausnahmen bilden Texte, bei denen künstlerische, philologische oder lizenzrechtliche Gründe einer Änderung entgegenstehen.

Auf verschiedenen Seiten dieses Buches finden sich Mediencodes. Sie verweisen auf Unterrichtsmaterialien und Internetadressen (Links), die der Verlag in eigener Verantwortung zur Verfügung stellt. Haftungshinweis: Trotz sorgfältiger inhaltlicher Kontrolle wird die Haftung für die Inhalte externer Seiten ausgeschlossen. An keiner Stelle im Schülerbuch dürfen Eintragungen vorgenommen werden. Haftungshinweis: Die Versuchsvorschriften in diesem Buch wurden sorgfältig, auf praktischen Erfahrungen beruhend, entwickelt. Da Fehler aber nie ganz ausgeschlossen werden können, übernehmen der Verlag sowie die Autorinnen und Autoren keine Haftung für Folgen, die auf beschriebene Experimente zurückzuführen sind. Mitteilungen über eventuelle Fehler und Vorschläge zur Verbesserung werden dankbar angenommen.

Redaktion: Nora Flehmig, Kristin Leimbach-Schnepf
Layout und Umschlag: Petra Michel, Amberg
Satz: tiff.any GmbH & Co. KG, Berlin
Illustrationen: Stefan Dangl, München; Helmut Holtermann, Dannenberg;
Manfred Koch, Oberweißbach; Angelika Kramer, Stuttgart;
Stelzner Illustration & Grafikdesign, Frankfurt; tiff.any GmbH & Co. KG, Berlin
Druck und Bindung: Firmengruppe Appl, aprinta Druck, Wemding

www.ccbuchner.de

ISBN 978-3-661-**06007**-1

Liebe Schülerin, lieber Schüler,

Sie haben das Fach Chemie weiter belegt – herzlichen Glückwunsch zu dieser Wahl! Das Fach Chemie ist Grundlage für das Verständnis vieler Vorgänge in unserer Lebenswelt. Mit fundierten chemischen Kenntnissen können Sie nicht nur unsere Umwelt, den menschlichen Körper und die Herstellung von Alltagsprodukten besser verstehen, sie helfen Ihnen darüber hinaus, auch andere Naturwissenschaften und z. B. medizinische Fragen zu erschließen. Chemie ist ein zentraler Teil zukunftsweisender Forschung und Entwicklung, die die Lebensumstände der bisherigen, jetzigen und kommenden Generationen in entscheidender Weise beeinflussen.

Mit diesem Buch können Sie nun in der Qualifikationsphase Ihr bisher erworbenes Grundlagenwissen der Chemie erweitern und auf neue, zukunftsrelevante Themenfelder anwenden. In den ersten Kapiteln schließen Sie an Ihre Kenntnisse zu Kohlenwasserstoffen, Alkoholen und ihren Oxidationsprodukten aus der Einführungsphase an. Die Ausweitung auf Proteine, Kohlenhydrate und Fette schlägt die Brücke zum Fach Biologie. Neben den Naturstoffen lernen Sie die Vielfalt der Kunststoffe und modernen Werkstoffe kennen.
Sie machen sich in weiteren Kapiteln mit dem Konzept des chemischen Gleichgewichts vertraut, das sich aufgrund seiner Dynamik von anderen Gleichgewichten unterscheidet. Dieses können Sie auf die großen Themenfelder der Säuren und Basen bzw. der Elektrochemie anwenden. Im Anschluss beschäftigen Sie sich mit dem zeitlichen und energetischen Verlauf chemischer Reaktionen. Bei allen Themen wird dabei ein besonderes Augenmerk auf Nachhaltigkeitsaspekte gelegt.

Mit dem neu erworbenen Wissen werden Sie Fragen wie z. B. die folgenden beantworten können:
- Was hat die Löslichkeit von Kohlenstoffdioxid mit Korallensterben zu tun?
- Warum hat das Blut im menschlichen Körper so einen stabilen pH-Wert?
- Was sind Energielieferanten für den Körper und was bedeutet der Brennwert?
- Aus welchen Naturstoffen ist der menschliche Körper aufgebaut?
- Nachhaltigkeit und Kunststoffe – ein Widerspruch?
- Wie wird Biodiesel hergestellt?
- Welche Prozesse laufen in einem Lithium-Ionen-Akku ab?
- Was ist „grüner“ Wasserstoff?

Außerdem schulen Sie Ihre Kompetenzen im Umgang mit digitalen und anderen Medien. Zahlreiche digitale Ergänzungen unterstützen Sie beim Lernen genauso wie die klare Struktur des Buches mit vielen Trainingsseiten zum selbstständigen Anwenden und Üben.

Vielleicht leistet dieses Buch auch einen Beitrag dazu, Sie für das Fach Chemie weiter zu interessieren und für sich eine berufliche Perspektive zu entdecken. Bezogen auf das Fach Chemie gibt es eine Vielzahl von beruflichen Tätigkeitsfeldern, denn die chemische Industrie ist nach der Autoindustrie und dem Maschinenbau die drittgrößte Branche. Auf jeden Fall erhalten Sie die Gelegenheit, die Chemie in Ihrem Alltag weiter zu entdecken.

Bei all Ihren Vorhaben wünschen wir Ihnen viel Erfolg!

0 Grundlagen für die Qualifikationsphase

1 Kohlenwasserstoffe

2 Sauerstoffderivate von Kohlenwasserstoffen

3 Naturstoffe 142

4 Moderne Werkstoffe 196

6 Protolysegleichgewichte

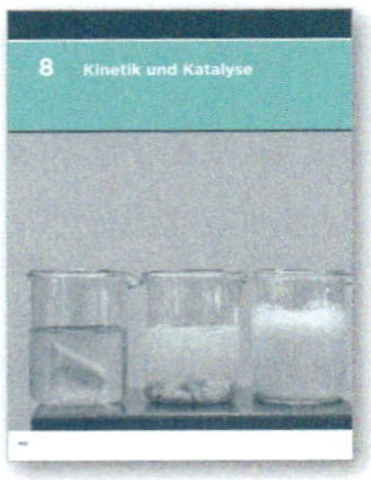

8 Kinetik und Katalyse 410

9 Energetik 446

10 Nachhaltigkeit – nicht ohne Chemie!

0 Grundlagen für die Qualifikationsphase

06015-03

Arbeitsblatt unter QR-/Mediencode 06015-03

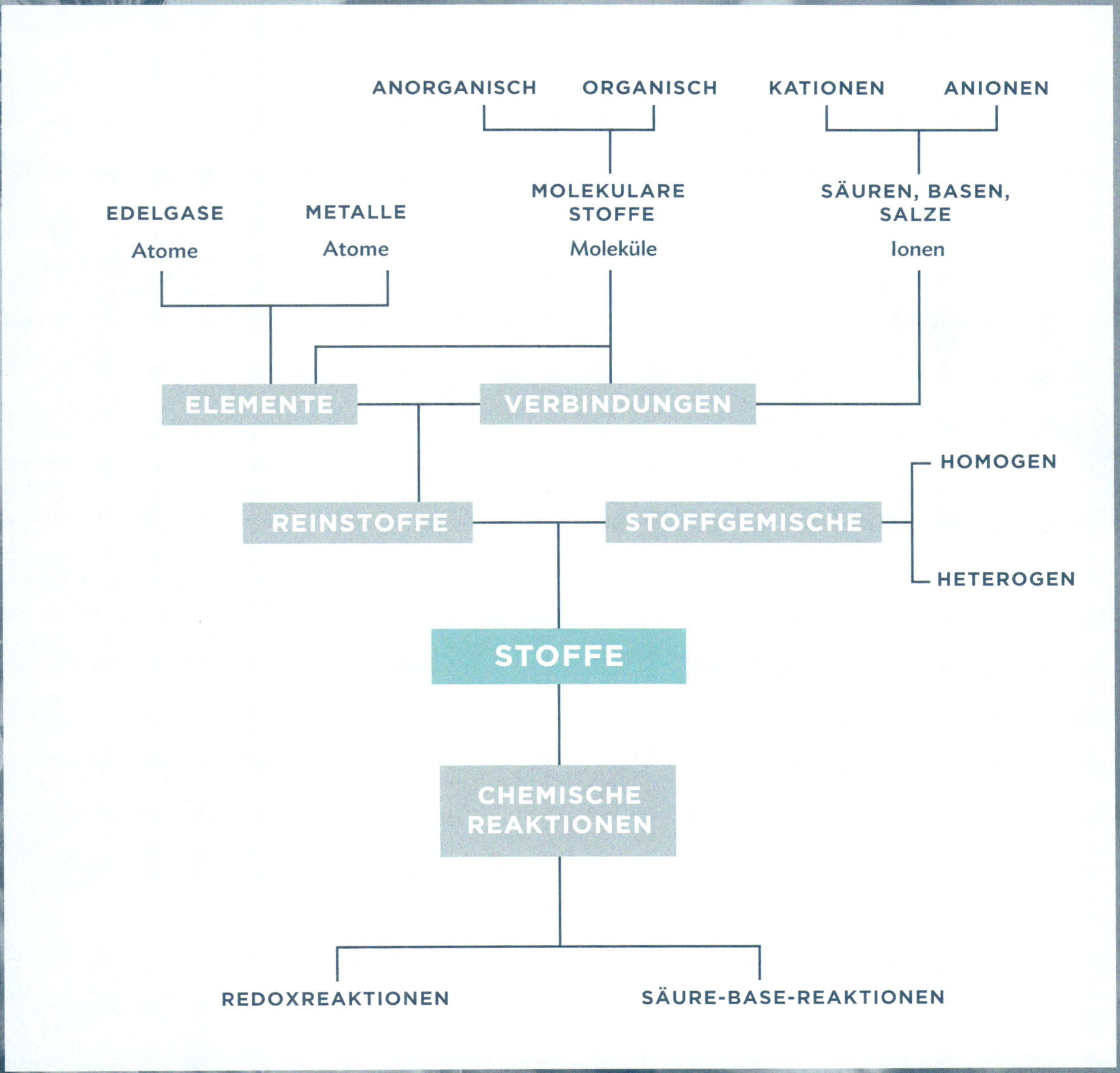

I Stoffe, ihre Eigenschaften und ihr Aufbau

Stoffe und Stoffeigenschaften

Jeder Gegenstand besteht chemisch gesehen aus einem **Stoff** oder aus mehreren Stoffen. Einen bestimmten Gegenstand kann man oft aus unterschiedlichen Stoffen herstellen. Eine Kette kann z. B. aus Silber, Gold oder Kunststoff gefertigt sein. Umgekehrt kann man aus einem bestimmten Stoff ganz verschiedene Gegenstände herstellen. Aus dem Stoff Kupfer bestehen z. B. Dachverkleidungen, Regenrinnen, Drähte, Töpfe und Dekoartikel.

Charakteristische **Stoffeigenschaften** kennzeichnen einen Stoff und können zu seiner Identifizierung genutzt werden. Mit Sinnesorganen wahrnehmbare Stoffeigenschaften sind z. B. die Farbe, der Geruch, die Kristallform, die Beschaffenheit der Oberfläche und der Aggregatzustand. Zu den mit Hilfsmitteln erfassbaren Stoffeigenschaften zählen der **Magnetismus**, die **Härte**, die **elektrische Leitfähigkeit**, die **Löslichkeit** und die **Dichte**.

Ein Stoff kann die **Aggregatzustände fest**, **flüssig** und **gasförmig** annehmen (**B1**). Der Übergang vom festen in den flüssigen Zustand erfolgt bei der **Schmelztemperatur**, der Übergang vom flüssigen in den gasförmigen Zustand bei der **Siedetemperatur** (Animation unter QR-/Mediencode 06001-03). Schmelz- und Siedetemperatur sind charakteristische Stoffeigenschaften.

06001-03

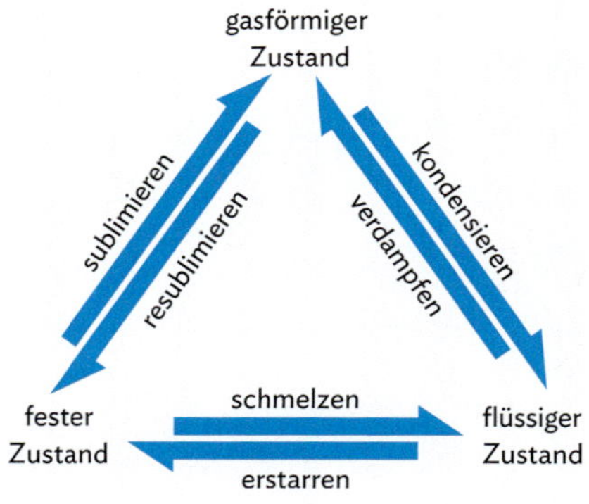

B1 Aggregatzustände und Übergänge

Saure und alkalische Lösungen
→ S. 24 f.

Stoffe können wasserlöslich oder -unlöslich sein. Wasserlösliche Stoffe können mit Wasser **saure**, **alkalische** oder **neutrale** Lösungen bilden.

Reinstoffe und Stoffgemische

Ein **Reinstoff** ist durch eine Kombination von Stoffeigenschaften, z. B. elektrische Leitfähigkeit, Dichte, Löslichkeit, Schmelz- und Siedetemperatur, eindeutig charakterisiert und daher identifizierbar.

Stoffgemische sind Mischungen aus mindestens zwei verschiedenen Reinstoffen. Kann man die einzelnen Bestandteile mit dem Mikroskop oder dem Auge noch erkennen, nennt man ein Stoffgemisch **heterogen**, z. B. Gemenge, Suspension oder Rauch. Sind die einzelnen Bestandteile nicht mehr unterscheidbar, nennt man das Stoffgemisch **homogen**, z. B. Lösung, Legierung oder Gasgemisch.

Stoffgemische können aufgrund der unterschiedlichen Stoffeigenschaften der Reinstoffe mithilfe geeigneter Verfahren getrennt werden. Welches **Trennverfahren** (z. B. Filtrieren, Destillieren, Dekantieren) geeignet ist, hängt von den Eigenschaften der Reinstoffe ab.

Teilchenmodell

Viele messbare oder mit den Sinnen wahrnehmbare Eigenschaften eines Stoffes kann man mithilfe des **Teilchenmodells** erklären. Man nimmt dazu an, dass die Teilchen eines Stoffes sehr klein sind und zwischen den einzelnen Teilchen leerer Raum ist. Die Teilchen verschiedener Stoffe unterscheiden sich in ihrer Größe und Masse. Sie werden meist mit unterschiedlichen Formen dargestellt.

Alle Teilchen sind in ständiger und ungerichteter Bewegung. Mit dieser Bewegung der Teilchen lässt sich die **Diffusion**, also die selbstständige und gleichmäßige Durchmischung der Stoffe in einer Lösung, erklären. Durch die Bewegung verteilen sich Teilchen des gelösten Stoffes zwischen den Teilchen des Lösemittels (**B2**).

B2 Diffusion eines Stoffes auf Teilchenebene

Das Atommodell von DALTON

Bei der Erklärung von Beobachtungen bei chemischen Reaktionen hilft das von DALTON entwickelte **Atommodell**:

1. Die chemischen Elemente sind aus kleinsten Teilchen, den **Atomen**, aufgebaut. Die Atome bleiben bei chemischen Reaktionen ungeteilt.
2. Die Atome eines Elements haben alle die gleiche Masse und die gleiche Größe.
3. Bei chemischen Reaktionen werden die miteinander verbundenen Atome eines Stoffes getrennt und in einer neuen Kombination wieder zusammengefügt.

Bausteine eines Atoms und Kern-Hülle-Modell

Atome sind aus den **Elementarteilchen** aufgebaut. Nach dem **Kern-Hülle-Modell** nach RUTHERFORD (**B3**) besteht jedes Atom aus einem positiv geladenen **Atomkern**, der sehr klein ist, und einer negativ geladenen **Atomhülle**, die überwiegend leerer Raum ist. Der Atomkern besteht aus den positiv geladenen **Protonen** sowie den ungeladenen **Neutronen**. Die Atomhülle enthält die negativ geladenen **Elektronen**.

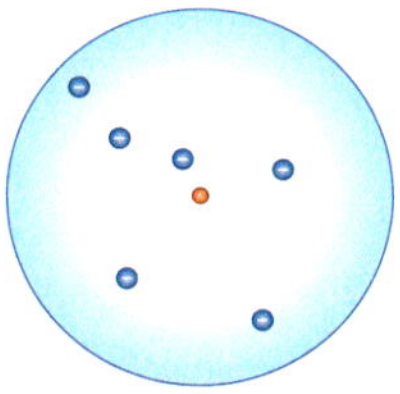

B3 Kern-Hülle-Modell eines Atoms nach RUTHERFORD

Die Größe und die Masse eines Atoms sind extrem klein. Für Betrachtungen von **Atommassen** ist die Einheit u (engl. *unit*, Einheit) zweckmäßg. Die Masse eines Wasserstoff-Atoms wurde auf **1 u** festgelegt. Die Masse eines Kohlenstoff-Atoms ist 12-mal so groß wie die eines Wasserstoff-Atoms, also ist $m(1\,C) = 12\,u$. Die Masse eines Schwefel-Atoms ist 32-mal so groß wie die eines Wasserstoff-Atoms, also ist $m(1\,S) = 32\,u$.
Die Anzahl der Protonen im Atom stellt im **Periodensystem der Elemente (PSE)** die **Ordnungszahl** dar. Sie entspricht im neutralen Atom auch der Anzahl der Elektronen. Die Masse eines Atoms setzt sich aus der Masse der Protonen und Neutronen zusammen. Elektronen sind nahezu masselos (**B4**).

	Proton	Neutron	Elektron
Symbol	p^+	n	e^-
Ladung in Elementarladungen	+1	0	−1
Masse	1 u	1 u	0,0005 u

B4 Bausteine eines Atoms

Stoffklassen und ihre Grundbausteine

Reinstoffe können in die Stoffklassen **Metalle**, **Edelgase**, **Salze** und **molekulare Stoffe** eingeteilt werden. Die Reinstoffe einer Stoffklasse weisen ähnliche Eigenschaften auf. Die verschiedenen Stoffklassen unterscheiden sich in ihrem Aufbau auf Teilchenebene.

Metalle bestehen aus regelmäßig in einem Metallgitter angeordneten Atomen. Sie zeichnen sich durch elektrische Leitfähigkeit, Wärmeleitfähigkeit, Verformbarkeit und metallischen Glanz aus.

Eigenschaften der Metalle → S. 398 f.

Edelgase bestehen aus einzelnen Atomen, die relativ weit voneinander entfernt sind und sich in unregelmäßiger Bewegung zueinander befinden. Sie gehen fast keine chemischen Reaktionen ein.
Salze sind harte, spröde Stoffe, die hohe Schmelztemperaturen haben. Sie bilden im festen Aggregatzustand Kristalle. Ihre Eigenschaften erklären sich durch ihren regelmäßigen Aufbau aus einem Gitter mit positiv geladenen Teilchen (**Ionen**), den **Kationen**, und negativ geladenen Teilchen, den **Anionen**.
Molekulare Stoffe haben im Vergleich zu Metallen und Salzen niedrige Siedetemperaturen. Ihre Teilchen sind **Moleküle**, die aus zwei oder mehreren gebundenen Atomen bestehen. Man kann sie gut mit dem Atommodell nach DALTON darstellen, z. B. das Wasser-Molekül (**B5**).

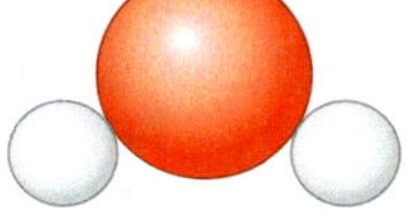

B5 Darstellung eines Wasser-Moleküls H_2O im Atommodell nach DALTON

PSE → S. 18 f.

II Chemische Reaktionen

Stoffumwandlungen

Vorgänge, bei denen neue Stoffe mit neuen Eigenschaften entstehen, nennt man **chemische Reaktionen**. Dabei entstehen aus den **Edukten** (Ausgangsstoffen) neue Stoffe. Diese nennt man **Produkte** (Endstoffe). Die Produkte haben bleibende Eigenschaften, die sich von den Eigenschaften der Edukte unterscheiden.
Den Ablauf einer chemischen Reaktion fasst man kurz in einem Reaktionsschema zusammen. Die Namen der Edukte stehen links, die Namen der Produkte rechts. Sie sind durch einen **Reaktionspfeil** (⟶) verbunden.
Beispiel: Aus den Edukten Kupfer und Schwefel entsteht das Produkt Kupfersulfid.
Man schreibt:

Feststoff s (*solid*), Flüssigkeit l (*liquid*), Gas g (*gaseous*), in Wasser gelöster Stoff aq (*aqueous*)

Kupfer (s) + Schwefel (s) ⟶ Kupfersulfid (s)

Man liest:
„Festes Kupfer und fester Schwefel reagieren zu festem Kupfersulfid."

Elemente, z. B. Kupfer und Schwefel, sind Reinstoffe, die sich nicht weiter zerlegen lassen. Sie bestehen aus nur einer Atomsorte. Zurzeit kennt man 118 verschiedene Elemente. Aus den Elementen kann man eine Vielzahl von Verbindungen herstellen.
Chemische **Verbindungen**, z. B. Kupfersulfid, sind Reinstoffe, die durch eine chemische Reaktion in Elemente zerlegt werden können. Verbindungen bestehen aus zwei oder mehr verschiedenen Atomsorten (**B6**).
Die Zerlegung einer Verbindung in ihre Elemente nennt man **Analyse**. Die Herstellung einer Verbindung aus ihren Elementen nennt man **Synthese** (**B6**).

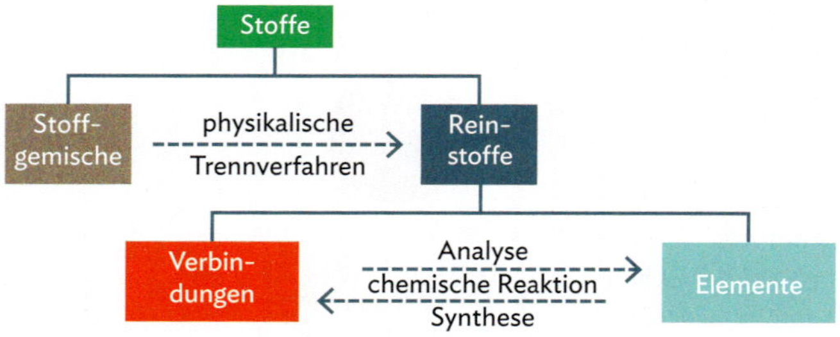

B6 Reinstoffe können in Elemente und Verbindungen aufgeteilt werden.

Energie bei chemischen Reaktionen

Neben **Stoffumwandlungen** finden bei chemischen Reaktionen auch **Energieumwandlungen** statt. Chemische Energie wird dabei in andere Energieformen, z. B. Licht und/oder Wärme, umgewandelt bzw. umgekehrt. Die **Gesamtenergie** bleibt dabei immer konstant.
Eine chemische Reaktion, bei der Energie in Form von Wärme an die Umgebung abgegeben wird, heißt **exotherme Reaktion**. Die chemische Energie der Edukte ist größer als die chemische Energie der Produkte.
Eine chemische Reaktion, bei der ständig Energie in Form von Wärme aus der Umgebung zugeführt werden muss, heißt **endotherme Reaktion**. Die chemische Energie der Edukte ist geringer als die chemische Energie der Produkte.
Die meisten Reaktionen laufen nicht von selbst ab. Oft muss man zum Starten der Reaktion **Aktivierungsenergie** aufwenden. Die Aktivierungsenergie entspricht dabei dem Unterschied der chemischen Energie der Edukte und der chemischen Energie der Stoffe im reaktionsbereiten Zustand. Die **Reaktionsenergie** entspricht dem Unterschied der chemischen Energie der Edukte und der chemischen Energie der Produkte.
Die Energieumwandlungen bei einer chemischen Reaktion kann man in einem **Energiediagramm** darstellen (**B7**).

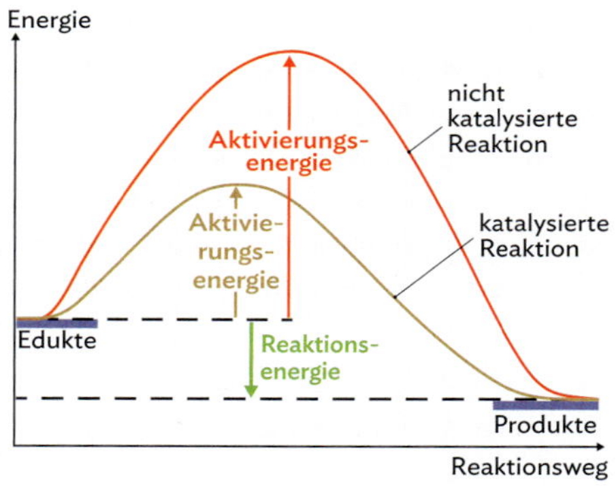

B7 Energiediagramm einer exothermen Reaktion mit Aktivierungsenergie

Ein **Katalysator** ermöglicht eine chemische Reaktion, die ohne Katalysator nicht oder nur sehr langsam ablaufen würde. In Gegenwart eines Katalysators verläuft eine Reaktion über einen anderen Reaktionsweg mit niedrigerer Aktivierungsenergie (**B7**). Der Katalysator liegt nach der Reaktion wieder unverändert vor.

Grundgesetze bei chemischen Reaktionen

Das **Gesetz von der Erhaltung der Masse** besagt, dass sich die Gesamtmasse aller beteiligten Stoffe während einer chemischen Reaktion nicht ändert. Somit entspricht die Gesamtmasse der Produkte einer Reaktion der Gesamtmasse der eingesetzten Edukte.
Das **Gesetz der konstanten Massenverhältnisse** besagt, dass Reaktionspartner immer in einem bestimmten Massenverhältnis miteinander reagieren. Da jedes Atom eine typische Masse hat, stehen auch die Massen der Elemente, aus denen eine Verbindung gebildet wird, in einem konstanten Verhältnis.

Von Verhältnis- und Molekülformel zur Reaktionsgleichung

Aus dem Verhältnis der Massen der Elemente, die eine Verbindung bilden, lässt sich die **Verhältnisformel** ableiten. Sie gibt die Zahlenverhältnisse der Ionen in einer **salzartigen** Verbindung wieder, z. B.:

$MgBr_2$: Im Magnesiumbromid liegen die Magnesium-Kationen und Bromid-Anionen im Zahlenverhältnis 1:2 vor.

Die **Molekülformel** gibt die Zahlenverhältnisse der Atome in einer **molekularen Verbindung** wieder, z. B.:

H_2O: In einem Wasser-Molekül sind zwei Wasserstoff-Atome und ein Sauerstoff-Atom gebunden.

Verhältnis- und Molekülformeln sind **chemische Formeln**. Mit ihnen lassen sich chemische Reaktionen als **Reaktionsgleichungen** schreiben. Damit lassen sich Aussagen zur Zusammensetzung der reagierenden Teilchen sowie zum Verhältnis, in dem die Teilchen miteinander reagieren, treffen, z. B.:

$$2\ Na\ (s) + Cl_2\ (g) \longrightarrow 2\ NaCl\ (s)$$

Natrium-Atome und Chlor-Moleküle reagieren im Verhältnis 2:1 miteinander.

Oxidation und Reduktion

Verbrennungen sind exotherme chemische Reaktionen mit Sauerstoff, bei denen Energie in Form von Wärme und Licht freigesetzt wird. Als Produkte entstehen **Oxide**, z. B. Kohlenstoffdioxid oder Eisen(II)-oxid. Allgemeiner nennt man eine chemische Reaktion mit Sauerstoff unter Bildung von Oxiden **Oxidation**. Dazu zählen Verbrennungen. Für den Verlauf einer Oxidation gilt: Sie verläuft umso heftiger, je größer der **Zerteilungsgrad** des brennbaren Stoffes ist.
Bei der Reaktion von **Metallen** mit Sauerstoff entstehen **Metalloxide** (Salze), z. B.:

$$2\ Fe\ (s) + O_2\ (g) \longrightarrow 2\ FeO\ (s)$$

Bei der Reaktion von **Nichtmetallen** mit Sauerstoff entstehen Nichtmetalloxide (molekulare Stoffe), z. B.:

$$C\ (s) + O_2\ (g) \longrightarrow CO_2\ (g)$$

Edle Metalle können durch Erhitzen aus Metalloxiden gewonnen werden. Diese Reaktion, bei der eine Sauerstoffabgabe erfolgt, nennt man **Reduktion**, z. B.:

$$2\ Ag_2O\ (s) \longrightarrow 4\ Ag\ (s) + O_2\ (g)$$

Meist braucht man für die Zerlegung eines Metalloxids in die Elemente einen Hilfsstoff. Dieser entzieht dem Metalloxid den Sauerstoff und nimmt ihn selbst auf: Es findet eine **Sauerstoffübertragungsreaktion** statt:

Man orientiert sich dabei an der Reaktionsfähigkeit der Metalle mit Sauerstoff (**B8**).

← Reaktionsfähigkeit mit Sauerstoff nimmt zu

Magnesium Mg	Aluminium Al	Zink Zn	Eisen Fe	Kupfer Cu	Silber Ag	Gold Au

B8 Reihung der Metalle nach Reaktionsfähigkeit mit Sauerstoff

III Elemente und Periodensystem

Periodensystem der Elemente

Das **Periodensystem der Elemente (PSE)** ist ein Ordnungssystem, in dem alle 118 derzeit bekannten chemischen Elemente nach ihren Eigenschaften und ihrem Atombau angeordnet sind. Die Elemente sind nach aufsteigender **Ordnungszahl** sortiert. Die waagerechten Zeilen im PSE nennt man **Perioden**. In senkrechten Spalten, den **Hauptgruppen**, stehen jeweils Elemente mit ähnlichen Eigenschaften.
Die überwiegende Anzahl der bekannten Elemente sind **Metalle**. Sie stehen links und mittig im PSE. Rechts sind die **Nichtmetalle** zu finden. Dazwischen stehen die **Halbmetalle**, die keiner der beiden Gruppen zuzuordnen sind. Aus dem PSE lassen sich u. a. das Elementsymbol, die Ordnungszahl und die Atommasse zu jedem Element ablesen (**B9**).

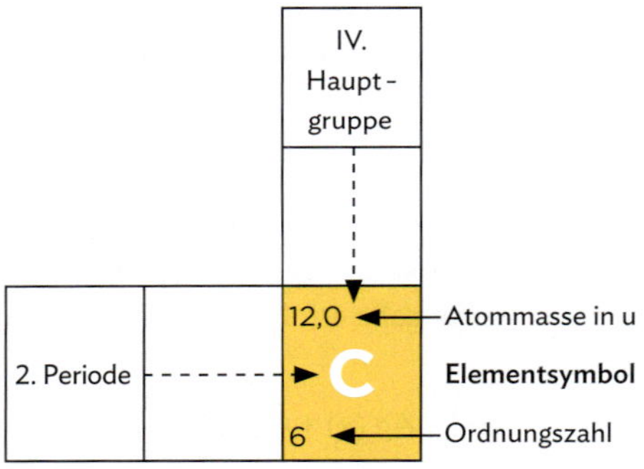

B9 Informationen zum Element Kohlenstoff aus dem PSE

Wichtige Elementfamilien

Elemente mit ähnlichen Eigenschaften fasst man zu **Elementfamilien** zusammen. Jede Hauptgruppe des PSE steht für eine Elementfamilie.
Die Elemente der I. Hauptgruppe bilden die Elementfamilie der **Alkalimetalle**. Zu diesen zählen Lithium (Li), Natrium (Na), Kalium (K), Rubidium (Rb), Caesium (Cs) und Francium (Fr). Wasserstoff ist eine Ausnahme und zählt nicht zu den Alkalimetallen. Wasserstoff ist ein Nichtmetall und ist bei Raumtemperatur gasförmig. Er bildet mit Sauerstoff ein hochexplosives Gemisch, das **Knallgas**, welches mit der **Knallgasprobe** nachgewiesen werden kann.

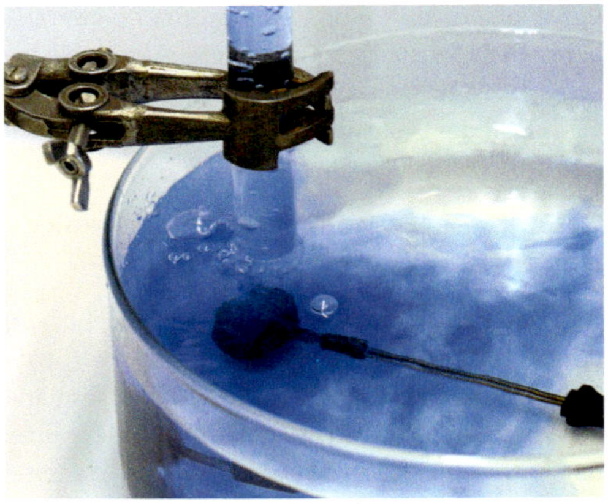

B10 Reaktion von Lithium und mit Thymolphthalein-Indikator versetztem Wasser

Die II. Hauptgruppe stellt die Elementfamilie der **Erdalkalimetalle** dar. Zu den Erdalkalimetallen gehören Beryllium (Be), Magnesium (Mg), Calcium (Ca), Strontium (Sr), Barium (Ba) und Radium (Ra).
Bei den Alkalimetallen und bei den Erdalkalimetallen handelt es sich um reaktive Metalle. Mit Sauerstoff reagieren sie schnell zu Metalloxiden und mit Wasser zu Metallhydroxidlösungen (**B10**), wobei Wasserstoff gebildet wird, z. B.:

Natrium (s) + Wasser (l) $\longrightarrow$
Natriumhydroxid (aq) + Wasserstoff (g)

Die Heftigkeit der Reaktionen nimmt für beide Elementfamilien im PSE von oben nach unten zu. Die Erdalkalimetalle sind insgesamt weniger reaktiv als die Alkalimetalle.
Die Elemente der VII. Hauptgruppe fasst man zur Elementfamilie der **Halogene** zusammen. Es handelt sich um reaktive Nichtmetalle, die z. B. mit den Alkali- und Erdalkalimetallen zu Metallhalogeniden reagieren können. Zu den Halogenen gehören Fluor (F), Chlor (Cl), Brom (Br), Iod (I), Astat (At) und Tenness (Ts).
Die Elemente der VIII. Hauptgruppe werden zur Elementfamilie der **Edelgase** zusammengefasst. Zu diesen zählen Helium (He), Neon (Ne), Argon (Ar), Krypton (Kr), Xenon (Xe), Radon (Rn) und Oganesson (Og).
Die Edelgase sind reaktionsträge und liegen daher als einatomige Gase vor. Dies ist auf ihren Atombau zurückzuführen (vgl. Edelgaskonfiguration).

Ionisierungsenergien, Energiestufen und Schalen

Die **Ionisierung** ist die Bildung eines Ions durch Abspaltung eines Elektrons von einem Atom. Die dazu erforderliche Energie heißt **Ionisierungsenergie**. Die Ionisierungsenergien für die schrittweise Abspaltung von Elektronen aus einem Atom nehmen ungleichmäßig zu. Je nach Atomart kommt es an einer bestimmten Stelle zu einem sprunghaften Anstieg (**B11**).

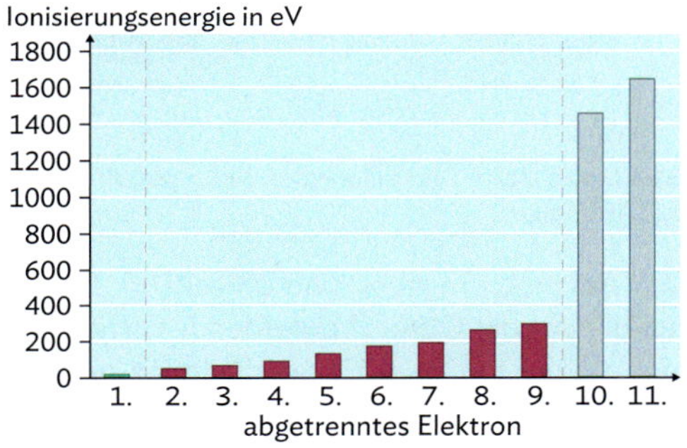

B11 Ionisierungsenergien für die Elektronen in einem Natrium-Atom

Auf dieser Grundlage basiert das **Energiestufenmodell**, bei dem sich die Elektronen der Hülle aufgrund ihres Energiegehalts bestimmten Energiestufen zuordnen lassen (**B12** rechts). Die Energiestufen werden ausgehend von der energieärmsten Stufe mit $n = 1, 2, 3$ usw. bezeichnet. Die Elektronen der höchsten Energiestufe nennt man **Valenz-** oder **Außenelektronen**.

Die Energiestufen können jeweils nur eine bestimmte Anzahl an Elektronen insgesamt aufnehmen. Die maximale Anzahl an Elektronen erhält man rechnerisch aus der Energiestufe n mit der Formel $2 \cdot n^2$.

Die Verteilung der Elektronen eines Atoms auf die verschiedenen Energiestufen bezeichnet man als **Elektronenkonfiguration**. Für das Natrium-Atom lautet diese:

$1^2 2^8 3^1$ (Energiestufe, Anzahl an Elektronen)

Räumlich kann man sich die Verteilung der Elektronen besser mithilfe des **Schalenmodells** vorstellen. Die Schalen werden von innen nach außen mit K, L, M usw. bezeichnet (**B12** links).

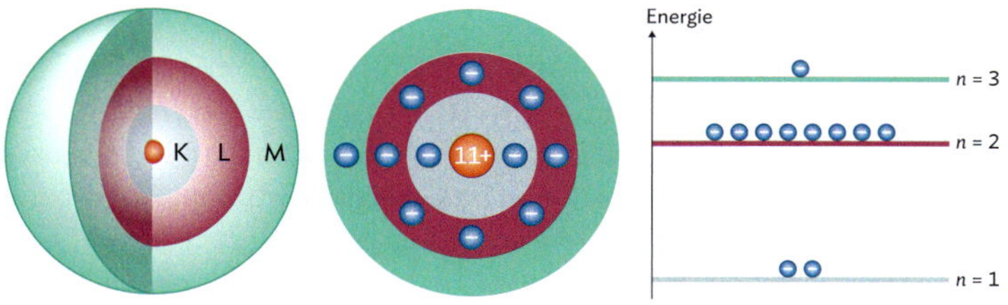

B12 Schalenmodelle (links) und Energiestufenmodell (rechts) der Elektronen in einem Natrium-Atom

Die Verteilung der Elektronen auf die Energiestufen bzw. Schalen erfolgt stets von innen nach außen, ausgehend von der ersten Energiestufe ($n = 1$) bzw. Schale (K-Schale). Je größer die Entfernung eines Elektrons vom Atomkern ist, umso kleiner ist die Energie zur Abspaltung des Elektrons. Die Elektronen in der Außenschale lassen sich am leichtesten abtrennen.

Die Atome der Elemente einer Hauptgruppe haben die gleiche Anzahl an Elektronen in der Außenschale. Die Hauptgruppennummer entspricht dabei der Anzahl der Außenelektronen.

Die Außenschale kann in der Regel mit maximal acht Elektronen besetzt werden. Die Außenschalen der Edelgas-Atome (außer Helium) enthalten acht Elektronen. Hierbei handelt es sich um eine besonders stabile Elektronenverteilung, die **Edelgaskonfiguration**. Atome anderer Elemente können diese stabile Elektronenkonfiguration durch Aufnahme oder Abgabe von einem oder mehreren Außenelektronen erreichen (**B13**).

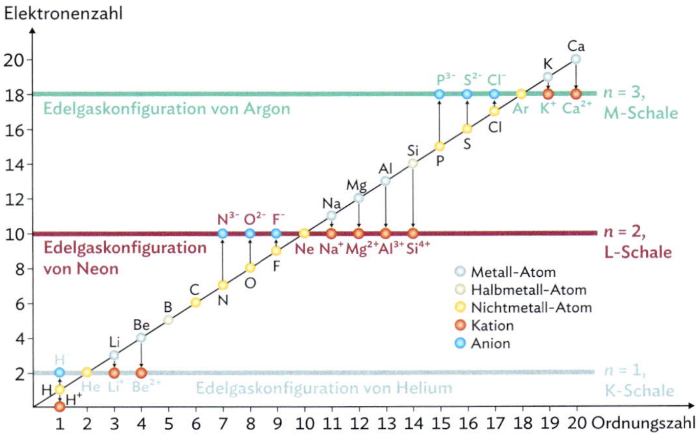

B13 Bildung von Ionen mit Edelgaskonfiguration

IV Ionische Verbindungen

Bildung von Salzen

Salze können durch Reaktion eines Metalls mit einem Nichtmetall hergestellt werden. Die Halogene sind bekannte Salzbildner. Bei der Salzbildung finden **Elektronenübertragungsreaktionen** statt: Metall-Atome geben Elektronen ab, Nichtmetall-Atome nehmen in der Regel Elektronen auf mit vollbesetzten Valenzschalen (**B14**). Auf diese Weise entstehen jeweils Ionen mit voll besetzten Valenzschalen, also Teilchen mit der energetisch günstigen Edelgaskonfiguration.
Die **Ladungszahl** vieler Ionen lässt sich daher nicht nur im PSAI ablesen, sondern direkt aus der Position des Elements im PSE ableiten. Die so gebildeten Ionen lagern sich zu einem **Ionengitter** zusammen. In einem Salzkristall ist jedes Kation von Anionen umgeben und umgekehrt. Die bei der Bildung des Gitters freiwerdende **Gitterenergie** ist umso größer, je kleiner die Ionen sind und je höher die Ionenladungszahl ist.

06006-87
Lernanwendung zu Verhältnisformeln unter QR-/Mediencode 06006-87

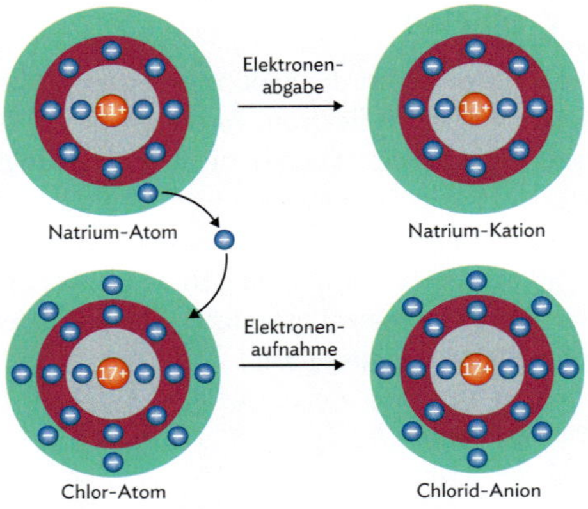

B14 Modellhafte Darstellung der Bildung von Ionen aus Atomen

FM Verhältnisformeln aufstellen

Die elektrischen Ladungen der Kationen und Anionen im Ionengitter gleichen sich gegenseitig aus. Je nach Ladungszahl der Kationen und Anionen kommen diese in einem Salz in einem ganz bestimmten Zahlenverhältnis vor. Dieses Verhältnis wird in der chemischen Formel für Salze angegeben, die auch Verhältnisformel heißt.
Stellen Sie die Verhältnisformeln für die folgenden Salze auf.

VORGEHEN

1. Leiten Sie aus dem Namen der Verbindung die Elementsymbole ab. Bestimmen Sie mithilfe des PSAI oder anhand des Namens die Art der Ionen und die jeweilige Ladungszahl.
   Aluminiumoxid enthält Aluminium-Kationen Al^{3+} und Sauerstoff-Anionen O^{2-}.
   Aluminiumsulfat enthält Aluminium-Kationen Al^{3+} und Sulfat-Anionen $SO4^{2-}$
2. Setzen Sie jeweils den Zahlenwert der Ladungszahl (ohne +/–) als Index an das Elementsymbol des jeweils anderen Ions.
   Al^{3+} O^{2-} → *Al2 O3* *Al^{3+} $SO4^{2-}$* → *Al2 $(SO_4)3$*
3. Kürzen Sie wenn möglich die Indexzahlen, sodass das kleinstmögliche Zahlenverhältnis angegeben wird (vgl. Info). Lassen Sie den Index 1 in der Formel weg.
   Al_2O_3 *$Al_2(SO_4)_3$*

Ionenbindung und Gitterstrukturen

In einem Ionengitter verursachen elektrostatische Anziehungskräfte zwischen den Anionen und Kationen einen starken Zusammenhalt. Dieser Zusammenhalt wird als Ionenbindung bezeichnet. Die Anziehungskräfte zwischen den verschieden geladenen Ionen wirken in alle Raumrichtungen.
Die Struktur eines Ionengitters (**B15**) ist sowohl abhängig vom Anzahlverhältnis der Anionen und Kationen als auch vom Verhältnis der Ionenradien zueinander. Das zahlenmäßige Verhältnis der Ionen ergibt sich aus der Verhältnisformel (**Ionengruppe**).

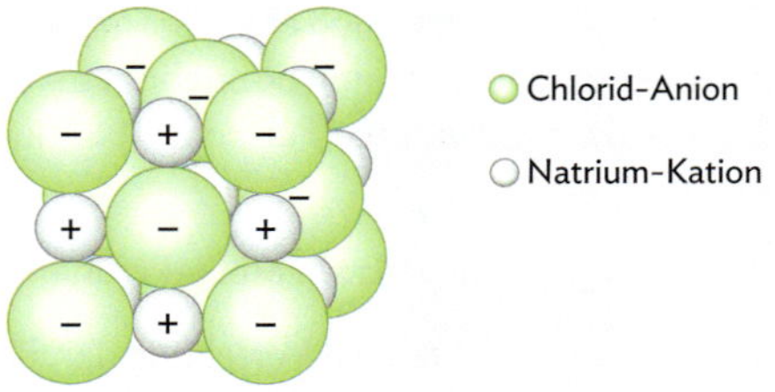

B15 Im Natriumchloridkristall sind Natrium-Kationen von Chlorid-Anionen umgeben und umgekehrt.

Eigenschaften von Salzen

Salze sind gut in Wasser löslich, wobei ihre **Löslichkeit** begrenzt ist. **Salzlösungen**, aber auch **Salzschmelzen**, enthalten frei bewegliche Ionen und sind daher elektrisch leitfähig. Im festen Zustand leiten Salze den elektrischen Strom nicht, da die Ionen nicht frei beweglich sind. Salzehaben im Allgemeinen eine hohe Schmelztemperatur, die mit der Gitterenergie zusammenhängt. Je höher die Gitterenergie, desto mehr thermische Energie muss bis zum Erreichen der Schmelztemperatur des Salzes zugeführt werden. Salzkristalle sind **spröde**, d. h. sie können nicht verformt werden, sondern zerspringen bei Druckeinwirkung.

Redoxreaktionen – Elektronenübergänge

Bei **Redoxreaktionen** finden zwischen den reagierenden Teilchen Elektronenübergänge statt. Das Teilchen, das Elektronen abgibt, ist der **Elektronendonator** und das Teilchen, das Elektronen aufnimmt, ist der **Elektronenakzeptor**. Die Elektronenabgabe bezeichnet man als **Oxidation**, die Elektronenaufnahme als **Reduktion**.
Beispiel: Kupfer reagiert mit Chlor zu Kupfer(II)-chlorid.

Oxidation:	Cu	$\longrightarrow$	$Cu^{2+} + 2\,e^-$
Reduktion:	$Cl_2 + 2\,e^-$	$\longrightarrow$	$2\,Cl^-$
Redoxreaktion:	$Cu + Cl_2$	$\longrightarrow$	$CuCl_2$

In der **Redoxreihe** sind Metalle (**B17**) nach ihrem Bestreben angeordnet, Elektronen abzugeben. Je unedler ein Metall ist, desto leichter lassen sich seine Atome oxidieren. Je edler ein Metall ist, desto leichter lassen sich seine Kationen reduzieren.

B16 Eisennagel nach dem Eintauchen in einer Kupfer(II)-sulfatlösung

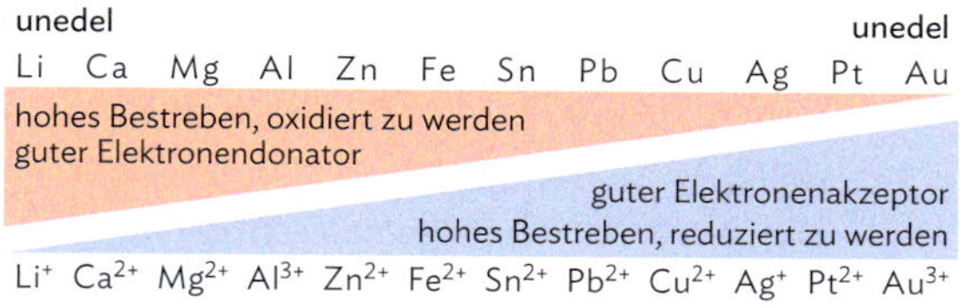

B17 Redoxreihe der Metalle

Metalle reagieren daher nur mit anderen Metallsalzlösungen, wenn das eingetauchte Metall unedler ist als das Metall, dessen Kationen die Metallsalzlösung enthält. Ein Eisennagel überzieht sich beim Eintauchen in eine Kupfersulfatlösung mit einer Kupferschicht (**B16**), ein Kupfernagel verändert sich aber nicht beim Eintauchen in eine Eisensulfatlösung.
Batterien sind **GALVANIsche Zellen**. In einer GALVANIschen Zelle wird chemische Energie in elektrische Energie umgewandelt. Oxidation und Reduktion finden räumlich getrennt voneinander in Halbzellen statt, die über eine ionendurchlässige Membran miteinander verbunden sind. Dies führt zu einem Stromfluss, der die elektrische Energie nutzbar macht. Die **DANIELL-Zelle** ist ein Beispiel für eine GALVANIsche Zelle. Während des Ladevorgangs wird elektrische Energie in chemische Energie umgewandelt, während des Entladens chemische Energie in elektrische Energie.

06006-88
Animation zu Eisennagel in Kupfersulfatlösung unter QR-/Mediencode 06006-88

Bei einer **Elektrolyse** wird durch Anlegen einer elektrischen Spannung eine Redoxreaktion ermöglicht, die spontan nicht stattfinden würde. Bei der Reaktion wandern Kationen zum Minuspol (**Kathode**) und werden dort reduziert. Anionen wandern zum Pluspol (**Anode**) und werden oxidiert.
Beispiel: Elektrolyse einer Kupfer(II)-chloridlösung.

Oxidation (Pluspol):	$2\,Cl^-$	$\longrightarrow$	$Cl_2 + 2\,e^-$
Reduktion (Minuspol):	$Cu^{2+} + 2\,e^-$	$\longrightarrow$	Cu
Redoxreaktion:	$CuCl_2$	$\longrightarrow$	$Cu + Cl_2$

In **Akkumulatoren** nutzt man die Elektrolyse für ihren Ladevorgang.
Brennstoffzellen funktionieren wie Batterien, bei denen die Edukte kontinuierlich zugeführt werden.

V Molekulare Verbindungen

Bindungstypen
→ S. 36 f.

Die Elektronenpaarbindung

Die meisten Gase, viele Flüssigkeiten und einige Feststoffe sind aus **Molekülen** aufgebaut. Moleküle sind Atomverbände aus zwei oder mehr Atomen. Sie halten durch gemeinsam genutzte **bindende Elektronenpaare** zusammen, es liegt eine **Elektronenpaarbindung** vor. Je nach Anzahl der gemeinsamen, bindenden Elektronenpaare liegt eine **Einfach-**, **Doppel-** oder **Dreifachbindung** vor. Da die Elektronen von beiden Bindungspartnern genutzt werden, erreichen die Atome in einem stabilen Molekül die Edelgaskonfiguration (**B18**, vgl. S. 19).

B18 Chlor-Molekül Cl_2 im Elektronenwolkenmodell

Die Bindungsverhältnisse in Molekülen lassen sich durch **LEWIS-Strukturformeln** darstellen. Dabei werden bindende Elektronenpaare als Strich zwischen den Elementsymbolen dargestellt. Die übrigen Valenzelektronen werden zu **nichtbindenden Elektronenpaaren** zusammengefasst als Striche an dem entsprechenden Elementsymbol platziert (**B19**).

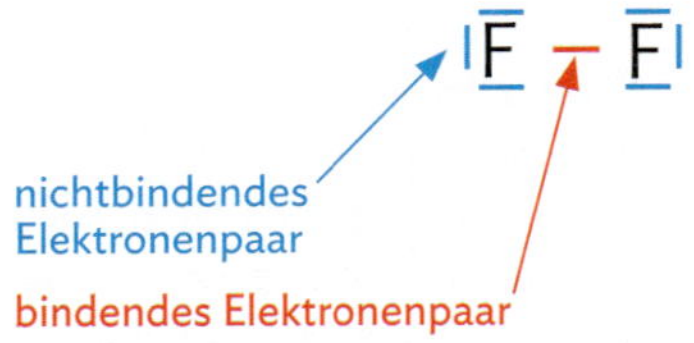

B19 LEWIS-Strukturformel des Chlor-Moleküls Cl_2

Für das Aufstellen von korrekten LEWIS-Strukturformeln muss u. a. die **Edelgasregel** beachtet werden.

Polare und unpolare Elektronenpaarbindungen

Atome, genauer Atomkerne, verschiedener Elemente ziehen gemeinsame bindende Elektronenpaare unterschiedlich stark an. Die **Elektronegativität EN** (**B20**) ist ein Maß für die Stärke eines Atoms, innerhalb eines Moleküls bindende Elektronenpaare an sich zu ziehen.

H 2,1							He –
Li 1,0	Be 1,5	B 2,0	C 2,5	N 3,0	O 3,5	F 4,0	Ne –
Na 0,9	Mg 1,2	Al 1,5	Si 1,8	P 2,1	S 2,5	Cl 3,0	Ar –
K 0,8	Ca 1,0	Ga 1,6	Ge 1,8	As 2,0	Se 2,4	Br 2,8	Kr –
Rb 0,8	Sr 1,0	In 1,7	Sn 1,8	Sb 1,9	Te 1,9	I 2,5	Xe –
Cs 0,7	Ba 0,9	Tl 1,8	Pb 1,8	Bi 1,9	Po 2,0	At 2,2	Rn –
Fr 0,7	Ra 0,9						

B20 Elektronegativitätswerte von Elementen im PSE

Je größer die **Elektronegativitätsdifferenz ΔEN** zwischen zwei miteinander verbundenen Atomen ist, desto mehr sind die Bindungselektronen zum elektronegativeren Atom verschoben: Die Elektronenpaarbindung ist **polar**, z. B. im Chlorwasserstoff-Molekül HCl oder im Wasser-Molekül H_2O. Bei Atomen des gleichen Elements oder bei Atomen mit ähnlicher Elektronegativität liegt eine **unpolare Elektronenpaarbindung** vor. Man kann wie folgt abschätzen:

δ^+ δ^-
H – $\overline{\underline{Cl}}$|

$\Delta EN \leq 0{,}4 \longrightarrow$ nahezu unpolare Bindung
$\Delta EN > 0{,}4 \longrightarrow$ polare Bindung

Bei einer polaren Bindung erhalten die Bindungspartner eine **negative** (δ^-) und eine **positive Partialladung** (δ^+).

Das Elektronenpaarabstoßungsmodell

Das **Elektronenpaarabstoßungsmodell** (**EPA-Modell**) beschreibt den räumlichen Bau einfacher Moleküle. Aufgrund der gleichen Ladungen der Elektronen stoßen sich Elektronenpaare in einem Molekül gegenseitig ab und nehmen den größtmöglichen Abstand zueinander ein.
Für das Methan-Molekül z. B. ergibt sich eine **tetraedrische** Anordnung der Wasserstoff-Atome um das zentrale Kohlenstoff-Atom herum. Das Wasser-Molekül ist **gewinkelt**, da sich auch die nichtbindenden Elektronenpaare gegenseitig abstoßen. Im EPA-Modell haben nichtbindende Elektronenpaare einen größeren Raumbedarf als binden-

de Elektronenpaare, Mehrfachbindungen werden formal wie Einfachverbindungen behandelt. Dadurch ergeben sich neben Tetraedern auch weitere Molekülstrukturen wie **lineare** oder **pyramidale** (**B21**).

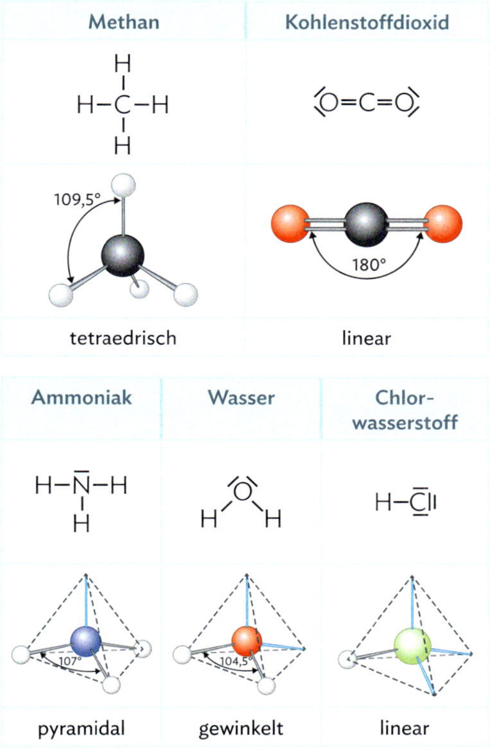

B21 Räumlicher Bau von Molekülen ohne (oben) und mit freien Elektronenpaaren am Zentralatom (unten)

Zwischenmolekulare Wechselwirkungen

Enthält ein Molekül polare Elektronenpaarbindungen und ist zudem asymmetrisch aufgebaut, bilden sich positive und negative Ladungsschwerpunkte im Molekül. Solche Moleküle nennt man **Dipol-Moleküle**.
Das Wasser-Molekül ist aufgrund der gewinkelten Struktur ein Dipol-Molekül. Es hat am Sauerstoff-Atom einen negativen und an den Wasserstoff-Atomen einen positiven Ladungsschwerpunkt (**B22** links).
Temporäre Dipole bilden sich aufgrund kurzfristiger, ungleicher Verteilungen von Elektronen in Molekülen mit unpolaren Elektronenpaarbindungen. Die schwachen Anziehungskräfte zwischen kurzzeitigen Dipolen bezeichnet man als **VAN-DER-WAALS-Wechselwirkungen**.
Wasserstoffbrücken sind zwischenmolekulare Wechselwirkungen zwischen einem positiv polarisierten Wasserstoff-Atom eines Moleküls und einem nichtbindenden Elektronenpaar eines Sauerstoff-, Stickstoff- oder Fluor-Atoms eines anderen Moleküls (**B22** rechts). Grund für die Anziehungskräfte sind die starken, entgegengesetzten Partialladungen der Atome. Wasserstoffbrücken sind für die hohe Siedetemperatur, die **Oberflächenspannung** und die **Dichteanomalie** von Wasser verantwortlich.

Anstelle von VAN-DER-WAALS-Wechselwirkungen liest man häufig auch VAN-DER-WAALS-Kräfte.

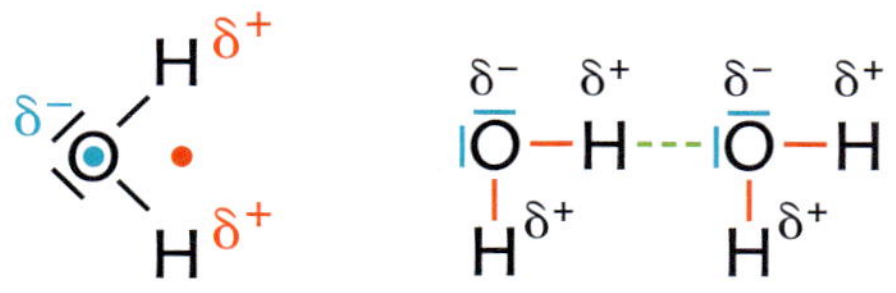

B22 Das Wasser-Molekül ist ein permanenter Dipol mit räumlich getrennten Ladungsschwerpunkten ● und ● (links). Wasser-Moleküle bilden untereinander Wasserstoffbrücken --- aus (rechts). — bezeichnen bindende Elektronenpaare, — nichtbindende Elektronenpaare.

Wasser als Lösemittel

Beim Lösen eines Salzes in Wasser kommt es zwischen den Ionen des Salzes und den Wasser-Molekülen zu **Ionen-Dipol-Wechselwirkungen**. Die Wasser-Moleküle lagern sich mit ihren positiven Ladungsschwerpunkten an die Anionen und mit den negativen Ladungsschwerpunkten an die Kationen an und lösen so die Ionen aus dem Ionengitter. Diesen Vorgang bezeichnet man als **Hydratation**. Die Ionen liegen jeweils umgeben von Wasser-Molekülen in Lösung vor, sie sind **hydratisiert** (**B23**).

Wechselwirkungen → S. 40 f.

06001-05
Animation zum Lösevorgang eines Salzes unter QR-/Mediencode 06001-05

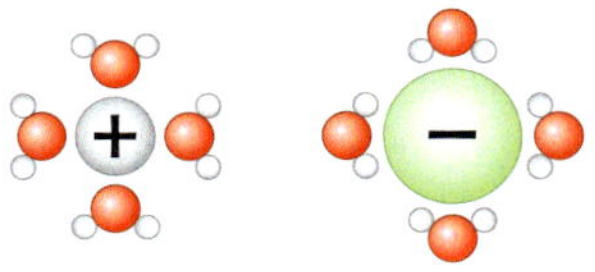

B23 Hydratisierte Ionen

VI Saure und alkalische Lösungen

Saure Lösungen

- färben **Universalindikator** gelb bis rot,
- leiten den elektrischen Strom,
- reagieren mit unedlen Metallen zu Wasserstoff und einem gelösten Salz und
- enthalten **Oxonium-Ionen H_3O^+**.

Saure Lösungen entstehen beim Lösen von Säuren in Wasser, z. B. von Schwefelsäure H_2SO_4:

$$H_2SO_4\ (l) + 2\ H_2O\ (l) \xrightarrow{aq} 2\ H_3O^+\ (aq) + SO_4^{2-}\ (aq)$$

Alkalische Lösungen (= Laugen)

- färben Universalindikator grün bis blau,
- leiten den elektrischen Strom und
- enthalten **Hydroxid-Ionen OH^-**.

Die Hydroxid-Ionen sind entweder in den zu lösenden Stoffen bereits enthalten oder werden in Wasser erst gebildet.
So entstehen **alkalische Lösungen**, z. B. beim Lösen von Metallhydroxiden (z. B. NaOH) in Wasser, oder bei der Reaktion von unedlen Metallen und deren Oxiden mit Wasser, z. B.:

$$Ca\ (s) + 2\ H_2O\ (l) \xrightarrow{aq} Ca^{2+}\ (aq) + 2\ OH^-\ (aq) + H_2\ (g)$$

$$CaO\ (s) + H_2O\ (l) \xrightarrow{aq} Ca^{2+}\ (aq) + 2\ OH^-\ (aq)$$

Der pH-Wert und Indikatoren

Der **pH-Wert** ist ein Maß dafür, wie sauer oder alkalisch eine Lösung ist bzw. ob eine neutrale Lösung vorliegt. Die pH-Skala enthält Werte zwischen pH = 0 und pH = 14. Dabei gilt:

- $pH < 7$: saure Lösung
- $pH = 7$: neutrale Lösung
- $pH > 7$: alkalische Lösung

Je saurer eine Lösung ist, desto niedriger ist ihr pH-Wert und umso höher ist die Konzentration der H_3O^+-Ionen. Je alkalischer eine Lösung ist, desto höher ist der pH-Wert und umso höher ist die Konzentration der OH^--Ionen.
Indikatoren zeigen durch Farbänderungen an, ob eine Lösung sauer, neutral oder alkalisch ist.

Der Säure-Base-Begriff nach BRØNSTED

Nach der Definition von **BRØNSTED** sind **Säuren** Teilchen, die bei einer chemischen Reaktion Protonen abgeben, also **Protonendonatoren**. Teilchen, die bei einer chemischen Reaktion Protonen aufnehmen, also **Protonenakzeptoren**, bezeichnet man als **Basen**.

Säure-Base-Reaktionen

Bei der Reaktion zwischen einer Säure und einer Base werden **Protonen H^+** von der Säure auf die Base übertragen. Säure-Base-Reaktionen sind **Protonenübertragungsreaktionen** (**B24**).
Ampholyte sind Stoffe und deren Teilchen, die sowohl als Säure als auch als Base wirken können. Z. B. ist Wasser ein Ampholyt. Wasser-Moleküle können in Abhängigkeit vom Reaktionspartner Protonen aufnehmen oder abgeben (**B24**):

$$H_2O\ (l) + HCl\ (g) \xrightarrow{aq} H_3O^+\ (aq) + Cl^-\ (aq)$$

$$H_2O\ (l) + NH_3\ (g) \xrightarrow{aq} OH^-\ (aq) + NH_4^+\ (aq)$$

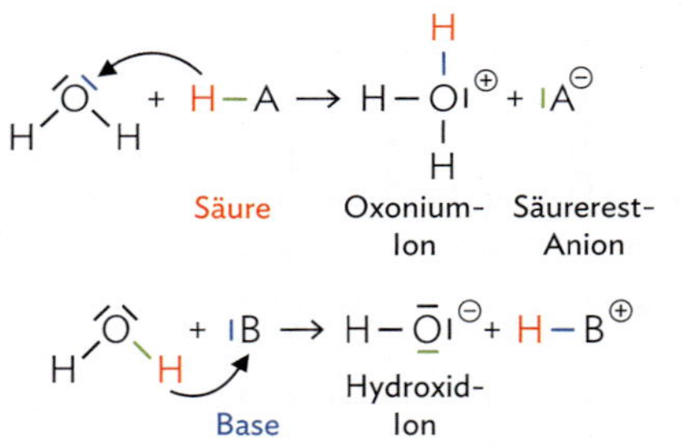

B24 Wasser als Ampholyt

Die **Neutralisation** ist eine Säure-Base-Reaktion, bei der gleiche Stoffmengen Oxonium-Ionen und Hydroxid-Ionen miteinander zu Wasser-Molekülen reagieren (**B25**). Salze können durch Neutralisation gebildet werden, z. B.:

$$H_3O^+\ (aq) + Cl^-\ (aq) + Na^+\ (aq) + OH^-\ (aq) \longrightarrow 2\ H_2O\ (l) + \underbrace{Cl^-\ (aq) + Na^+\ (aq)}_{\text{Natriumchloridlösung}}$$

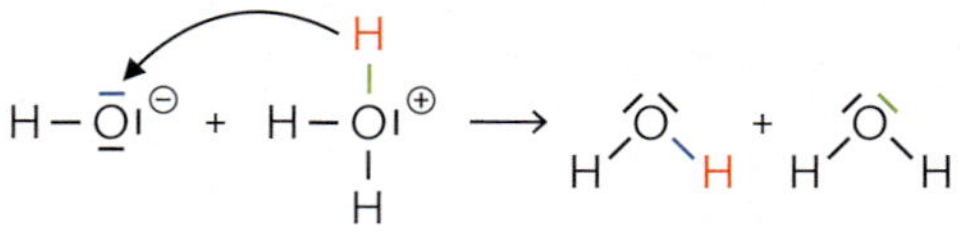

B25 Neutralisation auf Teilchenebene

VII Organische Chemie

Kohlenwasserstoffe

Organische Stoffe sind Verbindungen, deren Moleküle aus einem Grundgerüst miteinander verbundener Kohlenstoff-Atome bestehen. Kohlenwasserstoff-Moleküle bestehen nur aus Kohlenstoff- und Wasserstoff-Atomen. Sie sind die einfachsten Vertreter der organischen Verbindungen und bilden eine Stoffklasse.
Die einfachsten Vertreter der **Kohlenwasserstoffe** sind die **Alkane**. Man kann alle Vertreter der homologen Reihe mit einer allgemeinen Summenformel darstellen: C_nH_{2n+2}. Die aufeinanderfolgenden Vertreter besitzen jeweils ein CH_2-Gruppe mehr.
Alken-Moleküle besitzen eine Doppelbindung zwischen zwei Kohlenstoff-Atomen, die **Alkin**-Moleküle eine Dreifachbindung. Beide bilden je eine homologe Reihe. Die allgemeine Summenformel der Alkene lautet C_nH_{2n}, die der Alkine lautet C_nH_{2n-2}.

Sauerstoffderivate von Kohlenwasserstoffen

Alkanole leiten sich von den Alkanen ab und haben die allgemeine Summenformel $C_nH_{2n+1}OH$. Aldehyde, die durch Oxidation von primären Alkoholen entstehen, heißen **Alkanale**. Alkanal-Moleküle bestehen aus einem Alkyl-Rest und einer endständigen **Aldehyd-Gruppe –CHO**.
Ketone, die durch Oxidation von sekundären Alkoholen entstehen, bezeichnet man als Alkanone. Die Moleküle enthalten eine nicht endständige **Carbonyl-Gruppe >C=O**, die an zwei Kohlenstoff-Atome gebunden ist (Keto-Gruppe).
Die Moleküle von **Alkansäuren** mit der allgemeinen Summenformel $C_nH_{2n+1}COOH$ sind aus je einem Alkyl-Rest und einer **Carboxy-Gruppe –COOH** aufgebaut. Sie entstehen bei der Oxidation eines primären Alkohols über das entsprechende Alkanal.

LEWIS-Strukturformel

Die LEWIS-Strukturformel zeigt die Art und Reihenfolge der Verknüpfung der Atome im Molekül an und gibt an, wo die Valenzelektronen der Atome als bindende und nichtbindende Elektronenpaare lokalisiert sind. Beispiele:

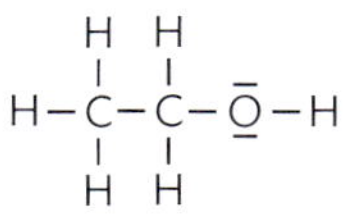

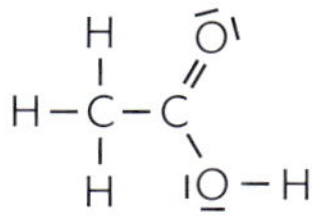

räumliche LEWIS-Strukturformel (Keilstrichformel)

Moleküle sind dreidimensionale Objekte, für deren Veranschaulichung in einer Ebene Striche alleine nicht ausreichen. Man setzt daher weitere Zeichenelemente ein, beispielsweise Keile und gestrichelte Linien. Keile führen zu Atomen vor, gestrichelte Linien zu Atomen hinter der Zeichenebene. Beispiel:

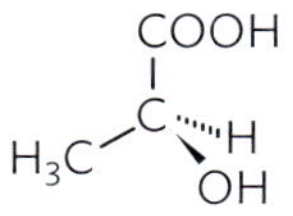

Molekülformel (Summenformel)

Die Molekülformel (Summenformel) gibt die Art und Anzahl der Atome in einem Molekül genau an. Beispiele:

C_2H_6	C_2H_6O	$C_6H_{12}O_6$
Ethan	Ethanol	Glucose

In der Regel kann aus einer gegebenen Molekülformel nicht eindeutig auf die Verbindung geschlossen werden, die damit gemeint ist, weil es mehrere Isomere mit der gleichen Molekülformel gibt.

Halbstrukturformel

Dieser Formeltyp ist eine Kombination aus Molekül- und LEWIS-Strukturformel und gibt vereinfacht die Konstitution des Moleküls wieder. Beispiel:

CH_3-CH_2-COOH
Propansäure

Skelettformel

Bei Skelettformeln wird auf die explizite Darstellung der Atomsymbole von Kohlenstoff- und Wasserstoff-Atomen verzichtet. Die C-C-Bindungen werden durch Striche dargestellt. Andere Atomarten werden gezeichnet und die Bindungswinkel werden beachtet.

VIII Nachweise anorganischer Stoffe und Ionen

Kohlenstoffdioxid

Kalkwasserprobe: Kalkwasser (Calciumhydroxidlösung) **trübt sich** nach dem Einleiten von Kohlenstoffdioxid.

Sauerstoff

Glimmspanprobe:
Ein glimmender Holzspan flammt auf.

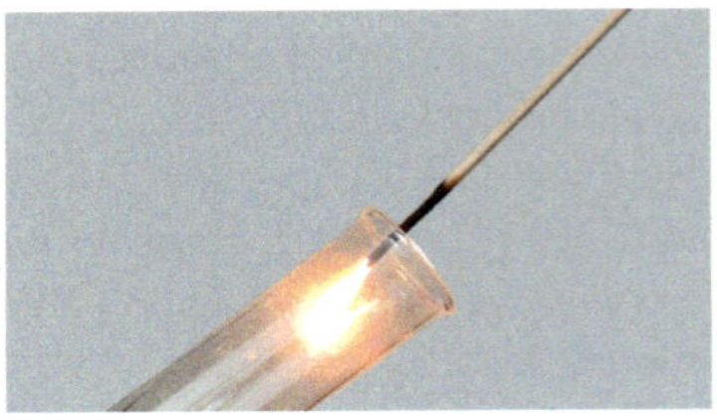

Ammonium-Ionen

Kreuzprobe: Auf einem Uhrglas reagiert ein Ammoniumsalz mit Natronlauge. Ein befeuchtetes und auf einem zweiten Uhrglas, welches die Reaktion abdeckt, befestigtes Universalindikatorpapier färbt sich blau.

Wasserstoff

Knallgasprobe: Zu hören ist ein Pfeifen, Knall oder Plopp.

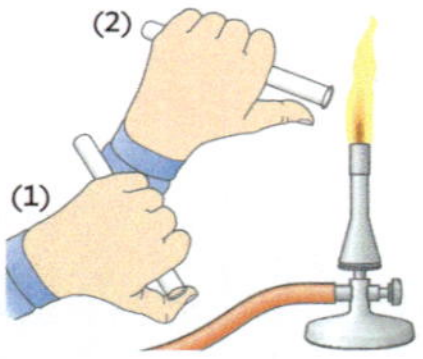

Wasser

Blaufärbung: Watesmo-Papier färbt sich mit Wasser blau.

Oxonium- und Hydroxid-Ionen

Farbänderung: Mit **Indikatoren** in flüssiger Form oder auf pH-Papier kann man feststellen, ob eine Lösung sauer, neutral oder alkalisch ist und die entsprechenden Oxonium- oder Hydroxid-Ionen enthalten muss.

Halogenid-Ionen

Niederschlag: Halogenid-Ionen (Chlorid, Bromid, Iodid) bilden in einer **Silbernitratlösung** unlösliches, weißes bis gelbliches Silberhalogenid.

AgCl	AgBr	AgI

Metall-Ionen

Flammenfärbung: Bestimmte Metall-Ionen erzeugen atomartspezifische Flammenfärbungen.

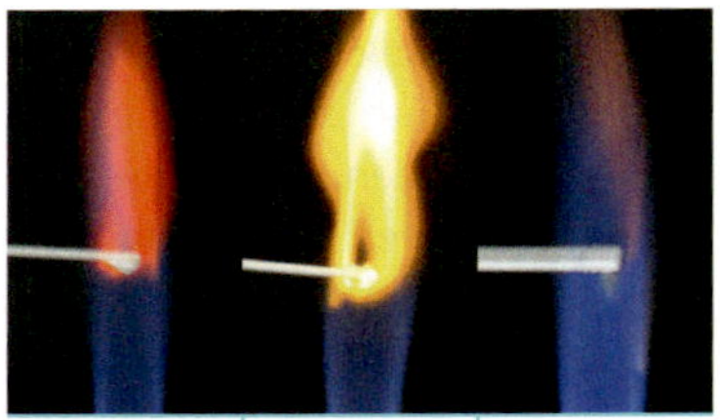

Li^+	Na^+	K^+

IX Nachweise organischer Stoffklassen

Alkane

Reaktion mit Halogenen bei intensiver Belichtung:
Entfärbung: Ein Wasserstoff-Atom in einem Alkan-Molekül wird bei **intensiver Belichtung** durch ein **Halogen-Atom** (z. B. Chlor, Brom) substituiert. Neben dem Halogenalkan wird Halogenwasserstoff gebildet, der in Lösung geht.

Aldehyde

TOLLENS-Probe: Aldehyd-Moleküle reduzieren Silber-Ionen zu Silber-Atomen (**Silberspiegel**).

BENEDICT-Probe: Aldehyd-Moleküle reduzieren Kupfer(II)-Ionen zu Kupfer(I)-Ionen (**rotbrauner Niederschlag**).

FEHLING-Probe: Aldehyd-Moleküle reduzieren Kupfer(II)-Ionen zu Kupfer(I)-Ionen (**rotbrauner Niederschlag**).

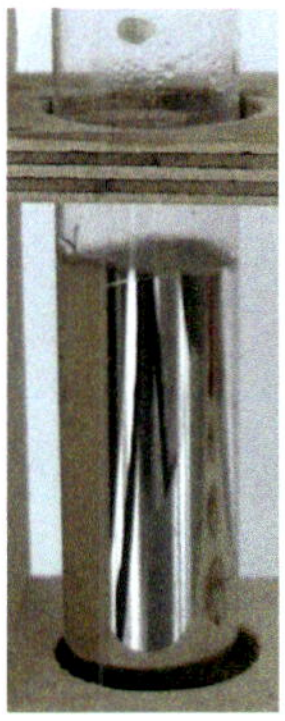

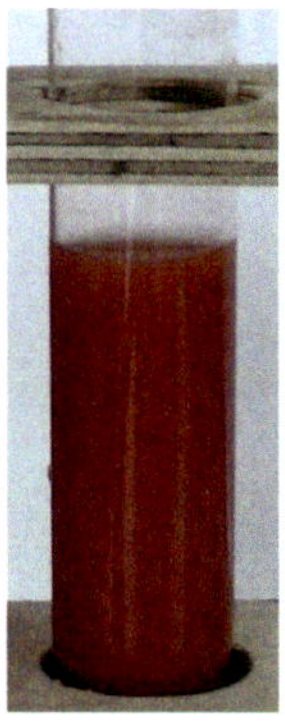

Mehrfachbindungen

Entfärbung: Doppelbindungen (z. B. Alkene) oder Dreifachbindungen (z. B. Alkine) addieren **Halogen-Atome** (z. B. Brom, Iod).

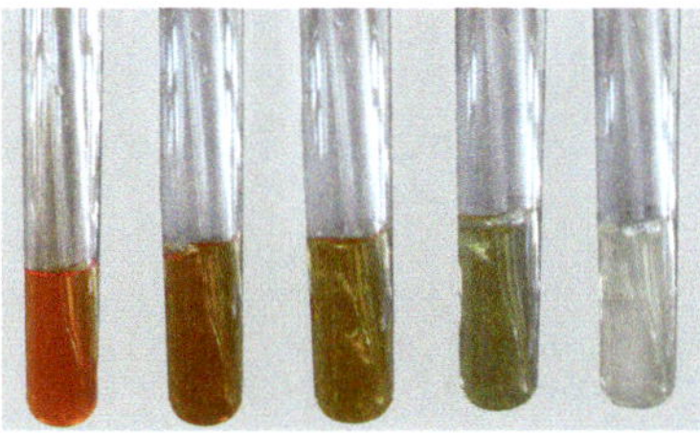

Alkohole

Farbänderung: Versetzt man eine Probelösung, die einen Alkohol enthält, mit **Cerammoniumnitratlösung**, bildet sich eine neue Verbindung, die **rotbraun** gefärbt ist.

Carbonsäuren

Farbänderung: Mit **Universalindikatorpapier** kann man feststellen, ob eine Lösung sauer, neutral oder alkalisch ist. Carbonsäuren reagieren sauer und färben das pH-Papier daher **rötlich**.

X Mit stoffmengenbezogenen Größen rechnen

Die molare Masse

Die **Stoffmenge *n*** beschreibt die Anzahl der Teilchen in einer Stoffportion. Die Stoffmenge *n* zählt zu den Stoffgrößen und hat die Einheit **Mol**. **1 mol** eines Stoffes entspricht der riesigen Zahl von 6,022 · 1023 Teilchen.
Bei **N_A = 6,022 · 1023 /mol** handelt es sich um die AVOGADRO-Konstante.
Bei bekannter Stoffmenge lässt sich auch die **Teilchenzahl *N*** bestimmen. Dabei ist unerheblich, ob es sich um Atome, Moleküle oder Ionengruppen handelt:
2 mol Wasser enthalten 2 · 6,022 · 1023 Wasser-Moleküle, 3 mol Wasser enthalten $3 \cdot 6{,}022 \cdot 10^{23}$ Wasser-Moleküle, 1 mol Argon enthält $1 \cdot 6{,}022 \cdot 10^{23}$ Argon-Atome usw.
Die **molare Masse *M*** (**B26**) eines Stoffes entspricht der Masse einer Stoffportion, die $6{,}022 \cdot 10^{23}$ Teilchen enthält. Die molare Masse ist der Quotient aus der Masse *m* und der Stoffmenge *n*:

$M = \frac{m}{n}$ Einheit g/mol

B26 1 mol Eisen und 1 mol Schwefel reagieren zu 1 mol Eisen(II)-sulfid.

Mithilfe der molaren Masse und der Reaktionsgleichung kann man ermitteln, welche Massen an Edukten notwendig sind, um eine bestimmte Masse an Produkt zu gewinnen (vgl. **FM** Rechenbeispiel) oder auch, wie viel Produkt aus einer bestimmten Eduktmenge gewonnen werden kann.

FM Die molare Masse bestimmen

Bestimmen Sie die molare Masse von Eisen(II)-sulfid.

VORGEHEN

1. Lesen Sie die Atommasse eines Eisen-Atoms und eines Schwefel-Atoms aus dem PSE (vgl. S. 594 f.) ab und übertragen Sie den Zahlenwert auf ein Mol Eisen bzw. Schwefel.
   $m(1\ Fe) = 55{,}8\ u$, $M(Fe) = 55{,}8\ g/mol$
   $m(1\ S) = 32{,}1\ u$, $M(S) = 32{,}1\ g/mol$
2. Addieren Sie alle an der Verbindung beteiligten Teilchen gemäß der Formel der Verbindung. Kommt in einer Formel eine Teilchensorte mehrfach vor, ist die Masse mehrfach zu berücksichtigen.
   $M(FeS) = 1 \cdot M(Fe) + 1 \cdot M(S) =$
   $1 \cdot 55{,}8\ g/mol + 1 \cdot 32{,}1\ g/mol =$
   $87{,}9\ g/mol$

Die molare Masse von Eisen(II)-sulfid beträgt 87,9 g/mol.

FM Rechenbeispiel

Ermitteln Sie die Massen der Edukte für die Herstellung von 5 g Eisen(II)-sulfid.

VORGEHEN

1. Formulieren Sie die Reaktionsgleichung.
   $Fe\ (s) + S\ (s) \longrightarrow FeS\ (s)$
2. Ermitteln Sie die Stoffmenge des Produkts mit einer Masse von 5 g.
   $n(FeS) = \frac{m(FeS)}{M(FeS)} = \frac{5\ g}{87{,}9\ g/mol}$
   $= 0{,}057\ mol$
3. Ermitteln Sie die benötigten Stoffmengen der Edukte mit Bezug auf die Reaktionsgleichung.
   Die Edukte reagieren im Stoffmengenverhältnis 1 : 1 und es gilt:
   $n(Fe) = n(S) = n(FeS) = 0{,}057\ mol$
4. Berechnen Sie die Massen der Edukte.
   $m(Fe) = M(Fe) \cdot n(Fe) =$
   $55{,}8\ g/mol \cdot 0{,}057\ mol = 3{,}2\ g$
   Analog erhält man für $m(S)$ 1,8 g.

Für die Herstellung von 5 g Eisen(II)-sulfid benötigt man 3,2 g Eisen und 1,8 g Schwefel.

Einfacher geht es mit Gasen – der Satz von AVOGADRO

Gleiche Volumina verschiedener **Gase** enthalten bei gleicher Temperatur und gleichem Druck gleich viele Teilchen. Die Art der Teilchen (Atome, Moleküle) ist dabei unerheblich. Da gleiche Volumina verschiedener Gase gleich viele Teilchen (**B27**) und damit auch gleiche Stoffmengen enthalten, ist das Volumen von 1 mol eines Stoffes bei gleichem Druck und gleicher Temperatur gleich.
Der Quotient aus Volumen und Stoffmenge ist das **molare Volumen V_m**. Bei 25 °C und 1 bar beträgt das molare Volumen eines Gases 24,5 L/mol, bei 0 °C und 1,013 bar beträgt es 22,4 L/mol.

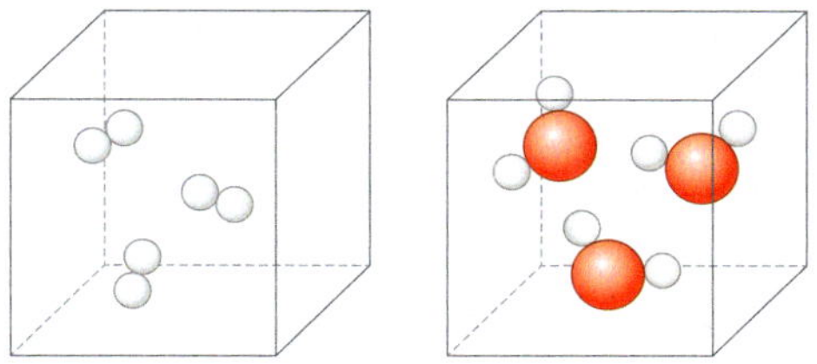

B27 Gleiche Volumina von Wasserstoffgas (links) und Wasserdampf (rechts) enthalten gleich viele Teilchen.

Beziehungen zwischen Größen

Aus der molaren Masse *M* kann die Berechnung der Masse *m* und schließlich die Berechnung der Stoffmenge *n* eines Stoffes abgeleitet werden. Ebenso können die Masse *m*, die Stoffmenge *n* und das Volumen *V* über die gezeigten Größengleichungen ineinander überführt werden (**B28**).

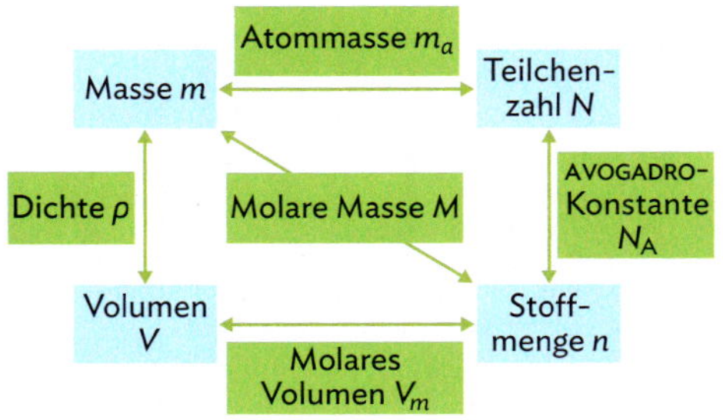

B28 Beim chemischen Rechnen sind diese Beziehungen wichtig.

FM Den Stoffumsatz einer Reaktion berechnen

Der Grenzwert für den Kohlenstoffdioxidausstoß für Pkw soll bei 95 g pro km liegen. Ein Pkw verbraucht auf 100 km fünf Liter Benzin. Es wird angenommen, dass Benzin aus reinem Isooctan (C_8H_{18}, ρ = 690 g/L) besteht.

ⓐ Berechnen Sie den Verbrauch an Isooctan in Gramm pro Kilometer.
ⓑ Ermitteln Sie, ob der Grenzwert für den Kohlenstoffdioxidausstoß überschritten wird.
ⓒ Berechnen Sie das Volumen des entstehenden Kohlenstoffdioxidgases.

VORGEHEN

1. Formulieren Sie die Reaktionsgleichung.
   $2\ C_8H_{18} + 25\ O_2 \longrightarrow 16\ CO_2 + 18\ H_2O$
2. Berechnen Sie die Masse des Stoffes mit bekannter Dichte bzw. bekanntem Volumen.
   $m(C_8H_{18}) = \rho(C_8H_{18}) \cdot V(C_8H_{18}) =$
   $690\ g/L \cdot 5\ L = 3450\ g$ (pro 100 km)

   Dies entspricht 34,5 g/km ⓐ.
3. Berechnen Sie die Stoffmenge dieses Stoffes mithilfe der (molaren) Masse.
   $n(C_8H_{18}) = \frac{m(C_8H_{18})}{M(C_8H_{18})} = \frac{34{,}5\ g}{114\ g/mol} = 0{,}30\ mol$
4. Entnehmen Sie der Reaktionsgleichung die Koeffizienten der beteiligten Stoffe. Bilden Sie das Zahlenverhältnis der Stoffmengen und lösen Sie nach der Stoffmenge des gesuchten Stoffes auf.
   $\frac{n(CO_2)}{n(C_8H_{18})} = \frac{16\ mol}{2\ mol}$; $n(CO_2) = 8 \cdot n(C_8H_{18}) =$
   $8 \cdot 0{,}30\ mol = 2{,}4\ mol$
5. Berechnen Sie die Masse des gesuchten Stoffes.
   $m(CO_2) = n(CO_2) \cdot M(CO_2) =$
   $2{,}4\ mol \cdot 44\ g/mol = 106\ g$

   Der Grenzwert wird überschritten ⓑ.
6. Multiplizieren Sie die Stoffmenge mit dem molaren Volumen.
   $V(CO_2) = V_m \cdot n(CO_2) =$
   $24{,}5\ L/mol \cdot 2{,}4\ mol = 58{,}8\ L$

   Es entstehen 58,8 L Kohlenstoffdioxidgas ⓒ.

1 Kohlenwasserstoffe

06007-001

Arbeitsblatt unter QR-/Mediencode 06007-001

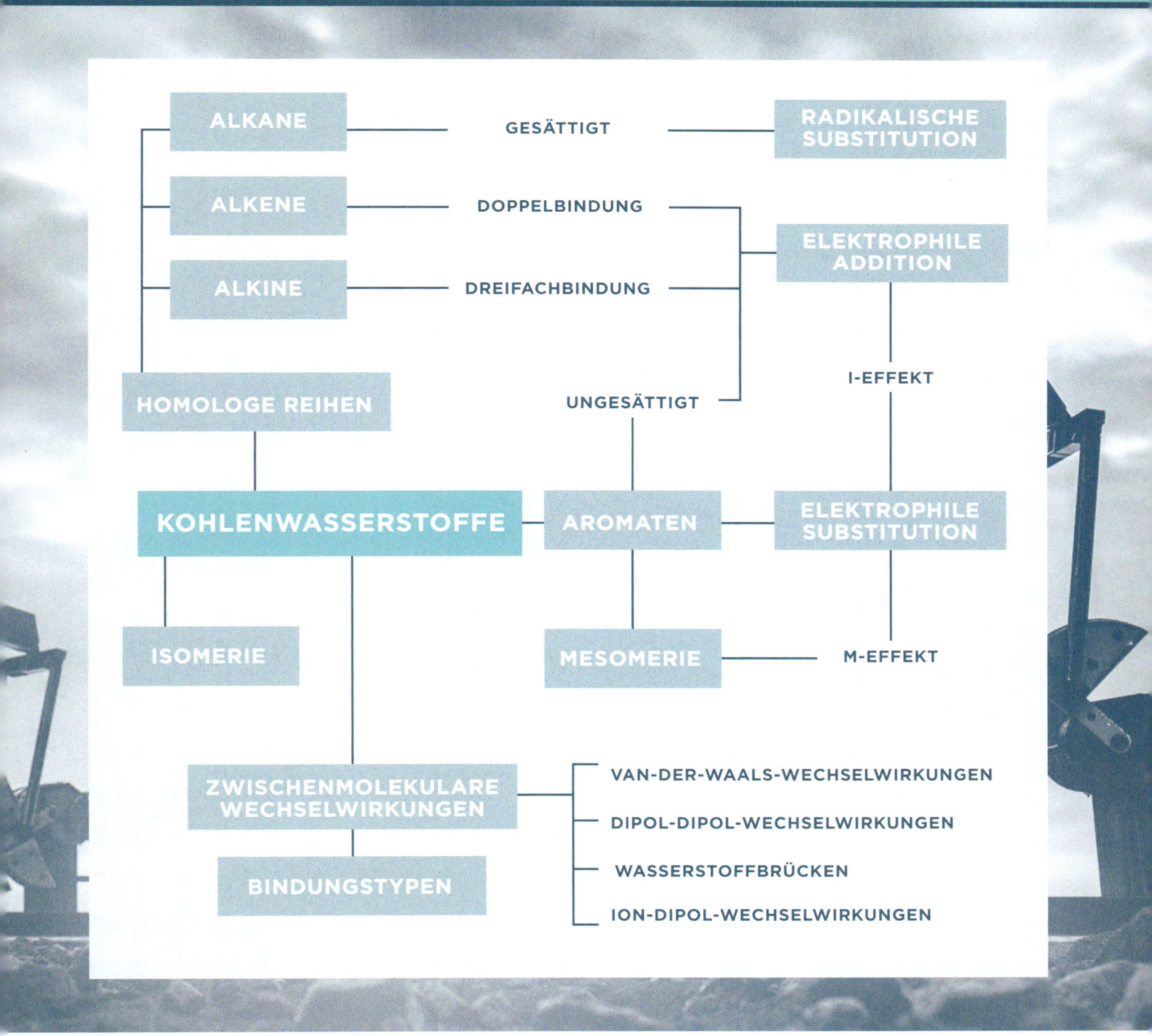

Startklar?

Schätzen Sie Ihre Kompetenz in den Bereichen A bis D ein und prüfen Sie sich anhand der entsprechenden Aufgaben (Arbeitsblatt unter Mediencode 06007-002).

06007-002

Unter QR-/Mediencode 06007-003 finden Sie außerdem eine Lernanwendung zur digitalen Überprüfung der geforderten Kompetenzen.

06007-003

Kompetenz	sehr gut	gut	schwierig
A Chemische Bindungen und Wechselwirkungen beschreiben	?	?	?
B Schreibweisen und Nomenklatur von Kohlenwasserstoff-Molekülen anwenden	?	?	?
C Eigenschaften von Kohlenwasserstoffen erklären und das Struktur-Eigenschafts-Prinzip anwenden	?	?	?
D Kohlenwasserstoffe anhand ihres Reaktionsverhaltens unterscheiden	?	?	?

KOMPETENZ A: Chemische Bindungen und Wechselwirkungen beschreiben

A1 Ordnen Sie die folgenden Reinstoffe den Stoffklassen Metalle, Salze und molekulare Stoffe zu: Kochsalz, Kupfer, Wasser, Kohlenstoffdioxid, Aluminium und Bittersalz.

A2 Eine Probe Kochsalz wird in verschiedene Lösemittel gegeben: Wasser, Pentan, Hexen und Benzin. Begründen Sie die zu erwartenden Beobachtungen.

A3 Wasser und Methan haben ähnliche molare Massen. Dennoch ist Wasser bei Raumtemperatur flüssig und Methan gasförmig. Erklären Sie dies anhand der Molekülstrukturen und der daraus resultierenden zwischenmolekularen Wechselwirkungen.

A4 Erläutern Sie die Ausbildung von Wasserstoffbrücken mithilfe der Abbildung und der Elektronegativitätswerte der Atome

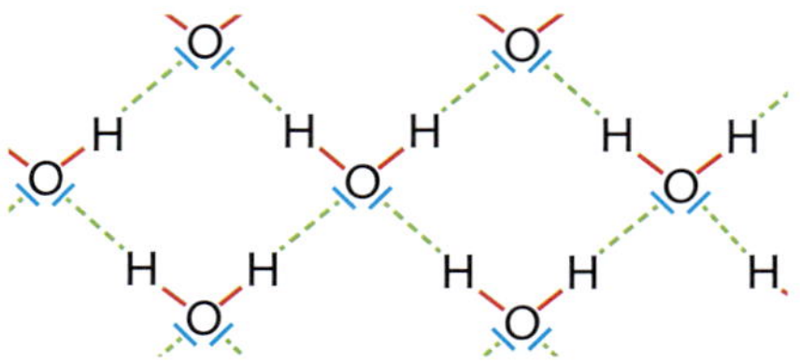

A5 Erläutern Sie, was man unter dem Begriff Elektronendichte versteht.

KOMPETENZ B: Schreibweisen und Nomenklatur von Kohlenwasserstoff-Molekülen anwenden

B1 Benennen Sie die Alkane, deren Moleküle ein, drei, fünf bzw. sieben Kohlenstoff-Atome besitzen. Geben Sie ihre Summenformeln an.

B2 Die Summenformel von Hexen ist C_6H_{12}. Hinter dieser verbergen sich mehrere unverzweigte Isomere des Hexens. Geben Sie jeweils die Halbstrukturformel an und benennen Sie die Kohlenwasserstoffe.

B3 Geben Sie die Summenformeln des Ethan-, Ethen- und Ethin-Moleküls an und zeichnen Sie die jeweiligen LEWIS-Strukturformeln. Nennen Sie Vor- und Nachteile beider Darstellungsformen.

B4 Benennen Sie die folgenden Moleküle:

1)

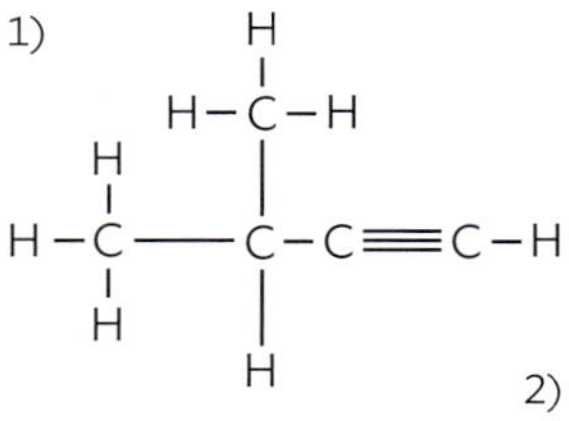

2)

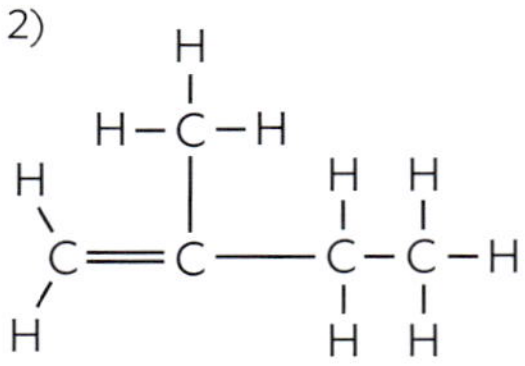

KOMPETENZ C: Eigenschaften von Kohlenwasserstoffen erklären und das Struktur-Eigenschafts-Prinzip anwenden

C1 Erläutern Sie den Begriff „homologe Reihe" am Beispiel der Alkane und begründen Sie die Zunahme der Siedetemperaturen der Alkane mit zunehmender Kettenlänge der Moleküle.

C2 2,2,4-Trimethylpentan und n-Octan besitzen dieselbe Molekülmasse von 114,2 u, unterscheiden sich aber in ihrer Flammtemperatur. Begründen Sie diesen Sachverhalt auf Teilchenebene unter Berücksichtigung zwischenmolekularer Wechselwirkungen.

C3 Ordnen Sie den einzelnen Alkanen die passende Siedetemperatur zu. Begründen Sie Ihre Zuordnungen.

n-Butan	−42,1 °C
Methan	−11,7 °C
n-Pentan	−0,5 °C
Propan	−36,1 °C
Isobutan	−161,5 °C

C4 Hexan löst sich in Heptan, jedoch nicht in Wasser. Erläutern Sie diesen Sachverhalt.

KOMPETENZ D: Kohlenwasserstoffe anhand ihres Reaktionsverhaltens unterscheiden

D1 Erdgas besteht hauptsächlich aus Methan. Es verbrennt mit blauer Flamme. Bei brennendem Erdöl sind dagegen oft schwarze Rauchwolken zu sehen
a) Formulieren Sie die Reaktionsgleichung für die Verbrennung von Methan. Benennen Sie die Produkte.
b) Erklären Sie die Beobachtungen bei der Verbrennung von Erdgas und Erdöl. Stellen Sie dazu einen Bezug zu den Strukturen der Moleküle im Erdgas und Erdöl her

D2 Gesättigte und ungesättigte Kohlenwasserstoffe reagieren unterschiedlich.
a) Beschreiben Sie die Beobachtung, die Sie bei der Bromierung von Hexan und Hex-1-en unter Lichtausschluss erwarten.
b) Definieren Sie die Begriffe gesättigte bzw. ungesättigte Kohlenwasserstoffe und ordnen Sie die Verbindungen Hexan und Hex-1-en den Bezeichnungen zu.
c) Benennen Sie die Produkte der Reaktionen von Hexan bzw. Hex-1-en mit Brom und geben Sie den Reaktionstyp an.
d) Begründen Sie, dass die Reaktion mit Brom aus a) nur unter Lichtausschluss als Nachweis für Doppelbindungen in Alkenen verwendet werden kann.

Vergleichen Sie Ihre Antworten mit den Lösungen auf den Seiten 530 f. und geben Sie sich die entsprechende Punktzahl.

Kompetenz	sehr gut	gut	schwierig	zum Nachlesen
A Chemische Bindungen und Wechselwirkungen beschreiben	18 – 14	13 – 9	8 – 5	S. 15, 20 – 23
B Schreibweisen und Nomenklatur von Kohlenwasserstoff-Molekülen anwenden	19 – 15	14 – 9	8 – 4	S. 25
C Eigenschaften von Kohlenwasserstoffen erklären und das Struktur-Eigenschafts-Prinzip anwenden	15 – 12	11 – 8	7 – 3	-
D Kohlenwasserstoffe anhand ihres Reaktionsverhaltens unterscheiden	22 – 17	16 – 11	10 – 6	S. 27

1.1 Intra- und intermolekulare Wechselwirkungen

Beim Kochen lassen sich unterschiedliche Eigenschaften von Stoffen beobachten. Die Metalle in Induktionskochtöpfen leiten den elektrischen Strom, Salze haben hohe Schmelztemperaturen und Wasser siedet bei 100 °C. Die Eigenschaften von Stoffen sind Grundlage für ihre Verwendung in Alltag und Technik. Welche Eigenschaften haben die Stoffklassen und wie kann man sie erklären?

1.1.1 Versuche und Material

V Elektrische Leitfähigkeit verschiedener Stoffe

Metalle und Salze sind aus gitterartigen Strukturen aufgebaut. Molekulare Stoffe nicht. Wie unterscheiden sich die drei Stoffklassen in ihrer elektrischen Leitfähigkeit?

V1 Stellen Sie eine Hypothese zur Eingangsfrage auf und planen Sie einen Versuch zur Überprüfung Ihrer Hypothese. Ihnen stehen Batterien, Kabel, Lämpchen, Krokodilklemmen, ein Kupferblech, demineralisiertes Wasser, Kochsalz, Kochsalzlösung und Traubenzuckerlösung zur Verfügung. Führen Sie das Experiment nach Rücksprache mit der Lehrkraft durch.

AUSWERTUNG

a) Übernehmen Sie den Tabellenkopf aus **B1** in Ihre Unterlagen und füllen Sie die Tabelle für die Stoffe Kupfer, Kochsalz, Kochsalzlösung, demineralisiertes Wasser und Traubenzuckerlösung aus.

b) Erläutern Sie den Unterschied zwischen demineralisiertem Wasser und Leitungswasser und erklären Sie die Auswirkungen auf die Leitfähigkeiten.

ENTSORGUNG A, R

Stoffebene		Teilchenebene		
Stoff	elek. Leitfähigkeit (+/−)	Modellvorstellung	Skizze des Aufbaus	Skizze bei Anlegen von Strom

B1 Tabellenkopf für die Auswertung von **V1**

M Tauziehen

Einer der bedeutendsten Naturwissenschaftler des 20. Jahrhunderts war der Chemiker LINUS PAULING. Nach PAULINGS Modellvorstellung teilen sich zwei gleichartige Atome, z. B. zwei Fluor-Atome, ein bindendes Elektronenpaar zwischen ihren Atomkernen. Beide Atomkerne ziehen dieses bindende Elektronenpaar aufgrund identischer Kernladung mit gleicher Kraft an. Es herrscht demnach ein Kräftegleichgewicht zwischen den Bindungspartnern. Was passiert jedoch, wenn eines dieser Atome die Elektronen stärker anzieht?

M2 Stellen Sie folgende Situationen nach:

1. Zwei ungleich starke Personen stellen sich einander gegenüber. Sie halten jeweils das Ende eines Seils fest, müssen auf ihrer Position bleiben und dürfen das Seil nicht loslassen. Beide versuchen, das Seil zu sich zu ziehen.

2. Stellen Sie diese Situation mit zwei gleich starken Personen nach.

AUSWERTUNG

a) Übertragen Sie die nachgestellten Szenen auf die Situation zwischen den Atomen des Sauerstoff-Moleküls und des Chlorwasserstoff-Moleküls. Erklären Sie mit chemischen Fachbegriffen, welche Rolle die Schülerinnen bzw. Schüler und das Seil dabei übernommen haben.

b) Bindungselektronen zwischen zwei Atomen können stärker zu einem der Atome verschoben sein. Leiten Sie die Auswirkungen auf das Molekül ab, das aus diesen Atomen aufgebaut ist.

c) Überlegen Sie, wie die Situation zwischen den Atomen im Wasser-Molekül mit einer vergleichbaren Anordnung im Klassenraum nachgestellt werden kann.

V/M Wechselwirkungen

Neben intramolekularen gibt es auch intermolekulare Wechselwirkungen. Welche Auswirkungen haben sie auf die Stoffeigenschaften?

V3 Legen Sie zwei dünne Blätter Papier leicht versetzt übereinander. Heben Sie das eine Blatt am Rand an und versuchen Sie das andere mit anzuheben.

V4 Wiederholen Sie **V3** mit Frischhaltefolie.

M5 **B2** zeigt die Siedetemperaturen von Wasserstoffverbindungen der Elemente der VI. Hauptgruppe.

V6 Planen Sie einen Versuch, um die Löslichkeit von Natriumchlorid in Wasser und in Heptan zu vergleichen. Führen Sie den Versuch nach Absprache mit der Lehrkraft durch.

AUSWERTUNG

a) Erklären Sie das Phänomen aus **V3** anhand der Stärke möglicher zwischenmolekularer Kräfte zwischen den im Papier enthaltenen Molekülen.

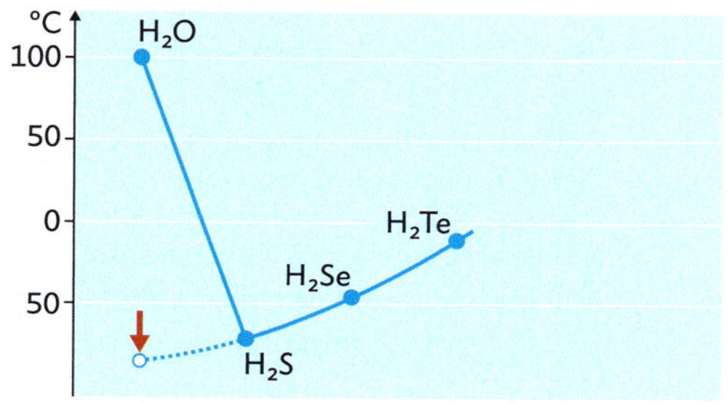

B2 Siedetemperaturen einiger Wasserstoffverbindungen

b) Frischhaltefolie besteht aus Polyethen, welches lange unpolare Moleküle enthält. Begründen Sie die Beobachtung bei **V4** auf Teilchenebene.

c) Erklären Sie, dass die Siedetemperatur von Wasser mit 100 °C deutlich höher ist als zu erwarten wäre (**M5**).

d) Erklären Sie die Beobachtungen bei **V6**.

ENTSORGUNG A, R, G3

1.1.2 Chemische Bindungstypen

Während Metalle beispielsweise bereits im festen Zustand elektrisch leitfähig sind, müssen Salze gelöst oder geschmolzen werden, um elektrischen Strom leiten zu können. Molekulare Stoffe leiten den elektrischen Strom in der Regel gar nicht (**V1**). Warum ist das so?

Die Metallbindung

Neben einer guten elektrischen Leitfähigkeit weisen Metalle auch eine gute Wärmeleitfähigkeit und einen charakteristischen metallischen Glanz auf. Die Eigenschaften lassen sich auf Teilchenebene mit dem **Elektronengasmodell** erklären (**B1**).

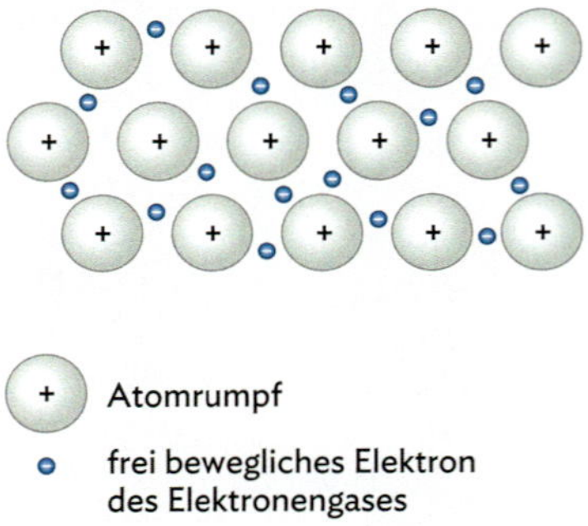

B1 Elektronengasmodell zur Darstellung der Metallbindung auf Teilchenebene

Die Atome der Metalle ordnen sich in großen Atomverbänden an, die aufgrund der regelmäßigen Struktur **Metallgitter** genannt werden. Die Valenzelektronen der Atome sind nur locker gebunden. Sie bilden ein frei bewegliches **Elektronengas** zwischen den positiv geladenen **Metall-Atomrümpfen**. Die Atomrümpfe sind hingegen auf festen Plätzen in einem stabilen dreidimensionalen Gitter regelmäßig angeordnet. Zwischen den Atomrümpfen und dem Elektronengas wirken starke Anziehungskräfte, die das Metall zusammenhalten. Diesen Zusammenhalt der Teilchen im Metallgitter nennt man **Metallbindung**. Die Voraussetzung für die elektrische Leitfähigkeit eines Stoffes ist das Vorhandensein von frei beweglichen Ladungsträgern. Bei Raumtemperatur befinden sich die Atomrümpfe und die Elektronen im Metallgitter in ständiger Bewegung, wobei die Atomrümpfe nur an ihren Gitterplätzen schwingen. Die Elektronen bewegen sich deutlich schneller und in alle Richtungen. Sobald eine elektrische Spannung angelegt wird, wird die Bewegung der Elektronen gerichtet. Sie bewegen sich dann an den Atomrümpfen vorbei in Richtung Pluspol. Wenn der Stromkreis geschlossen ist, gelangen neue Elektronen über den Minuspol in die Metallportion und bewegen sich ebenfalls zum Pluspol (**B2**).

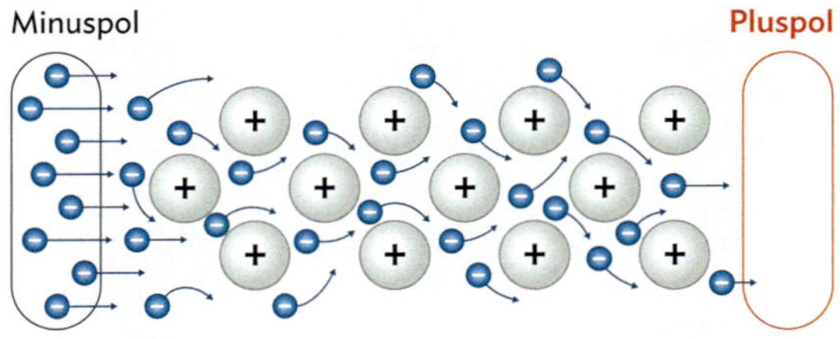

B2 Bewegung der Elektronen im Metallgitter bei angelegter Spannung

Die Ionenbindung

Ein Salzkristall ist aus **Metall-Kationen** und **Nichtmetall-Anionen** aufgebaut. Sie besetzen feste Plätze im **Ionengitter** (**B3**) und sind nicht beweglich. Das Ionengitter ist für die kristalline Struktur von Salzen verantwortlich. Die räumlich ungerichtete, starke Anziehung zwischen Kationen und Anionen wird als **Ionenbindung** bezeichnet. Die Struktur eines Ionengitters ist vom Ladungsverhältnis von Kation zu Anion und von deren Ionenradien abhängig. Das Zahlenverhältnis der Ionen ergibt sich aus der **Verhältnisformel.**

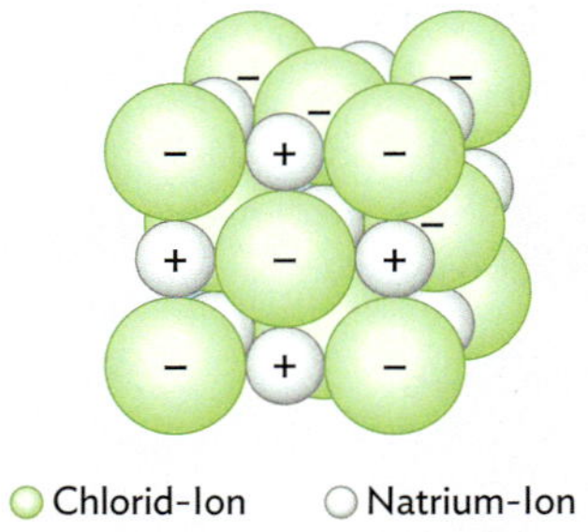

B3 Im Natriumchloridkristall sind Natrium-Ionen von Chlorid-Ionen umgeben und umgekehrt.

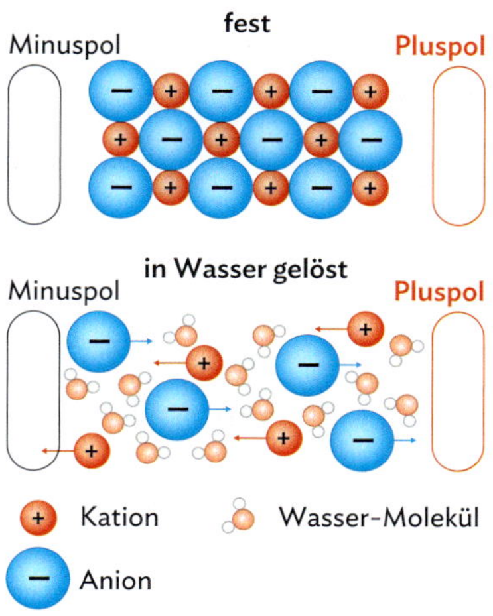

B4 Nur bewegliche Ionen können im elektrischen Feld wandern und leiten so den elektrischen Strom.

Salze sind gut in Wasser löslich, wobei ihre Löslichkeit begrenzt ist. Salzlösungen, aber auch Salzschmelzen, enthalten frei bewegliche Ionen und sind daher elektrisch leitfähig. Im festen Zustand leiten Salze den elektrischen Strom nicht, da die Ionen nicht frei beweglich sind (**B4**). Salzkristalle sind spröde, d. h. sie können nicht verformt werden, sondern zerspringen bei Druckeinwirkung.

Die Elektronenpaarbindung

Die Grundbausteine von molekularen Stoffen sind **Moleküle**, bei denen Nichtmetall-Atome über Elektronenpaarbindungen verbunden sind. Diese Bindung kommt nach dem **Elektronenwolkenmodell** (auch Kugelwolkenmodell) dadurch zustande, dass sich einfach besetzte Elektronenwolken zu einer doppelt besetzten Elektronenwolke überlappen. Die beiden Elektronen der überlappenden Elektronenwolken werden als **bindendes Elektronenpaar** bezeichnet. Durch die große Aufenthaltswahrscheinlichkeit der Bindungselektronen zwischen den Atomkernen kommt es zu elektrostatischen Anziehungskräften, welche die Atome in Molekülen aneinanderbinden. Es wird **Bindungsenergie** freigesetzt.
In einem Molekül, wie z. B. dem Fluor-Molekül (**B5**), erreicht jedes Atom durch seine Valenzelektronen und dem zusätzlichen Elektron des Bindungspartners die **Edelgaskonfiguration** des in der Periode folgenden Edelgases.
Je nach Anzahl der gemeinsamen bindenden Elektronenpaare liegt eine **Einfach-**, **Doppel-** oder **Dreifachbindung** vor. Nicht an einer Bindung beteiligte Elektronenpaare werden als **nichtbindende** oder **freie Elektronenpaare** bezeichnet.
Nach dem **EPA-Modell** ist der Raumbedarf von nichtbindenden Elektronenpaaren höher als der von bindenden Elektronenpaaren. Dies hat Auswirkungen auf den Bindungswinkel und damit die Molekülgeometrie.

EPA-Modell → S. 22

Molekulare Verbindungen wie Traubenzucker leiten den elektrischen Strom nicht, da sie keine frei beweglichen Ladungsträger enthalten (**V1**).

Das Elektronengasmodell nutzt man zur Erklärung von Metalleigenschaften. Diese Art der chemischen Bindung nennt man Metallbindung.
Salze sind aus Ionen aufgebaut, die für die Eigenschaften von Salzen verantwortlich sind. Die chemische Bindung heißt Ionenbindung.
Molekulare Stoffe sind aus Nichtmetall-Atomen aufgebaut, die über Elektronenpaarbindungen verbunden sind.

AUFGABEN

A1 Erklären Sie die Duktilität von Metallen und die Sprödigkeit von Salzen mithilfe einer Skizze auf Teilchenebene.

A2 Zeichnen Sie **B4** analog für Salzschmelzen.

A3 Erklären Sie unter Verwendung von Fachbegriffen, dass ein Wasserstoff-Molekül stabiler ist als ein Wasserstoff-Atom.

B5 Bildung des Fluor-Moleküls im Elektronenwolkenmodell

1.1.3 Die Polarität von Molekülen

Polare und unpolare Elektronenpaarbindungen

Die Elektronenpaarbindung und die Ionenbindung sind Grenztypen der chemischen Bindung. In den meisten Verbindungen herrschen Übergänge zwischen diesen beiden Bindungsarten.
Man spricht von einer **unpolaren Elektronenpaarbindung**, wenn die Moleküle aus gleichartigen Atomen aufgebaut sind, z. B. das Wasserstoff-Molekül H_2 oder das Chlor-Molekül Cl_2. Die Elektronen sind in diesen Molekülen gleichmäßig zwischen beiden Atomkernen verteilt, da beide Atome jeweils eine gleiche positive Kernladung haben (**B6** oben).
Handelt es sich um je zwei unterschiedliche Atome, die eine Bindung miteinander eingehen, so können die Elektronen von den verschiedenen Atomkernen unterschiedlich stark angezogen werden wie z. B. beim Chlorwasserstoff-Molekül HCl (**M2**). Das Chlor-Atom zieht die Elektronen stärker zu sich heran als das Wasserstoff-Atom. Dadurch ist die Elektronendichte am Chlor-Atom höher. Am Chlor-Atom entsteht somit ein negativer **Ladungsschwerpunkt**, am Wasserstoff-Atom ein positiver. Man spricht in einem solchen Fall von einer **polaren Elektronenpaarbindung** (**B6** unten).
Ladungsschwerpunkte werden auch **Partialladungen** genannt und mit dem griechischen Buchstaben **δ** („delta") abgekürzt. Das passende Vorzeichen für eine positive oder eine negative Partialladung wird ergänzt (**B6** unten).

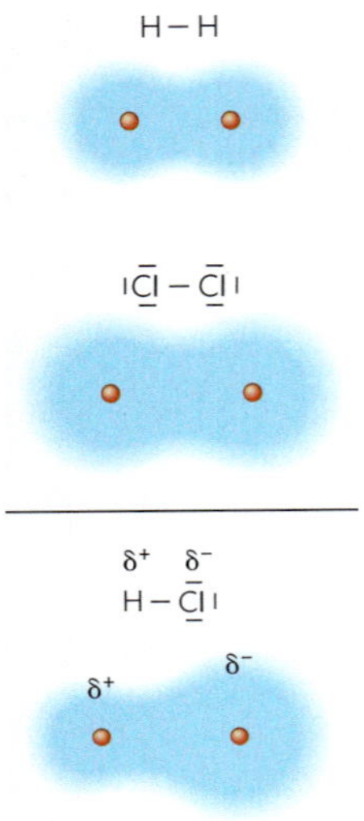

B6 Verteilung der Elektronendichte im Wasserstoff- und im Chlor-Molekül (oben) sowie im Chlorwasserstoff-Molekül (unten)

Die Elektronegativität

Die chemische Bindung basiert im Wesentlichen darauf, dass die negativ geladenen Elektronen der Bindung von den positiv geladenen Atomkernen beider aneinander gebundenen Atome angezogen werden (vgl. S. 37). Ein Maß für die Stärke eines Atoms in einem Molekül, bindende Elektronen anzuziehen, ist die **Elektronegativität** (**EN**). Die Elektronegativitäten der Atome wurden aus Messergebnissen ermittelt und sind als Vergleichszahlen im PSE angegeben (vgl. QR-/Mediencode 06010-039).

06010-039

Die Stärke der Polarität

Die **Elektronegativitätsdifferenz** (**ΔEN**) wird genutzt, um den unpolaren, polaren oder ionischen Charakter einer Bindung zu beschreiben (**B7**).

$\Delta EN \leq 0{,}4$	$0{,}4 < \Delta EN < 1{,}7$	$\Delta EN \geq 1{,}7$
nahezu unpolare Bindung	polare Bindung	Ionenbindung

B7 Abschätzung der Polarität einer Bindung in Abhängigkeit der Elektronegativitätsdifferenz (ΔEN)

Die **Polarität** bezeichnet, wie stark Ladungsschwerpunkte in einem Teilchen getrennt sind und damit, wie groß das elektrische **Dipolmoment** des Teilchens ist. Liegen in einem Molekül, z. B. im Wasser-Molekül, deutlich ausgeprägte unsymmetrische Ladungsschwerpunkte vor, liegt ein **permanentes Dipol-Molekül** vor. Im Kohlenstoffdioxid-Molekül hingegen sind die Partialladungen symmetrisch verteilt, sodass das Molekül unpolar ist (**B8**).

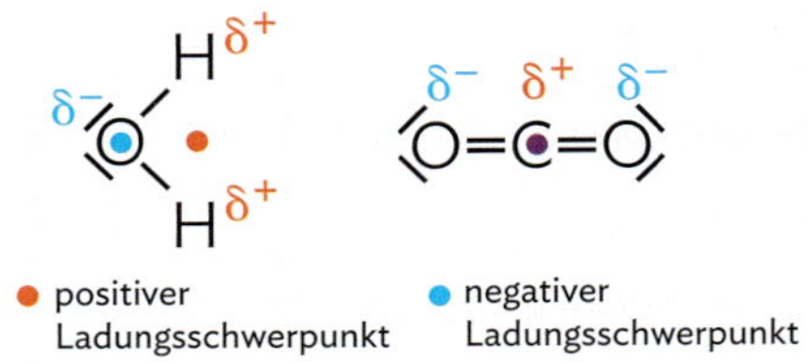

B8 Zusammengefasste Ladungsschwerpunkte im Wasser- (links) und im Kohlenstoffdioxid-Molekül (rechts)

Die Elektronegativität ist ein Maß für die Stärke eines Atoms in einem Molekül, bindende Elektronen anzuziehen. Anhand der Elektronegativitätsdifferenz lässt sich die Polarität einer chemischen Bindung ermitteln.

AUFGABEN

A1 Entscheiden Sie, ob folgende Bindungen polar oder unpolar sind. Kennzeichnen Sie die Partialladungen: H–H, C–H, N–H, F–H, P–O.

A2 Begründen Sie, dass CO ein Dipol-Molekül ist und CO_2 nicht.

1.1.4 Die Dipoleigenschaften von Molekülen ableiten

Die Polarität der Moleküle (vgl. S. 38) bestimmt die physikalischen und chemischen Eigenschaften eines Stoffes. Insofern ist es für die Arbeit einer Chemikerin oder eines Chemikers von großer Bedeutung zu wissen, ob die Teilchen eines Stoffes eine Polarität aufweisen. Mithilfe der Elektronegativitäten der Atome und der räumlichen Struktur nach dem EPA-Modell (vgl. S. 22) kann der Grad der Polarität vorausgesagt werden. Hierzu benötigt man die Elektronegativitätswerte (siehe PSE hinten im Buchdeckel).

Bestimmung der Polarität einer Elektronenpaarbindung

VORGEHEN

1. Stellen Sie die Lewis-Strukturformel des Moleküls auf, dessen Polarität untersucht werden soll (vgl. **FM** auf S. 36).
2. Benennen Sie die unterschiedlichen Bindungen im Molekül.
3. Bestimmen Sie die Elektronegativitätswerte der Atome der Elemente, die an den Bindungen beteiligt sind und berechnen Sie die Elektronegativitätsdifferenz ΔEN.
   Beispiel: ΔEN(C–H) = EN(C) – EN(H) = 2,5 – 2,1 = 0,4
4. Ordnen Sie die Elektronenpaarbindungen in polare und unpolare Bindungen (**B1**).

	Beispiel 1: Tetrafluormethan CF_4	Beispiel 2: Fluormethan CH_3F
1.	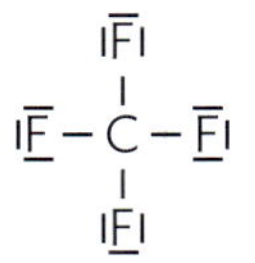	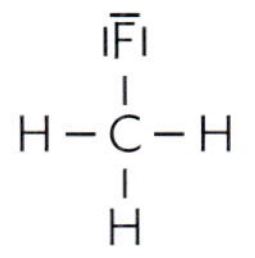
2.	C–F-Bindung	C–H-Bindung C–F-Bindung
3. und 4.	ΔEN(C–F) = 4 – 2,5 = 1,5 polar	ΔEN(C–H) = 2,5 – 2,1 = 0,4 unpolar ΔEN(C–F) = 4,0 – 2,5 = 1,5 polar

B1 Bestimmung der Polarität von Bindungen

Bestimmung des Dipolcharakters

VORGEHEN

1. Kennzeichnen Sie bei polaren Bindungen jeweils das Atom mit der niedrigeren Elektronegativität mit einer positiven Partialladung δ^+ und das Atom mit der höheren Elektronegativität mit einer negativen Partialladung δ^-. Unpolare Elektronenpaarbindungen werden nicht beschriftet. Kationen werden mit einer positiven Ladung +, Anionen mit einer negativen Ladung – gekennzeichnet.
2. Zeichnen Sie die Lewis-Strukturformel des Moleküls in einer dreidimensionalen Strukturdarstellung. Berücksichtigen Sie dabei die Regeln des EPA-Modells (vgl. S. 22).
3. Zeichnen Sie die positiven • und negativen • Ladungsschwerpunkte ein.
   Beispiel 1: Im Tetrafluormethan-Molekül ziehen alle Fluor-Atome gleich stark an den Bindungen in die Ecken des Tetraeders. Die Ladungsschwerpunkte verteilen sich symmetrisch. Darum ist das Molekül kein permanenter Dipol.
   Beispiel 2: Im Fluormethan-Molekül sind die Ladungsschwerpunkte • und • nicht symmetrisch angeordnet. Es handelt sich um einen permanenten Dipol (**B2**).

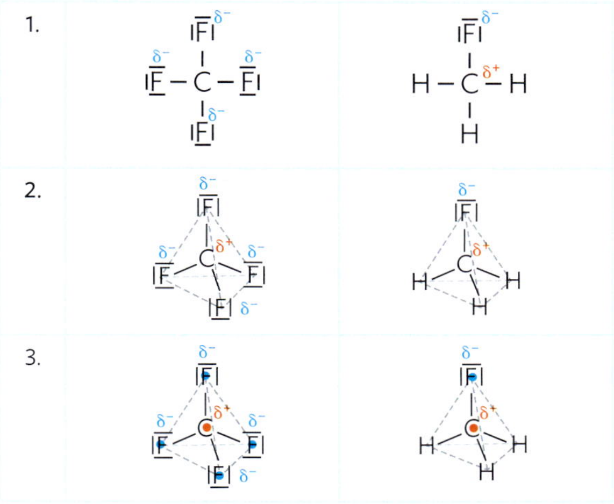

B2 Bestimmung des Dipolcharakters eines Moleküls

AUFGABE

A1 Leiten Sie für die Verbindungen HBr, C_2H_4, HCN, CH_4, CF_2H_2, NH_3 und H_2O_2 die Polarität ab.

1.1.5 Intermolekulare Wechselwirkungen

Menschen, die an einer Wand hoch oder an der Decke eines Raumes entlanglaufen können, gibt es nur in der Science-Fiction. Viele kleine Tiere, z. B. Fliegen, Spinnen oder Geckos, können dies wie von Zauberhand. Welche Kräfte wirken dort?

Die Wasserstoffbrücken

Obwohl Wasser nur aus sehr kleinen Molekülen mit geringer Masse besteht, siedet es erst bei 100 °C (**M5**). Dies deutet darauf hin, dass zwischen den Wasser-Molekülen besonders starke Wechselwirkungen bestehen müssen, da sehr viel Energie benötigt wird, um diese zu überwinden.
Die O–H-Bindung im Wasser-Molekül ist aufgrund der hohen Elektronegativitätsdifferenz von ΔEN(O–H) = 1,4 stark polar. Die bindenden Elektronen sind also zum Sauerstoff-Atom verschoben (vgl. S. 38). In Folge besitzt das Sauerstoff-Atom eine negative Partialladung (δ^-). Umgekehrt ist die Elektronendichte an den Wasserstoff-Atomen herabgesetzt, wodurch diese eine positive Partialladung (δ^+) besitzen. Aufgrund der gewinkelten Struktur des Wasser-Moleküls liegen die Ladungsschwerpunkte räumlich getrennt und das Wasser-Molekül ist ein Molekül mit **permanentem Dipol** (vgl. S. 38).
Zwischen benachbarten Wasser-Molekülen bestehen elektrostatische Anziehungskräfte. Die partiell positiven geladenen Wasserstoff-Atome bilden mit den freien Elektronenpaaren der partiell negativ geladenen Sauerstoff-Atome benachbarter Moleküle sogenannte **Wasserstoffbrücken** bzw. **H-Brücken** (**B1**). Diese Anziehungskräfte sind verantwortlich für die hohe Siedetemperatur von Wasser (**M5**).
Wasserstoffbrücken können auch zwischen anderen Molekülen gebildet werden, bei denen Wasserstoff-Atome an Atome stark elektronegativer Elemente mit freien Elektronenpaaren sind. Neben Sauerstoff-Atomen sind dies z. B. Stickstoff- oder Fluor-Atome.

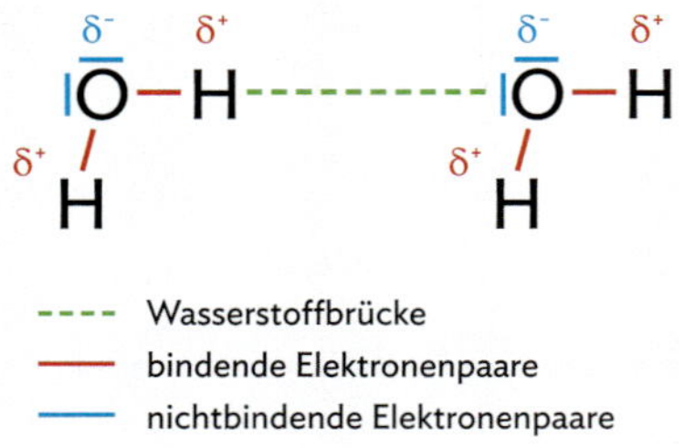

B1 Wasserstoffbrücke zwischen zwei Wasser-Molekülen

Die Dipol-Dipol-Wechselwirkungen

Zwischen Molekülen mit permanenten Dipolen, die keine Wasserstoffbrücken ausbilden, wirken die etwas schwächeren **Dipol-Dipol-Wechselwirkungen**. Diese zwischenmolekularen Wechselwirkungen sind schwächer als Wasserstoffbrücken jedoch stärker als die sogenannten VAN-DER-WAALS-Wechselwirkungen. Zum Beispiel treten zwischen Bromwasserstoff-Molekülen Dipol-Dipol-Wechselwirkungen auf (**B2**).

B2 Dipol-Dipol-Wechselwirkung zwischen zwei Bromwasserstoff-Molekülen

Die VAN-DER-WAALS-Wechselwirkungen

Hydrophobe Stoffe haben meist niedrigere Siedetemperaturen als hydrophile Stoffe ähnlicher Molekülmasse. So ist elementarer Sauerstoff bei Raumtemperatur gasförmig, Wasser dagegen flüssig, obwohl die Molekülmasse eines Sauerstoff-Moleküls fast doppelt so groß ist wie die eines Wasser-Moleküls. Die Wechselwirkungen zwischen unpolaren Molekülen sind wesentlich schwächer als zwischen polaren Molekülen. Dennoch existieren schwache anziehende Wechselwirkungen auch zwischen unpolaren Molekülen. Die Elektronen der Atomhülle sind in ständiger Bewegung und verteilen sich nicht immer gleichmäßig. Dadurch können sich in einem Bereich eines Moleküls zufällig mehr Elektronen aufhalten, während woanders Elektronenmangel herrscht. Diese kurzfristige, ungleiche Verteilung führt dazu, dass auch unpolare Moleküle vorübergehend als Dipol mit verschiedenen Teilladungen ① vorliegen können. Es wird dann von einem **temporären Dipol** gesprochen (**B3**).
Da sich gleiche Ladungen abstoßen, kann ein temporärer Dipol in einem Molekül eine Ladungsverschiebung in der Elektronenhülle eines Nachbarmoleküls bewirken, wodurch dort ein **induzierter temporärer Dipol** ② entsteht (**B3**). Die

in den temporären Dipolen vorliegenden entgegengesetzten Partialladungen können sich nun anziehen ③. Die resultierenden Anziehungskräfte werden **VAN-DER-WAALS-Wechselwirkungen** genannt (**B3**).
Da Elektronen in ständiger Bewegung sind, existieren die temporären Dipole nur sehr kurz und können sich an anderer Stelle wieder neu bilden. In Folge sind die VAN-DER-WAALS-Wechselwirkungen nur sehr schwach (**V3**), nehmen jedoch mit zunehmender Elektronenzahl und Teilchenoberfläche zu (**V4**). Ein Gecko wird an der Wand kopfüber durch diese VAN-DER-WAALS-Wechselwirkungen gehalten (Informationen unter QR-/Mediencode 06010-040).

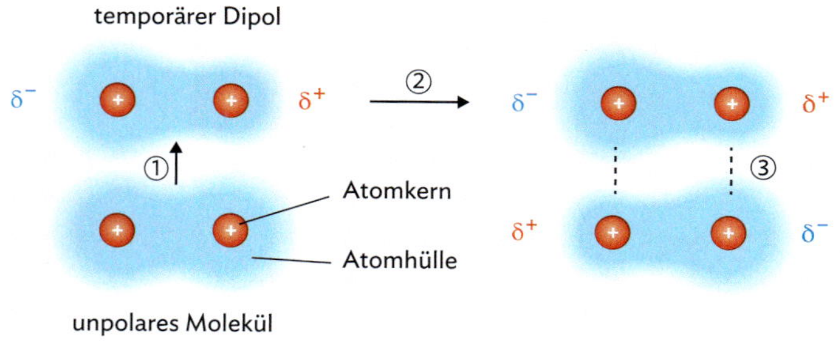

B3 Modell zur Entstehung von VAN-DER-WAALS-Wechselwirkungen

Die Ionen-Dipol-Wechselwirkungen

Viele Salze sind wasserlöslich, aber lösen sich nicht in hydrophoben Lösemitteln wie Heptan (**V6**). Salze bestehen aus positiv geladenen Kationen und negativ geladenen Anionen, die sich in einem regelmäßigen Kristallgitter anordnen (vgl. S. 37). Dipol-Moleküle wie das Wasser-Molekül, weisen permanente positive und negative Partialladungen auf. Zwischen entgegengesetzten Ladungen der Ionen und Partialladungen der Dipol-Moleküle treten elektrostatische Anziehungskräfte auf. Diese werden als **Ionen-Dipol-Wechselwirkungen** bezeichnet (**B4**).
Die Anziehungskräfte zwischen einem Ion und einem Dipol-Molekül sind stärker als zwischen zwei Dipol-Molekülen, da es sich bei Ladungen von Ionen um „echte" elektrische Ladungen und nicht nur um Partialladungen handelt. Die Ionen-Dipol-Wechselwirkungen sind stärker als Dipol-Dipol-Wechselwirkungen und Wasserstoffbrücken.
Ob sich ein Salz leicht oder schwer in Wasser löst hängt davon ab, wie stark die Ionen-Dipol-Wechselwirkungen im Vergleich zu den Anziehungskräften zwischen den Ionen im Kristall sind.

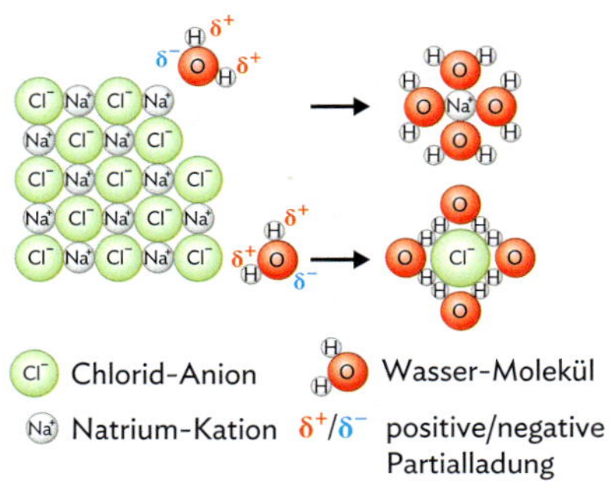

B4 Ausbildung von Ionen-Dipol-Wechselwirkungen beim Lösen eines Natriumchloridkristalls in Wasser

06010-040

VAN-DER-WAALS-Wechselwirkung werden häufig auch als VAN-DER-WAALS-Kräfte bezeichnet.

Ionen-Dipol-Wechselwirkungen sind die stärksten zwischenmolekularen Wechselwirkungen und bilden sich zwischen Ionen und Dipol-Molekülen aus. Wasserstoffbrücken sind starke Dipol-Dipol-Wechselwirkungen, die sich zwischen Molekülen ausbilden, in denen Wasserstoff-Atome an Atome stark elektronegativer Elemente gebunden sind. VAN-DER-WAALS-Wechselwirkungen sind die schwächsten zwischenmolekularen Wechselwirkungen und bilden sich zwischen unpolaren Molekülen aus.

AUFGABEN

A1 Beschreiben Sie den Unterschied von zwischenmolekularen Wechselwirkungen und einer chemischen Bindung.

A2 Bestimmen Sie, welche der folgenden Moleküle Wasserstoffbrücken ausbilden: Schwefelwasserstoff, Chlor, Methanol und Methan.

A3 In einem Mikrowellenherd wird ein elektrisches Feld erzeugt, das sehr schnell seine Polung umkehrt. Formulieren Sie eine Vermutung zur Funktionsweise des Garvorgangs wasserhaltiger Speisen in der Mikrowelle.

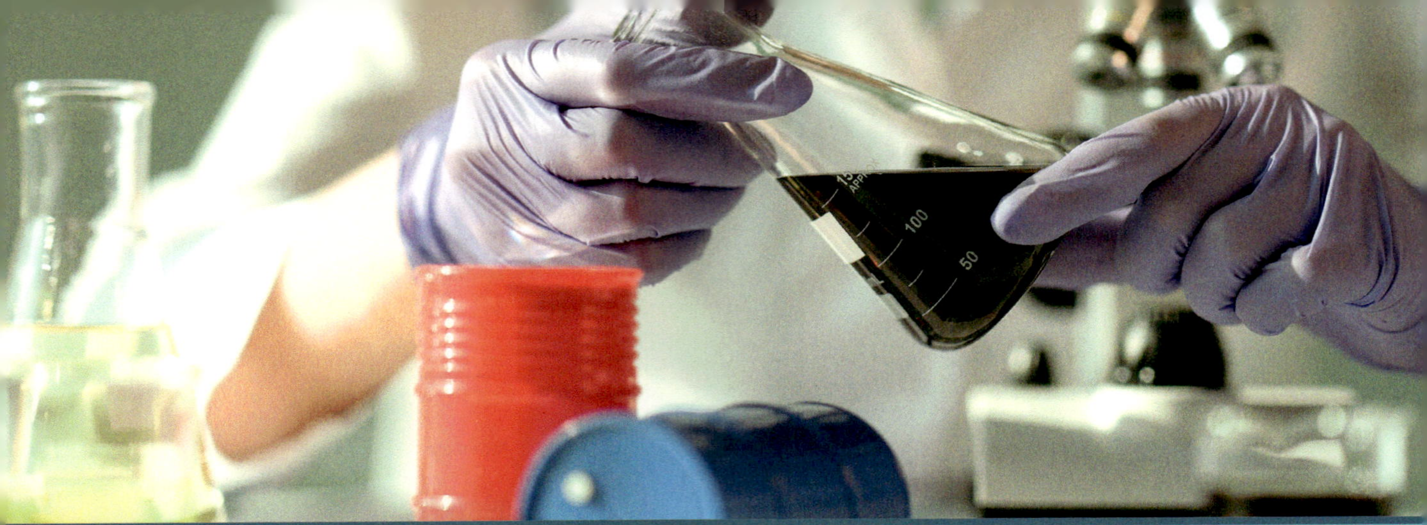

1.2 Die Alkane

Eine Welt ohne Kosmetikprodukte, ohne Antibiotika, ohne Farben und Lacke, ohne Plastik oder synthetische Textilfasern oder ohne asphaltierte Straßen ist heutzutage kaum mehr vorstellbar. All diese Produkte haben eine Gemeinsamkeit: Ihre Herstellung ist erdölbasiert. Wie kann es sein, dass aus einem Rohstoff so viele verschiedene Produkte hergestellt werden können?

1.2.1 Versuche und Material

V Nachweis der Elemente in organischen Verbindungen

2 5 7 8 9

Alkane sind organische Verbindungen, bei denen insbesondere zwei Elemente eine wichtige Rolle spielen. Wie kann man diese nachweisen?

V1 Bauen Sie den Versuch wie in **B1** gezeigt auf und führen Sie ihn durch.

V2 Bauen Sie den Versuch ab. Sammeln Sie das Kondensat des U-Rohrs und prüfen Sie es mit wasserfreiem Kupfer(II)-sulfat oder Watesmo-Papier. Füllen Sie etwa 5 mL der in der Waschflasche entstandenen Lösung in ein Reagenzglas. Geben Sie wenige Tropfen verdünnte Salzsäurelösung hinzu.

AUSWERTUNG

a) Erklären Sie die Beobachtungen in **V1** und **V2** in Bezug auf die durchgeführten Nachweise.
b) Schließen Sie aus den Verbrennungsprodukten auf Elemente, die in Heptan-Molekülen gebunden sind.
c) Formulieren Sie die Reaktionsgleichung für die Verbrennung von Heptan.
d) Formulieren Sie die Reaktionsgleichung für die Reaktion der verdünnten Salzsäurelösung mit der in der Waschflasche entstandenen Lösung (**V2**).

ENTSORGUNG R, G2, G3

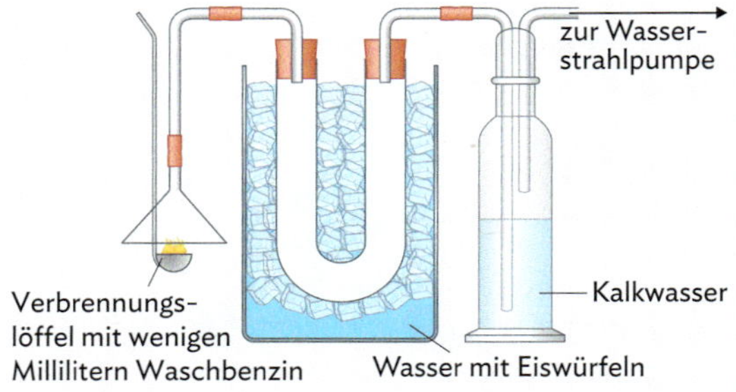

B1 Versuchsaufbau zu **V1**

M Molekülmodelle von Kohlenwasserstoffen darstellen und vergleichen

Pentan-Moleküle haben die Summeformel C_5H_{12}. Dazu lassen sich mehrere verschiedene Strukturformeln darstellen. Wie unterscheiden sie sich?

M3 Erstellen Sie mithilfe eines Molekülbaukastens alle möglichen Kugelstabmodelle des Pentan-Moleküls.

AUSWERTUNG

a) Übertragen Sie die Kugelstabmodelle der Pentan-Molekül ein LEWIS-Strukturformeln. Beschreiben Sie Ihre Vorgehensweise.

b) Beschreiben Sie die Molekülstrukturen. Geben Sie einem Partner bzw. einer Partnerin die Beschreibungen. Lassen Sie ihn bzw. sie den Beschreibungen je eine Molekülstruktur zuordnen.

V Eigenschaften von flüssigen Kohlenwasserstoffen

Hat die Länge der Molekülkette Einfluss auf die Eigenschaften von Stoffen?

V4 Hängen Sie an eine Schnur zwei Filterpapiere und geben Sie gleichzeitig 1 mL Heptan C_7H_{16} und Dodecan $C_{12}H_{26}$ auf je eines der Papiere.

V5 Geben Sie in drei Reagenzgläser je 2 mL Heptan. Geben Sie in je eines der Reagenzgläser einige Tropfen Speiseöl bzw. Wasser. Schütteln Sie kräftig. Das dritte Reagenzglas dient zum Vergleich.

V6 Wiederholen Sie **V5** mit Dodecan.

AUSWERTUNG

a) Zeichnen Sie die LEWIS-Strukturformeln der Kohlenwasserstoffe aus **V4**.

b) Ordnen Sie den Kohlenwasserstoffen aus **V4** die Siedetemperaturen 98 °C und 218 °C zu.

c) Ermitteln Sie aus **V5** und **V6** gemeinsame Eigenschaften der beiden Lösemittel.

ENTSORGUNG A, R, G3

V Heptan reagiert mit Brom

Alkane sind reaktionsträge. Damit sie eine Reaktion eingehen, bedarf es sehr reaktionsfreudiger Reaktionspartner und der Zufuhr von Licht oder Wärme. Welche Produkte entstehen?

LV7 In einem 100-mL-Erlenmeyerkolben werden ca. 15 mL *n*-Heptan vorgelegt und 4–5 Tropfen Brom hinzugegeben. Das Gemisch wird dann z. B. mithilfe eines Overheadprojektors belichtet. Nach wenigen Minuten wird ein feuchtes Universalindikatorpapier in den Gasraum gehalten.

LV8 Der Erlenmeyerkolben wird geschüttelt und beide entstehenden Phasen im Scheidetrichter getrennt. Führen Sie dann die sogenannte BEILSTEIN-Probe durch: Dazu wird ein Kupferblech in der nichtleuchtenden Flamme eines Gasbrenners aufgeglüht, bis keine Flammenfärbung mehr zu sehen ist. Anschließend werden ein paar Tropfen der organischen Phase aus dem Scheidetrichter auf das ausgekühlte Kupferblech gegeben. Das Kupferblech wird dann erneut in die nichtleuchtende Flamme gehalten.

LV9 Die BEILSTEIN-Probe wird mit *n*-Heptan wiederholt.

AUSWERTUNG

a) Protokollieren Sie Ihre Beobachtungen bei **LV7**.

b) Formulieren Sie eine Hypothese über die möglichen Reaktionsprodukte in **LV7**.

c) Planen Sie eine Versuchsreihe, um das gasförmige Reaktionsprodukt bei **LV7** nachzuweisen.

d) Formulieren Sie eine Vermutung, was mit der BEILSTEIN-Probe (**LV8**, **LV9**) nachgewiesen wird.

ENTSORGUNG R, G3, G4

1.2.2 Die Alkane und ihre Eigenschaften

Kohlenwasserstoffe

Verbrennt man Waschbenzin oder Methan und leitet den entstehenden Produktstrom zunächst durch ein mit Eiswasser gekühltes U-Rohr und dann in Kalkwasser ein, so bildet sich im U-Rohr ein Kondensat und das Kalkwasser wird trüb (**V1**, **V2**). Prüft man das Kondensat im U-Rohr mit wasserfreien Kupfersulfat, wird das Pulver blau. Dies ist ein Nachweis für entstandenes Wasser. Die Trübung des Kalkwassers weist Kohlenstoffdioxid nach. Bei der Verbrennung entstehen also Wasser und Kohlenstoffdioxid.

EPA-Modell → S. 22

Für die Verbrennung von Methan gilt analog:

$$\overset{-IV\,+I}{CH_4} + 2\,\overset{0}{O_2} \longrightarrow \overset{+IV\,-II}{CO_2} + 2\,\overset{+I\;-II}{H_2O}$$

Das Kohlenstoff-Atom wird oxidiert, seine Oxidationszahl erhöht sich von –IV auf +IV. Die des Sauerstoff-Atoms erniedrigt sich von 0 auf –II, es wird reduziert. Die Verbrennung von Methan ist eine Redoxreaktion.
Die Moleküle der Brennstoffe enthalten Kohlenstoff- und Wasserstoff-Atome. Da die Verbrennung an der Luft erfolgt, lässt der Versuchsaufbau keine eindeutige Aussage über die Herkunft der Sauerstoff-Atome zu. Stoffe, deren Moleküle nur Kohlenstoff- und Wasserstoff-Atome enthalten, bilden die sehr umfangreiche Stoffgruppe der **Kohlenwasserstoffe**. Wie ist es möglich, dass sich aus nur zwei Atomarten so viele unterschiedliche Verbindungen bilden können?

Name	Summenformel
Methan	CH_4
Ethan	C_2H_6
Propan	C_3H_8
Butan	C_4H_{10}
Pentan	C_5H_{12}
Hexan	C_6H_{14}
Heptan	C_7H_{16}
Octan	C_8H_{18}
Nonan	C_9H_{20}
Decan	$C_{10}H_{22}$

B1 Die ersten zehn Vertreter der homologen Reihe der Alkane

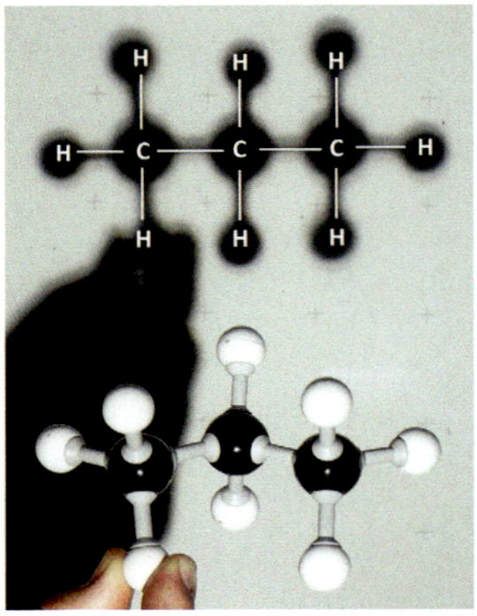

B2 Schattenbild des Kugelstabmodells eines Propan-Moleküls

Die homologe Reihe der Alkane

Ein Kohlenstoff-Atom (IV. Hauptgruppe im PSE) besitzt vier Valenzelektronen und bildet vier Elektronenpaarbindungen zu Bindungspartnern aus, um die **Edelgasregel** zu erfüllen. Ein Kohlenstoff-Atom ist **vierbindig**. Der einfachste Vertreter der Kohlenwasserstoffe ist **Methan CH_4** (**B1**). In einem Methan-Molekül bildet das zentrale Kohlenstoff-Atom vier Elektronenpaarbindungen zu je einem Wasserstoff-Atom aus. Da sich die Elektronenpaare abstoßen, sind die Wasserstoff-Atome im Methan-Molekül **tetraedrisch** am Kohlenstoff-Atom angeordnet (vgl. S. 23, **B21**).
Kohlenstoff-Atome können nicht nur Wasserstoff-Atome binden. Im **Ethan-Molekül** ist ein Kohlenstoff-Atom über eine Einfachbindung mit einem zweiten Kohlenstoff-Atom verbunden. Jedes dieser Atome hat somit noch drei Bindungsstellen frei, die jeweils mit Wasserstoff-Atomen besetzt sind. Ein Ethan-Molekül hat demnach die Summenformel **C_2H_6** (**B1**).
Das nächst größere Kohlenwasserstoff-Molekül ist das **Propan-Molekül C_3H_8** (**B2**). Es besteht aus drei Kohlenstoff-Atomen und, entsprechend der übrigen freien Bindungen, acht Wasserstoff-Atomen.
Kohlenwasserstoffe, in deren Molekülen die Kohlenstoff-Atome über Einfachbindungen miteinander verknüpft sind, nennt man **Alkane**.
In der sogenannten **homologen Reihe** der Alkane (**B1**) unterscheiden sich die aufeinanderfolgenden Moleküle immer um genau eine **Methylen-Gruppe $-CH_2-$**. Die Vertreter der homologen Reihe der Alkane besitzen die allgemeine Summenformel **C_nH_{2n+2}**.

Nomenklatur der Alkane

Alkane sind durch die Endsilbe **-an** im Namen gekennzeichnet. Die Vorsilben geben grundsätzlich die Anzahl der im Molekül vorliegenden Kohlenstoff-Atome über das entsprechende griechische Zahlwort wieder. Aus historischen Gründen sind für die ersten vier Vertreter der Reihe abweichend davon die Vorsilben Meth-, Eth-, Prop- und But- vergeben worden. Danach werden die Vorsilben Pent-, Hex-, Hept-, Oct-, Non-, Dec- usw. genutzt.

Verzweigte Alkan-Moleküle

Ersetzt man in einem linearen Alkan-Molekül ein Wasserstoff-Atom durch eine Kohlenwasserstoff-Kette, so entstehen verzweigte Alkan-Moleküle (**M3**). Diese **Seitenketten** werden als **Alkyl-Gruppen** bezeichnet. Ersetzt man z. B. in einem Butan-Molekül am zweiten Kohlenstoff-Atom das Wasserstoff-Atom durch eine **Methyl-Gruppe –CH_3**, so erhält man ein verzweigtes Molekül der Summenformel C_5H_{12} (**B3** B). Dies entspricht der Summenformel des Pentans.

Stoffe, deren Moleküle bei gleicher Summenformel einen unterschiedlichen Molekülbau aufweisen, bezeichnet man allgemein als **Isomere**. Aufgrund der unterschiedlich verzweigten Form seiner Moleküle unterscheidet man zwischen dem unverzweigten *n*-Pentan (**B3** A) und Isopentanen (**B3** B und C). Das vorangestellte *n* steht für „normal". *Iso*- und *n*-Pentan sind **Konstitutionsisomere**, da sie sich im Aufbau (Konstitution) unterscheiden. Für eine eindeutige Benennung der Pentan-Isomere ist die Vorsilbe *Iso*- nicht ausreichend, sodass eine Benennung nach vereinbarten Regeln erfolgen muss (vgl. **FM** S. 54 – 55).

Schmelz- und Siedetemperaturen

Alkan-Moleküle enthalten unpolare C–C-Bindungen und gering polare C–H-Bindungen. Aufgrund kurzzeitiger ungleicher Ladungsverteilung entstehen in den Molekülen temporäre Dipole, die die Ausbildung schwacher **VAN-DER-WAALS-Wechselwirkungen** ermöglichen. Deren Stärke steigt mit der Elektronenzahl im Molekül und der Größe der Oberfläche des Moleküls.

Alkane mit kurzkettigen Molekülen haben aufgrund der sehr schwachen VAN-DER-WAALS-Wechselwirkungen eine niedrige Schmelz- und Siedetemperatur und sind bei Raumtemperatur gasförmig. Erst ab dem *n*-Pentan C_5H_{12} sind die zwischenmolekularen Wechselwirkungen stark genug, um das Alkan im flüssigen Aggregatzustand zu halten. Je länger die Kohlenstoff-Kette der Alkan-Moleküle wird, desto höher liegen die Schmelz- und Siedetemperaturen der Alkane (**V4**). Dies lässt sich auch an den unterschiedlichen Siedetemperaturen der Pentan-Isomere in **B3** erkennen.

Löseverhalten

Alkane lösen sich gut ineinander. Auch Stoffe aus unpolaren Molekülen wie z. B. Speiseöl werden gut in ihnen gelöst, da zwischen unpolaren Molekülen VAN-DER-WAALS-Wechselwirkungen wirken (**V5**, **V6**). Alkane sind **lipophil** (griech. *lipos*, Fett und *philos*, liebend).

Stoffe mit permanenten Dipolen bilden stärkere Dipol-Dipol-Wechselwirkungen oder Wasserstoffbrücken aus. Mischt man ein Alkan mit Wasser, so sind die Wechselwirkungen zwischen den Wasser-Molekülen so stark, dass sich die Alkan-Moleküle nicht dazwischen platzieren können (**V5**, **V6**). Alkane sind nicht mit Wasser mischbar, sie sind **hydrophob** (griech. *hydor*, Wasser und *phobos*, Furcht).

A
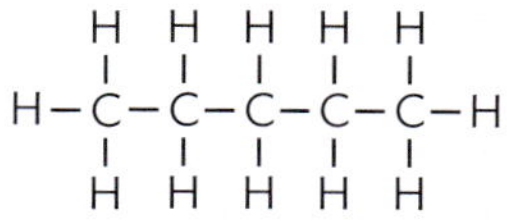
n-Pentan
36,1 °C

B
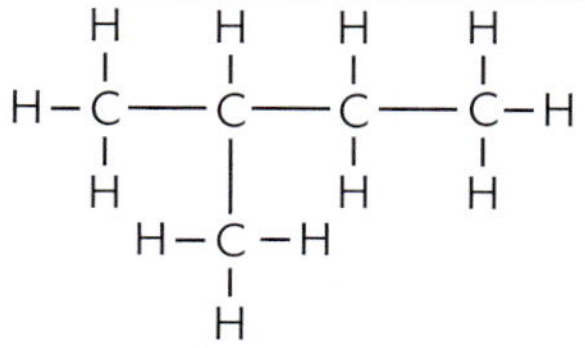
2-Methylbutan
27,9 °C

C
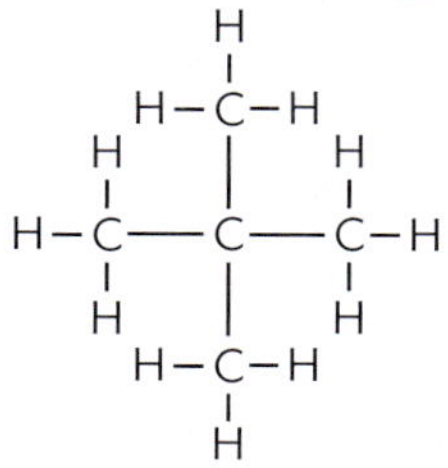
2,2-Dimethylpropan
9,5 °C

B3 LEWIS-Strukturformeln und Siedetemperaturen der Pentan-Isomere

Alkane sind die einfachsten Vertreter der Kohlenwasserstoffe, in deren Molekülen die Kohlenstoff-Atome über Einfachbindungen miteinander verknüpft sind. Sie haben die allgemeine Summenformel C_nH_{2n+2}. Alkan-Moleküle können kettenförmig oder verzweigt vorliegen. Sie sind unpolar und Alkane sind daher lipophil bzw. hydrophob.

AUFGABEN

A1 Zeichnen Sie die Strukturformeln und Skelettformeln (vgl. S. 25) aller möglichen Moleküle von Hexan-Isomeren.

A2 Erklären Sie die Abhängigkeiten der Siede- bzw. Schmelztemperaturen von Alkanen auf Teilchenebene.

A3 Beurteilen Sie die Möglichkeit, einen Fettfleck mit Wasser oder Waschbenzin aus der Kleidung zu entfernen.

1.2.3 Die radikalische Substitution

Heptan reagiert mit Brom

06006-62
Video zur Bromierung von Hexan unter QR-/Mediencode 06006-62

Gibt man einige Tropfen Brom zu *n*-Heptan und belichtet die Mischung mit einer starken Lichtquelle, bildet sich nach kurzer Zeit ein Nebel (**LV7**). Hält man feuchtes Indikatorpapier in den Nebel, färbt es sich rot. Es zeigt eine saure Lösung an.

Bei der Reaktion in **LV7** ist das Gas Bromwasserstoff entstanden, dessen Moleküle ähnlich wie Chlorwasserstoff-Moleküle als Säure reagieren können. Am feuchten Universalindikatorpapier reagieren die Bromwasserstoff-Moleküle mit den Wasser-Molekülen zu Oxonium-Ionen und Bromid-Ionen.

06022-249

Der positive Verlauf der BEILSTEIN-Probe (**LV8**, **LV9**) weist auf eine halogenhaltige organische Verbindung als zweites Reaktionsprodukt hin.

Die Entfärbung des Brom-Heptan-Gemisches resultiert aus der Reaktion des Broms mit Heptan. Brom liegt somit nach der Reaktion nicht mehr elementar vor. Es entstehen Monobromheptan ($C_7H_{15}Br$) und Bromwasserstoff (HBr). Im Heptan-Molekül ist ein Wasserstoff-Atom durch ein Brom-Atom ersetzt worden.

$$C_7H_{16}\ (l) + Br_2\ (l) \xrightarrow{\text{Licht}} C_7H_{15}Br\ (l) + HBr\ (g)$$

Die beobachtete Reaktion zwischen Brom und Heptan ist exemplarisch. Sie findet zwischen Vertretern der Stoffgruppe der Alkane und Vertretern der Stoffgruppe der Halogene statt. Es entstehen **Halogenalkane**. Ihre Moleküle sind Alkan-Moleküle, in denen ein oder mehrere Wasserstoff-Atome durch Halogen-Atome (F, Cl, Br, I) **substituiert** (ersetzt) sind.

Mechanismus der radikalischen Substitution S_R

In der chemischen Industrie geht es darum, Produktionswege zu optimieren. Dafür ist es notwendig, die ablaufenden Teilreaktionen des **Reaktionsmechanismus**, der zum gewünschten Produkt führt, zu kennen. Nur so kann es gelingen, Reaktionen zu beschleunigen oder bestimmte Produkte zu bevorzugen. In einer Reaktionsgleichung werden nur Edukte und Produkte angegeben. Über den Weg, den die Edukte zu den Produkten durchlaufen, gibt sie keine Auskunft. Zur Veranschaulichung der einzelnen Teilschritte einer chemischen Reaktion nutzt man einen Reaktionsmechanismus. Der Reaktionsmechanismus hat Modellcharakter. Er stützt sich auf experimentelle Befunde, die Hypothesen über den Ablauf der Reaktion auf Teilchenebene ermöglichen. Am Beispiel der Bromierung von Methan sollen die konkreten Teilreaktionen, die zum Produkt Brommethan führen, dargestellt werden.

1. Startreaktion

Die Startreaktion bedarf hoher Aktivierungsenergie. Erst durch die Absorption von energiereichem Licht werden einzelne Brom-Moleküle des braunen Broms **homolytisch** zu Brom-**Radikalen** Br• mit einem ungepaarten Valenzelektron gespalten (vgl. QR-/Mediencode 06022-249). Hierfür eignet sich blaues Licht, rotes dagegen nicht, da es zu energiearm ist.

a

2. Kettenreaktion

Brom-Radikale sind äußerst reaktive Teilchen. Sie reagieren mit einem Wasserstoff-Atom des Methan-Moleküls, wobei die Kohlenstoff-Wasserstoff-Bindung homolytisch gespalten wird.

b
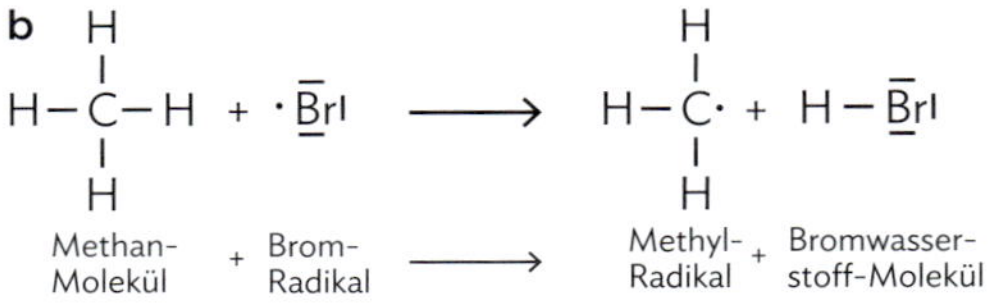

Die gebildeten Methyl-Radikale sind noch reaktiver als Brom-Radikale. Sie reagieren mit vorhandenen Brom-Molekülen weiter zu Monobrommethan-Molekülen und Brom-Radikalen.

c
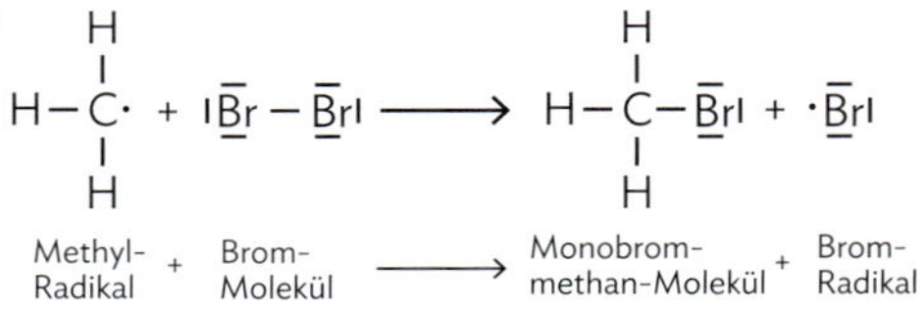

Die Reaktionen **b** und **c** sind weiterführende Reaktionen. Sie benötigen äußerst geringe Aktivierungsenergien und sind stark exotherm. Sie wiederholen sich daher selbstständig und bilden eine **Kettenreaktion**. Kennzeichnend für diese Reaktionsschritte ist das Vorhandensein je eines Radikals auf Edukt- und Produktseite.

3. Abbruchreaktionen

In den Teilreaktionen der Kettenreaktion (**b** und **c**), die zur Bromierung von Methan führen, reagieren die Edukt-Teilchen allmählich alle zu Produkt-Teilchen. Es kommt dann häufiger zu Zusammenstößen zwischen Radikalen, die sich zu Molekülen verbinden, wodurch die Kettenreaktion abbricht. Zwei Brom-Radikale können zu einem Brom-Molekül, zwei Methyl-Radikale zu einem Ethan-Molekül und ein Brom-Radikal kann mit einem Methyl-Radikal zu einem Monobrommethan-Molekül reagieren.

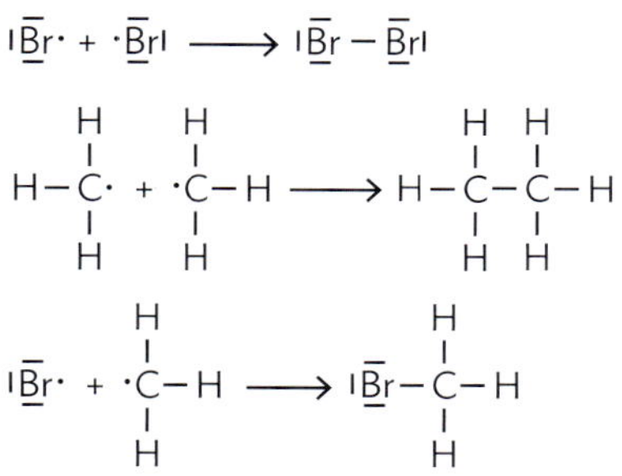

Brom-Molekül

Ethan-Molekül

Monobrommethan-Molekül

Neben Monobrommethan können durch Mehrfachsubstitutionen auch Dibrommethan (CH_2Br_2), Tribrommethan ($CHBr_3$) sowie Tetrabrommethan (CBr_4) entstehen.

Die Stoffgruppe der Halogenalkane umfasst eine große Anzahl an Substitutionsprodukten. Bei ihrer Benennung wird das Halogen-Atom nach IUPAC wie eine Seitenkette behandelt.

Verwendung von Halogenalkanen

Halogenalkane finden als Lösemittel in der organischen Chemie vielfältige Anwendung. Sie sind reaktionsträge und gehen mit den zu lösenden Substanzen nahezu keine Reaktionen ein. Viele Vertreter der Halogenalkane sind jedoch giftig bzw. kanzerogen und schädigen das Nervensystem. **FCKW** (Fluorchlorkohlenwasserstoffe), wie z. B. das Difluordichlormethan (Frigen, CCl_2F_2), fanden in Technik und Alltag bis in die 70er-Jahre Verwendung , z. B. als Kühlmittel, als Treibgas in Spraydosen oder als Feuerlöscher. Obwohl die ozonschädigende Wirkung der FCKW seit langem bekannt war, kam es erst 2010 weltweit zum Produktions- und Verwendungsverbot.

Derzeit stehen auch die sog. **PFAS**, eine Gruppe weitverbreiteter Industriechemikalien, die z. B. zur Herstellung von fett- bzw. wasserabweisenden Pfannen- bzw. Textilienbeschichtungen verwendet werden, wegen der gesundheitsgefährdenden Eigenschaft in der Kritik. Sie werden aufgrund ihrer Langlebigkeit auch Ewigkeitschemikalien genannt.

PFAS (engl. *per- and polyfluoroalkyl substances*) sind nichtaromatische organische Verbindungen, bei denen an mindestens einem Kohlenstoff-Atom im Molekül die Wasserstoff-Atome durch Fluor-Atome ersetzt sind.

Vom Produktions- und Verwendungsverbot ausgeschlossen sind zur Medikamentenproduktion benötigte Mengen.

Die Reaktion zwischen Alkanen und Halogenen zu Halogenalkanen verläuft nach dem Reaktionsmechanismus der radikalischen Substitution. Dabei werden Wasserstoff-Atome eines Alkan-Moleküls durch Halogen-Atome substituiert. Die Reaktion verläuft als Radikalkettenreaktion über drei Reaktionsschritte:
1. Startreaktion (Radikalbildung),
2. Kettenreaktion, 3. Abbruchreaktionen.

AUFGABEN

A1 Zur Herstellung von Trichlormethan lässt man Methan mit Chlor im Überschuss reagieren.
a) Formulieren Sie unter Verwendung von Strukturformeln den Reaktionsmechanismus zur Bildung von Chlormethan.
b) Formulieren Sie die Reaktionsgleichung für die Bildung von Trichlormethan.
c) Benennen Sie die Stoffe, die sich weiterhin im Reaktionsgefäß befinden können.

A2 Die Bindungsenergie von Chlor-Molekülen beträgt 242 kJ/mol (**M4**). Begründen Sie mithilfe von **B4**, ob man Chlorierungen mit sichtbarem Licht durchführen kann.

Spektralfarbe	Wellenlänge λ in nm	Energiegehalt ΔE in kJ/mol
blau	440 bis 480	271 bis 248
grün	500 bis 560	238 bis 213
rot	650 bis 750	183 bis 159

B4 Zusammenhang Spektralfarbe – Wellenlänge – Energie

1.2.4 Carbon Capture, Storage and Utilisation

So groß das Problem der Kohlenstoffdioxidemissionen in der Atmosphäre ist, so groß sind die Bemühungen und Visionen, Kohlenstoffdioxid zu fixieren oder als Rohstoff nutzbar zu machen. Wie funktioniert das?

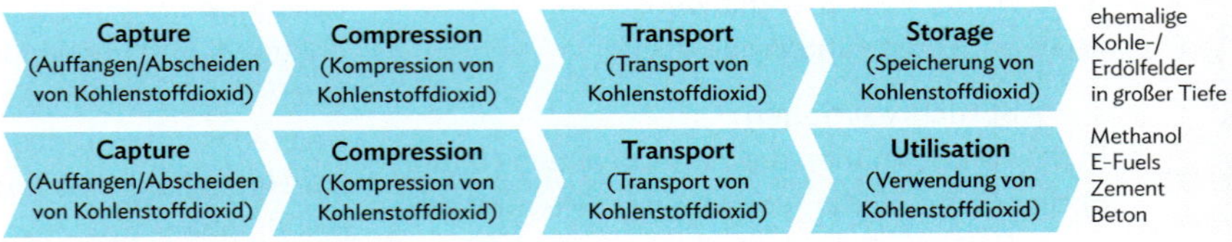

B1 Vereinfachte Prozessketten des CCS- (oben) und CCU-Konzepts (unten)

Unter **Carbon Capture and Storage (CCS)** versteht man das Abscheiden von Kohlenstoffdioxid aus der Atmosphäre und dessen vollständige und dauerhafte Speicherung im Untergrund, an Land oder am Meeresgrund (**B1**, oben). **Carbon Capture and Utilisation (CCU)** hat dagegen zum Ziel, das abgeschiedene Kohlenstoffdioxid durch eine chemische Umwandlung in andere nützliche Verbindungen zu überführen (**B1**, unten). Optimistisch wird davon ausgegangen, dass durch CCS 60 – 85 % der Kohlenstoffdioxidemissionen dauerhaft zurückgehalten werden könnten.

Abscheidemethoden

Meist ist die Abscheidung des Kohlenstoffdioxids aus den Abgasen von Verbrennungsanlagen verschiedener Art der eigentlichen Verbrennung nachgeschaltet und ist damit ein Teil der Aufreinigung. Das Verfahren wird deshalb auch als **Post-Combustion-Capture bezeichnet**. Es befinden sich unterschiedliche Verfahren in verschiedenen Anlagen in Erprobung. Großtechnisch bereits betrieben wird die sogenannte **Aminwäsche**, bei der das Kohlenstoffdioxid von einer Aminlösung absorbiert wird (weiterführende Informationen unter QR-/Mediencode 06007-004). Im Desorber wird die Gleichgewichtslage gezielt so beeinflusst, dass sie sich auf die Seite der Edukte verschiebt, das Kohlenstoffdioxid aufgereinigt, aufkonzentriert und zur Weiterverwendung bzw. Endspeicherung weitergeleitet werden kann.

06007-004

In Kohlekraftwerken kann eine Kohlenstoffdioxidabscheidung nach dem **Integrated Gasification Combined Cycle** (dt. Kombiprozess mit integrierter Vergasung, IGCC-Prinzip) kombiniert erfolgen. Kohle wird dort nicht direkt, sondern mehrstufig zu Kohlenstoffdioxid verbrannt. Das daraus entstehende, sehr reine Gasgemisch aus Kohlenstoffdioxid und Wasserstoff wird anschließend getrennt. Kohlenstoffdioxid wird abgeschieden und verflüssigt.

Speicher- und Verwendungsmöglichkeiten

Für die Speicherung beim CCS bieten sich alte Kohle- und Erdölfelder in großen Tiefen an. Ab etwa 800 m Tiefe herrschen Drücke, bei denen Kohlenstoffdioxid als Flüssigkeit vorliegt. In Hohlräume in tiefen Sedimenten lässt sich dieses verpressen. Die Hohlräume sind meist mit Salzwasser gefüllt, welches durch das flüssige Kohlenstoffdioxid aufgrund dessen höherer Dichte verdrängt wird. Mögliche Gefahren dieses Vorgehens sind noch nicht abschließend erforscht. Die Lagerung von festen Carbonaten ist deutlich einfacher und gefahrloser.

Eine Unterbringung von Kohlenstoffdioxid gelöst im Meerwasser ist international verboten. Es kann jedoch durch die Verdrängung von Methan in alte **Kohleflözen** eingebracht werden. Während Kohlenstoffdioxid leicht durch Adsorptionsprozesse gespeichert wird, wird Methan hingegen günstig und emissionsarm gefördert. Dies gilt auch für den Austausch von **Methanhydrat** gegen Kohlenstoffdioxid am Meeresgrund.

Statt einer Speicherung kann das abgeschiedene Kohlenstoffdioxid nach dem CCU-Prinzip auch als Rohstoff für Synthesen, z. B. von Methanol oder Energieträgern wie e-Fuels (Arbeitsblatt unter QR-/Mediencode 06007-005) und zur Polyurethanschaum-, Zement- und Betonherstellung genutzt werden.

06007-005

Sowohl die Abscheidung, der Transport als auch die Speicherung benötigen enorm viel Energie. Die Techniken erhöhen dadurch den Verbrauch fossiler Rohstoffe um bis zu 40 %.

AUFGABEN

A1 Begründen Sie das Verbot, Kohlenstoffdioxid gelöst im Meerwasser zu binden.

A2 Diskutieren Sie die Möglichkeit, Kohlenstoffdioxid durch Verdrängung von Methan in Kohleflöze einzulagern.

A3 MK Recherchieren Sie zum Funktionsprinzip von IGCC-Kraftwerken und diskutieren Sie, ob es sich dabei um „kohlenstoffdioxidfreie“ Kraftwerke handelt. Bewerten Sie die Zukunftsfähigkeit dieser Kraftwerke.

1.2.5 Eine Mindmap (digital) erstellen

Das Strukturieren des eigenen Wissens hilft, (neue) Zusammenhänge zu entdecken und verschafft einen Überblick über das bereits Gelernte. Dafür eignet sich das Erstellen einer **Mindmap** als eine Gedächtnis(land-)karte. Die Anwendungen von Mindmaps sind vielseitig. Neben dem Wissensmanagement für einen selbst, können Mindmaps auch als Protokoll für ein Meeting bzw. ein Gespräch oder als Plan für einen Vortrag dienen.
Mindmaps können dabei handschriftlich oder digital erstellt werden. Das Grundprinzip ist das gleiche (**B1**). Unter QR-/Mediencode 06001-74 finden Sie Vorschläge für Programme zum Erstellen einer digitalen Mindmap.
Erstellen Sie eine Mindmap zum Thema „Nachweisreaktionen".

VORGEHEN

1. Starten Sie zentral mit dem Thema, das Sie in der Mindmap behandeln wollen.
2. Bilden Sie ausgehend vom zentralen Thema jeweils Unterpunkte.
3. Ergänzen Sie in der Mindmap Details als Schlagwörter für eine bessere Übersichtlichkeit.
4. „Bilder sagen mehr als tausend Worte." Ergänzen Sie Ihre Mindmap gegebenenfalls mit passenden Bildern zu den einzelnen Unterpunkten.
5. Gewichten Sie einzelne Punkte durch verschieden große Schrift. Auf diese Weise wirkt die Mindmap übersichtlicher und strukturierter.
6. Stellen Sie gleiche Ebenen der Mindmap mit gleichen Farben und Formen dar.

Vorteile einer digital erstellten Mindmap

- Fehler sind schnell korrigiert.
- Das Ein- und Ausklappen ganzer Unterpunkte sorgt für Platz und Übersichtlichkeit. Dazu findet man häufig ein „+"- oder ein „–"-Symbol.
- Neue Informationen können leicht ergänzt werden, indem die (eingeklappten) Themenblöcke verschoben oder neu angeordnet werden.
- In manchen Programmen können einzelne Aspekte mit Linien vernetzt werden.
- Die digitale Mindmap kann als Bild gespeichert und in einem Grafikprogramm um Fotos, Bilder oder Grafiken erweitert werden.
- Die Daten lassen sich leicht zwischen Personen austauschen. Auch gemeinsames Arbeiten an einer Mindmap ist möglich.

06001-74

AUFGABEN

A1 (MK) Übernehmen Sie die Mindmap zum Thema „Nachweisreaktionen" auf eine neue Doppelseite in Ihre Unterlagen oder in ein Programm Ihrer Wahl und ergänzen Sie weitere Informationen zum Thema „Gase nachweisen" (vgl. S. 26).

A2 (MK) Ergänzen Sie die Mindmap um weitere Unterpunkte zum Thema „Flammenfärbung".

A3 (MK) Erstellen Sie eine Mindmap zum Themenkomplex „Fossile und nachwachsende Rohstoffe". Nutzen Sie dazu ein digitales Programm.

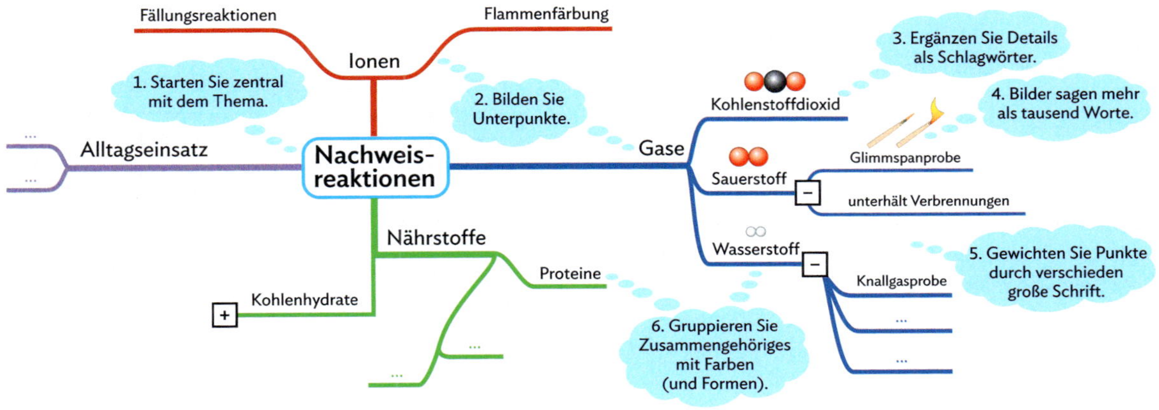

B1 Erstellung einer Mindmap mit den einzelnen Vorgehen-Schritten (in Gedankenblasen)

1.3 Alkene und Alkine

Neben den Alkanen gehören auch die Alkene und die Alkine zu den Kohlenwasserstoffen. Isobuten ist eine wichtige Grundchemikalie, z. B. für die Herstellung von Autoreifen. Ethin ist ein Vertreter der Alkine und ebenfalls von großer industrieller Bedeutung. Es eignet sich außerdem hervorragend als Schweißgas. Wie sind ihre Moleküle aufgebaut und wie unterscheiden sie sich von den Alkanen?

1.3.1 Versuche und Material

M Ungesättigte Kohlenwasserstoffe

Ethen C_2H_4, Propen C_3H_6, Buten C_4H_8, Ethin C_2H_2, Propin C_3H_4 und Butin C_4H_6 gehören zu den ungesättigten Kohlenwasserstoffen. Wodurch ist ihr Aufbau gekennzeichnet und wie unterscheiden sie sich von den gesättigten Kohlenwasserstoffen?

M1 Entnehmen Sie entsprechend der Summenformeln der oben genannten Verbindungen die notwendige Anzahl an Kugeln für Kohlenstoff- und Wasserstoff-Atome aus dem Molekülbaukasten. Ergänzen Sie jeweils mit der notwendigen Anzahl der Stäbchen, die die Elektronenpaarbindungen symbolisieren. Bauen Sie für alle angegebenen Verbindungen, auch unter Berücksichtigung der Isomere, die Molekülmodelle. Beachten Sie die Edelgasregel sowie den räumlichen Bau nach dem Elektronenpaarabstoßungsmodell (EPA-Modell).

AUSWERTUNG

a) Legen Sie die kettenförmigen Moleküle der Alkene und Alkine aus **M1** in eine Reihenfolge, die den homologen Reihen entspricht. Zeichnen Sie die Strukturformeln.

b) Vergleichen Sie den Aufbau eines Ethan-, eines Ethen- und eines Ethin-Moleküls.

c) Benennen Sie das verzweigte Isomer des Butens nach den IUPAC-Nomenklaturregeln (vgl. **FM** S. 54).

d) Die Doppel- und die Dreifachbindung kann sich in den Alken- und Alkin-Molekülen an verschiedenen Stellen befinden. Sie sind im Gegensatz zu einer Einfachbindung nicht frei drehbar, was zu mehreren Isomeren führt. Zeichnen Sie die LEWIS-Strukturformeln dieser Isomere und entwickeln Sie einen Vorschlag, der die Position der Doppel- und Dreifachbindung in der Benennung kennzeichnet.

V Isobuten – ein Edukt für Autoreifen

Ein wichtiger Ausgangsstoff für die Herstellung von Autoreifen ist Isobuten. Wie kann Isobuten im Labor synthetisiert werden?

V2 Bauen Sie die Apparatur aus **B1** auf. Beschicken Sie den Erlenmeyerkolben wie in **B1** angegeben (**Vorsicht!**) und bringen Sie das Gemisch auf der elektrischen Heizplatte zum Sieden. Schließen Sie erst jetzt den Kolbenprober an und halten Sie das Gemisch so am Sieden, dass die Kondensationsfront noch im Rohr bleibt. Füllen Sie den Kolbenprober mit 100 mL des entstehenden Gases.

V3 Füllen Sie 30 mL des Gases aus **V2** in ein leeres Reagenzglas und prüfen Sie es auf Brennbarkeit. Beobachten Sie die Flamme.

V4 Drücken Sie 30 mL des Gases aus **V2** über ein spitzes Glasrohr langsam durch 10 mL Bromwasser in einem Reagenzglas. Verschließen Sie es mit einem Stopfen und schütteln Sie es vorsichtig.

AUSWERTUNG

a) Erläutern Sie am Aussehen der Flamme in **V3**, ob ein Stoff mit der Molekülformel C_4H_{10} oder C_4H_8 verbrannt wurde.

b) Schließen Sie aus der Bromwasserprobe in **V4** auf ein strukturelles Merkmal in den Molekülen des hergestellten Gases.

c) Zeichnen Sie mithilfe der Hinweise aus **a)** und **b)** die Strukturformel der entstandenen Kohlenwasserstoff-Moleküle.

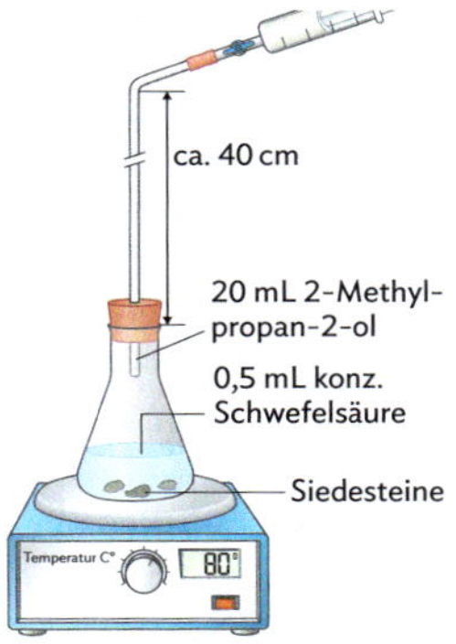

B1 Versuchsaufbau zu **V2**

ENTSORGUNG G3, G4

V Reaktionen von Alkenen mit Brom

Nicht nur Alkane (vgl. S. 46), auch Alkene reagieren mit Halogenen, jedoch ohne zusätzliche Bestrahlung. Wieso ist das so?

LV5 In einen kleinen Standzylinder wird Ethen, in einen anderen werden einige Tropfen Brom gegeben. Nach dem Verdampfen wird der Zylinder mit Brom auf den Zylinder mit Ethen gestellt.

LV6 Durch eine Waschflasche, in der sich 25 mL Bromwasser befinden, wird bei wenig Raumlicht Ethen aus der Druckdose (oder Druckflasche) mit einer Strömungsgeschwindigkeit von ca. 4 Blasen pro Sekunde bis zur Entfärbung des Bromwassers geleitet. Der Inhalt der Waschflasche wird in einen Scheidetrichter gegossen, nach Zugabe von 10 mL *n*-Heptan geschüttelt und die entstehenden Phasen getrennt. Ein Tropfen der wässrigen Lösung wird auf ein Stück Universalindikatorpapier gegeben. In einem Reagenzglas wird etwas wässrige Lösung mit einigen Tropfen Silbernitratlösung versetzt.
Hinweis: Alternativ kann statt Ethen auch Propen oder Isobuten verwendet werden.

V7 Schütteln Sie bei wenig Raumlicht im Reagenzglas 10 mL Bromwasser mit je 1 mL
a) Hexen,
b) Cyclohexen und
c) *n*-Heptan (Kontrollversuch).

AUSWERTUNG

a) Notieren Sie Ihre Beobachtungen bei **LV5**.

b) Notieren Sie die Unterschiede bei **LV6** und **V7**.

c) Mit den organischen Phasen aus **LV5**, **LV6** und **V7** wird die BEILSTEIN-Probe durchgeführt (vgl. S. 43). Erklären Sie Ihre Beobachtungen.

d) Formulieren Sie die Reaktionsgleichungen für die in **LV5** ablaufende Reaktion.

e) Erläutern Sie mithilfe von **d)**, welche Teilchen in den wässrigen Phasen bei **LV6** und **V7** enthalten sein müssen.

f) Begründen Sie die Durchführung von **LV6** und **V7** bei wenig Raumlicht.

ENTSORGUNG G3, G4

1.3.2 Ungesättigte Kohlenwasserstoffe

Mehrfachbindungen in Kohlenwasserstoff-Molekülen

In Kohlenwasserstoff-Molekülen können zwischen zwei Kohlenstoff-Atomen aufgrund der Vierbindigkeit des Kohlenstoff-Atoms außer Einfachbindungen auch mehrere Elektronenpaarbindungen ausgebildet werden. So ergeben sich neben den Alkanen zwei weitere Untergruppen der Kohlenwasserstoffe: **Alkene** sind Kohlenwasserstoffe, deren Moleküle mindestens eine **C=C-Doppelbindung** besitzen. Die Moleküle der **Alkine** enthalten mindestens eine **C≡C-Dreifachbindung**. Da in diesen Molekülen an den Kohlenstoff-Atomen nicht die maximal mögliche Anzahl an Wasserstoff-Atomen gebunden ist, spricht man von **ungesättigten Kohlenwasserstoffen**. Sie verbrennen mit rußender Flamme (**V3**).

Alkene

Ethen C_2H_4 ist das einfachste Alken (**B1**). Es ist eine wichtige Grundchemikalie für die Kunststoff- und Waschmittelindustrie und kann auch als Reifungsgas eingesetzt werden.
Ersetzt man ein endständiges Wasserstoff-Atom im Ethen-Molekül durch immer länger werdende Alkyl-Gruppen, so erhält man die **homologe Reihe der Alkene** (**B2**, **M1**). Die Namen der Alkene setzen sich zusammen aus der Vorsilbe, die die Zahl der Kohlenstoff-Atome im Molekül angibt, und der Endung **-en**. Die Moleküle der Alkene besitzen die allgemeine Summenformel C_nH_{2n}.
Im Gegensatz zu den Alkan-Molekülen, sind die an der Doppelbindung beteiligten Kohlenstoff-Atome immer von drei Bindungspartnern umgeben, die sich **planar** in einer Dreiecksebene anordnen (**B1**, **M1**).

Ethan	Ethen	Ethin
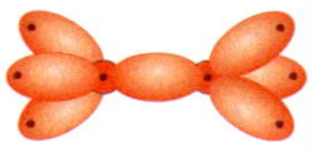	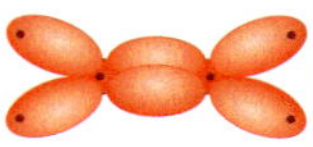	
tetraedrisch	planar	linear
C_2H_6	C_2H_4	C_2H_2
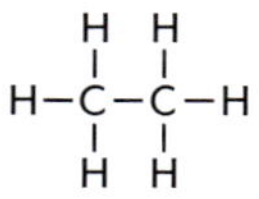	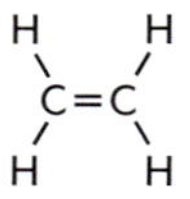	H–C≡C–H

B1 Vergleich der Bindungsverhältnisse im Ethan-, Ethen- und Ethin-Molekül

Name	Halbstrukturformel
Ethen	$CH_2{=}CH_2$
Propen	$CH_2{=}CH{-}CH_3$
But-1-en	$CH_2{=}CH{-}CH_2{-}CH_3$
Pent-1-en	$CH_2{=}CH{-}CH_2{-}CH_2{-}CH_3$

B2 Die ersten Vertreter der homologen Reihe der Alkene

Konstitutionsisomere

Ab einer Kettenlänge von vier Kohlenstoff-Atomen kann die Mehrfachbindung im Molekül unterschiedlich positioniert sein (**M1**). Zur eindeutigen Benennung dieser **Isomere** wird die Stellung der Mehrfachbindung im Namen angegeben. Dazu werden die Kohlenstoff-Atome derKette so durchnummeriert, dass die Ziffer für die Lage der Mehrfachbindung möglichst klein ist. Im Buten-Molekül gibt es zwei mögliche Positionen der Doppelbindung (**B3**). Zusätzlich kann das Buten-Molekül als verzweigtes 2-Methylpropen-Molekül vorliegen (**B4**). Diese drei Isomere des Butens sind **Konstitutionsisomere** (vgl. S. 52).

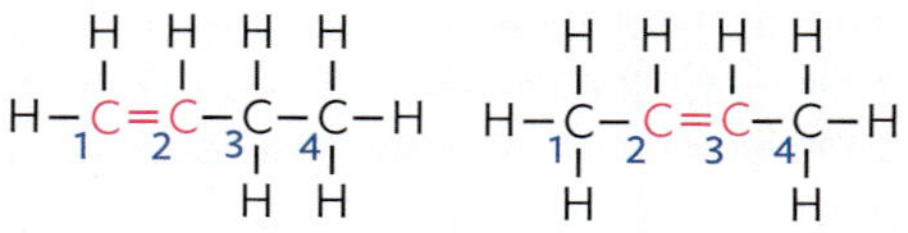

B3 Strukturformeln der Konstitutionsisomere But-1-en (links) und But-2-en (rechts)

Isobuten – eine Grundchemikalie

Von den Buten-Isomeren hat **2-Methylpropen** (**Isobuten**, **B4**) die größte Bedeutung. Weltweit werden jährlich ca. 1.000.000 Tonnen Isobuten hergestellt und z. B. zu Kaugummi oder Autoreifen weiterverarbeitet.

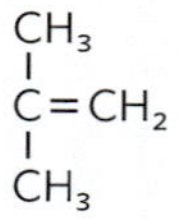

B4 Strukturformel von 2-Methylpropen (Isobuten)

(*E/Z*)-Isomerie LK

Die Doppelbindung in den Alkenen verhindert eine Rotation der beiden beteiligten Kohlenstoff-Atome um die Hauptbindungsachse, wie es bei Einfachbindungen möglich ist. Daher gibt es bei Alkenen mit Molekülen einer Kettenlänge von mindestens vier Kohlenstoff-Atomen neben den Konstitutionsisomeren noch **Stereoisomere**. Diese unterscheiden sich durch die Anordnung der Alkyl-Reste an der Doppelbindung. Zur Unterscheidung dient die Stellung der Alkyl-Reste zueinander. Befinden sie sich auf der gleichen Seite der Doppelbindung, so wird dies in der Benennung mit (*Z*)- (zusammen) oder *cis* bezeichnet. Liegen die Reste dagegen auf entgegengesetzten Seiten, so wird dies mit (*E*)- (entgegen) oder *trans* gekennzeichnet. Man nennt die Isomere **(*E/Z*)-Isomere** bzw. ***cis-trans*-Isomere**.
Aufgrund der unterschiedlichen räumlichen Anordnungen sind die zwischenmolekularen VAN-DER-WAALS-Wechselwirkungen der beiden Isomere unterschiedlich stark ausgeprägt. Daher besitzen sie unterschiedliche Stoffeigenschaften, z. B. unterschiedliche Siedetemperaturen (**B5**).

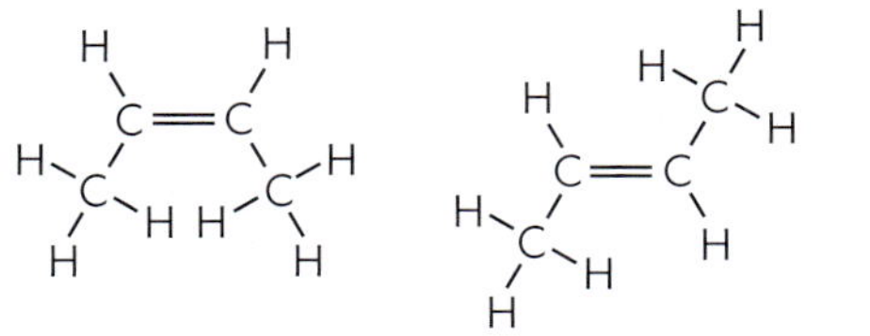

(*Z*)-But-2-en Siedetemperatur: 3,7 °C   (*E*)-But-2-en Siedetemperatur: 1,0 °C

B5 (*E/Z*)-Isomerie am Beispiel des But-2-en-Moleküls

Alkine

Der erste Vertreter der **homologen Reihe der Alkine** ist **Ethin C_2H_2**, das von allen Alkinen die größte technische Bedeutung besitzt. Ethin, das häufig auch **Acetylen** genannt wird, ist besonders als Schweißgas bekannt.
Zur systematischen Benennung der Alkine verwendet man die von den Alkanen und Alkenen bekannten Vorsilben sowie die Endsilbe **-in**. Die Moleküle der Alkine besitzen die allgemeine Summenformel C_nH_{2n-2}. Alkin-Moleküle sind aufgrund von nur zwei Bindungspartnern entlang der C≡C-Dreifachbindung linear aufgebaut (**B1**, **M1**).

Reaktivität der Alkene und Alkine

Mehrfachbindungen zwischen Kohlenstoff-Atomen sind Orte hoher Elektronendichte und leichter angreifbar als Einfachbindungen. Im Vergleich zu den Alkanen sind Alkene und Alkine daher reaktionsfreudiger. Halogen-Moleküle können beispielsweise ohne weitere äußere Einflüsse an Mehrfachbindungen angreifen und sind in der Lage, sie aufzubrechen. Die Halogen-Atome lagern sich an die Kohlenwasserstoff-Moleküle an. Diese **Additionsreaktionen** sind charakteristisch für ungesättigte Kohlenwasserstoffe. Der **Doppelbindungsnachweis** mit Brom oder Bromwasser (vgl. S. 27) ist ein bekannter Vertreter dieses Reaktionstyps:

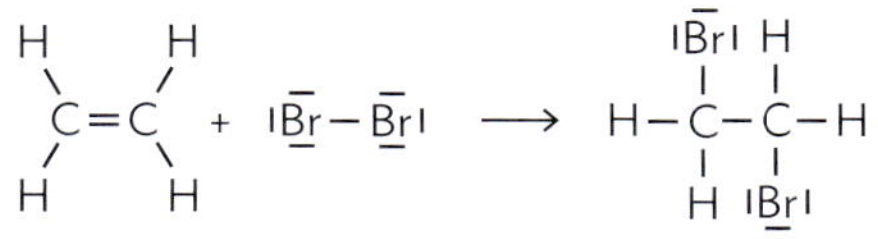

Alkene und Alkine sind ungesättigte Kohlenwasserstoffe. Ihre Moleküle weisen C=C-Doppelbindungen (Alkene) bzw. C≡C-Dreifachbindungen (Alkine) auf. Die Mehrfachbindungen können durch die Entfärbung von Bromwasser nachgewiesen werden.

Konstitutionsisomere unterscheiden sich in der Verknüpfung bzw. Reihenfolge der Atome im Molekül (vgl. S. 52).

Stereoisomere unterscheiden sich in der Konfiguration, d. h. in der Anordnung der Atome im dreidimensionalen Raum.

Beide Isomerien haben mehrere Unterkategorien (vgl. QR-/Mediencode 06007-006).

06007-006

AUFGABEN

A1 Stellen Sie die Molekülformeln von Kohlenwasserstoffen auf, deren Moleküle
a) vier Kohlenstoff-Atome enthalten.
b) vier Wasserstoff-Atome enthalten.

A2 LK Begründen Sie die unterschiedlichen Siedetemperaturen der (E/Z)-Isomere in **B5**.

A3 Begründen Sie, dass es kein Methin gibt.

A4 Die Moleküle eines Stoffs mit der Summenformel C_5H_{10} addieren Brom-Moleküle. Erklären Sie, dass man den Stoff nicht genau benennen, jedoch der Gruppe der Alkene zuordnen kann.

1.3.3 Kohlenwasserstoffe nach den IUPAC-Regeln benennen

Weltweit produzieren und handeln große Chemieunternehmen mit den unterschiedlichsten Chemikalien. Für einen globalen Handel und eine entsprechende wissenschaftliche Kommunikation zwischen Unternehmen sowie Forscherinnen und Forschern ist eine eindeutige Benennung von Stoffen mit international gültigen und verständlichen Namen notwendig. Bereits im Jahr 1919 wurde dazu in Paris eine Organisation gegründet, deren Aufgabe noch heute darin besteht, die Kommunikation unter Chemikerinnen und Chemikern durch eine Vereinheitlichung der chemischen Sprache zu erleichtern. Bei der Benennung von Kohlenwasserstoffen und deren Isomeren werden diese Regeln der **IUPAC** (**I**nternational **U**nion of **P**ure and **A**pplied **C**hemistry) angewandt.

a) Benennung von gesättigten Kohlenwasserstoffen

Ermitteln Sie den IUPAC-Namen zur eindeutigen Benennung eines gesättigten Kohlenwasserstoffs.

VORGEHEN

1. Ermitteln Sie den Stammnamen der Verbindung. Bestimmen Sie dazu die längste nicht verzweigte Kette aus Kohlenstoff-Atomen. Diese muss nicht waagerecht angeordnet sein. Sie erhält die Vorsilbe aus der homologen Reihe der Alkane und die Endung -an.

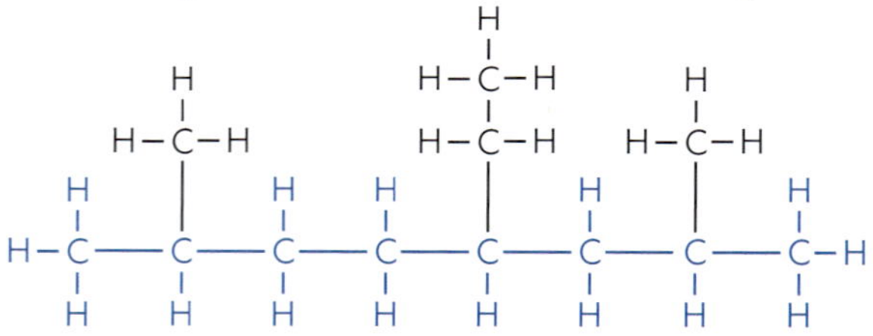

4-Ethyl-2,7-dimethyl**octan**

Unverzweigte Alkane erhalten die Bezeichnung *n*-, z. B. *n*-Octan.

2. Benennen Sie die Seitenketten nach der Anzahl der Kohlenstoff-Atome. Die Bezeichnung entspricht der des Alkans mit der gleichen Anzahl an Kohlenstoff-Atomen. Die Endsilbe lautet -yl statt -an. Beispielsweise leitet sich die Methyl-Gruppe von Methan und die Ethyl-Gruppe von Ethan ab. Zusammengefasst werden sie als Alkyl-Gruppen bezeichnet.

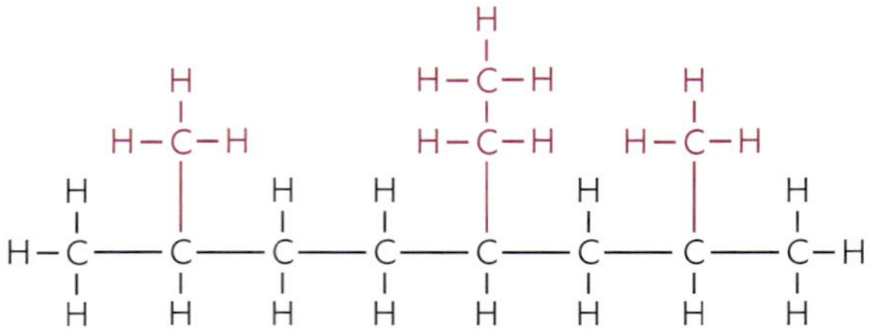

4-**Ethyl**-2,7-di**methyl**octan

3. Nummerieren Sie die Kohlenstoff-Atome der längsten Kette. Die Seitenketten sollen insgesamt möglichst kleine Zahlen erhalten. Beginnen Sie die Nummerierung der längsten Kette am entsprechenden Ende.

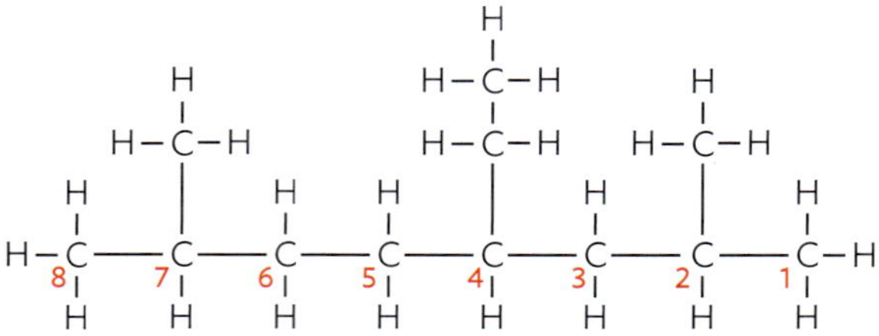

4. Bestimmen und benennen Sie die Lage der Seitenketten anhand der Nummern der Kohlenstoff-Atome, an denen die Seitenketten jeweils gebunden sind.
   4-Ethyl-**2,7**-dimethyloctan
5. Ist eine Seitenkette mehrfach vorhanden, geben Sie die Anzahl durch die Zahlwörter di-, tri-, tetra-, penta-, hexa- usw. an.
   4-Ethyl-2,7-**di**methyloctan
6. Kommen verschiedene Seitenketten in einem Molekül vor, ordnen Sie diese alphabetisch.
   4-**E**thyl-2,7-di**m**ethyloctan
   nicht: 2,7-Dimethyl-4-ethyloctan

b) Benennung von ungesättigten Kohlenwasserstoffen

Die von der IUPAC erarbeiteten Nomenklaturregeln sind auf beliebig kompliziert gebaute Kohlenwasserstoff-Moleküle anwendbar. Sind mindestens zwei Kohlenstoff-Atome eines Moleküls entweder durch eine Doppelbindung oder durch eine Dreifachbindung verbunden, ist es wichtig, dass die Art und die Position vorhandener Mehrfachbindungen klar zum Ausdruck gebracht wird. Ermitteln Sie den IUPAC-Namen zur eindeutigen Benennung eines ungesättigten Kohlenwasserstoffs.

VORGEHEN

1. Ermitteln Sie den Stammnamen der Verbindung. Der Stammname der Verbindung richtet sich nach der längsten, nicht verzweigten Kette aus Kohlenstoff-Atomen, die eine Mehrfachbindung enthält.

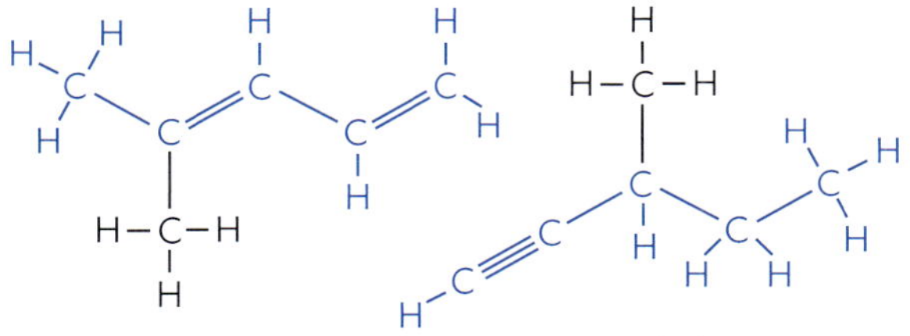

4-Methyl**pent**a-1,3-dien 3-Methyl**pent**-1-in

2. Ersetzen Sie die Endung -an des Stammnamens bei dem Vorkommen mindestens einer Doppelbindung durch die Endung -en und bei mindestens einer Dreifachbindung durch die Endung -in.

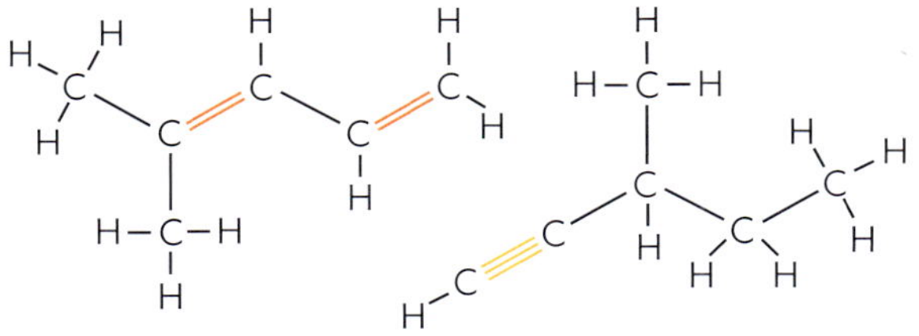

4-Methylpenta-1,3-di**en** 3-Methylpent-1-**in**

3. Schreiben Sie die Positionsnummer der Mehrfachbindung vor die Endung. Geben Sie diese durch eine möglichst kleine Zahl an. Die Anzahl gleicher Mehrfachbindungen wird durch das entsprechende griechische Zahlwort (di-, tri-, tetra-, penta-, hexa-, usw.) angegeben. Vom Stammnamen entfällt nur noch der Buchstabe -n und nicht mehr die Endung -an (z. B. pent**a**, statt pent). Kommen beide Typen der Mehrfachbindung vor, so erhält die Doppelbindung eine niedrigere Positionsnummer als die Dreifachbindung im Namen: „-en vor -in!"

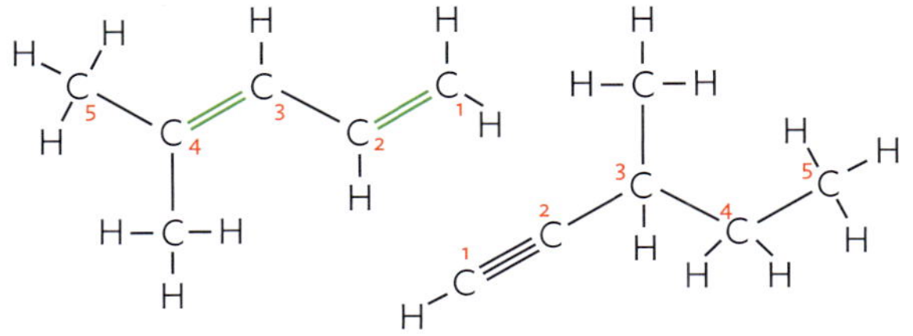

4-Methylpenta-**1,3-di**en 3-Methylpent-**1**-in

4. Benennen Sie die vorliegenden Seitenketten analog zu den IUPAC-Regeln der gesättigten Kohlenwasserstoffe.

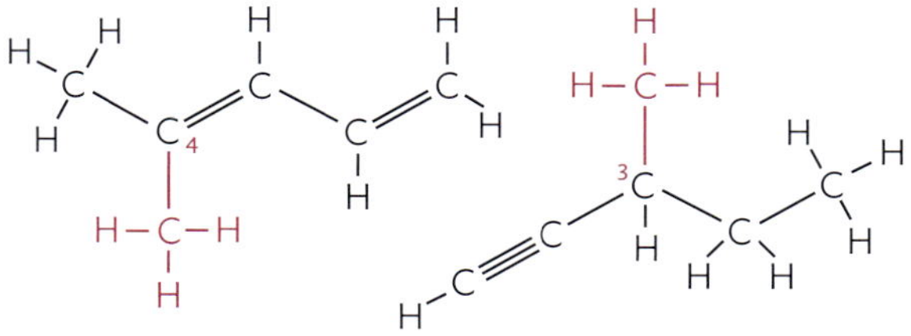

4-Methylpenta-1,3-dien **3-Methyl**pent-1-in

5. *Hinweis*: Beachten Sie bei Doppelbindungen die Anordnung der Atome bzw. Atomgruppen an den Kohlenstoff-Atomen der Doppelbindung: Setzen Sie vor den Molekülnamen ein (*Z*)-, wenn zwei identische oder vergleichbare Atome bzw. Atomgruppen auf der gleichen Seite (= zusammen) der Doppelbindung stehen. Stehen sie auf unterschiedlichen Seiten (= entgegengesetzt), setzen Sie vor den Molekülnamen ein (*E*)-.

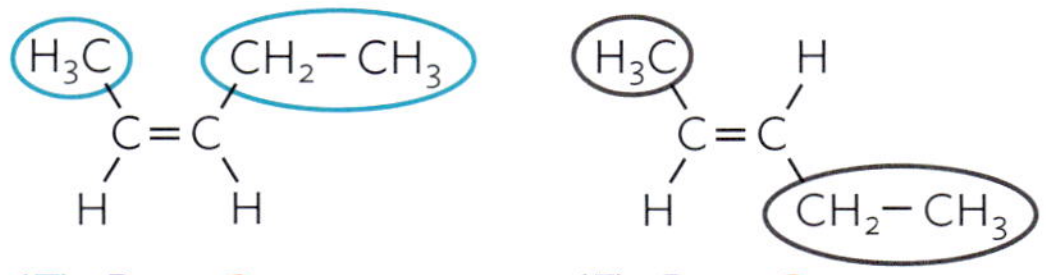

(*Z*)-Pent-2-en **(*E*)-Pent-2-en**

AUFGABEN

A1 Benennen Sie den folgenden Kohlenwasserstoff.

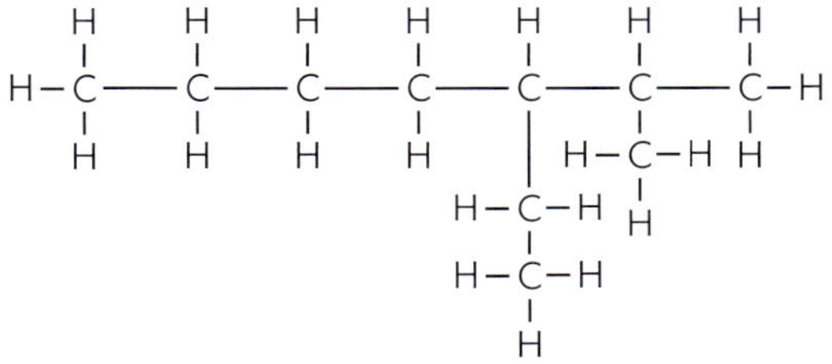

A2 Zeichnen Sie die Strukturformeln und Skelettformeln (vgl. S. 25) der Kohlenwasserstoffe 2,3-Dimethylpentan und 5-Butyl-2,5-dimethyl-4-propyldecan.

A3 Zeichnen Sie die Halbstrukturformel von 2-Ethyl-2-methylbutan. Überprüfen Sie, ob der Name den IUPAC-Regeln entspricht und geben Sie gegebenenfalls den richtigen Namen an.

A4 Ermitteln Sie, von welchem unverzweigten Alkan die Verbindung aus **A3** ein Isomer ist.

A5 Geben Sie die Halbstruktur- und Skelettformeln für die Moleküle folgender Verbindungen an: 2-Methylbut-1-en, 4-Ethyl-3,3-dimethyloct-1-en-6-in, 2,3-Dimethylhexa-1,3-dien und Hepta-1,3,5-triin.

1.3.4 Die elektrophile Addition

Alkene können im Gegensatz zu Alkanen relativ leicht und ohne Lichtbestrahlung mit Halogenen reagieren (**LV5, LV6, V7**). Dabei bilden sich organische Halogenverbindungen, die durch die BEILSTEIN-Probe nachgewiesen werden können.

Alkene reagieren mit Halogenen

radikalische Substitution → Kap. 1.2.4

Anders als bei der radikalischen Substitution läuft die Reaktion von ungesättigten Kohlenwasserstoffen mit Halogenen bereits bei Tageslicht ab. Mischt man Ethen (oder Propen) direkt mit Brom oder leitet Ethengas durch Bromwasser, entfärbt sich dieses relativ schnell (**LV5, LV6**). Das Gleiche gilt für Hexen und Cyclohexen (**V7**). Der Grund hierfür liegt in der C=C-Doppelbindung der Moleküle von Ethen, Hexen und Cyclohexen. Diese sogenannte **Bromwasserprobe** ist ein Nachweis von C=C-Doppelbindungen.
Die C=C-Doppelbindung in Alken-Molekülen ist ein attraktiver Angriffspunkt für **elektrophile Teilchen**. Elektrophile sind elektronenliebende Teilchen, die positiv geladen sind oder eine positive Partialladung aufweisen. Brom-Moleküle weisen jedoch nur unpolare Elektronenpaarbindungen auf.
Werden Elektrophile an Alken-Moleküle addiert, spricht man vom Reaktionstyp der **elektrophilen Addition** (A_E). In **B1** sind die Schritte des Reaktionsmechanismus der elektrophilen Addition eines Brom-Moleküls an ein Ethen-Molekül dargestellt (**LV5**).
1. Schritt: Durch die Annäherung des Brom-Moleküls an die elektronenreiche C=C-Doppelbindung des Ethen-Moleküls kommt es zur Polarisierung des Brom-Moleküls ①. Das partiell positiv polarisierte Brom-Atom wechselwirkt zunächst mit den Elektronen der C=C-Doppelbindung des Ethen-Moleküls, wodurch diese aufgelöst wird. Es bildet sich ein kurzzeitig existierendes **cyclisches Bromonium-Kation** ②.
2. Schritt: Das Bromid-Ion greift im **Rückseitenangriff** eines der beiden positivierten Kohlenstoff-Atome von hinten an ③. Zwischen dem Kohlenstoff-Atom und dem angreifenden Bromid-Ion bildet sich, nachdem eine der beiden Bindungen zu dem im ersten Reaktionsschritt addierten Brom-Atom gelöst wurde, eine Elektronenpaarbindung aus. Als Produkt der elektrophilen Addition eines Brom-Moleküls an ein Ethen-Molekül erhält man ein 1,2-Dibromethan-Molekül.

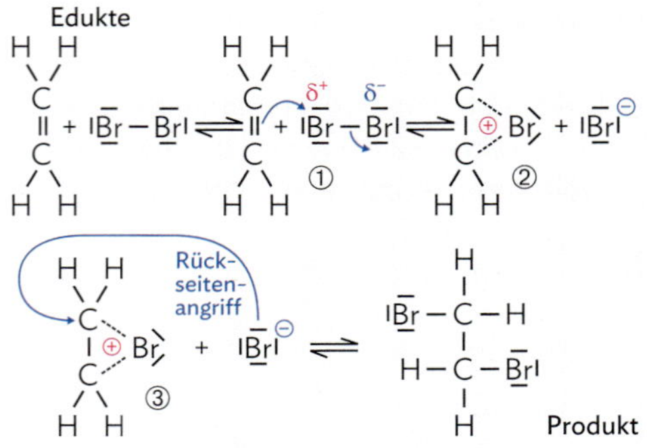

B1 Mechanismus der elektrophilen Addition eines Brom-Moleküls an ein Ethen-Molekül

Konkurrenzreaktion

Bei der Addition von Brom wird die Polarisierung des Brom-Moleküls durch den Einsatz eines Lösemittels mit polaren Molekülen erleichtert. Die Verwendung von Bromwasser, um Doppelbindungen in Molekülen nachzuweisen, hat also einen begünstigenden Einfluss auf die Reaktionsschritte. Das Lösemittel Wasser nimmt jedoch ebenfalls Einfluss auf die entstehenden Produkte einer elektrophilen Addition. Da im Wasser-Molekül das Sauerstoff-Atom partiell negativ geladen ist, kann das Wasser-Molekül im zweiten Reaktionsschritt der elektrophilen Addition konkurrierend rückseitig angreifen. Aus dieser Konkurrenzreaktion entstehen bromierte Alkohole (**B2**).

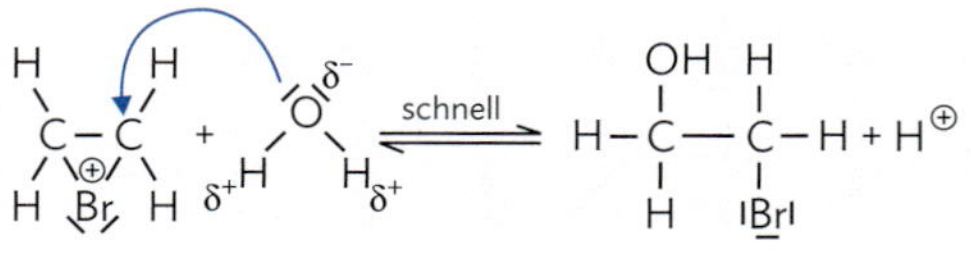

B2 Mögliche Konkurrenzreaktion eines Wasser-Moleküls im zweiten Reaktionsschritt

Alkene reagieren mit Halogenwasserstoffen LK

Alkene können auch mit Halogenwasserstoffen in einer elektrophilen Addition reagieren (**B3**).

Das Bromwasserstoff-Molekül z. B. ist polar, sodass die heterolytische Spaltung dieses Moleküls beim elektrophilen Angriff an eine Doppelbindung energetisch begünstigt erfolgt. Das dabei entstehende Proton lagert sich an eines der beiden Kohlenstoff-Atome der C=C-Doppelbindung an. Die C=C-Doppelbindung wird zugunsten der Ausbildung einer Elektronenpaarbindung zum Wasserstoff-Atom aufgelöst. Es entsteht eine relativ stabile Zwischenstufe, die man als **Carbo-Kation** oder **Carbenium-Ion** bezeichnet.
Das Bromid-Ion greift schließlich das Carbenium-Ion unter Bildung eines Monobromethan-Moleküls an (**B3**).

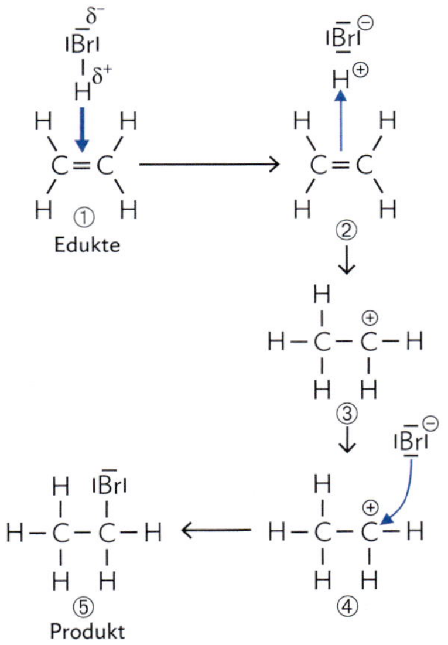

B3 A_E-Mechanismus zur Reaktion eines Bromwasserstoff-Moleküls mit einem Ethen-Molekül

Herstellung von Isobuten

Das in **V2** angewandte Verfahren ist auch in der Technik für die Herstellung von Isobuten von Bedeutung (**B4**). Dabei entsteht ein Gemisch aus den Buten-Isomeren. Da ihre Siedetemperaturen sehr eng zusammenliegen, können diese durch Destillation jedoch nicht aufgetrennt werden. In der Industrie nutzt man deshalb anschließend eine **Wasseradditionsreaktion**, um fast reines Isobuten zu erhalten. Bei der Wasseraddition reagiert nur Isobuten. Die anderen Isomere können als Gasgemisch abgeführt werden. Aus dem erhaltenen **2-Methylpropan-2-ol**, dem sogenannten ***tert*-Butanol**, kann durch Abspaltung von Wasser wieder reines Isobuten erhalten werden. Eine derartige **Eliminierung** von Wasser-Molekülen aus größeren Molekülen bezeichnet man auch als **Dehydratisierung** oder **Dehydratation**.

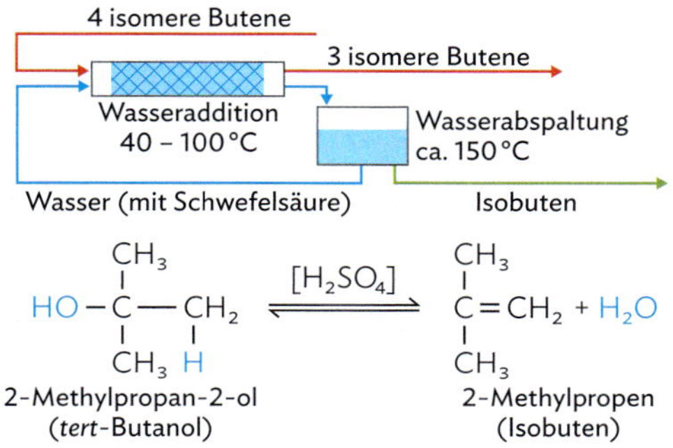

B4 Technische Anlage zur Herstellung von Isobuten mit einem Reinheitsgrad von ca. 99,98 %.

Bei der elektrophilen Addition greift ein elektrophiles Teilchen an der Mehrfachbindung einer ungesättigten Verbindung an. Elektrophile Additionen wie z. B. die Addition von Halogen-Molekülen an eine Mehrfachbindung sind für Alkene typisch. Neben Halogen-Molekülen können auch andere Moleküle addiert werden.
Die Eliminierung ist die Umkehrreaktion der elektrophilen Addition.

AUFGABEN

A1 Entwickeln Sie die Schritte für die elektrophilen Additionen bei der Halogenierung bzw. der Hydratisierung von Cyclohexen. Benennen Sie alle Reaktionsprodukte und vergleichen Sie die Reaktionsschritte.

A2 Entwickeln Sie analog zu **B1** den Reaktionsmechanismus der elektrophilen Addition eines Brom-Moleküls an ein Ethin-Molekül.

1.3.5 Induktive Effekte

Bei der Addition von Bromwasserstoff an Propen entsteht überwiegend 2-Brompropan, obwohl theoretisch auch 1-Brompropan möglich wäre. Wie lässt sich diese Beobachtung erklären?

Die Regel von MARKOVNIKOV

Ein Propen-Molekül besitzt ein sekundäres, ein primäres und ein tertiäres Kohlenstoff-Atom (**B5**). Bei der Addition von Bromwasserstoff kann das Proton als Elektrophil entweder am sekundären (2-Brompropan) oder am primären (1-Brompropan) Kohlenstoff-Atom binden.
MARKOVNIKOV entdeckte, dass bei Additionsreaktionen von Halogenwasserstoffen an asymmetrische Alkene wie das Propen, das Wasserstoff-Atom bevorzugt an dem Kohlenstoff-Atom angreift, an das die meisten Wasserstoff-Atome gebunden sind. Das bevorzugt entstehende Produkt wird nach der **Regel von MARKOVNIKOV** auch **MARKOVNIKOV-Produkt** genannt, das Isomer nennt man **Anti-MARKOVNIKOV-Produkt** (**B5**).

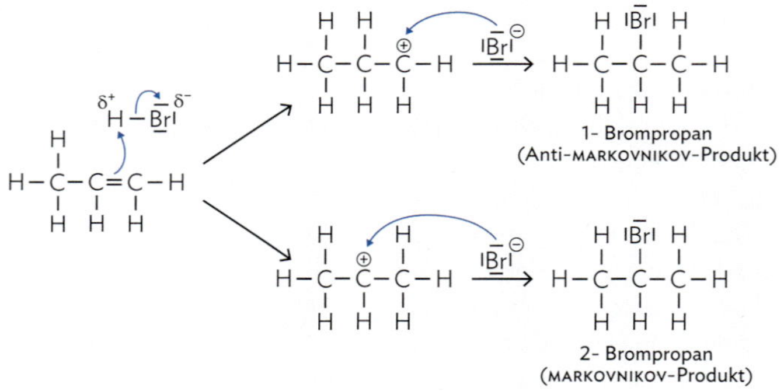

B5 Bildung von 1-Brompropan und 2-Brompropan bei der elektrophilen Addition von Bromwasserstoff an Propen

Induktive Effekte

Die Regel von MARKOVNIKOV lässt sich mit der unterschiedlichen Stabilität der entstehenden Carbenium-Ionen erklären, die durch einen **positiven induktiven Effekt** (**+I-Effekt**) der Methyl-Gruppen verursacht wird.
Wasserstoff-Atome haben eine geringere Elektronegativität als Kohlenstoff-Atome, daher ist die C–H-Bindung polarisiert. Durch die höhere Elektronendichte am Kohlenstoff-Atom wird die

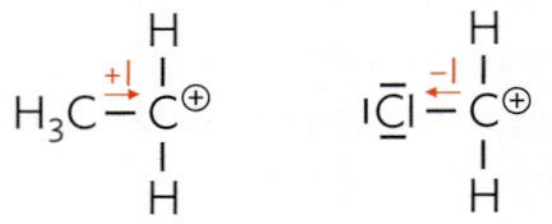

B6 +I-Effekt einer Methyl-Gruppe (links) und −I-Effekt eines Chlor-Atoms (rechts)

positive Ladung am benachbarten Kohlenstoff-Atom stabilisiert. Die Methyl-Gruppe besitzt einen **„elektronenschiebenden" Effekt**. Bei der Bildung von 2-Brompropan wird das Carbenium-Ion durch zwei Methyl-Gruppen stabilisiert, bei der Bildung von 1-Brompropan nur durch eine Ethyl-Gruppe. Daher wird 2-Brompropan bevorzugt gebildet (**B5**).
Auch andere Atomsorten können induktive Effekte ausüben. Atome und Atomgruppen mit einer größeren Elektronegativität als die Kohlenstoff-Atome (z. B. Halogen-Atome) verringern die Elektronendichte am Kohlenstoff-Atom und damit die Stabilität des Carbenium-Ions. Sie haben einen **negativen induktiven Effekt** (**−I-Effekt, „elektronenziehend"**) (**B6**).
Die Stärke des elektronenziehenden Effekts steigt in folgender Reihenfolge:
$-C(CH_3)_3 < -CH(CH_3)_2 < -C_2H_5 < -CH_3 < -H < -C_6H_5 < -CH_3O < -OH < -I < -Br < -Cl < -NO_2 < -F$

Positive und negative induktive Effekte beeinflussen die Produktbildung bei der elektrophilen Addition durch Stabilisierung des zwischenzeitlich gebildeten Carbenium-Ions. Die Elektronegativität von Atomen ist ausschlaggebend für die Art des induktiven Effektes.

AUFGABE

A1 Begründen Sie, dass bei der Reaktion von Vinylchlorid (Chlorethen) und Salzsäure hauptsächlich 1,1-Chlorethan entsteht. Formulieren Sie die Reaktionsgleichung mit Strukturformeln und benennen Sie das MARKOVNIKOV- und das Anti-MARKOVNIKOV-Produkt.

1.3.6 Ein Erklärvideo erstellen

Erklärvideos sollen der betrachtenden Person helfen, Themen besser zu verstehen. Es gibt verschiedene Stile für Erklärvideos. Die hier erklärten Stile können mithilfe eines Tablets, eines Smartphones oder einer Kamera leicht umgesetzt werden.
Bei der **Legetrick-Technik** führen einzelne Bildelemente durch die Erklärung. Dazu werden Sachverhalte mit wechselnden Figuren, Symbolen, Icons oder kurzen Textfeldern veranschaulicht. Eine erzählende Person, die nicht im Bild zu sehen ist, begleitet diese Animation.
Das **Howto-Video** wird auch **Videotutorial** genannt. Es entspricht einer Gebrauchsanweisung im Videoformat.
Ein digitales Tagebuch („Blog") im Videoformat wird mit dem Kunstwort **Vlogging** beschrieben. Bei diesem Videostil spricht eine erklärende Person direkt in die Kamera. Hier steht die Persönlichkeit des Erzählenden im Vordergrund.

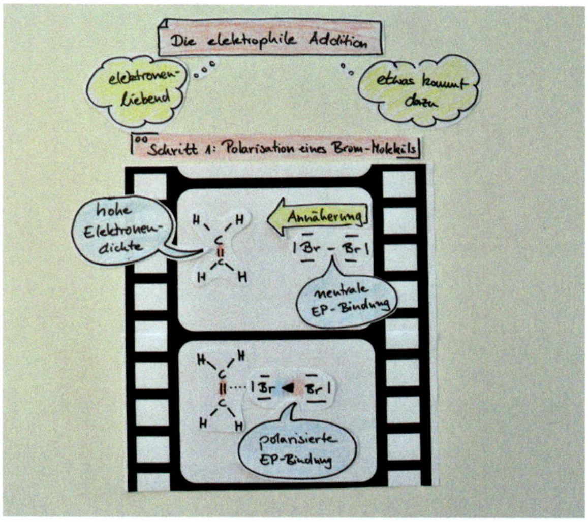

B1 Sequenz aus einem Erklärvideo zur elektrophilen Addition

VORGEHEN

1. Erstellen Sie (ggf. in einer Gruppe) ein Storyboard, ein Drehbuch zum Video. Überlegen Sie sich, wie Sie das Thema kurz und prägnant darlegen könnt. Suchen Sie sich eine der drei oben genannten Methoden aus und entwerfen Sie einen Text, den Sie vorlesen oder sinngemäß wiedergeben könnt.
2. Bereiten Sie das Material vor, das im Video zu sehen sein soll.
   Legetrick: Erstellen Sie geeignete Symbole oder einfache Bilder mit dem Computer oder per Hand (**B1**). Führen Sie eine Legeprobe durch.
   Howto-Video: Legen Sie alle Materialien, die Sie benötigen, sauber bereit. Bauen Sie nötige Versuchsaufbauten auf.
   Vlogging: Es wird kein besonderes Material benötigt.
3. Positionieren Sie das Aufnahmegerät an einem geeigneten Platz. Der Hintergrund sollte nicht ablenken.
4. Bereiten Sie sich auf den Videodreh vor. Teilen Sie die Aufgaben auf, z. B. Bedienen des Aufnahmegeräts, Lesen des Erklärtextes, Positionieren der Symbole. Beim Vlogging sollte der Erzählende Aufmerksamkeit erregen, ohne jedoch zu stark in den Vordergrund zu rücken.
5. Führen Sie den Videodreh durch. Halten Sie sich an die aufgelisteten Qualitätsmerkmale eines Erklärvideos:
   - Das Video hat einen aussagekräftigen Titel bzw. der Inhalt wird zu Beginn genannt.
   - Die Inhalte und der Schwierigkeitsgrad passen zur Zielgruppe.
   - Das Video beschränkt sich auf wesentliche Grundlagen des chemischen Themas.
   - Schwierige Inhalte werden im Erklärvideo wiederholt angesprochen oder zusammengefasst.
   - Denkschritte werden deutlich gekennzeichnet (z. B. Nummerierung oder Überschriften).
   - Die Erklärungen werden durch Bilder oder anderes anschauliches Material sinnvoll unterstützt.
   - Fachbegriffe werden genutzt, erklärt und korrekt verwendet.
   - Die Sprache ist verständlich und nicht zu komplex.
   - Die Aussprache der sprechenden Person ist deutlich.
   - Die Stimme der sprechenden Person ist lebendig und motivierend.

AUFGABEN

A1 MK Stellen Sie in einem Legetrick-Technik-Video den Mechanismus der elektrophilen Addition von Brom an Ethen dar.

A2 Suchen Sie ein frei verfügbares Video zur elektrophilen Addition und vergleichen Sie es kritisch mit Ihrem Video aus **A1**.

1.4 Benzol

Beim Tanken und durch Zigarettenrauch kommen wir in Kontakt mit Benzol, einem Stoff, der aromatisch riecht, aber sehr schädlich für die Gesundheit ist. Auch in einigen Getränken mit künstlichen Aromastoffen und in manchen Nagellackentfernern wurde in den letzten Jahren Benzol nachgewiesen. Die Aufklärung der Struktur des Benzol-Moleküls beschäftigte Chemiker jahrzehntelang. Was ist Benzol und was macht seine Struktur so besonders?

1.4.1 Versuche und Material

V Verbrennung von Toluol und Hexan

Benzol und Hexan sind beides farblose Flüssigkeiten, die man mit dem bloßen Auge nicht unterscheiden kann. Benzol ist genau wie Hexan ein Kohlenwasserstoff, dessen Moleküle jeweils sechs Kohlenstoff-Atome enthalten. Wie kann man beide Stoffe unterscheiden?

LV1 Toluol und Hexan werden in eine Abdampfschale gegeben und entzündet.
Hinweis: Aufgrund der Giftigkeit von Benzol wird der weniger gefährliche Stoff Toluol verwendet. Dessen Moleküle haben eine ähnliche Struktur wie die von Benzol.

AUSWERTUNG

a) Beschreiben Sie die Beobachtungen bei beiden Verbrennungsversuchen (vgl. QR-/Mediencode 06022-87).

06022-87

b) Stellen Sie die Reaktionsgleichung für die Verbrennung von Hexan (C_6H_{14}) auf.

c) Bei Verbrennungen von Kohlenwasserstoffen kann man unterschiedliche Arten von Flammen beobachten. Erläutern Sie die Zusammenhänge zwischen einem Brennstoff, dem Aussehen der Flamme und der Sauerstoffzufuhr.

d) Übertragen Sie diese Überlegungen auf die Verbrennung von Toluol und Hexan. Formulieren Sie eine Vermutung über den Aufbau der Toluol-Moleküle im Vergleich zu den Hexan-Molekülen aus den Beobachtungen in **B1**.

ENTSORGUNG G3

M Von der Molekülformel zur Strukturformel

Im Jahr 1834 fand der Chemiker EILHARD MITSCHERLICH heraus, dass Benzol die Molekülformel C_6H_6 besitzt. Die Suche nach einer passenden Strukturformel dazu bereitete damals jedoch viel Kopfzerbrechen. Mithilfe eines Molekülbaukastens kann man die Überlegungen teilweise nachvollziehen.

M2 Bauen Sie ein *n*-Hexan-Molekül und zwei isomere Moleküle mit der Molekülformel C_6H_6.

M3 Einige der Vorschläge, die im 19. Jahrhundert als mögliche Strukturformel für Benzol gemacht wurden, sehen Sie in **B1**. Bauen Sie die Moleküle, soweit möglich, mit dem Molekülbaukasten.

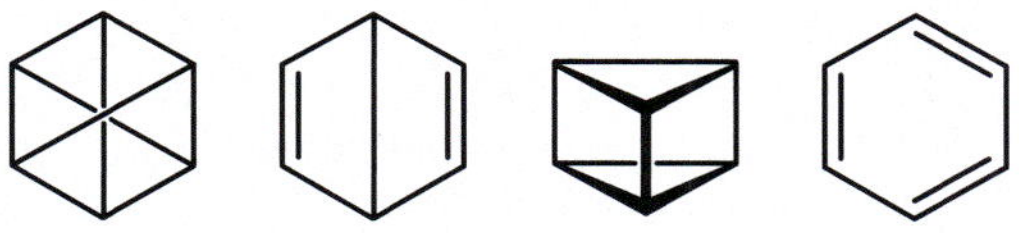

B1 Vorgeschlagene Strukturformeln für Benzol von CLAUS (1867), DEWAR (1867), LADENBURG (1869) und KEKULÉ (1865) (von links nach rechts)

AUSWERTUNG

a) Beschreiben Sie die Unterschiede zwischen den Molekülen aus **M2**. Ordnen Sie Ihre Modelle den Begriffen gesättigte und ungesättigte Kohlenwasserstoffe zu.

b) Vergleichen Sie die verschiedenen C_6H_6-Molekülmodelle aus **M2** in Ihrem Kurs.

c) Beschreiben Sie Ihre Ergebnisse und Probleme beim Bau der einzelnen Moleküle in **M3**.

d) Formulieren Sie eine Vermutung bezüglich der Stabilität der verschiedenen Moleküle in **M3**.

V Reaktion von Toluol mit Brom

2 5 7 8 9

Da es sich bei Toluol um einen ungesättigten Kohlenwasserstoff handeln muss, würde man erwarten, dass dieser Stoff auch typische Reaktionen ungesättigter Kohlenwasserstoffe zeigt – so zum Beispiel die Reaktion mit Halogenen.

V4 Reagenzgläser mit vorgelegtem Bromwasser werden mit Cyclohexan (1), Cyclohexen (2) bzw. Toluol (3) versetzt und geschüttelt (**B2**).

AUSWERTUNG

a) Beschreiben Sie die Beobachtungen in den Reagenzgläsern 1 und 2.

b) Erklären Sie die Phasenbildung in den Reagenzgläsern vor und nach dem Schütteln.

c) Zeichnen Sie die Strukturformeln von Cyclohexan und Cyclohexen und erklären Sie daran die unterschiedlichen Beobachtungen mit Bezug auf den Mechanismus der elektrophilen Addition (vgl. Kap. 1.3.4). Geben Sie begründet an, in welchem Reagenzglas eine Addition stattgefunden hat (Hilfen unter QR-/Mediencode 06022-88).

06022-88

d) Vergleichen Sie die Beobachtung in Reagenzglas 3 mit den Beobachtungen in Reagenzglas 1 und 2. Diskutieren Sie die Ergebnisse.

e) Erklären Sie den Farbwechsel der Phasen nach dem Schütteln in den Reagenzgläsern 1 und 3.

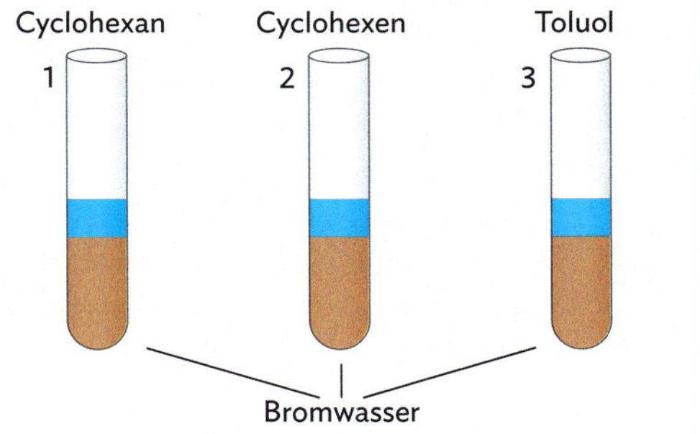

B2 Versetzen von Cyclohexan, Cyclohexen und Toluol mit Bromwasser

ENTSORGUNG mit Natriumthiosulfatlösung versetzen, G2, G3, G4

1.4.2 Benzol – ein Alltagsstoff?

Entdeckung

Am 1. April 1814 gingen in London die ersten Gaslaternen in Betrieb. Nur wenig später wurden auch in anderen europäischen Großstädten die bisher gebräuchlichen Öllaternen durch Gaslampen ersetzt. Das dafür notwendige Leuchtgas fiel als Nebenprodukt bei der Koksproduktion für die Stahlherstellung an.

1825 gelang es dem englischen Physiker MICHAEL FARADAY aus den flüssigen Rückständen des Leuchtgases eine farblose, ölige Flüssigkeit mit einem auffällig aromatischen Geruch zu isolieren. Der deutsche Chemiker EILHARD MITSCHERLICH stellte diese Verbindung 1834 erstmals selbst aus Benzoesäure her. Er schlug als Namen deshalb „Benzin" vor. In Deutschland setzte sich stattdessen der Name „**Benzol**" durch, den JUSTUS VON LIEBIG einführte. Die Endung -ol, die in der IUPAC-Nomenklatur Alkohole kennzeichnet, ist dabei allerdings irreführend – international setzte sich sowohl in anderen Sprachen als auch in der IUPAC-Nomenklatur der Begriff „**Benzen**" (engl. *benzene*, frz. *benzène*) durch.

Reforming: Verfahren zur Umwandlung unverzweigter in verzweigte und ringförmige Kohlenwasserstoff-Moleküle

Cracken: Verfahren zur Spaltung langkettiger in kurzkettige Kohlenwasserstoff-Moleküle

Eigenschaften

Benzol ist eine farblose, dünnflüssige, leicht flüchtige Flüssigkeit, die unter Normaldruck bei 6 °C erstarrt und bei 80 °C siedet. Es ist leicht entflammbar und brennt mit leuchtender, stark rußender Flamme (**LV1**). Seine Dichte beträgt bei Raumtemperatur 0,88 g/cm^3. Mit einem Brechungsindex von 1,5011 ist Benzol stark lichtbrechend, wodurch z. B. an der Grenzfläche zwischen Wasser und Benzol ein eintauchender Stab als geknickt erscheint (**B3**). Es löst sich nur schlecht in Wasser, dagegen aber in unbegrenztem Maße in organischen, hydrophoben Lösemitteln. Auffällig ist der charakteristische, aromatische Geruch von Benzol. Seine Dämpfe sind sehr giftig.

Ein Treibstoff mit hoher **Klopffestigkeit** verbrennt in einem Ottomotor kontrolliert ohne vorzeitige Selbstentzündungen.

Vorkommen und Verwendung

Benzol kommt in geringen Mengen in Erdöl, Erdgas und in Steinkohleteer vor, der bei der Verkokung von Steinkohle anfällt. Da der industrielle Bedarf an Benzol durch diese Quellen aber längst nicht mehr gedeckt werden kann, wird heute über 90 % des Benzols gezielt in Erdölraffinerien durch petrochemische Verfahren wie Cracken oder Reforming bestimmter Erdölfraktionen hergestellt. Auch bei der unvollständigen Verbrennung organischer Materialien entsteht Benzol, beispielsweise bei Waldbränden oder dem Verbrennen von Tabak. Rauchen erhöht die Benzolaufnahme eines Menschen deshalb auf das 5- bis 10-fache. Da Benzol die Klopffestigkeit von Benzin erhöht und so dessen Verbrennungsqualität verbessert, wurde es diesem lange Zeit zugesetzt. Um die Belastung durch die Dämpfe beim Tanken zu reduzieren, wurden in den 1990er Jahren die Tankstellen mit „Saugrüsseln" an den Zapfpistolen ausgestattet. Dadurch werden die benzolhaltigen Dämpfe abgesaugt (**B1**). Wegen der starken Giftigkeit von Benzol darf Benzin in Deutschland außerdem seit 1998 nur noch maximal 1 % Benzol enthalten.

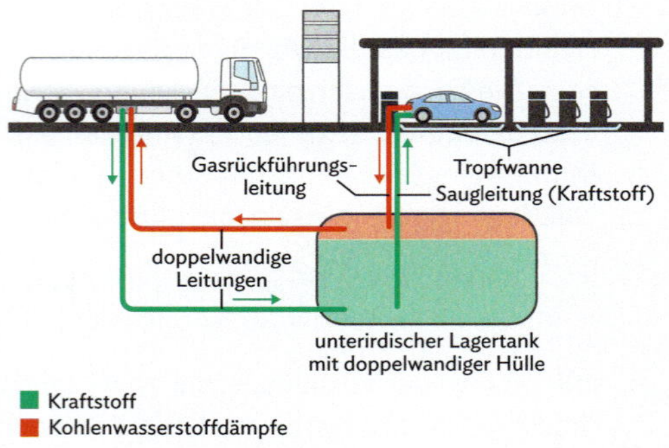

B1 Gasrückführung an der Tankstelle

Die Abgase von Benzinmotoren stellen aber trotzdem die größte Emissionsquelle von Benzol in unserem Alltag dar.

Früher wurde Benzol auch in vielen Bereichen als gutes hydrophobes Lösemittel und als Reinigungsmittel verwendet. Inzwischen wurde es dort größtenteils durch weniger giftige Stoffe ersetzt. Eine nach wie vor sehr wichtige Rolle spielt Benzol dagegen bei der Synthese vieler organischer Verbindungen, die für die Produktion von Waschmitteln, Kunststoffen, Pflanzenschutzmitteln und Farbstoffen benötigt werden.

Gesundheitliche Aspekte

Benzoldämpfe führen spontan zu Schwindel, Erbrechen und Bewusstseinsstörungen, die bei längerer Dauer und Exposition bis zum Tod führen können.
Außerdem gehört Benzol zu den sogenannten **CMR-Stoffen**, die eine besondere Art der Gesundheitsgefährdung mit sich bringen: Dabei steht das C für cancerogen (krebserzeugend), das M für mutagen (erbgutverändernd) und das R für reproduktionstoxisch (schädlich für ungeborene Kinder oder für die Fortpflanzungsfähigkeit). Da Benzol das Knochenmark schädigt, kann es Leukämie auslösen.
Im Gegensatz zu vielen anderen giftigen Stoffen gibt es für CMR-Stoffe keine ungefährliche Konzentration. Das Risiko einer Schädigung steigt zwar mit zunehmendem Kontakt an, aber auch schon geringe Dosen können, vor allem bei wiederholtem Kontakt, schwere Folgen haben.

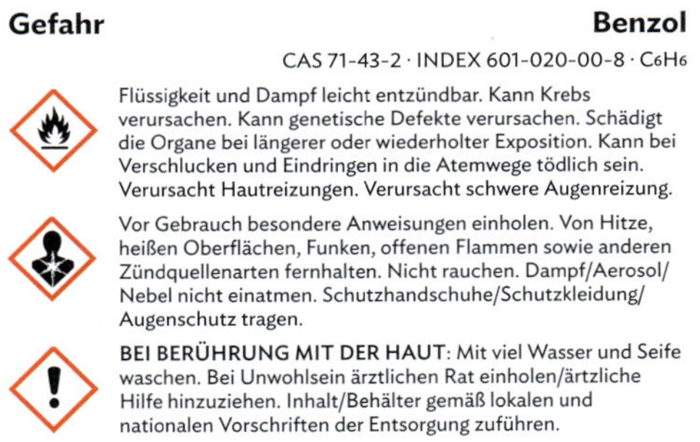

B2 Gefahrenetikett von Benzol

Erste Hinweise auf die chemische Struktur

Benzol ist ein Kohlenwasserstoff und setzt sich dementsprechend aus den Elementen Kohlenstoff und Wasserstoff zusammen – aber wie?
Einen ersten Hinweis auf den Aufbau der Benzol-Moleküle liefert die leuchtende, stark rußende Flamme bei der Verbrennung (**LV1**). Das Leuchten entsteht aus aufglühenden Rußpartikeln, die aus unverbranntem Kohlenstoff bestehen. Ein solches Rußen beobachtet man bei der Verbrennung von Hexan unter gleichen Bedingungen nicht.
Dies lässt den Rückschluss darauf zu, dass Benzol-Moleküle einen niedrigeren Anteil an Wasserstoff-Atomen aufweisen als Hexan-Moleküle. An der Luft verbrennt Benzol deshalb nur unvollständig.
Weitere Arbeiten von FARADAY und MITSCHERLICH führten 1834 schließlich zur Molekülformel C_6H_6 für Benzol.

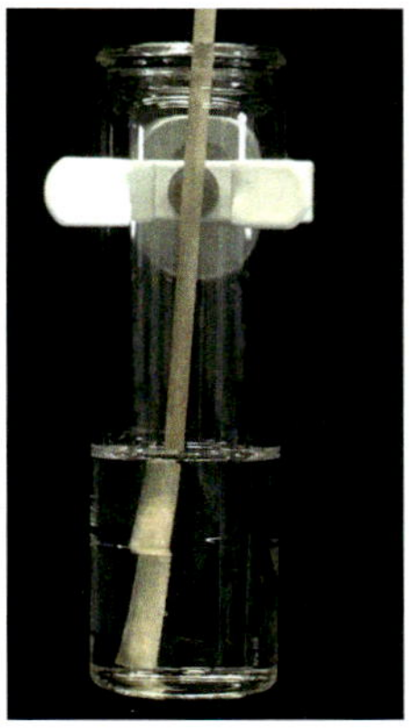

B3 Lichtbrechende Wirkung von Benzol

CMR-Stoffe
Krebserzeugende, mutagene oder reproduktionstoxische Stoffe, für deren schädliche Wirkung keine Wirksamkeitsschwelle besteht

Benzol (C_6H_6) ist eine hydrophobe, farblose Flüssigkeit mit einem auffälligen, aromatischen Geruch. Es kommt in fossilen Rohstoffen vor und entsteht bei der unvollständigen Verbrennung organischer Materialien. Benzol ist krebserregend und hochgiftig. Der größte Teil der Benzolaufnahme in den menschlichen Körper erfolgt über Autoabgase und gegebenenfalls beim Rauchen.
Benzol ist eine wichtige Grundchemikalie zur Synthese von z. B. Kunststoffen.

AUFGABEN

A1 Begründen Sie den deutlichen Rückgang der Benzolbelastung in den letzten Jahrzehnten.

A2 MK Recherchieren Sie die Bedeutung des Arbeitsplatzgrenzwertes (AGW) für Gefahrstoffe. Erläutern Sie die Problematik, Arbeitsplatzgrenzwerte für CMR-Stoffe festzulegen.

A3 MK Recherchieren Sie die Angaben zur maximalen Arbeitsplatz-Konzentration (MAK) und zur Technischen Richt-Konzentration (TRK) von Benzol. Berechnen Sie anhand des recherchierten TRK-Wertes die maximale Anzahl an Benzol-Molekülen, die in einem Liter Atemluft enthalten sein darf.

1.4.3 Strukturaufklärung von Benzol

Aus der Molekülformel C_6H_6 folgt, dass es sich bei Benzol-Molekülen um mehrfach ungesättigte Moleküle handeln muss (**M2**). Wie kann man sich die Struktur von Benzol vorstellen?

Reaktion von Benzol mit Brom

Ungesättigte Kohlenwasserstoffe wie Alkene oder Alkine reagieren mit Halogenen spontan in einer elektrophilen Additionsreaktion (vgl. Kap. 1.3.4). Versetzt man beispielsweise Cyclohexen (C_6H_{10}) mit Bromwasser (**V4**), so entfärbt sich das Bromwasser beim Schütteln rasch. Als Produkt entsteht 1,2-Dibromcyclohexan:

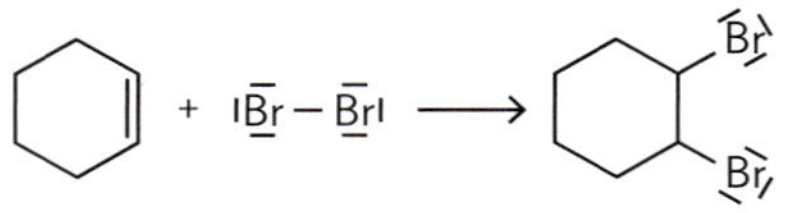

Die Doppelbindung des Cyclohexen-Moleküls ist eine besonders reaktive Stelle des Moleküls. Führt man den gleichen Versuch mit Benzol bzw. **Toluol** (**V4**) durch, lässt sich hingegen keine Reaktion beobachten. Aufgrund der Gefahr, die von Benzol ausgeht, wird häufig Toluol statt Benzol in Versuchen verwendet, da sie ähnliche Eigenschaften und einen ähnlichen Molekülbau aufweisen. Obwohl die Molekülformel von Benzol C_6H_6 auf das Vorhandensein von Mehrfachbindungen schließen lässt, zeigt Benzol also nicht das charakteristische Reaktionsverhalten ungesättigter Kohlenwasserstoffe. Wie ist die geringere Reaktivität der Doppelbindung im Benzol-Molekül zu erklären?

Strukturvorschläge für das Benzol-Molekül

B5 zeigt einige Vorschläge der damaligen Zeit für die Strukturformel von Benzol. Aufgrund einer großen Ringspannung wären viele dieser Moleküle allerdings sehr instabil (**M3**). Eine Ringspannung entsteht in ringförmigen Kohlenwasserstoff-Molekülen v.a. durch die Abweichung der tatsächlich auftretenden Bindungswinkel von den idealen Bindungswinkeln, die an einem Atom nach dem EPA-Modell vorliegen sollten. Sie ist am größten bei Drei- oder Vierringen.

B4 AUGUST KEKULÉ

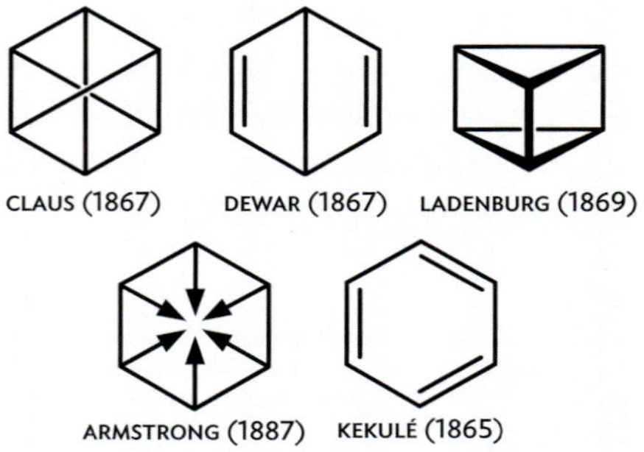

B5 Vorgeschlagene Strukturformeln für Benzol im 19. Jahrhundert

Im Jahr 1865 veröffentlichte der deutsche Chemiker AUGUST KEKULÉ (**B4**) seine sogenannte **Oszillationstheorie**. Darin stellt er die Hypothese auf, dass es sich bei Benzol um Cyclohexa-1,3,5-trien handelt. Die für Alkene unerwartete Reaktionsträgheit erklärt er damit, dass die Doppelbindungen im Molekül permanent und rasch ihre Positionen ändern, d.h. dass die Doppelbindung „oszilliert".

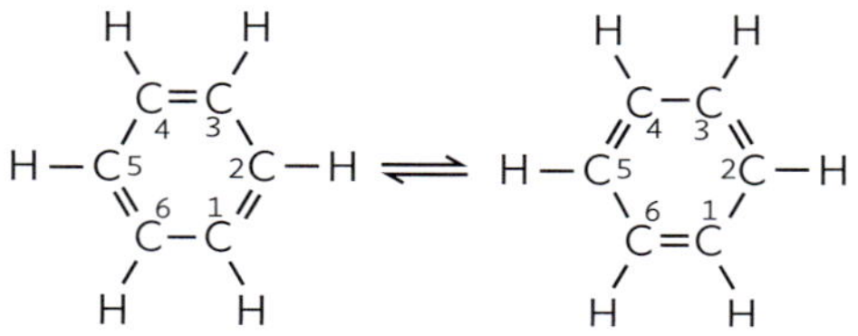

Die Theorie der ständig wechselnden Doppelbindungen ist zwar heute widerlegt, lieferte jedoch einen wichtigen Grundgedanken zur Aufklärung der Struktur von Benzol: Tatsächlich sind im Benzol-Molekül alle Bindungen zwischen den Kohlenstoff-Atomen identisch. Auch die ringförmige Anordnung der Kohlenstoff-Atome hat sich bestätigt.
Das Toluol-Molekül unterscheidet sich vom Benzol-Molekül lediglich um eine Methyl-Gruppe am Ring.

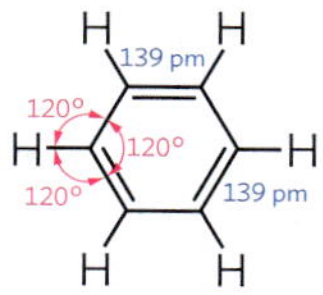

Zum Vergleich	Bindungslänge:
C–C in Alkanen	154 pm
C=C in Alkenen	134 pm

B6 Geometrie des Benzol-Moleküls

Weitere Erkenntnisse

In Alkan- und Alken-Molekülen stellt man deutliche Unterschiede bei den Bindungslängen zwischen den Kohlenstoff-Atomen fest (**B6**). Ein hypothetisches Cyclohexa-1,3,5-trien müsste dementsprechend die Gestalt eines unregelmäßigen Sechseckes aufweisen, in dem sich kürzere Doppelbindungen und längere Einfachbindungen abwechseln. In den 1920er Jahren gelang es mithilfe der Röntgenstrukturanalyse, die Verteilung der Elektronendichte im Benzol-Molekül abzubilden.

INFO

Mit der **Röntgenstrukturanalyse** kann die Lage von Atomen, Ionen oder Molekülen in einem Kristall ermittelt werden. Dabei werden Röntgenstrahlen verwendet. Ihre Wellenlängen liegen in dem Bereich von den Atomabständen im Kristall (10^{-8} cm). Die Röntgenstrahlen werden an der Gitterstruktur gebeugt und man erhält ein sogenanntes Beugungsmuster. Aus diesem Beugungsmuster kann man Rückschlüsse auf die Anordnung der Atome, Ionen oder der Moleküle im Gitter ziehen.

Es zeigt sich eine völlig regelmäßige Struktur, bei der die Länge der Bindungen zwischen den Kohlenstoff-Atomen mit 139 pm zwischen der einer Einfach- und der einer Doppelbindung liegt (**B6**). Wenn zwischen den einzelnen C=C-Doppelbindungen (oder C=O-Doppelbindungen) einer Verbindung genau eine C–C-Einfachbindung vorkommt, bezeichnet man dies als **konjugierte Doppelbindungen**. Die sechs Elektronen der vermeintlichen Doppelbindungen befinden sich offenbar nicht fest zwischen zwei Atomen, sondern sind über den gesamten Kohlenstoff-Ring gleichmäßig verteilt: Man spricht deshalb von **delokalisierten Elektronen**.
Diese **Delokalisierung** erklärt auch, wieso sich Benzol von charakteristischen Reaktionen von Kohlenwasserstoffen unterscheidet, deren Moleküle lokalisierte Doppelbindungen besitzen. Dies wird durch die 1925 von ARMIT und ROBINSON vorgeschlagenen Strukturformeln für Benzol gut verdeutlicht:
Der innere Kreis steht dabei für die sechs delokalisierten Elektronen.

FM Strukturformeln in Skelettformeln überführen
→ S. 186

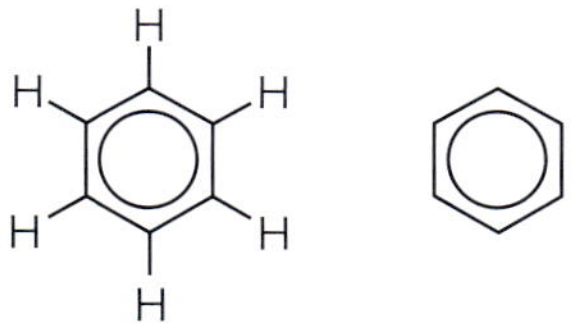

Obwohl die Molekülformel C_6H_6 auf ein mehrfach ungesättigtes Molekül schließen lässt, reagiert Benzol völlig anders als Alkene. Ursachen sind die Ringstruktur und die sechs delokalisierten Elektronen.

AUFGABEN

A1 Vergleichen Sie anhand von **B6** die Geometrie des Benzol-Moleküls mit der des Ethan-Moleküls und der des Ethen-Moleküls.

A2 Vergleichen Sie die Oszillationstheorie von KEKULÉ mit dem heute verwendeten Modell der delokalisierten Elektronen im Benzol-Ring.

1.4.4 Mesomerie und Aromatizität

Vergleicht man Benzol mit anderen ungesättigten Kohlenwasserstoffen, fällt seine außerordentliche Reaktionsträgheit auf. Der Grund dafür liegt darin, dass Benzol eine besonders stabile Verbindung ist. Benzol ist ein Vertreter der Stoffklasse der **Aromaten**. Was macht diese aus?
Aromatische Verbindungen wie Benzol sind deshalb so **reaktionsträge**, weil sie durch einen besonderen Effekt stabilisiert werden. Diesen Effekt kann man mithilfe der folgenden experimentellen Fakten sogar in Zahlen fassen.

Hydrierung von Benzol

Katalysatoren ermöglichen einen Reaktionsweg mit einer geringeren Aktivierungsenergie. Bei der Reaktion entstehen dieselben Produkte und der Katalysator geht unverändert aus der Reaktion hervor (vgl. Kap. 8.3).

Die Energie wird in der SI-Einheit Joule J bzw. Kilojoule kJ angegeben.

Eine typische Reaktion ungesättigter Kohlenwasserstoffe ist die Addition von Wasserstoff in Gegenwart eines Katalysators. Dabei entstehen gesättigte Kohlenwasserstoffe. Da diese stabiler als die Edukte sind, wird bei einer solchen Hydrierung Energie freigesetzt. Führt man dieses Experiment mit Cyclohexen durch, werden zwei Wasserstoff-Atome an die Doppelbindung des Cyclohexen-Moleküls addiert. Es entsteht ein Cyclohexan-Molekül. Dabei wird eine Hydrierungsenergie von 120 kJ/mol freigesetzt (**B7**).
Bei einem vergleichbaren Experiment mit Cyclohexa-1,3-dien werden zwei Äquivalente Wasserstoff benötigt, da das entsprechende Molekül zwei Doppelbindungen aufweist. Die Hydrierungsenergie beträgt deshalb rechnerisch 240 kJ/mol. Experimentell gemessen werden 232 kJ/mol.
Für die Hydrierung von Cyclohexa-1,3,5-trien mit drei Äquivalenten Wasserstoff würde man entsprechend der beiden vorherigen Reaktionen den dreifachen Wert der Reaktionsenergie von 360 kJ/mol erwarten. Ein Cyclohexa-1,3,5-trien-Molekül mit lokalisierten Doppelbindungen existiert jedoch nicht – es entspricht in der Realität dem Benzol-Molekül.
Setzt man im Experiment also Benzol mit drei Äquivalenten Wasserstoff zu Cyclohexan um, ergibt sich mit 209 kJ/mol eine viel geringere Reaktionsenergie als theoretisch erwartet. Die Differenz zur errechneten Reaktionsenergie eines hypothetischen Cyclohexa-1,3,5-trien-Moleküls mit lokalisierten Doppelbindungen beträgt 151 kJ/mol. Die Delokalisierung ihrer Doppelbindungselektronen macht Benzol-Moleküle also um

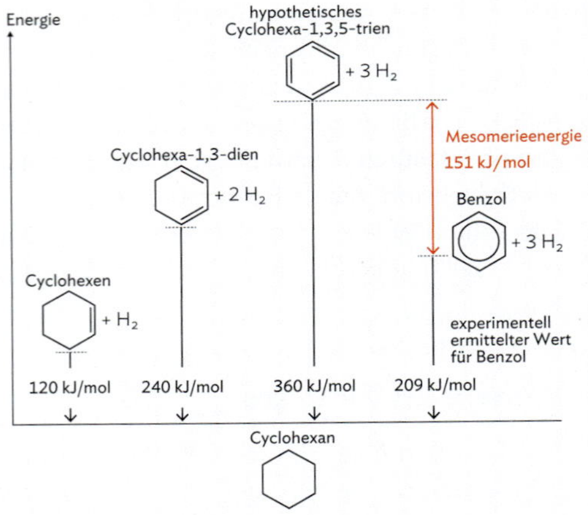

B7 Vergleich der experimentellen Hydrierungsenergie zur Ermittlung der Mesomerieenergie von Benzol

151 kJ/mol energieärmer und damit stabiler, als sie es mit lokalisierten Elektronen wären (**B7**).

Mesomerie

Die besondere Stabilität von Aromaten ist also auf die Stabilisierung durch delokalisierte Elektronen zurückzuführen. Diesen Effekt bezeichnet man auch als **Mesomeriestabilisierung**. Die Mesomeriestabilisierung tritt auch bei anderen Molekülen mit delokalisierten Bindungen auf: Ihre Bindungsverhältnisse lassen sich nicht durch eine einzelne Strukturformel beschreiben, sondern nur durch mehrere **mesomere Grenzformeln**. Der tatsächliche Zustand des Moleküls liegt **dauerhaft** in der Mitte dieser Grenzformeln – nicht, wie von KEKULÉ ursprünglich angenommen, **abwechselnd** zwischen dem einen und dem anderen Zustand. Verdeutlicht wird dies durch den **Mesomeriepfeil** ⟷ zwischen den Grenzformeln, nicht zu verwechseln mit dem Reaktionspfeil ⟶ und dem Gleichgewichtspfeil ⇌ (vgl. Kapitel 5). Die mesomeren Grenzformeln werden in eckige Klammern geschrieben. Am Beispiel Benzol sieht dies wie folgt aus:

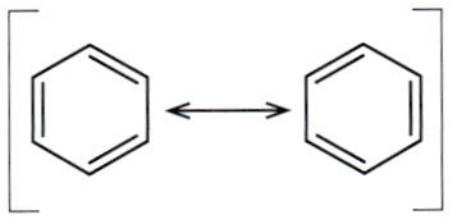

Die energetische Stabilisierung eines Moleküls mit delokalisierten Elektronen zu einer seiner theoretischen Grenzformeln nennt man deshalb auch **Mesomerieenergie** (B8).

Aromatische Verbindungen

Welche Moleküle werden über eine solche Mesomerieenergie stabilisiert?
Historisch bedingt fasst man diese Stoffe unter dem Begriff **aromatische Verbindungen** zusammen, da viele angenehm riechen. Viele dieser Verbindungen werden auch heute noch in Parfüms, Cremes, Zahnpasta und als Gewürze für Lebensmittel verwendet. Chemische Untersuchungen zeigen, dass der Benzol-Ring ein sehr häufiger Bestandteil dieser Verbindungen ist.
Auch einige andere Gemeinsamkeiten weisen die Moleküle aromatischer Verbindungen auf. Unabhängig von ihrem Geruch bezeichnet man Verbindungen deshalb heute als Aromaten, wenn sie folgende Kriterien erfüllen:

1. Das Molekül hat eine **cyclische, planare Struktur**.
2. Im Molekül gibt es ein **durchgehendes System delokalisierter Elektronen**: Dieses ist gekennzeichnet durch den Wechsel von Einfach- und Doppelbindungen.
3. Der deutsche Chemiker und Physiker ERICH HÜCKEL entdeckte außerdem, dass die Anzahl delokalisierter Elektronenpaare bei Aromaten immer ungerade ist. Dies beschreibt auch die **HÜCKEL-Regel**: Die Anzahl delokalisierter Elektronen beträgt bei aromatischen Verbindungen immer $\mathbf{4n + 2}$ (dabei ist $n = 0, 1, 2$ usw.). Für Benzol gilt: Das Benzol-Molekül hat drei delokalisierte Elektronenpaare, bestehend aus sechs Elektronen: $4n + 2 = 6; n = 1$.

Reaktivität von Aromaten

Die Mesomerieenergie aromatischer Verbindungen erklärt auch, dass Aromaten mit Halogenen nicht in einer Additionsreaktion reagieren (vgl. Kap. 1.5.2): Bei einer Addition würde das aromatische Elektronensystem zerstört werden. Der Betrag der Mesomerieenergie müsste also zusätzlich für eine Additionsreaktion aufgebracht werden und die Reaktionsenergie der Reaktion würde um den Betrag der Mesomerieenergie geringer. Während die Addition von Brom an Cyclohexen exotherm verläuft, ist die Addition von Brom an Benzol endotherm.

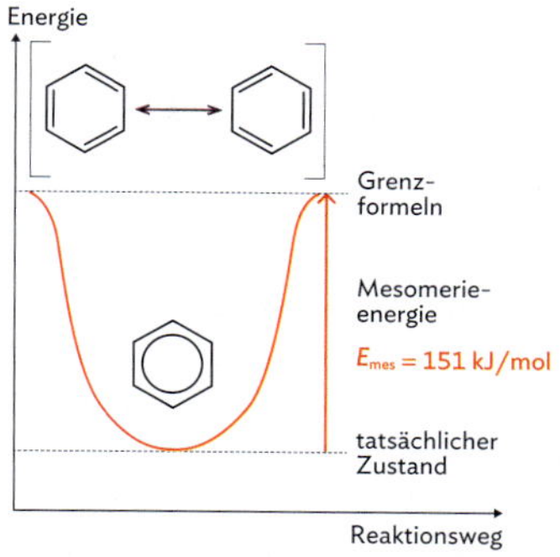

B8 Mesomere Grenzformeln, Mesomeriestabilisierung und Mesomerieenergie des Benzol-Moleküls

Aromatische Verbindungen enthalten ringförmige, planare Moleküle mit delokalisierten Elektronenpaaren, deren Anzahl der HÜCKEL-Regel $4n + 2$ entspricht. Die Mesomeriestabilisierung bewirkt die beobachtete Reaktionsträgheit von Aromaten.

AUFGABE

A1 a) Beschreiben Sie die Stabilität des Benzol-Moleküls anhand der Mesomerie.
b) Überprüfen Sie anhand der HÜCKEL-Regel, ob es sich bei den folgenden Molekülen um Aromaten handelt. Zeichnen Sie die entsprechenden mesomeren Grenzformeln.

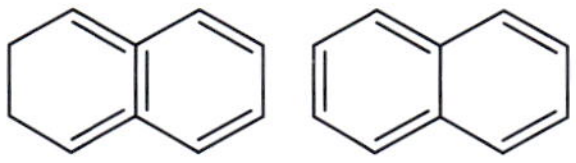

06022-89
Lernanwendung zu A1 unter QR-/Mediencode 06022-89

1.4.5 Das Orbitalmodell LK

Modelle als Hilfsmittel

Wie sind Atome und Moleküle tatsächlich aufgebaut? Experimentell lässt sich dies nicht wirklich herausfinden – selbst mit dem Rastertunnelmikroskop kann man gerade mal die atomare Oberfläche von Stoffen erkennen. Unsere Vorstellung darüber, wie Atome und Moleküle im Inneren aussehen, beruht deshalb nur auf Indizien wie z. B. dem Verhalten von Stoffen bei chemischen Reaktionen. Aus diesen Erkenntnissen lassen sich **Modelle** entwerfen, mit denen sich die Beobachtungen aus Experimenten erklären lassen. Diese Modelle haben jedoch nicht den Anspruch, den tatsächlichen Aufbau genau darzustellen, sondern einen beobachteten Sachverhalt auf eine möglichst einfache Weise zu erklären. Sie stehen deshalb nicht in Konkurrenz zueinander: Für das Phänomen der Massenerhaltung ist das DALTON-Atommodell ausreichend, kompliziertere Modelle wären unnötig. Das Kern-Hülle-Modell beschreibt die Elementarteilchen und erklärt dadurch die Beobachtung aus dem RUTHERFORDschen Streuversuch. Wieso verschiedene Stoffe verschiedene Ionen bilden, lässt sich damit nicht erklären – hierzu wurde das Schalenmodell entwickelt, durch das auch die Ordnung im Periodensystem verständlich wird.

Die Entstehung von Elektronenpaarbindungen in Molekülen ist aus dem Schalenmodell allerdings schwierig ableitbar – zwei negativ geladene Elektronen müssten sich eigentlich ja elektrostatisch abstoßen. Auch der räumliche Aufbau von Molekülen lässt sich damit nicht verstehen. Insbesondere die Beschreibung von aromatischen Molekülen macht die Grenzen des Schalenmodells deutlich: Wie lassen sich delokalisierte Elektronen mit Valenzelektronen vereinbaren, die sich in Schalen um den Atomkern befinden? Wieso können manche Elektronen delokalisiert werden, andere nicht?

Das Orbitalmodell: Atomorbitale

Zur Erklärung dieser Phänomene wurde von den Physikern ERWIN SCHRÖDINGER und MAX BORN ab 1926 das **Orbitalmodell** entwickelt. Es basiert auf der Erkenntnis, dass Elektronen sich in manchen Situationen wie Teilchen, in anderen dagegen wie Wellen verhalten (**Welle-Teilchen-Dualismus**). Betrachtet man Elektronen als Wellen, lassen sie sich durch bestimmte mathematische Funktionen beschreiben. Aus einer solchen **Wellenfunktion** lässt sich zu jedem Elektron eines Atoms oder Moleküls berechnen, wo sich dieses Elektron wahrscheinlich aufhält. Diesen wahrscheinlichsten Aufenthaltsraum eines Elektrons bezeichnet man als sein **Orbital**. Aus der Wellenfunktion lässt sich sowohl die Form als auch die Größe der Orbitale berechnen.

Jedes Orbital gehört dabei zu einem **Hauptenergieniveau** (1, 2, 3, ...), das der Schale im Schalenmodell entspricht, und kann maximal von zwei Elektronen besetzt werden. Für die Erklärung organischer Moleküle sind dabei zwei Orbitaltypen relevant: kugelförmige **s-Orbitale** und hantelförmige **p-Orbitale** (B9 oben).

Jedes Wasserstoff-Atom besitzt dementsprechend genau ein 1s-Orbital. Die Elektronen von Atomen aus der 2. Periode befinden sich in den 1s-, 2s-, $2p_x$-, $2p_y$- und $2p_z$-Orbitalen.

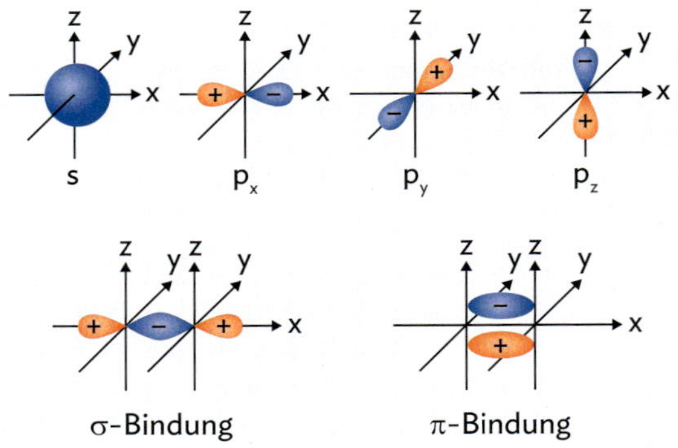

B9 Atomorbitale (oben) und Molekülorbitale (unten)

Entstehung von Molekülorbitalen

Elektronenpaarbindungen in Molekülen entstehen nach dem Orbitalmodell dadurch, dass die Atomorbitale der einzelnen Atome sich überlappen und dabei zu **Molekülorbitalen** verschmelzen. Je nach Form der verschmelzenden Atomorbitale entstehen dabei verschiedene Bindungstypen (B9 unten): **σ-Bindungen** entstehen durch Molekülorbitale, die sich entlang der Bindungsachse der beiden Atome ausbilden. Überlappen sich dagegen zwei parallel zueinander ausgerichtete p-Orbitale, entsteht eine **π-Bindungen**, deren Molekülorbitale sich oberhalb und unterhalb der Bindungsachse befinden. Alle Bindungen zwischen Atomen bestehen immer aus einer σ-Bindung und ggf. zusätzlich aus einer oder mehrerer π-Bindungen.

Hybridisierung

Die sechs Elektronen eines Kohlenstoff-Atoms müssten sich nach diesem Modell wie folgt verteilen: Je zwei Elektronen befänden sich im 1s- und im 2s-Orbital. Um einen möglichst großen Abstand voneinander zu haben, müssten die beiden verbleibenden Elektronen jetzt jeweils zwei verschiedene 2p-Orbitale besetzen. Tatsächlich stellt man aber fest, dass Kohlenstoff-Atome häufig nicht nur zwei, sondern vier gleiche Bindungen zu anderen Atomen ausbilden. Das liegt daran, dass sich die vier Orbitale der 2. Hauptenergiestufe beim Kohlenstoff-Atom mischen können: Es bilden sich dann insgesamt vier $2sp^3$-**Hybridorbitale**, die sich tetraedrisch um den Atomkern anordnen wie im Methan-Molekül (**B10** links).
Bildet ein Kohlenstoff-Atom in einem Molekül eine Doppelbindung aus, existieren nur drei gleichwertige Bindungen: Dann mischen sich nur zwei der drei 2p-Orbitale mit dem 2s-Orbital, es entstehen also drei $2sp^2$-Hybridorbitale zur Ausbildung von σ-Bindungen. Das verbleibende $2p_z$-Orbital bleibt übrig und bildet die π-Bindung zu dem Nachbaratom als Teil der Doppelbindung.

Das Benzol-Molekül im Orbitalmodell

Im Benzol-Molekül bildet jedes Kohlenstoff-Atom drei $2sp^2$-**Hybridorbitale** aus. Diese bilden σ-Bindungen zu den beiden benachbarten Kohlenstoff-Atomen und dem Wasserstoff-Atom aus. Das verbleibende $2p_z$-Orbital überlappt **gleichzeitig** mit den beiden $2p_z$-Orbitalen der benachbarten Kohlenstoff-Atome jeweils oberhalb und unterhalb der Molekülebene. So entsteht das planare **σ-Bindungsgerüst** des Benzol-Moleküls mit einer delokalisierten **π-Elektronenwolke** (**B10** rechts).

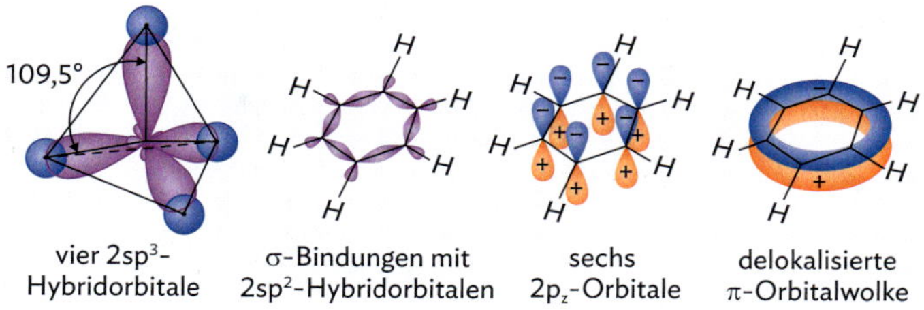

B10 Molekülorbitale im Methan-Molekül (links) und im Benzol-Molekül (rechts)

Um die Delokalisierung von Elektronen in Aromaten zu erklären, bietet sich das Orbitalmodell an. Ein Orbital ist dabei der Raum, in dem sich ein Elektron höchstwahrscheinlich aufhält. Atomorbitale verschiedener Atome können zu Molekülorbitalen verschmelzen und so σ- oder π-Bindungen ausbilden.
In aromatischen Molekülen befinden sich die delokalisierten Elektronen in $2p_z$-Orbitalen ihrer Atome, die durch Überlappung zu π-Elektronenwolken verschmelzen.

AUFGABEN

A1 Benennen Sie alle Atomorbitale im Methan- und im Benzol-Molekül und kennzeichnen Sie σ- und π-Bindungen in den Molekülen mit unterschiedlichen Farben.

A2 Erklären Sie die Voraussetzung dafür, dass die Elektronen eines Atoms an der Bindungsdelokalisierung in einem Molekül teilhaben können.

A3 Das freie Elektronenpaar des Stickstoff-Atoms im Pyrrol-Molekül (**B11**) kann mit delokalisiert werden. Entscheiden Sie begründet, ob Pyrrol damit zu den Aromaten gehört.

B11 Strukturformel eines Pyrrol-Moleküls

1.5 Weitere Aromaten

Der Mensch nimmt Aromaten in Form von z. B. Sulfonamiden oder Aspirin als Arzneimittel oder Folsäure als Vitamin zu sich. Auch die Moleküle der essenziellen Aminosäure Phenylalanin enthalten einen Benzol-Ring. Die Synthese solcher aromatischen Verbindungen wird durch die Mesomeriestabilisierung eines delokalisierten Elektronensystems beeinflusst. Wie lässt sich dies erklären?

1.5.1 Versuche und Material

V Bromierung von Toluol

2 5 6 7 8 9

In **V4** auf S. 61 erwies sich Toluol als reaktionsträge. Ist es trotzdem möglich, Benzol bzw. Toluol mit Brom zur Reaktion zu bringen?

LV1 In ein Reagenzglas werden mit einer Pipette ca. 5 mL Toluol gegeben und ein halber Spatel (ca. 0,5 g) Eisenpulver hinzugefügt. Anschließend wird ein Tropfen Brom in das Reagenzglas getropft, das Reagenzglas mit einem Stopfen versehen und geschüttelt. Das Gemisch wird mit dem Gasbrenner vorsichtig einige Sekunden erhitzt. Das Reagenzglas wird weiter geschüttelt und nach einiger Zeit ein angefeuchtetes Stück Lackmuspapier in das Reagenzglas gehalten (nicht eintauchen!). Gegebenenfalls muss dieser Vorgang wiederholt werden.

AUSWERTUNG

a) Notieren Sie Ihre Beobachtungen bei der Durchführung des Experiments.

b) Formulieren Sie eine mögliche Reaktionsgleichung (mit Strukturformeln) und erklären Sie daran die Beobachtungen des Experiments.
Hinweis: Toluol (Methylbenzol) reagiert unter den gewählten Bedingungen nach dem gleichen Reaktionsverlauf wie Benzol. Da Benzol aber krebserzeugend ist, wird es in diesem Experiment durch das weniger gefährliche Toluol ersetzt. Für die Auswertung der Reaktion können Sie die zusätzliche Methyl-Gruppe unberücksichtigt lassen.

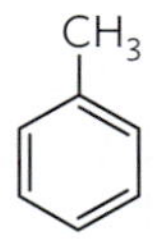

B1 Strukturformel von Toluol

ENTSORGUNG R, G2, G3, G4

V Eigenschaften und Reaktivität von Resorcin

Resorcin wird in der Industrie zur Herstellung von Farb- und Klebstoffen verwendet. Welche Eigenschaften sind dabei von Bedeutung?

V2 Lösen Sie etwas Resorcin (1,3-Dihydroxybenzol) in einem großen Reagenzglas in Wasser. Lösen Sie zum Vergleich in einem zweiten Reagenzglas Ethanol in Wasser. Bestimmen Sie mit einem Universalindikatorpapier den pH-Wert beider Lösungen.

V3 Versetzen Sie die wässrige Resorcinlösung aus **V2** mit Bromwasser. Hängen Sie in den Gasraum über dem Gemisch ein angefeuchtetes Universalindikatorpapier. Verschließen Sie das Reagenzglas mit einem Stopfen und schütteln Sie das Gemisch vorsichtig.
Hinweis: Wenn statt Bromwasser elementares Brom verwendet wird, muss der Versuch von der Lehrkraft durchgeführt werden.

AUSWERTUNG

a) Zeichnen Sie die Strukturformel von Resorcin (1,3-Dihydroxybenzol). Erklären Sie daran seinen beobachteten Aggregatzustand sowie die gute Wasserlöslichkeit des Stoffes.

b) Vergleichen Sie die pH-Werte der wässrigen Resorcinlösung und der wässrigen Ethanollösung in **V2**. Erklären Sie den Unterschied.

c) Vergleichen Sie die Beobachtungen und Reaktionsbedingungen aus **V3** mit der Bromierung von Toluol in **LV1** und stellen Sie eine Hypothese zur Ursache der Unterschiede auf.

d) In **V3** bilden sich je nach Menge des zugegebenen Broms die Produkte 2,4,6-Tribromresorcin oder 2,4,4,6,6-Pentabromcyclohex-1-en-3,5-dion. Zeichnen Sie die Strukturformeln dieser beiden Stoffe und erklären Sie, dass sich das zweitgenannte Produkt im Gegensatz zu Resorcin schlecht in Wasser löst.

ENTSORGUNG A, R, G3, G4

M Nitrierung von Benzol und Phenol LK

Benzol und Phenol sind wichtige Zwischenprodukte in der chemischen Industrie und werden in verschiedenen Reaktionen umgesetzt. Eine solche Reaktion ist die Nitrierung. Welchen Einfluss hat die Hydroxy-Gruppe des Phenol-Moleküls auf die Reaktion?

M4 Zur Nitrierung von Benzol muss Nitriersäure, ein Gemisch aus konzentrierter Salpetersäure und konzentrierter Schwefelsäure, verwendet werden. Es entsteht Nitrobenzol (**B2**), eine farblose bis blassgelbe Flüssigkeit, die nach bitteren Mandeln riecht.

M5 Um Nitrophenol aus Phenol zu erhalten, wird nicht zwingend Nitriersäure benötigt. Die Reaktion läuft bereits mit verdünnter Salpetersäure ab. Es entsteht ein braungelber Niederschlag.

AUSWERTUNG

a) Formulieren Sie die Netto-Reaktionsgleichung für die Nitrierung von Benzol und geben Sie den Reaktionstyp an. *Hinweis*: Die Schwefelsäure liegt nach der Reaktion unverändert vor.

b) Zeichnen Sie die möglichen Strukturformeln für Nitrophenol.

c) Formulieren Sie eine Hypothese über die Reaktivität der Ausgangsstoffe bei der Nitrierung von Benzol bzw. Phenol. Stellen Sie eine Hypothese auf, wie die Reaktivität von Toluol im Vergleich ausfällt.

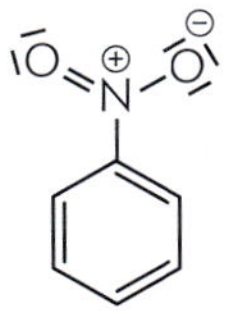

B2 Strukturformel von Nitrobenzol

1.5.2 Die elektrophile Substitution

Aromaten sind wichtige Edukte in der chemischen Industrie – zahlreiche Medikamente, technisch wichtige Polymere, Farbstoffe, Waschmittel und Pestizide lassen sich aus Aromaten herstellen. Wie können trotz der Reaktionsträgheit aromatische Verbindungen ausgehend vom Benzol hergestellt werden?

Grundsätzliches Reaktionsverhalten

Die delokalisierten Elektronensysteme aromatischer Moleküle bewirken eine außerordentliche Stabilität von Aromaten. Vor allem unsubstituierte Aromaten verhalten sich deshalb relativ reaktionsträge, Aromaten mit funktionellen Gruppen wie Phenol (Hydroxybenzol) oder Anilin (Aminobenzol) vergleichsweise reaktionsfreudiger.

Prinzipiell kann man zwischen zwei verschiedenen Kategorien unterscheiden:

1. Reaktionen am Benzol-Ring des Aromaten, bei denen das aromatische Elektronensystem vorübergehend gestört, aber rasch wiederhergestellt wird und
2. Reaktionen substituierter Aromaten, bei denen das aromatische Elektronensystem nicht angegriffen wird.

Reaktionen mit Einfluss auf das aromatische Elektronensystem

Das bei der S_EAr als reaktive Zwischenstufe auftretende Carbo-Kation oder Carbenium-Ion wird auch als Arenium-Ion bezeichnet.

06022-90

Ein Beispiel für eine Reaktion direkt am aromatischen „Kern" (Kategorie 1) ist die Bromierung von Benzol bzw. Toluol (**LV1**). Das dabei entstehende Bromwasserstoffgas ist ein Hinweis darauf, dass dabei eine Substitution stattfindet und keine Addition, die charakteristisch für Alkene wäre. Wie lässt sich das erklären?

Anhand des Energiediagramms (vgl. QR-/Mediencode 06022-90) wird der energetische Vorteil der Substitution gegenüber einer Addition sehr deutlich. Er entsteht durch die Mesomeriestabilisierung des Benzol-Rings, denn im Substitutionsprodukt liegt das aromatische Ringsystem wieder vor. Das hypothetische Additionsprodukt wäre dagegen kein Aromat mehr und es gäbe keine Mesomeriestabilisierung. Die Addition wäre deshalb in Summe eine endotherme Reaktion. Bei der Substitution hingegen ist zwar kurzzeitig das aromatische Elektronensystem gestört, wird aber dann in einem stark exothermen Reaktionsschritt wiederhergestellt.

Mesomeriestabilisierung → S. 66

Generell sind also Reaktionen, bei denen das aromatische Elektronensystem nur kurzzeitig gestört wird, energetisch deutlich günstiger als Reaktionen, bei denen der aromatische Charakter der Moleküle dauerhaft aufgehoben wird.

Das delokalisierte Elektronensystem aromatischer Moleküle beeinflusst auch den Mechanismus der Substitution: Als ein Ort hoher negativer Ladungsdichte stellt es einen möglichen Angriffspunkt für Elektrophile dar. Der häufigste Reaktionstyp von Aromaten ist daher die **elektrophile Substitution (S_EAr** oder kurz S_E**)** (**B1**).

Mechanismus der S_EAr

Benzol als unsubstituierter Aromat reagiert auch mit sehr reaktiven Reaktionspartnern wie Brom nicht spontan: Die Ringelektronen des Benzol-Moleküls wirken zunächst nur polarisierend auf das Brom-Molekül. Die Polarisierung wird durch Zugabe eines stark polarisierend wirkenden Katalysators wie Eisen(III)-bromid $FeBr_3$ verstärkt. Dieser Katalysator bildet sich rasch beim Kontakt von Eisen mit Brom. Es bildet sich ein Anlagerungskomplex an das Elektronenringsystem des Benzols (**B1**). Das positiv polarisierte Brom-Atom greift das Benzol-Molekül elektrophil an. Es entsteht ein Carbenium-Ion, in welchem das Brom-Atom an ein Kohlenstoff-Atom gebunden vorliegt und ein Eisentetrabromid-Ion $FeBr_4^-$:

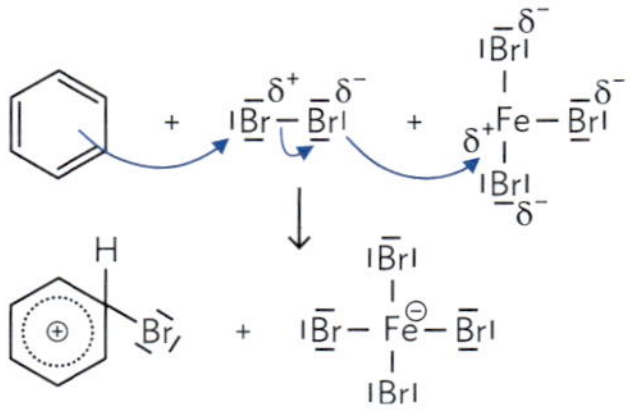

Die Aromatizität des Ringsystems geht übergangsweise verloren, was im Energiediagramm durch das erhöhte Energieniveau dieses Zwischenprodukts sichtbar ist. Durch Delokalisierung der Ringelektronen und der positiven Ladung ist das Carbenium-Ion – energetisch vorteilhaft –

mesomeriestabilisiert. Man kann mehrere Grenzformeln formulieren:

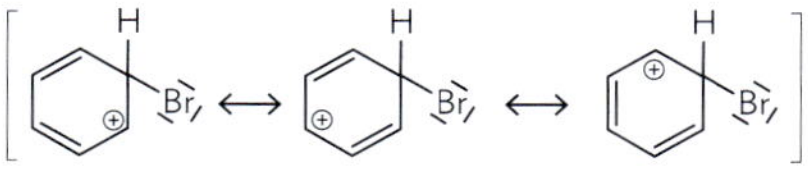

In einem letzten Schritt gibt das Carbenium-Ion ein Proton an das Eisentetrabromid-Ion ab, sodass als Produkte Brombenzol und Bromwasserstoff entstehen. Der Katalysator wird dadurch zurückgebildet:

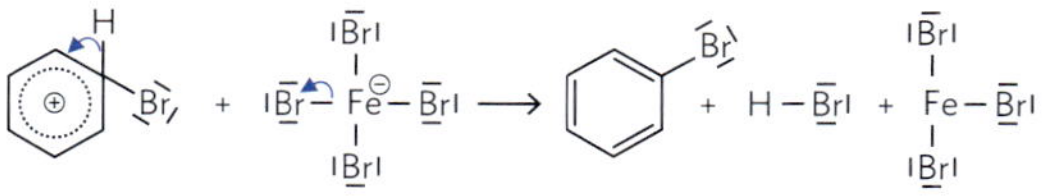

In diesem Schritt wird das energetisch günstige aromatische Ringelektronensystem zurückgebildet, man spricht von **Rearomatisierung**. Dadurch verläuft die Reaktion – im Gegensatz zu einer möglichen Addition an das Carbenium-Ion – insgesamt exotherm.

Nitrierung von Aromaten LK

Der Mechanismus der elektrophilen Substitution läuft bei vielen Reaktionen am Aromaten gleich ab. Es unterscheiden sich lediglich die angreifenden Elektrophile E^+ (**B1**).
Bei der Nitrierung von Benzol (**M5**) dient das **Nitronium-Ion** NO_2^+ als Elektrophil. Nitronium-Ionen entstehen durch die Protonierung eines Salpetersäure-Moleküls und die anschließende Abspaltung eines Wasser-Moleküls. Diese Ionen liegen in Salpetersäurelösung jedoch nur in sehr geringer Anzahl vor. Zur Nitrierung des reaktionsträgen Benzols sind sie nicht ausreichend. Nur durch Zugabe einer Säure, die noch stärker ist als Salpetersäure, kann die Protonierung und damit die Bildung von ausreichend vielen Nitronium-Ionen erreicht werden.

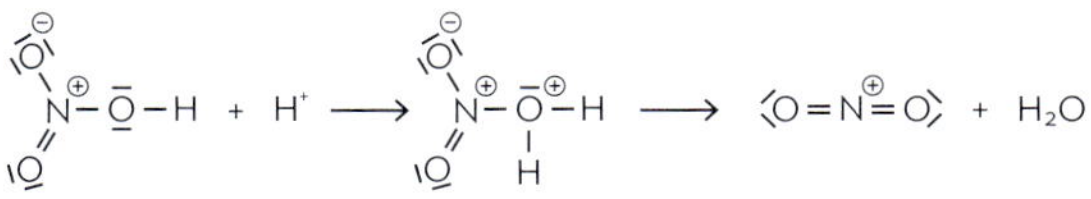

Daher wird die Nitrierung von Benzol mit **Nitriersäure** durchgeführt (**M4**). Diese ist ein Gemisch aus konzentrierten Lösungen von Salpetersäure

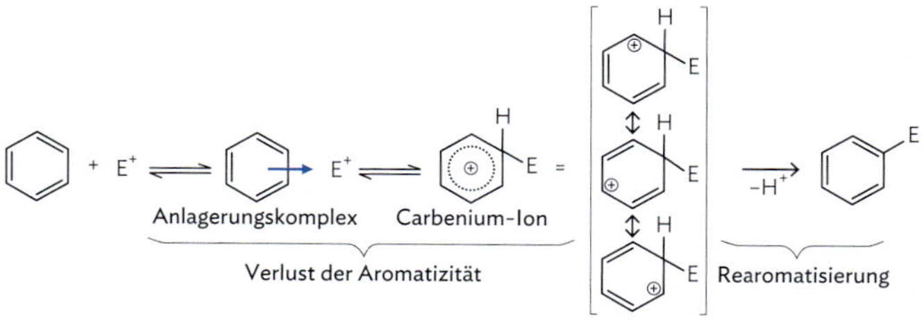

B1 Mechanismus einer elektrophilen Substitution an Aromaten (S_EAr)

und Schwefelsäure. Das Verhältnis der beiden Säuren kann dabei variieren.
Die Schwefelsäure-Moleküle protonieren die Salpetersäure-Moleküle, wodurch Nitronium-Ionen, Hydrogensulfat-Ionen (HSO_4^-) und Wasser-Moleküle gebildet werden. Die Nitronium-Ionen greifen elektrophil am Aromaten-Molekül an und bilden das mesomeriestabilisierte Carbenium-Ion. Das bei der Rearomatisierung abgegebene Proton wird von den Hydrogensulfat-Ionen aufgenommen, wodurch die Schwefelsäure-Moleküle wieder unverändert vorliegen.

Bei Reaktionen von Aromaten wird das delokalisierte, aromatische Elektronensystem in der Regel nur vorübergehend gestört. Der charakteristische Reaktionstyp ist eine elektrophile Substitution.

AUFGABEN

A1 Vergleichen Sie die Reaktionen von Benzol bzw. Hexan mit Brom hinsichtlich ihrer zugrundeliegenden Reaktionsmechanismen.

A2 Formulieren Sie Reaktionsgleichungen für
a) die Bildung des Nitronium-Ions in Nitriersäure,
b) die Nitrierung von Benzol und
c) die Zurückbildung des Katalysators Schwefelsäure.

A3 LK MK Alkylierung und Sulfonierung sind weitere Beispiele für S_EAr. Recherchieren Sie mögliche Elektrophile und Katalysatoren dieser Reaktionen und formulieren Sie jeweils eine Reaktionsgleichung.

1.5.3 Elektrophile Zweitsubstitution LK

Reaktivität substituierter Aromaten

In substituierten Aromaten beeinflussen sich der aromatische Ring und die Substituenten gegenseitig.
Das aromatische System beeinflusst Reaktionen der Substituenten (Reaktionen der Kategorie 2, vgl. S. 72), z. B. Säure-Base-Reaktionen aromatischer Moleküle mit Hydroxy- oder Carboxy-Gruppen als Substituenten. Eine wässrige Resorcinlösung zeigt im Gegensatz zu einer wässrigen Ethanollösung einen leicht sauren pH-Wert (**V3**). Dies liegt daran, dass die negative Ladung am Sauerstoff-Atom, die durch Deprotonierung der Hydroxy-Gruppe entsteht, bei Resorcin in das delokalisierte Elektronensystem aufgenommen wird und sich über das ganze Molekül verteilt. Im Gegensatz dazu lässt sich die negative Ladung am Sauerstoff-Atom eines Ethanolat-Anions nicht delokalisieren, sodass dieses Molekül weniger stabil ist.
Umgekehrt kann die Anwesenheit von Substituenten auch die Reaktivität von Aromaten erhöhen: Die Bromierung von Resorcin (1,3-Dihydroxybenzol, **V4**) erfordert anders als die Bromierung von Benzol bzw. Toluol (**LV1**) keinen Katalysator. Auch die Nitrierung von Phenol läuft bereits mit verdünnter Salpetersäure ab, es wird keine Nitriersäure benötigt (**M6**).
Eine erneute elektrophile Substitutionsreaktion an einem bereits substituierten Aromaten bezeichnet man als **elektrophile Zweitsubstitution**. Dabei nimmt der bereits vorhandene Substituent Einfluss auf die Reaktion. Um diesen Einfluss zu verstehen, muss man die Substituenteneffekte betrachten.

Der aktivierende Effekt

Substituenten können Reaktivität und Reaktionsgeschwindigkeit bei einer elektrophilen Zweitsubstitution beeinflussen, indem sie die Elektronendichte im System verändern.
Substituenten mit einer größeren Elektronegativität als der des Kohlenstoff-Atoms, wirken elektronenziehend. Man spricht vom negativen induktiven Effekt (–I-Effekt). Ein Substituent mit geringer Elektronegativität wirkt elektronenschiebend. Es liegt ein +I-Effekt vor (vgl. S. 58).
Die Elektronendichte im System kann auch durch freie Elektronenpaare eines Substituenten erhöht werden. Da sie am konjugierten System des Aromaten teilnehmen können, spricht man vom **positiven mesomeren Effekt** (**+M-Effekt**). Substituenten mit Doppel- oder Dreifachbindungen weisen einen –M-Effekt auf.
Substituenten mit +M und/oder +I-Effekten wirken **aktivierend**, –M und –I-Effekte hingegen **desaktivierend.**
Ein Beispiel ist die Nitrierung von Phenol (**M6**). Die Hydroxy-Gruppe besitzt wegen der hohen Elektronegativität des Sauerstoff-Atoms einen –I-Effekt, aber aufgrund der freien Elektronenpaare einen starken +M-Effekt. Daher wirkt die Gruppe aktivierend (**B2**).

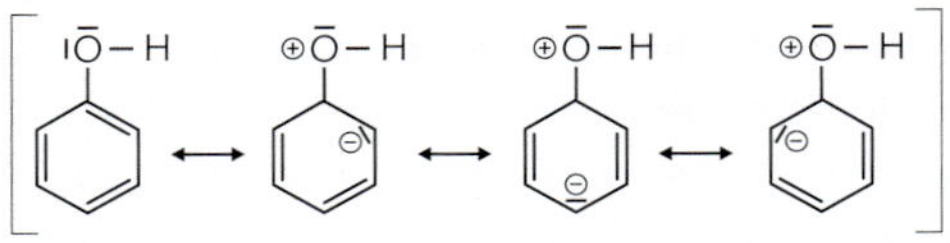

B2 +M-Effekt der Hydroxy-Gruppe im Phenol-Molekül

Der induktive Effekt kann über mehrere Bindungen hinweg wirken. Dies zeigt sich bei der Nitrierung von Toluol. Da drei Wasserstoff-Atome mit niedriger Elektronegativität an das Kohlenstoff-Atom der Methyl-Gruppe gebunden sind, hat dieses einen schwachen +I-Effekt auf den Aromaten. Daher kann Toluol leichter nitriert werden als Benzol.

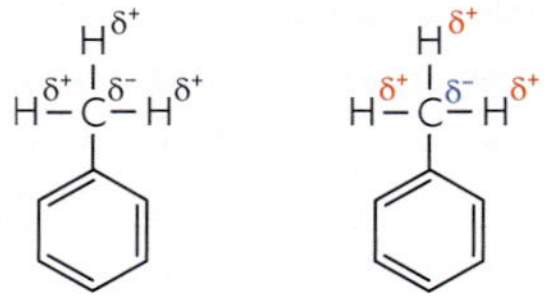

B3 +I-Effekt im Toluol-Molekül

Der dirigierende Effekt

Bei einer elektrophilen Zweitsubstitution sind verschiedene Angriffspositionen für das zweite

Elektrophil möglich. Um die Produkte zu unterscheiden, werden sie nach der Stellung des Zweitsubstituenten zum Erstsubstituenten benannt. Je nachdem, an welchem Kohlenstoff-Atom des aromatischen Rings der elektrophile Angriff des Zweitsubstituenten stattfindet, steht er in **ortho-** (**o-**), **para-** (**p-**) oder **meta-** (**m-**)**Stellung** zum Erstsubstituenten (**B4**).

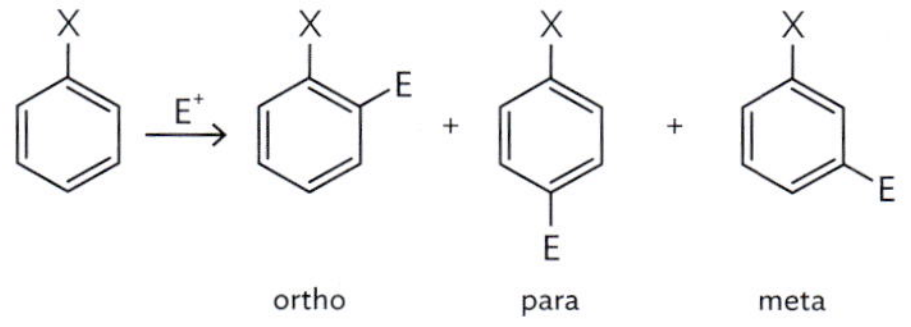

B4 ortho-, para- und meta-Stellung des Zweitsubstituenten E

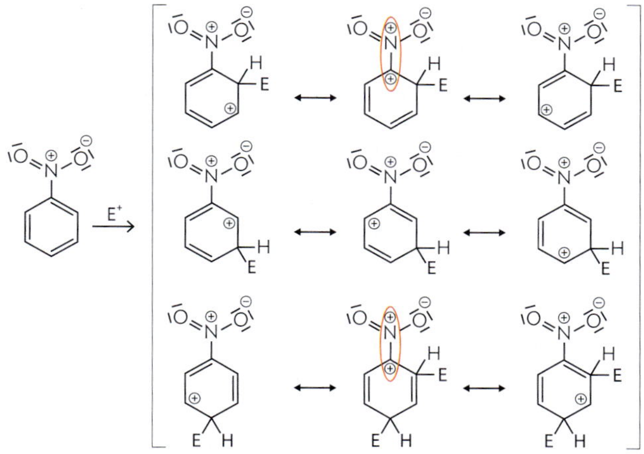

B5 $-NO_2$ hat eine metadirigierende Wirkung.

Dabei hat der Erstsubstituent einen **dirigierenden Effekt**. Er beeinflusst, ob das Elektrophil der Zweitsubstitution in ortho-, para- oder meta-Stellung angreift. Dieser Effekt beruht auf der Stabilisierung des Carbenium-Ions durch I- und M-Effekte. Substituenten wie $-NO_2$, die einen −M- und −I-Effekt aufweisen, sorgen in ortho- und para-Stellung für eine energetisch ungünstige Nähe zweier positiver Ladungen. Sie wirken daher metadirigierend.
Substituenten mit +M- und +I-Effekt wirken vorwiegend ortho- und paradirigierend. Daher entstehen bei der Nitrierung von Phenol vorwiegend ortho- und para-Nitrophenol (**M6**).

Substituenten haben bei der elektrophilen Zweitsubstitution durch mesomere und induktive Effekte aktivierende und dirigierende Wirkung. Sie beeinflussen die Reaktivität der Aromaten und die Position von Zweitsubstituenten.
Im Allgemeinen wirken Substituenten mit +M/+I-Effekten aktivierend und ortho-/paradirigierend, Substituenten mit −M/−I-Effekten metadirigierend und desaktivierend. Bei Substituenten mit +M/−I-Effekt überwiegt die ortho-/paradirigierende und aktivierende Wirkung des mesomeren Effektes. Eine Ausnahme bilden Halogen-Substituenten. Diese wirken desaktivierend sowie ortho-/paradirigierend.

AUFGABEN

A1 Geben Sie für die folgenden Substituenten jeweils die I- und M-Effekte an. Begründen Sie mit Elektronegativitäten und Strukturformeln: $-OH$, $-CH_3$, $-NO_2$, $-F$, $-NH_2$, $-CN$, $-CHO$, $-C_2H_5$, $-OCH_3$, $-CCl_3$.

A2 Stellen Sie analog zu **B5** die mesomeren Grenzstrukturen für die ortho-, meta- und para-Stellung bei der Nitrierung von Phenol aus **M6** dar.

A3 Toluol kann mehrfach nitriert werden. Das Endprodukt ist Trinitrotoluol (TNT), ein Sprengstoff. Geben Sie die Strukturformeln von End- und Zwischenprodukten an, und begründen Sie die Stellung der Nitro-Gruppen mit Substituenteneffekten.

A4 MK Recherchieren Sie die Synthese von Azofarbstoffen aus Anilin und erklären Sie einen zusätzlichen Einflussfaktor auf die Stellung des Zweitsubstituenten.

1.5.4 Aromaten in Natur und Alltag

Aromatische Verbindungen sind durch ihre delokalisierten Elektronensysteme sehr stabil. Viele wichtige Moleküle im menschlichen Körper und im Alltag zählen zu den Aromaten.

Nukleinsäuren

Die DNA und RNA sind kettenartige Polymere, die jeweils aus Zuckerbausteinen, Phosphat-Resten und fünf organischen Basen aufgebaut sind. Die Moleküle der Basen **Adenin** (**B6**), **Thymin**, **Cytosin** und **Guanin** (DNA) sowie **Uracil** (RNA) werden zu den aromatischen Verbindungen gezählt. Auch hier tritt eine Mesomeriestabilisierung durch delokalisierte Elektronen auf.
Betrachtet man z. B. die Strukturformel eines Adenin-Moleküls, fällt auf, dass in den beiden ringförmigen Molekülteilen anstelle von Kohlenstoff-Atomen insgesamt vier Stickstoff-Atome eingebaut sind: Solche Moleküle nennt man **Heteroaromaten**. Neben Stickstoff-Atomen können auch Sauerstoff- oder Schwefel-Atome in die aromatischen Ringsysteme eingebaut sein. Die freien Elektronenpaare der Heteroatome nehmen dabei unter bestimmten Bedingungen an der Delokalisierung des aromatischen Elektronensystems teil: Nur bei Heteroatomen, die ausschließlich mit Einfachbindungen an die benachbarten Kohlenstoff-Atome gebunden sind, kann ein freies Elektronenpaar delokalisiert werden.
Der Hintergrund dieser Regel lässt sich mit dem Orbitalmodell (vgl. S. 68) erklären.
Bei Heteroatomen mit zwei freien Elektronenpaaren nimmt nur eines am delokalisierten Elektronensystem teil. Auch bei Stickstoff-Atomen, die mit einer Doppelbindung und einer Einfachbindung an ihre Nachbaratome gebunden sind, ist das freie Elektronenpaar aus geometrischen Gründen nicht an der Delokalisierung von Elektronen beteiligt.

Hormone und hormonähnliche Stoffe

Verschiedene Hormone im menschlichen Körper zählen ebenfalls zu den Aromaten: Dies betrifft zum Beispiel verschiedene weibliche Sexualhormone, wie **Estradiol** (**B6**), das wirksamste Östrogen. Bei Frauen wird Estradiol hauptsächlich in den Eierstöcken produziert und steuert die Ausbildung der Geschlechtsmerkmale und den weiblichen Zyklus. Auch bei Männern tritt Estradiol auf: Neben der eher geringen natürlichen Produktion kommt es unter anderem in Fettzellen zusätzlich zur Umwandlung von Testosteron in Estradiol durch das Enzym Aromatase.
Viele synthetisch hergestellte Moleküle ähneln in ihrem Aufbau natürlichen Hormonen (z. B. Bisphenol A, abgekürzt BPA, **B6**). Man nennt sie **endokrine Disruptoren** (**M2**), weil sie das Hormonsystem stören und dadurch zahlreiche gesundheitsschädliche Wirkungen auf den Körper haben. Da diese Wirkungen über die Langzeit-Wirkmechanismen nur schwierig nachzuweisen sind, werden entsprechende Verbote oft

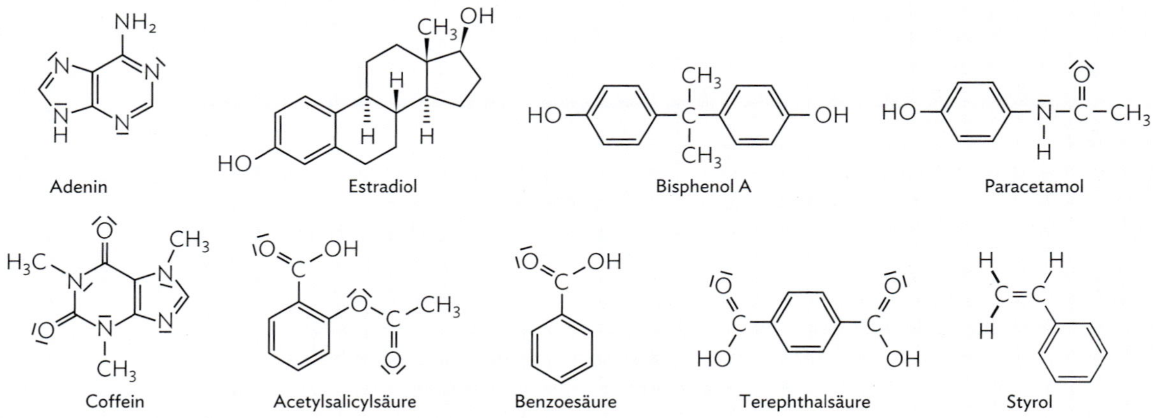

B6 Strukturformeln wichtiger aromatischer Verbindungen in Alltag und Technik erst nach jahrelanger intensiver Nutzung ausgesprochen.

Coffein und Medikamente

Das aus Pflanzen gewinnbare Coffein (**B6**) zählt zu den Heteroaromaten. Im Coffein-Molekül erstreckt sich das aromatische System über das gesamte Zweiringsystem. Die Struktur von Coffein weist auffällige Gemeinsamkeiten zur Strukturformel der DNA-Base Adenin auf. Coffeinhaltige Getränke wie Kaffee, Tee, Cola, Mate und Energydrinks stimulieren den Organismus, können aber auch unerwünschte Nebenwirkungen wie Schlafstörungen, Nervosität sowie bei Überdosierung auch Angst- und Erregungserscheinungen oder stark beschleunigten Puls und Herzrhythmusstörungen hervorrufen.
Viele Medikamente enthalten aromatische Wirkstoffe, wie z. B. die **Acetylsalicylsäure** (ASS). Die Wirkstoffe in der Weidenrinde waren der Ausgangspunkt für die ASS-Synthese der Firma BAYER im Jahr 1897. ASS wirkt schmerzstillend, fiebersenkend, entzündungshemmend und antithrombotisch.

Farbstoffe

Viele organische Farbstoffe enthalten Moleküle mit aromatischen Strukturelementen. Diese kommen auch in der Natur vor, z. B. in Form des Pflanzenfarbstoffes Chlorophyll (**B7**).
Farbstoff-Moleküle haben als gemeinsames Strukturmerkmal ein Gerüst aus Atomen, die über konjugierte Doppelbindungen verknüpft sind. Ausgedehnte Systeme konjugierter Doppelbindungen in Molekülen sind Voraussetzung dafür, dass Licht aus dem sichtbaren Spektrum absorbiert werden kann. Die nicht absorbierten Bereiche des Lichtspektrums werden reflektiert und als Komplementärfarbe wahrgenommen.
Indigo ist ein weiterer natürlich vorkommender Farbstoff, der heute auch synthetisch hergestellt werden kann. Das tiefblaue Pigment wird zur Färbung von Jeans mit der Küpenfärbung verwendet (weiterführende Informationen unter QR-/Mediencode 06007-007).

06007-007

Aromatische Verbindungen kommen im menschlichen Körper z. B. in Form von Aminosäuren, Nukleinsäuren und Hormonen vor. Auch im Alltag begegnen uns aromatische Verbindungen, z. B. als Coffein, als Aspirin oder als Farbstoffe wie Chlorophyll und Indigo.

AUFGABEN

A1 Überprüfen Sie die Gültigkeit der HÜCKEL-Regel für die DNA-Base Adenin.

A2 MK Recherchieren Sie mögliche Aufnahmequellen von Bisphenol A in den menschlichen Körper sowie mögliche Gesundheitsschäden.

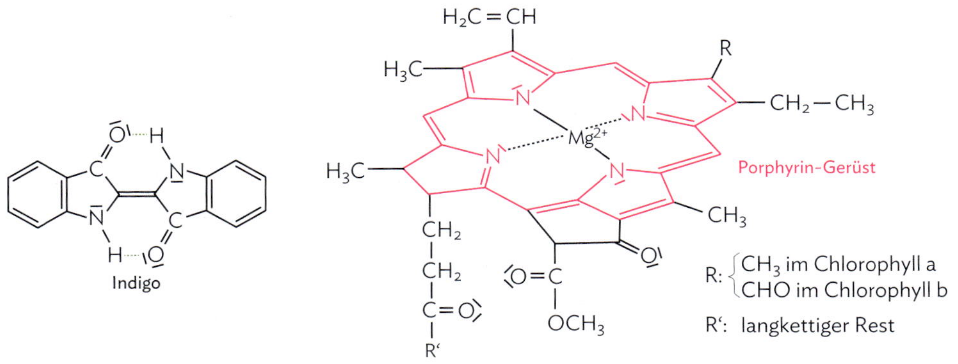

B7 Farbstoff-Moleküle mit aromatischen Strukturelementen

Zum Üben und Weiterdenken

A1 Entscheiden Sie begründet, ob es sich bei folgenden Beispielen um Ionenverbindungen oder Verbindungen mit polaren Elektronenpaarbindungen handelt: Lithiumiodid, Calciumfluorid, Chlorwasserstoff, Bariumchlorid, Aluminiumchlorid, Siliciumchlorid und Bromwasserstoff.
Geben Sie die Formeln der Verbindungen an (gestufte Hilfen unter QR-/Mediencode 06007-008).

06007-008

A2 Eine Probe Kochsalz wird in verschiedene Lösemittel gegeben: Wasser, Pentan, Hexen und Rapsöl. Begründen Sie die zu erwartenden Beobachtungen mithilfe von zwischenmolekularen Wechselwirkungen.

A3 Ordnen Sie die folgenden Siedetemperaturen und Stoffe einander zu und begründen Sie Ihre Zuordnung (gestufte Hilfen unter QR-/Mediencode 06007-009):
Siedetemperaturen: –11,7 °C, 9,0 °C, 27,8 °C, 99,0 °C, 100,0 °C, 125,6 °C Stoffe: 2,2,4-Trimethylpentan, 2-Methylbutan, 2,2-Dimethylpropan, 2-Methylpropan, Wasser, *n*-Octan

06007-009

A4 Benennen Sie die beiden Verbindungen a) und b) nach den IUPAC-Regeln.

a)
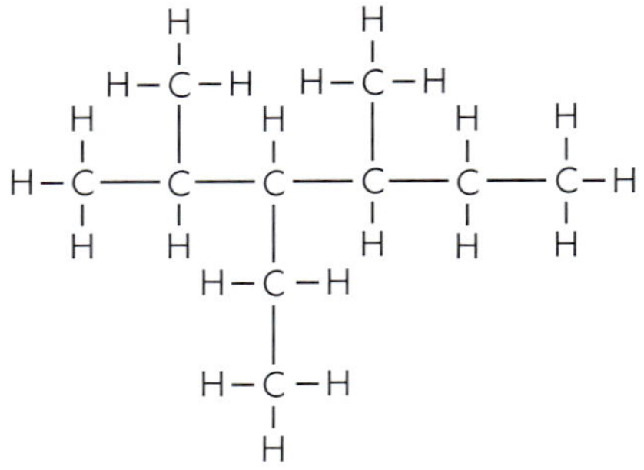

b)
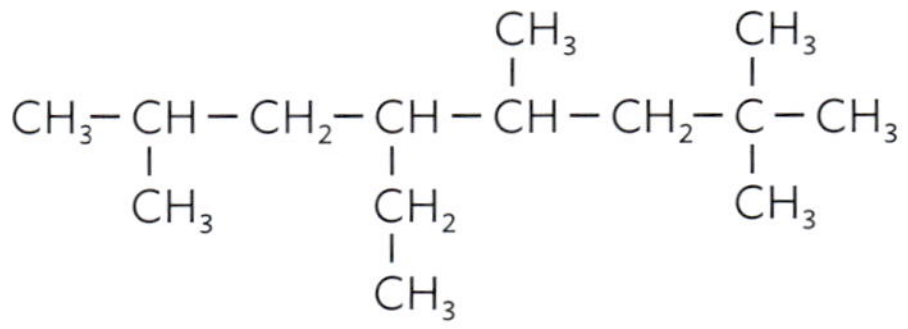

A5 Finden Sie jeweils die Fehler in den folgenden Formelschreibweisen. Begründen Sie Ihre Entscheidungen.
a) C_5H_{14}
b) $CH_5–CH_2–CH≡CH$
c) $CH=CH–CH_2=CH_2$

A6 Erklären Sie am Beispiel des Propens und Propins, dass hier auf die Angabe der Lage der Mehrfachbindung im Namen verzichtet werden kann. Beschreiben Sie einen Versuch, mit dem Propen und Propin experimentell von Propan unterschieden werden können.

A7 Die chemische Analyse eines Alkans hat die folgenden Befunde ergeben:
- Das Molekül enthält 12 Kohlenstoff-Atome.
- Die längste Kette ist 6 Kohlenstoff-Atome lang.
- Man erkennt 5 Alkyl-Reste, tatsächlich sind es jedoch nur zwei verschiedene.
- Am dritten Kohlenstoff-Atom gibt es sogar mehrere Reste, wovon ein Rest zwei Kohlenstoff-Atome enthält.
- Dies ist jedoch die einzige Mehrfachverzweigung im gesamten Molekül.

Leiten Sie aus diesen Angaben die Valenzstrichformel ab und benennen Sie das hier beschriebene Alkan nach den IUPAC-Regeln.

A8 Prüfen Sie die Aussagen und korrigieren Sie sie, falls erforderlich.
a) Alkane und Alkene verbrennen in Gegenwart von Sauerstoff vollständig zu Wasser und Kohlenstoffmonooxid.
b) Bei der unvollständigen Verbrennung von Alkanen und Alkenen entstehen außer Kohlenstoffdioxid und Wasser noch Kohlenstoffmonooxid und Kohle (Ruß).
c) Genau wie Alkane sind Alkene gut bzw. sehr gut in Wasser löslich.
d) Die Viskosität von Kohlenwasserstoffen nimmt mit zunehmender Länge der Kohlenstoff-Atomkette ab

A9 LK *E*/*Z*-Isomere sind Bindungsisomere.
a) Definieren Sie den Begriff Bindungsisomerie und vergleichen Sie mit der Konstitutionsisomerie.
b) Erklären Sie unter Verwendung geeigneter Formeldarstellungen den Begriff der *E*/*Z*-Isomerie am Beispiel des Pent-2-ens.
c) Leiten Sie aus dem Namen die Stoffklasse ab, zu der dieser Kohlenwasserstoff gehört.
d) Geben Sie die Molekülformel des Kohlenwasserstoffs an

A10 Entwickeln Sie für die folgenden chemischen Reaktionen jeweils die Reaktionsgleichung in Halbstrukturformelschreibweise:
a) vollständige Verbrennung von Ethen
b) Reaktion von Pent-2-en mit Brom
c) unvollständige Verbrennung von Methan
d) Addition von Wasserstoff an Propen
e) Bromierung von Ethin

A11 Die Gase Propan und Propen werden jeweils in einem Standzylinder mit Brom versetzt.
a) Formulieren Sie eine Voraussage, welche Beobachtungen in den Standzylindern im Dunkeln und bei Belichtung mit einer starken Lichtquelle zu machen sind.
b) Geben Sie die Reaktionsprodukte der beiden Versuchsansätze begründet an.

A12 3-Ethylpentan wird in einem Standzylinder mit gasförmigem Chlor gemischt und anschließend mit einer starken Lichtquelle zur Reaktion gebracht. Ein in den Standzylinder gegebenes angefeuchtetes Universalindikatorpapier verfärbt sich rot. Gaschromatographisch lassen sich vier Hauptprodukte nachweisen. Drei der Hauptprodukte sind Isomere.
a) Geben Sie den Reaktionstyp zu der ablaufenden Reaktion an.
b) Stellen Sie die charakteristischen Reaktionsschritte der Reaktion auf und leiten Sie daraus die vier Hauptprodukte in Strukturformeln ab. Begründen Sie die Rotfärbung des Universalindikatorpapiers.
c) Benennen Sie die drei isomeren Hauptprodukte nach IUPAC-Nomenklatur.
d) Stellen Sie eine Hypothese zur Bildung eines möglichen halogenfreien Nebenproduktes auf.

A13 Geben Sie die Reaktionsgleichungen für die Reaktion von Isobuten (2-Methylpropen) mit
a) Chlor
b) Bromwasserstoff
c) Wasserstoff
an. Benennen Sie die Produkte nach IUPAC-Nomenklatur

A14 Erläutern Sie den Doppelbindungsnachweis mit Bromwasser unter Angabe eines Reaktionstyps am Beispiel Ethen. Erklären Sie, dass neben 1,2-Dibromethan auch 2-Bromethanol beim Nachweis entsteht.

A15 Chlorwasserstoff reagiert mit Propen in einer elektrophilen Additionsreaktion.
a) Erläutern Sie, welche Produktzusammensetzung zu erwarten ist und erklären Sie die Gründe dafür.
b) Formulieren Sie den Reaktionsmechanismus für die Reaktion.
c) Beschreiben Sie den Reaktionsverlauf mit Fachbegriffen.

A16 Buta-1,3-dien ist ein farbloses Gas, das für die chemische Industrie von großer Bedeutung zur Herstellung von Kunststoffen, z. B. von Synthesekautschuk für die Herstellung von Reifen, ist.
a) Zeichnen Sie die Strukturformel und die mesomeren Grenzformeln dieses Moleküls
b) Begründen Sie, welche mesomere Grenzformel die tatsächliche Elektronenverteilung im Buta-1,3-dien-Molekül am besten beschreibt.

A17 Die Struktur von Aromaten lässt sich mit herkömmlichen Strukturformeln nur unzureichend beschreiben. Als Hilfsmittel werden häufig mesomere Grenzformeln verwendet.
a) Definieren Sie den Begriff mesomere Grenzformel. Vergleichen Sie die mesomeren Grenzformeln mit den in KEKULÉS Oszillationstheorie vorgeschlagenen Strukturformeln.
b) Mesomerie betrifft nicht nur die Stoffklasse der Aromaten, sondern auch viele andere organische Strukturelemente. Stellen Sie die mesomeren Grenzformeln für die folgenden aromatischen und nicht aromatischen Verbindungen auf:
- Acetat-Anion CH_3COO^-
- Carbonat-Anion CO_3^{2-}
- Naphthalin $C_{10}H_8$ mit der folgenden Strukturformel:

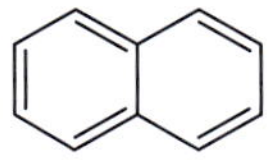

A18 LK Die Bromierung von Anilin (Aminobenzol) verläuft deutlich rascher als die Bromierung von Benzol. Erklären Sie diesen Befund anhand der mesomeren Grenzformeln von Anilin

Alles im Blick

1 Kohlenwasserstoffe und Aromaten

Kohlenwasserstoffe sind Verbindungen, deren Moleküle nur aus Kohlenstoff- und Wasserstoff-Atomen bestehen. In den Molekülen **gesättigter Kohlenwasserstoffe** sind die Atome nur über Einfachbindungen verknüpft, z. B. bei den **Alkanen**. Die Moleküle **ungesättigter Kohlenwasserstoffe** verfügen hingegen über Mehrfachbindungen. Alken-Moleküle besitzen dabei mindestens eine C=C-Doppelbindung, Alkin-Moleküle mindestens eine C≡C-Dreifachbindung. **Alkane** (C_nH_{2n+2}), **Alkene** (C_nH_{2n}) und **Alkine** (C_nH_{2n-2}) bilden homologe Reihen.

Ethan Ethen Ethin

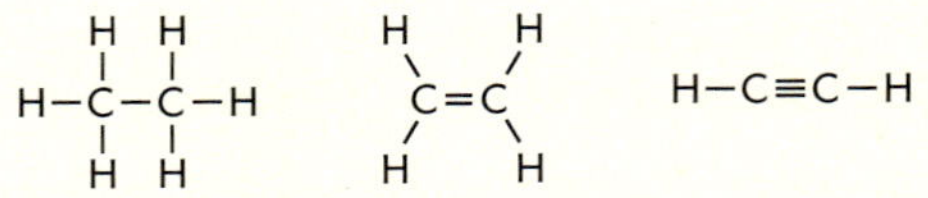

Aromaten sind ringförmig aufgebaute Kohlenwasserstoffe, die ein **delokalisiertes Elektronensystem** aufweisen. Der einfachste Vertreter ist **Benzol**. Zur Darstellung des Benzol-Moleküls nutzt man **mesomere Grenzformeln** oder zeichnet die delokalisierten Elektronen durch einen Kreis ein:

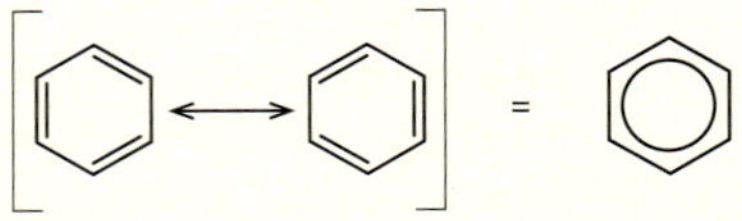

Komplexe aromatische Verbindungen kommen auch in der Natur vor, z. B. das Coffein oder die DNA.
Ein Molekül zählt zu den Aromaten, wenn es cyclisch und planar ist und die Anzahl der delokalisierten Elektronen die **HÜCKEL-Regel 4*n* + 2** (mit $n = 0, 1, 2$ usw.) erfüllt.

2 Das Orbitalmodell LK

Zur Beschreibung der Bindungsverhältnisse in aromatischen Molekülen nutzt man das **Orbitalmodell**. Ein **Orbital** bezeichnet dabei den Raum, in dem sich ein Elektron höchstwahrscheinlich aufhält. **Atomorbitale** verschiedener Atome können zu **Molekülorbitalen** verschmelzen. Als **σ-Bindungen** werden Molekülorbitale bezeichnet, die sich entlang der Bindungsachse der beiden Atome ausbilden. Die Molekülorbitale von **π-Bindungen** befinden sich dagegen oberhalb und unterhalb der Bindungsachse. In aromatischen Molekülen bilden sich **π-Elektronenwolken** ober- und unterhalb des planaren σ-Bindungsgerüsts (Ringebene) aus, in denen sich die delokalisierten Elektronen aufhalten.

3 Die radikalische Substitution

Bei **Substitutionsreaktionen** wird an einem Kohlenstoff-Atom ein Bindungspartner durch einen anderen ersetzt. **Radikalische Substitutionen (SR)** laufen ab, wenn Teilchen mit ungepaarten Elektronen, die als Radikale bezeichnet werden, die Substitutionsreaktion einleiten. Radikale entstehen beispielsweise aus einem **homolytischen** Bindungsbruch durch Licht- oder Wärmeeinwirkung.

Startreaktion

$$Br_2 \xrightarrow{h\nu} 2\,Br\bullet$$

Kettenreaktion

$$Br\bullet + RH \longrightarrow HBr + R\bullet$$
$$R\bullet + Br_2 \longrightarrow RBr + Br\bullet$$

Abbruchreaktionen

$$Br\bullet + \bullet Br \longrightarrow Br_2$$
$$Br\bullet + \bullet R \longrightarrow RBr$$
$$R\bullet + \bullet R \longrightarrow R_2$$

R•: Radikal

4 Die elektrophile Addition

Eine **Addition** ist eine Anlagerungsreaktion, bei der unter Aufspaltung von Mehrfachbindungen Atome oder Atom-Gruppen angelagert werden. Als Produkt entsteht eine gesättigte Verbindung.
Bei der **elektrophilen Addition (A_E)** greift ein **Elektrophil** an der Mehrfachbindung einer ungesättigten Verbindung an. Elektrophile Additionen wie z. B. die Addition von Halogen-Molekülen an eine Mehrfachbindung, sind für Alkene typisch

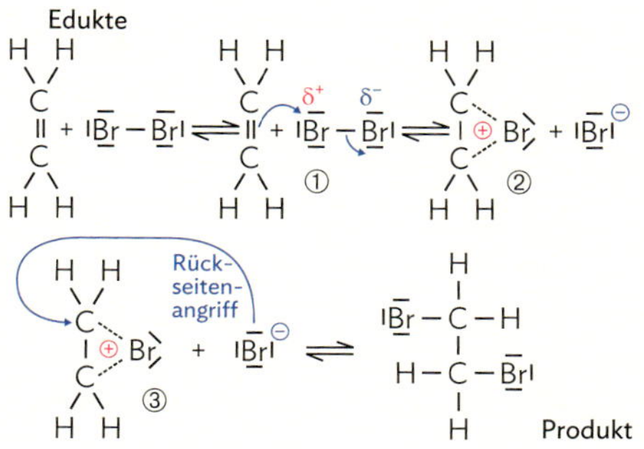

5 Die elektrophile Substitution

Der charakteristische Reaktionstyp von Aromaten ist eine **elektrophile Substitution (S_EAr)**, bei der ein Wasserstoff-Atom des aromatischen Grundgerüsts durch ein **Elektrophil** ersetzt wird. Dabei bildet sich zunächst ein Anlagerungskomplex an das Elektronenringsystem und das Elektrophil greift den Aromaten an. Es bildet sich ein Carbenium-Ion, wobei die Aromatizität des Ringsystems übergangsweise verloren geht. Durch Abspaltung eines Protons erfolgt schließlich eine **Rearomatisierung**.

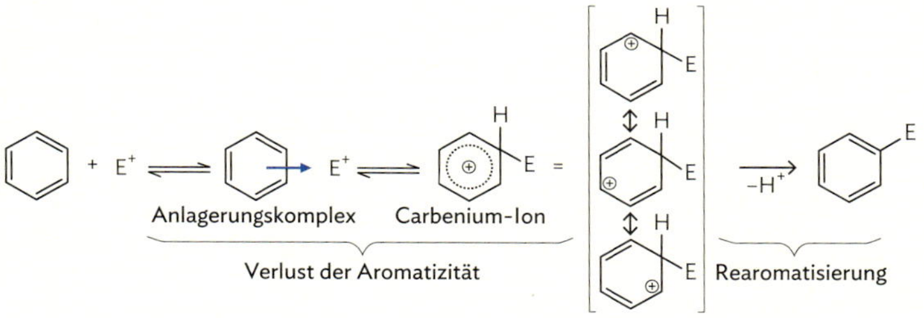

LK Bereits substitutierte Aromaten können in einer **Zweitsubstitution** erneut reagieren. Dabei können verschiedene Isomere entstehen, je nachdem ob das Elektrophil in **ortho-, para-** oder **meta-Stellung** angreift.

6 Induktive und mesomere Effekte LK

Am Kohlenstoff gebundene Alkyl-Gruppen und Atome mit einer niedrigeren Elektronegativität als Kohlenstoff-Atome wirken elektronenschiebend und haben einen **positiven induktiven Effekt (+I-Effekt)**, Atome mit einer höheren Elektronegativität als Kohlenstoff-Atome wirken elektronenziehend und haben einen **negativen induktiven Effekt (-I-Effekt)**. Aromaten werden durch ihr delokalisiertes Elektronensystem stabilisert. Dies wird als **Mesomerieeffekt** bezeichnet. Eine funktionelle Gruppe, die mindestens ein weiteres freies Elektronenpaar zum Elektronensystem beitragen kann, besitzt einen **positiven** (stabilisierenden) **mesomeren Effekt (+M-Effekt)**. Ein **negativer mesomerer Effekt (-M-Effekt)** tritt auf, wenn der Substituent Mehrfachbindungen enthält.

Ziel erreicht?

Verfügen Sie über die Kompetenzen dieses Kapitels? Lösen Sie die entsprechenden Aufgaben auf dem Arbeitsblatt unter QR-/Mediencode 06007-010 und bewerten Sie sich mithilfe der Tabelle rechts unten.

06007-010

Unter QR-/Mediencode 06007-011 finden Sie außerdem eine Lernanwendung zur digitalen Überprüfung der geforderten Kompetenzen.

06007-011

KOMPETENZ A: Gesättigte und ungesättigte Kohlenwasserstoffe hinsichtlich ihrer Reaktionen mit Halogenen vergleichen

A1 Vergleichen Sie die im Folgenden abgebildeten Reaktionen von Hexan bzw. Hex-1-en mit Brom und benennen Sie die Reaktionstypen mit Fachbegriffen.

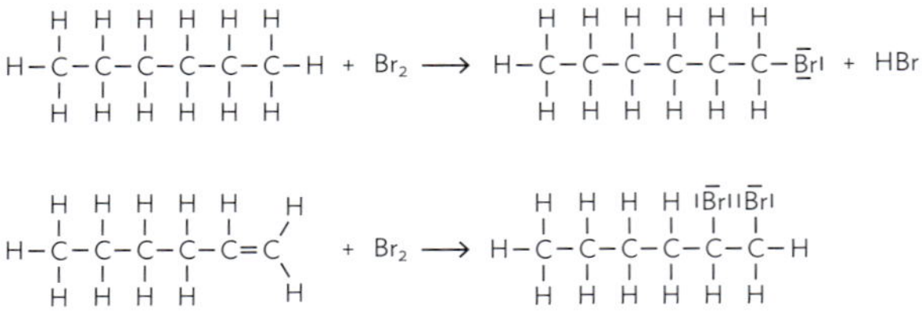

A2 Nennen Sie eine Nachweismethode für das gasförmige Nebenprodukt Bromwasserstoff in den Reaktionsgleichungen aus **A1.**

A3 Geben Sie an, welche Reaktion aus **A1** spontan abläuft. Begründen Sie Ihre Entscheidung. Beschreiben Sie eine experimentelle Möglichkeit, um die andere Reaktion zu starten.

KOMPETENZ B: Den Reaktionsmechanismus der radikalischen Substitution erklären

B1 Kreuzen Sie die richtigen Aussagen zur radikalischen Substitution an.
- Halogen-Radikale entstehen durch homolytische Spaltung eines Halogen-Moleküls bei Energiezufuhr in Form von Licht oder Wärme.
- Bei der radikalischen Bromierung von Alkanen entstehen nur monosubstituierte Bromalkane.
- Die charakteristischen Reaktionsschritte der radikalischen Substitution sind Startreaktion, Kettenreaktion und Kettenabbruch.
- Bei der radikalischen Substitution können Kohlenwasserstoffe als Produkte entstehen, deren Kettenlänge größer als die der Edukte ist.
- Die radikalische Substitution ist selektiv. Man erhält gezielt ein gewünschtes Produkt.
- Bei der radikalischen Substitution wird die Doppelbindung der Kohlenwasserstoff-Verbindung aufgebrochen.

B2 Formulieren Sie für die Synthese von Bromethan aus Ethan und Brom den vollständigen Mechanismus der radikalischen Substitution.

B3 Erläutern Sie den Einfluss von am Radikal-Kohlenstoff-Atom gebundenen Alkyl-Gruppen auf die Produktzusammensetzung

KOMPETENZ C: Den Reaktionsmechanismus der elektrophilen Addition erläutern

C1 Übernehmen Sie die Tabelle und erstellen Sie ein Glossar.

Fachbegriff	Definition
Additionsreaktion	?
Alken	?
Bromonium-Ion	?
Elektrophil	?
heterolytisch	?
polarisierte Bindung	?
Rückseitenangriff	?

C2 Erläutern Sie die elektrophile Addition von Brom an Propen unter Verwendung von Fachbegriffen des Glossars

KOMPETENZ D: Die Aromatizität organischer Verbindungen beurteilen

D1 a) Nennen Sie drei Kriterien für aromatische Moleküle

b) Beurteilen Sie die Aromatizität der folgenden Verbindungen anhand der Kriterien aus a).

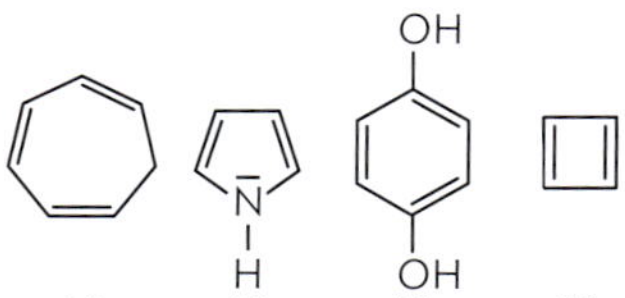

(a) (b) (c) (d)

KOMPETENZ E: Struktur und Reaktionsverhalten von aromatischen Systemen erklären

E1 Nennen Sie die Molekülformel von Benzol und erklären Sie daran, dass eine Zugehörigkeit zu den ungesättigten Kohlenwasserstoffen auf den ersten Blick plausibel erscheint.

E2 Die Reaktion von organischen Verbindungen mit Halogenen eignet sich gut zum Vergleich von verschiedenen organischen Stoffklassen. Vervollständigen Sie die Angaben der folgenden Tabelle:

	Alkane	Alkene	Aromaten
Reaktionsprodukte bei Reaktion der angegebenen Beispielverbindung mit Brom	*n*-Hexan + $Br_2 \longrightarrow$?	Hex-1-en + $Br_2 \longrightarrow$?	Benzol + $Br_2 \longrightarrow$?
Reaktionsbedingungen	Belichtung notwendig	?	?
Reaktionstyp	?	Addition	?

E3 Das Reaktionsverhalten von Benzol mit Brom unterscheidet sich von dem der ungesättigten Kohlenwasserstoffe.

a) Definieren Sie den Begriff Delokalisation von Elektronen. Erklären Sie damit die Unterschiede im Reaktionsverhalten von Hex-1-en und Benzol mit Brom.

b) Zeichnen Sie die mesomeren Grenzformeln von Benzol. Erläutern Sie den Unterschied zwischen Mesomerie und KEKULÉs Oszillationstheorie.

c) Die Reaktion von Aromaten mit Halogenen verläuft nach dem Mechanismus der elektrophilen Substitution. Erläutern Sie diesen Begriff und begründen Sie, dass keine Addition abläuft.

E4 Die Addition von Wasserstoff an Benzol (Hydrierung) weist Besonderheiten auf. Wählen Sie die richtigen Aussagen aus und begründen Sie Ihre Entscheidungen:

- Die Hydrierung von Benzol ist eine endotherme Reaktion.
- Bei der vollständigen Hydrierung eines Benzol-Moleküls werden drei Moleküle Wasserstoff addiert.
- Die Hydrierungsenthalpie von Benzol entspricht der dreifachen Hydrierungsenthalpie von Cyclohexen.
- Die Hydrierungsenthalpie von Benzol ist geringer als erwartet.
- Benzol ist energetisch stabiler als ein hypothetisches Cyclohexa-1,3,5-trien.

E5 Definieren Sie die Begriffe Mesomeriestabilisierung und Mesomerieenergie.

E6 Stellen Sie die Mesomerieenergie eines Benzol-Moleküls in einem Enthalpiediagramm dar.

Vergleichen Sie ihre Antworten mit den Lösungen auf Seite 531 ff. und kreuzen Sie auf dem Arbeitsblatt an.

Kompetenz	ja	nein	zum Nachlesen
A Gesättigte und ungesättigte Kohlenwasserstoffe hinsichtlich ihrer Reaktionen mit Halogenen vergleichen	?	?	S. 46 – 47, 53
B Den Reaktionsmechanismus der radikalischen Substitution erklären	?	?	S. 46 – 47
C Den Reaktionsmechanismus der elektrophilen Addition erläutern	?	?	S. 56 – 57
D Die Aromatizität organischer Verbindungen beurteilen	?	?	S. 66 – 67
E Struktur und Reaktionsverhalten von aromatischen Systemen erklären	?	?	S. 64 – 67, 72 – 73

Klausuraufgaben

T1 Carbidlampe

06001-25

Die erste dokumentierte Synthese des Brennstoffs Ethin gelang FRIEDRICH WÖHLER im Jahr 1862 aus Calciumcarbid CaC_2 und Wasser. Ethin ist brennbar und verbrennt mit stark rußender, leuchtender Flamme (vgl. QR-/Mediencode 06001-25). Im Jahre 1891 wurde die Carbidlampe (**B1**) zur gängigen Lampe in allen methangasfreien Gruben. Gegenüber der herkömmlichen Öllampe besitzt die Carbidlampe etwa die zehnfache Leuchtkraft und ist unempfindlicher gegenüber Verlöschen durch Zugluft.

AUFGABEN

A1 Ethan, Ethen und Ethin sind einfache Kohlenwasserstoffe. Vergleichen Sie sie hinsichtlich struktureller Merkmale in ihren Molekülen. Nennen und begründen Sie drei typische Eigenschaften der Stoffe.

A2 Formulieren Sie die Reaktionsgleichung für die Verbrennung von Ethin. Erklären Sie das Aussehen der Flamme.

A3 Geben Sie für folgende Möglichkeiten zur Herstellung von Ethin die Reaktionsgleichungen an:

a) Calciumoxid wird im elektrischen Flammenbogen bei über 2.000 °C mit Kohlenstoff zu Calciumcarbid umgesetzt, das in einer zweiten Reaktion mit Wasser unter Bildung von Ethin reagiert.

B1 Carbidlampe

b) Methan wird durch einen elektrischen Lichtbogen geblasen und danach sofort wieder stark abgekühlt. Dabei entstehen Ethin und noch ein weiteres Nebenprodukt.

A4 Erläutern Sie die Funktionsweise einer Carbidlampe.

T2 Benzol – ein Aromat

Aromaten bilden aufgrund ihrer besonderen Eigenschaften und Strukturmerkmale eine eigene Stoffklasse. Der bekannteste Vertreter ist Benzol, eine farblose, brennbare Flüssigkeit mit charakteristischem Geruch. Obwohl es schon in der 2. Hälfte des 17. Jahrhunderts entdeckt wurde, konnte seine Struktur erst 1865 durch AUGUST KEKULÉ aufgeklärt werden: Im Benzol-Molekül liegen sechs gleich lange Bindungen zwischen den Kohlenstoff-Atomen mit einer Länge von 139 pm vor. Dieser Wert liegt zwischen der Länge einer Einfach- und einer Doppelbindung. Der Bindungswinkel im Benzol-Molekül beträgt 120°.

B2 Verbrennung von Benzol

AUFGABEN

A1 Erklären Sie die Erkenntnisse zur Struktur des Benzol-Moleküls.

A2 Erläutern Sie die Begriffe Mesomerie und Mesomerieenergie am Beispiel des Benzol-Moleküls unter Angabe eines Energiediagramms.

A3 Berechnen Sie das Volumen der Luft, das bei einer vollständigen Verbrennung von 125 g Benzol benötigt wird.
Begründen Sie die Beobachtungen beim Verbrennen von Benzol (**B2**).

A4 In drei Reagenzgläsern A, B und C befinden sich jeweils die folgenden Substanzen: Benzol, Heptan und Styrol (Ethenylbenzol). Entwickeln Sie ein experimentelles Vorgehen zur Unterscheidung dieser Substanzen.

A5 Begründen Sie anhand eines Energiediagramms der beiden konkurrierenden Reaktionen, warum eine Additionsreaktion am Benzol-Molekül deutlich schwieriger als eine Substitutionsreaktion verläuft.

T3 Den Eigenschaften von Kohlenwasserstoffen auf der Spur

Kohlenwasserstoffe mit Molekülen aus kurzen Kohlenstoff-Ketten wie Ethan, Propan und Butan sowie deren Gemische können bei Raumtemperatur und einem Druck von bis zu 10 bar in Druckflaschen verflüssigt werden (**B3** links). Dabei verringert sich das Gasvolumen enorm.

B3 Vereiste Flüssiggasflasche (links) und modellhafte Darstellung des Verdampfens einer Flüssigkeit (rechts)

Auch Feuerzeuggas (Butan) lässt sich in einem Experiment in einer Spritze problemlos auf die Hälfte des ursprünglichen Volumens zusammendrücken. Erhöht man den Druck vorsichtig weiter, erscheinen an den Innenwänden der Spritze kleine Flüssigkeitstropfen, die dann einen geschlossenen Flüssigkeitsfilm bilden. Lässt man den Stempel der Spritze los, bewegt er sich schnell zurück in die ursprüngliche Lage. Danach sind keine Flüssigkeitstropfen mehr zu sehen.

Online-Forum eines Grillsportvereins:

[...] Also bei meinem neuen Gasgrill kommt es andauernd zu Frost an der Gasflasche, und ich denke mal, dass ich deswegen weniger Leistung habe. Gasgrill wird dann nur 250° heiß. Die physikalischen Ursachen kenne ich, bloß hatte ich das mit meinem alten [Grill] [...] nie. Welche Erfahrungen habt ihr damit, macht ihr was dagegen?
Danke, mfG, Jerome

Mannomann antwortet:

[...] Zusätzlich sinkt der Druck innerhalb der Flasche, weshalb es zu der verminderten Leistung kommt. Warum das jetzt bei deinem neuen Grill auftaucht, kann evtl. an der höheren Leistung des neuen Grills liegen. Du kannst die Flasche entweder isolieren oder während des Grillens leicht erwärmen. Stell einfach die Flasche in einen Bottich mit leicht warmem Wasser.
Gruß, Mannomann

AUFGABEN

A1 Geben Sie die LEWIS-Strukturformeln von Ethan, Propan und Butan an. Erläutern Sie am Beispiel dieser Verbindungen den Begriff „homologe Reihe".

A2 Beschreiben Sie das Entstehen und die Art der zwischenmolekularen Wechselwirkungen zwischen Alkan-Molekülen.

A3 Erklären Sie die im Vortext beschriebenen Beobachtungen im Experiment mit Feuerzeuggas.

A4 Beurteilen Sie die Möglichkeit, Fettflecken mit Wasser bzw. mit Heptan aus der Kleidung zu entfernen.

A5 Erklären Sie das Vereisen der Propangasflasche (**B3** links) aus dem Vortext. Erläutern Sie den Zusammenhang zwischen der Leistung des Grills und dem Grad der Vereisung der Propangasflasche.

A6 Bewerten Sie die von *Mannomann* vorgeschlagenen Möglichkeiten, die Vereisung während des Grillens zu verhindern.

A7 In Baumärkten kann man Propangasflaschen z. B. mit einer Gasfüllung von 33 kg erwerben.
Berechnen Sie
a) das Volumen an Propangas, das aus dieser Flasche entweichen kann und
b) das Volumen an Kohlenstoffdioxid, das bei der Verbrennung dieser Masse an Propan entsteht.

A8 Gedankenexperiment:
Mit einer Kapillarpipette wird etwas gasförmiges Butan aufgezogen und in ein Becherglas mit
a) gefärbtem Heptan (**B4**) bzw.
b) Wasser gestellt.
In einem Fall kommt es zum Entstehen eines kleinen Springbrunnens. Begründen Sie die unterschiedlichen Beobachtungen bei diesem Experiment.

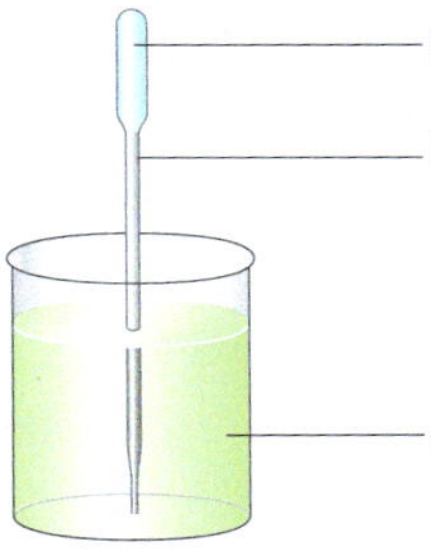

B4 Aufbau eines Experimentes mit Butangas

2 Sauerstoffderivate von Kohlenwasserstoffen

06007-012
Arbeitsblatt unter
QR-/Mediencode
06007-012

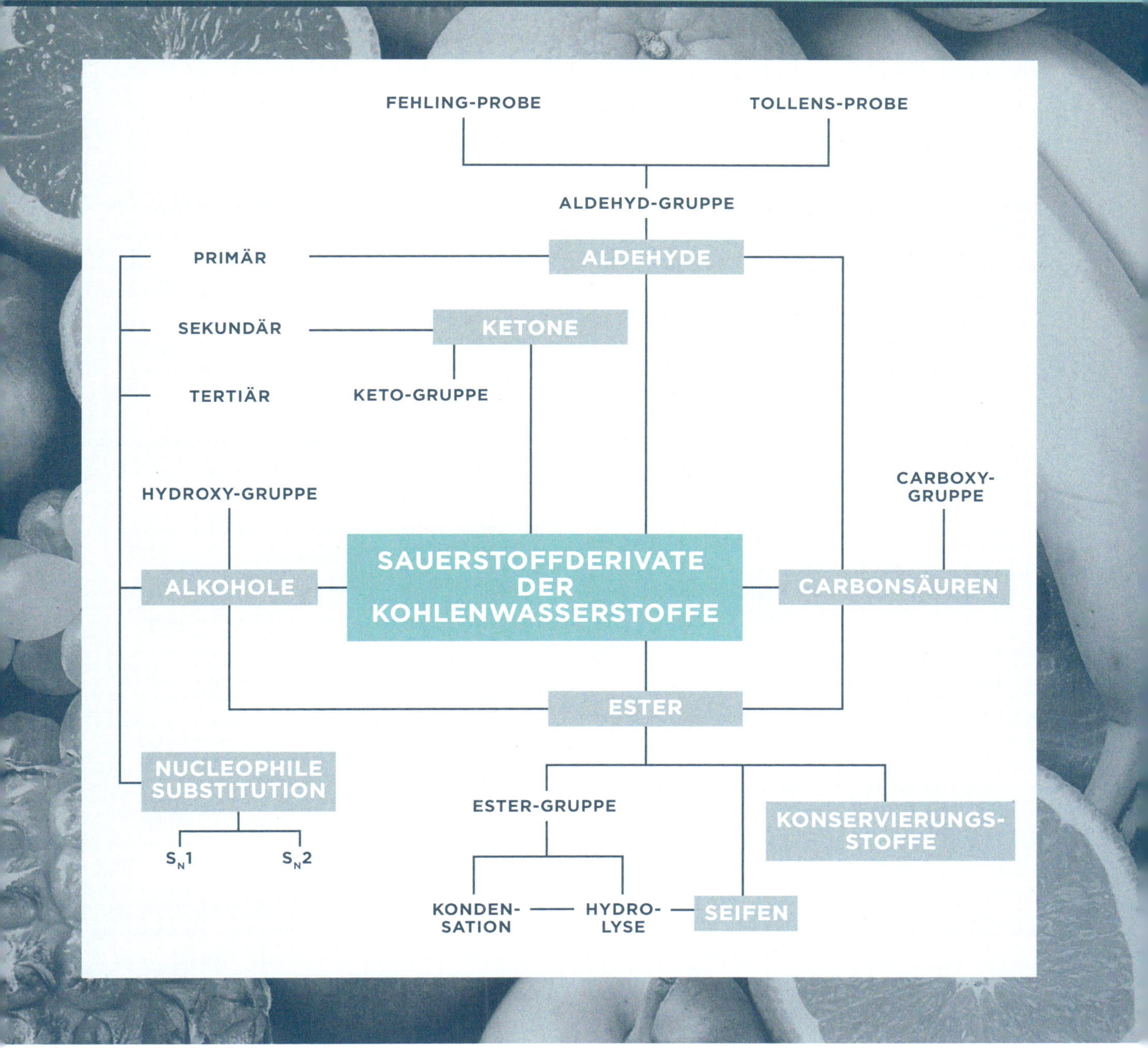

Startklar?

Schätzen Sie Ihre Kompetenz in den Bereichen A bis D ein und prüfen Sie sich anhand der entsprechenden Aufgaben (Arbeitsblatt unter QR-/Mediencode 06007-013).

06007-013

Unter QR-/Mediencode 06007-014 finden Sie außerdem eine Lernanwendung zur digitalen Überprüfung der geforderten Kompetenzen.

06007-014

Kompetenz	sehr gut	gut	schwierig
A Homologe Reihen der Kohlenwasserstoffe unterscheiden	?	?	?
B Kohlenwasserstoffe nach den IUPAC-Nomenklaturregeln benennen	?	?	?
C Das Struktur-Eigenschafts-Prinzip anwenden	?	?	?
D Experimente zum charakteristischen Nachweis von Stoffen anwenden	?	?	?

KOMPETENZ A: Homologe Reihen der Kohlenwasserstoffe unterscheiden

A1 Kreuzen Sie die zutreffenden Merkmale einer homologen Reihe auf dem Arbeitsblatt an.
- ☐ Die Moleküle in einer homologen Reihe sind die Elemente einer Periode im PSE.
- ☐ Die Vertreter einer homologen Reihe haben identische Stoffeigenschaften.
- ☐ Aufeinanderfolgende Vertreter einer homologen Reihe unterscheiden sich jeweils durch eine Methylen-Gruppe $-CH_2-$.
- ☐ Die Moleküle in einer homologen Reihe haben einen ähnlichen Aufbau.
- ☐ Die Moleküle in einer homologen Reihe verzweigen sich immer mehr.
- ☐ Der Begriff „homologe Reihe“ ist nur für organische Moleküle anwendbar.

A2 Benennen Sie die bisher kennengelernten homologen Reihen der Kohlenwasserstoffe.

A3 Ordnen Sie den allgemeinen Summenformeln aus der Tabelle die jeweilige homologe Reihe zu.

allgemeine Summenformel	homologe Reihe
C_nH_{2n-2}	?
C_nH_{2n+2}	?
C_nH_{2n}	?

A4 Erklären Sie die Bedeutung der Endungen in den Namen der Vertreter der homologen Reihen der Kohlenwasserstoffe.

KOMPETENZ B: Kohlenwasserstoffe nach den IUPAC-Nomenklaturregeln benennen

B1 Geben Sie an, welche der folgenden Aussagen richtig bzw. falsch sind. Verbessern Sie die falschen Aussagen.
- Seitenketten bezeichnet man als Alken-Gruppen.
- Die waagerecht angeordnete Kohlenstoff-Atomkette gibt den Stammnamen an.
- Ist eine Alkyl-Gruppe mehrfach vorhanden, wird die Anzahl durch die Zahlwörter di-, tri-, tetra- usw. angegeben.

B2 Benennen Sie die folgenden Moleküle nach den IUPAC-Nomenklaturregeln.

a)

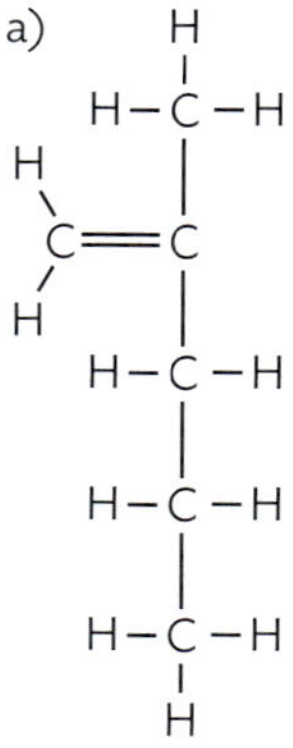

b)

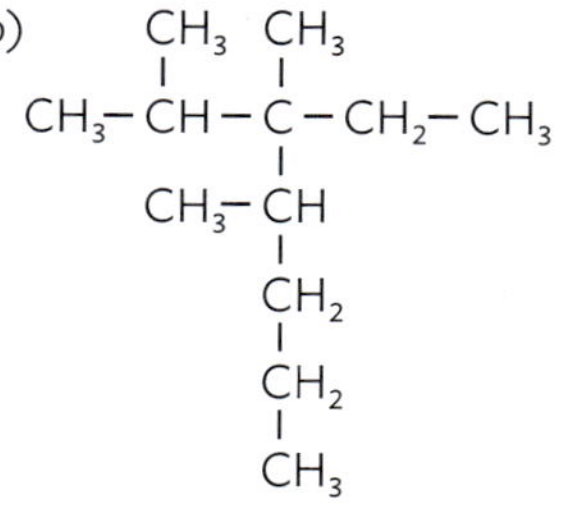

B3 Zeichnen Sie die LEWIS-Strukturformel von 2-Ethyl-2-methylbutan. Untersuchen Sie, ob der Name den IUPAC-Regeln entspricht und verbessern Sie ihn gegebenenfalls.

B4 Geben Sie die Summenformel, die Halbstrukturformel und die LEWIS-Strukturformel für 4-Ethyl-3,5-dimethyl-6-propyldecan an.

KOMPETENZ C: Das Struktur-Eigenschafts-Prinzip anwenden

C1 Kreuzen Sie die zutreffenden Aussagen zu folgendem Sachverhalt auf dem Arbeitsblatt an: Die Schmelz- und Siedetemperaturen der Vertreter einer homologen Reihe steigen
- ☐ mit zunehmender Kettenlänge der Moleküle.
- ☐ mit zunehmender molekularer Masse der Moleküle.
- ☐ mit abnehmender Anzahl an Wasserstoff-Atomen in den Molekülen.
- ☐ mit stärker werdenden VAN-DER-WAALS-Wechselwirkungen zwischen den Molekülen.

C2 Ordnen Sie die folgenden Verbindungen nach steigenden Siedetemperaturen und begründen Sie Ihre Entscheidung.
a) *n*-Butan
b) *n*-Pentan
c) 2-Methylbutan

C3 Pentan löst sich in Heptan, jedoch nicht in Wasser. Erläutern Sie diesen Sachverhalt.

C4 Erläutern Sie, dass Hexan bei Raumtemperatur flüssig und Dodecan zähflüssig ist.

KOMPETENZ D: Experimente zum charakteristischen Nachweis von Stoffen anwenden

D1 Zur Untersuchung der Verbrennungsprodukte von Methan werden die Verbrennungsgase eines Gasbrenners aufgefangen und in ein U-Rohr geleitet, das durch Eiswasser gekühlt wird. Man beobachtet, dass im U-Rohr eine farblose Flüssigkeit kondensiert. Ein weiteres, gasförmiges Reaktionsprodukt passiert das U-Rohr und wird mit einer Spritze aufgefangen. Beschreiben Sie je einen Versuch zum charakteristischen Nachweis der Flüssigkeit und des Gases.

D2 Ergänzen Sie die Tabelle jeweils um den nachzuweisenden Stoff und die Beobachtung, die bei Vorhandensein dieses Stoffs zu machen ist.

Nachweismethode	nachzuweisender Stoff	Beobachtung
Kalkwasserprobe	?	?
Knallgasprobe	?	?
Glimmspanprobe	?	?
Prüfen einer Flüssigkeit mit Watesmo-Papier	?	?
Probe mit Universalindikator	?	?

D3 Beschreiben Sie die Nachweisverfahren für Wasserstoff und Sauerstoff. Formulieren Sie für den Wasserstoffnachweis eine Reaktionsgleichung.

Vergleichen Sie Ihre Antworten mit den Lösungen auf Seite 534 f. Geben Sie sich die entsprechende Punktzahl und tragen Sie sie auf dem Arbeitsblatt ein.

Kompetenz	sehr gut	gut	schwierig	zum Nachlesen
A Homologe Reihen der Kohlenwasserstoffe unterscheiden	14 – 11	10 – 8	7 – 5	S. 44, 52 – 53
B Kohlenwasserstoffe nach den IUPAC-Nomenklaturregeln benennen	12 – 10	9 – 7	6 – 4	S. 54 – 55
C Das Struktur-Eigenschafts-Prinzip anwenden	13 – 10	9 – 7	6 – 4	S. 44 – 45
D Experimente zum charakteristischen Nachweis von Stoffen anwenden	17 – 14	13 – 9	8 – 6	S. 26

2.1 Die Alkohole

Bei dem Begriff „Alkohol" denken wir im Alltag schnell an Ethanol, den einzigen in Maßen trinkbaren Alkohol. Daneben gibt es auch andere Alkohole, z. B. das giftige Methanol. Alkohol-Moleküle zeichnen sich durch ein gemeinsames Strukturmerkmal aus. Welche Unterschiede gibt es aber auf struktureller Ebene und welche Folgen hat das für die Eigenschaften der verschiedenen Alkohole?

2.1.1 Versuche und Material

V/M Die Struktur von Ethanol-Molekülen

2 5 7

Ethanol-Moleküle bestehen aus verschiedenen Atomsorten. Wie lässt sich die Struktur des Ethanol-Moleküls bestimmen?

M1 Mit einer Elementaranalyse kann man die Elemente in einem Stoff identifizieren und quantifizieren. Dabei wird Ethanol an glühendem Kupfer(II)-oxid verbrannt (**B1**). Die Massezunahme von getrocknetem Calciumchlorid ist auf das entstehende Wasser zurückzuführen. Das Volumen von Kohlenstoffdioxid kann am Kolbenprober abgelesen werden.

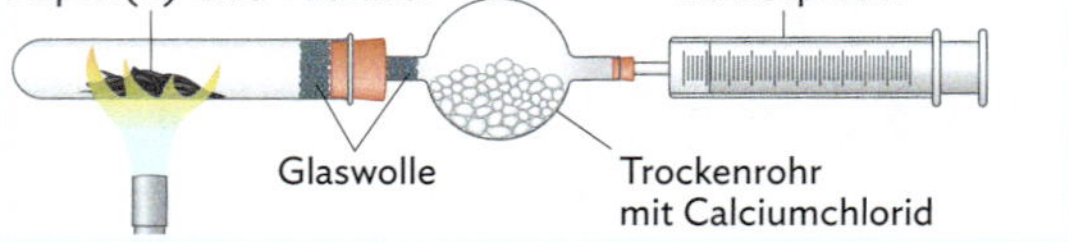

B1 Versuchsaufbau zu **M1**

LV2 In zwei Petrischalen wird etwas Wasser bzw. Ethanol und ein kleines Stück Natrium gegeben.

V3 Geben Sie in zwei Reagenzgläser je 5 mL Wasser. Fügen Sie nun 2 mL Ethanol bzw. 2 mL Natronlauge sowie einige Tropfen Universalindikatorlösung hinzu.

AUSWERTUNG

a) Formulieren Sie die Reaktionsgleichung zur Verbrennung von Ethanol in **M1**.

b) Erklären Sie, wie mit der Apparatur aus **M1** die Anteile von Kohlenstoff, Wasserstoff und Sauerstoff im Ethanol bestimmt werden.

c) Vergleichen Sie die Reaktionen in beiden Petrischalen aus **LV2** und erklären Sie Gemeinsamkeiten und Unterschiede.

d) Vergleichen und begründen Sie das Verhalten von Ethanollösung und Natriumhydroxidlösung gegenüber Universalindikatorlösung in **V3**.

ENTSORGUNG G3

M Siedetemperaturen von Alkoholen

Alkohole sind z. B. in Desinfektionsmitteln enthalten. Nach kurzer Zeit auf der Haut sind diese verdunstet. Woran liegt das und wie lässt sich dieser Sachverhalt erklären?

M4 Die Abbildung **B2** zeigt die Siedetemperaturen verschiedener Alkane und einwertiger Alkohole mit zunehmender Anzahl an Kohlenstoff-Atomen sowie die Siedetemperaturen verschiedener mehrwertiger Alkohole mit zwei bzw. drei Hydroxy-Gruppen in den Molekülen.

AUSWERTUNG

a) Stellen Sie die Siedetemperaturen der Alkane, der einwertigen und der mehrwertigen Alkohole aus **B1** in verschiedenen Farben in einem Diagramm dar. MK

b) Stellen Sie anhand Ihres Diagramms aus **a)** Struktur-Eigenschafts-Beziehungen her.

c) Formulieren Sie eine begründete Vermutung, die die Siedetemperaturen aus **B2** erklären kann.

d) Recherchieren Sie, dass Ethanol und Propan-1-ol nicht nur wegen ihrer keimtötenden Wirkung in Desinfektionsmitteln eingesetzt werden. MK

Name	Siedetemperatur in °C
Methan	−161,5
Ethan	−88,6
Propan	−42,1
n-Butan	−0,5
n-Pentan	36,1
n-Hexan	68,7
n-Heptan	98,4
Methanol	64,7
Ethanol	78,4
Propan-1-ol	97,2
Butan-1-ol	117,3
Pentan-1-ol	138,0
Hexan-1-ol	157,5
Heptan-1-ol	176,0
Propan-1,2-diol	188,0
Propan-1,3-diol	215,0
Propan-1,2,3-triol	290,0

B2 Siedetemperaturen von Alkanen sowie einwertigen und mehrwertigen Alkoholen im Vergleich

V Eigenschaften von ein- und mehrwertigen Alkoholen

Alkohol-Moleküle treten in vielen verschiedenen Strukturen auf, die sich in ihrer Kettenlänge und der Anzahl der Hydroxy-Gruppen unterscheiden. (vgl. S. 93). Welchen Einfluss hat die Struktur auf die Eigenschaften eines Alkohols?

V5 Versetzen Sie einige Milliliter Wasser, Ethanol, Butan-1-ol, Ethan-1,2-diol (Glycol), Propan-1,2,3-triol (Glycerin) und Heptan mit wenigen Tropfen Cerammoniumnitratreagenz.

V6 Geben Sie in je ein Reagenzglas 2 mL Ethanol, Butan-1-ol, Ethan-1,2-diol und Propan-1,2,3-triol. Fügen Sie je 2 mL Wasser hinzu. Schütteln Sie die Mischungen. Lassen Sie diese kurz ruhen. Verfahren Sie analog mit Heptan anstelle von Wasser.

V7 Pipettieren Sie einige Milliliter Ethanol, Butan-1-ol, Ethan-1,2-diol und Propan-1,2,3-triol mit einer Einmalpipette in je eine Petrischale und beobachten Sie das Fließverhalten.

AUSWERTUNG

a) Stellen Sie die Beobachtungen aus **V5**, **V6** und **V7** tabellarisch dar.

b) Entwickeln Sie die LEWIS-Strukturformeln der in **V5** untersuchten Verbindungen. Beurteilen Sie anhand Ihrer Beobachtungen in **V5**, welches Strukturmerkmal sich mit Cerammoniumnitratreagenz nachweisen lässt.

c) Erklären Sie ihre Beobachtungen zum Löseverhalten (**V6**) und Fließverhalten (**V7**) der Alkohole unter Anwendung Ihrer Kenntnisse über zwischenmolekulare Wechselwirkungen.

ENTSORGUNG G3

2.1.2 Die Alkohole

Struktur von Ethanol

Der bekannteste Vertreter der Stoffklasse der **Alkohole** ist Ethanol. Er ist als einziger Alkohol in geringen Mengen genießbar. Wird Ethanol unter Luftausschluss mit Kupfer(II)-oxid als Oxidationsmittel verbrannt, entstehen die Produkte Wasser und Kohlenstoffdioxid. Aus deren Massen kann die Zahl an Wasserstoff- und Kohlenstoff-Atomen im Ethanol-Molekül bestimmt werden. Die Zahl der Sauerstoff-Atome ergibt sich aus der Differenz der Masse von Ethanol und den Massen gebundenen Kohlenstoffs und Wasserstoffs (**M1**). Damit erhält man die Summenformel C_2H_5OH. Die Struktur von Ethanol leitet sich vom Ethan ab (**B2**).
Das identifizierende Strukturmerkmal ist die **Hydroxy-Gruppe -OH**, die sich durch eine Reaktion von Alkoholen mit Alkalimetallen (**LV2**) oder mithilfe von Cerammoniumnitratreagenz nachweisen lässt (vgl. **FM**). Die Hydroxy-Gruppe ist kovalent an ein Kohlenstoff-Atom gebunden. Deshalb reagiert Ethanol im Gegensatz zur ionischen Verbindung Natriumhydroxid in Wasser nicht basisch (**V3**).

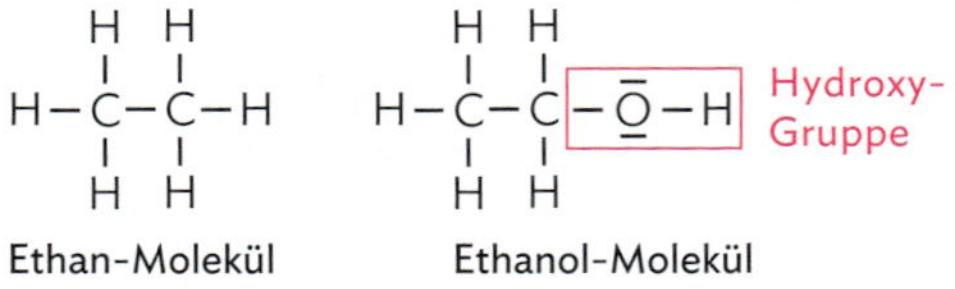

B2 Lewis-Strukturformeln des Ethan- (links) und des Ethanol-Moleküls (rechts)

FM Alkohole nachweisen

5 7

Alkohole können mit Cerammoniumnitratlösung nachgewiesen werden.

VORGEHEN

1. Versetzen Sie einige Milliliter Probelösung mit wenigen Tropfen Cerammoniumnitratlösung.
2. Nehmen Sie das gleiche Volumen Wasser wie das der Probelösung und versetzen Sie es mit der gleichen Menge Cerammoniumnitratlösung.
3. Eine rotbraune Färbung der Probelösung zeigt das Vorliegen eines Alkohols an (**B1**).

B1 Vergleichslösung (links) und Probelösung mit Alkohol (rechts), jeweils mit Cerammoniumnitratlösung

Die homologe Reihe der Alkanole

Die Molekülstruktur der Alkohole leitet sich im Allgemeinen von denen der Kohlenwasserstoffe ab. Zur Benennung der Alkohole wird an den Namen des entsprechenden Kohlenwasserstoffs die Endung -ol angehängt (vgl. **FM**, S. 115). Alkohole, deren Molekülstrukturen auf die Molekülstruktur eines Alkans zurückzuführen sind, heißen **Alkanole**. Die allgemeine Summenformel für Alkanole mit einer Hydroxy-Gruppe im Molekül lautet $C_nH_{2n+1}OH$.
Wie bei den Alkanen gibt es auch bei den Alkanolen eine **homologe Reihe**, bei der sich die Moleküle aufeinanderfolgender Vertreter durch eine CH_2-Gruppe unterscheiden (**B3**).

Name	Halbstrukturformel
Methanol	CH_3–OH
Ethanol	CH_3–CH_2–OH
Propan-1-ol	CH_3–CH_2–CH_2–OH
Butan-1-ol	CH_3–CH_2–CH_2–CH_2–OH

B3 Namen und Halbstrukturformeln einiger Alkanole

Vielfalt der Alkohole

Bei steigender Kettenlänge können Alkohol-Moleküle bei gleicher Summenformel verschiedene Strukturen aufweisen. Diese bezeichnet man als **Konstitutionsisomere**. In Abhängigkeit von der Position einer Hydroxy-Gruppe im Molekül können drei Varianten unterschieden werden: Man

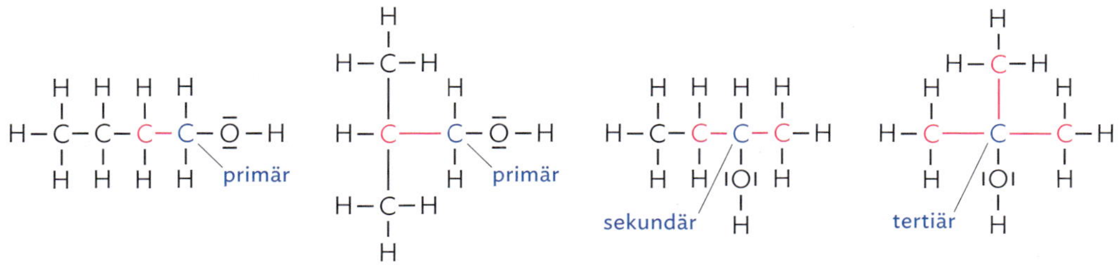

B4 LEWIS-Strukturformeln der Isomere des Butanols

spricht von einem **primären Alkohol**, wenn das Kohlenstoff-Atom, das die Hydroxy-Gruppe trägt, nur mit einem weiteren Kohlenstoff-Atom verbunden ist. Ist das Kohlenstoff-Atom mit der Hydroxy-Gruppe hingegen mit zwei oder drei weiteren Kohlenstoff-Atomen verbunden, nennt man den Alkohol **sekundär** bzw. **tertiär** (**B4**).
Neben der Position der Hydroxy-Gruppen ist auch deren Anzahl von Bedeutung. So lassen sich die Alkohole in Abhängigkeit von der im Molekül enthaltenen Anzahl an Hydroxy-Gruppen als ein-, zwei-, dreiwertig etc. beziehungsweise als **mehrwertig** bezeichnen. Entsprechend der IUPAC-Nomenklatur spricht man bei zweiwertigen Alkoholen auch von **Diolen**, bei dreiwertigen von **Triolen** und bei mehrwertigen allgemein von **Polyolen**. Mehrwertige Alkohol-Moleküle sind in der Regel nicht stabil, wenn zwei oder mehr Hydroxy-Gruppen am selben Kohlenstoff-Atom gebunden sind, da sie dann zur Abspaltung von Wasser-Molekülen neigen. Dieser Zusammenhang wurde nach dem Entdecker als **ERLENMEYER-Regel** benannt. Dagegen können zwei oder mehr benachbarte Kohlenstoff-Atome sehr wohl je eine Hydroxy-Gruppe tragen (**B5**).

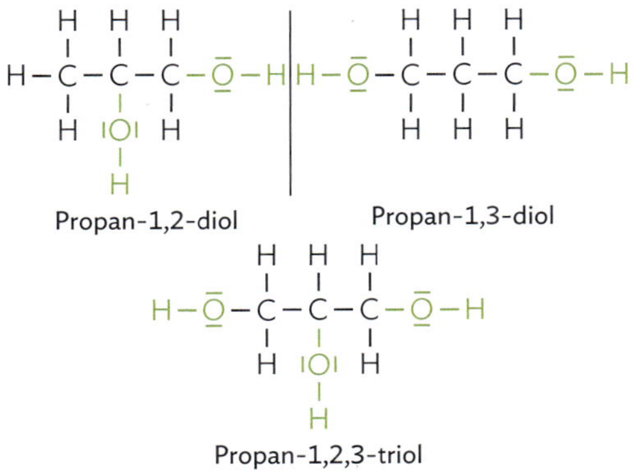

B5 LEWIS-Strukturformeln der mehrwertigen Alkohole mit jeweils drei Kohlenstoff-Atomen pro Molekül

Die funktionelle Gruppe der Alkohole ist die Hydroxy-Gruppe –OH. Alkanole sind Alkohole, deren Molekülstruktur sich von denen der Alkane ableitet.
Bei primären Alkoholen ist das Kohlenstoff-Atom mit der Hydroxy-Gruppe mit nur einem weiteren Kohlenstoff-Atom verbunden, bei sekundären mit zwei weiteren und bei tertiären mit drei weiteren. Je nach Anzahl der Hydroxy-Gruppen unterscheidet man ein- oder mehrwertige Alkohole.

AUFGABEN

A1 Ergänzen Sie die Tabelle aus **B3** mit zwei weiteren Alkoholen und zeichnen Sie die Skelettformeln.

A2 Benennen Sie die in **B4** dargestellten Isomere des Butanol (vgl. **FM**, S. 115).

A3 Zeichnen Sie analog zu **B4** die LEWIS-Strukturformeln der Isomere des Pentanols.

A4 Geben Sie analog zu den Propanol-Polyolen in **B5** die Namen aller Butanol-Polyole mit einer unverzweigten Kohlenstoffkette an.

A5 **MK** Recherchieren und vergleichen Sie die Wirkungen von Methanol und Ethanol im menschlichen Körper. Begründen Sie die Gefahr von „selbstgebranntem" Alkohol.

2.1.3 Eigenschaften von Alkoholen

Der typische Desinfektionsmittelgeruch wird durch ein Gemisch von Ethanol und Propanol hervorgerufen. Mit den beiden Alkoholen können z. B. Pflasterrückstände gelöst werden, die sich nicht mit Wasser entfernen lassen. Ethanol und Propanol selbst lösen sich in Wasser. Wie kann das unterschiedliche Löseverhalten auf Teilchenebene erklärt werden?

Löslichkeit der Alkohole

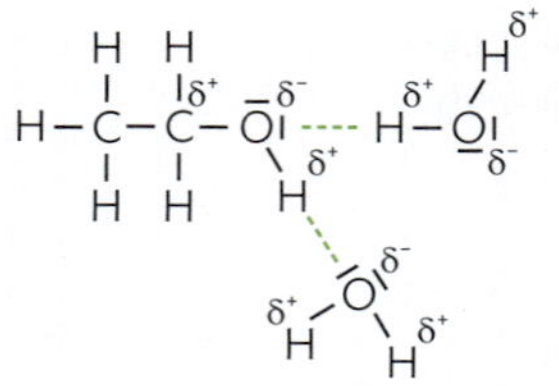

B6 Wasserstoffbrücken zwischen Wasser- und Ethanol-Molekülen

Mischversuche zeigen, dass Ethanol sowohl mit Heptan als auch mit Wasser klare Lösungen bildet . Auch Butanol ist in Heptan löslich, mit Wasser lässt es sich hingegen nur begrenzt mischen (**V6**).

Der Grund hierfür liegt in der Kettenlänge der beiden Alkohol-Moleküle. Die Hydroxy-Gruppe –OH in den Alkohol-Molekülen ermöglicht die Ausbildung von Wasserstoffbrücken zwischen den polaren Wasser-Molekülen und den polaren Bereichen des Alkohol-Moleküls (**B6**). Auf die Löslichkeit hat jedoch auch die unpolare Alkylkette einen Einfluss. Da diese im Butanol-Molekül länger ist als beim Ethanol-Molekül, ist die Löslichkeit von Butanol in Wasser geringer. Die Löslichkeit von unverzweigten Alkoholen in polaren Lösungsmitteln nimmt also mit zunehmender Kettenlänge ab, da die Moleküle hydrophober werden (**B7**). Die Löslichkeit von Alkoholen in Stoffen mit unpolaren Molekülen, wie denen vom hydrophoben Heptan, beruht hingegen auf VAN-DER-WAALS-Wechselwirkungen zwischen den unpolaren Alkyl-Gruppen der Alkohol- und der Heptan-Moleküle (**B7**). Dabei nimmt die Löslichkeit mit steigender Kettenlänge zu, da der Einfluss der größer werdenden unpolaren Alkyl-Gruppe in den Molekülen auf die Löslichkeit wächst. Dies macht die Stoffe lipophiler. Auch die Position der Hydroxy-Gruppe kann einen Einfluss auf die Löslichkeit haben. In der Regel sind sekundäre und tertiäre Alkohole bei gleicher Summenformel besser in Wasser löslich als primäre.

Moleküle mit mehreren Hydroxy-Gruppen können mehr Wasserstoffbrücken ausbilden, daher sind Di-, Tri, und Polyole bei gleicher Kettenlänge oft besser löslich in Wasser und schlechter in Heptan (**V6**).

06007-015
Diagramm zu den Siedetemperaturen der Alkohole aus **M4** unter QR-/Mediencode 06007-015

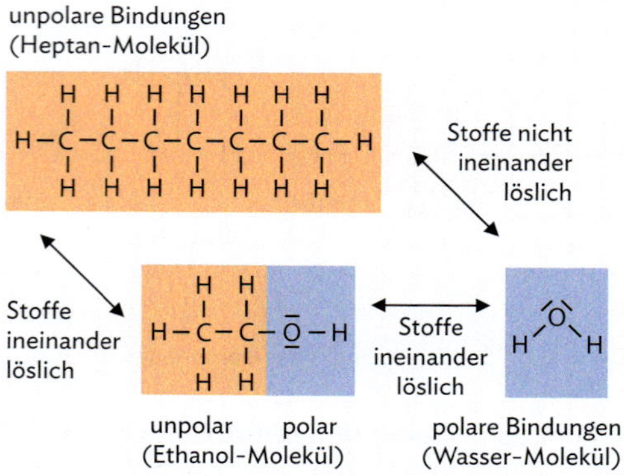

B7 Zwischenmolekulare Wechselwirkungen zwischen unpolaren Heptan-, polaren Wasser- und Ethanol-Molekülen mit mittlerer Polarität

Brennverhalten der Alkohole

Wird Methanol entzündet, ist die blaue Flamme kaum sichtbar. Die Flammen von Propan-1-ol und Pentan-1-ol leuchten beim Verbrennen und hinterlassen einen Rußrückstand. Bei ausreichender Sauerstoffzufuhr verbrennen Alkohole rückstandsfrei zu Wasser und Kohlenstoffdioxid. Bei gleichbleibender Sauerstoffzufuhr rußen Alkohole mit längerkettigen Molekülen bei der Verbrennung stärker als Alkohole mit kurzkettigen Molekülen. Glühende Rußpartikel färben die Flamme gelb (vgl. S. 90). Die Oxidation des im Verhältnis größeren Anteils von Kohlenstoff-Atomen zu Wasserstoff-Atomen in den Molekülen der längerkettigen Alkohole erfolgt unvollständig. Kohlenstoff bleibt zurück.

Siede- und Schmelztemperaturen von Alkoholen

Ethan siedet bei – 88,6 °C und ist daher bei Raumtemperatur gasförmig. Ethanol ist unter gleichen Bedingungen eine Flüssigkeit und siedet bei 78,4 °C. Der Temperaturunterschied zwischen den Siedetemperaturen beider Stoffe beträgt 167 °C. Zwischen den Molekülen beider Stoffe

wirken vergleichsweise schwache VAN-DER-WAALS-Wechselwirkungen. Grund für die wesentlich höhere Siedetemperatur des Ethanols sind Wasserstoffbrücken, die zwischen den Hydroxy-Gruppen der Ethanol-Moleküle ausgebildet werden können (**M4**).
Geht Ethanol in den gasförmigen Zustand über, müssen die zwischenmolekularen Kräfte durch Energiezufuhr überwunden werden. Heptan siedet bei 98,4 °C, während Heptan-1-ol bei 176,0 °C siedet. Die Differenz der Siedetemperaturen beider Stoffe beträgt somit „nur noch" 77,6 °C. Mit zunehmender Länge der Kohlenstoff-Atomkette in den Alkohol-Molekülen steigt die Stärke der VAN-DER-WAALS-Wechselwirkungen und beeinflusst zunehmend die Siedetemperaturen der Stoffe. Der Temperaturunterschied zwischen den Siedetemperaturen von Alkanen mit langen Kohlenstoff-Atomketten in den Molekülen und den entsprechenden Alkoholen verringert sich daher mit zunehmender Länge der Kohlenstoff-Atomkette in den Molekülen (**M4**).
Die Stellung der Hydroxy-Gruppe hat ebenfalls Auswirkungen auf die Stoffeigenschaften. Die Siedetemperatur von Propan-1-ol beträgt z. B. 97,2 °C, die von Propan-2-ol (Isopropanol) 82,5 °C. Die geringere Siedetemperatur des Isopropanols ist in der Verringerung der zwischenmolekularen Kontaktfläche durch die Verzweigungen und den damit einhergehenden schwächeren zwischenmolekularen Wechselwirkungen begründet (vgl. S. 40). Beide Stoffe werden als Desinfektionsmittel verwendet. Propan-2-ol verbreitet den typischen „Krankenhausgeruch", hier kommt es vermehrt zum Einsatz. Je nach Alkoholzusammensetzung wirken diese Mittel **bakterizid** oder **viruzid**.

Eigenschaften mehrwertiger Alkohole

Die strukturelle Besonderheit mehrerer Hydroxy-Gruppen im Molekül bestimmt die besonderen Eigenschaften mehrwertiger Alkohole.
Bei gleicher Länge der Kohlenstoff-Atomkette der Moleküle steigen die Siedetemperaturen von Propan-1-ol über Propan-1,2-diol zu Propan-1,2,3-triol stark an. Verfügen Moleküle über mehrere Hydroxy-Gruppen, können sich pro Mol zwischen den Molekülen mehr Wasserstoffbrücken ausbilden, als dies bei nur einer Hydroxy-Gruppe möglich ist. Die zahlreichen Wasserstoffbrücken erklären die hohen Siedetemperaturen mehrwertiger Alkohole im Vergleich zu einwertigen (**M4**).
Damit Cremes nicht austrocknen, enthalten sie meist Propan-1,2,3-triol (Glycerin). Dieser Stoff entzieht der Luft Feuchtigkeit. Er ist **hygroskopisch** und hält die Cremes feucht und geschmeidig. Ethan-1,2-diol (Glycol) wird aufgrund seiner hohen Viskosität als Schmiermittel in Kühlanlagen verwendet (**V7**). Die beschriebenen Eigenschaften lassen sich über die starken zwischenmolekularen Wechselwirkungen deuten. Diese wirken zwischen den Molekülen mehrwertiger Alkohole oder zwischen den Molekülen mehrwertiger Alkohole und Wasser-Molekülen.
Ab 0 °C ordnen sich Wasser-Moleküle sehr regelmäßig zu Eiskristallen an. In Alkohol-Wasser-Gemischen stören Alkohol-Moleküle die Ordnung. Das Gemisch bleibt auch bei Temperaturen unter 0 °C flüssig. Aufgrund dieser Gefriertemperaturerniedrigung werden Alkohole als Frostschutzmittel verwendet.

Die Stoffeigenschaften der Alkohole werden durch die Länge der Kohlenstoff-Atomkette und die Anzahl der Hydroxy-Gruppen in den Molekülen bestimmt. In der homologen Reihe der Alkanole steigen Siedetemperaturen und Viskosität sowie die Löslichkeit in lipophilen Stoffen mit zunehmender Kettenlänge der Moleküle.

AUFGABEN

A1 Octan-1-ol hat eine höhere Viskosität als Ethanol. Erklären Sie diesen Sachverhalt mithilfe der Informationen aus dem Text.

A2 Begründen Sie die unterschiedlichen Siedetemperaturen von Ethan-1-ol und Ethan-1,2-diol.

A3 Kochrezepte weisen darauf hin, dass sich Fettaugen auf Suppen durch einen Schuss Wein beseitigen lassen. Beurteilen Sie diesen Haushaltstipp aus chemischer Sicht.

Benennung mehrwertiger Alkohole → S. 93

2.2 Von Halogenalkanen zu Alkoholen

Gespannt verfolgen die Spieler auf der Ersatzbank das Treiben auf dem Feld und warten auf ihren Austausch durch den Trainer. Auch in der organischen Chemie gibt es Austauschreaktionen, sog. Substitutionsreaktionen. Können durch nicht-radikalische Substitutionen andere Produkte hergestellt werden? Wie laufen diese Reaktionen ab?

2.2.1 Versuche und Material

V Tausche Brom gegen ...

Halogenalkane (vgl. S. 46) sind klassische organische Edukte für Substitutionsreaktionen. Wie läuft eine solche Reaktion ab?

V1 Versetzen Sie in einem großen Reagenzglas 2 mL 2-Brompropan mit 12 mL ethanolischer Kaliumhydroxidlösung der Konzentration c = 2 mol/L. Geben Sie zwei Siedesteinchen in das Reagenzglas und verschließen Sie es locker mit etwas Glaswolle. Erhitzen Sie das Reaktionsgemisch im Wasserbad so, dass es für etwa 8 Minuten schwach siedet und kühlen Sie das Reagenzglas anschließend unter fließendem Wasser ab. Trennen Sie in einem Scheidetrichter die feste von der flüssigen Phase und nehmen Sie die feste Phase in 10 mL destilliertem Wasser auf. Säuern Sie die wässrige Lösung mit einigen Tropfen halbkonzentrierter Salpetersäurelösung an und versetzen Sie die angesäuerte Lösung mit einigen Tropfen Silbernitratlösung.

V2 Wiederholen Sie **V1** mit 2-Brom-2-methylpropan anstelle von 2-Brompropan.

AUSWERTUNG

a) Vergleichen Sie in einer Tabelle die Beobachtungen in **V1** und **V2**
- beim Erwärmen des Reaktionsgemischs im Wasserbad,
- beim Abkühlen des Reaktionsgemischs unter fließendem Wasser,
- bei der Aufnahme der festen Phase in Wasser und
- nach Zugabe von Silbernitratlösung zu der angesäuerten Lösung.

b) Begründen Sie die Zugabe von Silbernitratlösung zu der angesäuerten Lösung und geben Sie das Anion an, das in den Versuchen **V1** und **V2** nachgewiesen wurde.

c) Formulieren Sie eine begründete Vermutung darüber, welche Teilchen bei der Umsetzung der organischen Verbindung in **V1** und **V2** ausgetauscht wurden.

ENTSORGUNG A, G4

V Beeinflussende Faktoren bei Substitutionsreaktionen

2 5 6 7 8 9

Substitutionsreaktionen an einem Halogenalkan werden von verschiedenen Faktoren beeinflusst. Welchen Einfluss haben dabei der Aufbau der Kohlenstoff-Kette des Halogenalkan-Moleküls und das auszutauschende Halogen-Atom?

V3 *Vorversuch*: Stellen Sie eine Verdünnungsreihe von Salzsäurelösungen mit den Konzentrationen c_0 = 0,1 mol/L, c_1 = 0,075 mol/L, c_2 = 0,05 mol/L und c_3 = 0,025 mol/L her.
Stellen Sie den in **B1** dargestellten Versuchsaufbau zusammen. Messen Sie die Stromstärke bei jeder der vier Lösungen zunächst ohne Rühren.

V4 Geben Sie unter kräftigem Rühren 1 mL 2-Brom-2-methylpropan in 100 mL destilliertes Wasser und notieren Sie alle 20 Sekunden die Stromstärke. Beenden Sie das Experiment, wenn sich die Stromstärke nicht mehr merklich ändert, spätestens jedoch nach 20 Minuten. Geben Sie anschließend einen Tropfen der Lösung auf ein Stück Universalindikatorpapier und einige Tropfen der Lösung zu Silbernitratlösung.

V5 Wiederholen Sie **V4** mit 2-Chlor-2-methylpropan anstelle von 2-Brom-2-methylpropan.

V6 Wiederholen Sie **V4** mit 2-Brompropan anstelle von 2-Brom-2-methylpropan.
(Versuchsvideo zu **V4** bis **V6** unter QR-/Mediencode 06022-127)

06022-127

AUSWERTUNG

a) Tragen Sie die Messwertepaare Konzentration *c* - Stromstärke *I* aus **V3** grafisch in ein Koordinatensystem ein. Deuten Sie das Diagramm.

b) Die allgemeine Reaktionsgleichung bei den Reaktionen aus **V4** bis **V6** lautet:
$R{-}X\,(l) + H_2O\,(l) \longrightarrow R{-}OH\,(l) + H^+\,(aq) + X^-\,(aq)$
Hierbei steht X für Cl bzw. Br und R für den jeweiligen Alkyl-Rest. Formulieren Sie damit die Reaktionsgleichungen für die in **V4** bis **V6** ablaufenden Reaktionen.

c) Tragen Sie alle Messwertepaare Zeit *t* – Stromstärke *I* aus den Versuchen **V4** bis **V6** als Graphen in ein gemeinsames geeignetes Koordinatensystem ein. Beschreiben Sie Gemeinsamkeiten und Unterschiede der drei Graphen.

d) Aus den Zeit-Stromstärke-Diagrammen aus **c)** lassen sich Aussagen über die Reaktionsgeschwindigkeiten der drei Reaktionen herleiten. Benennen Sie die Aussagen und erklären Sie den Sachverhalt mithilfe Ihrer Lösungen aus **a)** und **b)**. Erstellen Sie vergleichende Aussagen zu den Reaktionsgeschwindigkeiten.

ENTSORGUNG G4

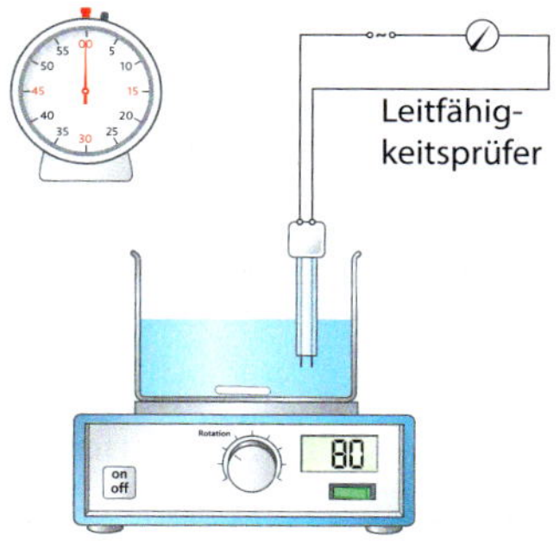

B1 Versuchsaufbau zu **V4** bis **V6**

M Reaktionsschritte der Substitution am Halogenalkan

Wie verläuft die Substitution am Halogenalkan? Gibt es Alternativen beim Ablauf? Kugelstabmodelle können beim Aufstellen von Hypothesen hilfreich sein.

M7 Erstellen Sie z. B. mithilfe von Knete und Zahnstochern die Kugelstabmodelle eines 2-Chlorpropan-Moleküls und eines Hydroxid-Ions.

AUSWERTUNG

a) Stellen Sie mithilfe der Kugelstabmodelle zwei unterschiedliche Abfolgen von Reaktionsschritten dar, die eine Substitution des Halogen-Atoms durch eine Hydroxy-Gruppe beschreiben.

b) Übertragen Sie Ihre Reaktionsschritte aus **a)** als LEWIS-Strukturformeln in Ihr Heft.

2.2.2 Die nucleophile Substitution an Halogenalkanen

Alkohole können u. a. aus Halogenalkanen wie 2-Brompropan durch Reaktion mit ethanolischer Kaliumhydroxidlösung synthetisiert werden (**V1**). Das Halogen-Atom in den Molekülen der organischen Verbindung wird dabei in einer **Substitution** durch eine Hydroxy-Gruppe –OH ersetzt:

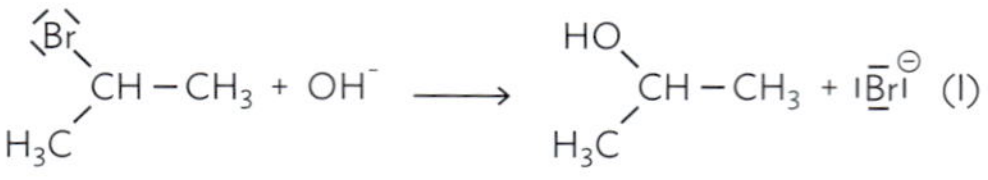

2-Brompropan Propan-2-ol

Nucleophil
von lat. *nucleus*, Kern und griech. *philos*, Freund

Nucleophile Substitution

Voraussetzung für Substitutionsreaktionen dieser Art ist einerseits das Vorliegen einer polarisierten Bindung zwischen dem Kohlenstoff-Atom und der sogenannten **Austrittsgruppe** im organischen Molekül. Andererseits wird ein **Nucleophil** benötigt. Nucleophile sind Teilchen mit einer negativen Ladung oder negativen Partialladung, die über mindestens ein freies Elektronenpaar verfügen, z. B. das Hydroxid-Ion (OH^-). Sie greifen positiv polarisierte oder positiv geladene Teilchen unter Ausbildung einer Elektronenpaarbindung an. Der dabei vorliegende Reaktionstyp heißt demnach **nucleophile Substitution (S_N)**.

06022-128
Video zum Nachweis von Halogenid-Ionen unter QR-/Mediencode 06022-128

Nucleophile Substitutionen sind umkehrbar

Da die Austrittsgruppe ebenfalls über ein freies Elektronenpaar verfügt, sind nucleophile Substitutionen grundsätzlich reversibel, das heißt die Edukte können miteinander wieder zu Produkten reagieren. Die Hinreaktion kann durch die Wahl bestimmter Bedingungen begünstigt werden. In **V1** und **V2** wird die Rückreaktion durch die Wahl des Lösemittels erschwert. In Ethanol sind ionische Verbindungen wie Kaliumbromid schwer löslich, da ihre Ionen wesentlich schlechter solvatisiert werden als in Wasser. Diese fallen bei der Reaktion als Feststoff aus. Dadurch stehen die Bromid-Ionen nicht mehr für die Rückreaktion zur Verfügung und die Hinreaktion wird begünstigt.

induktive Effekte → Kap. 1.3.5

Beeinflussende Faktoren

Ein Halogenalkan kann auch durch **Hydrolyse**, d. h. durch eine Reaktion mit Wasser, zum entsprechenden Alkohol reagieren (**V4–V6**). Der nucleophile Angriff auf das Kohlenstoff-Atom im Halogenalkan-Molekül erfolgt über das partiell negativ geladene Sauerstoff-Atom des Wasser-Moleküls. In der Folge wird aus dem Halogenalkan-Molekül ein Halogenid-Ion und aus dem Wasser-Molekül ein Proton abgetrennt:

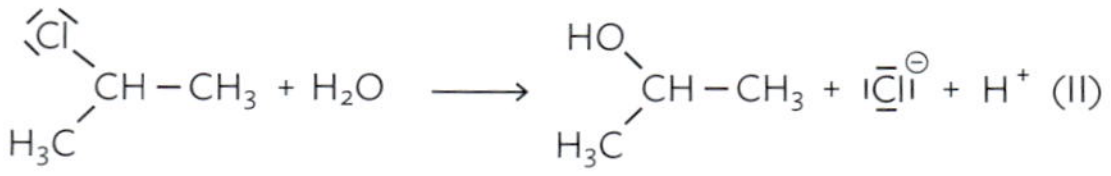

2-Chlorpropan Propan-2-ol

Die abgetrennten Halogenid-Ionen können mit Silbernitratlösung, die Protonen mit Universalindikatorpapier nachgewiesen werden.
Die Hydrolyse verläuft im Vergleich zur Reaktion mit Hydroxid-Ionen langsamer. Der Grund liegt in der unterschiedlichen **Nucleophilie**, also der Stärke des Nucleophils. Sie ist abhängig von der Elektronendichte und der Polarisierbarkeit des nucleophilen Teilchens. Die Elektronendichte am Sauerstoff-Atom des Hydroxid-Ions ist aufgrund der negativen Ladung größer als die am Sauerstoff-Atom des Wasser-Moleküls.
Auch die Größe spielt eine Rolle: Große Nucleophile lassen sich leichter polarisieren und stellen ihre freien Elektronenpaare eher zur Verfügung. Bromid-Ionen z. B. sind daher bessere Nucleophile als Fluorid-Ionen (**B1**).
Ebenso beeinflusst die Struktur des organischen Moleküls den Reaktionsverlauf. 2-Brom-2-methylpropan (**V2**) reagiert schneller als 2-Brompropan (**V1**). Im Allgemeinen werden Halogen-Atome an tertiären Kohlenstoff-Atomen aufgrund des elektronenschiebenden +I-Effekts der Alkyl-Gruppen (vgl. S. 58) schneller substituiert als an primären oder sekundären Kohlenstoff-Atomen (**B2**, **V4–V6**).
Auch die Austrittsgruppe im organischen Molekül ist ein beeinflussender Faktor für den Verlauf einer nucleophilen Substitution. Deutlich wird dies am Beispiel der Synthese von Halogenalkanen aus Alkoholen, die unter sauren Bedingungen durchge-

Nucleophil	relative Geschwindigkeit
H_3COH	1
NO_3^-	32
F^-	500
SO_4^{2-}	3.160
Cl^-	23.500
NH_3	316.000
Br^-	603.000
CN^-	5.010.000
HS^-	100.000.000

B1 Relative Geschwindigkeiten verschiedener Nucleophile bei der Reaktion mit Iodmethan

Bromalkane	relative Geschwindigkeit
CH_3Br	1
CH_3CH_2Br	1
$(CH_3)_2CHBr$	12
$(CH_3)_3CBr$	$1{,}2 \cdot 10^6$

B2 Relative Geschwindigkeiten verschiedener Bromalkane bei der Reaktion mit Wasser

führt wird. Dies entspricht der Rückreaktion der Hydrolyse. Im sauren Milieu wird die Hydroxy-Gruppe des Alkohols protoniert, wodurch sich ein Ion mit einer günstigeren Austrittsgruppe bildet:

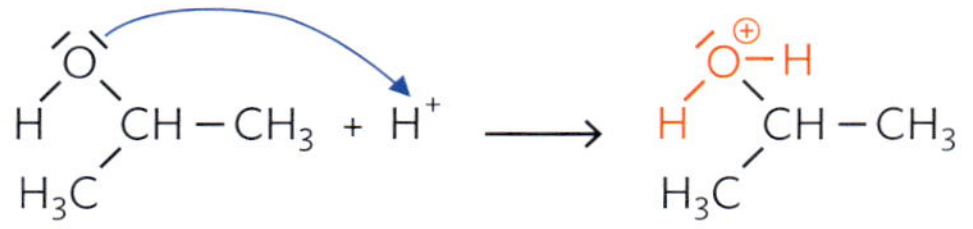

Auch die Hydrolyse des Bromalkans (R–Br) (**V4**) verläuft bei gleichem Alkyl-Rest R schneller als die des Chloralkans (R–Cl) (**V5**).
Bei Austrittsgruppen sind die Elektronendichte und Polarisierbarkeit des nucleophilen Teilchens entscheidend. Eine Austrittsgruppe wird umso leichter bei einer nucleophilen Substitution abgespalten, je besser die negative Ladung verteilt werden kann. Das Austrittsvermögen der Halogenid-Ionen sinkt daher mit ihrer Größe: $I^- > Br^- > Cl^- > F^-$.
Ein weiterer Faktor, der die Geschwindigkeit der nucleophilen Substitution beeinflusst, ist das Lösemittel. Hydrophile organische Lösemittel begünstigen die Reaktion, da sie die Austrittsgruppe nach ihrem Austritt stabilisieren.

Sterische Hinderung

Die Reaktion von Iodid-Ionen mit Bromalkanen zeigt ein verblüffendes Phänomen (**B3**). Das tertiäre Bromalkan reagiert am langsamsten mit den Iodid-Ionen. Je weniger verzweigt das bromsubstituierte Kohlenstoff-Atom vorliegt, desto höher ist die relative Reaktionsgeschwindigkeit. Grund hierfür ist das Vorhandensein bzw. die räumliche Anordnung benachbarter Alkyl-Gruppen, die einen Angriff des voluminösen Iodid-Ions am polarisierten Kohlenstoff-Atom erschweren. Dies nennt man **sterische Hinderung**.

Nucleophil	relative Geschwindigkeit
CH_3CH_2Br	1
$CH_3CH_2CH_2Br$	0,8
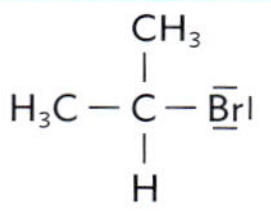	0,003
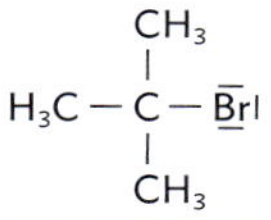	0,000013

B3 Relative Geschwindigkeiten verschiedener Bromalkane bei der Reaktion mit Iodid-Ionen

Bei der nucleophilen Substitution wird ein Atom oder eine Atomgruppe in einem organischen Molekül durch ein Nucleophil ersetzt. Der Verlauf und die Geschwindigkeit der nucleophilen Substitution werden dabei durch die räumliche Struktur der organischen Verbindung, das eintretende und austretende Teilchen sowie das Lösemittel beeinflusst.

AUFGABEN

A1 Begründen Sie, dass das Ammoniak-Molekül (NH_3) als Nucleophil wirken kann (**B1**).

A2 Stellen Sie eine Hypothese zu den relativen Geschwindigkeiten in **B3** auf, wenn Iodid- durch Fluorid-Ionen ersetzt werden.

2.2.3 Reaktionsmechanismus der nucleophilen Substitution (S_N) LK

Kinetische Untersuchungen von verschiedenen nucleophilen Substitutionen haben gezeigt, dass die Reaktionsgeschwindigkeiten entweder nur von der Konzentration der organischen Verbindung abhängen oder sowohl von der Konzentration der organischen Verbindung als auch von der des Nucleophils. Daraus kann man schließen, dass für die nucleophile Substitution alternative Reaktionsverläufe existieren müssen. Die konkret ablaufenden Reaktionsschritte der nucleophilen Substitution können gemäß zweier als Grenzfälle zu betrachtenden Mechanismen ablaufen (**M7**).

S_N1 – Monomolekularer Mechanismus

Die nach dem sogenannten **S_N1-Mechanismus** ablaufenden charakteristischen Reaktionsschritte können auf der Teilchenebene durch folgende Darstellung wiedergegeben werden:

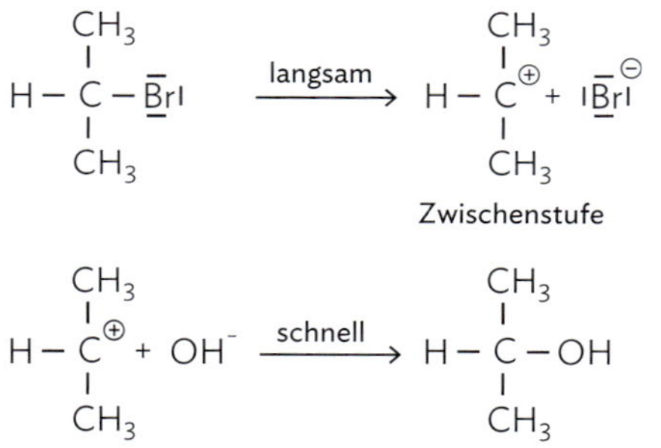

Bei einer Bindungsspaltung verbleiben die Bindungselektronen bei einem Bindungspartner. Bei einer homolytischen Bindungsspaltung verbleibt dagegen je ein Bindungselektron bei jedem der beiden Bindungspartner.

06022-129

In einem ersten, geschwindigkeitsbestimmenden Schritt wird die C–Br-Bindung des 2-Brompropan-Moleküls **heterolytisch** gespalten, wobei sich ein Bromid-Ion Br^- als Austrittsgruppe aus dem Halogenalkan-Molekül abspaltet. Es entsteht ein kurzlebiges, sekundäres **Carbenium-Ion** (vgl. S. 57, Informationen unter QR-/Mediencode 06022-129) als Zwischenstufe. In einem zweiten Schritt greift das Nucleophil, hier ein Hydroxid-Ion OH^-, am positiv geladenen Kohlenstoff-Atom des Carbenium-Ions an und bindet daran als neuer Substituent. Dieser Schritt verläuft schnell. Da am geschwindigkeitsbestimmenden ersten Schritt nur ein einzelnes Molekül beteiligt ist, spricht man von einer **monomolekularen Reaktion (S_N1)**.

S_N2 – Bimolekularer Mechanismus

Die charakteristischen Reaktionsschritte für den sogenannten **S_N2-Mechanismus** lassen sich gleichermaßen auf Teilchenebene darstellen:

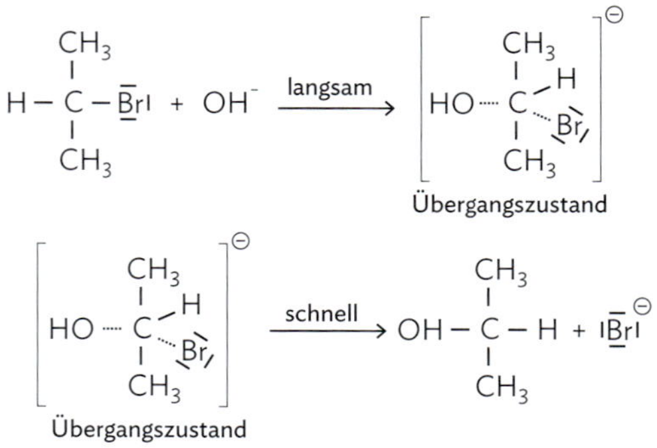

Im ersten, geschwindigkeitsbestimmenden Schritt greift das Nucleophil, hier ein Hydroxid-Ion OH^-, das partiell positiv geladene Kohlenstoff-Atom rückseitig an. Der Abgang des Bromid-Ions Br^- sowie die Anlagerung des Hydroxid-Ions und somit die Auftrennung der C–Br-Bindung und die Ausbildung der C–O-Bindung erfolgen zeitgleich. In diesem energiereichen Übergangszustand sind sowohl Nucleophil als auch Austrittsgruppe schwach an das Kohlenstoff-Atom gebunden. In Folge wird die Austrittsgruppe schnell abgespalten. Da bei diesem Mechanismus am geschwindigkeitsbestimmenden (langsamen) Schritt zwei Teilchen beteiligt sind, spricht man von einer **bimolekularen Reaktion (S_N2)**.

Einflüsse auf Reaktionsverläufe

Nach welchem Mechanismus eine nucleophile Subsitutionsreaktion stattfindet, hängt unter anderem von der Bildungswahrscheinlichkeit des entsprechenden Übergangszustandes bzw. Zwischenproduktes ab. Im S_N1-Mechanismus bilden sich im ersten Schritt Carbenium-Ionen als Zwischenstufen. Die Wahrscheinlichkeit, dass dieser Reaktionsverlauf eintritt, nimmt zu, wenn das entstehende Ion durch die Reaktionsbedingungen stabilisiert wird. Beim Verlauf nach S_N2-Mechanismus wird hingegen ein energiereicher Übergangszustand gebildet. Wird

dessen Bildung durch die Reaktionsbedingungen vereinfacht, läuft die Reaktion nach S_N2-Mechanismus ab.
Tertiäre Carbenium-Ionen werden einerseits durch den elektronenschiebenden +I-Effekt (vgl. S. 58) der Alkyl-Gruppen stabilisiert, andererseits wird durch die sterische Hinderung der zusätzlichen Gruppen am Kohlenstoff-Atom der Angriff des Nucleophils und damit die Bildung eines Übergangszustands erschwert (**B4**). Beides begünstigt einen Verlauf der Substitution nach S_N1-Mechanismus. Umgekehrt werden primäre Carbenium-Ionen nicht vom induktiven Effekt stabilisiert und können aufgrund ihrer Struktur leicht von Nucleophilen angegriffen werden (**B4**). Substitutionen an primären Kohlenstoff-Atomen laufen daher bevorzugt nach dem S_N2-Mechanismus ab.

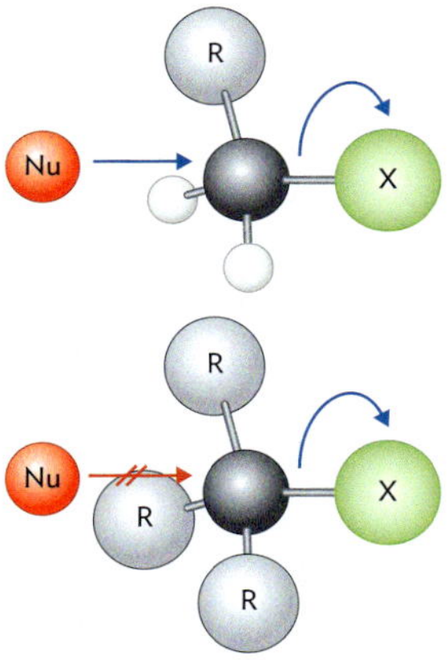

B4 Einfluss der Struktur der organischen Verbindung auf den Reaktionsverlauf einer nucleophilen Substitution

Bei sekundären Kohlenstoff-Atomen ist die Beurteilung des Reaktionsverlaufes schwieriger. Es liegt sowohl eine leichte sterische Hinderung vor, als auch eine im Vergleich zum tertiären Carbenium-Ion geringere Stabilisierung. In diesem Fall werden weitere Einflussfaktoren auf den Reaktionsverlauf betrachtet, z. B. die Nucleophilie des Nucleophils und der Austrittsgruppe. Je stärker das Nucleophil und je schwächer die Austrittsgruppe ist, desto leichter kann der Übergangszustand gebildet werden, was einen Verlauf nach dem S_N2-Mechanismus begünstigt.
Auch die Wahl des Lösemittels hat einen Einfluss auf den Mechanismus einer nucleophilen Substitution. In einem hydrophilen Lösemittel kann man eine bessere Stabilisierung der Carbenium-Ionen erzielen. Als Folge wird der Verlauf nach dem S_N1-Mechanismus bevorzugt.

Die nucleophile Substitution kann nach einem monomolekularen oder bimolekularen Mechanismus ablaufen.
Beeinflussende Faktoren sind der strukturelle Aufbau der organischen Verbindung, die Stärke des Nucleophils und der Austrittsgruppe sowie die Wahl des Lösemittels.

AUFGABEN

A1 Zu einem Gemisch aus Ethanol und 1-Brombutan bzw. 2-Brom-2-methylpropan werden jeweils einige Tropfen Silbernitratlösung $AgNO_3$ gegeben. Bei 1-Brombutan bildet sich nach 15 Minuten ein weißer Niederschlag, bei 2-Brom-2-methylpropan ist der Niederschlag bereits nach wenigen Sekunden sichtbar. Erklären Sie diese unterschiedlichen Beobachtungen.

A2 Formulieren Sie die Reaktionsgleichung für die Reaktion von Propan-2-ol mit Chlorwasserstoff HCl. Nennen und begründen Sie den bevorzugten S_N-Mechanismus. Geben Sie die charakteristischen Reaktionsschritte in Formelschreibweise an.

A3 Zeichnen Sie die LEWIS-Strukturformeln der folgenden Verbindungen und ordnen Sie sie nach steigender Reaktivität bei einer S_N2-Reaktion:
a) 2-Brom-2-methylbutan, 1-Brompentan und 2-Brompentan
b) 1-Brom-3-methylbutan, 2-Brom-2-Methylbutan und 2-Brom-3-methylbutan
Begründen Sie Ihre Zuordnungen.

2.3 Oxidationsprodukte der Alkohole

Reine Alkohole werden nicht unbedingt als wohlriechend empfunden. Aus Alkoholen lassen sich aber auch Stoffe herstellen, die als wohlschmeckender Lebensmittelzusatz oder duftender Bestandteil von Parfüms begehrt sind, z. B. Vanillin oder Zimtaldehyd. Um welche Stoffe handelt es sich dabei und wie werden diese aus Alkoholen hergestellt?

2.3.1 Versuche und Material

V Reaktion von Alkoholen mit Kupfer(II)-oxid

2 5 7 9

1- und 2-Cent-Münzen bestehen aus Stahl mit einer Kupferauflage. In der heißen Brennerflamme laufen sie schwarz an. Mit Alkohol können sie anschließend wieder blank gemacht werden. Wie funktioniert das?

V1 Füllen Sie ein dickwandiges Reagenzglas etwa 3 cm hoch mit Propan-1-ol. Erhitzen Sie ein etwa 10 cm langes Kupferblech in der Brennerflamme bis zum Glühen. Betrachten Sie das Blech außerhalb der Flamme. Bringen Sie es erneut zum Glühen und tauchen Sie es dann in das Propan-1-ol. Wiederholen Sie das Erhitzen bis zum Glühen und das Eintauchen mehrere Male **(Achtung: Der Alkohol kann sich auf dem heißen Blech entzünden, verwenden Sie eine Pinzette!)**. Geben Sie einen Tropfen des Reaktionsgemisches auf ein Stück Watesmo-Papier und führen Sie mit dem Rest die TOLLENS-Probe durch (vgl. **FM** auf S. 103). Tauchen Sie zum Vergleich Watesmo-Papier in reines Propan-1-ol.

V2 Wiederholen Sie **V1** mit Propan-2-ol anstelle von Propan-1-ol.

AUSWERTUNG

a) Beschreiben Sie die Beobachtungen am Kupferblech beim Erhitzen und beim Eintauchen in die Alkohole in **V1** und **V2**.
b) Formulieren Sie eine Reaktionsgleichung für die Veränderung des Kupferbleches beim Erhitzen in der Brennerflamme.
c) Formulieren Sie eine Vermutung zum Farbwechsel des Blechs beim Eintauchen in die Alkohole in **V1** und **V2**.
d) Beschreiben Sie die Funktion des Reaktionspartners Alkohol im Vergleich zum Reaktionspartner Sauerstoff aus der Luft unter Verwendung von Fachbegriffen.

ENTSORGUNG G2, G3

06010-012

Video zur Reaktion von Alkoholen mit Kupfer unter QR-/Mediencode 06010-012

FM Nachweismethoden für Aldehyde anwenden

Aldehyde sind Stoffe, die z. B. durch Oxidation von primären Alkoholen gebildet werden. Es gibt verschiedene Methoden, mit denen sich das Vorliegen eines Aldehyds nachweisen lässt.

VORGEHEN

FEHLING-Probe

1. Geben Sie gleiche Volumina der beiden folgenden Lösungen in ein Reagenzglas: Kupfer(II)-sulfatlösung $CuSO_4$ (aq) (FEHLING-I-Lösung) und alkalische Kaliumnatriumtartratlösung (FEHLING-II-Lösung).
   Hinweis: Als Tartrate werden die Salze der Weinsäure (vgl. S. 112) bezeichnet.
2. Geben Sie einige Tropfen dieser blauen Testlösung in die Probelösung, die auf die Anwesenheit eines Aldehyds getestet werden soll.
3. Wenn Aldehyde vorhanden sind, bildet sich (ggf. beim Erhitzen) ein rötlicher Niederschlag (**B1** links).
4. Alternativ kann auch die **BENEDICT-Probe** durchgeführt werden (Herstellung BENEDICT-Reagenz und Durchführung BENEDICT-Probe unter QR-/Mediencode 06001-34).

06001-34

TOLLENS-Probe (Silberspiegelprobe)

1. Mischen Sie in einem Reagenzglas ca. 3 mL Silbernitratlösung mit einigen Tropfen verdünnter Natronlauge. Es bildet sich ein schwarzbrauner Niederschlag.
2. Tropfen Sie nun so lange Ammoniaklösung (w = 10 %) hinzu, bis sich der Niederschlag wieder auflöst (**TOLLENS-Reagenz**).
3. Versetzen Sie die auf Aldehyde zu untersuchende Probe mit einigen Tropfen dieser Testlösung und erhitzen Sie ohne zu schütteln im Wasserbad auf ca. 70 °C.
4. Wenn Aldehyde vorhanden sind, bildet sich nach einigen Minuten an der Innenwand des Reagenzglases ein Silberspiegel (**B1** rechts).

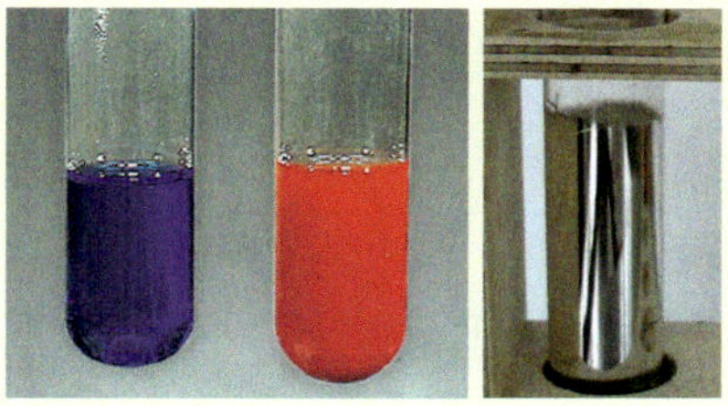

06001-35
Video zum Thema „FEHLING-Probe" unter QR-/Mediencode 06001-35

B1 Nachweis von Aldehyden mit der FEHLING-Probe (links) und mit der TOLLENS-Probe (rechts)

V Oxidation von Ethanol mit Kaliumpermanganat

Die Herstellung von Essigsäure aus Ethanol mithilfe von Bakterien ist ein seit Jahrhunderten bekanntes Verfahren. Wie kann die Reaktion auf chemischem Wege im Labor nachgestellt werden?

LV3 Im Rundkolben einer Destillationsapparatur werden 9,5 g Kaliumpermanganat in 35 mL destilliertem Wasser gelöst. In einem Becherglas werden 4 mL Ethanol mit 10 mL destilliertem Wasser gemischt und unter Eiskühlung werden vorsichtig 6 mL konzentrierte Schwefelsäure hinzugegeben. Die erhaltene Lösung wird portionsweise in den Rundkolben überführt. Die Flüssigkeit im Rundkolben sollte dabei nicht zu sieden beginnen. Anschließend wird das Gemisch bei einer Temperatur von ca. 120 °C destilliert, sodass ein Destillat von etwa 10 mL in der Vorlage erhalten wird. Das Destillat wird auf seinen Geruch geprüft und mit Universalindikatorpapier getestet (Video zur Versuchsdurchführung unter QR-/Mediencode 06002-134).

06002-134

AUSWERTUNG

a) Beschreiben Sie Ihre Beobachtungen in **LV3**.

b) Permanganat-Ionen MnO_4^- werden bei der Reaktion mit Ethanol in **LV3** zu Mangan(II)-Ionen Mn^{2+} reduziert. Ethanol wird dabei oxidiert. Formulieren Sie die Reaktionsgleichung und zeigen Sie mithilfe von Oxidationszahlen, dass es sich um eine Redoxreaktion handelt.

ENTSORGUNG G2, G3

2.3.2 Vom Alkohol zum Aldehyd und Keton

Viele Alkohole sind an der Luft und auch im Körper nicht auf Dauer beständig. Mit geeigneten Reaktionspartnern reagieren sie rasch. Welche Reaktion findet dabei statt und welche Produkte entstehen?

Reaktion primärer Alkohole

Wenn man heißes, schwarzes Kupfer(II)-oxid in den primären Alkohol Propan-1-ol taucht, verfärbt sich die Oberfläche des Bleches rotbraun glänzend (**V1**). Kupfer(II)-oxid reagiert mithilfe von Propan-1-ol zu Kupfer. Aus dem primären Alkohol Propan-1-ol bildet sich zeitgleich das Propanal, ein **Aldehyd**. Aldehyd-Moleküle bestehen aus einem Alkyl-Rest und der **Aldehyd-Gruppe -CHO** (**B1**).

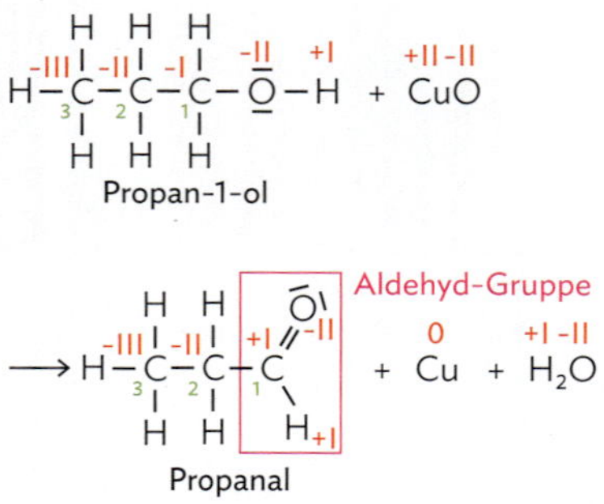

B1 Redoxreaktion zwischen Propan-1-ol und Kuper(II)-oxid

06007-250 LK
weiterführende Informationen zu koordinativen Bindungen/Komplexen unter QR-/Mediencode 06007-250

Fachmethode zur Bestimmung von Oxidationszahlen in organischen Verbindungen
→ S. 107

Testet man das Reaktionsgemisch aus dem Reagenzglas anschließend mit Watesmo-Papier, färbt es sich blau, was auf das Vorhandensein von Wasser im Reaktionsgemisch hindeutet. In reinem Propan-1-ol bleibt das Papier unverändert (**V1**).

Bei der Reaktion handelt es sich um eine Redoxreaktion. Im Gegensatz zu Redoxreaktionen unter Beteiligung von Ionen ist eine Reaktion unter Beteiligung von organischen Teilchen nicht anhand der Änderung der Ionenladungen als solche zu erkennen. Stattdessen verwendet man die Oxidationszahlen. Erhöht sich die Oxidationszahl, handelt es sich um eine Oxidation, erniedrigt sie sich, findet eine Reduktion statt.

Bei der Redoxreaktion aus **V1** erhöht sich die Oxidationszahl des C-1-Atoms von -I auf +I. Das Propan-1-ol-Molekül wird folglich oxidiert. Die Kupfer-Ionen aus dem Kupfer(II)-oxid werden zu Kupfer-Atomen reduziert.

Aldehyde können weiter oxidiert werden. Im sauren Milieu reduziert Ethanol Permanganat-Ionen zu Mangan(II)-Ionen und wird dabei zum Aldehyd Ethanal oxidiert. Dieses oxidiert sofort weiter und bildet Ethansäure, eine **Carbonsäure** (**LV3**). Das Carbonsäure-Molekül enthält einen Alkyl-Rest und eine **Carboxy-Gruppe -COOH** (**B2**).

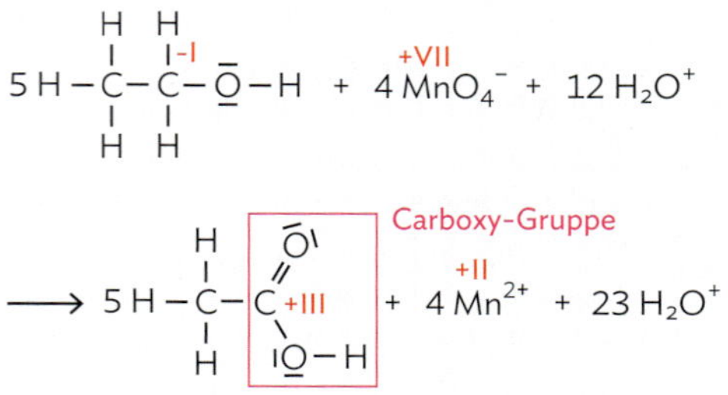

B2 Redoxreaktion zwischen Ethanol und Kaliumpermanganat im sauren Milieu

Nachweis von Aldehyden

Die FEHLING-Probe ist ein spezifischer Nachweis für Aldehyde. Alternativ kann auch die TOLLENS-Probe durchgeführt werden (vgl. **FM** S. 103). Beide nutzen die Oxidation der Aldehyd-Gruppe.

Die FEHLING-Reagenz ist ein Gemisch aus einer Kupfer(II)-sulfatlösung und einer alkalischen Kaliumnatriumtartratlösung. Aus diesen bildet sich über eine **koordinative Bindung** ein dunkelblauer, löslicher Kupfertartrat-Komplex. In koordinativen Bindungen werden die Bindungselektronen von einem Reaktionspartner zur Verfügung gestellt. Bei der FEHLING-Probe werden die Kupfer(II)-Ionen Cu^{2+} durch den Aldehyd zu Kupfer(I)-Ionen Cu^{+} reduziert, wodurch ein rötlicher Niederschlag von Kupfer(I)-oxid ausfällt.

$$\text{R-CHO} + 2\,Cu^{2+} + 4\,OH^- \longrightarrow \text{R-COOH} + Cu_2O + 2\,H_2O$$

Reaktionen sekundärer und tertiärer Alkohole

Gibt man einen glühenden Streifen Kupfer(II)-oxid in den sekundären Alkohol Propan- 2-ol, beobachtet man die Veränderung am Blech und den Geruch nach Nagellackentferner (**V2**). Dies ist auf die Bildung von Propan-2-on, das auch als Aceton bekannt ist, zurückzuführen. Es gehört zur Stoffgruppe der **Ketone**, deren Moleküle aus einer **Carbonyl-Gruppe >C=O** und zwei daran gebundenen Alkyl-Resten gebildet werden (**B4**). Tertiäre Alkohole lassen sich nicht oxidieren, da an dem Kohlenstoff-Atom, an dem die Hydroxy-Gruppe gebunden ist, kein Wasserstoff-Atom vorhanden ist (**B4**).

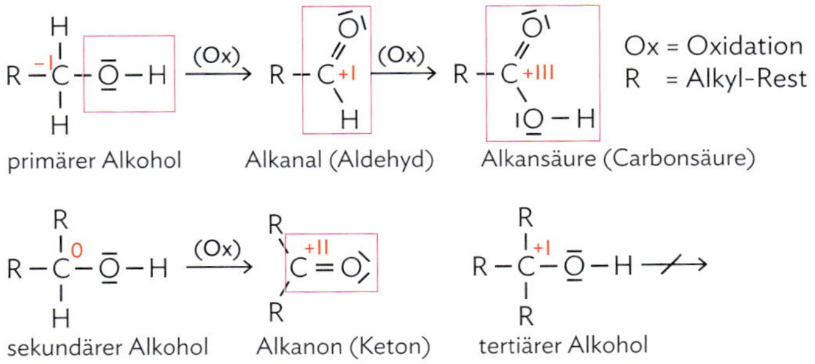

B4 Die Oxidationsreihe der Alkohole (Lernanwendung unter QR-/Mediencode 06021-51)

Die homologen Reihen der Alkanale, Alkansäuren und Alkanone

Ähnlich den Alkanolen bilden die von ihnen abgeleiteten Aldehyde, Carbonsäuren und Ketone homologe Reihen, deren Moleküle sich jeweils um eine $-CH_2-$ Gruppe unterscheiden.
Aldehyde erhalten die Endung -al. Die von den primären Alkanolen abgeleiteten Aldehyde heißen **Alkanale** (**B3**). Zwischen ihren Molekülen herrschen Dipol-Dipol-Wechselwirkungen.

Name des Alkanals	Summenformel	Siedetemperatur in °C
Methanal	HCHO	–19,0
Ethanal	CH_3CHO	20,2
Propanal	C_2H_5CHO	48,8
Butanal	C_3H_7CHO	74,8
Pentanal	C_4H_9CHO	103,7

B3 Homologe Reihe der Alkanale

Die aus den Alkanalen durch Oxidation gebildeten Carbonsäuren bilden die homologe Reihe der **Alkansäuren**.
Ketone besitzen die Endung -on. Diejenigen, die aus sekundären Alkanolen gebildet wurden, nennt man entsprechend **Alkanone**.

Primäre Alkohole lassen sich über Aldehyde bis zu Carbonsäuren mit entsprechenden Oxidationsmitteln oxidieren. Sekundäre Alkohole reagieren nur bis zum Keton. Tertiäre Alkohole lassen sich nicht oxidieren.
Die funktionelle Gruppe in Aldehyden ist die Aldehyd-Gruppe –CHO, in Ketonen die Carbonyl-Gruppe >C=O und in Carbonsäuren die Carboxy-Gruppe –COOH.
Aldehyde lassen sich mit der FEHLING-Probe nachweisen.

06021-51

AUFGABEN

A1 Formulieren Sie die Reaktionsgleichung für die Umsetzung von Methanol mit Kupfer(II)-oxid. Erläutern Sie die Art der ablaufenden Reaktion.

A2 Geben Sie an, welche Aldehyd- bzw. Carbonylverbindungen man aus a) Butan-2-ol, b) 2-Methylpropan-1-ol und c) Pentan-1-ol erhält. Benennen Sie die Produkte

A3 Begründen Sie die Unterschiede in den Siedetemperaturen von Ethan, Ethanol und Ethanal.

A4 Die TOLLENS-Probe (vgl. **FM** S. 103) ist ein weiterer Nachweis für Aldehyde, der ebenfalls auf der Oxidation der Aldehyde basiert. Erklären Sie die Beobachtungen bei der TOLLENS-Probe.

06007-016
gestufte Hilfen zu A3 unter QR-/Mediencode 06007-016

2.3.3 Wichtige Aldehyde und Ketone

Die Oxidationsprodukte von Methanol

Bei der unsauberen Destillation von Selbstgebranntem vermischt sich Ethanol mit Methanol. Bereits 5 – 10 Milliliter Methanol führen zu Erblindung und Gehirnschädigung. Ab einer Dosis von 20 – 50 Millilitern ist Methanol sogar tödlich. Aufgrund der schwächeren berauschenden Wirkung von Methanol im Vergleich zu Ethanol werden oft größere Mengen der mit Methanol vermischten Spirituose getrunken. Für den gesamten Körper sind die Abbauprodukte des Methanols giftig. Beim Abbau entstehen, auf die gleiche Weise wie bei Ethanol (vgl. S. 104), **Methanal** (**Formaldehyd**) und **Methansäure** (**Ameisensäure**). Methanal kann zur Denaturierung von Körpereiweiß führen. Der Tod wird durch Übersäuerung des Bluts durch Methansäure verursacht.

Methanal und Ethanal

Methanal wurde früher oft für die Herstellung von Harzen und Kunststoffen sowie für die Konservierung verwendet. Da es aber mittlerweile als krebserregend eingestuft wird, wurde sein Gebrauch stark eingeschränkt.
Ethanal spielt bei der großtechnischen Synthese von Essigsäure (vgl. S. 110 f.) oder als Zwischenprodukt bei anderen bedeutenden Synthesen eine wichtige Rolle.

06007-017

Die **Skelettformel** bietet eine weitere Darstellungsart für ein Molekül. Dabei wird nur die „Zick-Zack"-Struktur des „Molekül-Skeletts" aus Kohlenstoff-Atomen sowie die funktionelle Gruppe angegeben (vgl. Moleküldarstellungen in **B4** und QR-/Mediencode 06007-017).

Propan-2-on

Propan-2-on (Aceton) ist ein hervorragendes Lösemittel, insbesondere für Klebstoffe. Es wird auch in Nagellackentfernern verwendet. Es dient außerdem in der Industrie als Ausgangsstoff für zahlreiche Synthesen, z. B. von Plexiglas®.

Aromastoffe

Untersucht man Aromastoffe, z. B. Zimt-, Vanille- oder Mandelaroma mit FEHLING-Reagenz, kann man einen Farbumschlag nach rötlich wahrnehmen. Sie enthalten Aldehyde, welche für den charakteristischen Geruch der Stoffe verantwortlich sind (**B5**). Auch das Glucose-Molekül (Traubenzucker-Molekül) enthält eine Aldehyd-Gruppe. Ketone finden ebenfalls als Aromastoffe Verwendung (**B5**). Auch in der Natur kommen Aldehyde und Ketone als natürliche Bestandteile in Pflanzen und Früchten vor. Sie können durch Extraktion gewonnen und als natürliche Aromastoffe verwendet werden.

Die Abbauprodukte von Methanol sind gefährlich für den menschlichen Körper. Aldehyde und Ketone werden bei der Herstellung wichtiger Gebrauchsprodukte verwendet und kommen auch in der Natur in vielen Aromastoffen vor.

AUFGABEN

A1 Stellen Sie den Abbau von Methanol in einem Reaktionsschema dar und erläutern Sie anhand der Oxidationszahlen, dass es sich um eine Oxidation handelt.

A2 MK Recherchieren Sie im Internet zu Gegenmaßnahmen, die bei einer Methanolvergiftung ergriffen werden.

A3 Erklären Sie die gute Wasserlöslichkeit von Aceton.

A4 Übertragen Sie die Strukturen aus **B5** in Ihr Heft und markieren und benennen Sie die vorkommenden funktionellen Gruppen.

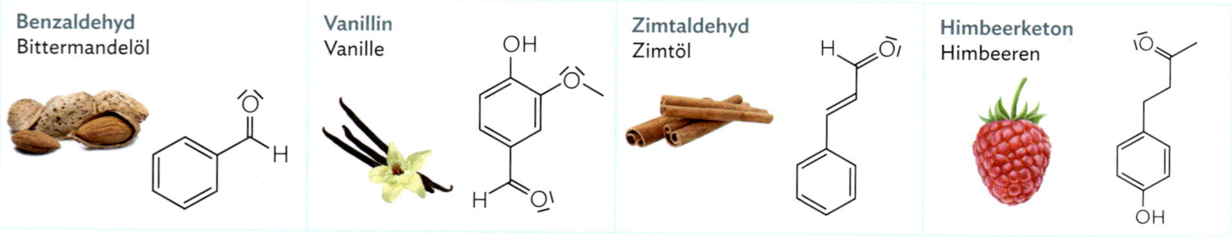

B5 Inhaltsstoffe von einigen Pflanzenaromen und deren Skelettformeln

2.3.4 Oxidationszahlen in organischen Verbindungen bestimmen

Die **Oxidationszahl** eines in einem Molekül gebundenen Atoms zeigt die Ladung, die das Atom hätte, wenn die Bindungselektronen dem elektronegativeren Bindungspartner vollständig zugeordnet werden. Die Bestimmung von Oxidationszahlen bei **Redoxreaktionen** hilft, die Oxidation und die Reduktion nachzuvollziehen.

Für Redoxreaktionen mit organischen Verbindungen ist hierfür die Oxidationszahl des Kohlenstoff-Atoms relevant, an das die funktionelle Gruppe gebunden ist, die durch die Reaktion verändert wird. Für organische Verbindungen ermittelt man die Oxidationszahlen der Atome in einem Molekül daher anhand der LEWIS-Strukturformel. Bestimmen Sie die Oxidationszahlen aller Atome im Ethanol-Molekül.

VORGEHEN

1. Zeichnen Sie die LEWIS-Strukturformel von Ethanol.

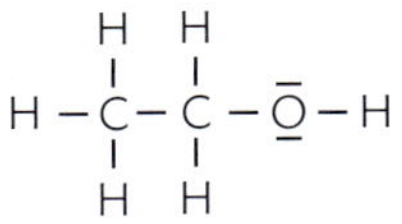

2. Ordnen Sie für alle Bindungen im Molekül die Bindungselektronen jeweils dem Bindungspartner mit dem höheren Elektronegativitätswert zu.

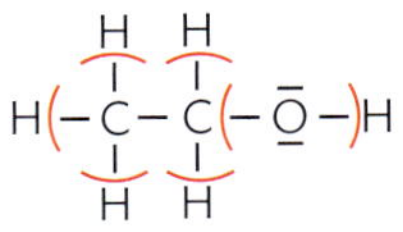

3. Sind die Elektronegativitätswerte zwischen zwei Atomen gleich, teilen Sie das Bindungselektronenpaar auf, jedem Atom wird somit ein Elektron zugerechnet.

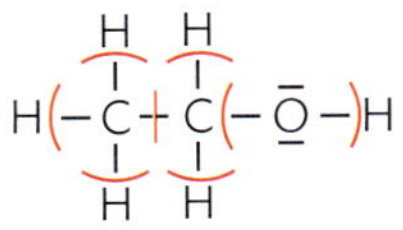

4. Zählen Sie die Elektronen, die ein Atom umgeben. Vergleichen Sie diese Anzahl mit der Anzahl an Valenzelektronen im ungeladenen (elementaren) Zustand des Atoms. Die Differenz aus der Zahl der Valenzelektronen des Atoms im Element und der Zahl der Valenzelektronen im ungeladenen Atom der Verbindung entspricht der Oxidationszahl (**B1**).

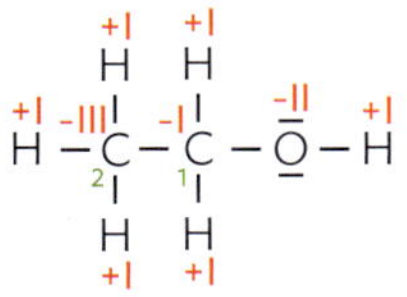

Atomsymbol	Elektronen des Atoms		Oxidationszahl
	im Element	in der Verbindung	
H	1	0	+I
O	6	8	–II
$_1$C	4	5	–I
$_2$C	4	7	–III

B1 Elektronen- und Oxidationszahlen der Atome des Ethanol-Moleküls

AUFGABEN

A1 Bestimmen Sie die Oxidationszahlen aller Atome in den Molekülen der folgenden organischen Verbindungen nach der angegebenen Schrittfolge:
a) Methylpropan
b) Propan-2-ol
c) 2-Methylbutan-1-ol
d) Propan-1,2,3-triol
e) Methanal

A2 Butan-1-ol und Butan-2-ol reagieren mit Kupfer(II)-oxid.
a) Kennzeichnen Sie die funktionellen Gruppen der organischen Verbindungen und benennen Sie diese.
b) Bestimmen Sie die Oxidationszahlen der Atome in den organischen Verbindungen mithilfe der angegebenen Schrittfolge.
c) Stellen Sie die Teilgleichungen und die Gesamtgleichungen der beiden Redoxreaktionen auf.

A3 Methanol-Moleküle werden mithilfe der Kupfer-Ionen aus dem Kupfer(II)-oxid zu Methanal-Molekülen oxidiert. Bestimmen Sie die Oxidationszahlen der Kohlenstoff-Atome in den beiden organischen Verbindungen, an denen jeweils die funktionelle Gruppe gebunden ist. Formulieren Sie die Teilgleichungen sowie die Gesamtgleichung dieser Redoxreaktion.

2.4 Die Carbonsäuren

Rhabarber gilt aufgrund seines hohen Gehalts an Mineralstoffen als gesundes Gemüse. Für den leicht säuerlichen Geschmack von Rhabarberprodukten sind hauptsächlich die Oxalsäure und ihre Salze, die Oxalate, verantwortlich. Es wird empfohlen, Rhabarberkompott zusammen mit Milchprodukten wie Sahne oder Vanilleeis zu verzehren. Wie ist das zu erklären? Die Oxalsäure gehört neben anderen Säuren wie etwa der Ameisensäure, der Milchsäure oder der Citronensäure zu den Carbonsäuren. Was haben diese Säuren gemeinsam? Worin unterscheiden sie sich?

2.4.1 Versuche und Material

V Eigenschaften von Carbonsäuren

Methansäure wird aufgrund ihres Vorkommens, z. B. in den Giftsekreten der Ameisen, auch Ameisensäure genannt. Propansäurebakterien im Käse bilden beim Emmentaler und anderen Hartkäsesorten die charakteristischen Löcher und das Aroma durch Freisetzung von Kohlenstoffdioxid und Propansäure. Welche chemischen Eigenschaften besitzen diese Säuren?

V1 Geben Sie jeweils zwei Tropfen Ethanol, Propanol bzw. Methansäure-, Essigsäure- und Propansäurelösung mit jeweils der Konzentration c = 1 mol/L auf je einen Streifen Universalindikatorpapier.

V2 Füllen Sie in je ein Reagenzglas je 3 mL einer der Säurelösungen aus **V1**. Fügen Sie anschließend jeweils ein 2 cm langes Stück Magnesiumband hinzu und beobachten Sie die Reaktionen.

AUSWERTUNG

a) Beschreiben Sie die Beobachtungen bei **V1**.
b) Zeichnen Sie die LEWIS-Strukturformeln der Moleküle von Methan-, Essig- und Propansäure. Kennzeichnen Sie jeweils die funktionelle Gruppe.
c) Vergleichen Sie die Heftigkeit der Reaktionen der unterschiedlichen Säuren mit Magnesium bei **V2** anhand der Gasentwicklung.
d) Formulieren Sie je eine Je-desto-Beziehung zu den Beobachtungen in **V1** und **V2**.
e) Stellen Sie eine Vermutung zum unterschiedlichen Reaktionsverhalten der Säuren in **V2** auf.

ENTSORGUNG G1

V Eigenschaften und Nachweis von Oxalsäure LK

2 5 7

Vor übermäßigem Verzehr von Rhabarber wird aufgrund der enthaltenen Oxalsäure gewarnt, denn deren Salze gelten als eine Ursache für die Bildung von Nierensteinen. Welche Eigenschaften besitzt die Oxalsäure HOOC–COOH (**B1**)?

HOOC – COOH

B1 Halbstrukturformel des Oxalsäure-Moleküls

V3 Geben Sie in ein Reagenzglas eine Spatelspitze Oxalsäure und lösen Sie diese in etwa 5 mL Wasser. Prüfen Sie die Lösung mit Universalindikatorpapier.

V4 Geben Sie in die Lösung aus **V3** einen kleinen Magnesiumspan. Führen Sie zum Vergleich die Reaktion von Magnesium mit Essigsäurelösung durch.

V5 Stellen Sie in einem Reagenzglas eine gesättigte Calciumchloridlösung her. Lösen Sie in einem anderen Reagenzglas eine Spatelspitze Oxalsäure in Wasser. Geben Sie mit einer Pipette einige Tropfen der gesättigten Calciumchloridlösung in die Oxalsäurelösung (Video unter QR-/Mediencode 06010-097).

06010-097

V6 Wiederholen Sie **V5** mit Rhabarbersaft anstelle von Oxalsäurelösung.

AUSWERTUNG

a) Formulieren Sie für die Reaktion von Oxalsäure in Wasser in **V3** die Reaktionsgleichung.

b) Erklären Sie die Säureeigenschaften von Oxalsäure anhand der Definition nach BRØNSTED (vgl. S. 98) und der Halbstrukturformel aus **B1**.

c) Bei **V4** entsteht ein Salz der Oxalsäure, ein Oxalat. Formulieren Sie für die Reaktionen von Essigsäure- und Oxalsäurelösung mit Magnesium die Reaktionsgleichungen.

d) Entwickeln Sie die Reaktionsgleichung für die Reaktion in **V5** unter Angabe der Aggregatzustände.

e) Erläutern Sie mithilfe Ihrer Versuchsergebnisse aus **V5** und **V6** die Empfehlung, Rhabarberprodukte mit Milchprodukten zu kombinieren, die reich an Calcium-Ionen sind.

f) MK Recherchieren Sie die Zusammensetzung von Nierensteinen und beschreiben Sie eine Möglichkeit, diese zu vermeiden.

ENTSORGUNG G1

V Milchsäure – eine Hydroxycarbonsäure

2 5 7

Milchsäure $C_3H_6O_3$ (2-Hydroxypropansäure) findet sich häufig in Molkeprodukten, Tomatensaft oder Bier. Sie ist ein Abkömmling der Propansäure. Obwohl beide Stoffe eine ähnliche Molekülstruktur aufweisen, unterscheiden sie sich in ihren Eigenschaften. Woran liegt das?

V7 Untersuchen Sie jeweils eine Stoffprobe von Milchsäure und Propansäure auf Geruch, Farbe, Aggregatzustand bei Raumtemperatur und Löslichkeit in Wasser.

V8 Ermitteln Sie jeweils den pH-Wert einer Milchsäure- bzw. Propansäurelösung mit jeweils einer Konzentration von $c = 0{,}1$ mol/L mit einem pH-Meter (Informationen und Anleitung unter QR-/Mediencode 06015-13).

06015-13

AUSWERTUNG

a) Stellen Sie Ihre Beobachtungen aus **V7** und Ihre Messergebnisse aus **V8** in tabellarischer Form dar.

b) Zeichnen Sie die Strukturformeln der beiden untersuchten Moleküle in LEWIS-Schreibweise mit allen bindenden und nichtbindenden Elektronenpaaren.

c) Erklären Sie die unterschiedlichen Aggregatzustände der beiden Stoffe bei Raumtemperatur in **V7**.

d) Begründen Sie unter Einbezug des Struktur-Eigenschafts-Konzepts (vgl. S. 30) die Löslichkeit der beiden Stoffe in Wasser in **V7**.

e) Planen Sie ein weiteres Experiment zur Überprüfung des Säurecharakters beider Stoffe.

ENTSORGUNG G1

2.4.2 Die homologe Reihe der Alkansäuren

Die Stoffklasse der Alkansäuren

Der Biss einer Ameise, der Griff an ein Brennnesselblatt oder das Nesselgift einer Qualle, die einen beim Schwimmen im Meer streift (**B1**), können sehr schmerzhaft sein und Hautrötungen hervorrufen. Schuld daran ist die ätzende **Ameisensäure** (**Methansäure**), die wie **Essigsäure** (**Ethansäure**) zu den **Alkansäuren** gehört. Als Alkansäuren werden organische Verbindungen bezeichnet, deren Moleküle aus einer Alkyl-Gruppe und einer **Carboxy-Gruppe -COOH** als funktionelle Gruppe aufgebaut sind. Alkansäuren gehören zur Stoffklasse der **Carbonsäuren**.

Methansäure – eine besondere Säure → S. 235

B1 Ameisen produzieren Ameisensäure. Bei einigen Quallenarten ist Ameisensäure Bestandteil des Giftes in ihren Nesseln.

In Analogie zu den Alkanen, Alkanolen und Alkanalen bilden die Alkansäuren ebenfalls eine homologe Reihe (**B2**). In der homologen Reihe der Alkansäuren unterscheiden sich die aufeinanderfolgenden Vertreter nur durch eine Methylen-Gruppe im Alkyl-Rest. Die allgemeine Summenformel der Alkansäuren lautet $\mathbf{C_nH_{2n+1}COOH}$.

Für die systematische Benennung der Alkansäuren wird an den Namen des jeweiligen Alkans die Endung **-säure** angehängt.

Der Trivialname vieler Alkansäuren, wie z. B. der der Ameisensäure und der Essigsäure, weist häufig auf ihr Vorkommen in der Natur hin (**B1**).

Bis zur Nonansäure (Pelargonsäure) sind die Alkansäuren der homologen Reihe bei Raumtemperatur flüssig. Alkansäuren mit mindestens zehn Kohlenstoff-Atomen in den Molekülen sind Feststoffe.

Reaktionen der Alkansäuren

Alkansäuren reagieren ebenso wie anorganische Säuren mit unedlen Metallen wie z. B. Magnesium unter Bildung von Wasserstoff und einem Salz (**V2**). Die Salze der Alkansäuren werden **Alkanoate** genannt. Die Salze der Alkansäuren aus Molekülen mit kurzen Alkyl-Gruppen haben ebenso wie die Säuren Trivialnamen:
Formiat (Methanoat), Acetat (Ethanoat), Propionat (Propanoat) und Butyrat (Butanoat).
Bei der Reaktion von Methansäure mit Magnesium (**V2**) entstehen Magnesiummethanoat und Wasserstoff:

$$2\ HCOOH\ (aq) + Mg\ (s) \longrightarrow Mg(HCOO)_2\ (aq) + H_2\ (g)$$

Vergleich von Lösungen von Alkansäuren mit anorganischen Säuren

Alkansäuren reagieren meist weniger heftig als anorganische Säuren. In einer Methansäurelösung oder in einer Essigsäurelösung liegen weniger Oxonium-Ionen vor als in Salzsäure gleicher Konzentration. Die in **V1** untersuchten Alkansäuren färben das Universalindikatorpapier von rot (Methansäure) bis orange (Propansäure). Bei allen drei Säuren ist eine Gasentwicklung bei der Reaktion mit Magnesium zu beobachten, deren Stärke von der Methansäure zur Propansäure abnimmt (**V2**). Das ist mit der zunehmenden Länge der Kohlenstoff-Kette der Alkansäure-Moleküle zu erklären. Je länger die Kohlenstoff-Kette ist,

Name (Trivialname)	Molekülformel	Halbstrukturformel	Siedetemperatur in °C
Methansäure (Ameisensäure)	$HCOOH$	$HCOOH$	100,8
Ethansäure (Essigsäure)	CH_3COOH	$CH_3{-}COOH$	118,1
Propansäure (Propionsäure)	C_2H_5COOH	$CH_3{-}CH_2{-}COOH$	141,5
Butansäure (Buttersäure)	C_3H_7COOH	$CH_3{-}(CH_2)_2{-}COOH$	163,7
Pentansäure (Valeriansäure)	C_4H_9COOH	$CH_3{-}(CH_2)_3{-}COOH$	186,0

B2 Auflistung der ersten fünf Vertreter der homologen Reihe der Alkansäuren

desto weniger leicht spaltet ein Alkansäure-Molekül ein Proton bei der Reaktion mit Wasser-Molekülen ab (vgl. Kap. 2.4.6).

Löslichkeit von Alkansäuren

Die Löslichkeit der Alkansäuren nimmt mit steigender Länge der Alkyl-Gruppe der Moleküle in polaren Lösemitteln wie Wasser ab, in unpolaren Lösemitteln nimmt sie zu. Die ersten vier Vertreter der homologen Reihe, Methansäure, Ethansäure, Propansäure und Butansäure, sind in Wasser gut löslich. Die anderen Alkansäuren bilden mit Wasser ein Zwei-Phasen-Gemisch. Ähnlich wie bei der Löslichkeit der Alkanole in Wasser (vgl. S. 94 f.), ist auch hier die abnehmende Wasserlöslichkeit der Alkansäuren auf die zunehmende Länge der Alkyl-Gruppe in den Molekülen zurückzuführen.

Bei Alkansäuren mit kürzerer Alkyl-Gruppe in den Molekülen überwiegt der Einfluss der stark polaren Carboxy-Gruppe im Vergleich zu dem der Alkyl-Gruppe. Zwischen ihr und den Wasser-Molekülen bilden sich starke Wasserstoffbrücken aus (**B3**).

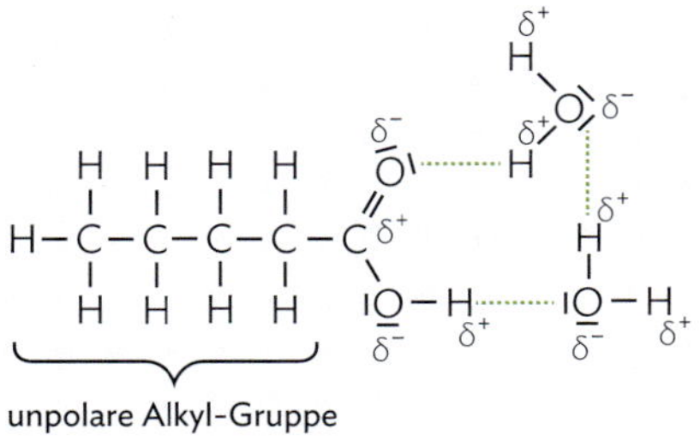

B3 Wasserstoffbrücken zwischen Wasser-Molekülen untereinander und zwischen der Carboxy-Gruppe eines Pentansäure-Moleküls und Wasser-Molekülen

Siedetemperaturen von Alkansäuren

Die Siedetemperaturen der Alkansäuren liegen im Vergleich zu denen der Alkanole mit Molekülen ähnlicher Molekülmasse deutlich höher. Ursache dafür ist die polare Carboxy-Gruppe der Alkansäure-Moleküle, die über Wasserstoffbrücken mit einer weiteren Carboxy-Gruppe eines anderen Alkansäure-Moleküls sogenannte **Dimere** (lat. *di*, zwei) bilden kann. Es entsteht ein Molekülverband aus zwei Einheiten (**B4**), der als Verband eine größere Molekülmasse und stärkere zwischenmolekulare Wechselwirkungen aufweist.

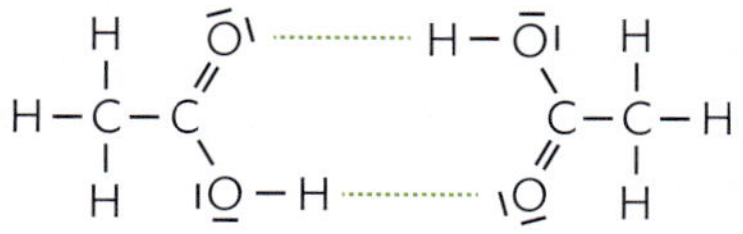

B4 Dimerbildung zwischen zwei Essigsäure-Molekülen über Wasserstoffbrücken

Mit zunehmender Länge der Alkyl-Gruppe in den Molekülen der Alkansäuren steigen auch die Siedetemperaturen innerhalb der homologen Reihe (**B2**), da zusätzlich zu der Wirkung der polaren Carboxy-Gruppen auch die VAN-DER-WAALS-Wechselwirkungen zwischen den temporären Dipolen der größer werdenden Alkyl-Gruppen zunehmen.

Alkansäuren haben die allgemeine Summenformel $C_nH_{2n+1}COOH$ und die Carboxy-Gruppe –COOH als funktionelle Gruppe. Die Löslichkeit der Alkansäuren nimmt mit zunehmender Länge der Alkyl-Gruppe in den Molekülen in polaren Lösemitteln ab und in unpolaren Lösemitteln zu. Mit zunehmender Kettenlänge steigt die Siedetemperatur der Alkansäuren.

AUFGABEN

A1 Führen Sie die homologe Reihe der Alkansäuren (**B2**) bis zur Decansäure fort und geben Sie auch die Skelettformel an.

A2 Mischt man Ameisensäure mit Benzin, kommt es zur Phasenbildung. Erläutern Sie diese Beobachtung.

06007-018
gestufte Hilfen zu **A2** unter QR-/Mediencode 06007-018

A3 Alkansäuren mit kurzkettigen Molekülen reagieren sowohl mit Calciumcarbonat als auch mit Magnesium unter Gasentwicklung. Benennen Sie die Gase, die bei den zwei Reaktionen entstehen und beschreiben Sie je einen Nachweis für diese.

2.4.3 Mehrwertige Carbonsäuren LK

Carbonsäuren in Lebensmitteln

Säure-Base-Begriff nach BRØNSTED → S. 98

Oxalsäure, Äpfelsäure, Weinsäure und **Citronensäure** sind Carbonsäuren, die in vielen Lebensmitteln zu finden sind und häufig auch als Konservierungsmittel genutzt werden (vgl. Kapitel 2.7). Ihre Moleküle sind dadurch gekennzeichnet, dass sie nicht nur eine funktionelle Gruppe haben. Neben weiteren Carboxy-Gruppen können auch Hydroxy-Gruppen vorhanden sein.

Carbonsäuren, die nur eine unverzweigte Alkyl-Gruppe und zwei Carboxy-Gruppen in den Molekülen enthalten, sind **Dicarbonsäuren** und bilden eine homologe Reihe (**B5**). Ihr systematischer Name leitet sich vom Namen des Alkans mit dem Zusatz **-disäure** ab. Dicarbonsäuren sind wichtige Ausgangsstoffe für die Synthese von Kunststoffen wie Polyester und Polyamiden.

Anzahl der Kohlenstoff-Atome	Name (Trivialname)	Halbstrukturformel	Vorkommen
2	Ethandisäure (Oxalsäure)	HOOC–COOH	Rhabarber, Knöterichgewächse
3	Propandisäure (Malonsäure)	$HOOC{-}CH_2{-}COOH$	Zuckerrübensaft
4	Butandisäure (Bernsteinsäure)	$HOOC{-}(CH_2)_2{-}COOH$	Bernsteine
5	Pentandisäure (Glutarsäure)	$HOOC{-}(CH_2)_3{-}COOH$	Saft unreifer Zuckerrüben
6	Hexandisäure (Adipinsäure)	$HOOC{-}(CH_2)_4{-}COOH$	Zuckerrübe, Rote Bete
7	Heptandisäure (Pimelinsäure)	$HOOC{-}(CH_2)_5{-}COOH$	Oxidationsprodukt von Fetten

B5 Einige Dicarbonsäuren und ihre Vorkommen

Oxalsäure – eine Dicarbonsäure

Die einfachste Dicarbonsäure ist die farblose, kristalline **Ethandisäure $C_2H_2O_4$** (**B5**). Der Name der Salze der Ethandisäure leitet sich von ihrem Trivialnamen **Oxalsäure** ab, sie werden **Oxalate** genannt. Oxalate kommen in vielen Pflanzen vor. Besonders bekannt ist der hohe Oxalsäuregehalt in rohen Stielen des Rhabarbers, Blättern des Mangolds und des Spinats. Oxalsäure ist sehr gut wasserlöslich (**V3**). Die Oxalsäure-Moleküle sind Protonendonatoren, also nach der Definition von BRØNSTED Säuren:

$$HOOC{-}COOH\ (s) + 2\ H_2O\ (l) \longrightarrow {}^{-}OOC{-}COO^{-}\ (aq) + 2\ H_3O^{+}\ (aq)$$

Oxalsäure kann gesundheitsschädlich sein, wenn sie dem Körper in höheren Mengen zugeführt wird.

Nach Zugabe von Lösungen, die Calcium-Ionen enthalten, wie z. B. Milch zu einer Oxalsäurelösung fällt ein weißer Niederschlag von Calciumoxalat aus (**V5**). Da auch Rhabarbersaft nach Zugabe dieser Lösungen einen weißen Niederschlag bildet, lässt sich schließen, dass im Saft Oxalsäure enthalten ist (**V6**):

$$HOOC{-}COOH\ (aq) + Ca^{2+}\ (aq) \longrightarrow CaC_2O_4\ (s) + 2\ H^{+}\ (aq)$$

Durch diese Bildung von schwerlöslichem Calciumoxalat kann die Oxalsäure aus dem Körper ferngehalten werden. Es wird daher empfohlen, Rhabarberprodukte stets zusammen mit Milchprodukten zu verzehren, die reich an Calcium-Ionen sind.

Äpfelsäure und Weinsäure – weitere Dicarbonsäuren

Weintrauben und Äpfel (**B6**) schmecken erst süß, wenn sie reif sind. In Weintrauben sind **Weinsäure**, **Citronensäure** und **Äpfelsäure** enthalten.

Zu Beginn des Reifeprozesses ist der Säuregehalt in Früchten am höchsten und nimmt dann mit zunehmender Reife ab. Durch Bestimmung des Gesamtsäuregehalts lässt sich der Reifegrad von Früchten ermitteln. Die Äpfelsäure wird während des Reifens teilweise in Zucker umgewandelt. Bei Sonneneinstrahlung funktioniert dieser Vorgang besser. Ein Teil der Säuren verbindet sich mit der Zeit mit Kalium- und Calcium-Ionen zu den Salzen der beiden Säuren. Die Salze der Äpfelsäure heißen **Malate**, die der Weinsäure **Tartrate**.

Äpfelsäure (**B7** links) dient als Lebensmittelzusatzstoff E 296 zum Konservieren. Sie schmeckt stark sauer und hemmt die Wirkung von Enzymen,

B6 Weintrauben und Äpfel enthalten mehrwertige Carbonsäuren.

die für die Braunfärbung von frisch geschnittenem Obst verantwortlich sind. Auch zum Säuern von Getränken wird sie eingesetzt. Die Moleküle der Äpfelsäure enthalten als zusätzliche funktionelle Gruppe eine Hydroxy-Gruppe.
Weinsäure (**B7** rechts) ist als Lebensmittelzusatzstoff E 334 zugelassen, sie wird u. a. ebenfalls als Säuerungsmittel verwendet. Die Moleküle der Weinsäure enthalten zwei Hydroxy-Gruppen als weitere funktionelle Gruppen.

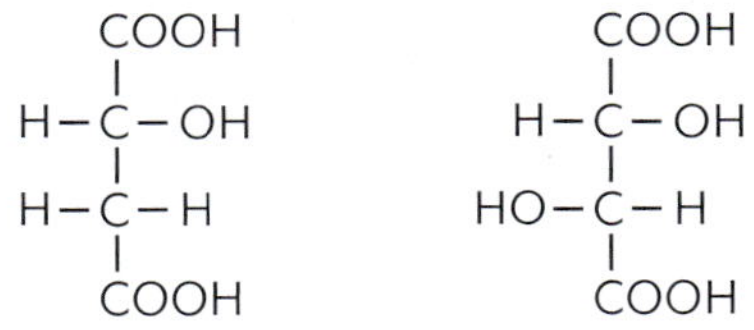

B7 Halbstrukturformeln des Äpfelsäure- (links) und Weinsäure-Moleküls (rechts)

Citronensäure – eine Hydroxytricarbonsäure

Citronensäure $C_6H_8O_7$ ist eine **Tricarbonsäure** und die am häufigsten in Pflanzen vorkommende Carbonsäure. Sie enthält drei Carboxy-Gruppen und zusätzlich eine Hydroxy-Gruppe im Molekül (**B8**). Ihr systematischer Name ist 2-Hydroxypropan-1,2,3-tricarbonsäure.
Der Saft einer Zitrone kann bis zu 7 % Citronensäure enthalten. Sie ist in fast allen Organismen zu finden, da sie ein Zwischenprodukt des Stoffwechsels von Fetten und Kohlenhydraten ist. Besondere Bedeutung im Haushalt hat Citronensäure als Reinigungsmittel. Eine wässrige Citronensäurelösung entfernt Kalkrückstände.
Die Salze der Citronensäure werden als **Citrate** bezeichnet. Erhitzt man eine Lösung von Calciumcitrat, fällt dieses als Niederschlag aus. Die Löslichkeit von Calciumcitrat ist in heißem Wasser schlechter als in kaltem Wasser. Eine Heißentkalkung von Elektrogeräten mit Citronensäurelösung ist deshalb nicht ratsam, weil sich zwar Kalk lösen lässt, aber festes Calciumcitrat bildet.

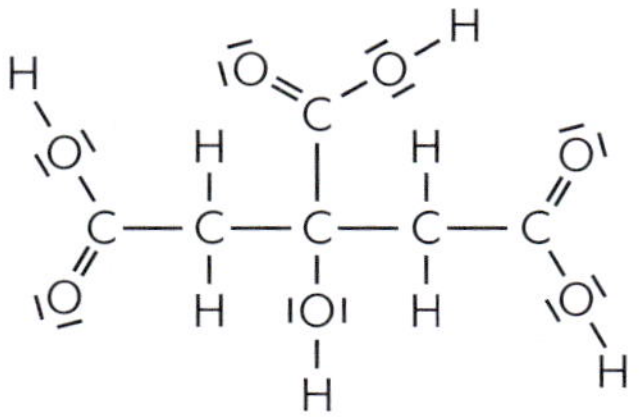

B8 LEWIS-Strukturformel eines Citronensäure-Moleküls

Carbonsäuren mit unverzweigter Alkyl-Gruppe und zwei Carboxy-Gruppen in den Molekülen sind Dicarbonsäuren. Sie bilden eine homologe Reihe. Ihr systematischer Name leitet sich vom Namen des Alkans mit dem Zusatz -disäure ab.
Mehrwertige Carbonsäuren können auch drei oder mehr Carboxy-Gruppen und bzw. oder weitere funktionelle Gruppen in ihren Molekülen haben.

AUFGABEN

A1 Entwickeln Sie einen Versuch, mit dem man nachweisen kann, dass auch Spinat Oxalsäure enthält.

A2 Formulieren Sie die Reaktionsgleichung für die Reaktion von Weinsäure mit Wasser und begründen Sie die Säureeigenschaft.

06001-44
Video zum Thema „Weinsäure mit Wasser" unter QR-/Mediencode 06001-44

A3 Stellen Sie die Reaktionsgleichung mit LEWIS-Strukturformeln für die Reaktion von Citronensäure und Kalk auf.

A4 MK Recherchieren Sie weitere Carbonsäuren, die als Lebensmittelzusatzstoffe verwendet werden und geben Sie die Namen und Strukturformeln an.

2.4.4 Carbonsäuren mit einer weiteren funktionellen Gruppe

Carbonsäuren können neben der Carboxy-Gruppe auch andere funktionelle Gruppen in ihren Molekülen enthalten. Einige davon, z.B Milchsäure und Aminosäuren, kommen auch im menschlichen Körper vor.

Hydroxycarbonsäuren

proteinogen: vom menschlichen Körper durch Proteinbiosynthese hergestellte Aminosäuren

Carbonsäuren, deren Moleküle sowohl mindestens eine Carboxy-Gruppe als auch mindestens eine Hydroxy-Gruppe haben, bezeichnet man als **Hydroxycarbonsäuren**. Ist dabei die Hydroxy-Gruppe an das der Carboxy-Gruppe benachbarte Kohlenstoff-Atom gebunden, spricht man von **α-Hydroxycarbonsäuren**.
Milchsäure $C_3H_6O_3$ (2-Hydroxypropansäure) zählt zu dieser Gruppe und wird demnach auch α-Hydroxypropansäure genannt (**B9**).

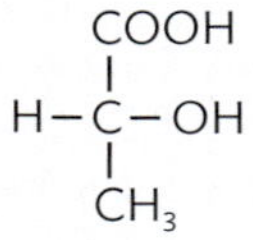

B9 LEWIS-Strukturformel eines Milchsäure-Moleküls

Es gibt auch Aminosäuren, deren Kristalle das Universalindikatorpapier blau färben. Dies ist abhängig von der Molekülstruktur der jeweils untersuchten Aminosäure (vgl. S. 59).

Während Milchsäure ein farbloser, geruchloser und vollständig in Wasser löslicher Feststoff ist, ist die verwandte Propansäure flüssig und unangenehm riechend. Propansäure löst sich noch gut in Wasser (**V6**).
Aufgrund der engen Nachbarschaft der Hydroxy-Gruppe und der Carboxy-Gruppe in einem Milchsäure-Molekül können sich eine **intramolekulare** Wasserstoffbrücke im gleichen Milchsäure-Molekül sowie **intermolekulare** Wasserstoffbrücken zwischen verschiedenen Milchsäure-Molekülen ausbilden. Dies erklärt den festen Aggregatzustand bei Raumtemperatur (**V6**).
Da Milchsäure aus kleinen organischen Molekülen mit polaren Gruppen besteht, ist sie mit Wasser sehr gut mischbar und hygroskopisch. Der saure Charakter von Milchsäure und Propansäure in Wasser ist durch die Protonenabgabe an der Carboxy-Gruppe der Moleküle erklärbar (**V7**). Milchsäure hat wie anorganische Säuren kalklösende Eigenschaften und wird deshalb u. a. in Reinigungstabs für Kaffeemaschinen eingesetzt.

Aminocarbonsäuren = Aminosäuren

Wie der Name schon zeigt, leitet sich die Molekülstruktur der **Aminosäuren** von der der Carbonsäuren ab. Neben einer Carboxy-Gruppe enthalten Aminosäure-Moleküle mindestens eine **Amino-Gruppe $-NH_2$** als weitere funktionelle Gruppe. Glycin (Aminoethansäure) und Alanin (2-Aminopropansäure, **B10**) gehören zu den einfachsten **proteinogenen** Aminosäuren (vgl. S. 59). Proteinogene Aminosäuren sind **α-Aminosäuren**, d. h., dass die Amino-Gruppe an das der Carboxy-Gruppe benachbarte Kohlenstoff-Atom gebunden ist (vgl. S. 58).
Die Amino-Gruppe lässt sich nachweisen, indem man die angefeuchtete Aminosäure mit festem Natriumhydroxid erhitzt. Dabei wird die Amino-Gruppe aus den Molekülen abgespalten und reagiert zu Ammoniakgas, das feuchtes Universalindikatorpapier blau färbt. Glycin- und Alaninkristalle färben das Universalindikatorpapier hingegen grüngelb und reagieren schwach sauer.

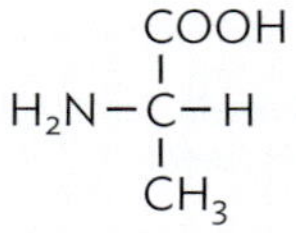

B10 LEWIS-Strukturformel eines Alanin-Moleküls

Hydroxycarbonsäuren und Aminosäuren sind Strukturverwandte der Carbonsäuren.

AUFGABEN

A1 Entwickeln Sie die Reaktionsgleichungen für die Reaktionen von Milchsäure und Propansäure mit Wasser.

A2 Zeichnen Sie die Lewis-Strukturformeln von Ethansäure, α-Hydroxyethansäure (Glycolsäure) und α-Aminoethansäure (Glycin).

A3 Erläutern Sie die unterschiedlichen Aggregatzustände von Milchsäure und Propansäure.

2.4.5 Alkohol-, Aldehyd-, Keton- und Carbonsäure-Moleküle benennen

Die IUPAC-Namen (vgl. S. 32 f.) von Alkohol-, Aldehyd-, Keton- und Carbonsäure-Molekülen werden ähnlich gebildet wie die von Kohlenwasserstoff-Molekülen (vgl. S. 30 f.). Einige zusätzliche Regeln sind jedoch notwendig.

a) Benennung von Molekülen mit einer Art funktioneller Gruppe

Ermitteln Sie den IUPAC-Namen einer Verbindung mit einer Art funktioneller Gruppe.

VORGEHEN

1. Ermitteln Sie den **Stammnamen** des Moleküls. Er richtet sich nach der längsten zusammenhängenden Kette von Kohlenstoff-Atomen, an der sich eine funktionelle Gruppe befindet.
2. Ergänzen Sie die Art, Anzahl und Position der funktionellen Gruppe(n) in der Benennung.
   a. Ergänzen Sie am Stammnamen die **Endung**, die die Art der funktionellen Gruppe(n) angibt (**B1**).
   b. Gibt es mehrere funktionelle Gruppen gleicher Art, ergänzen Sie entsprechend das griechische **Zahlwort** vor der Endung (di-, tri-, tetra-, penta-, hexa- usw.).
   c. Geben Sie die **Positionsnummer** der funktionellen Gruppe so an, dass sie möglichst klein ist.
3. Stellen Sie weitere **Substituenten** mit ihrer **Positionsnummer** alphabetisch geordnet voran.

funktionelle Gruppe	Endung
Carboxy-Gruppe	-säure
Aldehyd-Gruppe	-al
Keto-Gruppe	-on
Hydroxy-Gruppe	-ol

B1 Endungen für funktionelle Gruppen

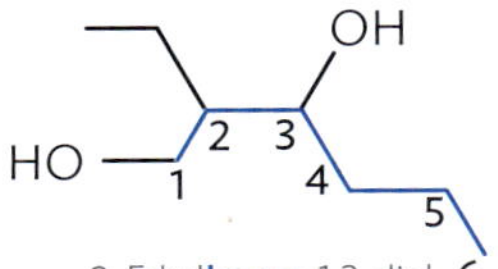

2-Ethyl**hexan**-1,3-diol

06015-15
Informationen zur Skelettformel unter QR-/Mediencode 06015-15

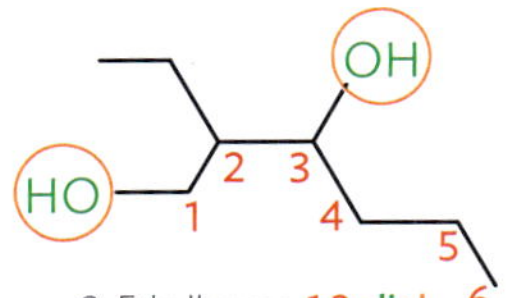

2-Ethylhexan-**1,3**-**diol**

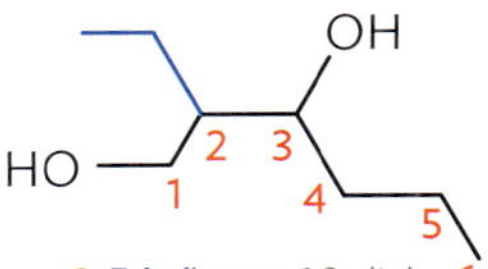

2-**Ethyl**hexan-1,3-diol

b) Benennung von Molekülen mit verschiedenen funktionellen Gruppen

Ermitteln Sie den IUPAC-Namen einer Verbindung mit verschiedenen funktionellen Gruppen.

VORGEHEN

1. Bestimmen Sie die funktionelle Gruppe mit der höchsten Priorität. Die Priorisierung ist von der IUPAC festgelegt (**B2**).
2. Benennen Sie ausgehend von dieser funktionellen Gruppe die **Hauptkette** des Moleküls. Ergänzen Sie die **Endung** der funktionellen Gruppe(n) mit der höchsten Priorität und wenn nötig deren **Anzahl** sowie die **Positionsnummern**.
   Hinweis: Die Aldehyd-Gruppen können im gezeigten Molekül nicht anders angeordnet werden. Daher könnte man auf ihre Positionsnummern verzichten.
3. Ergänzen Sie vor dem Stammnamen die Vorsilben für die restlichen **funktionellen Gruppen** (**B2**) und weitere **Substituenten**. Ordnen Sie diese gemeinsam alphabetisch und geben Sie dabei die jeweilige **Positionsnummer** an.

Priorität	funktionelle Gruppe
▼	Carboxy-Gruppe
	Aldehyd-Gruppe
	Keto-Gruppe
	Hydroxy-Gruppe

B2 Priorität für funktionelle Gruppen

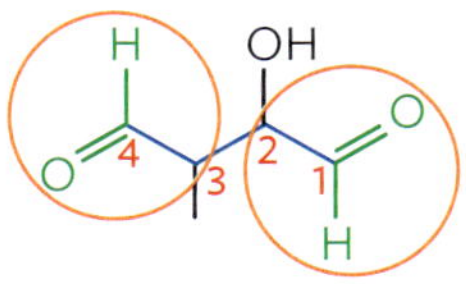

2-Hydroxy-3-methyl**butan**-**1,4**-**dial**

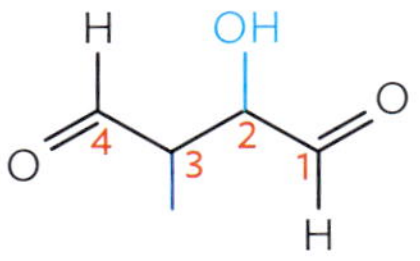

2-**Hydroxy**-**3**-**methyl**butan-1,4-dial

AUFGABE

A1 Geben Sie die IUPAC-Namen der Moleküle an:

a) 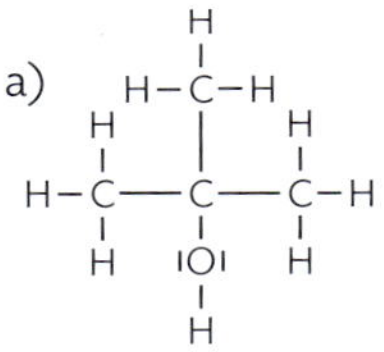

b) 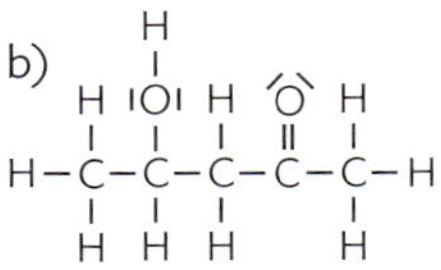

2.4.6 Acidität der Carbonsäuren

Die namensgebende Eigenschaft der Carbonsäuren ist die Fähigkeit ihrer Moleküle als Protonendonatoren zu wirken. Der Vergleich der pH-Werte gl eich konzentrierter Säurelösungen geben Aufschluss über die Säurestärken einzelner Säuren, die sogenannte **Acidität**.

Acidität von Alkoholen und Carbonsäuren im Vergleich

Die Messung der pH-Werte gleich konzentrierter wässriger Ethanol- und Ethansäurelösungen zeigt, dass lediglich die Ethansäurelösung deutlich sauer reagiert (**V1**). Das Carbonsäure-Molekül ist ein besserer Protonendonator als das Alkohol-Molekül. Warum ist das so?

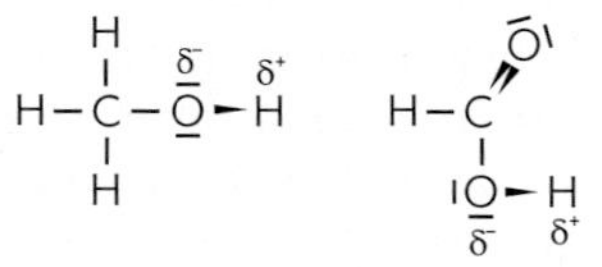

B1 Polarität der OH-Bindung im Ethanol-Molekül (links) und im Ethansäure-Molekül (rechts)

Obwohl Alkohol-Moleküle Hydroxy-Gruppen mit positiver Partialladung am Wasserstoff-Atom besitzen (**B1**), wird dieses nur bei wenigen Alkohol-Molekülen als Proton abgegeben.
Ursache der höheren Acidität der Carbonsäuren ist die Carboxyl-Gruppe. Durch das stark elektronegative Sauerstoff-Atom wird die Elektronendichte der benachbarten Atombindungen verringert. Die Sauerstoff-Wasserstoff-Bindung ist infolgedessen stärker polarisiert. Sie kann leichter heterolytisch gespalten und ihr Proton an eine Base, z. B. eine Wasser-Molekül, übertragen werden. Ein Teil der Carbonsäure-Moleküle protolysiert in Wasser in Oxonium-Ionen und **Carboxylat-Ionen**: Je höher die Säurestärke ist, desto größer ist der Anteil der protolysierten Carbonsäure-Moleküle. Die Stärke der Säure wird durch den **pK_S-Wert** angegeben. Je kleiner dieser ist, desto stärker ist die Säure.

Induktive Effekte
→ S. 58

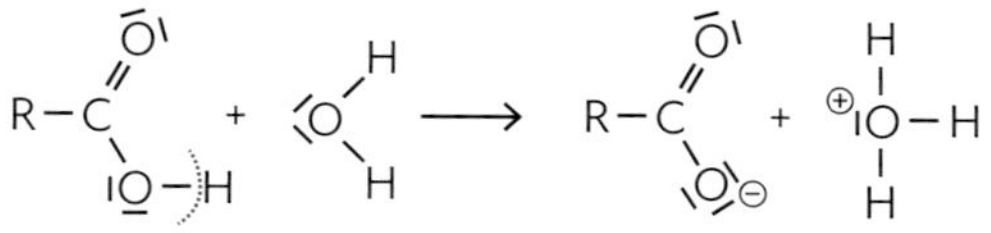

Stabilität des Carboxylat-Ions

Ein weiterer Grund für die Acidität der Carbonsäuren liegt in der besonderen Struktur und der daraus folgenden Stabilität des entstehenden Carboxylat-Ions. Untersuchung zeigen, dass sich weder die entstehende Ladung an einem der beiden Sauerstoff-Atome lokalisieren lässt, noch die C–O-Bindungslängen unterschiedlich lang sind. Vielmehr ist die negative Ladung gleichmäßig über die Carboxy-Gruppe verteilt und die Kohlenstoff-Sauerstoff-Bindungslängen sind identisch. Sie sind länger als eine Doppel- und kürzer als eine Einfachbindung.
Die tatsächliche Elektronenverteilung in einem Carboxylat-Ion kann nicht durch eine Strukturformel dargestellt werden. Man verwendet deshalb zwei **mesomere Grenzformeln** (vgl. Info). Durch die Mesomerie ist das Carboxylat-Ion energieärmer als es theoretisch aufgrund der Struktur seiner Grenzformeln sein müsste und damit energetisch günstig (=stabil).

Unterschiedliche Acidität der Carbonsäuren

Die pH-Werte gleichkonzentrierter Lösungen und die Heftigkeit der Reaktion mit Magnesium nehmen von der Methansäure zur Propansäure ab (**V1**). Carbonsäuren sind mittelstarke bis schwache Säuren, deren Acidität mit der Länge ihrer Alkyl-Ketten abnimmt.
Beim Vergleich von Ethansäure, Monochlor-, Dichlor- und Trichlorethansäure lässt sich ein Anstieg des pH-Werts und der Heftigkeit der Reaktion mit Magnesium feststellen.
Der Rest R eines Carbonsäure-Moleküls R–COOH beeinflusst die Säurestärke. Substituenten mit einer hohen Elektronegativität, z. B. Chlor-Atome, besitzen einen elektronenziehenden -I-Effekt. Sie vermindern die Elektronendichte am Carboxylat-Ion, wodurch die Bindungspolarität in der Hydroxy-Gruppe erhöht wird. Außerdem schwächen sie die negative Ladung des entstehenden Carboxylat-Ions ab. Die Säurestärke steigt, da es leichter zur Protonenabgabe kommt (**B2**). Alkyl-Gruppen besitzen einen elektronenschiebenden +I-Effekt, der die Elektronendichte in der Car-

boxy-Gruppe erhöht und die Polarität der Sauerstoff-Wasserstoff-Bindung vermindert. Die Abtrennung des Protons wird erschwert und die Säurestärke nimmt ab. Sehr große Alkyl-Gruppen erschweren die Protolyse durch die geringe Wasserlöslichkeit der Säure und die Hydratisierung des entstehenden Carboxylat-Ions zusätzlich.

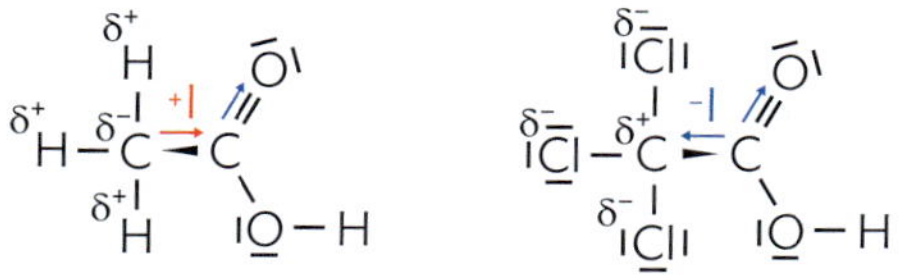

$pK_S = 4{,}76$ $pK_S = 0{,}64$

B2 Auswirkungen unterschiedlicher Restgruppen auf die Acidität

Auch der Abstand der Substitutenten von der Carboxy-Gruppe sowie weitere Carboxy-Gruppen haben durch –I-Effekte und intramolekulare Wasserstoffbrücken Einfluss auf die Acidität einer Carbonsäure (**B3**).

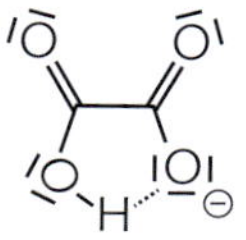

Oxalsäure-Monoanion

H_3CCOOH
$pK_S = 4{,}76$

HOOCCOOH
$pK_S = 1{,}46$

$H_3CCH_2CH_2COOH$
$pK_S = 4{,}82$

$HOOCCH_2CH_2COOH$
$pK_S = 4{,}17$

B3 Auswirkungen einer zweiten Carboxy-Gruppe auf die Acidität durch intramolekulare Wasserstoffbrücken

Die Acidität der Carbonsäuren R-COOH beruht auf der Polarität der O-H-Bindung der Carboxy-Gruppe und der Mesomeriestabilisierung des Carboxylat-Ions. I-Effekte der Restgruppen R beeinflussen die Säurestärke.

INFO Grenzformeln lassen sich durch Verschieben von Doppelbindungen und freien Elektronenpaaren zu benachbarten Atomen ineinander überführen. Zwischen **mesomere Grenzformeln** setzt man einen Mesomeriepfeil (⟷) und umfasst sie mit eckigen Klammern.

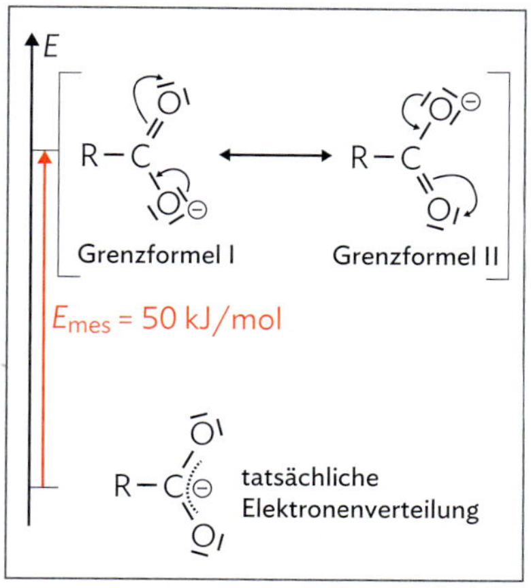

B4 Bildhafte Vorstellung zur Mesomerie (links) und mesomere Grenzformeln des Carboxylat-Ions (rechts)

AUFGABEN

A1 Erläutern Sie die im Infokasten dargestellte Analogie zwischen den Darstellungen (**B4**).

A2 Formulieren Sie eine Hypothese zur Säurestärke der Milchsäure (2-Hydroxypropansäure) im Vergleich zu Säurestärke der Propansäure und überprüfen Sie diese in Absprache mit Ihrer Lehrkaft mit einem Experiment.

A3 Beschreiben und erklären Sie die unterschiedlichen Säurestärken der in **B3** dargestellten Dicarbonsäuren.

2.5 Die Carbonsäureester

Aromastoffe verleihen unseren Lebensmitteln ihren typischen Geschmack und Geruch. Natürliche Aromen stammen dabei aus Pflanzen oder werden von Lebewesen produziert. Einige Vertreter der Aromastoffe finden als Lösemittel Verwendung oder sind Ausgangsstoffe für die Synthese von Kunststoffen. Was sind diese Stoffe aus chemischer Sicht und wie kann man sie herstellen?

2.5.1 Versuche und Material

V Herstellung von Aromastoffen

2 5 7

Zum Backen von Kuchen und zur Verfeinerung von Pralinen werden vielerlei Aromen verwendet. Lassen sich diese auch im Labor herstellen?

V1 Stellen Sie in je einem Reagenzglas folgende Gemische her:
RG 1: 2 mL Essigsäure und 2 mL Ethanol
RG 2: 2 mL Essigsäure und 2 mL Pentan-1-ol
RG 3: 2 mL Propansäure und 2 mL Ethanol

Nehmen Sie vorsichtig eine Geruchsprobe von jedem Gemisch. Lassen Sie von Ihrer Lehrkraft je 2 Tropfen konzentrierte Schwefelsäure zu den drei Ansätzen geben. Erwärmen Sie die Gemische für ca. 10 Minuten bei 80 °C in einem Wasserbad und überführen Sie den Inhalt der Reagenzgläser in je ein Becherglas mit kaltem Wasser. Überprüfen Sie den Geruch der Ansätze erneut (Video zur Herstellung von Aromastoffen unter QR-/Mediencode 06001-46).

06001-46

AUSWERTUNG

a) Beschreiben Sie den Geruch der Reagenzglasinhalte bei **V1** jeweils vor und nach der Reaktion.

b) Recherchieren Sie die Wasserlöslichkeit der verwendeten Säuren und Alkohole und beschreiben Sie die Wasserlöslichkeit der Reagenzglasinhalte nach der Reaktion bei **V1**. MK

c) Leiten Sie aus den Beobachtungen bei **V1** begründet zwei gemeinsame Stoffeigenschaften der Reaktionsprodukte der drei Reaktionen ab.

d) Zeichnen Sie jeweils die LEWIS-Strukturformeln der Edukte und markieren Sie ihre funktionellen Gruppen. Formulieren Sie anhand der Beobachtungen eine Vermutung über die Veränderungen der Gruppen während der Reaktion.

ENTSORGUNG G1

V Ester als Lösemittel

Eine kurze Unaufmerksamkeit und schon ist der Klebstoff verschmiert. Mit Wasser lässt er sich nicht entfernen. Womit funktioniert es?

V2 Tropfen Sie etwas Klebstoff (z. B. Alleskleber) auf ein Uhrglas, nehmen Sie eine Geruchsprobe und lassen Sie den Kleber trocknen. Geben Sie mit einer Pipette auf den angetrockneten Klebstofffleck einige Tropfen Essigsäureethylester. Nehmen Sie auch eine Geruchsprobe des Essigsäureethylesters.

V3 Befüllen Sie drei Reagenzgläser mit einer Spatelspitze Natriumchlorid, etwas Kerzenwachs bzw. etwas Speisefett. Fügen Sie jeweils 2 mL Essigsäureethylester hinzu, verschließen Sie die Reagenzgläser und schütteln Sie vorsichtig. Wiederholen Sie den Versuch mit Wasser anstelle von Essigsäureethylester.

AUSWERTUNG

a) Schließen Sie aus der Geruchsprobe von RG 1 in **V1** und **V2** auf das Produkt, das sich in RG 1 in **V1** gebildet hat.

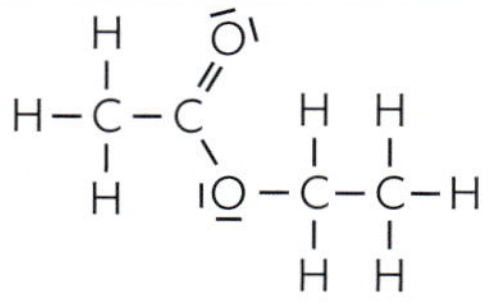

B1 LEWIS-Strukturformel eines Essigsäureethylester-Moleküls

b) Erklären Sie die Funktion von Essigsäureethylester in Klebstoff.

c) Markieren Sie in der LEWIS-Strukturformel des Essigsäureethylester-Moleküls (**B1**) den Essigsäure- und den Ethyl-Rest.

d) Erläutern Sie anhand der LEWIS-Strukturformel in **B1** die Beobachtungen aus **V3**.

ENTSORGUNG A, G3

V Essigsäureethylester im Langzeitversuch

Essigsäureethylester ist Bestandteil von Klebstoffen. Warum riechen manche alten Klebstoffe bei der Verwendung nach Essig?

V4 Geben Sie in einen 100 mL-Messzylinder 50 mL Wasser und 20 mL Essigsäureethylester. Verschließen Sie den Messzylinder dicht und markieren Sie die Phasengrenze. Betrachten Sie die Phasengrenze nach einer Woche erneut und messen Sie den pH-Wert der unteren, wässrigen Phase.

AUSWERTUNG

a) Vergleichen Sie die Position der Phasengrenze zu Beginn und am Ende bei **V4**.

b) Formulieren Sie eine Vermutung über die Ursache der Verschiebung der Phasengrenze in **V4**.

c) In **V4** findet eine chemische Reaktion statt. Stellen Sie eine Vermutung an, welcher Stoff sich gebildet haben kann, der für die Veränderung des pH-Werts verantwortlich ist.

ENTSORGUNG G3

V Ester als Kunststoffe

Biokunststoffe können aus Haushaltschemikalien hergestellt werden. Wie geht das?

V5 Mischen Sie 2,0 g Citronensäure und 0,3 mL Glycerin in einem trockenen Reagenzglas und erhitzen Sie das Gemisch vorsichtig. Lassen Sie es 2 Minuten lang sieden. Versuchen Sie nach kurzem Abkühlen mithilfe eines Holzstabs Fäden zu ziehen.

AUSWERTUNG

a) Vergleichen Sie die Beschaffenheit des Anfangsgemischs mit der des Produkts in **V5**.

b) Schließen Sie aus den Strukturen der Edukte auf die abgelaufene Reaktion in **V5** und vergleichen Sie die mögliche Struktur des Produkts mit **B1**.

ENTSORGUNG R

2.5.2 Herstellung und Eigenschaften von Estern

Das Öffnen einer Tube Klebstoff, das Schälen einer Banane oder Orange, aber auch die Verwendung künstlicher Aromen zum Backen wird durch unseren Geruchssinn schnell und oft als angenehm wahrgenommen. Die Aromastoffe aus Orangen (**B1**) oder Minze kann man direkt aus den Pflanzen gewinnen. Bei vielen anderen Aromen werden ein oder mehrere künstliche Aromastoffe kombiniert. Was haben diese Aromastoffe gemeinsam und wie kann man sie herstellen?

Aldehyde
→ Kap. 2.3.2

B1 Orangenöl aus Orangenschalen gewonnen

Esterbildung

Fette
→ Kap. 3.5

06022-130
Lernanwendung zu den Trivialnamen einiger Ester unter QR-/Mediencode 06022-130

Erhitzt man ein Gemisch aus Essigsäure und Ethanol, entsteht nach kurzer Zeit eine farblose Flüssigkeit, deren Geruch an Klebstoff erinnert (**V1**). Beim Reaktionsprodukt handelt es sich um den **Ethansäureethylester** (Essigsäureethylester), der zur Stoffklasse der **Alkansäurealkylester** gehört. Verkürzt spricht man von **Estern**. Ihr IUPAC-Name ergibt sich daraus, dass man dem Namen der Alkansäure den Namen des Alkyl-Rests des Alkanols und die Endung -ester anhängt:
Alkansäure + Alkyl-Rest des Alkohols + „-ester"
Aus der Carboxy-Gruppe –COOH eines Essigsäure-Moleküls und der Hydroxy-Gruppe –OH eines Ethanol-Moleküls entsteht die funktionelle Gruppe im Essigsäureethylester-Molekül, die **Ester-Gruppe –COO–**. Da bei dieser Reaktion zwei Moleküle zu einer neuen Verbindung unter Abspaltung eines kleinen Moleküls, hier Wasser, reagieren, nennt man eine solche Reaktion auch **Kondensation** (**B2**).
Durch Kombination verschiedener Alkansäuren und Alkanole lassen sich viele unterschiedliche Ester herstellen, die jeweils einen charakteristischen Geruch aufweisen (**V1**). Ester zählen daher, ebenso wie Aldehyde, zu den Aromastoffen (**B3**, **B4**).

Alkanol	Alkansäurealkylester	Aroma
Ethanol	Methansäureethylester	Rum
Pentanol	Ethansäurepentylester	Banane
Octanol	Ethansäureoctylester	Orange
Ethanol	Propansäureethylester	Eisbonbon
Ethanol	Butansäureethylester	Ananas

B3 Aromen verschiedener Ester

Neben Aromastoffen sind auch Fette und Öle natürlich vorkommende Ester. Sie setzen sich aus aus dem Alkohol Glycerin (Propan-1,2,3-triol) und verschiedenen langkettigen Carbonsäuren, den sogenannten **Fettsäuren**, zusammen. Ester können auch darüber hinaus verschiedene industrielle Anwendungen finden, z. B. in Kunst- und Klebstoffen (**V2**, **V5**) und Arzneimitteln (**B4**).

Eigenschaften und Struktur

Ester und Wasser bilden zwei Phasen (**V1**). Mit Essigsäureethylester kann man Alleskleber, Wachse und Fette lösen, er ist aber nicht als Lösemittel für Kochsalz geeignet (**V2**).
Alkansäuren und Alkanole mit kurzkettigen Molekülen sind in Wasser löslich, die daraus gebilde-

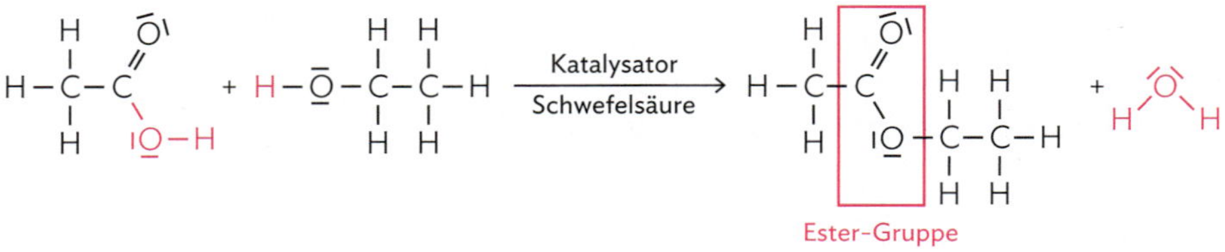

B2 Veresterung eines Essigsäure-Moleküls mit einem Ethanol-Molekül

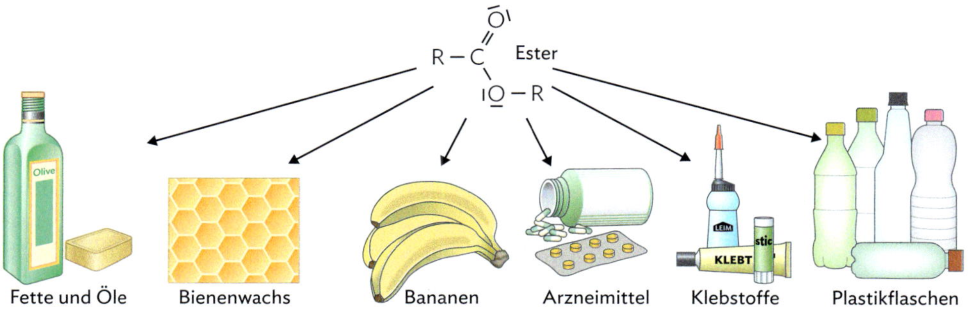

B4 Beispiele von Produkten im Alltag, in denen Ester enthalten sind

ten Ester jedoch nur wenig. Die Ester-Gruppe ist weniger polar als die stark polaren Hydroxy- und Carboxy-Gruppen der Edukte. Die starke Ionenbindung zwischen den Natrium- und Chlorid-Ionen des Kochsalzes verhindert dessen Löslichkeit in Estern (**V2**).
Letztlich entscheidet der Einfluss der Alkyl-Reste in den Ester-Molekülen über das Löseverhalten eines Esters. Gibt man Ester in Wasser, entstehen zwei Phasen, wobei der Ester wegen seiner geringeren Dichte die obere Phase bildet. Ester sind aufgrund ihres lipophilen Charakters gut löslich in lipophilen Lösemitteln wie Benzin und eignen sich als Lösemittel für lipophile Substanzen wie Nagellack, Klebstoff, Fett und Wachs (**V2**, **V3**, **B4**).
Untereinander bilden Ester-Moleküle im Gegensatz zu Alkansäure- und Alkanol-Molekülen keine Wasserstoffbrücken aus. Zwischen den Ester-Gruppen benachbarter Ester-Moleküle wirken daher nur Dipol-Dipol-Wechselwirkungen. Die Siedetemperatur des Essigsäureethylesters ist mit 77 °C wegen dieser vergleichsweise schwächeren Wechselwirkungen deutlich niedriger als die Siedetemperatur der Essigsäure mit 118 °C.

Ester entstehen in einer Kondensationsreaktion von Alkansäuren mit Alkanolen unter Abspaltung von Wasser. Die entstehende Ester-Gruppe ist zwar polar, kann aber keine Wasserstoffbrücken ausbilden. Daher wirken zwischen Ester-Molekülen nur schwache intermolekulare Wechselwirkungen. Sie haben daher vergleichsweise niedrige Siedetemperaturen und lösen sich gut in lipophilen Lösemitteln.

AUFGABEN

A1 Entwickeln Sie unter Verwendung von LEWIS-Strukturformeln die Reaktionsgleichungen für die Reaktionen von a) Essigsäure und Butan-1-ol, b) Methansäure und Pentan- 1-ol und c) Butansäure und Propan-1-ol. Benennen Sie die jeweiligen Ester.

A2 Zeichnen Sie die Halbstrukturformeln von Pentansäureethylester und Essigsäurepentylester. Vergleichen Sie den Aufbau beider Moleküle.

A3 Begründen Sie die unterschiedlichen Siedetemperaturen der Stoffe in **B5** (Hilfen unter QR-/Mediencode 06001-47).

Verbindung	molare Masse in g/mol	Siedetemperatur in °C
C_3H_7COOH	88	163
C_4H_9OH	74	118
$CH_3COOC_2H_5$	88	77
C_6H_{14}	86	69

B5 Molare Massen und Siedetemperaturen im Vergleich

06001-47

2.5.3 Reaktionsmechanismus der Veresterung LK

Charakteristische Reaktionsschritte der Veresterung

Die Veresterung verläuft über mehrere Reaktionsschritte (**B6**). Formal entsprechen die charakteristischen Reaktionsschritte im Mechanismus der Veresterung denen einer nucleophilen Substitution (vgl. S. 338).
Zunächst wird das Carbonsäure-Molekül durch ein Proton des Katalysator-Moleküls, z. B. ein Schwefelsäure-Molekül, protoniert. Die resultierende positive Ladung kann auch am Kohlenstoff-Atom lokalisiert sein. Das entsprechende Carbenium-Ion ermöglicht durch die positive Ladung einen **nucleophilen Angriff**. Beim nucleophilen Angriff greift das Ethanol-Molekül als nucleophiles Teilchen (vgl. S. 359) an und stellt ein nichtbindendes Elektronenpaar für die Ausbildung einer neuen Elektronenpaarbindung zur Verfügung. Es folgt eine **Umprotonierung**: Zunächst spaltet sich ein Proton ab und die Elektronenpaarbindung verbleibt als freies Elektronenpaar am Sauerstoff-Atom. Danach wird eine der verbleibenden Hydroxy-Gruppen protoniert. Das entstandene Kation spaltet nun ein Wasser-Molekül ab. Durch eine **Deprotonierung** und die Ausbildung einer Doppelbindung entsteht schließlich ein Carbonsäureethylester-Molekül. Eine Beschleunigung der Reaktion kann durch Erhitzen erzielt werden. Mischt man Essigsäureethylester mit Wasser, bilden sich zwei Phasen. Lässt man das verschlossene Gefäß einige Tage stehen, wird die oben liegende Esterphase kleiner (**V4**). Die Rückreaktion der Veresterung, die Esterhydrolyse, hat stattgefunden. Kondensation und Hydrolyse sind umkehrbare Reaktionen.

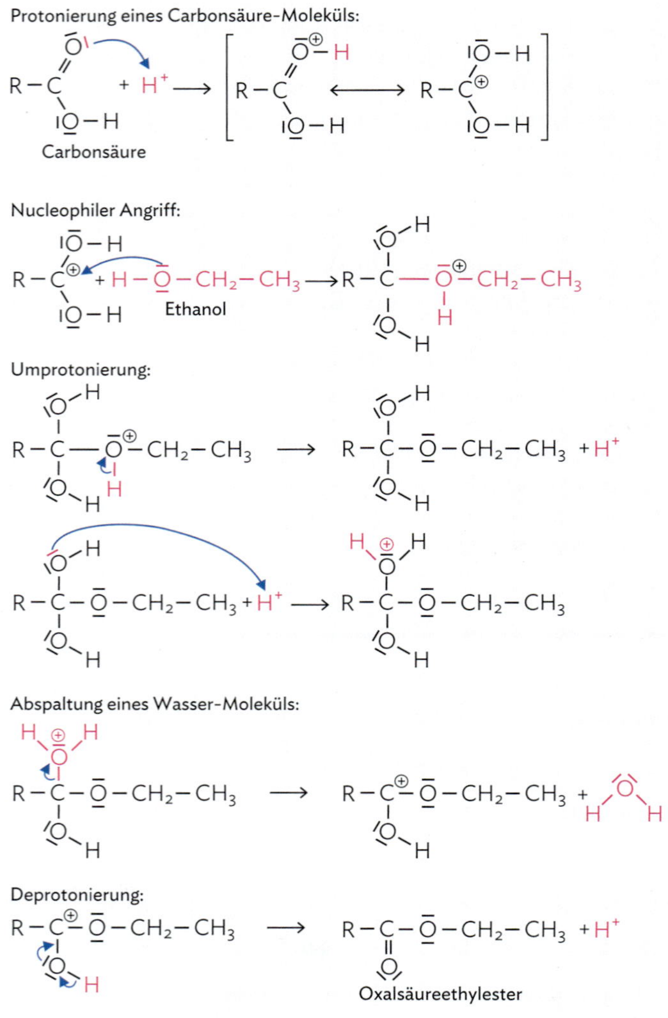

B6 Mechanismus der nucleophilen Substitution bei der Veresterung eines Carbonsäure-Moleküls mit einem Ethanol-Molekül

> Alkohole reagieren mit Carbonsäuren zu Carbonsäureestern. Die Reaktion verläuft formal nach dem Mechanismus einer nucleophilen Substitution.

AUFGABEN

A1 Erklären Sie anhand der Strukturformel von Essigsäureanhydrid, dass dieser Stoff ein reaktionsfähigeres Edukt für die Veresterung ist als Essigsäure (Hilfen unter QR-/Mediencode 06007-020).

A2 Formulieren Sie die Reaktionsgleichung für die Hydrolyse von Essigsäureethylester.

06007-020

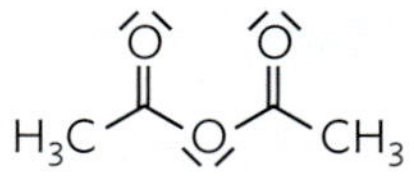

B7 Strukturformel von Essigsäureanhydrid

2.5.4 Reaktionsmechanismen aufstellen und beschreiben

Es ist von grundlegender wissenschaftlicher Bedeutung, die Mechanismen chemischer Reaktionen zu verstehen. Sie helfen zu erklären, warum eine Umwandlung stattfindet bzw. wie man diese beeinflussen und steuern kann. Dafür ist es wichtig, Reaktionsmechanismen aufstellen und beschreiben zu können (**B1**).

Reaktionsmechanismen aufstellen

VORGEHEN

1. Stellen Sie jeden Einzelschritt der Reaktion jeweils mit einer eigenen Reaktionsgleichung mit Halbstrukturformeln, Skelettformeln oder LEWIS-Strukturformeln dar.
2. Stellen Sie mesomere Grenzformeln (vgl. Info) unter Verwendung eines Mesomeriepfeils und in eckigen Klammern dar.
3. Kennzeichnen Sie Ionen- (z. B. Na^{+}) und Formalladungen (z. B. $\mathrm{H-\overset{\oplus}{\underset{\underset{H}{|}}{\bar{O}}}-H}$).
4. Kennzeichnen Sie die Elektronenbewegungen mit Pfeilen. Die Basis der Pfeile geht immer vom Elektron (halbe Pfeilspitze) bzw. Elektronenpaar (ganze Pfeilspitze) aus.

Reaktionsmechanismen beschreiben

VORGEHEN

1. Benennen Sie die Edukt- und Produkt-Moleküle der Einzelschritte.
2. Beschreiben Sie die Elektronenbewegungen und benennen Sie (wenn möglich) die Reaktionsart.
3. Beschreiben Sie Besonderheiten in den Molekülen (z. B. Formalladungen, Mesomeriestabilisierung).

AUFGABE

A1 Stellen Sie den Reaktionsmechanismus zur Bildung eines Carbonsäureesters aus Essigsäure und Ethanol auf und beschreiben Sie ihn.

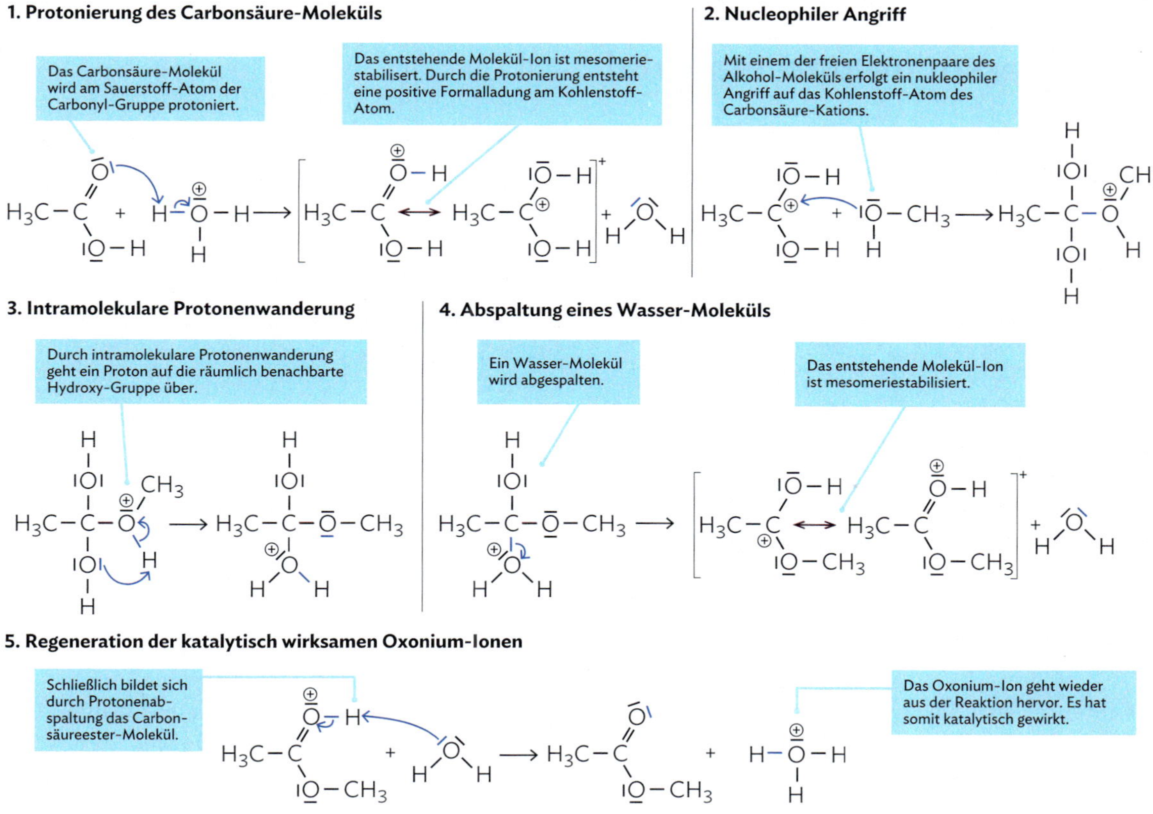

B1 Reaktionsmechanismus der Veresterung und dessen Beschreibung (Sprechblasen)

2.6 Seifen

Mit fester oder flüssiger Seife waschen wir uns mehrmals täglich die Hände. Sie entfernt Schmutz zuverlässig. Die reinigende Wirkung von Seifen erkannten schon die alten Römer. Wie wird Seife hergestellt? Wie sind Seifen-Teilchen aufgebaut und welchen Einfluss hat der Bau auf die Eigenschaften der Seifen? Und was passiert bei der Reinigung mit Seife auf Teilchenebene?

2.6.1 Versuche und Material

V Lebensmittel enthalten Ester

Viele Bonbons oder auch Lebensmittelaromen schmecken oder riechen sehr typisch. In einigen Fällen sind Ester dafür verantwortlich. Diese lassen sich durch den ROJAHN-Test nachweisen. Wie führt man ihn durch?

V1 Lösen Sie je ein Eisbonbon oder ein Ananasbonbon in einem Becherglas in 10 mL heißem Wasser. Geben Sie jeweils 1 mL der Bonbon-Lösungen bzw. 1mL Rumaroma in ein Reagenzglas. Fügen Sie nun in jedes Reagenzglas 3 Tropfen alkoholische 0,9 %ige Thymolphthaleinlösung hinzu. Unter ständigem Schütteln wird nun tropfenweise Natronlauge (c = 0,1 mol/L) hinzugegeben, bis eine bleibende Blaufärbung eintritt.

Achtung: Geben Sie nur so viel Lauge zu, dass der Farbumschlag gerade bestehen bleibt!

Stellen Sie nun eine Vergleichsprobe her, indem Sie in ein weiteres Reagenzglas ca. 1 mL Natronlauge und 3 Tropfen Thymolphthalein geben.

Stellen Sie die Reagenzgläser in ein etwa 90 °C warmes Wasserbad.

Nehmen Sie die Reagenzgläser gelegentlich aus dem Wasserbad und schütteln Sie diese vorsichtig.

AUSWERTUNG

a) Warten Sie etwa 20 Minuten. Notieren Sie die Veränderungen.

b) Durch die Zugabe von Hydroxid-Ionen findet eine Hydrolyse statt. Deuten Sie die beobachteten Veränderungen auf Teilchenebene.

c) Nennen Sie Aspekte, die zu einer fehlerhaften Versuchsbeobachtung führen können.

V Seife und ihre Waschleistung

Seife ist das wohl bekannteste Tensid der Welt und leicht herzustellen. Wie funktioniert das?

V2 Erwärmen Sie etwa 10 g Kokosfett vorsichtig in einem schwer schmelzbaren Reagenzglas und geben Sie 10 mL Natronlauge (c = 2 mol/L) in kleinen Portionen hinzu. Die Lösung sollte etwa 5 min schwach sieden. Fügen Sie nach dem Abkühlen 10 mL gesättigte Kochsalzlösung hinzu. Überführen Sie einen Teil des Reaktionsgemischs in ein Reagenzglas und verdünnen Sie mit destilliertem Wasser auf das doppelte Volumen. Verschließen Sie das Reagenzglas mit einem Stopfen und schütteln Sie kräftig.

V3 Stellen Sie 20 mL einer wässrigen Lösung aus Kernseife (w = 2 %) her und teilen Sie die Lösung auf zwei Reagenzgläser auf. Geben Sie in das erste Reagenzglas tropfenweise Salzsäure (c = 1 mol/L) und in das zweite Reagenzglas eine Calciumchloridlösung. Verschließen Sie die Reagenzgläser mit einem Stopfen und schütteln Sie kräftig.

AUSWERTUNG

a) **V2** kann als Modellversuch für das sogenannte Seifensieden betrachtet werden. Recherchieren Sie die allgemeine Molekülstruktur eines Seifen-Moleküls und beschreiben Sie die ablaufende Reaktion mithilfe von Fachbegriffen. MK

b) Vergleichen Sie die Beobachtungen beim Schütteln der Reagenzgläser in **V2** und **V3**. Leiten Sie Grenzen für die Waschwirkung von Seife daraus ab.
Hinweis: Hartes Wasser enthält Calcium-Ionen.

ENTSORGUNG G1

V Eigenschaften von Seifen

Seifen sind grenzflächenaktive Stoffe. Was bedeutet das und welche Auswirkungen hat diese Eigenschaft auf Grenzflächen wie die von Wasser und Luft?

V4 Setzen Sie mit einer Tropfpipette vorsichtig auf ein sauberes Stück Stoff einen Tropfen Wasser bzw. einen Tropfen Seifenlösung ab.

V5 Füllen Sie ein Glas randvoll mit Wasser. Tropfen Sie mit einer Pipette vorsichtig weiter Wasser in das Glas, bis ein kleiner Wasserhügel von der Seite erkennbar ist. Schieben Sie nun vorsichtig von der Seite eine entfettete Büroklammer auf die Wasseroberfläche. Geben Sie dann einen Tropfen Seifenlösung hinzu.

V6 Füllen Sie zwei Reagenzgläser jeweils zu einem Drittel mit destilliertem Wasser und je einer Spatelspitze Kohlestaub. Geben Sie zusätzlich in eines der beiden Reagenzgläser eine Spatelspitze Seifenpulver. Verschließen Sie beide Reagenzgläser und schütteln Sie kräftig.

V7 Geben Sie in ein Reagenzglas wenige Milliliter Wasser und ca. 0,5 mL Öl. Verschließen Sie das Reagenzglas mit einem Stopfen und schütteln Sie es. Bereiten Sie ein zweites Reagenzglas auf die gleiche Weise vor. Geben Sie vor dem Schütteln jedoch wenige Tropfen Spülmittel hinzu.

AUSWERTUNG

a) Beschreiben Sie die Tropfenform und das Benetzungsvermögen von Wasser bzw. Seifenlösung auf einem Stück Stoff in **V4**.

b) Beschreiben Sie Ihre Beobachtungen in **V5**. Stellen Sie eine Vermutung hinsichtlich des Zustandekommens des Wasserhügels und die Wirkung der Seifenlösung auf.

c) Erläutern Sie die unterschiedlichen Beobachtungen in **V6**, indem Sie die Grenzfläche zwischen Wasser und Kohle mit und ohne Seife betrachten.

d) Beschreiben Sie Ihre Beobachtungen bei **V7**.

ENTSORGUNG A

2.6.2 Alkalische Esterhydrolyse

Die alkalische Esterhydrolyse LK

Gibt man zu wässrigen Lösungen esterhaltiger Lebensmittel wenig Natronlauge, so ändert sich der Geruch der Lösung. Der zugesetzte Indikator Thymolphthalein wird farblos (**V1**).

Reaktionsmechanismus der Veresterung
→ S. XY

Im Gegensatz zur säurekatalysierten Esterbildung kann die Spaltung der Ester-Moleküle nicht nur durch die Einwirkung von Protonen (Rückreaktion), sondern auch in einer alkalischen Esterhydrolyse (**B1**) durch Hydroxid-Ionen erfolgen. Im Unterschied zur sauren Esterhydrolyse entsteht als zweites Produkt neben dem Alkohol das Alkalimetallsalz der Carbonsäure.

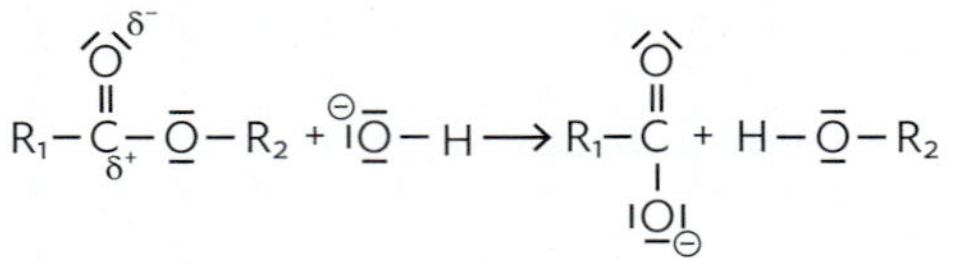

B1 Alkalische Esterhydrolyse

Der Mechanismus der alkalischen Esterhydrolyse LK

Beim Einsatz von Natriumhydroxidlösung greift ein Hydroxid-Ion OH^- als starkes Nucleophil das Carbonylkohlenstoff-Atom der Esterbindung an (**B2**) und bildet ein tetraedrisches Zwischenprodukt.

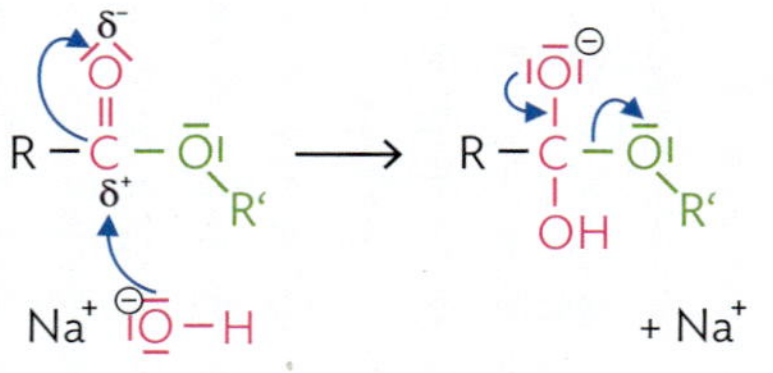

B2 Nucleophiler Angriff des Hydroxid-Ions

Im nächsten Schritt (**B3**) wird das Alkoholat-Ion aus dem Zwischenprodukt verdrängt.

Fette
→ Kap. 3.5

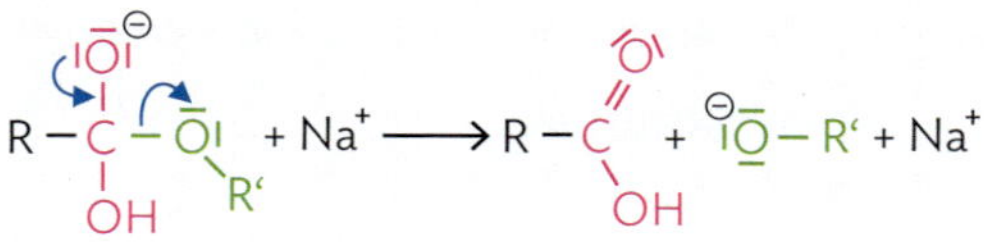

B3 Abspaltung des Alkoholat-Ions

Das entstandene Alkoholat-Ion ist eine starke Base, sodass das Proton der Carboxy-Gruppe auf das Alkoholat-Ion übertragen wird (**B4**). Es bilden sich das Carboxylat-Ion der Carbonsäure und das Alkohol-Molekül. Die Carboxylat-Ionen bilden mit den ebenfalls im Gemisch vorliegenden Natrium-Ionen Salze.

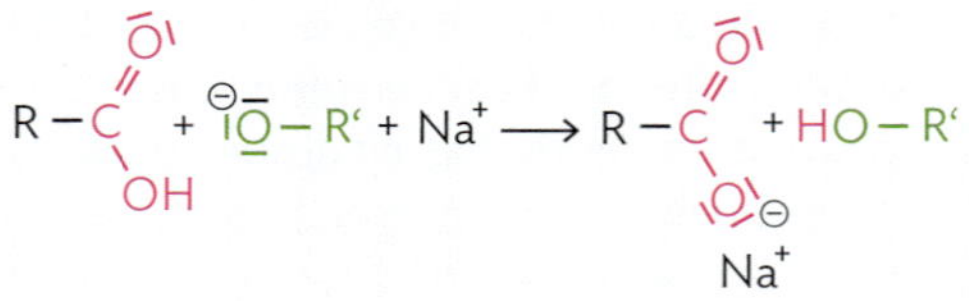

B4 Protonenübertragung

Weil das Carboxylat-Ion der schwach nucleophilen Hydroxy-Gruppe des Alkohol-Moleküls keinen Angriffspunkt bietet, ist der in **B4** dargestellte Teilschritt nicht umkehrbar. Aus diesem Grund reagieren bei der alkalischen Esterhydrolyse alle Edukte zu Produkten. Eine zeitgleiche Rückreaktion einiger Produkte zu Edukten ist im Gegensatz zur sauren Esterhydrolyse, bei der immer Edukte und Produkte vorliegen, nicht möglich.
Eine frühe Anwendung hat die alkalische Esterhydrolyse bei der Gewinnung von Seifen aus Fetten gefunden. Noch heute wird daher die Bezeichnung „**Verseifung**" für diese Reaktion verwendet.

Seifenherstellung

Für die Herstellung einer Seife (**B5**) benötigt man nur wenige Zutaten: Natriumhydroxid oder Kaliumhydroxid als Lauge, Pflanzenöle wie z. B. Olivenöl, Kokosöl oder Rapsöl und zusätzliche Inhaltsstoffe wie getrocknete Blumen, Haferflocken oder ätherische Öle (**V2**).
Sumerische Keilschriften verraten, dass die Geschichte der Seifenherstellung mindestens bis in das Jahr 2500 v. Chr. zurückreicht. Dort wird beschrieben, wie durch Verkochen von Olivenöl mit Holzasche eine seifenartige Masse gewonnen wurde.
Fette sind Ester des Glycerins (Propan-1,2,3-triol) mit unterschiedlichen **Fettsäuren**, also langkettigen gesättigten oder ungesättigten Carbonsäuren. Seifen gehen aus der alkalischen Esterhydrolyse von Fetten mit Alkalimetalllaugen hervor.

B5 Olivenölseife

B6 Flüssigseife

Fett + Lauge ⟶ Seife + Glycerin

Aus dem Fett entstehen neben Propan-1,2,3-triol die Alkalimetallsalze der im Fett verestert vorliegenden Fettsäuren. Diese Salze der Fettsäuren nennt man **Seifen**. Sowohl das verwendete Fett als auch die verwendete Lauge wirken sich auf die Konsistenz des entstehenden Se ifenprodukts aus. Da in Fet ten unterschiedliche, aber für das Fett charakteristische, Fettsäuren verestert vorliegen, entsteht bei der Verseifung immer ein Gemisch an Seifen.

Mit Natronlauge verseifte Fette bilden feste **Kernseifen**, eine Verseifung mit Kalilauge liefert als Ergebnis die sogenannten **Schmierseifen**.

Die alkalische Esterhydrolyse (Verseifung) ist im Gegensatz zur Esterhydrolyse im sauren Milieu eine irreversible Reaktion. Seifen entstehen durch eine alkalische Esterhydrolyse von Fetten.

AUFGABEN

A1 Vergleichen Sie die Funktion der Oxonium- bzw. der Hydroxid-Ionen bei der sauren bzw. der alkalischen Esterhydrolyse.

A2 Formulieren Sie den Mechanismus der alkalischen Esterhydrolyse für das Fett aus **B7**.

A3 Erklären Sie die folgenden Hinweise zur Seifenherstellung und beurteilen Sie diese im Zusammenhang mit der Verwendung der Seifen als Körperpflegemittel: „Achten Sie bei der Berechnung der Mengen der Edukte darauf, die Fette oder Öle im Überschuss zuzugeben und kontrollieren Sie den pH-Wert des Produkts.“

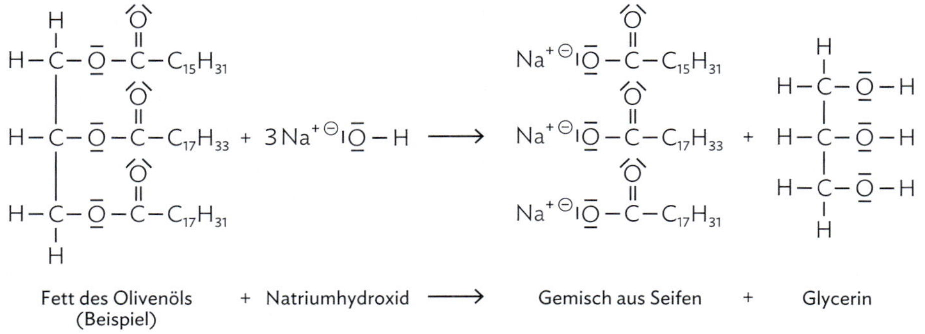

B7 Herstellung von Seifen

2.6.3 Seifen und ihre Waschwirkung

Seifen sind Salze

Seifen gehen aus der alkalischen Esterhydrolyse von Fetten mit Alkalimetalllaugen hervor (vgl. S. 126). Es handelt sich um die Natrium- und Kalium-Salze von längerkettigen Fettsäuren. Sie gehören zu den **Tensiden** (vgl. Kap. 10.3.2). Tensid-Moleküle bestehen aus einem polaren Molekül-Teil („Kopf“) und einem unpolaren Molekülteil („Schwanz“). Daher spricht man auch vom **Kopf-Schwanz-Modell** (**B7**). Tensid-Moleküle sind **amphiphil**. Bei Seifen bilden lineare Alkyl-Reste -R mit acht bis 22 Kohlenstoff-Atomen den hydrophoben Schwanz und die Carboxylat-Gruppe $-COO^-$ den hydrophilen Kopf.

amphiphil (griech. *amphi*, beides und griech. *philos*, Freund)

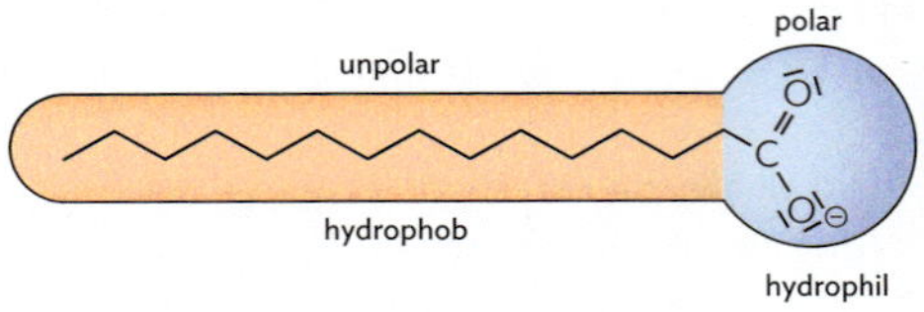

B7 Aufbau eines Seifen-Molekül-Ions

Kernseifen im Handel enthalten hauptsächlich Gemische aus Fettsäuresalzen, deren Fettsäure-Reste 15 bis 17 Kohlenstoff-Atome enthalten. Als besonders waschwirksam haben sich aufgrund ihrer besseren Wasserlöslichkeit die Fettsäuresalze Natriumlaurat $C_{11}H_{23}COONa$ (Salz der Laurinsäure) und Natriummyristat $C_{12}H_{25}COONa$ (Salz der Myristinsäure) herausgestellt.

06010-102

Wässrige Seifenlösungen sind alkalisch. Dies ist zurückzuführen auf folgende Säure-Base-Reaktion:

$$\underset{\text{Seifen-Anion}}{R\text{-}COO^-(aq)} + H_2O\,(l) \rightleftharpoons R\text{-}COOH\,(l) + OH^-(aq)$$

Aus diesem Grund kann bei häufigem Händewaschen mit Seife der Säureschutzmantel der Haut angegriffen werden.

Oberflächenspannung und Benetzungsvermögen

06010-100

06010-101

Ein Glas kann über den Rand hinaus mit Wasser gefüllt werden (Video unter QR-/Mediencode 06010-100), eine flach aufgelegte Büroklammer schwimmt auf der Wasseroberfläche (**V5**, Video unter QR-/Mediencode 06010-101) und ein Wassertropfen perlt auf Stoff ab (**V4**, **B8** links). Diese Beobachtungen lassen sich auf eine Eigenschaft des Wassers zurückführen.
Innerhalb eines Wassertropfens bilden die Wasser-Moleküle Wasserstoffbrücken untereinander aus. Innerhalb des Tropfens sind die Wechselwirkungen in alle Richtungen gleichermaßen ausgebildet. An der Phasengrenze zwischen Wasser und Luft entsteht jedoch eine in das Innere des Wassers gerichtete Kraft, die **Oberflächenspannung**. Hierdurch bilden kleine Wasserportionen Tropfen mit möglichst kleiner Oberfläche (**B8** rechts).

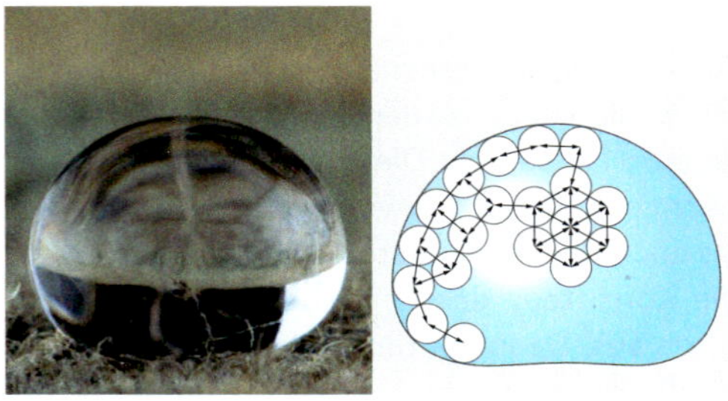

B8 Wasser perlt auf einem Stück Stoff als Tröpfchen ab (links), Wechselwirkungen zwischen Wasser-Molekülen in einem Wassertropfen (rechts)

Durch die Zugabe von Seifenlösung in **V5** läuft das Wasser über den Glasrand hinaus und die Büroklammer sinkt ein (Video unter QR-/Mediencode 06010-102): Seifen-Moleküle ordnen sich so an der Grenzfläche zwischen Wasser und Luft an, dass die polaren Carboxylat-Gruppen in Richtung des ebenfalls polaren Wassers zeigen, während die unpolaren Alkyl-Reste in die Luft ragen. Die Wasser-Moleküle an der Oberfläche wechselwirken jetzt mit den ionischen Resten der Tensid-Teilchen und nicht mehr über Wasserstoffbrücken untereinander. Dadurch nimmt die Oberflächenspannung ab oder bricht ganz zusammen. Aus dem gleichen Grund kann eine Seifenlösung auch ein Stück Stoff benetzen (**V4**).

Waschaktive Wirkung

In wässriger Lösung lagern sich Seifen-Anionen zu sogenannten **Micellen** zusammen. Dabei handelt es sich um kugelförmige Vereinigungen von

50 bis 100 Seifen-Anionen. Darin ordnen sich die Seifen-Anionen so an, dass die Alkyl-Reste in das Innere der Micelle ragen (**B9**). VAN-DER-WAALS-Wechselwirkungen zwischen den Alkyl-Resten halten die Micellen zusammen, die nach außen zeigenden polaren Carboxylat-Gruppen bewirken die Wasserlöslichkeit.

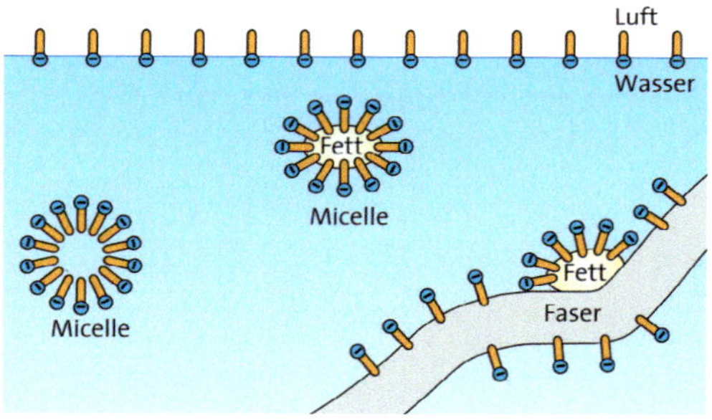

B9 Micellenbildung und Grenzflächenanordnung bei Seifenlösungen

Seifenlösungen, in denen sich Micellen gebildet haben, zeigen ein gutes Lösevermögen für hydrophobe Stoffe wie beispielsweise Fette.
Bei vorhandenem Fettschmutz adsorbieren die Seifen-Anionen durch ihre **Grenzflächenaktivität** an der Oberfläche der Schmutzteilchen und sind dabei mit ihren Alkyl-Resten zum Schmutzteilchen hin ausgerichtet. Durch die Anlagerung der Seifen-Anionen wird das Schmutzteilchen aufgrund elektrostatischer Abstoßungskräfte kugelförmig von Seifen-Anionen umgeben und von der Faser abgelöst (**B9**). Es entsteht eine Suspension, die Seife wirkt als **Dispergiermittel**.

Wasserhärte und Kalkseife

Die **Wasserhärte** (Einheit: mmol/L) ist ein Maß für die Konzentration an im Wasser gelösten Erdalkali-Ionen. In Deutschland gibt man die Wasserhärte oft auch in Grad Deutscher Härte °dH an. In Deutschland wird zwischen drei Härtegraden unterschieden: weiches (< 1,5 mmol/L bzw. < 8,4 °dH), mittelhartes (zwischen 1,5 und 2,5 mmol/L bzw. zwischen 8,4 und 14 °dH) und hartes Wasser (> 2,5 mmol/L bzw. > 14 °dH). Die Wasserhärte wird durch Calcium-, Magnesium-, Hydrogencarbonat- und Sulfat-Ionen hervorgerufen. Gibt man z. B. Calciumcarbonat zu einer Seifenlösung, bildet sich ein weißlicher Niederschlag (**V3**). Es handelt sich um ein schwerlösliches Salz, die Kalkseife $Ca(R\text{-}COO)_2$. Die Seifen-Anionen stehen somit nicht mehr für die Waschwirkung zur Verfügung und die **Kalkseife** legt sich als Grauschleier auf die Wäsche.

Tenside als Emulgatoren

Tenside können auch die **Grenzflächenspannung** zwischen zwei Flüssigkeiten herabsetzen. Wasser und Öl mischen sich aufgrund der unterschiedlichen Polarität der Moleküle nicht. Es bilden sich zwei Phasen. Gibt man eine Seifenlösung hinzu und schüttelt kräftig (**V7**), entsteht eine Emulsion. Die Tenside vermitteln zwischen den polaren und den unpolaren Molekülen, sie wirken als **Emulgatoren** (vgl. QR-/Mediencode 06007-021). Dies nutzt man z. B. bei der Herstellung von Mayonnaise, wo das im Eigelb enthaltene Lecithin als Emulgator wirkt. Auch in anderen Lebensmitteln, Kosmetika und Reinigungsmitteln werden Emulgatoren eingesetzt.

06007-021

Seifen sind Alkalimetallsalze von Fettsäuren. Durch ihre Struktur sind sie grenzflächenaktiv und setzen die Oberflächenspannung von Wasser herab. Die grenzflächenaktive Wirkung hilft, Fasern zu benetzen und Schmutz abzulösen. Seifen-Anionen bilden in wässrigen Lösungen Micellen, mit deren Hilfe Schmutz von Fasern abgelöst werden kann.

AUFGABEN

A1 Stellen Sie eine begründete Vermutung zu dem Sachverhalt an, dass Seifen aus Fettsäure-Resten mit einer Kettenlänge von mindestens 22 Kohlenstoff-Atomen keine Waschwirkung mehr zeigen.

A2 Erklären Sie das Auftreten einer leichten Trübung bei wässrigen Seifenlösungen, die bei Lösungen von Seifen in Ethanol nicht zu beobachten ist.

2.7 Konservierungsstoffe

Schon seit Jahrtausenden weiß man, dass Keime im Essen nicht nur unappetitlich sind und den Geschmack verderben, sondern auch krank machen können. Daher werden Lebensmittel behandelt, um sie längere Zeit haltbar zu machen. Die ersten Konservierungen waren Lufttrocknung von z. B. Obst aber auch Fleisch und Fisch, sowie das Räuchern oder Salzen. Welche weiteren Konservierungsmethoden gibt es noch?

2.7.1 Versuche und Material

V Konservierung von Brot durch Sorbinsäure

Sorbinsäure, eine Hexadiensäure, sowie das Kaliumsalz werden vielseitig als Konservierungsstoffe von Lebensmitteln, unter anderem auch in Weißbrot eingesetzt. Sorbinsäure gilt als besonders geruchs- und geschmacksneutral. Schützt Sorbinsäure wirklich Brot vor dem Verschimmeln?

V1 Stellen Sie aus etwa 100 mL destilliertem Wasser und 200 mg Sorbinsäure eine gesättigte Lösung her (*Hinweis*: Die Löslichkeit von Sorbinsäure in Wasser beträgt 1,6 g/L) und filtrieren Sie den Überstand ab.

Nehmen Sie zwei Petrischalen und legen Sie je ein Stück Weißbrot hinein. Mit einer Pasteurpipette benetzen Sie das Brot in Schale 1 mit destilliertem Wasser und das Brot in Schale 2 mit der Sorbinsäurelösung. Verschließen Sie die Petrischalen mit den Deckeln und lassen Sie diese mehrere Tage stehen.

AUSWERTUNG

a) Beobachten Sie die Brotstücke in den beiden Petrischalen über eine Woche und notieren Sie Ihre Beobachtungen.
b) Erklären Sie, dass die Petrischalen anschließend gründlich desinfiziert werden müssen.

ENTSORGUNG A, R, G1

V Eigenschaften von Ascorbinsäure und ihr Nachweis als Antioxidans

Ascorbinsäure (Vitamin C) wird vielen Lebensmitteln zugesetzt. Aber weniger, um den Vitaminhaushalt aufzubessern, sondern um das Lebensmittel vor der Oxidation durch Luftsauerstoff zu schützen. Welche Eigenschaften hat Ascorbinsäure?

V2 Teilen Sie ein Apfelstück in zwei Teile und geben Sie auf einen Teil 10 %ige Ascorbinsäurelösung.

V3 Füllen Sie drei Reagenzgläser je zu ⅓ mit einer 10 %igen Ascorbinsäurelösung.

- Reagenzglas 1: Messen Sie den pH-Wert.
- Reagenzglas 2: Geben Sie mit einer Pipette einige Tropfen der Säurelösung auf festen Kalkstein oder auf Calciumcarbonatpulver.
- Reagenzglas 3: Geben Sie vorsichtig etwas Magnesiumpulver zur Lösung, fangen Sie das entstehende Gas auf und führen Sie die Knallgasprobe durch.

V4 Lösen Sie 50 mg Ascorbinsäure in 100 mL Wasser. Bestimmen Sie den Vitamin-C-Gehalt der Ascorbinsäurelösung, sowie von Sauerkrautsaft und einem Fruchtsaftgetränk mit Ascorbinsäure-Teststreifen.

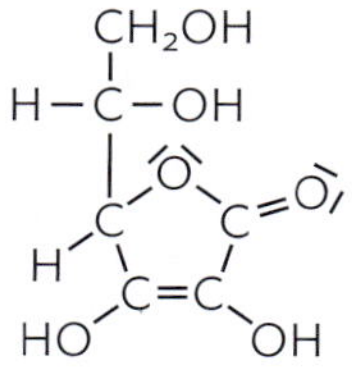

B1 Strukturformel Ascorbinsäure

AUSWERTUNG

a) Notieren Sie Ihre Beobachtungen an beiden Apfelteilen (**V2**).

b) Schreiben Sie ein Versuchsprotokoll zum Versuch **V3**.

c) Ascorbinsäure ist eine zweiprotonige organische Säure ohne Carboxy-Gruppe. Formulieren Sie anhand der Strukturformel aus **B1** zwei mögliche Protolyseschritte.

d) Geben Sie die Reaktionsgleichung für die Umsetzung der Ascorbinsäure mit Kalkstein an.

e) Im Reagenzglas 3 (**V3**) findet eine Redoxreaktion statt, Formulieren Sie die Reaktionsgleichung mit LEWIS-Struktuformeln.

f) Vergleichen Sie Ihre Ergebnisse aus **V4** mit den Etikettangaben.

ENTSORGUNG A, R

V Nachweis von Ascorbinsäure als Antioxidans mittels Iodometrie LK

Eine Methode, quantitativ den Gehalt von Ascorbinsäure zu bestimmen, erfolgt über die Iodometrie, eine Redoxtitration. Wie funktioniert die Iodometrie mit Ascorbinsäure?

V5 Füllen Sie eine Kaliumiodatlösung mit c = 0,033 mol/L in eine Bürette.
Geben Sie 50 mL Ascorbinsäurelösung mit c = 0,1 mol/L in einen Erlenmeyerkolben. Geben Sie dann 10 Tropfen Schwefelsäurelösung, 1 mL 5 %ige Kaliumiodidlösung sowie 3 mL Stärkelösung hinzu. Titrieren Sie die Lösung, bis eine dunkelblaue Lösung in den Erlenmeyerkolben erhalten bleibt. Bestimmen Sie die verbrauchte Menge an Kaliumiodatlösung.

06007-022 Versuchsanleitung zur Titration von Ascorbinsäure im Mikromaßstab

AUSWERTUNG

a) Bei der Redoxtitration reagieren die Iodat-Ionen im sauren Milieu unter Aufnahme von Elektronen zu Iodid-Ionen. Die Ascorbinsäure $AscH_2$ reagiert unter Elektronenabgabe zur oxidierten Form Asc_{ox}. Stellen Sie die Teil- und Gesamtgleichung für die Redoxreaktion auf.

b) Die tiefblaue Lösung am Umschlagspunkt ergibt sich, wenn die Ascorbinsäure verbraucht ist und Kaliumiodat im sauren Medium mit Iodid zu Iod reagiert. Dies wird anhand des blauen Iodstärkekomplexes angezeigt. Stellen Sie die Redoxgleichung hierzu auf.

c) Berechnen Sie die Masse an Ascorbinsäure in der Vorlage (Hilfen unter QR-/Mediencode 06007-023).

ENTSORGUNG A, G1

06007-023

2.7.2 Konservierungsstoffe

B1 Verschimmeltes Toastbrot

Lebensmittel sind nicht unendlich haltbar, sie können verderben. Das bedeutet, dass sie von Bakterien, Schimmel oder Hefen befallen werden und damit ungenießbar werden. Wer kennt es nicht? Das im Rucksack vergessene Toastbrot fängt an zu schimmeln (**B1**). Das sieht nicht nur unappetitlich aus, sondern kann auch krank machen. Toastbrot schimmelt aber meist erst nach einer Zeit. Es wurde vorher häufig mit Konservierungsmitteln länger haltbar gemacht (**V1**). Was sind **Konservierungsmittel** und wie wirken sie?

Biologische und physikalische Konservierungsmethoden

Die **biologische Konservierung** ist eine sehr alte Konservierungsmethode, es handelt sich um die Umwandlung von Zucker oder Stärke durch Mikroorganismen wie Bakterien oder Pilze in Säure. Am bekanntesten ist die Milchsäuregärung, die Weißkohl in Sauerkraut, Milch in Joghurt oder Käse umwandelt.

Konservierungen durch Hitze, Kälte Druckänderungen werden als **physikalische Methoden** bezeichnet. Eine der ältesten Methode weltweit ist die Lufttrocknung und damit der Entzug von Wasser. Aber auch das kurzzeitige Erhitzen von 72 – 100 °C, das Pasteurisieren, Verpacken unter Vakuum sowie das Einfrieren gehören dazu.

Als Lactone werden ringförmige Moleküle mit einer Esterbindung zwischen einer Hydroxy- und einer Carboxy-Gruppe im Molekül bezeichnet.

Chemische Konservierungsmethoden

Bei chemischen Konservierungsverfahren versucht man durch Zusatzstoffe die Lebensmittel haltbar zu machen. Es gibt viele natürliche Konservierungen, wie Einlegen in Essig oder Öl, Salzen, Räuchern, Zuckern. Werden Zusatzstoffe, wie Sorbinsäure oder Ascorbinsäure verwendet, sind sie durch die Europäische Behörde für Lebensmittelsicherheit (EFSA, european food safety authority) bewertet und mit einer **E-Nummer** deklariert („E“ steht dabei für Europa, **B2**).

Stoff	E-Nummer
Sorbinsäure	E200
Kaliumsorbat	E202
Ascorbinsäure	E300
Natriumascorbat	E301
Benzoesäure	E210
Parabene	E214, E215, E219
Schwefeldioxid	E220
Natriumsulfit	E221
Kaliumnitrat	E252
Natriumnitrit	E250

B2 E-Nummern ausgewählter chemischer Konservierungsstoffe

Häufig kommen bei Konservierungen kombinierte Methoden zum Einsatz, die z. B. physikalisch als auch chemisch wirken.

Sorbinsäure

Schon Mitte des 19. Jahrhunderts stellte man die antibakterielle Wirkung der Vogelbeeren fest und isolierte daraus das Lacton Parasorbinsäure. Das Lacton ließ sich durch **Ringspaltung** und **Dehydratisierung** (Wasserabspaltung) leicht zu Sorbinsäure umsetzen .

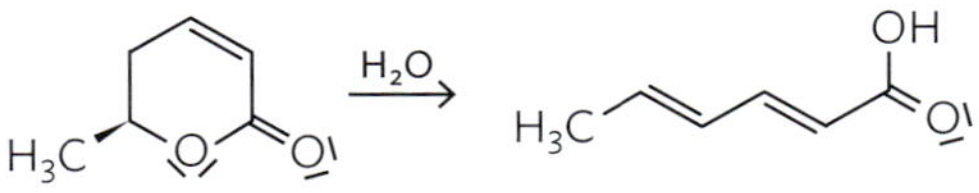

Sorbinsäure ist gegen Hefen, Schimmelpilze und Bakterien wirksam (**V1**). Sie selbst ist in Wasser jedoch schwer löslich, wirkt aber nur im wässrigen sauren Medium antimikrobiell. Besser löslich sind die Salze der Sorbinsäure (z. B. Kaliumsorbat). Deren antibakterielle Wirkung findet ebenfalls nur im Sauren bei einem pH-Wert von 3,5–5,5 statt. Deswegen wird häufig zusätzlich Citronensäure hinzugesetzt.

Ascorbinsäure

Vergleicht man das Aussehen eines Apfelstücks mit und ohne Ascorbinsäure, sieht man, dass das Stück ohne Ascorbinsäure langsam braun wird. Dies ist auf die Oxidation mit dem Luftsauerstoff zurückzuführen (**V2**). Das Apfelstück mit der Ascorbinsäure wird nicht braun. Ascorbinsäure ist ein **Antioxidationsmittel**, es oxidiert selbst unter Wasserstoffentwicklung:

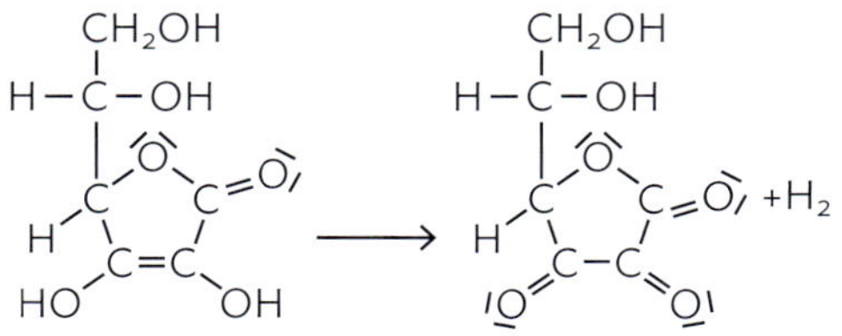

Ascorbinsäure Vitamin C $AscH_2$ — Dehydroascorbinsäure Asc_{ox}

LK Das Molekül enthält keine Säure-Gruppe, sondern liegt als **Endiol** vor, das für den sauren Charakter verantwortlich ist (**V3**). Ein Endiol ist ein Molekül mit einer Doppelbindung zwischen zwei Kohlenstoff-Atomen, die jeweils eine Hydroxy-Gruppe tragen.
Durch die einfache Protonenabgabe bildet sich ein mesomeriestabilisierter Zustand in Form eines Monoanions, der außerdem durch intramolekulare Wasserstoffbrücken zum Wasserstoff-Atom der benachbarten Hydroxy-Gruppen stabilisiert wird. Ascorbinsäure kann mit speziellen Ascorbin-Teststreifen nachgewiesen werden (**V4**).
LK Im Versuch **V5**, der Iodometrie, wird die reduzierende Eigenschaft der Ascorbinsäure zu deren quantitativen Nachweis genutzt. Iodat-Ionen werden dabei zu Iodid-Ionen reduziert.

$IO_3{}^- + 3\ AscH_2 \longrightarrow I^- + 3\ Asc_{ox} + 3\ H_2O$

Am Äquivalenzpunkt bildet sich Iod, das mit Stärke den blauen Iod-Stärke-Komplex bildet.

$IO_3{}^- + 5\ I^- + 6\ H_3O^+ \longrightarrow 3\ I_2 + 9\ H_2O$

Konservierungsstoffe in Kosmetika LK

Konservierungsstoffe werden neben Lebensmitteln auch Kosmetika und Arzneimitteln zugefügt. Hier werden häufig Parabene eingesetzt. Sie wirken bakterizid und fungizid. Parabene ist ein Sammelbegriff für 4-Hydroxybenzoesäure sowie deren Salze und Ester (**B3**).

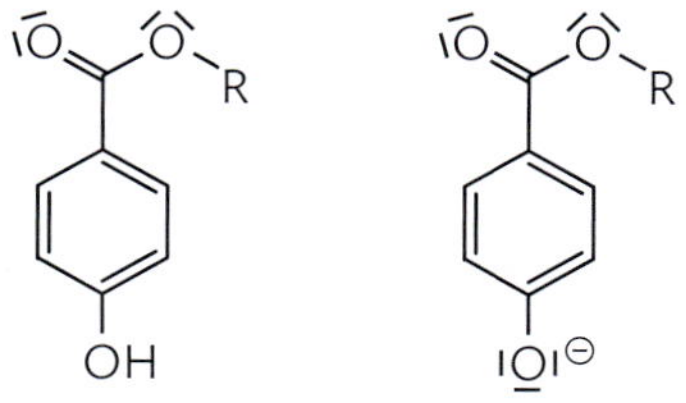

B3 Strukturformeln der Parabene (links) und der Parabensalze (rechts)

Parabene stehen seit einer Weile in der Kritik, da Studien darauf hindeuten, dass sie auf den Hormonhaushalt Einfluss nehmen können. Häufig findet man daher in den Geschäften den Aufdruck „ohne Parabene" auf z. B. Shampoo- und Duschgelflaschen.

Es gibt biologische, physikalische und chemische Konservierungsmethoden. Konservierungsmittel können in Lebensmitteln, Kosmetika, Arzneimitteln eingesetzt werden. Sie müssen mit E-Nummern deklariert werden. Ascorbinsäure ist ein Antioxidans und kann mit Oxidationsmitteln nachgewiesen werden.

AUFGABEN

A1 Geben Sie die isomeren Formen der Sorbinsäure an.

A2 LK Zeichnen Sie alle mesomeren Grenzformeln für das Monoanion der Ascorbinsäure. Zeichnen Sie auch die Wasserstoffbrücken ein.

A3 Erklären Sie, warum das Salzen, Zuckern oder Einlegen in Essigsäure den Wassergehalt der Lebensmittel verändert.

A4 Unter Vitamin C versteht man L(+)-Ascorbinsäure. Geben Sie anhand der Strukturformel begründet an, wie viele und welche Isomere die Säure aufweist.

Es gibt mehrere Stereoisomere von Ascorbinsäure. Biologisch aktiv ist jedoch lediglich die L-(+)-Ascorbinsäure.

Zum Üben und Weiterdenken

A1 a) Beschreiben Sie die Löslichkeit von Pentan-1-ol in Heptan bzw. in Wasser und begründen Sie dies unter Verwendung von Fachbegriffen.
b) Erläutern Sie die veränderte Löslichkeit, wenn statt Pentan-1-ol nun Pentan-1,2,4-triol verwendet und in Heptan oder Wasser gegeben wird.

A2 Propan-1-ol hat eine Siedetemperatur von 97 °C, die Siedetemperatur von Propanal liegt bei 49 °C. Erklären Sie die höhere Siedetemperatur von Propan-1-ol im Vergleich zu Propanal.

A3 Planen Sie je ein Experiment, um a) Pentan, Ethanol und Ethanal bzw. b) Propan-1-ol, 2-Methylpropan- 2-ol und Propanal voneinander zu unterscheiden. Beschreiben Sie die zu erwartenden Beobachtungen bei beiden Versuchsreihen.

A4 Geben Sie begründet an, welche der folgenden Aussagen richtig sind. Je länger die Molekül-Kette eines Alkanol-Moleküls ist,
a) desto höher ist die Viskosität des Alkanols, da zunehmende zwischenmolekulare Wechselwirkungen herrschen.
b) desto niedriger sind die Wechselwirkungen zwischen den Molekülen des Alkanols und damit seine Viskosität.
c) desto höher ist die Viskosität des Alkanols, da abnehmende zwischenmolekulare Wechselwirkungen herrschen.
d) desto höher sind die Wechselwirkungen zwischen den Molekülen des Alkanols und desto geringer ist die Viskosität des Alkanols.

A5 Gegeben ist die Summenformel C_4H_9OH.
a) Entwickeln Sie daraus jeweils die Halbstrukturformel eines primären, sekundären und tertiären Alkohols.
b) Benennen Sie die entsprechenden Verbindungen.
c) Ordnen Sie die drei Alkohole aus a) begründet nach steigender Siedetemperatur.

A6 Salze lösen sich unterschiedlich gut in unterschiedlich hydrophilen Lösemitteln. Die Abbildung zeigt das Ergebnis eines Versuchs, bei dem die gleiche Menge an Kupfer(II)-chlorid in Methanol (links) und in Hexan-1-ol (rechts) gelöst werden sollte.
a) Beschreiben Sie die Polarität eines Methanol-Moleküls und eines Hexan-1-ol-Moleküls.

b) Erklären Sie die unterschiedliche Löslichkeit von Kupfer(II)-chlorid in Methanol und in Hexan-1-ol.

A7 In einigen Nagellackentfernern ist Aceton (Propanon) enthalten. Erläutern Sie, weshalb sich Aceton für diese Anwendung eignet.

A8 Aldehyde und Ketone sind Oxidationsprodukte von Alkoholen. Gegeben ist die Summenformel C_3H_6O.
a) Entwickeln Sie mithilfe eines Programms für chemische Strukturen aus der Summenformel die LEWIS-Strukturformel eines Aldehyds und eines Ketons. MK
b) Benennen Sie beide Verbindungen und kontrollieren Sie Ihre Benennung mithilfe des Programms. MK
c) Geben Sie die Namen und Formeln der Alkohole an, aus denen der Aldehyd bzw. das Keton entstanden ist.

A9 Tertiäre Alkohole lassen sich weder zum Aldehyd, noch zum Keton oxidieren. Begründen Sie diesen Sachverhalt anhand der LEWIS-Strukturformel eines selbst gewählten Beispiels für einen tertiären Alkohol.

A10 Reine Essigsäure ist brennbar, Essigessenz dagegen nicht.
a) Stellen Sie eine Vermutung an, die diesen Sachverhalt erklärt.
b) Mit Watesmo-Papier und der Kalkwasserprobe kann man die bei der Verbrennung gebildeten Reaktionsprodukte nachweisen. Formulieren Sie die Reaktionsgleichung der vollständigen Verbrennung von reiner Essigsäure unter Angabe von LEWIS-Strukturformeln.

c) Bestätigen Sie durch Ermittlung der Oxidationszahlen, dass es sich bei dieser Reaktion um eine Redoxreaktion handelt.

A11 Ameisensäure (Methansäure) hat eine Siedetemperatur von 100 °C, Methanol eine Siedetemperatur von 65 °C.
a) Zeichnen Sie die LEWIS-Strukturformeln beider Moleküle. Kennzeichnen und benennen Sie jeweils die funktionellen Gruppen.
b) Beschreiben Sie die Wechselwirkungen, die zwischen den Methansäure-Molekülen und diejenigen, die zwischen den Methanol-Molekülen auftreten.
c) Erläutern Sie mithilfe von b) die Unterschiede in der Siedetemperatur dieser Stoffe.

A12 In Handwärmern findet man Natriumacetat-Trihydrat. Das hierzu nötige Salz Natriumacetat lässt sich z. B. durch eine Neutralisationsreaktion herstellen.

a) Formulieren Sie die Reaktionsgleichung einer Neutralisation zur Bildung von Natriumacetat.
b) Recherchieren Sie die Funktionsweise eines Handwärmers auf Natriumacetat-Trihydrat-Basis. MK

A13 Milchsäure heißt mit systematischem Namen 2-Hydroxypropansäure.
a) Zeichnen Sie die LEWIS-Strukturformel eines Milchsäure-Moleküls und kennzeichnen sowie benennen Sie die funktionellen Gruppen dieses Moleküls.
b) Begründen Sie, dass Milchsäure sehr gut in Wasser löslich ist.
c) Um den Milchsäuregehalt in Lebensmitteln zu bestimmen, wird eine Lösung des milchsäurehaltigen Lebensmittels mit Natronlauge als Maßlösung titriert. Formulieren Sie die Reaktionsgleichung für die Reaktion von Milchsäure mit Natronlauge.

A14 MK Oxalsäure (Ethandisäure), Äpfelsäure (2-Hydroxybutandisäure), Weinsäure (2,3-Dihydroxybutandisäure) und Citronensäure (2-Hydroxypropan-1,2,3-tricarbonsäure) gehören zu den mehrwertigen Carbonsäuren. Entwickeln Sie für die Reaktion jeder Säure mit Natrium die Reaktionsgleichung unter Verwendung von LEWIS-Strukturformeln.

A15 Formulieren Sie die Reaktionsgleichungen für die Bildung der folgenden Ester:
a) Methansäurebutylester
b) Butansäuremethylester

A16 Palmitinsäure (Hexadecansäure, $C_{15}H_{31}COOH$) kommt als Fettsäurerest in nahezu allen pflanzlichen und tierischen Fetten und Ölen verestert vor.
a) Zeichnen Sie die Skelettformeln von Palmitinsäure und Palmitinsäureethylester.
b) Formulieren Sie die Reaktionsgleichung für die alkalische Esterhydrolyse (Verseifung) von Palmitinsäureethylester mit Natronlauge.

A17 Nennen Sie die Arten von Wechselwirkungen, die innerhalb einer Micelle und zwischen Micelle und Umgebung auftreten. Unterscheiden Sie zwischen ionischen und nichtionischen Tensiden.

A18 Wasser, das einen hohen Anteil an gelöstem Kalk enthält, wird als hartes Wasser bezeichnet. Entsprechend wird kalkarmes Wasser als weiches Wasser bezeichnet. Hartes und weiches Wasser lassen sich mithilfe einer Seifenlösung voneinander unterscheiden. Erklären Sie diesen Sachverhalt.

A19 LK Zu den isomeren Bromalkanen
Ⓐ 1-Brombutan
Ⓑ 2-Brombutan
Ⓒ 2-Brom-2-methylpropan
werden zeitgleich 1 mL wässriger Silbernitratlösung gegeben. Es bilden sich zunächst zwei Phasen und nach 12 min Ⓐ, 4 min Ⓑ sowie 22 s Ⓒ weiß-gelbe Niederschläge von schwerlöslichem Silberbromid (AgBr). Die wässrige Phase färbt in allen Versuchsansätzen Universalindikatorpapier rot.
a) Erklären Sie die Phasenbildung nach Zugabe wässriger Silbernitratlösung zu den Bromalkanen.
b) Deuten Sie die Rotfärbung des Universalindikatorpapiers.
c) Geben Sie am Beispiel von Ⓒ das entstehende Zwischenprodukt bei der Reaktion mit Silbernitratlösung sowie das organische Endprodukt an. Nennen Sie den vorliegenden Reaktionstyp.
d) Erklären Sie die unterschiedlichen Reaktionsgeschwindigkeiten.

Alles im Blick

1 Alkanole und mehrwertige Alkohole

Die Moleküle der **Alkohole** weisen als gemeinsames Strukturmerkmal mindestens eine **Hydroxy-Gruppe –OH** auf. Die Moleküle **einwertiger** Alkohole enthalten genau eine Hydroxy-Gruppe. **Alkanole** leiten sich von den Alkanen ab und bilden eine homologe Reihe mit der allgemeinen Summenformel $C_nH_{2n+1}OH$. Man unterscheidet **primäre**, **sekundäre** und **tertiäre** Alkohole, je nach Anzahl der am Kohlenstoff-Atom mit der Hydroxy-Gruppe gebundenen weiteren Kohlenstoff-Atome.

Mehrwertige Alkohole besitzen mehr als eine Hydroxy-Gruppe im Molekül. Die Hydroxy-Gruppen in den Alkohol-Molekülen können Wasserstoffbrücken ausbilden und wirken hydrophil, während die Alkyl-Reste VAN-DER-WAALS-Wechselwirkungen zeigen und lipophil wirken. Die Eigenschaften der Alkohole (Wasserlöslichkeit, Siedetemperatur, Viskosität) sind daher von der Anzahl der Hydroxy-Gruppen und der Kettenlänge des Alkyl-Restes in ihren Molekülen abhängig.

2 Alkanale und Alkanone

Aldehyde sind die Oxidationsprodukte primärer Alkohole. Aldehyde, die durch Oxidation von Alkanolen entstehen, heißen **Alkanale**. Alkanale bestehen aus einem Alkyl-Rest und einer endständigen **Aldehyd-Gruppe –CHO**.

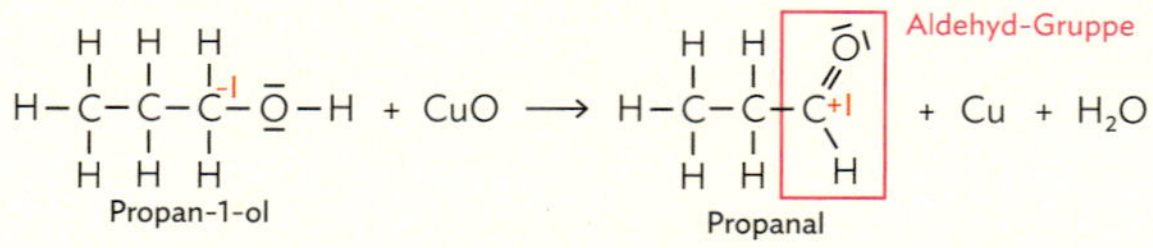

Da Alkanal-Moleküle untereinander keine Wasserstoffbrücken ausbilden, sind die Siedetemperaturen der Alkanale niedriger als die der entsprechenden Alkanole.

Wichtige Nachweisverfahren für Aldehyde sind die **FEHLING**- und die **TOLLENS-Probe**.

Ketone sind die Oxidationsprodukte sekundärer Alkohole. Ketone, die durch Oxidation von sekundären Alkanolen entstehen, bezeichnet man als Alkanone. **Alkanone** enthalten eine nicht endständige **Carbonyl-** bzw. **Keto-Gruppe >C=O**, die an zwei Kohlenstoff-Atome gebunden ist.

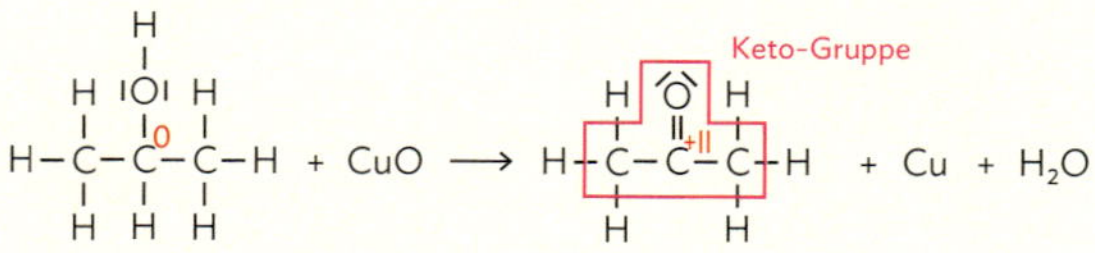

3 Carbonsäuren

Zur Stoffklasse der **Carbonsäuren** gehören alle organischen Stoffe, deren Moleküle mindestens eine **Carboxy-Gruppe –COOH** als funktionelle Gruppe enthalten. Die Moleküle von **Alkansäuren** sind aus je einem Alkyl-Rest und einer Carboxy-Gruppe aufgebaut und bilden eine homologe Reihe mit der allgemeinen Summenformel $C_nH_{2n+1}COOH$. Alkansäuren entstehen bei der Oxidation eines primären Alkanols über das entsprechende Alkanal.

Zwischen den polaren Carboxy-Gruppen der Säure-Moleküle und den Wasser-Molekülen bilden sich Wasserstoffbrücken aus. Kurzkettige Alkansäuren sind daher in Wasser löslich. Die Löslichkeit der Alkansäuren in hydrophilen Lösemitteln nimmt mit zunehmender Länge des Alkyl-Restes ab. Carbonsäuren mit mehreren Carboxy-Gruppen in ihren Molekülen bezeichnet man als **mehrwertige** Carbonsäuren.

4 Ester

Alkansäurealkylester entstehen in einer **Kondensationsreaktion** von Alkansäuren mit Alkanolen unter Abspaltung von Wasser und Bildung der **Ester-Gruppe –COO–** als funktionelle Gruppe. Aufgrund der gering polaren Ester-Gruppe bilden Ester-Moleküle nur schwache Wechselwirkungen zwischen den permanenten Dipolen der Ester-Gruppen aus. Sie haben daher niedrige Siedetemperaturen und lösen sich gut in lipophilen Lösemitteln. Die Rückreaktion der Kondensation ist die **Hydrolyse**. Fette und Öle sind natürlich vorkommende Ester aus Glycerin und Fettsäuren. **Seifen** sind die Salze der Fettsäuren und können durch alkalische Hydrolyse (**Verseifung**) von Fetten und Ölen gewonnen werden. Sie sind **grenzflächenaktiv**.

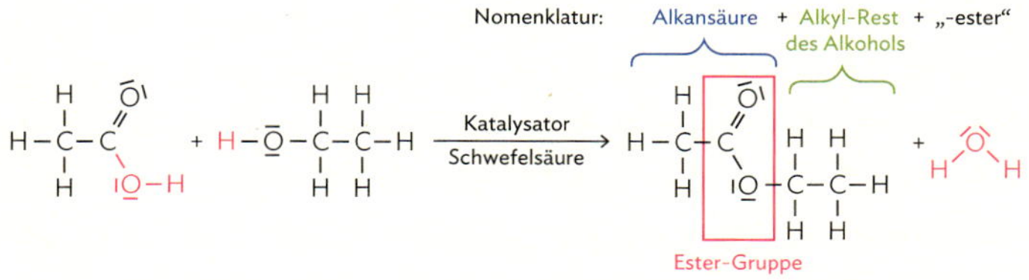

5 Die nucleophile Substitution

Nucleophile Substitutionen (S_N) laufen an organischen Molekülen ab, die ein positiv polarisiertes Kohlenstoff-Atom besitzen. Die Substitution erfolgt durch ein **Nucleophil** mit einem freien Elektronenpaar unter Abspaltung einer **Austrittsgruppe** und Neuknüpfung einer Bindung zum Nucleophil. Das Elektronenpaar der neuen Bindung stammt vom Nucleophil.

LK Die nucleophile Substitution kann nach einem **monomolekularen** oder **bimolekularen Mechanismus** verlaufen. Im monomolekularen Mechanismus (S_N1) löst sich in einem ersten Schritt die Austrittsgruppe vom organischen Molekül, an das sich in einem zweiten Schritt das Nucleophil bindet. Im bimolekularen Mechanismus (S_N2) erfolgen Bindungslösung und -bildung simultan. Welcher Mechanismus jeweils auftritt, wird durch verschiedene Einflussfaktoren wie die Stärke des Nucleophils und der Austrittsgruppe, die Struktur des organischen Moleküls sowie das Lösemittel bestimmt.

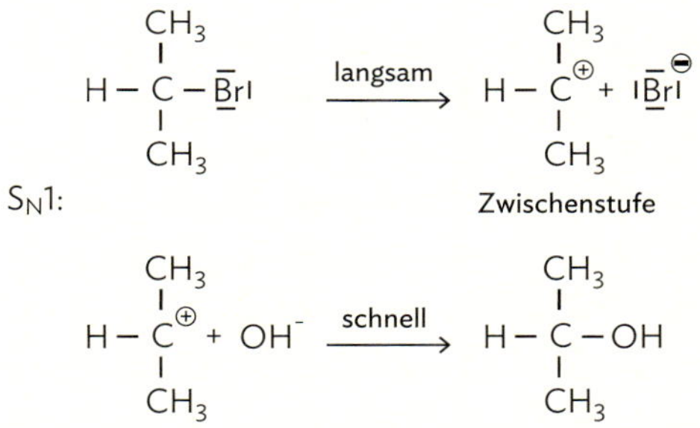

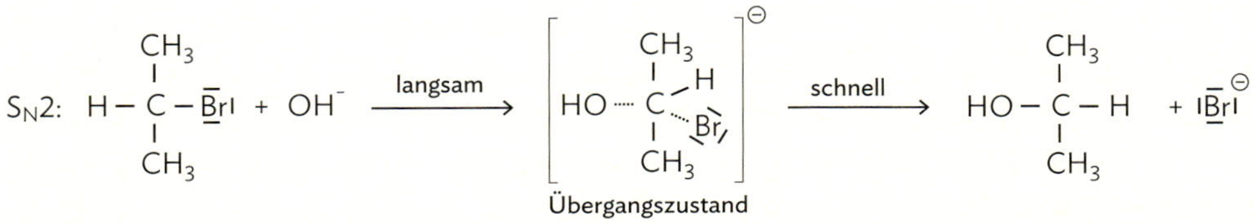

Ziel erreicht?

Verfügen Sie über die Kompetenzen dieses Kapitels? Lösen Sie die entsprechenden Aufgaben auf dem Arbeitsblatt unter QR-/Mediencode 06007-024 und bewerten Sie sich mithilfe der Tabelle rechts unten.

06007-024

Unter QR-/Mediencode 06007-025 finden Sie außerdem eine Lernanwendung zur digitalen Überprüfung der geforderten Kompetenzen.

06007-025

KOMPETENZ A: Die IUPAC-Nomenklaturregeln auf die Stoffklassen der Alkanole und Alkanale anwenden

A1 Benennen Sie die folgenden Verbindungen nach IUPAC und bestimmen Sie die Oxidationszahlen aller Atome in den Molekülen.

a)

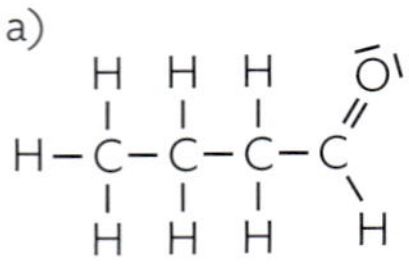

b)

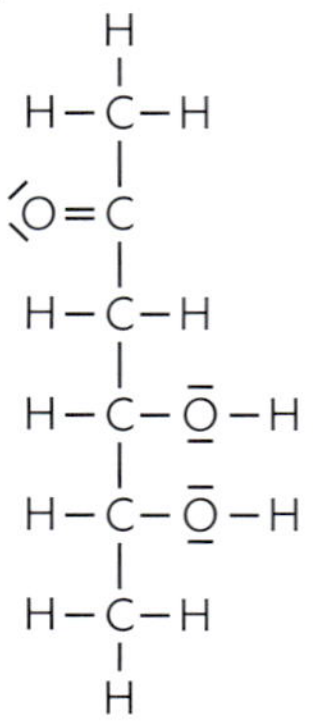

c)

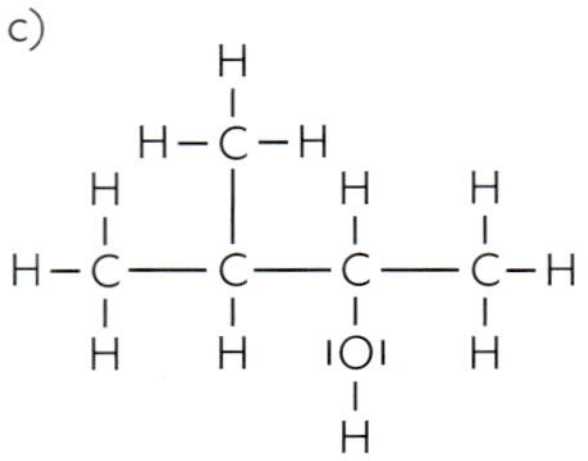

A2 Zeichnen Sie die LEWIS-Strukturformeln der folgenden Verbindungen.

a) Propan-2-ol
b) 3-Hydroxybutan-2-on
c) 2-Methylbutanal

KOMPETENZ B: Stoffeigenschaften aus Molekülstrukturen ableiten und begründen

B1 Obwohl es sich bei Butan-1,2,3,4-tetraol (Trivialname: Erythrit), Butan-1-ol und 2-Methylpropan-2-ol jeweils um Alkohole handelt, besitzen sie unterschiedliche Eigenschaften.

a) Zeichnen Sie die Halbstrukturformeln der drei Alkohole.
b) Ordnen Sie den Alkoholen die passenden Siedetemperaturen zu: 83 °C, 118 °C und 330 °C. Begründen Sie die unterschiedlichen Siedetemperaturen anhand der Molekülstrukturen.
c) Benennen Sie zwei weitere Eigenschaften, in denen sich die drei Alkohole unterscheiden.

B2 Isopropanol (Propan-2-ol) wird in vielen kosmetischen Produkten als Lösemittel und in der Industrie zur Herstellung von Aceton (Propanon) verwendet.

a) Stellen Sie die Reaktionsgleichung für die Reaktion von Propan-2-ol mit Kupfer(II)-oxid zu Propanon auf.
b) Begründen Sie die Verwendung von Aceton als Lösemittel.

KOMPETENZ C: Eigenschaften von Carbonsäuren aufgrund ihrer Strukturmerkmale erklären

C1 Zeichnen Sie diejenige funktionelle Gruppe, die alle Carbonsäuren gemeinsam haben und beschreiben Sie, aus welchen funktionellen Untereinheiten sie aufgebaut ist.

C2 Innerhalb der homologen Reihe der Alkansäuren nimmt die Wasserlöslichkeit von Methansäure bis zur Decansäure ab, die Löslichkeit in Benzin nimmt hingegen zu. Begründen Sie diesen Sachverhalt.

C3 Begründen Sie, dass Essigsäure eine höhere Siedetemperatur als Ethanol hat.

KOMPETENZ D: Die Bildung von Estern mithilfe von Reaktionsgleichungen beschreiben

D1 Die Moleküle eines nach Birne riechenden Esters haben die folgende LEWIS-Strukturformel.

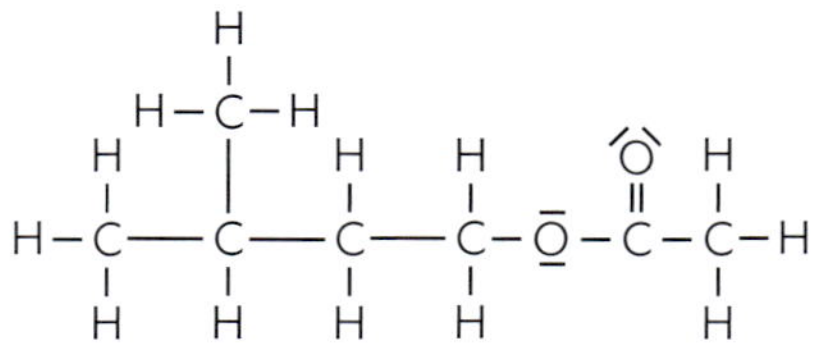

Benennen Sie die Edukte, aus denen dieser Ester hergestellt wurde und zeichnen Sie deren Halbstrukturformeln.

D2 Propansäure wird mit Butan-1-ol verestert.
a) Formulieren Sie die Reaktionsgleichung unter Verwendung von LEWIS-Strukturformeln mit allen bindenden und nichtbindenden Elektronenpaaren.
b) Erläutern Sie die Bildung von Wasser-Molekülen bei dieser Reaktion.
c) Benennen Sie den Reaktionstyp und geben Sie den Namen der Rückreaktion an.
d) LK Beschreiben Sie den Mechanismus der Estersynthese.

KOMPETENZ E: Den Aufbau und die Wirkung von Tensiden beschreiben

E1 Beschreiben Sie den prinzipiellen Aufbau eines Tensids sowie die charakteristischen Eigenschaften der Tensid-Teile.

E2 Beschreiben Sie die Herstellung von Seife aus natürlichen Fetten.

E3 Wasser bildet beim Aufbringen auf ein Stück Stoff Tropfen. Eine Tensidlösung hingegen benetzt den Stoff. Erklären Sie den Unterschied.

E4 Erläutern Sie die Waschwirkung von Tensiden bei der Reinigung fettverschmutzter Kleidung.

KOMPETENZ F: Den Reaktionsmechanismus der nucleophilen Substitution erklären LK

F1 Kreuzen Sie die richtigen Aussagen zur nucleophilen Substitution an.
- Beim monomolekularen Mechanismus der nucleophilen Substitution wird ein Carbenium-Ion als Zwischenprodukt gebildet.
- Hydrophile Lösungsmittel begünstigen einen bimolekularen Mechanismus.
- Bei der Reaktion nach S_N1-Mechanismus ist der Angriff des Nucleophils und die Bindung als neuer Substituent der geschwindigkeitbestimmende Schritt.
- Im Reaktionsverlauf des S_N2-Mechanismus bildet sich nach Angriff des Nucleophils ein Übergangszustand aus.
- Eine Austrittsgruppe wird bei der nucleophilen Substitution umso leichter abgespalten, je stärker seine Polarisierbarkeit ist.

F2 2-Brompropan wird mit Natronlauge zur Reaktion gebracht.
a) Formulieren Sie die Reaktionsgleichung.
b) Geben Sie für die Reaktion jeweils die Schritte beim S_N1- bzw. S_N2-Mechanismus mit LEWIS-Strukturformeln an.
c) Nennen Sie Möglichkeiten, den Reaktionsverlauf nach S_N1- bzw. S_N2-Mechanismus zu begünstigen.

Vergleichen Sie ihre Antworten mit den Lösungen auf Seite 535 ff. und kreuzen Sie auf dem Arbeitsblatt an.

Kompetenz	ja	nein	zum Nachlesen
A Die IUPAC-Nomenklaturregeln auf die Stoffklassen der Alkanole und Alkanale anwenden	?	?	S. 92 – 95, 104 – 106
B Stoffeigenschaften aus Molekülstrukturen ableiten und begründen	?	?	S. 115
C Eigenschaften von Carbonsäuren aufgrund ihrer Strukturmerkmale erklären	?	?	S. 110 – 111
D Die Bildung von Estern mithilfe von Reaktionsgleichungen beschreiben	?	?	S. 120 – 122
E Den Aufbau und die Wirkung von Tensiden beschreiben	?	?	S. 126 – 129
F Den Reaktionsmechanismus der nucleophilen Substitution erklären	?	?	S. 98 – 101

Klausuraufgaben

T1 Methanol

Schon im Alten Ägypten benutzten die Menschen zur Einbalsamierung ihrer Toten ein Substanzgemisch, das unter anderem giftiges Methanol enthielt. Bei der alkoholischen Gärung entstehen neben Ethanol als Nebenprodukte sogenannte Begleitalkohole bzw. Fuselalkohole. Häufig ist in diesen verunreinigten Fuselalkoholen auch Methanol zu finden. Dieses wird im menschlichen Körper zum hoch giftigen Methanal (Formaldehyd) umgewandelt, welches, anders als Ethanal, vom menschlichen Körper nicht weiter abgebaut werden kann (vgl. S. 106). Methanal kann Proteine miteinander vernetzen und stoppt die Fäulnis von Gewebeproben. Dies macht sie dauerhaft haltbar (**B1**).

B1 In Formaldehydlösung eingelagerte Präparate

AUFGABEN

A1 Definieren Sie den Begriff Alkanol und schlussfolgern Sie, ob man diesem den Begriff Alkohol gleichsetzen kann.

A2 Vergleichen Sie die Struktur und Eigenschaften von Methanol CH_3OH und Natriumhydroxid $NaOH$. Planen Sie zwei Experimente, durch die man beweisen kann, dass die strukturellen Besonderheiten im Aufbau beider Stoffe nicht identisch sein können.

A3 Im Modellsport werden z. B. Flugzeugmodelle mit Verbrennungsmotoren häufig mit methanolhaltigem Kraftstoff betrieben. Entwickeln Sie die Reaktionsgleichung für die vollständige Verbrennung von Methanol und benennen Sie den Reaktionstyp.

A4 Die elektromagnetische Strahlung einer Mikrowelle wird durch Speisen und Getränke absorbiert, wodurch polare Molekülteile in Schwingung versetzt und Speisen und Getränke erwärmt werden. Erklären Sie die folgende Aussage:
„Hochprozentige alkoholische Getränke dürfen nicht im Mikrowellenherd erhitzt werden."

A5 Formulieren Sie eine begründete Vermutung über die Rolle von Methanol im Substanzgemisch zur Einbalsamierung der Toten in der Antike.

T2 Carbonylverbindungen

Beim Destillieren eines Gemisches aus Alkohol, Schwefelsäure und Mangandioxid entdeckte CARL WILHELM SCHEELE 1781 einen neuen Stoff. JUSTUS VON LIEBIG stellte diesen Stoff auf verschiedene Weisen dar, beschrieb seine Eigenschaften, erkannte, dass es sich dabei um ein Oxidationsprodukt (Dehydrierungsprodukt) des Alkohols handelt und führte 1835 die Bezeichnung Aldehyde ein.

AUFGABEN

A1 Die Elementaranalyse von LIEBIG ergab eine molare Masse von 44 g/mol und folgende Massenanteile an Elementen: $w(H) = 0{,}091$, $w(O) = 0{,}364$ und $w(C) = 0{,}545$. Bestimmen Sie die Summenformel der Verbindung.

A2 Die Carbonyl-Gruppe $>C=O$ ist stark polar. Bestätigen Sie dies durch eine Berechnung und leiten Sie zwei Eigenschaften von Carbonylverbindungen ab.

A3 Beschreiben Sie jeweils eine Möglichkeit der Synthese von Propanal und Propanon aus den entsprechenden Alkanolen. Formulieren Sie die Reaktionsgleichungen und benennen Sie den Reaktionstyp.

A4 In **B2** sind für fünf unverzweigte Carbonylverbindungen (Ⓐ – Ⓔ) mit den Summenformeln C_2H_4O, C_3H_6O und C_4H_8O Versuchsergebnisse und Siedetemperaturen dokumentiert. Ermitteln Sie begründet aus diesen Angaben die LEWIS-Strukturformeln der Verbindungen Ⓐ – Ⓔ.

Carbonylverbindung	Ⓐ	Ⓑ	Ⓒ	Ⓓ	Ⓔ
FEHLING-Probe	–	+	+	–	+
Siedetemperatur in °C	56	49	76	80	20

B2 Eigenschaften der unbekannten Carbonylverbindungen

T3 Methansäure – eine besondere Säure

B3 Brennnesseln enthalten Ameisensäure.

Der Trivialname von Methansäure ist Ameisensäure (lat. *acidum formicum* von *formica*, Ameise). Es handelt sich dabei um eine farblose, ätzende und in Wasser lösliche Flüssigkeit, die in der Natur vielfach von Lebewesen wie z. B. Ameisen, Quallen oder Skorpionen zu Verteidigungszwecken genutzt wird. Auch in den Brennhaaren der Brennnessel (**B3**) befindet sich ein Nesselgift, das u. a. Ameisensäure enthält. In geringen Mengen kommt sie auch im Bienenhonig vor. Imker und Imkerinnen setzen eine 60 %-ige Methansäurelösung zur Bekämpfung von Milben ein, da die Milben beim Kontakt mit der Säure absterben. Dadurch erhöht sich die Methansäurekonzentration im Honig geringfügig. Den Wissenschaftlerinnen und Wissenschaftlern der Universität Rostock ist es gelungen, Methansäure durch einen Katalysator bereits bei Raumtemperatur in Wasserstoff und Kohlenstoffdioxid zu zerlegen und damit Methansäure als Energiespeicher zu nutzen.

AUFGABEN

A1 Die charakteristischen Eigenschaften verschiedener organischer Verbindungsklassen beruhen auf den funktionellen Gruppen in den Molekülen. Geben Sie die allgemeinen Summenformeln für Alkohole, Alkanale und Alkansäuren an. Kennzeichnen Sie jeweils die funktionellen Gruppen und benennen Sie diese.

A2 Erklären Sie unter Einbeziehung der Molekülstrukturen und intermolekularer Wechselwirkungen die Abstufung der Siedetemperaturen von Methan, Methanol, Methanal und Methansäure.

A3 Die Moleküle von Methanol und Methansäure enthalten jeweils eine Hydroxy-Gruppe. Die beiden Verbindungen unterscheiden sich in ihrem Verhalten gegenüber Wasser. Erklären Sie diesen Sachverhalt.

A4 Entwickeln Sie die Reaktionsgleichungen für die einzelnen Reaktionsschritte der Wege Ⓐ und Ⓑ zur Darstellung von Methansäure in **B4**.

A5 Formulieren Sie die Reaktionsgleichung für die katalysierte Zersetzung von Methansäure. Beurteilen Sie die folgende Aussage: „Zur Produktion von Wasserstoff ist Methansäure aus ökonomischer und ökologischer Sicht besser geeignet als Wasser."

A6 Begründen Sie, welche Schutzmaßnahmen ein Imker oder eine Imkerin beim Umgang mit Methansäure treffen muss. Der von behandelten Bienen erzeugte Honig darf noch als „Honig ohne fremde Zusätze" verkauft werden. Nehmen Sie zu dieser Aussage Stellung.

A7 Beim Erwärmen von Methansäure mit Ethanol in Gegenwart von Schwefelsäure entsteht eine angenehm duftende Verbindung. Formulieren Sie die Reaktionsgleichung für diese Reaktion. Erläutern Sie die Rolle der Schwefelsäure.

A8 Gedankenexperiment: Ammoniakalische Silbernitratlösung wird mit
a) Methansäurelösung (Reagenzglas A) und
b) Ethansäurelösung (Reagenzglas B)
versetzt und im Wasserbad vorsichtig erhitzt. Nach einigen Minuten bildet sich im Reagenzglas A ein Silberspiegel an der Reagenzglasinnenwand. Im Reagenzglas B wird keine Veränderung festgestellt. Begründen Sie anhand der Molekülstruktur das unterschiedliche Verhalten der beiden Säuren.

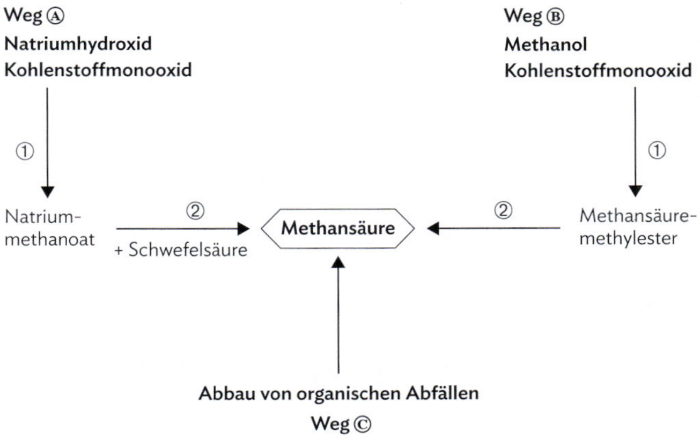

B4 Unterschiedliche Synthesewege für Methansäure

3 Naturstoffe

06007-026

Arbeitsblatt unter QR-/Mediencode 06007-026

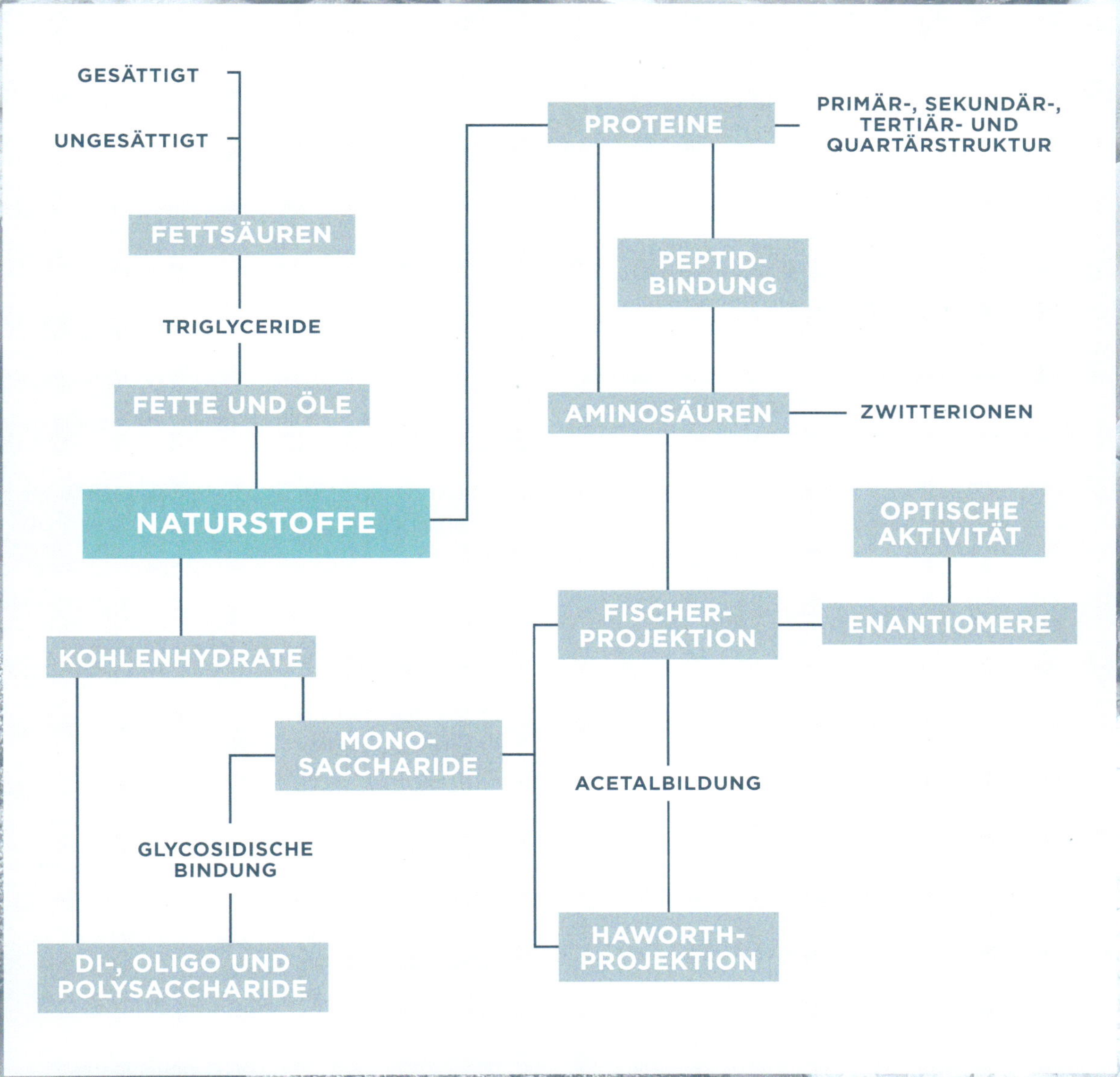

Startklar?

Schätzen Sie Ihre Kompetenz in den Bereichen A bis E ein und prüfen Sie sich anhand der entsprechenden Aufgaben (Arbeitsblatt unter QR-/Mediencode 06007-027).

06007-027

Unter QR-/Mediencode 06007-028 finden Sie außerdem eine Lernanwendung zur digitalen Überprüfung der geforderten Kompetenzen.

06007-028

Kompetenz	sehr gut	gut	schwierig
A Organische Stoffklassen anhand funktioneller Gruppen und Strukturelemente zuordnen	?	?	?
B Zwischenmolekulare Wechselwirkungen beschreiben und erklären	?	?	?
C Struktur-Eigenschafts-Beziehungen erläutern	?	?	?
D Kondensation und Hydrolyse erläutern	?	?	?
E Nachweismethoden organischer Stoffklassen anwenden	?	?	?

KOMPETENZ A: Organische Stoffklassen anhand funktioneller Gruppen und Strukturelemente zuordnen

A1 Identifizieren Sie in den angegebenen Strukturformeln funktionelle Gruppen bzw. Strukturelemente und benennen Sie diese. Ordnen Sie die Moleküle dann organischen Stoffklassen zu.

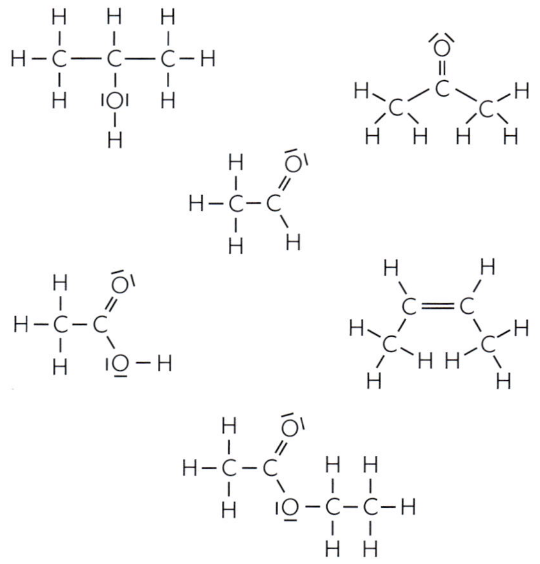

A2 Entwickeln Sie die Strukturformeln folgender Verbindungen und kennzeichnen Sie jeweils die funktionelle Gruppe.

a) Butan-2-ol
b) Propanal
c) Propanon
d) Ethan-1,2-diol
e) Methansäure
f) 2,3-Dihydroxybutansäure

KOMPETENZ B: Zwischenmolekulare Wechselwirkungen beschreiben und erklären

B1 Nennen Sie Arten der zwischenmolekularen Wechselwirkungen und ordnen Sie diese nach ihrer Stärke.

B2 Geben Sie die Art der zwischenmolekularen Wechselwirkungen an, die zwischen folgenden Molekülen wirken:
a) Wasser-Moleküle
b) Ammoniak-Moleküle
c) Methan-Moleküle
d) Propan-1,2,3-triol-Moleküle
e) Essigsäure-Moleküle

KOMPETENZ C: Struktur-Eigenschafts-Beziehungen erläutern

C1 Mit zunehmender Kettenlänge der Moleküle der homologen Reihe steigen die Schmelz- und Siedetemperaturen der Alkane. Erklären Sie diesen Sachverhalt.

C2 Erläutern Sie, dass Hexan bei Raumtemperatur flüssig und Dodecan zähflüssig ist.

C3 Zeichnen Sie die Strukturformeln der Isomere des Pentans. Ordnen Sie diese begründet in der Reihenfolge steigender Siedetemperaturen .

C4 Untereinander sind Alkane bei gleichem Aggregatzustand in jedem Verhältnis mischbar. Alkane sind lipophil bzw. hydrophob. Geben Sie eine allgemeine Regel für diesen Sachverhalt an .

C5 Pentan löst sich in Heptan, jedoch nicht in Wasser. Erklären Sie diesen Sachverhalt.

KOMPETENZ D: Kondensation und Hydrolyse erläutern

D1 Definieren Sie Kondensation und Hydrolyse.

D2 Erläutern Sie, dass es sich bei der Esterspaltung um eine Hydrolyse handelt.

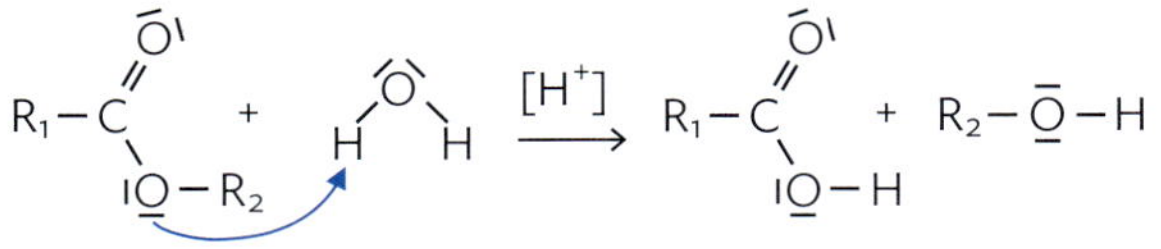

D3 Formulieren Sie Reaktionsgleichungen für die folgenden Kondensationsreaktionen:
a) Reaktion von 2-Methylpropansäure und Methanol
b) Bildung von Essigsäureethylester
Benennen Sie die Edukte und Produkte.

KOMPETENZ E: Nachweismethoden organischer Stoffklassen anwenden

E1 Nach Zugabe von Bromwasser zu einer farblosen nichtwässrigen Flüssigkeit bilden sich zwei Phasen. Erklären Sie, wie man verfahren kann, um zu testen, ob es sich bei der nichtwässrigen Phase um ein Alkan handelt.

E2 Mit Propanal wird in einem Reagenzglas die TOLLENS-Probe und in einem weiteren Reagenzglas die FEHLING-Probe durchgeführt. In einem der Reagenzgläser beobachtet man einen rotbraunen Niederschlag, an der Innenwand des anderen Reagenzglases bildet sich ein Silberspiegel. Eine Blindprobe mit Wasser zeigt keine Veränderung.
a) Ordnen Sie die Beobachtungen den jeweiligen Proben zu.
b) Benennen Sie die Stoffklasse, die mit den Proben nachgewiesen wurde.
c) Geben Sie jeweils das organische Reaktionsprodukt an, das bei den Nachweismethoden gebildet wird. Benennen Sie jeweils den Reaktionstyp.

E3 Ethen reagiert mit elementarem Brom. Beschreiben Sie die zu erwartende Beobachtung. Erläutern Sie unter Angabe der Reaktionsgleichung und des Reaktionstyps die Eignung dieser Reaktion als Nachweisreaktion für Verbindungen mit dem Strukturmerkmal von Ethen.

Vergleichen Sie Ihre Antworten mit den Lösungen auf den Seiten 537 ff. und geben Sie sich die entsprechende Punktzahl.

Kompetenz	sehr gut	gut	schwierig	zum Nachlesen
A Organische Stoffklassen anhand funktioneller Gruppen und Strukturelemente zuordnen	24 – 18	17 – 12	11 – 7	S. 25, 120
B Zwischenmolekulare Wechselwirkungen beschreiben und erklären	10 – 8	7 – 5	4 – 2	S. 23, 40 – 41
C Struktur-Eigenschafts-Beziehungen erläutern	17 – 14	13 – 9	8 – 4	S. 44 – 45
D Kondensation und Hydrolyse erläutern	12 – 10	9 – 7	6 – 3	S. 120 – 122
E Nachweismethoden organischer Stoffklassen anwenden	14 – 11	10 – 7	6 – 3	S. 27, 53

3.1 Spiegelbildisomerie und optische Aktivität

In Joghurt ist häufig als Inhaltsstoff rechtsdrehende Milchsäure angegeben, die von lebenden Joghurtkulturen erzeugt wird. Was bedeutet rechtsdrehend? Gibt es auch eine linksdrehende Milchsäure? Was dreht sich eigentlich bei rechts- oder linksdrehender Milchsäure? Ist eine ungesünder als die andere?

3.1.1 Versuche und Material

M Bild oder Spiegelbild? – Das ist hier die Frage.

In Sauermilchprodukten wie z. B. Buttermilch oder Joghurt ist Milchsäure enthalten. Doch Milchsäure ist nicht gleich Milchsäure. Es gibt die sogenannte D-Milchsäure und L-Milchsäure. Worin unterscheiden sich die Moleküle dieser beiden Formen?

M1 Bauen Sie mit dem Molekülbaukasten ein Modell des Milchsäure-Moleküls (2-Hydroxypropansäure-Molekül). Versuchen Sie ein zweites Modell des Milchsäure-Moleküls zu bauen, welches sich vom ersten unterscheidet. Die Konstitution (Reihenfolge der Verknüpfung der Atome im Molekül) der Moleküle muss dabei erhalten bleiben.

M2 Bauen Sie mit dem Molekülbaukasten ein Modell des Glycerinaldehyd-Moleküls (2,3-Dihydroxypropanal-Molekül).

AUSWERTUNG

a) Vergleichen Sie Ihre Milchsäure-Moleküle aus **M1**.
b) Informieren Sie sich auf S. 150 über die FISCHER-Projektion. Zeichnen Sie beide Milchsäure-Moleküle aus **M1** in dieser Darstellung.
c) Zeichnen Sie das Molekül des Glycerinaldehyds aus **M2** in der FISCHER-Projektion.
d) Bestimmen Sie, ob es sich bei **M2** um das Molekül des D- oder L-Glycerinaldehyds handelt (vgl. S. 148).

V Rechtsdrehend oder linksdrehend? LK

Bei der Milchsäure, aber auch bei den Kohlenhydraten, wie der Glucose und der Fructose, unterscheidet man die rechtsdrehenden von den linksdrehenden Formen. Was bedeutet dies und was wird hier eigentlich gedreht?

V3 Stellen Sie durch Lösen von 50 g α-D-Glucose in 200 mL destilliertem Wasser eine 200 mL D-Glucoselösung her und füllen Sie damit einen Zylinder 20 cm hoch. Platzieren Sie das Polarimeter auf einem eingeschalteten Tageslichtprojektor oder einer anderen Lichtquelle und stellen Sie den Analysator (vgl. **B1**) so ein, dass bei der Anzeige 0 Grad kein Lichtfleck auf der Projektionsfläche zu sehen ist und vollständige Dunkelheit herrscht. Bringen Sie den Zylinder mit der α-D-Glucoselösung in den Strahlengang des Polarimeters und beobachten Sie die Projektionswand. Drehen Sie den Analysator so, dass der Lichtfleck wieder ganz verschwindet (**B1** auf S. 152). Lesen Sie den Drehwinkel der α-D-Glucoselösung ab.

V4 Stellen Sie durch Lösen von 50 g D-Fructose in 200 mL destilliertem Wasser eine 200 mL D-Fructoselösung her und füllen Sie damit einen Zylinder 20 cm hoch. Verfahren Sie wie in **V3** beschrieben und bringen Sie die Lösung in den Strahlengang (**B1** auf S. 152). Lesen Sie den Drehwinkel der D-Fructoselösung ab.

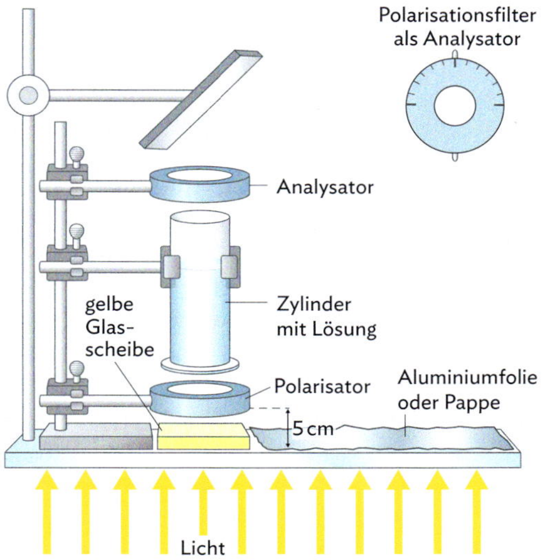

B1 Polarimetrie mit Tageslichtprojektor und gelbem Licht (λ = 600 nm). Bei der Bezeichnung optisch aktiver Substanzen gibt man die Richtung, in die sie die Ebene des polarisierten Lichts drehen, mit (+) bzw. (−) an. Eine Drehung im Uhrzeigersinn bei Blick in Richtung zur Lichtquelle bezeichnet man mit (+), bzw. als rechtsdrehend.

AUSWERTUNG

a) Vergleichen Sie ihr Ergebnis aus **V3** mit den in der Tabelle **B2** (S. 153) angegebenen Drehwinkeln. Stellen Sie eine Vermutung auf, die erklärt, worauf Unterschiede in den Drehwinkeln zurückzuführen sein könnten.

b) Vergleichen Sie ihr Ergebnis aus **V4** mit dem Drehwinkel der α-D-Glucoselösung aus **V3**.

c) Rechtsdrehende Substanzen drehen die Schwingungsebene des in der Apparatur erzeugten polarisierten Lichts (S. 152) im Uhrzeigersinn, d. h. vom Betrachter aus gesehen nach rechts und werden mit (+) gekennzeichnet. Linksdrehende Substanzen, die die Schwingungsebene des polarisierten Lichts gegen den Uhrzeigersinn und damit vom Betrachter aus nach links drehen, kennzeichnet man mit (−).
Erläutern Sie mithilfe Ihrer Ergebnisse aus **V3** und **V4**, ob man aus der Zugehörigkeit zur D- oder L-Form einer Substanz ableiten kann, ob diese rechtsdrehend oder linksdrehend ist.

d) Planen Sie eine Versuchsreihe mit dem Polarimeter aus **B1**, mit der man rechtsdrehende von linksdrehender Milchsäure unterscheiden kann.

e) Erläutern Sie den Strukturunterschied zwischen rechts- und linksdrehender Milchsäure.

ENTSORGUNG A

3.1.2 Spiegelbildisomerie

06002-156
Lernanwendung zu den verschiedenen Formen von Isomerie unter QR-/Mediencode 06002-156

Enantiomere

1848 beobachtete der französische Chemiker und Mikrobiologe LOUIS PASTEUR, dass einige chemische Verbindungen in zwei verschiedenen Formen vorkommen: so auch die Milchsäure (2-Hydroxypropansäure).
Baut man verschiedene Modelle eines Milchsäure-Moleküls (**M1**, **B1**) und vergleicht diese miteinander, so stellt man fest, dass sich nicht alle Modelle zur Deckung bringen lassen und deshalb nicht identisch sein können. Es existieren zwei Milchsäure-Moleküle, die sich wie Bild und Spiegelbild verhalten (**B1**). Man bezeichnet sie als **chirale** Moleküle (griech. *cheir*, Hand). Dieses Phänomen finden wir auch im Alltag (**B2**): Hände und Füße sind **chiral**. Von chiralen Molekülen existieren zwei **Spiegelbildisomere** oder **Enantiomere** (griech. *enantios*, entgegengesetzt). Diese Art der räumlichen Isomerie bezeichnet man auch als **Stereoisomerie**.
Chiralität liegt dann vor, wenn in einem Molekül an ein Kohlenstoff-Atom vier unterschiedliche Substituenten gebunden sind. Ein solches Kohlenstoff-Atom bezeichnet man als **asymmetrisch substituiertes Kohlenstoff-Atom** oder **Chiralitätszentrum**. Es wird als C* gekennzeichnet. Im Beispiel des Milchsäure-Moleküls trägt das asymmetrisch substituierte Kohlenstoff-Atom ein Wasserstoff-Atom, eine Methyl-Gruppe, eine Hydroxy-Gruppe und eine Carboxy-Gruppe (**B1**).
Auch bei Glycerinaldehyd handelt es sich um eine chirale Verbindung mit einem Chiralitätszentrum. Mit dem Molekülbaukasten können zwei Enantiomere gebaut werden (**M2**, **B3**), die sich wie Bild und Spiegelbild verhalten.

Im Gegensatz zu Stereoisomeren unterscheidet sich bei der **Strukturisomerie** die Reihenfolge der Atome im Molekül.

Diastereomere

Moleküle, die vier asymmetrisch substituierte Kohlenstoff-Atome tragen, z. B. Glucose-Moleküle (**B3**), besitzen $2^4 = 16$ Chiralitätszentren und damit 16 Stereoisomere, wobei sich je zwei Moleküle zueinander wie Bild und Spiegelbild verhalten. Die Stereoisomere, die sich nicht wie Bild und Spiegelbild verhalten, nennt man **Diastereomere**. Sie treten immer dann auf, wenn Moleküle mehrere Chiralitätszentren haben. Bei Molekülen mit z Chiralitätszentren gibt es maximal 2^z Stereoisomere.

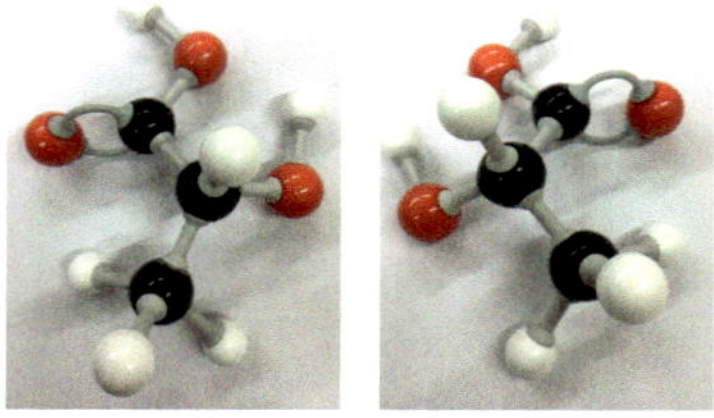

B1 Zwei Milchsäure-Moleküle, die sich wie Bild und Spiegelbild verhalten

Zur Unterscheidung von Enantiomeren wird dem Molekülnamen ein D bzw. L vorangestellt.
→ **FM** S. 150

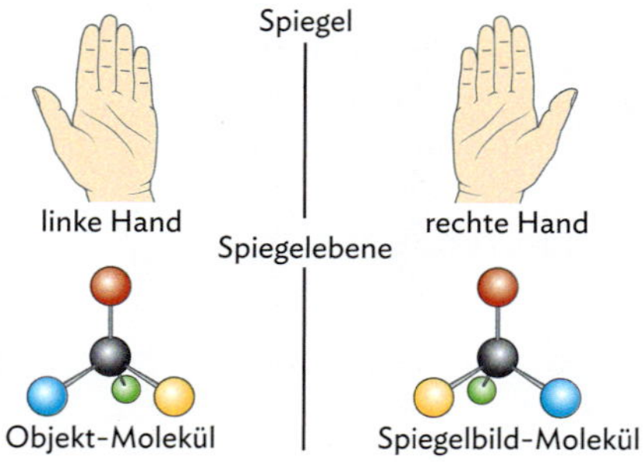

B2 Die linke und die rechte Hand sind chirale Objekte.

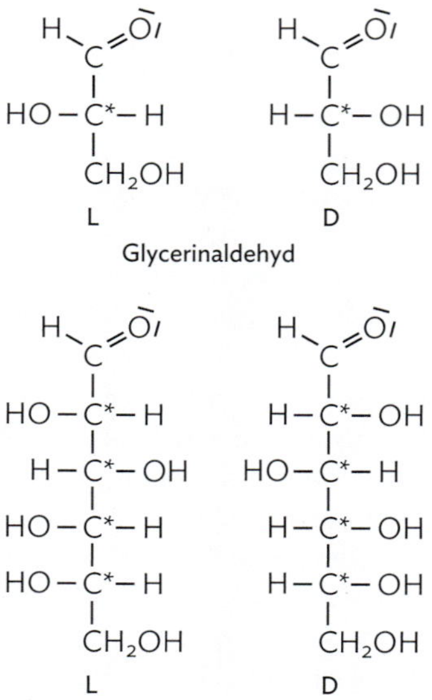

B3 Stereoisomere von Glycerinaldeyd- und Glucose-Molekülen

Meso-Formen

Das Molekül der Weinsäure (2,3-Dihydroxybutandisäure) besitzt zwei asymmetrisch substituierte Kohlenstoff-Atome (**B4**). Demnach müssten $2^2 = 4$ Stereoisomere existieren. Baut man jedoch die zugehörigen Molekülmodelle, stellt man fest, dass zwei davon identisch sind, da sie in Überdeckung gebracht werden können.
Diese Moleküle sind symmetrisch gebaut und trotz zweier asymmetrisch substituierter Kohlenstoff-Atome nicht chiral. Man bezeichnet diese Form der Weinsäure auch als **Meso-Weinsäure**. Die Moleküle der D-Weinsäure und der L-Weinsäure sind dagegen nicht symmetrisch gebaut und damit chiral. Es handelt sich um Enantiomere.

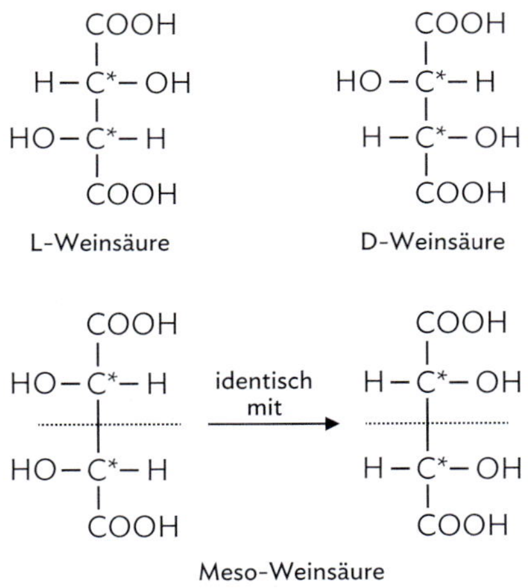

B4 Isomere Weinsäure-Moleküle

Wechselwirkungen mit anderen chiralen Molekülen

Enantiomere unterscheiden sich in ihren Wechselwirkungen mit anderen chiralen Molekülen. Dies kann Unterschiede in ihrem Verhalten in biochemischen Reaktionen hervorrufen. Spiegelbildisomere können im Körper auch unterschiedliche toxikologische oder pharmakologische Wirkungen haben und sogar sensorisch unterschiedliche Sinneswahrnehmungen auslösen. So beruht ein Zitronenduft auf L-Limonen-Molekülen im Stoff, während Duft nach Orangen von deren Spiegelbild, den D-Limonen-Molekülen, verursacht wird (**B5**).

B5 Enantiomere von Limonen-Molekülen: L-Limonen (Zitronenduft) und D-Limonen (Orangenduft)

Moleküle, die sich wie Bild und Spiegelbild verhalten, nennt man Spiegelbildisomere oder Enantiomere.

Kohlenstoff-Atome mit vier verschiedenen Substituenten heißen asymmetrisch substituierte Kohlenstoff-Atome (Chiralitätszentren) und werden als C* gekennzeichnet.

Stereoisomere, die keine Enantiomere sind, bezeichnet man als Diastereomere.

AUFGABEN

A1 Begründen Sie, dass es von Milchsäure zwei Enantiomere, die D- und die L-Milchsäure-Moleküle, gibt.

A2 Recherchieren Sie nach zwei Beispielen von Stoffen, deren Enantiomere unterschiedliche physiologische Wirkungen haben.

3.1.3 FISCHER-Projektionsformeln zeichnen

Betrachtet man den räumlichen Bau eines Milchsäure-Moleküls, erkennt man, dass dieses nicht in einer Ebene liegt, sondern dass das asymmetrisch substituierte Kohlenstoff-Atom tetraedrisch von vier verschiedenen Substituenten umgeben ist (**B1**). Zur räumlichen Darstellung von Molekülen verwendet man die **Keilstrich-Schreibweise**. Dabei symbolisieren fett gedruckte Keile dem Beobachter zugewandte Elektronenpaarbindungen, die aus der Papierebene herausragen, gestrichelte Keile symbolisieren Elektronenpaarbindungen, die hinter die Papierebene zeigen. Durch Striche dargestellte Elektronenpaarbindungen liegen in der zweidimensionalen Papierebene (**B1**).

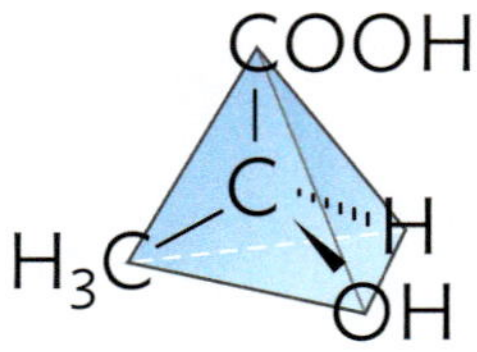

B1 Milchsäure-Molekül in der Keilstrich-Schreibweise mit räumlicher Orientierung der Substituenten und Verdeutlichung der tetraedrischen Struktur

Eine solche dreidimensionale räumliche Darstellung von Molekülen in die zweidimensionale Papierebene zu übertragen, stellt eine zeichnerische Herausforderung dar. Um die räumlichen Strukturen der Spiegelbildisomere in die Papierebene zu übertragen, benutzte FISCHER (vgl. Info EMIL FISCHER) das Schattenbild bzw. die Projektionsformeln der Moleküle (**B2**) und formulierte die rechts stehenden Regeln.

INFO

Der deutsche Nobelpreisträger **EMIL FISCHER** (1852–1919) entwickelte eine Vorgehensweise für die zweidimensionale Darstellung chiraler Moleküle, mit der sich Bild und Spiegelbild voneinander unterscheiden lassen. Die Darstellungsform wird ihm zu Ehren heute noch als FISCHER-Projektion bezeichnet.

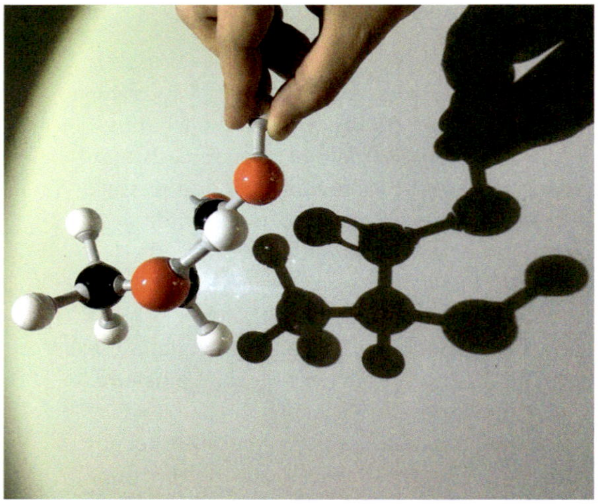

B2 Schattenbild des Milchsäure-Moleküls

Zeichnen Sie die FISCHER-Projektion des Milchsäure-Moleküls aus **B1**.

VORGEHEN

1. Zeichnen Sie das Molekül so, dass die längste Kohlenstoff-Kette senkrecht angeordnet ist (**B3**).

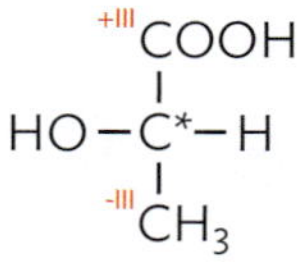

B3 Senkrechte Anordnung der längsten Kohlenstoff-Kette des Milchsäure-Moleküls

Das Kohlenstoff-Atom mit der höchsten Oxidationszahl befindet sich oben in der Kette.

2. Bringen Sie alle asymmetrisch substituierten Kohlenstoff-Atome nach und nach in die Papierebene (**B4**).

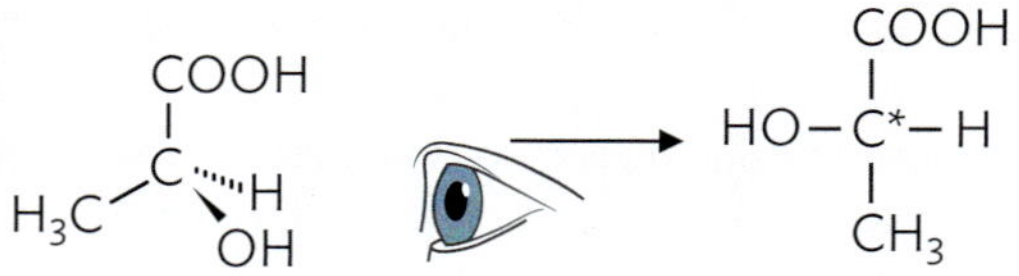

B4 Übertragung der asymmetrischen Kohlenstoff-Atome in die Papierebene

Betrachten Sie dabei ein asymmetrisch substituiertes Kohlenstoff-Atom so, dass die beiden senkrechten Bindungen vom Betrachter weg und die beiden seitlichen Bindungen zum Betrachter hin zeigen.

3. Befindet sich die funktionelle Gruppe am asymmetrisch substituierten Kohlenstoff-Atom auf der rechten Seite, gehört das Molekül zu den D-Enantiomeren (lat. *dexter*, rechts). Steht die funktionelle Gruppe links, zählt man das Molekül zu den L-Enantiomeren (lat. *laevus*, links).
   Bei der Milchsäure aus **B1** *handelt es sich um die L-Milchsäure.*
4. Besitzt ein Molekül mehrere asymmetrisch substituierte Kohlenstoff-Atome, treffen Sie die D/L-Zuordnung an dem asymmetrisch substituierten Kohlenstoff-Atom, welches am weitesten vom höchst oxidierten Kohlenstoff-Atom entfernt ist.

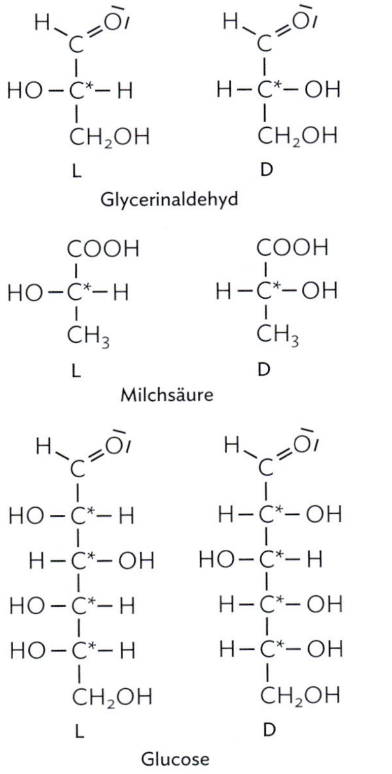

B5 FISCHER-Projektionsformeln der Enantiomere von Glycerinaldehyd-, Milchsäure- und Glucose-Molekülen

Bei der Benennung von Kohlenhydraten und Aminosäuren haben die FISCHER-Projektionsformeln eine große Bedeutung. Die D/L-Enantiomere unterscheiden sich dabei nur durch die Stellung der funktionellen Gruppe am Kohlenstoff-Atom, das sich am weitesten entfernt vom höchst oxidierten Kohlenstoff-Atom befindet (**B5**).
Die Bezeichnungen D- und L-Enantiomer sind in der FISCHER-Projektionsformel willkürlich gewählt, während es sich bei der Drehrichtung der Schwingungsebene von linear polarisiertem Licht um eine rein experimentell beobachtbare Eigenschaft handelt.
Aus der Bezeichnung D- bzw. L-Form lässt sich also nicht auf die Drehrichtung des linear polarisierten Lichts schließen (vgl. S. 152).

AUFGABEN

A1 Bauen Sie ein Molekülmodell des Alanin-Moleküls (2-Aminopropansäure). Zeichnen Sie beide Spiegelbildisomere in der FISCHER-Projektionsformel und benennen Sie diese.
Hinweis: Die Formel für die Amino-Gruppe lautet $-NH_2$.

A2 Zeichnen Sie die Enantiomere von 2,3-Dihydroxybutanal in der FISCHER-Projektionsformel. Kennzeichnen Sie alle asymmetrisch substituierten Kohlenstoff-Atome und benennen Sie die Moleküle.

A3 Bei der FISCHER-Projektionsformel von 3-Chlor-2-hydroxybutansäure stehen beide Substituenten auf der rechten Seite. Geben Sie an, um welches Isomer es sich hierbei handelt.

A4 Bestimmen Sie die Anzahl an Stereoisomeren bei 2,3,4-Trihydroxybutanal. Zeichnen Sie die FISCHER-Projektionsformeln der möglichen Enantiomerenpaare.

A5 Benennen Sie folgendes Molekül und zeichnen Sie das entsprechende Spiegelbildisomer in der FISCHER-Projektionsformel:

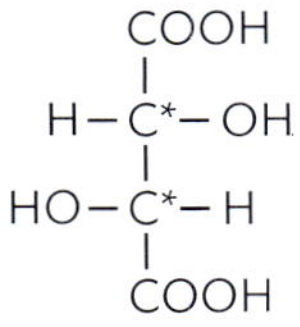

3.1.4 Optische Aktivität LK

Wechselwirkungen mit Licht

Enantiomere wie die L- und die D-Milchsäure haben aufgrund ihrer gleichen strukturellen Verknüpfung nahezu identische chemische und physikalische Eigenschaften. Sie verhalten sich jedoch gegenüber **linear polarisiertem Licht** (vgl. Info Linear polarisiertes Licht) unterschiedlich (**V3**, **V4**). Linear polarisiertes Licht verhält sich einerseits wie ein Strahl aus winzigen Teilchen (Photonen, Lichtquanten), andererseits wie eine Folge von elektromagnetischen Wellen, d.h. Schwingungen eines elektrischen und magnetischen Feldes. Bei unpolarisiertem Licht erfolgen die Schwingungen in allen Ebenen. Durch den Polarisationsfilter gelangt jedoch nur noch Licht einer Schwingungsebene. Chirale Moleküle sind **optisch aktiv**, d.h., dass sie die Schwingungsebene von linear polarisiertem Licht drehen. Daher spricht man auch von **optischen Isomeren**.
So dreht die L(+)-Milchsäure die Schwingungsebene von linear polarisiertem Licht nach rechts, während die D(-)-Milchsäure die Schwingungsebene von linear polarisiertem Licht um den gleichen Betrag nach links dreht.
Für Menschen ist die rechtsdrehende L(+)-Milchsäure ein natürliches Zwischenprodukt des Stoffwechsels. Sie wird mittels eines spezifischen Enzyms abgebaut. Die linksdrehende D(-)-Milchsäure wird im Organismus langsamer abgebaut, zu Gesundheitsschäden kommt es jedoch nicht. Lediglich Säuglinge sollten im ersten Lebensjahr keine linksdrehende Milchsäure aufnehmen, da ihr Stoffwechsel noch nicht voll ausgereift ist.
Ein 1:1-Gemisch aus Enantiomeren, wie der L(+)-Milchsäure und der D(−)-Milchsäure bezeichnet man als **Racemat**. Da sich die Drehrichtungen der beiden Enantiomere gegenseitig aufheben, sind Racemate optisch inaktiv.
Auch die meso-Weinsäure (**B4** auf S. 149) ist optisch inaktiv, da ihre Moleküle trotz vorhandener asymmetrisch substituierter Kohlenstoff-Atome nicht chiral sind.
Asymmetrisch substituierte Kohlenstoff-Atome führen also nicht zwingend zur optischen Aktivität. Auch das Racemat der D- und L-Weinsäure ist optisch inaktiv, während die Enantiomere, die D-Weinsäure und L-Weinsäure, optisch aktiv sind (**B4** auf S. 149, **B2**).

06002-158
Animation zur Wirkungsweise eines Polarisationsfilters unter QR-/Mediencode 06002-158

Polarimetrie

Die optische Aktivität kann mit einem **Polarimeter** untersucht werden (**B1**). Darin wird Licht durch einen **Polarisator** gelenkt, der nur eine Schwingungsebene des Lichtes durchlässt, es entsteht linear polarisiertes Licht. Steht ein zweiter Polarisator, der **Analysator**, im 90°-Winkel

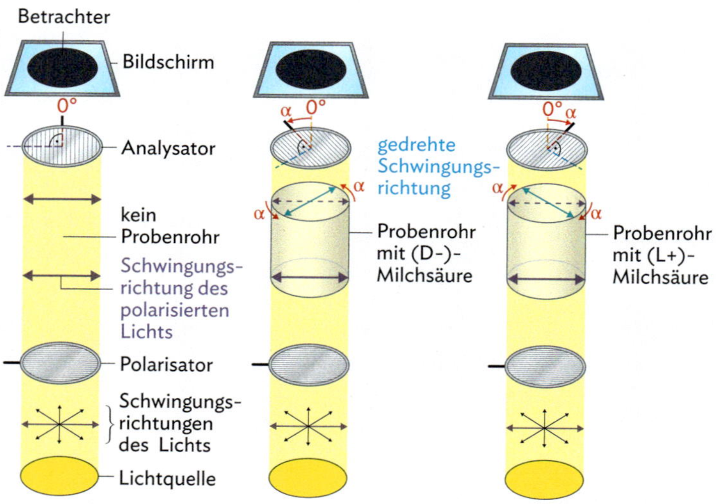

B1 Funktionsweise eines Polarimeters

zum Polarisator, wird kein Licht durchgelassen (Dunkelheit).
Bringt man nun wie in **B1** eine optisch aktive Substanz im Probenröhrchen, z. B. eine Lösung von Milchsäure, zwischen Polarisator und Analysator, so tritt eine Aufhellung ein. Dreht man den Analysator, bis wieder vollständige Dunkelheit herrscht, kann man ablesen, um welchen Winkel das polarisierte Licht durch die optisch aktive Lösung gedreht wurde. Der so bestimmte **Drehwinkel α** gibt den Wert an, um den eine optisch aktive Substanz die Schwingungsebene von linear polarisiertem Licht dreht.

Die Angabe des Drehwinkels erfolgt in Grad und bezieht sich auf eine bestimmte Temperatur, Konzentration der Probelösung, die Schichtdicke der Probe und eine definierte Wellenlänge des Lichts. Der Drehwinkel erhält je nach Drehrichtung ein positives oder ein negatives Vorzeichen (**B2**).

Der spezifische Drehwinkel α_{sp} ist eine charakteristische Größe für optisch aktive Verbindungen (**B2**). Es gilt der folgende Zusammenhang:

$$\alpha_{sp} = \frac{\alpha}{\beta \cdot l} \quad \text{in} \quad \frac{° \cdot cm^3}{g \cdot dm} = ° \cdot cm^3 \cdot g^{-1} \cdot dm^{-1}$$

Dabei ist α der gemessene Drehwinkel in °, β die Massenkonzentration der Lösung in $g \cdot cm^{-3}$ und l die Schichtdicke der Lösung in dm.

Verbindung	Spezifischer Drehwinkel in $° \cdot cm^3 \cdot g^{-1} \cdot dm^{-1}$
D(+)-Glucose	+ 52
α-D(+)-Glucose	+ 112
β-D(+)-Glucose	+ 19
D(–)-Fructose	– 92
Saccharose	+ 66
L(+)-Milchsäure	+ 3
D(–)-Milchsäure	– 3
L(+)-Weinsäure	+ 12
D(-)-Weinsäure	– 12

B2 Spezifischer Drehwinkel einiger wässriger Lösungen von Stoffen bei Verwendung von gelbem Licht (λ = 589 nm) bei 20 °C

Die Fähigkeit einer optisch aktiven Verbindung, die Schwingungsebene von linear polarisiertem Licht zu drehen, wird optische Aktivität genannt.
Bei optisch aktiven Stoffen unterscheidet man je nach Drehrichtung rechts- und linksdrehende Stereoisomere.
Von den Bezeichnungen der Spiegelbildisomere mit „D" und „L" lässt sich nicht auf die Drehrichtung des linear polarisierten Lichts schließen. Die Bezeichnung D- bzw. L-Form bezieht sich nur auf die Anordnung der Substituenten in der FISCHER-Projektionsformel.

AUFGABEN

A1 Auf Joghurtbechern wird oftmals mit rechtsdrehender Milchsäure geworben. Beurteilen Sie diese Aussage kritisch.

A2 Diskutieren Sie den Zusammenhang zwischen der Benennung der L- und D-Milchsäure und der Bezeichnung rechtsdrehende und linksdrehende Milchsäure.

A3 Ein 1:1-Gemisch aus L(+)-Alanin und D(–)-Alanin wird in ein Probenröhrchen gefüllt und in den Strahlengang eines Polarimeters gebracht. Erläutern Sie mithilfe von **B2**, welchen Drehwinkel Sie erwarten.

A4 In der Lebensmittelchemie wird die Polarimetrie zur Konzentrationsbestimmung von Zuckerlösungen verwendet. Erläutern Sie diese Tatsache.

A5 Begründen Sie, dass Propan-1,2,3-triol (Glycerin) im Gegensatz zu D- bzw. L-Weinsäure optisch inaktiv ist.

A6 Planen Sie eine Versuchsreihe mit dem Polarimeter aus B1, mit der man die Abhängigkeit des Drehwinkels von der Schichtdicke der Lösung experimentell überprüfen kann.

A7 Für eine α-D-Glucoselösung unbekannter Konzentration wird im Polarimeter (Probenrohrlänge = 1 dm) der Drehwinkel bestimmt. Der gemessene Drehwinkel beträgt +101°. Berechnen Sie die Massenkonzentration der eingesetzten Glucoselösung.

3.1.5 Molekülstrukturen digital zeichnen und darstellen

Die Vielfalt an organischen Verbindungen ist groß. Immer wieder stößt man bei der Benennung von LEWIS-Strukturformeln auf Probleme. Gerade bei komplexen Formeln fällt es schwer, sich den räumlichen Bau des dargestellten Moleküls vorzustellen. Spezielle Computerprogramme können hier weiterhelfen. Sie dienen neben Recherchezwecken auch der Veranschaulichung von Molekülen, z. B. in 3-D-Modellen. Die wichtigsten Grundfunktionen der verschiedenen Programme sind im Wesentlichen identisch. Sie sind für Desktop-PCs, Tablets und teilweise auch auf dem Smartphone verfügbar. Einfache Varianten lassen sich ohne Installation direkt im Internetbrowser abrufen. Unter QR-/Mediencode 06015-18 finden Sie passende Vorschläge.

06015-18

a) Molekülstrukturen mithilfe eines Computerprogramms zeichnen

Erstellen Sie die chemische Struktur eines Milchsäure-Moleküls (2-Hydroxypropansäure-Molekül) mithilfe eines Computerprogramms.

VORGEHEN

1. Zeichnen Sie zunächst eine Elektronenpaarbindung. Das Formelprogramm geht in der Regel automatisch davon aus, dass zwei Kohlenstoff-Atome miteinander verknüpft werden sollen. Wählen Sie ansonsten das gewünschte Atom-Symbol aus. Erweitern Sie das Molekül im Anschluss um weitere Elektronenpaarbindungen.
2. Verwenden Sie die Funktion „clean structure", wenn beim Zeichnen Wasserstoff-Atome im Molekül nicht automatisch ergänzt werden. Neben der Korrektur der räumlichen Darstellung werden auch fehlende Wasserstoff-Atome ergänzt. Komplexere Moleküle werden dabei in der Keilstrichschreibweise (vgl. S. 150) dargestellt. Fett gedruckte Keile bedeuten, dass die Atome oder Atomgruppen aus der Papierebene herausragen, wohingegen gestrichelte Keile Atome oder Atomgruppen beschreiben, die sich hinter der Papierebene befinden.
3. Wählen Sie im Menü unter „Tools" die Funktion zur Benennung des gezeichneten Moleküls aus. Diese verbirgt sich z. B. hinter der Bezeichnung „generate name for structure". Alternativ erstellen manche Programme ein ausführliches Datenblatt über das gezeichnete Molekül.
4. Lassen Sie sich das gezeichnete und benannte Molekül auch als 3-D-Animation anzeigen, um das Molekül zu drehen und von verschiedenen Seiten zu betrachten.

Symbolbeispiele	Bezeichnung	Beschreibung
	Elektronenpaarbindung	Mit diesem Tool erstellen Sie eine Elektronenpaarbindung. Durch Doppelklick erhalten Sie eine Doppelbindung. 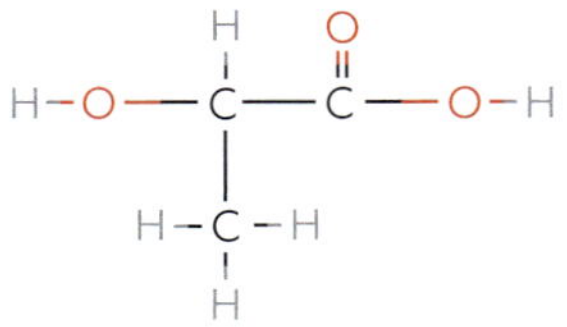
	„clean structure"	Ordnen Sie die Atome eines Moleküls räumlich korrekt an und ergänzen Sie ggf. fehlende Wasserstoff-Atome. 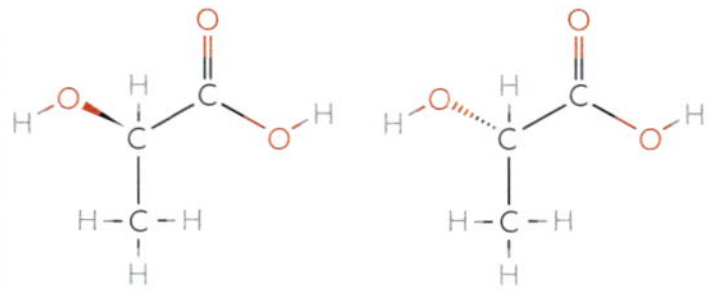 D-Milchsäure L-Milchsäure
	schwarzer Keil	Atome bzw. Atomgruppen am breiten schwarzen Keilende ragen aus der Papierebene heraus.
	gestrichelter Keil	Atome bzw. Atomgruppen am gestrichelten breiten Keilende zeigen hinter die Papierebene.
Tools ⌄	Struktur benennen	Wählen Sie im Menü des Computerprogramms unter der Bezeichnung „Tools" eine Funktion aus und lassen Sie sich mithilfe derer den Namen eines gezeichneten Moleküls anzeigen. **Systematic name** 2-hydroxypropanoic acid
2D to 3D	3-D-Anzeige	Dieses Tool ermöglicht das Betrachten einer LEWIS-Strukturformel als 3-D-Animation, z. B. im Kugelstabmodell (**B2** oben).

b) Informationen aus Moleküldarstellungen herauslesen

Moleküle lassen sich in den meisten Programmen dreidimensional in verschiedenen Modelltypen darstellen. Häufig wird zur dreidimensionalen Darstellung von organischen Molekülen das **Kugelstabmodell** verwendet. Die als verschiedenfarbige Kugeln dargestellten Atome sind über Stäbe, die die Elektronenpaarbindungen symbolisieren, miteinander verbunden (**B2** oben). Bindungswinkel lassen sich in diesem übersichtlichen Modell besonders gut erkennen. Da aber die unterschiedlichen Atomgrößen häufig kaum berücksichtigt sind, lassen sich keine genauen Aussagen über die äußere räumliche Gestalt des Moleküls treffen. Hierfür muss eine andere Darstellung gewählt werden.
Im **Kalottenmodell** werden die Atome raumfüllend, gemäß ihrer relativen Größe und Bindungslängen zueinander dargestellt (**B2** Mitte).
Im **Modell mit der ladungscodierten Elektronendichteoberfläche** (**B2** unten) zeigen die unterschiedlichen Farben die Ladungsverteilung auf der Moleküloberfläche an. Dabei kann die Bedeutung der Farben je nach Programm verschieden sein.
Untersuchen Sie die Struktur eines Alanin-Moleküls (2-Aminopropansäure-Molekül) mithilfe eines digitalen Programms.

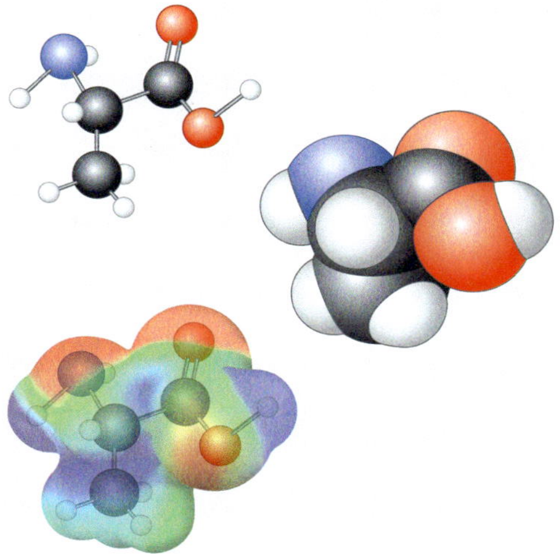

B2 Kugelstabmodell (oben), Kalottenmodell (Mitte) und Modell zur Elektronendichteoberfläche (unten) des Alanin-Moleküls (2-Aminopropansäure-Molekül)

VORGEHEN

1. Erstellen Sie die chemische Struktur eines Alanin-Moleküls mithilfe eines Computerprogramms wie unter **a)** beschrieben.
2. Lassen Sie sich das gezeichnete Molekül als 3-D-Modell anzeigen. Drehen Sie das Modell durch Bewegen der Maus mit gedrückter linker Maustaste, bis wichtige Details des Moleküls zu sehen sind. Je nach Programm müssen Sie dazu eine Schaltfläche aktivieren (z. B. „3-D Rotate").
3. Variieren Sie die Modelldarstellung des Moleküls. Probieren Sie dazu die entsprechenden Schaltflächen bzw. Menüeinträge des Programms aus. **B2** zeigt einige Beispiele für Darstellungsweisen.

AUFGABEN

A1 MK Vom Glycerinaldehyd-Molekül (2,3-Dihydroxypropanal-Molekül) existieren zwei Spiegelbildisomere. Zeichnen Sie mithilfe eines Formelprogramms die LEWIS-Strukturformeln beider Enantiomere und benennen Sie diese. Nutzen Sie dabei das Formelprogramm wie folgt: Übertragen Sie die Halbstrukturformeln in das Programm und führen Sie die „clean structure"-Funktion aus. Kontrollieren Sie anschließend Ihre Benennung mithilfe des Programms.

A2 MK Zeichnen Sie mithilfe eines Formelprogramms die Molekülstrukturen beider Spiegelbildisomere des Milchsäure-Moleküls (2-Hydroxypropansäure-Molekül). Lassen Sie sich die beiden Molekülstrukturen der Enantiomere mit dem Kugelstabmodell darstellen und vergleichen Sie diese im Hinblick auf ihren räumlichen Bau.

A3 MK Glycin und Alanin sind beides Aminosäuren. Suchen Sie in der Datenbank des Formelprogramms nach den Molekülstrukturen beider Aminosäuren.
a) Untersuchen Sie beide Moleküle auf ihre Chiralität und begründen Sie Ihre Ergebnisse.
b) Suchen Sie mögliche Enantiomere in der Datenbank des Formelprogramms und lassen Sie sich diese in der Keilstrichschreibweise und im Kugelstabmodell darstellen. Erläutern Sie strukturelle Unterschiede der Moleküle. Benennen Sie alle Molekülstrukturen und kontrollieren Sie anschließend Ihre Benennung mithilfe des Programms.

3.2 Aminosäuren und Proteine

Aminosäuren sind die Bausteine der Proteine. Muskeln, Haare und Nägel bestehen aus Proteinen. Sportler ergänzen deswegen ihre Ernährung häufig durch protein- oder aminosäurehaltige Präparate. Wie sind Aminosäuren und Proteine aufgebaut und wie kann man herausfinden, welche Lebensmittel Proteine enthalten?

3.2.1 Versuche und Material

V Aufbau und Eigenschaften von Aminosäuren

2 5 6 9

Aminosäuren werden auch als Aminocarbonsäuren bezeichnet. Welche funktionellen Gruppen kennzeichnen deren Moleküle und wie bestimmen diese Gruppen die Eigenschaften der Aminosäuren?

V1 Feuchten Sie in je einem Reagenzglas etwas Glycin (Aminoethansäure) und Alanin (2-Aminopropansäure) an. Fügen Sie anschließend je drei Plätzchen Natriumhydroxid hinzu. Erhitzen Sie die Reagenzgläser vorsichtig in der Brennerflamme. Halten Sie ein Stück angefeuchtetes Universalindikatorpapier über die Reagenzglasöffnungen und führen Sie vorsichtig eine Geruchsprobe durch.

V2 Geben Sie eine Spatelspitze Magnesiumpulver in eine Glycin- bzw. Alaninlösung und führen Sie mit dem entweichenden Gas die Knallgasprobe durch.

V3 Legen Sie je einige Kristalle von Glycin, Alanin, Lysin, Asparaginsäure und Arginin auf je ein befeuchtetes Universalindikatorpapier.

AUSWERTUNG

a) Leiten Sie aus Ihren Beobachtungen bei **V1** das Element der Aminosäure-Moleküle ab, das indirekt nachgewiesen wird. Formulieren Sie die Reaktionsgleichung für die am feuchten Universalindikatorpapier stattfindende chemische Reaktion.

b) Begründen Sie mithilfe von **V2** den Wortteil „-carbonsäure“ und nennen Sie die funktionelle Gruppe, die für die Beobachtungen verantwortlich ist.

c) Vergleichen Sie Ihre Erkenntnisse aus **V2** und **V3** und stellen Sie eine Hypothese auf, wie die unterschiedlichen pH-Werte aus **V3** zustande kommen.

d) Entwickeln Sie die LEWIS-Formeln von Glycin und Alanin.
Hinweis: Der Präfix "Amino-" steht für eine Aminogruppe ($-NH_2$).

ENTSORGUNG G1

V Dünnschichtchromatografischer Nachweis von Aminosäuren

Proteinshakes enthalten Aminosäuren oder Peptide, die aus bis zu 100 Aminosäure-Bausteinen bestehen. Wie kann man die Aminosäuren darin nachweisen?

V4 Geben Sie in zwei Erlenmeyerkolben je 0,3 g des Peptids Glutathion bzw. Parmesankäse. Fügen Sie 8 mL Wasser und 20 mL konz. Salzsäurelösung hinzu. Schütteln Sie und stellen Sie die Proben über Nacht mit gesichertem Schliffstopfen bei 100 °C in den Trockenschrank. Bringen Sie die so hydrolysierten Proben dann mit Natronlauge (c = 1 mol/L) auf pH = 5. Führen Sie anschließend eine dünnschichtchromatografische Trennung (DC) auf Kieselgel durch (Anleitung unter QR-/Mediencode 06007-029). Verwenden Sie passende Aminosä urelösungen zum Vergleich.

06007-029

AUSWERTUNG

Ermitteln Sie jeweils den Quotienten aus der Laufstrecke der Substanz und der Laufstrecke des Laufmittels (R_f-Wert = Retentionsfaktor, vgl. QR-/Mediencode 06022-101). Vergleichen Sie mit den R_f-Werten Ihrer Vergleichslösungen. Leiten Sie daraus die Aminosäuren in den Hydrolyseprodukten von Glutathion und Parmesan ab.

06022-101

ENTSORGUNG G1, G3

FM Aminosäuren und Proteine nachweisen LK

Wie weist man Aminosäuren und Proteine nach?

VORGEHEN

1. **Ninhydrinreaktion:** Versetzen Sie 3 mL der zu untersuchenden Lösung mit einer Spatelspitze Ninhydrin und erhitzen Sie im Wasserbad auf 80 °C. Mit einer Rot-/Violettfärbung werden Aminosäuren und Proteine nachgewiesen.
2. **Biuretreaktion:** Versetzen Sie 3 mL der zu untersuchenden Lösung mit 1 mL Natronlauge (c = 0,1 mol/L) und 10 Tropfen Kupfer(II)-sulfatlösung (c = 0,1 mol/L). Der Farbumschlag von hellblau nach violett ist ein positiver Nachweis auf Aminosäuren oder Proteine.
3. **Xanthoproteinreaktion:** 3 mL der zu untersuchenden Lösung werden mit 4 mL konz. Salpetersäurelösung versetzt. Mit einer Gelbfärbung werden Aminosäuren und Proteine mit aromatischen Bausteinen nachgewiesen.

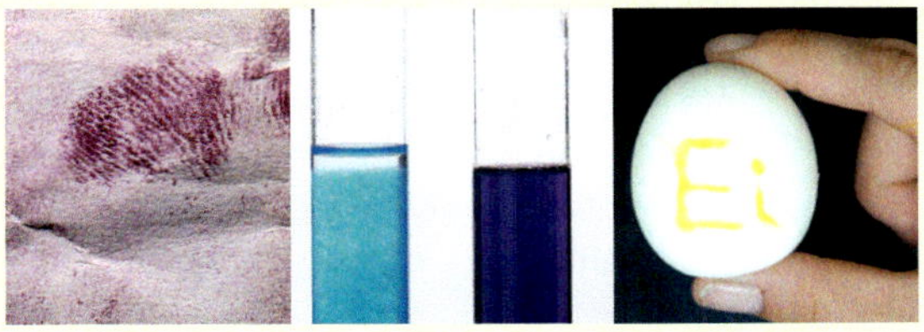

B1 Positive Ninhydrinreaktion; Biuretreaktion (links: negativ, rechts: positiv); positive Xanthoproteinreaktion

M Verknüpfung von Aminosäuren

M5 Zwei Aminosäure-Moleküle werden miteinander verknüpft, indem zwei funktionelle Gruppen unter Abspaltung eines kleineren Moleküls miteinander reagieren (**B2**).

AUSWERTUNG

a) Beschreiben Sie die Reaktion in **B2** mit Fachbegriffen und benennen Sie den Reaktionstyp.

b) Übernehmen Sie **B2** in Ihre Unterlagen und kennzeichnen Sie die Amino- und Carboxy-Gruppe und die neue Bindung farbig.

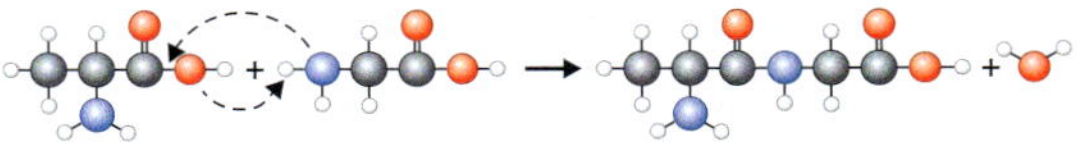

B2 Verknüpfung von zwei Aminosäure-Molekülen

3.2.2 Aufbau und Nachweis von Aminosäuren

Aminosäuren – Bausteine der Proteine

Proteine werden auch **Eiweiße** genannt und sind wichtige Baustoffe in unserem Körper. Muskeln, Haare und Fingernägel bestehen daraus. Sie sind auch als Hormone und Enzyme an vielen biochemischen Reaktionen im Organismus beteiligt. Erwachsene sollten täglich ca. 60 g Proteine mit der Nahrung zu sich nehmen. Zu den eiweißreichen Lebensmitteln gehören Käse, Ei, Fleisch, Fisch, Nüsse und Hülsenfrüchte.
Bei der Verdauung werden Proteine enzymatisch durch **Hydrolyse**, also Spaltung durch Reaktion mit Wasser, in ihre Bausteine, die **Aminosäuren**, aufgetrennt.

FISCHER-Projektionsformel → Kapitel 1.1.7

FM Eine Dünnschichtchromatografie durchführen LK

Führen Sie eine Dünnschichtchromatografie (DC) durch und ermitteln Sie die R_f-Werte.

VORGEHEN

1. Befüllen Sie die **Chromatografiekammer** ca. 1 cm hoch mit Laufmittel und verschließen Sie sie.
2. Zeichnen Sie auf der **DC-Platte** ca. 1,5 cm von einer kurzen Kante entfernt vorsichtig mit Bleistift die **Startlinie**. Tragen Sie das Gemisch und die **Vergleichssubstanzen** nebeneinander mit je einer Kapillare als Punkte (Ø 2 mm, Abstand 1,5 cm) auf diese Linie auf. Notieren Sie deren Reihenfolge.
3. Stellen Sie die DC-Platte in die Chromatografiekammer, wobei das Gemisch und die Vergleichssubstanzen nicht in das Laufmittel eintauchen dürfen. Verschließen Sie die Kammer.
4. Entnehmen Sie die DC-Platte, sobald die **Laufmittelfront** 1,5 cm unterhalb der oberen Kante angekommen ist. Markieren Sie mit einem Bleistift die Höhe der Laufmittelfront.
5. Vergleichen Sie die **Laufstrecken** der Vergleichssubstanzen mit den Laufstrecken der Gemischkomponenten auf der DC-Platte (**Chromatogramm**), um die Komponenten des Gemischs zu identifizieren.
6. Bestimmen Sie ggf. zusätzlich die **R_f-Werte** der Substanzen des Chromatogramms. Dividieren Sie dazu die Laufstrecke der Substanz durch die Laufstrecke der mobilen Phase.

Bau von Aminosäuren

Aminosäuren sind, wie der nach IUPAC korrekte Name „Aminocarbonsäuren" schon andeutet, spezielle Carbonsäuren, deren Moleküle neben der Carboxy-Gruppe –COOH noch mindestens eine **Amino-Gruppe** $-NH_2$ tragen. Erhitzt man angefeuchtete Aminosäure mit festem Natriumhydroxid, entsteht Ammoniakgas – erkennbar am typischen Geruch. Hält man feuchtes Universalindikatorpapier über die Reagenzglasöffnung, färbt dieses sich blau (**V1**). Dies ist ein Hinweis auf das in der Aminogruppe enthaltene Element Stickstoff.
Gibt man Magnesium z. B. zu einer Glycin- oder Alaninlösung, bildet sich Wasserstoff, der mit der Knallgasprobe nachgewiesen werden kann (**V2**). Dies deutet auf den Säurecharakter durch die Carboxy-Gruppe der Aminosäuren hin.
In Aminosäure-Molekülen ist eine Amino-Gruppe jeweils an das Kohlenstoff-Atom gebunden, das der Carboxy-Gruppe benachbart ist (**B1**). Dieses Kohlenstoff-Atom wird als α-Kohlenstoff-Atom bezeichnet, die entsprechenden Aminosäuren nennt man **α-Aminosäuren** oder 2-Aminosäuren. Sie kommen in der Natur am häufigsten vor. Theoretisch sind tausende verschiedene Aminosäuren synthetisierbar, welche unterschiedliche Reste R aufweisen.

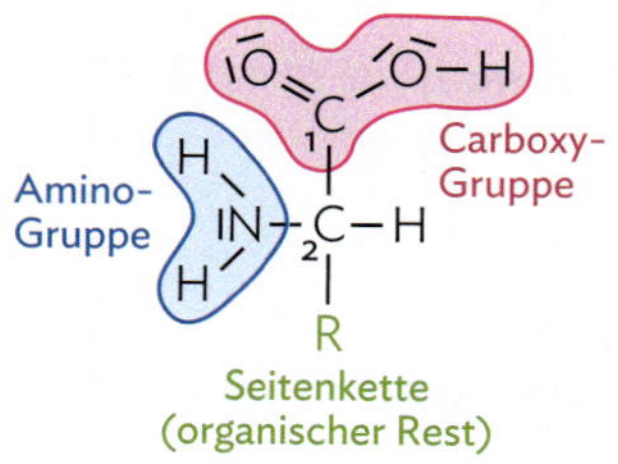

B1 Allgemeine Strukturformel von Aminosäuren in der FISCHER-Projektionsformel

Aminosäuren in der FISCHER-Projektion

Die einfachste Aminosäure ist Glycin mit einem Wasserstoff-Atom als Rest im Molekül. In allen anderen Aminosäuren sind die α-Kohlenstoff-Atome asymmetrische Kohlenstoff-Atome mit vier verschiedenen Resten. Damit existieren mit Ausnahme von Glycin bei allen Aminosäuren Moleküle in der D- und L-Form als Spiegelbildisomere bzw. Enantiomere (**B2**). In der Natur kommen jedoch fast ausschließlich L-α-Aminosäuren vor.

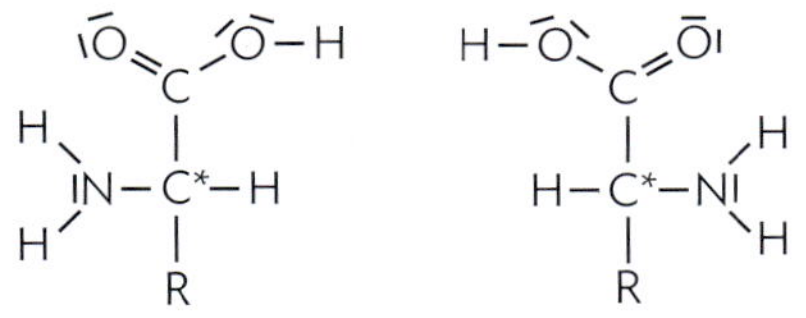

L-α-Aminosäure D-α-Aminosäure

R = organischer Rest

C* = asymmetrisch substituiertes Kohlenstoff-Atom

B2 FISCHER-Projektionsformeln konstitutionsisomerer α-Aminosäure-Moleküle

Nachweis von Proteinen und Aminosäuren LK

Aminosäuren und Proteine können mit der **Ninhydrin-** (Rot-/Violettfärbung), **Biuret-** (Farbumschlag nach violett) oder **Xanthoproteinreaktion** (Gelbfärbung bei Anwesenheit von aromatischen Bausteinen) nachgewiesen werden (vgl. **FM** S. 157).

Die freien Aminosäuren in den Reaktionsprodukten der Hydrolyse von Proteinen können mit der Methode der **Dünnschichtchromatografie** (DC) getrennt und identifiziert werden, indem man verschiedene Aminosäuren als Vergleichssubstanzen mitlaufen lässt (**V4**, **B3**). Diese Trennmethode beruht darauf, dass sich die einzelnen Komponenten eines Gemischs aufgrund der Polarität ihrer Moleküle unterschiedlich gut in dem Lösemittel lösen bzw. an der Oberfläche adsorbieren. Das Lösemittel, die **mobile Phase** bzw. das **Laufmittel,** durchfließt dabei einen auf Trägermaterial fein verteilten Feststoff, die **stationäre Phase**. Das Stoffgemisch ist auf der stationären Phase aufgetragen, über die die mobile Phase aufgrund der Kapillarkraft von unten nach oben strömt.

Trifft die mobile Phase auf das Stoffgemisch, verteilen sich die Komponenten entsprechend der Polarität ihrer Moleküle unterschiedlich stark in beiden Phasen. Je besser die Komponenten an der stationären Phase adsorbieren, desto kürzer ihre Laufstrecke. Unter gleichen Bedingungen ist das Verhältnis zwischen der Laufstrecke einer Komponente und der Laufstrecke der mobilen Phase konstant. Diese Größe nennt man den **Retentionsfaktor** bzw. **R_f-Wert**. Durch den Vergleich der Laufstrecken bzw. R_f-Werte mit denen von Vergleichssubstanzen, können die Komponenten des Gemischs identifiziert werden.

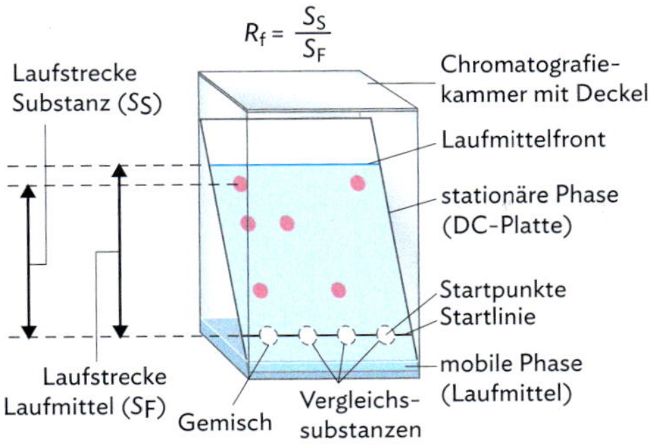

B3 Dünnschichtchromatografie

Aminosäure-Moleküle besitzen mindestens je eine Carboxy-Gruppe und eine Amino-Gruppe. Die verschiedenen Aminosäuren unterscheiden sich in den Seitenketten R.
Proteine und Aminosäuren können mit der Ninhydrin-, Biuret- und der Xanthoproteinreaktion nachgewiesen werden.
Die Dünnschichtchromatografie kann zur Analyse von Aminosäuregemischen verwendet werden.

AUFGABEN

A1 Erklären Sie den Begriff α-Aminosäure.

A2 Beschreiben Sie die Struktur eines
a) Glycin- und
b) eines Alanin-Moleküls.

06022-102
Lernanwendung zum Nachweis von Proteinen und Aminosäuren unter QR-/Mediencode 06022-102

3.2.3 Eigenschaften von Aminosäuren

Die proteinogenen Aminosäuren Selenocystein und Pyrrolysin sind nicht-kanonisch und äußerst selten.

In der Natur gibt es über 500 unterschiedliche Aminosäuren, aber nur 22 davon sind **proteinogene Aminosäuren**, die Bausteine der Proteine. Der genetische Code verschlüsselt 20 dieser Aminosäuren, die daher als **kanonisch** bezeichnet werden. Sie werden bei der Übersetzung der genetischen Information aus der DNA in einer festen Reihenfolge zu Proteinen verknüpft. Zwei weitere proteinogene Aminosäuren sind Selenocystein, das nur nachträglich in Proteine eingebaut werden kann, und Pyrrolysin, welches nicht in Eukaryoten vorkommt.

Essenzielle Aminosäuren können vom Körper nicht selbst hergestellt werden, sondern müssen mit der Nahrung aufgenommen werden. Acht Aminosäuren sind für den Menschen essenziell (**B6**, blau gekennzeichnet). Zusätzlich ist die Aminosäure Histidin für Säuglinge essenziell. Die einzelnen Aminosäuren unterscheiden sich in ihren Seitenketten, den Resten R, welche einen Einfluss auf die Eigenschaften der Aminosäuren haben.

Viele natürliche Aminosäuren wurden schon vor Einführung der IUPAC-Nomenklatur entdeckt und tragen deswegen Trivialnamen.

Zwitterionenstruktur

Glycin ist wie Kochsalz ein weißer, kristalliner Feststoff, der sich bei Erhitzen ab ca. 260 °C zersetzt, ohne dabei zu schmelzen. Die salzartigen Eigenschaften aller Aminosäuren ergeben sich daraus, dass sie nicht als Moleküle, sondern als Ionen in einem Kristallgitter vorliegen. Die saure Carboxy-Gruppe gibt als Protonendonator ein Proton ab, welches die basische Amino-Gruppe als Protonenakzeptor aufnimmt. Es kommt zur Bildung von sogenannten **Zwitterionen** mit je einer positiven und einer negativen Ladung (**B4**).

Ampholyte
→ S. 304

Zwitterionen sind elektrisch neutral, weil sich ihre positiven und negativen Ladungen aufheben. Sie können dann in einem elektrischen Feld weder zum Minus- noch zum Pluspol wandern.

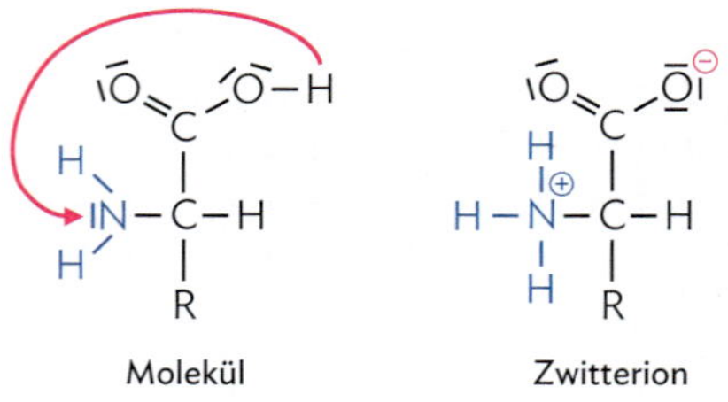

B4 Bildung der Zwitterionenstruktur

Der isoelektrische Punkt LK

In wässrigen Lösungen reagieren die funktionellen Gruppen der Zwitterionen ebenfalls nach dem Donator-Akzeptor-Prinzip. Es stellt sich ein Säure-Base-Gleichgewicht mit einem bestimmten pH-Wert ein (**V3**). Wässrige Lösungen von Glycin sind annähernd neutral. Der pH-Wert, bei dem die meisten Aminosäure-Teilchen in wässriger Lösung als Zwitterionen vorliegen, wird als **isoelektrischer Punkt (IEP)** bezeichnet. Der isoelektrische Punkt ist für alle Aminosäuren unterschiedlich. Die Seitenkette R im Molekül bestimmt, ob eine Aminosäure sauer, basisch oder neutral reagiert. Beim Alanin enthält die Seitenkette keine Gruppen, die Protonen aufnehmen oder abgeben können, daher liegt der IEP im neutralen Bereich. Enthält die Seitenkette R wie bei Asparaginsäure eine zusätzliche Carboxy-Gruppe, reagiert die Aminosäure sauer, bei einer zusätzlichen Aminogruppe wie z. B. bei Lysin, reagiert die Aminosäure hingegen basisch.

Bei Zugabe von Hydroxid-Ionen reagieren die Aminosäure-Zwitterionen als Protonendonatoren (Säuren) und bilden Carboxylat-Anionen. Bei Zugabe von Oxonium-Ionen reagieren sie als Protonenakzeptoren (Basen) und werden zu Ammonium-Kationen. Damit sind Aminosäuren Ampholyte und können als Puffer wirken (**B5**).

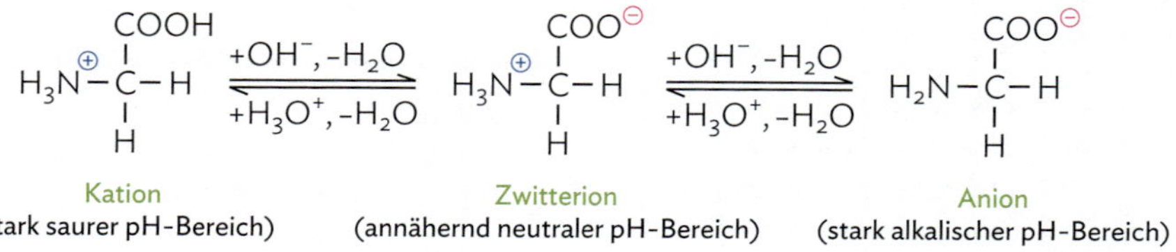

B5 Ladung des Ions von Glycin in Abhängigkeit des pH-Werts

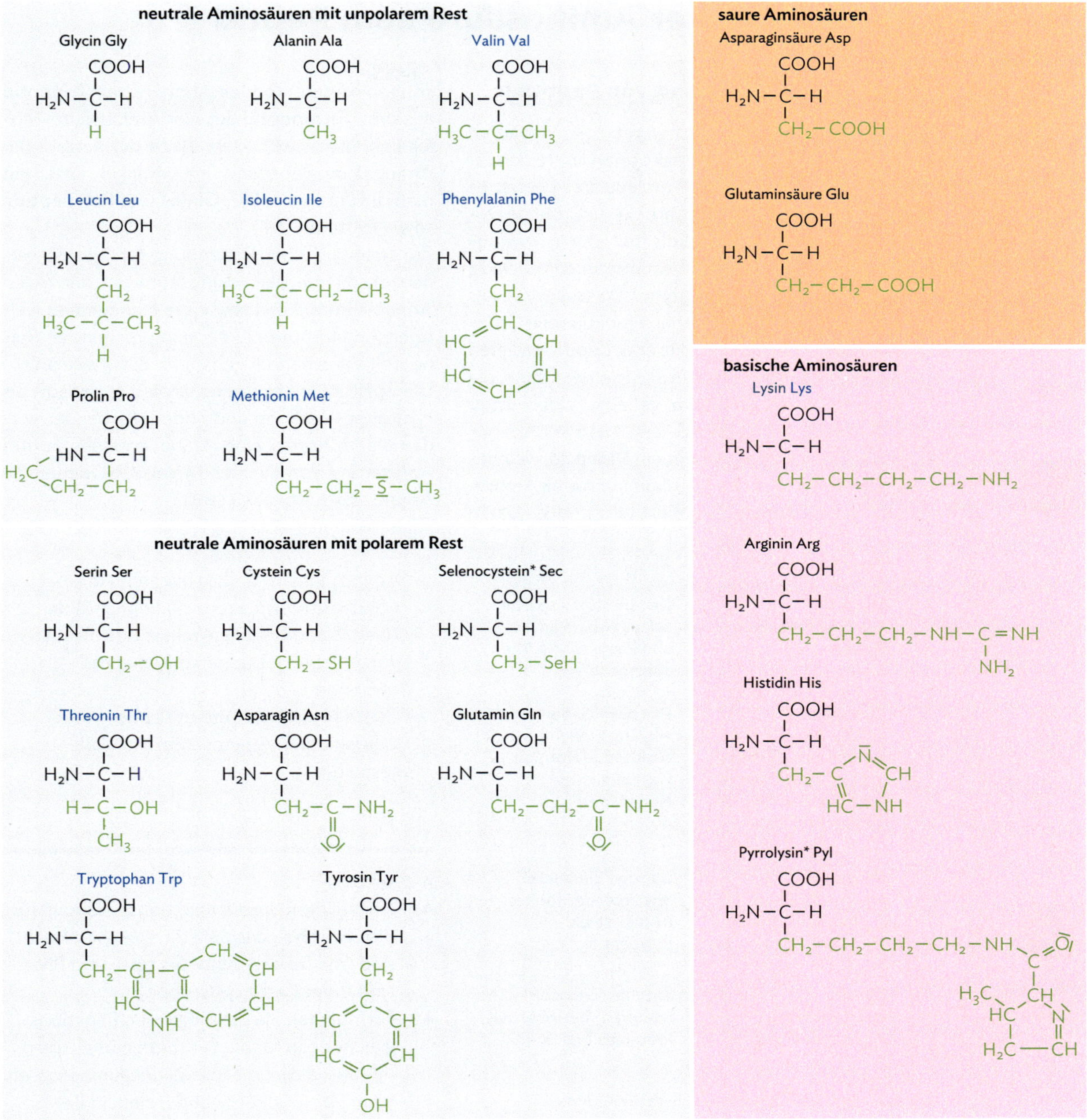

B6 Die 22 natürlich vorkommenden Aminosäuren in Proteinen (blaue Schrift: essenzielle Aminosäuren, *: nicht-kanonisch))

Der isoelektrische Punkt (IEP) ist der pH-Wert, bei dem eine Aminosäure in Form von Zwitterionen vorliegt. Sie können als Ampholyte reagieren. Aminosäuren können je nach Seitenkette R sauer, basisch und neutral reagieren.

AUFGABEN

A1 Begründen Sie, dass Lysin und Arginin zu den basischen Aminosäuren gehören.

A2 Zeichnen Sie **B5** analog für Leucin.

3.2.4 Von der Aminosäure zum Peptid

Peptid
von griech. *peptos*, verdaut

Bildung und Spaltung von Peptiden

Bei der Proteinsynthese werden Aminosäuren durch **Kondensationsreaktionen** miteinander verknüpft (**M5**, **B8**). Auf molekularer Ebene reagiert dabei jeweils die Carboxy-Gruppe des einen Aminosäure-Moleküls mit der α-Amino-Gruppe eines anderen Aminosäure-Moleküls, wobei unter Abspaltung eines Wasser-Moleküls eine **Peptid-Gruppe** als neue funktionelle Gruppe gebildet wird. Die an dieser Gruppe beteiligten Atome –CO–NH– lie gen alle in einer Ebene, die Gruppe ist daher **planar** gebaut (Video unter QR-/Mediencode 06015-25). Aus zwei Aminosäure-Molekülen entsteht ein **Dipeptid**, welches an beiden Enden des Moleküls noch eine Amino- und eine Carboxy-Gruppe besitzt (**M5**). Daran können weitere Kondensationen zum **Tripeptid** aus drei, **Tetrapeptid** aus vier Aminosäure-Molekülen, usw. stattfinden. Nach der Anzahl der Aminosäure-Bausteine im Molekül unterteilt man die Peptide in **Di-**, **Oligo-** und **Polypeptide** sowie **Proteine** (**B7**).

Die Peptid-Gruppe ist gleichzeitig eine **Amid-Gruppe.**

06015-25

Zur systematischen Benennung der Peptide werden der Name der Aminosäure mit der freien Amino-Gruppe + yl sowie die Namen aller weiteren Aminosäuren in der entsprechenden Reihenfolge aneinander gehängt z. B. Glycylalanin.
Die Spaltung eines Peptid-Moleküls verläuft als Hydrolyse-Reaktion und findet z. B. bei der Verdauung im Körper statt. Dabei entstehen unter Anlagerung von Wasser-Molekülen wieder die Aminosäure-Moleküle (**B8**).

Peptid	Beispiel
Dipeptid aus 2 Aminosäure-Resten	Der Süßstoff Aspartam ist aus Asparagin Asp und Phenylalanin Phe aufgebaut.
Oligopeptid aus 2 – 10 Aminosäure-Resten, je nach Anzahl unterscheidet man Di-, Tri-, Tetrapeptid usw.	Das beim Geburtsvorgang Wehen auslösende Hormon Oxytocin ist ein Nonapeptid.
Polypeptid aus 11 – 100 Aminosäure-Resten	Das den Blutzucker regulierende Hormon Insulin ist ein Polypeptid.
Protein aus mehr als 100 Aminosäure-Resten	Enzyme (Biokatalysatoren) bestehen aus Proteinen (vgl. S. 432).

B7 Bezeichnung und Beispiele für Peptide

06022-103
Lernanwendung zu Peptiden unter QR-/Mediencode 06022-103

Aminosäure-Moleküle reagieren in einer Kondensationsreaktion zu Peptid-Molekülen. Darin sind die Aminosäure-Reste durch Peptid-Gruppen miteinander verbunden.
Durch Hydrolyse werden Peptid-Moleküle wieder in Aminosäure-Moleküle gespalten.

AUFGABEN

A1 Formulieren Sie die Reaktionsgleichung für die Hydrolyse des Süßstoffes Aspartam in Asp (mit freier Amino-Gruppe) und Phe (mit freier Carboxy-Gruppe).

A2 Formulieren Sie die möglichen Reaktionsgleichungen für die Synthese eines Tripeptids aus je einem Molekül der Aminosäuren Valin Val, Glycin Gly und Isoleucin Ile.

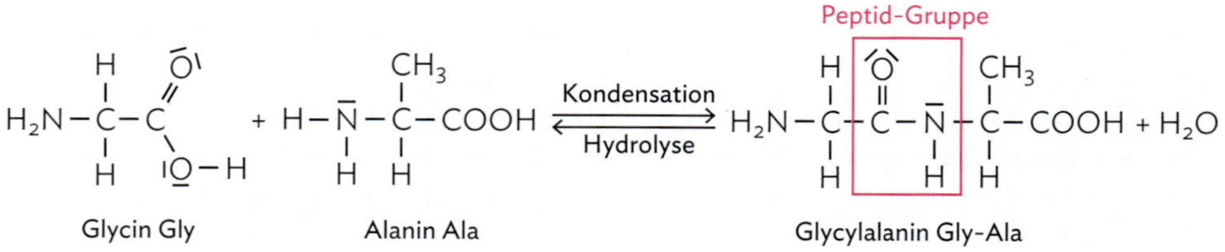

B8 Bildung und Spaltung von Peptid-Molekülen

3.2.5 Biologische Bedeutung der Aminosäuren

Neben den Aminosäuren, die im Körper in Proteinen gebunden sind, spielen noch etwa 250 weitere Aminosäuren im Stoffwechsel des Menschen eine wichtige Rolle.

Glutaminsäure

Im Gehirn ist die **γ-Aminobuttersäure, GABA (4-Aminobutansäure)**, als Botenstoff von Bedeutung. Sie wird durch Abspaltung von Kohlenstoffdioxid aus Glutaminsäure gebildet und ist ein wichtiger Botenstoff im zentralen Nervensystem.

$$\overset{\gamma}{} \quad \overset{\beta}{} \quad \overset{\alpha}{}$$
$$H_2N{-}CH_2{-}CH_2{-}CH_2{-}COOH$$

γ-Aminobuttersäure, GABA

Glutamate

Der Japaner KIKUNAE IKEDA fand 1908 heraus, dass es außer süß, sauer, bitter und salzig noch eine fünfte Geschmacksrichtung gibt. Er gab diesem Geschmack den Namen *umami* (jap. fleischig, herzhaft). Der *Umami*-Geschmack wird hauptsächlich durch das Natriumsalz der Glutaminsäure, dem **Natriumglutamat**, hervorgerufen. Viele Fertiggerichte enthalten Natriumglutamat (**B1**, **B2**) als Geschmacksverstärker E 621, obwohl es als Appetitanreger zu Übergewicht führen kann und im Verdacht steht, Allergien auszulösen. Auch der als Geschmacksverstärker zugesetzte Hefeextrakt enthält hauptsächlich Glutamat. Nur das freie Glutamat wirkt sich auf den Geschmack aus, das an Proteine gebundene nicht (**B1**).

Lysin

Die essenzielle Aminosäure spielt vor allem beim Muskelaufbau eine wichtige Rolle (**B3**). Bodybuilder nehmen häufig protein- und aminosäurehaltige Präparate zu sich, damit ihre Muskeln schneller wachsen. Diese Präparate enthalten oft auch die Aminosäure Lysin. Eine eiweißreiche Ernährung ist sicher sinnvoller, um den Bedarf an essenziellen Aminosäuren wie Lysin zu decken.

Lebensmittel	freies Glutamat mg/100 g	gebundenes Glutamat mg/100 g
Parmesankäse	1 200	9 800
Hühnerfleisch	45	3 300
Rindfleisch	35	2 800
Schweinefleisch	25	2 300
Lammfleisch	20	2 700
Eier	25	1 600
Makrelen	35	2 400
Lachs	20	2 200
Mais	130	1 800
Tomaten	140	240
Bohnen	200	5 600
Kartoffeln	100	270
Möhren	35	200

B1 Natriumglutamat in Lebensmitteln

B2 Kartoffelchips und Fertiggerichte – lecker auch dank Natriumglutamat

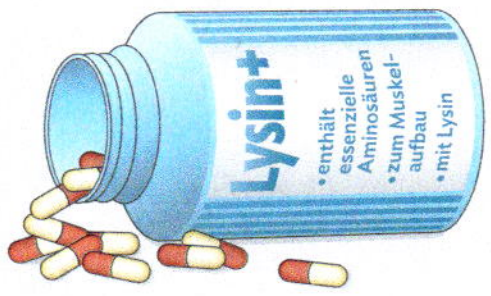

B3 Lysinhaltige Präparate zum Muskelaufbau

Lysin trägt zur Bildung von Enzymen, Hormonen und Antikörpern bei. Diese Aminosäure unterstützt zudem das Knochenwachstum, die Zellteilung und Wundheilung. Außerdem wird ihr eine antivirale Wirkung zugeschrieben, weshalb sie auch gegen Herpes empfohlen wird.

Phenylalanin

Diese Aminosäure ist in der Ernährung wichtig. Auf vielen Lebensmitteln steht der Vermerk: „Enthält eine Phenylalaninquelle". Dieser Hinweis ist für Menschen von Bedeutung, die an der Krankheit Phenylketonurie leiden, da sie diese Aminosäure nicht enzymatisch abbauen können. Unbehandelt kann Phenylketonurie zu schweren geistigen Schäden führen. Wird die Krankheit jedoch frühzeitig erkannt, kann eine lebenslange, eiweißarme Ernährung die Folgen verhindern.

AUFGABEN

A1 Vergleichen Sie mithilfe von **B1** das Verhältnis freies/gebundenes Glutamat bei Fleisch und bei Gemüse.

A2 Beschreiben Sie, wodurch sich ein Alanin-Molekül von einem Phenylalanin-Molekül unterscheidet. Vergleichen Sie hierzu **B6** auf S. 161.

A3 (MK) Recherchieren Sie, woher die Krankheit Phenylketonurie ihren Namen hat.

A4 Diskutieren Sie, ob es sinnvoll ist, Lysin über Nahrungsergänzungsmittel zuzuführen.

3.2.6 Struktur der Proteine

Jedes Protein besitzt eine charakteristische dreidimensionale Struktur. Um diese besser beschreiben zu können, unterteilt man sie modellhaft in vier Ebenen: Die **Primär-**, die **Sekundär-**, die **Tertiär-** und die **Quartärstruktur**.

Primärstruktur

Die Primärstruktur gibt die **Aminosäuresequenz**, also die Reihenfolge der Aminosäure-Bausteine an, in der diese über Peptid-Gruppen im Peptid-Molekül miteinander verknüpft sind (**B1**). Vereinfacht gibt man zur Darstellung der Primärstruktur die am Aufbau beteiligten Aminosäuren mit den aus drei Buchstaben bestehenden Kürzeln an. Dabei wird die Aminosäuresequenz so dargestellt, dass die freie Amino-Gruppe (**N-terminales Ende**) links steht und die Aminosäure mit der freien Carboxy-Gruppe (**C-terminales Ende**) rechts.

Kürzel der Aminosäuren → **B6**, S. 161

B1 Primärstruktur des Oxytocin-Moleküls, ein Wehen auslösendes Hormon aus neun Aminosäure-Bausteinen

Sekundärstruktur

Die Sekundärstruktur beschreibt die räumliche Anordnung einzelner Abschnitte einer Peptid-Kette, die sich regelmäßig wiederholen. Zwischen der N–H-Gruppe des einen und der C=O-Gruppe eines anderen Aminosäure-Bausteins bilden sich Wasserstoffbrücken aus (**B2**). In der **α-Helixstruktur** (griech. *helix*, Spirale) windet sich das Molekül zu einer rechtsgängigen Spirale auf. Dabei stehen die N–H-Gruppen einer Windung und die C=O-Gruppe des vierten darauffolgenden Aminosäure-Bausteins übereinander und bilden Wasserstoffbrücken aus. Die unterschiedlichen Reste der Aminosäure-Bausteine weisen nach außen (**B2**).

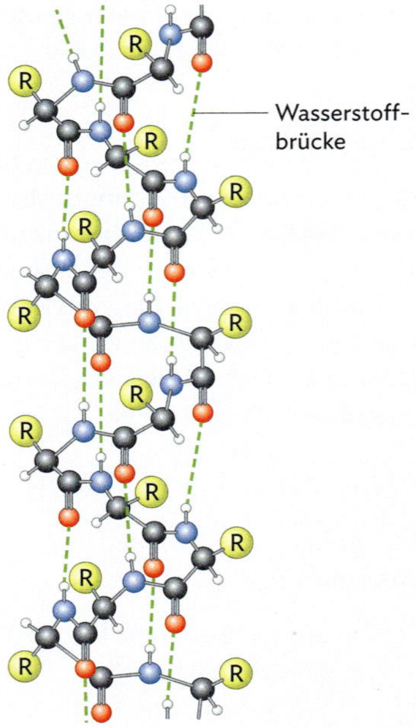

B2 α-Helixstruktur

Die **β-Faltblattstruktur** wird durch Wasserstoffbrücken zwischen nebeneinanderliegenden Abschnitten einer Peptid-Kette stabilisiert. Die Reste der Aminosäure-Bausteine stehen abwechselnd oberhalb und unterhalb der Faltblattebene (**B3**).
Häufig kommen in einem Protein-Molekül sowohl Bereiche mit α-Helices als auch mit β-Faltblattstrukturen vor.

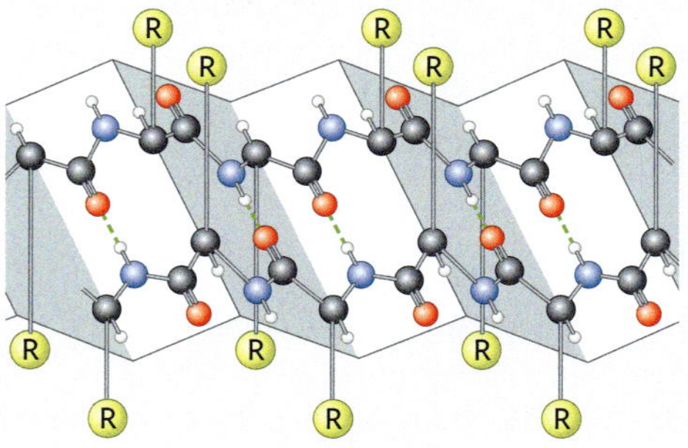

B3 β-Faltblattstruktur

Tertiärstruktur

Die Tertiärstruktur beschreibt die gesamte dreidimensionale Architektur eines Protein-Moleküls. Sie beruht auf den folgenden Bindungen und Wechselwirkungen zwischen den Aminosäure-Resten (**B4**):

1. Ionenbindungen zwischen positiv und negativ geladenen Atomen in Seitenketten
2. Disulfidbrücken über Elektronenpaarbindungen zwischen Schwefel-Atomen, die aus zwei Cystein-Resten entstehen
3. Wasserstoffbrücken
4. VAN-DER-WAALS-Wechselwirkungen zwischen Seitenketten mit unpolaren Bindungen

Sowohl die Sekundär- als auch die Tertiärstruktur eines Protein-Moleküls sind bereits durch die Primärstruktur vorgegeben. Physikalische oder chemische Einflüsse (z. B. Hitze oder Säuren) können die Bindungen auflösen und damit die Proteinstruktur zerstören, ohne dass die Aminosäuresequenz verändert wird. Dies wird als **Denaturierung** bezeichnet.

Quartärstruktur

Besteht ein Protein aus mehreren Peptid-Ketten oder weist es zusätzlich Bindungen zu anderen Molekülen auf, spricht man von der Quartärstruktur. Sie basiert auf den gleichen Kräften wie die Tertiärstruktur und enthält die Information für die biologische Funktion des Proteins. Beispiele für Proteine mit Quartärstrukturen sind das Hormon Insulin und der rote Blutfarbstoff Hämoglobin.

Die Proteinstruktur wird modellhaft in die Primär-, Sekundär-, Tertiär- und Quartärstruktur eingeteilt. Die Stabilisierung der dreidimensionalen Struktur erfolgt durch Ionenbindungen, Disulfidbrücken, Wasserstoffbrücken und VAN-DER-WAALS-Wechselwirkungen.

AUFGABEN

A1 Zeichnen Sie die Strukturformel des Oxytocin-Moleküls (vgl. **B1**).

A2 Erläutern Sie, welche Wechselwirkungen u. a. die Tertiärstruktur von Proteinen stabilisieren, die besonders viele Cystein-Bausteine enthalten.

A3 Drucken Sie das Arbeitsblatt aus. Umkreisen Sie die Peptidbindungen in den Molekülausschnitten der α-Helix und der β-Faltblattstruktur und schreiben Sie die passenden Atomsymbole hinein. Beschreiben Sie die räumliche Anordnung der Atome in einer Peptidbindung.

06007-030
Arbeitsblatt zu Aufgabe A3 unter QR-/Mediencode 06007-030

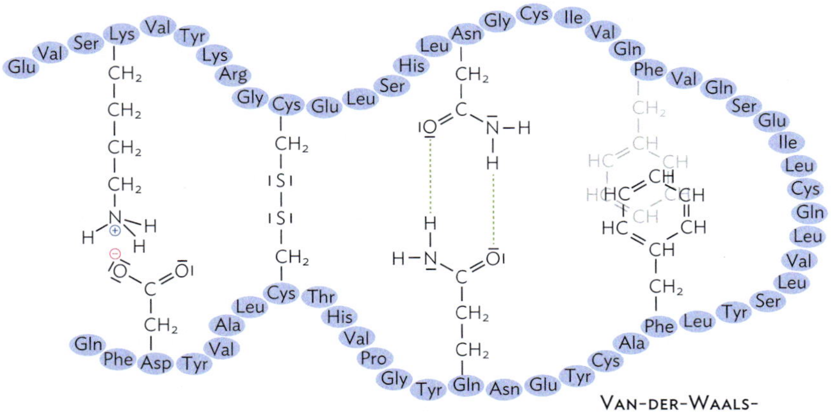

B4 Wechselwirkungen und Bindungen, zu denen es zwischen den Aminosäure-Resten in Protein-Molekülen kommen kann.

3.3 Monosaccharide

Zucker ist nicht gleich Zucker. Die beiden Zucker Glucose und Fructose z. B. kommen in vielen Früchten und im Honig vor. In industriell hergestellten Lebensmitteln werden sie auch künstlich zugesetzt. Letzteres gilt auch für den Zucker Galactose. Dabei unterscheiden sich die drei Zuckerarten insbesondere in ihrem süßen Geschmack und haben auch sonst unterschiedliche Bedeutungen für Lebewesen. Worauf beruhen ihre Eigenschaften und wie lassen sich diese Zuckerarten voneinander unterscheiden?

3.3.1 Versuche und Material

V Eigenschaften von Einfachzuckern

2 7 8 9

Glucose, Fructose und Galactose sind Naturprodukte. Aus welchen Elementen sind sie aufgebaut und welche wichtigen Eigenschaften zeigen sie?

V1 Erhitzen Sie jeweils drei Spatelspitzen Glucose (Traubenzucker), Fructose (Fruchtzucker) und Galactose (Schleimzucker) in je einem Reagenzglas. Beobachten Sie auch die kalten Zonen der Reagenzgläser.

V2 Geben Sie in je zwei Reagenzgläser eine Spatelspitze Glucose, Fructose bzw. Galactose. Fügen Sie in jeweils eines der Reagenzgläser mit Glucose, Fructose bzw. Galactose etwa 3 mL Wasser bzw. Heptan hinzu und prüfen Sie die Löslichkeit der drei Zuckerarten.

AUSWERTUNG

a) Schließen Sie anhand Ihrer Beobachtungen in **V1** auf Elemente, die in Glucose, Fructose und Galactose gebunden vorkommen.

b) Entscheiden Sie ausgehend von Ihren Beobachtungen in **V2**, ob die verschiedenen Zuckerarten hydrophil oder lipophil sind. Nennen Sie mögliche funktionelle Gruppen und denkbare zwischenmolekulare Wechselwirkungen, die das Versuchsergebnis aus **V2** erklären.

ENTSORGUNG A, G3

V Strukturmerkmale von Glucose-Molekülen

Die Summenformel $C_6H_{12}O_6$ für Glucose ähnelt stark derjenigen des sechswertigen Alkohols Sorbit mit $C_6H_{14}O_6$. Da beide Summenformeln keine Hinweise auf Strukturmerkmale liefern, bleibt unklar, inwiefern sich Glucose- und Sorbit-Moleküle ähneln. Können Experimente helfen?

V3 Geben Sie in je ein Reagenzglas eine Spatelspitze Glucose bzw. Sorbit. Lösen Sie die beiden Feststoffe in ca. 3 mL Wasser. Versetzen Sie beide Lösungen mit wenigen Tropfen Cerammoniumnitratreagenz.

V4 Geben Sie eine Spatelspitze Glucose in ca. 3 mL Wasser. Prüfen Sie die Lösung mit Universalindikatorpapier.

AUSWERTUNG

a) Zeichnen Sie je die LEWIS-Formel von drei denkbaren Strukturformeln für die Summenformel $C_6H_{12}O_6$.
b) Informieren Sie sich auf S. 92 über die funktionelle Gruppe, die sich mit Cerammoniumnitratreagenz nachweisen lässt. Überprüfen Sie anhand der Ergebnisse aus **V3**, ob Ihre Strukturformeln aus a) weiterhin als geeignet erscheinen.
c) Begründen Sie anhand der Ergebnisse aus **V4** den Ausschluss möglicher funktioneller Gruppen. Überprüfen Sie Ihre in **a)** aufgestellten Strukturformeln.

ENTSORGUNG A, G2

V GOD-Test zum Nachweis von Glucose

Zucker ist nicht gleich Zucker. Wie kann man Glucose eindeutig nachweisen und von anderen Zuckern unterscheiden?

V5 Lösen Sie in je einem Reagenzglas eine kleine Spatelspitze Glucose, Fructose und Saccharose (Haushaltszucker) in ca. 5 mL Wasser. Tauchen Sie je einen GOD-Teststreifen kurz in jede Lösung, beobachten Sie seine Farbe und gleichen Sie mit der Skala auf der Verpackung ab.

AUSWERTUNG

a) Der GOD-Test beruht auf einer enzymkatalysierten Reaktion. Vergleichen Sie die Beobachtungen und geben Sie an, worauf Unterschiede beruhen könnten.
b) Beurteilen Sie die Genauigkeit des Tests hinsichtlich der eindeutigen Identifizierung und Quantifizierung von Glucose.

ENTSORGUNG A, R

V Unterscheidung von Glucose und Fructose

$C_6H_{12}O_6$ – Glucose oder Fructose? Wie kann man beide Zucker voneinander unterscheiden?

V6 Geben Sie in je ein Reagenzglas zu ca. 3 mL Wasser eine Spatelspitze Glucose bzw. Fructose. Führen Sie mit beiden Lösungen gleichzeitig die TOLLENS-Probe analog zu **FM**, S. 103 durch. Bereiten Sie zwei weitere Reagenzgläser mit Glucose- bzw. Fructoselösung analog vor und führen Sie die FEHLING-Probe durch (vgl. **FM**, S. 103).

LV7 SELIWANOW-Probe: In zwei Reagenzgläser werden jeweils ca. 2 mL Resorcinlösung mit ca. 3 mL konz. Salzsäurelösung versetzt. In eines der beiden Reagenzgläser wird 3 mL Fructoselösung, in das andere die gleiche Menge Glucoselösung gegeben. Die beiden Mischungen werden anschließend im siedenden Wasserbad erhitzt.

AUSWERTUNG

a) Vergleichen Sie die Versuchsergebnisse aus **V6**.
b) Werten Sie die Beobachtungen von **LV7** aus.

ENTSORGUNG G1, G2, G3

3.3.2 Glucose

Vorkommen und Bedeutung

Glucose (Traubenzucker) ist ein kristalliner, weißer, süß schmeckender Feststoff, den Pflanzen durch Fotosynthese herstellen und dessen Moleküle als Bausteine größerer Moleküle in fast allen süßen Früchten, in Holz, in Wurzeln und in vielen weiteren Pflanzenteilen vorkommen. Auch im menschlichen Blut ist Glucose enthalten. Glucose ist eine der am häufigsten vorkommenden Zuckerarten und ist ein wichtiger Energiespeicher.

Kohlenhydrate = „Kohlen-Hydrate"?

Glucose zählt wie auch Fructose (Fruchtzucker) und Saccharose (Haushaltszucker) zu den Kohlenhydraten. Die Bezeichnung erklärt sich dadurch, dass Kohlenhydrat-Moleküle neben Kohlenstoff-Atomen Wasserstoff- und Sauerstoff-Atome (**V1**) im Verhältnis 2:1 enthalten. Daher gilt für viele Kohlenhydrate die allgemeine Summenformel $C_m(H_2O)_n$. Diese Beschreibung ist jedoch fachlich unzutreffend, da in Kohlenhydrat-Molekülen keine Wasser-Moleküle gebunden vorliegen. Aus historischen Gründen wurde die Bezeichnung beibehalten. Eine grobe Unterteilung der Kohlenhydrate erfolgt in Mono-, Di-, Oligo- und Polysaccharide, wobei Glucose zu den **Monosacchariden** (Einfachzuckern) zählt.

asymmetrisches Kohlenstoff-Atom → S. 148

Struktur des Glucose-Moleküls

Je nach Anzahl der Kohlenstoff-Atome in den Molekülen lassen sich bei den Monosacchariden Triosen $C_3H_6O_3$, Tetrosen $C_4H_8O_4$, Pentosen $C_5H_{10}O_5$ und Hexosen $C_6H_{12}O_6$ unterscheiden. Mit ihrer Summenformel $C_6H_{12}O_6$ zählt Glucose zu den **Hexosen**. Der Eigenschaftsvergleich mit dem sechswertigen Alkohol Sorbit (Summenformel: $C_6H_{14}O_6$) (**V3** und **V4**) zeigt, dass Glucose-Moleküle über Hydroxy-Gruppen verfügen, die allesamt nicht Teil einer Carboxy-Gruppe sind. Letztendlich gelang es EMIL FISCHER, die genaue Molekülstruktur von Glucose zu ermitteln, wofür er 1902 den Nobelpreis erhielt. Ein Glucose-Molekül kann als eine kettenförmige Anordnung von sechs Kohlenstoff-Atomen beschrieben werden, wobei sich am C-1-Atom eine Aldehyd-Gruppe

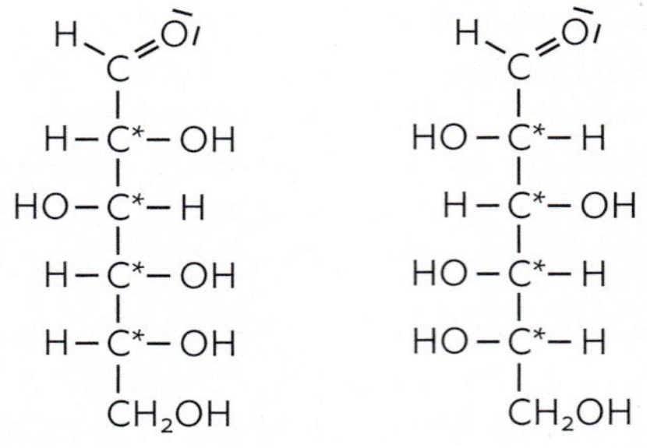

B1 Konfigurationsisomere D-Glucose (links) und L-Glucose (rechts) in der FISCHER-Projektion

befindet, die mit der TOLLENS- oder der FEHLING-Probe nachgewiesen werden kann (**V6**). Damit ist Glucose eine **Aldose**. Die übrigen Kohlenstoff-Atome tragen je eine Hydroxy-Gruppe. Die C-2- bis C-5-Atome sind asymmetrisch substituiert (**B1**). Es ergeben sich zwei Spiegelbildisomere: Steht in der FISCHER-Projektionsformel am C-5-Atom die Hydroxy-Gruppe nach rechts, spricht man von **D-Glucose**, andernfalls von **L-Glucose** (**B1**). Während D-Glucose in der Natur vorkommt, lässt sich L-Glucose nur synthetisch herstellen.

Eigenschaften von Glucose

Die chemischen Eigenschaften von Glucose sind auf die in den Molekülen enthaltenen Aldehyd- und Hydroxy-Gruppen zurückzuführen. Die gute Wasserlöslichkeit (**V2**) zum Beispiel lässt sich durch die Bildung von Wasserstoffbrücken zwischen den im Molekül enthaltenen Hydroxy-Gruppen und den umgebenden Wasser-Molekülen erklären.

Ringformen der D-Glucose

Untersuchungen zeigen, dass in wässrigen Lösungen weniger als 0,1 % der Glucose-Moleküle in der offenkettigen Aldehyd-Form vorliegen. Überwiegend liegen die Moleküle als sechsgliedrige Ringe vor. Diese Struktur entsteht durch eine intramolekulare Reaktion zwischen der Aldehyd-Gruppe des C-1-Atoms und der Hydroxy-Gruppe am C-

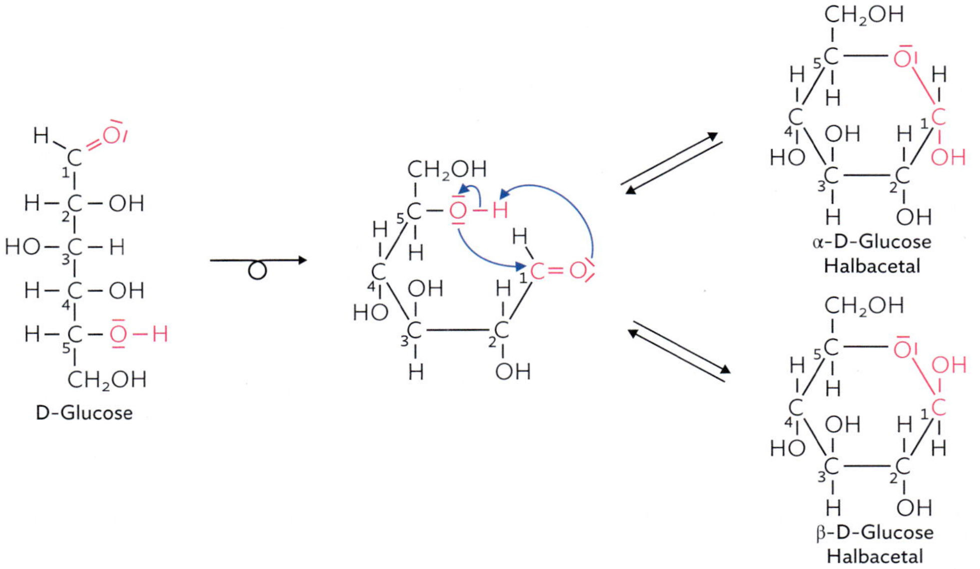

B2 Bildung der ringförmigen Halbacetal-Formen (in HAWORTH-Projektion) aus der offenkettigen Aldehyd-Form (in FISCHER-Projektion) des D-Glucose-Moleküls (vgl. Lernanwendung unter QR-/Mediencode 06022-09).

06022-09

5-Atom. Es bildet sich ein sogenanntes **Halbacetal** (**B2**). Dabei entsteht zwischen dem C-1- und dem C-5-Atom eine Sauerstoff-Atombrücke. Zudem bildet sich am C-1-Atom eine neue Hydroxy-Gruppe. Je nach Anordnung dieser neu entstandenen halbacetalischen Hydroxy-Gruppe ergeben sich zwei verschiedene Konfigurationsisomere, auch **Anomere** genannt, die als **α-D-Glucose** und **β-D-Glucose** benannt werden (**B2**).
Eine Darstellung der ringförmigen Glucose-Moleküle ist mit den FISCHER-Projektionsformeln nur unzureichend möglich, weshalb eine Darstellung stattdessen mithilfe der sogenannten **HAWORTH-Projektionsformeln** (vgl. **FM**, S. 172–173) vorgenommen wird.

Glucose zählt zu den Monosacchariden und ist eine Hexose ($C_6H_{12}O_6$).
Glucose-Moleküle weisen als funktionelle Gruppen eine Aldehyd-Gruppe sowie fünf Hydroxy-Gruppen auf. Damit ist Glucose eine Aldose.
Glucose-Moleküle liegen vorwiegend in einer ringförmigen Halbacetal-Form vor.

AUFGABEN

A1 Formulieren Sie die Reaktionsgleichung für die Oxidation von Sorbit mit Kupfer(II)-oxid zu D-Glucose. Verwenden Sie dabei FISCHER-Projektionsformeln.

A2 Erklären Sie den Zusammenhang der Stellung der Hydroxy-Gruppen des D-Glucose-Moleküls in der FISCHER- und der HAWORTH-Projektion.

A3 Das Monosaccharid D-Galactose hat die Summenformel $C_6H_{12}O_6$. Ein Unterschied zum D-Glucose-Molekül besteht in der Stellung der Hydroxy-Gruppe am vierten Kohlenstoff-Atom. Formulieren Sie eine Strukturformel in der FISCHER-Projektion und markieren Sie alle asymmetrischen Kohlenstoff-Atome. Nennen Sie die Art der Isomerie von D-Galactose und D-Glucose.

3.3.3 Fructose

Vorkommen und Bedeutung

Fructose (Fruchtzucker) kommt in vielen Früchten und im Honig vor. Sie schmeckt wesentlich süßer als Glucose und Saccharose (Haushaltszucker) und wurde früher aufgrund der vergleichsweise höheren Süßkraft für diätetische Lebensmittel empfohlen. Das Bundesinstitut für Risikobewertung (BfR) rät aufgrund neuer Studien dazu, auf Fructose als Zuckeraustauschstoff in Diabetiker-Lebensmitteln zu verzichten, da sich eine erhöhte Fructoseaufnahme ungünstig auf den Stoffwechsel auswirke.

B8 D-Fructose in der FISCHER-Projektionsdarstellung

Strukturen der D-Fructose

Das Fructose-Molekül hat wie das Glucose-Molekül die Summenformel $C_6H_{12}O_6$. Allerdings zählt es nicht zu den Stereoisomeren des Glucose-Moleküls, da das Fructose-Molekül in seiner offenkettigen Form am C-2-Atom eine Keto-Gruppe besitzt. Die Kohlenstoff-Atome C-3, C-4 und C-5 sind asymmetrisch substituierte Kohlenstoff-Atome. Die natürlich vorkommende Fructose gehört der D-Reihe an. Die Hydroxy-Gruppe am untersten asymmetrisch substituierten Kohlenstoff-Atom (C-5-Atom) steht in der FISCHER-Projektion rechts (**B8**).

Wie bei der D-Glucose existieren auch bei der D-Fructose ringförmige Molekülstrukturen. Dabei führt die Bildung der halbacetalischen Ringformen durch intramolekulare Reaktionen zwischen der Keto-Gruppe am C-2-Atom mit der Hydroxy-Gruppe des C-5-Atoms zu einem fünfgliedrigen Ring (Furanose-Form) oder mit der Hydroxy-Gruppe des C-6-Atoms zu einem sechsgliedrigen Ring (Pyranose-Form) (**B9**). Die halbacetalische Hydroxy-Gruppe am C-2-Atom kann wie bei den Glucose-Ringformen oberhalb oder unterhalb der Ringebene stehen. Man findet daher in einer wässrigen D-Fructoselösung neben der offenkettigen Form fünfgliedrige und sechsgliedrige Fructose-Moleküle. Beide können in der α- und in der β-Form vorkommen.

Reduzierende Eigenschaften

Überraschenderweise zeigt eine D-Fructoselösung sowohl bei der FEHLING- als auch bei der TOLLENS-Probe (**V6**) reduzierende Eigenschaften. Dies ist erstaunlich, da in der offenkettigen Form nur eine Keto-Gruppe und keine Aldehyd-Gruppe vorkommt. Das Versuchsergebnis lässt sich dadurch erklären, dass die D-Fructose in alkalischer Lösung in einem Gleichgewicht mit D-Glucose steht (**B10**).

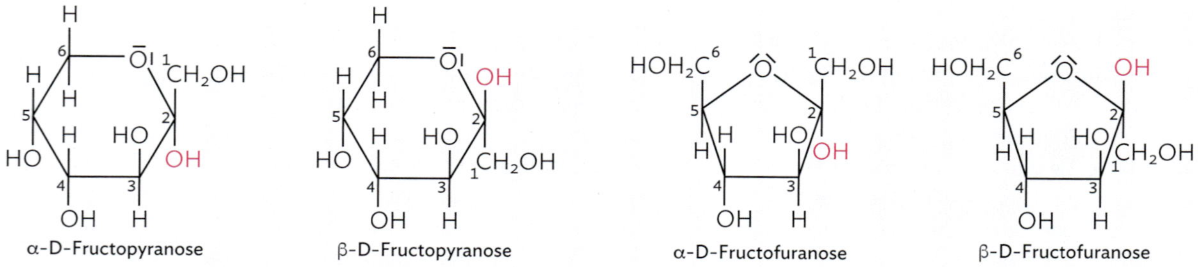

B9 Ringstrukturen des D-Fructose-Moleküls in der HAWORTH-Projektion: Pyranose-Formen (links) und Furanose-Formen (rechts)

Keto-Enol-Tautomerie LK

Beide Aldehydnachweise werden im alkalischen Milieu durchgeführt. Dabei kommt es unter der katalytischen Wirkung der Hydroxid-Ionen zu einer intramolekularen Wanderung eines Wasserstoff-Atoms, infolge derer sich die Keto-Gruppe des D-Fructose-Moleküls in eine **Endiol-Form** umwandelt (**B10**): „En-“ steht dabei für die Doppelbindung zwischen dem C-1-Atom und dem C-2-Atom und „-diol“ für die zwei Hydroxy-Gruppen an diesen beiden Kohlenstoff-Atomen. Je nachdem, welche der beiden Hydroxy-Gruppen wieder deprotoniert wird, bildet sich entweder wieder ein D-Fructose-Molekül oder es entsteht eine Aldehyd-Gruppe am C-1-Atom. Da bei der Bildung der Aldehyd-Gruppe die Hydroxy-Gruppe am C-2-Atom links oder rechts stehen kann, können sich sowohl D-Glucose (Hydroxy-Gruppe am C-2-Atom rechts) als auch D-Mannose (Hydroxy-Gruppe am C-2-Atom links) bilden. Zwischen der D-Fructose und D-Glucose bzw. D-Mannose stellt sich über die Endiol-Form ein Gleichgewicht ein, welches als **Keto-Enol-Tautomerie** bezeichnet wird (**B10**).

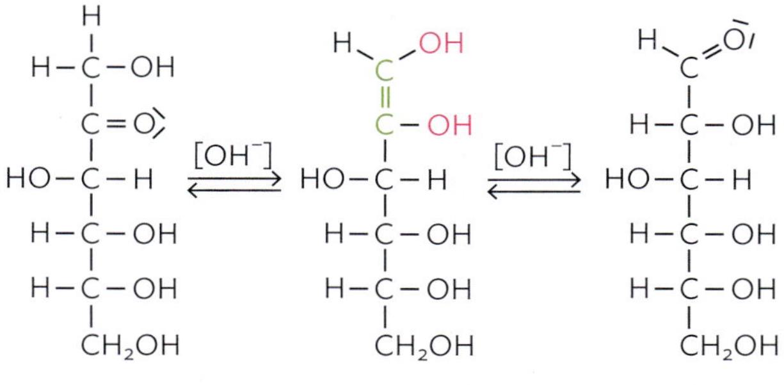

B10 Keto-Enol-Tautomerie: Umwandlung der D-Fructose in die D-Glucose

Unterscheidung von Glucose und Fructose

Will man überprüfen, ob es sich bei einem Zucker um Fructose handelt, bietet sich die SELIWANOW-Probe an. Beim Erhitzen mit Salzsäure spaltet das Fructose-Molekül ein Wasser-Molekül ab und es entsteht der Aldehyd Hydroxymethylfurfural, welcher mit Resorcin aus dem SELIWANOW-Reagenz zu einem rötlichen Farbstoff reagiert (**LV7**, **B11**). Aldosen wie z. B. Glucose gehen diese Reaktion nicht oder erst nach längerem Erhitzen ein.

B11 Farbänderung in der SELIWANOW-Probe beim Fructose-Nachweis

D-Fructose-Moleküle kommen in wässriger Lösung neben der offenkettigen Keto-Form sowohl als Fünfringe als auch als Sechsringe vor.
In einer alkalischen Lösung befindet sich die D-Fructose über die Keto-Enol-Tautomerie mit der D-Glucose bzw. D-Mannose in einem Gleichgewicht.
Fructose lässt sich mittels der SELIWANOW-Probe von Glucose unterscheiden.

AUFGABEN

A1 Vergleichen Sie die Struktur von Glucose- und Fructose-Molekülen.

A2 Zeichnen Sie die Strukturformel für die L-Fructose in der FISCHER-Projektion.

A3 Formulieren Sie mithilfe von FISCHER-Strukturformeln die Umwandlung von D-Fructose in die D-Mannose.

A4 Glucose und Fructose sind Hexosen, da ihre Moleküle sechs Kohlenstoff-Atome enthalten. Formulieren Sie die FISCHER-Projektionsformeln zweier Pentosen $C_5H_{10}O_5$, von denen eine eine Aldose, die andere eine Ketose ist.

3.3.4 Die FISCHER- in die HAWORTH-Projektion überführen

Mit den FISCHER-Projektionsformeln lassen sich ringförmige Monosaccharid-Moleküle nur unzureichend wiedergeben. Die Darstellung der Molekülstruktur mit den Projektionsformeln nach HAWORTH ermöglicht eine bessere Vorstellung der Molekülgestalt, obwohl auch mit diesen Projektionen die räumliche Anordnung der Atome nur modellhaft beschrieben wird. Das Vorgehen zum Überführen der FISCHER- in die HAWORTH-Projektion einer Hexose wird nachfolgend dargestellt.

Herleiten der HAWORTH-Projektion (Aldose)

Zeichnen Sie für D-Glucose die HAWORTH-Projektion einer sechsgliedrigen Molekülstruktur.

VORGEHEN

1. Zeichnen Sie die FISCHER-Projektion der offenkettigen Molekülstruktur.
2. Betrachten Sie zunächst nur das C-2-Atom und „kippen" Sie die senkrecht angeordnete Kohlenstoff-Atomkette nach rechts (**B1**).

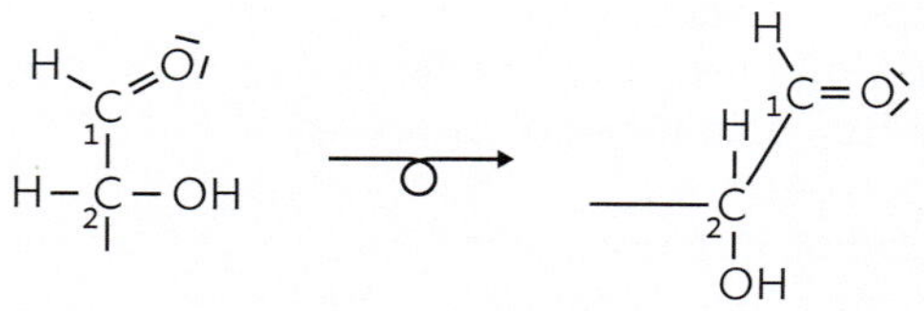

B1 Drehen der kettenförmigen in eine ringförmige Molekülstruktur (Teil 1)

3. Erweitern Sie die Kohlenstoff-Atomkette um das C-3-Atom (**B2**), dann um das C-4-Atom und schließlich um das C-5-Atom. Dabei erfährt die Struktur in der Darstellung durch jedes weitere Kohlenstoff-Atom eine „Krümmung", die schließlich zu einer ringförmigen Anordnung führt (**B3**).

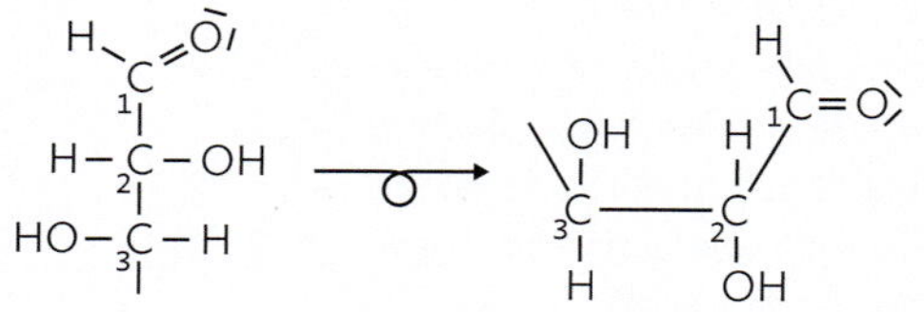

B2 Drehen der kettenförmigen in eine ringförmige Molekülstruktur (Teil 2)

4. Um die intramolekulare halbacetalische Bindung zu ermöglichen, muss die Hydroxy-Gruppe am C-5-Atom in die räumliche Nähe der Aldehyd-Gruppe

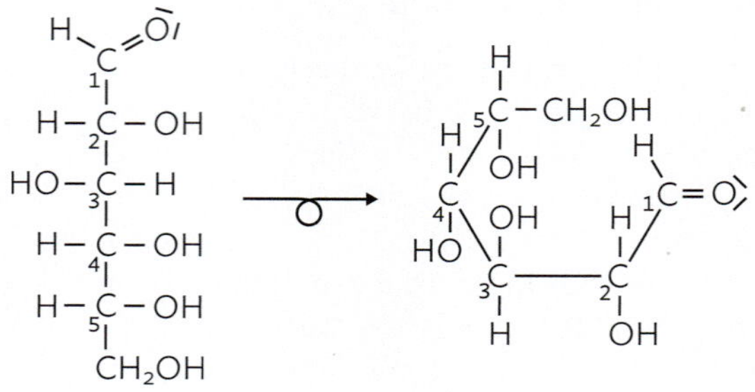

B3 Drehen der kettenförmigen in eine ringförmige Molekülstruktur (gesamt)

am C-1-Atom gerückt werden. Rotieren Sie hierzu um die C-4-C-5-Atomachse gegen den Uhrzeigersinn (**B4**). Beachten Sie dabei, dass die -CH_2OH-Gruppe durch die Rotation in der HAWORTH-Projektion „oberhalb" des C-5-Atoms steht (**B4**).

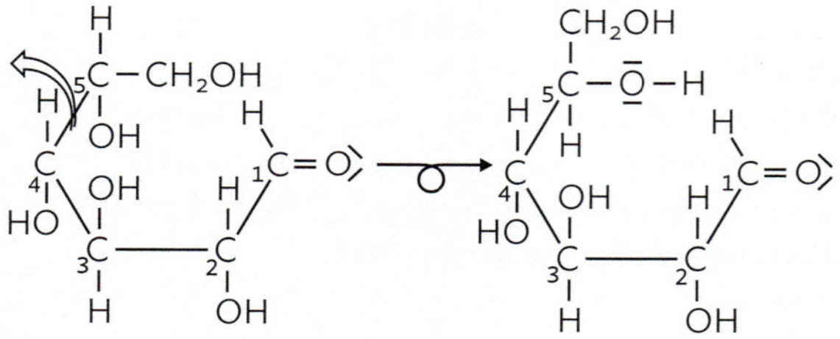

B4 Durch Drehen wird die Hydroxy-Gruppe am C-5-Atom möglichst nah an die Aldehyd-Gruppe gebracht.

5. Die Bildung der halbacetalischen Bindung durch eine intramolekulare Reaktion führt zu einer ringförmigen Molekülstruktur der Aldose (**B5**).

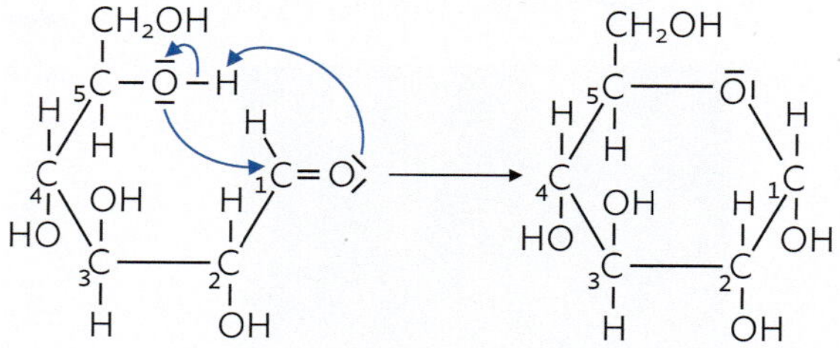

B5 Bildung der ringförmigen Molekülstruktur durch intramolekulare Reaktion

6. Liegt die entstandene halbacetalische Hydroxy-Gruppe am C-1-Atom in der HAWORTH-Projektion unterhalb der Ringebene, handelt es sich um das α-Isomer. Liegt die halbacetalische Hydroxy-Gruppe

hingegen oberhalb der Ringebene, handelt es sich um die β-Form.

7. Die für D-Glucose hergeleitete HAWORTH-Projektion (**B5**, rechts) gehört zum Isomer α-D-Glucose.

Herleiten der HAWORTH-Projektion (Ketose)

Zeichnen Sie für D-Fructose die HAWORTH-Projektion einer sechsgliedrigen Molekülstruktur.

VORGEHEN

Gehen Sie analog zum Herleiten einer HAWORTH-Projektion für eine Aldose vor. Beachten Sie, dass an der intramolekularen Reaktion statt einer Aldehyd- die im Molekül befindliche Keto-Gruppe beteiligt ist (**B6**).
Die für D-Fructose hergeleitete HAWORTH-Projektion (**B6**, *unten rechts) gehört zu α-D-Fructopyranose.*

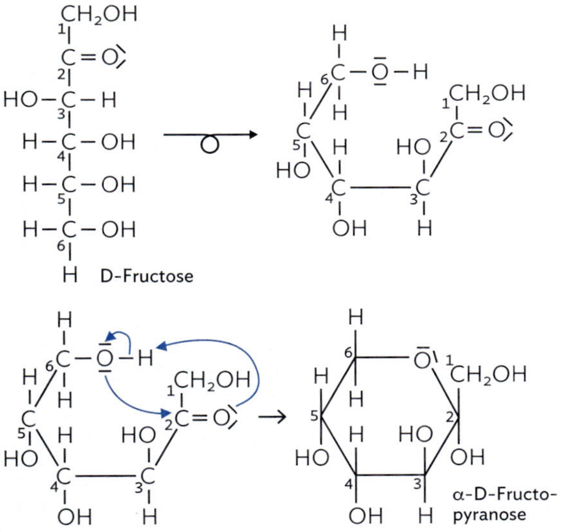

B6 Drehen der kettenförmigen in eine ringförmige Molekülstruktur (oben); Bildung des ringförmigen Moleküls durch intramolekulare Reaktion (unten)

Zusammenhänge zwischen den FISCHER- und den HAWORTH-Projektionsformeln

Ein Vergleich zwischen der FISCHER-Projektion offenkettiger Moleküle mit der HAWORTH-Projektion ringförmiger Moleküle (**B7**) offenbart wichtige Zusammenhänge zwischen beiden Projektionsformeln:

- Das C-1-Atom befindet sich im Ring rechts vom Ringsauerstoff-Atom. Die anderen Ecken des Sechs- bzw. Fünfecks symbolisieren die weiteren Kohlenstoff-Atome des Moleküls. Die Nummerierung verläuft ausgehend vom C-1-Atom im Uhrzeigersinn.
- Die Wasserstoff-Atome bzw. Hydroxy-Gruppen, die in der FISCHER-Projektion rechts von den Kohlenstoff-Atomen stehen, liegen in der HAWORTH-Projektion unterhalb der Ringebene; diejenigen, die in der FISCHER-Projektion nach links zeigen, liegen in der HAWORTH-Projektion oberhalb der Ringebene.

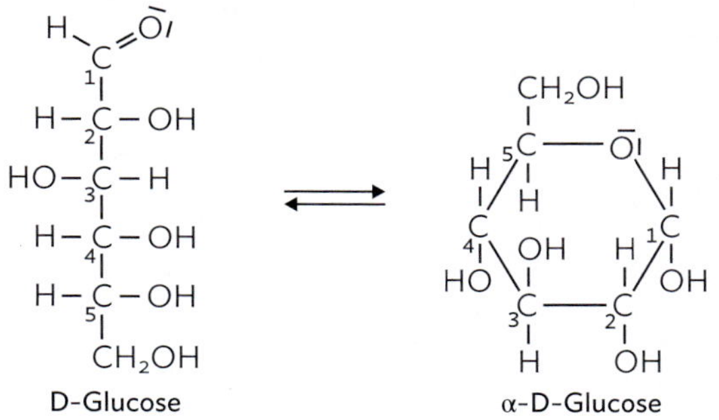

B7 Offenkettiges D-Glucose- (in FISCHER-Projektion) und ringförmiges α-D-Glucose-Molekül (in HAWORTH-Projektion)

AUFGABEN

A1 Zeichnen Sie für D-Galactose die HAWORTH-Projektionen der sechsgliedrigen Ringstrukturen (FISCHER-Projektion der D-Galactose vgl. S. 169, **A3**). Benennen Sie die ringförmigen Moleküle mit α bzw. β.

A2 D-Ribose ist ein wichtiger Bestandteil der Ribonukleinsäure. Entscheiden Sie, ob **B8** die α- oder β-Form darstellt. Zeichnen Sie zudem die FISCHER-Projektion der offenkettigen Molekülstruktur.

A3 Beurteilen Sie, ob **B9** ein Isomer des L-Fructose-Moleküls zeigt. Ordnen Sie die Bezeichnung α/β zu.

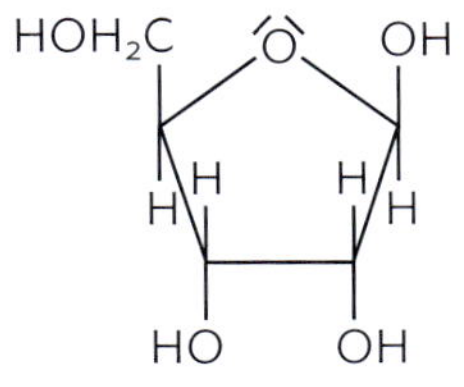

B8 Ringförmiges D-Ribose-Molekül

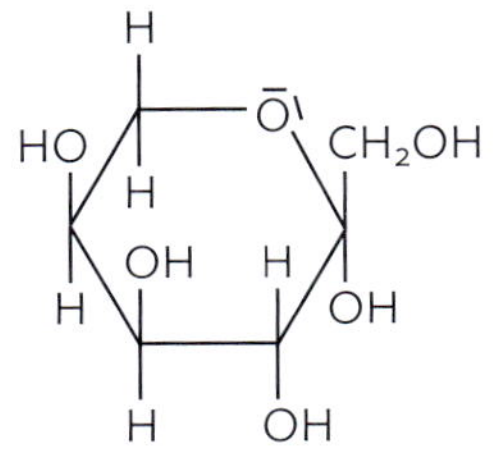

B9 Ringförmiges Molekül eines Monosaccharids

3.4 Di-, Oligo- und Polysaccharide

Di-, Oligo- und Polysaccharide finden sich in zahlreichen Alltagsprodukten. Bekannte Vertreter sind der Haushaltszucker (Saccharose), der Malzzucker (Maltose) sowie der Milchzucker (Lactose). Worin unterscheiden sich die verschiedenen Di-, Oligo- und Polysaccharide und welche Anwendungsgebiete ergeben sich aus ihren Eigenschaften?

3.4.1 Versuche und Material

V/M Aufbau von Saccharose-Molekülen

5 7 9

Die Synthese des Zweifachzuckers Saccharose, die 1953 erstmals gelang, wurde als „der Mount Everest der Organischen Chemie" beschrieben. Aus welchen Monosaccharid-Bausteinen besteht ein Saccharose-Molekül?

V1 Lösen Sie 3 g Saccharose in 30 mL Wasser. Untersuchen Sie die Lösung mit einem Glucose-Teststreifen (GOD-Test). Führen Sie mit 10 mL der Lösung die FEHLING-Probe durch (vgl. **FM**, S. 103).

V2 Geben Sie zu 20 mL der Saccharoselösung 2 mL Salzsäurelösung (c = 1 mol/L) und erhitzen Sie die Mischung 5 Minuten im siedenden Wasserbad. Neutralisieren Sie nach dem Abkühlen die Lösung durch Zugabe von kleinen Mengen Natriumhydrogencarbonat solange, bis keine Gasentwicklung mehr festzustellen ist. Führen Sie mit der neutralisierten Lösung den GOD-Test und anschließend die FEHLING-Probe durch.

M3 Saccharoselösung wird zunächst wie in **V2** behandelt. Nach der Neutralisation wird die SELIWANOW-Probe durchgeführt (vgl. S. 171). **B1** zeigt die Lösung vor dem Versuch (links) und nach Durchführung der SELIWANOW-Probe (rechts).

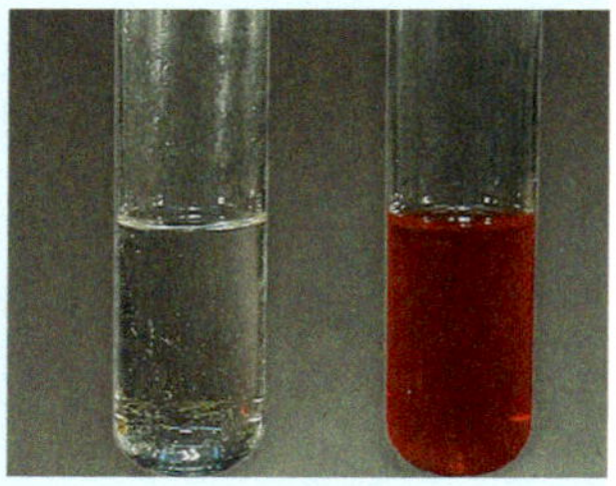

B1 Saccharoselösung vor und nach der Durchführung der SELIWANOW-Probe aus **M3**

AUSWERTUNG

a) Stellen Sie Ihre Beobachtungen aus **V1**, **V2** und **M3** in tabellarischer Form dar.
b) Deuten Sie die Ergebnisse im Hinblick auf den Bau eines Saccharose-Moleküls.

ENTSORGUNG A, G1, G2

V Eigenschaften von Disacchariden

Disaccharide sind aus zwei Monosaccharid-Bausteinen aufgebaut. Wie sind die Monosaccharid-Moleküle hierbei miteinander verknüpft?

V4 Vergleichen Sie das Aussehen von Maltose, Cellobiose, Saccharose und Lactose (**B2**). Stellen Sie Lösungen aus jeweils einer Spatelspitze des entsprechenden Zweifachzuckers in ca. 3 mL Wasser her. Führen Sie mit den Lösungen die FEHLING-Probe durch (vgl. **FM**, S. 103).

AUSWERTUNG

a) Beschreiben Sie Ihre Beobachtungen aus **V4** und stellen Sie die Ergebnisse tabellarisch dar.

b) Ordnen Sie die Disaccharide aus **V4** begründet den reduzierenden und nichtreduzierenden Zuckern zu.

c) Formulieren Sie ausgehend vom Reaktionsverhalten der Disaccharide aus **V4** Vermutungen zur Verknüpfung der Monosaccharid-Moleküle.

ENTSORGUNG A, G2

B2 Die Disaccharide aus **V1** auf Uhrgläsern

V Makromoleküle aus vielen Glucose-Einheiten

Stärke (**B3**) ist ein Reservestoff in pflanzlichen Zellen. Stärke-Moleküle sind Ketten aus vielen α-D-Glucose-Einheiten. Sie setzen sich im Wesentlichen zu zwei Arten von Stärke-Ketten zusammen. Wie kann man diese unterscheiden?

V5 Geben Sie je eine Spatelspitze Weizenstärke, Reisstärke, Kartoffelstärke und Glucose in je ein Reagenzglas. Füllen Sie die Reagenzgläser jeweils bis zur Hälfte mit Wasser auf und führen Sie die Iodprobe durch, indem Sie LUGOLsche Lösung (Iod-Kalium-iodidlösung) hinzutropfen.

B3 Speisestärke

V6 Rühren Sie 250 mL einer Stärkelösung (w = 1 % lösliche Stärke) in einem Becherglas auf dem Magnetrührer. Entnehmen Sie zweimal 50 mL dieser Lösung und führen Sie zum einen die FEHLING-Probe und zum anderen die Iodprobe durch.
Geben Sie zur restlichen Stärkelösung 3 mL Salzsäurelösung (c = 5 mol/L), erhitzen und rühren Sie die Lösung weitere 15 Minuten. Geben Sie im Anschluss 3 mL Natronlauge (c = 5 mol/L) hinzu. Führen Sie nun ein zweites Mal die FEHLING-Probe und die Iodprobe durch.

AUSWERTUNG

a) Erklären Sie die unterschiedlichen Beobachtungen in **V5**.

b) Vergleichen Sie die Ergebnisse der Nachweisversuche zu Beginn und zu Ende von **V6**. Erläutern Sie die Beobachtungen.

ENTSORGUNG G4

3.4.2 Saccharose und Maltose

Disaccharide

Zuckersorten wie Saccharose (Haushaltszucker), Maltose (Malzzucker) und Lactose (Milchzucker) sind aus dem Alltag nicht wegzudenken. Sie zählen zu den **Disacchariden** (Zweifachzuckern) und haben die Summenformel $C_{12}H_{22}O_{11}$. Formal bilden sich die Moleküle aus zwei Monosaccharid-Molekülen durch Wasserabspaltung in einer Kondensationsreaktion (**B1**). Die halbacetalische Hydroxy-Gruppe eines ringförmigen Monosaccharid-Moleküls A reagiert mit einer Hydroxy-Gruppe eines zweiten Monosaccharid-Moleküls B. Es resultiert ein **Zuckeracetal**-Molekül oder Glycosid-Molekül, dessen neu entstandene Bindung **glycosidische Bindung** genannt wird.

Saccharose – Vorkommen und Bedeutung

Der Haushaltszucker **Saccharose** gehört in fast jeder Küche zur Grundausstattung. Er kommt in Früchten und vielen Pflanzensäften vor. Zur Gewinnung werden v. a. Zuckerrüben und Zuckerrohr (**B2**) verwendet. Der mit 35 bis 40 kg/Jahr hohe Pro-Kopf-Konsum von Saccharose wird in den Industrieländern als ein Grund für die Entstehung von Zivilisationskrankheiten wie z. B. Diabetes angesehen.

Das Saccharose-Molekül

Ein Saccharose-Molekül besteht aus zwei Monosaccharid-Bausteinen, die glycosidisch miteinander verbunden sind. Der Versuch, diese Bausteine durch einen **GOD-Test** oder auch eine **SELIWANOW-Reaktion** nachzuweisen, scheitert (**V1**, **M3**).

B2 Zuckerrübe (links) und Zuckerrohr (rechts)

Das Saccharose-Molekül muss dafür durch eine saure Hydrolyse erst in seine Monosaccharid-Bestandteile zerlegt werden (**B1**, **V2**). Nach der Spaltung fallen sowohl der GOD-Test als auch die SELIWANOW-Probe positiv aus. Ein Saccharose-Molekül ist somit aus einem D-Glucose- und einem D-Fructose-Baustein aufgebaut. Welches der D-Glucose- (α- oder β-D-Glucose) und D-Fructose-Isomere (α- oder β-D-Fructopyranose bzw. α- oder β-D-Fructofuranose) am Bau eines Saccharose-Moleküls beteiligt ist, konnte durch die Ergebnisse von Röntgenstrukturanalysen und schließlich durch die erstmalige Synthese von Saccharose im Jahr 1953 ermittelt werden: In einem Saccharose-Molekül ist ein α-D-Glucose-Baustein als Sechsring mit einem β-D-Fructose-Baustein als Fünfring miteinander verbunden. Es liegt eine α-1,β-2-glycosidische Bindung vor (**B3**).

Maltose – Vorkommen und Bedeutung

Maltose (Malzzucker) entsteht beim Keimen von Getreide als Abbauprodukt der Stärke. Beim Bierbrauen wird Maltose enzymatisch in keimender Gerste erzeugt und im Gärprozess zu Ethanol abgebaut. Maltose ist gut wasserlöslich (**V1**) und schmeckt weniger süß als Saccharose. Im Körper wird Maltose mithilfe des Enzyms Maltase verstoffwechselt.

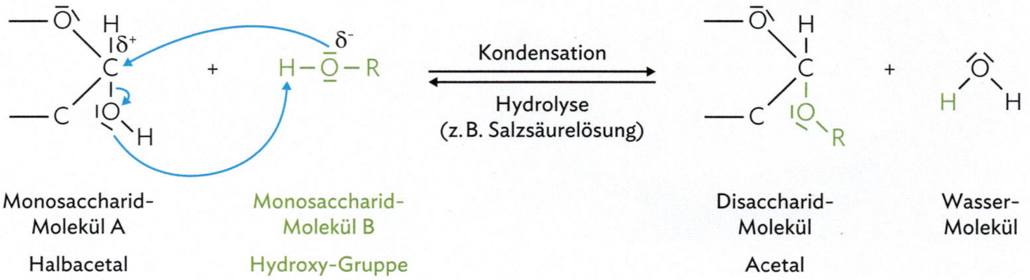

B1 Bildung und Zerlegung eines Zweifachzucker-Moleküls (Molekülausschnitt)

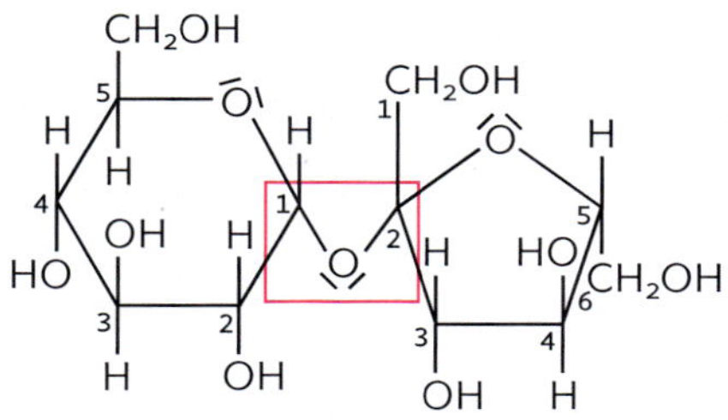

B3 Strukturformel eines Saccharose-Moleküls in der HAWORTH-Projektion

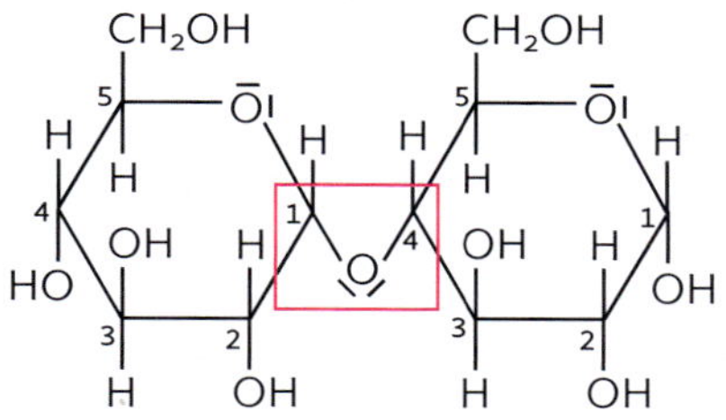

B4 Strukturformel eines α-Maltose-Moleküls in der HAWORTH-Projektion

Das Maltose-Molekül

Das α-Maltose-Molekül ist aus zwei α-D-Glucose-Bausteinen aufgebaut, die α-1,4-glycosidisch verknüpft sind. Dabei erfolgt die Kondensationsreaktion zwischen der halbacetalischen Hydroxy-Gruppe des ersten α-D-Glucose-Moleküls mit der Hydroxy-Gruppe des C-4-Atoms des zweiten (**B4**). Da das an der glycosidischen Bindung beteiligte C-1-Atom der halbacetalischen Hydroxy-Gruppe des ersten Glucose-Moleküls α-ständig vorliegt, bezeichnet man die Bindung als α-1,4-glycosidisch.

Reduzierende und nichtreduzierende Disaccharide

Ob ein Zucker reduzierend wirken kann oder nicht (**V3**), hängt von den halbacetalischen Hydroxy-Gruppen ab. Bei der Bildung eines Disaccharid-Moleküls reagiert ein Monosaccharid-Molekül A mit seiner halbacetalischen Hydroxy-Gruppe am C-1-Atom mit einer Hydroxy-Gruppe eines weiteren Monosaccharid-Moleküls B unter Bildung einer glycosidischen Bindung. Erfolgt die Verknüpfung mit einer anderen als der halbacetalischen Hydroxy-Gruppe des Einfachzucker-Moleküls B (also z. B. der Hydroxy-Gruppe an C-4), so bleibt diese Hydroxy-Gruppe am C-1-Atom frei. Mit dieser halbacetalischen Hydroxy-Gruppe ist das C-1-Atom sehr reaktiv und kann oxidiert werden. Voraussetzung dafür ist eine erfolgende Ringöffnung, sodass dieses Kohlenstoff-Atom mit seiner Hydroxy-Gruppe wieder neben einer Carbonyl-Gruppe liegt. Die Oxidation erfolgt dann analog zu den Monosacchariden und eine BENEDICT-Probe ist positiv. Ein solcher Zweifachzucker heißt **reduzierender Zucker**. Ein Beispiel ist die Maltose (**B4**).
Sind beide Monosaccharid-Moleküle je mit ihren halbacetalischen Hydroxy-Gruppen an der Bildung der glycosidischen Bindung beteiligt, sind beide Hydroxy-Gruppen blockiert. Eine Ringöffnung ist nicht möglich. Daher kann die Carbonyl-Gruppe nicht gebildet werden, die benachbarten Kohlenstoff-Atome sind somit nicht besonders reaktiv und können nicht oxidiert werden. Saccharose ist solch ein **nichtreduzierender Zucker** (**B3**).

Disaccharid-Moleküle entstehen durch die Kondensationsreaktion zweier Monosaccharid-Moleküle unter Ausbildung einer glycosidischen Bindung.
Im Saccharose-Molekül ist ein α-D-Glucose-Molekül mit einem β-D-Fructose-Molekül α-1, β-2-glycosidisch verknüpft.
Im Maltose-Molekül sind zwei α-D-Glucose-Bausteinen miteinander über eine α-1,4-glycosidische Bindung verknüpft.
Disaccharid-Moleküle, bei denen eine halbacetalische Hydroxy-Gruppe freiliegt, wirken reduzierend.

AUFGABE

A1 Vergleichen Sie die Bausteine und das Reaktionsverhalten von Saccharose und Maltose.

3.4.3 Stärke und Cellulose

Polysaccharide

Die Moleküle der **Polysaccharide** (Vielfachzucker) sind aus vielen, zum Teil Tausenden glycosidisch miteinander verknüpften Monosaccharid-Bausteinen aufgebaut. Sie zählen zu den natürlich vorkommenden Makromolekülen. Bekannte Vertreter der Vielfachzucker sind **Stärke** und **Cellulose**.

Stärke

06022-15

Für den Menschen ist Stärke als Bestandteil vieler Pflanzen wie z. B. Kartoffeln und Getreide ein wichtiger Nährstoff im körpereigenen Energiestoffwechsel. Zudem eignet sich Stärke als ein nachwachsender Rohstoff für viele industrielle und alltagsbezogene Anwendungsgebiete (vgl. Kap. 10.2.4). Insbesondere lassen sich mit Stärke biologisch abbaubare Folien herstellen.

Amylose und Amylopektin

Ein Stärke-Molekül ist aus α-D-Glucose-Einheiten aufgebaut, die unterschiedlich miteinander verknüpft sind. **Amylopektin** ist der Hauptbestandteil (70 – 80 %) der natürlichen pflanzlichen Stärke (Kartoffel-, Weizen- oder Maisstärke). Einen weiteren Anteil der Stärke bildet mit 20 – 30 % der Vielfachzucker **Amylose**. Durch Wasser lassen sich die beiden Bestandteile voneinander trennen. Die Moleküle der in Wasser löslichen Amylose sind aus 1.000 und mehr α-1,4-glycosidisch verbundenen D-Glucose-Bausteinen aufgebaut (**B5** links). Sie bilden lange, unverzweigte Ketten, die schraubenförmig gewunden sind. Etwa sechs Glucose-Einheiten bilden eine Windung der Spirale bzw. **Helix**. Wasserstoffbrücken zwischen den Hydroxy-Gruppen der einzelnen Glucose-Bausteine ermöglichen eine Stabilisierung der Struktur. In das Innere der Helix können sich Polyiodid-Ionen einlagern, die in LUGOLscher Lösung enthalten sind. Diese Einlagerungsverbindung wird wegen ihrer typischen blauen Farbe als **Nachweis für Stärke** genutzt (**V5**, QR-/Mediencode 06022-15).

Amylopektin ist in Wasser unlöslich. Amylopektin-Moleküle bestehen aus bis zu einer Millionen Glucose-Bausteinen. Die D-Glucose-Monomere sind auch hier α-1,4-glycosidisch miteinander verbunden und bilden eine Spirale. Etwa alle 25 Monomere sind Seitenketten α-1,6-glycosidisch verknüpft, wodurch eine baumartige Verzweigung entsteht (**B5** rechts). Mit LUGOLscher Lösung färbt sich Amylopektin rot-violett (**V5**).

Bei Amylose- und Amylopektin-Molekülen sind innerhalb der Ketten alle halbacetalischen Gruppen an den glycosidischen Verbindungen beteiligt. Die FEHLING-Probe verläuft negativ, es handelt sich um nicht reduzierende Verbindungen. Säurekatalysiert kann aber eine Spaltung der glycosidischen Bindungen erfolgen, wodurch reduzierende Zucker wie D-Glucose entstehen (**V6**). Bei der Verdauung wird Stärke ebenfalls bis zur Glucose hydrolysiert. Die Hydrolyse von Stärke vor allem zum Disaccharid Maltose beginnt bereits

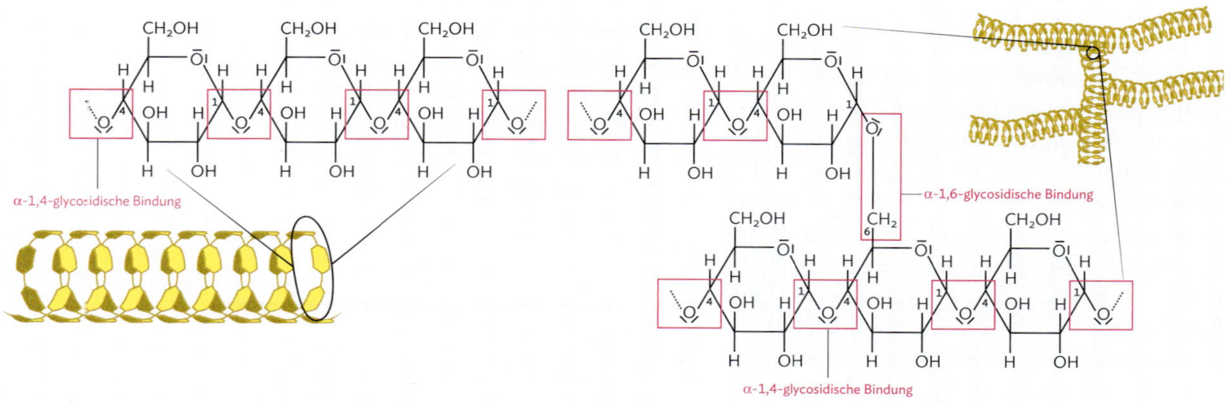

B5 Strukturen (Ausschnitte) von Amylose (links) und Amylopektin (rechts)

im Mund, da Speichel das stärkespaltende Enzym α-Amylase enthält.

Cellulose

Der wichtigste Baustoff in den Zellwänden von Pflanzen ist die **Cellulose**. Baumwollfasern bestehen nahezu vollständig aus Cellulose, Holz enthält Cellulose zu etwa 50 %. Cellulose ist geschmacklos, wasserunlöslich und gehört wie die Stärke zu den nicht reduzierenden Zuckern. Sie kann nur mit konzentrierter Säure zu Glucose hydrolysiert werden. Beim enzymatischen Abbau bzw. einer partiellen Hydrolyse der Cellulose entsteht das Disaccharid **Cellobiose**. Anders als bei der Stärke bestehen die Makromoleküle der Cellulose aus β-D-Glucose-Bausteinen. Diese sind β-1,4-glycosidisch miteinander verknüpft. Das führt zu einer „Verdrehung" der Glucose-Bausteine um 180 ° gegeneinander (**B6**). Daraus ergeben sich schließlich lineare Makromoleküle, die bis zu 15.000 β-1,4-glycosidisch verknüpfte D-Glucose-Bausteine enthalten.

Etwa 50 dieser Makromoleküle lagern sich parallel zu **Elementarfibrillen** mit hoher Zugfestigkeit zusammen, deren Zusammenhalt durch Wasserstoffbrücken zwischen den zahlreichen Hydroxy-Gruppen gewährleistet ist. Die Elementarfibrillen sind wiederum zu seilartigen **Mikrofibrillen** verdrillt, die in der Zellwand netzartig miteinander verflochten sind (**B7**).

Der menschliche Körper kann Cellulose – im Gegensatz zu Stärke – nicht verwerten, da er über keine entsprechenden Enzyme verfügt.

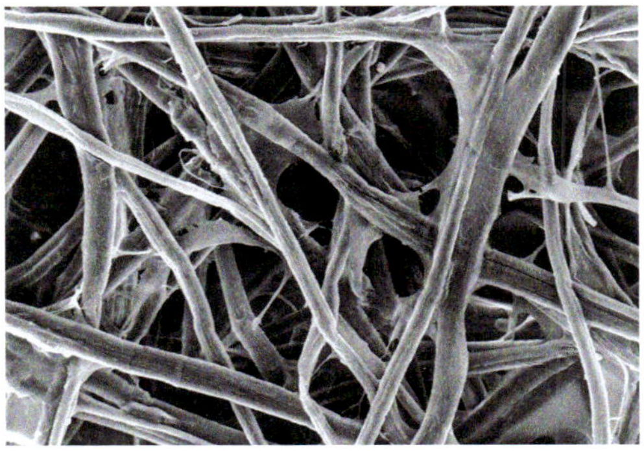

B7 Rasterelektronenmikroskopische Aufnahme von Cellulose-Fibrillen in einer Zellwand

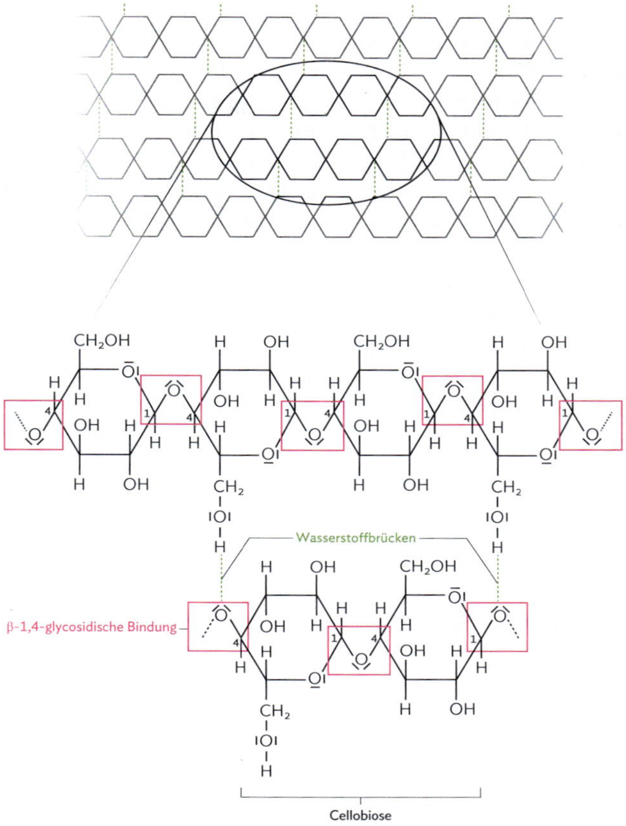

B6 Struktur (Ausschnitt) von Cellulose

Stärke besteht aus Amylopektin- und spiralförmigen Amylose-Molekülen. Darin sind jeweils die α-D-Glucose-Einheiten α-1,4-glycosidisch miteinander verbunden. In den zusätzlich verzweigten Amylopektin-Molekülen treten außerdem α-1,6-glycosidische Bindungen auf. Cellulose-Moleküle sind linear und bestehen aus β-1,4-glycosidisch verknüpften β-D-Glucose-Einheiten.

AUFGABE

A1 Begründen Sie Ihre Erwartungen bei der Durchführung von **V2** mit Cellulose anstelle von Stärke.

3.5 Fette im Alltag

Fette und Öle sind täglicher Bestandteil unserer Ernährung. Sie dienen als Geschmacksträger und helfen uns bei der Zubereitung der Mahlzeiten. Dazu nutzen wir je nach Anwendung oder Rezept ihre unterschiedlichen Eigenschaften. Wie sind diese Unterschiede zu erklären? Welche Gemeinsamkeiten haben sie?

3.5.1 Versuche und Material

V Löslichkeit von Fetten und Ölen

2 7 8 9

Fette können aus natürlichen Rohstoffen in verschiedener Weise gewonnen werden. Beim Extrahieren ist die Wahl des Lösemittels entscheidend.

V1 Zerreiben Sie einige Sonnenblumenkerne im Mörser und geben Sie 5 mL Heptan unter weiterem Reiben hinzu. Dekantieren Sie das Stoffgemisch in eine Petrischale. Lassen Sie das Heptan verdunsten und geben Sie etwas vom Rückstand auf ein Filterpapier. Tüpfeln Sie zum Vergleich daneben etwas Heptan auf das Filterpapier. Halten Sie das Filterpapier nach einiger Zeit gegen das Licht (Fettfleckprobe, Video unter QR-/Mediencode 06002-147).

06002-147

V2 Geben Sie in drei Reagenzgläser jeweils 1 mL Olivenöl. In je eines der Reagenzgläser werden 5 mL Wasser, Ethanol bzw. Heptan gegeben. Verschließen Sie die Reagenzgläser und schütteln Sie diese kräftig. Wiederholen Sie den Versuch mit Butter (Video unter QR-/Mediencode 06002-148).

06002-148

AUSWERTUNG

a) Erklären Sie die Methode der Fettgewinnung in **V1**.

b) Führen Sie das Ergebnis der Fettfleckprobe in **V1** auf eine Stoffeigenschaft von Sonnenblumenöl zurück.

c) Vergleichen Sie ausgehend von den Beobachtungen in **V2** die Löslichkeit von Olivenöl und Butter in den verschiedenen Lösemitteln.

d) Fettflecke in Kleidung kann man mit Reinigungsbenzin entfernen. Begründen Sie diesen Sachverhalt unter Berücksichtigung der Beobachtungen in **V2**.

ENTSORGUNG G3

V Schmelzverhalten

Sprichwörtlich „weich wie Butter“ ist nicht jedes Fett bei Raumtemperatur. Verantwortlich für das Schmelzverhalten eines Fettes ist die Zusammensetzung des Fettes aus verschiedenen Fett-Molekülen und deren jeweilige Struktur.

V3 Geben Sie jeweils gleich große Portionen von Butter, Butterschmalz, Kokosfett und Stearinsäure in unterschiedliche Reagenzgläser. Stellen Sie die Reagenzgläser in ein Wasserbad mit kaltem Wasser. Erwärmen Sie das Wasserbad langsam und messen Sie dabei die Wassertemperatur. Beobachten Sie die Reihenfolge, in der die Proben schmelzen sowie deren Schmelzverhalten.

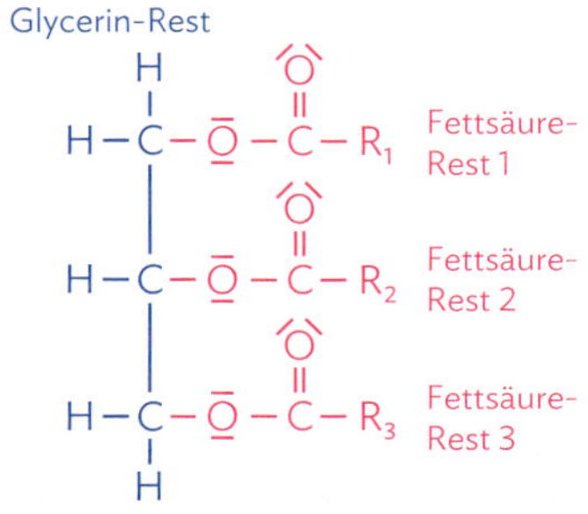

B1 Beispiel eines Fett-Moleküls in Halbstrukturformel

AUSWERTUNG

a) Der systematische Name der Stearinsäure ist Octadecansäure. Zeichnen Sie die Strukturformel eines Stearinsäure-Moleküls und vergleichen Sie diese mit dem Molekül in **B1**. Stellen Sie eine Vermutung hinsichtlich der Schmelztemperatur auf.

b) Stellen Sie ausgehend von der Schmelzreihenfolge der Fette Butter, Butterschmalz und Kokosfett eine begründete Vermutung hinsichtlich der Strukturen der Moleküle und daraus resultierender Wechselwirkungen auf.

c) Beschreiben und begründen Sie den Unterschied im Schmelzverhalten der eingesetzten Fette und der Stearinsäure in **V3**.

ENTSORGUNG R

V Bausteine von Fetten und Ölen

2 3 5 6 7 8 9

Die Stoffeigenschaften verschiedener Fette und Öle unterscheiden sich. Dennoch gibt es Gemeinsamkeiten in deren Molekülbau.

LV4 **Abzug!** Acrolein-Probe: In je ein Reagenzglas wird 2 cm hoch Kaliumhydrogensulfat gefüllt und bis zur Schmelze erhitzt. Anschließend werden mit einer Pipette vorsichtig einige Tropfen Olivenöl bzw. Glycerin hinzugefügt. Es wird weiter erhitzt, wobei ein mit TOLLENS-Reagenz getränkter Wattebausch locker auf das Reagenzglas gesteckt wird (**B2**).

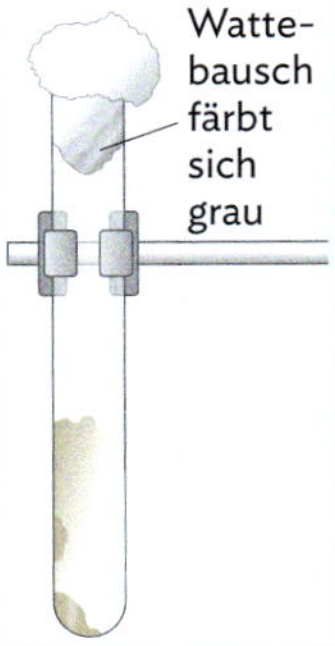

B2 Versuchsaufbau zu **LV4**

LV5 In vier verschiedenen Reagenzgläsern werden jeweils 0,5 g Ölsäure, Stearinsäure, Kokosfett und Olivenöl in jeweils 5 mL Heptan gelöst. Zu jeder der Lösungen wird tropfenweise und unter Schütteln so lange Bromwasser hinzugegeben, bis die Entfärbung von Bromwasser ausbleibt. Vergleichen Sie die benötigte Tropfenzahl an Bromwasser bei den Probelösungen.

AUSWERTUNG

a) Ordnen Sie die Proben aus **LV5** nach der Menge der zugeführten Tropfen Bromwasser. Die Bromwasser-Probe wird zum Nachweis von Doppelbindungen in Molekülen durchgeführt. Stellen Sie eine begründete Vermutung über Strukturmerkmale der Moleküle in den vier verwendeten Proben auf.

b) Fette und Öle bestehen aus Glycerin und Fettsäuren (vgl. S. 126). Glycerin wird beim Erhitzen in Acrolein (Propenal) und Wasser gespalten. Erläutern Sie den Nachweis des Glycerin-Bausteins in Fett-Molekülen durch **LV4**. Erklären Sie die Funktion der TOLLENS-Probe.

c) Recherchieren Sie die Strukturformeln von Ölsäure und Stearinsäure sowie die Fettzusammensetzung von Kokosfett und Olivenöl. Stellen Sie einen Zusammenhang mit **LV5** her.

ENTSORGUNG G2, G4

3.5.2 Fette und Öle – natürliche Ester

Fette wie Butter, Schmalz oder Kokosfett sind bei Raumtemperatur feste oder halbfeste Stoffe. Ist der Aggregatzustand bei Raumtemperatur flüssig, so bezeichnet man sie als fette Öle oder einfach als **Öle**.

Eigenschaften von Fetten und Ölen

Fette und Öle sind Nährstoffe tierischen oder pflanzlichen Ursprungs. Aus dem Phänomen der Fettaugen auf einer Suppe lassen sich einige ihrer Stoffeigenschaften ableiten. Sie haben eine geringere Dichte als Wasser und schwimmen deshalb oben auf der Suppe. Fette sind in Wasser unlöslich und in Ethanol schwerlöslich. Sie lösen sich jedoch gut in lipophilen Lösemitteln wie Heptan (**V2**).
Das Löseverhalten von Fetten und Ölen in unpolaren Lösemitteln nutzt man zu deren Gewinnung. Fette und Öle können aus pflanzlichem Material nach Zellaufschluss durch Zerreiben mit einem unpolaren Lösemittel extrahiert werden (**V1**). Zur Prüfung des lösemittelhaltigen Extraktes auf Fette führt man die **Fettfleckprobe** durch. Dazu gibt man eine Probe des Extrakts auf ein Filterpapier. Bleibt nach Verdunsten des Lösemittels ein durchscheinender Fleck auf dem Papier zurück, so ist die Probe fetthaltig. Aufgrund seines höheren Siedebereichs bleibt das Fett auf dem Papier zurück.

06002-149
Video zu den Eigenschaften von Fetten, Fettsäuren und Ölen unter QR-/Mediencode 06002-149

Bausteine von Fetten und Ölen

Fette und Öle unterscheiden sich wesentlich in ihrer Molekülstruktur z. B. von den erdölbasierten Motorölen, deren Moleküle aus unterschiedlich langen Kohlenwasserstoff-Ketten bestehen.
Glycerin (Propan-1,2,3-triol) ist der zentrale Baustein aller Fette. Es kann mithilfe der **Acrolein-Probe** (**LV4**) in den Fetten nachgewiesen werden. Das Löseverhalten von Fetten lässt darauf schließen, dass Fett-Moleküle auch unpolare Bausteine enthalten. Dabei handelt es sich um langkettige Fettsäure-Reste, die mit Glycerin verestert vorliegen. Die Salze von Fettsäuren sind Tenside. Bei Temperaturen von etwa 200 °C wird das Fett hydrolytisch in langkettige Fettsäuren, z. B. Stearinsäure, und in Glycerin gespalten. Das Glycerin wiederum wird in der Hitze durch eine nachfolgende Abspaltung von Wasser in den ungesättigten Aldehyd Acrolein (Propenal) umgewandelt. Die Aldehyd-Gruppe kann mittels **TOLLENS-Probe** nachgewiesen werden (**LV4**), die Doppelbindung durch Addition eines Halogen-Moleküls, z. B. Brom (**LV5**). Acrolein ist für den menschlichen Körper giftig, weshalb Fette beim Kochen, Braten und Frittieren nicht zu stark und zu oft erhitzt werden sollten.

Seifen und Tenside
→ S. 126 ff.

Dreifachester des Glycerins

Die Vielzahl an Fetten und Ölen unterscheidet sich in Aussehen, Konsistenz und Geschmack. Dennoch sind ihre Moleküle ähnlich aufgebaut. Jedes Fett-Molekül besitzt als zentralen Baustein einen Molekülrest des Glycerins. Dieser ist dreifach über jeweils eine Esterbindung mit einem Fettsäure-Rest verknüpft (**B1**).

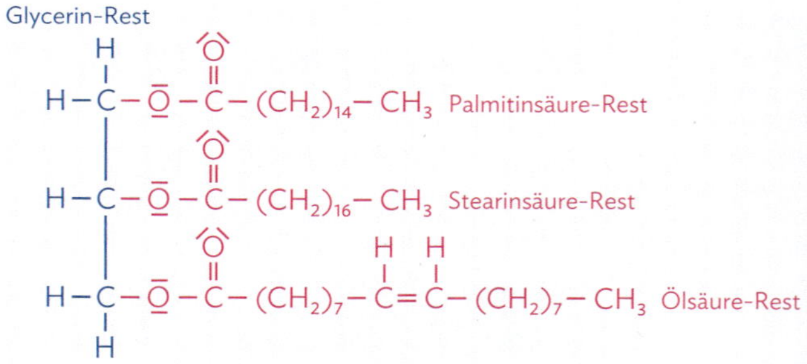

B1 Halbstrukturformel eines Triglycerid-Moleküls mit unterschiedlichen Fettsäure-Resten

Die Ester des Glycerins nennt man Glyceride. Natürliche Fette bezeichnet man als Triacylglyceride oder vereinfacht **Triglyceride**, bei denen das Glycerin mit unterschiedlichen Fettsäuren verestert sein kann. Mono- oder Diglyceride findet man in natürlichen Fetten kaum vor, da sie nur Zwischenprodukte beim Auf- und Abbau der Fette in Organismen darstellen. Fette werden bei längerem ungekühltem Verbleib an der Luft durch Mikroorganismen gespalten. Der unangenehme Geruch älterer Butter kommt vor allem von freigesetzter Buttersäure durch Esterhydrolyse eines Triglycerids.

Fette sind Stoffgemische

Fette sind keine Reinstoffe, sondern Stoffgemische aus unterschiedlichen Triglyceriden. Fette haben daher keine definierte Schmelztemperatur, sondern einen Schmelzbereich, innerhalb dessen sie flüssig werden (**V3**, **B2**). Jede Fettsorte hat eine charakteristische Zusammensetzung in den Anteilen der veresterten Fettsäuren. Diese Zusammensetzung erklärt die unterschiedlichen Eigenschaften der Fette.

Fettsäure	Butter	Olivenöl	Kokosfett	Butterschmalz
Alkansäuren				
Buttersäure C_3H_7COOH	3	–	–	3
Laurinsäure $C_{11}H_{23}COOH$	3	–	44	3
Myristinsäure $C_{13}H_{27}COOH$	8	2	16	10
Palmitinsäure $C_{15}H_{31}COOH$	22	15	8	26
Stearinsäure $C_{17}H_{35}COOH$	8	2	2	9
andere	6	–	16	9
Alkensäuren				
Ölsäure $C_{17}H_{33}COOH$	20	71	6	24
Linolsäure $C_{17}H_{31}COOH$	2	8	1	2
Linolensäure $C_{17}H_{29}COOH$	1	–	–	1
andere	5	2	–	6
Schmelzbereich in °C	28 – 36	-10 – 1	20 – 23	28 – 33

B2 Masse in g verschiedener Fettsäuren in 100 g unterschiedlicher Nahrungsfette und deren Schmelzbereiche

Gesättigte und ungesättigte Fettsäuren

Versetzt man gleiche Mengen Fett und Öl mit Bromwasser, so stellt man Unterschiede fest. Es kommt zunächst zu einer Entfärbung von Bromwasser, nach weiterem Zutropfen von Bromwasser bleibt jedoch dessen braune Farbe erhalten (**LV5**). Das Volumen an Bromwasser, das zugegeben wird bis keine Entfärbung mehr stattfindet, ist verschieden. Bei Ölen wird bis zur bleibenden Färbung ein größeres Volumen an Reagenz verbraucht als bei Fetten. Bei Stearinsäure kommt es zu keiner erkennbaren Entfärbung. Bei Ölsäure hingegen werden sogar größere Tropfenzahlen Bromwasser benötigt als bei den getesteten Ölen (**LV5**). Die Bromwasser-Probe wird als Nachweismöglichkeit von Molekülen mit Doppelbindungen genutzt (vgl. S. 53).
Aus diesen Befunden lässt sich schließen, dass die Triglycerid-Moleküle der Öle ungesättigte Fettsäure-Reste, also Fettsäure-Reste mit einer oder mehreren Doppelbindungen, enthalten. Je mehr Fettsäure-Reste mit Doppelbindungen in einem Öl enthalten sind, desto mehr Bromwasser lässt sich entfärben (**LV5**). Je nach Anzahl der Doppelbindungen in einem Fettsäure-Rest unterscheidet man einfach und mehrfach ungesättigte Fettsäuren. Durch die Zusammensetzung der Fettsäure-Reste unterscheiden sich Fette und Öle.

06002-150
Video zur Bromierung eines Alkens unter QR-/Mediencode 06002-150

Fette und Öle sind Stoffgemische verschiedener Triglyceride. Diese sind aus dreifach mit Fettsäure-Molekülen veresterten Glycerin-Molekülen aufgebaut. Je nach Anzahl der Doppelbindungen in den Fettsäure-Resten unterscheidet man dabei ein- und mehrfach ungesättigte Fettsäuren. Die Fettsäure-Reste bestimmen die Eigenschaften der Fette.

AUFGABEN

A1 Stellen Sie die Reaktionsgleichung für die Bildung von Acrolein aus Glycerin auf.

A2 Seifen stellt man aus Fetten her. dabei lässt man sie mit einer Lauge reagieren. Stellen sie die Reaktionsgleichung (mit Struktuformeln) für die Reaktion des in **B1** dargestellten Fetts mit Kalilauge auf. Kennzeichnen Sie polare und unpolare Bestandteile des Produkts und stellen Sie eine Vermutung zum Löseverhalten in hydrophilen und hydrophoben Lösemitteln auf.

3.5.3 Molekülstruktur und Eigenschaften von Triglyceriden

06002-153

Bei der *cis* – bzw. (*Z*)-Anordnung stehen vergleichbare Molekül-Reste auf der gleichen Seite einer C=C-Doppelbindung, bei der trans – bzw. (E)-Anordnung auf der entgegengesetzten (vgl. S. 53).

Der Einfluss der Doppelbindung

Bei den in Fetten vorkommenden ungesättigten Fettsäure-Resten befindet sich die erste C=C-Doppelbindung meist zwischen dem neunten und zehnten Kohlenstoff-Atom. Die weiteren Doppelbindungen bei den mehrfach ungesättigten Fettsäure-Resten liegen zwischen dem 12. und 13. sowie dem 15. und 16. Kohlenstoff-Atom. Die Moleküle liegen fast ausschließlich als *cis* – bzw. (*Z*)-Isomere vor. Das Vorhandensein dieser Isomere ist der Grund für die unterschiedlichen Schmelztemperaturen von gesättigten und ungesättigten Fettsäuren. Auch die Konsistenz der Fette kann dadurch erklärt werden. Während gesättigte Fettsäure-Moleküle linear aufgebaut sind, kann man sich ungesättigte Fettsäure-Moleküle wie einen geknickten Stab vorstellen, wobei der „Knick" durch die *cis*-Doppelbindung verursacht wird. Sie beanspruchen dadurch mehr Platz als gesättigte Fettsäure-Moleküle. Gesättigte Fettsäure-Moleküle und Fett-Moleküle mit hohen Anteilen an gesättigten Fettsäure-Resten können sich parallel zueinander anordnen. Dies hat zur Folge, dass VAN-DER-WAALS-Wechselwirkungen stärker zwischen ihnen wirken können als bei den gewinkelten Anordnungen der ungesättigten Verbindungen. Somit sind Fette, die hauptsächlich gesättigte Fettsäure-Reste enthalten, bei Raumtemperatur fest, während Fette mit hohem Anteil an ungesättigten Fettsäure-Resten flüssig vorliegen. Es sind Öle (**B3**, **B4**).

Reaktivität ungesättigter Fettsäuren

Öle verderben schneller als Fette. Alte Öle riechen deshalb oft ranzig. Wie ist das zu erklären?

Ungesättigte Fettsäuren reagieren unter dem Einfluss von Mikroorganismen leicht mit Sauerstoff aus der Luft mit der Folge, dass die entsprechenden Fette schneller verderben und ranzig werden (Video unter QR-/Mediencode 06002-153). Dabei werden die Doppelbindungen eines Fettsäure-Moleküls durch Sauerstoff-Moleküle oxidativ gespalten:

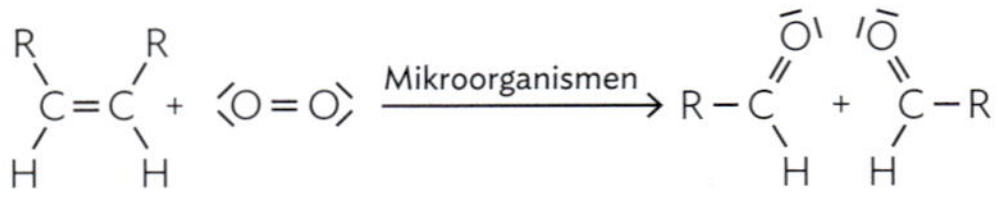

Die entstehenden Aldehyde verursachen den unangenehmen Geruch ranzigen Fetts und sind außerdem gesundheitsschädlich, da sie wichtige Vitamine im Körper deaktivieren. Durch ranzige Fette kann die Versorgung des menschlichen Organismus mit den Vitaminen A, D, B6 und Pantothensäure gestört werden.

In fetthaltigen Lebensmitteln wird der Prozess des Ranzigwerdens durch Zusatz von Antioxidantien, die dann anstelle des vor Oxidation zu schützenden Stoffs oxidiert werden, z. B. Vitamin E, verzögert. Eine weitere Möglichkeit zur Erhöhung

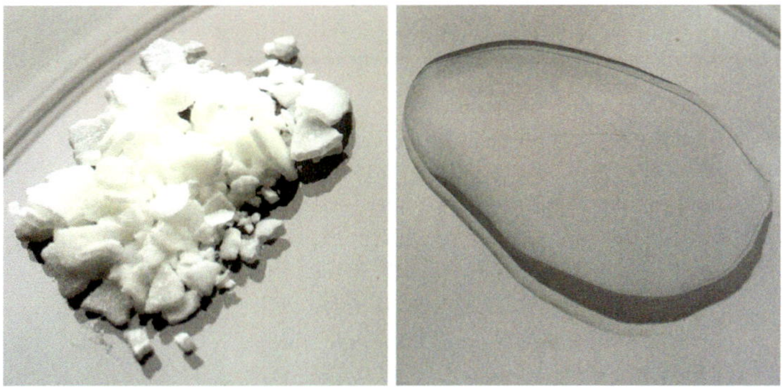

B3 Stearinsäure ist bei Raumtemperatur fest (links), Ölsäure flüssig (rechts).

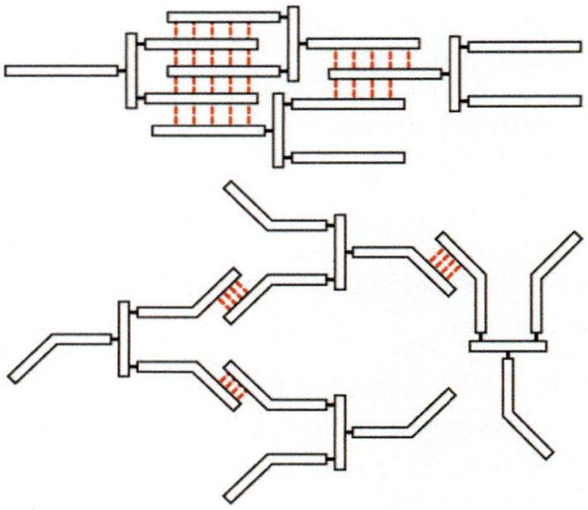

B4 VAN-DER-WAALS-Wechselwirkungen zwischen gesättigten (oben) und ungesättigten (unten) Triglyceriden

der Oxidationsbeständigkeit von Fetten stellt die **Fetthärtung** dar.
Dabei werden ungesättigte Fettsäuren mit Wasserstoff bei Temperaturen zwischen 150 °C und 200 °C unter Druck und mit Nickel als Katalysator zur Reaktion gebracht. Dabei werden Wasserstoff-Atome an eine Doppelbindung nach der folgenden Gleichung addiert:

$$\underset{\text{Ölsäure, } \vartheta_m = 16\,°C}{C_{17}H_{33}COOH} + H_2 \xrightarrow{\text{Ni-Katalysator}} \underset{\text{Stearinsäure, } \vartheta_m = 70\,°C}{C_{17}H_{35}COOH}$$

Ungesättigte Fettsäuren werden so durch Hydrierung in gesättigte Fettsäuren umgewandelt. Gesättigte Fettsäuren haben gegenüber ungesättigten Fettsäuren mit gleicher Anzahl an Kohlenstoff-Atomen im Molekül eine höhere Schmelztemperatur (**B5**). Die Folgen der Fetthärtung sind eine festere Konsistenz und längere Haltbarkeit der Fette. Der Nickel-Katalysator ist giftig und muss nach der Hydrierung wieder entfernt werden.

Fette sind lebensnotwendig

Im menschlichen Organismus dienen Fette als Energiespeicher und zur Wärmeisolation. Neben den Eiweißen und Kohlenhydraten sind Fette eine weitere große Gruppe wichtiger Nährstoffe. Fette haben mit einem Brennwert von 38 – 39 kJ/g einen doppelt so hohen Energiegehalt wie die Eiweiße und Kohlenhydrate mit 17 – 19 kJ/g. Fette ermöglichen auch die Aufnahme der fettlöslichen Vitamine A, D, E und K sowie von essenziellen Fettsäuren (z. B. Linolsäure, **B5**) in den Körper.
Der menschliche Organismus ist in der Lage, aus Kohlenhydraten Fette zu synthetisieren. Deshalb führt eine zu große Zufuhr an Mehlspeisen und zuckerhaltigen Lebensmitteln zur Einlagerung von Fett im Körper. Man spricht bei diesen Lebensmitteln auch von „Dickmachern".

Die Schmelztemperatur der Fettsäuren steigt mit der Anzahl der Kohlenstoff-Atome und sinkt mit der Anzahl der Doppelbindungen in den Molekülen.

Stearinsäure
(Octadecansäure)

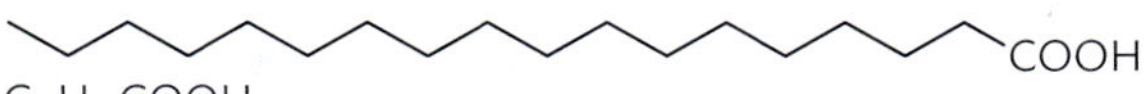

$C_{17}H_{35}COOH$
Schmelztemperatur 70 °C

Ölsäure
(*cis*-Octadeca-9-ensäure)

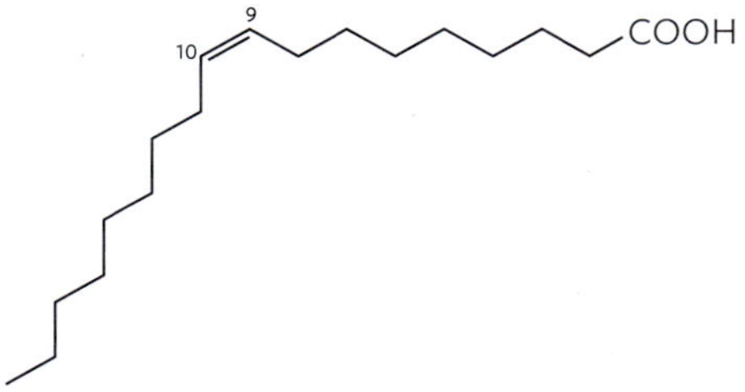

$C_{17}H_{33}COOH$
Schmelztemperatur 16 °C

Linolsäure
(*cis,cis*-Octadeca-9,12-diensäure)

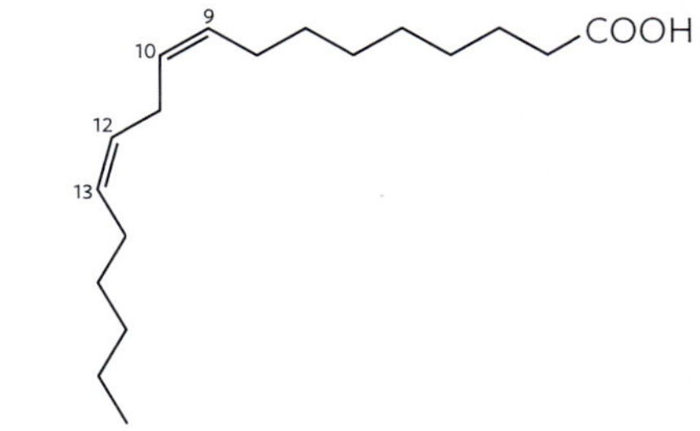

$C_{17}H_{31}COOH$
Schmelztemperatur –4 °C

B5 Strukturen gesättigter und ungesättigter Fettsäuren mit einem Gerüst aus 18 Kohlenstoff-Atomen

Brennwert
→ S. 462

AUFGABEN

A1 Begründen Sie die Unterschiede in den Schmelztemperaturen der Fettsäuren in **B5**.

A2 Entscheiden Sie begründet, welche Schmelztemperaturen Sie für die jeweiligen *trans*- bzw. (*E*)-Isomere der in **B5** abgebildeten *cis*-Fettsäuren erwarten würden.

A3 Stellen Sie für die Hydrierung eines Triglycerids mit drei Linolsäure-Resten die Reaktionsgleichung auf.

3.5.4 Strukturformeln in Skelettformeln überführen

Moleküle von Verbindungen lassen sich auf unterschiedliche Weise darstellen. Dies kann je nach hervorzuhebendem Sachverhalt stark vereinfacht erfolgen. In der Strukturformel werden alle Bindungen zwischen den Atomen sowie die freien Elektronenpaare dargestellt. Stärker vereinfacht ist die Halbstrukturformel, aus der sich Atom-Gruppierungen, wie funktionelle Gruppen, schnell erkennen lassen (**B1**).

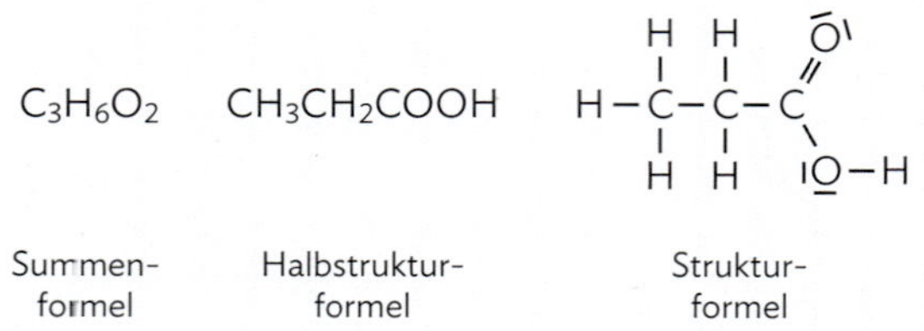

B1 Verschiedene Darstellungsarten der Formel eines Propansäure-Moleküls

Durch die **Skelettformel** (Gerüstformel) wird der Aufbau der Moleküle einer organischen Verbindung noch weiter vereinfacht dargestellt. Bei ihr gibt man nur die „Zick-Zack"-Struktur des „Molekül-Skeletts" aus Kohlenstoff-Atomen sowie die funktionellen Gruppen im Molekül wieder. Die Skelettformel lässt sich aus der Strukturformel ableiten.

Entwickeln Sie aus der Strukturformel von Propenal die Skelettformel.

VORGEHEN

1. Zeichnen Sie die Strukturformel von Propenal.

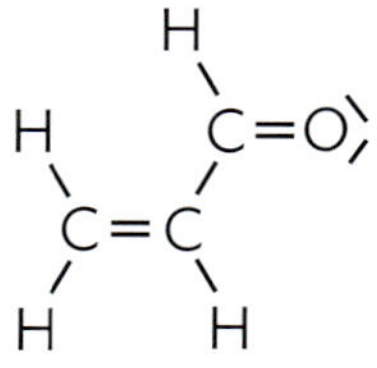

2. Zeichnen Sie nun nur die Kohlenstoff-Atome als „Zick-Zack"-Struktur.
Hinweis: In jedem Knick und an jedem Ende der Kette befindet sich ein Kohlenstoff-Atom.

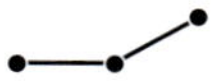

3. Fügen Sie dann vorhandene funktionelle Gruppen an die Punkte der Zick-Zack-Kette ein, die für Kohlenstoff-Atome stehen. In diesem Fall wird aus einem endständigen Kohlenstoff-Atom eine Aldehyd-Gruppe –CHO, welche auch Formyl-Gruppe genannt wird.

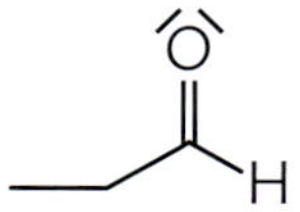

4. Zum Schluss zeichnen Sie die Doppelbindung zwischen dem zweiten und dritten Kohlenstoff-Atom ein.

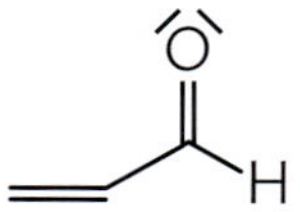

Hinweis: Die Wasserstoff-Atome der Alkyl-Gruppen werden nicht angegeben. Jeder Knick in der Kette repräsentiert bei Einfachbindungen eine Methylen-Gruppe $-CH_2$, und jedes Kettenende ohne funktionelle Gruppe eine Methyl-Gruppe $-CH_3$.

AUFGABEN

A1 a) Zeichnen Sie für die *cis*- bzw. *trans*-Form der Ölsäure je eine Strukturformel.
b) Entwickeln Sie aus den in a) gezeichneten Strukturformeln die jeweiligen Skelettformeln nach der angegebenen Schrittfolge.

A2 Geben Sie die Anzahl der Kohlenstoff-Atome in den gegebenen Skelettformeln und die jeweiligen Summenformeln an. Entwickeln Sie die jeweilige Strukturformel zu den Skelettformeln.

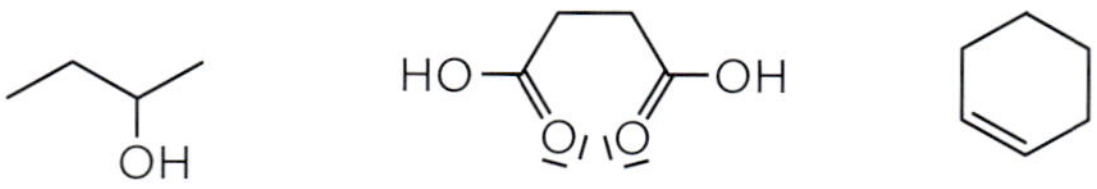

A3 Zeichnen Sie für die Moleküle der folgenden Verbindungen jeweils eine Halbstruktur- und eine Strukturformel:
a) Hexan b) Pentan-1-ol
c) Propanal d) Propanon
e) Hexadecansäure

A4 Entwickeln Sie für die Moleküle der Verbindungen aus **A3** jeweils die Skelettformel nach der angegebenen Schrittfolge.

3.5.5 Umesterung LK

Biodiesel spart im Vergleich zu fossilem Dieselkraftstoff etwa 40 % der Kohlenstoffdioxidemissionen. Er wird aus natürlichen Ölen wie Rapsöl durch **Umesterung** gewonnen. Wie funktioniert diese?

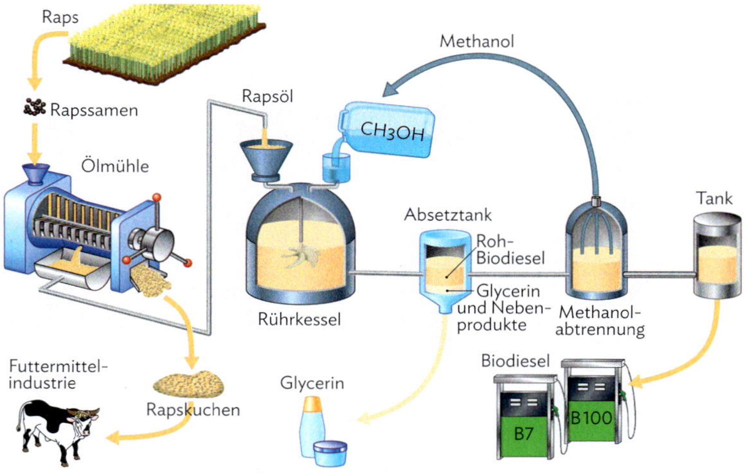

B1 Schematische Darstellung der Biodieselgewinnung

Die Umesterung

Natürliche Fette und Öle sind Triglyceride, Fettsäureester des Glycerins. Für viele Anwendungen müssen sie mit einem Alkohol in andere Fettsäureester überführt werden (**B2**).
In Gegenwart von Hydroxid-Ionen wird das Alkohol-Molekül deprotoniert und Alkoholat-Anionen gebildet. Diese können an den positiv polarisierten Kohlenstoff-Atomen der Carbonyl-Gruppen im Ester-Molekül nucleophil angreifen. Es entstehen neue Bindungen zu den Alkoholat-Ionen, während die Ester-Bindungen gespalten werden. Dabei bildet sich ein Glycerin-Molekül und drei neue Ester-Moleküle. Wird wie in **B2** Methanol eingesetzt, erhält man Methylester.

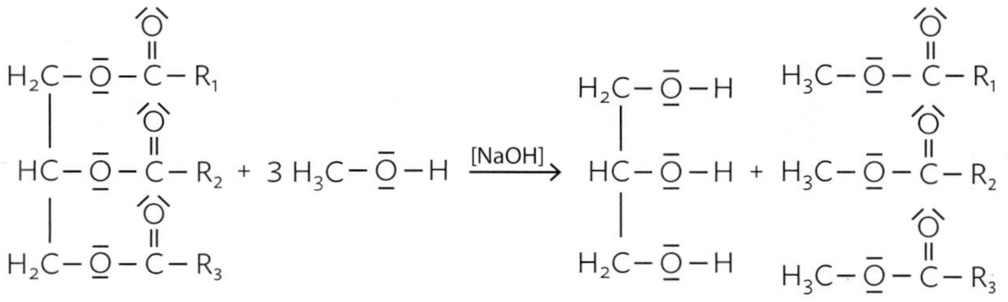

B2 Basenkatalysierte Umesterung eines allgemeinen Triglycerid-Moleküls mit Methanol

Anwendungsgebiete

In der Industrie spielt die Umesterung bei der Synthese von Rapsölmethylestern für Biodiesel eine wichtige Rolle. Eine weitere Anwendung ist die Herstellung von Polyethylenterephthalat (PET) durch eine Umesterung von Dimethylterephthalat mit Ethan-1,2-diol. PET wird unter anderem für die Herstellung von Kunststoff-Getränkeflaschen verwendet.
In der Lebensmittelindustrie werden Umesterungen genutzt, um die physikalischen und chemischen Eigenschaften von Speisefetten und Ölen zu beeinflussen. In der Margarineherstellung kann sie z. B. als alternative Methode zur Fetthärtung (vgl. S. 185) eingesetzt werden. Sie dient auch zur Herstellung der Mono- und Diglyceride von Speisefettsäuren, welche als Lebensmittelzusatzstoffe Verwendung finden.

Bei der Umesterung werden natürliche Fette und Öle unter Einsatz von Alkoholen in andere Fettsäureester überführt, die vielfältige industrielle Anwendung finden.

AUFGABEN

A1 Formulieren Sie anhand der im Text gegebenen Reaktionsschritte den Reaktionsmechanismus einer basenkatalysierten Umesterung.

A2 Beschreiben Sie die Herstellung von Biodiesel aus Rapssamen mithilfe der schematischen Darstellung in **B1**.

Zum Üben und Weiterdenken

A1 Die Bezeichnung D bzw. L lässt sich mithilfe der FISCHER-Projektionsformeln bestimmen.

a) Zeichnen Sie die FISCHER-Projektionsformel von D-Glucose.

b) Entwickeln Sie mithilfe der FISCHER-Projektionsformeln die Struktur eines L-Konfigurationsisomers der D-Glucose, indem Sie die Bindungen von nur einem der Kohlenstoff-Atome neu anordnen. Erläutern Sie Ihr Vorgehen.

c) Begründen Sie, ob es sich bei dem in b) entwickelten Molekül um L-Glucose handelt.

A2 D-Allose-Moleküle unterscheiden sich von D-Glucose-Molekülen in der Stellung der Hydroxy-Gruppe am dritten Kohlenstoff-Atom.

a) Zeichnen Sie die offenkettige Form der D-Allose in der FISCHER-Projektion.

b) Zeichnen Sie das ringförmige Molekül der α-D-Allose in der HAWORTH-Projektion und kennzeichnen Sie den Unterschied zur Strukturformel der α-D-Glucose.

A3 Die Raffinose ist ein Dreifachzucker, in dem die Moleküle der folgenden Einfachzucker in der Reihenfolge D-Galactose – D-Glucose – D-Fructose miteinander verbunden sind. Galactose ist mit der Glucose α-1,6-glycosidisch verknüpft, während die Glucose mit der Fructose wie in der Saccharose verknüpft ist.

a) Zeichnen Sie das Raffinose-Molekül mithilfe der Projektionsformel nach HAWORTH.

b) Begründen Sie, ob die Raffinose einen positiven Nachweis mit der Fehling-Reagenz zeigt.

A4 Begründen Sie, dass Zweifachzucker wie Saccharose und Maltose im Gegensatz zu Vielfachzuckern wie Stärke und Cellulose gut wasserlöslich sind.

A5 In verschiedenen nicht beschrifteten Bechergläsern befinden sich die folgenden Stoffe: Saccharose, Maltose, Amylose und Cellulose. Schildern Sie ein experimentelles Vorgehen zur Identifikation der Stoffe.

A6 Erklären Sie, dass nach längerer Zeit nach einer Hydrolyse von Cellulose α-D-Glucose nachgewiesen werden kann

A7 Mit den Zweifachzuckern Maltose, Saccharose und Trehalose werden Experimente durchgeführt, deren Ergebnisse in der nachfolgenden Tabelle dargestellt sind. Ein „+“ kennzeichnet hierbei jeweils einen positiv verlaufenen Nachweis, ein „-“ einen negativen.

Verbindung	Maltose	Saccharose	Trehalose
GOD-Test vor der Hydrolyse	–	–	–
GOD-Test nach der Hydrolyse	+	+	+
FEHLING-Probe vor der Hydrolyse	+	–	–
FEHLING-Probe nach der Hydrolyse	+	+	+
SELIWANOW-Probe vor der Hydrolyse	–	–	–
SELIWANOW-Probe nach der Hydrolyse	–	+	–

a) Begründen Sie mithilfe von HAWORTH-Strukturformeln die Versuchsergebnisse für die Zweifachzucker Maltose und Saccharose.

b) Leiten Sie aus den Versuchsergebnissen Erkenntnisse über den Bau von Trehalose-Molekü- len ab und formulieren Sie eine mögliche Strukturformel in der HAWORTH-Projektion.

c) Begründen Sie, dass mit den Untersuchungen keine eindeutige Aussage über die tatsächliche Struktur eines Trehalose-Moleküls möglich ist.

A8 LK Erläutern Sie das Zustandekommen des spezifischen Drehwinkels einer D(+)-Glucoselösung im Vergleich zu den spezifischen Drehwinkeln einer frisch angesetzten α-D(+)-Glucoselösung und einer frisch angesetzten α-D(+)-Glucoselösung.

Verbindung	Spezifischer Drehwinkel in $° \cdot cm^3 \cdot g^{-1} \cdot dm^{-1}$
D(+)-Glucose	+ 52
α-D(+)-Glucose	+ 112
β-D(+)-Glucose	+ 19
D(-)-Fructose	– 92

A9 Alanin ist eine nicht essenzielle Aminosäure, die häufig als Baustein in Proteinen zu finden ist.

a) Geben Sie beide Enantiomere von Alanin in der FISCHER-Projektion an.

b) LK Erläutern Sie, dass Alanin wie fast alle in der Natur vorkommenden Aminosäuren optisch aktiv ist.

c) Beschreiben Sie, wie man mithilfe eines Experiments D- und L-Alanin voneinander unterscheiden kann.

A10 Die Aminosäure Cystein ist ein Feststoff mit folgender Struktur:

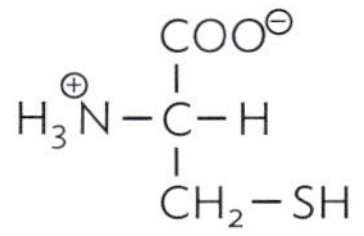

a) Erhitzt man Cystein sehr stark, so schmilzt die Verbindung unter Zersetzung. Erklären Sie diese Beobachtung.

b) **LK** Eine wässrige Lösung von Cystein hat den isoelektrischen Punkt (IEP) von 5,0. Erläutern und begründen Sie den Begriff IEP an diesem Beispiel.

c) Zu der wässrigen Lösung von Cystein wird einmal verdünnte Salzsäurelösung gegeben, ein anderes Mal verdünnte Natronlauge. Formulieren Sie die entsprechenden Reaktionsgleichungen und beschreiben Sie die jeweils ablaufenden Vorgänge.

d) Erläutern Sie die besondere Rolle der Aminosäure Cystein im Zusammenhang zur räumlichen Struktur von Eiweiß-Molekülen

A11 Rote Blutkörperchen enthalten in hoher Konzentration das Tripeptid Glutathion.

a) Geben Sie die Aminosäurebausteine an, aus denen Glutathion aufgebaut ist.

b) Bei Glutathion handelt es sich aufgrund der besonderen Peptidbindungen nicht um ein echtes Tripeptid. Erläutern Sie diesen Sachverhalt.

c) Erläutern Sie die Art der zwischenmolekularen-Wechselwirkungen und chemischen Bindungen, die Aminosäure-Reste im Glutathion-Molekül zu anderen Glutathion-Molekülen ausbilden können.

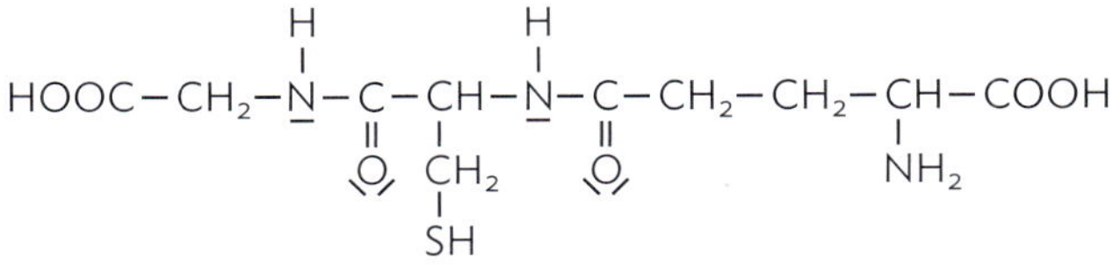

A12 Bei einem Tripeptid stellt man folgende Aminosäuresequenz fest: Glycin-Lysin-Glutaminsäure (Glycin: 2-Aminoethansäure, Lysin: 2,6-Diaminohexansäure, Glutaminsäure: 2-Aminopentandisäure).

a) Geben Sie die Strukturformel dieses Tripeptids an.

b) Mit diesem Tripeptid werden die Biuretreaktion und die Xanthoproteinreaktion durchgeführt. Beschreiben Sie diese Nachweisreaktionen und begründen Sie die zu erwartenden Beobachtungen.

c) Geben Sie ein Verfahren an, mit dem man die im Tripeptid gebundenen Aminosäuren nach der Hydrolyse des Tripeptids identifizieren kann. Erläutern Sie die Verfahrensweise und die Möglichkeit zur Identifizierung.

A13 Geben Sie mit geeigneten Formeln (vgl. S. 186) die Molekülstrukturen aller möglichen Fett-Moleküle an, die aus einem Glycerin-, einem Palmitinsäure- und zwei Laurinsäure-Bausteinen aufgebaut sind.

A14 Beurteilen Sie die Wasserlöslichkeit der Bausteine eines Fett-Moleküls. Begründen Sie anhand dessen, dass Fette in Wasser unlöslich und in Hexan löslich sind.

A15 Hydrierte Fette zeigen eine bessere Haltbarkeit als Öle, die ungesättigte Fettsäure-Reste als Bausteine enthalten. Erklären Sie die Beständigkeit hydrierter Fette im Vergleich zu Ölen.

A16 Ordnen Sie die Schmelztemperaturen 1 °C, 44 °C und 63 °C den Fettsäuren Laurinsäure (Dodecansäure), Palmitinsäure (Hexadecansäure) und Palmitoleinsäure (*cis*-Hexadeca-9-ensäure) zu. Begründen Sie Ihre Zuordnung.

A17 Olivenöl wird im Gegensatz zu Sonnenblumenkernöl im Kühlschrank teilweise fest (links). Bei Raumtemperatur sind beide Öle flüssig (rechts). Recherchieren Sie die Zusammensetzungen der beiden Öle und deuten Sie deren Verhalten bei den unterschiedlichen Temperaturen.

Alles im Blick

1 Spiegelbildisomerie und FISCHER-Projektion

Moleküle mit gleicher Summenformel, deren Atome aber räumlich unterschiedlich angeordnet sind, werden **Stereoisomere** genannt. **Chirale** Moleküle verhalten sich zueinander wie Bild und Spiegelbild. Man nennt sie auch **Spiegelbildisomere** oder **Enantiomere**. Sie besitzen **asymmetrisch substituierte Kohlenstoff-Atome** (Chiralitätszentren), die mit C* gekennzeichnet werden. Sie sind **optisch aktiv** und können die Schwingungsebene von linear polarisiertem Licht drehen. Man unterscheidet **rechtsdrehende (+)** und **linksdrehende (–)** Stereoisomere. Zur räumlichen Darstellung von Spiegelbildisomeren in der Papierebene wird die **FISCHER-Projektion** verwendet. Sie werden als **D-** bzw. **L-Enantiomere** bezeichnet. Stereoisomere, die keine Enantiomere sind, bezeichnet man als **Diastereomere**.

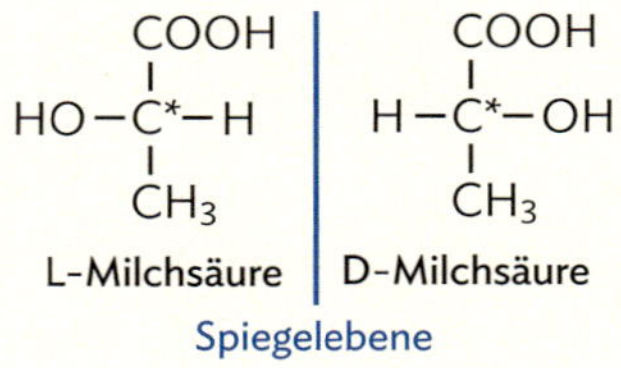

2 Aminosäuren

Aminosäuren sind spezielle Carbonsäuren, deren Moleküle neben der Carboxy-Gruppe (–COOH) noch mindestens eine **Amino-Gruppe** ($-NH_2$) tragen. Dabei ist eine Amino-Gruppe jeweils an das Kohlenstoff-Atom gebunden, das der Carboxy-Gruppe benachbart ist. Dieses Kohlenstoff-Atom wird als **α-Kohlenstoff-Atom** bezeichnet, die entsprechenden Aminosäuren nennt man **α-** oder **2-Aminosäuren**.

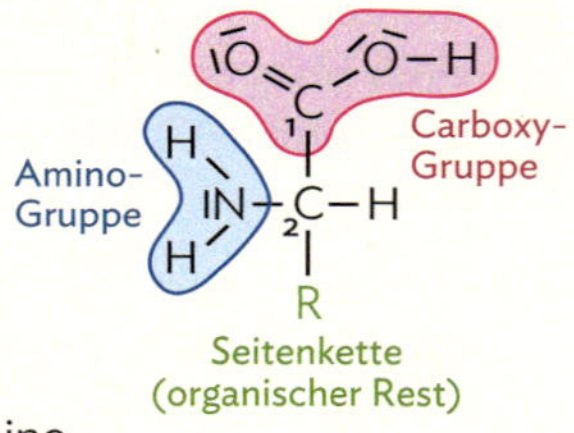

Aminosäure-Moleküle bilden in wässriger Lösung **Zwitterionen**. Sie können als Ampholyte reagieren. LK Der **isoelektrische Punkt (IEP)** ist der pH-Wert, bei dem Aminosäure-Moleküle in wässriger Lösung in Form von Zwitterionen-Teilchen vorliegen.

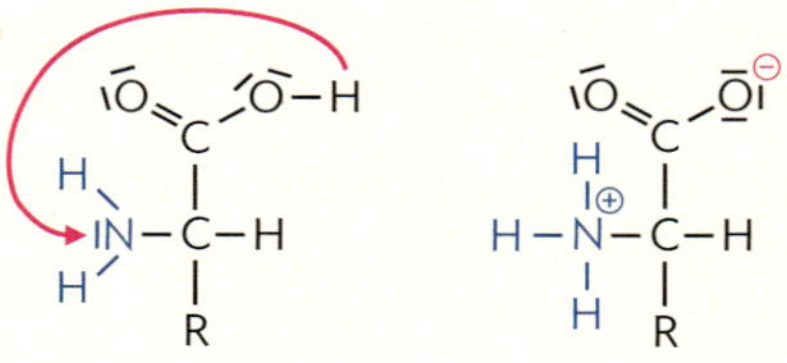

Molekül Zwitterion

3 Peptidbindung und Proteine

Aminosäuren reagieren in einer Kondensationsreaktion zu **Peptiden**. Dabei bildet die Carboxy-Gruppe des einen mit der α-Amino-Gruppe eines anderen Aminosäure-Moleküls unter Abspaltung eines Wasser-Moleküls eine **Peptid-Gruppe**.

Proteine sind lange Peptidketten. Ihre Struktur wird modellhaft in **Primär-**, **Sekundär-**, **Tertiär-** und **Quartärstruktur** eingeteilt. Die Struktur wird durch intermolekulare Wechselwirkungen stabilisiert.

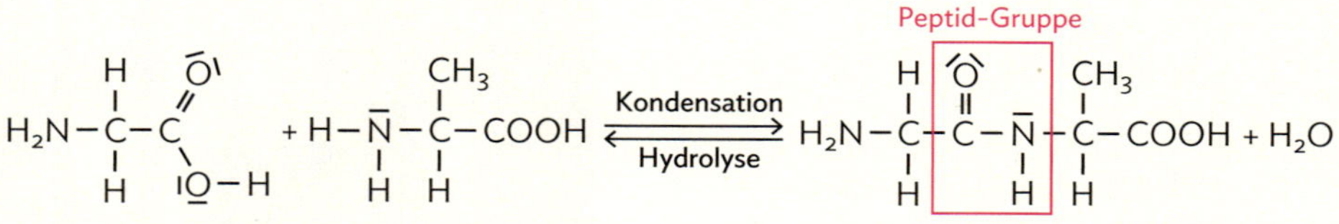

Glycin Gly Alanin Ala Glycylalanin Gly-Ala

4 Mono-, Di- und Polysaccharide

Monosaccharide (Einfachzucker) sind Carbonylverbindungen, deren Moleküle mehrere Hydroxy-Gruppen enthalten, z. B. die **Aldose Glucose** und die **Ketose Fructose**. Beide haben die Summenformel $C_6H_{12}O_6$ und zählen damit zu den **Hexosen**.
In der Natur kommen Glucose und Fructose als D-Enantiomere vor. In wässrigen Lösungen liegen sie in einer **cyclischen Halbacetal-Form** vor, welche durch eine intramolekulare Reaktion gebildet wird. Durch die neu gebildete halbacetalische Hydroxy-Gruppe am C-1-Atom ist dieses asymmetrisch substituiert. Bei Glucose ergeben sich zwei Diastereomere: α-D-Glucose und β-D-Glucose. Im Fructose-Molekül kann der Ringschluss mit der Hydroxy-Gruppe am C-5- bzw. am C-6-Atom erfolgen, sodass ein fünf- (**Furanose-Form**) bzw. sechsgliedriger (**Pyranose-Form**) Ring entsteht. In alkalischer Lösung stellt sich aufgrund der Keto-Enol-Tautomerie ein Gleichgewicht zwischen D-Glucose und D-Fructose ein.
Durch Kondensationsreaktion bilden sich aus zwei Monosaccharid-Bausteinen **Disaccharide** (Zweifachzucker). Dabei reagiert die halbacetalische Hydroxy-Gruppe am C-1-Atom mit einer Hydroxy-Gruppe eines weiteren Monosaccharids. Durch diese **Acetalbildung** entsteht ein **Glycosid** mit einer **glycosidischen Bindung**. Man unterscheidet **reduzierende Zucker** wie Maltose und **nichtreduzierende Zucker** wie Saccharose. Bei reduzierenden Zuckern ist nur eine der halbacetalischen Hydroxy-Gruppen an der Bindung beteiligt, wodurch an der anderen eine offenkettige Form mit Aldehyd-Gruppe entstehen kann. Diese lässt sich z. B. mit der **FEHLING-Probe** nachweisen.

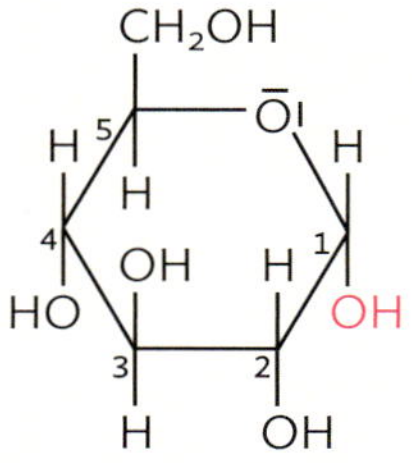

α-D-Glucose

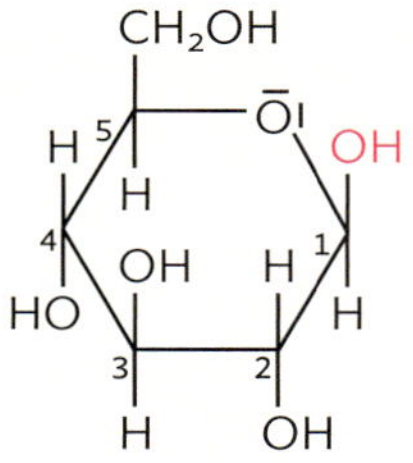

β-D-Glucose

Polysaccharide (Vielfachzucker) sind Makromoleküle, in denen viele Monosaccharid-Bausteine glycosidisch miteinander verknüpft sind. Biologisch wichtige Polysaccharide sind Stärke und Cellulose. **Stärke** besteht aus Amylose und Amylopektin und kann mit der **Iodprobe** nachgewiesen werden.

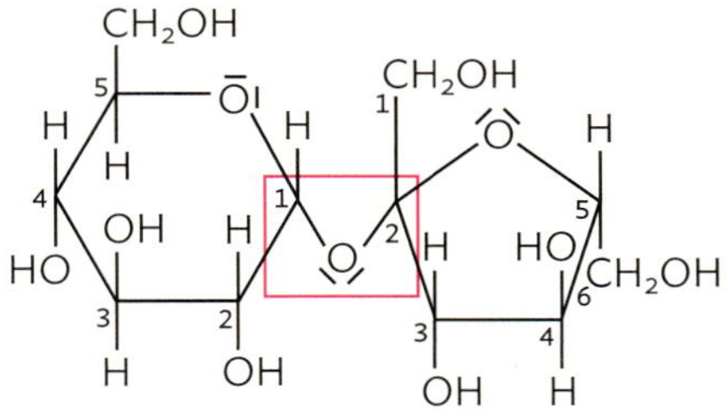

α-1,β-2-glycosidische Bindung

5 Fette und Fettsäuren

Fette und **Öle** sind Stoffgemische aus natürlichen Dreifachestern des Glycerins, den **Triglyceriden**. Dieser zentrale Baustein aller Fett-Moleküle ist über Esterbindungen mit drei Fettsäure-Resten verbunden. Die Fettsäure-Reste im Molekül bestimmen die Stoffeigenschaften des Fetts oder Öls. Fettsäure-Moleküle, deren Strukturen ausschließlich C-C-Einfachbindungen besitzen, werden als **gesättigte Fettsäuren** bezeichnet. **Ungesättigte** Fettsäure-Moleküle besitzen eine oder mehrere Doppelbindungen zwischen Kohlenstoff-Atomen.

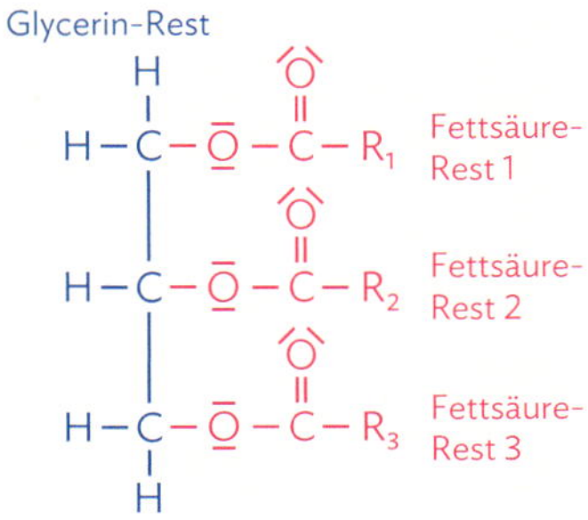

Ziel erreicht?

Verfügen Sie über die Kompetenzen dieses Kapitels? Lösen Sie die entsprechenden Aufgaben auf dem Arbeitsblatt unter QR-/Mediencode 06007-031 und bewerten Sie sich mithilfe der Tabelle rechts unten.

06007-031

Unter QR-/Mediencode 06007-032 finden Sie außerdem eine Lernanwendung zur digitalen Überprüfung der geforderten Kompetenzen.

06007-032

KOMPETENZ A: Spiegelbildisomerie und optische Aktivität erklären

A1 Erläutern Sie, ob es sich bei Propan-1,2,3-triol (Glycerin) um eine chirale Substanz handelt.

A2 Weinsäure ist der Trivialname für 2,3-Dihydroxybutandisäure.
a) Geben Sie die Strukturformeln von D- und L-Weinsäure und Meso-Weinsäure in der FISCHER-Projektion an.
b) LK Erläutern Sie, dass D- und L-Weinsäure optisch aktiv sind, Meso-Weinsäure jedoch nicht.
c) LK Beschreiben Sie ein Experiment, mit dem man nachweisen kann, dass D- bzw. L-Weinsäure optisch aktiv sind.

A3 Geben Sie die D- und L-Form für das Molekül von 2,3-Dihydroxypropanal (Glycerinaldehyd) in der FISCHER-Projektionsformel an. Kennzeichnen Sie asymmetrisch substituierte Kohlenstoff-Atome.

A4 LK Erklären Sie, dass ein äquimolares Gemisch von D- und L-Glycerinaldehyd optisch inaktiv ist.

KOMPETENZ B: Struktur und Eigenschaften der Aminosäuren erläutern

B1 Erklären Sie den Begriff L-α-Aminosäure an folgendem Beispiel:

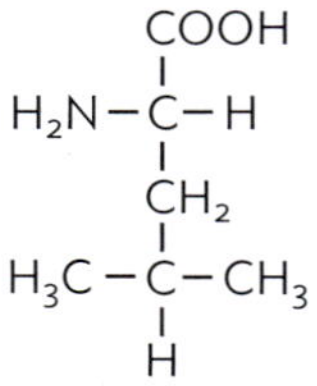

B2 Beschreiben Sie, was man unter einer essenziellen Aminosäure versteht.

B3 LK Geben Sie das Glycin-Molekül in FISCHER-Projektion an. Erläutern Sie daran, dass Glycin eine optisch inaktive Aminosäure ist.

B4 Begründen Sie, dass Aminosäure-Moleküle als Ampholyte fungieren können.

B5 LK Aminosäuren zeigen am isoelektrischen Punkt (IEP) keine Wanderung im elektrischen Feld. Erläutern Sie diese Beobachtung.

KOMPETENZ C: Struktur und Nachweise von Peptiden und Proteinen erläutern

C1 Die Strukturformel zeigt ein Dipeptid-Molekül.
a) Geben Sie die Aminosäurebausteine des Dipeptids an und benennen Sie es.
b) Formulieren Sie die Bildungsreaktion des gezeigten Dipeptids.und benennen Sie den Reaktionstyp der Bildungsreaktion.

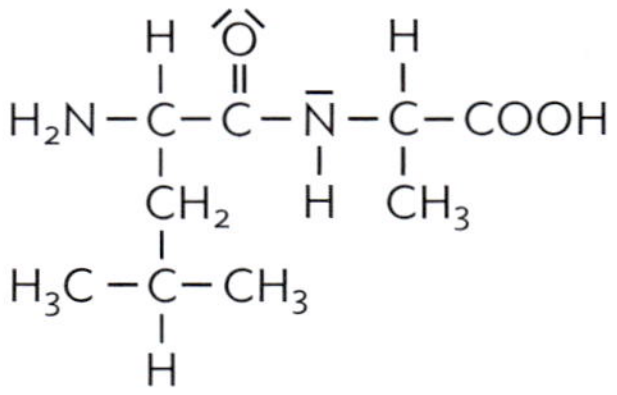

C2 Erläutern Sie die intramolekularen Wechselwirkungen, die zur Ausbildung der Tertiärstruktur eines Proteins führen können.

C3 Beschreiben Sie ein Experiment, mit dem man nachweisen kann, dass in Milchprodukten Proteine enthalten sind.

C4 Mit folgenden Lebensmitteln wird die Biuretreaktion durchgeführt: Gelatine, Fisch, Joghurt und Orangensaft. Beschreiben Sie die zu erwartenden Beobachtungen und erklären Sie diese.

KOMPETENZ D: Strukturmerkmale von Mono-, Di- und Polysacchariden beschreiben und nachweisen

D1 In wässriger Lösung liegen Moleküle der D-Arabinose sowohl als Sechsring (Pyranose-Form) als auch als Fünfring (Furanose-Form) vor.

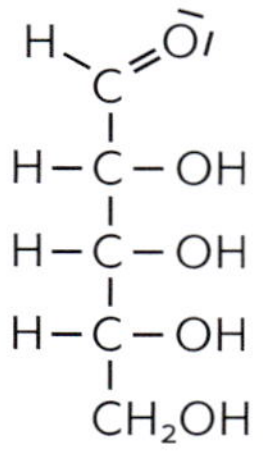

a) Zeichnen Sie alle möglichen Ringstrukturen der D-Arabinose in HAWORTH-Projektion.
b) Kennzeichnen Sie bei den Ringstrukturen aus a) alle α-Formen.

c) Begründen Sie die unterschiedliche Anzahl an asymmetrischen Kohlenstoff-Atomen in der FISCHER- und in der HAWORTH-Projektion.

D2 In zwei Gefäßen befinden sich Glucose und Fructose. Nennen Sie experimentelle Möglichkeiten zur Identifikation der beiden Stoffe.

D3 Fructomaltose kommt im Honigtau, den Ausscheidungen von Blattläusen, vor. Die HAWORTH-Projektionsformel des Moleküls ist wie folgt:

a) Beschreiben Sie den Aufbau des Moleküls und nennen Sie wichtige Strukturmerkmale.

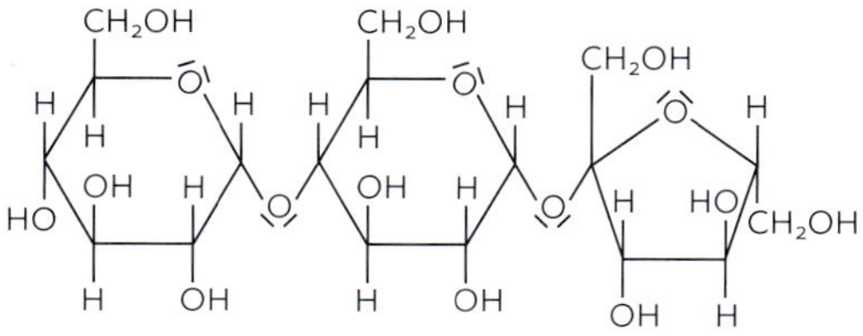

b) Nennen Sie die zwei Zweifachzucker, die bei einer partiellen Hydrolyse aus einem Fructomaltose-Molekül entstehen können.

D4 Vorwiegend aus Cellulose aufgebaute Naturfasern weisen eine relativ hohe mechanische Festigkeit auf. Erklären Sie diese Eigenschaft mithilfe des Aufbaus eines Cellulose-Moleküls.

KOMPETENZ E: Struktur und Eigenschaften von Fetten erläutern

E1 Fette und Öle sind Stoffgemische verschiedener Triglyceride. Die verschiedenen Moleküle der Fette folgen einem einheitlichen Aufbauprinzip.

a) Geben Sie die Bausteine eines Fett-Moleküls an.

b) Begründen Sie, dass es sich bei Fetten um Stoffgemische handelt.

c) Beschreiben Sie die Bindungsverhältnisse zwischen den Bausteinen innerhalb eines Fett-Moleküls.

E2 Bei Fetten und Ölen wird zwischen gesättigten und ungesättigten Fetten unterschieden. Erklären Sie den Unterschied.

E3 Natürliche Fette unterscheiden sich in ihren Schmelzbereichen. Formulieren Sie zwei je-desto-Beziehungen, die den Zusammenhang zwischen der Molekülstruktur und dem Schmelzbereich eines Fettes aufzeigen.

E4 Durch zu lange oder falsche Lagerung verderben Fette. Erläutern Sie den dabei ablaufenden Vorgang auf Teilchenebene.

Vergleichen Sie Ihre Antworten mit den Lösungen auf Seite 539 ff. und kreuzen Sie auf dem Arbeitsblatt an.

	Kompetenz	ja	nein	zum Nachlesen
A	Spiegelbildisomerie und optische Aktivität erklären	?	?	S. 148 – 149, 152 – 153
B	Struktur und Eigenschaften der Aminosäuren erläutern	?	?	S. 158 – 160
C	Struktur und Nachweise von Peptiden und Proteinen erläutern	?	?	S. 162, 164 – 165
D	Strukturmerkmale von Mono-, Di- und Polysacchariden beschreiben und nachweisen	?	?	S. 168 – 173, 176 – 179
E	Struktur und Eigenschaften von Fetten erläutern	?	?	S. 182 – 185

Klausuraufgaben

T1 Eiklar

B1 Beim Backen von schaumig geschlagenem Eiklar entstehen Baisers.

Eiklar besteht zu 90 % aus Wasser und zu 10 % aus kugelförmig verknäulten Proteinen, überwiegend Ovalbumin, dessen Molekül die Reste der Aminosäuren in der Sequenz -Ser-Ile-Ile-Asn- enthält.
Wenn man Eiklar schaumig schlägt, entsteht zähflüssig-fester Schaum. Beim Backen innerhalb von ca. 90 Minuten bei ca. 120 °C erhält man Baisers (**B1**).

AUFGABEN

A1 Nennen Sie die Gemeinsamkeiten im Aufbau aller proteinogenen Aminosäuren.
Ordnen Sie begründet die im Text angegebenen Aminosäuren den neutralen, sauren oder basischen Aminosäuren zu (Hilfen unter QR-/Mediencode 06007-033).

06007-033

A2 Im Gegensatz zu Monocarbonsäuren vergleichbarer Molekülmasse sind Aminosäuren nicht flüchtige, kristalline Stoffe mit hoher Schmelztemperatur. Begründen Sie diese Unterschiede.

A3 Beschreiben Sie den Aufbau eines Proteins. Zeichnen Sie den Strukturformelausschnitt des Ovalbumin-Moleküls mit allen bindenden und nichtbindenden Elektronenpaaren.
Kennzeichnen Sie die unpolaren bzw. polaren Seitenketten und erklären Sie die gute Wasserlöslichkeit des Ovalbumins.

A4 Erklären Sie die Veränderungen des Ovalbumins beim Schlagen und Backen.
Begründen Sie die Wirkung des Zusatzes von Zitronensaft und das Zerfließen des gezuckerten Eiweißschaumes an der Luft.
Hinweis: Beim Schlagen des Eiklars nimmt das Volumen durch eingeschlossene Luftbläschen deutlich zu. Die Protein-Moleküle richten sich an der Grenzfläche zwischen der hydrophoben Luft und dem Wasser aus und stabilisieren damit den Schaum.

T2 Reaktionen von bei Fetten und Ölen

Fette sind Nährstoffe tierischen oder pflanzlichen Ursprungs und dienen dem menschlichen Körper aufgrund ihres hohen Energiegehalts als wichtiger Energiespeicher. Für eine bessere Handhabbarkeit wie z. B. zur Benutzung als Streichfett werden Öle durch Hydrierung gehärtet.

AUFGABEN

A1 Geben Sie die Summenformeln und die systematischen Namen der Fettsäuren des Triglycerid-Moleküls in **B2** an.

A2 Erklären Sie folgende Eigenschaften von Fetten und Ölen:
a) nicht wasserlöslich
b) unterschiedliche Schmelz- und Siedebereiche
c) bei vielen Fetten ist die Addition von Brom möglich.

A3 Formulieren Sie eine Reaktionsgleichung zur Herstellung eines festen Fettes aus dem Öl in **B1**. Benennen Sie den Reaktionstyp.

A4 Erklären Sie die Konsistenzänderung bei **A3** und die bessere Haltbarkeit von festen Fetten.

A5 Bei Wüstentieren werden Fette durch Sauerstoffaufnahme in Wasser umgewandelt. Kamele können dadurch über längere Zeit ohne Wasser auskommen. Das Fett eines Kamelhöckers hat eine durchschnittliche molare Masse von $M = 904\ g/mol$. Berechnen Sie die Masse an Wasser, die bei der vollständigen Oxidation von 40 kg dieses Fettes entsteht.

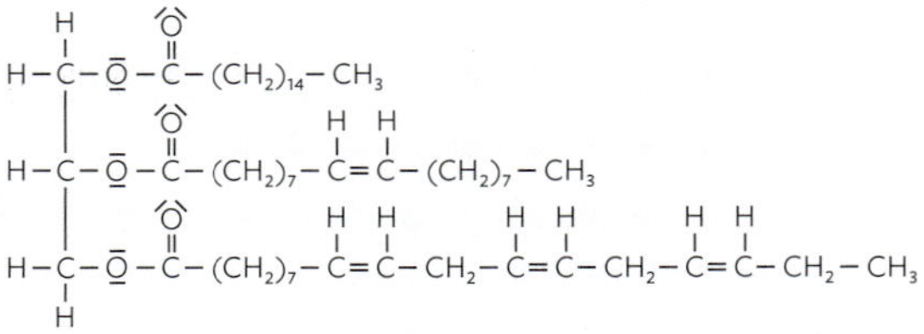

B2 Triglycerid-Molekül mit drei unterschiedlichen Fettsäure-Resten

T3 Gummibärchen

B3 „Tanzendes" Gummibärchen

Gummibärchen enthalten u. a. Kohlenhydrate, Proteine, Farbstoffe und Wasser. Es werden Glucose, Fructose und Saccharose als Süßungsmittel eingesetzt. Viele Hersteller verwenden Zuckerersatzstoffe wie Xylit, Sucralose oder Sorbit. Sucralose ist ein künstlicher Süßstoff, der ähnlich wie Saccharose aufgebaut ist. Statt des Glucose-Restes ist ein Galactose-Rest vorhanden: D-Galactose unterscheidet sich von D-Glucose in der Stellung der Hydroxy-Gruppe am C-4-Atom. Im Sucralose-Molekül ist diese Hydroxy-Gruppe durch ein Chlor-Atom ersetzt. Im Fructose-Rest des Sucralose-Moleküls sind die Hydroxy-Gruppen an den C-1- und C-6-Atomen durch Chlor-Atome ersetzt.

Für Menschen mit einer sogenannten Fructosemalabsorption wurden fructosefreie Gummibärchen entwickelt. Bei Betroffenen kann Fructose nicht vollständig von den Dünndarmzellen resorbiert werden und gelangt zum Teil in den Dickdarm. Dort wird sie bakteriell zersetzt. Es entstehen kurzkettige Carbonsäuren, Wasserstoff und Kohlenstoffdioxid. Betroffene leiden dann unter Blähungen und Durchfall. Sorbit hat den gleichen Transportweg wie Fructose und hemmt dadurch die Fructoseaufnahme im Dünndarm. Glucose dagegen kurbelt die Fructoseaufnahme an.

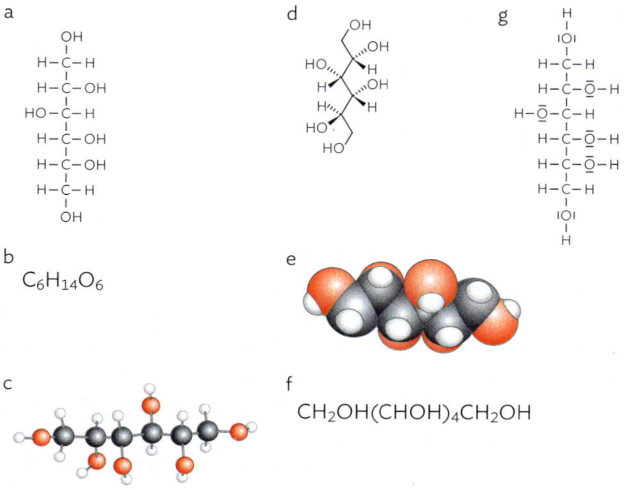

B4 Das Sorbit-Molekül in verschiedenen Darstellungen

INFO

Kaliumchlorat ($KClO_3$) ist ein weißes kristallines Salz, das beim starken Erhitzen zunächst zu Kaliumperchlorat ($KClO_4$) und Kaliumchlorid (KCl) reagiert. Beim weiteren Erhitzen erfolgt der Zerfall von Kaliumperchlorat in Kaliumchlorid und Sauerstoff. Schmilzt man Kaliumchlorat in einem Reagenzglas und lässt ein Gummibärchen in die Schmelze fallen, so setzt ein lautes „Brummen" ein, das Gummibärchen „tanzt" und zersetzt sich unter einem hellen, sehr intensiven Aufglühen sowie starker Gasentwicklung (**B3**).

AUFGABEN

A1 Definieren Sie den Begriff Kohlenhydrat und erläuten Sie verschiedene Einteilungsmöglichkeiten für die Vertreter dieser Stoffklasse. Ordnen Sie die im Text erwähnten Kohlenhydrate einer Gruppe zu.

A2 Geben Sie die Strukturformeln für das D-Galactose-Molekül in FISCHER-Projektion und für das α-D-Galactose-Molekül in HAWORTH-Projektion an. Leiten Sie aus der Molekülstruktur zwei Stoffeigenschaften ab.

A3 LK Eigentlich handelt es sich bei D-Galactose um D(+)-Galactose. Erläutern Sie die Symbolik im Namen.

A4 Beschreiben Sie Nachweismöglichkeiten der reduzierenden Eigenschaften eines Kohlenhydrats. Begründen Sie, dass Galactose ein reduzierender Zucker ist. Formulieren Sie eine Reaktionsgleichung unter Angabe aller relevanten Oxidationszahlen.

A5 Erklären Sie die Beobachtungen beim Experiment des „tanzenden" Gummibärchens (Video unter QR-/Mediencode 06022-23) unter Angabe von Reaktionsgleichungen.

06022-23

A6 Zeichnen Sie die Strukturformel für Sucralose.

A7 **B4** zeigt das Sorbit-Molekül in verschiedenen Darstellungsformen. Nennen Sie jeweils die Vor- und Nachteile der Darstellungsformen.

A8 In drei unbeschrifteten Bechergläsern befinden sich eine Glucose-, eine Fructose- und eine Sorbitlösung. Planen Sie einen experimentellen Weg, mit dem Sie ermitteln können, in welchem Becherglas sich welche der Lösungen befindet.

4 Moderne Werkstoffe

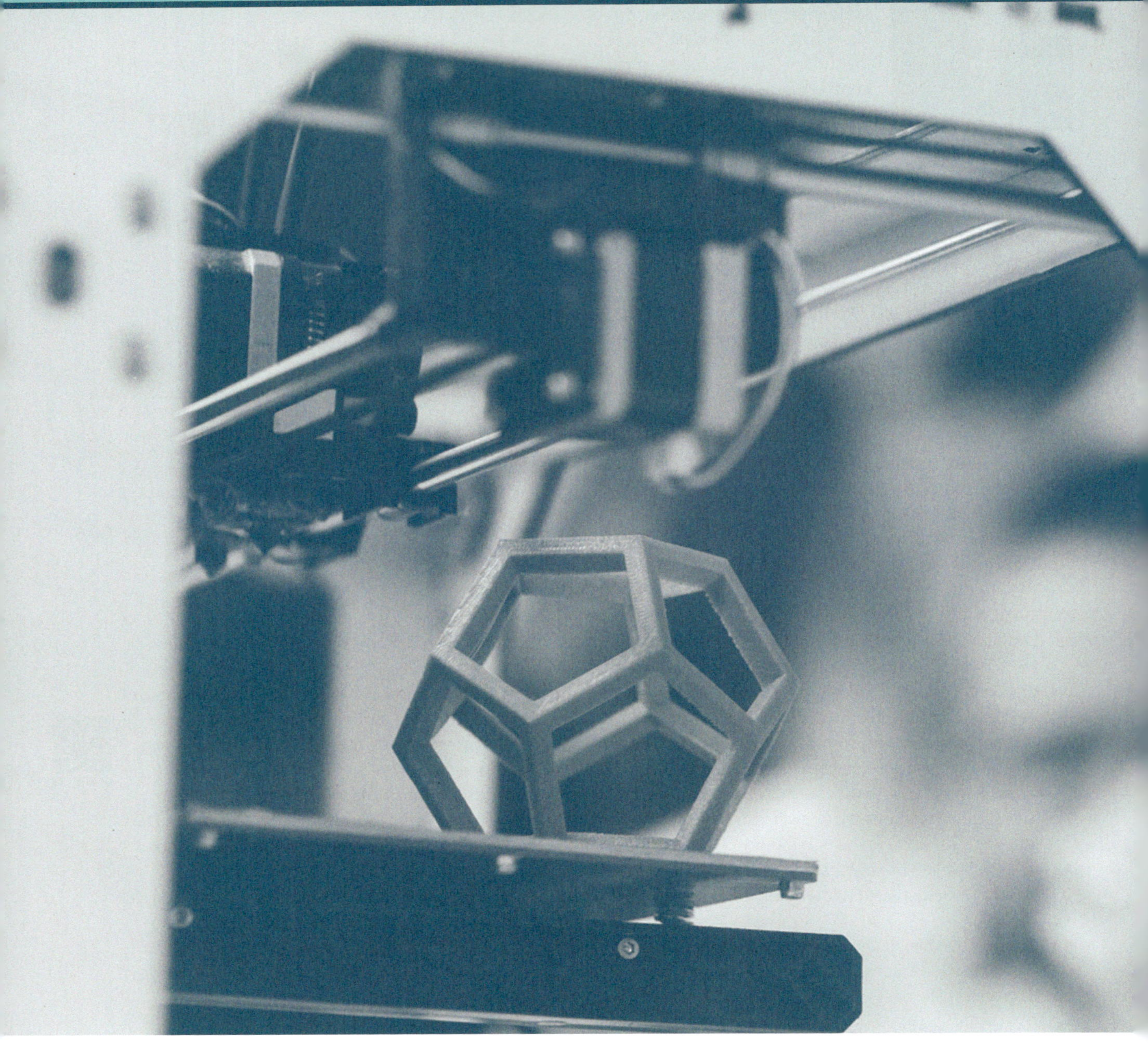

06007-034
Arbeitsblatt unter
QR-/Mediencode
06007-034

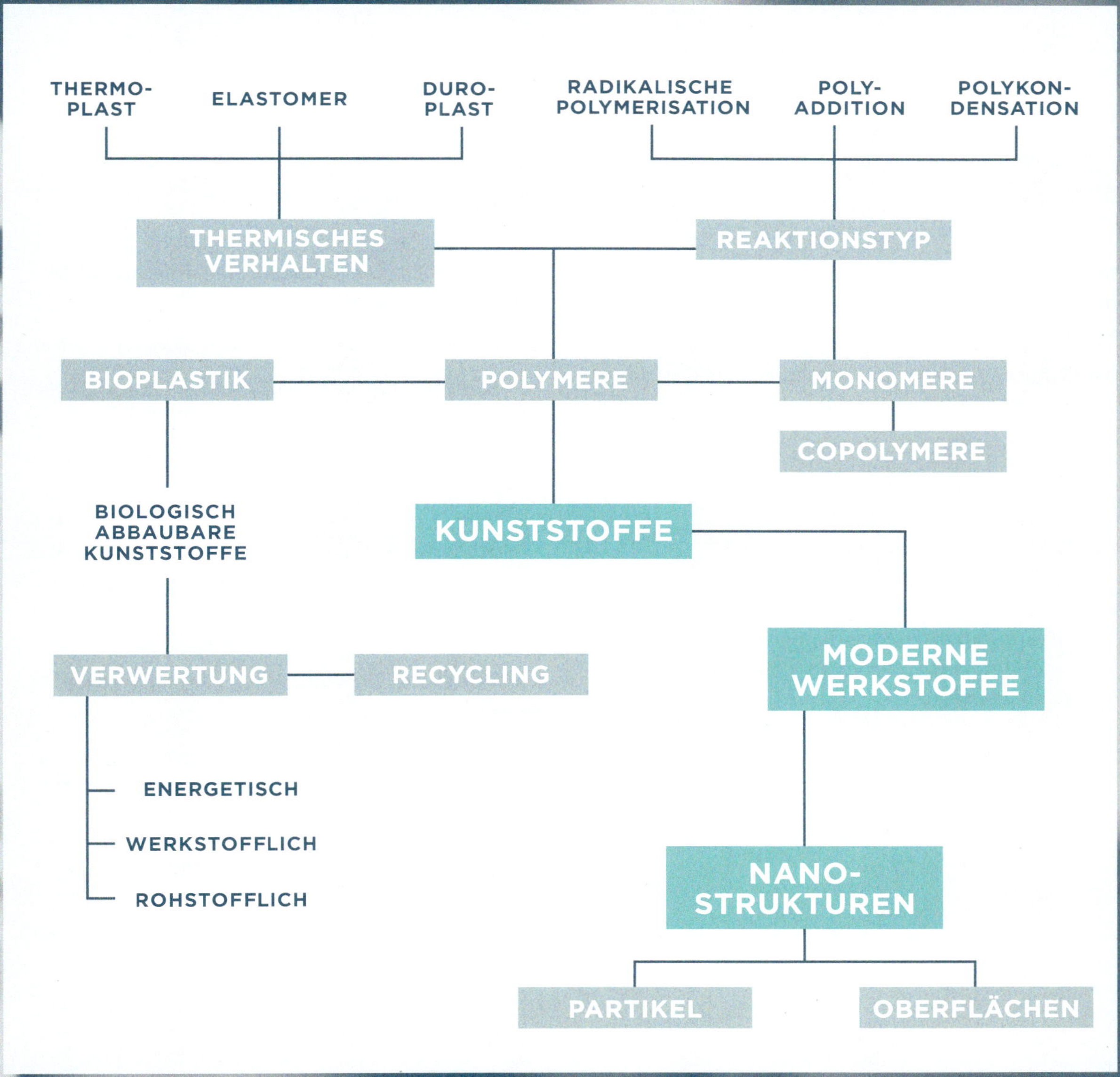

Startklar?

Schätzen Sie Ihre Kompetenz in den Bereichen A bis E ein und prüfen Sie sich anhand der entsprechenden Aufgaben (Arbeitsblatt unter QR-/Mediencode 06007-035).

06007-035

Unter QR-/Mediencode 06007-036 finden Sie außerdem eine Lernanwendung zur digitalen Überprüfung der geforderten Kompetenzen.

06007-036

Kompetenz	sehr gut	gut	schwierig
A Organische Moleküle anhand ihrer funktionellen Gruppen unterscheiden und charakterisieren	?	?	?
B Die Kondensationsreaktion auf die Bildung eines Esters anwenden	?	?	?
C Die Bildung einer Peptidbindung beschreiben	?	?	?
D Nomenklatur und Formelschreibweisen von aromatischen Verbindungen anwenden	?	?	?
E Einen Reaktionsmechanismus nachvollziehen und ergänzen	?	?	?

KOMPETENZ A: Organische Moleküle anhand ihrer funktionellen Gruppen unterscheiden und charakterisieren

A1 Benennen Sie die folgenden funktionellen Gruppen und geben Sie jeweils die zugehörige Stoffklasse an.

a) b) c) d) e)

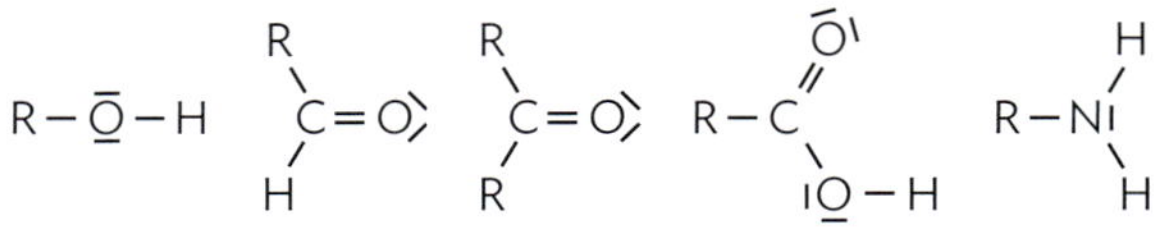

A2 Zeichnen Sie jeweils die vollständige LEWIS-Strukturformel der Verbindung mit allen bindenden und nichtbindenden Elektronenpaaren.
a) Butandisäure
b) 2,3-Dimethylpentan-3-ol
c) 2-Aminopropansäure (Alanin)

A3 Benennen Sie die folgenden Moleküle nach den Regeln der IUPAC-Nomenklatur.

a)

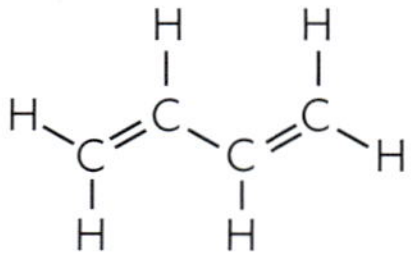

b)

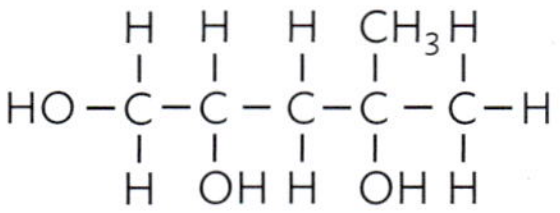

KOMPETENZ B: Die Kondensationsreaktion auf die Bildung eines Esters anwenden

B1 Definieren Sie den Begriff Kondensationsreaktion.

B2 Benennen Sie die Stoffklassen der Edukte für die Synthese eines Esters.

B3 Formulieren Sie für die Synthese von Essigsäureethylester unter Verwendung von LEWIS-Strukturformeln und Angabe von bindenden und nichtbindenden Elektronenpaaren eine Reaktionsgleichung. Benennen Sie alle an der Reaktion beteiligten Stoffe.

KOMPETENZ C: Die Bildung einer Peptidbindung beschreiben

C1 Veranschaulichen Sie an einem selbst gewählten Beispiel die Peptidbindung. Erläutern Sie die Bildung einer Peptidbindung.

C2 Definieren Sie den Begriff Polypeptid.

C3 Zeichnen Sie die LEWIS-Strukturformel eines Tripeptids aus Glycin, Alanin und Valin (vgl. S. 161) und benennen Sie es.

C4 Vergleichen Sie die Bildung eines Esters mit der Bildung eines Peptids.

KOMPETENZ D: Nomenklatur und Formelschreibweisen von aromatischen Verbindungen anwenden

D1 Geben Sie für die Benzolderivate a) bis d) die LEWIS-Strukturformeln und für die Benzolderivate e) bis g) die Namen an (Hilfe und Informationen unter QR-/Mediencode 06015-40).

06015-40

a) Benzoesäure (Benzolcarbonsäure)
b) Styrol (Ethenylbenzol)
c) Phenol (Hydroxybenzol)
d) Terephthalsäure (1,4-Benzoldicarbonsäure)

e)

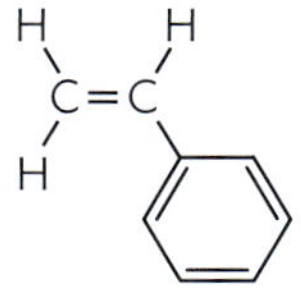

f)

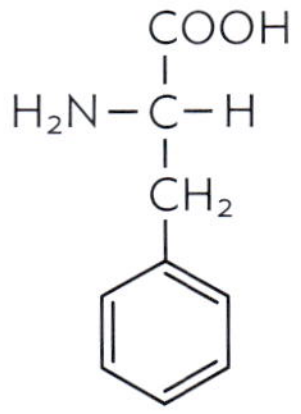

g)

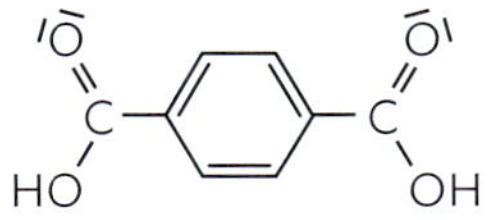

D2 Entwickeln Sie vier isomere LEWIS-Strukturformeln zu der Summenformel C_6H_6.

KOMPETENZ E: Einen Reaktionsmechanismus nachvollziehen und ergänzen

E1 Benennen Sie den folgenden Mechanismus für die Reaktion von Benzol mit Brom und füllen Sie die Lücken aus. Geben Sie die bei dieser Reaktion erhaltenen Produkte an.

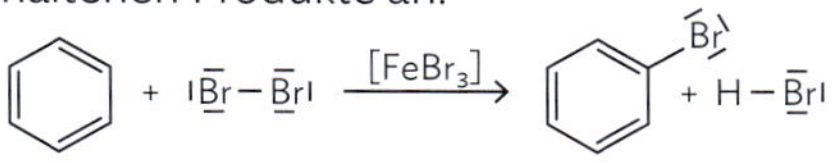

Benzol geht in Anwesenheit von ... [FeBr3] ... Reaktionen ein, wobei das stabile aromatische System erhalten bleibt.

→ ... -Mechanismus

1. Bildung eines ...

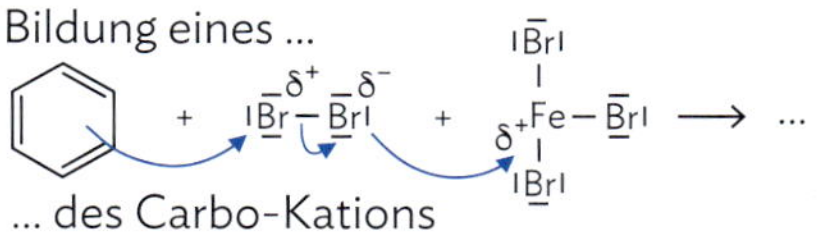

2. ... des Carbo-Kations

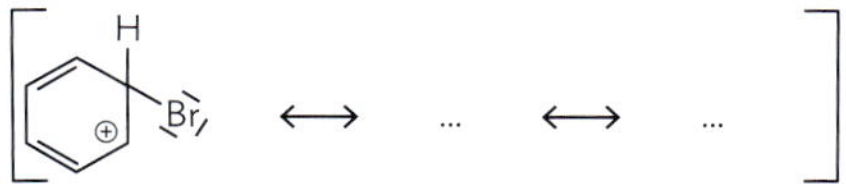

3. ...

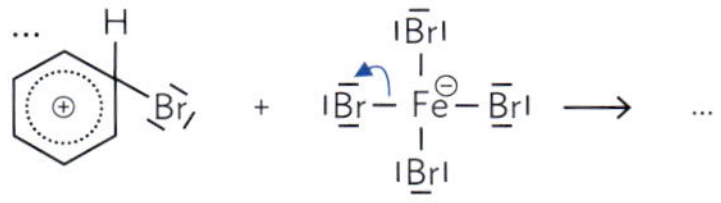

4. Produkte

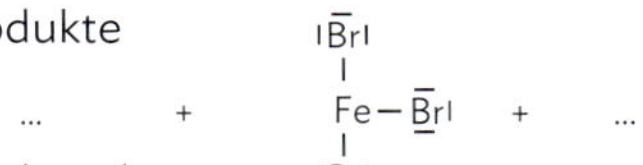

Vergleichen Sie Ihre Antworten mit den Lösungen auf Seite 541 ff. Geben Sie sich die entsprechende Punktzahl und tragen Sie sie auf dem Arbeitsblatt ein.

Kompetenz	sehr gut	gut	schwierig	zum Nachlesen
A Organische Moleküle anhand ihrer funktionellen Gruppen unterscheiden und charakterisieren	18 – 14	13 – 9	8 – 5	S. 25, 115
B Die Kondensationsreaktion auf die Bildung eines Esters anwenden	12 – 10	9 – 6	5 – 4	S. 120 – 121
C Die Bildung einer Peptidbindung beschreiben	11 – 9	8 – 6	5 – 3	S. 162
D Nomenklatur und Formelschreibweisen von aromatischen Verbindungen anwenden	12 – 10	9 – 6	5 – 4	–
E Einen Reaktionsmechanismus nachvollziehen und ergänzen	10 – 8	7 – 5	4 – 3	S. 72 – 173

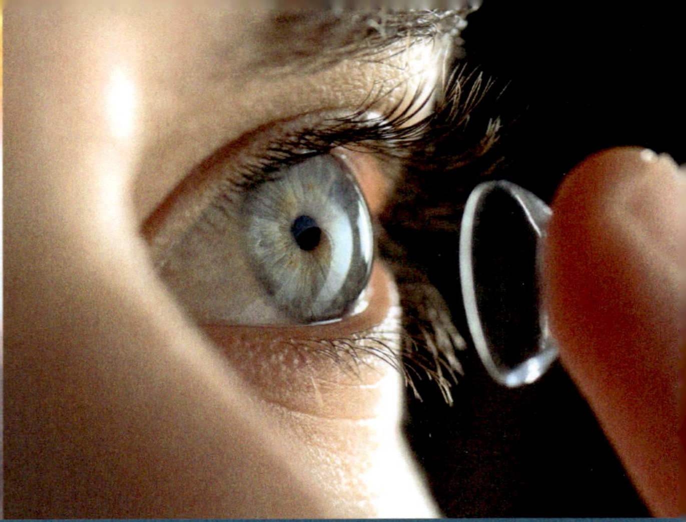

4.1 Struktur und Eigenschaften von Kunststoffen

Kunststoffe finden in vielen Lebensbereichen Anwendung. Sie verbessern die Lebensqualität, erleichtern uns den Alltag und tragen sogar dazu bei, Leben zu retten. Ganz individuell können im Verlauf des Herstellungsprozesses von Kunststoffen gezielt Eigenschaften beeinflusst und somit Kunststoffgegenstände nach Maß hergestellt werden. Worauf beruht diese Individualität?

4.1.1 Versuche und Material

V Schwimmverhalten von Kunststoffen

Manche Teichbesitzer verschönern ihren Teich mit schwimmenden Blüten aus Kunststoff. Doch wie ein Blick auf den Grund vieler Gewässer zeigt, schwimmt nicht jeder Kunststoffgegenstand auf der Wasseroberfläche (**B1**). Woran liegt das?

V1 Untersuchen Sie das Schwimmverhalten von Polyethylen-, Polystyrol- und Polyethylenterephthalat in Ethanol, Wasser und gesättigter Kochsalzlösung. Geben Sie hierfür jeweils einen gleich großen Schnipsel jedes Kunststoffs in die jeweilige Lösung, rühren Sie mehrmals mit einem Glasstab um und beobachten Sie solange, bis keine Veränderung mehr feststellbar ist (Video zum Schwimmverhalten eines Tischtennisballs unter QR-/Mediencode 06015-41).

B1 Kunststoffgegenstände auf dem Grund des Meeres

06015-41

AUSWERTUNG

a) Protokollieren Sie Ihre Beobachtungen aus **V1** tabellarisch.

b) Stellen Sie eine Hypothese über das unterschiedliche Schwimmverhalten der verschiedenen Kunststoffproben in den Lösemitteln in **V1** auf.

c) Leider nimmt die Verschmutzung von Gewässern mit Kunststoffgegenständen stark zu. Oft treiben leere PET-Flaschen auf der Wasseroberfläche. Diskutieren Sie dies in Hinblick auf **V1**.

ENTSORGUNG A, G3, Wiederverwendung

V Wasserlösliche Kunststoffe

Wunden, die früher beispielsweise mit Fäden aus natürlichen Darmfasern genäht wurden, werden heutzutage mit Kunststofffäden versorgt. Nach Heilung der Wunde müssen die Fäden nicht wieder gezogen werden. Welche Eigenschaften der Fäden machen ein Entfernen überflüssig?

V2 Als Alternative zu Stecknadeln kann beim Nähen von Textilien wasserlöslicher Heftfaden (**B2**) verwendet werden. Dieser fixiert die Stoffteile und löst sich später beim Waschen auf. Beobachten Sie die Veränderung eines wasserlöslichen Heftfadens in Wasser bei Raumtemperatur.

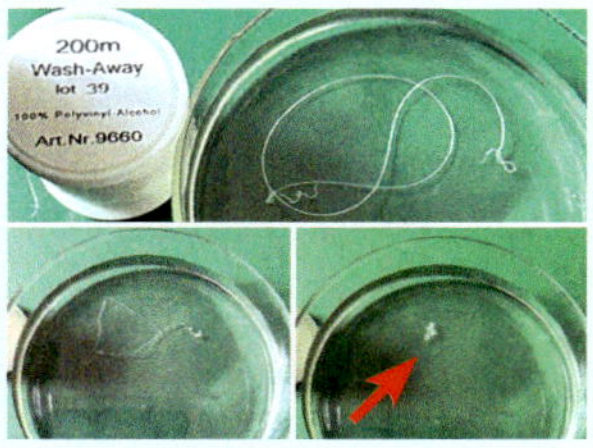

B2 Ein wasserlöslicher Heftfaden löst sich in Wasser auf.

V3 Untersuchen Sie die Wasserlöslichkeit der wasserlöslichen Hüllen von Waschmittelkapseln und Spülmaschinentabs bei Temperaturen von 5 °C, 20 °C, 40 °C und 60 °C.

AUSWERTUNG

a) Beschreiben Sie die Veränderung des Heftfadens während des Auflösens in **V2**.

b) Protokollieren Sie Ihre Ergebnisse aus **V3** in tabellarischer Form.

c) Entwickeln Sie eine Gebrauchsanweisung für die Verwendung der mit wasserlöslichen Verpackungen versehenen Waschmaschinenkapseln bzw. Spülmaschinentabs und vergleichen Sie diese im Anschluss mit den Gebrauchsanweisungen des Herstellers.

d) Nennen Sie die Vorteile von wasserlöslichen Verpackungen für Waschmittel und Spülmaschinentabs.

e) MK Für das Nähen von Wunden gibt es zwei verschiedene Arten von Fäden: resorbierbare und nichtresorbierbare. Recherchieren Sie nach Unterschieden in Zusammensetzung, Verwendung und Entfernung der beiden Fadenarten.

f) Vergleichen Sie Ihre Erkenntnisse aus **e)** mit den Ergebnissen aus **V2**.

ENTSORGUNG A

V Verhalten beim Erhitzen

Kurz nicht aufgepasst und schon ist es passiert: Die Kunststoffschüssel wurde aus Versehen auf die noch heiße Herdplatte gestellt und ist kaum noch wiederzuerkennen. Das Gehäuse eines Föhns besteht ebenfalls aus Kunststoff. Warum verändert das Gehäuse während des Betriebs des Föhns nicht auch seine Form?

V4 Erwärmen Sie im Abzug vorsichtig verschiedene Kunststoffgegenstände, z. B. Plastiklöffel, Joghurtbecher, Getränkeflasche, Steckdosenabdeckung, Gummiband usw., mit dem Heißluftföhn und prüfen Sie mit einer Tiegelzange die Verformbarkeit im erwärmten Zustand.

V5 Füllen Sie Proben der Kunststoffgegenstände aus **V4** in Reagenzgläser und erhitzen Sie diese im Abzug mittels Gasbrenner zunächst vorsichtig, anschließend etwas stärker.

AUSWERTUNG

a) Protokollieren Sie Ihre Ergebnisse aus **V4** und **V5** tabellarisch.

b) Vergleichen Sie Ihre Beobachtungen aus **V4**.

c) Vergleichen Sie das Verhalten der Kunststoffproben in **V5** bei schwachem bzw. starkem Erhitzen.

d) MK Auf Kunststoffgegenständen finden sich häufig Angaben wie PP, PE, PET usw., die die Kunststoffsorte angeben. Untersuchen Sie die verwendeten Gegenstände aus **V4** und **V5** auf solche Kennzeichnungen und recherchieren Sie die Namen der entsprechenden Kunststoffe. Erweitern Sie Ihre Tabelle aus **a)** um diese Kunststoffsorten.

e) Nennen Sie Anforderungen, die Materialien für die Herstellung von Föhngehäusen erfüllen müssen.

ENTSORGUNG Die Kunststoffproben werden im Kunststoffabfall, z. B. „gelber Sack“, entsorgt.

4.1.2 Eigenschaften der Kunststoffe

Makromoleküle

Der deutsche Chemiker HERMANN STAUDINGER erforschte viele Jahre die Struktur und die Eigenschaften von Kunststoffen. Er postulierte, dass **Kunststoffe** aus riesigen Molekülen bestehen, welche kettenförmig und aus sich wiederholenden Einheiten, sogenannten miteinander verbundenen **Monomeren**, aufgebaut sind. STAUDINGER prägte den Begriff des **Makromoleküls** (**Polymers**) und erhielt im Jahre 1953 für „seine Entdeckungen auf dem Gebiet der makromolekularen Chemie" den Nobelpreis für Chemie.
Natürliche Polymere gibt es seit dem Beginn des Lebens auf der Erde. Sie kommen in Pflanzen, Tieren sowie im menschlichen Körper vor und werden auch **Biopolymere** genannt. Zu diesen zählen z. B. die Proteine oder die Polysaccharide.
Synthetische Polymere sind unverzichtbarer Bestandteil unseres Lebens geworden. Als Allroundtalente können ihre Eigenschaften an verschiedene Anforderungen angepasst werden. Zu diesen synthetischen Polymeren zählen industriell hergestellte Stoffe wie Polyethylen oder Polystyrol.
Die vielfältige Einsatzfähigkeit von Kunststoffen in allen Bereichen des täglichen Lebens sowie der Technik ist in einer Reihe vorteilhafter Eigenschaften begründet. Ein herausragendes Merkmal von Kunststoffen ist, dass sich ihre Eigenschaften wie z. B. Formbarkeit, Härte, Elastizität, Bruchfestigkeit, Temperatur- und Wärmeformbeständigkeit sowie chemische Beständigkeit variieren lassen.

Proteine
→ Kapitel 3.2.6

Polysaccharide
→ Kapitel 3.4

06015-42

Dichte von Kunststoffen

In Folge von Wind und Regen verteilen sich achtlos weggeworfene Kunststoffverpackungen oft über weite Strecken und sammeln sich so auch in den Meeren, Seen und Flüssen. Insbesondere sind es Tüten und Folien, die aus dem Kunststoff **Polyethylen** (**PE**) bestehen.
Es gibt jedoch auch Kunststoffgegenstände, die auf den Grund eines Gewässers sinken (vgl. **B1** auf S. 200). Hierzu zählen beispielsweise Kunststoffbesteck oder Joghurtbecher aus **Polystyrol** (**PS**) oder Gegenstände aus **Polyethylenterephthalat** (**PET**). Eine leere, verschlossene PET-Flasche schwimmt nur aufgrund der darin enthaltenen Luft oder des Salzgehalts im Meerwasser an der Gewässeroberfläche. Das jeweilige Schwimmverhalten basiert auf der unterschiedlichen Dichte der Kunststoffe (**B1**) und der Flüssigkeit. Liegt die Dichte des Kunststoffes über der Dichte der Flüssigkeit, so geht er unter, andernfalls schwimmt der Kunststoff (**V1, B1**). Dies kann man sich bei der Mülltrennung zunutze machen.

Kunststoff	Dichte in g/cm^3 bei 20 °C
Polyethylen (PE)	0,92–0,96
Polystyrol (PS)	1,05
Polyamid (PA)	1,10
Polyvinylchlorid (PVC)	1,28
Polyethylenterephthalat (PET)	1,30

B1 Dichte einiger Kunststoffe

Chemische Beständigkeit und Abbaubarkeit

In den meisten Fällen äußert sich eine unzureichende chemische Beständigkeit in einer Quellung oder Erweichung der Kunststoffgegenstände, die zum Verlust der Gebrauchstauglichkeit dieser führen kann (Video unter QR-/Mediencode 06015-42). Die Moleküle der Chemikalien diffundieren dabei in den Raum zwischen die Polymer-Ketten und schieben sie auseinander. Da Diffusionsprozesse temperaturabhängig sind, gelten Angaben zur chemischen Beständigkeit stets nur für die angegebene Temperatur (**B3**). Im Gegensatz zur Korrosion von Metallen (vgl. S. 398) gibt es bei Kunststoffen nur selten chemisch bedingten Materialabtrag.
Die meisten Kunststoffe können nicht enzymatisch abgebaut werden, d. h. sie verrotten nicht. Gelangen sie in die Umwelt, kann deren Zerfall viele Jahrzehnte bzw. Jahrhunderte andauern. Durch mechanischen Abrieb kann der Kunststoff zerrieben werden, es entsteht **Mikroplastik**.

Brennbarkeit

Ein wesentlicher Bestandteil organischer Stoffe, somit auch von Kunststoffen, ist das Element Kohlenstoff, das gebunden in den Makromolekülen vorliegt. Es ist Ursache dafür, dass fast alle Kunststoffe brennen. Je nach Kunststoffart und den Beimischungen kann die Brennbarkeit stark variieren.

Wasserlösliche Kunststoffe

Die einfache und genaue Dosierung, kein Verschütten, kein Hautkontakt mit den Reinigungsmitteln und weniger Verpackungsmüll: All das sind Vorteile, die wasserlösliche Verpackungen mit sich bringen (**V2**, **V3**, **B2**).

B2 Eine Waschmaschinenkapsel aus PVOH löst sich im Wasserbad (40 °C) nach und nach auf.

Polyvinylalkohol (**PVOH**) ist ein wasserlöslicher Kunststoff. Ein weiterer Vorteil ist seine Beständigkeit gegenüber Ölen, Fetten und organischen Lösemitteln. Die Wasserlöslichkeit von PVOH kann bei der Produktion variiert werden: So gibt es beispielsweise PVOH-Folien, die bereits in kaltem Wasser löslich sind und andere, die sich lediglich in warmem Wasser lösen (**V3**). Bei der Lagerung von Kapseln und Tabs, die in PVOH-Folie verpackt sind, muss auf eine wasserfreie Umgebung geachtet werden.
Auch **Polyglycolsäure** (**PGA**) zählt zu den wasserlöslichen Kunststoffen. In der Medizin werden Mundschleimhäute, innere Organe oder Bereiche im Auge mit selbstauflösendem (resorbierbarem) Nahtmaterial, z. B. aus PGA, genäht. Damit ist das Ziehen der Fäden nach Operation und Heilung nicht mehr erforderlich (**V2**).

Spezialkunststoffe

Die meisten Kunststoffe sind elektrische Isolatoren. Bestimmte Kunststoffe wie z. B. **Polypyrrol** sind jedoch elektrisch leitfähig. Die Elektronen konjugierter Doppelbindungen können sich entlang der Polymerkette verschieben und so den Strom leiten. Eine sog. **Dotierung** erhöht die Leitfähigkeit zusätzlich. Elektrisch leitfähige Polymere werden in Displays von Smartphones und e-Readern, in OLEDs und organischen Solarzellen verwendet.
Silicone kann man als Grenzgänger zwischen der anorganischen und der organischen Chemie betrachten, da ihre Makromoleküle einerseits Sauerstoff-Silicium-Bindungen in der Hauptkette, andererseits Alkyl-Gruppen in den Seitenketten enthalten. Je nach Syntheseweg können Silicone hydrophob oder hydrophil, transparent oder lichtundurchlässig, klebend oder trennend sein. Sie werden z. B. zum Abdichten von Fugen, für medizinische Prothesen oder als Schmiermittel eingesetzt.

	Säuren	Laugen	Alkohole	Aceton	Benzin	Fett/Öl
PE	+	+	+	+	-	+
PP	+	+	+	+	-	±
PVC	+	+	-	-	-	±
PTFE	+	+	+	+	+	+
PA	-	+	+	+	+	+

+ = beständig ± = bedingt beständig - = nicht beständig

B3 Werte zur chemischen Beständigkeit ausgewählter Kunststoffe

Kunststoffe sind Werkstoffe, die künstlich (synthetisch) oder durch Abwandlung von Naturprodukten hergestellt werden. Sie bestehen aus Makromolekülen (Polymeren), die aus sich wiederholenden, miteinander verknüpften Monomeren aufgebaut sind.
Durch Variation der Ausgangsstoffe und der Herstellungsverfahren können einige Eigenschaften der Kunststoffe eingestellt werden.

AUFGABE

A1 MK Recherchieren Sie weitere Bereiche, in denen wasserlösliche Kunststoffe eingesetzt werden.

4.1.3 Thermisches Verhalten von Kunststoffen

Heißklebepistolen werden zum Basteln und für kleine Reparaturen eingesetzt. Darin verflüssigt ein Heizelement Klebesticks. So kann punktuell verklebt werden. Innerhalb kurzer Zeit tritt die Verfestigung ein. Würden hingegen Lampenfassungen oder Föhngehäuse aus Kunststoff bei Erwärmung weich werden, so wäre dies nicht nur unpraktisch, sondern auch gefährlich.

Einteilung von Kunststoffen

Anhand des unterschiedlichen Verhaltens beim Erwärmen und auch der Elastizität lassen sich Kunststoffe nach dem Struktur-Eigenschafts-Prinzip in drei Klassen einteilen: **Thermoplaste, Duroplaste** und **Elastomere** (**B4**).
Die Einteilung beruht auf den Zusammenhängen zwischen der molekularen Struktur, insbesondere dem **Vernetzungsgrad** der Makromoleküle, und den Eigenschaften der Kunststoffe.

Thermoplaste

Ein Joghurtbecher aus Polystyrol (PS) oder eine Getränkeflasche aus Polyethylenterephthalat (PET) werden beim vorsichtigen Erhitzen weich und formbar bzw. schmelzen (**V4, V5**). Nach dem Abkühlen behalten sie ihre neue Form. Dieser Vorgang kann mehrfach wiederholt und bei der Fertigung von Kunststoffgegenständen angewendet werden. Bei zu starkem Erhitzen entstehen Dämpfe und es folgt die Zersetzung.
Thermoplaste sind aus linearen bzw. wenig verzweigten Makromolekülen aufgebaut (**B4**). Der Zusammenhalt dieser Makromoleküle erfolgt lediglich durch zwischenmolekulare Wechselwirkungen (vgl. S. 40). Während des Erwärmens werden diese überwunden. Dann gleiten die Polymer-Ketten aneinander vorbei, der Kunststoff erweicht. Es wird zwischen einer ungeordneten bzw. verknäulten und einer geordneten Anordnung der Makromoleküle unterschieden. Man spricht hierbei von **amorphen** bzw. **teilkristallinen** Bereichen (**B5**).
Amorphe Thermoplaste (z. B. PVC, PC) sind unterhalb der sogenannten Glastemperatur hart, spröde und glasartig transparent. Dabei handelt es sich nicht um eine exakte Temperatur, sondern einen Temperaturbereich. Ursache dafür ist das Vorliegen eines Gemisches von Makromolekülen mit unterschiedlicher Kettenlänge. Mit Erreichen der Glastemperatur zeigt der Kunststoff zunächst (thermo)elastische, mit Erreichen der Erweichungstemperatur (thermo)plastische Eigen-

	Thermoplast	Duroplast	Elastomer
Wortherkunft	griech. *thermós*, warm, heiß und *plássein*, bilden, formen	lat. *durus*, hart und griech. *plássein*, bilden, formen	griech. *elastó*, dehnbar und *méros*, Teil
vereinfachter, modellhafter Aufbau	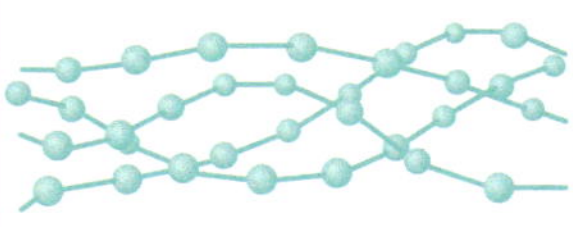	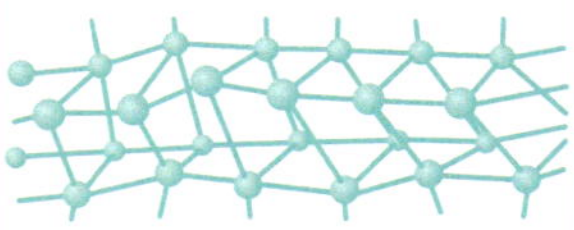	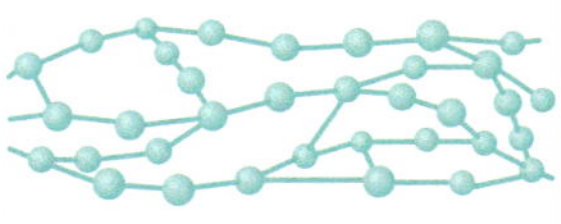
Struktur/ Vernetzungsgrad	lineare oder wenig verzweigte Makromoleküle, amorph oder teilkristallin	engmaschig, dreidimensional vernetzte Makromoleküle	weitmaschig, dreidimensional vernetzte Makromoleküle
Verhalten beim Erhitzen	▪ wird weich und formbar ▪ behält beim Abkühlen die neue Form ▪ zersetzt sich bei hoher Temperatur	zersetzt sich bei hoher Temperatur	▪ erweicht, schmilzt aber nicht ▪ zersetzt sich bei hoher Temperatur
Beispiele	Polyethylen, Polypropylen, Polystyrol, Polyvinylchlorid ...	Epoxidharz, Phenolharze, Polyesterharze ...	Naturkautschuk (Gummi arabicum), Polybutadien ...

B4 Klassifizierung der Kunststoffe nach ihrem thermischen Verhalten

B5 In Thermoplasten gibt es amorphe (links) und teilkristalline Bereiche (rechts).

schaften. In Folge weiteren Erhitzens geht der Kunststoff von einer zähflüssigen in eine dünnflüssige Schmelze über. Schließlich werden mit dem Erreichen der Zersetzungstemperatur die Elektronenpaarbindungen im Makromolekül gebrochen. Der Thermoplast verkohlt oder verbrennt.
In teilkristallinen Bereichen sind die Makromoleküle nahezu parallel angeordnet. Hier wirken im Vergleich zu den amorphen Bereichen stärkere zwischenmolekulare Wechselwirkungen, da die Kontaktfläche benachbarter Makromoleküle größer ist. Bei der Produktion kann man daher die Härte eines Kunststoffs über den Anteil der teilkristallinen Bereiche steuern.

Duroplaste

Bei Raumtemperatur sind **Duroplaste** hart und spröde. Dies basiert auf einer engmaschigen, dreidimensionalen Vernetzung der Makromoleküle über Elektronenpaarbindungen (**B4**), was ein Aneinandervorbeigleiten der Makromoleküle beim Erwärmen unmöglich macht. Daher werden sie im Gegensatz zu Thermoplasten beim Erhitzen nicht weich und sind nicht formbar. Bei stärkerem Erhitzen folgt direkt die Zersetzung, der Gegenstand verkohlt (**V4**, **V5**). Auch hierbei werden Elektronenpaarbindungen aufgebrochen. Da ein Umschmelzen nicht möglich ist, muss bei der Produktion von duroplastischen Gegenständen der Kunststoff unmittelbar in die gewünschte Form gebracht werden. Die extreme Festigkeit und Hitzebeständigkeit wird u. a. bei der Produktion von Feuerwehrhelmen genutzt. Auch im Haushalt werden Duroplaste verwendet, z. B. als Topfgriffe.

Elastomere

Elastomere verformen sich bei mechanischer Krafteinwirkung (Zug bzw. Druck) und nehmen anschließend wieder ihre ursprüngliche Form an (**B6**). Diese Elastizität ist durch die weitmaschige Vernetzung der Makromoleküle über Elektronenpaarbindungen (**B4**) bedingt. Im entspannten Zustand sind diese verknäult. Wird auf das Elastomer nun z. B. Zug ausgeübt, so werden die Molekülstränge gestreckt. Beim Erhitzen verhalten sich Elastomere ähnlich wie Duroplaste: Sie werden zwar weich, schmelzen jedoch nicht und zersetzen sich schließlich bei hohen Temperaturen. Bei tiefen Temperaturen werden sie hart und spröde.

Um diesen Effekt bei tiefen Temperaturen zu vermeiden, unterscheiden sich Winterreifen gegenüber Sommerreifen in ihrer Zusammensetzung.

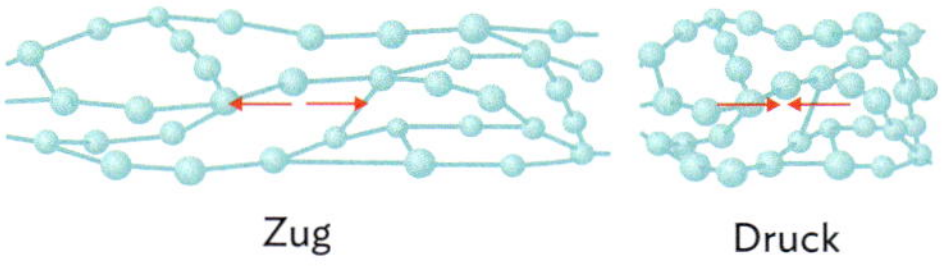

B6 Mechanische Krafteinwirkung auf ein Elastomer

Kunststoffe werden im Hinblick auf ihre thermischen Eigenschaften in Thermoplaste, Duroplaste und Elastomere klassifiziert. Die Einteilung beruht auf den Zusammenhängen zwischen der molekularen Struktur, insbesondere dem Vernetzungsgrad der Makromoleküle, und den Eigenschaften der Kunststoffe.

Duroplaste werden aufgrund der fehlenden plastischen bzw. thermischen Verformbarkeit auch Duromere genannt.

AUFGABEN

A1 **MK** Vergleichen Sie Thermoplaste und Duroplaste miteinander und notieren Sie jeweils Vor- und Nachteile. Recherchieren Sie zudem weitere Verwendungen von Thermoplasten, Duroplasten und Elastomeren.

A2 Erklären Sie anhand von **B6** die Auswirkung von Druck auf ein Elastomer.

A3 Eine thermoplastische Polyethylenfolie lässt sich auf die mehrfache Länge dehnen. Im Gegensatz zu elastischem Gummi zieht sie sich aber nach der Dehnung nicht mehr zusammen. Erläutern Sie diesen Sachverhalt.

06022-105
Lernanwendung zum thermischen Verhalten von Kunststoffen unter QR-/Mediencode 06022-105

4.2 Die radikalische Polymerisation

Neben High Heels mit Absätzen aus Plexiglas® und Fahrradhelmen aus Styropor® gibt es weitere zahlreiche Anwendungsgebiete der sogenannten Polymerisate. Wie werden diese hergestellt?

4.2.1 Versuche und Material

V Herstellung einer Scheibe aus Plexiglas®

Bei der Augenkrankheit Grauer Star trübt sich die Linse und das Sehvermögen sinkt. Durch Implantation von künstlichen Linsen aus Acrylglas kann diese Krankheit behandelt werden. Ein Beispiel für Acrylglas ist Polymethylmethacrylat (PMMA), besser bekannt unter dem Handelsnamen Plexiglas®. Wie kann PMMA im Labor hergestellt werden?

V1 Geben Sie 10 mL Methylmethacrylat und eine erbsengroße Menge an Härterpaste (im Baumarkt erhältlich, enthält ca. 50 % Dibenzoylperoxid) in ein Becherglas und verrühren Sie gut. Füllen Sie das Gemisch mit einer Pipette in eine Kammer (**B1**). Kontrollieren Sie währenddessen die Dichtigkeit der Kammer. Erwärmen Sie die gefüllte Kammer nun 60 Minuten bei 70 °C im Wasserbad. (Alternativ können Sie diese über Nacht bei 55 °C im Trockenschrank lagern). Öffnen Sie die abgekühlte Kammer vorsichtig und lösen Sie die Scheibe aus Plexiglas® heraus.

V2 Untersuchen Sie den Einfluss der Menge an Härterpaste und der Temperatur des Wasserbads auf den Reaktionsverlauf und das Produkt. Füllen Sie hierzu in vier Reagenzgläser jeweils 5 mL Methylmethacrylat. Geben Sie in zwei der Reagenzgläser jeweils eine erbsengroße Menge an Härterpaste, in die anderen beiden Reagenzgläser jeweils die doppelte Menge. Stellen Sie zwei Reagenzgläser mit verschiedenen Mengen an Härterpaste 60 Minuten in ein Wasserbad mit 70 °C und die anderen beiden Reagenzgläser in ein Wasserbad mit 95 °C. Beobachten Sie.

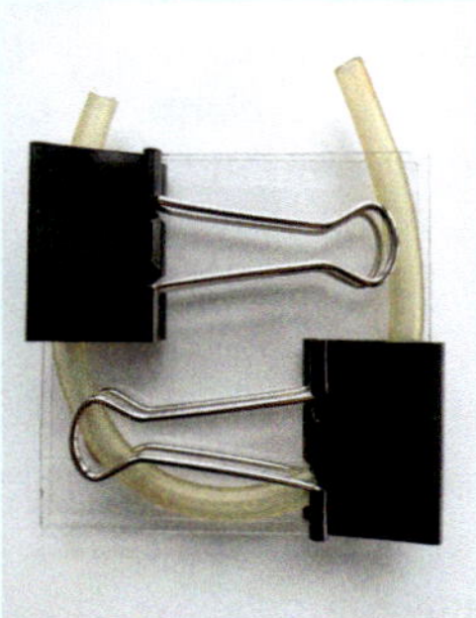

B1 Kammer bestehend aus 2 Glasscheiben, Schlauch und 2 Foldback-Klammern

06011-44

Versuchsvorschrift mit AIBN als Radikalstarter unter QR-/Mediencode 06011-44

AUSWERTUNG

a) Protokollieren Sie die Beobachtungen des Reaktionsverlaufs und des Aussehens des jeweiligen Produkts bei unterschiedlichen Reaktionsbedingungen in **V2** tabellarisch.
Begründen Sie basierend darauf die Wahl der Reaktionsbedingungen für **V1**.

b) Neben dem Handelsnamen Plexiglas® wird auch häufig der Name Polymethylmethacrylat (PMMA) verwendet. Formulieren Sie eine Hypothese über den molekularen Aufbau von PMMA.

ENTSORGUNG R

V Synthese von Polystyrol

Wie lässt sich der Kunststoff Polystyrol, der beispielsweise im Modellbau, in Verpackungs- und Dämmmaterialien, in Joghurtbechern und in Rettungsringen zu finden ist, herstellen?

V3 Planen Sie analog zu **V2** einen Reagenzglasversuch, mit dem Sie Polystyrol aus 2 mL Styrol herstellen. Führen Sie den Versuch in Rücksprache mit Ihrer Lehrkraft durch. Prüfen Sie währenddessen mit einem Holzstab in regelmäßigen Abständen die Viskosität des Gemischs.

AUSWERTUNG

a) Beschreiben Sie die Veränderung der Viskosität in Abhängigkeit der Versuchsbedingungen.

b) Ein Polystyrol-Molekül besitzt eine sehr lange Kohlenstoff-Kette. Stellen Sie eine Hypothese auf, wie sich die einzelnen Styrol-Moleküle (**B2**) zu einem Polystyrol-Molekül verbinden könnten.

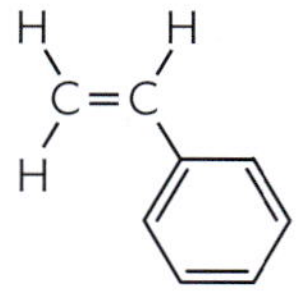

B2 Strukturformel des Styrol-Moleküls

c) Wird bei der Herstellung von Polystyrol Pentan als Treibmittel zugesetzt, so erhält man sogenanntes expandierbares Polystyrol (EPS). Sobald dieses mit Wasserdampf erwärmt wird, expandiert das Pentan und das perlenförmige Granulat bläht sich auf etwa das 50-Fache der ursprünglichen Größe auf. Recherchieren Sie den Markennamen von EPS sowie Anwendungsbeispiele.

ENTSORGUNG R

V Herstellung eines Klebstoffs aus Styropor®

Ob für die Reparatur der zerbrochenen Lieblingstasse, zur Befestigung der abgelösten Schuhsohle oder beispielsweise für den Modellbau: Das Angebot an Klebstoffen ist sehr vielfältig. Wie kann ein Klebstoff im Schullabor hergestellt werden?

V4 Geben Sie in eine Petrischale 5 mL Propanon (Aceton) und ein Stück Styropor®. Rühren Sie im Anschluss gut um. Wiederholen Sie die Zugabe von Styropor® und das Umrühren, bis Sie eine Masse mit hoher Viskosität erhalten. Versuchen Sie damit verschiedene Gegenstände, z. B. aus Papier, Karton oder Kunststoff, zu verkleben, indem Sie die Masse mit einem Glasstab auftragen und unter dem Abzug trocknen lassen. Untersuchen Sie die Klebekraft der Masse auf den unterschiedlichen Materialien.

AUSWERTUNG

a) Bewerten Sie die Klebekraft des hergestellten Klebstoffs auf den unterschiedlichen Oberflächen anhand der Beobachtungen bei **V4**.

b) Aceton wird häufig Nagellackentfernern beigemischt. Vergleichen Sie die Aufgabe des Acetons darin mit der Aufgabe des Acetons in **V4**.

c) Bei Klebstoffen wird zwischen Einkomponenten- und Zweikomponenten-Klebstoffen unterschieden. Recherchieren Sie die Unterschiede und ordnen Sie den in **V4** hergestellten Klebstoff einer Kategorie zu. Begründen Sie Ihre Wahl.

ENTSORGUNG Das Aceton zuerst vollständig unter dem Abzug verdampfen lassen, im Anschluss R

4.2.2 Wichtige Polymerisate

Polymerisation

Eine **Polymerisation** ist eine sich vielfach wiederholende Reaktionsfolge zur Bildung eines Makromoleküls, dem sogenannten **Polymerisat**. Welche Polymerisate gibt es und wodurch zeichnen sie sich aus?

Der Begriff „**Polymer**" wird im weiten Sinn als Synonym für „Makromolekül" verwendet (vgl. S. 202). Im engeren Sinne meint er jedoch ein durch Polymerisation gebildetes Makromolekül. Zur Verdeutlichung kann man deswegen von einem „Polymerisat" sprechen.

Polymethylmethacrylat

Polymethylmethacrylat (PMMA) ist ein thermoplastischer, glasartiger Kunststoff, der unter dem Namen **Plexiglas**® bekannt ist. Umgangssprachlich wird zudem häufig der Begriff Acrylglas verwendet. 1933 wurden von OTTO RÖHM die ersten Scheiben aus PMMA hergestellt. Im Gegensatz zu Glas splittert es nicht und ist bruchsicherer. Zudem ist PMMA sehr witterungsbeständig, lässt sich gut einfärben sowie bearbeiten und überzeugt sowohl mit seiner geringen Dichte als auch den glasähnlichen optischen Eigenschaften. PMMA wird durch Polymerisation hergestellt. Als Monomer dient hierbei Methylmethacrylat (**V1**, **V2**, **B3**).

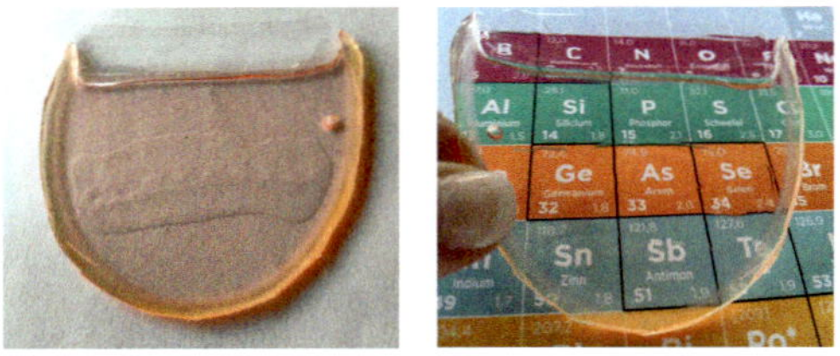

B1 Die PMMA-Scheibe aus **V1** ist aufgrund der angefärbten Härterpaste leicht rosa. Text ist durch sie problemlos lesbar.

Die Einsatzgebiete von PMMA sind vielfältig. Es wird beispielsweise als bruchfester Glasersatz, als Türverkleidung und als Haube in der Automobil- und Flugzeugindustrie verbaut. Im Bereich Medizin wird es u. a. für die Herstellung von Hörgeräten und Kontaktlinsen verwendet. Weiterhin dient der Kunststoff in Form von sogenanntem Knochenzement als wichtiger Bestandteil bei Hüftimplantaten. Er sorgt hierbei für die Haftung des künstlichen Titangelenks im Knochen. Auch in der Musik- und Schmuckindustrie, in der Kunst und im Bauwesen ist Plexiglas® unentbehrlich.

Polystyrol

Polystyrol (PS) ist ein thermoplastischer Kunststoff, der sowohl unaufgeschäumt als auch expandiert (aufgeschäumt) durch Polymerisation von Styrol (**V3**, **B3**) produziert wird. Da PS spröde ist und eine hohe Festigkeit aufweist, eignet es sich für Lebensmittelverpackungen geringer Wandstärke und somit niedrigem Gewicht, elektrische Gehäuse oder Modellbauteile.
Fahrradhelme, Schwimmwesten und Dämmmaterial enthalten expandiertes (aufgeschäumtes) Polystyrol (EPS), besser bekannt unter dem Namenn Styropor®. Bei der Herstellung von EPS-Kügelchen wird das Treibmittel Pentan zugesetzt. Sobald die Kügelchen mit Wasserdampf erwärmt werden, expandiert das Pentan und bläht die Kügelchen auf etwa das 50-fache der ursprünglichen Größe auf, wobei die Ränder der Kügelchen miteinander verschmelzen. Dieser Aufschäumungsprozess kann in beliebigen Behältnissen durchgeführt werden. Auf diese Weise lassen sich selbst komplexe Formen herstellen, welche häufig in der Verpackungsmittelindustrie benötigt werden.

B2 Lösen von EPS in Aceton erzeugt Klebstoff

Aufgrund der niedrigen Lösemittelbeständigkeit genügen bereits geringe Mengen an Aceton, um ein beachtliches Volumen an EPS zu lösen (**V4**, **B2**). Dabei entweicht das eingeschlossene Gas. Übrig bleibt eine hochviskose, klebrige Masse. Es handelt sich hierbei um einen sogenannten physikalisch abbindenden Klebstoff, in dem die Polymere im Lösemittel Aceton gelöst sind. Er härtet durch einen physikalischen Prozess wie z. B. das Verdampfen des Lösemittels aus.
Neben physikalisch abbindenden Klebstoffen gibt es auch chemisch härtende Klebstoffe, die beispielsweise durch eine Reaktion mit einem

Monomer	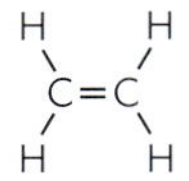 Ethen	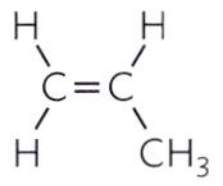 Propen	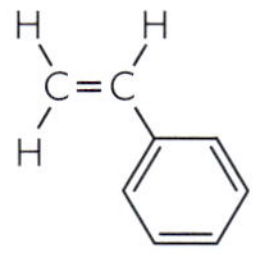 Styrol	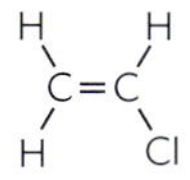 Vinylchlorid	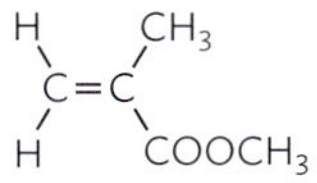 Methylmethacrylat	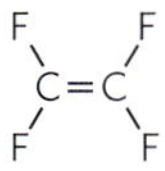 Tetrafluorethen
Repetiereinheit im Polymer	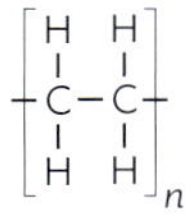 Polyethylen (PE)	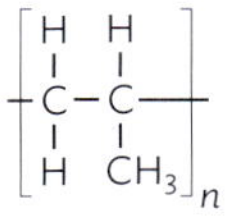 Polypropylen (PP)	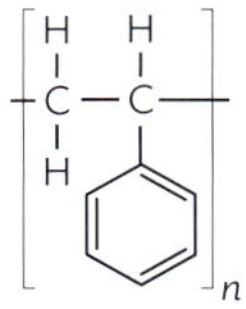 Polystyrol (PS)	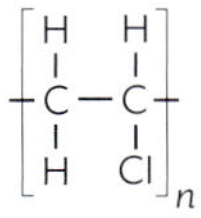 Polyvinylchlorid (PVC)	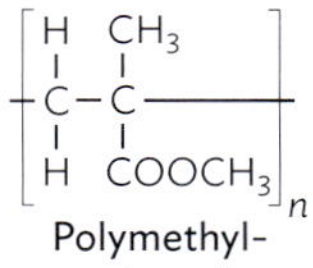 Polymethylmethacrylat (PMMA, Plexiglas®)	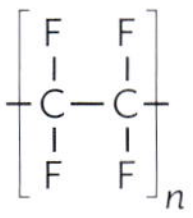 Polytetrafluorethen (PTFE, Teflon®)
Verwendung	Tragetaschen, Folien ...	Verpackungen, Stoßstangen ...	Verpackungen, Dämmmaterial ...	Bodenbelag, Rohre ...	Blinker-Glas, Knochenzement ...	Pfannenbeschichtungen, Dichtungen ...

B3 Überblick über wichtige Polymerisate, deren Monomere und Verwendungsbeispiele

Härter oder erst bei speziellen Bedingungen, z. B. der Bestrahlung mit UV-Licht, aushärten. Weiterhin unterscheidet man zwischen ein- und zweikomponentigen Klebstoffen. Der in **V4** hergestellte Klebstoff ist ein Beispiel für einen 1-Komponenten-Klebstoff, da er gelöst vorliegt und keine weitere Chemikalie zum Aushärten nötig ist. Bei einem Zwei-Komponenten-Kleber liegen die Reaktionskomponenten räumlich getrennt vor und reagieren erst beim Zusammengeben miteinander.

Weitere Polymerisate

Neben Polymethylmethacrylat und Polystyrol erleichtern uns weitere Polymerisate den Alltag (**B3**). Da es sich bei Polymeren um sehr große Moleküle handelt, in denen sich Molekül-Einheiten, die sogenannten **Repetiereinheiten**, aufs Neue wiederholen, werden stets nur Ausschnitte aus dem Makromolekül angegeben. In **B3** ist die Repetiereinheit jeweils in eckigen Klammern geschrieben und die Wiederholungsanzahl durch *n* angedeutet. *n* steht für große Zahlen im vier- bis fünfstelligen Bereich. Eine alternative Schreibweise ist in **B4** veranschaulicht.

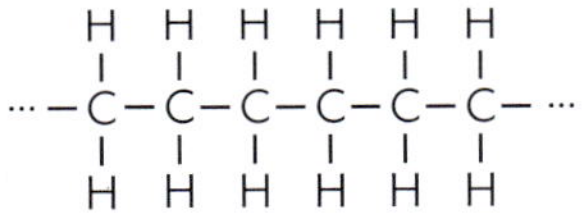

B4 Alternative Darstellung von PE. Es wird angedeutet, dass die Kette nach rechts und links weiter fortgeführt wird.

Polymerisate werden mittels Polymerisation aus Monomeren synthetisiert. Repetiereinheiten bezeichnen die sich im Makromolekül wiederholenden Molekül-Einheiten.

AUFGABEN

A1 Vergleichen Sie die Monomere und Polymere der in **B3** dargestellten Polymerisate und beschreiben Sie gemeinsame Strukturelemente. Benennen Sie zudem die verschiedenen Substituenten.

A2 In der Textilindustrie wird das Polymerisat Polyacrylnitril (PAN) häufig Baumwolle oder Wolle beigemischt. Daraus hergestellte Kleidungsstücke fühlen sich wollartig, weich und warm an. Weiterhin knittern sie weniger. PAN wird durch Polymerisation von Acrylnitril hergestellt. Das Monomer ähnelt Ethen. Lediglich ein Wasserstoff-Atom ist durch eine Nitril-Gruppe (–C≡N|) ersetzt. Zeichnen Sie die Strukturformel des Monomers sowie eine Repetiereinheit aus dem Makromolekül PAN.

4.2.3 Mechanismus der radikalischen Polymerisation LK

Polymerisation

Voraussetzung für jede Polymerisation ist, dass das Monomer-Molekül mindestens eine C=C-Doppelbindung besitzt, welche den Angriffspunkt für den **Initiator** darstellt. Der Reaktionstyp ist von dem verwendeten Initiator abhängig: Bei der ionischen Polymerisation dienen Säuren oder Basen als Initiatoren, bei der radikalischen Polymerisation Verbindungen, die leicht Radikale bilden. Im Gegensatz zu anderen Kunststoffsynthesen werden bei Polymerisationen keine Nebenprodukte gebildet.
Abhängig von der Wahl des Monomers können die Polymerisate sowohl Thermoplaste als auch Duroplaste sein. Enthalten die Monomere nur eine C=C-Doppelbindung, so entstehen lineare Polymerketten, wohingegen bei Vorhandensein weiterer C=C-Doppelbindungen vernetzte Makromoleküle entstehen können. Der Mechanismus der radikalischen Polymerisation gliedert sich in vier Schritte auf.

Radikalbildung

Radikale sind sehr reaktive Teilchen mit mindestens einem ungepaarten Elektron. Sie werden vereinfachend oft mit R· abgekürzt.

Bei der Darstellung von Reaktionsmechanismen ist zu beachten, dass man die Bewegung eines Elektronenpaares durch einen Pfeil mit einer ganzen Spitze, die Bewegung einzelner Elektronen durch einen Pfeil mit einer halben Spitze symbolisiert.

Die einfachsten Radikalbildner sind die Halogene Chlor oder Brom, im Labor verwendet man als Initiator häufig Dibenzoylperoxid. Die Härterpaste aus **V1** bis **V3** enthält zu 50 % diesen Stoff. Die Bindung zwischen den beiden Sauerstoff-Atomen des Dibenzoylperoxid-Moleküls ist sehr instabil und lässt sich beispielsweise durch Lichteinstrahlung spalten. Dabei entstehen zunächst zwei Benzoyloxy-Radikale, welche durch Abspaltung von Kohlenstoffdioxid-Molekülen zu Phenyl-Radikalen zerfallen (**B5**). Im Versuch ist der Start der Reaktion daran erkennbar, dass sich farblose Gasblasen bilden, da Kohlenstoffdioxid entsteht, das Gemisch zunehmend viskoser wird (**V1**, **V2**).
Im Mechanismus wird die Bildung der Startradikale meist abgekürzt angegeben (**B6**). Dabei wird oft nur das ungepaarte Elektron und der Molekül-Rest R dargestellt (R·).

Kettenstart

Durch das ungepaarte Elektron ist ein Radikal sehr reaktiv. Daher kann das Startradikal die elektronenreiche C=C-Doppelbindung eines Monomer-Moleküls aufspalten, indem es sich an das Monomer anlagert. Da ein Elektron der aufgebrochenen Doppelbindung ungepaart bleibt, bildet sich ein neues, längeres Radikal.

Kettenwachstum

Das neue, längere Radikal reagiert mit einem weiteren Monomer-Molekül zu einem noch längeren Radikal. Dieser Schritt wiederholt sich beim Aufeinandertreffen eines Radikals und eines Monomer-Moleküls immer und immer wieder. Die Kettenlänge der Radikale nimmt daher kontinuierlich zu. Eine Reaktion, die beim Vorhandensein von reaktionsfähigen Teilchen immer weiter abläuft, wird **Kettenreaktion** genannt.

Kettenabbruch

Treffen zwei Radikale aufeinander, so bilden sie jeweils mit ihrem ungepaarten Elektron ein bindendes Elektronenpaar. Diesen Vorgang nennt man auch **Rekombination** oder Radikalvernichtung. Die Kettenreaktion wird abgebrochen.

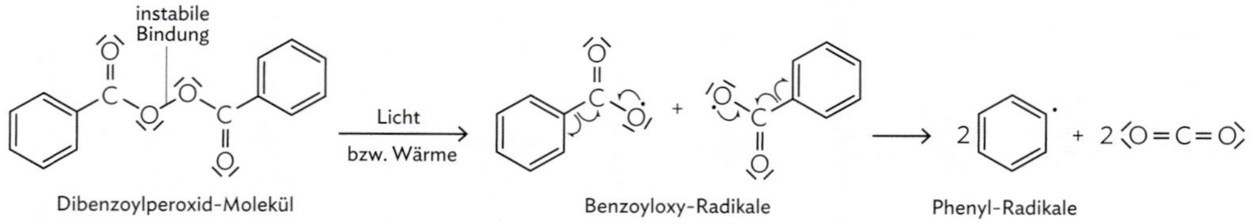

B5 Bildung von Startradikalen am Beispiel von Dibenzoylperoxid

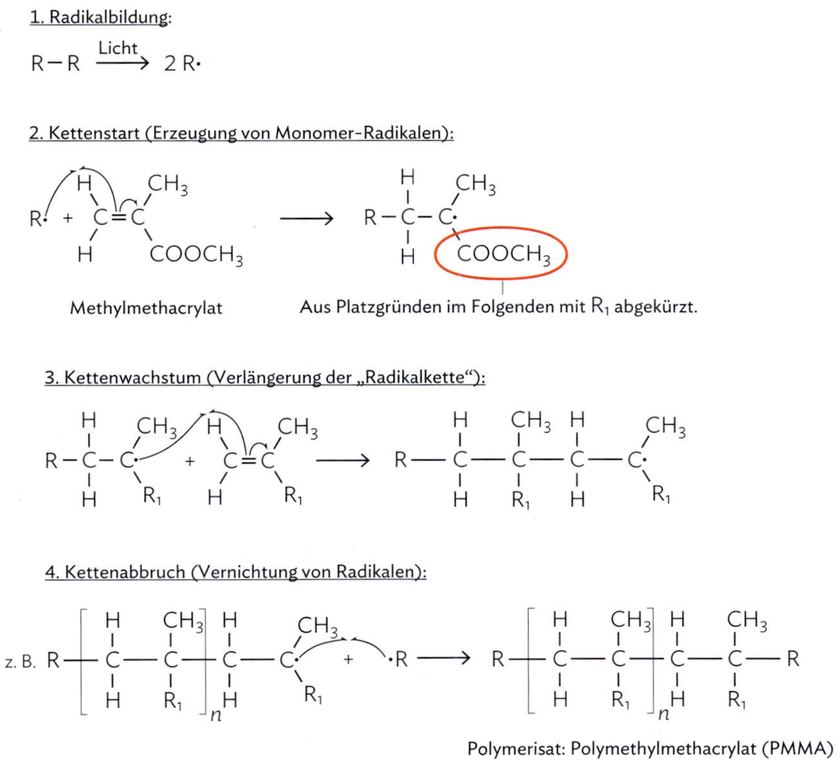

B6 Mechanismus der radikalischen Polymerisation am Beispiel von Methylmethacrylat

Bei der radikalischen Polymerisation werden Monomere mit mindestens einer C=C-Doppelbindung mithilfe von Startradikalen zu Makromolekülen verknüpft. Der Mechanismus verläuft in vier Schritten: Radikalbildung, Kettenstart, Kettenwachstum und Kettenabbruch.

AUFGABEN

A1 Formulieren Sie mithilfe von **B6** den vollständigen Mechanismus für die radikalische Polymerisation von Ethen.

A2 Die Makromoleküle einer Probe Polyethylen weisen unterschiedliche Kettenlängen auf. Erklären Sie diese Beobachtung mithilfe von **B6**.

A3 Bei der industriellen Produktion von Polyethylen kann die mittlere molare Masse beispielsweise über die Konzentration der Startradikale gesteuert werden. Begründen Sie den Einfluss dieser Konzentrationsänderung.

A4 Erläutern Sie, dass die Bezeichnung Katalysator (vgl. Kapitel 3.3) für den Starter (Initiator) bei einer Polymerisation nicht zutrifft.

A5 Vergleichen Sie die radikalische Polymerisation und die radikalische Substitution miteinander (Arbeitsblatt unter QR-/Mediencode 06022-106).

06022-106

4.2.4 Polyethylen – Herstellung und Eigenschaften

Ethen als Grundchemikalie

Ethen C_2H_4 ist der einfachste Vertreter der Stoffklasse der Alkene und eine der meistproduzierten Grundchemikalien der chemischen Industrie. Eine Vielzahl an Materialien des Alltags wie z. B. Kunststoffe oder Waschmittel werden aus Ethen hergestellt.

06002-117

In der Natur kommt Ethen als Pflanzenhormon vor. Aufgrund des großen Bedarfs wurden viele verschiedene Möglichkeiten entwickelt, Ethen industriell zu gewinnen, z. B. durch teilweise Hydrierung von Ethin oder Wasserabspaltung aus Ethanol. Industriell relevant ist jedoch vor allem die Gewinnung von Ethen durch **„Cracken“** (engl. *to crack*, aufknacken, spalten) von langkettigen Kohlenwasserstoffen.

Das „Cracken“

06007-038

Erdöl ist ein Gemisch aus unterschiedlichsten Kohlenwasserstoffen. Doch der Anteil der enthaltenen Fraktionen stimmt nicht mit dem heutigen Bedarf überein. Erdöl enthält vor allem langkettige Kohlenwasserstoffe, während industrielle Anwendungen vorwiegend kurzkettige, ungesättigte Verbindungen wie Ethen nutzen (vgl. Grafik unter QR-/Mediencode 06007-038).

Das Cracken ist ein Verfahren zur Synthese solcher kurzkettigen Verbindungen aus Erdöl. Dabei werden in langkettigen Molekülen Kohlenstoff-Kohlenstoff-Bindungen gespalten. Es existieren mehrere verschiedene Verfahren, die sich grob in das **thermische Cracken** und das **katalytische Cracken** unterteilen lassen.

Beim thermischen Cracken erhitzt man auf bis zu 900 °C. Dabei geraten die Kohlenwasserstoff-Moleküle in derart starke Schwingungen, dass in den Molekülen kovalente Bindungen „brechen“ (Animation unter QR-/Mediencode 06002-117). Im Gegensatz dazu kann das katalytische Cracken bei niedrigeren Temperaturen und mit höheren Geschwindigkeiten durchgeführt werden, was vorteilhafter ist. Hierfür müssen jedoch die Ausgangsstoffe reiner sein, um den Katalysator nicht zu schädigen.

Mechanismus des thermischen Crackens

Die Teilchenveränderungen beim thermischen Cracken können in mehreren Teilschritten dargestellt werden (**B7**). Im ersten Schritt wird die Bildung zweier Kohlenstoff-Atome gespalten, wodurch sich zwei Radikale bilden. Diese können nun auf zwei Wegen weiterreagieren: Bei der **Protonenübertragung** bildet sich eine Bindung zwischen einem Proton und dem Radikal aus, wobei ein Alkan- und ein Alken-Molekül (z. B. Ethen-Molekül) gebildet werden. Zum anderen kann eine **Radikalkettenreaktion** stattfinden. Dabei spaltet sich vom langkettigen Radikal-Molekül ein kurzkettiges Alken-Molekül unter Bildung eines neuen Radikal-Moleküls ab. Dies ist je nach Kettenlänge mehrmals an einem Molekül möglich. Mögliche **Abbruchreaktionen** sind die Protonenübertragung oder die **Rekombination** zweier Radikale.

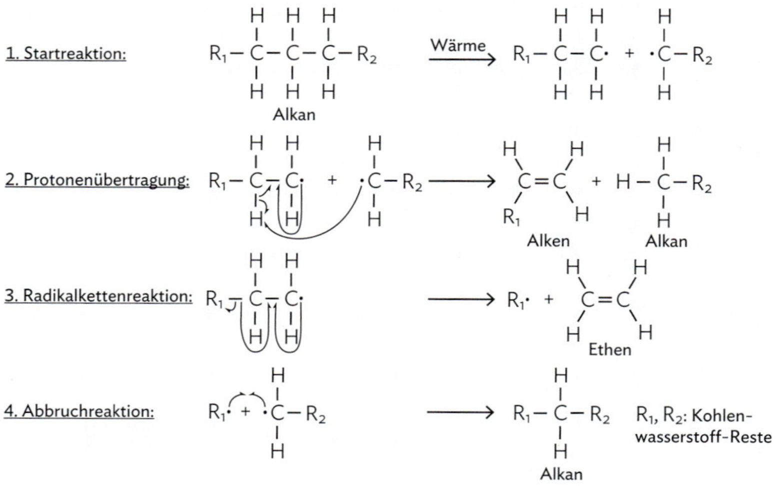

B7 Mechanismus des thermischen Crackens

Polyethylen

Ethen ist der Ausgangsstoff für den weltweit am häufigsten produzierten und verwendeten Kunststoff: **Polyethylen** (auch **Polyethen** genannt, **PE**). PE wird durch Polymerisation von Ethen gewonnen (**B8**).

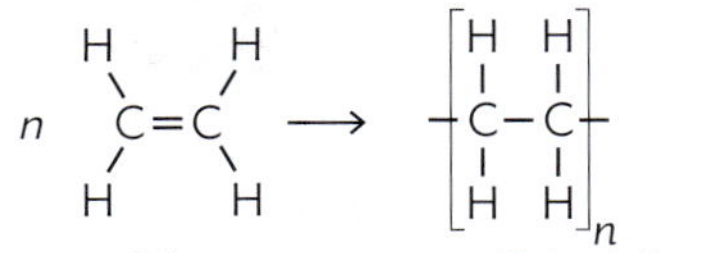

B8 Reaktionsgleichung zur Polymerisation von Ethen zu Polyethylen (*n* bedeutet viele; in eckiger Klammer angegeben ist die sich wiederholende Einheit)

Das erste industrielle Verfahren zur Herstellung von PE wurde 1935 entwickelt. Ethen wird unter hohem Druck und Temperaturen von 100 bis 300 °C radikalisch polymerisiert. Als **Initiator** dienen Sauerstoff oder Peroxide. Das Produkt ist ein Thermoplast, der weicher und dehnbarer ist als viele andere Kunststoffe, und sich daher ideal für Folien und Verpackungsmaterial eignet.
1953 wurde ein weiteres Verfahren entdeckt, bei dem PE an bestimmten Katalysatoren bei niedrigeren Drücken und Temperaturen hergestellt werden kann. Das neue PE hatte auch neue Eigenschaften, es war stabiler und weniger elastisch. Auch diese Variante des PE wird noch heute vielfältig genutzt, z. B. in Flaschen für Reinigungsmittel. Doch wie erklären sich die unterschiedlichen Eigenschaften?

Die Beeinflussung der Polymerisation

Die Monomere bestimmen die Eigenschaften der aus ihnen hergestellten Polymere maßgeblich. Am Beispiel von PE zeigt sich, dass auch Polymere mit gleichen Monomeren abweichende Eigenschaften besitzen können. Das im Hochdruckverfahren hergestellte PE hat eine geringe Dichte, weshalb es auch als **PE-LD** (*low density*) bezeichnet wird. Der Grund hierfür sind die Reaktionsbedingungen: Durch hohe Drücke und Temperaturen läuft die Polymerisation schneller ab und es entstehen mehr Quervernetzungen zwischen den Polymerketten. Diese stoßen sich gegenseitig ab, was zu einer geringen Dichte führt. Im Niedrigdruckverfahren werden hingegen eher lineare Moleküle gebildet – es entsteht **PE-HD** (*high density*) (**B9**).
Die Reaktionsbedingungen bei Polymerisationsreaktionen wie z. B. der Synthese von Polyethylen beeinflussen direkt die Eigenschaften der Produkte. Bei hohen Temperaturen und einer großen Menge an Inititator läuft die Reaktion schneller ab (**V2**), jedoch kommt es auch häufiger zu Kettenabbrüchen. Dadurch haben die Polymere im Durchschnitt eine geringere molare Masse und einen geringeren **Polymerisationsgrad** (Quotient aus der durchschnittlichen molaren Masse des Polymers und der molaren Masse der Monomereinheit).

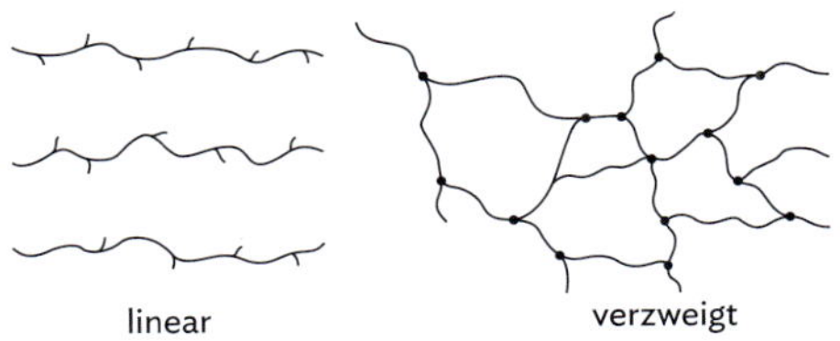

B9 PE LD (links) und PE HD (rechts)

Polyethylen (PE, auch Polyethen) ist ein bedeutender Kunststoff.
Der Ausgangstoff für die PE-Synthese ist Ethen. Es kann industriell durch Cracken aus langkettigen Kohlenwasserstoffen gewonnen werden.
Die Eigenschaften von PE sind von den Reaktionsbedingungen der Polymerisation, z. B. Initiatormenge und Temperatur abhängig.

AUFGABEN

A1 Formulieren Sie den Reaktionsmechanismus der PE-Synthese aus Ethen.

A2 Erklären Sie den Einfluss der Reaktionsbedingungen auf Eigenschaften und Anwendungsbereiche von PE-HD und PE-LD.

A3 Begründen Sie, dass es bei einer hohen Initiatormenge häufiger zu Kettenabbrüchen kommt.

A4 MK Recherchieren und beschreiben Sie die Schritte zur Gewinnung von Bio-PE aus Zuckerrohr.

4.3 Die Polykondensation

Spiel, Satz und Sieg! Im Profitennis kann ein Tennisball beim Aufschlag Spitzengeschwindigkeiten von über 250 km/h erreichen. Neben dem sportlichen Können tragen auch die Materialien des Schlägers und des Balls dazu bei. Wie viel Chemie steckt hinter solchen Meisterleistungen?

4.3.1 Versuche und Material

V Herstellung eines Klebstoffs aus Alltagsprodukten

7 8

Zahlreiche Funde belegen, dass sich unsere Vorfahren bereits vor mehr als 100 000 Jahren die Klebkraft von z. B. tonhaltiger Erde, Baumharzen, Pech und Teer zunutze machten. Aus tierischen Produkten wie Milch, Knochen oder Knorpel wurden ebenfalls Klebstoffe hergestellt. Erst im 20. Jahrhundert wurden Klebstoffe aus synthetischen Stoffen gefertigt. Wie erfolgt ihre Herstellung aus Alltagsprodukten?

V1 Geben Sie in ein Becherglas 6 g Citronensäure und 1,8 mL Ethandiol (Glykol) und verrühren Sie gut. Erhitzen Sie das Gemisch auf einem Dreifuß langsam mit dem Brenner, indem Sie diesen immer wieder entfernen, bis es sich homogenisiert hat (Video unter QR-/Mediencode 06015-48). Lassen Sie das homogene Gemisch für einige Minuten durch gelegentliches Erwärmen sieden. Kontrollieren Sie mittels Thermometer die Temperatur und beachten Sie, dass eine Temperatur von 175 °C nicht überschritten werden darf, da sich Citronensäure sonst zersetzt. Wischen Sie die Wand des Becherglases mit Watesmo-Papier ab. Versuchen Sie nach einigen Minuten des Abkühlens, mit der Masse Gegenstände zu verkleben und ziehen Sie mit einem Glasstab Fäden aus der Masse.

06015-48

AUSWERTUNG

a) Beschreiben Sie Ihre Beobachtungen und geben Sie an, welches Nebenprodukt entsteht.

b) Zeichnen Sie die Strukturformel von Ethandiol und recherchieren Sie die Strukturformel von Citronensäure. Benennen Sie alle funktionellen Gruppen.

c) Beim Produkt handelt es sich um einen Polyester. Entwerfen Sie mithilfe der Formeln aus **b)** einen Strukturformelausschnitt des Klebstoffs.

ENTSORGUNG R

V Herstellung eines Nylonfadens

Fester als Baumwolle, jedoch so fein wie Seide: Nach dem Zweiten Weltkrieg brach ein wahrer Siegeszug der synthetischen Faser Nylon aus, welche sich z. B. als Material für Damenstrümpfe etablierte. Welche Chemie steckt in einem Strumpf aus Nylon?

V2 Stellen Sie die folgenden Lösungen her:

Lösung 1: Lösen Sie in einem Becherglas 1 mL Adipinsäuredichlorid in 10 mL Heptan.

Lösung 2: Lösen Sie 1 g Hexan-1,6-diamin, 1 g Natriumcarbonat und 3 Tropfen Thymolphthalein-Indikatorlösung in 10 mL Wasser.

Überschichten Sie nun Lösung 2 mit Lösung 1, indem Sie das Becherglas der Lösung 2 leicht schräg halten und Lösung 1 langsam am Rand des Becherglases von Lösung 2 auf die Lösung fließen lassen. Ziehen Sie mit einer Pinzette vorsichtig die Schicht zwischen den beiden Phasen heraus und wickeln Sie die Faser durch Drehen auf einen Glasstab auf (**B1**). Lassen Sie die Faser trocknen (Video unter QR-/Mediencode 06015-49).

06015-49

AUSWERTUNG

a) Beschreiben Sie die Faser.

b) Erläutern Sie, wie man erkennen kann, dass es sich bei der unteren Phase um Lösung 2 handelt.

c) Erklären Sie die Veränderung der Färbung der unteren Phase über die Zeit.

ENTSORGUNG Die beiden Phasen werden im Scheidetrichter getrennt und jeweils entsorgt: G1, G4

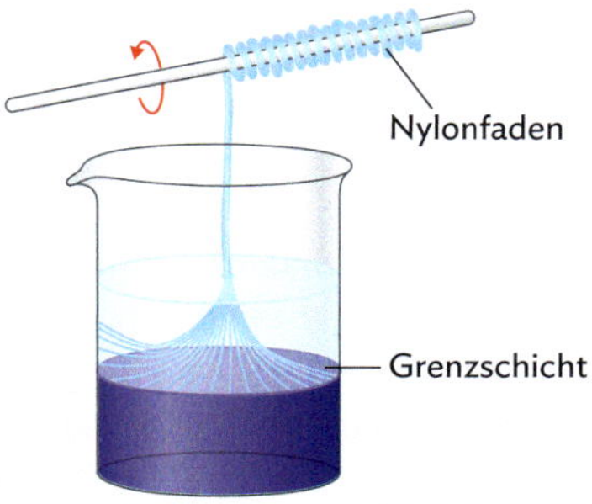

B1 Der Nylonseiltrick

V Untersuchung von Polycarbonat

Motorradhelm-Visiere werden meist aus Polycarbonat (PC) gefertigt. Für einen klaren Durchblick sollten diese regelmäßig von Staub, Insektenresten und anderem Schmutz befreit werden. Welche Reinigungsmittel eignen sich hierfür?

V3 Füllen Sie im Abzug je 2 mL folgender Flüssigkeiten in je ein Reagenzglas: Wasser, Ethanol, Essigsäureethylester und Aceton. Geben Sie jeweils eine Probe Polycarbonat hinzu.

V4 Planen Sie ein Experiment, mit dem Sie die Dichte von Polycarbonat experimentell bestimmen können und führen Sie es nach Rücksprache mit der Lehrkraft durch.

V5 Versuchen Sie mit Ihrem Fingernagel oder einem Spatel Kunststoffproben von Polycarbonat, Plexiglas® und Polyethylen einzuritzen.

AUSWERTUNG

a) Notieren Sie Ihre Beobachtungen aus **V3** und beurteilen Sie, ob sich acetonhaltiger Nagellackentferner für die Reinigung eines Motorradhelm-Visiers eignet. Schlagen Sie ggf. Alternativen vor.

b) Vergleichen Sie Ihren in **V4** experimentell ermittelten Wert mit dem Literaturwert sowie mit den Dichtewerten anderer Kunststoffe (vgl. **B1** auf S. 202) und mit der Dichte von Glas.

c) Vergleichen Sie die Kratzfestigkeit von Polycarbonat, Plexiglas® und Polyethylen aus **V5** miteinander und recherchieren Sie weitere Anwendungsbereiche von Polycarbonat.

ENTSORGUNG R, A, G1, G3

4.3.2 Wichtige Polykondensate

Polykondensate sind Kunststoffe, die durch **Polykondensation** synthetisiert werden. Für eine Polykondensation werden Monomere mit mindestens zwei funktionellen Gruppen benötigt. Abhängig von den eingesetzten Monomeren erhält man unterschiedliche Klassen an Polykondensaten. Zu den wichtigsten zählen die **Polyester**, **Polyamide**, **Polycarbonate** und **Phenoplaste**. Im Folgenden werden exemplarisch einige Polykondensate thematisiert.

PET – ein Polyester

Mehrwertige Alkohole und mehrwertige Carbonsäuren sind die Monomere der Polyester. Ein sehr bekannter Vertreter der Polyester ist der Kunststoff **Polyethylenterephthalat (PET)**, der aus den Monomeren Terephthalsäure und Ethandiol hergestellt wird (**B2**). Erstmals wurde er während des Zweiten Weltkriegs in einem Textilunternehmen in England synthetisiert. PET wird häufig zur Herstellung von Mehrwegflaschen, Lebensmittelverpackungen, Folien oder Textilien verwendet. Da Textilien aus PET besonders reißfest, witterungsbeständig und knitterfrei sind sowie wenig Wasser aufnehmen, eignen sie sich auch für die Herstellung von Sportkleidung.

Polycarbonate

Bei den 1953 erstmals produzierten **Polycarbonaten** handelt es sich um Polyester der Kohlensäure. Sehr häufig werden Polycarbonate aus dem gesundheitsschädlichen Diol Bisphenol A und dem hochgiftigen Dichlorid der Kohlensäure (Phosgen) synthetisiert (**B2**). Polycarbonate weisen Eigenschaften wie eine hohe Lichtdurchlässigkeit und Wärmebeständigkeit sowie eine hohe Bruch-, Kratz- und Schlagfestigkeit (**V5**) auf und werden daher häufig für Sicherheitsverglasungen oder Visiere von Schutzhelmen verwendet. Gegenüber Wasser, verdünnten Säuren, vielen Ölen, Fetten und Ethanol ist Polycarbonat beständig, wohingegen z. B. Aceton und Essigsäureethylester den Kunststoff aufquellen lassen (**V3**).
Auch für die Herstellung von Brillengläsern eignet sich Polycarbonat, da die Brille einerseits bruchsicher und andererseits sehr viel leichter als eine Brille mit Brillengläsern aus Glas ist (**V4**).

Nylon – ein Polyamid

Die wohl bekannteste synthetische Faser wurde bereits im Jahre 1935 von der amerikanischen Firma DU PONT aus den Monomeren Hexan-1,6-diamin und Hexandisäure synthetisiert (**B2**). Nylon gehört zu den Polyamiden, welche durch Polykondensation von mehrwertigen Aminen und mehrwertigen Carbonsäuren hergestellt werden. Da bei Nylon beide Monomere je sechs Kohlenstoff-Atome besitzen, spricht man auch von Polyamid 6.6.
Nylon etablierte sich schnell im Textilbereich – z. B. als Material für Damenstrümpfe (**B1**). Die Eigenschaft, fester als Baumwolle, jedoch so fein wie Seide zu sein, eignete sich hierfür sehr gut. Nach dem Zweiten Weltkrieg brach ein regelrechter Siegeszug dieser synthetischen Faser aus. Am Tag des Verkaufsstartes der Nylonstrümpfe war der Ansturm so groß, dass viele Geschäfte wegen Überfüllung geschlossen werden mussten. Jede Frau wollte das Symbol des Wirtschaftswunders besitzen und stolz präsentieren.

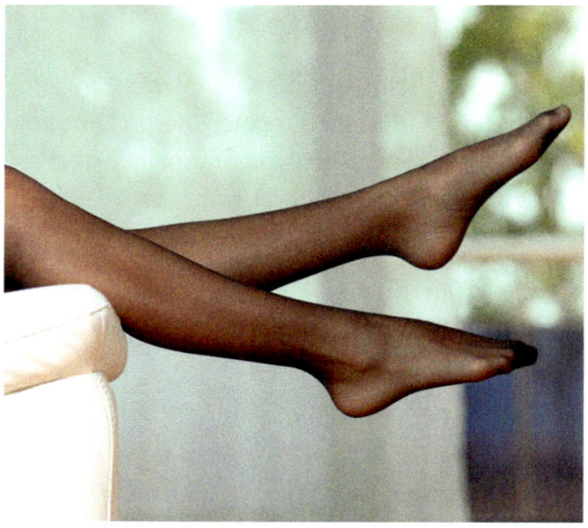

B1 Nylon wird in der Textilindustrie zur Herstellung von Nylonstrümpfen verwendet.

Da Nylon sehr reißfest ist, findet man es auch in Seilen oder Fallschirmen. Zudem kommt Nylon bei der Besaitung von Tennisschlägern und der Produktion von Tennisbällen zum Einsatz.

Monomer 1	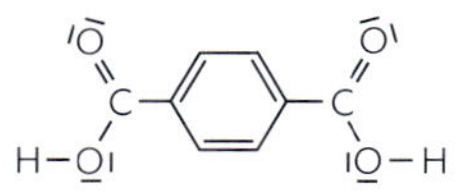 Terephthalsäure (Benzol-1,4-dicarbonsäure)	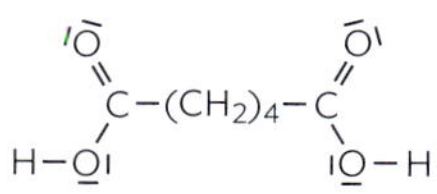 Hexandisäure	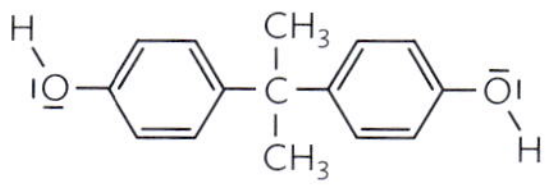 Bisphenol A
Monomer 2	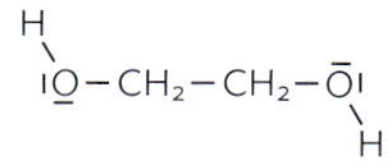 Ethandiol	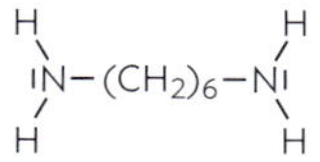 Hexan-1,6-diamin	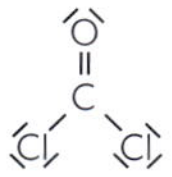 Carbonyldichlorid (Phosgen)
Polymer	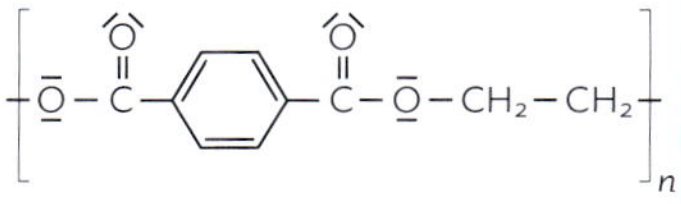 Polyethylenterephthalat (PET)	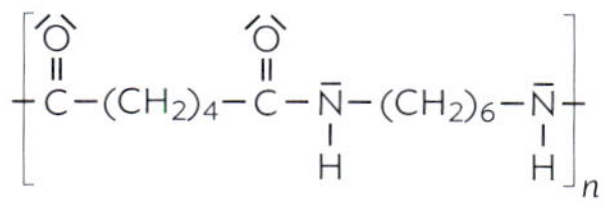 Nylon (Polyamid 6.6)	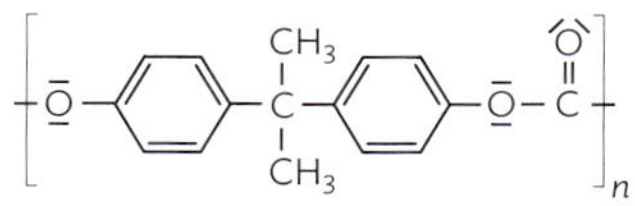 Beispiel für ein Polycarbonat (PC)
Verwendung	Getränkeflaschen, Lebensmittelverpackungen, Folien, Textilfasern ...	Damenstrümpfe, Borsten einer Zahnbürste, Seile, Fallschirme ...	Brillengläser, Helm-Visiere, Scheiben in Wintergärten und Gewächshäusern ...

B2 Überblick über einige Polykondensate, deren Monomere und Verwendungsbeispiele

Natürliche Polyamide

Polyamide finden sich auch in der Natur. Proteine bestehen aus Aminosäuren, die durch Amid-Gruppen verknüpft sind. Bei den Proteinen wird die Amid-Gruppe auch als Peptidbindung bezeichnet, obwohl es sich chemisch gesehen um dieselbe Gruppe handelt.

Bakelite

Bakelite waren die ersten vollsynthetisch hergestellten Kunststoffe. Bei ihrer Synthese reagieren Phenol und Acetaldehyd zu einem Phenolharz. Dieses wird im Anschluss zu einem dreidimensional vernetzten Polymer, einem sogenannten Phenoplast, ausgehärtet. Durch seine duromeren Eigenschaften eignet sich der Kunststoff speziell in Bereichen, die hohe mechanische und thermische Belastbarkeit, chemische Beständigkeit oder geringe Entflammbarkeit verlangen.

Polykondensate werden mittels Polykondensation synthetisiert. Abhängig von der Wahl der Monomere untergliedert sich die Stoffklasse der Polykondensate weiter in beispielsweise Polyester (z. B. PET, Polycarbonate), Polyamide (z. B. Nylon) oder Phenolharze bzw. Phenoplaste.

Peptidbindung → S. 162

AUFGABEN

A1 Entscheiden Sie begründet, ob es sich bei den drei Kunststoffen in **B2** um Thermoplaste oder Duromere handelt.

A2 Bei der Polykondensation entsteht neben dem Polymer jeweils noch ein anderes Produkt. Vergleichen Sie die Monomere in **B2** jeweils mit ihrem Polymer und stellen Sie eine Vermutung auf, um welches weitere Produkt es sich jeweils handeln könnte.

4.3.3 Synthese von Polyestern

06015-52
Video zur Synthese von Polybutylen-succinat (PBS) unter QR-/Mediencode 06015-52

Die Polykondensation

Bei der Polyester-Synthese werden die Monomere, mehrwertige Carbonsäuren und mehrwertige Alkohole, in einer sich vielfach wiederholenden Kettenreaktion über **Ester-Gruppen** miteinander verknüpft (**B3**).
Da es zu einer sich vielfach wiederholenden Kondensation kommt, deutet man in der Reaktionsgleichung mit *n* die Repetiereinheiten an. Neben den Polymeren erhält man als weitere Produkte **niedermolekulare Verbindungen**, also im Vergleich zu den Polymeren sehr kleine Moleküle. Hierzu zählen beispielsweise Wasser oder Chlorwasserstoff. Diese Nebenprodukte werden kontinuierlich abgeführt, damit die Synthese ungestört ablaufen kann.
Bei der Polykondensation gibt es viele Möglichkeiten für das Kettenwachstum. Da an beiden Enden von bereits gebildeten Ketten funktionelle Gruppen vorliegen, können Monomere einerseits an bestehende Ketten binden, jedoch können auch zwei beliebige Ketten miteinander reagieren, ohne dass die Wachstumsreaktion damit beendet wird wie im Falle der radikalischen Polymerisation.
Werden **bifunktionelle** Monomere, also Monomere mit je zwei funktionellen Gruppen, eingesetzt, so entstehen lineare, unverzweigte Makromoleküle (Thermoplaste).
Bei Citronensäure (2-Hydroxypropan-1,2,3-tricarbonsäure) handelt es sich um eine Verbindung mit drei Carboxy-Gruppen. Bei der Reaktion mit Ethandiol entsteht daher ein Polyester, der durch die trifunktionelle Carbonsäure zusätzliche Verzweigungen aufweist. Vor dem vollständigen Erstarren des Polymers können damit Gegenstände miteinander verklebt und Fäden gezogen werden (**V1**). Watesmo-Papier weist das bei der Polykondensation abgespaltene Wasser nach.

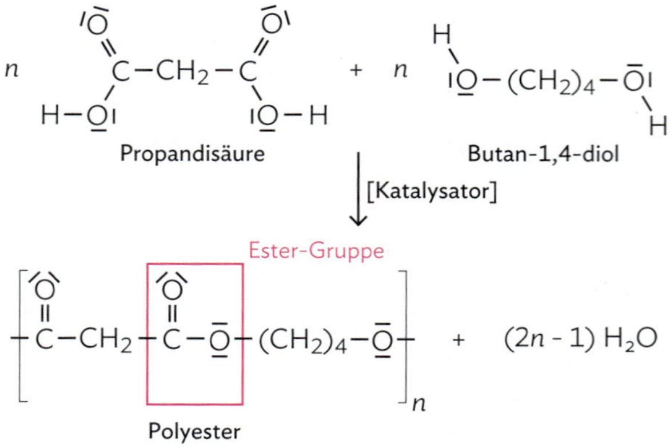

B3 Reaktionsgleichung für die Synthese eines Polyesters aus Propandisäure und Butan-1,4-diol

06015-53

nucleophil von lat. *nucleus:* Kern und griech. *philos:* Freund
Ein nucleophiles Teilchen ist ein Teilchen mit einer negativen Ladung oder negativen Teilladung, welches positiv geladene Teilchen oder Teilchen mit einer positiven Teilladung unter Ausbildung einer Elektronenpaarbindung angreift.

Polymilchsäure

Es gibt auch Polyester, die lediglich aus einer Monomersorte aufgebaut sind. Ein Beispiel hierfür ist Milchsäure (2-Hydroxypropansäure), aus welcher der Polyester Polymilchsäure, auch Polylactid (PLA) genannt, synthetisiert werden kann (**B4**). Ein Milchsäure-Molekül enthält sowohl eine Carboxy- als auch eine Hydroxy-Gruppe, also zwei verschiedene funktionelle Gruppen.

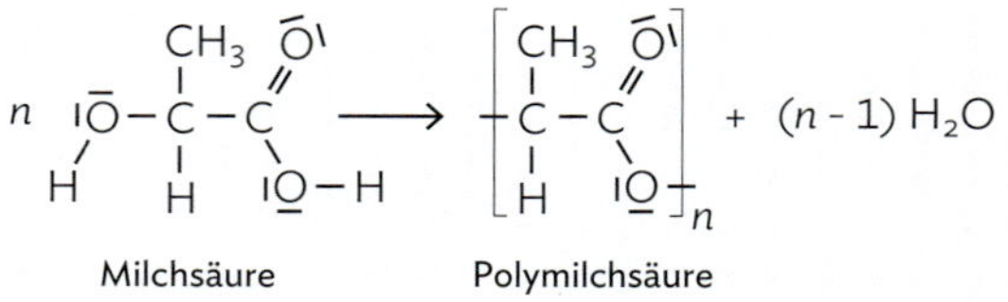

B4 Reaktionsgleichung für die Synthese von Polymilchsäure (Video zur Polymerisation unter QR-/Mediencode 06015-53)

PLA ist eine nachhaltige Alternative zu erdölbasierten Kunststoffen und außerdem biologisch abbaubar. Beispielsweise werden Folien und Becher aus PLA gefertigt oder Hautfalten mit Polymilchsäure unterspritzt. Weiterhin wird PLA in 3-D-Druckern verarbeitet.

Mechanismus der Veresterung

Der Mechanismus der Polykondensation ist formal eine nucleophile Substitution, die sich aus den Teilreaktionen Addition und Eliminierung zusammensetzt. Daher spricht man auch von einem **Additions-Eliminierungs-Mechanismus**.
Gibt man eine Carbonsäure und einen Alkohol zusammen, so läuft keine Reaktion ab. Erst bei Zugabe eines Katalysators wie Schwefelsäure startet die Reaktion langsam. Diese starke anorganische

Säure dient dabei als Protonendonator. **B5** zeigt den Mechanismus der Veresterung am Beispiel von Methansäure und Ethanol:

- Zunächst wird das Methansäure-Molekül durch ein Proton des Katalysator-Moleküls protoniert. Das Produkt ist mesomeriestabilisiert und ermöglicht durch die positive Ladung einen nucleophilen Angriff.
- Beim nucleophilen Angriff greift das Ethanol-Molekül als **nucleophiles Teilchen** an und stellt ein nichtbindendes Elektronenpaar für die Ausbildung einer neuen Elektronenpaarbindung zur Verfügung. Man spricht dabei von einer Additionsreaktion.
- Es folgt eine Umprotonierung: Zunächst spaltet sich ein Proton ab und es bildet sich ein freies Elektronenpaar am Sauerstoff-Atom. Danach wird eine der verbleibenden Hydroxy-Gruppen protoniert.
- Das entstandene Kation spaltet nun in einer Eliminierungsreaktion ein Wasser-Molekül ab.
- Durch eine Deprotonierung und Bildung einer Doppelbindung entsteht schließlich Methansäureethylester.

Eine Beschleunigung der Reaktion kann durch Erhitzen erzielt werden.

Mehrwertige Alkohole und mehrwertige Carbonsäuren reagieren in einer Polykondensation zu Polyestern. Als Nebenprodukt wird Wasser abgespalten.

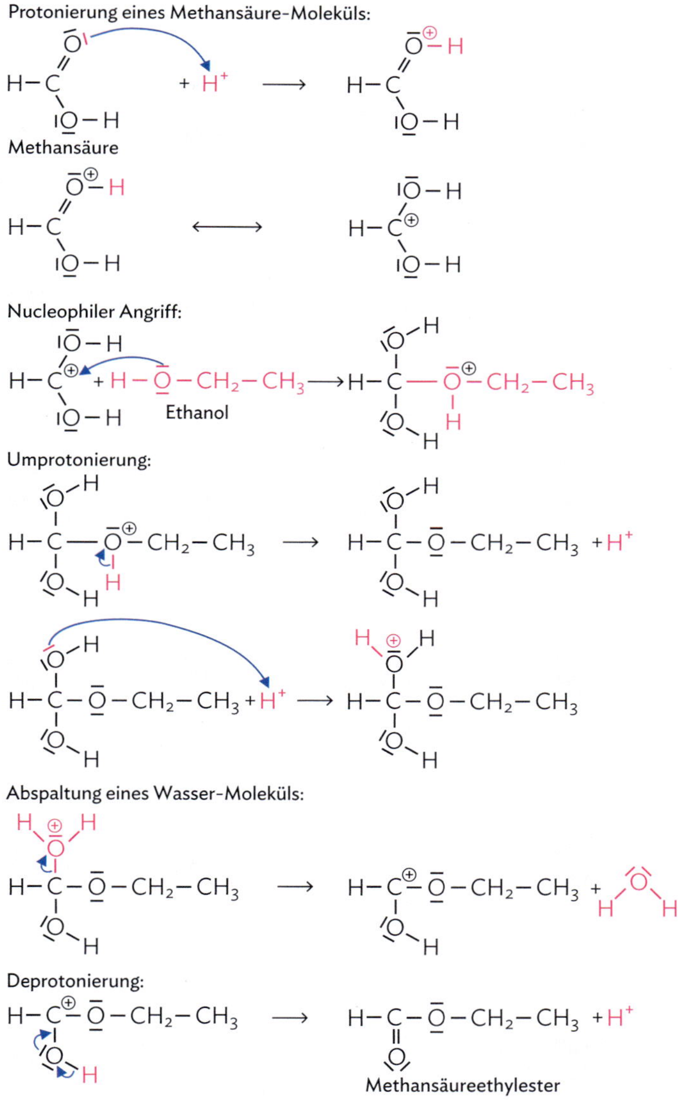

B5 Mechanismus der nucleophilen Substitution bei der Veresterung am Beispiel von Methansäure und Ethanol

AUFGABEN

A1 Formulieren Sie mithilfe von **B2** auf S. 217 die Reaktionsgleichung für die Synthese von PET.

A2 Der bioabbaubare Kunststoff in **B6** wird als Nahtmaterial bei Operationen verwendet. Erläutern Sie, ob es sich um einen Thermoplasten oder um ein Duromer handelt und geben Sie die Strukturformeln und Namen der Monomere dieses Kunststoffs an.

Mesomerie → S. 66

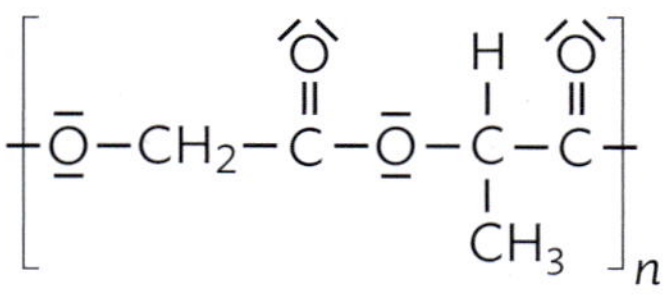

B6 Polymer für resorbierbares Nahtmaterial

4.3.4 Synthese von Polyamiden

Für die Synthese eines Polyamids werden mehrwertige Carbonsäuren und mehrwertige Amine als Monomere eingesetzt. Analog zu Proteinen sind die Monomere in Polyamiden über **Amid-Gruppen** verknüpft (**B7**).

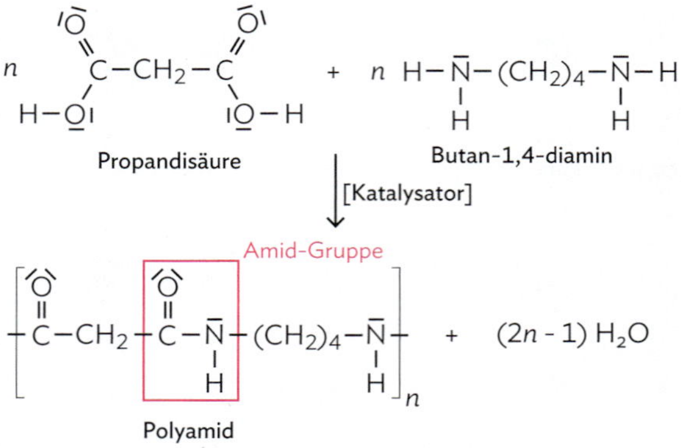

B7 Reaktionsgleichung für die Synthese eines Polyamids aus Propandisäure und Butan-1,4-diamin

In **V2** wird statt einer mehrwertigen Carbonsäure das sehr viel reaktivere Adipinsäuredichlorid für die Synthese von Nylon verwendet (**B8**). Bei dieser Reaktion wird Chlorwasserstoff anstelle von Wasser als Kondensationsprodukt gebildet.
Da Adipinsäuredichloridlösung und Hexan-1,6-diaminlösung ein heterogenes Gemisch bilden, nutzt man bei der Synthese das Prinzip der Grenzflächenkondensation: Hierbei reagieren die Monomere an der Kontaktfläche miteinander und das Polymer kann direkt herausgezogen werden.

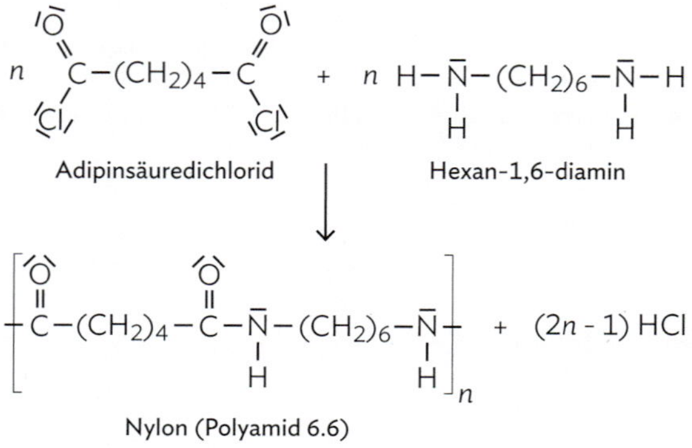

B8 Reaktionsgleichung für die Synthese von Nylon

Perlon®

Eine weitere synthetische Faser ist unter dem Namen Perlon® bekannt. Perlon® besitzt ähnliche Eigenschaften wie Nylon. Zunächst wurde die Entdeckung geheim gehalten, da Perlon® als kriegswichtiges Material galt, aus dem beispielsweise Fallschirme gefertigt wurden.
Heutzutage werden unter anderem Seile, Anglerschnüre oder Fischernetze aus Perlon® gefertigt. Für die Synthese wird lediglich das ringförmige Monomer ε-Caprolactam benötigt. Vor der eigentlichen Polykondensation reagiert ε-Caprolactam mit Wasser unter Öffnung seines Rings zu 6-Aminohexansäure (**B9**). Diese Moleküle besitzen sowohl eine Carboxy- als auch eine Amino-Gruppe. Unter Abspaltung von Wasser findet nun die Polykondensation zu Perlon® (Polyamid 6) statt. Man spricht bei dieser Synthese von einer Ringöffnungspolymerisation.

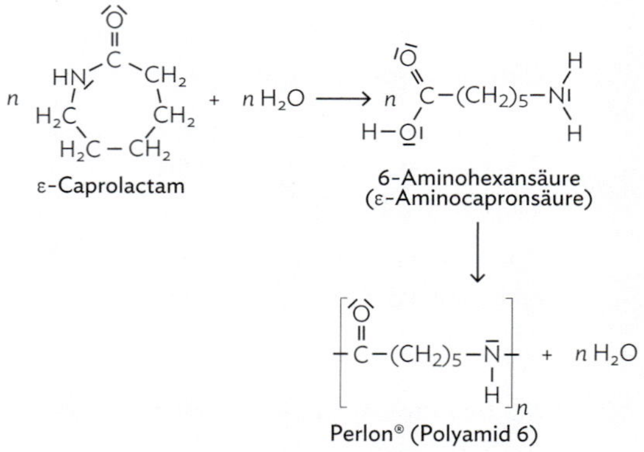

B9 Reaktionsgleichung für die Synthese von Perlon®

Mechanismus der Amidsynthese

Ganz analog zur Veresterung findet auch bei der Synthese eines Amids formal gesehen eine nucleophile Substitution statt. Exakter spricht man auch hier von einem Additions-Eliminierungs-Mechanismus.
B10 veranschaulicht den zugehörigen Mechanismus am Beispiel der Reaktion von Methansäure mit Aminoethan:

- Zunächst wird das Sauerstoff-Atom der Carbonyl-Gruppe des Methansäure-Moleküls durch ein Proton des Katalysator-Moleküls protoniert. Das Produkt weist zwei mesomere Grenzformeln auf.
- Beim nucleophilen Angriff greift das Aminoethan-Molekül als nucleophiles Teilchen an und stellt ein nichtbindendes Elektronenpaar für eine Elektronenpaarbindung zur Verfügung (Additionsreaktion).
- Es folgt eine Umprotonierung: Zunächst spaltet sich ein Proton ab und es bildet sich ein freies Elektronenpaar. Danach wird eine der Hydroxy-Gruppen protoniert.
- Das Kation spaltet nun in einer Eliminierungsreaktion ein Wasser-Molekül ab.
- Durch eine erneute Abspaltung eines Protons (Deprotonierung) und Ausbildung einer Doppelbindung entsteht schließlich *N*-Ethylformamid.

Mehrwertige Amine und mehrwertige Carbonsäuren reagieren in einer Polykondensation zu Polyamiden. Als Nebenprodukt wird Wasser abgespalten. Statt mehrwertiger Carbonsäuren werden häufig auch reaktivere mehrwertige Carbonsäurechloride verwendet. Als Nebenprodukt wird dann Chlorwasserstoff abgespalten.

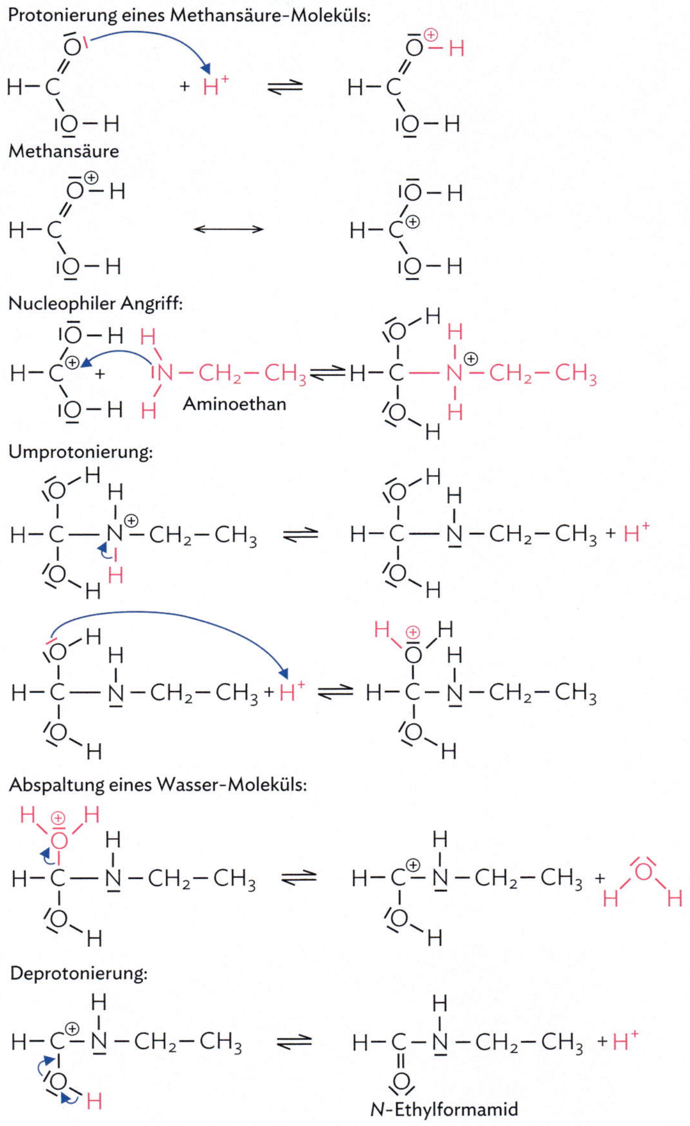

B10 Mechanismus für die Synthese eines Amids am Beispiel von Methansäure und Aminoethan

AUFGABE

A1 Bei der Produktion von modernen Tischtennisschlägern werden unter anderem Aramide verwendet. Als Aramide werden Polyamide, bei denen mindestens 85 % der Amid-Gruppen direkt an zwei aromatische Ringe gebunden sind, bezeichnet. **B11** zeigt einen Ausschnitt aus einem Aramid-Makromolekül. Benennen Sie die Monomere, aus denen der Kunststoff aufgebaut ist und formulieren Sie eine Reaktionsgleichung für die Synthese dieses Kunststoffs.

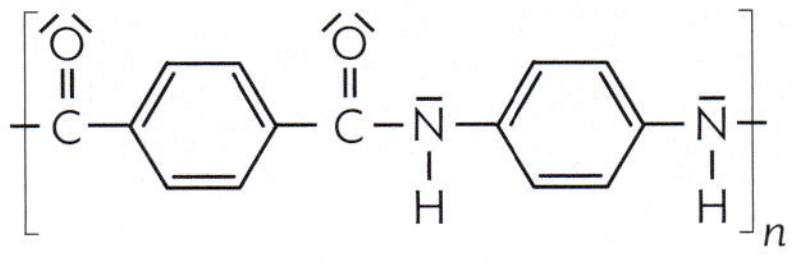

aromatisch
→ S. 66

B11 Ausschnitt aus einem Aramid-Makromolekül

4.4 Die Polyaddition LK

Materialien zur Schalldämmung, für Matratzen, zur Bodenversiegelung, für Klebstoffe, Zahnbürsten, Strümpfe, Zahnräder, Sportkleidung, latexfreie Kondome und vieles mehr – trotz vielfältiger Anwendungsgebiete lassen sich all diese Kunststoffe auf den gleichen Reaktionstyp zurückführen: die Polyaddition. Was verbirgt sich dahinter und wie läuft diese Reaktion ab?

4.4.1 Versuche und Material

V Herstellung eines Polyurethanschaums

5 6 7 8

Eine bequeme Matratze für das Bett sollte reversibel nachgeben, Wärme und Feuchtigkeit nicht stauen und keine Allergien auslösen. Für den Einsatz in der Bauindustrie werden dagegen harte Schäume verwendet, die stabil, nicht verformbar und nicht luftdurchlässig sind. Diese Materialeigenschaften besitzen Polyurethan (PUR)-Schaumstoffe (**B1**). Wie kann man so einen PUR-Schaumstoff im Labormaßstab herstellen?

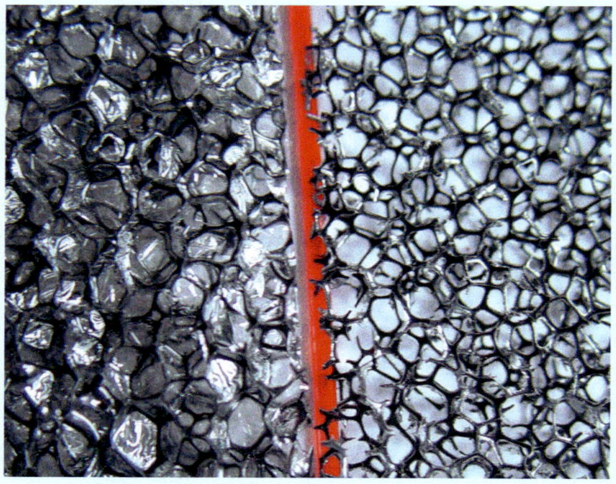

B1 Geschlossene (links) und offene Zellen (rechts) in einem PUR-Schaum

LV1 Ein großer Einwegbecher wird auf eine Papierunterlage gestellt, ca. 1 cm hoch mit dem Alkohol Butan-1,4-diol gefüllt und mit einigen Tropfen Wasser vermischt. Zu dieser Mischung wird die doppelte Menge an 1,6-Diisocyanatohexan gegeben und die Masse der Mischung bestimmt. Mit einem Holz- oder Glasstab wird die Masse solange gut durchgerührt, bis die Reaktion einsetzt (vgl. Video zur Versuchsdurchführung unter QR-/Mediencode 06015-55).
Anschließend wird die Festigkeit des Produktes mit einem Holzstäbchen getestet und die Masse erneut bestimmt.

06015-55

AUSWERTUNG

a) Beurteilen Sie anhand der Eigenschaften die Eignung des entstandenen Polyurethanschaums aus **LV1** für die Betten- oder Bauindustrie.

b) Begründen Sie, dass beide Edukte aus **LV1** je zwei funktionelle Gruppen haben müssen, um ein lineares Makromolekül zu bilden.

c) Stellen Sie eine Vermutung darüber auf, dass für die Schäumung in **LV1** Spuren von Wasser notwendig sind. (gestufte Hilfen unter QR-/Mediencode 06015-56)

06015-56

d) Erklären Sie die Volumenzunahme während der Reaktion in **LV1**. Berücksichtigen Sie dabei die Messwerte der Massen der Edukte und Produkte vor und nach der Reaktion.

e) PUR-Schaumstoffe können offen- und geschlossenzellig sein (**B1**). Beschreiben Sie die Unterschiede beider Schaumstoffarten und stellen Sie eine Vermutung über die Eigenschaften von Weich- und Hart-PUR auf.

f) Recherchieren Sie Herstellung, Eigenschaften und Verwendung von Polyurethanfasern.
MK

ENTSORGUNG R

V Aushärtungszeit eines Epoxidklebstoffes

2 5 7 8 9

Epoxidklebstoffe härten durch eine Polyaddition zwischen zwei Stoffen aus. Als Komponenten des Klebstoffes dienen ein Harz (ein Diepoxid) und ein Härter (meist ein Amin mit mehreren Amino-Gruppen in den Molekülen). Beide Stoffe müssen im korrekten Verhältnis gut miteinander vermischt werden. Warum ist dies so?

LV2 Ein Zweikomponenten-Epoxidharzklebstoff (**B2**) wird nach Gebrauchsanweisung angemischt. Um die Verarbeitungszeit zu bestimmen, wird in kurzen Abständen ein Zahnstocher in das Gemisch getaucht und wieder herausgezogen.
Hinweis: Während der Verarbeitungszeit ist das Gemisch noch viskos.

LV3 Das Zweikomponenten-Epoxidharzklebstoffgemisch wird in von der Gebrauchsanweisung abweichenden Mengenverhältnissen vermengt.

AUSWERTUNG

a) Vergleichen Sie Ihre Beobachtungen aus **LV2** und **LV3**.

b) Recherchieren Sie mithilfe des Sicherheitsdatenblatts des Klebstoffes aus **LV2** und **LV3** die Gefahren beim Umgang mit Epoxidklebstoffen und formulieren Sie Regeln für den sicheren Umgang mit dieser Art von Klebstoffen.
MK

c) **B3** zeigt Strukturformeln eines Harz- und eines Härter-Moleküls. Erläutern Sie mit Bezug auf die Monomere aus **B3** die entstehende Struktur des Polymers.

d) Die Härtung des Klebstoffes erfolgt aufgrund der Vernetzung durch das Amin. Skizzieren Sie modellhaft einen Molekülausschnitt eines Klebers mit dem bifunktionellen Harz- und dem trifunktionellen Härter-Molekül aus **B3**.

ENTSORGUNG Das Produkt kann nach Aushärtung im Hausmüll entsorgt werden.

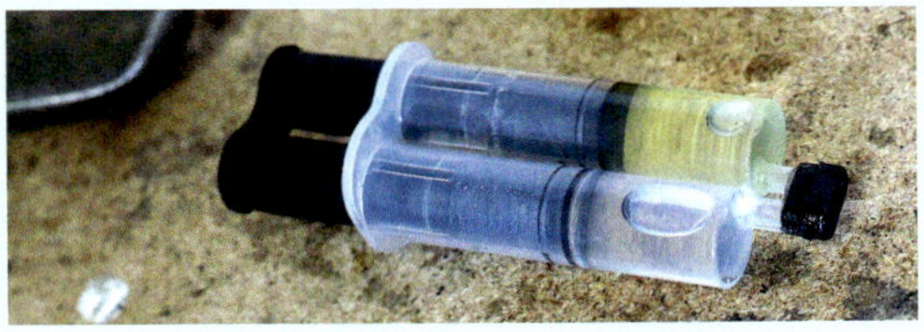

B2 Zweikomponenten-Epoxidharzklebstoff

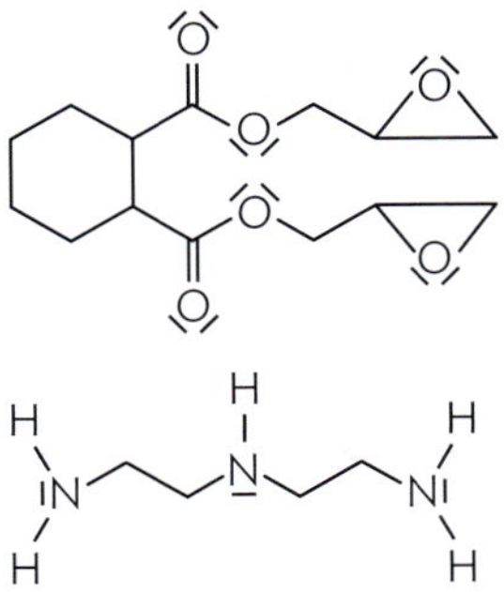

B3 LEWIS-Strukturformeln eines Harz-Moleküls (oben) und eines Härter-Moleküls (unten)

4.4.2 Die Polyaddition und ihre Produkte

nucleophil
→ S. 98

Die Zahl der gleichen funktionellen Gruppen wird durch eine Vorsilbe angegeben, die den griechischen Zahlwörtern entlehnt ist:
mono: 1
di: 2
tri: 3
tetra: 4
usw.

Die Polyaddition

Auch bei der **Polyaddition** besitzen die Monomere zwei oder mehr reaktive funktionelle Gruppen. Diese reagieren stufenweise zunächst zu unterschiedlich kurzen Ketten. Durch Reaktion der restlichen funktionellen Gruppen bilden sich die **Polyaddukte** – langkettige Makromoleküle. Im Gegensatz zur Polykondensation (vgl. S. 218 ff.) werden aber keine Moleküle abgespalten, sondern Atome und Elektronenpaare umgruppiert. Beispiele für Polyaddukte sind Polyurethane, Polyharnstoffe und Epoxidharze.

Polyurethane

Die ersten **Polyurethane** (**PUR**) wurden bereits im Jahr 1937 hergestellt. Die Einsatzgebiete von PUR sind heute vielfältig: Elastische PUR-Fasern finden sich in der Bekleidungsindustrie in Stretchtextilien, harte PUR-Schäume nutzt man im Baugewerbe und weiche PUR-Schäume dienen als bequeme Matratzen. Aufgrund ihrer Elastizität und ihrer großen Beständigkeit gegenüber Lösemitteln und Umwelteinflüssen werden Polyurethanlacke als Beschichtungen für Fußböden sowie Textilien und Polyurethankleber zur dauerhaften Verbindung flexibler Werkstoffe verwendet.

Chemie der Polyaddition

Als Edukte zur Herstellung von Polyurethanen dienen **Isocyanate** und Alkohole mit mehreren funktionellen Gruppen. Im Beispiel in **B1** addiert sich jeweils eine Hydroxy-Gruppe –OH aus dem Alkandiol-Molekül an eine der Isocyanat-Gruppen –N=C=O des Diisocyanat-Moleküls.
Das Kohlenstoff-Atom der Isocyanat-Gruppe hat eine positive Partialladung, da es an zwei Atome mit größerer Elektronegativität gebunden ist. Deshalb kann es von nucleophilen Teilchen leicht angegriffen werden. Das negativ polarisierte Sauerstoff-Atom der Hydroxy-Gruppe kann mit seinem freien Elektronenpaar das Kohlenstoff-Atom der Isocyanat-Gruppe nucleophil angreifen. Dabei bildet sich eine neue Elektronenpaarbindung zwischen dem Sauerstoff- und dem Kohlenstoff-Atom aus. Die Doppelbindung zwischen diesem Kohlenstoff- und dem Stickstoff-Atom der Isocyanat-Gruppe bricht auf. Das Proton der Hydroxy-Gruppe „wandert" zum Stickstoff-Atom. Es bildet sich eine **Urethan-Gruppe -O-CO-NH-** (**B1**).

Polyurethanschäume

Sind im Reaktionsgemisch auch Wasser-Moleküle vorhanden, können diese ebenfalls nucleophil an die Isocyanat-Gruppe addiert werden. Dabei entstehen organische Amine und Kohlenstoffdioxid (**B2**). Das gebildete Kohlenstoffdioxid treibt das Polyaddukt zu einem Schaum auf. Da das Gas im Schaum eingeschlossen ist, kommt es zu keiner Massenveränderung (**LV1**).
Hartschäume werden in der Bauindustrie entweder als Platten verwendet oder an Ort und Stelle hergestellt, um so direkt als Dämmung in Baulücken eingespritzt zu werden. Die Hartschäume besitzen geschlossene Schaumzellen. Dadurch bleibt das Gas in den Zellen gefangen – die Zellen lassen sich nicht komprimieren und sind un-

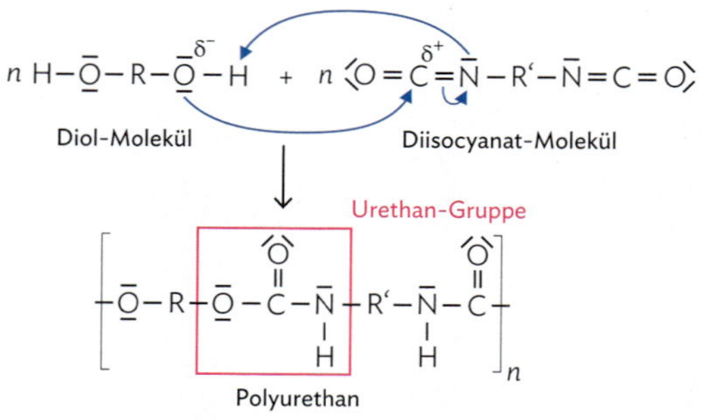

B1 Bildung der Urethan-Gruppe durch Addition

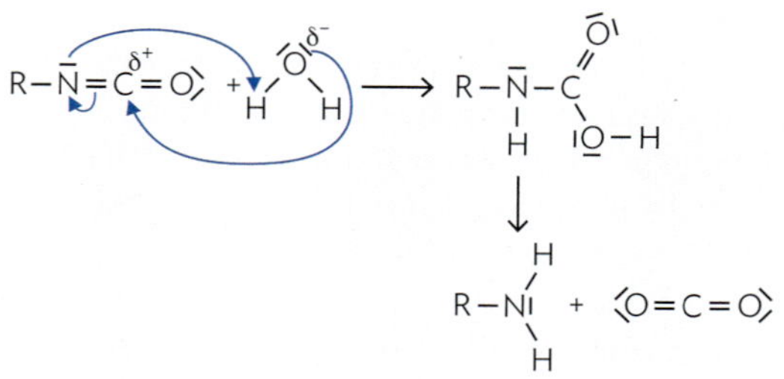

B2 Bildung von Kohlenstoffdioxid bei der Herstellung eines Polyurethanschaums

durchlässig für Luft und Feuchtigkeit. Hartschäume entstehen, wenn der Vernetzungsgrad sehr hoch ist. Dies lässt sich durch einen Überschuss an Isocyanaten und den Einsatz trifunktioneller Alkanole sowie deren Anteil steuern. Elastische, offenzellige Schaumstoffe erhält man durch Kombination langkettiger Polyol-Moleküle, die mit trifunktionellen Isocyanat-Molekülen vernetzt werden. Sie lassen sich komprimieren und sind luft- und feuchtigkeitsdurchlässig.

Polyurethanfasern

Aus Polyurethanen können auch elastische Fasern hergestellt werden. Man findet sie unter den Bezeichnungen Elastan und Lycra® in Stretchtextilien (**B3**), in denen sie oft mit anderen Fasern aus Polyester und Baumwolle kombiniert sind.

B3 Stretchtextilien mit Elastan

Polyharnstoffe

Polyharnstoffe oder **Aminoplaste** sind sowohl in ihrem Herstellungsprozess, als auch in ihren Eigenschaften den Polyurethanen sehr ähnlich. Sie entstehen durch die Polyaddition von Isocyanaten mit Aminen. Dabei können die Amine den Isocyanaten zugefügt werden oder durch Reaktion mit Wasser aus den Isocyanaten entstehen.

Epoxidharze

Epoxidharze werden als Gießharze und Zweikomponentenklebstoffe, aber auch als Lacke verwendet. Durch ihre gute Haftung auf nahezu allen Materialien, eine gute Chemikalienbeständigkeit und die geringe Schrumpfung während des Aushärtens sind sie für diese Anwendungsgebiete hervorragend geeignet. Die Harze bestehen aus Ketten mit mindestens zwei Epoxy-Gruppen pro Molekül (**B4**). Sie werden durch Additionsreaktionen mit Diaminen vernetzt und damit ausgehärtet (**LV2**, **LV3**). In Epoxid-Molekülen werden zwei Kohlenstoff-Atome über Einfachbindungen und eine Sauerstoffbrücke verbunden, die sich bei der Additionsreaktion öffnet und eine Hydroxy-Gruppe bildet.

Addition → S. 56

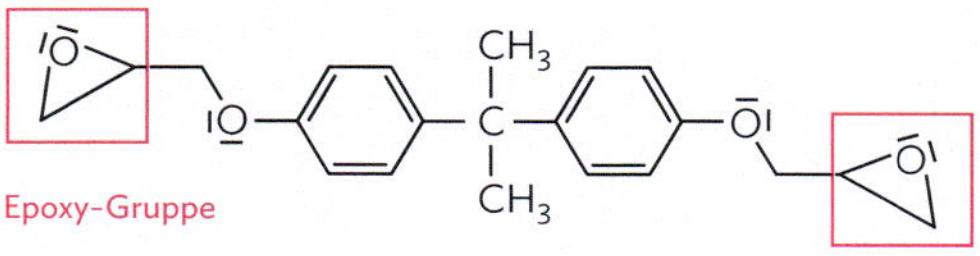

B4 Bisphenol A-diglycidylether – ein mögliches Edukt bei der Bildung von Epoxidharzen

Bei der Polyaddition werden Monomere mit mindestens zwei funktionellen Gruppen verknüpft. Dabei erfolgt eine Umlagerung von Atomen und Elektronenpaaren. Es bilden sich Polyaddukte.

AUFGABEN

A1 Ermitteln Sie, ob und zu welchem Anteil Elastan in Ihren Kleidungsstücke enthalten ist.

A2 Formulieren Sie die Reaktionsgleichung zur Bildung einer Amino-Gruppe $-NH_2$ aus einem allgemeinen Isocyanat O=C=N–R–N=C=O und Wasser.

A3 Formulieren Sie eine Reaktionsgleichung zur Bildung eines Polyharnstoffes.

A4 Formulieren Sie die Gleichung für die Additionsreaktion von Bisphenol A-diglycidylether (**B4**) mit 2,2'-Diaminodiethylamin.

A5 Zeichnen Sie die Bildung eines Polyurethan-Moleküls als Reaktionsmechanismus.

A6 Nennen Sie je zwei strukturelle Gemeinsamkeiten und Unterschiede zwischen einem Polymethylmethacrylat (PMMA)- und einem Polyurethan (PUR)-Makromolekül.

06007-039 Arbeitsblatt zum Vergleich aller Polyreaktionen unter QR-/Mediencode 06007-039

4.5 Nanostrukturen

Nanomaterialien finden sich in der belebten Natur als Wachskristalle auf der Oberseite von Lotusblättern oder als Hafthärchen an Geckofüßen. Aber auch unseren Alltag haben Nanomaterialien längst erreicht und finden sich in Sonnencremes, Zahnpasta und Deodorants. Nanopartikel können allerdings auch gesundheitsschädlich sein. Sind Nanomaterialien ein Fluch oder ein Segen?

4.5.1 Versuche und Material

V Der Lotuseffekt – selbstreinigende Oberflächen

Schmutz- und wasserabweisende Oberflächen sind auf Nanostrukturen zurückzuführen. Ein Rotweinfleck auf einem Tischtuch gehört der Vergangenheit an, seit es mit Nanomaterialien beschichtete Textilien gibt. Wie funktionieren solche nanoskaligen Oberflächen?

V1 Tropfen Sie mit einer Pipette Wasser auf frische Blätter einer Pflanze mit Lotuseffekt (z. B. Tulpe, Kapuzinerkresse, Frauenmantel, Weihnachtsstern oder Kohl) und auf ein Pflanzenblatt ohne Lotuseffekt (z. B. Löwenzahn oder Salat).

V2 Streuen Sie auf ein Pflanzenblatt mit und ohne Lotuseffekt aus **V1** fein gemahlenen Pfeffer und geben sie einzelne Wassertropfen darauf. Wiederholen Sie den Versuch mit Ketchup oder Honig anstelle von Pfeffer.

V3 Lassen Sie eine Lösung aus Wasser und Spülmittel über ein Pflanzenblatt mit Lotuseffekt laufen.

V4 Reiben Sie mit einem Wattestäbchen über die Lotusoberfläche und tropfen Sie erneut Wasser darauf.

V5 Halten Sie einen Objektträger so lange über eine Kerzenflamme, bis dieser rußgeschwärzt ist. Geben Sie auf die geschwärzte Seite einzelne Wassertropfen.

AUSWERTUNG

a) Protokollieren Sie jeweils Ihre Beobachtungen zur Benetzbarkeit und zum Abrollverhalten der Wassertropfen aus **V1 – V5**.

b) Stellen Sie anhand Ihrer Versuchsergebnisse aus **V1 – V4** eine Hypothese darüber auf, worin die strukturellen Unterschiede in den Blättern mit und ohne Lotuseffekt begründet sein könnten.

ENTSORGUNG A

V Vergleich der Reaktivitäten von Eisenpartikeln

Die Partikelgröße kann die chemische Reaktivität von Stoffen beeinflussen. Dies soll am Beispiel von Eisen untersucht werden.

V6 Verbrennen Sie Eisen unterschiedlicher Partikelgröße in der Brennerflamme. Halten Sie dazu mit einer Tiegelzange
- einen Eisennagel,
- einen Büschel Eisenwolle (Video unter QR-/Mediencode 06002-110) in die Brennerflamme und streuen Sie
- einen Spatel Eisenpulver in die Flamme.

06022-110

Beobachten Sie.

LV7 Ein Reagenzglas wird mit einem Spatel ca. 1 cm hoch mit Eisen(II)-oxalat Dihydrat $FeC_2O_4 \cdot 2\ H_2O$ befüllt und anschließend am oberen Ende mit einem Wattebausch verschlossen. Das Eisen(II)-oxalat wird über der Brennerflamme erhitzt, bis das gelbe Pulver schwarzgrau wird (Dabei werden u. a. nanoskalige Eisenpartikel erzeugt.). Eventuell auftretendes Kondenswasser am Reagenzglasrand wird durch vorsichtiges Erhitzen verdampft.

Der Wattebausch wird mit einer Pinzette entfernt und das Pulver aus ca. 50 cm Höhe auf eine feuerfeste Unterlage geschüttet.

Hinweis: Noch effektvoller wirkt der Versuch in einem abgedunkelten Raum.

AUSWERTUNG

a) Formulieren Sie eine Reaktionsgleichung zu den in **V6** ablaufenden Reaktionen.

b) Protokollieren Sie Ihre Beobachtungen aus **V6** und formulieren Sie eine Je-desto-Beziehung.

c) Erklären Sie die unterschiedlichen Reaktivitäten von Eisen.

d) Vergleichen Sie Ihre Ergebnisse aus **V6** mit dem Demonstrationsversuch **LV7**.

ENTSORGUNG A

V Was hat ein Schwangerschaftstest mit Nanopartikeln zu tun?

Einige Nachweisreaktionen beruhen auf Nanomaterialien. Dazu zählen etwa manche Schwangerschafts- oder Corona-Antigen-Schnelltests (**B1**). Welche Rolle spielen Nanopartikel dabei?

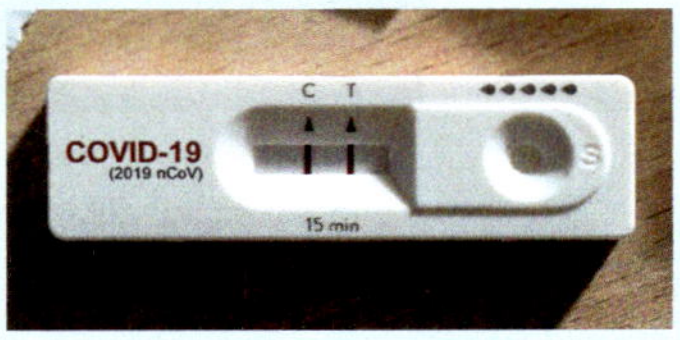

B1 Ein positiver Corona-Antigen-Schnelltest

V8 Pipettieren Sie in zwei Reagenzgläser je 4 mL Gold(III)-chloridlösung der Konzentration c = 0,00044 mol/L. Tropfen Sie mit einer Pipette in jedes der Reagenzgläser sechs Tropfen Natriumcitratlösung mit w = 1 % und schütteln Sie kurz. Stellen Sie anschließend beide Reagenzgläser in ein leicht siedendes Wasserbad. Nehmen Sie bei einer deutlichen Verfärbung der Lösung ein Reagenzglas aus dem Wasserbad und kühlen Sie es unter dem Wasserhahn ab. Lassen Sie das andere Reagenzglas im siedenden Wasserbad, bis sich die Farbe der Lösung nicht mehr verändert.

Hinweis: Citrate sind Salze der Citronensäure ($C_6H_8O_7$). Die Citrat-Ionen fungieren in dieser Reaktion als Reduktionsmittel. Nicht umgesetzte Citrat-Ionen können sich an entstehende Gold-Atome anlagern. Die Größe der Partikel hat Einfluss auf die Farbigkeit der Lösung.

AUSWERTUNG

a) Protokollieren Sie Ihre Beobachtungen aus **V8**.

b) Nennen Sie die Nanopartikel, die für die unterschiedliche Farbigkeit der Lösungen verantwortlich sind.

c) Stellen Sie begründete Vermutungen an, worauf die unterschiedlichen Farben der Lösungen zurückzuführen sein könnten.

ENTSORGUNG A

4.5.2 Auf die Größe kommt es an – Nanopartikel

Strukturen im Verborgenen

Die Vorsilbe „nano“ leitet sich aus dem Lateinischen ab und bedeutet „Zwerg“. Mittlerweile findet sich diese Vorsilbe auf Infoetiketten, z. B. bei Deodorants, Cremes oder Kühlschrankinnenbeschichtungen. In der naturwissenschaftlichen und medizinischen Forschung wird hinsichtlich der Herstellung und möglicher Einsatzgebiete von Nanopartikeln intensiv gearbeitet. Warum kommt diesen Zwergen eine derart riesige Bedeutung zu?
Die Einheitenvorsilbe „nano“ entspricht einem Faktor von $1 \cdot 10^{-9}$. **Ein Nanometer 1 nm** entspricht also 0,000000001 Meter. **Nanopartikel** nennt man kleinste Partikel, deren Größe zwischen 1 bis 1000 nm, d. h. im nanoskaligen Bereich, liegt. Damit sind sie in etwa so groß wie ein Virus und ca. 1000-mal kleiner als eine Körperzelle. Vergleicht man die Größe eines Nanoteilchens mit dem Durchmesser eines Haares, entspricht dies dem Verhältnis von einem Stecknadelkopf zur Länge eines Fußballfeldes.

Nanostrukturen in Natur und Technik

In der Natur sind verschiedene Phänomene auf Nanostrukturen zurückzuführen. Auf den Blättern der Lotusblume befinden sich viele kleine Erhebungen aus Wachskristallen im Nanometerbereich. Diese sind für den **Lotuseffekt** verantwortlich (**V1**). Wasser und Schmutz können an der Blattoberfläche kaum haften, da der Kontaktwinkel zwischen Untergrund und Tropfen sehr groß ist (**V2**, **V3**). Ist der Winkel über 160°, nennt man die Oberfläche **superhydrophob**. Es findet keine Benetzung statt und abperlende Wassertropfen (**B1**) nehmen Schmutzpartikel mit sich (**B2**, **V2**, **V3**).

B1 Wassertropfen auf einem Blatt mit Lotuseffekt

B2 Schmutzpartikel (grau) haften besser an Wassertropfen (blau) als auf nanoskaliger Oberfläche

Stark hydrophobe Oberflächen können durch hydrophobe Paraffindämpfe, die sich am Glas als Nanopartikel absetzen, erzeugt werden (**V5**). Rußpartikel werden durch Wassertropfen abgetragen (**V5**).
Es existieren bereits viele Produkte, die das Prinzip des Lotuseffekts nachahmen, wie etwa Fassadenfarben, Versiegelungen für Scheiben und Smartphones oder Imprägnierungen von Textilien, die Oberflächen effektiv vor Nässe, Schmutz und Korrosion schützen. Künstliche Oberflächen besitzen besonders dann optimale selbstreinigende Eigenschaften, wenn diese sowohl eine nanoskalige als auch eine superhydrophobe Oberfläche aufweisen (**B2**, **V5**).

B3 Nahaufnahme eines Geckofußes mit „Nanohärchen“

Der Lotuseffekt ist ein Paradebeispiel der **Bionik**, einer Disziplin, bei der die Wissenschaft von der Natur lernt. Ein weiteres Beispiel sind Geckos, die dank „Nanohärchen“ (**B3**) mit ihren Füßen an fast allen Oberflächen haften, ohne abzurutschen oder herunterzufallen. Die Oberfläche ihrer Füße wird durch die feinen Härchen so weit vergrößert, dass sie allein durch VAN-DER-WAALS-Wechselwirkungen an Decken und Wänden haften. Aufgrund dieser Kenntnis wurde ein „Gecko-Klebstoff“ entwickelt, der nur auf diesen Wechselwirkungen beruht und ohne Klebstoffrückstände ablösbar ist.

Stoffeigenschaften hängen mit der Partikelgröße zusammen

Nanopartikel bestehen durch ihre geringe Größe nur noch aus wenigen 100 bis 1000 Atomen. Damit steigt die Anzahl der Atome an der Partikeloberfläche im Verhältnis zur Anzahl innenliegender Atome stark an. Oberflächenatome unterscheiden sich z. B. in der Zahl der Bindungspartner gegenüber innenliegenden Atomen. Dadurch haben sie eine andere chemische und elektronische Umgebung. Bei makroskopischen Festkörpern werden die Eigenschaften vor allem durch die innenliegenden Atome bestimmt. Bei Nanopartikeln bestimmen die Oberflächenatome die chemischen und physikalischen Eigenschaften mit. Über die Partikelgröße lassen sich so gezielt Stoffeigenschaften steuern. Z. B. ist Eisen in makroskopischer Partikelgröße nicht oder nur schwer zu entzünden (**V6 a)** und **b)**), wird jedoch mit kleinerer Partikelgröße leicht entzündlich (**V6 c)**) und im Nanobereich entzündet sich sogenanntes **pyrophores Eisen** sogar von selbst (**LV7**).

Stoffe, deren Partikel **nanoskalig** sind, haben besonders große Oberflächen, was z. B. die sehr hohe Reaktivität von nanoskaligem Eisen gegenüber Sauerstoff erklärt (**LV7**).

Bei anderen Stoffen kann durch die Partikelgröße der Farbeindruck verändert werden. So können beispielsweise bei der Herstellung von nanoskaligem Gold unterschiedliche Partikelgrößen mit unterschiedlicher Farbigkeit erzeugt werden (**V8**). Goldpartikel mit einer Größe von ca. 20 nm erzeugen den Farbeindruck Rot, Goldpartikel mit einer Größe von ca. 100 nm erscheinen blau.

Bereits seit ca. 500 n. Chr. werden nanoskalige Goldpartikel zur Herstellung von rubinrotem Glas im Kirchenbau verwendet. Sie dienen auch der Diagnose in bestimmten Schnelltests. Beim Schwangerschaftstest werden rot erscheinende Goldnanopartikel im Falle einer Schwangerschaft mit dem Hormon HCG beladen, das wiederum mit auf dem Teststreifen befindlichen Andockstellen interagiert. Goldnanopartikel ohne das Hormon HCG docken an Komponenten an, die an anderer Stelle des Streifens aufgebracht sind und werden als roter Kontrollbalken sichtbar (**B4**). Im Falle einer Schwangerschaft sind also zwei rote Balken sichtbar, die jeweils auf die rotgefärbten Goldnanopartikel zurückzuführen sind (**B5**). Auch die roten Streifen mancher Corona-Antigen-Schnelltests bestehen aus nanoskaligen Goldpartikeln (vgl. **B1** auf S. 227).

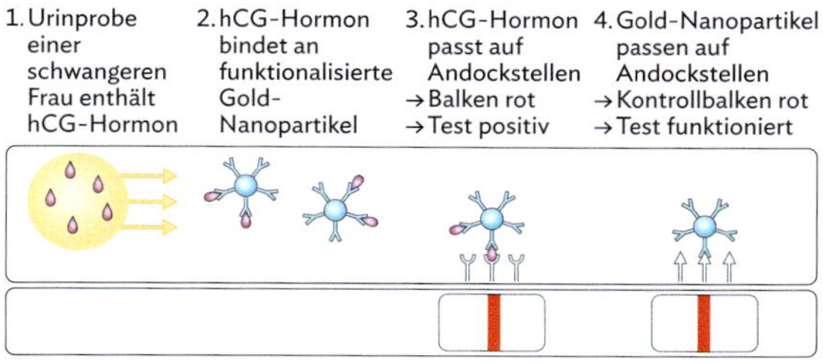

B4 Schwangerschaftstest mit nanoskaligem Gold

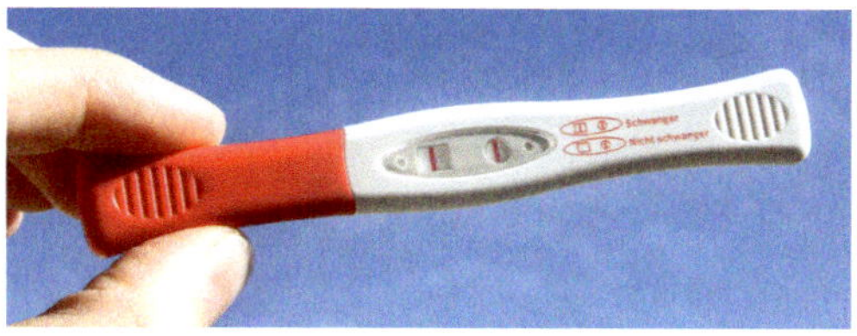

B5 Schwangerschaftsteststreifen mit roten Linien aus nanoskaligem Gold

06022-111
Animation zur Verbrennung von Eisenwolle unter QR-/Mediencode 06022-111

Nanomaterialien sind in vielen Produkten des Alltags enthalten. Ein Nanometer 1 nm entspricht 10^{-9} m. Aufgrund des Verhältnisses zwischen Volumen zu Oberfläche von nahezu 1:1 haben Nanopartikel andere Eigenschaften als makroskopische Partikel. Diese veränderten Stoffeigenschaften werden in der Technik genutzt, um gezielt die gewünschten Eigenschaften zu erzeugen.

AUFGABEN

A1 Definieren Sie einen Nanometer.

A2 Erläutern Sie an einem Beispiel die Abhängigkeit der Stoffeigenschaften von der Partikelgröße.

A3 Recherchieren Sie weitere Anwendungen **MK** von Nanomaterialien in Alltag und Technik.

4.5.3 Silber-Nanopartikel

Silber ist im Alltag vor allem als Schmuckmetall bekannt. Aber auch in medizinischen und lebensmittelnahen Produkten kommt Silber vielseitig zum Einsatz (**B6**). Grund hierfür sind die bereits seit der Antike bekannten antimikrobiellen Eigenschaften des Silbers. Als **Mikrobizid** (antimikrobieller Stoff) wird Silber heutzutage vor allem in Form von Nanopartikeln eingesetzt.

B6 Beispiele für den vielfältigen Einsatz von Silber

Herstellung

Koordinative Bindung → S. 105

Nanoskaliges Silber (**Nanosilber**) kann genauso wie Schmucksilber etc. aus Silbererzen durch chemische Reaktionen gewonnen werden. Dabei wird die sogenannte **Bottom-Up-Strategie** verfolgt. Nach dieser Strategie werden komplexere bzw. größere Strukturen beginnend bei einzelnen Atomen oder Molekülen aufgebaut. Wichtige Verfahren nach der Bottom-Up-Strategie sind Fällungsprozesse. Bei Silber und Nanosilber handelt es sich hier vor allem um Fällungsprozesse aus Silbernitratlösungen.
Zur Gewinnung von Nanosilber eignet sich insbesondere das **LEIDENFROST-Verfahren**. Dieses nutzt erhitzte Wassertropfen als Reaktoren (**LEIDENFROST-Reaktoren**) (**B7**). Als Reduktionsmittel für die Silber-Ionen dienen Citrat-Ionen, die durch Zugabe von Natriumcitrat zur Verfügung stehen. In den Leidenfrost-Reaktoren läuft daraufhin die folgende Reaktion ab:

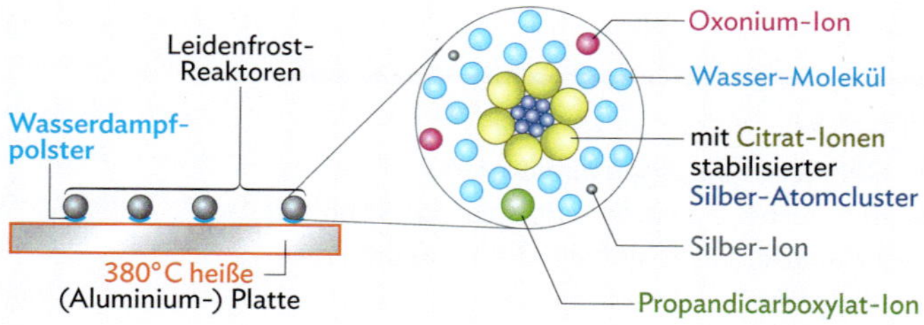

B7 LEIDENFROST-Verfahren zur Herstellung von Nanosilber

$$2\,Ag^{+}\,(aq) + C_6H_5O_7^{3-}\,(aq) + H_2O\,(l) \longrightarrow 2\,Ag\,(s) + C_5H_4O_5^{2-}\,(aq) + H_3O^{+}\,(aq) + CO_2\,(g)$$

Die entstehenden Silber-Atome bilden mit der Zeit nanoskalige Silber-Atomcluster. Diese können durch Citrat-Ionen stabilisiert werden (**B2**). Dafür ist ein Überschuss an Citrat-Ionen zwingend erforderlich.

Antibakterielle Wirkung

Die antimikrobielle Wirkung von Silber und Nanosilber ist auf Silber-Ionen zurückzuführen, die sich an der Oberfläche des Metalls durch Reaktionen mit Luftsauerstoff etc. bilden.
Treffen die Silber-Ionen auf Bakterien, können sich zwischen den Silber-Ionen und den funktionellen Gruppen der in den Bakterien vorhanden Enzyme **koordinative Bindungen** ausbilden. Diese führen zu einer Inaktivierung der jeweiligen Enzyme, sodass Nährstofftransporte etc. unterbrochen werden und die Bakterien absterben. Dabei verursacht Silber beim Menschen weniger Resistenzen durch Bakterienmutationen als gängige Antibiotika.

Antimikrobielle Polymere

Viele Gegenstände des Alltags, der Medizin, usw. sind aus Kunststoffen hergestellt. Dabei ist der Einsatz von Kunststoffen (z. B. von Polyethylen und Polypropylen) bekanntermaßen Fluch und Segen zu gleich. Das gilt insbesondere auch für die Gesundheit des Menschen: Oberflächen von Polymeren ziehen verschiedenste Bakterien und Viren an, die potentiell gesundheitsgefährlich für den Menschen sind. Entsprechend steigt die Nachfrage nach Polymeren mit antimikrobiellen Eigenschaften nicht nur in medizinischen Bereichen.
Um antimikrobielle Polymeroberflächen zu erhalten, können die Oberflächen bereits hergestellter Polymere bzw. Gegenstände nachträglich mit Mikrobiziden überzogen werden.

Alternativ können die Mikrobizide auch direkt im Herstellungsprozess des Kunststoffs eingemischt werden.
Ersteres geht häufig mit sehr hohen Kosten einher, letzteres kann die Polymereigenschaften verschlechtern. Um beidem zu entgegnen, muss die Menge des einzusetzenden antimikrobiellen Stoffes geringgehalten werden. Dies führt dazu, dass bevorzugt die nanoskalige Form eines Mikrobizids eingesetzt wird. Statt Silber wird entsprechend Nanosilber verwendet. Der Grund hierfür ist die höhere antimikrobielle Eigenschaft der nanoskaligen Form.

Die antimikrobielle Eigenschaft von Silber und Nanosilber ist auf Silber-Ionen zurückzuführen, die sich an der Metalloberfläche durch Reaktionsprozesse mit der Umgebung bilden.
Durch Zusatz von Mikrobiziden (z. B. Nanosilber) können Polymere antimikrobielle Eigenschaften erhalten.
Die nanoskalige Form eines Mikrobizids besitzt eine höhere antimikrobielle Eigenschaft als das Mikrobizid selbst.

Nanosilber im Alltag

Nanosilber ist schon jetzt in vielen Lebensbereichen anzutreffen (**B8**). Nicht immer ist dieses durch eine Kennzeichnung auf der Verpackung ersichtlich.
Ungeklärt ist bisher, welche gesundheitlichen und ökologischem Folgen der massenhafte Einsatz von Nanosilber haben kann. Es gibt Hinweise auf Geno-, Immuno- und Entwicklungstoxizität.

AUFGABEN

A1 Recherchieren Sie die Symptome und Ursachen einer Argyrie.

A2 Erklären Sie die höhere antimikrobielle Eigenschaft von Nanosilber gegenüber nicht-nanoskaligem Silber.

A3 Definieren Sie die Begriffe Genotoxizität und Immunotoxizität.

Medizinische Produkte	
Atemschutz-Masken	Orthopädische Implantate
Wundauflagen	Urologische Katheter
Nahtmaterial	…
Lebensmittelnahe Produkte (Herstellung und Verwendung vor allem in China und in den USA, da in Deutschland verboten)	
Lebensmittelverpackungen	Nahrungsergänzungsmittel (als Silberwasser)
Scheidebretter	…
Kosmetika	
Deo	Cremes
Zahnpasta	…
Textilien	
Sport-/Funktionskleidung	Unterwäsche
Socken	…
Abwasserreinigung	
Wasserfilter	…

B8 Beispiele für Bereiche, in denen Nanosilber zur Anwendung kommt

4.5.4 Titandioxid-Nanopartikel – Toxizität und Verwendung

Titandioxid (TiO_2) ist in makroskopischer Partikelgröße weiß und wird deshalb als Weißpigment in Farben und Anstrichen verwendet. Im Nanobereich wird es jedoch durchsichtig. Da es auch halbleitende Eigenschaften hat, lassen sich daraus sogar transparente Solarzellen herstellen. Aufgrund seiner fotokatalytischen Wirkung eignet sich Titandioxid auch zur Sterilhaltung und zur Entfernung von Schadstoffen und unangenehmen Gerüchen aus der Raum- oder Außenluft. Ist dessen Verwendung in all diesen Bereichen unbedenklich?

In der Natur kommt makroskopisches **Titandioxid** als weißes Pulver (**B1**) in drei **Modifikationen** vor: **Rutil**, **Anatas** und **Brookit**. Es ist chemisch, thermisch und mechanisch sehr stabil. Titandioxidhaltige Farbe hat das höchste Deckvermögen aller Weißpigmente, sodass es häufig in Wandfarben und Fassadenputzen verwendet wird. Als Lebensmittelzusatzstoff E 171 wurde es bisher zudem Kaugumis, Kosmetika, Zuckerguss und pharmazeutischen Produkten zugesetzt.

Fotokatalyse von nanoskaligem Titandioxid

Titandioxid-Nanopartikel wirken fotokatalytisch, das heißt, dass sie bei Bestrahlung mit UV-Licht Reaktionen ermöglichen, bei denen aus Wasser-Molekülen Hydroxyl-Radikale ·OH gebildet werden. Diese zählen zu den stärksten Oxidationsmitteln und können zur Desinfektion von Abwässern eingesetzt werden. Auf diese Weise können Operationssäle mithilfe von nanoskaligen Titandioxid-Partikeln leichter steril gehalten und bei Tageslicht mit UV-Anteilen kann mittels Fotokatalyse die Luft sauber gehalten werden. Fassadenputze und Wandfarben, sogar Kacheln und Pflastersteine mit Titandioxid in Nanopartikelgröße können auf diese Weise auch Schadstoffe und unangenehme Gerüche aus der Luft entfernen. Ebenso wird in Fassaden- und Wandfarben sowie Dachziegeln unschönes Algenwachstum vermieden, da unter Lichteinfluss fotokatalytische Prozesse zur Bildung von Wasserstoffperoxid (H_2O_2) führen, welches gebildete Algen zersetzt. Nanoskalige Titandioxid-Partikel zeigen ebenfalls den Lotuseffekt (vgl. S. 228), was für wasser- und schmutzabweisende Textilien sorgt.

Toxizität von Titandioxid-Partikeln?

Titandioxid wurde bisher in Zahnpasta, Kaugummis und Wandfarben als Weißpigment verwendet. In diesen Anwendungen fanden Partikel mit Größen oberhalb des Nanometerbereichs Einsatz. Seit Sommer 2022 ist die Verwendung von Titandioxid als Lebensmittelzusatzstoff in der EU verboten, da die **Genotoxizität**, d. h. die Eigenschaft einer Substanz, die DNA zu schädigen, nicht ausgeschlossen werden kann.

B1 Titandioxidpulver für Kosmetika

Grundsätzlich kann die Nutzung nanoskaliger Feststoffe wie Titandioxid, Tonerstaub oder Kerzenruß kritisch betrachtet werden. Sie sind aufgrund ihrer geringen Partikelgröße lungengängig. Diese Stoffe, ebenso wie auch andere Kleinstpartikel in Feinstaub, stehen im Verdacht, krebserregend zu sein und sollten nicht eingeatmet werden. Es ist auf geeignete Vorkehrungen bei der Verarbeitung bzw. auf gutes Lüften in Hinblick auf Tonerstaub oder Kerzenruß in der Luft zu achten.
Da Hersteller von Produkten in ihren Angaben zu Inhaltsstoffen bisher keine Angaben zu Partikelgrößen machen müssen, herrscht Unsicherheit bezüglich der Verwendung bestimmter Stoffe. Titandioxid wurde von der europäischen Chemikalienagentur ECHA als „möglicherweise krebserregend" eingestuft. Dabei bezieht man sich auf nanoskaliges Titandioxid in Pulverform. Diese Wirkung hat Titandioxid, wie alle Feinstäube generell, vor allem beim Einatmen extrem hoher Mengen.

Solarzellen mit Nano-Titandioxid

Herkömmliche Solarzellen verwenden vorwiegend Silizium als Halbleitermaterial. Die Herstellung von hochreinem Silizium ist jedoch sehr energieaufwendig, sodass eine Solarzelle je nach Bauart erst nach mehreren Jahren eine positive Energiebilanz aufweist. Alternativ können transparente Solarzellen mit nanoskaligem Titandioxid hergestellt werden. Dafür werden Suspensionen von Nano-Titandioxid zur Herstellung von Fotoelektroden verwendet. Die Titandioxid-Nanopartikel bilden untereinander größere Agglomerate, die

mithilfe eines Rasterelektronenmikroskops (REM) sichtbar gemacht werden können (**B2**).
Um sichtbares Tageslicht nutzen zu können, wird das Titandioxid mit Farbstoffen sensibilisiert. Diese **farbstoffsensibilisierten Solarzellen DSSC** (***d****ye* ***s****ensitized* ***s****olar* ***c****ells*) können dann auch energieärmeres sichtbares Licht in elektrischen Strom umwandeln. Reines Titandioxid mit einer Bandlücke von 3,2 eV müsste mit UV-Licht bestrahlt werden.

B2 REM-Aufnahme der TiO_2-Oberfläche bei 5000-facher Vergrößerung

Der Blick auf die Oberfläche einer Fotoelektrode zeigt, dass diese eine große Oberfläche besitzt. Damit kann eine sehr gute Durchdringung mit einer zugefügten Elektrolytlösung erreicht werden und somit ein hoher Stoffumsatz erfolgen. Für den Einsatz in DSSC wird die Titandioxidschicht mit einem Fotosensibilisator überzogen, dessen Moleküle chemisch an die Titandioxid-Oberfläche binden. In einer vereinfachten Form können farbstoffsensibilisierte Solarzellen mit Himbeersaft als Sensibilisator im Schulversuch gebaut werden (vgl. QR-/Mediencode 06022-112).
Neben Outdoor-Artikeln, z. B. Rucksäcken, sind auch einige Gebäude bereits mit farbstoffsensibilisierten Solarzellen bestückt (**B3**).

06022-112

Funktionsweise von farbstoffsensibilisierten Solarzellen mit Nano-Titandioxid

Bei Lichteinstrahlung gelangen Elektronen aus der höchsten besetzten Energiestufe in die niedrigste unbesetzte Energiestufe, die Moleküle im Farbstoff werden also elektronisch angeregt. Es entstehen Elektron-Loch-Paare. Deren Separation führt zu einem Stromfluss, wenn die Löcher durch einen Elektronendonator „gestopft" werden und die Elektronen über das Leitungsband von Titandioxid in den äußeren Stromkreis gelangen. An der Gegenelektrode können die eintreffenden Elektronen Akzeptor-Teilchen reduzieren. Wenn Akzeptor- und Donator-Teilchen sich gegenseitig regenerieren, liegt ein Kreislaufprozess vor (vgl. Animation unter QR-/Mediencode 06022-113).

06022-113

Verwendung als Fotokatalysator

Nanoskaliges Titandioxid wird in der Forschung als Fotokatalysator u. a. bei der Elektrolyse von Wasser eingesetzt. Dafür wird das Titandioxid weiter modifiziert und z. B. mit Platin- oder Palladium-Partikeln beschickt. Die Idee ist, durch Lichteinstrahlung **„grünen Wasserstoff"** aus Wasser zu gewinnen.
Ein weiteres Anwendungsfeld ist die **fotokatalytische Herstellung** von Alkoholen oder Kohlenwasserstoffen aus Wasser und Kohlenstoffdioxid, womit ein Beitrag zur Kohlenstoffdioxidreduktion möglich ist.
Insgesamt kann Nanotechnologie zur Bewältigung globaler Probleme im Bereich Energie, Klima, Mobilität und Gesundheit beitragen.

B3 Das Convention Center in Lausanne ist mit organischen farbstoffsensibilisierten Solarzellen bestückt.

AUFGABEN

A1 MK Stellen Sie die Informationen des Textes zu Titandioxid-Nanopartikeln in Form einer Mindmap dar.

A2 Begründen Sie, dass die Nutzung von Titandioxid für verschiedene Anwendungsbereiche ambivalent gesehen werden kann.

A3 Vergleichen Sie die allgemeine Beschreibung der Prozesse in farbstoffsensibilisierten Solarzellen mit **B4**. Ordnen Sie die allgemeinen Begriffe den in **B4** genannten Stoffen zu.

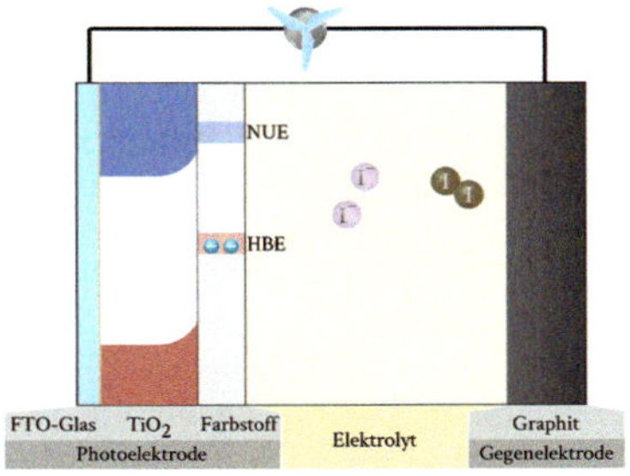

B4 Schema zum Aufbau einer farbstoffsensibilisierten Solarzelle

A4 Formulieren Sie Fragen, die Verbraucherinnen und Verbraucher an ein Produkt, das Nanopartikel enthält, stellen sollten.

4.5.5 Quelleninhalte kritisch beurteilen

Eine genaue **Quellenarbeit** ist eine wichtige Grundlage für wissenschaftliches Arbeiten, nicht nur in der Chemie. Eine Quelle kann als Text, Bild, Film oder Ton vorliegen. Prinzipiell ist die Quellenarbeit bei allen Quellenarten identisch. Nach dem Finden einer Quelle muss sie kritisch analysiert werden, denn es stellt sich immer die Frage nach fachlicher Korrektheit und Seriosität. Insbesondere bei kontrovers diskutierten Themen ist das Prüfen der Seriosität und das Analysieren der Intention der Publizierenden notwendig, um die Aussagekraft des Materials einschätzen zu können. Erst nach eingehender Analyse der Quelle können deren Inhalte Eingang in eine Arbeit finden oder für einen Entscheidungsprozess genutzt werden. Zur Orientierung dienen einige Regeln zum Verstehen und Beurteilen von Quelleninhalten. Diese werden im Folgenden exemplarisch auf zwei Quellen zur Gefahr durch Nanomaterialien im Alltag am Beispiel von Titandioxid (**B1**) angewendet.
Beurteilen Sie die beiden Textquellen kritisch.

B1 Die Verwendung von Titandioxid als Lebensmittelzusatzstoff E171 ist seit Sommer 2022 in der EU verboten.

M1 Titandioxid in Lebensmitteln ab Sommer 2022 verboten

Die Europäische Kommission hat [...] ein Verbot für die Verwendung von Titandioxid als Lebensmittelzusatzstoff (E171) erlassen. [...] EU-Kommissarin Stella Kyriakides, zuständig für Gesundheit und Lebensmittelsicherheit, sagte: „Die Lebensmittelsicherheit und die Gesundheit unserer Bürgerinnen und Bürger sind nicht verhandelbar. Mit dem heutigen Verbot beseitigen wir einen Lebensmittelzusatzstoff, der nicht mehr als sicher gilt.“ [...] Titandioxid wird verwendet, um vielen Lebensmitteln eine weiße Farbe zu verleihen, von Backwaren und Brotaufstrichen bis hin zu Suppen, Soßen, Salatdressings und Nahrungsergänzungsmitteln. Die Mitgliedstaaten hatten den Vorschlag der Kommission, der im vergangenen Herbst vorgelegt wurde, einstimmig gebilligt. Er stützte sich auf ein wissenschaftliches Gutachten der Europäischen Behörde für Lebensmittelsicherheit. Dieses kam zu dem Schluss, dass Titandioxid bei der Verwendung als Lebensmittelzusatzstoff nicht mehr als sicher angesehen werden kann. Das ist insbesondere so, weil Bedenken hinsichtlich der Genotoxizität, also der Fähigkeit von chemischen Substanzen, genetisches Zellmaterial zu verändern, nicht ausgeschlossen werden können.
CC BY 4.0 © Europäische Union, 19952023, https://germany.representation.ec.europa.eu/news/titandioxid-lebensmitteln-ab-sommer-2022-verboten-2022-01-14_de, zuletzt aufgerufen am 17.04.2023

M2 „Nano-Geister“ – Risikobewertung von Feinstpartikeln in Lebensmitteln mit Vorurteilen gegenüber fiktivem „nano“

Die Europäische Kommission hat ein Verbot für den Farbstoff Titandioxid in Lebensmitteln erlassen. Titandioxid, das für einen schönen Glanz und strahlend weiße Farbe sorgt, kann möglicherweise das Erbgut schädigen.
[...] [Wir berichten hier über einen Review-Artikel aus 2022, in dem es den Autoren nicht darum geht,] ein Verbot der Verwendung von E171 in Lebensmitteln abzuwenden. Wichtig ist vielmehr, dass in Zukunft die gleiche Voreingenommenheit gegenüber einer fiktiven „Nano“-Gefahr vermieden wird. Der Fall E171 veranschaulicht, wie die Risikobewertung hergestellter partikelförmiger Lebensmittelzusatzstoffe potenziell in Richtung einer angeblichen Gefährdung durch Partikel im Nanobereich verzerrt wird. Die Autoren fassen zusammen, dass z. B. subakute Studien zeigen, dass eine orale Exposition gegenüber E171 bei Nagetieren keine Toxizität hervorruft oder dass Studien zur chronischen Toxizität zeigen, dass die orale Exposition gegenüber E171 bei Nagetieren keine Karzinogenität oder andere langfristige schädliche Wirkungen hervorruft, selbst wenn sie in hohen Dosen getestet werden. Ziel dieser Übersichtsarbeit ist es, die Literatur über die Toxizität von Titandioxid-Partikeln neu zu bewerten und sich dabei auf Studien zu konzentrieren, die für die Bewertung von E171 direkt relevant sind.
*(© Copyright 2022 Datenbasis Nanomaterialien DaNa, https://nanopartikel.info/spotlight/spotlight-mai-2022-nanogeisterrisikobewertungvonfeinstpartikelninlebensmittelnmitvorurteilengegenueberfiktivem-nano/, zuletzt aufgerufen am 17.04.2023)
Original-Publikation: Naegeli, H. and C. Gsell (2022). „Nano-ghosts“: Risk assessment of submicron-sized particles in food biased towards fictional „nano“. EXCLI J 21: 279-299 CC BY 4.0, gefördert von BMBF unter dem FKZ 03XP0282)*

quellenkritische Fragen

- a) Wann ist die Quelle entstanden?
- b) Wer ist der Urheber bzw. Auftraggeber der Quelle?
- c) Wie sind Urheber bzw. Auftraggeber einzuordnen (Behörde, wissenschaftliche Institution, Interessenverband)?
- d) Welche(s) Ziel(e) soll mit der Quelle verfolgt werden?
- e) Wo ist die Quelle erschienen?
- f) Was ist die Zielgruppe der Quelle?

B2 Quellenkritische Fragen

VORGEHEN

1. Quelleninhalt verstehen:
Bei Fachartikeln wird oftmals chemische Fachsprache und ein komplizierter Satzbau verwendet. Gerade bei komplexen Texten helfen folgende Lesestrategien, um das Gelesene zu verstehen:

- Markieren Sie unbekannte Begriffe und recherchieren Sie ihre Bedeutung.
- Bilden Sie Zwischenüberschriften.
- Markieren Sie wichtige Aussagen im Text.
- Fassen Sie den wesentlichen Inhalt des Textes in eigenen Worten zusammen.
- Stellen Sie den wesentlichen Inhalt z. B. als Mindmap oder Diagramm dar.

2. Quellenkontext untersuchen:
Analysieren Sie die Quellen zu Titandioxid mithilfe der quellenkritischen Fragen aus **B2**.

Beispiel Textquelle M1:

a) *Die Quelle ist 2022 entstanden.*
b) *Der Urheber und Auftraggeber ist die Europäische Kommission.*
c) *Die Europäische Kommission ist eine politisch unabhängige Institution.*
d) *Durch die faktenbasierte Darstellung soll über die Gefahren durch Titandioxid in Lebensmitteln aufgeklärt und das Verbot legitimiert werden.*
e) *Die Quelle ist auf der deutschen Website der Europäischen Kommission erschienen.*
f) *Die Zielgruppe ist die deutsche Bevölkerung.*

Beispiel Textquelle M2:

a) *Die Quelle ist 2022 entstanden.*
b) *Der Urheber und Auftraggeber ist Datenbasis Nanomaterialien.*
c) *Der Anbieter der Website ist das Karlsruher Institut für Technologie, eine wissenschaftliche Institution.*
d) *Durch den Verweis auf einen Artikel soll eine differenzierte und wissenschaftlich fundierte Sicht auf die Risiken durch Nanomaterialien am Beispiel von Titandioxid erlangt werden.*
e) *Die Quelle ist auf der Website der Datenbasis Nanomaterialien erschienen.*
f) *Die Zielgruppe sind wissenschaftlich interessierte Bürgerinnen und Bürger.*

3. Quellenaussage deuten:
Fassen Sie auf der Basis der Schritte 1 und 2 die Gesamtdeutung der Quellenaussage(n) zusammen. Beurteilen Sie die Güte und Eignung der Quelle für Ihre wissenschaftliche Arbeit.
Beispiel Textquelle M1: Die Aussagen sind faktenbasiert sowie aktuell. Der Urheber und Auftraggeber sind identisch, klar ersichtlich und vertrauenswürdig. Die Intention besteht in der Erklärung und Legitimation des Verbots von Titandioxid als Lebensmittelzusatzstoff. Die Quelle ist insgesamt von hoher Güte und eignet sich für eine wissenschaftliche Arbeit.

AUFGABEN

A1 MK Erschließen Sie sich die Quelleninhalte **M1** und **M2** mithilfe der Lesestrategien (vgl. S. 394).
A2 MK Deuten Sie die Quellenaussage der Textquelle **M2** hinsichtlich der Passung von Titel und Inhalt.
A3 MK Recherchieren Sie weiterführende Informationen zu den Urhebern der Quellen und ihren Bezug zum Thema Nanomaterialien.
A4 MK Recherchieren Sie einen weiteren Fachtext zum Thema „Titandioxid in Lebensmitteln". Wenden Sie auf diese Quelle die Schritte 1 bis 3 an.
A5 MK Suchen Sie im Internet einen Film zu Titandioxid in Lebensmitteln, z. B. aus dem öffentlich-rechtlichen Rundfunk. Untersuchen und deuten Sie den Film.

4.6 Organische Werkstoffe

Organische Werkstoffe aus Erdölprodukten gelangen immer mehr wegen ihrer Ökobilanz in der Kritik. Immer lauter wird die Frage nach alternativen künstlichen Werkstoffen. Doch sind die Alternativen wirklich umweltschonender?
Eine Spurensuche zu Kunststoffen aus nachwachsenden Rohstoffen wie Biokunststoffen oder Kautschuk sowie den daraus hergestellten Verbundwerkstoffen.

4.6.1 Versuche und Material

V Synthese von Polymilchsäure

5 7 8

Polymilchsäure (engl. ***p**oly**l**actic **a**cid*, PLA) ist ein Thermoplast, der unter anderem in der Verpackungsindustrie eine hohe Bedeutung hat. Im privaten Rahmen ist PLA als Druckmaterial für FDM-3D-Drucker von großer Bedeutung. Wie wird PLA hergestellt?

V1 Geben Sie 3 mL Milchsäure und wenige Kristalle Zinn-(II)-chlorid mit einem Siedesteinchen in ein Reagenzglas. Erhitzen Sie das Reagenzglas, bis sich der Inhalt schwach gelblich verfärbt. Das Erhitzen ist spätestens dann zu beenden, wenn kein Wasserdampf mehr austritt. Gießen Sie den Inhalt des Reagenzglases in eine Einwegpetrischale (Video unter QR-/Mediencode 06007-040).

06007-040

AUSWERTUNG

a) Untersuchen Sie die Konsistenz mit einem Holzstab während des Abkühlens.

b) Beschreiben Sie mithilfe von **B1** die Bildung des Polymilchsäure-Moleküls ausgehend vom Milchsäure-Molekül (2-Hydroxy-Propansäure) über das Dilactid-Molekül, welches sich durch Abspaltung von Wasser-Molekülen aus zwei Milchsäure-Molekülen bildet.

c) Langzeitexperiment: Untersuchen Sie die biologische Abbaubarkeit der hergestellten Polymilchsäure (-fäden bzw. -platten) im Gartenkompost.

ENTSORGUNG G2

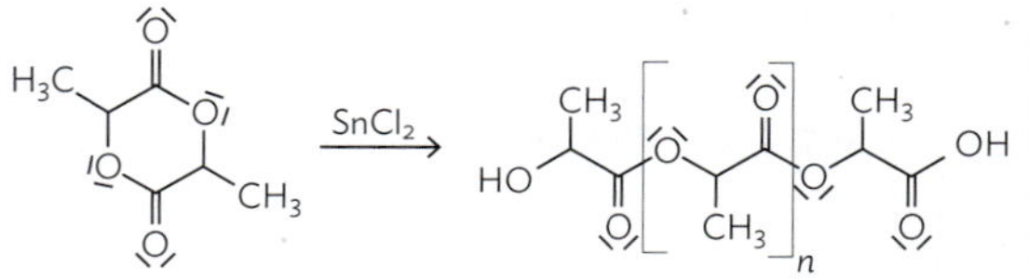

B1 Reaktion des Dilactid-Moleküls zum Polymilchsäure-Molekül

V Cellulosenitrat – Schießbaumwolle

In der zweiten Hälfte des 19. Jahrhundert eroberte ein neuer Kunststoff den Markt: Celluloid – ein Kunststoff auf Grundlage von Cellulose. Celluloid hatte nur einen großen Nachteil – es war sehr leicht brennbar. So entstand ein neues Einsatzgebiet, aus Dinitrocellulose wurde Trinitrocellulose – korrekter als Cellulosetrinitrat bezeichnet – ein rauchloses Pulver.

LV2 Zur Herstellung der Nitriersäure werden zu 100 mL rauchender Salpetersäure in einem 250-mL-Becherglas langsam nach und nach 120 mL konzentrierte Schwefelsäure gegeben. Dabei wird das Becherglas in Eiswasser gekühlt. Wenn die Lösung abgekühlt ist, wird 10 g Watte (Cellulose, s. Kap. 3.4.3) hinzugegeben, sodass diese vollständig in die Lösung eingetaucht ist. Nach 15 Minuten wird die Watte herausgenommen und gewaschen, bis das pH-Papier keine Säure mehr anzeigt. Die Watte wird ausgepresst und fein verzupft an der Luft oder im Vakuumexsikkator getrocknet. Die getrockneten Wattestückchen werden auf eine feuerfeste Unterlage gelegt und angezündet. Zum Vergleich wird ein unbehandeltes Stück Watte angezündet.
Hinweis: Cellulosenitrat ist ein Gefahrstoff, es soll nicht in größeren Mengen hergestellt werden und umgehend nach dem Trocknen vollständig verbrannt werden.

AUSWERTUNG

a) Stellen Sie die Reaktionsgleichung für die Verbrennung von Nitrocellulose auf.
b) Geben Sie die Reaktionsgleichung zur Herstellung des Nitriersäure-Moleküls und dem Nitryl-Kation NO_2^+ an.
c) Überlegen Sie, nach welchem Reaktionsmechanismus das Nitroniumion mit der Cellulose reagiert.

ENTSORGUNG A, G3, muss abgebrannt werden

V Superabsorber

Superabsorber sorgen nicht nur für einen trockenen Babypopo, sie dienen auch als Wundauflagen. Was macht Superabsorber so besonders?

V3 Geben Sie in drei Bechergläser 50 mL
a) destilliertes Wasser,
b) Leitungswasser,
c) 1 %ige Natriumchloridlösung.
Fügen Sie in jedes Becherglas 1 g Superabsorber hinzu. Beobachten Sie unter Rühren das Quellverhalten.

AUSWERTUNG

a) Notieren Sie Ihre Beobachtungen.
b) Erläutern Sie, ob man das Gel nach dem Trocknen wiederverwenden kann.
c) Die Moleküle im Superabsorber besteht abwechselnd aus Monomeren der Acrylsäure (Propensäure) und des Natriumsalze s der Propensäure (Natriumacrylat). Stellen Sie die Reaktionsgleichung für die Polymerisation im Verhältnis 1:1 auf.
d) Stellen Sie eine Hypothese auf, die erklärt, dass Superabsorber ein Vielfaches des Eigengewichts an Wasser aufnehmen kann.
e) Zusätzlich zu den beiden in c) genannten Monomersorten wird häufig N,N‘-Methylen-bis-acrylamid (**B2**) im Verhältnis von 1:1:10 der Reaktion zugesetzt. Stellen Sie eine Vermutung für den Grund des Zusatzes auf.

ENTSORGUNG A, R

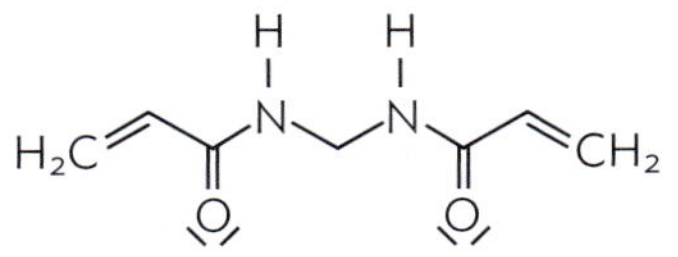

B2 N,N'-Methylen-bis-acrylamid

4.6.2 Biokunststoffe und Textilfasern

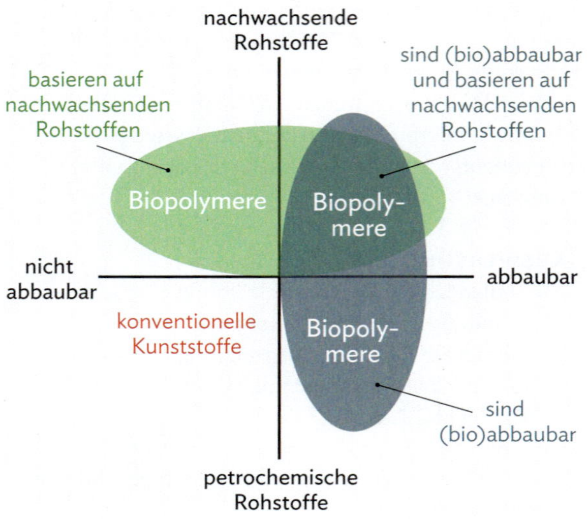

B1 Einteilung von Biokunststoffen

Die ersten Kunststoffe aus nachwachsenden Rohstoffen, die Ende 1980 auf den Markt kamen, waren biologisch abbaubar und prägten den Namen **Biokunststoff**. Es handelt sich um thermoplastische Stärke (TPS), Polymilchsäure/Polylacticacid (PLA) und Polyhydroxyalkansäuren (PHA).

Biologisch abbaubar = kompostierbar?

Heute ist die biologische Abbaubarkeit aber nicht mehr zwingend notwendig, um einen Kunststoff Biokunststoff zu nennen. Es reicht aus, wenn der Kunststoff aus nachwachsenden Rohstoffen hergestellt wurde. Er bekommt die Bezeichnung „Biokunststoff biobasiert". Es sind Kunststoffe wie Polyethylen, Polypropylen, die ebenso aus Erdöl hergestellt werden können. Inzwischen produziert die Erdölindustrie auch biologisch abbaubare Kunststoffe. Es sind zumeist Polyester und gelten als erdölbasierte Biokunststoffe (**B1**).
Als **biologisch abbaubar** gilt ein Kunststoff, wenn er durch in der Umwelt vorhandene Mikroorganismen vollständig in Kohlenstoffdioxid, Wasser und Biomasse abgebaut werden kann – unabhängig vom Zeitraum. Bei der **Kompostierbarkeit** muss der Abbau des Kunststoffes unter definierten Bedingungen in einem gewissen Zeitrahmen erfolgen. Es gibt zwei Gütezeichen für Biokunststoffe: den Keimling und eins (mit unterschiedlichen Kategorien) von DIN CERTCO.

Polymilchäure – Polylactid PLA

Ein Beispiel für einen biologisch abbaubaren Biokunststoff ist **Polymilchsäure** (**Polylactid, PLA**). Mit einem gesteigerten Umweltbewusstsein und der Erfindung von Biokunststoffen auf Stärkebasis (vgl. S. 504) gewannen Biokunststoffe wieder an Bedeutung. Denn Stärke lässt sich im Bioreaktor durch verschiedene Mikroorganismen gezielt zu verschiedenen Ausgangsstoffen der chemischen Industrie umwandeln. So entsteht durch Milchsäurebakterien Milchsäure. Nach einem wiederholten ringförmigen Zusammenschluss zweier Milchsäure-Moleküle (**Dilactid**) entsteht mithilfe des Katalysators Zinnchlorid das Polymer Polylactid (**V1**). Polylactid kann im Labormaßstab auch mittels Polykondensation unter Verwendung eines Lösemittels direkt aus Milchsäure-Molekülen hergestellt werden (vgl. S. 236). Die Entsorgung des Lösemittels im großen Maßstab ist jedoch problematisch.
Polylactid wird u. a. als Einwegverpackung, als 3D-Druckmaterial und in der Medizin verwendet. Knochenbrüche werden damit verschraubt oder genagelt. Der Vorteil, sie müssen nicht durch einen zweiten Eingriff wieder entfernt werden.

Textilfasern LK

Auch Kleidungsstücke können biologisch abbaubar oder sogar kompostierbar sein. In der Textilindustrie unterscheidet man **Naturfasern** (z. B. Baumwolle) und **Chemiefasern**. Letzte unterscheidet man nochmal in **vollsynthetischen** (z. B. Polyester) und **halbsynthetische** Fasern (z. B. Viskose, Lyocell, Acetatseide). Unter halbsynthetischen Fasern bzw. **Regeneratfaser** ersteht man Naturfasern, die chemisch behandelt wurden.

Baumwolle und Viskose LK

Baumwolle ist die am häufigste verwendete Naturfaser. Baumwolle besteht fast ausschließlich aus Cellulose der Baumwollpflanze. **Viskose** besteht ebenso fast ausschließlich aus Cellulose, wird aber aus zerkleinerten Holzstückchen der Buche, Fichte, Bambus etc. gewonnen. Hieraus werden die Cellulosefasern aufwendig chemisch herausgelöst. Die Fasern sind daher mit der Baumwolle vergleichbar, aber die Kettenlängen sind kürzer und damit ist die Festigkeit der Faser geringer.

Modifizierung von Cellulose LK

In einem Cellulose-Makromolekül hat jede Glucose-Einheit drei freie Hydroxy-Gruppen, die sich substituieren lassen. So lassen sich z. B. verschiedene substituierte Cellulosenitrate durch Nitrierung und Celluloseacetate durch Veresterung herstellen.
Der erste biobasierte Kunststoff aus Cellulose wurde 1855 von ALEXANDER PARKES synthetisiert, ursprünglich um das Elfenbein bei Billardkugeln zu ersetzen. Der thermoplastische Werkstoff kam als „**Celluloid**" in den Handel. Es handelt sich um Cellulosedinitrat, dem Campher als Weichmacher zugefügt wurde. Er wurde für fotografische Filme, Dekoobjekte, Brillengestelle und Tischtennisbälle etc. eingesetzt.
Zur Synthese von Nitrocellulose wird Nitriersäure hergestellt:

$$HNO_3 + H_2SO_4 \longrightarrow NO_2^+ + HSO_4^- + H_2O$$

Das Nitronium-Ion oder Nitryl-Kation reagiert mit dem Cellulose-Molekül bei vollständiger Nitrierung zum Trinitrocellulose-Molekül (**Schießbaumwolle**, **LV2**).

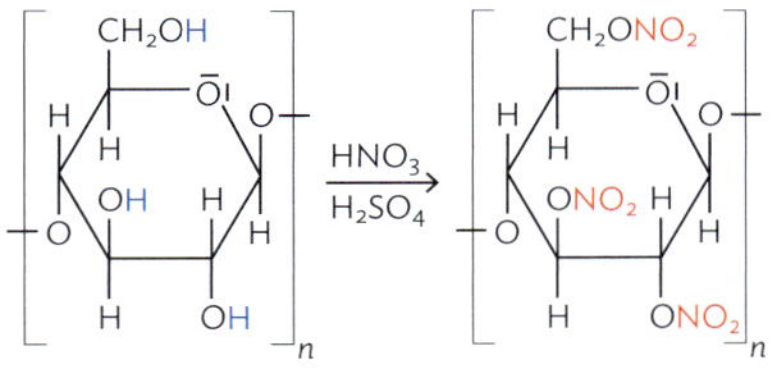

Schießbaumwolle findet als Treibladungspulver und in der Pyrotechnik Anwendung. Der einzige Unterschied zu dem Kunststoff Celluloid besteht in der vollständigen Nitrierung. Da Celluloid jedoch leicht brennbar ist und schnell verwittert, wurde es durch Celluloseacetat bzw. später durch erdölbasierte Kunststoffe wie Polyethylen ersetzt.

Celluloseregeneratfasern LK

Lyocell ist eine halbsynthetische Textilfaser auf Cellulosebasis. Die Cellulose wird aus Holz extrahiert und unter Verwendung einer wässrigen Lösung von *N*-Methylmorpholin-*N*-oxid ohne chemische Veränderung in Fasern zerlegt. Das Lösemittel durchläuft zudem einen geschlossenen Stoffkreislauf. In den Fasern liegt das Verhältnis von kristallinen und amorphen Bereichen bei 9:1, bei Viskosefasern bei 6:1. Lyocellfasern haben daher eine vergleichsweise hohe Festigkeit und eine niedrige Dehnbarkeit.
Acetatseide gewinnt man aus Cellulose durch die Behandlung mit Essigsäureanhydrid oder Essigsäure in Gegenwart von Schwefelsäure. Über Zwischenstufen entstehen Fasern, bei denen durchschnittlich zwei bis zweieinhalb Hydroxy-Gruppen pro Glucose-Baustein zu Acetat-Gruppen verestert sind.
Baumwolle, Viskose, Lyocell und Acetatseide sind biologisch abbaubar.

Die Bezeichnung Biokunststoff ist nicht eindeutig. Ein Biokunststoff kann biobasiert und/oder biologisch abbaubar sein. PLA ist ein Biokunststoff, der aus Milchsäure synthetisiert wird.
Bei Textilfasern unterscheidet man zwischen Naturfasern (z. B. Baumwolle), vollsynthetischen (z. B. Polyester) und halbsynthetischen (z. B. Viskose, Lyocell) Fasern.

AUFGABEN

A1 Recherchieren Sie die Anforderungen, die Biokunststoffe für den Keimling bzw. das DIN CERTCO-Zertifikat erfüllen müssen.

A2 Biologisch abbaubare Werkstoffe auf Erdölbasis sind: PCL, BPS und PBAT. Recherieren Sie, aus welchen Monomeren die Kunststoffe jeweils aufgebaut sind.

A3 LK Erstellen Sie eine Übersicht über die vorgestellten Fasern auf Cellulosebasis. Nutzen Sie dafür die Tabelle unter QR-/Mediencode 06007-041.

06007-041

4.6.3 Copolymere und Kautschuk

B2 Allianz-Arena in München

Obwohl das wabenartige Dach der Allianz-Arena in München an ein weiches Kissen erinnern mag, besteht es tatsächlich nicht aus Textilien, sondern aus Folie. Konkret besteht es aus einem Copolymer aus Ethen und Tetrafluorethen (ETFE).

Copolymere

Polymere, die aus unterschiedlichen Monomer-Einheiten aufgebaut sind, werden als Copolymere bezeichnet. Bei der Copolymerisation werden die verschiedenen Monomere durch Elektronenpaarbindungen miteinander verknüpft. Diese kann auf verschiedene Arten erfolgen:

- **statistisches Copolymerisate:** Die Monomere sind nach dem Zufallsprinzip angeordnet (**B3** A).
- **alternierende Copolymerisate:** Die Monomere sind regelmäßig abwechselnd angeordnet (**B3** B).
- **Block-Copolymerisate:** Die jeweiligen Monomere bilden längere Segmente, die sich abwechseln (**B3** C).
- **Propf-Copolymerisate:** Hier wird zum Beispiel Butadien polymerisiert und danach ein zweites Polymer oder auch zwei verschiedene Polymere an die entstandenen Doppelbindungen von Polybutadien angepropft (**B3** D).

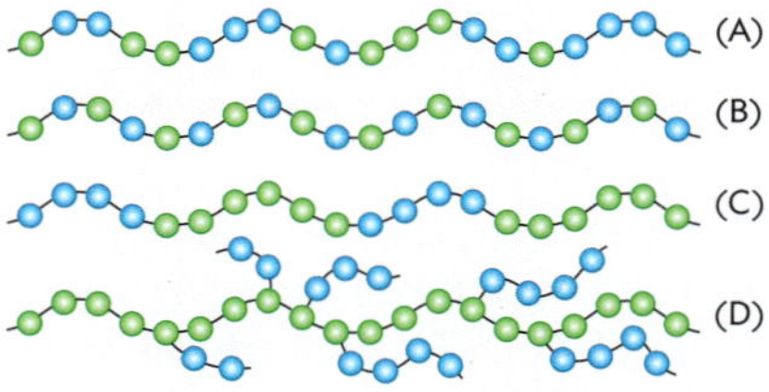

B3 Anordnungen von Monomeren in Copolymeren

Durch die Copolymerisation lassen sich Produkteigenschaften gezielt einstellen, da die Eigenschaften der Copolymere sich aus den eingesetzten Monomeren, deren Verhältnis und Verknüpfungsart ergeben.

Superabsorber

Superabsorber sind Copolymere und werden z. B. in Windeln eingesetzt (**V3**). Sie bestehen abwechselnd aus Acrylsäure-Monomereinheiten und dem Natriumsalz der Acrylsäure. Dabei entstehen lange Ketten, die für einen Zusammenhalt in größeren Abständen quervernetzt werden. Als Vernetzer wird N,N'-Methylen-bis-acrylamid mit zwei Doppelbindungen zugesetzt, das zwei Ketten miteinander verknüpfen kann (**B4**).

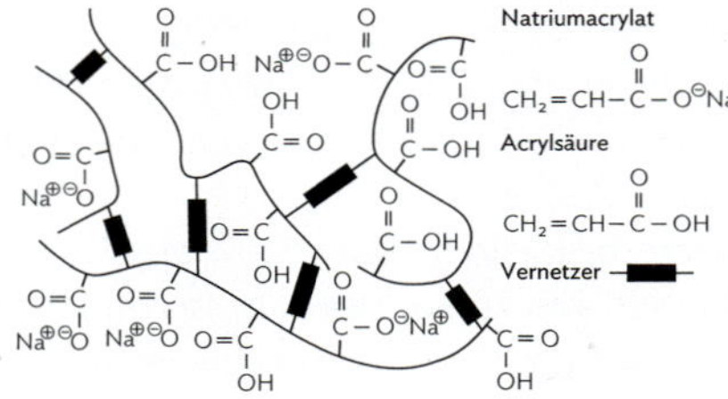

B4 Funktionales Polymer des Superabsorbers

Kautschuk LK

Naturkautschuk wird aus Latex, dem Milchsaft des Kautschukbaumes gewonnen. Dazu wird die Rinde des Baumes angezapft. Der aus dem Milchsaft entstehende Feststoff hat einzigartige Eigenschaften, die synthetisch nicht erreicht werden können. Er gilt als besonders elastisch und reißfest. Daher ist zumindest ein Anteil an natürlichem Kautschuk unersetzlich für viele elastische Polymere, aus denen unter anderem Gummi, Latexhandschuhe, Schuhsohlen, Dichtungen und auch Kaugummi hergestellt werden. 70 % des weltweiten Kautschukbedarfs geht in die Autoreifenindustrie. Jeder Autoreifen enthält 15–20 %

INFO Auch Plastikbausteine für Kinder werden aus dem Copolymer **ABS-Kunststoff**, bestehend aus den drei Komponenten Acrylnitril, 1,3-Butadien und Styrol, hergestellt.

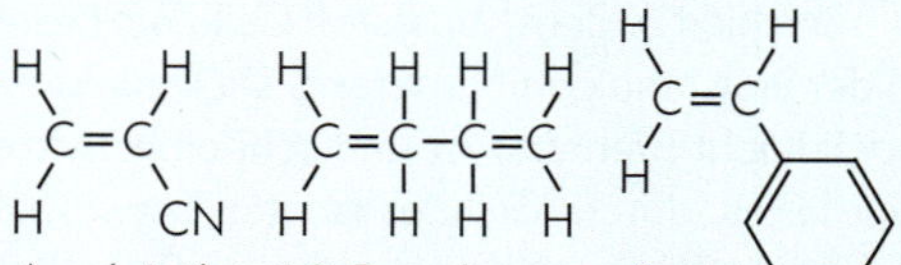

Acrylnitril 1,3-Butadien Styrol

natürlichen Kautschuk, der Rest besteht aus synthetischem Kautschuk aus Erdöl. Damit Autoreifen nicht weiß sind, werden sie durch Ruß geschwärzt.
Chemisch handelt es sich bei Naturkautschuk um ein Elastomer bestehend aus Isopren(2-Methylbuta-1,3-dien) das *cis*-ständig polymerisiert (**B5**).

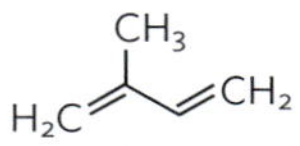

B5 2-Methylbuta-1,3-dien

Synthetischer Kautschuk LK

Der Kautschukbaum braucht tropische Bedingungen und wird hauptsächlich in Südostasien angebaut. Der weltweit steigende Bedarf lässt Anbaugebiete an ihre Grenzen stoßen. Eine Abholzung heimischer Wälder für Kautschukplantagen bringt viele Probleme mit sich. So wurde verstärkt nach Alternativen gesucht und **synthetischer Kautschuk** mit elastomeren Eigenschaften entwickelt, zumeist auf Erdölbasis. Forschungsteams beschäftigen sich jedoch mit der Herstellung von Kautschuk aus dem schnell nachwachsenden und großflächig verfügbaren Löwenzahn.
Bei der weltweit am häufigsten hergestellten Variante des synthetischen Kautschuks dem **SBR** (styrene-butadiene rubber) handelt es sich um ein Copolymer aus 1,3-Butadien und Styrol im Massenverhältnis von etwa 3:1.
Auch der Hauptbestandteil von Kaugummi besteht aus dieser synthetischen Masse, dem für ein besseres Kauverhalten noch einige Substanzen und zusätzlich Aromen hinzugefügt werden.

B6 Kaugummi muss im Müll entsorgt werden.

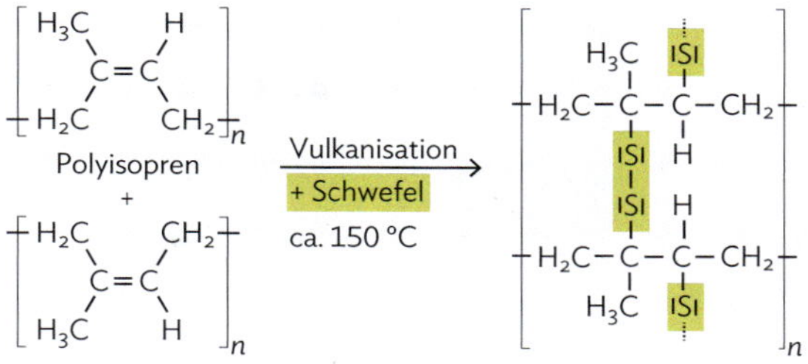

B7 Vulkanisation

Vulkanisation LK

Je nach Anwendungsbedarf muss Kautschuk unterschiedlich stark dehnbar sein. Dazu wird es **vulkanisiert**. Das heißt, die Polymerketten werden durch Disulfid-Brücken vernetzt (**B7**), bei Kaugummi weniger, bei Autoreifen mehr.
Festzuhalten ist, dass Kautschuk, egal ob natürlichen oder synthetischen Ursprungs, nicht biologisch abbaubar ist. Kaugummi verrottet also nicht und muss im Müll entsorgt werden (**B6**).

Polymere, die aus unterschiedlichen Monomer-Einheiten aufgebaut sind, werden als Copolymere bezeichnet. Die Monomere und Verknüpfungen sind für die Eigenschaften des Polymers verantwortlich.
Synthetischer Kautschuk ist ein elastisches Copolymer und ahmt natürlichen Kautschuk weitestgehend nach.
Durch Vulkanisation werden Polymerketten durch Disulfid-Brücken vernetzt.

AUFGABEN

A1 Erklären Sie mithilfe von **B6**, um welche Art von Copolymerisat es sich bei dem Superabsorber handelt.

A2 LK Geben Sie einen Strukturformelausschnitt des synthetischen Kautschuks SBR an.

A3 LK Beschreiben Sie die Vulkanisation von synthetischem Kautschuk.

4.7 Wertstoffkreisläufe und Recycling

Jedes Jahr werden allein in Deutschland mehrere Millionen Tonnen Kunststoffmüll produziert. Die chemische Beständigkeit macht Kunststoffverpackungen extrem nützlich – aber auch zu einer Belastung für die Umwelt, denn die meisten Kunststoffe werden nur langsam abgebaut. Es entstehen Mikroplastik und Treibhausgase. Zudem werden fossile Rohstoffe erschöpft. Daher wird immer mehr Wert auf Recycling von Kunststoffen gelegt. Welche Möglichkeiten der Verwertung von Kunststoffabfällen gibt es?

4.7.1 Versuche und Material

V Umschmelzen von Kunststoffen

Kunststoffe zeigen beim Erhitzen verschiedenes Verhalten. Wie wirkt sich das auf die Verwertung von Kunststoffen aus?

V1 Zerkleinern Sie verschiedene Kunststoffe und geben Sie die Stücke in jeweils ein Reagenzglas. Erhitzen Sie das Reagenzglas über dem Gasbrenner vorsichtig, bis der Inhalt geschmolzen ist. Gießen Sie den Inhalt anschließend in einen eingeölten Schmelztiegel.

V2 Wiederholen Sie **V1**, indem Sie zerkleinerte Stücke verschiedener Kunststoffe gemeinsam in einem Reagenzglas schmelzen und erstarren lassen.

AUSWERTUNG

a) Notieren Sie Ihre Beobachtungen beim Einschmelzen und Erstarren der verschiedenen Kunststoffe in **V1** tabellarisch.

b) Beschreiben Sie die Unterschiede der abgekühlten Kunststoffschmelzen in **V1** und **V2**.

c) Erläutern Sie die Bedeutung der sortenreinen Trennung von Abfällen für die Kunststoffverwertung anhand ihrer Beobachtungen aus **V2**.

ENTSORGUNG R

V Herstellung von Formteilen

Thermoplastische Kunststoffe erweichen bei Erwärmung. Durch geringe Umformungskräfte können sie dann in eine neue Form gebracht werden, welche sie nach dem Abkühlen beibehalten. Auf diese Weise werden z. B. Joghurtbecher oder andere Behälter aus Thermoplasten geformt. Wie funktioniert das?

LV3 Eine Glasfritte (stattdessen kann auch ein Trichter verwendet werden) wird in einem Gummiring auf eine Saugflasche gesetzt. Auf die Glasfritte werden mehrere Böden von Joghurtbechern aus Polystyrol übereinander gelegt. Diese werden mit dem Heißluftföhn (max. 100 °C) durch Fächeln von oben mit 10 bis 20 cm Abstand erwärmt (**B1**). Wenn sich die Ränder der Böden leicht nach unten biegen, wird mit der Wasserstrahlpumpe der Druck vermindert. Nach Abkühlen wird der Kunststoff aus der Glasfritte genommen.

AUSWERTUNG

a) Erklären Sie die Eignung thermischer Kunststoffe für die Herstellung von Formteilen. Welche Ergebnisse erwarten Sie bei der Durchführung von **LV3** mit Duroplasten und Elastomeren?

b) Erläutern Sie den Hinweis in **LV3**, beim Umformen von Thermoplasten die Temperatur nicht zu stark zu erhöhen.

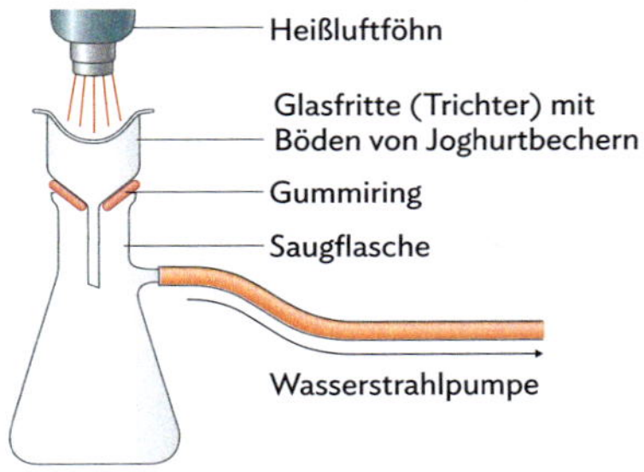

B1 Versuchsaufbau zu **LV2**

M Biodegradation von Polyethylenfolie

Kunststoffe bauen sich in der Natur nur sehr langsam ab. Einige Insekten können diesen Vorgang jedoch beschleunigen. Wie ist das möglich?

M4 Die Larven der Großen Wachsmotte (*Galleria mellonella*) fressen sichtbare Löcher in Polyethylenfolien (**B2**). Dabei nimmt die Masse der Folien messbar ab. In den Ausscheidungen der Larven kann man niedrigmolekulare Abbauprodukte nachweisen.

B2 Wachsmottenlarven fressen Polyethylenfolie

AUSWERTUNG

a) Erläutern sie anhand der in **M4** beschriebenen Ergebnisse, dass die Larven die Folie zersetzt und nicht nur mechanisch zerkleinert haben.

b) Die eigentliche Nahrung von Wachsmotten ist Bienenwachs. Dieses besteht zum Großteil aus Palmitinsäuremyricylester (Summenformel $C_{46}H_{92}O_2$). Vergleichen Sie die Strukturen von Palmitinsäuremyricylester und Polyethylen und stellen Sie eine Vermutung auf, welche Bindungen durch die Wachsmotte gespalten wird.

c) Ein kleines Polyethylen-Tütchen wiegt etwa 5 g. 100 Wachsmottenlarven können in 24 Stunden etwa 200 mg Polyethylen abbauen. Beurteilen Sie den Einsatz von Wachsmottenlarven zur Biodegradation von Polyethylen-Tüten mithilfe einer Rechnung.

4.7.2 Recycling von Kunststoffen

Problem Plastikmüll

Eines der größten Probleme unserer Zivilisation ist der stetig wachsende Kunststoffmüll. Sein Zerfall in der Umwelt kann Jahrzehnte dauern, denn die meisten Kunststoffe können im Gegensatz zu natürlichen makromolekularen Stoffen nicht oder nur sehr langsam von Mikroorganismen abgebaut werden. Stattdessen entsteht durch mechanischen Abrieb Mikroplastik, das sich in Lebewesen anreichern und möglicherweise zu einer Gesundheitsgefährdung führen kann. Eine sinnvolle Alternative zum einmaligen Gebrauch stellt die Verwertung (Recycling) der Kunststoffe dar. Diese kann auf verschiedene Weise geschehen, wobei eine Kombination der verschiedenen Verwertungsverfahren ökologisch und ökonomisch aktuell am besten geeignet ist.

Energetische Verwertung

Der weitaus größte Teil des gesammelten Plastikmülls wird **„energetisch verwertet“**, d. h. verbrannt. Dabei wird die in den Makromolekülen gespeicherte chemische Energie in Wärmeenergie umgewandelt. Letztere wird zur Erzeugung von Dampf und dessen. Umwandlung in elektrische Energie genutzt. Diese Verwertung wird besonders bei vermischten, verschmutzten und schadstoffbelasteten Kunststoffen angewendet. Die Rückstände werden anschließend auf Mülldeponien gebracht. Durch die aufwändigen Filteranlagen, die benötigte Energie zum Verbrennen und das bei der Verbrennung entstehende Kohlenstoffdioxid ist die thermische Verwertung weder umweltfreundlich, noch energieeffizient oder wirtschaftlich sinnvoll.

Werkstoffliche Verwertung

Mehrwegflaschen aus PET können bis zu 25-mal wieder befüllt und damit komplett verwertet werden. Für die meisten anderen Lebensmittelverpackungen ist dies allerdings verboten. Trotzdem kann deren Material wiederverwendet werden, was man als werkstoffliche Verwertung bezeichnet. Thermoplastische Kunststoffe können eingeschmolzen und zu neuen Produkten geformt werden (**V1**, **LV3**). Diese Wiederverwendung der Werkstoffe ist jedoch nicht unbegrenzt möglich, denn durch Verunreinigungen und langsamen Abbau der chemischen Struktur, z. B. durch Oxidation oder UV-Strahlung, nimmt die Qualität des Kunststoffes mit der Zeit ab. Zur werkstofflichen Verwertung muss sortenreiner Kunststoff verwendet werden, da sonst ebenfalls die Produktqualität abnimmt (**V2**). Um die sortenreine Trennung zu vereinfachen, erhalten Kunststoffe eine Recyclingkennzeichnung (**B1**).

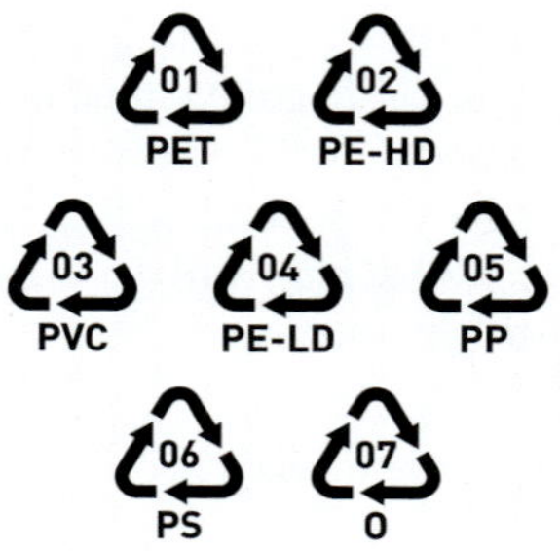

B1 Recyclingcodes für einige Kunststoffarten

Rohstoffliche Verwertung

Die rohstoffliche Verwertung wird bei verschmutzten oder vermischten Kunststoffabfällen angewandt. Dabei werden bei hohen Temperaturen und unter Ausschluss von Luft die Polymer-Ketten in kleinere Monomer-Einheiten zerlegt. Ein Beispiel hierfür ist die Hydrolyse von PET. Hier wird der Kunststoff bei hohen Temperaturen mit Wasser gespalten. Weitere Aufbereitungsverfahren sind z. B. Vergasen, Cracking, Thermolyse oder Hydrierung. Je nach verwendetem Verfahren entstehen Monomere und Oligomere der Kunststoffe oder Kohlenwasserstoffgemische.

Biodegradation

Eine Alternative zum Recycling stellen biologisch abbaubare Kunststoffe dar, die kompostiert werden können. Oft handelt es sich hierbei um biobasierte Kunststoffe aus nachwachsenden Rohstoffen. Manche Mikroorganismen können unter geeigneten Bedingungen auch synthetische Kunststoffe zersetzen (**M4**). Im Gegenzug sind nicht alle biobasierten Kunststoffe auch biologisch abbaubar (vgl. S. 238).

Wertstoffkreisläufe LK

Kunststoffe wiederzuverwenden schont Rohstoffressourcen und die Umwelt. Ein sehr gut funktionierendes System für einen solchen Wertstoffkreislauf ist das Pfandsystem für PET-Flaschen. Bei anderen Kunststoffabfällen, z. B. aus

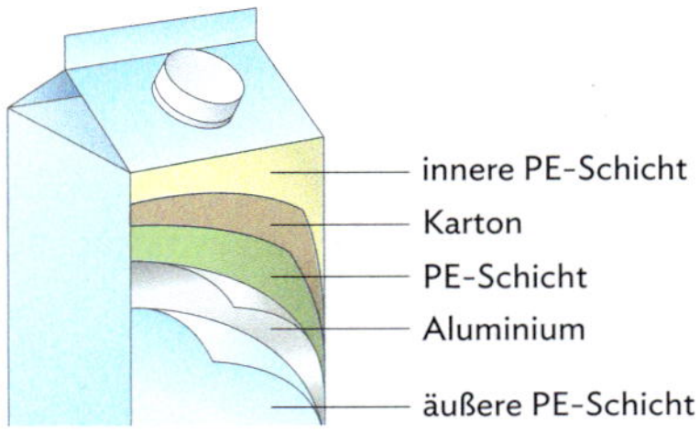

B2 Aufbau eines Einweg-Getränkekartons

dem „Gelben Sack" ist das Recycling komplizierter, da die dort entsorgten Verpackungen aus unterschiedlichen Kunststoffen oder Verbundstoffen bestehen. Eine starke Färbung von Kunststoffen erschwert die Verwertung zusätzlich. Ein Beispiel für einen solchen Verbundstoff sind Einweg-Getränkekartons. Obwohl sie oft als umweltfreundlicher wahrgenommen werden, werden nur etwa 30 % der Einweg-Getränkekartons recycelt. Das liegt an ihrem schichtweisen Aufbau aus Karton, **Polyethylen** und Aluminium (**B2**). Zur Verwertung des Kunststoffes Polyethen aus Getränkekartons müssen diese zuerst aus anderen Verpackungsabfällen aussortiert werden. Heute übernehmen das moderne Sensor-Systeme, die verschiedene Abfälle anhand ihrer Form erkennen und sortieren können. Die Kartons werden zerkleinert und die Papierfasern durch Wasser abgelöst. Das Aluminium und andere Verunreinigungen werden in einem sogenannten Friktionswäscher vom **Polyethylen** getrennt. Dieses kann nun wieder eingeschmolzen und zu neuen Kunststoffprodukten verarbeitet werden (**B3**).

Es werden die werkstoffliche, die rohstoffliche und die energetische Verwertung sowie die Kompostierung von Kunststoffen unterschieden.
In Wertstoffkreisläufen können die Kunststoffe als Rohstoff für neue Produkte aufbereitet werden.

AUFGABEN

A1 Beschreiben Sie Schwierigkeiten beim Recycling von Kunststoff aus Haushaltsabfällen.

A2 Recherchieren Sie zum Begriff der Abfallhierarchie und ordnen Sie die verschiedenen Kunststoff-Verwertungsverfahren in die Hierarchie ein.

A3 „Design for Recycling" beschreibt einen Ansatz, der die Wiederverwertung eines Produktes von Anfang an mitberücksichtigt. Nennen Sie Möglichkeiten der Umsetzung eines solchen Designs.

A4 Nennen Sie Möglichkeiten zur Reduktion des Kunststoffverbrauchs in ihrem Alltag.

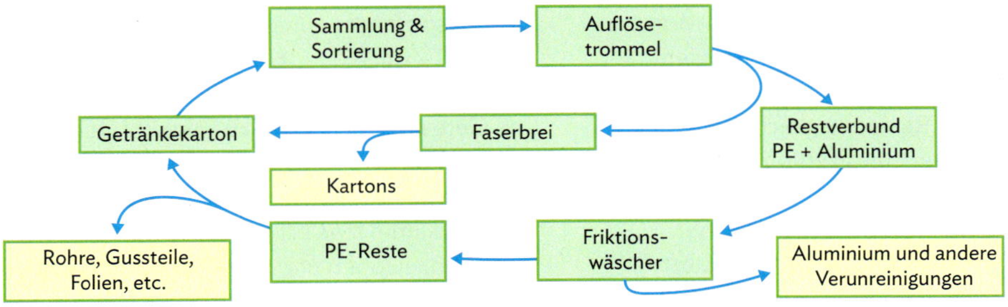

B3 Schema zum Wertstoffkreislauf von Einweg-Getränkekartons

Zum Üben und Weiterdenken

A1 Eine thermoplastische Polyethylenfolie lässt sich auf die mehrfache Länge dehnen. Im Gegensatz zu elastischem Gummi zieht sie sich aber nach der Dehnung nicht mehr zusammen. Erläutern Sie diesen Sachverhalt.

A2 Teflon® wird aus Tetrafluorethen synthetisiert und wurde durch Zufall bei Experimenten mit Kühlmitteln entdeckt.

a) Benennen Sie den Reaktionsmechanismus für die Synthese von Teflon® und stellen Sie ihn dar.

b) Teflon® ist ein sehr reaktionsträges Material und wurde unter anderem bereits als Korrosionsschutz bei der Urananreicherung verwendet. Auch gegen viele aggressive Chemikalien ist es inert. Erklären Sie diese Besonderheit anhand der Struktur von Teflon®.

c) Besonders bekannt ist Teflon® als Antihaftbeschichtung von Pfannen. Um eine Pfanne zu beschichten, wird die Metalloberfläche zunächst angeraut. Anschließend wird Teflon® unter hohem Druck aufgetragen. Erläutern Sie, dass diese Beschichtung nur wenig kratzfest ist.

A3 Für die Herstellung schusssicherer Westen wird unter anderem der Kunststoff Kevlar® verwendet, der von der amerikanischen Chemikerin STEFANIE KWOLEK entwickelt wurde. In der Abbildung ist ein Ausschnitt aus einem Makromolekül von Kevlar® dargestellt.

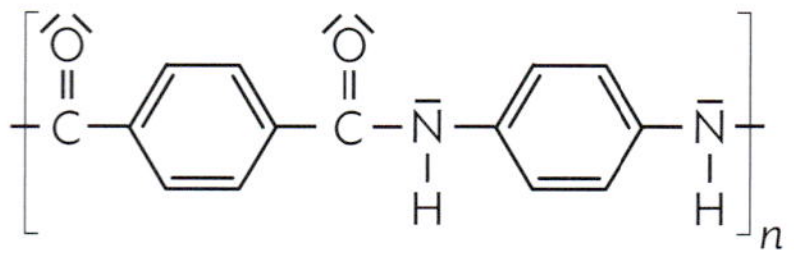

a) Benennen Sie die funktionellen Gruppen des Makromoleküls.

b) Zeichnen Sie die Strukturformeln der für die Synthese des Makromoleküls benötigten Monomere und geben Sie an, welchen Stoffklassen diese Monomere angehören.

c) Formulieren Sie eine Reaktionsgleichung für die Herstellung von Kevlar® und benennen Sie den Reaktionstyp.

d) Schlagen Sie für den Reaktionstyp aus c) ein alternatives Monomer vor, mit welchem stattdessen ein Polyester hergestellt wird. Geben Sie zusätzlich die Strukturformel des Monomers an.

A4 Vergleichen Sie die Struktur eines Polyamid-Moleküls mit der Struktur eines Polyester-Moleküls und erläutern Sie die jeweils vorliegenden zwischenmolekularen Wechselwirkungen.

A5 LK Aus Ethandiol und But-2-endisäure wird ein ungesättigtes Polyesterharz synthetisiert. Formulieren Sie hierfür eine Reaktionsgleichung und erläutern Sie die Besonderheit dieses Polyesterharzes im Vergleich zu gewöhnlichen Polyestern.

A6 Zum Einbetten elektrischer Bauteile wird oft Gießharz verwendet. Dieses besteht häufig aus einem flüssigen ungesättigten Polyesterharz. Um das Gießharz zu härten, werden ein Initiator (z. B. Härterpaste) und Styrol hinzugegeben. Das Gemisch aus Styrol und ungesättigtem Polyesterharz polymerisiert beim Aushärten.

a) Erklären Sie die Tatsache, dass sich das Bauteil nach dem Härten nicht mehr umschmelzen lässt.

b) Zeichnen Sie einen Strukturausschnitt des Copolymers, das beim Härten entsteht.

A7 Erklären Sie den Grund dafür, dass Wasser in Viskose schlechter einzieht als in Baumwolle.

A8 LK Gummi wird durch Vulkanisieren von Kautschuk hergestellt. Neben Naturkautschuk wird häufig auch synthetischer Kautschuk eingesetzt. So wird beispielsweise Polyisopren verwendet, das durch Polymerisation von Isopren hergestellt wird.

a) Erläutern Sie das Prinzip der Vulkanisation.

b) Stellen Sie eine Vermutung auf, wie sich die Eigenschaften des Gummis ändern, wenn bei der Vulkanisation die eingesetzte Menge an Schwefel variiert wird.

A9 LK Elastische Polyurethanfasern können durch Copolymerisation hergestellt werden. Dazu reagieren Diisocyanate zunächst mit Polyetherdiolen $HO\text{-}(O\text{-}(CH_2)_x)_y\text{-}OH$ und in einem weiteren Reaktionsschritt mit Diaminen.

a) Geben Sie einen Strukturausschnitt eines Polyurethan-Moleküls an, nachdem 1,6-Diisocyanatohexan mit einem Polyetherdiol und Ethan-1,2-diamin reagiert hat.

b) Kennzeichnen und benennen Sie die charakteristischen Bindungen, die zwischen den Monomeren aus a) entstehen.

c) Recherchieren Sie, warum elastische Polyurethanfasern trotz hoher Stabilität eine hohe Dehnbarkeit aufweisen. MK

A10 Polycarbonate (vgl. S. 216) sind moderne Kunststoffe, aus denen beispielsweise CDs, Stadion- und Bahnhofsdächer oder Koffer gefertigt werden. Die Synthese von Polycarbonaten erfolgt aus Bisphenol A und Phosgen durch Polykondensation.

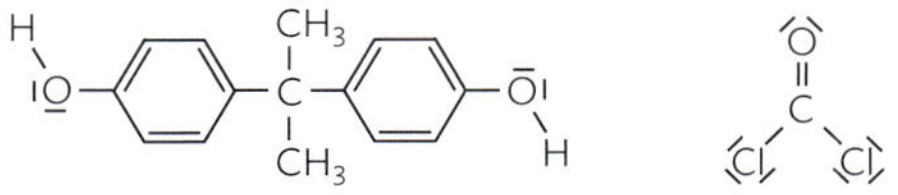

a) Formulieren Sie einen Strukturausschnitt aus einem Polycarbonat-Makromolekül und benennen Sie das bei der Synthese abgespaltene Produkt.
b) Die Polykondensation von Bisphenol A und Phosgen wird in alkalischer Lösung durchgeführt. Erläutern Sie den Einfluss von Natriumhydroxidlösung auf die Reaktion.
c) Ordnen Sie jedem der vier unter QR-/Mediencode 06015-67 formulierten Reaktionsschritte einen Namen für den Reaktionstyp zu und begründen Sie jeweils. 06015-67
d) Recherchieren Sie zur Giftigkeit von Phosgen und diskutieren Sie Sicherheitsmaßnahmen, die bei der industriellen Produktion von Polycarbonaten notwendig sind. MK

A11 Beim Verstrecken eines Rohnylonfadens beobachtet man, dass dieser milchig trüb wird. Nachdem er gestreckt wurde, lässt er sich nicht weiter strecken und ist sehr reißfest. Erklären Sie die Trübung und die Reißfestigkeit mithilfe von Molekülmodellen und Formeln.

A12 PET-Pfandflaschen können mittlerweile zu nahezu 100 % recycelt werden. Recyceltes PET kann zu Polyesterfasern weiterverarbeitet werden. Kleidungsstücke aus PET sind nach dem Waschen formstabiler und knittern weniger stark als Kleidungsstücke aus Baumwolle. Erklären Sie das unterschiedliche Verhalten, indem Sie die Struktur der Makromoleküle vergleichen.

A13 Polystyrol findet unter dem Namen Styropor® Verwendung in Dämm- und Verpackungsmaterialen. Sortenreines Polystyrol kann durch Depolymerisation recycelt werden. In einem Laborversuch werden hierzu einige Stücke Polystyrol in einem Reagenzglas vorsichtig erhitzt. Die entstehenden Dämpfe werden aufgefangen und kondensiert. Entfärbt das Kondensat Bromwasser, war die Depolymerisation erfolgreich.
a) Erklären Sie, welches Strukturmerkmal durch die Entfärbung von Bromwasser nachgewiesen wird.
b) Formulieren Sie eine Reaktionsgleichung für die Reaktion von Bromwasser mit dem Monomer, das bei der Depolymerisation von Polystyrol entstanden ist.

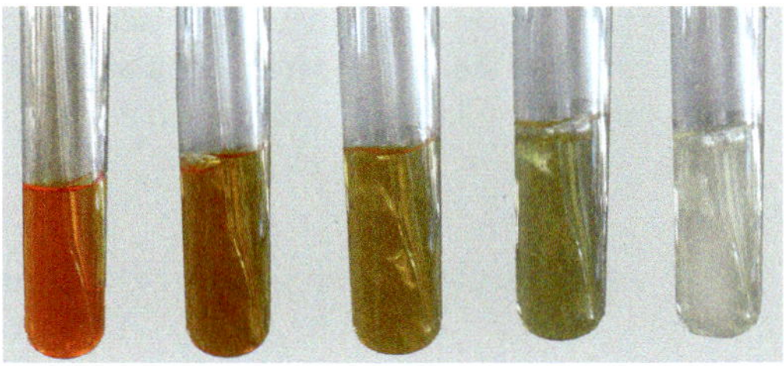

c) Ordnen Sie die Depolymerisation einer der Verwertungsmöglichkeiten für Kunststoffe zu. Begründen Sie Ihre Antwort und bewerten Sie den Einsatz dieser Verwertungsmöglichkeit bei Polystyrol.

A14 Begründen Sie, welche der folgenden Kunststoffe als Material für Behälter zum Aufbewahren von Säuren und Laugen nicht geeignet sind: Polyethylen, Polymilchsäure, Polyvinylchlorid und Nylon 6.6.

A15 Die besonderen Eigenschaften der Nanopartikel (vgl. S. 228 ff.) beruhen darauf, dass sie eine relativ große Oberfläche haben. Angenommen wird ein Eisenwürfel mit einer Kantenlänge a = 1 cm. Die Oberfläche A des Würfels berechnet sich nach $A = 6 \cdot a^2 = 6\ cm^2$, das Volumen V nach $V = a^3 = 1\ cm^3$. Das Verhältnis von Oberfläche zum Volumen beträgt dann 6/cm.
a) Bestimmen Sie das Verhältnis von Oberfläche zu Volumen, wenn man den Würfel in kleinere Würfel mit je der halben Kantenlänge teilt. Wiederholen Sie dies für drei weitere analoge Teilungen (Arbeitsblatt unter QR-/Mediencode 06002-205). 06002-205
b) Begründen Sie den Einfluss der Oberflächengröße auf chemische Reaktionen bei gleicher Masse der Stoffportion.

Alles im Blick

1 Struktur und Eigenschaften von Kunststoffen

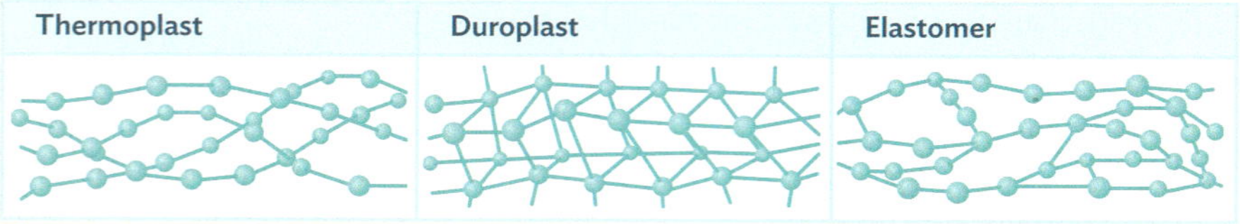

Kunststoffe sind Werkstoffe, die künstlich (synthetisch) oder durch Abwandlung von Naturprodukten hergestellt werden. Sie bestehen aus **Makromolekülen**. Diese Riesenmoleküle sind aus sich wiederholenden Grundbausteinen, den **Monomeren**, aufgebaut.
Hinsichtlich ihrer thermischen Eigenschaften werden Kunststoffe in **Thermoplaste**, **Duroplaste** und **Elastomere** klassifiziert. Sie unterschieden sich in ihrem Verzweigungsgrad. Neben unterschiedlicher Temperaturbeständigkeit und Elastizität variieren Kunststoffe zudem in weiteren Eigenschaften wie z. B. Wasserlöslichkeit, chemischer Beständigkeit, Brennbarkeit und Dichte.

2 Die radikalische Polymerisation

Polymerisate sind Produkte einer **Polymerisation**. Strukturelle Voraussetzung ist mindestens eine C=C-Doppelbindung im Monomer-Molekül, welche durch Wärme, Licht oder Initiatoren aktiviert wird. Die **radikalische Polymerisation** wird durch **Radikale R·** initiiert. Dies sind sehr reaktive Teilchen mit mindestens einem ungepaarten Elektron. Bei der Polymerisation werden keine Nebenprodukte wie z. B. Wasser gebildet. Weitere Arten der Polymerisation sind z. B. die anionische und kationische Polymerisation.

Um **„Kunststoffe nach Maß"** mit den jeweils gewünschten Eigenschaften herzustellen, kann die Polymerisation durch Zusatz von **Weichmachern**, Variation von Monomeren, Temperatur oder Initiatoren sowie durch **Copolymerisation** beeinflusst werden. Zu den wichtigsten Polymerisaten zählen: **Polyethylen** (**PE**), **Polypropylen** (**PP**), **Polyvinylchlorid** (**PVC**) und **Polystyrol** (**PS**).

LK Der Mechanismus verläuft in vier Schritten: **Radikalbildung**, **Kettenstart**, **Kettenwachstum** und **Kettenabbruch**.

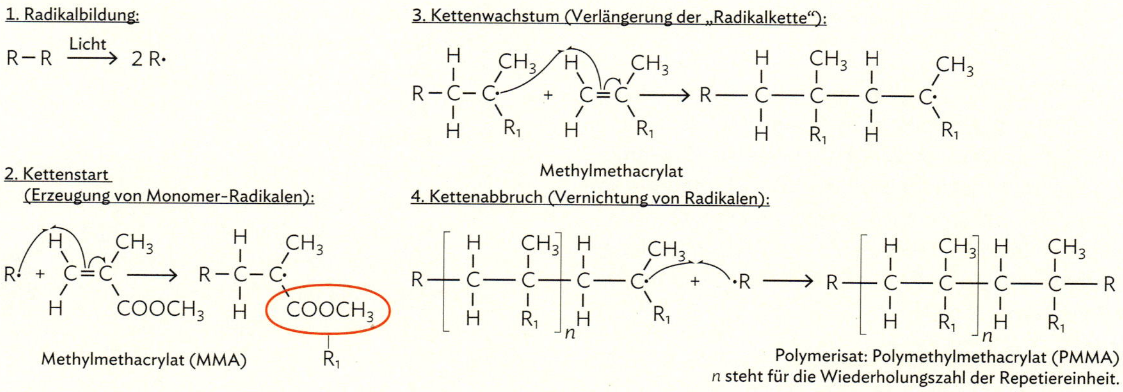

3 Die Polykondensation

Polykondensate sind Produkte einer **Polykondensation**. Hierfür werden Monomere mit mindestens zwei funktionellen Gruppen benötigt. Abhängig von den eingesetzten Monomeren erhält man unterschiedliche Klassen an Polykondensaten. Bei der Synthese von **Polyestern** wie z. B. **Polyethylenterephthalat** (**PET**) werden mehrwertige Alkohole und mehrwertige Carbonsäuren als Monomere eingesetzt.
Polymilchsäure, auch **Polylactid** (**PLA**) genannt, ist ein Polyester, der aus einem **bifunktionellen** Monomer synthetisiert wird, welches sowohl eine Carboxy- als auch eine Hydroxy-Gruppe besitzt.
Polyamide entstehen durch Reaktion aus mehrwertigen Aminen und mehrwertigen Carbonsäuren oder Carbonsäurechloriden.
Bei der Polykondensation entstehen niedermolekulare Verbindungen wie Wasser oder Chlorwasserstoff als Nebenprodukte.

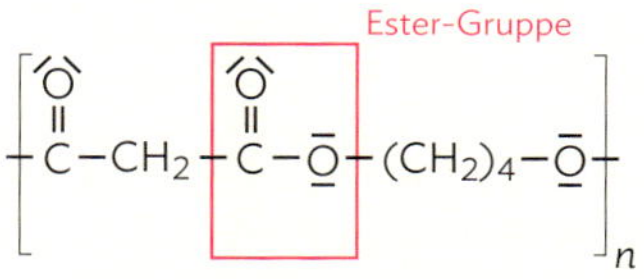

Strukturausschnitt eines Polyesters

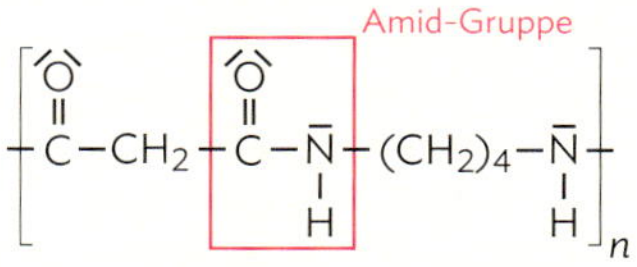

Strukturausschnitt eines Polyamids

4 Die Polyaddition LK

Polyaddukte sind Produkte einer **Polyaddition**. Hierfür werden Monomere mit mindestens zwei funktionellen Gruppen benötigt. **Polyurethane** (**PUR**) entstehen z. B. aus mehrwertigen Isocyanaten und mehrwertigen Alkoholen. Durch Zugabe von Wasser entsteht unter anderem Kohlenstoffdioxid, welches das Polyaddukt aufschäumt. Im Gegensatz zur Polykondensation werden bei der Polyaddition keine Moleküle abgespalten, sondern Atome und Elektronenpaare umgruppiert.

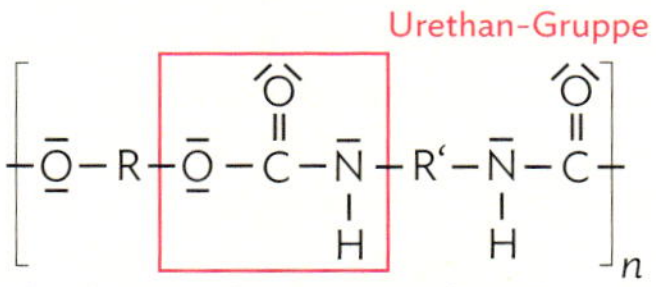

Strukturausschnitt eines Polyurethans

5 Nanomaterialien und Nanostrukturen

Nanomaterialien sind in vielen Produkten des Alltags enthalten. Ein Nanometer 1 nm entspricht 10^{-9} m. Aufgrund des Verhältnisses zwischen Volumen zu Oberfläche von nahezu 1 : 1 haben **Nanopartikel** andere Eigenschaften als makroskopische Partikel. Dies wird genutzt, um gewünschte Eigenschaften zu erzeugen.
Nanostrukturen, also besonders geformte Oberflächen im nanoskaligen Bereich, sind auch in der Natur weit verbreitet, z. B. als Wachskristalle auf der Oberseite der Blätter des Lotus oder als Hafthärchen an Geckofüßen.

6 Verwertung von Kunststoffen

Bei der Verwertung von Kunststoffen unterscheidet man vier Verfahren: Bei der **werkstofflichen Verwertung** werden sortenreine Kunststoffabfälle zu neuen Werkstoffen verarbeitet. Bei der **rohstofflichen Verwertung** erfolgt die Zerlegung der Polymere in niedermolekulare Rohstoffe. Die **thermische Verwertung** (Verbrennung) basiert auf der Umwandlung der gespeicherten chemischen Energie in thermische Energie. Bei der **Kompostierung** zersetzen Mikroorganismen biologisch abbaubare Kunststoffe wie PLA.

Ziel erreicht?

Verfügen Sie über die Kompetenzen dieses Kapitels? Lösen Sie die entsprechenden Aufgaben auf dem Arbeitsblatt unter QR-/Mediencode 06007-042 und bewerten Sie sich mithilfe der Tabelle rechts unten.

06007-042

Unter QR-/Mediencode 06007-043 finden Sie außerdem eine Lernanwendung zur digitalen Überprüfung der geforderten Kompetenzen.

06007-043

KOMPETENZ A: Kunststoffe nach ihren thermischen Eigenschaften klassifizieren

A1 Die folgenden Abbildungen zeigen den modellhaften Aufbau von drei nach ihren thermischen Eigenschaften klassifizierten Kunststofftypen.

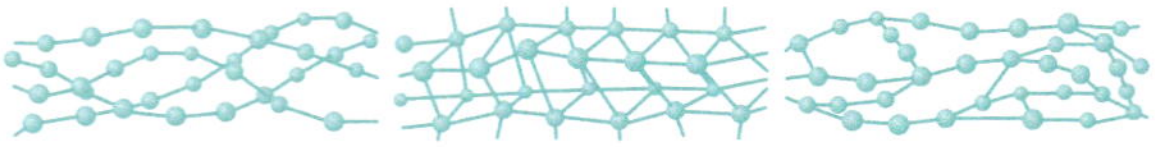

(1) (2) (3)

a) Ordnen Sie die Abbildungen (1) bis (3) den drei Kunststofftypen zu. Beschreiben Sie jeweils den Vernetzungsgrad und die hieraus resultierenden Eigenschaften beim Erhitzen.

b) Geben Sie für jeden Kunststofftyp ein Beispiel an.

A2 a) Erläutern Sie die Begriffe amorph und teilkristallin.

b) Der obere Schriftzug „PE-LD“ ist mit einer Polyethylenfolie niedriger Dichte (*low-density* PE) abgedeckt, der untere, kaum erkennbare Schriftzug „PE-HD“ mit einer Polyethylenfolie hoher Dichte (*high-density* PE). Erklären Sie die dargestellte Beobachtung.

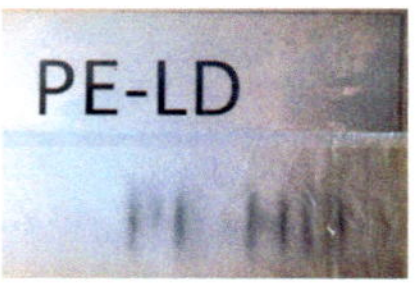

KOMPETENZ B: LEWIS-Strukturformeln der Monomere und LEWIS-Strukturformelausschnitte wichtiger Polymere darstellen und benennen

B1 Angegeben sind die Namen von fünf Monomeren: Propandisäure, Ethandiol, Toluol-2,6-diisocyanat, But-1-en und Pentan-1,5-diamin.

a) Geben Sie die LEWIS-Strukturformeln der Moleküle der fünf Monomere an.

b) Aus den vorgegebenen Monomeren sollen vier verschiedene Polymere synthetisiert werden. Ordnen Sie den folgenden Kunststoffklassen die für ihre Synthese benötigten Monomere zu: Polymerisat, Polyester, Polyamid und Polyurethan. *Hinweis*: Mehrfachnennungen sind möglich.

c) Geben Sie für die vier Kunststoffklassen aus b) einen Ausschnitt aus jeweils beispielhaften Makromolekülen an.

d) Bei den vier Kunststoffklassen aus b) handelt es sich ausschließlich um Thermoplaste. Beschreiben Sie, wie die Monomere verändert werden müssten, um Duromere zu synthetisieren.

B2 a) Benennen Sie die folgenden Polymer-Strukturausschnitte:

I

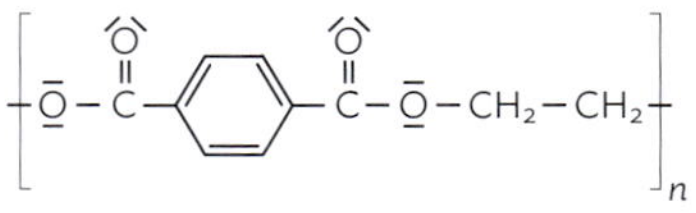

II

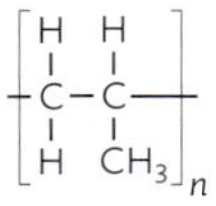

III

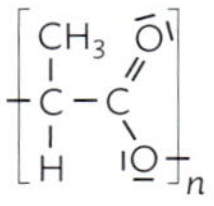

b) Die Monomer-Moleküle für die Synthese des Polymers III weisen eine Besonderheit auf. Erläutern Sie diese.

B3 Geben Sie für die Makromoleküle im Polyethylen und Polystyrol jeweils die Repetiereinheit an.

B4 Der ABS-Kunststoff wird aus den Monomeren Acrylnitril, 1,3-Butadien und Styrol hergestellt.

a) Geben Sie einen Strukturausschnitt des Polymers an, das alternierend aus den drei Monomeren synthetisiert wurde.

b) Zeichnen Sie einen Strukturausschnitt, wenn 1,3-Butadien die Hauptkette bildet und die beiden anderen Monomere angepfropft werden.

KOMPETENZ C: Verschiedene Reaktionsmechanismen der Kunststoffsynthese unterscheiden und formulieren

C1 Benennen Sie drei Reaktionstypen für die Herstellung von Kunststoffen. Ordnen Sie den für die jeweiligen Synthesen benötigten Monomeren die zugehörigen Stoffklassen zu.

C2 a) Geben Sie für die Synthese von Polyvinylchlorid den Reaktionsmechanismus in Formelschreibweise an und beschriften Sie die einzelnen Schritte und Zwischenprodukte.

b) **LK** Butandisäure reagiert einerseits mit Propan-1,3-diol und in einer anderen Reaktion mit Ethandiamin. Formulieren Sie für beide Reaktionen je eine Reaktionsgleichung. Beschreiben Sie den Unterschied bei diesen beiden Synthesen im Vergleich zur Synthese aus a).

c) **LK** Bringt man Propan-1,3-diol mit Butan-1,4-diisocyanat unter Zugabe geringer Mengen Wasser zur Reaktion, schäumt das Reaktionsgemisch zunächst auf, bevor es aushärtet. Formulieren Sie eine Reaktionsgleichung für die Entstehung des Polymers und erläutern Sie die Rolle des Wassers bei der Reaktion.

d) **LK** Geben Sie die Reaktionstypen der Reaktionen aus b) und c) an und vergleichen Sie diese miteinander.

KOMPETENZ D: Eigenschaften von Nanostrukturen und Nanoteilchen beschreiben

D1 Definieren Sie den nanoskaligen Größenbereich.

D2 Begründen Sie, dass die besonderen Eigenschaften von Nanomaterialien mit ihren relativ großen Oberflächen zusammenhängen.

D3 Beschreiben Sie an einem Beispiel, dass der Nachbau von Nanostrukturen aus der Natur technische Innovation ermöglicht.

KOMPETENZ E: Recyclingmöglichkeiten von Kunststoffen beschreiben und bewerten

E1 Ordnen Sie die Verfahren Vergasen, Umschmelzen, Verbrennen, Hydrieren und Thermolyse den thermischen, werkstofflichen oder rohstofflichen Verwertungsmöglichkeiten von Kunststoffen zu.

E2 **LK** Erklären Sie im Hinblick auf die werkstoffliche Verwertung von Kunststoffen die Notwendigkeit, Etiketten aus PE und Deckel aus Aluminium von Joghurtbechern aus PS oder PP abgetrennt, grob gereinigt und als Einzelteile im Hausmüll zu entsorgen.

E3 Vergleichen Sie die möglichen Edukte und Produkte bei der werkstofflichen und der rohstofflichen Verwertung von Kunststoffen.

E4 Beurteilen Sie die Verwendbarkeit von
a) Polymerisaten aus halogenierten Kohlenwasserstoffen wie PVC oder PTFE (Teflon®),
b) Polykondensaten wie Polyester oder Polyamide,
c) Polyaddukten wie Polyurethane und
d) duromeren Kunststoffen
für die thermische, werkstoffliche und rohstoffliche Verwertung.

E5 a) Nennen Sie zwei Beispiele für bioabbaubare Kunststoffe.

b) Beurteilen Sie die Kompostierung bioabbaubarer Kunststoffe hinsichtlich der entstehenden Produkte und deren Wiederverwertbarkeit.

Vergleichen Sie Ihre Antworten mit den Lösungen auf Seite 543 ff. und kreuzen Sie auf dem Arbeitsblatt an.

Kompetenz	ja	nein	zum Nachlesen
A Kunststoffe nach ihren thermischen Eigenschaften klassifizieren	?	?	S. 202 – 205
B LEWIS-Strukturformeln der Monomere und LEWIS-Strukturformelausschnitte wichtiger Polymere darstellen und benennen	?	?	S. 209, 218
C Verschiedenen Reaktionsmechanismen der Kunststoffsynthese unterscheiden und formulieren	?	?	S. 210 – 211, 218 – 221, 224
D Eigenschaften von Nanostrukturen und Nanoteilchen beschreiben	?	?	S. 228 – 229
E Recyclingmöglichkeiten von Kunststoffen beschreiben und bewerten	?	?	S. 244 – 245

Klausuraufgaben

T1 Kaugummi

Kaugummi (**B1** links) ist eine leicht verformbare, meist süß, manchmal auch scharf oder sauer schmeckende Masse, auf der lange Zeit gekaut werden kann, ohne dass sie zerfällt. Der größte Anteil der Kaumasse wird aus petrochemischen Grundstoffen erzeugt und besteht vorwiegend aus Polyisobuten (**B1** rechts).

B1 Kaugummi (links) und Repetiereinheit des Polyisobuten-Moleküls (rechts)

AUFGABEN

A1 Definieren Sie drei Reaktionstypen, durch die Kunststoffe hergestellt werden.

A2 Gegeben sind vier Aussagen, die oft mit dem Begriff Kunststoff in Verbindung gebracht werden:
- Kunststoffe belasten die Umwelt.
- Kunststoffe sind nur für Einwegartikel geeignet.
- Kunststoffe lassen sich schwierig recyceln.
- Kunststoffe sind brennbar.

Nehmen Sie zu diesen Aussagen Stellung und begründen Sie zwei Ihrer Stellungnahmen.

A3 Erläutern Sie den Mechanismus für die radikalische Polymerisation mit einem organischen Peroxid R-O-O-R als Initiator am Beispiel von Isobuten. Formulieren Sie eine Hypothese zum Einfluss der Konzentration des Initiators auf den Polymerisationsgrad.

A4 In einigen Städten in Deutschland und anderen Ländern wurden Bußgelder für das Wegwerfen von Kaugummis eingeführt. Begründen Sie diese Maßnahme mit Bezug auf die Eigenschaften von Polyisobuten.

T2 Kompositfüllungen

Schon in den 1950er Jahren forschte man an Materialien für Zahnfüllungen, die auf Kunststoffen basierten. Heute verwendet man häufig sogenannte Komposite, bei welchen es sich um Verbände aus verschiedenen Materialien handelt. Eine mögliche Zusammensetzung besteht aus Glutaraldehyd, 2-Hydroxyethylmethacrylat und Ethylendimethacrylat (**B2**).

Beim Füllen eines Zahns sind zwei Schritte erforderlich:

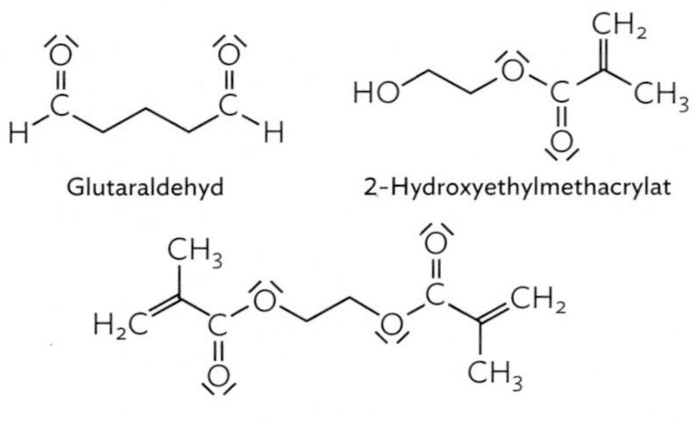

B2 LEWIS-Strukturformeln der Komponenten einer Kompositfüllung

1. Nachdem der Zahnarzt Karies entfernt und den Bereich gereinigt hat, wird auf die Oberfläche kurzzeitig ein Phosphorsäuregel aufgetragen und anschließend gründlich mit Wasser gespült.
2. Die Kompositfüllung wird in Schichten aufgetragen. Jede Schicht wird mit UV-Licht beleuchtet.

Glutaraldehyd reagiert dabei zunächst mit dem Dentin (vereinfacht: $R{-}NH_2$) des Zahnes (Reaktion 1). Anschließend wird damit eine feste Verbindung zum 2-Hydroxyethylmethacrylat hergestellt (Reaktion 2), mit welchem das Ethylendimethacrylat copolymerisiert.

AUFGABEN

A1 Erläutern Sie die Arbeitsschritte bei dem Einsetzen einer Kompositfüllung.

A2 Formulieren Sie die Reaktionsgleichungen für die Reaktionen 1 und 2. (*Hinweis*: Bei beiden Reaktionen wird nur ein Reaktionsprodukt gebildet.). Benennen Sie die Reaktionstypen beider Reaktionen.

A3 Begründen Sie anhand der Molekülstruktur (**B2**) die Funktion des Ethylendimethacrylats.

A4 MK Diskutieren Sie den Einsatz von Kunststoffen anstelle von Quecksilberamalgam für Zahnfüllungen.

T3 Polyester

B3 Beispiel für Funktionskleidung

Polyester sind synthetische Fasern, die auf vielfältige Weise bei der Herstellung von Kleidung zum Einsatz kommen. Die Kunstfasern sind knitterarm, weich, formbeständig, pflegeleicht und schnell trocknend. Im Vergleich zu Baumwolle ist die Herstellung von Polyester um ein Vielfaches günstiger.

Der „Allrounder" unter den Polyestern ist das Polyethylenterephthalat (PET), das technisch aus dem Dimethylester der Terephthalsäure (Dimethylterephthalat) und Ethandiol (**B4**) in zwei Schritten hergestellt wird. Fasern aus PET wie Trevira® oder Diolen® eignen sich besonders gut zur Herstellung von Funktionskleidung (**B3**). Immer mehr Hersteller von Funktionstextilien werben mit deren Nachhaltigkeit, da Polyester recycelt werden können (vgl. S. 244 f.).

AUFGABEN

A1 Formulieren Sie die Reaktionsgleichungen für die Bildung von Polymeren aus Terephthalsäure und
a) Ethylenglykol.
b) Propantriol.
Benennen Sie den Reaktionstyp.

A2 Erklären Sie die Unterschiede in der Struktur der Polymere aus **A1** und leiten Sie daraus die thermischen Eigenschaften ab.

A3 Erläutern Sie am Beispiel von PET den Unterschied zwischen einem Makromolekül, einem Monomer und einer Repetiereinheit.

A4 Berechnen Sie die Anzahl der Monomereinheiten, aus denen ein PET-Molekül mit einer molaren Masse von ca. 100.000 g/mol besteht.

A5 Auch Faltenröcke werden häufig aus PET-Fasern hergestellt. Begründen Sie diese Anwendung.

A6 Erstellen Sie auf der Grundlage von **B5** ein Fließschema zur technischen Herstellung von PET. Begründen Sie die in **B5** angegebenen Reaktionsbedingungen.

A7 Erläutern Sie am Beispiel von PET
a) LK die rohstoffliche Verwertung und
b) die thermische Verwertung (Angabe der Reaktionsgleichung)
von Kunststoffen.

A8 MK Bewerten Sie das Recycling von Funktionstextilien aus ökologischer und ökonomischer Sicht.

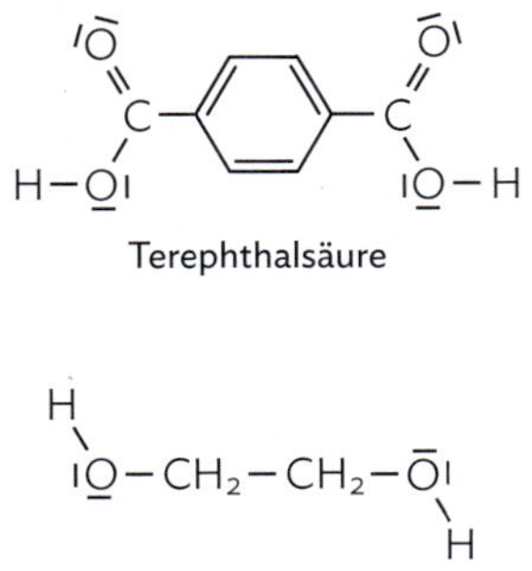

B4 LEWIS-Strukturformeln der Monomere für die Synthese von PET

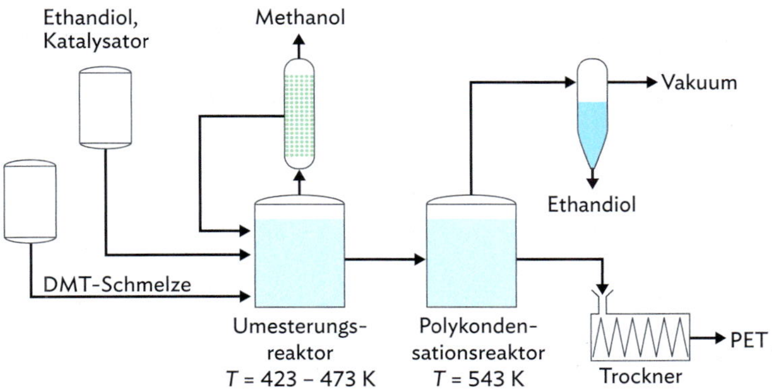

B5 PET-Herstellungsprozess aus Dimethylterephthalat

5 Das chemische Gleichgewicht

06007-044
Arbeitsblatt unter
QR-/Mediencode
06007-044

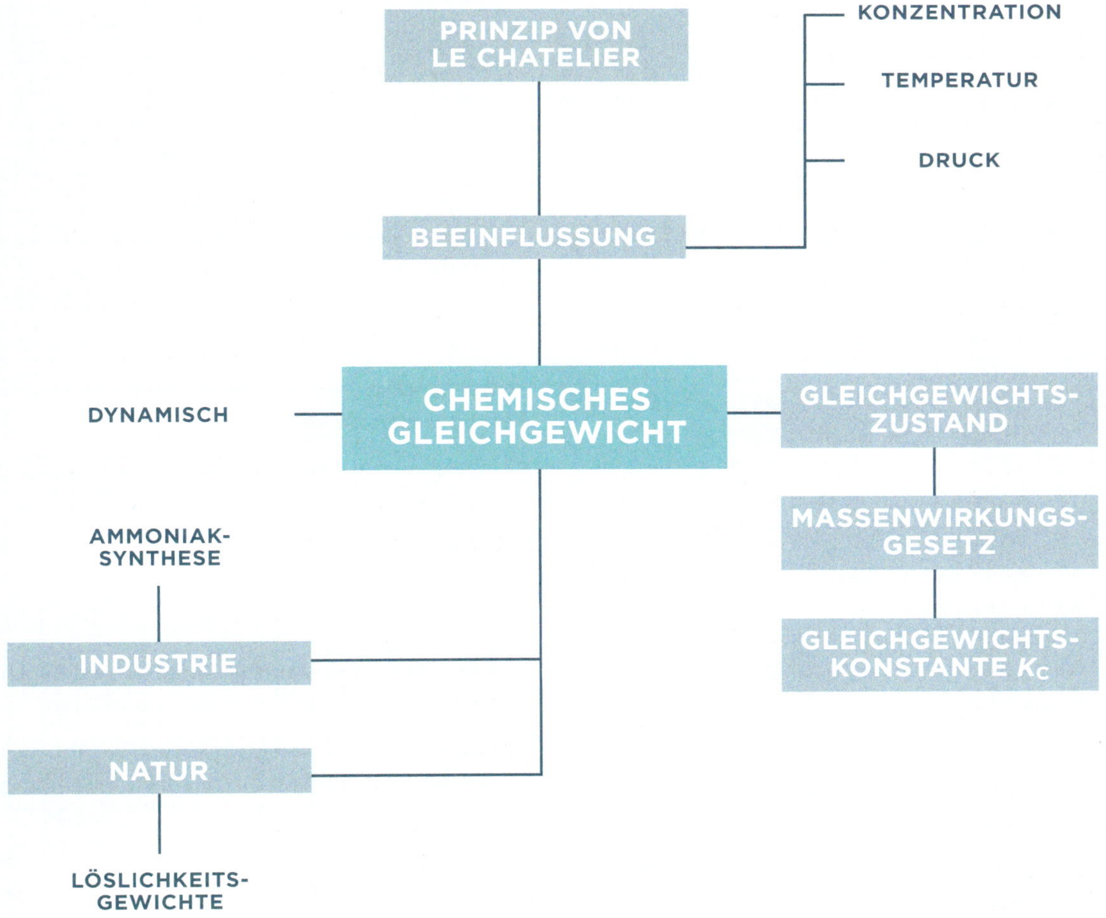

Startklar?

Schätzen Sie Ihre Kompetenz in den Bereichen A bis D ein und prüfen Sie sich anhand der entsprechenden Aufgaben (Arbeitsblatt unter QR-/Mediencode 06007-045).

06007-045

Unter QR-/Mediencode 06007-046 finden Sie außerdem eine Lernanwendung zur digitalen Überprüfung der geforderten Kompetenzen.

06007-046

Kompetenz	sehr gut	gut	schwierig
A Reaktionen der Bildung und Spaltung von Carbonsäureestern darstellen	?	?	?
B Das Teilchenmodell zur Beschreibung von Aggregatzuständen anwenden	?	?	?
C Den Energieumsatz von chemischen Reaktionen beschreiben	?	?	?
D Den Aufbau, das Lösen und Reaktionen von Salzen auf der Teilchenebene erklären	?	?	?
E Mit stöchiometrischen Größen rechnen	?	?	?
F Reaktionen von Stickstoff und Stickstoffverbindungen erläutern	?	?	?

KOMPETENZ A: Reaktionen der Bildung und Spaltung von Carbonsäureestern darstellen

A1 Ethylacetat (Essigsäureethylester) ist wie viele Ester ein natürlich vorkommender Aromastoff, der auch industriell genutzt wird.

a) Zeichnen Sie die Strukturformel von Ethylacetat und markieren Sie die Ester-Gruppe.

b) Geben Sie die Ausgangsstoffe zur Synthese von Ethylacetat an, formulieren Sie die Reaktionsgleichung und nennen Sie den Reaktionstyp.

A2 Formulieren Sie die Reaktionsgleichung der Hydrolyse von Essigsäureethylester. Erklären Sie anhand der Reaktionsgleichungen aus **A1** und **A2**, dass Hydrolyse und Kondensation Umkehrreaktionen voneinander sind.

KOMPETENZ B: Das Teilchenmodell zur Beschreibung von Aggregatzuständen anwenden

B1 Beschreiben Sie die Vorgänge auf Stoff- und Teilchenebene beim Erwärmen eines Stoffes. Erklären Sie damit die Unterschiede in Anordnung und Bewegung von Teilchen in den verschiedenen Aggregatzuständen.

B2 Die Hypothese von Avogadro besagt, dass Gase bei gleicher Temperatur und gleichem Druck das gleiche Volumen einnehmen. Beschreiben Sie mit je-desto-Beziehungen die Veränderung des Volumens, wenn Temperatur bzw. Druck erhöht werden.

KOMPETENZ C: Den Energieumsatz von chemischen Reaktionen beschreiben

C1 Definieren Sie die Begriffe Aktivierungsenergie und Katalysator.

C2 Zeichnen Sie je ein Energiediagramm für eine exotherme und eine endotherme Reaktion.

KOMPETENZ D: Den Aufbau, das Lösen und Reaktionen von Salzen auf der Teilchenebene erklären

D1 Bei der Reaktion von Metallen und Nichtmetallen entstehen salzartige Verbindungen. Beschreiben Sie den Aufbau von Salzen auf der Teilchenebene.

D2 Beim Lösen eines Salzes in Wasser werden Ionenbindungen überwunden und Hydrathüllen ausgebildet. Der Lösevorgang kann endotherm oder exotherm sein.

a) Skizzieren Sie ein Natrium- und ein Chlorid-Ion jeweils mit Hydrathülle.

b) Benennen Sie die Wechselwirkungen, die für die Ausbildung von Hydrathüllen verantwortlich sind.

c) Erklären Sie mit Bezug zu den ablaufenden Vorgängen beim Lösen eines Salzes in Wasser, wie es zu einem endothermen bzw. exothermen Lösevorgang kommt.

D3 Der Nachweis von Halogenid-Ionen mit Silbernitratlösung ($AgNO_3$ (aq)) beruht auf der Bildung schwerlöslicher Salze.

a) Beschreiben Sie die Beobachtungen bei einem positiven Nachweis von Chlorid-, Iodid- und Bromid-Ionen mit Silbernitratlösung.

b) Stellen Sie die Verhältnisformeln der entstehenden Silberhalogenide auf und formulieren Sie die Reaktionsgleichungen.

KOMPETENZ E: Mit stöchiometrischen Größen rechnen

E1 Formulieren Sie die Gleichungen, die die Zusammenhänge folgender Größen beschreiben, und benennen Sie die Größe:

- Masse und Volumen
- Stoffmenge und Masse
- Volumen und Stoffmenge
- Stoffmenge und Teilchenzahl

E2 Berechnen Sie das Volumen einer Lösung der Konzentration $c = 0{,}2$ mol/L, in der 11,9 g Kaliumbromid gelöst wurden. Geben Sie die Teilchenanzahl an.

E3 1 g eines unbekannten Salzes wurden in 10 mL Wasser gelöst. Aus dieser Salzlösung wurde mit Silbernitratlösung 4,23 g eines weißen Niederschlags ausgefällt. Bestimmen Sie, um welches Salz es sich handelt, wenn bekannt ist, dass das Kation zweifach positiv geladen ist.

KOMPETENZ F: Reaktionen von Stickstoff und Stickstoffverbindungen erläutern

F1 Stickstoff ist das häufigste Element in der Luft und kann verschiedene Reaktionen eingehen.

a) Formulieren Sie die Reaktionsgleichungen für die Reaktion von Stickstoff mit Sauerstoff bzw. mit Wasserstoff. Benennen Sie die Produkte.

b) Nennen Sie weitere Stickstoffverbindungen und erläutern Sie die Bedeutung von Stickstoff und seinen Verbindungen in Natur und Industrie.

F2 Erklären Sie mithilfe einer Reaktionsgleichung, dass Ammoniak in Wasser Universalindikator blau färbt.

Vergleichen Sie Ihre Antworten mit den Lösungen auf Seite 546 f. und geben Sie sich die entsprechende Punktzahl.

Kompetenz		sehr gut	gut	schwierig	zum Nachlesen
A	Reaktionen der Bildung und Spaltung von Carbonsäureestern darstellen	9 – 7	6 – 5	4 – 3	S. 120 – 122
B	Das Teilchenmodell zur Beschreibung von Aggregatzuständen anwenden	8 – 7	6 – 5	4 – 3	S. 14
C	Den Energieumsatz von chemischen Reaktionen beschreiben	6	5 – 4	3 – 2	S. 16 – 17
D	Den Aufbau, das Lösen und Reaktionen von Salzen auf der Teilchenebene erklären	20 – 16	15 – 11	10 – 6	S. 20 – 23
E	Mit stöchiometrischen Größen rechnen	13 – 10	9 – 6	5 – 3	S. 28 – 29
F	Reaktionen von Stickstoff und Stickstoffverbindungen erläutern	7 – 6	5 – 4	3 – 2	S. 26

5.1 Das chemische Gleichgewicht

Vielen Kuchen und Desserts werden bei der Zubereitung Aromastoffe zugesetzt. Bei diesen Aromastoffen handelt es sich oft um Ester, die bei falscher Aufbewahrung ihren Geschmack und Geruch verlieren oder sogar ungenießbar werden können. Was passiert mit Estern, wenn sie nicht verschlossen, kühl und trocken gelagert werden?

5.1.1 Versuche und Material

V Umkehrbare Reaktionen im offenen und geschlossenen System

Einige Aromastoffe verlieren mit der Zeit ihren charakteristischen Geruch. Diese und andere stark riechende Stoffe zersetzen sich sukzessive wieder in ihre Edukte. Man sollte sie verschlossen aufbewahren. Warum ist dies so?

V1 Tropfen Sie etwas Thymolphthalein-Indikatorlösung auf ein angefeuchtetes Filterpapier. Entnehmen Sie mit einer 20 mL-Spritze Ammoniakgas aus der Gasphase über konzentrierter Ammoniaklösung und düsen Sie es auf das Filterpapier. Schwenken Sie das Filterpapier.

V2 Wiederholen Sie **V1**. Legen Sie das Filterpapier in einen Standzylinder und verschließen Sie diesen mit einer Glasplatte.

AUSWERTUNG

a) Erklären Sie die Farbänderungen auf dem Filterpapier mithilfe von Reaktionsgleichungen.
b) Ordnen Sie den beiden Versuchen die Begriffe offenes und geschlossenes System zu.
c) Erklären Sie, welche Stoffe im geschlossenen Standzylinder nebeneinander vorliegen.

ENTSORGUNG R

V Gleichgewichtseinstellung

Die Veresterung ist eine Gleichgewichtsreaktion. Ihre Rückreaktion ist die Esterhydrolyse. Wie viel Carbonsäure wird hierbei umgesetzt bzw. gebildet?

V3 Setzen Sie in je einem 100-mL-Erlenmeyerkolben die folgenden Mischungen an. Vermengen Sie dazu die angegebenen Edukte in einem Messzylinder und füllen Sie sie mit Aceton als Lösemittel auf ein Gesamtvolumen von 50 mL auf.

A *Veresterung:* 0,25 mol (15 g) Essigsäure CH_3COOH, 0,25 mol (11,5 g) Ethanol CH_3CH_2OH und 0,005 mol (0,48 g) konz. Schwefelsäure

B *Esterhydrolyse:* 0,25 mol (22 g) Essigsäureethylester $CH_3COOCH_2CH_3$, 0,25 mol (4,5 g) Wasser und 0,005 mol (0,5 g) konz. Schwefelsäure

C *Blindprobe:* 0,005 mol konz. Schwefelsäure

Verschließen Sie die Ansätze und rühren Sie **A** und **B** drei bis vier Tage mittels Magnetrührer. Entnehmen Sie jedem Versuchsansatz 1 mL und verdünnen Sie diesen mit ca. 50 mL Wasser. Setzen Sie einige Tropfen Thymolphthalein-Indikatorlösung hinzu und titrieren Sie mit Natronlauge (c = 0,1 mol/L) bis zum Farbumschlag (Durchführung einer Titration unter QR-/Mediencode 06011-04).

06011-04

AUSWERTUNG

a) Notieren Sie den Verbrauch an Natronlauge tabellarisch und berechnen Sie die Mittelwerte der jeweiligen Titrationsergebnisse.

b) Stellen Sie Reaktionsgleichungen für die Veresterung und die Esterhydrolyse auf.

c) Berechnen Sie mithilfe des Ergebnisses für die Blindprobe, welches Volumen an Natronlauge bei den anderen beiden Ansätzen jeweils auf die Neutralisation der Essigsäure entfällt. Vergleichen Sie die Volumina.

d) Zwischen der Stoffmenge *n*, der Konzentration *c* und dem Volumen *V* besteht die Beziehung $n = c \cdot V$. Das Stoffmengenverhältnis für die Neutralisation von Essigsäure mit Natronlauge ist $n(CH_3COOH) : n(NaOH) = 1:1$. Berechnen Sie mithilfe dieser Angaben die Stoffmenge *n* von Essigsäure in beiden Ansätzen. Beachten Sie, dass Sie nur 1 mL des Ansatzes titriert haben.

e) Berechnen Sie die Stoffmenge an Ethanol, Essigsäureethylester und Wasser für beide Ansätze im Gleichgewicht aus der Ausgangsstoffmenge n_0 und der experimentell ermittelten Stoffmenge an Essigsäure.

ENTSORGUNG G3

V Modellversuch zum chemischen Gleichgewicht

Im chemischen Gleichgewicht ändert sich die Konzentration der Edukte und Produkte nicht mehr. Kommt die Reaktion dabei zum Erliegen?

V4 Füllen Sie einen 100-mL-Messzylinder A mit 70 mL Wasser. Ein zweiter 100-mL-Messzylinder B ist zunächst leer. Stellen Sie nun zwei Glasrohre a und b mit unterschiedlichen Durchmessern in die Zylinder und verschließen Sie die Rohre oben mit Ihren Fingerkuppen. Entleeren Sie die Glasrohre in den jeweils anderen Zylinder und notieren Sie die Füllstände. Stellen Sie Glasrohr a erneut in Zylinder A und Glasrohr b in Zylinder B. Wiederholen Sie die Prozedur bis sich die Füllstände in den Messzylindern nicht mehr ändern.

AUSWERTUNG

a) Dokumentieren Sie die Wasserstände in einer Tabelle und tragen Sie den Wasserstand grafisch gegen die Anzahl der Wiederholungen auf.

b) Erklären Sie anhand des Diagramms aus **a)**, dass der Versuch als Modellversuch zum chemischen Gleichgewicht herangezogen werden kann.

c) Beantworten Sie die Frage in der Einleitung zu **V4** anhand Ihrer Erkenntnisse zum Modellversuch.

d) Formulieren Sie eine Hypothese zum Ausgang des Experiments, wenn man nicht Zylinder A, sondern Zylinder B mit 70 mL Wasser befüllen würde und Zylinder A zunächst leer wäre. Überprüfen Sie Ihre Hypothese experimentell.

ENTSORGUNG A

5.1.2 Hin- und Rückreaktion im Gleichgewicht

Umkehrbare Reaktionen

Aromastoffe aus Estern sind aufgrund ihres charakteristischen Geschmacks zur Verfeinerung von Speisen sehr beliebt. Lagert man sie jedoch falsch, können sie ungenießbar werden. Der Grund dafür ist, dass die Ester wieder in die Alkohole und Carbonsäuren gespalten werden, aus denen sie ursprünglich durch Veresterung entstanden sind. Die chemische Reaktion, die bei der Veresterung stattfindet, läuft dabei umgekehrt ab.

Zunutze macht man sich die Umkehrung einer chemischen Reaktion zum Beispiel bei der Verwendung von Akkus. Im Akku läuft eine chemische Reaktion ab, die die Energie freisetzt, um ein Gerät zu betreiben. Beim Laden wird die chemische Reaktion durch Energiezufuhr wieder umgekehrt, sodass der Akku wieder benutzt werden kann.

Manchmal ist die Umkehrung einer chemischen Reaktion vielschrittig und kompliziert, wie z. B. bei Fotosynthese und Zellatmung (**B1**). Prinzipiell ist jedoch jede chemische Reaktion umkehrbar (**reversibel**). Ausschlaggebend dafür, ob die **Hin-** oder die **Rückreaktion** abläuft, sind die Reaktionsbedingungen.

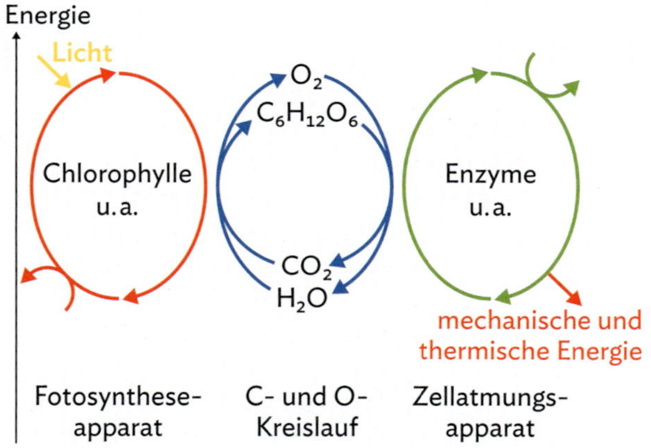

B1 Durch Zellatmung gewinnt unser Körper Energie: Kohlenhydrate werden mit Sauerstoff zu Kohlenstoffdioxid und Wasser oxidiert. Durch Fotosynthese wird diese chemische Reaktion umgekehrt, sodass Kohlenstoffdioxid und Wasser durch Energiezufuhr wieder zu Kohlenhydraten und Sauerstoff reagieren.

Offene und geschlossene Systeme

Düst man Ammoniakgas auf ein mit Wasser angefeuchtetes und mit Thymolphthalein-Indikatorlösung beträufeltes Filterpapier, färbt sich der Indikator blau und zeigt an, dass eine alkalische Lösung entstanden ist (**V1**). Bei der chemischen Reaktion entstehen neben Ammonium-Ionen Hydroxid-Ionen, die zur Färbung des Indikators führen.

$$NH_3\,(g) + H_2O\,(l) \longrightarrow NH_4^+\,(aq) + OH^-\,(aq)$$

Nach einiger Zeit verschwindet die Farbe des Indikators jedoch wieder (**V1**). Es findet die Rückreaktion statt, bei der aus den Produkten wieder die Edukte Ammoniak und Wasser gebildet werden.

$$NH_4^+\,(aq) + OH^-\,(aq) \longrightarrow NH_3\,(g) + H_2O\,(l)$$

Da es sich um ein **offenes System** handelt, bei dem ein Stoffaustausch mit der Umgebung stattfinden kann, diffundiert das Ammoniakgas mit der Zeit in die Raumluft. Seine Konzentration wird so gering, dass kein Ammoniak mehr für die Hinreaktion zur Verfügung steht.

Wiederholt man den Versuch in einem **geschlossenen System**, das keinen Stoffaustausch mit der Umgebung erlaubt, z. B. in einem verschlossenen Standzylinder, entfärbt sich das Filterpapier nicht wieder (**V2**). Auch in diesem Fall findet die Rückreaktion statt. Da der neu gebildete Ammoniak jedoch nicht aus dem Standzylinder entweichen kann, steht er wieder als Edukt für die Hinreaktion zur Verfügung.

Die Hin- und Rückreaktion laufen hier gleichzeitig nebeneinander ab. Solche Reaktionen nennt man **Gleichgewichtsreaktionen** und kennzeichnet sie mit einem **Gleichgewichtspfeil** in der Reaktionsgleichung.

$$NH_3\,(g) + H_2O\,(l) \rightleftharpoons NH_4^+\,(aq) + OH^-\,(aq)$$

Chemisches Gleichgewicht

Anhand der Veresterung und ihrer Rückreaktion, der Esterhydrolyse, kann man den Verlauf von Gleichgewichtsreaktionen untersuchen. In jeweils einem geschlossenen System verestert man 0,25 mol Essigsäure mit 0,25 mol Ethanol bzw. hydrolysiert 0,25 mol Essigsäureethylester mit 0,25 mol Wasser (**V3**).

$$CH_3COOH\ (l) + CH_3CH_2OH\ (l) \underset{\text{Esterhydrolyse}}{\overset{\text{Veresterung}}{\rightleftharpoons}} CH_3COOCH_2CH_3\ (l) + H_2O\ (l)$$

Bei der Titration mit Natronlauge wird die im Reaktionsansatz enthaltene Essigsäure neutralisiert. Je mehr Natronlauge zur Neutralisation benötigt wird, desto höher ist die Konzentration der Essigsäurelösung im Ansatz. Entnähme man den Versuchsansätzen in **V3** täglich eine Probe, würde der Verbrauch an Natronlauge bei der Veresterung im Laufe der Zeit abnehmen, da bei der Reaktion Essigsäure verbraucht wird. Bei der Hydrolyse des Esters wird Essigsäure gebildet. Daher würde hier die Menge an Natronlauge, die bis zur Neutralisation verbraucht wird, zunehmen. Nach einigen Tagen wäre der Verbrauch an Natronlauge bei beiden Ansätzen identisch und würde sich auch in den darauffolgenden Tagen nicht mehr verändern. Das bedeutet, dass ab diesem Zeitpunkt auch die Konzentration der Essigsäurelösung in beiden Ansätzen gleich groß und konstant ist (**B2**).

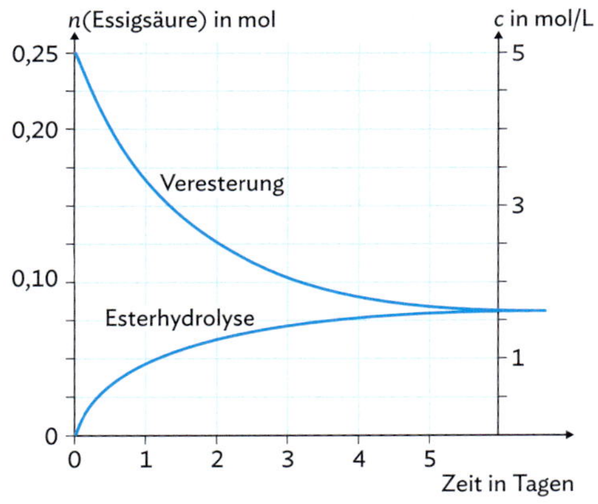

B2 Änderung der Stoffmenge bzw. Konzentration von Essigsäure bei der Veresterung und bei der Esterhydrolyse im geschlossenen System.

Da in beiden Ansätzen nach Tagen noch Essigsäure enthalten ist, müssen beide Reaktionen **unvollständig** abgelaufen sein. Bei der Veresterung hat nur ein Teil der Essigsäure mit einem Teil des Ethanols zu Essigsäureethylester und Wasser reagiert. Der Rest der Edukte liegt neben den Produkten im Reaktionsgemisch vor. Ebenso hat bei der Esterhydrolyse nur ein Teil des Essigsäureethylesters mit Wasser zu Essigsäure und Ethanol reagiert und liegt neben den Produkten der Reaktion im Reaktionsgemisch vor.
Da die Konzentration der Essigsäurelösung in beiden Ansätzen konstant bleibt, bleiben auch die Konzentrationen von Ethanol, Essigsäureethylester und Wasser konstant.
Diese Beobachtungen gelten auch für andere Gleichgewichtsreaktionen in geschlossenen Systemen. Die Reaktionen verlaufen unvollständig und nach einiger Zeit liegen alle Edukte und Produkte in konstanten Konzentrationen im Reaktionsansatz vor. Diesen Zustand nennt man **chemisches Gleichgewicht**.
Gleichgültig, ob man von der Hin- oder der Rückreaktion ausgeht, stellt sich ein identisches chemisches Gleichgewicht ein.

Mechanismus der Veresterung
→ S. 122

Gleichgewichtsreaktionen kennzeichnet man in Reaktionsgleichungen durch einen Gleichgewichtspfeil:
$A + B \rightleftharpoons C + D$
In geschlossenen Systemen laufen Gleichgewichtsreaktionen nicht vollständig ab, sodass sich bei konstanter Temperatur nach einiger Zeit ein chemisches Gleichgewicht einstellt, in dem die Konzentrationen aller an der Reaktion beteiligten Stoffe konstant bleiben.

AUFGABEN

A1 Beschreiben Sie, unter welchen Bedingungen sich auch in einem offenen System ein chemisches Gleichgewicht einstellen kann.

A2 Lesen Sie aus dem Diagramm in **B2** die ungefähre Konzentration der Essigsäure im chemischen Gleichgewicht ab und bestimmen Sie damit die Konzentration des Esters im chemischen Gleichgewicht.

A3 „Chemisches Gleichgewicht“ bedeutet, dass alle Stoffe die gleiche Konzentration haben.“ Beurteilen Sie diese Aussage.

5.1.3 Einstellung des chemischen Gleichgewichts

Im chemischen Gleichgewicht ändern sich die Konzentrationen und Stoffmengen aller beteiligten Stoffe nicht mehr. Wie kann man sich diesen Gleichgewichtszustand vorstellen?

Modellversuch

Die Vorgänge während der Gleichgewichtseinstellung veranschaulicht ein Modellversuch (**V4**, **B3**). Am Anfang befindet sich nur in Zylinder A Flüssigkeit. Beim Eintauchen der Rohre in die beiden Zylinder füllen sich diese abhängig davon, wie viel Flüssigkeit im Zylinder ist. Im ersten Schritt füllt sich nur Rohr a mit Flüssigkeit, die in Zylinder B überführt wird. Beim nächsten Schritt befindet sich in beiden Zylindern Flüssigkeit, sodass sich beide Rohre füllen. In Zylinder A ist mehr Flüssigkeit als in Zylinder B und Rohr a hat einen größeren Durchmesser als Rohr b. Daher wird aus Zylinder A mehr Flüssigkeit in Zylinder B überführt als Flüssigkeit von Zylinder B in Zylinder A. Der Flüssigkeitspegel nimmt deshalb in Zylinder A ab und in Zylinder B zu. Nach einiger Zeit haben sich die Flüssigkeitspegel so eingestellt, dass die jeweils mittels der Rohre überführten Volumina an Flüssigkeiten identisch sind. Die aus dem jeweiligen Zylinder entnommene Flüssigkeitsportion entspricht dann der in den Zylinder überführten Flüssigkeitsportion. Die Flüssigkeitspegel in den Zylindern ändern sich daher nicht mehr, obwohl weiterhin Flüssigkeit zwischen ihnen ausgetauscht wird. Dieser Modellversuch ist ein Beispiel für die einfachste Gleichgewichtsreaktion:

$$A \rightleftharpoons B$$

Modell und Estergleichgewicht

Überträgt man die Vorgänge des Modellversuchs aus **V4** auf das Estergleichgewicht, entspricht das Überführen der Flüssigkeit von A nach B der Hinreaktion (Veresterung) und das Überführen der Flüssigkeit von B nach A der Rückreaktion (Esterhydrolyse). Die Flüssigkeitspegel in den Zylindern stehen für die Stoffmengen der Edukte (A) bzw. Produkte (B) und die Flüssigkeitsportionen in den Rohren a und b repräsentieren die Stoffmengenänderungen der Edukte (a) bzw. Produkte (b) während der Reaktion.

Die Gleichgewichtsreaktion startet mit der Hinreaktion, indem Carbonsäure und Alkohol miteinander zu Ester und Wasser reagieren. Mit Bildung der Produkte setzt die Rückreaktion ein. Der Ester wird mit Wasser wieder in die Carbonsäure und den Alkohol gespalten. Zu Beginn ist der Stoffumsatz bei der Hinreaktion größer, sodass die Stoffmengen der Edukte ab- und die der Produkte zunehmen. Im Laufe der Zeit nimmt der Stoffumsatz der Rückreaktion zu und der Stoffumsatz der Hinreaktion schwächt sich ab. Entsprechend der konstanten Flüssigkeitspegel im Modellversuch bleiben hier die Stoffmengen aller Stoffe irgendwann konstant, obwohl die Hin- und

06007-047
Video zum Modellversuch unter QR-/Mediencode 06007-047

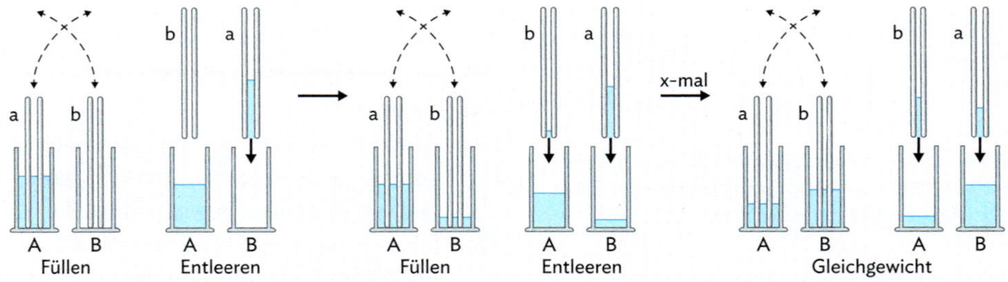

Flüssigkeit gelangt von A nach B, wenn die Rohre a und b gleichzeitig oben mit dem Finger verschlossen und dann über Kreuz entleert werden. Die „umkehrbare Reaktion“ setzt mit der „**Hinreaktion**“ ein.

Nun gelangt auch Flüssigkeit von B zurück nach A. Es findet auch eine „**Rückreaktion**“ statt. Die „Hinreaktion“ wirkt sich aber noch stärker aus als die „Rückreaktion“.

Nach einiger Zeit sind die in den Rohren im gleichen Takt beförderten Flüssigkeitsportionen gleich groß geworden. Die „Hinreaktion“ und „Rückreaktion“ heben sich gegenseitig auf: Modell des **Gleichgewichtszustandes**.

B3 Durchführung und Ergebnis des Modellversuchs zum chemischen Gleichgewicht

die Rückreaktion weiterhin stattfinden. Da genauso viele Produkte aus Edukten gebildet werden, wie gleichzeitig Produkte in Edukte gespalten werden, entspricht die Stoffmengenänderung der Edukte der der Produkte: Das chemische Gleichgewicht hat sich eingestellt. Weil sich Stoffmengen und Konzentrationen der Stoffe nicht ändern, obwohl die Hin- und die Rückreaktion nicht zum Erliegen kommen, spricht man von einem **dynamischen Gleichgewicht**.

Die Konzentration im Gleichgewicht

Da im chemischen Gleichgewicht pro Zeitintervall genauso viele Produkte aus Edukten gebildet werden, wie Produkte in Edukte zerlegt werden, ändern sich die Stoffmengen und damit die Konzentrationen der Edukte und Produkte nicht mehr. Die Änderung der Konzentration über die Zeit ist als **Reaktionsgeschwindigkeit *v*** definiert. Im chemischen Gleichgewicht sind die Geschwindigkeiten von Hin- und Rückreaktion gleich (**B4**). Die Differenz der Reaktionsgeschwindigkeiten ist 0.

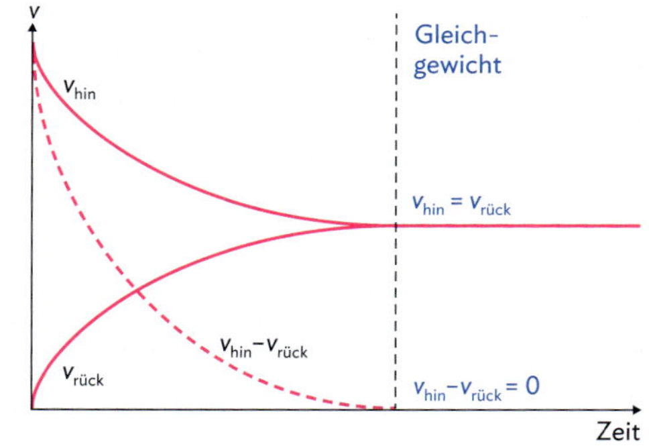

B4 Reaktionsgeschwindigkeit im chemischen Gleichgewicht

Das bedeutet jedoch nicht, dass die Konzentrationen von Edukten und Produkten im Gleichgewicht auch gleich sein müssen. Dies kann der Fall sein (**B5**, oben), doch es kann auch die Konzentration der Edukte im Gleichgewicht größer sein als die der Produkte (**B5**, Mitte) oder die Konzentration der Produkte größer als die der Edukte (**B5**, unten).

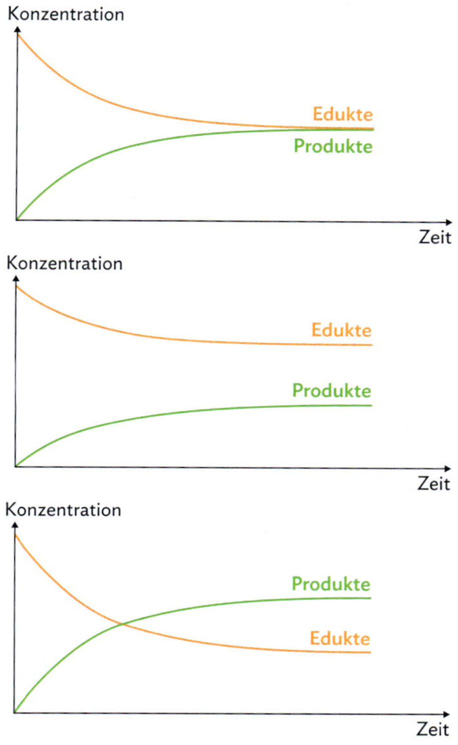

B5 Produkt- und Eduktkonzentrationen im Gleichgewicht

Das chemische Gleichgewicht ist dynamisch, Hin- und Rückreaktion laufen zeitgleich und gleich schnell ab.
Es gilt: $v_{hin} = v_{Rück}$
Die Konzentrationen der beteiligten Stoffe sind konstant, da zeitgleich identische Stoffmengen an Produkten und Edukten gebildet werden.

AUFGABEN

A1 Vergleichen Sie das Gleichgewicht auf einer Wippe mit dem chemischen Gleichgewicht.

A2 Erläutern Sie die Entwicklung der Reaktionsgeschwindigkeiten bei der Gleichgewichtseinstellung mithilfe von **B4**.

5.1.4 Das Massenwirkungsgesetz

Bei allen Gleichgewichtsreaktionen stellt sich nach einer gewissen Zeit das chemische Gleichgewicht ein. Dabei kann man drei Gleichgewichtszustände unterscheiden:

1. Die Konzentration der Edukte ist höher als die der Produkte.
2. Die Konzentrationen der Edukte und Produkte sind gleich.
3. Die Konzentration der Produkte ist höher als die der Edukte.

Wie lassen sich Gleichgewichtzustände quantitativ beschreiben?

Dazu betrachtet man eine allgemeine Modellreaktion: $A + B \rightleftharpoons C + D$
Ein Kennzeichen des chemischen Gleichgewichts ist es, dass die Reaktionsgeschwindigkeiten der Hin- und der Rückreaktion gleich groß sind: $v_{hin} = v_{rück}$

Zu jeder Reaktion gibt es eine charakteristische sog. **Geschwindigkeitskonstante *k***. Sie geht in die Gleichung zur Beschreibung der Reaktionsgeschwindigkeit v einer bestimmten Reaktion mit ein und wird wie folgt in Beziehung zu den Konzentrationen der Edukte bzw. der Produkte gesetzt:

$$v_{hin} = k_{hin} \cdot c(A) \cdot c(B)$$
$$v_{rück} = k_{rück} \cdot c(C) \cdot c(D)$$

Im Gleichgewicht gilt:
$$k_{hin} \cdot c(A) \cdot c(B) = k_{rück} \cdot c(C) \cdot c(D)$$

Durch Umformen erhält man:
$$\frac{k_{hin}}{k_{rück}} = \frac{c(C) \cdot c(D)}{c(A) \cdot c(B)}$$

Den Quotienten der Geschwindigkeitskonstanten fasst man als **Gleichgewichtskonstante K_c** zusammen.

$$K_c = \frac{c(C) \cdot c(D)}{c(A) \cdot c(B)}$$

Dieser Zusammenhang zwischen den Konzentrationen der Edukte und denen der Produkte im chemischen Gleichgewicht wird als **Massenwirkungsgesetz** (**MWG**) bezeichnet. Für eine Reaktionsgleichung mit verschiedenen Stöchiometriefaktoren gilt:
$a\,A + b\,B \rightleftharpoons c\,C + d\,D$

$$K_c = \frac{c^c(C) \cdot c^d(D)}{c^a(A) \cdot c^b(B)}$$

Mithilfe des Werts von K_c kann man eine Aussage über die Lage des Gleichgewichts machen:

	Die Konzentration der Edukte ...
$K_c < 1$	... ist größer als die der Produkte.
$K_c = 1$	... ist gleich der der Produkte.
$K_c > 1$	... ist kleiner als die der Produkte.

Die Entdecker des Massenwirkungsgesetzes, CATO MAXIMILIAN GULDBERG und PETER WAAGE, untersuchten über 300 Gleichgewichte. Dabei konnten sie zeigen, dass K_c unabhängig von den Anfangskonzentrationen der Stoffe, aber abhängig von der Temperatur ist.

Das MWG beschreibt das konstante Verhältnis der Konzentration von Produkten zu Edukten im chemischen Gleichgewicht.
Die stöchiometrischen Faktoren aus der Reaktionsgleichung gehen als Exponenten der Konzentration in das MWG ein.

AUFGABEN

A1 Formulieren Sie das MWG für die folgenden Reaktionen.
a) H_2O (l) + HCl (g) $\rightleftharpoons$ H_3O^+ (aq) + Cl^- (aq)
b) CH_4 (g) + NH_3 (g) $\rightleftharpoons$ HCN (l) + 3 H_2 (g)
c) 2 SO_2 (g) + O_2 (g) $\rightleftharpoons$ 2 SO_3 (g)

A2 a) Stellen Sie für die Reaktion von Essigsäure mit Ethanol das MWG auf und geben Sie die Einheit für K_c an.
b) Erklären Sie, dass die Einheit für K_c bei einer anderen Reaktion auch L/mol sein kann.

A3 Für die Herstellung von Essigsäureethylester gilt im Gleichgewicht bei 20 °C: $K_c = 4$. Leiten Sie daraus ab, ob im Gleichgewicht der Anteil der Produkte oder der Edukte überwiegt.

5.1.5 Das chemische Gleichgewicht simulieren

Um den Einfluss der Ausgangskonzentration c_0 und der Geschwindigkeitskonstanten k auf die Einstellung des chemischen Gleichgewichts zu untersuchen, kann man dieses mithilfe eines Tabellenkalkulationsprogramms simulieren.

Während der Einstellung des chemischen Gleichgewichts bei der Gleichgewichtsreaktion $A \rightleftharpoons B$ reagiert Edukt A mit der Geschwindigkeit $v_{hin} = \frac{\Delta c(A)}{\Delta t} = k_{hin} \cdot c(A)$ zu Produkt B. Gleichzeitig reagiert Produkt B mit der Geschwindigkeit $v_{rück} = \frac{\Delta c(B)}{\Delta t} = k_{rück} \cdot c(B)$ zu Edukt A.
Mit $\Delta c(A)$ und $\Delta c(B)$ kann man $c(A)$ und $c(B)$ zu verschiedenen Zeitpunkten berechnen.
Gegeben sind $c_0(A) = 1$ mol/L; $k_{hin} = 0{,}005$ 1/s; $c_0(B) = 0$ mol/L und $k_{rück} = 0{,}001$ 1/s.
Berechnen Sie das Verhältnis von Produkt zu Edukt im Gleichgewichtszustand, wenn $c_0(A)$ um das 100-Fache erhöht wird.

VORGEHEN

1. Benennen Sie die Felder A1-C1 mit Zeitintervall in s, k_{hin}, $k_{rück}$ und die Felder A4-C4 mit t, c(A) in mol/L, c(B)in mol/L. Tragen Sie die bekannten Werte ein und legen Sie das Zeitintervall auf 60 s fest. Legen Sie unter t in min 50 Zeitpunkte mit fortlaufender Nummerierung, beginnend mit 0, an (**B1**).
2. Nach einer Minute hat sich die Anfangskonzentration von A $c_0(A)$ bzw. B $c_0(B)$ um $\Delta c(A)$ bzw. $\Delta c(B)$ verändert. Da A bei der Reaktion von A zu B verbraucht und gleichzeitig bei der Reaktion von B zu A gebildet wird, hängt $\Delta c(A)$ von den Reaktionsgeschwindigkeiten von A und B ab. Stellen Sie die Gleichung zur Berechnung von $c(A)$ und $c(B)$ zum Zeitpunkt 1 auf.
$c_1(A) = c_0(A) + \Delta c(A)$ bzw. $c_1(B) = c_0(B) + \Delta c(B)$

mit $\frac{\Delta c(A)}{\Delta t} = -k_{hin} \cdot c(A) + k_{rück} \cdot c(B)$

bzw. $\frac{\Delta c(B)}{\Delta t} = -k_{rück} \cdot c(B) + k_{hin} \cdot c(A)$

$c_1(A) = c_0(A) + [-k_{hin} \cdot c_0(A) + k_{rück} \cdot c_0(B)] \cdot \Delta t$
$c_1(B) = c_0(B) + [-k_{rück} \cdot c_0(B) + k_{hin} \cdot c_0(A)] \cdot \Delta t$

3. Übertragen Sie die Gleichungen zur Berechnung in das Tabellenkalkulationsprogramm (**B1**).
(*Hinweis*: $ kennzeichnet, dass diese Werte bei der Übernahme der Formeln für spätere Zeitpunkte gleich bleiben.)

$c_1(A) = c_0(A) + [-k_{hin} \cdot c_0(A) + k_{rück} \cdot c_0(B)] \cdot \Delta t$
B6 = B5 + (-B$2 * B5 + C$2 * C5) * A$2
$c_1(B) = c_0(B) + [-k_{rück} \cdot c_0(B) + k_{hin} \cdot c_0(A)] \cdot \Delta t$
C6 = C5 + (-C$2 * C5 + B$2 * B5) * A$2
Übernehmen Sie die Formeln für die übrigen Zeitpunkte, indem Sie in der Formel B5 bzw. C5 automatisch durch B6 bzw. C6 usw. ersetzen. Klicken Sie dazu die Zelle B5 bzw. C5 an und fahren Sie mit dem Cursor auf die untere rechte Ecke der Zelle. Ziehen Sie das erscheinende + bei gedrückter linker Maustaste nach unten.

	A	B	C	D
1	Zeitintervall in s	khin	krück	
2	60	0,005	0,001	
3				
4	t in min	c(A) in mol/L	c(B) in mol/L	
5	0	1,000	0,000	
6	1	=B5+(-B$2*B5+C$2*C5)*A$2		

B1 Ansicht im Tabellenkalkulationsprogramm

4. Lesen Sie ab, wann sich das Gleichgewicht eingestellt hat und berechnen Sie mit den Gleichgewichtskonzentrationen $c_{GG}(A)$ und cGG(B) das Verhältnis von Produkt und Edukt.
Das Gleichgewicht hat sich nach 16 Minuten mit $c_{GG}(A) = 0{,}167$ mol/L und $c_{GG}(B) = 0{,}833$ mol/L eingestellt. Das Verhältnis von Produkten zu Edukten ist $\approx 4{,}99$. (Hinweis: Je nach Rundung können die Werte abweichen).
5. Erhöhen Sie $c_0(A)$ auf 100 mol/L und beschreiben Sie, wie sich das Verhältnis von Edukt und Produkt im Gleichgewichtszustan d verändert.
Das Verhältnis zwischen Produkten zu Edukten im Gleichgewichtszustand beträgt unverändert 4,99.

AUFGABEN

A1 MK Stellen Sie den Konzentrationsverlauf des Edukts und Produkts im Tabellenkalkulationsprogramm mit einem Diagramm für $c_0(A) = 1$ mol/L und einem Diagramm für $c_0(A) = 100$ mol/L dar. Vergleichen Sie die beiden Diagramme (Informationen zur Diagrammerstellung unter QR-/Mediencode 06011-05).

06011-05

A2 Beschreiben Sie die Auswirkungen auf das chemische Gleichgewicht, wenn
a) k_{hin} halbiert wird,
b) $k_{rück}$ 0,009 1/s ist und
c) k_{hin} und $k_{rück}$ 0,005 1/s sind.

5.1.6 Berechnungen mit dem Massenwirkungsgesetz LK

Die Gleichgewichtskonstante K_c wurde für viele Reaktionen mithilfe experimentell gemessener Gleichgewichtskonzentrationen berechnet und tabelliert. Mit ihrer Hilfe kann man z. B. bestimmen, ob sich das Gleichgewicht einer Reaktion bereits eingestellt hat und wie hoch die Konzentrationen der Stoffe im Gleichgewicht sind. Außerdem kann man damit vorhersagen, wie hoch die Ausbeute eines gewünschten Produkts ist.

Die Gleichgewichtskonstante einer Reaktion berechnen

a) In einem Behälter mit dem Volumen $V = 5$ L hat sich zwischen Stickstoff (n_{GG} = 5,05 mol), Wasserstoff (n_{GG} = 8 mol) und Ammoniak (n_{GG} = 0,5 mol) ein Gleichgewicht eingestellt. Berechnen Sie die Gleichgewichtskonstante K_c für die Reaktion.

b) Zur Herstellung von Schwefelsäure wird Schwefeldioxid (c_0 = 8 mol/L) mit Sauerstoff (c_0 = 5 mol/L) bei 726 °C zu Schwefeltrioxid oxidiert. Im Gleichgewicht beträgt die Konzentration von Schwefeltrioxid 7,56 mol/L. Berechnen Sie die Gleichgewichtskonstante K_c für die Reaktion.

VORGEHEN: Beispiel a)

1. Formulieren Sie eine Reaktionsgleichung.

$N_2\,(g) + 3\,H_2\,(g) \rightleftharpoons 2\,NH_3\,(g)$

2. Geben Sie den mathematischen Ausdruck für die Gleichgewichtskonstante K_c an.

$$K_c = \frac{c^2(NH_3)}{c(N_2) \cdot c^3(H_2)}$$

3. Entnehmen Sie die Größen, die zur Berechnung notwendig sind, aus der Aufgabenstellung oder, falls nötig, berechnen Sie diese mithilfe der Angaben. Berechnen Sie die Stoffmengenkonzentrationen.

gegeben	gesucht
$V = 5$ L	
$n_{GG}(N_2) = 5{,}05$ mol	$c_{GG}(N_2)$
$n_{GG}(H_2) = 8$ mol	$c_{GG}(H_2)$
$n_{GG}(NH_3) = 0{,}5$ mol	$c_{GG}(NH_3)$

$$c_{GG}(N_2) = \frac{n_{GG}(N_2)}{V} = \frac{5{,}05\text{ mol}}{5\text{ L}} = 1{,}01\text{ mol/L}$$

$$c_{GG}(H_2) = \frac{n_{GG}(H_2)}{V} = \frac{8\text{ mol}}{5\text{ L}} = 1{,}6\text{ mol/L}$$

$$c_{GG}(NH_3) = \frac{n_{GG}(NH_3)}{V} = \frac{0{,}5\text{ mol}}{5\text{ L}} = 0{,}1\text{ mol/L}$$

4. Setzen Sie die Größen in das MWG ein und berechnen Sie den Wert für K_c.

$$K_c = \frac{(0{,}1\text{ mol/L})^2}{(1{,}01\text{ mol/L}) \cdot (1{,}6\text{ mol/L})^3} = 2{,}41 \cdot 10^{-3}\text{ L}^2/\text{mol}^2$$

VORGEHEN: Beispiel b)

1. $2\,SO_2\,(g) + O_2\,(g) \rightleftharpoons 2\,SO_3\,(g)$

2. $K_c = \frac{c^2(SO_3)}{c^2(SO_2) \cdot c(O_2)}$

3.

gegeben	gesucht
$c_0(SO_2) = 8$ mol/L	$c_{GG}(SO_2)$
$c_0(O_2) = 5$ mol/L	$c_{GG}(O_2)$
$c_{GG}(SO_3) = 7{,}56$ mol/L	

$c_{GG}(SO_2)$ und $c_{GG}(O_2)$ lassen sich mithilfe ihrer Ausgangskonzentrationen c_0 und der Konzentration von Schwefeltrioxid im Gleichgewicht $c_{GG}(SO_3)$ berechnen.

Aus den stöchiometrischen Faktoren in der Reaktionsgleichung lässt sich der Zusammenhang zwischen der Konzentration von Schwefeltrioxid mit den Konzentrationen von Schwefeldioxid und Sauerstoff im chemischen Gleichgewicht ableiten.

Das Verhältnis von Schwefeldioxid zu Schwefeltrioxid ist 1:1. Das Verhältnis von Sauerstoff zu Schwefeltrioxid ist 1:2. Durch Umformen kann man daraus die Konzentration von Schwefeldioxid und Sauerstoff aus der Konzentration von Schwefeltrioxid bestimmen:

$$\frac{c(SO_2)}{c(SO_3)} = \frac{1}{1} \implies c(SO_2) = c(SO_3)$$

$$\frac{c(O_2)}{c(SO_3)} = \frac{1}{2} \implies c(O_2) = \frac{1}{2}c(SO_3)$$

Bei der Bildung von Schwefeltrioxid verringern sich die Anfangskonzentrationen von Schwefeldioxid um die Konzentration des gebildeten Schwefeltrioxids. Die Anfangskonzentration von Sauerstoff verringert sich um die Hälfte der Konzentration des gebildeten Schwefeltrioxids:

$$c_{GG}(SO_2) = c_0(SO_2) - c_{GG}(SO_3)$$

$$c_{GG}(O_2) = c_0(O_2) - \frac{1}{2}c_{GG}(SO_3)$$

	SO_2	O_2	SO_3
c_0 in mol/L	8	5	0
c_{GG} in mol/L	(8 – 7,56) = 0,44	$(5 - \frac{1}{2} \cdot 7{,}56)$ = 1,22	7,56

4. $K_c = \frac{(7{,}56\ \text{mol/L})^2}{(0{,}44\ \text{mol/L})^2 \cdot (1{,}22\ \text{mol/L})} = 241{,}98\ \text{L/mol}$

Die Konzentrationen im chemischen Gleichgewicht und die Ausbeute des Produkts berechnen

In einem Rückflusskühler werden Essigsäurelösung ($c_0 = 2{,}5$ mol/L) und Ethanol ($c_0 = 3$ mol/L) zur Reaktion gebracht. Bei 20 °C ist die Gleichgewichtskonstante des Estergleichgewichts für Essigsäureethylester $K_c = 4$. Berechnen Sie die Konzentration von Essigsäureethylester im Gleichgewicht und dessen Ausbeute η.

VORGEHEN

1. $CH_3COOH\ (l) + C_2H_5OH\ (l) \rightleftharpoons CH_3COOC_2H_5\ (l) + H_2O\ (l)$

2. $K_c = \frac{c(CH_3COOC_2H_5) \cdot c(H_2O)}{c(CH_3COOH) \cdot c(C_2H_5OH)}$

3.

gegeben	gesucht
$c_0(CH_3COOH) = 2{,}5$ mol/L	$c_{GG}(CH_3COOH)$
$c_0(C_2H_5OH) = 3$ mol/L	$c_{GG}(C_2H_5OH)$
$K_c = 4$	$c_{GG}(CH_3COOC_2H_5)$
	$c_{GG}(H_2O)$
	$\eta(CH_3COOC_2H_5)$

Das Verhältnis von Essigsäure, Ethanol und Wasser zu Essigsäureethylester ist jeweils 1 : 1. Da die Konzentration von Essigsäureethylester im Gleichgewicht unbekannt ist, gilt: $c_{GG}(CH_3COOC_2H_5) = x$.

	CH_3COOH	C_2H_5OH	$CH_3COOC_2H_5$	H_2O
c_0 in mol/L	2,5	3	0	0
c_{GG} in mol/L	2,5 - x	3 - x	x	x

4. $4 = \frac{x \cdot x}{(2{,}5 - x) \cdot (3 - x)} \Longrightarrow 4 = \frac{x^2}{x^2 - 5{,}5x + 7{,}5}$

Stellen Sie die Formel nach Multiplikation mit dem Nenner so um, dass eine quadratische Gleichung der Form $ax^2 + bx + c = 0$ entsteht.

$4x^2 - 22x + 30 = x^2 \Longleftrightarrow 3x^2 - 22x + 30 = 0$

Lösen Sie die quadratische Gleichung:
$x_1 = 1{,}81$ und $x_2 = 5{,}52$.
Da die Ausgangskonzentration der Essigsäurelösung nur 2,5 mol/L ist, lässt sich damit im Gleichgewicht keine Esterkonzentration von 5,52 mol/L erreichen. Der Wert für x_2 kann daher nicht der Konzentration des Esters entsprechen.
Berechnen Sie mit dem Wert für x_1 die Konzentrationen aller Stoffe im chemischen Gleichgewicht:

5. Bei einer vollständigen Reaktion würde die gesamte Essigsäure in der Essigsäurelösung ($c_0 = 2{,}5$ mol/L) zu Essigsäureethylester umgesetzt werden und die Konzentration des Esters würde $c = 2{,}5$ mol/L betragen. Da der Umsatz aufgrund des Gleichgewichts unvollständig ist, lässt sich nur eine Konzentration des Esters von $c = 1{,}81$ mol/L erreichen. Berechnen Sie die Ausbeute η des Esters, indem Sie den Quotienten aus der Konzentration des Esters im Gleichgewicht und der maximal möglichen Konzen-tration des Esters bei vollständiger Umsetzung bilden:

$$\eta(CH_3COOC_2H_5) = \frac{1{,}81\ \text{mol/L}}{2{,}5\ \text{mol/L}} = 0{,}72 = 72\,\%$$

Die Ausbeute an Ester beträgt 72 %.

AUFGABEN

A1 In einem 2-L-Gefäß werden 4 mol Sauerstoff mit 6 mol Wasserstoff zur Reaktion gebracht. Im Gleichgewichtszustand liegen 4 mol Wasser vor. Überprüfen Sie, ob sich das Gleichgewicht ($K_c = 5{,}9 \cdot 1067$ L/mol) bereits vollständig eingestellt hat.

A2 Zwischen Iod ($c_0 = 1{,}5 \cdot 10^{-2}$ mol/L), Wasserstoff ($c_0 = 0{,}9 \cdot 10^{-2}$ mol/L) und Iodwasserstoff stellt sich in einem geschlossenen Behälter bei 458 °C ein Gleichgewicht ein ($K_c = 48{,}75$). Berechnen Sie die Konzentration aller Reaktionsteilnehmer im Gleichgewicht.

A3 Methanol kann technisch aus Synthesegas hergestellt werden. Das Synthesegasgemisch enthält am Anfang Wasserstoff ($c_0 = 0{,}3$ mol/L) und Kohlenstoffmonooxid. Berechnen Sie, wie hoch die Anfangskonzentration des Kohlenstoffmonooxids sein muss, damit der Wasserstoff nach der Gleichgewichtseinstellung ($K_c = 0{,}7\ \text{L}^2/\text{mol}^2$) zu 80 % zu Methanol umgesetzt wird. Berechnen Sie außerdem die Ausbeute an Methanol im Gleichgewicht.

5.2 Beeinflussung des chemischen Gleichgewichts

Bei der Herstellung von Sprudelwasser stellt sich beim Lösen von Kohlenstoffdioxid in Wasser ein chemisches Gleichgewicht ein. Durch welche Bedingungen lässt sich das Gleichgewicht und so der Kohlensäuregehalt des Mineralwassers beeinflussen?

5.2.1 Versuche und Material

V Einfluss der Konzentration

In der chemischen Industrie ist eine hohe Produktausbeute sehr wichtig. Kann sie durch Konzentrationsänderungen erhöht werden?

V1 Vermischen Sie 25 mL einer Eisen(III)-nitratlösung ($c = 0{,}004$ mol/L) mit 25 mL Kaliumthiocyanatlösung ($c = 0{,}012$ mol/L). Verteilen Sie die Lösungen gleichmäßig auf 5 Reagenzgläser (RG1 – RG5). Geben Sie zu RG2 – RG5 folgende Chemikalien:
RG2: eine Spatelspitze Eisen(III)-chlorid
RG3: eine Spatelspitze festes Kaliumthiocyanat
RG4: einige Tropfen konz. Natronlauge
RG5: einige Tropfen Silbernitratlösung ($w = 2\,\%$)

AUSWERTUNG

a) Vergleichen Sie die Farben bei RG1 – 5.

b) Eisen(III)- und Thiocyanat-Ionen reagieren zu Eisenthiocyanat-Komplexen:
$Fe^{3+}\,(aq) + 3\,SCN^{-}\,(aq) \rightleftharpoons [Fe(SCN)_3]\,(aq)$
Notieren Sie die Farben, die die jeweiligen Teilchen in Lösung hervorrufen (RG1).

c) Notieren Sie Ihre Beobachtungen bei RG2 – 3 und beziehen Sie diese auf die Reaktionsgleichung aus **b)**.

d) Bei den sich in RG4 – 5 bildenden Niederschlägen handelt es sich um die schwerlöslichen Salze Eisen(III)-hydroxid $Fe(OH)_3$ und Silberthiocyanat AgSCN. Formulieren Sie die Fällungsgleichungen für die Bildung dieser Niederschläge.

e) Betrachten Sie die Lösungen RG4 – 5 nach einiger Zeit und vergleichen Sie die Farben der Lösungen abermals mit der von RG1. Beziehen Sie Ihre Beobachtungen auf die Reaktionsgleichung aus **b)**.

f) Erklären Sie Ihre Beobachtungen bei RG2 – 5 als „Antwort des Systems im Gleichgewicht auf die Veränderung der Konzentrationen der Edukte“.

ENTSORGUNG G3

V Einfluss des Drucks

Leitungswasser wird mithilfe von Kohlenstoffdioxid, das sich im Wasser löst, zum Sprudeln gebracht. Bei Sprudlern, die man zuhause verwendet, wird das Kohlenstoffdioxid unter hohem Druck in das Wasser hineingepresst. Hilft dies dabei, mehr Kohlenstoffdioxid im Wasser zu lösen?

V2 Füllen Sie in ein 100-mL-Becherglas etwa 50 mL Leitungswasser und versetzen Sie dieses mit einer Bromthymolblau-Indikatorlösung, sodass es sich deutlich färbt. Füllen Sie in eine 60-ml-Spritze 10 mL dieser Lösung (Raumtemperatur) und befüllen Sie eine weitere Spritze mit 10 mL Kohlenstoffdioxid. Verbinden Sie beide Spritzen mit einem Dreiwegehahn (**B1**) und drücken Sie das Gas vorsichtig in die mit Wasser gefüllte Spritze. Verschließen Sie die befüllte Spritze mit dem Hahn und schrauben Sie die leere Spritze ab.

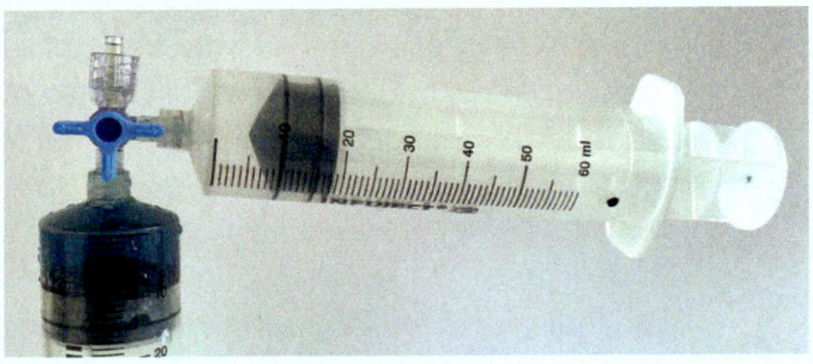

B1 Einleiten von Kohlenstoffdioxid in mit Bromthymolblau vesetztes Wasser

V3 Bereiten Sie zwei 60-mL-Spritzen zur Verschließung nach dem Luer-Lock-Prinzip vor (vgl. QR-/Mediencode 06022-151). Stellen Sie in diesen Spritzen je eine Kohlenstoffdioxidlösung nach **V2** her. Erzeugen Sie in den Spritzen anschließend einen Unterdruck, indem Sie den Stempel jeweils so weit wie möglich herausziehen. Fixieren Sie den Stempel, indem Sie einen Nagel durch das Loch im Stempel stecken. Entfernen Sie vorsichtig den Nagel aus einer der Spritzen und drücken Sie den Stempel kräftig in die Spritze. Schütteln Sie die Spritze dabei und wiederholen Sie das Zusammendrücken einige Male.

06022-151

AUSWERTUNG

a) Notieren Sie Ihre Beobachtungen bei **V2**. Bromthymolblauindikator zeigt durch Gelbfärbung eine saure, durch Grünfärbung eine neutrale und durch Blaufärbung eine alkalische Lösung an. Erklären Sie vor diesem Hintergrund und mithilfe des auf S. 272 aufgeführten gekoppelten Gleichgewichtssystems (Gleichungen ①-④) Ihre Beobachtungen in **V2**.

b) Notieren Sie Ihre Beobachtungen aus **V3**. Deuten Sie diese im Sinne einer „Antwort des Systems im Gleichgewicht" auf die jeweilige Druckänderung.

ENTSORGUNG A

V Einfluss der Temperatur

2 4 7

Zur Herstellung von stark sprudelndem Mineralwasser wird empfohlen, kaltes Wasser zu nutzen. Wirkt sich die Temperatur auf die Menge an Kohlenstoffdioxid, das sich im Wasser löst, aus?

V4 Stellen Sie drei Ansätze nach **V2** her. Lagern Sie eine der Spritzen bei Raumtemperatur, eine in einem Wasserbad bei 80 °C und die letzte in Eiswasser. Nehmen Sie die Spritzen nach einigen Minuten aus dem Wärme- bzw. Kältebad und schütteln Sie sie leicht. Stellen Sie die drei Spritzen jeweils auf den Stempel und lesen Sie das Gasvolumen ab.

AUSWERTUNG

a) Notieren Sie Ihre Beobachtungen. Formulieren Sie eine je-desto-Beziehung für die Löslichkeit von Kohlenstoffdioxid in Wasser bei Temperaturänderung.

b) Das Lösen von Kohlenstoffdioxid in Wasser verläuft exotherm. Der umgekehrte Vorgang, bei dem Kohlenstoffdioxid aus der Lösung in die Gasphase übergeht, ist demzufolge endotherm. Deuten Sie Ihre Beobachtungen im Sinne einer „Antwort des Systems im Gleichgewicht" auf die jeweilige Temperaturänderung.

ENTSORGUNG A

5.2.2 Beeinflussung des chemischen Gleichgewichts durch Konzentrationsänderung

$v_{hin} = k_{hin} \cdot c(Fe^{3+}) \cdot c(SCN^-)^3$

$v_{rück} = k_{rück} \cdot c([Fe(SCN)_3])$

Lässt sich die Ausbeute eines gewünschten Produkts bei Gleichgewichtsreaktionen durch Veränderung der Konzentrationen der Reaktionspartner beeinflussen? Um diese Fragestellung zu untersuchen, wird das Eisenthiocyanatgleichgewicht untersucht:

$$Fe^{3+}(aq) + 3\,SCN^-(aq) \rightleftharpoons [Fe(SCN)_3](aq)$$

gelb farblos rot

Im chemischen Gleichgewichtszustand liegen Eisen(III)- und Thiocyanat-Ionen sowie Eisenthiocyanat-Komplexe in einem charakteristischen Produkt-Edukt-Konzentrationsverhältnis nebeneinander vor (**V1** und **B1**, RG1).
Wie wirkt sich eine Erhöhung bzw. Verringerung der Konzentration der jeweiligen Reaktionspartner auf den Gleichgewichtszustand aus?

Erhöhung der Eduktkonzentration

Die Erhöhung der Eduktkonzentrationen (**V1**, RG2 – 3) erfolgt durch die Zugabe von festem Eisen(III)-chlorid (**B1**, RG2) bzw. Kaliumthiocyanat (**B1**, RG3). Die Salze lösen sich, wodurch die Eisen(III)- bzw. Thiocyanat-Ionenkonzentrationen zunehmen. Das führt dazu, dass mehr Produkt gebildet wird und somit die Konzentration an Eisenthiocyanat steigt. Man beobachtet entsprechend eine Vertiefung der roten Farbe (**B1**, RG1).

B1 Beobachtungen bei RG1 – 5 von **V1** (unmittelbar nach der Zugabe der jeweiligen Stoffe)

Wiedereinstellung des Gleichgewichtszustands

Durch die Erhöhung der Konzentration der Eisen(III)- oder Thiocyanat-Ionen liegt das charakteristische Produkt-Edukt-Konzentrationsverhältnis zunächst nicht mehr vor. Die erhöhte Eduktkonzentration führt zu einer vorübergehenden Erhöhung der Geschwindigkeit der Hinreaktion (vgl. Randspalte). Durch die dadurch ansteigende Konzentration des Produkts (Eisenthiocyanat-Komplexe) steigt auch die Geschwindigkeit der Rückreaktion. Wenn beide Geschwindigkeiten gleich sind, stellt sich wieder ein Gleichgewichtszustand ein.
In diesem Gleichgewichtszustand liegen folglich andere Edukt- und Produktkonzentrationen als vor der Eduktzugabe vor. Dennoch stellt sich das für diese Gleichgewichtsreaktion (bei Raumtemperatur) charakteristische Produkt-Edukt-Konzentrationsverhältnis ein. Damit bleibt der Wert für K_c unverändert.

$$K_c = \frac{c([Fe(SCN)_3])}{c(Fe^{3+}) \cdot c(SCN)^3}$$

Durch die erhöhten Edukt- und Produktkonzentrationen im wiedereingestellten Gleichgewichtszustand steigen Nenner und Zähler des Terms für die Gleichgewichtskonstante K_c so, dass der Wert für K_c wieder erreicht wird. Die Eduktkonzentration nimmt nicht entsprechend der zugegebenen Stoffmenge an Eduktteilchen zu, sondern um einen geringeren Betrag, da bei der Wiedereinstellung des Gleichgewichtszustands ein Teil der zugegebenen Edukte bei der Bildung von Produkt umgesetzt wird.

Verringerung der Eduktkonzentration

Die Zugabe von Natronlauge (**B1**, RG4) bzw. Silbernitratlösung (**B1**, RG5) zur Lösung führen jeweils zu einer Aufhellung und Trübung der Lösung. Nach einem Tag hat sich in RG4 ein gelbbräunlicher Niederschlag gebildet und die Lösung ist farblos. In RG5 hat sich ein weißer Niederschlag gebildet und die Lösung ist gelb (**B2**).
Die Hydroxid-Anionen der Natronlauge und die Silber-Kationen der Silbernitratlösung führen zur

Bildung der schwerlöslichen Salze Eisen(III)-hydroxid (**B2**, RG4) bzw. Silberthiocyanat (**B2**, RG5).

Fe^{3+} (aq) +3 OH^- (aq) ⇌ $Fe(OH)_3$ (s)
gelb farblos gelb-braun

Ag^+ (aq) + SCN^- (aq) ⇌ AgSCN (s)
farblos farblos weiß

Da die Eisen(III)-Ionen und die Thiocyanat-Ionen durch die Fällungsreaktionen gebunden werden, verringert sich die Eduktkonzentration im Gleichgewicht. Dadurch wird die Rückreaktion, bei der die Edukte aus dem Eisenthiocyanat-Komplex gebildet werden, vorübergehend begünstigt, bis sich das ursprüngliche Produkt-Edukt-Konzentrationsverhältnis wiedereingestellt hat. Die Edukt- und Produktkonzentrationen im wiedereingestellten Gleichgewicht sind geringer als vor der Zugabe von Natronlauge bzw. der Silbernitratlösung, doch ihr Verhältnis zueinander bleibt gleich. Die Gleichgewichtskonstante K_c bleibt also unverändert. Da sich die Konzentration des Eisenthiocyanat-Komplexes verringert hat, verblasst die rote Farbe der Lösung. Die Trübung entsteht durch die Bildung der schwerlöslichen Salze.

Die Erhöhung der Konzentration eines Edukts führt zur vorübergehenden Begünstigung der Hinreaktion (Produktbildung).

$c(Fe^{3+})\uparrow$ $c(SCN^-)\uparrow$
Fe^{3+} (aq) + 3 SCN^- (aq) ⇌ $[Fe(SCN)_3]$ (aq)
$c(Fe^{3+})\downarrow$ $c(SCN^-)\downarrow$

Die Verringerung der Konzentration eines Edukts führt zur vorübergehenden Begünstigung der Rückreaktion (Eduktbildung).

Einfluss der Produktkonzentration

Anstelle der Eduktkonzentration kann man die Konzentration eines Produkts ebenfalls verändern. Auch hier reagiert das System auf die Konzentrationsänderung: Wird die Konzentration eines Produkts erhöht, wird zunächst die Rückreaktion begünstigt, bis sich ein Gleichgewichtszustand mit höheren Edukt- und Produktkonzentrationen, aber gleichem Konzentrationsverhältnis wie vor der Produktkonzentrationserhöhung einstellt.
Eine Verringerung der Produktkonzentration zur Steigerung der Ausbeute ist auch möglich. Dies wird insbesondere bei industriellen Synthesen angewendet. Durch Entfernen des gewünschten Produktes aus dem Reaktionsgemisch wird die Hinreaktion von Edukten zum Produkt begünstigt. Wird das Produkt konstant entnommen (z. B. durch Destillation) wird es auch dauerhaft nachgebildet und so die Ausbeute von Produkt aus den eingesetzten Edukten verbessert.

B2 Beobachtungen zu **V1**, RG4 – 5 nach einem Tag

Die Konzentrationserhöhung bzw. -verringerung eines Reaktionspartners bewirkt die vorübergehende Begünstigung der Reaktionsrichtung, bei der dieser Reaktionspartner umgesetzt bzw. gebildet wird. Es stellt sich der für das System charakteristische Gleichgewichtszustand (Produkt-Edukt-Konzentrationsverhältnis) wieder ein, sodass K_c unverändert bleibt.

AUFGABEN

A1 Die Konzentrationserhöhung des Eisenthiocyanats geschieht unabhängig davon, welches der Edukte in seiner Konzentration erhöht wird. Begründen Sie dies mithilfe des Terms für die Gleichgewichtskonstante K_c.

A2 Zwischen Chromat- und Dichromat-Ionen in wässriger Lösung besteht der Gleichgewichtszustand: 2 CrO_4^{2-} (aq) + 2 H_3O^+ (aq) ⇌ $Cr_2O_7^{2-}$ (aq) + 3 H_2O (l).
Erklären Sie die Konzentrationsänderung von Produkten und Edukten bei Zugabe von saurer (Oxonium-Ionen) bzw. alkalischer Lösung (Hydroxid-Ionen).

5.2.3 Beeinflussung des chemischen Gleichgewichts durch Druckänderung

B3 Beobachtung zu **V2**

Um kohlensäurehaltiges Wasser herzustellen, wird Kohlenstoffdioxid in Wasser eingeleitet (**V2**). Es löst sich zum Teil im Wasser. Das nicht gelöste Kohlenstoffdioxid befindet sich in der Gasphase darüber. Es stellt sich ein Gleichgewichtszustand zwischen gasförmigem und gelöstem Kohlenstoffdioxid ein (**B3**):

① $CO_2\,(g) \rightleftharpoons CO_2\,(aq)$

Die gelösten Kohlenstoffdioxid-Moleküle reagieren in folgender Kaskade an Gleichgewichtsreaktionen über Kohlensäure-Moleküle (H_2CO_3) und Hydrogencarbonat- (HCO_3^-) zu Carbonat- (CO_3^{2-}) und Oxonium-Ionen. Die entstehende Lösung ist sauer (Gelbfärbung durch Bromthymolblau, **B3**).

② $CO_2\,(aq) + H_2O\,(l) \rightleftharpoons H_2CO_3\,(aq)$

③ $H_2CO_3\,(aq) + H_2O\,(l) \rightleftharpoons HCO_3^-\,(aq) + H_3O^+\,(aq)$

④ $HCO_3^-\,(aq) + H_2O\,(l) \rightleftharpoons CO_3^{2-}(aq) + H_3O^+\,(aq)$

Diese Gleichgewichtsreaktionen sind alle von der Menge an Kohlenstoffdioxid, die sich im Wasser löst, und damit von dem Gleichgewicht ① abhängig. Die Konzentration an gelöstem Kohlenstoffdioxid beeinflusst nämlich die der gebildeten Kohlensäure usw. Es handelt sich um ein **System gekoppelter Gleichgewichte**.

Kann durch Druckänderung die Menge an gelöstem Kohlenstoffdioxid beeinflusst werden? Wenn ja, wie wirkt sich der Druck auf das entscheidende Gleichgewicht ① aus?

Druckänderung

In **V3** wird die Druckabhängigkeit des beschriebenen Gleichgewichtssystems untersucht. Durch Herausziehen bzw. Hineindrücken des Stempels wird das Volumen der gasförmigen Phase verändert. Dabei ändert sich auch der Druck, der in der Gasphase wirkt.

B4 Löslichkeit von Kohlenstoffdioxid in Wasser bei verringertem Druck (links) und bei erhöhtem Druck (rechts)

Beim Herausziehen des Stempels kommt es zu einer Volumenvergößerung und damit einer Druckverringerung. In der Lösung bilden sich Gasblasen und die gelbe Farbe des Bromthymolblaus wird etwas grünlicher, was auf einen steigenden pH-Wert der Lösung hindeutet (**B4** links). Die Druckänderung hat also einen Einfluss auf die gekoppelten Gleichgewichte. Im Gleichgewicht ① kann die Druckverringerung als eine Verringerung der Konzentration des gasförmigen Kohlenstoffdioxids gedeutet werden, da sich die gleiche Anzahl Teilchen in einem größeren Volumen verteilt. Das System reagiert auf diese Störung, indem die Rückreaktion zeitweise begünstigt wird, und gelöstes Kohlenstoffdioxid in die Gasphase übergeht, was sich an der Bildung von Gasblasen zeigt. Die Verringerung der Konzentration an gelöstem Kohlenstoffdioxid wirkt sich auf die weiteren Gleichgewichte ②–④ derart aus, dass deren Rückreaktionen ebenfalls jeweils vorübergehend begünstigt werden. Somit verringert sich letztlich die Konzentration der Oxonium-Ionen in der Lösung ④ wodurch der pH-Wert steigt.

Bei einer Druckerhöhung nimmt die Lösung wieder eine deutliche Gelbfärbung an, der pH-Wert sinkt (**B4** rechts). Durch die Kompression des Ga-

ses sind mehr Kohlenstoffdioxid-Moleküle auf engerem Raum, was als Erhöhung der Eduktkonzentartion in ① gedeutet werden kann. Das System wirkt dieser Störung entgegen, indem Kohlenstoffdioxid-Moleküle durch vorübergehende Begünstigung der Hinreaktion im Wasser gelöst werden.
Durch die erhöhte Konzentration an gelöstem Kohlenstoffdioxid sind die Hinreaktionen der Gleichgewichte ②–④ jeweils vorübergehend begünstigt, sodass die Oxonium-Ionenkonzentration steigt und der pH-Wert sinkt.

Wiedereinstellung des Gleichgewichtszustands

Die Druckänderung beeinflusst die Gleichgewichtskonstante K_c der Reaktion ① nicht. Die verstärkte Edukt- bzw. Produktbildung erfolgt dementsprechend nur, bis sich wieder das charakteristische Konzentrationsverhältnis von Edukten und Produkten eingestellt hat. Damit nimmt K_c im MWG wieder den charakteristischen Wert an (**B5**).

Voraussetzungen für die Druckabhängigkeit eines chemischen Gleichgewichtssystems

Nicht jede Gleichgewichtsreaktion mit komprimierbaren bzw. expandierbaren gasförmigen Reaktionspartnern ist auch druckabhängig.
Das Iod-Wasserstoff-Gleichgewicht z. B. ist druckunabhängig:

$$H_2\,(g) + I_2\,(g) \rightleftharpoons 2\,HI\,(g)$$

Es reagieren jeweils zwei gasförmige Edukt-Teilchen zu zwei gasförmigen Produkt-Teilchen. Da die Zahl der Teilchen in der Gasphase auf Edukt- und Produktseite gleich ist, hat das System keine Möglichkeit Druckänderungen durch Begünstigung einer Reaktionsrichtung entgegenzuwirken. Eine Gleichgewichtsreaktion ist nur druckabhängig, wenn die Summe der Edukt-Teilchen und die Summe der Produkt-Teilchen im gasförmigen Zustand unterschiedlich ist.

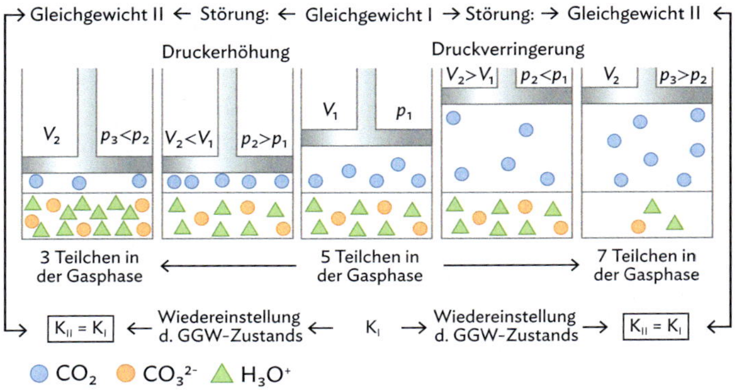

B5 Modell zur Darstellung der Auswirkungen von Druckänderungen auf das Bruttogleichgewicht (Zusammenfassung der Gleichungen ①–④) beim Lösen von Kohlenstoffdioxid in Wasser

Gleichgewichtsreaktionen mit mindestens einem gasförmigen Reaktionspartner können druckabhängig sein. Eine Druckerhöhung bewirkt eine vorübergehende Begünstigung der Reaktionsrichtung, bei der die Teilchenanzahl in der gasförmigen Phase abnimmt. Eine Druckverringerung bewirkt eine vorübergehende Begünstigung der Reaktionsrichtung, bei der die Teilchenanzahl in der gasförmigen Phase zunimmt. Dabei stellt sich der Gleichgewichtszustand wieder ein (K_c bleibt unverändert).

AUFGABEN

A1 Stellen Sie die Bruttoreaktionsgleichung für das Lösen von Kohlenstoffdioxid in Wasser auf. Beschreiben Sie mithilfe von **B5** die Veränderungen dieses Gleichgewichts auf der Teilchenebene bei Erhöhung bzw. Verringerung des Drucks.

A2 Erläutern Sie, welchen Einfluss eine Druckerhöhung auf folgende Gleichgewichte hat.
a) $N_2\,(g) + 3\,H_2\,(g) \rightleftharpoons 2\,NH_3\,(g)$
b) $2\,H_2O_2\,(l) \rightleftharpoons 2\,H_2O\,(l) + O_2\,(g)$

5.2.4 Beeinflussung des chemischen Gleichgewichts durch Temperaturänderung

Möchte man mithilfe eines Wassersprudlers stark sprudelndes Wasser herstellen, wird empfohlen, möglichst kaltes Wasser zu verwenden. Welchen Einfluss hat die Temperatur auf die Menge an Kohlenstoffdioxid, die sich im Wasser löst und wie lässt sich dies über chemische Gleichgewichtszustände deuten?
Betrachtet wird wieder das Gleichgewicht:

① $CO_2\,(g) \rightleftharpoons CO_2\,(aq)$ | exotherm

Die energetische Angabe hinter einer Reaktionsgleichung bezieht sich immer auf die von links nach rechts abgebildete Hinreaktion.

Untersuchung der Temperaturabhängigkeit

Bei **V4** lässt sich bei Temperaturerhöhung eine Zunahme des Gasvolumens und bei Temperaturverringerung eine Abnahme des Gasvolumens beobachten. Zudem nimmt die Lösung bei Temperaturzunahme eine grünliche Farbe an.

B6 Löslichkeit von Kohlenstoffdioxid in Wasser bei ca. 70 °C (links), Raumtemperatur (Mitte) und ca. 3 °C (rechts)

Eine Temperaturverringerung führt dazu, dass sich mehr Kohlenstoffdioxid löst, die Hinreaktion ① wird also begünstigt. Die resultierende erhöhte Konzentration gelösten Kohlenstoffdioxids beeinflusst die Gleichgewichte ②–④ jeweils in Richtung der Produktbildung. Umgekehrt wird bei einer Temperaturerhöhung die Rückreaktion von ①, also das Ausgasen von Kohlenstoffdioxid, bevorzugt. Durch die Verringerung der Konzentration an gelöstem Kohlenstoffdioxid sinkt letztendlich die Oxonium-Ionenkonzentration ②–④, der pH-Wert steigt. Das erklärt die dann grünliche Farbe des Indikators.
Warum reagiert das System derart auf die Temperaturänderungen? Die Hinreaktion, also das Lösen von Kohlenstoffdioxid in Wasser, ist exotherm. Die Rückreaktion ist endotherm. Eine Erhöhung der Umgebungstemperatur begünstigt den endothermen Schritt, also das Ausgasen von Kohlenstoffdioxid.
Eine Verringerung der Umgebungstemperatur begünstigt hingegen den exothermen Prozess und führt zu einer besseren Löslichkeit von Kohlenstoffdioxid.

Neueinstellung versus Wiedereinstellung

Im Gegensatz zu einer Konzentrations- oder Druckänderung, wo das Verhältnis zwischen Edukt- und Produktkonzentrationen gleichbleibt, liegt nach einer Temperaturänderung ein anderes Verhältnis vor. Ein neuer Gleichgewichtszustand hat sich eingestellt. Daher nimmt auch die Gleichgewichtskonstante K_c einen anderen Zahlenwert an der Gleichgewichtszustand und die Gleichgewichtskonstante sind temperaturabhängig.
Warum aber verhält sich ein Gleichgewichtssystem bei Temperaturänderungen anders als bei Konzentrations- bzw. Druckänderungen?

Temperaturabhängigkeit der Gleichgewichtskonstante

Zur Erläuterung der Einstellung eines neuen Gleichgewichtszustands mit verändertem Wert für K_c bei Temperaturänderung wird das Stickstoffdioxid-Distickstofftetroxid-Gleichgewicht betrachtet:

$2\,NO_2\,(g) \rightleftharpoons N_2O_4\,(g)$ | exotherm

Das braune Gas Stickstoffdioxid (NO_2) reagiert in einer exothermen Reaktion zum farblosen Gas

Distickstofftetroxid (N_2O_4). Im Gleichgewichtszustand bei 27 °C liegt ein Gasgemisch mit einer hellbraunen Farbe vor. Erhöht man die Temperatur (bspw. auf 100 °C, **B7**), so vertieft sich die Braunfärbung des Gasgemisches. Durch die Temperaturerhöhung wird die endotherme Rückreaktion begünstigt, wodurch mehr braunes Stickstoffdioxid gebildet wird. Hierbei verändert sich die Gleichgewichtszusammensetzung derart, dass der Wert für K_c deutlich sinkt, da die Eduktkonzentration zu- und die Produktkonzentration abnimmt. (**B7**).

T in C*	c_{GG} in mol/L	K_c in $L \cdot mol^{-1}$
$T_1 = 27$	$c_1(NO_2) = 0{,}0081$ $c_1(N_2O_4) = 0{,}0330$	$K_{c1} = 502{,}97$
$T_2 = 100$	$c_2(NO_2) = 0{,}0290$ $c_2(N_2O_4) = 0{,}0036$	$K_{c2} = 4{,}28$

B7 Vergleich der Gleichgewichtskonzentrationen und -konstanten des Stickstoffdioxid-Distickstofftetroxid-Gleichgewichts bei zwei verschiedenen Temperaturen $T_2 > T_1$

Die Temperaturabhängigkeit der Gleichgewichtskonstanten K_c lässt sich nachvollziehen, wenn man bedenkt, dass sich die die Gleichgewichtskontante aus dem Quotienten der Geschwindigkeitskonstanten k von Hin- und Rückreaktion ergibt:

$K_c = \frac{k_{Hin}}{k_{Rück}}$ (vgl. S. 264).

Die Geschwindigkeitskonstanten sind temperaturabhängig. Gemäß der RGT-Regel steigen alle Geschwindigkeitskonstanten bei steigender Temperatur (vgl. S. 423):

$k_{Hin2} > k_{Hin1}$ und $k_{Rück2} > k_{Rück1}$

Allerdings steigen sie in unterschiedlichem Ausmaß. Die Geschwindigkeitskonstante der endothermen Rückreaktion $k_{Rück}$ steigt bei Temperaturerhöhung deutlich stärker als die der exothermen Hinreaktion k_{Hin}:
Für die Gleichgewichtskonstanten gilt dementsprechend:

$$K_{c1} = \frac{k_{Hin1}}{k_{Rück1}} > \frac{k_{Hin2}\uparrow}{k_{Rück2}\uparrow\uparrow} = K_{c2}$$

Da der Wert für $k_{Rück2}$ stärker ansteigt als der für k_{Hin2}, nimmt der Nenner einen deutlich größeren Wert an, wodurch der Wert für K_{c2} insgesamt kleiner als der für K_{c1} ist.
Die stärkere Beschleunigung der endothermen Rückreaktion führt dementsprechend zu einer deutlichen Erhöhung der Eduktkonzentration und zu einer verringerten Produktkonzentration (**B7**). So bleibt der Wert für K_c bei Temperaturänderung, im Gegensatz zu Konzentrations- oder Druckänderungen, nicht konstant.

Eine Temperaturerhöhung führt in einem Gleichgewichtssystem zur Begünstigung des endothermen Reaktionsschritts, eine Temperaturerniedrigung hingegen zur Begünstigung der exothermen Reaktion. Temperaturänderungen führen zur Einstellung eines neuen Gleichgewichts. Die Gleichgewichtskonstante K_c ist eine temperaturabhängige Konstante.

AUFGABEN

A1 Beschreiben Sie die Auswirkungen einer Temperaturerhöhung bzw. -verringerung auf folgende Gleichgewichte:
a) $N_2 (g) + 3 H_2 \rightleftharpoons 2 NH_3 (g)$ | exotherm
b) $2 H_2O (l) \rightleftharpoons H_3O^+ (aq) + OH^- (aq)$ | endotherm

A2 Erklären Sie die Beobachtung, dass es beim Öffnen von Mineralwasserflaschen vor allem im Sommer zu einem Übersprudeln kommt.

A3 a) Die Ozeane werden als „Kohlenstoffdioxidsenke" bezeichnet, da sie große Mengen des atmosphärischen Treibhausgases aufnehmen. Erklären Sie diesen Prozess mit Bezug zum Aspekt der „Versauerung" der Meere.
b) Es ist nachgewiesen worden, dass die Ozeane in Polarregionen eher als Kohlenstoffdioxidsenken fungieren als die in Äquatorregionen. Erläutern Sie.

5.2.5 Das Prinzip von LE CHATELIER

Das „Prinzip vom kleinsten Zwang"

Bereits im Jahr 1884 schrieb der französische Chemiker HENRI LE CHATELIER in dem nach ihm benannten **Prinzip von LE CHATELIER** bzw. dem Prinzip vom kleinsten Zwang: „Übt man auf ein sich im chemischen Gleichgewichtszustand befindliches System durch Änderung der äußeren Bedingungen einen Zwang aus, reagiert das System derart, dass es dem Zwang ausweicht."

Wirkung äußerer Zwänge

Bei Konzentrationserhöhung bzw. -verringerung eines Reaktionspartners reagiert das System so, dass dieser umgesetzt bzw. nachgebildet wird, bis sich das System wieder im Gleichgewichtszustand befindet.

In Gleichgewichtssystemen mit mindestens einem gasförmigen Reaktionspartner können Druckänderungen das Gleichgewicht beeinflussen. Ist das Gleichgewicht druckabhängig, so weicht das System dem Zwang der Druckänderung aus, indem diese kompensiert wird:
Druckerhöhung führt dazu, dass die Reaktion begünstigt wird, die unter Volumenabnahme (Verringerung der Anzahl an Teilchen im gasförmigen Zustand) erfolgt. Bei Druckverringerung hingegen wird die Reaktion begünstigt, die unter Volumenzunahme (Zunahme der Anzahl an Teilchen im gasförmigen Zustand) erfolgt.
Die Beeinflussung der Temperatur führt dazu, dass bei Temperaturerhöhung die endotherme Reaktion begünstigt wird, um die Energiezufuhr zu kompensieren. Eine Temperaturverringerung hingegen begünstigt die exotherme Reaktion.

06022-152
Lernanwendung zum Prinzip von LE CHATELIER unter QR-/Mediencode 06022-152

Änderung ...	begünstigt die Reaktionsrichtung, die ...
Konzentration ↑	... zum Umsatz des Reaktionspartners mit erhöhter Konzentration führt.
Konzentration ↓	... die Nachbildung des Reaktionspartners mit verringerter Konzentration zur Folge hat.
Druck ↑	... unter Volumenabnahme erfolgt.
Druck ↓	... unter Volumenzunahme erfolgt.
Temperatur ↑	... endotherm verläuft.
Temperatur ↓	... exotherm verläuft.

AUFGABEN

A1 Gegeben sind folgende Reaktionsgleichungen:

$$2\,NO\,(g) + O_2\,(g) \rightleftharpoons 2\,NO_2\,(g) \mid \text{exotherm}$$

$$CO\,(g) + NO_2\,(g) \rightleftharpoons CO_2\,(g) + NO\,(g) \mid \text{endotherm}$$

$$3\,N_2O\,(g) + 2\,NH_3\,(g) \rightleftharpoons 4\,N_2\,(g) + 3\,H_2O\,(g) \mid \text{exotherm}$$

Leiten Sie für diese Reaktionen begründet ab, welche der folgenden Maßnahmen jeweils eine Erhöhung der Produktkonzentration zur Folge hat: Temperaturerhöhung, Druckverringerung, Temperaturverringerung, Druckerhöhung.

A2 Im geschlossenen System stellt sich zwischen braunem Stickstoffdioxid und farblosem Distickstofftetroxid ein Gleichgewicht ein:

$$\underset{\text{braun}}{2\,NO_2\,(g)} \rightleftharpoons \underset{\text{farblos}}{N_2O_4\,(g)}$$

Begründen Sie die zu erwartende Beobachtung beim Komprimieren des Systems mit dem Prinzip von LE CHATELIER.

5.2.6 Acetylsalicylsäure

Aspirin® ist eines der bekanntesten Medikamente, das weltweit verwendet und hergestellt wird. Sein Wirkstoff, die Acetylsalicylsäure, ist laut Weltgesundheitsorganisation WHO ein unentbehrliches Arzneimittel. Was ist Acetylsalicylsäure, wie wirkt sie, und was hat sie mit dem chemischen Gleichgewicht zu tun?

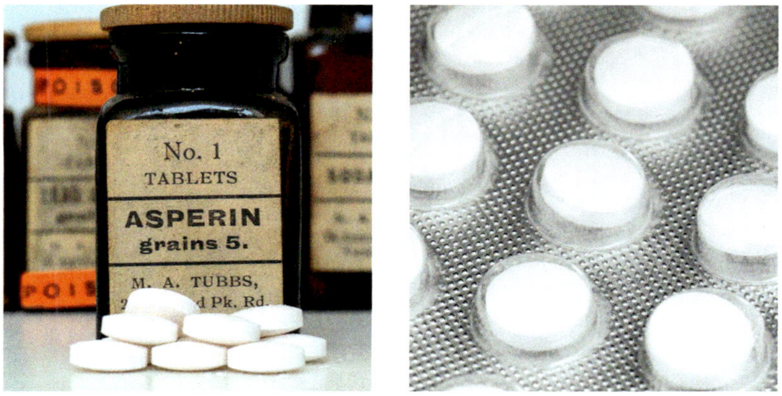

B2 Lagerung von Tabletten mit Acetylsalicylsäure – früher in Glasflaschen (links), heute in Blisterverpackungen aus Kunststoff und Aluminumfolie

Zur Schmerzbekämpfung und Fiebersenkung wurde schon im Altertum die Weidenrinde verwendet. Der darin enthaltene Wirkstoff, die Salicylsäure, wurde daher nach der Weide (lat. *salix*) benannt. Im Jahr 1874 wurde Salicylsäure erstmals industriell hergestellt und verkauft. Der bittere Geschmack und häufige Nebenwirkungen wie Übelkeit und Magenschleimhautentzündungen schränkten die Einsatzmöglichkeiten von Salicylsäure als Medikament jedoch ein. Besser verträglich war hingegen der 1897 erstmals in der Firma BAYER synthetisierte Essigsäureester der Salicylsäure, der unter dem Namen Acetylsalicylsäure (ASS) bekannt wurde – der Wirkstoff in Medikamenten wie Aspirin®.
Bei der Synthese von ASS findet eine Veresterungsreaktion von Essigsäure (vgl. S. 120) mit Salicylsäure statt. Dabei reagieren die Hydroxy-Gruppen der Salicylsäure-Moleküle (**B1**, links) mit den Carboxy-Gruppen der Essigsäure-Moleküle unter Bildung der Ester-Gruppen der Acetylsalicylsäure-Moleküle (**B1**, rechts).

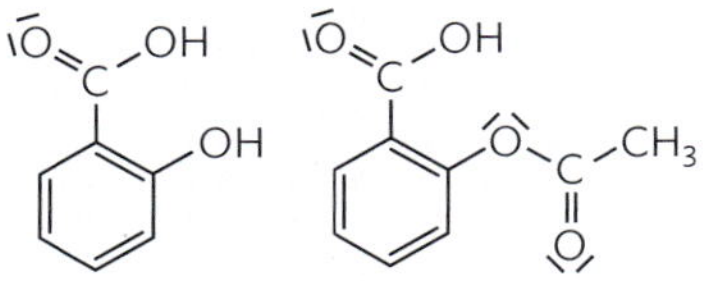

B1 Strukturformeln des Salicylsäure- (links) und Acetylsalicylsäure-Moleküls (rechts)

Eigenschaften von ASS

ASS ist aufgrund der intramolekularen Wechselwirkung der Carboxy- mit der Ester-Gruppe sowie der Größe des unpolaren Molekülanteils schlecht in Wasser löslich. Mit steigendem pH-Wert nimmt die Wasserlöslichkeit zu, da sich mehr Acetylsalicylat-Anionen bilden. Aufgrund dieser pH-Abhängigkeit der Löslichkeit löst sich der Wirkstoff ASS im Speichel (pH = 6,8 – 7,2) schlecht und in der Magensäure (pH = 1,0 – 1,5) gar nicht. Erst im alkalischen Milieu des Dünndarms (pH = 7,0 – 9,0) wird die Acetylsalicylsäure resorbiert und in ihre Bestandteile gespalten.

Acetylsalicylsäure im chemischen Gleichgewicht

Heute werden Acetylsalicylsäure-Tabletten in Blisterverpackungen geliefert, um sie gegen Luftfeuchtigkeit zu schützen. Früher wurden sie hingegen oft in Glasflaschen aufbewahrt (**B2**). Nach längerer falscher Lagerung konnte aus diesen Flaschen manchmal ein Geruch nach Essig wahrgenommen werden. Dieser Geruch ist auf ein Produkt der Rückreaktion zur Synthese zurückzuführen. Acetylsalicylsäure-Moleküle und Wasser-Moleküle reagieren in einer Hydrolysereaktion miteinander. Es bilden sich Essigsäure-Moleküle und Salicylsäure-Moleküle. Die Tabletten verlieren so ihre Wirkung und die gebildete Salicylsäure kann unangenehme Nebenwirkungen verursachen. Durch erhöhte Temperatur wird die Hydrolysereaktion noch beschleunigt. Daher müssen die Tabletten unbedingt kühl und trocken gelagert werden.

AUFGABEN

A1 Stellen Sie die Reaktionsgleichung für die Hydrolyse von Acetylsalicylsäure auf und beschreiben Sie den Einfluss der Lagerungsbedingungen auf die Gleichgewichtslage.

A2 Essigsäure kann bei Raumtemperatur extrem langsam zu Kohlenstoffdioxid und Wasser reagieren. Erklären Sie den Einfluss, den diese Reaktion auf das Hydrolysegleichgewicht der Acetylsalicylsäure hätte.

5.3 HABER-BOSCH-Verfahren

Stickstoff ist eines der wichtigsten Elemente, die Pflanzen für ihr Wachstum benötigen. Als Bestandteil pflanzlicher und tierischer Eiweiße ist Stickstoff auch für uns unentbehrlich. Doch nur sehr wenige Organismen können Stickstoff direkt aus der Luft aufnehmen, wo er in riesigen Mengen vorhanden ist. Die meisten Lebewesen können Stickstoff nur in Form von reaktiveren Verbindungen verwerten. Wie lässt sich der reaktionsträge Stickstoff aus der Luft in eine nutzbare Form umwandeln?

5.3.1 Versuche und Material

M Stickstofffixierung in der Natur

M1 Stickstoff ist das vierthäufigste Element, das in Lebewesen vorkommt. Gebunden in Protein- und in DNA-Molekülen sind Stickstoff-Atome essenziell für sie. Doch obwohl Stickstoff einen Anteil von 78 % der Luft ausmacht und damit in nahezu unerschöpflichen Mengen vorhanden ist, können ihn in dieser elementaren Form nur wenige Organismen nutzen: Zu stabil ist die Dreifachbindung im Stickstoff-Molekül, zu energieaufwändig die Spaltung und Überführung in Verbindungen.
Manche Mikroorganismen ohne Zellkern sind spezialisiert auf Stickstofffixierung. Sie leben entweder frei (z. B. Cyanobakterien) oder in Symbiose mit Pflanzen (**B1**), denen sie Stickstoff-Verbindungen liefern (z. B. Knöllchenbakterien bei Hülsenfrüchtlern). Sie reduzieren die Stickstoff-Moleküle aus der Luft mithilfe eines Biokatalysators, dem Enzymkomplex Nitrogenase, zu Ammoniak-Molekülen. Als Nebenprodukt der Reaktion entsteht Wasserstoff. Die notwendige Energie für den Aufbruch der Dreifachbindung im Stickstoff-Molekül liefert der Energieträger ATP.
Der entstandene Ammoniak wird im Anschluss zur Bildung von Aminosäuren verwendet.
Jedes Jahr werden etwa 200 bis 300 Millionen Tonnen Stickstoff auf diese Weise biotisch fixiert – das ist deutlich mehr, als die chemische Industrie technisch herstellt.

B1 Die Erle in Symbiose mit stickstofffixierenden Bakterien

AUSWERTUNG

a) Erklären Sie, dass die Stickstofffixierung einen Engpass beim Pflanzenwachstum darstellen kann, obwohl Stickstoff in großen Mengen in der Luft verfügbar ist.

b) Besonders in der ökologischen Landwirtschaft spielt der Anbau von Hülsenfrüchtlern wie Klee oder Lupinen zur Bodenverbesserung eine wichtige Rolle, da viele Mineraldünger dort verboten sind. Erklären Sie diesen Sachverhalt.

c) MK Recherchieren Sie Vor- und Nachteile der Gründüngung gegenüber dem Einsatz mineralischer Stickstoffdünger.

M Technische Stickstofffixierung nach dem HABER-BOSCH-Verfahren LK

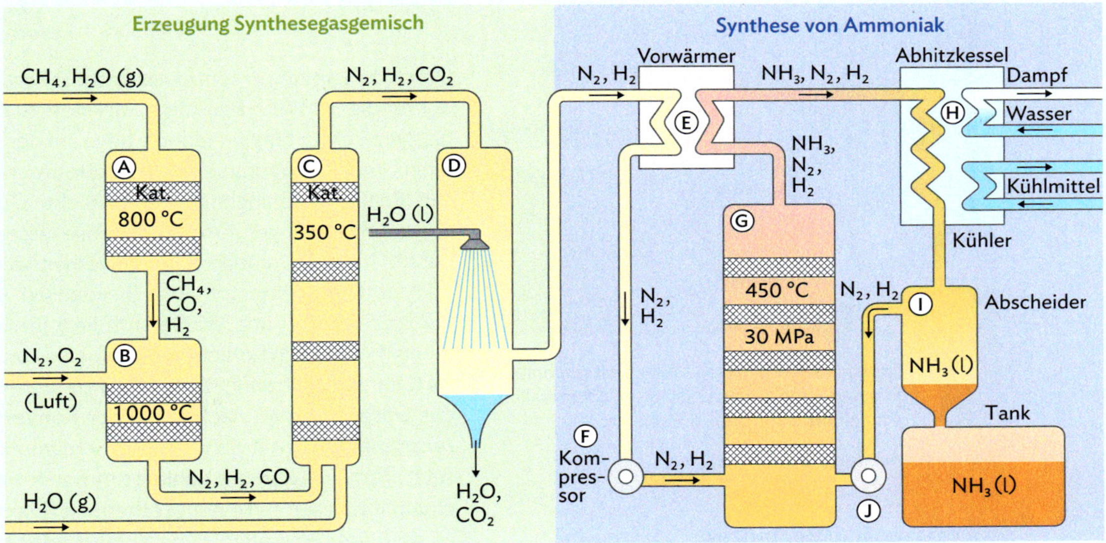

B2 Schema der technischen Stickstofffixierung mit dem HABER-BOSCH-Verfahren

M2 Die Abbildung **B2** zeigt schematisch den Ablauf der verschiedenen Schritte zur technischen Stickstofffixierung nach dem HABER-BOSCH-Verfahren.

M3 Einen möglichen Laboraufbau für die Ammoniaksynthese aus den Elementen finden Sie unter QR-/Mediencode 06011-07.

06011-07

AUSWERTUNG

a) Notieren Sie für alle Edukte und Produkte des Prozesses jeweils Stoffname, Summenformel und LEWIS-Strukturformel.

b) In den Kesseln Ⓐ – Ⓑ findet die Herstellung des Synthesegasgemisches durch sogenannte Dampfreformierung statt. Stellen Sie mithilfe der Abbildung die Reaktionsgleichungen für die Vorgänge auf, die in den Kesseln Ⓐ, Ⓑ und Ⓒ ablaufen.

c) Beschreiben Sie die Vorgänge, die bei Ⓓ, Ⓔ und Ⓕ stattfinden.

d) Stellen Sie die Reaktionsgleichung für den zentralen Vorgang im Reaktor Ⓖ auf.

e) Beschreiben Sie die Vorgänge, die im Abhitzkessel Ⓗ sowie im Abscheider Ⓘ ablaufen.

f) Begründen Sie die Funktion von Abhitzkessel und Abscheider mit Bezug auf das im Reaktor bestehende Gleichgewicht.

g) Vergleichen Sie die biotische (**M1**) und die technische Stickstofffixierung.

5.3.2 Die technische Ammoniaksynthese LK

Verwendung von Ammoniak

Ammoniak stellt heute eine wichtige Grundchemikalie dar: Über 200 Millionen Tonnen werden jährlich weltweit produziert. 80 % davon werden zu Düngemitteln weiterverarbeitet, der Rest wird zur Herstellung zahlreicher anderer Produkte verwendet, ohne die unser tägliches Leben nicht denkbar wäre (**B1**).

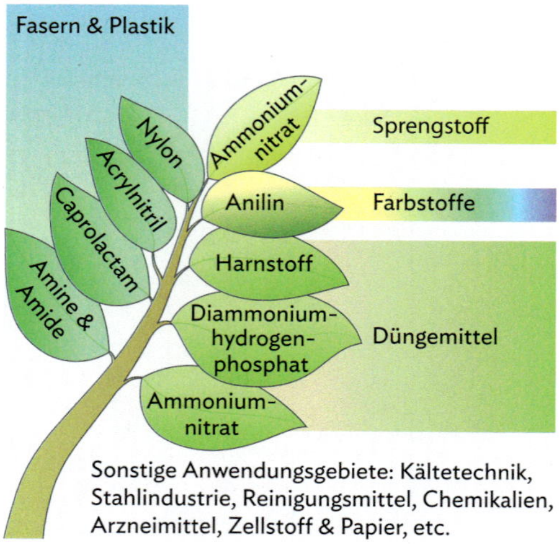

B1 Verwendung von Ammoniak

HABER-BOSCH-Verfahren

Im **HABER-BOSCH-Verfahren** (**B2**) wird Ammoniak aus den Elementen Stickstoff und Wasserstoff synthetisiert:

$$N_2\,(g) + 3\,H_2\,(g) \rightleftharpoons NH_3\,(g) \qquad |\ \text{exotherm}$$

Das Verfahren wurde durch den Chemiker FRITZ HABER und den Ingenieur CARL BOSCH entwickelt. 1913 konnte die erste Anlage in Betrieb genommen werden.

Erzeugung des Synthesegasgemischs

Während Stickstoff in der Luft bereits elementar vorliegt, muss Wasserstoff in einem vorgeschalteten Prozess erst erzeugt werden.
Wasserstoff wird heute katalytisch durch die Umsetzung von Wasserdampf mit Erdgas gewonnen. Die Reaktion findet im **Primärreformer** (S. 176, **B1**, A) bei 800 °C statt.

$$CH_4\,(g) + H_2O\,(g) \rightleftharpoons CO\,(g) + 3\,H_2\,(g) \qquad |\ \text{endotherm}$$

Im Primärreformer reagiert das Methan nur unvollständig. Erhöht wird die Ausbeute von Wasserstoff im **Sekundärreformer** (B) durch die Zufuhr von Luft bei ca. 1000 °C. Der Luftsauerstoff reagiert mit verbleibendendem Methan in einer exothermen Reaktion zu Kohlenstoffmonooxid. Dabei wird weiterer Wasserstoff freigesetzt:

$$2\,CH_4\,(g) + O_2\,(g) \rightleftharpoons 2\,CO\,(g) + 4\,H_2\,(g) \qquad |\ \text{exotherm}$$

Durch die Luftzufuhr kommt an dieser Stelle auch der für die Synthese benötigte Stickstoff zu dem Gasgemisch. Er reagiert jedoch aufgrund der stabilen Dreifachbindung seiner Moleküle unter diesen Reaktionsbedingungen noch nicht. Durch Steuerung der zugeführten Luftmenge lässt sich bereits hier das richtige Volumenverhältnis von Stickstoff zu Wasserstoff auf 1 : 3 einstellen.
Neben Stickstoff und Wasserstoff liegt im Gasgemisch nun auch Kohlenstoffmonooxid vor, das als Katalysatorgift wirkt. Um es zu entfernen, wird das Gasgemisch als nächstes in der **Konvertierungsanlage** (C) mit weiterem Wasserdampf versetzt. Damit reagiert das Kohlenstoffmonooxid an einem Katalysator in einer exothermen Reaktion zu weiterem Wasserstoff und Kohlenstoffdioxid:

$$CO\,(g) + H_2O\,(g) \rightleftharpoons CO_2\,(g) + H_2\,(g) \qquad |\ \text{exotherm}$$

Das Kohlenstoffdioxid lässt sich durch **Gaswäsche** (D) entfernen.

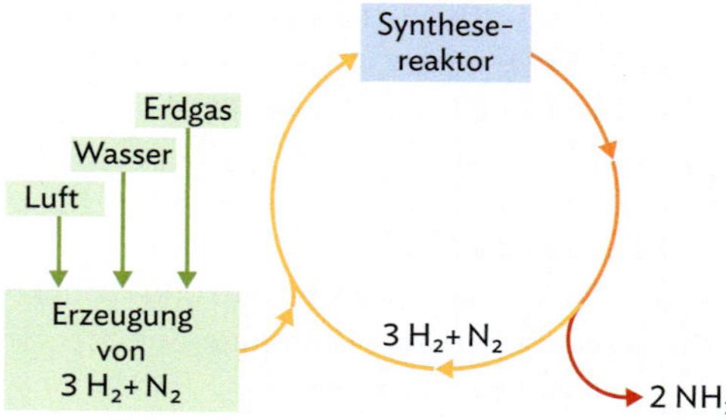

B2 Überblick über das HABER-BOSCH-Verfahren

Reaktionsbedingungen für die Ammoniaksynthese

Das bereitgestellte Gasgemisch aus Stickstoff und Wasserstoff wird vorgewärmt, verdichtet und anschließend in den **Reaktor** (G) geleitet. Dort findet die eigentliche Ammoniaksynthese bei einer Temperatur von 400 – 500 °C und einem Druck von 15 – 30 MPa statt:

$N_2\,(g) + 3\,H_2\,(g) \rightleftharpoons 2\,NH_3\,(g)$ | exotherm

Dabei handelt es sich um eine exotherme Reaktion, bei der sich das Gasvolumen verringert. Nach dem Prinzip von LE CHATELIER begünstigen eine niedrige Temperatur und ein hoher Druck die Bildung von Ammoniak im Reaktor, indem die Gleichgewichtslage stärker auf die Produktseite verlagert wird. Warum wird die Reaktion trotzdem bei 450 °C durchgeführt?
Bei Raumtemperatur lässt sich im Reaktor keine Bildung von Ammoniak beobachten: Der Stickstoff ist so reaktionsträge, dass der Gleichgewichtszustand der Reaktion nicht erreicht wird.
Die Aktivierungsenergie für die Reaktion ist zu hoch. Erst mithilfe eines Katalysators lässt sich die Reaktion so weit beschleunigen, dass sich das Gleichgewicht einstellt. Da dieser Katalysator aber erst ab 450 °C ausreichend wirksam ist, wählt man trotz ungünstigerer Gleichgewichtslage diese Temperatur im Reaktor – als Kompromiss zwischen ausreichend hoher Reaktionsgeschwindigkeit und brauchbarer Gleichgewichtslage.
Die Ausbeute an Ammoniak ist unter den in der Industrie gewählten Bedingungen eher gering (**B3**). Eine deutliche Verbesserung der Gleichgewichtslage ließe sich durch eine weitere Erhöhung des Drucks erreichen. Dies ist allerdings eingeschränkt durch die Umsetzbarkeit – die erforderliche Hochdrucktechnik stellt die Industrie vor große Herausforderungen.
Um die Ausbeute an Ammoniak zu erhöhen, erfolgt die Synthese im Kreislauf: Das Gasgemisch aus Ammoniak, Wasserstoff und Stickstoff aus dem Reaktor wird so abgekühlt, dass Ammoniak kondensiert und als Flüssigkeit im **Abscheider** (I) abgetrennt werden kann. Stickstoff und Wasserstoff werden wieder komprimiert und erneut im Kreislauf dem Reaktor zugeführt (**B2**).

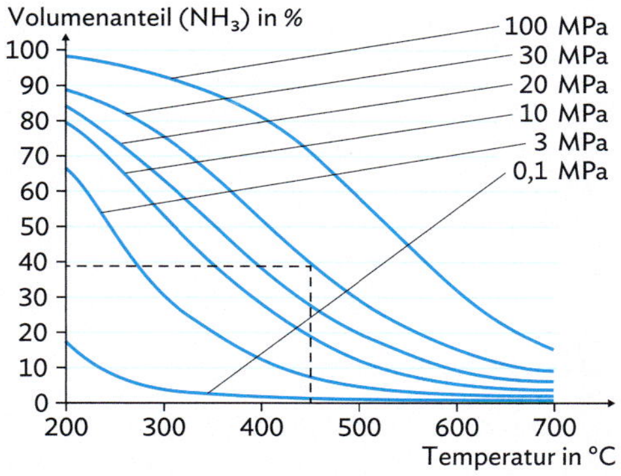

B3 Ammoniakausbeute in Abhängigkeit von Druck und Temperatur

Das HABER-BOSCH-Verfahren ermöglicht die großtechnische Umwandlung von Luftstickstoff in eine reaktive Stickstoffverbindung: Aus Methan, Luft und Wasserdampf wird über mehrere Gleichgewichtsreaktionen Ammoniak erzeugt.
Da Stickstoff sehr reaktionsträge ist, erfordert seine Reaktion mit Wasserstoff einen Katalysator. Dieser arbeitet erst ab Temperaturen von ca. 450 °C effektiv.
Die Ammoniakausbeute wird durch einen hohen Druck erhöht.

AUFGABEN

A1 Nennen Sie wichtige Chemikalien, die aus Ammoniak hergestellt werden, sowie deren Bedeutung in unserem Alltag (**B1**).

A2 Analysieren Sie für die vier aufgeführten Gleichgewichtsreaktionen im HABER-BOSCH-Verfahren jeweils die Möglichkeiten, um die Lage des Gleichgewichts auf die Seite der Produkte zu verschieben.

A3 Erläutern Sie die Wahl der Reaktionsbedingungen im Reaktor mit Bezug auf **B3**.

A4 Ermitteln Sie mithilfe von **B3** die Ausbeute an Ammoniak, wenn man einen Katalysator finden würde, der die Reaktion bei 600 °C und einem Druck von 20 MPa ermöglicht.

5.3.3 Der Einfluss des Katalysators

Ohne Katalysatoren wären viele großtechnische Verfahren nicht umsetzbar. Beim HABER-BOSCH-Verfahren ermöglicht der Katalysator einen Reaktionsweg mit einer geringeren Aktivierungsenergie (vgl. Kap. 8.3). Bei der Reaktion entstehen dieselben Produkte und der Katalysator geht unverändert aus der Reaktion hervor (**B4**). Wie läuft die Katalyse ab?

Heterogene Katalyse

Liegen bei einer chemischen Reaktion Katalysator und Edukte im selben Aggregatzustand vermischt vor, dann bezeichnet man dies als **homogene** Katalyse. Befinden sich Katalysator und Reaktanten in unterschiedlichen Phasen bzw. Aggregatzuständen, spricht man von **heterogener** Katalyse.
In chemisch-technischen Verfahren wie dem HABER-BOSCH-Verfahren kommt häufig die heterogene Katalyse mit Feststoffkatalysatoren zum Einsatz. Ein weiteres Beispiel ist die Schwefelsäureherstellung mit dem Doppelkontaktverfahren (vgl. QR-/Mediencode 06015-104). In der Umwelttechnik werden heterogene Katalysatoren zur Reinhaltung der Luft eingesetzt, indem Schadstoffe aus Industrieabgasen oder Kraftwerksemissionen entfernt werden.

06015-104

Heterogene Feststoffkatalysatoren

Feststoffkatalysatoren können aufgrund ihres Aggregatzustandes bei hohen Temperaturen und hohem Druck betrieben werden. Die flüssigen oder gasförmigen Reaktanden strömen dabei über die Oberfläche des Katalysators. HABER nutzte in seinem Laboraufbau zur Ammoniaksynthese zunächst das Metall Osmium als Katalysator. Da es aber selten und teuer ist, musste eine Alternative für die technische Herstellung gefunden werden.

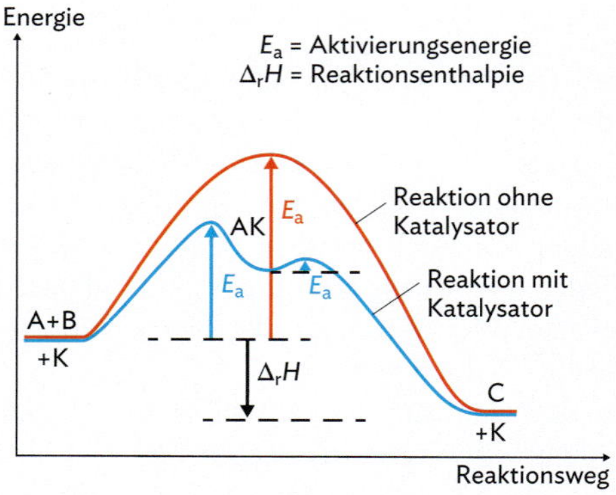

B4 Energiediagramm mit (blau) und ohne (rot) Katalysator

Da HABER inzwischen mit der BASF (Badische Anilin- und Sodafabrik) in Ludwigshafen zusammenarbeitete, beschäftigten sich der dort angestellte CARL BOSCH und sein Assistent ALWIN MITTASCH von 1909 bis 1913 mit der großtechnischen Umsetzung von HABERS Laboraufbau und der Katalyse des Verfahrens. In unzähligen Experimenten testete MITTASCH verschiedene Katalysatoren auf ihre Wirksamkeit bei der Ammoniak-

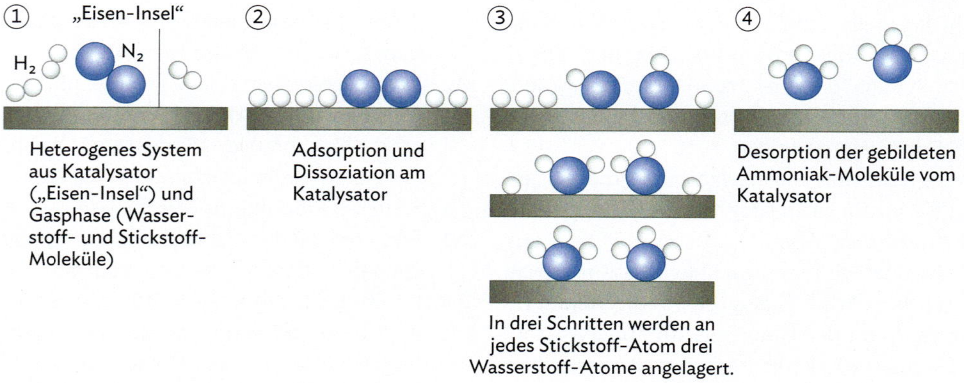

B5 Modell der heterogenen Katalyse bei der Ammoniaksynthese

synthese und fand schließlich ein überzeugendes Katalysatorsystem aus Eisen(II)-Eisen(III)-oxid mit Zusätzen von Aluminiumoxid, Kaliumoxid, Calciumoxid und Siliciumdioxid.
Noch heute ist der damals entwickelte Katalysator fast unverändert im Einsatz der zahlreichen Ammoniak-Produktionsanlagen weltweit. Wie genau diese Katalyse funktioniert, wurde erst Jahrzehnte später herausgefunden: GERHARD ERTL erhielt 2007 den Nobelpreis für Chemie für die vollständige Aufklärung der zugrundeliegenden Mechanismen (**B5**). Je nach Bauweise und Verwendung der Katalysatoren können unterschiedliche Effekte zu einer Abnahme der Katalysatoraktivität und zu deren Verschleiß führen. Als Katalysatorgifte können zum Beispiel Verunreinigungen im Eduktstrom, wie Kohlenstoffmonooxid oder Schwefelverbindungen, die Kontaktstellen auf der Katalysatoroberfläche blockieren. Industrielle Katalysatoren werden deswegen regelmäßig gewartet und regeneriert.

Homogene Katalyse

Beispiele für homogen katalysierte Reaktionen sind die Veresterung und die Verseifung. Bei diesen Reaktionen in der flüssigen Phase werden Säuren bzw. Basen als Katalysatoren verwendet. Als älteste homogen-katalysierte und vom Menschen genutzte Reaktionen gelten die alkoholische Vergärung von Zucker (Video unter QR-/Mediencode 06015-105) und die Essigsäuregärung. Die industrielle Herstellung von Kunststoffen sowie von ungesättigten organischen Verbindungen basieren auf homogenen Katalyseformen.
Die Grafik **B6** veranschaulicht die elementaren Teilschritte für eine allgemeine Reaktion, wie z. B.

$$\text{Edukt A} + \text{Edukt B} \xrightarrow{K} \text{Produkt C}$$

Die Vorteile der homogenen Katalyse gegenüber der heterogenen Katalyse liegen in den milderen Reaktionsbedingungen, wie moderate Temperaturen und niedriger Druck. Ein besonderer Aufwand besteht jedoch bei der Abtrennung der Produkte bzw. des Katalysators vom Reaktionsgemisch, da sich diese in derselben Phase befinden.

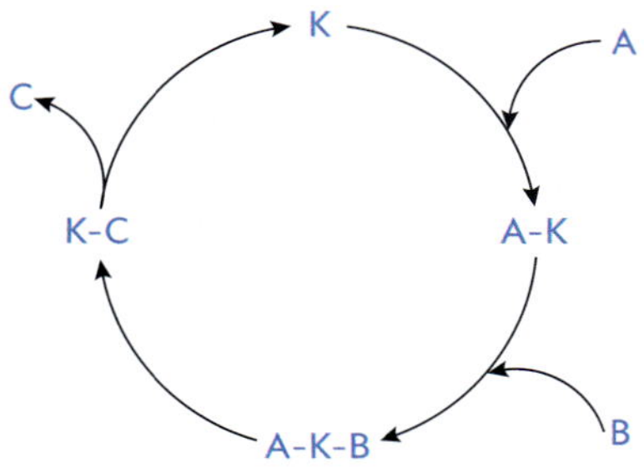

B6 Teilschritte der homogenen Katalyse

Je nach Aggregatzustand und Mischbarkeit der Katalysatoren und Reaktanten unterscheidet man die heterogene von der homogenen Katalyse. Beide Katalyseformen laufen in jeweils typischen Teilschritten ab. In der Technik und chemischen Industrie kommt beiden Katalyseformen eine große Bedeutung zu.

AUFGABEN

A1 Beschreiben Sie die Funktionsweise des Katalysators bei der Ammoniaksynthese (**B5**).

A2 Erklären Sie, dass die meisten heterogenen Katalysatoren äußerst feinteilige Feststoffe sind.

A3 Begründen Sie die Verwendung von metallischen Katalysatoren, vor allem von Edelmetallkatalysatoren, als sehr dünn aufgetragene Schichten auf Materialien mit hoher spezifischer Oberfläche.

A4 Stellen Sie Vor- und Nachteile von heterogenen und homogenen Katalysatoren kriterienorientiert gegenüber.

A5 Entwickeln Sie einen experimentellen Plan, wie sich bei der homogen-katalysierten Estersynthese (vgl. S. 122) Produkt und Katalysator voneinander trennen lassen.

06015-105

5.3.4 Die Kehrseite des HABER-BOSCH-Verfahrens

Die Entdeckung eines großindustrietauglichen Verfahrens für die technische Stickstofffixierung läutete ein neues Zeitalter in Landwirtschaft und Industrie ein. Durch die Ammoniaksynthese konnten Düngemittel in großem Maßstab hergestellt und eine drohende Hungersnot abgewendet werden. 1913 nahm BASF die erste Anlage nach dem HABER-BOSCH-Verfahren in Betrieb, 1918 erhielt FRITZ HABER für seine Forschungen zur Ammoniaksynthese den Nobelpreis für Chemie. Diese Entscheidung führte schon damals zu internationalen Protesten. Auch heute noch werden HABER und sein Lebenswerk heftig diskutiert. Was ist der Grund dafür?

HABERS Rolle im Ersten Weltkrieg

Als 1914 der Erste Weltkrieg in Europa ausbrach, meldete FRITZ HABER (**B1**) sich sofort freiwillig und stellte seine Forschungen in der Folgezeit ganz in den Dienst des deutschen Kriegsministeriums.
Für die Kriegsführung entwickelte er zunächst ein neues Produktionsverfahren für Ammoniumnitrat, welches für die Herstellung von **Sprengstoff**

B1 FRITZ HABER

wichtig war: Durch Oxidation von Ammoniak konnte Salpetersäure hergestellt werden, welche sich mit weiterem Ammoniak zu Ammoniumnitrat neutralisieren ließ.
In der Folgezeit konzentrierte sich HABER in seinen Forschungen auf ein noch viel brisanteres Feld: die Entwicklung von **Giftgasen** als erste chemische Massenvernichtungswaffen. Er propagierte zunächst die Verwendung von Chlorgas und überwachte persönlich den ersten Einsatz 1915, der den Beginn des Gaskriegs markierte (**B3**). Da Chlor eine höhere Dichte als Luft aufweist, sank es in die französischen Schützengräben und führte dort zu tausenden Verletzten und Toten. Im weiteren Verlauf wurden unter HABERS Regie auch Senfgas und Phosgen als chemische Waffen eingesetzt (**B2**). Insgesamt starben durch diesen Gaskrieg zwischen 1915 und 1918 ungefähr 90.000 Soldaten, etwa 1,2 Millionen Menschen wurden dadurch verletzt.

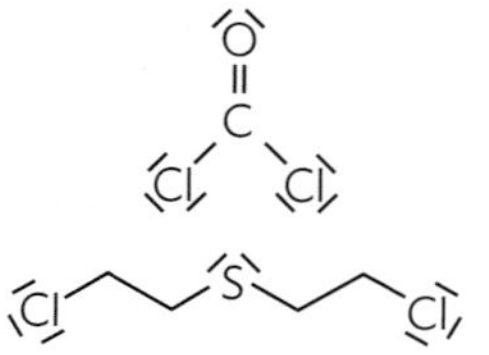

B2 Strukturformeln von Phosgen und Senfgas

FRITZ HABER selbst zeigte keinerlei moralische Bedenken. Er war der Meinung, dass ein Wissenschaftler „im Frieden der Menschheit, im Krieg dem Vaterland" gehöre. Später schrieb HABER, dass er einer der mächtigsten Männer in Deutschland gewesen sei – mehr als ein großer Heerführer, mehr als ein Industriekapitän. Allerdings war der Einsatz von

B3 Gaskrieg im Ersten Weltkrieg

Giftgas schon damals durch die auch vom Deutschen Reich unterzeichnete Haager Landkriegsordnung untersagt. Wegen des Verstoßes dagegen wurde HABER nach dem Ende des Ersten Weltkrieges von den Alliierten als Kriegsverbrecher gesucht.
Nach dem Ersten Weltkrieg forschte HABER in der Deutschen Gesellschaft für Schädlingsbekämpfung (DEGESCH) an der Entwicklung von Pestiziden. Zwei Jahre nach seinem Ausscheiden aus der DEGESCH wurde dort Zyklon B entwickelt, ein auf Cyanwasserstoff (Blausäure) basierendes Biozid. Dieses wurde im Zweiten Weltkrieg in den Gaskammern deutscher Konzentrationslager im Holocaust eingesetzt. HABER erlebte dies allerdings nicht mehr: Nachdem er 1933 gezwungen wurde, seine jüdischen Angestellten zu entlassen, verließ er Deutschland aus Protest, auch wenn er bereits 1892 vom Judentum zum Protestantismus konvertiert war. Er starb kurz darauf 1934 in Basel.

Umweltproblematik

Weltweit werden jedes Jahr über 150 Millionen Tonnen Ammoniak durch das HABER-BOSCH-Verfahren hergestellt. Etwa 80 % davon wird zu Düngemitteln weiterverarbeitet. Diese ermöglichen bessere Erträge in der Landwirtschaft und ernähren etwa 50 % der Weltbevölkerung. Doch das Verfahren hat auch eine Kehrseite, denn der zunehmende Eintrag von Stickstoff in die Umwelt bringt auch Probleme mit sich.

Die Stickstofffixierung sorgt für die Überführung des Luftstickstoffs in reaktive Stickstoffverbindungen, die in Form von Dünger in der Landwirtschaft genutzt werden können. Allerdings wird nur ein Teil des Stickstoffs von den Pflanzen aufgenommen, der Rest wird in die Umwelt abgegeben und kann dort großen Schaden anrichten (**B4**). Reaktiver Stickstoff kann aus der Luft auch von anderen Pflanzen als den Nutzpflanzen aufgenommen werden und so dem Ökosystem schaden. Manche Pflanzen vertragen hohe Stickstoffkonzentrationen besser als andere. Viele Baumarten verlieren durch ein Überangebot an Stickstoff ihre Stabilität und werden anfälliger für Infektionen, Trockenheit und Frost (**B5**, links). Stickstoffliebende Pflanzen verdrängen die empfindlicheren Pflanzenarten. Es kommt zum Verlust der biologischen Vielfalt, die sich auf die Pflanzen- und Tierwelt auswirkt. Viele Arten sind gefährdet oder vom Aussterben bedroht.

Stickstoff aus Düngemitteln kann ausgewaschen werden und dabei **Nitrate** bilden. Gelangen diese in Oberflächengewässer, kann es zu einem übermäßigen Algenwachstum (**Eutrophierung**) kommen (**B5**, rechts). Nitrate können auch ins Grundwasser gelangen und das Trinkwasser verunreinigen. Nitrat bildet im sauren Magensaft Nitrit, was wiederum mit Eiweißabbauprodukten (Aminen) zu krebserregenden Nitrosaminen reagieren kann. **Nitrit** stört außerdem den Sauerstofftransport im Blut. Bei Säuglingen kann dies tödlich sein.

Der hohe Energieaufwand, die Entstehung von Kohlenstoffdioxid in der Dampfreformierung sowie die Emission von Ammoniak und Stickstoffoxiden in die Atmosphäre beschleunigen über den Treibhauseffekt den Klimawandel. Die Stickstoffdüngung erhöht ebenfalls den Eintrag von Lachgas (Distickstoffoxid, N_2O) in die Atmosphäre und treibt so den Klimawandel weiter voran. Lachgas ist als Treibhausgas fast 300-mal so wirksam wie Kohlenstoffdioxid. Stickstoffoxide sind an der Bildung von umwelt- und gesundheitsschädlichem bodennahem Ozon beteiligt und schädigen die atmosphärische Ozonschicht.

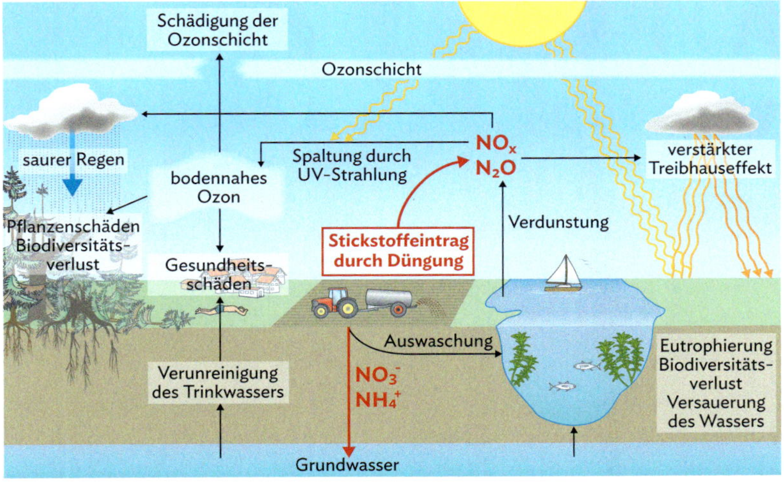

B4 Schema zu den Auswirkungen des erhöhten Stickstoffeintrags auf die Umwelt

B5 Häufige Baumschäden (links) und Eutrophierung der Meere (links) als Folgen von Stickstoffüberschuss in der Natur

AUFGABEN

A1 Diskutieren Sie die Vergabe des Nobelpreises an FRITZ HABER im Hinblick auf sein Lebenswerk.

A2 Die Synthese von Phosgen aus Kohlenstoffmonoxid und Chlor verläuft stark exotherm. Stellen Sie die Reaktionsgleichung auf und beschreiben Sie geeignete Reaktionsbedingungen zur vollständigen Umsetzung von Chlor.

A3 Beschreiben Sie verschiedene Einflüsse von Stickstoffdüngern auf die Umwelt mithilfe der Grafik **B4**.

A4 MK Recherchieren Sie Möglichkeiten zur Reduzierung von Stickstoffemissionen .

5.4 Löslichkeitsgleichgewichte LK

In unterirdischen Höhlen und tiefen Gesteinsspalten findet man manchmal Kristallhöhlen oder Kristallklüfte: Dort haben sich Minerale in Form von wunderschönen Kristallen gebildet. Viele dieser Minerale wie Topas und Smaragd bestehen aus Salzen. Wie entstehen ihre Kristalle?

5.4.1 Versuche und Material

V Herstellung gesättigter Salzlösungen

Wenn in Spalten oder Höhlen Grundwasser eindringt, löst dieses oft über lange Zeit Mineralsalze aus dem umgebenden Gestein. So bilden sich dort Salzlösungen. Wovon hängt ihre Konzentration ab?

V1 Geben Sie 100 mL Wasser in ein Becherglas und rühren Sie so viel Kaliumnitrat ein, bis die Lösung gesättigt ist, d. h. bis das Salz einen Bodensatz bildet. Erwärmen Sie das Gemisch anschließend.

V2 Füllen Sie 100 mL Wasser in ein Becherglas und erwärmen Sie es auf ca. 40 °C. Geben Sie dann in kleinen Portionen Kupfer(II)-sulfat-Pentahydrat $CuSO_4 \cdot 5\ H_2O$ dazu, bis sich das Salz auch nach längerem Umrühren nicht mehr vollständig löst. Notieren Sie die ungefähre Masse des gelösten Salzes. Wiederholen Sie **V2** mit Kaliumalaun $KAl(SO_4)_2 \cdot 12\ H_2O$.

Lassen Sie die beiden Lösungen mit Bodensatz mindestens einen Tag stehen.

AUSWERTUNG

a) Beschreiben Sie die Beobachtungen bei **V1**. Formulieren Sie eine Gleichung für den Lösevorgang von Kaliumnitrat in Wasser und erarbeiten Sie eine Aussage zur Temperaturabhängigkeit.

b) Vergleichen Sie die Massen der Salze in **V2**, die zur Herstellung der gesättigten Lösungen nötig sind. Berechnen Sie die Konzentrationen der darin enthaltenen Ionen.

c) Fassen Sie die Bedingungen zusammen, unter denen sich bei **V1** und **V2** gesättigte Lösungen bilden. Vergleichen Sie diese mit Bedingungen in der Natur.

ENTSORGUNG **V1**: A; **V2**: Aufbewahren für **V3**

V/M Züchten von Kristallen

Gesättigte Salzlösungen sind die Voraussetzung für das Entstehen und Wachsen von Kristallen. Welche Reaktionsbedingungen sind dafür günstig?

V3 Filtrieren Sie die beiden gesättigten Salzlösungen aus **V2** in saubere Bechergläser und stellen Sie sie für einige Tage an einen ruhigen Ort mit gleichbleibender Temperatur.

M4 Ein Experiment zur Züchtung größerer Kristalle finden Sie als Video unter QR-/Mediencode 06011-09.

06011-09

AUSWERTUNG

a) Beschreiben und vergleichen Sie für **V3** den Inhalt der beiden Bechergläser nach einigen Tagen. Stellen Sie Hypothesen für Gemeinsamkeiten und Unterschiede Ihrer Beobachtungen auf.

b) Erklären Sie das Wachstum von Kristallen mit Bezug auf die Gleichgewichtsstörungen, die Sie in Kapitel 5.2 kennengelernt haben.

ENTSORGUNG G2

V Effekte beim Mischen von Lösungen mit gleichen Ionen

Oft liegen viele verschiedene Gesteine und Minerale nebeneinander vor und lösen sich in eindringendem Wasser. Es entstehen Lösungen, die mehrere Ionensorten enthalten. Wieso kommt es auch dabei manchmal zur Ausfällung von Mineralen?

LV5 In drei Reagenzgläser (RG) wird jeweils bis zur Hälfte heiß gesättigte Kaliumperchloratlösung $KClO_4$ (aq) gegeben. Anschließend werden je 5 mL folgender Lösungen zugegeben:

In RG1 werden 5 mL gesättigte Kaliumchloridlösung hinzugefügt. Zu RG2 werden 5 mL gesättigte Natriumchloridlösung gegeben.

In RG 3 werden 5 mL Perchlorsäurelösung $HClO_4$ (w = 60 %) hinzugegeben.

AUSWERTUNG

a) Beschreiben Sie die Beobachtungen in den drei Reagenzgläsern.

b) Formulieren Sie die Gleichung für den Lösevorgang von Kaliumperchlorat in Wasser.

c) Erklären Sie die unterschiedlichen Beobachtungen in den drei Reagenzgläsern mit Bezug auf das Prinzip von LE CHATELIER.

ENTSORGUNG G2

V Nachweis von Halogenid-Ionen mit Silbernitratlösung

Auch bei einem positiven Halogenid-Ionennachweis stellt man eine Ausfällung fest. Wie kommt es dazu?

V6 Stellen Sie Lösungen folgender Salze her, indem Sie in je einem Reagenzglas je eine Spatelspitze in einigen Millilitern demineralisiertem Wasser lösen: Natriumnitrat ($NaNO_3$), Kaliumnitrat (KNO_3), Natriumchlorid (NaCl), Kaliumchlorid (KCl), Natriumbromid (NaBr), Kaliumbromid (KBr), Natriumiodid (NaI), Kaliumiodid (KI).
Beschriften Sie die Reagenzgläser und geben Sie zu allen Lösungen je einige Tropfen Silbernitratlösung ($AgNO_3$ (aq), $w = 2\,\%$).

AUSWERTUNG

a) Beschreiben Sie Ihre Beobachtungen zu **V6**.

b) Erklären Sie, um welche Salze es sich bei den Niederschlägen jeweils handeln muss.

c) MK Das Löslichkeitsprodukt K_L eines Salzes ist ein Maß für dessen Löslichkeit in Wasser (bei Raumtemperatur). Je größer der Wert für K_L, desto besser löslich ist das Salz in Wasser. Recherchieren Sie die Löslichkeitsprodukte von Silbernitrat ($AgNO_3$) und den von Ihnen in **b)** identifizierten Salzen. Beziehen Sie diese auf Ihre Beobachtungen aus **a)**.

ENTSORGUNG G2

5.4.2 Löslichkeitsgleichgewichte

Vorgänge in einer Salzlösung

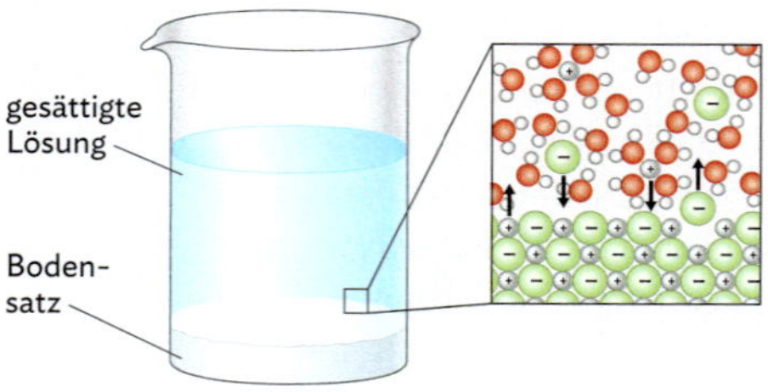

B1 Vorgänge in einer gesättigten Salzlösung

Beim Lösen von Salzen müssen Ionenbindungen zwischen den Ionen der Salzkristalle überwunden werden. Beim Kontakt von Wasser-Molekülen mit den Ionen im Salzgitter lösen sich die einzelnen Ionen aus diesem. Bei der darauf folgenden Hydratation bilden die Wasser-Moleküle sofort Hydrat-Hüllen um die Ionen. Die Anziehung zwischen den Ionen und den Wasser-Molekülen erfolgt über die recht starken Ionen-Dipol-Wechselwirkungen. Die Hydratation begünstigt den Löseprozess energetisch. Der umgekehrte Vorgang, die Fällung von Salzen aus einer Salzlösung, ist auch möglich: Hydratisierte Ionen lagern sich unter Freisetzung der Wasser-Moleküle der Hydrathüllen wieder zu einem Ionengitter zusammen. Welcher der beiden Vorgänge überwiegt, ist abhängig von den Reaktionsbedingungen. In einer **gesättigten** Kaliumnitratlösung mit einem Bodensatz aus ungelöstem Salz (**V1**) besteht an der Phasengrenze ein Gleichgewicht zwischen Lösungs- und Fällungsvorgang (**B1**):

Lösungsenthalpie → S. 464

Gesättigte Lösung: Lösung, in der die maximal mögliche Menge eines Stoffes gelöst ist

Das Lösen eines Salzes in seine einzelnen Ionen wird auch als **Dissoziation** bezeichnet.

$$KNO_3\,(s) \underset{\text{Fällung}}{\overset{\text{Lösen}}{\rightleftharpoons}} K^+\,(aq) + NO_3^-\,(aq)$$

Da es sich bei dem Bodensatz um einen Feststoff handelt, bei der darüber befindlichen Salzlösung hingegen um eine Flüssigkeit, ist dieses **Löslichkeitsgleichgewicht** ein Beispiel für ein **heterogenes Gleichgewicht**.

B2 Nachweis von Halogenid-Ionen

Löslichkeitsprodukt

Stellt man für obiges Gleichgewicht die Gleichung für die Gleichgewichtskonstante K_c (MWG) auf, so ergibt sich:

$$K_c = \frac{c(K^+) \cdot c(NO_3^-)}{c(KNO_3)}$$

Für die Konzentration der gelösten Ionen ist es nicht von Bedeutung, wie viel Bodensatz sich im Reaktionsgefäß befindet. Seine „Konzentration" wird wie bei Feststoffen üblich daher mit 1 im Ausdruck des MWG angegeben. Dadurch vereinfacht sich die quantitative Beschreibung von Löslichkeitsgleichgewichten:

$$K_L(KNO_3) = c(K^+) \cdot c(NO_3^-)$$

Diese neue Konstante wird als **Löslichkeitsprodukt K_L** bezeichnet. Allgemein formuliert ergibt sich für die Lösung eines Salzes A_xB_y:

$$\mathbf{K_L(A_xB_y) = c^x(A^{a+}) \cdot c^y(B^{b-})}$$

Das Löslichkeitsprodukt K_L ist ein Maß für die Löslichkeit eines Salzes bei einer gegebenen Temperatur: Je größer K_L ist, desto mehr Ionen befinden sich in der gesättigten Lösung, und desto besser löst sich das Salz in Wasser. Die Löslichkeitsprodukte von Salzen bei einer bestimmten Temperatur (meist 20 °C) sind in Formelsammlungen tabellarisch angegeben (**B3**).

Halogenid-Ionennachweis mit Silbernitratlösung

Bei der Zugabe einer Lösung von gut wasserlöslichem Silbernitrat zu Lösungen, die Chlorid-, Bromid- oder Iodid-Ionen enthalten, fallen deren schwerlöslichen Silbersalze aus (**B2**). Silberchlorid ist weiß, Silberbromid hellgelb und Silberiodid gelb (**V6**).

Störungen des Gleichgewichts

In einer gesättigten Lösung mit Bodensatz besteht ein dynamisches Gleichgewicht: Die Konzentration der Ionen in der Lösung bleibt dadurch konstant.

Änderungen der Konzentrationen oder der Temperatur bewirken auch hier eine Wieder- bzw. Neueinstellung des Gleichgewichts nach dem Prinzip von LE CHATELIER. Je nachdem, ob dafür der Löse- oder Fällungsprozess kurzzeitig verstärkt abläuft, löst sich der Bodensatz verstärkt oder es fällt vermehrt Salz aus.

Eine Erhöhung der Ionenkonzentrationen wird beispielsweise durch das Hinzufügen von Lösungen, die eine Ionenart der ursprünglichen gesättigten Lösung enthält (**LV5**), erzielt. Auch das

Verdunsten von Wasser führt zu höheren Ionenkonzentrationen in der Lösung (**V3**, **M4**). In beiden Fällen kommt es zur Fällung von Salz aus der Lösung.
Der Einfluss der Temperatur auf das Löslichkeitsgleichgewicht hängt davon ab, ob der Lösevorgang exotherm oder endotherm ist. Wie bei anderen reversiblen Vorgängen begünstigt eine Temperaturerhöhung das Ablaufen der endothermen Vorgangsrichtung und umgekehrt (**V1**).

Entstehung von Salzkristallen

Wie kommt es in der Natur oder im Experiment (**V3**, **M4**) zur Entstehung von formschönen, großen Kristallen statt eines gewöhnlichen, feinkörnigen Bodensatzes?
Zugrunde liegt in beiden Fällen eine Störung des ehemals im Gleichgewicht befindlichen Systems einer gesättigten Lösung

- entweder durch Konzentrationsänderungen, meist durch Verdunstung von Wasser aus der Lösung
- oder durch eine Temperaturänderung.

Kristalle bilden sich, wenn sich die einzelnen Ionen eines Salzes ganz geordnet zu einem einzigen, großen Ionengitter zusammenlagern. Dadurch entsteht ein großer, regelmäßiger Salzkristall, dessen äußere Form die innere geometrische Anordnung der Ionen im Gitter wiedergibt. Prinzipiell ist es energetisch etwas günstiger, wenn sich Ionen an einem bereits bestehenden Salzgitter anlagern. Damit dieser kleine energetische Unterschied auch zum Tragen kommt, müssen die Bedingungen ein langsames Fällen des Salzes ermöglichen: Schnelle Temperaturänderungen oder rasches Verdunsten des Wassers sind dabei kontraproduktiv.

Salz	Löslichkeitsprodukt K_L bei 20 °C
$BaSO_4$	$1{,}6 \cdot 10^{-9}$ mol²/L²
$Ba(NO_3)_2$	$4{,}6 \cdot 10^{-3}$ mol³/L³
$CaSO_4$	$2{,}4 \cdot 10^{-5}$ mol²/L²
$CaCO_3$	$4{,}7 \cdot 10^{-9}$ mol²/L²
$PbCl_2$	$1{,}6 \cdot 10^{-5}$ mol³/L³
PbI_2	$1{,}4 \cdot 10^{-8}$ mol³/L³
AgBr	$5{,}0 \cdot 10^{-13}$ mol²/L²

B3 Löslichkeitsprodukte einiger Salze in Wasser

FM Mit der Löslichkeitskonstanten rechnen

Berechnen Sie die Konzentration *c* der Ionen einer gesättigten Calciumsulfatlösung.

VORGEHEN

1. Formulieren Sie die Gleichung für den Lösevorgang.
   $CaSO_4\,(s) \rightleftharpoons Ca^{2+}\,(aq) + SO_4^{2-}\,(aq)$
2. Bestimmen Sie das Löslichkeitsprodukt für diese Reaktion.
   $K_L = c(Ca^{2+}) \cdot c(SO_4^{2-})$
3. Bestimmen Sie anhand der Reaktionsgleichung das Konzentrationsverhältnis der beteiligten Ionen.
   $c(Ca^{2+}) = c(SO_4^{2-})$
4. Stellen Sie die Gleichung für das Löslichkeitsprodukt nach der gesuchten Größe um und setzen Sie den tabellarischen Wert für K_L ein.
   $c(Ca^{2+}) = \sqrt{K_L} = \sqrt{2{,}4 \cdot 10^{-5}\ \text{mol}^2/\text{L}^2} \approx 0{,}005\ \text{mol/L}$

In einer gesättigten Salzlösung herrscht ein Gleichgewicht zwischen dem Lösevorgang und der Fällung von Salz aus der Lösung. Die Lage dieses Gleichgewichts lässt sich durch das Löslichkeitsprodukt K_L beschreiben, welches ein Maß für die Löslichkeit eines Salzes bei einer gegebenen Temperatur darstellt.

AUFGABEN

A1 Zu einer gesättigten Bleiiodidlösung mit Bodensatz gibt man weiteres festes Bleiiodid, das radioaktive Iod-Isotope enthält. Erklären Sie, dass nach einiger Zeit auch in der Lösung radioaktive Ionen auftreten.

A2 Ordnen Sie die Salze von **B3** nach steigender Löslichkeit in Wasser. Barium-Ionen sind giftig, sie können zu Muskelkrämpfen und Herzstörungen führen. Begründen Sie, dass das Trinken einer Bariumsulfatsuspension vor dem Röntgen unbedenklich ist.

A3 Berechnen Sie die Sättigungskonzentrationen von Bariumnitrat und Bleichlorid.

Sättigungskonzentration: Ionenkonzentration in einer gesättigten Salzlösung

Zum Üben und Weiterdenken

A1 Entscheiden Sie begründet, ob folgende Aussagen zum chemischen Gleichgewicht zutreffen oder nicht:

a) Ein chemisches Gleichgewicht kann sich nur im geschlossenen System einstellen.
b) Im Gleichgewichtszustand sind die Reaktionsgeschwindigkeiten der Hin- und der Rückreaktion gleich null.
c) Die Reaktionsgeschwindigkeit der Hinreaktion beträgt im Gleichgewichtszustand null.
d) Wenn gasförmige Stoffe an der Gleichgewichtsreaktion beteiligt sind, kann sie durch Druckänderung beeinflusst werden.
e) Erhöht man die Konzentration der Edukte einer Gleichgewichtsreaktion, erhöht sich auch K_c.

A2 Gießt man kohlensäurehaltiges Mineralwasser zu Fruchtsaft, kommt es aufgrund der in den Säften enthaltenen Fruchtsäuren zur Schaumbildung.

a) Stellen Sie die Reaktionsgleichungen für die gekoppelten Gleichgewichtsreaktionen der Kohlensäure in (Mineral-)Wasser auf.
b) Erklären Sie die Beobachtung beim Mischen von Fruchtsaft mit Mineralwasser mithilfe des Prinzips von LE CHATELIER.

A3 In einem geschlossenen Kolben (1 L) werden 0,4 mol Methansäuremethylester mit 0,4 mol Wasser hydrolysiert und die Konzentration der entstehenden Methansäure bestimmt. Nach 15 Minuten bleibt die Konzentration der Methansäure konstant bei 0,15 mol/L. Berechnen Sie die Gleichgewichtskonstante K_c.

A4 Alkene werden großtechnisch durch Cracken von Alkanen langkettiger Moleküle, die in Erdöl enthalten sind, hergestellt. Aus der Fraktion, die die vier isomeren Butene C_4H_8 enthält, wird 2-Methylpropen (Isobuten) mithilfe des Prozesses, wie in der Abbildung dargestellt, abgetrennt. Man nutzt dabei die Tatsache, dass von den Isomeren nur Isobuten bei den angegebenen Temperaturen reagiert.

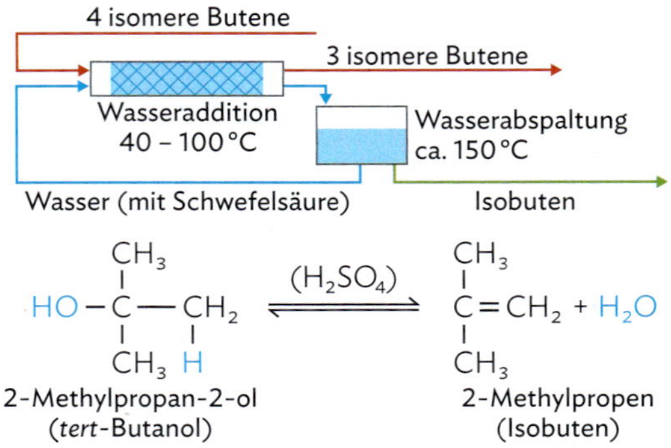

a) Geben Sie die LEWIS-Strukturformeln und Namen der isomeren Butene an.
b) Beschreiben Sie die Vorgänge beim Trennverfahren. Gehen Sie dabei auch auf den Kreislauf eines Teils der eingesetzten Stoffe ein.
c) Leiten Sie aus den Angaben in der Abbildung den Einfluss der Temperatur auf das Gleichgewicht zwischen *tert*-Butanol und Isobuten ab und erläutern Sie seine Bedeutung für die Verwirklichung des Verfahrens.
d) Erklären Sie die Funktionsweise eines Katalysators am Beispiel des *tert*-Butanol/Isobuten-Gleichgewichts.

A5 Planen Sie einen Versuch, mit dem Sie die Temperaturabhängigkeit des Eisen(III)-thiocyanat-Gleichgewichts (vgl. S. 270) untersuchen können. Erklären Sie, wie Sie damit herausfinden können, welche der Reaktionen im chemischen Gleichgewicht exotherm ist.

A6 2 mol Wasserstoff und 2 mol Sauerstoff werden in einem 1 L-Gefäß zur Reaktion gebracht. Im Gleichgewichtszustand liegen 2/3 der maximal möglichen Wasserportion vor.

a) Stellen Sie den Term für die Gleichgewichtskonstante K_c auf.
b) Berechnen Sie K_c unter Einbezug der Reaktionsgleichung.

A7 MK Stellen Sie den Zusammenhang der folgenden Begriffe zum chemischen Gleichgewicht in einer Conceptmap dar:
Chemisches Gleichgewicht, dynamisches Gleichgewicht, umkehrbare Reaktion, Hinreaktion, Rückreaktion, Gleichgewichtspfeil, Gleichgewichtskonstante, $K_c > 1$, $K_c < 1$, Massenwirkungsgesetz, Prinzip

von LE CHATELIER, Konzentration, Druck, Temperatur, Katalysator, exotherm, endotherm.

A8 Bei folgenden Vorgängen stellen sich Gleichgewichte ein:
A: Wasserstoff und Chlor reagieren exotherm zu Chlorwasserstoffgas.
B: Chlorwasserstoff und Sauerstoff reagieren exotherm zu Chlor und Wasserdampf.
C: Bariumchlorid- und Natriumsulfatlösung werden zusammengegeben, wobei sich ein Niederschlag bildet, der sich beim Erwärmen teilweise wieder löst.

a) Formulieren Sie für alle drei Vorgänge jeweils die Reaktionsgleichung und das Massenwirkungsgesetz.

b) Beschreiben Sie jeweils eine möglicherweise auftretende Änderung der Gleichgewichtszusammensetzung und geben Sie an, ob und gegebenenfalls wie sich die Gleichgewichtskonstante ändert bei 1) Zugabe eines Katalysators zu A; 2) Erwärmung des Gemisches A; 3) Druckerhöhung bei A; 4) Zugabe von Chlor zu B; 5) Druckerniedrigung bei B; 6) Zugabe von Wasser zu C; 7) Zugabe von Wasser zu A.

A9 Der Einfluss der Konzentrationsänderung auf die Gleichgewichtszusammensetzung soll am Beispiel $A + P \rightleftharpoons AP$ untersucht werden. Dabei sind alle drei Stoffe in demselben Lösemittel löslich und unterscheiden sich in der Farbe. A ist farblos, P ist gelb und AP ist rot. Es werden verschiedene Maßnahmen zur Versuchsdurchführung vorgeschlagen. Beurteilen Sie bei jedem der folgenden Vorschläge, ob die Maßnahme sinnvoll ist, begründen Sie Ihre Meinung und geben Sie für die sinnvollen Vorschläge an, welche Beobachtungen zu erwarten sind.

a) Reagenzglas halbvoll mit Lösemittel füllen und eine Spatelspitze AP darin lösen.

b) Lösung gleichmäßig auf zwei Reagenzgläser verteilen.

c) In eines der beiden Reagenzgläser Lösemittel zugeben.

d) Beide Reagenzgläser von der Seite vor einem weißen Hintergrund betrachten.

e) Beide Reagenzgläser von oben auf weißem Untergrund betrachten.

f) Nach Schritt a) das gesamte Lösemittel in einem Reagenzglas durch Erwärmen vertreiben.

A10 LK Kalkwasser (Calciumhydroxidlösung) trübt sich beim Einleiten von Kohlenstoffdioxid durch das entstehende Calciumcarbonat. Leitet man weiter Kohlenstoffdioxid ein, verschwindet die Trübung, da in Folge lösliches Calciumhydrogencarbonat entsteht.

a) Stellen Sie die Reaktionsgleichungen für die beiden Gleichgewichtsreaktionen auf.

b) Leiten Sie aus den Beobachtungen eine qualitative Aussage über das Löslichkeitsprodukt der beiden Salze ab.

c) Wenden Sie die Erkenntnisse aus dem Versuch auf die Beobachtung an, dass die Muschelschalen in den Meeren aufgrund des zunehmenden Kohlenstoffdioxid-Ausstoßes und der damit verbundenen Versauerung der Weltmeere immer dünner werden.

A11 LK Zur Untersuchung von schwerlöslichen Salzen wurden vier Salzlösungen einem Kreuzungsexperiment unterzogen. In der nachfolgenden Tabelle ist mit „x“ gekennzeichnet, ob ein Niederschlag entstanden ist:

	$Pb(NO_3)_2$ (aq)	NaCl (aq)	Na_2SO_4 (aq)	$AgNO_3$ (aq)
$Pb(NO_3)_2$ (aq)	–	x	x	
NaCl (aq)	x	–		x
Na_2SO_4 (aq)	x		–	
$AgNO_3$ (aq)		x		–

a) Stellen Sie die Formeln der Salze auf, die Niederschläge gebildet haben, z. B. NaCl (s).

b) Schlagen Sie ein Experiment vor, mit dem man herausfinden kann, ob es sich bei der Bildung der Niederschläge um Gleichgewichtsreaktionen handelt.

c) In einem Becherglas befindet sich eine gesättigte Lösung von Bariumsulfat mit Bodensatz. Folgendes Gleichgewicht liegt vor:

$$BaSO_4 (s) \rightleftharpoons Ba^{2+} (aq) + SO_4^{2-} (aq)$$

Geben Sie an, welche Auswirkungen eine Zugabe der Lösungen von Blei(II)-nitrat, Natriumchlorid bzw. Natriumsulfat auf dieses Gleichgewicht hat und begründen Sie jeweils.

Alles im Blick

1 Das chemische Gleichgewicht

Chemische Reaktionen sind umkehrbar. Bei **Gleichgewichtsreaktionen** laufen Hin- und Rückreaktion gleichzeitig ab, wodurch es zu einem unvollständigen Umsatz von Edukten und Produkten kommt. Im **Gleichgewichtszustand,** der durch einen **Gleichgewichtspfeil** $\rightleftharpoons$ gekennzeichnet ist, laufen Hin- und Rückreaktion mit gleicher Geschwindigkeit ($v_{hin} = v_{rück}$) ab.
So werden zeitgleich identische Stoffmengen an Produkten gebildet, wie an Edukten zerlegt werden. Es handelt sich um ein **dynamisches Gleichgewicht**. Die Edukt- und Produktkonzentrationen bleiben im Gleichgewichtszustand konstant. Bei einer gegebenen Temperatur stellt sich für jede Gleichgewichtsreaktion ein charakteristisches Verhältnis der Konzentration der Produkte zur Konzentration der Edukte ein. Bei **gekoppelten Gleichgewichten** ist das Produkt eines Gleichgewichts das Edukt eines anderen Gleichgewichts.

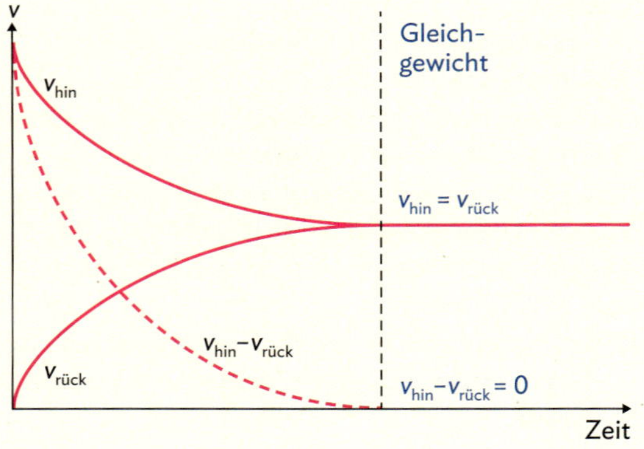

2 Das Massenwirkungsgesetz (MWG)

Die Lage des chemischen Gleichgewichts wird mithilfe des **Massenwirkungsgesetzes (MWG)** durch den Wert der **Gleichgewichtskonstanten K_c** beschrieben:

$$a\,A + b\,B \rightleftharpoons c\,C + d\,D$$

$$K_c = \frac{c^c(C) \cdot c^d(D)}{c^a(A) \cdot c^b(B)}$$

K_c besitzt bei gegebener Temperatur für jede Reaktion einen charakteristischen Wert. Es gilt:

	Die Konzentration der Edukte ...
$K_c < 1$	... ist größer als die der Produkte.
$K_c = 1$	... ist gleich der der Produkte.
$K_c > 1$	... ist kleiner als die der Produkte.

3 Katalyse

Katalysatoren beschleunigen chemische Reaktionen. In Gegenwart eines Katalysators verläuft die Reaktion über einen anderen Reaktionsweg mit niedrigerer Aktivierungsenergie. Dabei geht der Katalysator zwischenzeitlich mit dem Edukt bzw. den Edukten eine Zwischenverbindung ein und versetzt sie so in einen reaktionsfähigen Zustand. Nach der Reaktion liegt der Katalysator wieder unverändert vor. Sie beeinflussen die Lage des chemischen Gleichgewichts nicht führen aber dazu, dass sich der Gleichgewichtszustand schneller einstellt. Bei der **homogenen Katalyse** liegen Katalysator und Edukte im selben Aggregatzustand vor, bei der **heterogenen Katalyse** in unterschiedlichen Aggregatzuständen.

4 Das Prinzip von LE CHATELIER

Stört man ein System im chemischen Gleichgewicht durch Änderung der äußeren Bedingungen (Konzentration, Druck, Temperatur), weicht das chemische Gleichgewicht diesem äußeren Zwang aus. Dazu findet vorübergehend die Reaktion verstärkt statt, die der Änderung entgegenwirkt. Nach LE CHATELIER bezeichnet man dies als **Prinzip vom kleinsten Zwang**.
Nach Konzentrations- oder Druckänderungen stellt sich der ursprüngliche Gleichgewichtszustand wieder ein und der **Wert für K_c verändert sich nicht**.
Nach Temperaturänderungen stellt sich ein neuer Gleichgewichtszustand ein und **K_c nimmt den für die neue Temperatur charakteristischen Wert an**.

Änderung ...	begünstigt die Reaktion, die ...
Konzentration ↑	... den Stoff mit erhöhter Konzentration verbraucht.
Konzentration ↓	... den Stoff mit verminderter Konzentration entstehen lässt.
Druck ↑	... unter Volumenabnahme erfolgt.
Druck ↓	... unter Volumenzunahme erfolgt.
Temperatur ↑	... endotherm verläuft.
Temperatur ↓	... exotherm verläuft.

5 Die technische Ammoniaksynthese LK

Großtechnisch wird Ammoniak nach dem **HABER-BOSCH-Verfahren** unter Verwendung eines **Katalysators** bei **400 – 500 °C** und **ca. 15 – 30 MPa** aus Luftstickstoff und Wasserstoff hergestellt:

$N_2\,(g) + 3\,H_2\,(g) \rightleftharpoons 2\,NH_3\,(g)$

Bei der **exothermen** Hinreaktion handelt es sich um eine Reaktion unter **Volumenabnahme**. Um eine maximale Ausbeute zu erreichen, wären eine niedrige Temperatur und ein hoher Druck günstig. Da der Katalysator jedoch erst ab 450 °C ausreichend wirksam ist, wählt man trotz ungünstigerer Gleichgewichtslage diese Temperatur im Reaktor – als Kompromiss zwischen ausreichend hoher Reaktionsgeschwindigkeit und angemessener Ammoniakausbeute.

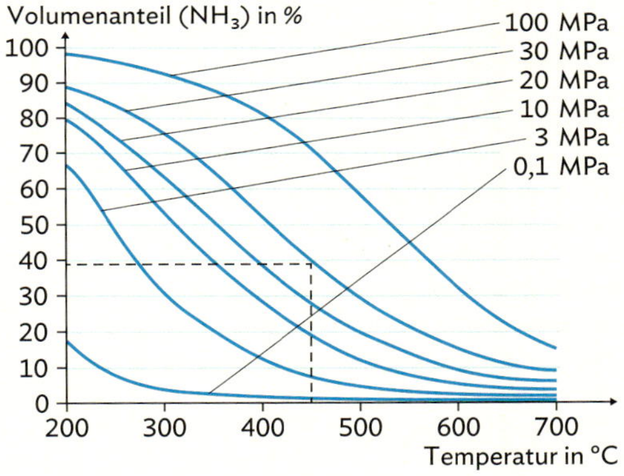

6 Löslichkeitsgleichgewichte LK

Beim Lösen von Salzen stellt sich in gesättigten Lösungen ein **Löslichkeitsgleichgewicht** zwischen dem Feststoff am Boden und der Salzlösung darüber ein. Das Löslichkeitsgleichgewicht wird durch das **Löslichkeitsprodukt K_L** beschrieben:

$K_L(A_xB_y) = c^x(A^{a+}) \cdot c^y(B^{b-})$

Ein großer Wert für K_L drückt aus, dass das Salz gut löslich ist. Löslichkeitsgleichgewichte reagieren nach dem Prinzip von LE CHATELIER auf Konzentrations- und Temperaturveränderungen. Ein Beispiel hierfür ist das Lösen von Kohlenstoffdioxid in Wasser und die Bildung von Kohlensäure.

Ziel erreicht?

Verfügen Sie über die Kompetenzen dieses Kapitels? Lösen Sie die entsprechenden Aufgaben auf dem Arbeitsblatt unter QR-/Mediencode 06007-048 und bewerten Sie sich mithilfe der Tabelle rechts unten.

06007-048

Unter QR-/Mediencode 06007-049 finden Sie außerdem eine Lernanwendung zur digitalen Überprüfung der geforderten Kompetenzen.

06007-049

KOMPETENZ A: Einstellung und Zustand eines chemischen Gleichgewichts erläutern

A1 Beurteilen Sie, ob folgende Aussagen richtig sind und korrigieren Sie falsche Aussagen.

a) Bei jeder chemischen Reaktion stellt sich nach einer gewissen Zeit ein Gleichgewicht ein.

b) Im Gleichgewicht ändern sich die Konzentrationen von Edukten und Produkten nicht mehr.

c) Sobald sich in einem System ein chemisches Gleichgewicht eingestellt hat, kommen Hin- und Rückreaktion zum Erliegen und Produkte und Edukte liegen in gleicher Konzentration vor.

KOMPETENZ B: Mithilfe des Massenwirkungsgesetzes (MWG) die Lage chemischer Gleichgewichte beschreiben und Berechnungen dazu durchführen

B1 Definieren Sie den Begriff Massenwirkungsgesetz. Beschreiben Sie, welche Aussagen über eine Reaktion mit dem MWG ermöglicht werden.

B2 Bei der Veresterung von Essigsäure mit Ethanol bei einer Temperatur von 20 °C ergibt sich aus dem MWG die Gleichgewichtskonstante $K_c = 4$.

a) Stellen Sie die Reaktionsgleichung und das MWG für diese Reaktion auf.

b) Beschreiben Sie die Gleichgewichtslage.

c) Berechnen Sie die Stoffmenge an Ester, die im Gleichgewicht gebildet wird, wenn man 2 mol Ethanol mit 5 mol Essigsäure zur Reaktion bringt. *Hinweis:* Es kann mit Stoffmengen anstatt Konzentrationen gerechnet werden.

B3 a) Formulieren Sie die Reaktionsgleichung zum Iod-Wasserstoff-Gleichgewicht und stellen Sie einen Term für die Gleichgewichtskonstante K_c auf.

b) Vergleichen Sie folgende Werte der Gleichgewichtskonstanten für das Iod-Wasserstoff-Gleichgewicht.
$T_1 = 700\,°C$, $K_{c1} = 54{,}5$; $T_2 = 763\,°C$, $K_{c2} = 45{,}9$
Erläutern Sie, wie sich die Gleichgewichtszusammensetzungen bei den verschiedenen Temperaturen unterscheiden, und ob es sich um eine exo- oder endotherme Reaktion handelt.

c) In einem 1-Liter-Kolben werden 8,1 mol Wasserstoffgas zusammen mit 2,94 mol Iod auf 448 °C erhitzt. Nach Einstellung des Gleichgewichts liegen 5,64 mol Iodwasserstoff im Kolben vor. Berechnen Sie die Stoffmengen an Wasserstoff und Iod im Gleichgewicht und bestimmen Sie die Gleichgewichtskonstante.

B4 Füllen Sie die leeren Felder auf dem Arbeitsblatt aus. Ergänzen Sie die Einheiten bei K_c.

Reaktion	MWG	K_c	Gleichgewichtslage
$2\,A + B \rightleftharpoons 2\,C$	?	$K_c = 0,5 ...$	?
?	$K_c = \frac{c^2(E) \cdot c(N)}{c(K)}$	$K_c = 2,7 ...$	?
$2\,X + Y \rightleftharpoons 2\,Z$	?	?	auf Seiten der Produkte

B5 Das Löslichkeitsprodukt von Calciumfluorid beträgt $K_L = 3{,}9 \cdot 10 - 11\ mol^3/L^3$.

a) Erklären Sie den Unterschied zwischen K_c und K_L und erläutern Sie, wann sich die Verwendung von K_c statt K_L anbietet.

b) Berechnen Sie die Konzentration c der Ionen in einer gesättigten Calciumfluoridlösung.

c) Beurteilen Sie, ob sich Calciumcarbonat ($K_L = 4{,}7 \cdot 10 - 9\ mol^2/L^2$) besser oder schlechter als Calciumfluorid in Wasser löst.

KOMPETENZ C: Die Beeinflussung der Lage chemischer Gleichgewichtszustände mithilfe des Prinzips von LE CHATELIER erklären

C1 Erläutern Sie die Bezeichnung „Prinzip vom kleinsten Zwang“ und benennen Sie mögliche „Zwänge“

C2 Kreuzen Sie alle richtigen Aussagen an.

- Wird der Druck auf ein System erhöht, wird die Hinreaktion vorrübergehend beschleunigt.

- Wird die Konzentration eines Reaktionsprodukts erhöht, fördert das die Rückreaktion, die Produkte verbraucht und mehr Edukte erzeugt.
- Ändert man Konzentration, Druck oder Temperatur eines sich im Gleichgewicht befindlichen Systems, weicht das System stets so aus, dass sich der ursprüngliche Wert von K_c einstellt.

C3 Beim ersten Öffnen einer Sprudelwasserflasche zischt es und es steigen kleine Gasbläschen auf. Erklären Sie dies mit dem Prinzip von LE CHATELIER.

KOMPETENZ D: Den Einfluss eines Katalysators auf die Einstellung des Gleichgewichtszustands erklären

D1 Erklären Sie die allgemeine Funktionsweise eines Katalysators

D2 Nennen Sie beide Arten der Katalyse und erklären Sie den Unterschied.

D3 Das Bleikammerverfahren ist ein historisches Verfahren zur Herstellung von Schwefelsäure. Zu Beginn wird Schwefeldioxid zu Schwefeltrioxid oxidiert. Als Katalysator dient Stickstoffmonoxid. Begründen Sie, um welche Art der Katalyse es sich handelt.

D4 Erklären Sie, dass Katalysatoren keinen Einfluss auf die Gleichgewichtszusammensetzung haben.

KOMPETENZ E: Die Wahl der Reaktionsbedingungen bei der Ammoniaksynthese begründen LK

E1 a) Formulieren Sie die Reaktionsgleichung für die exotherme Reaktion von Wasserstoff und Stickstoff.
b) Analysieren Sie günstige Reaktionsbedingungen bezogen auf das Prinzip von LE CHATELIER.
c) Die Reaktion wird großtechnisch bei 450 °C durchgeführt. Erläutern Sie, warum diese relativ hohe Temperatur eingestellt wird.

E2 a) Formulieren Sie das Massenwirkungsgesetz für die Ammoniaksynthese.
b) Die Gleichgewichtskonstante K_c beträgt bei der Ammoniaksynthese bei 400 K $K_c = 44.000\ L^2/mol^2$ und bei 800 K $K_c = 0{,}043\ L^2/mol^2$. Leiten Sie aus diesen Werten die Lage des Gleichgewichts bei beiden Temperaturen ab.

E3 Fassen Sie die Bedeutung der Ammoniaksynthese für Industrie und Umwelt kurz zusammen.

Vergleichen Sie Ihre Antworten mit den Lösungen auf Seite 548 ff. und kreuzen Sie auf dem Arbeitsblatt an.

Kompetenz		ja	nein	zum Nachlesen
A	Einstellung und Zustand eines chemischen Gleichgewichts erläutern	?	?	S. 260 – 263
B	Mithilfe des Massenwirkungsgesetzes (MWG) die Lage chemischer Gleichgewichte beschreiben und Berechnungen dazu durchführen	?	?	S. 264, 266 – 267, 288 – 289
C	Die Beeinflussung der Lage chemischer Gleichgewichtszustände mithilfe des Prinzips von LE CHATELIER erklären	?	?	S. 270 – 276
D	Den Einfluss eines Katalysators auf die Einstellung des Gleichgewichtszustands erklären	?	?	S. 280 – 281
E	Die Wahl der Reaktionsbedingungen bei der Ammoniaksynthese begründen	?	?	S. 282 – 283

Klausuraufgaben

T1 Das BOUDOUARD-Gleichgewicht

Bei der Gewinnung von Eisen aus Eisenoxiden im Hochofenprozess wird im unteren Teil des Hochofens der Koks zunächst zu Kohlenstoffdioxid verbrannt. Das entstandene Kohlenstoffdioxid reagiert aufgrund sehr hoher Temperaturen in einer endothermen Gleichgewichtsreaktion (BOUDOUARD-Gleichgewicht) mit dem in Koks gebundenen Kohlenstoff zu Kohlenstoffmonooxid, das als Reduktionsmittel fungiert.

AUFGABEN

A1 Formulieren Sie die Reaktionsgleichung für die Reaktion von Eisen(III)-oxid mit Kohlenstoffmonooxid. Berechnen Sie die Masse von Kohlenstoffdioxid, die bei der Reduktion von einer Tonne Eisen(III)-oxid entsteht.

A2 Zeichnen Sie ein Diagramm anhand der Messwerte aus **B1**, das die Temperaturabhängigkeit des Volumenverhältnisses von Kohlenstoffmonooxid und Kohlenstoffdioxid zeigt. Interpretieren Sie das Diagramm unter Einbeziehung des Prinzips von LE CHATELIER.

A3 Formulieren Sie für diese Reaktion das Massenwirkungsgesetz und erläutern Sie daran die Veränderung der Gleichgewichtskonstante mit steigender Temperatur.

A4 Vergleichen Sie das BOUDOUARD-Gleichgewicht mit dem Ammoniak-Gleichgewicht hinsichtlich günstiger Reaktionsbedingungen.

Temperatur in °C	450	500	600	700	800	900	950
Volumenanteil in %	2	5	23	58	90	97	99

B1 Ausbeute an Kohlenstoffmonooxid in Abhängigkeit von der Temperatur

T2 Salpetersäure

Salpetersäure wird durch moderne Versionen des dreistufigen Ostwald-Verfahrens hergestellt. In einer modernen Anlage können täglich bis zu 1.200 Tonnen der wichtigen Industriechemikalie hergestellt werden.
Bei diesem Verfahren wird zunächst Ammoniak am Platinkatalysator in Gegenwart von Sauerstoff exotherm zu Stickstoffmonooxid umgesetzt ①. Zur Vermeidung von Nebenreaktionen darf das Gasgemisch nur kurzzeitig im Kontaktofen verweilen. Das Stickstoffmonooxid reagiert im Oxidationsturm mit Sauerstoff in einer exothermen Reaktion zu Stickstoffdioxid ②, wobei sich ein Gleichgewicht einstellt. Im letzten Schritt wir durch Einleiten von Stickstoffdioxid in Wasser unter Sauerstoffzufuhr Salpetersäure gebildet ③.

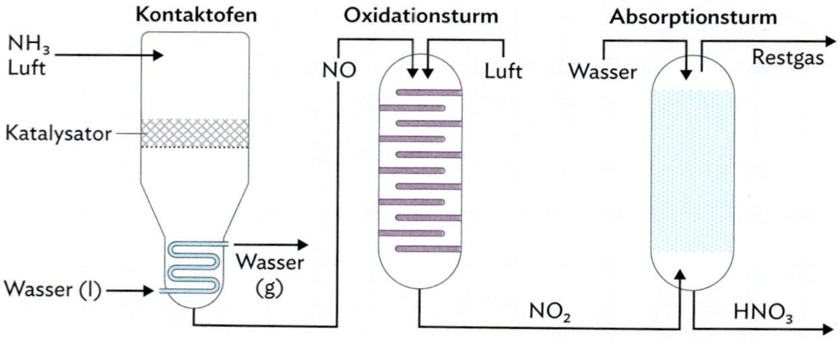

B2 Anlage zur Gewinnung von Salpetersäure

AUFGABEN

A1 Skizzieren Sie ein Flussdiagramm zur technischen Herstellung von Salpetersäure.

A2 Formulieren Sie die Reaktionsgleichungen für die drei Schritte des Verfahrens. Berechnen Sie das Volumen von Ammoniak unter Standardbedingungen, dass zur Herstellung von 1.200 Tonnen Salpetersäure ($w_{max.} \approx 68\,\%$) benötigt wird.

A3 Nennen und erläutern Sie zwei Merkmale des chemischen Gleichgewichtes anhand der Reaktion ②. Leiten Sie nach dem Prinzip von LE CHATELIER die für diese Reaktion theoretisch günstigsten Reaktionsbedingungen ab.

A4 Begründen Sie die Auswirkungen folgender Veränderungen auf die Stickstoffdioxidausbeute:
1. der Druck steigt an,
2. die Temperatur steigt an,
3. die Zufuhr von Sauerstoff in den Oxidationsturm geht zurück

A5 Bei Temperaturen von 2.300 °C reagieren die in der Luft enthaltenen Gase Stickstoff (ca. 80 %) und Sauerstoff (ca. 20 %) in einem geschlossenen System unter Bildung von Stickstoffmonooxid. Die Gleichgewichtskonstante dieser Reaktion beträgt $K_c = 6{,}8 \cdot 10^{-2}$. Berechnen Sie die Ausbeute an Stickstoffmonooxid.

T3 Von Synthesegas zum Methanol

Methanol ist eine der wichtigsten organischen Grundchemikalien weltweit. Großtechnisch wird es aus Synthesegas (einem Gemisch aus Kohlenstoffmonooxid und Wasserstoff im Verhältnis 1:1) hergestellt. Unter Zugabe von Wasserdampf reagiert Synthesegas im sogenannten Konvertierungsgleichgewicht zu Kohlenstoffdioxid und Wasserstoff. Dabei wird der Kohlenstoffmonooxidanteil verringert und der Wasserstoffanteil erhöht. Sowohl Kohlenstoffdioxid als auch Kohlenstoffmonooxid können mit Wasserstoff zu Methanol weiterreagieren.

AUFGABEN

A1 Prüfen und verbessern Sie ggfs. die folgenden Aussagen zum chemischen Gleichgewichtszustand:
a) Die Konzentrationen der Edukte und Produkte sind gleich.
b) Die Produktausbeute liegt bei 50 %.
c) Die Reaktionsgeschwindigkeiten der Hin- und Rückreaktion sind gleich.
d) Es findet keine Reaktion mehr statt.
e) Die Reaktionsgeschwindigkeit beträgt null.

A2 Geben Sie die Reaktionsgleichung für die beschriebene Gleichgewichtsreaktion an. Die Gleichgewichtskonstante beträgt $K_c = 3$ bei 900 K und $K_c = 4{,}5$ bei 800 K. Leiten Sie über den Vergleich der Gleichgewichtskonstanten den thermischen Verlauf dieser Reaktion ab.

A3 Um im Konvertierungsgleichgewicht den Wasserstoffanteil zu erhöhen, könnte man verschiedene Möglichkeiten der Beeinflussung des chemischen Gleichgewichts anwenden. Beurteilen Sie folgende Vorschläge:
a) Konzentrationserhöhung von Kohlenstoffdioxid
b) Abkühlung des Systems
c) ständiges Abführen von Wasserstoff
d) Reaktion unter einem hohen Druck
e) Einsatz eines Katalysators

A4 In einer Versuchsreihe wurde der Einfluss verschiedener Faktoren auf die Lage des chemischen Gleichgewichts sowie auf den zeitlichen Verlauf der Gleichgewichtseinstellung bei der Herstellung von Methanol untersucht.
a) Formulieren Sie die Reaktionsgleichung für die Bildung von Methanol aus Kohlenstoffdioxid und Wasserstoff.
Hinweis: Neben Methanol entsteht bei dieser Reaktion ein weiteres Produkt.
b) Ordnen Sie die Graphen A und B aus **B3** den Reaktionsbedingungen der Versuche 1 und 2 in **B4** begründet zu.

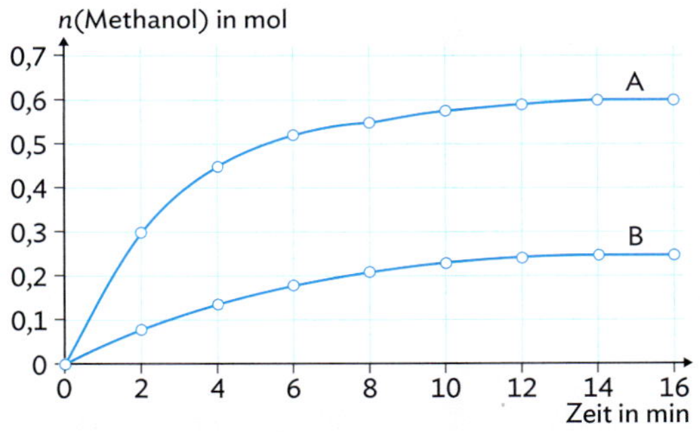

B3 Zeitlicher Verlauf der Gleichgewichtseinstellung bei der Synthese von Methanol

Versuch	Temperatur in K	Druck in MPa	Katalysator
1	400	1	nein
2	400	5	nein
3	400	5	ja

B4 Reaktionsbedingungen der Versuchsreihe

6 Protolysegleichgewichte

06007-050

Arbeitsblatt unter QR-/Mediencode 06007-050

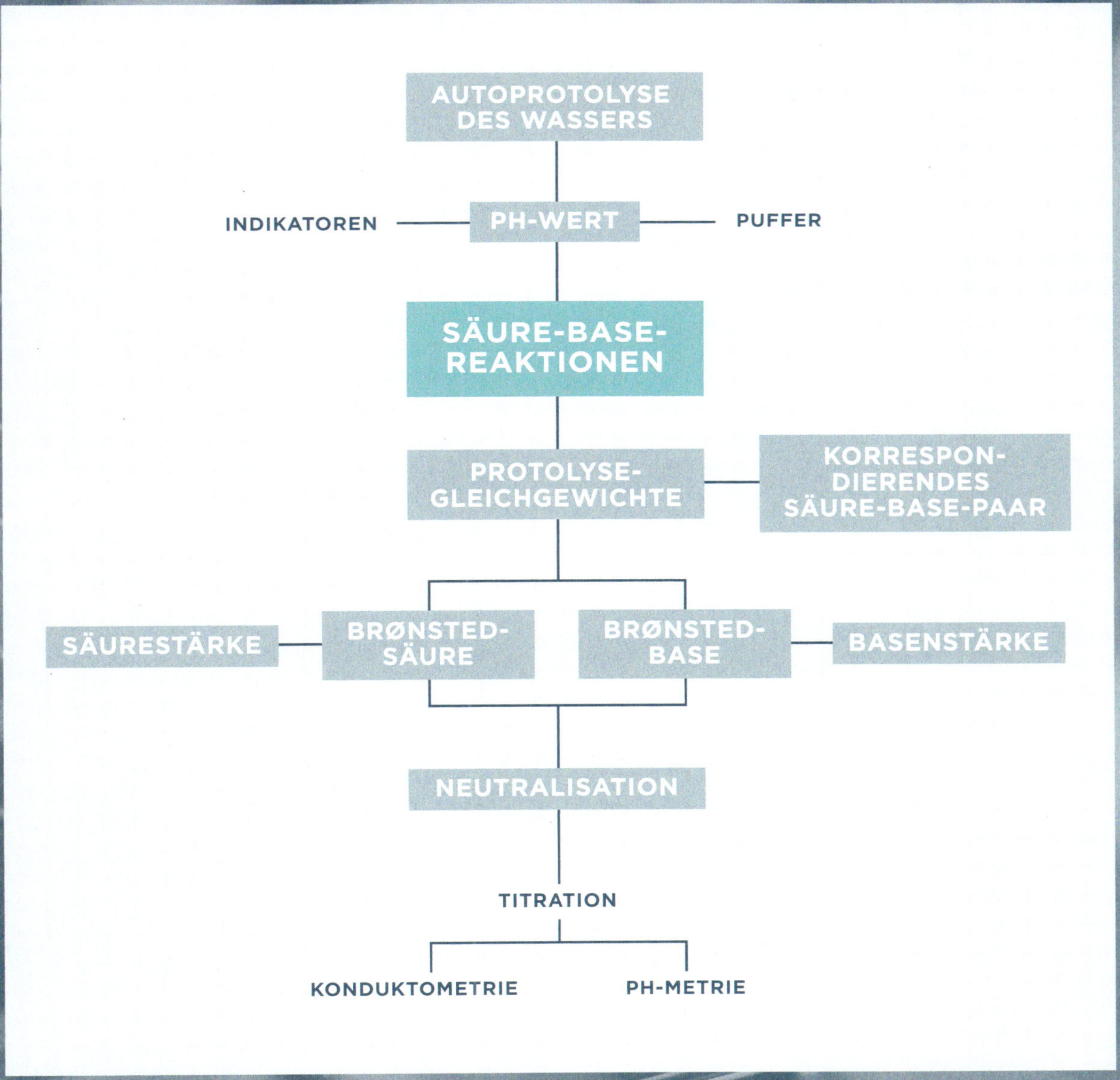

Startklar?

Schätzen Sie Ihre Kompetenz in den Bereichen A bis E ein und prüfen Sie sich anhand der entsprechenden Aufgaben (Arbeitsblatt unter QR-/Mediencode 06007-051).

06007-051

Unter QR-/Mediencode 06007-052 finden Sie außerdem eine Lernanwendung zur digitalen Überprüfung der geforderten Kompetenzen.

06007-052

Kompetenz	sehr gut	gut	schwierig
A Eigenschaften saurer und alkalischer Lösungen beschreiben und erklären	?	?	?
B Säuren und Basen klassifizieren	?	?	?
C Das chemische Gleichgewicht und das Massenwirkungsgesetz auf Reaktionen anwenden	?	?	?
D Mit Exponenten und Logarithmen rechnen	?	?	?
E Stoffmengen und Konzentrationen ermitteln	?	?	?

KOMPETENZ A: Eigenschaften saurer und alkalischer Lösungen beschreiben und erklären

A1 Übernehmen Sie die Tabelle in Ihr Heft und vollständigen Sie sie.

Merkmale	saure Lösungen	alkalische Lösungen
pH-Wert	?	?
Farbe des Indikators: ▪ Thymolphtalein ▪ Bromthymolblau ▪ Universalindikator	?	?
enthalten ...-Ionen	Formel: ?	Formel: ?
elektrische Leitfähigkeit	?	?
Reaktion mit unedlen Metallen	?	?

A2 Erklären Sie die elektrische Leitfähigkeit saurer und alkalischer Lösungen.

A3 Saure Lösungen reagieren mit unedlen Metallen unter Bildung von Wasserstoff.

a) Vervollständigen Sie die Reaktionsgleichung:
$Mg\ (s) + H_3O^+\ (aq) \longrightarrow ...$

b) Beschreiben Sie den Nachweis des Wasserstoffs.

A4 Vereinigt man gleiche Volumina an Salzsäurelösung und Natronlauge gleicher Konzentration, findet eine exotherme Reaktion statt.

a) Erläutern Sie die Vorgänge auf Stoff- und Teilchenebene. Formulieren Sie die Reaktionsgleichung.

b) Nennen Sie den pH-Wert der entstehenden Lösung und die Farben, die die in **A1** genannten Indikatoren in dieser Lösung annehmen.

c) Dampft man die Lösung ein, bleibt ein weißer Feststoff zurück. Benennen Sie diesen Stoff und geben Sie dessen Verhältnisformel an.

KOMPETENZ B: Säuren und Basen klassifizieren

B1 Säuren und Basen bilden in wässrigen Lösungen unterschiedliche Ionen.

a) Formulieren Sie die Reaktionsgleichung für die Reaktion eines Chlorwasserstoff-Moleküls mit einem Wasser-Molekül/Wasser-Molekülen. Auf Stoffebene entsteht Salzsäurelösung.

b) Formulieren Sie die Reaktionsgleichung für die Reaktion eines Ammoniak-Moleküls mit einem Wasser-Molekül/-Molekülen. Auf Stoffebene entsteht alkalische Ammoniaklösung.

c) Säuren werden als Protonendonatoren und Basen als Protonenakzeptoren bezeichnet. Erklären Sie diesen Zusammenhang anhand der Reaktionsgleichungen aus a) und b).

B2 Benennen Sie die folgenden Säurerest-Ionen: CH_3COO^-, HCO_3^-, CO_3^{2-}, HSO_4^-, SO_4^{2-}.

KOMPETENZ C: Das chemische Gleichgewicht und das Massenwirkungsgesetz auf Reaktionen anwenden

C1 Ermitteln Sie die fehlenden Konzentrationen und leiten Sie daraus die Lage des chemischen Gleichgewichts ab.

	A +	B ⇌	C +	D
c_0 [mol/L]	1	0,9	?	?
c_{GG} [mol/L]	?	?	?	0,1

C2 Zwischen Kohlenstoffdioxid und Wasser stellt sich in einem geschlossenen System ein Gleichgewicht ein:
$CO_2\,(g) + 2\,H_2O\,(l) \rightleftharpoons HCO_3^-\,(aq) + H_3O^+\,(aq)$

a) Stellen Sie das MWG für diese Reaktion auf.
b) Erklären Sie, welche Aussage Sie aus einem kleinen bzw. großen Wert für K_c über die Lage des Gleichgewichts einer Reaktion ableiten können.
c) Das Gleichgewicht wird durch die Zugabe von Natronlauge beeinflusst. Beschreiben Sie die Auswirkung auf die Konzentrationen der Edukte und Produkte.

KOMPETENZ D: Mit Exponenten und Logarithmen rechnen

D1 Geben Sie folgende Dezimalzahlen als Zehnerpotenzen an: 0,01; 0,000000000001; 1; 10000.

D2 Vereinfachen Sie die Ausdrücke in der Tabelle ohne Zuhilfenahme des Taschenrechners, indem Sie die Potenz- und Logarithmusgesetze anwenden.

a)	$10^{-9} \cdot 10^{-10} = ?$	$4 \cdot 10^{-5} \cdot 0{,}25 \cdot 10^{-5} = ?$
b)	$\lg 10^{-5} = ?$	$-\lg 10^{-5} \cdot (-\lg 10^{-3}) = ?$
c)	$(10^{12})^{1/2} = ?$	$\sqrt{10^{12}} = ?$
d)	$\lg (10x) = ?$	$\lg 10^{5x} = ?$

KOMPETENZ E: Stoffmengen und Konzentrationen ermitteln

E1 Die Stoffmengenkonzentration c mol/L lässt sich aus der Stoffmenge n in mol und dem Volumen V in L wie folgt berechnen: $c = \frac{n}{V}$

a) Ermitteln Sie die Stoffmenge an Natrium-Ionen in 1 mL Natriumchloridlösung der Konzentration $c = 0{,}1$ mol/L.
b) 1 mL der Natriumchloridlösung aus a) wird mit 9 mL Wasser verdünnt. Ermitteln Sie die Konzentration an Natrium-Ionen in dieser Lösung.
c) 1 mL der Lösung aus b) wird erneut mit 9 mL Wasser verdünnt. Ermitteln Sie, um welchen Faktor die Lösung im Vergleich mit der Lösung aus a) und der Lösung aus b) verdünnt wurde.

Vergleichen Sie Ihre Antworten mit den Lösungen auf Seite 550 ff. und geben Sie sich die entsprechende Punktzahl.

Kompetenz	sehr gut	gut	schwierig	zum Nachlesen
A Eigenschaften saurer und alkalischer Lösungen beschreiben und erklären	35 – 28	27 – 17	16 – 10	S. 24
B Säuren und Basen klassifizieren	15 – 12	11 – 7	6 – 5	S. 24
C Das chemische Gleichgewicht und das Massenwirkungsgesetz auf Reaktionen anwenden	12 – 10	9 – 6	5 – 4	S. 264, 266 – 267, 270 – 271
D Mit Exponenten und Logarithmen rechnen	12 – 10	9 – 6	5 – 4	in Ihrem Mathebuch
E Stoffmengen und Konzentrationen ermitteln	5 – 4	3 – 2	1	S. 28 – 29

6.1 Säure-Base-Reaktionen

Saure und alkalische Lösungen kommen in vielen alltäglichen Situationen sowie in der Umwelt vor, z. B. in Zitrusfrüchten, Milchprodukten, Seifen und bei der Herstellung von Laugengebäck. Welche Eigenschaften haben sie und was sind Säuren und Basen?

6.1.1 Versuche und Material

V Herstellung saurer und alkalischer Lösungen

Wie entstehen saure und alkalische Lösungen?

LV1 In einem Gasentwickler wird konzentrierte Schwefelsäurelösung langsam auf Natriumchlorid getropft. Das sich bildende Gas wird durch einen Schlauch mit Trichter auf mit Bromthymolblau gefärbtes Wasser geleitet (**B1**). Die elektrische Leitfähigkeit wird überprüft (Bau eines Leitfähigkeitsprüfers unter QR-/Mediencode 06022-27).

06022-27

LV2 **LV1** wird wiederholt, jedoch wird das Gas diesmal nicht in Wasser, sondern in Heptan geleitet.

V3 Sie erhalten von Ihrer Lehrkraft eine mit Ammoniakgas befüllte und mit einem Stopfen verschlossene 50-mL-Spritze mit einem Nagel im Stempel. Füllen Sie ein 250-mL-Becherglas zur Hälfte mit Wasser, geben Sie einige Tropfen Bromthymolblau hinzu und verrühren Sie. Öffnen Sie die Spritze und halten Sie die Spritze mit der Öffnung in die Lösung im Becherglas (**B2**). Prüfen Sie auch hier die Leitfähigkeit.

AUSWERTUNG

a) Beschreiben Sie Beobachtungen zu **LV1**, **LV2** und **V3** bzgl. der Farbe der Lösung, der Gaslöslichkeit und der elektrischen Leitfähigkeit.
b) Formulieren Sie eine Reaktionsgleichung für **LV1** und erläutern Sie die Beobachtung.
c) Begründen Sie mithilfe einer Reaktionsgleichung, um welche Art von Lösung es sich in **V3** handelt.
d) Erläutern Sie den Grund dafür, dass beide Gase nicht pneumatisch aufgefangen werden können.

ENTSORGUNG A, G1, G3

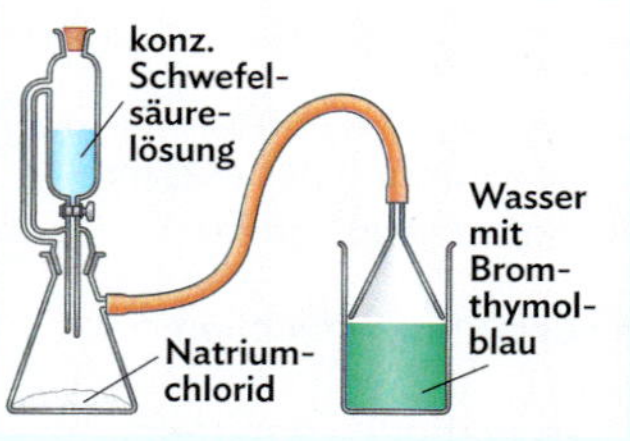

B1 Versuchsaufbau zu **LV1**

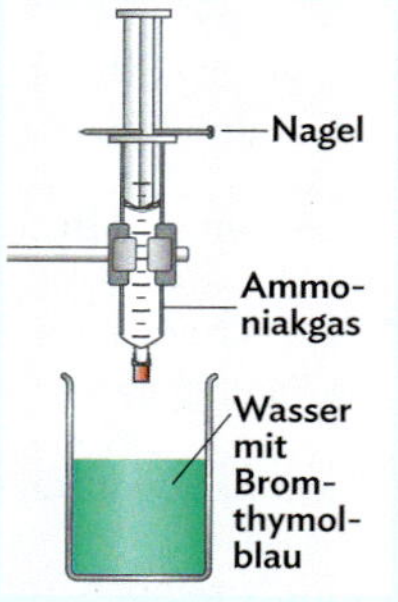

B2 Versuchsaufbau zu **V3**

V Eigenschaften saurer und alkalischer Lösungen

Saure und alkalische Lösung sind alltäglich um uns herum. Welche Gemeinsamkeiten und Unterschiede weisen diese Lösungen auf?

V4 Halten Sie je ein trockenes Stück Universalindikatorpapier in eine Probe fester Citronensäure und festen Calciumhydroxids und prüfen Sie jeweils die elektrische Leitfähigkeit (Bau eines Leitfähigkeitsprüfers unter QR-/Mediencode 06022-27).

06022-27

V5 Füllen Sie zwei Reagenzgläser mit je ca. 2 mL Wasser und fügen Sie 2 – 3 Tropfen Universalindikator hinzu. Geben Sie in das erste eine Spatelspitze Citronensäure und in das zweite eine Spatelspitze Calciumhydroxid und schütteln Sie beide mit Stopfen versehenen Reagenzgläser vorsichtig. Prüfen Sie anschließend die elektrische Leitfähigkeit.

AUSWERTUNG

Fassen Sie die Beobachtungen und die daraus ableitbaren Eigenschaften saurer und alkalischer Lösungen in einer Tabelle zusammen.

ENTSORGUNG A, R, G1, G2

V Reaktionen zwischen sauren und alkalischen Lösungen

Was passiert, wenn eine saure Lösung direkt auf eine alkalische Lösung trifft?

LV6 Tränken Sie ein Filterpapier in konz. Salzsäurelösung und befestigen Sie es am Boden eines Becherglases. Stülpen Sie dieses über ein mit konz. Ammoniaklösung befülltes Schnappdeckelglas (vgl. QR-/Mediencode 06022-28).

06022-28

V7 Geben Sie 2 mL verdünnte Ammoniaklösung in ein Becherglas und versetzen Sie sie mit einigen Tropfen Bromthymolblau. Geben Sie mithilfe einer Pipette tropfenweise verdünnte Salzsäurelösung hinzu.

AUSWERTUNG

a) Vergleichen Sie Ihre Beobachtungen in **LV6** und **V7**.
b) Formulieren Sie mithilfe von LEWIS-Formeln die Reaktionsgleichungen für die Reaktionen in **LV6** und **V7** und erläutern Sie sie auf Teilchenebene unter Verwendung entsprechender Fachbegriffe.
c) Lisa sagt: „Säuren sind immer flüssig." Nehmen Sie begründet Stellung zu dieser Aussage.

ENTSORGUNG G1

V Reaktionen der Salze von Säuren und Basen

Säuren und Basen können Salze bilden. Können Salze sauer oder basisch sein?

V8 Stellen Sie in sieben Reagenzgläsern Lösungen her, indem Sie folgende Stoffe je in ca. 15 mL Wasser lösen: einige Tropfen konz. Essigsäurelösung, einige Tropfen konz. Ammoniaklösung, eine Spatelspitze Natriumacetat, eine Spatelspitze Ammoniumchlorid, eine Spatelspitze Kaliumcarbonat, eine Spatelspitze Natriumhydrogensulfat, eine Spatelspitze Ammoniumacetat. Geben Sie je einige Tropfen Bromthymolblau hinzu.

AUSWERTUNG

a) Sammeln Sie Ihre Beobachtungen in einer Tabelle.
b) Ordnen Sie die untersuchten Lösungen Klassen zu, je nachdem, ob sie sauer, neutral oder alkalisch sind.
c) Erläutern Sie, ob die in **b)** durchgeführte Unterteilung Ihren Erwartungen entspricht.

ENTSORGUNG R, G4

6.1.2 Säure-Base-Reaktionen

Säuren und Basen

Säure und Base werden in der Chemie als Begriffspaar verwendet. Beide gibt es in verschiedenen Aggregatzuständen. Die Säure Citronensäure ist z. B. fest, Essigsäure ist flüssig und Chlorwasserstoff ist gasförmig. Was aber sind Säuren und Basen? Was passiert, wenn man eine Säure bzw. eine Base in Wasser gibt (mit Wasser reagieren lässt)?

Saure und alkalische Lösungen

Wird konzentrierte Schwefelsäurelösung auf Natriumchlorid getropft, entsteht das Gas Chlorwasserstoff. Leitet man dieses in Wasser ein, steigt die elektrische Leitfähigkeit deutlich an. Bei Zugabe von Bromthymolblau wird durch Gelbfärbung eine saure Lösung angezeigt (**LV1**). Wird Ammoniakgas in Wasser geleitet und mit Bromthymolblau versetzt, wechselt die Lösung ihre Farbe und die Leitfähigkeit nimmt zu (**V3**). Dies geschieht nicht, wenn statt Wasser Heptan verwendet wird (**LV2**). Die Änderung der elektrischen Leitfähigkeit lässt darauf schließen, dass mehr frei bewegliche Ionen vorliegen. Chlorwasserstoff und Ammoniak sind jedoch molekulare Stoffe. Die Ionen müssen bei der Reaktion der Gas-Moleküle mit den Wasser-Molekülen entstanden sein.

Hält man ein trockenes Stück Indikatorpapier an reine Citronensäure bzw. reines Calciumhydroxid, stellt man keine Farbveränderung fest (**V4**). Erst nach Lösen in Wasser zeigt der Universalindikator eine saure bzw. alkalische Lösung an (**V5**).

Welche Teilchen sind für die typischen Eigenschaften von sauren bzw. alkalischen Lösungen verantwortlich und wie entstehen sie?

06022-29
Video zur Säureeigenschaft von Citronensäure unter QR-/Mediencode 06022-29

historische Entwicklung des Säure-Base-Begriffes → S. 306

Protonenübertragungsreaktionen

An der unterschiedlichen Färbung der mit Bromthymolblau versetzten Lösungen in **LV1** und **V3** zeigt sich, dass Chlorwasserstoff anders als Ammoniak mit Wasser reagiert. Im Falle des Chlorwasserstoffs werden **Protonen** (H^+) von Chlorwasserstoff-Molekülen auf Wasser-Moleküle übertragen. Es bilden sich **Oxonium-Ionen** (H_3O^+). Eine saure Lösung wird durch die Gelbfärbung angezeigt.

06022-30
Lernanwendung zum Säure-Base-Begriff unter QR-/Mediencode 06022-30

Reagiert Ammoniak mit Wasser, wird jeweils ein Proton von einem Wasser-Molekül auf ein Ammoniak-Molekül NH_3 übertragen. Es bilden sich Ammonium-Ionen NH_4^+. Die dabei außerdem gebildeten **Hydroxid-Ionen** OH^- sind für den alkalischen Charakter der Lösung verantwortlich. Die Lösung färbt sich blau.

Es handelt sich um eine **Protonenübertragungsreaktion** (**Protolyse**). Die gebildeten Ionen sind frei beweglich und in beiden Fällen für die Änderung der elektrischen Leitfähigkeit verantwortlich.

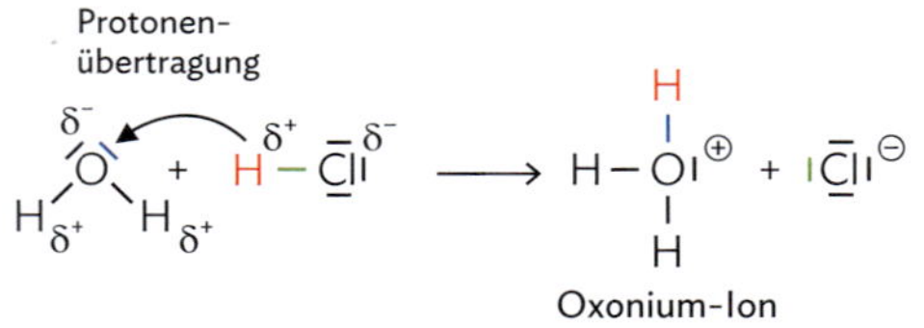

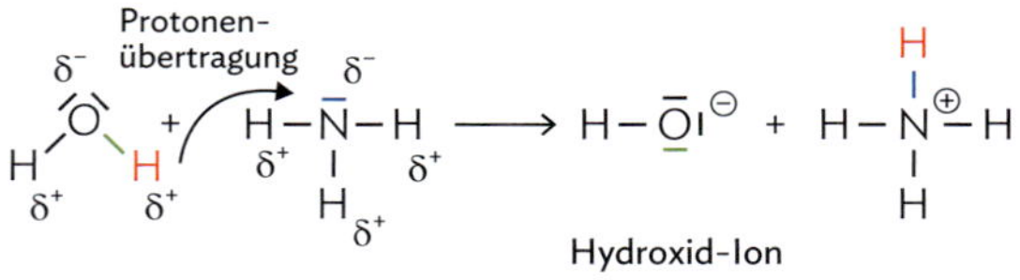

Wie man erkennen kann, ist ein Wasser-Molekül dazu in der Lage, sowohl Protonen aufzunehmen als auch abzugeben. Wasser-Moleküle sind daher **Ampholyte**. Auf der Stoffebene kann von **amphoteren Stoffen** gesprochen werden.

Der Säure-Base-Begriff nach BRØNSTED

Protonenübertragungsreaktionen definierte der dänische Chemiker JOHANNES NICOLAUS BRØNSTED 1923 als **Säure-Base-Reaktionen**. **Säuren** sind nach dieser Auffassung Teilchen, die bei einer chemischen Reaktion Protonen abgeben. Man spricht von **Protonendonatoren**. Teilchen, die bei einer chemischen Reaktion Protonen aufnehmen, bezeichnet man nach BRØNSTED als **Basen** bzw. **Protonenakzeptoren**.

Ein positiv polarisiertes Wasserstoff-Atom wie z. B. im Chlorwasserstoff-Molekül ist die Voraussetzung dafür, dass ein Teilchen als Säure reagieren kann. Das entstehende Chlorid-Anion ist zudem ein stabiles Ion. Die Voraussetzung dafür, dass ein Teilchen als Base reagieren kann, ist ein freies Elektronenpaar wie z. B. am Ammoniak-Molekül.

Reaktionen von Säuren mit Basen

Als reiner Feststoff kann Citronensäure keine Protonen abgeben, und reagiert daher auch nicht als Säure (**V4**). Erst nach Zugabe von Wasser kann eine saure Reaktion beobachtet werden (**V5**). Ist also für die Reaktion von Säuren und Basen immer Wasser nötig?
Stellt man ein Schnappdeckelglas mit konzentrierter Ammoniaklösung unter ein umgedrehtes Becherglas, an dessen Boden ein mit konzentrierter Salzsäurelösung getränktes Filterpapier klebt, bildet sich dazwischen ein weißer Rauch (**LV6**). Aus den entsprechenden Lösungen entweichen die farblosen Gase Chlorwasserstoff und Ammoniak, die im Gasraum miteinander zu festem Ammoniumchlorid reagieren. Die Entstehung dieses Salzes lässt sich nur durch eine Protonenübertragungsreaktion erklären. Chlorwasserstoff-Moleküle geben jeweils ein Proton ab, Ammoniak-Moleküle nehmen jeweils ein Proton auf.

$$NH_3\,(g) + HCl\,(g) \longrightarrow NH_4Cl\,(s)$$

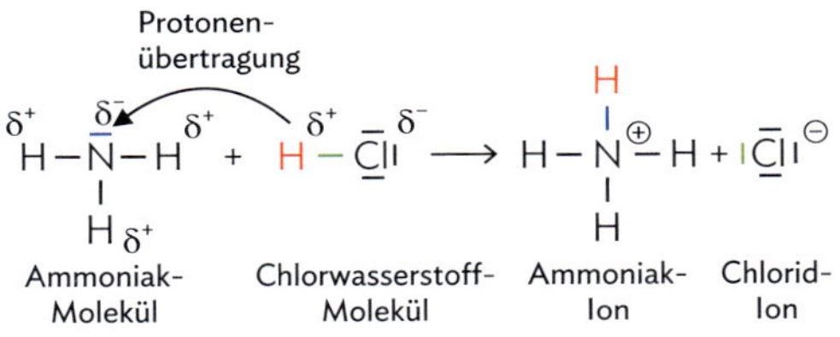

Das Ammoniak-Molekül ist hier der Protonenakzeptor (BRØNSTED-Base), das Chlorwasserstoff-Molekül der Protonendonator (BRØNSTED-Säure).

Reaktionen von sauren mit alkalischen Lösungen – Neutralisation

Es können jedoch nicht nur die Gase der Ammoniaklösung und der Salzsäurelösung miteinander reagieren, sondern auch die Lösungen selbst. Tropft man verdünnte Salzsäurelösung in verdünnte Ammoniaklösung, welche durch Zugabe des Indikators Bromthymolblau blau gefärbt vorliegt, färbt sich die Lösung zunehmend stärker grün (**V7**). Dies zeigt eine neutrale Lösung an. Die für saure bzw. alkalische Lösungen charakteristischen Oxonium- bzw. Hydroxid-Ionen liegen in der neutralen Lösung nicht mehr vor. Bei der **Neutralisation** findet eine Protonenübertragung von den Oxonium-Ionen in der Salzsäure- auf die Hydroxid-Ionen in der Ammoniaklösung statt. Es entstehen zwei Wasser-Moleküle.

$$OH^-\,(aq) + H_3O^+\,(aq) \longrightarrow 2\,H_2O\,(l)$$

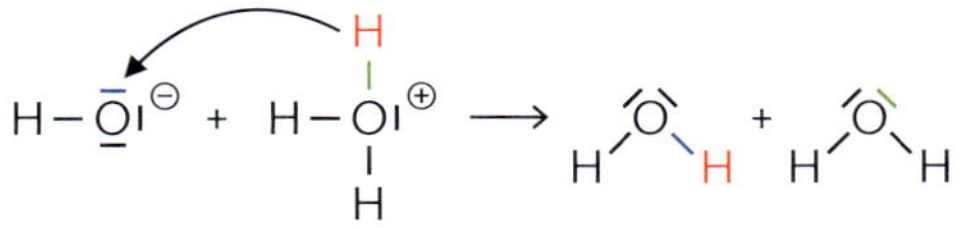

Eine neutrale Lösung entsteht nur, wenn die Stoffmengen der Oxonium- und Hydroxid-Ionen, die miteinander reagieren, gleich groß sind. Neutralisationsreaktionen sind exotherme Salzbildungsreaktionen, wobei die Ionen meist in Lösung bleiben. Die Ammonium- und die Chlorid-Ionen nehmen an der Neutralisationsreaktion nicht teil. Dampft man die Lösung ein, lagern sich diese Ionen zusammen und es entsteht das feste Salz Ammoniumchlorid.

06022-31
Video zur Reaktion von Ammoniak mit Chlorwasserstoff im Gasraum unter QR-/Mediencode 06022-31

BRØNSTED-Säuren sind Protonendonatoren, BRØNSTED-Basen sind Protonenakzeptoren.
Protolysen sind Protonenübertragungsreaktionen. Reagieren Säuren mit Wasser-Molekülen, entstehen Oxonium-Ionen. Die Lösung nennt man saure Lösung.
Reagieren Basen mit Wasser-Molekülen, entstehen Hydroxid-Ionen. Die Lösung nennt man alkalische Lösung.
Bei einer Neutralisation reagiert eine saure Lösung mit einer alkalischen Lösung. Je nach Konzentration kann eine neutrale Lösung entstehen.

AUFGABEN

A1 Versetzt man Kalilauge (K^+ (aq) + OH^- (aq)) tropfenweise mit einer sauren Lösung, bildet sich eine Kaliumchloridlösung. Erläutern Sie, mit welcher sauren Lösung diese Reaktion stattfindet.

A2 Die Neutralisation ist eine exotherme Reaktion. Planen Sie einen Versuch, um die diese Neutralisationswärme zu messen und Aussagen über die Reaktion treffen können.

6.1.3 Die Entwicklung des Säure-/Base-Begriffs

Protonen:
Da Wasserstoff-Kationen nur aus einem positiv geladenem Kernbau- bestehen, bezeichnet man sie oft auch als Protonen

Im Laufe der Zeit wurden die Begriffe Säure und Base mehrfach umgedeutet und umfassender genutzt. Dies ist ein Beispiel, wie sich die Wissenschaft im Laufe der Zeit weiterentwickelt und welchen Einfluss das auf die Begriffsentwicklung hat.
Zu Beginn ging es oft um den sauren Geschmack, was sicher noch heute eine gewisse Gültigkeit hat, wenn es z. B. um Zitronensaft geht. ROBERT BOYLE (1627 – 1691) unterschied früh zwischen Säure und Base, indem er die unterschiedliche Färbung von Lackmus beschrieb.

Beispiele für sauerstoffhaltige Säuren:
→ Phosphorsäure H_3PO_4
→ Schwefelsäure H_2SO_4
→ Salpetersäure HNO_3
→ Kohlensäure H_2CO_3

Säuren und Sauerstoff

Eine erste Theorie von Säuren wurde von ANTOINE DE LAVOISIER (1743 – 1794) 1793 in Paris veröffentlicht. Er beschrieb u. a., dass Phosphor vor seiner Verbrennung geschmacklos und nach Reaktion mit Sauerstoff sauer und scharf schmeckt. Den entstandenen Stoff nannte er Säure. Er postulierte, dass Säuren immer durch Reaktion mit Sauerstoff entstehen, d. h. gebundenen Sauerstoff enthalten. Auf diese Erkenntnis geht auch die Bezeichnung Sauerstoff für das Element zurück (franz. *oxygène* aus dem Griechischen: *oxys*: sauer, *genes*: Erschaffung).

Säuren und Wasserstoff

Anfang des 19. Jahrhunderts fanden HUMPHRY DAVY und JUSTUS VON LIEBIG heraus, dass Säuren chemisch gebundenen Wasserstoff enthalten, der durch Metall-Ionen ersetzt werden kann. Die Entstehung von Wasserstoff bei der Reaktion von Säuren mit Metallen stützte diese Definition.

Dissoziation:
lat. *dissociatio* = Trennung; Spaltung von Verbindungen

Dissoziationsmodell nach ARRHENIUS

SVANTE AUGUST ARRHENIUS (1859 – 1927, **B1**) forschte u. a. am Einfluss elektrischen Stroms auf chemische Reaktionen. Er fand dabei heraus, dass Säuren Teilchen enthalten müssen, die in Wasser unter Abgabe von Wasserstoff-Kationen und Säurerest-Ionen dissoziieren. Basen hingegen sind Stoffe, deren Teilchen in Wasser unter Abgabe von Hydroxid-Ionen und Metall-Kationen dissoziieren. Dabei sollten die Wasserstoff-Kationen bzw. Hydroxid-Ionen für die Eigenschaften der entstehenden sauren bzw. alkalischen Lösungen verantwortlich sein.

B1 SVANTE AUGUST ARRHENIUS

BRØNSTEDS Konzept der Protonenübertragung

JOHANNES NICOLAUS BRØNSTED (1879 – 1947, **B2**) fand u. a. Beispiele für alkalische wirkende Stoffe, die keine Hydroxid-Ionen enthielten. Er entwickelte 1923 ein Konzept, welches auf der Protonenübertragung zwischen Teilchen beruht. Er definierte Säuren als Teilchen, die Protonen abgeben (**Protonendonatoren**) und Basen als Teilchen, die Protonen aufnehmen (**Protonenakzeptoren**).
Unabhängig von BRØNSTED beschrieb zur selben Zeit THOMAS LOWRY diese Theorie von Säuren und Basen. Daher wird häufig von der Säure-Base-Theorie von BRØNSTED und LOWRY gesprochen.

B2 JOHANNES NICOLAUS BRØNSTED

Die Ebenen der Chemie

Manche „chemische" Begriffe stammen noch aus einer Zeit, in der man die Vorgänge vor allem aufgrund von Beobachtungen beschrieb, aber die zu Grunde liegenden Reaktionen zwischen Teilchen noch nicht interpretieren konnte. Inzwischen unterscheidet man in der Chemie drei verschiedene Ebenen, die JOHNSTONE in einem nach ihm benannten Dreieck zusammengefasst hat (**B3**). Auf der **Stoffebene**, auch **makroskopische Ebene**

genannt, wird alles Beobachtbare formuliert, d. h. Phänomene, die man mit den Sinnen erfassen kann. Dabei gibt man die Stoffeigenschaften, deren Änderungen und Beobachtungen an, die auf freiwerdende Energie oder zugeführte Energie schließen lassen.
Beispiel: Säuren reagieren mit Wasser unter Bildung einer sauren Lösung, erkennbar an der Indikatorfarbe.
Unter der **Teilchenebene**, auch **submikroskopische Ebene** genannt, versteht man die Vorstellung von Zuständen und Vorgängen auf einer nicht mehr sichtbaren („submikroskopischen") Ebene. Die Eigenschaften von Stoffen oder die Abläufe bei Stoffumwandlungen werden auf die Anordnung von und Wechselwirkung zwischen den Teilchen der Stoffe zurückgeführt. Chemische Reaktionen, das Mischen von Stoffen oder die Änderung der Aggregatzustände werden durch das Umordnen oder Verändern von Teilchen und Teilchenverbänden veranschaulicht.
Beispiel: Nach BRØNSTED sind Säuren Teilchen, die Protonen abgeben und Basen Teilchen, die Protonen aufnehmen können.
Die **Symbolebene** beschreibt Stoffe oder Stoffumwandlungen auf der Teilchenebene durch Atomsymbole, Molekülformeln, Reaktionsgleichungen und Grafiken.
Beispiel: Die Definition einer Säure nach ARRHENIUS auf Symbolebene lautet

$$\text{H-A} \xrightarrow{H_2O} H^+ + A^-$$

wobei H-A für ein Säure-Molekül und A^- für ein Säurerest-Ion steht.

Alltags- von Fachsprache abgrenzen

Eine Abgrenzung von Alltags- und Fachsprache ist in der Chemie sehr wichtig, damit die Kommunikation eindeutig und verständlich wird. Im Alltag sagt man z. B. „Ich bin sauer!" oder „Die Zitrone schmeckt sauer." In der Fachsprache ist „sauer" jedoch der Charakter einer wässrigen Lösung mit einem pH-Wert kleiner als 7. Auch die korrekte Verwendung der Ebenen ist wichtig. Die Formulierung „Essigsäure ist eine Säure." ist zu oberflächlich. Auf der Stoffebene wäre die richtige Beschreibung, dass Essigsäurelösung eine saure Lösung ist. Auf der Teilchenebene sollte man davon sprechen, dass Essigsäure-Moleküle Säure-Teilchen sind, also Protonen abgeben können.

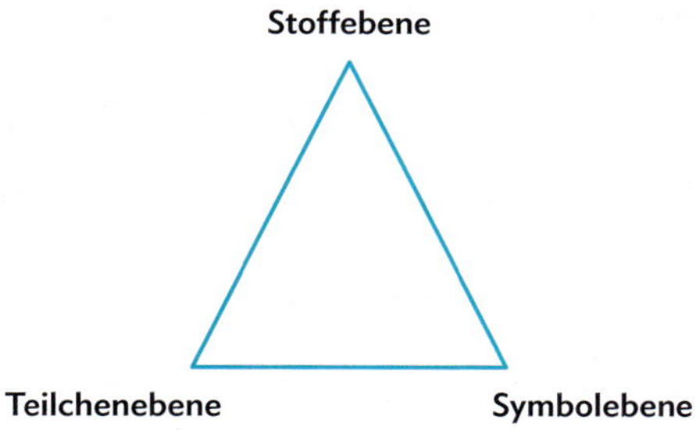

B3 Das chemische Dreieck (JOHNSTONE-DREIECK)

Die Definitionen von Säuren und Basen haben sich im Laufe der Zeit verändert. Heute werden in der Regel die Definitionen auf der Teilchenebene von BRØNSTED verwendet.
In der Chemie unterscheidet man drei Ebenen: die Stoffebene, die Teilchenebene und die Symbolebene.

AUFGABEN

A1 Stellen Sie eine Hypothese darüber auf, wie DAVY und VON LIEBIG die Theorie von LAVOISIER widerlegten.

A2 Erläutern Sie unter Anwendung des BRØNSTED-Säure-Base-Konzeptes Grenzen des Konzeptes von ARRHENIUS am Beispiel des Ammoniak-Moleküls.

A3 Fassen Sie die Konzepte von Säuren und Basen zusammen und unterscheiden Sie dabei zwischen Konzepten auf der Stoff- und Teilchenebene.

A4 MK Recherchieren Sie weitere Konzepte für Säuren und Basen, die nach BRØNSTED entwickelt wurden.

A5 Überführen Sie den Text aus QR-/Mediencode 06022-240 in einen fachsprachlich korrekten Text.

06022-240

6.1.4 Moleküle und Ionen als Säuren oder Basen

Gleichgewichte bei Säure-Base-Reaktionen

Bei der Reaktion gleicher Volumina von Salzsäurelösung mit Natronlauge gleicher Konzentration entsteht eine neutrale Natriumchloridlösung. Löst man Natriumchlorid in Wasser, so hat die Lösung einen pH-Wert von 7. Beim Lösen anderer Salze können jedoch auch Lösungen mit pH-Werten über oder unter pH = 7 entstehen.

Natriumacetat, das Salz der Essigsäure, und Kaliumcarbonat, das Salz der Kohlensäure, bilden in Wasser alkalische Lösungen (Blaufärbung von Bromthymolblau). Die in Wasser gelösten Salze Ammoniumchlorid und Natriumhydrogensulfat bilden dagegen saure Lösungen (Gelbfärbung von Bromthymolblau, **V8**).

Im Gegensatz zum Lösen von Natriumchlorid finden hier Protolysereaktionen statt. Acetat-Ionen reagieren mit Wasser-Molekülen unter Aufnahme je eines Protons zu Essigsäure-Molekülen und Hydroxid-Ionen.

$$CH_3COO^- (aq) + H_2O (l) \rightleftharpoons CH_3COOH (aq) + OH^- (aq)$$

In diesem Fall ist das Acetat-Ion die BRØNSTED-Base und das Wasser-Molekül die BRØNSTED-Säure. Die Reaktion ist eine Gleichgewichtsreaktion, es liegt ein **Protolysegleichgewicht** vor. Das beteiligte Teilchenpaar CH_3COOH/CH_3COO^- unterscheidet sich nur in einem Proton. Ein solches Paar von Teilchen nennt man **korrespondierendes Säure-Base-Paar**. Aus einer Säure bildet sich bei einer Protolyse ihre **korrespondierende Base** und aus einer Base ihre **korrespondierende Säure**.

Ammonium-Ionen reagieren mit Wasser-Molekülen unter Abgabe je eines Protons zu Ammoniak-Molekülen und Oxonium-Ionen. Das beteiligte Teilchenpaar NH_4^+/NH_3 ist ebenfalls ein korrespondierendes Säure-Base-Paar.

$$NH_4^+ (aq) + H_2O (l) \rightleftharpoons NH_3 (g) + H_3O^+ (aq)$$

An jeder Säure-Base-Reaktion sind stets zwei korrespondierende Säure-Base-Paare beteiligt. HA und HB stehen für beliebige BRØNSTED-Säuren.

korrespondierend (HA – A⁻)

$$HA + B^- \rightleftharpoons A^- + HB$$

korrespondierend (B⁻ – HB)

$$\text{Säure I} + \text{Base II} \rightleftharpoons \text{Base I} + \text{Säure II}$$

Wird Ammoniumacetat gelöst, reagiert auch hier das Ammonium-Ion wieder als Säure, es entstehen Oxonium-Ionen. Das Acetat-Ion reagiert als Base, es entstehen Hydroxid-Ionen. Beide Protolysegleichgewichte haben eine vergleichbare Gleichgewichtslage, sodass Oxonium- und Hydroxid-Ionen in ähnlicher Konzentration entstehen. Der pH-Wert verändert sich daher kaum (**V8**).

Einprotonige und mehrprotonige Säuren

Salpetersäure HNO_3 – ein wichtiger industrieller Grundstoff für die Düngemittel-, Kunststoff- und Sprengstoffherstellung – ist eine **einprotonige** Säure. Jedes Salpetersäure-Molekül gibt ein Proton ab und es entsteht ein **Nitrat-Ion NO_3^-**.

$$HNO_3 (aq) + H_2O (l) \rightleftharpoons NO_3^- (aq) + H_3O^+ (aq)$$

Das Salz Kaliumnitrat KNO_3 ist z. B. ein wichtiges Düngemittel.

Schwefelsäure H_2SO_4 ist einer der wichtigsten Ausgangsstoffe der chemischen Industrie z. B. für die Düngemittel- und Tensidsynthese, sowie zur Aufbereitung von Erzen.

Schwefelsäure ist eine **zweiprotonige Säure**, was bedeutet, dass das Schwefelsäure-Molekül in zwei aufeinanderfolgenden Protolysestufen je ein Proton abgeben kann.

$$H_2SO_4 (aq) + H_2O (l) \rightleftharpoons HSO_4^- (aq) + H_3O^+ (aq)$$

$$HSO_4^- (aq) + H_2O (l) \rightleftharpoons SO_4^{2-} (aq) + H_3O^+ (aq)$$

Die gebildeten Basen werden als **Hydrogensulfat-Ion HSO_4^-** und **Sulfat-Ion SO_4^{2-}** bezeichnet. Die Salze der Schwefelsäure werden nach ihren korrespondierenden Basen benannt, z. B. Calciumsulfat $CaSO_4$, (Gips) oder Natriumhydrogensulfat $NaHSO_4$.

Kohlensäure H_2CO_3 ist als Reinstoff instabil und zerfällt unter Alltagsgegebenheiten zu Kohlenstoffdioxid und Wasser (vgl. **BNE**, S. 328).

Kohlensäure ist eine zweiprotonige Säure, d. h. die Moleküle der Kohlensäure können bis zu zwei Protonen abgegeben. Als Anionen entstehen bei der Protolyse **Hydrogencarbonat-Ionen HCO_3^-** bzw. **Carbonat-Ionen CO_3^{2-}**.

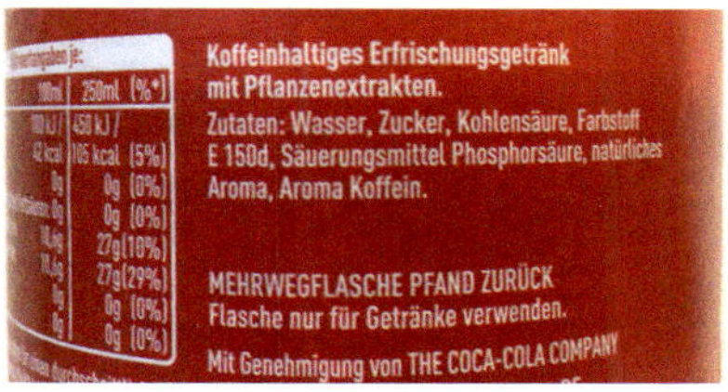

B4 Säuren werden auch für Erfrischungsgetränke verwendet.

$$H_2CO_3\,(aq) + H_2O\,(l) \rightleftharpoons HCO_3^-\,(aq) + H_3O^+\,(aq)$$

$$HCO_3^-\,(aq) + H_2O\,(l) \rightleftharpoons CO_3^{2-}\,(aq) + H_3O^+\,(aq)$$

Natriumhydrogencarbonat $NaHCO_3$ (Natron) und Natriumcarbonat Na_2CO_3 (Soda) nutzt man beim Backen als Backtriebmittel, da sie Kohlenstoffdioxid freisetzen und so den Teig luftig machen.

Phosphorsäure H_3PO_4 ist eine **dreiprotonige Säure**. Ihre Salze werden als Düngemittel verwendet oder spielen als Bestandteil von Zahnschmelz eine Rolle. Bei der schrittweisen Protolyse mit Wasser-Molekülen entstehen nacheinander die Säurerest-Ionen **Dihydrogenphosphat $H_2PO_4^-$**, **Hydrogenphosphat HPO_4^{2-}** und **Phosphat PO_4^{3-}**.

$$H_3PO_4\,(aq) + H_2O\,(l) \rightleftharpoons H_2PO_4^-\,(aq) + H_3O^+\,(aq)$$

$$H_2PO_4^-\,(aq) + H_2O\,(l) \rightleftharpoons HPO_4^{2-}\,(aq) + H_3O^+\,(aq)$$

$$HPO_4^{2-}\,(aq) + H_2O\,(l) \rightleftharpoons PO_4^{3-}\,(aq) + H_3O^+\,(aq)$$

Zahnschmelz besteht aus Hydroxylapatit ($Ca_5(PO_4)_3(OH)$), einem Calciumphosphat-Ionengitter, in das Hydroxid-Ionen eingelagert sind. Calciumdihydrogenphosphat ($Ca(H_2PO_4)_2$) ist ein wesentlicher Bestandteil von Phosphatdüngern.

Citronensäure-Moleküle (vereinfachend H_3Cit benannt) sind auch dreiprotonige Säuren. Jedes Citronensäure-Molekül kann drei Protonen abspalten. Neben den Oxonium-Ionen entstehen als Säurerest-Ionen letztlich die Citrat-Ionen.

$$H_3Cit\,(s) + 3\,H_2O\,(l) \rightleftharpoons Cit^{3-}\,(aq) + 3\,H_3O^+\,(aq)$$

Name des Säurerest-Ions	Formel
Chlorid-Ion	Cl^-
Nitrat-Ion	NO_3^-
Carbonat-Ion	CO_3^{2-}
Hydrogencarbonat-Ion	HCO_3^-
Sulfit-Ion	SO_3^{2-}
Hydrogensulfit-Ion	HSO_3^-
Sulfat-Ion	SO_4^{2-}
Hydrogensulfat-Ion	HSO_4^-
Phosphat-Ion	PO_4^{3-}
Hydrogenphosphat-Ion	HPO_4^{2-}
Dihydrogenphosphat-Ion	$H_2PO_4^-$
Acetat-Ion	CH_3COO^-

B5 Namen und Formeln einiger Säurerest-Ionen

06022-32
Lernanwendung zu Säurerest-Ionen unter QR-/Mediencode 06022-32

An jeder Säure-Base-Reaktion sind stets zwei korrespondierende Säure-Base-Paare beteiligt.
In wässriger Lösung liegen Protolysegleichgewichte vor.
Je nach Anzahl abzuspaltender Protonen unterscheidet man ein- bzw. mehrprotonige Säuren.

AUFGABEN

A1 Benennen Sie in den folgenden Protolysegleichgewichten die korrespondierenden Säure-Base-Paare.
a) $CO_3^{2-} + H_2O \rightleftharpoons HCO_3^- + OH^-$
b) $HSO_4^- + H_2O \rightleftharpoons SO_4^{2-} + H_3O^+$

06022-33
Lernanwendung zu **A1** unter QR-/Mediencode 06022-33

A2 Begründen Sie, dass man das Hydrogensulfat-Ion als Ampholyt bezeichnen kann.

A3 Einige Antazida zur Neutralisation der Magensäure enthalten Aluminiumhydroxid ($Al(OH)_3$), andere Natriumhydrogencarbonat ($NaHCO_3$). Formulieren Sie Reaktionsgleichungen, in denen deutlich wird, wie die Basen aus diesen Verbindungen mit Oxonium-Ionen reagieren. Geben Sie die korrespondierenden Säure-Base-Paare an.

A4 MK Recherchieren Sie die Wirkungsweise von Phosphorsäure bei der Rostentfernung.

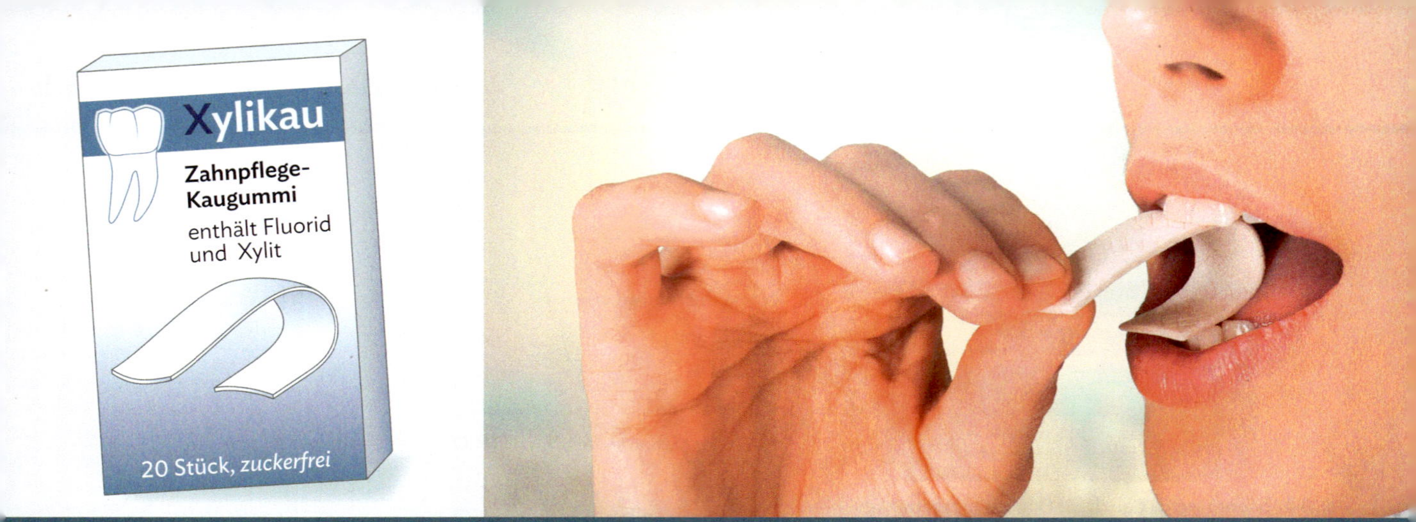

6.2 Der pH-Wert

Nach einer Mahlzeit sinkt der pH-Wert des Speichels in den sauren Bereich, was langfristig zum Abbau der Schmelzoberfläche der Zähne führen kann. Durch das Kauen von Zahnpflegekaugummis soll der saure pH-Wert angeblich neutralisiert werden. Wie kann man den pH-Wert einer Lösung, wie den pH-Wert des Speichels vor und nach dem Kauen des Zahnpflegekaugummis, berechnen?

6.2.1 Versuche und Material

V pH-Wert und Leitfähigkeit von Wasserproben

Das in der Natur verbreitete Wasser ist niemals ein Reinstoff, sondern enthält u. a. gelöste oder dispergierte Salze, Gase, organische Verbindungen, Bakterien und Stäube. Enthält reines Wasser, d. h. demineralisiertes oder destilliertes Wasser, nur Wasser-Moleküle?

V1 Bestimmen Sie mit einer pH-Elektrode den pH-Wert und mit einem Leitfähigkeitsmessgerät (Bauanleitung unter QR-/Mediencode 06022-27) die elektrische Leitfähigkeit verschiedener Wasserproben: Mineralwasser, Leitungswasser, destilliertes/demineralisiertes Wasser.

06022-27

Probe	pH-Wert	Leitfähigkeit
?	?	?

B1 Tabellenkopf zur Auswertung von **V1**

AUSWERTUNG

a) Tragen Sie Ihre Messdaten in eine Tabelle ein, die Sie nach den Angaben aus **B1** anlegen. Erklären Sie Ihre Messergebnisse und benennen Sie die Teilchen, die für die Eigenschaft in der jeweiligen Spalte verantwortlich sind (Arbeitsblatt unter QR-/Mediencode 06007-053).

06007-053

b) Misst man die Leitfähigkeit von demineralisiertem Wasser mit einem sehr empfindlichen Messgerät, so ermittelt man eine geringe Leitfähigkeit. Dampft man das Wasser ein, erhält man keinen festen Rückstand. Leiten Sie eine Hypothese zur Ursache dieser Befunde mithilfe von Fachbegriffen ab.

c) Stellen Sie eine entsprechende Reaktionsgleichung zu Ihrer Hypothese aus **b)** auf.

ENTSORGUNG A

V Verdünnungsreihe von Salzsäurelösung

Saure Lösungen weisen einen pH-Wert kleiner 7 auf. Wovon genau hängt der pH-Wert einer sauren Lösung ab?

V2 Befüllen Sie das erste von sechs Reagenzgläsern mit 10 mL Salzsäurelösung mit pH = 2. Geben Sie nun in alle sechs Reagenzgläser 2 Tropfen Universalindikatorlösung und schütteln Sie vorsichtig mit einem aufgesetzten Stopfen das erste Reagenzglas. Legen Sie je 9 mL Wasser in den übrigen fünf Reagenzgläsern vor. Entnehmen Sie nun mit einer Pipette genau 1 mL Salzsäurelösung aus dem ersten Reagenzglas und geben Sie die Lösung in das zweite Reagenzglas. Schütteln Sie vorsichtig. Entnehmen Sie anschließend mit einer Pipette genau 1 mL der Verdünnung aus dem zweiten Reagenzglas und geben Sie diese Lösung in das dritte Reagenzglas. Schütteln Sie vorsichtig. Fahren Sie damit fort, bis das letzte Reagenzglas mit 10 mL Flüssigkeit gefüllt ist (**B2**).

Hinweis: Die Konzentration *c* einer Lösung errechnet sich aus der Stoffmenge *n* des gelösten Stoffes geteilt durch das Volumen *V* der Lösung: $c = \frac{n}{V}$.

AUSWERTUNG

a) Notieren Sie zu jedem Reagenzglas 1 – 6 die beobachtete Indikatorfarbe und den mithilfe der Farbskala des Herstellers ermittelten pH-Wert.
b) Beschreiben Sie den Zusammenhang zwischen der Verdünnung und der pH-Wert-Änderung.
c) Erklären Sie, auf welches Volumen man 10 mL Salzsäurelösung mit pH = 3 verdünnen muss, um daraus Salzsäurelösung mit pH = 6 herzustellen.
d) Erläutern Sie die Konzentrationsveränderung.

ENTSORGUNG G1

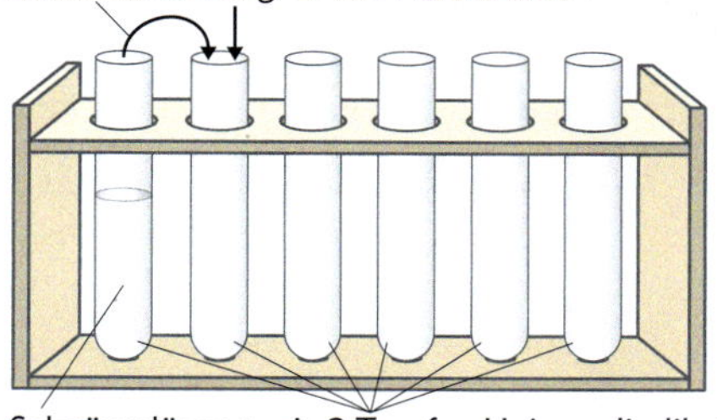

B2 Versuchsaufbau zu **V2**

M Kauen statt Putzen?

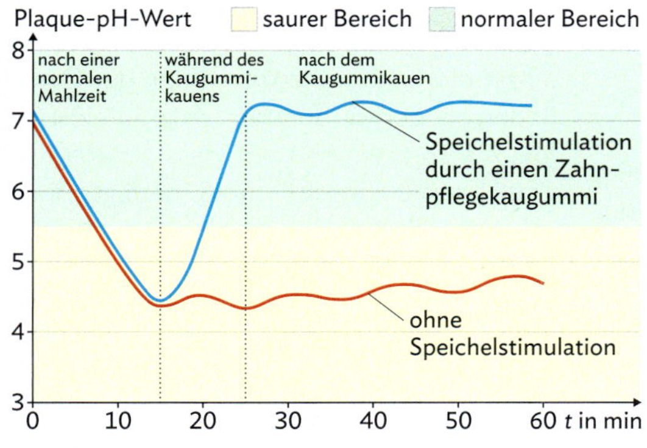

B3 Änderung des pH-Werts durch Kaugummikauen

M3 Nach einer Mahlzeit liegt der pH-Wert des Speichels bei ca. pH = 4. Durch das Kaugummikauen von Zahnpflegekaugummis wird die Speichelproduktion um das 10-fache angeregt. Kaugummihersteller werben damit, dass der pH-Wert daher nach 25-minütigem Kauen auf ca. pH = 7 steigt. Was passiert bei einer Verzehnfachung des Speichelvolumens?

AUSWERTUNG

a) Beschreiben Sie das Diagramm **B3**. Bewerten Sie die Werbeaussage aus fachsprachlicher Sicht und nennen Sie alternative Begriffe für fachsprachlich kritische Formulierungen.
b) Erläutern Sie die Antwort auf die oben gestellte Einstiegsfrage. Nehmen Sie hierbei Bezug auf die Ergebnisse aus **V2**.
c) Beurteilen Sie die Aussage des Kaugummiherstellers, dass der pH-Wert des Speichels durch Verzehnfachung des Speichelvolumens von pH = 4 auf pH = 7 steigt.

6.2.2 Die Autoprotolyse des Wassers und der pH-Wert

Wasser-Moleküle reagieren untereinander

06022-35

Je mehr Salze im Wasser gelöst sind, umso höher ist die Leitfähigkeit einer Wasserprobe (**V1**, Video unter QR-/Mediencode 06022-35). Es muss also Ionen enthalten. Genaue Messungen an reinstem Wasser zeigen, dass auch dieses eine geringe elektrische Leitfähigkeit hat, obwohl beim Eindampfen kein Rückstand zu sehen ist. Bei den im Wasser enthaltenen Ionen handelt es sich um Oxonium-Ionen und Hydroxid-Ionen. Sie bilden sich bei der **Autoprotolyse** des Wassers:

pH
frz. *puissance de hydrogène* oder lat. *potentia hydrogenii*, Hochzahl des Wasserstoffs

$$\underset{\text{Säure I}}{H_2O} + \underset{\text{Base II}}{H_2O} \rightleftharpoons \underset{\text{Säure II}}{H_3O^+} + \underset{\text{Base I}}{OH^-}$$

Anhand dieses Gleichgewichts wird erneut deutlich, dass ein Wasser-Molekül ein **Ampholyt** ist, also sowohl als Protonendonator als auch als Protonenakzeptor wirken kann.

Das Ionenprodukt des Wassers

Das Autoprotolysegleichgewicht des Wassers liegt sehr stark auf der linken Seite, die Rückreaktion ist also gegenüber der Hinreaktion bevorzugt. Der Wert der **Gleichgewichtskonstanten K_c** konnte aus Leitfähigkeitsmessungen bestimmt werden:

$$K_c = \frac{c(H_3O^+) \cdot c(OH^-)}{c^2(H_2O)} = 3{,}258 \cdot 10^{-18}, \vartheta = 25\,°C$$

Die Konzentration von Wasser bei 25 °C ist $c(H_2O) = 55{,}398$ mol/L. Die Konzentration ergibt sich aus der Masse von 1 L Wasser $m(H_2O) = 998$ g und der molaren Masse $M(H_2O) = 18$ g/mol (Lernanwendung zum Rechnen mit chemischen Größen unter QR-/Mediencode 06022-36). Die Abnahme der Stoffmenge $n(H_2O)$ durch die Hinreaktion des Autoprotolysegleichgewichts ist so gering, dass sie sich selbst auf die dritte Stelle hinter dem Komma bei $c(H_2O)$ nicht auswirkt. Man bezieht daher die Konzentration des Wassers in die Gleichgewichtskonstante K_c mit ein und erhält eine neue, **temperaturabhängige Konstante K_W**:

06022-36

$$K_c \cdot c^2(H_2O) = c(H_3O^+) \cdot c(OH^-) = K_W$$

Durch Einsetzen der Zahlenwerte für K_c und $c(H_2O)$ ergibt sich:

$$K_W = c(H_3O^+) \cdot c(OH^-) = 10^{-14}\ \text{mol}^2/\text{L}^2, \vartheta = 25\,°C$$

Da die Konstante K_W das Produkt der Konzentrationen der im Wasser enthaltenen Ionen angibt, spricht man vom **Ionenprodukt des Wassers**.

Der pH-Wert

Um die Oxonium-Ionenkonzentration $c(H_3O^+)$ einer Lösung durch eine kleine positive Zahl angeben zu können, hat man den **pH-Wert** eingeführt. Das ist der negative dekadische Logarithmus des Zahlenwertes der Konzentration der Oxonium-Ionen (H_3O^+) einer Lösung:

$$\mathbf{pH = -lg\ c(H_3O^+)}$$

Misst man den pH-Wert von den in **V2** schrittweise verdünnten Salzsäurelösungen, so stellt man fest, dass dieser mit jedem Verdünnungsvorgang weiter ansteigt. Um den pH-Wert der Salzsäurelösung mit dem anfänglichen pH-Wert von 2 auf pH = 3 zu erhöhen, muss die Lösung um das 10-fache verdünnt werden. Es würde also nicht ausreichen, das Volumen der Lösung zu verdoppeln. Der durch die Verdünnung der Salzsäurelösung ansteigende pH-Wert steht im Zusammenhang mit den Oxonium-Ionenkonzentrationen der verdünnten Lösungen.
Ermittelt man die Konzentration der Oxonium-Ionen in der verdünnten Salzsäurelösung mit pH = 3, so stellt man fest, dass diese $c(H_3O^+) = 0{,}001$ mol/L bzw. 10^{-3} mol/L beträgt. Einer verdünnten Salzsäurelösung mit pH = 4 kann durch die 10-fache Verdünnung also $c(H_3O^+) = 0{,}0001$ mol/L bzw. 10^{-4} mol/L zugeordnet werden. Die 10-fache Verdünnung der Salzsäurelösung bringt also nicht nur den Anstieg des pH-Wertes um eine Stufe mit sich, sondern auch die 10-fache Verringerung der Konzentration der Oxonium-Ionen. Je größer der pH-Wert einer Lösung, desto niedriger ist die Stoffmengenkonzentration $c(H_3O^+)$ der darin enthaltenen Oxonium-Ionen (H_3O^+).

Der pOH-Wert

Die obige Definition des pH-Wertes hängt von der Konzentration der Oxonium-Ionen (H_3O^+) ab, die in allen sauren Lösungen vorliegen. In alkalischen Lösungen befinden sich jedoch Hydroxid-Ionen (OH^-). Wie kann man den pH-Wert von alkalischen Lösungen berechnen?
Zur Erklärung muss man sich das Ionenprodukt des Wassers anschauen. Dieses gilt nicht nur für reines Wasser, sondern auch für verdünnte wässrige Lösungen bei ϑ = 25 °C. Mit dem Ionenprodukt ist jeder Oxonium-Ionenkonzentration eine Hydroxid-Ionenkonzentration zugeordnet und umgekehrt. Setzt man in die Gleichung für $c(H_3O^+)$ die Konzentration $c = 10^{-3}$ mol/L ein, so erhält man für $c(OH^-)$ die Konzentration $c = 10^{-11}$ mol/L (**B1**). In einer sauren Lösung mit pH = 3 liegt durch die Autoprotolyse des Wassers auch eine geringe Konzentration an Hydroxid-Ionen vor. Selbiges gilt für alkalische Lösungen: Eine alkalische Lösung mit pH = 11 enthält mit $c(H_3O^+) = 10^{-11}$ mol/L eine sehr geringe Konzentration an Oxonium-Ionen, jedoch im Vergleich mit $c(OH^-) = 10^{-3}$ mol/L eine hohe Konzentration an Hydroxid-Ionen. Der **pOH-Wert** bezieht sich daher auf die Konzentration der Hydroxid-Ionen (OH^-) und ist analog zum pH-Wert definiert:

pOH = $-\lg c(OH^-)$

Setzt man die Definition für den pH- und pOH-Wert in das Ionenprodukt des Wassers ein, so erhält man folgenden Zusammenhang:

$$-[\lg c(H_3O^+) + \lg c(OH^-)] = -\lg 10^{-14}$$
$$\text{pH} \quad + \quad \text{pOH} \quad = \quad 14$$

Man kann also aus dem pH-Wert den pOH-Wert berechnen und umgekehrt.

$c(H_3O^+)$	pH		pOH	$c(OH^-)$
$10^0 = 1$	0		14	10^{-14}
10^{-1}	1		13	10^{-13}
10^{-2}	2	sauer	12	10^{-12}
10^{-3}	3		11	10^{-11}
10^{-4}	4		10	10^{-10}
10^{-5}	5		9	10^{-9}
10^{-6}	6		8	10^{-8}
10^{-7}	7	neutral	7	10^{-7}
10^{-8}	8		6	10^{-6}
10^{-9}	9		5	10^{-5}
10^{-10}	10		4	10^{-4}
10^{-11}	11	alkalisch	3	10^{-3}
10^{-12}	12		2	10^{-2}
10^{-13}	13		1	10^{-1}
10^{-14}	14		0	$10^0 = 1$

B1 Zusammenhang zwischen Oxonium-Ionenkonzentration, pH-Wert, Hydroxid-Ionenkonzentration und pOH-Wert. Die Konzentrationen der Ionen sind in mol/L angegeben.

Durch die Autoprotolyse des Wassers liegen in reinem Wasser und in verdünnten wässrigen Lösungen geringe Mengen an Oxonium-Ionen und Hydroxid-Ionen vor. Das Produkt der Konzentration dieser Ionen nennt man das Ionenprodukt des Wassers. Bei ϑ = 25 °C ist:
$K_w = c(H_3O^+) \cdot c(OH^-) = 10^{-14}$ mol²/L².
Der pH-Wert ist der mit –1 multiplizierte dekadische Logarithmus des Zahlenwertes der Oxonium-Ionenkonzentration.

06022-37
Umformungen beim Rechnen mit dem dekadischen Logarithmus unter QR-/Mediencode 06022-37

AUFGABEN

A1 Berechnen Sie mithilfe des Ionenprodukts K_w die Konzentration der Oxonium-Ionen $c(H_3O^+)$ in reinem Wasser bei ϑ = 25 °C.

A2 Die pH-Werte wässriger Lösungen sind bei 25 °C:
a) 1 b) 5 c) 9 d) 11 e) 12,5.
Berechnen Sie jeweils $c(H_3O^+)$ und $c(OH^-)$.

A3 Bewerten Sie Angaben in **B2** mit dem Wissen, dass die menschliche Haut leicht sauer ist.

B2 Label auf einem Duschgel

6.3 Starke und schwache Säuren und Basen

Gemessen am Schmerz beim Biss einer Ameise würde man die Ameisensäure als starke Säure bezeichnen. Tatsächlich ist sie nur eine mittelstarke Säure, während die sehr starke Säure Chlorwasserstoff gelöst in Wasser als Salzsäurelösung in unserem Magensaft enthalten ist. Die schwache Blausäure (Wasserstoffcyanid) ist ein starkes Gift. Die Beispiele zeigen, dass die Stärke einer Säure nichts mit ihrer Giftigkeit oder Gefährlichkeit zu tun hat. Wann spricht man von einer starken bzw. schwachen Säure?

6.3.1 Versuche und Material

V Reaktion von verschiedenen sauren Lösungen mit Calciumcarbonat

Gegen Kalkablagerungen kann man Essigessenz nutzen. Kann man auch andere saure Lösungen verwenden?

V1 Geben Sie je ca. 1 g Calciumcarbonat in zwei Reagenzgläser. Geben Sie mit der Spritze je 10 mL Salzsäurelösung bzw. Essigsäurelösung (jeweils c = 1 mol/L) dazu. Stecken Sie je eine Spritze mit dem Verbindungsmaterial schnell in die Stopfen, starten Sie die Zeitmessung und halten Sie die Stopfen während der gesamten Messung fest.

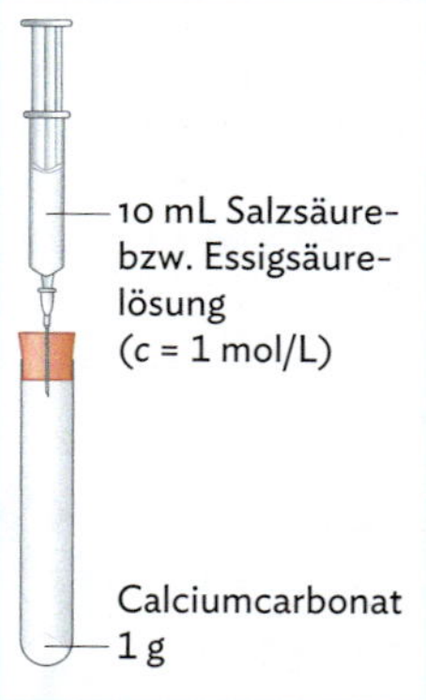

B1 Versuchsaufbau zu V1

Messen Sie die Zeit, bis je 10 mL Kohlenstoffdioxid gebildet wurden.

Sollten nach 8 Minuten noch keine 10 mL Kohlenstoffdioxid entstanden sein, brechen Sie den Versuch ab und notieren Sie das entstandene Volumen.

AUSWERTUNG

a) Stellen Sie vor Versuchsbeginn eine Hypothese über die entstehende Gasmenge auf.
b) Stellen Sie jeweils eine Reaktionsgleichung auf.
c) Erläutern Sie die entstandene Gasmenge.
d) Zum Entkalken von Kaffeemaschinen könnte z. B. feste Citronensäure oder Essig genutzt werden. Beurteilen Sie die Eignung der beiden Stoffe zum Reinigen unter Berücksichtigung verschiedener Vor- und Nachteile.

ENTSORGUNG A, G2

V Reaktion saurer Lösungen gleicher Ausgangskonzentration mit unedlen Metallen

Starke und schwache Säuren unterscheiden sich auch in ihrer Reaktion mit unedlen Metallen. Wie kann man dies experimentell herausfinden? Worauf beruht diese unterschiedliche Reaktionsfähigkeit?

V2 Füllen Sie in ein Reagenzglas je 5 mL Salzsäure- bzw. Essigsäurelösung mit der Ausgangskonzentration $c_0(HA)$ = 0,1 mol/L. Testen Sie die Reaktionen der Lösungen mit jeweils zwei Spatelspitzen Magnesiumgries (Video unter QR-/Mediencode 06022-38).

V3 Wiederholen Sie die Reaktionen aus **V2** mit den gleichen Mengen Magnesium in einem Reagenzglas mit seitlichem Schlauchansatz. Fangen Sie jeweils das entstehende Gas in einem kleinen Reagenzglas pneumatisch auf und führen Sie die Knallgasprobe durch (**B2**).

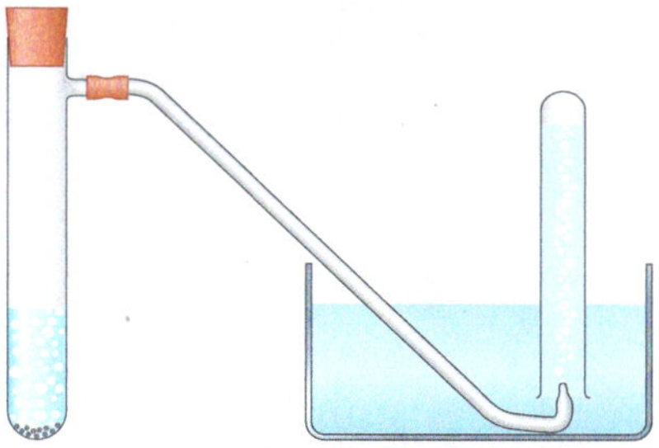

B2 Versuchsaufbau zu **V3**

AUSWERTUNG

a) Notieren Sie Ihre Beobachtungen aus **V2** und vergleichen Sie die Reaktionen miteinander.

b) Benennen Sie das entstandene Gas und begründen Sie. Wählen Sie ggf. geeignete Nachweisreaktionen zur Überprüfung.

c) Vergleichen Sie die Beobachtungen in **V3** und formulieren Sie zu den Reaktionen die Reaktionsgleichungen.

d) Stellen Sie eine begründete Hypothese auf, die erklärt, worauf die unterschiedliche Heftigkeit der Reaktionen von verdünnter Essigsäure- und Salzsäurelösung mit Magnesium zurückzuführen sein könnte.

ENTSORGUNG G1

06022-38

V pH-Werte saurer Lösungen gleicher Ausgangskonzentration

Eine Salzsäure- und eine Essigsäurelösung weisen dieselbe Konzentration auf. Also müsste der pH-Wert ebenfalls gleich sein – oder?

V4 Geben Sie in ein Reagenzglas jeweils 5 mL Salzsäure- und Essigsäurelösung mit den Anfangskonzentrationen $c_0(HA)$ = 0,1 mol/L und 0,01 mol/L. Messen Sie die pH-Werte dieser vier Lösungen mit einem pH-Meter.

saure Lösung	$c_0(HA)$	pH	$c(H_3O^+)$
Salzsäurelösung	0,1 mol/L	?	?
Salzsäurelösung	0,01 mol/L	?	?
Essigsäurelösung	0,1 mol/L	?	?
Essigsäurelösung	0,01 mol/L	?	?

B3 Tabelle zu **V4**

AUSWERTUNG

a) Übertragen Sie die Tabelle **B3** in Ihr Heft und notieren Sie die gemessenen pH-Werte.

b) Berechnen Sie aus den gemessenen pH-Werten die Oxonium-Ionenkonzentration $c(H_3O^+)$ und tragen Sie diese in die entsprechende Spalte der Tabelle ein.

c) Formulieren Sie je das Protolysegleichgewicht bei der Reaktion von Chlorwasserstoff (HCl) bzw. Essigsäure (CH_3COOH) mit Wasser.

d) Stellen Sie eine begründete Hypothese auf, die erklärt, worauf die Unterschiede in den pH-Werten bei gleicher Ausgangskonzentration c_0 beruhen könnten.

ENTSORGUNG G1

6.3.2 Säure- und Basenstärke

pH-Werte saurer Lösungen

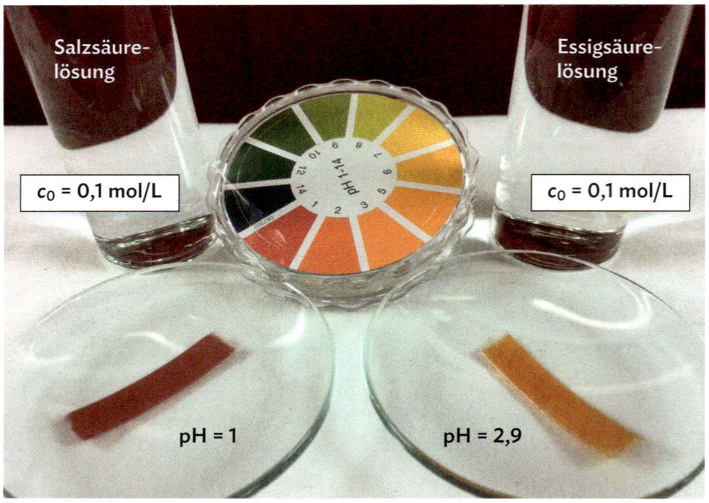

B1 Gleiche Ausgangskonzentrationen der Säuren, aber unterschiedliche pH-Werte der Lösungen

Lässt man Salzsäure- und Essigsäurelösung gleicher Ausgangskonzentrationen mit Kalk reagieren, beobachtet man bei der Salzsäurelösung eine viel schnellere Kohlenstoffdioxidentwicklung (**V1**). In beiden Fällen reagieren die Oxonium-Ionen der sauren Lösungen mit den Carbonat-Ionen des Calciumcarbonats zu Kohlenstoffdioxid- und Wasser-Molekülen.

$$CaCO_3\,(s) + 2\,H_3O^+\,(aq) \longrightarrow Ca^{2+}\,(aq) + CO_2\,(g) + 3\,H_2O\,(l)$$

Auch bei der Reaktion beider saurer Lösungen mit Magnesium stellt man bei der Salzsäurelösung eine schnellere und heftigere Reaktion fest (**V2**). Dabei reagiert Magnesium mit Salzsäurelösung unter Bildung von Wasserstoff, welcher sich mit der Knallgasprobe nachweisen lässt (**V3**, Video unter QR-/Mediencode 06022-39):

06022-39

$$Mg\,(s) + 2\,H_3O^+\,(aq) + 2\,Cl^-\,(aq) \longrightarrow Mg^{2+}\,(aq) + H_2\,(g) + 2\,Cl^-\,(aq) + 2\,H_2O\,(l)$$

Definition des pH-Werts
→ S. 312

Misst man außerdem die pH-Werte von Salzsäure- und Essigsäurelösung gleicher Konzentration, z. B. $c_0(HA)$ = 0,1 mol/L, so stellt man fest, dass diese nicht gleich sind. Bei der Salzsäurelösung beträgt der pH-Wert 1, bei der Essigsäurelösung dagegen etwa 2,9 (**V4**). Was ist für die Unterschiede verantwortlich?

Säure-Base-Gleichgewichte

Aus den gemessenen pH-Werten lassen sich die Konzentrationen der Oxonium-Ionen $c(H_3O^+)$ berechnen (**B2**).

Säure	Salzsäurelösung	Essigsäurelösung
$c_0(HA)$	0,1 mol/L	0,1 mol/L
pH	1	2,9
$c(H_3O^+)$	0,1 mol/L	0,001 mol/L

B2 pH-Wert und Oxonium-Ionenkonzentration saurer Lösungen

Vergleicht man bei der Salzsäurelösung die Werte für die **Anfangskonzentration $c_0(HA)$** und die Oxonium-Ionenkonzentration $c(H_3O^+)$ im Gleichgewicht, so stellt man fest, dass diese genau identisch sind. Das heißt, dass alle Chlorwasserstoff-Moleküle (HCl) ihr Proton abgegeben haben und das Säure-Base-Gleichgewicht fast vollständig auf der Seite der Oxonium-Ionen liegt. Daher kann man die Reaktionsgleichung auch mit dem einfachen Reaktionspfeil schreiben:

$$HCl\,(g) + H_2O\,(l) \longrightarrow Cl^-\,(aq) + H_3O^+\,(aq)$$

Im Unterschied dazu haben nur etwa ein Prozent der Essigsäure-Moleküle (CH_3COOH) ein Proton abgegeben, sodass das Säure-Base-Gleichgewicht bei der Reaktion von Essigsäure mit Wasser weitgehend auf der Eduktseite liegt. Die Reaktionsgleichung schreibt man mit dem Gleichgewichtspfeil:

$$CH_3COOH\,(aq) + H_2O\,(l) \rightleftharpoons CH_3COO^-\,(aq) + H_3O^+\,(aq)$$

Die höhere Oxonium-Ionenkonzentration in Salzsäurelösung verglichen mit der Essigsäurelösung ist verantwortlich für die heftigere Reaktion mit Magnesium bzw. Kalk (**V1–V3**).
Chlorwasserstoff-Moleküle sind bessere Protonendonatoren als Essigsäure-Moleküle. Damit sind Chlorwasserstoff-Moleküle **stärkere Säuren** als Essigsäure-Moleküle.
Je vollständiger die Protonenübertragung bei einer Protolyse erfolgt, desto mehr liegt das Säure-Base-Gleichgewicht auf der Seite der Produkte und umso stärker ist die betrachtete Säure bzw.

Base. Die Stärke der Säuren ist nicht gleichzusetzen mit der aggressiven Wirkung der Stoffe. Flusssäure (HF) ist äußerst reaktiv, obwohl Flusssäure-Moleküle nur schwache Säuren sind.

Säure- und Basenkonstanten

Die Protolysereaktion einer beliebigen **Säure (HA)** mit Wasser lässt sich mit dem Massenwirkungsgesetz (vgl. Kapitel 5.1.4) folgendermaßen beschreiben:

$$HA + H_2O \rightleftharpoons A^- + H_3O^+$$

$$\text{MWG: } K_c = \frac{c(H_3O^+) \cdot c(A^-)}{c(HA) \cdot c(H_2O)}$$

In verdünnten Lösungen ist die Konzentration von Wasser-Molekülen $c(H_2O)$ sehr viel größer als die der anderen am Säure-Base-Gleichgewicht beteiligten Teilchen. Der Wert $c(H_2O)$ verändert sich bei der Einstellung des Gleichgewichts nur so gering, dass die Konzentration des Wassers als konstant angesehen werden kann. Daher bezieht man sie wie beim Ionenprodukt des Wassers in die Gleichgewichtskonstante K_c mit ein und erhält die **Säurekonstante K_S**:

$$K_c \cdot c(H_2O) = K_S, \text{ also } K_S = \frac{c(H_3O^+) \cdot c(OH^-)}{c(HA)}$$

Für die Protolysereaktion einer **Base (B)** erhält man in der gleichen Weise die **Basenkonstante K_B**:

$$H_2O + B \rightleftharpoons OH^- + HB^+$$

$$\text{MWG: } K_c = \frac{c(HB^+) \cdot c(OH^-)}{c(B) \cdot c(H_2O)}$$

$$K_c \cdot c(H_2O) = K_B, \text{ also } K_B = \frac{c(OH^-) \cdot c(HB^+)}{c(B)}$$

Anstelle des K_S- oder K_B-Werts wird häufig der pK_S- bzw. pK_B-Wert angegeben, der wiederum dem negativen dekadischen Logarithmus des jeweiligen K_S- bzw. K_B-Werts entspricht:

$$pK_S = -\lg K_S \qquad K_S = 10^{-pK_S}\ \text{mol/L}$$

$$pK_B = -\lg K_B \qquad K_B = 10^{-pK_B}\ \text{mol/L}$$

pK_S- und pK_B-Werte ermöglichen eine Einteilung von Säuren und Basen nach ihrer Stärke. So ist die Ameisensäure eine stärkere Säure als die Essigsäure, aber eine schwächere Säure als Chlorwasserstoff (**B3**).

Formel der Säure	Säurestärke pK_S		Basenstärke pK_B	Formel der korrespondierenden Base
HCl	-7,00		21,00	Cl^-
H_2SO_4	-3,00		17,00	HSO_4^-
H_3O^+	-1,74	Säurestärke nimmt zu →	15,74	H_2O
HNO_3	-1,32		15,32	NO_3^-
$H_2C_2O_4$	1,46		12,54	$HC_2O_4^-$
HSO_4^-	1,92		12,08	SO_4^{2-}
H_2SO_3	1,96		12,04	HSO_3^-
H_3PO_4	2,16		11,84	$H_2PO_4^-$
$HCOOH$	3,77		10,23	$HCOO^-$
CH_3COOH	4,76		9,24	CH_3COO^-
H_2CO_3	6,52		7,48	HCO_3^-
H_2S	6,90		7,10	HS^-
HSO_3^-	7,04		6,96	SO_3^{2-}
$H_2PO_4^-$	7,21		6,79	HPO_4^{2-}
NH_4^+	9,24		4,76	NH_3
HCN	9,40	Basenstärke nimmt ab →	4,60	CN^-
HCO_3^-	10,40		3,60	CO_3^{2-}
HPO_4^{2-}	12,32		1,68	PO_4^{3-}
HS^-	13,00		1,00	S^{2-}
H_2O	15,74		-1,74	OH^-
OH^-	24,00		-10,00	O^{2-}

B3 Stärke von Säuren und ihren korrespondierenden Basen

Die Säurekonstante K_S und die Basenkonstante K_B sind ein Maß für die Säure- bzw. Basenstärke und geben Auskunft über das Ausmaß der Protolyse. Der pK_S-Wert einer Säure bzw. der pK_B-Wert einer Base ist der negative dekadische Logarithmus ihres K_S- bzw. K_B-Werts. Je kleiner pK_S bzw. pK_B ist, desto stärker ist die Säure bzw. Base.

06022-40
Lernanwendung zur Stärke von Säuren und Basen unter QR-/Mediencode 06022-40

AUFGABEN

A1 Propansäure mit $c_0(HA) = 0{,}1$ mol/L hat den pH-Wert 2,94. Berechnen Sie den K_S- und den pK_S-Wert.

A2 Begründen Sie unter Berücksichtigung von **B1**, dass es bei genauen Messungen hilfreich ist, zusätzlich zu pH-Papier mit elektronischer Messwerterfassung zu arbeiten.

06007-054
Arbeitsblatt zu Aufgabe **A1** unter QR-/Mediencode 06007-054

6.3.3 Säure-Base-Gleichgewichte

Zusammenhang von K_S und K_B bei korrespondierenden Säure-Base-Paaren

Die Reaktion einer Säure (HA) und ihrer korrespondierenden Base (A^-) mit Wasser können als Gleichgewichtsreaktionen betrachtet werden:

$$HA + H_2O \rightleftharpoons A^- + H_3O^+$$

$$K_S = \frac{c(H_3O^+) \cdot c(A^-)}{c(HA)}$$

$$A^- + H_2O \rightleftharpoons HA + OH^-$$

$$K_B = \frac{c(OH^-) \cdot c(HA)}{c(A^-)}$$

Der K_S-Wert einer Säure (HA) und und der K_B-Wert ihrer korrespondierenden Base (A^-) hängen voneinander ab. Dieser Zusammenhang zeigt sich, wenn man die Gleichgewichtskonstanten durch Multiplikation zusammenfasst:

$$K_S \cdot K_B = \frac{c(H_3O^+) \cdot c(A^-)}{c(HA)} \cdot \frac{c(OH^-) \cdot c(HA)}{c(A^-)}$$

Daraus ergibt sich durch Kürzen das **Ionenprodukt des Wassers K_W**:

$$K_S \cdot K_B = c(H_3O^+) \cdot c(OH^-) = K_W$$

Bei 25 °C gilt:
$K_S \cdot K_B = 10^{-14}\ mol^2/L^2$.

Daher gilt folgender quantitativer Zusammenhang:

$$pK_S + pK_B = pK_W = 14.$$

Folglich kann man bei korrespondieren Säure-Base-Paaren bei bekanntem pK_S-Wert den pK_B-Wert der korrespondierenden Base berechnen und umgekehrt (**B3**, S. 317).
Aus der Gleichung lässt sich ebenfalls ableiten: Je stärker eine Säure, desto schwächer ist ihre korrespondierende Base. Je stärker die Base, desto schwächer ist ihre korrespondierende Säure.

Einteilung von Säuren und Basen

Salzsäurelösung reagiert bei gleicher Konzentration heftiger mit Magnesium als EssigsäurelösungLösung (**V2**). Chlorwasserstoff ist mit $pK_S = -6$ die stärkere Säure als die Essigsäure mit $pK_S = 4{,}76$. Chlorwasserstoff zählt zu den **starken**, Essigsäure zu den **schwachen Säuren**.

Die Säure- und Basenkonstante K_S und K_B bzw. der pK_S- und pK_B-Wert einer Säure bzw. Base sind konzentrationsunabhängige Größen, die die Stärke der Säure bzw. Base eindeutig durch einen Zahlenwert charakterisieren. Damit ist es möglich die Säuren und Basen nach ihrer Stärke zu ordnen (**B3**, S. 317).
Säuren kann man wie im Falle des Chlorwasserstoffs und der Essigsäure nach ihrem jeweiligen pK_S-Wert in starke und schwache Säuren einteilen. Eine entsprechende Einteilung nach ihrem pK_B-Wert liegt auch bei den Basen vor.

- Starke Säuren bzw. Basen haben einen pK_S bzw. $pK_B \leq 1{,}5$.
- Schwache Säuren und Basen haben einen pK_S bzw. $pK_B \geq 4$.

Dazwischen befinden sich die mittelstarken Säuren und Basen (**B4**).

Stärke der Säure bzw. Base	pK_S- bzw. pK_B-Wert
stark	pK_S bzw. $pK_B \leq 1{,}5$
mittelstark	$1{,}5 < pK_S$ bzw. $pK_B < 4$
schwach	pK_S bzw. $pK_B \geq 4$

B4 Einteilung von Säuren und Basen

Starke Säuren und Basen reagieren nahezu vollständig mit Wasser. Daher haben alle wässrigen Lösungen starker Säuren bzw. starker Basen bei gleicher Konzentration den gleichen pH-Wert (vgl. S. 316).

Protolyse von Salzen

Ob die Lösung eines Salzes sauer, neutral oder alkalisch ist, hängt von den pK_S- und pK_B-Werten der Ionen ab.

Neutrale Salzlösungen
Sind sowohl Kationen als auch Anionen eines Salzes sehr schwache Säuren oder Basen, findet keine merkliche Säure-Base-Reaktion zwischen den Ionen und den Wasser-Molekülen statt. Die entstehende Lösung ist neutral.
Beispiele für neutrale Salzlösungen sind z. B. Lösungen von Natriumchlorid (NaCl) oder Kaliumsulfat (K_2SO_4).

Saure und alkalische Salzlösungen

Hat ein Ion einen deutlich kleineren pK_S- bzw. pK_B-Wert als das andere Ion eines Salzes, reagiert es als Säure bzw. Base mit Wasser. Die entstehende Lösung ist sauer bzw. alkalisch. Dies erklärt auch die Versuchsergebnisse in Kapitel 6.1, **V8**. So entsteht bei der Protolyse von Ammoniumchlorid (NH_4Cl) mit Wasser eine saure Lösung, da der pK_S-Wert von (NH_4^+) mit 9,24 deutlich kleiner ist als der pK_B-Wert von (Cl^-) mit 20.

$$NH_4Cl\ (s) + H_2O\ (l) \rightleftharpoons NH_3\ (g) + Cl^-\ (aq) + H_3O^+\ (aq)$$

Bei der Protolyse von Natriumcarbonat (Na_2CO_3) mit Wasser entsteht eine alkalische Lösung, da $pK_B(CO_3^{2-}) = 3{,}60$ klein ist und Natrium-Ionen keine Protolyse mit Wasser-Molekülen eingehen.

$$Na_2CO_3\ (s) + H_2O\ (l) \rightleftharpoons 2\ Na^+\ (aq) + HCO_3^-\ (aq) + OH^-\ (aq)$$

Bei einigen Salzen, z. B. HSO_4^-, HPO_4^{2-}, sind die Anionen Ampholyte. Bei amphoteren Anionen ist für die Bildung einer sauren, neutralen oder alkalischen Lösung entscheidend, ob die Säure- oder Basenstärke überwiegt. Dies gilt nur, wenn die Kationen keine Protolyse mit Wasser-Molekülen eingehen. Ist bei dem Anion $pK_S < pK_B$, so reagiert das Anion als Säure und es entsteht eine saure Lösung, so z. B. bei Natriumhydrogensulfat ($NaHSO_4$). Wenn umgekehrt für das Anion $pK_S > pK_B$ gilt, reagiert es als Base und es entsteht eine alkalische Lösung, wie beim Beispiel Kaliumhydrogenphosphat ($K_2HPO_4^{2-}$) (**B5**).

Anion	pK_S		pK_B	Lösung
HSO_4^-	1,92	<	17,00	sauer
HPO_4^{2-}	12,32	>	6,88	alkalisch

B5 Bildung saurer und alkalischer Salzlösungen bei amphoteren Anionen

Für korrespondierende Säure-Base-Paare HA/A⁻ ist das Produkt aus $K_S(HA)$ und $K_B(A^-)$ gleich dem Ionenprodukt des Wassers K_W.
Bei 25 °C gilt: $pK_S + pK_B = pK_W = 14$.
Je stärker eine Säure HA, umso schwächer ist ihre korrespondierende Base A^-.
Starke Säuren und Basen protolysieren nahezu vollständig und haben einen pK_S- bzw. pK_B-Wert < 1,5.
Bei Salzen entscheidet der pK_S- bzw. pK_B-Wert der Anionen und Kationen, ob bei der Reaktion mit Wasser eine saure, alkalische oder neutrale Lösung entsteht.

AUFGABEN

A1 Eine saure Lösung hat einen pH-Wert von 3. Erläutern Sie, dass man anhand dieses Messwerts nicht entscheiden kann, ob eine starke oder schwache Säure vorliegt.

A2 Entscheiden Sie begründet, ob eine Lösung von Natriumacetat $NaCH_3COO$ sauer, neutral oder alkalisch ist.

A3 Das Salz Natriumhydrogensulfat $NaHSO_4$ wird in Wasser gelöst. Im Gleichgewicht beträgt der pH-Wert der Lösung 2 und die Konzentration $c(HSO_4^-) = 0{,}008$ mol/L.
a) Stellen Sie das Massenwirkungsgesetz für $K_S(HSO_4^-)$ auf.
b) Berechnen Sie $K_S(HSO_4^-)$ und K_B der korrespondierenden Base.

A4 Erläutern Sie, ob bei den folgenden Ampholyten die Säure- oder Basenstärke überwiegt: a) HCO_3^-, b) $H_2PO_4^-$, c) HPO_4^{2-}.

A5 Aluminium- und Eisen(III)-Salze reagieren in wässriger Lösung sauer. Dabei werden Hexaaquakomplexe gebildet, die zu $[Al(H_2O)_5OH]^{2+}$ bzw. $[Fe(H_2O)_5OH]^{2+}$ protolysieren (räumliche Struktur der Hexaaquametall(III)-Ionen unter QR-/Mediencode 06022-42). Formulieren Sie die Reaktionsgleichung und kennzeichnen Sie Säure bzw. Base. Erläutern Sie, dass diese Eigenschaft nur Salze mit mehrfach positiv geladenen Ionen zeigen (Hilfen unter QR-/Mediencode 06022-43).

06022-42

06022-43

6.3.4 Berechnung von pH-Werten

Dass die pH-Werte von Salzsäure- und Essigsäurelösung der gleichen Konzentration (**V4**) unterschiedlich sind, liegt an den unterschiedlichen Säurestärken. Kann man die pH-Werte der verschiedenen Lösungen berechnen?

pH-Wert von Lösungen starker Säuren und Basen

Generell gilt $pH = -\lg c(H_3O^+)$ (vgl. S. 312). Starke Säuren und Basen haben sehr kleine oder negative pK_S- bzw. pK_B-Werte. Die Moleküle oder Ionen starker Säuren liegen in wässriger Lösung nahezu vollständig protolysiert vor. Daher kann die Oxonium-Ionenkonzentration $c(H_3O^+)$ mit der Anfangskonzentration $c_0(HA)$ der Säure gleichgesetzt werden. Der pH-Wert der Lösung lässt sich einfach aus der Ausgangskonzentration c_0 berechnen: $pH = -\lg c_0(HA)$.
Entsprechendes gilt für starke Basen: Die Hydroxid-Ionenkonzentration $c(OH^-)$ ist annähernd gleich groß wie die Ausgangskonzentration der Base.

- Für **starke Säuren** $pK_S \leq 1{,}5$ gilt:
  $c(H_3O^+) = c_0(HA)$
- Für **starke Basen** $pK_B \leq 1{,}5$ gilt:
  $c(OH^-) = c_0(B)$

Damit ist bei starken Säuren **$pH = -\lg c_0(HA)$**, bei starken Basen **$pOH = -\lg c_0(B)$** und $pH = 14 - pOH$.

pH-Wert von Lösungen mittelstarker und schwacher Säuren und Basen LK

Die Moleküle oder Ionen mittelstarker und schwacher Säuren und Basen protolysieren nicht vollständig. Die für starke Säuren und Basen beschriebene Vereinfachung kann folglich nicht vorgenommen werden. Die Säurekonstante muss zur Berechnung der Oxonium-Ionenkonzentration im Gleichgewicht und damit des pH-Wertes herangezogen werden.
Für das Protolysegleichgewicht einer mittelstarken bzw. einer schwachen Säure gilt:

$$HA + H_2O \rightleftharpoons H_3O^+ + A^-$$

$$K_S = \frac{c(H_3O^+) \cdot c(A^-)}{c(HA)} \qquad (1)$$

Aus dem Protolysegleichgewicht ergibt sich
$c(H_3O^+) = c(A^-)$. (2)

Für schwache Säuren stellt sich in wässriger Lösung ein Protolysegleichgewicht ein, welches weitgehend auf der Eduktseite liegt. Die Gleichgewichtskonzentration $c(HA)$ ist viel größer als der protolysierte Anteil $c(A^-)$. Daher ist die Gleichgewichtskonzentration von HA nahezu gleich der Ausgangskonzentration.

- Für **schwache Säuren** $pK_S \geq 4$ gilt:
  $c(HA) \approx c_0(HA)$ (3a)

Einsetzen von (2) und (3a) in (1) ergibt:

$$K_S = \frac{c^2(H_3O^+)}{c_0(HA)} \qquad | \cdot c_0(HA)$$

$$c^2(H_3O^+) = K_S \cdot c_0(HA) \qquad | \sqrt{}$$

$$c(H_3O^+) = \sqrt{K_S \cdot c_0(HA)} = (K_S \cdot c_0(HA))^{½} \qquad | \lg$$

$$\lg c(H_3O^+) = \frac{1}{2}(\lg K_S + \lg c_0(HA)) \qquad | \cdot (-1)$$

$$-\lg c(H_3O^+) = \frac{1}{2}(-\lg K_S - \lg c_0(HA))$$

$$\mathbf{pH = \frac{1}{2}(pK_S - \lg c_0(HA))}$$

Der pH-Wert schwacher Basen kann auf ähnliche Weise berechnet werden. Für das Protolysegleichgewicht einer schwachen Base gilt:

$$H_2O + B \rightleftharpoons OH^- + HB^+$$

Für die Basenkonstante gilt:

$$K_B = \frac{c(OH^-) \cdot c(HB^+)}{c(B)}$$

Aus dem Protolysegleichgewicht ergibt sich: $c(HB^+) = c(OH^-)$

Das Protolysegleichgewicht liegt weitestgehend auf der Eduktseite, d. h.

- für **schwache Basen** $pK_B \geq 4$ gilt:
  $c(B) \approx c_0(B)$. (3b)

Einsetzen von $c_0(B)$ anstelle von $c(B)$ ergibt:

$$K_B = \frac{c^2(OH^-)}{c_0(B)}$$

$$K_B \cdot c_0(B) = c^2(OH^-)$$

Analog zu den Säuren kann die Gleichung umgeformt werden. Daraus folgt:

$$\mathbf{pOH = \frac{1}{2}(pK_B - \lg c_0(B))}$$

Der pH-Wert lässt sich dann über die Beziehung pH = 14 - pOH ermitteln (Arbeitsblatt zur Berechnung von pH-Werten unter QR-/Mediencode 06007-055):

06007-055

$$pH = 14 - \frac{1}{2}(pK_B - \lg c_0(B))$$

Für **mittelstarke Säuren und Basen** gelten (3a) und (3b) nicht, da hier die Protonenabgabe bzw. Protonenaufnahme in größerem Ausmaß erfolgt. Deswegen ergibt sich für mittelstarke Säuren aus (1):

$$c(H_3O^+)^2 + K_S \cdot c(H_3O^+) - K_S \cdot c_0(HA) = 0$$

Auf die Gleichung kann die pq-Formel angewendet werden (vgl. QR-Mediencode 06007-056).

06007-056

Die Berechnung des pH-Wertes mittelstarker Säuren ist also deutlich komplizierter. Häufig wird deswegen für die pH-Wert-Berechnung mittelstarker Säuren die vereinfachte Gleichung für schwache Säuren angewendet, da sie bis zu einem Protolysegrad von 25 % näherungsweise dasselbe Ergebnis liefert. Entsprechendes gilt für mittelstarke Basen.
Diese Zusammenhänge gelten exakt nur für einprotonige Säuren bzw. Basen. Der Einfluss einer weiteren Protolysestufe auf den pH-Wert ist aber vernachlässigbar gering.

Starke Säuren und Basen protolysieren vollständig. Der pH-Wert der Lösung lässt sich daher einfach aus der Ausgangskonzentration c_0 berechnen:
$pH = -\lg c_0(HA)$
$pOH = -\lg c_0(B)$; $pH = 14 - pOH$
Schwache Säuren und Basen protolysieren in wässriger Lösung nur wenig. Für die entsprechenden Lösungen gilt daher:

$$pH = \frac{1}{2}(pK_S - \lg c_0(HA))$$

$$pH = 14 - \frac{1}{2}(pK_B - \lg c_0(B))$$

Dies gilt bis zu einem Protolysegrad von 25 % näherungsweise auch für mittelstarke Säuren und Basen.

FM Den pH-Wert von Lösungen berechnen

Berechnen Sie den pH-Wert
a) einer Salzsäurelösung der Konzentration $c_0(HA) = 0{,}25$ mol/L,
b) einer Ameisensäurelösung der Konzentration $c_0(HA) = 0{,}25$ mol/L
c) einer Essigsäurelösung der Konzentration $c_0(HA) = 0{,}25$ mol/L.

VORGEHEN

1. Formulieren Sie die Gleichung für die Protolyse.
a) $HCl\,(g) + H_2O\,(l) \rightleftharpoons H_3O^+\,(aq) + Cl^-\,(aq)$
b) $HCOOH\,(aq) + H_2O\,(l) \rightleftharpoons H_3O^+\,(aq) + HCOO^-\,(aq)$
c) $CH_3COOH\,(aq) + H_2O\,(l) \rightleftharpoons H_3O^+\,(aq) + CH_3COO^-\,(aq)$

2. Klassifizieren Sie die Säure.
a) Chlorwasserstoff ist mit $pK_S = -6$ eine starke Säure.
b) Ameisensäure ist mit $pK_S = 3{,}77$ eine mittelstarke Säure.
c) Essigsäure ist mit $pK_S = 4{,}76$ eine schwache Säure.

3. Wenden Sie die entsprechenden Definitionen des pH-Werts an.
a) $pH = -\lg c(H_3O^+) = -\lg 0{,}25 = 0{,}6$
b) $pH \approx -\lg c(H_3O^+) = \frac{1}{2}(pK_S - \lg c_0(HCOOH)) = \frac{1}{2}(3{,}77 - \lg 0{,}25) \approx 2{,}19$
c) $pH = -\lg c(H_3O^+) = \frac{1}{2}(pK_S - \lg c_0(CH_3COOH)) = \frac{1}{2}(4{,}76 - \lg 0{,}25) \approx 2{,}68$

AUFGABEN

A1 Berechnen Sie die pH-Werte folgender Lösungen.
a) Salzsäurelösung mit $c_0 = 0{,}01$ mol/L und Natronlauge mit $c_0 = 1$ mol/L
b) LK Essigsäurelösung mit $c_0 = 0{,}5$ mol/L und Ammoniaklösung mit $c_0 = 0{,}2$ mol/L.

A2 LK Berechnen Sie den pH-Wert einer Propansäurelösung mit $c_0 = 0{,}25$ mol/L und einem pK_S-Wert von 4,88.

A3 Berechnen Sie jeweils die Anfangskonzentrationen c_0 der Säure in den folgenden Lösungen:
a) Salzsäurelösung mit pH = 0,5
b) LK Essigsäurelösung mit pH = 4,76.

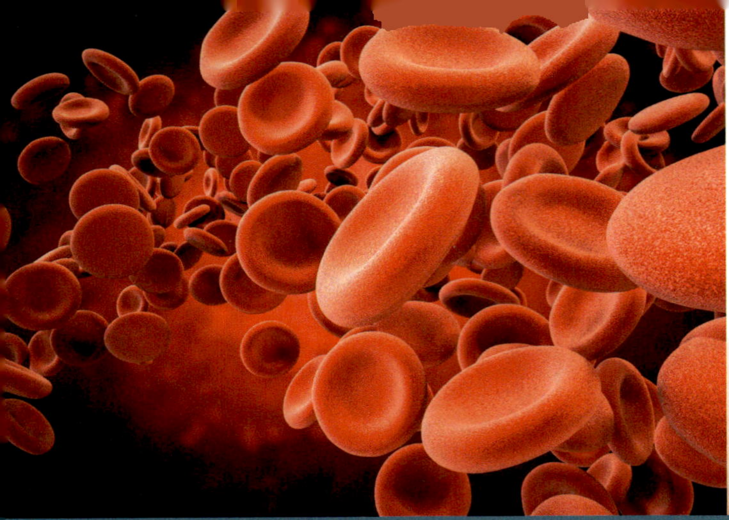

6.4 Puffersysteme

Blut ist eine Flüssigkeit mit einem durchschnittlichen pH-Wert von 7,4. Unser Wohlbefinden hängt davon ab, dass der pH-Wert des Blutes nur in einem engen Bereich von pH = 7,40 ± 0,05 schwankt. Viele Lebensmittel, die wir zu uns nehmen, haben an sich schon einen pH-Wert im sauren Bereich oder werden im Körper zu sauren Produkten verstoffwechselt. In den Medien begegnen uns dadurch häufig Warnungen vor einer „Übersäuerung“ des Körpers, einer sogenannten Acidose des Blutes. Der Körper eines gesunden Menschen schafft es jedoch, den pH-Wert des Blutes im gesunden Bereich zu halten. Wie genau wird dies aber sichergestellt?

6.4.1 Versuche und Material

V Wirkungsweise von Puffersystemen LK

5 7

Blut enthält sogenannte Puffersysteme, die es trotz äußerer Einflüsse schaffen, Belastungsspitzen zu vermeiden und den pH-Wert in einem engen Bereich annähernd konstant zu halten. Aus welchen Bausteinen setzt sich ein solches Puffersystem zusammen und wie wirkt es dem Zusatz von Säuren und Basen entgegen?
Hinweis: Eine arbeitsteilige Durchführung ist hier sinnvoll.

V1 Stellen Sie jeweils 50 mL der folgenden drei Pufferlösungen her, indem Sie jeweils 25 mL der angegebenen Lösungen in ein Becherglas füllen und mit einem Glasstab durch Rühren vermischen.

Acetat-Puffer:
Essigsäurelösung $c(HAc)$ = 0,1 mol/L
Natriumacetatlösung $c(Ac^-)$ = 0,1 mol/L

Hinweis: HAc ist eine gebräuchliche Abkürzung für CH_3COOH, Ac^- eine gebräuchliche Abkürzung für CH_3COO^-.

Phosphat-Puffer:
Natriumdihydrogenphosphatlösung
$c(H_2PO_4^-)$ = 0,1 mol/L
Natriumhydrogenphosphatlösung
$c(HPO_4^{2-})$ = 0,1 mol/L

Carbonat-Puffer:
Natriumhydrogencarbonatlösung
$c(HCO_3^-)$ = 0,1 mol/L
Natriumcarbonatlösung
$c(CO_3^{2-})$ = 0,1 mol/L

Füllen Sie ein weiteres Becherglas mit 50 mL destilliertem Wasser. Dieses dient Ihnen zum Vergleich. Bestimmen Sie mit einem pH-Meter die pH-Werte von destilliertem Wasser und den drei Pufferlösungen.

V2 Teilen Sie die Pufferlösungen sowie das destillierte Wasser aus **V1** jeweils zur Hälfte auf zwei Bechergläser auf.
Geben Sie in das Becherglas mit destilliertem Wasser und in das Becherglas mit der Pufferlösung je 0,5 mL Salzsäurelösung (c = 1 mol/L). Rühren Sie mit einem Glasstab um und bestimmen Sie jeweils den pH-Wert. Führen Sie den gleichen Vorgang noch je dreimal durch.
Geben Sie in das Becherglas mit destilliertem Wasser und in das Becherglas mit der Pufferlösung je 0,5 mL Natronlauge (c = 1 mol/L). Rühren Sie mit einem Glasstab um und bestimmen Sie jeweils den pH-Wert. Führen Sie den gleichen Vorgang noch je dreimal durch.

AUSWERTUNG

a) Übertragen Sie die Tabelle **B1** in Ihr Heft oder nutzen Sie die unter QR-/Mediencode 06007-057 hinterlegte digitale Tabelle. Notieren Sie die unter **V1** und **V2** gemessenen pH-Werte vor und nach Zugabe von Salzsäurelösung bzw. Natronlauge. Vergleichen Sie die Änderungen der gemessenen pH-Werte.

06007-057

b) Stellen Sie eine begründete Hypothese auf, die die Unterschiede in den Änderungen der pH-Werte bei destilliertem Wasser im Vergleich zu den Pufferlösungen erklärt.

c) In jeder der drei Pufferlösungen ist ein korrespondierendes Säure-Base-Paar enthalten. Geben Sie dieses für das jeweilige Puffersystem an und formulieren Sie die Säure-Base-Reaktion, bei der die Säure in wässriger Lösung in ihre korrespondierende Base übergeht.

d) Formulieren Sie aufgrund Ihrer gemachten Beobachtungen eine Definition für den Begriff „Puffersystem“.

e) Im Blut sorgen verschiedene Puffersysteme dafür, dass der pH-Wert annähernd konstant bleibt. Das Kohlensäure-Hydrogencarbonat-Puffersystem H_2CO_3/HCO_3^- spielt dabei die wichtigste Rolle. Bei diesem Puffersystem laufen u. a. die folgenden Reaktionen im Blut ab.

Ausscheidung über die Lunge (← CO_2)

$$CO_2 + H_2O \rightleftharpoons H_2CO_3$$
$$H_2CO_3 + H_2O \rightleftharpoons HCO_3^- + H_3O^+$$

Ausscheidung über die Niere (← $HCO_3^- + H_3O^+$)

Kommt es durch saure Stoffwechselprodukte zu einer Erniedrigung des pH-Werts im Blut, fangen Hydrogencarbonat-Ionen die Oxonium-Ionen ab, wobei Kohlensäure-Moleküle entstehen, die wiederum in Kohlenstoffdioxid- und Wasser-Moleküle zerfallen. Das entstandene Kohlenstoffdioxid kann dann über die Lunge abgeatmet werden.
Erläutern Sie anhand der Reaktionsgleichungen die Vorgänge, die ablaufen, wenn durch basisch reagierende Stoffwechselprodukte eine Erhöhung des pH-Wertes eintritt.

f) Erläutern Sie, ob es sich beim Kohlensäure-Hydrogencarbonat-Puffersystem in der Lunge um ein offenes oder ein geschlossenes System (vgl. S. 260) handelt.

ENTSORGUNG G1

pH-Wert	zu Beginn	nach Zusatz von Salzsäurelösung				nach Zusatz von Natronlauge			
		0,5 mL	1 mL	1,5 mL	2 mL	0,5 mL	1 mL	1,5 mL	2 mL
destilliertes Wasser	?	?	?	?	?	?	?	?	?
Acetat-Puffer	?	?	?	?	?	?	?	?	?
Phosphat-Puffer	?	?	?	?	?	?	?	?	?
Carbonat-Puffer	?	?	?	?	?	?	?	?	?

B1 Tabelle zu **V1** und **V2**

6.4.2 Wirkungsweise eines Puffersystems

Bei Zugabe von Salzsäurelösung bzw. Natronlauge zu destilliertem Wasser beobachtet man eine deutliche pH-Änderung (**V1**, **V2**). Gibt man hingegen zu einer wässrigen Lösung, die gleiche Stoffmengen von Essigsäure und Natriumacetat enthält, Salzsäurelösung oder Natronlauge in nicht allzu großer Stoffmengenkonzentration, ändert sich deren pH-Wert kaum. Solche Lösungen, die bei Zugabe von sauren oder alkalischen Lösungen ihren pH-Wert nur geringfügig ändern, nennt man Säure-Base-Puffer bzw. Pufferlösungen, Puffersysteme.

Der pH-Wert des **Essigsäure-Acetat-Puffers HAc/Ac-** liegt mit pH = 4,75 im sauren, der einer **Hydrogencarbonat-Carbonat-Pufferlösung HCO_3^-/CO_3^{2-}** mit pH = 10 – 11 im alkalischen und der einer **Dihydrogenphosphat-Hydrogenphosphat-Pufferlösung $H_2PO_4^-/HPO_4^{2-}$** mit pH = 7 – 8 im neutralen Bereich. Diese Pufferlösungen sind „pH-unempfindlich" gegenüber Salzsäurelösung und Natronlauge (**V1**, **V2**).

Wirkungsweise eines Puffersystems

Pufferlösungen bestehen aus einer schwachen Säure HA und ihrer korrespondierenden Base A^-. Pufferlösungen wie der Essigsäure-Acetat-Puffer HAc/Ac^- können sowohl Oxonium-Ionen als auch Hydroxid-Ionen abfangen. Die Reaktionsgleichung der Protolysereaktion ist:

$$HAc + H_2O \rightleftharpoons Ac^- + H_3O^+$$

Bei Zugabe von Oxonium-Ionen wird die Gleichgewichtslage gestört, daher reagieren vermehrt Acetat-Ionen mit den Oxonium-Ionen zu Essigsäure-Molekülen. Die durch die Zugabe von Oxonium-Ionen eigentlich zu erwartende Verringerung des pH-Wertes wird durch Verschiebung der Gleichgewichtslage verhindert. Dabei bleibt der pH-Wert annähernd konstant:

$$Ac^- + H_3O^+ \rightleftharpoons HAc + H_2O$$

Die Hydroxid-Ionen stören ebenfalls die Gleichgewichtslage, wodurch vermehrt Essigsäure-Moleküle zu Acetat-Ionen reagieren. Die schwache Säure HAc gibt Protonen zur Neutralisation der Hydroxid-Ionen ab und reagiert als Protonendonator, während ihre korrespondierende Base Ac^- als Protonenakzeptor fungiert. Auch hier ändert sich der pH-Wert kaum:

Prinzip von LE CHATELIER → Kap. 5.2

$$HAc + OH^- \rightleftharpoons Ac^- + H_2O$$

Puffersysteme können auch aus einer schwachen Base und ihrer korrespondierenden Säure bestehen. Ein Beispiel hierfür ist der Ammoniak-Ammonium-Puffer NH_3/NH_4^+. Bei diesem Puffersystem fangen Ammoniak-Moleküle Oxonium-Ionen ab, indem sie mit diesen zu Ammonium-Ionen und Wasser-Molekülen reagieren. Ammonium-Ionen reagieren als Protonendonatoren und fangen Hydroxid-Ionen ab:

$$NH_3 + H_3O^+ \rightleftharpoons NH_4^+ + H_2O$$

$$NH_4^+ + OH^- \rightleftharpoons NH_3 + H_2O$$

Wenn hierbei gebildetes Ammoniakgas entweichen kann, sorgt das für eine weitere Verschiebung des Gleichgewichts. Es liegt ein **offenes Puffersystem** vor. Können die Reaktionspartner nicht entweichen, spricht man hingegen von einem **geschlossenen Puffersystem**, so z. B. in einer Lösung mit Phosphat-Puffer. Hydrogenphosphat-Ionen dienen als Protonenakzeptor und fangen Oxonium-Ionen ab, wobei vermehrt Dihydrogenphosphat-Ionen gebildet werden. Dihydrogenphosphat-Ionen fangen Hydroxid-Ionen ab und bilden vermehrt Hydrogenphosphat-Ionen, sie dienen als Protonendonator (**B1**). Die Lage des Gleichgewichts wird so in die eine oder andere Richtung verschoben, wobei der pH-Wert durch das Abfangen der Oxonium- und Hydroxid-Ionen konstant bleibt.

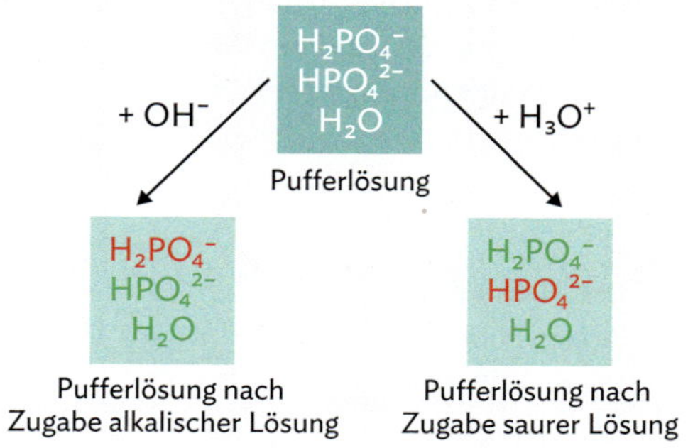

B1 Bei Zugabe einer sauren/alkalischen Lösung zu einer Pufferlösung (hier: Phosphat-Puffer) ändern sich die Konzentrationen der Ionen (Abnahme, Zunahme).

pH-Wert einer Pufferlösung LK

Ein Puffersystem kann nicht beliebig viele Oxonium-Ionen bzw. Hydroxid-Ionen abfangen. Beim allmählichen Verbrauch der betreffenden Pufferkomponenten verschwindet die Fähigkeit des Systems Oxonium- oder Hydroxid-Ionen abzupuffern, d. h. die **Pufferkapazität** ist erschöpft. Der pH-Wert einer Pufferlösung lässt sich mit der **HENDERSON-HASSELBALCH-Gleichung** berechnen.
Zu einem Puffersystem, das die schwache Säure HA und ihre korrespondierende Base A^- enthält, lauten die Protolysegleichung der Säure und das MWG:

$$HA + H_2O \rightleftharpoons H_3O^+ + A^-$$

$$K_S = \frac{c(H_3O^+) \cdot c(A^-)}{c(HA)}$$

Die Umformung nach $c(H_3O^+)$ ergibt:

$$c(H_3O^+) = K_S \cdot c(HA)/c(A^-)$$

Diese Gleichung wird logarithmiert:

$$-\lg c(H_3O^+) = -\lg K_S - \lg \frac{c(HA)}{c(A^-)}$$

oder $pH = pK_S - \lg \frac{c(HA)}{c(A^-)}$

bzw. $pH = pK_S + \lg \frac{c(A^-)}{c(HA)}$

Danach ist der pH-Wert einer Pufferlösung, bei dem $c(A^-)/c(HA) = 1{:}1$ ist, gleich dem pK_S-Wert der Säure. Wird die Konzentration der Säure gegenüber der Konzentration der Base auf das 10-fache erhöht, so sinkt der pH-Wert um nur eine Einheit und umgekehrt. Ein Essigsäure-Acetat-Puffer mit $c(Ac^-)/c(HAc) = 1{:}1$ hat einen pH-Wert von 4,76. Dieser sinkt beispielsweise bei $c(Ac^-)/c(HAc) = 1{:}10$ auf 3,76. Den Bereich zwischen $pK_S + 1$ bzw. $pK_S - 1$ bezeichnet man als **Pufferbereich** (Lernanwendung unter QR-/Mediencode 06022-48).

06022-48

Säure-Base-Puffer kommen in vielen natürlichen (vgl. S. 326 und **BNE**, S. 328) und technischen Systemen (vgl. S. 326 – 327) vor, in denen die zulässigen pH-Schwankungen begrenzt sind. Ohne Puffersysteme würden ökologische Systeme zusammenbrechen, Organismen sterben und viele technische Anlagen nicht funktionieren (**B2**).

B2 Biogasgewinnung (bis zu 70 % Methan) aus dem Klärschlamm kommunaler Kläranlagen. Methanbakterien produzieren aus Biomasse Methan. Dabei muss der pH-Wert im Behälter konstant zwischen pH = 5,8 und pH = 6,5 gehalten werden.

Puffersysteme sind Lösungen schwacher Säuren (Basen) und ihrer korrespondierenden Base (Säure). Sie ändern innerhalb des Pufferbereichs ihren pH-Wert trotz Zugabe von Oxonium- bzw. Hydroxid-Ionen nur wenig.

AUFGABEN

A1 Stellen Sie für das Puffersystem Dihydrogenphosphat-Hydrogenphosphat ($H_2PO_4^-/HPO_4^{2-}$) jeweils eine Reaktionsgleichung für die Zugabe von Oxonium- bzw. Hydroxid-Ionen auf.

A2 Formulieren Sie analog zu **B2** ein Schema für das Kohlensäure-Hydrogencarbonat-Puffersystem (H_2CO_3/HCO_3^-), dem Oxonium- bzw. Hydroxid-Ionen zugesetzt werden.

A3 Im Blut wird Kohlenstoffdioxid in gelöster Form transportiert. Es liegen Kohlensäure-Moleküle und Hydrogencarbonat-Ionen vor.

a) Geben Sie die zugehörigen Gleichgewichtsreaktionen an und berechnen Sie das Verhältnis $c(H_2CO_3)/c(HCO_3^-)$, wenn der pH-Wert des Blutes den Wert 7,36 einnimmt.

b) Erläutern Sie mithilfe von Reaktionsgleichungen, dass das Ausatmen von Kohlenstoffdioxid den pH-Wert im Blut ansteigen lässt.

6.4.3 Pufferwirkung in biologischen und technischen Systemen

Sowohl bei bestimmten biologischen Vorgängen als auch in technischen Anwendungen ist es oft relevant, dass der pH-Wert konstant bleibt. Dies kann durch Puffer gewährleistet werden.

Puffersysteme im Blut

06022-47
Lernanwendung zu pH-Werten im menschlichen Körper unter QR-/Mediencode 06022-47

Der pH-Wert des menschlichen Blutes muss in einem engen Bereich zwischen 7,35 und 7,45 annähernd konstant gehalten werden. Bereits geringe pH-Wert-Schwankungen können lebensbedrohlich werden, da die Aktivität wichtiger Enzyme durch Veränderungen in ihrer Molekülstruktur verringert wird. Fällt der pH-Wert unter den Wert von 7,35, kann eine **Acidose** zu irreparablen Zellschäden führen. Steigt der pH-Wert über 7,45, tritt eine **Alkalose** ein. Im Blut (**B3**) sorgen verschiedene Puffersysteme dafür, dass der pH-Wert annähernd konstant bleibt. Das **Kohlensäure-Hydrogencarbonat-Puffersystem** spielt dabei die wichtigste Rolle. Kommt es durch saure Stoffwechselprodukte zu einer Erniedrigung des pH-Werts im Blut, fangen Hydrogencarbonat-Ionen die Oxonium-Ionen ab, wobei Kohlensäure-Moleküle entstehen, die wiederum in Kohlenstoffdioxid und Wasser-Moleküle zerfallen. Das entstandene Kohlenstoffdioxid kann dann über die Lunge abgeatmet werden , es handelt sich also um ein offenes Puffersystem. (**B3**).
Umgekehrt können bei Erhöhung des pH-Werts Kohlensäure-Moleküle als Protonendonatoren reagieren und so den pH-Wert regulieren.

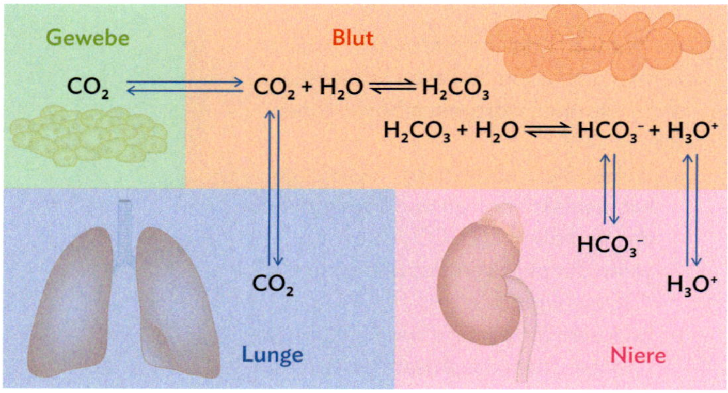

B3 Kohlensäure-Hydrogencarbonat-Puffersystem

Allerdings hat das Blut auch die Aufgabe, das Kohlenstoffdioxid, welches in den Zellen des Gewebes produziert wird, aufzunehmen und zur Lunge zu transportieren, wo es letztlich wieder ausgeschieden wird. Die ins Blut aufgenommenen Kohlenstoffdioxid-Moleküle reagieren enzymkatalysiert zu Oxonium-Ionen und Hydrogencarbonat-Ionen.
Die so erzeugten Oxonium-Ionen werden hauptsächlich durch das **Hämoglobin-Puffersystem** Hb/HbH⁺ abgefangen. Nach dem Prinzip von LE CHATELIER führt diese Beeinflussung der Gleichgewichtsreaktion zu einer erhöhten Aufnahme von Kohlenstoffdioxid aus den Körperzellen ins Blut.
Die Wirkungsweise des Hämoglobin-Puffersystems kann vereinfacht mit folgender Gleichung beschrieben werden:

$$Hb + H_3O^+ \rightleftharpoons HbH^+ + H_2O$$

Neben dem Hämoglobin-Puffersystem und dem Kohlensäure-Hydrogencarbonat-Puffer sorgen weitere Puffersysteme wie z. B. der Hydrogenphosphat-Puffer für einen konstanten pH-Wert des Blutes.

PCR: Puffer bei Polymerase-Kettenreaktionen

Spätestens seit der Covid-19-Pandemie und der Allgegenwärtigkeit von sog. PCR-Tests kennt wahrscheinlich jeder diese Abkürzung. Sie steht für „polymerase chain reaction" oder Polymerase-Kettenreaktion. Bei der Technologie geht es darum, kleine Mengen kurzer DNA-Stränge zu vervielfältigen und so beispielsweise Covid-19-Krankheitserreger sicher nachzuweisen.
Eine PCR-Untersuchung wird in mehreren Zyklen durchgeführt. Die Produkte eines Zyklus dienen als Edukte des nächsten – deswegen spricht man auch von einer Kettenreaktion. Hierbei werden im ersten Schritt die DNA-Stränge durch Erhitzen voneinander getrennt. Auf jedem Strang wird dann ein spezielles Molekül, ein sogenannter Primer, positioniert, der den Startpunkt für die Vervielfältigung bildet. Dort dockt dann das Enzym

DNA-Polymerase an und kopiert den Strang. Danach wird dieser Vorgang mehrere Dutzend Male wiederholt. Damit alle Zyklen unter denselben Bedingungen ablaufen, werden u. a. Pufferlösungen verwendet. Diese sorgen dafür, dass der pH-Wert während des Prozesses konstant gehalten wird und „Kopierfehler" vermieden werden.
Während bei den PCR-Tests geprüft wird, ob und wieviel Virus-DNA vorhanden ist, weist ein Corona-Schnelltest nach, ob Virusproteine vorhanden sind.
Auch bei diesen „Antigen-Schnelltests" für den Hausgebrauch ist es wichtig, dass keine pH-Wert-Schwankungen erfolgen. Die dafür eingesetzte Pufferlösungen kennt man als kleine Fläschchen, die den Tests beiliegen (**B4**).

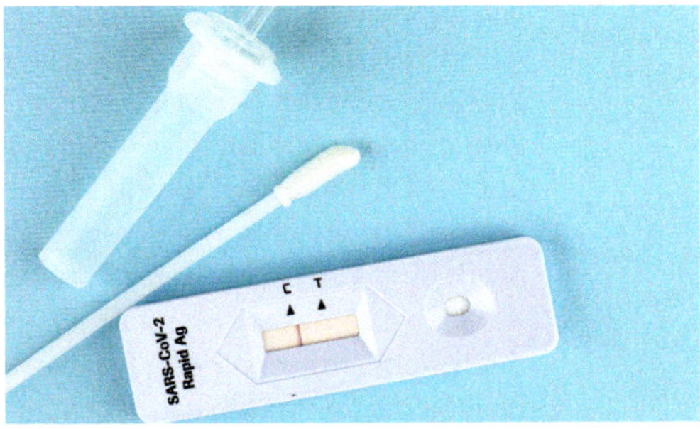

B4 Antigen-Schnelltest mit beigelegter Pufferlösung

Puffer in der Galvanotechnik

Bei der Galvanotechnik handelt es sich um Verfahren zur Abscheidung von Metallen in einem elektrolytischen Bad, beispielsweise zur Beschichtung von Werkstücken. Da bei großtechnischen Anlagen viele Werkstücke gleichzeitig beschichtet werden (**B5**), ist eine gleichbleibende Qualität besonders wichtig. Hierbei werden oft saure oder alkalische Elektrolytlösungen verwendet. Der Einsatz von Puffern verhindert pH-Wert-Schwankungen und somit auch unerwünschte Nebenreaktionen. Im sauren Milieu möchte man dadurch zum Beispiel die Entwicklung von Wasserstoffgas verhindern.
Weiterhin kann die Bildung von unerwünschten Nebenprodukten dazu führen, dass sich die Eigenschaften der Elektroden verändern, weil sich diese Produkte darauf ablagern. Zudem können sich Nebenprodukte auch in den Schichten der abzuscheidenden Metalle sammeln und so für eine verminderte Qualität der Beschichtung (durch verminderten Glanz oder Sprödigkeit) sorgen. Die Bildung solcher Nebenprodukte kann durch den Einsatz von Puffern vermieden werden.

B5 Tauchbad in einer Verzinkerei

Bei biologischen und technischen Prozessen (z. B. im Blut, bei PCR- und Antigentests und in der Galvanotechnik) verhindern Puffer durch das Abfangen von pH-Wert-Schwankungen unerwünschte Nebenreaktionen.

AUFGABEN

A1 **MK** Recherchieren Sie mindestens eine weitere technische Anwendung von Puffersystemen.

A2 Erläutern Sie anhand des Kohlensäure-/Hydrogencarbonat-Gleichgewichts, was bei einer Acidose bzw. einer Alkalose passiert. Gehen Sie dabei auch auf die „Pufferkapazität" ein.

A3 In Reformhäusern oder auch online wird häufig „Basenpulver" angeboten, welches den Körper „entsäuern" soll. Beurteilen Sie auf Grundlage Ihres Wissens über Puffersysteme im Blut die Sinnhaftigkeit dieses Produkts.

A4 Erklären Sie nach dem Prinzip von LE CHATELIER, wie die Aufnahme von Kohlenstoffdioxid aus den Gewebezellen ins Blut durch das Hämoglobin-Puffersystem begünstigt wird.

6.4.4 Säure-Base-Gleichgewichte und Korallenbleiche

Kohlenstoffdioxid, welches bei vielen industriellen Verbrennungsprozessen entsteht, spielt bei zahlreichen Säure-Base-Gleichgewichten in der Natur eine bedeutende Rolle. Der Kohlenstoffdioxidgehalt ist für die Einstellung verschiedener Gleichgewichtsreaktionen entscheidend und für zahlreiche Umweltphänomene verantwortlich. So ist auch die Korallenbleiche am Great Barrier Reef in Australien auf einen steigenden Kohlenstoffdioxidgehalt in der Atmosphäre zurückzuführen (B1).

B1 Lebendige (links) und tote Korallen (rechts) am Great Barrier Reef in Australien

Gelöst in Wasser (1) bildet Kohlenstoffdioxid zunächst Kohlensäure (2). Bei 0 °C und Normaldruck (1,013 bar) lösen sich 1,7 L Kohlenstoffdioxid, bei 20 °C jedoch nur noch 0,9 L Kohlenstoffdioxid in einem Liter Wasser:

$$CO_2\,(g) \rightleftharpoons CO_2\,(aq) \quad (1)$$

$$CO_2\,(aq) + H_2O\,(l) \rightleftharpoons H_2CO_3\,(aq) \quad (2)$$

Das Kohlensäure-Molekül protolysiert als zweiprotonige Säure in zwei Stufen, wobei als Anionen Hydrogencarbonat-Ionen HCO_3^- (3) bzw. Carbonat-Ionen CO_3^{2-} (4) und schwach saure Lösungen entstehen:

$$H_2CO_3\,(aq) + H_2O\,(l) \rightleftharpoons HCO_3^-\,(aq) + H_3O^+\,(aq) \quad (3)$$

$$HCO_3^-\,(aq) + H_2O\,(l) \rightleftharpoons CO_3^{2-}\,(aq) + H_3O^+\,(aq) \quad (4)$$

In neutraler Lösung fällt in Gegenwart von Calcium-Ionen, die gelöst im Wasser vorliegen, das schwerlösliche Calciumcarbonat $CaCO_3$ (Kalk) aus. Calciumhydrogencarbonat $Ca(HCO_3)_2$ ist dagegen gut wasserlöslich.
Es steht im Gleichgewicht mit festem Calciumcarbonat und gelöstem Kohlenstoffdioxid, wobei folgende endotherme Hinreaktion abläuft:

$$Ca^{2+}\,(aq) + 2\,HCO_3^-\,(aq) \rightleftharpoons CaCO_3\,(s) + CO_2\,(aq) + H_2O\,(l) \quad (5)$$

Dieses Gleichgewicht ist abhängig von der Temperatur und vom pH-Wert des Wassers. Im schwach sauren und neutralen Bereich kann sich nur wenig Kalk abscheiden, da Kohlenstoffdioxid hauptsächlich gebunden als gelöstes Hydrogencarbonat vorliegt. Mit steigendem pH-Wert entstehen daraus Carbonat-Ionen und schwerlösliches Calciumcarbonat fällt aus. Durch Erhöhung der Temperatur sinkt der Anteil an gelöstem Kohlenstoffdioxid und es wird ebenfalls mehr Calciumcarbonat gebildet (5).

Auswirkungen auf das Ökosystem Meer

Meerwasser ist mit einem pH-Wert von ca. 8 leicht alkalisch, wodurch sich kalkbasierte Strukturen wie bei den Korallen bilden können. Steinkorallen sind Meerestiere, die Calciumcarbonat einlagern und dadurch Skelette bilden. Die Korallenriffe dienen als Küstenschutz und nehmen eine wichtige Rolle für die biologische Vielfalt des Ökosystems im Meer ein. Die bunten Farben der Korallen sind auf eingelagerte Algen zurückzuführen, die mit ihnen in Symbiose leben. Steigt die Wassertemperatur zu stark an, sterben die Algen und in Folge nach einer gewissen Zeit auch die Korallen ab. Der Korallenstock bleicht aus, sichtbar bleibt nur das helle Korallengerüst. Dieses Phänomen wird als **Korallenbleiche** bezeichnet. Aufgrund der extremen Hitze im Jahr 2022 waren zum Beispiel nach Angaben der australischen Regierung über 90 % des Great Barrier Reefs von der Bleiche betroffen. Wenn sich die Bedingungen verbessern, können Korallen zu einem gewissen Grad jedoch auch regenerieren. Trotzdem bleiben die immer häufigeren Hitzeextreme eine große Gefahr.
Der weltweite Anstieg der Kohlenstoffdioxidemissionen in der Luft trägt also nicht nur zum **Treibhauseffekt** bei, sondern führt auch durch eine erhöhte Kohlenstoffdioxidaufnahme im Meerwasser zur **Versauerung der Meere**, was wiederum die Biodiversität in dem Ökosystem stark bedroht.
Ganz konkret schadet diese Übersäuerung des Meerwassers den Korallen und reduziert gleichzeitig ihre Wachstumsrate. Durch den erhöhten Kohlenstoffdioxideintrag kommt es durch die Bildung von Kohlensäure (1, 2) zu einer Absenkung des pH-Werts des Wassers (3) und damit zu einem Abbau des Calciumcarbonats in saurer Lösung:

$$CaCO_3 (s) + 2\, H_3O^+ (aq) \rightleftharpoons Ca^{2+} (aq) + H_2O (l) + CO_2 (g) \quad (6)$$

Damit hat die Versauerung der Meere negative Folgen für Riffe und alle Meerestiere mit einem Schutzmantel aus Calciumcarbonat, beispielsweise Krebse, Schnecken oder Muscheln.

Initiativen gegen das Korallensterben

Auf der Abbildung **B2** kann man erkennen, dass die Korallenbleiche nicht nur für das Great Barrier Reef relevant ist, sondern ein globales Problem darstellt. Nach aktuellen Forschungsergebnissen sind bis zu 30 % der weltweiten Riffe nicht mehr zu retten und bis zu 40 % gelten als stark bedroht. Deswegen wird gefordert, Maßnahmen gegen das Korallensterben einzuleiten.

Neben den Maßnahmen, die der Reduktion der Kohlenstoffdioxidemissionen dienen und die Erderwärmung verlangsamen bzw. begrenzen sollen, wie das Einschränken der Mobilität, des Fleischverzehrs und des allgemeinen Konsums, gibt es bestimmte Dinge, die man konkret in Bezug auf die Riffe tun kann.
Einen vielversprechenden neuen Ansatz stellt die Restauration der Riffe mit neuen Korallensorten dar. Diese „Superkorallen“ sind besonders hitzeresistent und fangen erst bei deutlich höheren Temperaturen an zu bleichen. Eine weitere Vorgehensweise ist die Wiederaufforstung von Mangrovenwäldern in Küstennähe. Mangroven sind Bäume, die in Salzwasser wachsen können. Sie können ein Vielfaches mehr an Kohlenstoffdioxid als gewöhnliche Bäume speichern. Ein weiterer Vorteil von Mangroven in Küstennähe ist eine verbesserte Wasserqualität, die sich wiederum positiv auf die Korallen auswirkt. Insgesamt geht es bei vielen Initiativen darum, die Ökosysteme rund um die Korallenriffe intakt zu halten und so die Interaktionen zwischen den Arten nicht zu stören, denn stabile Ökosysteme sind generell widerstandsfähiger gegen die Einflüsse des Klimawandels. Dies kann beispielsweise durch stärkere Kontrollmaßnahmen für Fischer oder Subventionen für nachhaltigere Fangmethoden erfolgen.

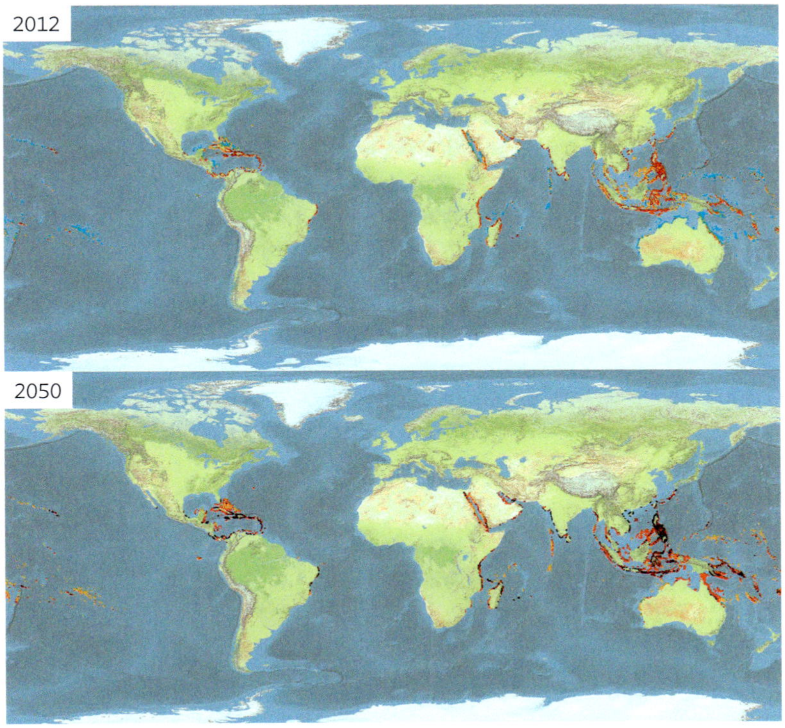

B2 Karte der bedrohten Korallen in 2012 und Prognose für 2050. blau: leicht, gelb: mittel, orange: hoch, rot: sehr hoch, schwarz: kritisch. *Quelle: NOAA*

AUFGABEN

A1 Erläutern Sie anhand geeigneter Gleichgewichtsreaktionen, dass der pH-Wert des Meerwassers sinkt, wenn der Kohlenstoffdioxidgehalt der Luft steigt.

A2 Planen Sie einen Versuch, um Ihre Überlegungen zu **A1** zu illustrieren. Verwenden Sie hierfür: Teelichter, große Glasschale, Gasglocke, Wasser, Universalindikator.

A3 Erklären Sie den Zusammenhang zwischen Klimaerwärmung und Korallenbleiche.

A4 MK Carbon Dioxide Removal (CDR) ist ein Teilgebiet des sogenannten Geoengineerings. Recherchieren Sie zu Zielsetzungen des CDR und möglichen Vorgehensweisen.

A5 MK Die australische Regierung hat einen längerfristigen Aktionsplan zur Rettung des Great Barrier Reefs erarbeitet. Recherchieren Sie, welche Maßnahmen dieser umfasst. Recherchieren Sie zudem, was man als einzelne Person/Tourist tun kann, um das Riff zu schützen.

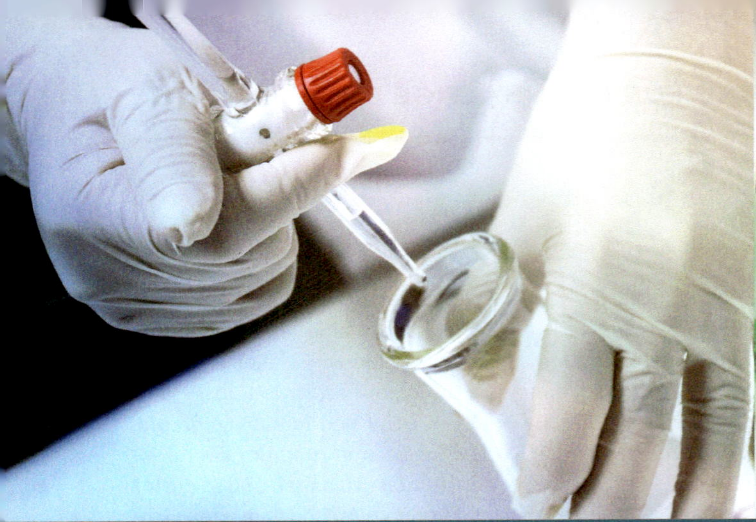

6.5 Titrationen

Indikatorfarbstoffe verfärben sich in Abhängigkeit des pH-Werts der Umgebung. Lassen sie sich zur Konzentrationsbestimmung saurer und alkalischer Lösungen einsetzen? Wie kann man dies zur Bestimmung des Säuregehalts einer sauren Lösung nutzen? Geht man bei alkalischen Lösungen ähnlich vor? Gibt es alternative Methoden?

6.5.1 Versuche und Material

V Vergleich verschiedener Indikatoren

2 3 5 7

Bromthymolblau, Thymolphthalein, Universalindikator, Methylrot, ... – die Liste verfügbarer Indikatoren lässt sich noch weiter fortsetzen. Können sie für alle Zwecke gleichermaßen gut eingesetzt werden?

V1 *Der Versuch eignet sich als arbeitsteiliger Gruppenversuch.*

Befüllen Sie arbeitsteilig je 14 Reagenzgläser mit ca. 4 mL Lösung der pH-Werte 1 – 14. Fügen Sie den Lösungen jeweils einige Tropfen einer der folgenden Indikatorlösungen hinzu: Rosenblätterlösung, Rotkohlsaft (Video zur Herstellung unter QR-/Mediencode 06022-49), Himbeersaft (**B1**), Bromthymolblaulösung, Methylrotlösung, Thymolphthaleinlösung und Universalindikatorlösung.

06022-49

Gleichen Sie beim Einsatz des Universalindikators mit der Farbskala auf der Verpackung den pH-Wert ab.

AUSWERTUNG

a) Halten Sie ihre Beobachtungen aus **V1** tabellarisch fest.

b) Ermitteln Sie aus den Ergebnissen aus **V1** für jede Farbänderung, über wie viele pH-Einheiten sie sich erstreckt.

c) Beurteilen Sie die verschiedenen Indikatoren hinsichtlich ihrer Tauglichkeit für die Anzeige des pH-Werts einer Lösung.

d) Begründen Sie, welcher verwendete Indikator sich am besten eignet, eine Lösung mit pH = 6 von einer Lösung mit pH = 8 zu unterscheiden.

ENTSORGUNG A

B1 Der Saft von Himbeeren kann als Indikator verwendet werden.

V Titrationen mit und ohne Indikator

Während einer Titration verändert sich der pH-Wert der Vorlage durch die Zugabe der Maßlösung. Wie kann man dies nutzen?

V2 Planen Sie zur Konzentrationsbestimmung von Citronensäure $C_6H_8O_7$ (H_3Cit) in je 25 mL frisch gepresstem, gefiltertem Zitronen- und Limettensaft je eine Titration mit Natronlauge (*c* = 1 mol/L) und Thymolphthalein als Indikator. Führen Sie die Versuche nach Absprache mit der Lehrkraft durch.

V3 Titrieren Sie 100 mL Salzsäure- bzw. Essigsäurelösung (*c* = 0,1 mol/L) und einige Tropfen Bromthymolblaulösung bzw. Thymolphthaleinlösung mit Natronlauge (*c* = 1 mol/L). Verwenden Sie bei der Titration zusätzlich eine pH-Elektrode. Ermitteln Sie den pH-Wert der Probelösung vor Beginn der Titration und dann jeweils nach Zugabe von 1 mL Natronlauge, solange, bis Sie 18 mL Natronlauge verbraucht haben. Notieren Sie die entsprechenden pH-Werte sowie denjenigen pH-Wert, an dem sich die Farbe des Indikators ändert.

AUSWERTUNG

a) Bestimmen Sie die Konzentration der Citronensäure in Zitronen- und Limettensaft und vergleichen Sie die Massen an Citronensäure in je 100 mL Saft (**V2**, Hilfen unter QR-/Mediencode 06007-058).

06007-058

b) Stellen Sie die Messwerte aus **V3** grafisch dar (x-Achse: *V*(Natronlauge), y-Achse: pH-Wert) und zeichnen Sie eine Ausgleichskurve.

c) Ermitteln Sie die zu erwartenden Verbräuche an Natronlauge bis zum Äquivalenzpunkt in **V3** rechnerisch mithilfe der Angaben im Durchführungstext.

d) Erläutern Sie die Änderung der pH-Werte in den Titrationskurven aus **b)** im Bereich des Äquivalenzpunktes.

e) Vergleichen Sie die pH-Werte am Umschlagspunkt der in **V3** verwendeten Indikatoren.

ENTSORGUNG A, G1, G3

V Titration einer Aminosäurelösung LK

Aminosäuren sind Ampholyte, das heißt sie können Protonen sowohl aufnehmen als auch abgeben. Wie wirkt sich das auf ihre Titration aus?

V4 Stellen Sie in einem Becherglas 50 mL einer Lösung von Glycin (*c* = 0,1 mol/L) in Salzsäurelösung (*c* = 0,1 mol/L) her. Messen Sie den pH-Wert der Lösung mit einer pH-Elektrode. Titrieren Sie nun unter ständigem Rühren in 1-mL-Schritten Natronlauge (*c* = 0,5 mol/L) hinzu, und messen Sie den pH-Wert kontinuierlich, bis 25 mL Natronlauge verbraucht wurden (**B2**). Notieren Sie dabei die gemessenen pH-Werte.

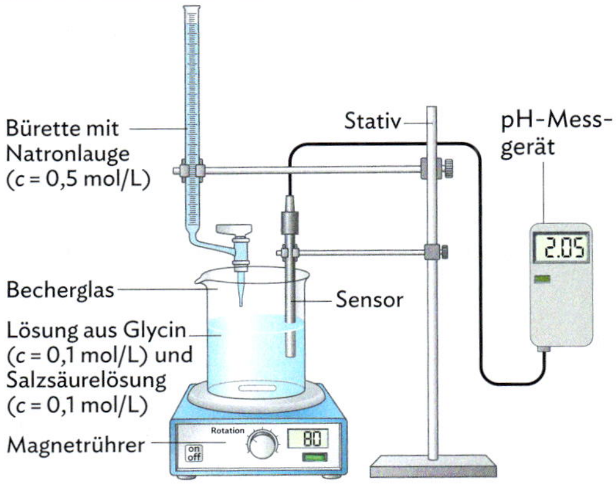

B2 Versuchsaufbau zu **V4**

AUSWERTUNG

a) Stellen Sie die Messwerte aus **V4** grafisch dar. (x-Achse: *V*(Natronlauge), y-Achse: pH-Wert) und zeichnen Sie die Ausgleichskurve.

b) Vergleichen Sie die Titrationskurve mit den Ergebnissen aus **V3**.

c) Erläutern Sie die Protolysegleichgewichte an den Äquivalenzpunkten mithilfe von Strukturformeln.

d) Stellen Sie anhand der Titrationskurve eine Vermutung zu den Puffereigenschaften von Aminosäurelösungen auf.

ENTSORUNG A, R, G1

6.5.2 Indikatoren

Farbänderungen zeigen pH-Änderungen

Mit Erhöhung des pH-Werts im Zellsaft roter und rosafarbener Rosenblüten, beispielsweise durch das Halten in Ammoniakgas, ändert sich die Farbe nach einiger Zeit zu blauviolett (**B1**).

B1 Rosenblüte in Ammoniakgas

Bei violettem Rotkohlsaft, der sich mit steigendem pH-Wert blau färbt und bei niedrigem pH-Wert eine tiefrote Färbung aufweist, verhält es sich ebenso (**B2**). Der Grund für die Farbveränderung ist der in den Blüten und im Kohl enthaltene Farbstoff Cyanidin, der je nach pH-Wert seine sichtbare Farbe ändert. Dies ist auch bei anderen natürlichen und synthetischen Farbstoffen wie z. B. Thymolphthalein oder Bromthymolblau der Fall (**V1**).

Solche Farbstoffe, die sich durch die Farbveränderung zur Unterscheidung von sauren und alkalischen Lösungen eignen, nennt man **Säure-Base-Indikatoren**.

06022-51

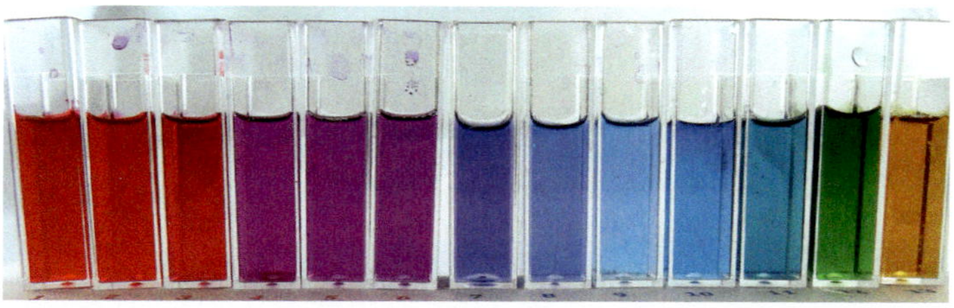

B2 Rotkohlsaft als pH-Indikator (Video zur Verwendung von Rotkohlsaft als Indikator unter QR-/Mediencode 06022-51)

Säure-Base-Paare als Indikatoren

Säure-Base-Indikatoren sind korrespondierende Säure-Base-Paare schwacher Säuren oder Basen, die bei Protolysereaktionen ihre Farbe ändern. Die **Indikator-Säure** HInd färbt die Lösung in der Farbe A und die **Indikator-Base** Ind^- in der Farbe B. Zwischen HInd und Ind^- stellt sich ein Protolysegleichgewicht ein:

$$\underset{\text{Farbe A}}{HInd} + H_2O \rightleftharpoons \underset{\text{Farbe B}}{Ind^-} + H_3O^+$$

Da in saurer Lösung fast ausschließlich die Indikator-Säure vorliegt, hat die Lösung die Farbe A.
Gibt man eine alkalische Lösung hinzu, wird die Indikator-Säure deprotoniert. Ihre Konzentration nimmt ab, während die Konzentration der Indikator-Base zunimmt. Die Protolyse führt durch Strukturänderungen in den Molekülen bzw. Molekül-Ionen zur Verschiebung von Bindungselektronen und freien Elektronenpaaren, was sich auf deren Absorption von Licht bestimmter Wellenlänge – für unser Auge also die Farbe – auswirkt. Folglich nimmt der Anteil der Farbe A in der Lösung ab und der Anteil an Farbe B zu. In der Praxis werden Indikatoren als Lösungen oder als Indikatorpapiere, welche mit dem entsprechenden Indikator getränkt sind, verwendet. Will man den pH-Wert einer dunklen oder selbst stark gefärbten Flüssigkeit bestimmen, muss man Messgeräte wie z. B. das pH-Meter verwenden.
Entspricht der pH-Wert der Lösung dem pK_s-Wert der Indikator-Säure, ist das Konzentrationsverhältnis von Indikator-Säure und Indikator-Base 1:1:

$$pH = pK_s(HInd), \text{ da } \lg\frac{c(Ind^-)}{c(HInd)} = 0.$$

Die Lösung ist dann in der Mischfarbe aus Farbe A und Farbe B gefärbt. Gibt man weiterhin alkalische Lösung hinzu, nimmt die Konzentration der Indikator-Säure (Farbe A) zugunsten der Konzentration der Indikator-Base (Farbe B) ab.
Erst wenn das Konzentrationsverhältnis von Indikator-Base zu Indikator-Säure mindestens 10:1 bzw. der pH-Wert der Lösung mindestens **pK_s(HInd) + 1** beträgt, kann das menschliche Auge Farbe B deutlich wahrnehmen. Genauso wird Farbe A erst deutlich wahrgenommen, wenn die

Konzentration der Indikator-Säure mindestens das Zehnfache der Indikator-Base beträgt, bzw. **pH = pK_S(HInd) – 1** gilt.
Der **Umschlagsbereich** eines Indikators (**B3**) erstreckt sich daher über ca. zwei pH-Einheiten. Mehrprotonige Indikatorsäuren besitzen entsprechend der Anzahl ihrer Protolysestufen mehrere Umschlagsbereiche (Lernanwendung unter QR-/Mediencode 06022-54).

06022-54

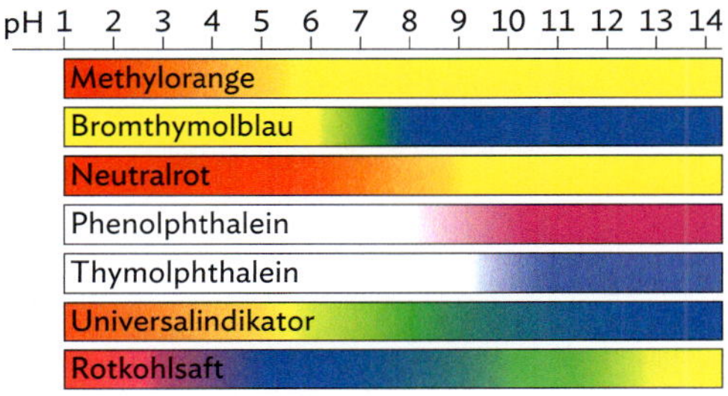

B3 Umschlagsbereiche gängiger Indikatoren

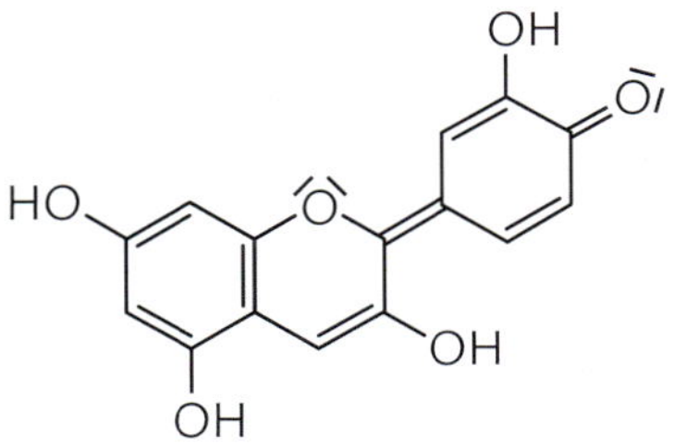

B4 Cyanidin-Molekül

Universalindikatoren

Vergleicht man die Umschlagsbereiche verschiedener Indikatoren miteinander (**B3**), stellt man fest, dass der Universalindikator oder auch Rotkohlsaft über eine ganze Reihe von Umschlagsbereichen zwischen pH = 1 und pH = 14 verfügt. Wie kann das sein?
Untersucht man den Universalindikator genauer, stellt man fest, dass dieser ein Gemisch aus mehreren Indikatoren darstellt. Hierbei sind deren Umschlagsbereiche möglichst gleichmäßig über die ganze pH-Wert-Skala verteilt. Sie zeigen dadurch je nach pH-Wert charakteristische **Mischfarben** der enthaltenen Indikatoren. Auch der in Rotkohl natürlicherweise enthaltene Farbstoff Cyanidin zeigt je nach pH-Wert eine unterschiedliche Farbe und kann somit auch als Universalindikator bezeichnet werden. Das Cyanidin-Molekül (**B4**) enthält mehrere funktionelle Gruppen, die je nach pH-Wert reagieren. Die sich ergebenden Molekülstrukturen sind verantwortlich für die jeweilige Farbe der Lösung.

INFO
Mit pH-Metern kann man den genauen pH-Wert einer Lösung bestimmen. Die Messung beruht auf der Messung von der Potenzialdifferenz zwischen zwei Wasserstoff-Halbzellen, wobei die Spannung von der Oxonium-Ionenkonzentration der Lösung abhängt.

Wasserstoff-Halbzellen
→ S. 267

Säure-Base-Indikatoren sind schwache Säuren oder Basen, deren korrespondierende Säure-Base-Paare Lösungen unterschiedlich färben.

AUFGABEN

A1 MK Beschreiben Sie, welche Umschlagsbereiche sich ergeben, wenn Thymolblau und Bromthymolblau gemischt werden.

A2 Stellen Sie die Farbänderung eines Indikators bei einer Titration am Beispiel von Bromthymolblau auf Teilchenebene modellhaft dar. Stellen Sie dafür die Indikator-Säure als gelbe Kugel und die Indikator-Base als blaue Kugel dar. Visualisieren Sie das Gleichgewicht jeweils im sauren, neutralen und alkalischen Bereich. Nehmen Sie kritisch Stellung zur fachlichen Richtigkeit der farblichen Darstellung der Indikator-Teilchen.

A3 MK Sie sollen einen Universalindikator zusammenstellen, mit dem man folgende Lösungen unterscheiden kann: Salzsäurelösung (pH = 1 bzw. pH = 3), Wasser und Natronlauge (pH = 10 und pH = 14). Recherchieren Sie, welche Indikatoren sich hierfür als Gemisch eignen. Verwenden Sie möglichst wenige Indikatoren. Erläutern Sie Ihre Vorgehensweise.

6.5.3 Säure-Base-Titration

Der säuerliche Geschmack von Zitronen- und Limettensaft entsteht durch Citronensäure, deren Anteil in Zitronensaft höher ist. Den genauen Anteil von Citronensäure in Zitronensaft kann man mit einer Titration bestimmen (**V3**).

Konzentrationsbestimmung durch Titration

Am Äquivalenzpunkt sind die Stoffmengen an Säure und Base äquivalent (= gleich).

Eine Titration nutzt man, um eine unbekannte Konzentration einer sauren bzw. alkalischen **Probelösung**, auch **Vorlage** genannt, zu bestimmen. Eine wässrige Lösung einer starken Base oder Säure bekannter Konzentration, die sog. **Maßlösung** wird bis zum Erreichen des sogenannten **Äquivalenzpunktes** mithilfe einer **Bürette** tropfenweise hinzugegeben (**B5**). Aus dem Volumen der bis dahin verbrauchten Maßlösung kann die Konzentration der Probelösung berechnet werden (**V2**, **V3**). Am Äquivalenzpunkt haben gleiche Stoffmengen Oxonium- und Hydroxid-Ionen miteinander reagiert. Ein Mol Oxonium-Ionen neutralisiert dabei ein Mol Hydroxid-Ionen oder andersherum.
Bei wässrigen Lösungen starker Säuren sind die Säure-Moleküle nahezu vollständig protolysiert. Für einprotonige starke Säuren gilt: Die Stoffmenge der Oxonium-Ionen in Lösung entspricht der Stoffmenge an Säure, die in Lösung gegeben wurde. Bei wässrigen Lösungen schwacher und mittelstarker Säuren ist dies nicht so (vgl. S. 320). Gibt man jedoch schrittweise die Maßlösung hinzu, so neutralisieren die in der Maßlösung enthaltenen Hydroxid-Ionen die in der Probelösung vorhandenen Oxonium-Ionen und die Lage des Protolysegleichgewichts verschiebt sich nach dem Prinzip von LE CHATELIER (vgl. S. 276) auf die Seite der Produkte. Immer mehr Säure-Moleküle werden protolysiert, bis am Äquivalenzpunkt alle Säure-Moleküle ihre Protonen an Wasser-Moleküle abgegeben haben. Die so nachgebildeten Oxonium-Ionen werden von den Hydroxid-Ionen der Maßlösung neutralisiert.

06007-059

06007-060

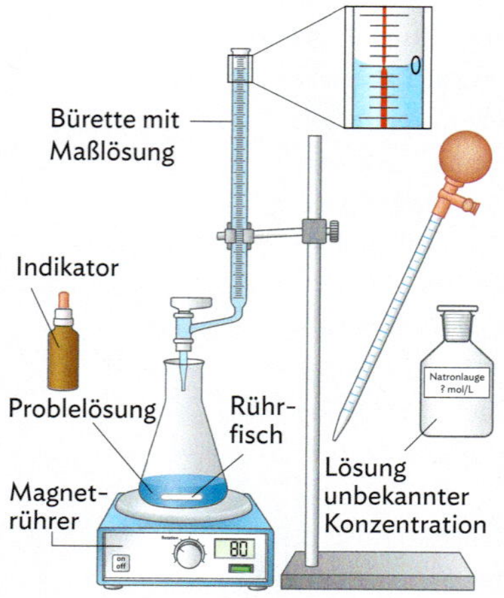

B5 Aufbau einer Säure-Base-Titration mit Indikator

Für beide Fälle gilt dann am Äquivalenzpunkt:

$$\frac{n(H_3O^+)}{n(OH^-)} = \frac{1}{1} \Leftrightarrow n(H_3O^+) = n(OH^-) \qquad (1)$$

Zwischen der Konzentration einer wässrigen Lösung, ihrem Volumen und der Stoffmenge des gelösten Stoffes besteht folgender Zusammenhang:

$$c(\text{Lösung}) = \frac{n(\text{gelöster Stoff})}{V(\text{Lösung})}$$

Hierbei entspricht n(gelöster Stoff) bei Säuren $n(H_3O^+)$ und bei Basen $n(OH^-)$.

$$n(H_3O^+) = c(H_3O^+) \cdot V(\text{Säurelösung}) \qquad (2)$$

$$n(OH^-) = c(OH^-) \cdot V(\text{alkalische Lösung})$$

Durch Einsetzen von (2) in (1) erhält man:

$$c(H_3O^+) \cdot V(\text{Säurelösung}) = c(OH^-) \cdot V(\text{alkalische Lösung}) \qquad (3)$$

Bei der Titration einer sauren Probelösung mit einer alkalischen Maßlösung ergibt sich daher:

$$c(\text{Probelösung}) \cdot V(\text{Probelösung}) = c(\text{Maßlösung}) \cdot V(\text{Maßlösung}) \qquad (4)$$

In (4) sind V(Probelösung) und c(Maßlösung) bekannt, V(Maßlösung) wird experimentell ermittelt. Damit gilt für c(Probelösung):

$$c(\text{Probelösung}) = \frac{c(\text{Maßlösung}) \cdot V(\text{Maßlösung})}{V(\text{Probelösung})}$$

Erkennen des Äquivalenzpunktes

Fügt man der Probelösung vor Beginn der Titration einige Tropfen einer geeigneten Indikatorlösung hinzu, erkennt man das Erreichen des Äquivalenzpunktes am **Farbumschlag des Indikators** (Video unter QR-/Mediencode 06007-059). Ein genaues Ergebnis erreicht man nur, wenn der **Äquivalenzpunkt im Umschlagsbereich** des Indikators liegt, weshalb dieser vor Beginn der Titration gewählt werden muss.
LK Außerdem lässt sich der Äquivalenzpunkt auch durch die **Änderung des pH-Wertes** (pH-metrische Titration/Potentiometrie, vgl. S. 336) und der elektrischen Leitfähigkeit (Leitfähigkeitstitration/Konduktometrie, vgl. QR-/Mediencode 06007-060) erkennen.

Auswertung für mehrprotonige Säuren LK

Bei mehrprotonigen Säuren wird bei der Reaktion mit Wasser pro Mol Säure mehr als ein Mol Oxonium-Ionen gebildet. Die in Zitronensaft enthaltene Citronensäure (H_3Cit) ist eine dreiprotonige Säure (**V2**). Zur Neutralisation mit Natronlauge werden daher pro Mol Citronensäure drei Mol Natronlauge benötigt. Das Stoffmengenverhältnis von Säure zu Base ist daher 1 : 3:

$$\overbrace{3\,H_3O^+(aq) + Cit^{3-}(aq)}^{H_3Cit\,(aq)} + \overbrace{3\,Na^+(aq) + 3\,OH^-(aq)}^{3\,NaOH\,(aq)} \longrightarrow Cit^{3-}(aq) + 3\,Na^+(aq) + 6\,H_2O\,(l)$$

$$\frac{n(H_3Cit)}{n(NaOH)} = \frac{1}{3} \Leftrightarrow n(H_3Cit) = \frac{1}{3} \cdot n(NaOH)$$

Das **Stoffmengenverhältnis** muss bei der Berechnung der Stoffmengenkonzentration der Citronensäure im Zitronensaft berücksichtigt werden:

$$c(\text{Citronensäurelösung}) \cdot V(\text{Zitronensaft}) = \frac{1}{3} \cdot c(\text{Natronlauge}) \cdot V(\text{Natronlauge})$$

$$\Leftrightarrow c(\text{Citronensäurelösung}) = \frac{1}{3} \cdot \frac{c(\text{Natronlauge}) \cdot V(\text{Natronlauge})}{V(\text{Zitronensaft})}$$

Die Masse an Citronensäure in einem bestimmten Volumen Citronensäurelösung bekannter Konzentration lässt sich mithilfe der Stoffmenge und der molaren Masse der Citronensäure über die Beziehung $m = n \cdot M$ bestimmen.

Bei einer Titration bestimmt man den Äquivalenzpunkt, an dem die Stoffmengen der Oxonium-Ionen und der Hydroxid-Ionen gleich groß sind. Daraus ermittelt man die Stoffmengenkonzentration einer sauren oder alkalischen Lösung.

FM Titrationen auswerten

Bei einer Titration von 35 mL Salzsäurelösung werden bis zum Farbumschlag des Indikators 20 mL Maßlösung (Natronlauge, c = 0,1 mol/L) verbraucht. Berechnen Sie die Konzentration der Salzsäurelösung.

VORGEHEN

1. Formulieren Sie eine Reaktionsgleichung für die Neutralisationsreaktion.

$$\overbrace{H_3O^+(aq) + Cl^-(aq)}^{HCl\,(aq)} + \overbrace{Na^+(aq) + OH^-(aq)}^{NaOH\,(aq)} \longrightarrow Na^+(aq) + Cl^-(aq) + 2\,H_2O\,(l)$$

2. Bestimmen Sie das Stoffmengenverhältnis von Säure zu Base.

$$\frac{n(HCl)}{n(NaOH)} = \frac{1}{1} \Leftrightarrow n(HCl) = n(NaOH)$$

3. Geben Sie die Stoffmengen der Säure und der Base mithilfe von Konzentration und Volumen ihrer Lösungen an.

$$c(\text{Salzsäurelösung}) \cdot V(\text{Salzsäurelösung}) = c(\text{Natronlauge}) \cdot V(\text{Natronlauge})$$

4. Formen Sie die Gleichung nach der gesuchten Größe um.

$$c(\text{Salzsäurelösung}) = \frac{c(\text{Natronlauge}) \cdot V(\text{Natronlauge})}{V(\text{Salzsäurelösung})}$$

5. Berechnen Sie die gesuchte Größe, indem Sie die bekannten Werte in die Gleichung einsetzen.

$$c(\text{Salzsäurelösung}) = \frac{0{,}1\,\text{mol/L} \cdot 0{,}02\,\text{L}}{0{,}035\,\text{L}} \approx 0{,}057\,\text{mol/L}$$

AUFGABEN

A1 40 mL Ammoniaklösung werden mit Salzsäurelösung (c = 0,5 mol/L) titriert. Nach einem Verbrauch von 15 mL Salzsäurelösung schlägt der Indikator um. Berechnen Sie die Konzentration der Ammoniaklösung und die Masse des darin gelösten Ammoniaks.

A2 LK Zur Bestimmung der Konzentration von Äpfelsäure (2-Hydroxybutandisäure) in Quittensaft werden 25 mL Saft auf ein Volumen von 100 mL mit Wasser verdünnt und titriert. Bis zum Farbumschlag des Indikators werden 45 mL Maßlösung (Natronlauge, c = 0,1 mol/L) verbraucht.

a) Ermitteln Sie die Stoffmengenkonzentration c der Äpfelsäure im Quittensaft.

b) Ermitteln Sie die Masse an Äpfelsäure, die in 100 mL Quittensaft enthalten ist.

06007-061
Arbeitsblatt zur Titration unter QR-/Mediencode 06007-061

06002-37
gestufte Hilfen zu **A2** unter QR-/Mediencode 06002-37

6.5.4 Titrationskurven LK

pH-metrische Titration

Säure-Base-Titration mit Indikator
→ S. 330

Die Konzentration der Essigsäure (Ethansäure) in einem Balsamicoessig lässt sich wegen der Eigenfarbe der Lösung nicht durch Titration mit einem Indikator bestimmen. Alternativ lässt sich der Äquivalenzpunkt durch Beobachtung der Änderung des pH-Wertes ermitteln. Bei einer solchen **pH-metrischen Titration**, der sogenannten **Potentiometrie**, misst man in kontinuierlichen Abständen den pH-Wert der Probelösung (**B6**). Zur Auswertung erstellt man eine **Titrationskurve**, indem man die gemessen pH-Werte gegen das Volumen der verbrauchten Maßlösung in einem Diagramm aufträgt (**B7**).

06002-39

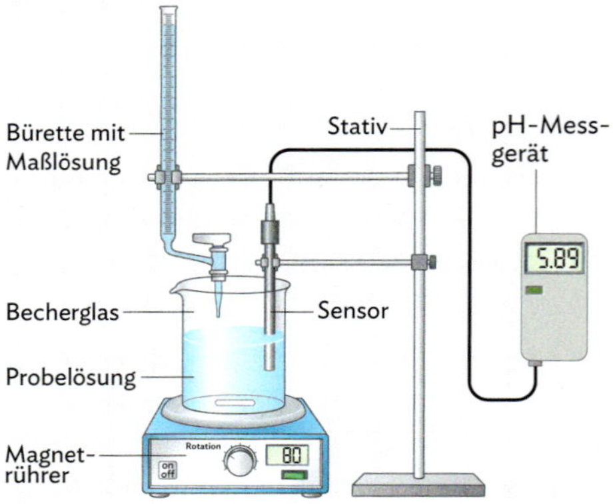

B6 Aufbau einer pH-metrischen Titration

Titrationskurven

Titriert man eine saure mit einer alkalischen Lösung, steigt der pH-Wert der Probelösung. Im Übergangsbereich von der sauren zur alkalischen Lösung erfolgt dies **sprunghaft**. Die Titrationskurve zeigt dort die größte Steigung und hat in der Mitte des pH-Sprungs einen **Wendepunkt**. Das ist der **Äquivalenzpunkt** (**ÄP**) der Titration (**B7**). Den Verbrauch an Maßlösung bis zum Äquivalenzpunkt liest man auf der x-Achse ab.

Starke und schwache Säuren

Titriert man Lösungen starker Säuren wie Salzsäure bzw. schwacher Säuren wie Essigsäure gleicher Konzentration und gleichen Volumens mit einer Lösung einer starken Base wie Natronlauge

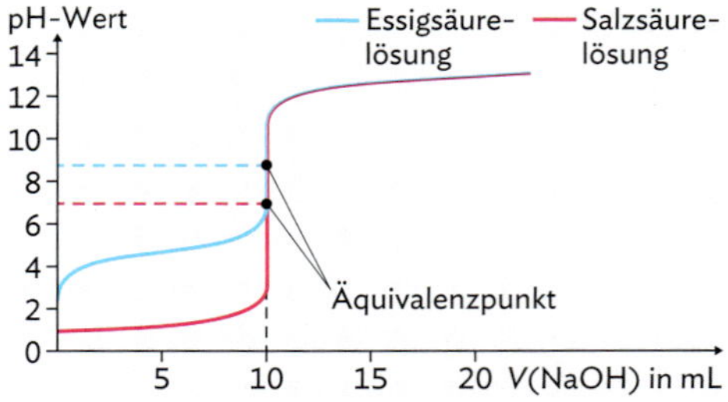

B7 pH-metrische Titrationskurven von Essig- und Salzsäurelösung mit Natronlauge

(**V3**), unterscheiden sich die Titrationskurven erheblich (**B7**).

Bei der Titration von Salzsäurelösung (Video unter QR-/Mediencode 06002-39), ist der pH-Wert zu Beginn wegen der vollständigen Protolyse (vgl. S. 316) deutlich niedriger als bei einer mittelstarken oder schwachen Säure. Gibt man Natronlauge hinzu, steigt er zunächst nur unwesentlich, da sich eine sehr große Menge Oxonium-Ionen in der Lösung befindet. Der Wendepunkt auf der Kurve entspricht dem Äquivalenzpunkt, der bei pH = 7 liegt. Nach dem pH-Sprung ändert sich der pH-Wert kaum, da nun Natronlauge, eine Lösung einer starken Base, im Überschuss vorliegt.

Titriert man eine Lösung der schwachen Essigsäure, die zunächst nur in geringem Maße protolysiert vorliegt (vgl. S. 316), liegt der anfängliche pH-Wert deutlich höher als bei Salzsäurelösung. Zu Beginn der Titration führt die Zugabe von Hydroxid-Ionen dazu, dass aufgrund des Prinzips von LE CHATELIER zunehmend mehr Essigsäure-Moleküle protolysieren. Vor dem pH-Sprung liegt ein Acetat-Puffer CH_3COOH/CH_3COO^- vor. Am ersten Wendepunkt der Kurve, wo die Steigung am geringsten ist, liegt der **Halbäquivalenzpunkt** (**HÄP**), bei welchem gilt:

$$c(CH_3COOH) = c(CH_3COO^-).$$

Der zugehörige pH-Wert entspricht dem pK_S-Wert der Säure.

Der Verbrauch an alkalischer Lösung bis zum Äquivalenzpunkt ist bei einer starken und einer mittelstarken Säure gleich. Der pH-Wert am Äquivalenzpunkt ist bei der Essigsäurelösung in den alkalischen Bereich verschoben. Am Äquivalenzpunkt, dem

Punkt auf der Kurve, an welchem die Steigung maximal ist, liegt eine Natriumacetatlösung vor, deren pH-Wert im alkalischen Bereich liegt. Dies erklärt sich durch die Protolyse der Acetat-Ionen, die als BRØNSTED-Base-Teilchen wirken. Nach Erreichen der Äquivalenzpunkte verlaufen die Titrationskurven identisch (**B7**).

Mehrprotonige Säuren

Bei der Titration mehrprotoniger Säuren liegen mehrere Protolysegleichgewichte vor (vgl. S. 308). Daher treten bei der Titration entsprechend der Anzahl der abspaltbaren Protonen der Säure-Moleküle **mehrere Äquivalenzpunkte** auf. Titriert man die Lösung von Ethandisäure (Oxalsäure), zeigt die Titrationskurve aufgrund der zweistufigen Protolyse zwei pH-Sprünge (**B8**).

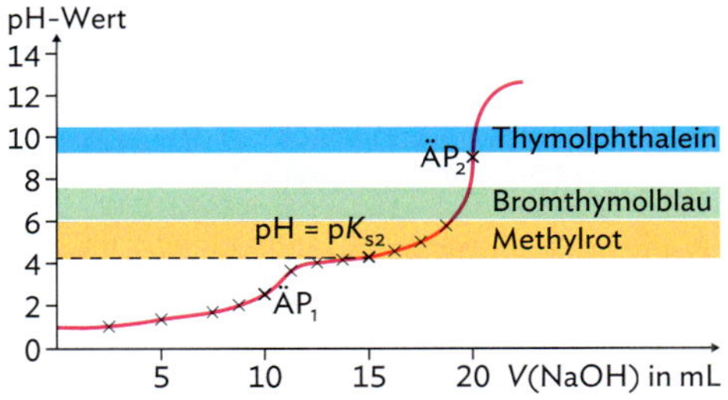

B8 pH-metrische Titrationskurve von Oxalsäure mit Natronlauge

Die pK_S-Werte der Oxalsäure betragen 1,46 und 4,29. Entsprechend dieser pK_S-Werte der Säure-Moleküle der 1. und 2. Protolysestufe – Oxalsäure-Molekül und Hydrogenoxalat-Ion – verläuft die Titrationskurve bis zum ersten Äquivalenzpunkt wie die einer starken, danach wie die einer mittelstarken Säure (**B8**).

Titration einer Aminosäurelösung

Aminosäure-Moleküle sind Ampholyte, ihre Ionen können in Lösung als Protonendonatoren oder -akzeptoren fungieren. Die Art des vorliegenden Ions hängt vom pH-Wert ab. Am isoelektrischen Punkt liegen ausschließlich Zwitterionen vor (vgl. S. 160). Gibt man zu einer Glycinlösung Säure, dann fungieren die Zwitterionen als Base. Die Protonen werden unter Bildung von Carboxy-Ammonium-Kationen (Glycin-Kation) abgefangen. Die Aminosäure liegt zweifach protoniert vor. Dies ist der Ausgangszustand für die Titration in V4. Gibt man nun Natronlauge hinzu, steigt der pH-Wert zunächst kaum. Die Glycin-Kationen fangen unter Bildung des Zwitterions die Hydroxid-Ionen ab. Gibt man mehr Natronlauge hinzu, nimmt die Pufferwirkung ab und der pH-Wert steigt schneller, bis der isoelektrische Punkt bei pH = 6,1 erreicht wird. Der IEP stellt den Äquivalenzpunkt der Titration dar, die Aminosäure-Teilchen liegen nur in Form von Zwitterionen vor. Danach geben die Zwitterionen zusätzlich Protonen der Amino-Gruppe ab und bilden vermehrt Amino-Carboxylat-Anionen (Glycin-Anionen). Bei der Aminosäuretitration gibt es daher zwei Protolysegleichgewichte und damit zwei Äquivalenzpunkte (**B9**).

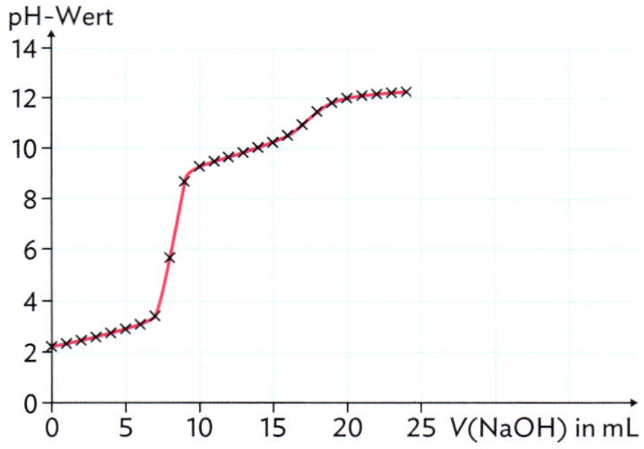

B9 pH-metrische Titrationskurve von angesäuerter Glycinlösung mit Natronlauge

Am Äquivalenzpunkt zeigen Säure-Base-Titrationen einen pH-Sprung, den man bei pH-metrischen Titrationen zur Bestimmung des Äquivalenzpunktes nutzt.

AUFGABE

A1 Berechnen Sie den pH-Wert von 100 mL Salzsäurelösung (c = 0,1 mol/L) nach der Zugabe von 9 mL, 9,9 mL, 9,99 mL, 10 mL und 10,01 mL Natronlauge (c = 1 mol/L) und beziehen Sie Ihre Ergebnisse auf **B7**.

6.5.5 Titrationskurven beschreiben und auswerten LK

Die Form und der Verlauf einer Titrationskurve sind bei der Titration der Lösung einer einprotonigen Säure mit der Lösung einer sehr starken Base wie Natronlauge abhängig von der Stärke der entsprechenden Säure (**B1**).

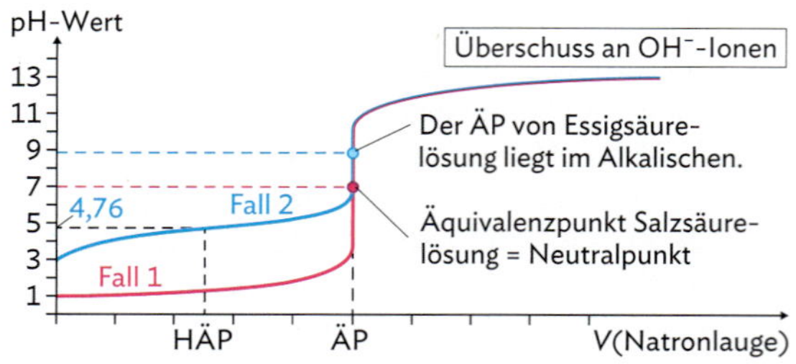

B1 Titrationskurven der pH-metrischen Titration von Salzsäure- und Essigsäurelösung mit Natronlauge (je c = 0,1 mol/L)

Ermitteln Sie die charakteristischen Punkte der Titrationskurven von Salzsäurelösung und Essigsäurelösung und beschreiben sowie interpretieren Sie deren Verlauf.

VORGEHEN

1. **Der Äquivalenzpunkt** (**ÄP**)
   Am Äquivalenzpunkt sind die Stoffmengen der Säure HA in der Probelösung und der mit der Maßlösung zugegebenen Base B äquivalent. Es gilt: $n(HA) = n(B)$.

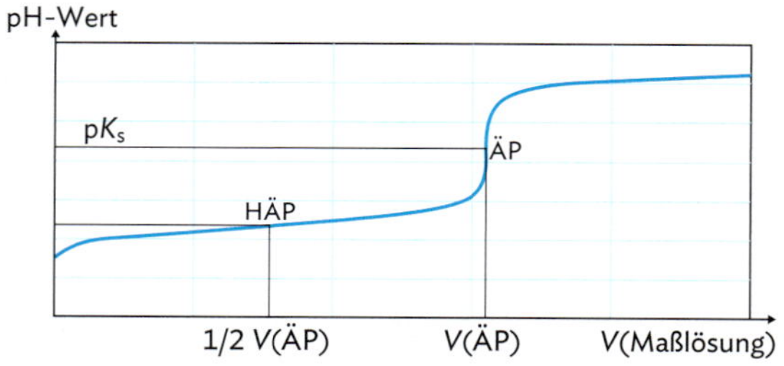

B2 Bestimmung des Äquivalenzpunktes (ÄP). Der Äquivalenzpunkt ist der Wendepunkt der Titrationskurve mit der größten Steigung.

Ermitteln Sie den Äquivalenzpunkt der Titration aus der Titrationskurve (**B2**). Der Äquivalenzpunkt liegt am Wendepunkt der Kurve mit der größten Steigung und sollte nicht mit dem ersten Wendepunkt, dem Halbäquivalenzpunkt verwechselt werden (**B2**).

Beispiel: Der Äquivalenzpunkt einer Essigsäurelösung liegt im alkalischen Bereich, der Äquivalenzpunkt von Salzsäurelösung- bei pH = 7.

2. **Der Halbäquivalenzpunkt** (**HÄP**)
   Bei der pH-metrischen Titration mittelstarker und schwacher Säuren ist zusätzlich der Halbäquivalenzpunkt von Bedeutung. Am Halbäquivalenzpunkt ist die Hälfte der Stoffmenge der zu analysierenden Säure HA neutralisiert. In der Probelösung liegen nun gleiche Stoffmengen an Säure und ihrer korrespondierenden Base A^- vor. Es gilt:
   $n(HA) = n(A^-)$
   In der HENDERSON-HASSELBALCH-Gleichung (vgl. S. 325)
   $$pH = pK_S + \lg \frac{c(A^-)}{c(HA)}$$
   nimmt der Quotient somit den Wert 1 an und die Gleichung vereinfacht sich zu: $pH = pK_S$. Der pH-Wert des Halbäquivalenzpunktes entspricht dem pK_S-Wert der zu analysierenden mittelstarken und schwachen Säure.

   Ermitteln Sie den Halbäquivalenzpunkt der Titration aus der Titrationskurve wie folgt:
   - Bestimmen Sie die Koordinaten des Punktes an der Stelle, die dem halben Volumen des Äquivalenzpunktes entspricht (**B1**, **B2**).

   Beispiel: Für die Essigsäurelösung hat der Halbäquivalenzpunkt den pH-Wert 4,76 (**B1**).

3. **Verlauf bei sehr starken Säuren** (**B3**)
   Sehr starke Säuren liegen in wässriger Lösung vollständig protolysiert vor (vgl. S. 316). Die Anfangskonzentration c_0 der Säure HA ist gleich der Oxonium-Ionenkonzentration in der Lösung. Für die Berechnung des pH-Wertes zu Beginn der Titration gilt (vgl. S. 320):
   $pH = -\lg c(H_3O^+) = -\lg c_0(HA)$

   Beispiel: Die Salzsäurelösung hat anfangs einen pH-Wert von 1 (**B1**).

   Der pH-Wert ändert sich im Verlauf der Titration zunächst nur gering. Kurz vor dem Äquivalenzpunkt steigt er sprunghaft an. Am Äquivalenzpunkt liegt eine Lösung des aus der Neutralisation hervorgehenden Salzes vor.

   Beispiel: Bei der Titration von Salzsäurelösung mit Natronlauge liegt am Äquivalenzpunkt eine Natriumchloridlösung vor. Als Neutralsalz nehmen dessen Lösungen den pH-Wert 7 an. Der Äquivalenzpunkt entspricht daher dem Neutralpunkt (**B1**).

Bei Zugabe von Maßlösung über den Äquivalenzpunkt hinaus wird der pH-Wert in der Probelösung durch die Konzentration der zugegebenen Base B bestimmt. Aufgrund der Stärke der Base gilt (vgl. S. 320):
$pH = 14 - pOH = 14 + \lg c(B)$

Beispiel: Der pH-Wert nähert sich bei der Titration der Salzsäurelösung gegen Natronlauge asymptotisch dem pH-Wert 13 an (**B1**).

4. Verlauf bei mittelstarken und schwachen Säuren (**B4**)
Mittelstarke und schwache Säuren liegen in wässriger Lösung kaum protolysiert vor. Sie bilden ein chemisches Gleichgewicht aus, welches mithilfe der Säurekonstante K_S beschrieben werden kann (vgl. S. 317). Da die Konzentration der mittelstarken und schwachen Säure im Gleichgewicht der Anfangskonzentration c_0 entspricht, ergibt sich für den pH-Wert einer Lösung einer mittelstarken und schwachen Säure zu Beginn der Titration (vgl. S. 336):

$$pH = \frac{1}{2} \cdot (pK_S - \lg c_0(HA))$$

Beispiel: Der pH-Wert der Essigsäurelösung beträgt zu Beginn pH = 2,88 (**B1**).

Nach einem kurzen Anstieg ändert sich der pH-Wert auch hier um den Halbäquivalenzpunkt nur gering. Man nennt diesen Bereich Pufferbereich (vgl. S. 325). Den Pufferbereich zeichnet man als Rechteck zwischen pH(HÄP)-1 und pH(HÄP)+1 ein, wobei die Ecken des Rechtecks links unten und rechts oben jeweils die Titrationskurve schneiden (**B1**). Kurz vor dem Äquivalenzpunkt steigt der pH-Wert wieder sprunghaft an. Am Äquivalenzpunkt liegt eine Lösung des aus der Neutralisation hervorgehenden Salzes vor. Der pH-Wert der Lösung einer mittelstarken und schwachen Base (vgl. S. 320) wird durch folgende Gleichung berechnet:

$$pH = 14 - \frac{1}{2} \cdot (pK_B - \lg c_0(A^-))$$

Beispiel: Bei der Titration von Essigsäurelösung mit Natronlauge liegt am Äquivalenzpunkt eine Natriumacetatlösung vor, die schwach basisch reagiert. Es ergibt sich ein pH-Wert von pH = 8,72 (**B1**).

Bei Zugabe von Maßlösung über den Äquivalenzpunkt hinaus wird der pH-Wert erneut nur durch die Konzentration der zugegebenen Base im Titrationsgefäß bestimmt (vgl. Punkt **3.**).

Arbeitsblatt zu Titrationskurven unter QR-/Mediencode 06007-062

06007-062

Zugabe Maßlösung „sehr starke Base"	pH-Wert der Probelösung „sehr starke Säure"
vor der Zugabe	$pH = -\lg c_0(HA)$
HÄP	–
ÄP	7
über den ÄP hinaus	strebt asymptotisch gegen $pH = 14 + \lg c(B)$
Wendepunkte	ein Wendepunkt: am Äquivalenzpunkt
Pufferbereich	–

B3 Verlauf der Titrationskurven sehr starker Säuren

Zugabe Maßlösung „sehr starke Base"	pH-Wert der Probelösung „mittelstarke und schwache Säure"
vor der Zugabe	$pH = \frac{1}{2} \cdot (pK_S - \lg c_0(HA))$
HÄP	$pH = pK_S$
ÄP	$pH = 14 - \frac{1}{2} \cdot (pK_B - \lg c_0(A^-))$
über den ÄP hinaus	strebt asymptotisch gegen $pH = 14 + \lg c(B)$
Wendepunkte	zwei Wendepunkte: am Halbäquivalenzpunkt und am Äquivalenzpunkt
Pufferbereich	um den Halbäquivalenzpunkt: $pH \approx pK_S \pm 1$

B4 Verlauf der Titrationskurven mittelstarker und schwacher Säuren

AUFGABEN

A1 Skizzieren Sie den Verlauf der Titrationskurve einer Titration von 20 mL einer Propansäurelösung (c = 0,5 mol/L), pK_S = 4,87, mit Natronlauge (c = 1 mol/L). Bestimmen Sie dazu die pH-Werte der charakteristischen Punkte rechnerisch anhand der angegebenen Schrittfolge.

A2 100 mL einer Ammoniaklösung werden mit Salpetersäurelösung der Konzentration $c(HNO_3)$ = 0,01 mol/L titriert, wobei nach Zugabe von 8,5 mL der Säure der Äquivalenzpunkt erreicht ist. Geben Sie den Namen der Lösung an, die am Äquivalenzpunkt vorliegt und nennen Sie einen für diese Titration geeigneten Indikator. Begründen Sie Ihre Wahl.

A3 Stellen Sie eine Hypothese auf, die den Verlauf der Titrationskurve einer pH-metrischen Titration einer mittelstarken bzw. schwachen Base mit einer sehr starken Säure erklärt.

6.5.6 Messwerte einer Titration digital erfassen LK

Bei der Durchführung mancher Experimente müssen teilweise sehr viele Messwerte erfasst werden. Bei einer Titration können es die pH-Werte in Relation zum zugegebenen Volumen der sauren oder alkalischen Maßlösung sein. Die **digitale Messwerterfassung** ermöglicht eine schnellere und präzisere Aufnahme dieser Werte als dies von Hand möglich ist.

Trotz digitaler Unterstützung sollte das Experiment aus verschiedenen Gründen nicht allein gelassen werden, da unvorhergesehene Ereignisse zu unbrauchbaren Messdaten führen können.

Erfassen Sie mit einem geeigneten Messwerterfassungssystem die Messwerte von verschiedenen Titrationen in digitaler Weise.

VORGEHEN

1. Informieren Sie sich über die Funktionsweise Ihres Messwerterfassungssystems: Es gibt Messwerterfassungssysteme, bei denen ein Sensor über Bluetooth mit der Messwerterfassungssoftware auf einem Smartphone oder Tablet verbunden wird (**B1**), andere werden z. B. über USB an einen Computer angeschlossen, auf dem die notwendige Software ausgeführt wird.

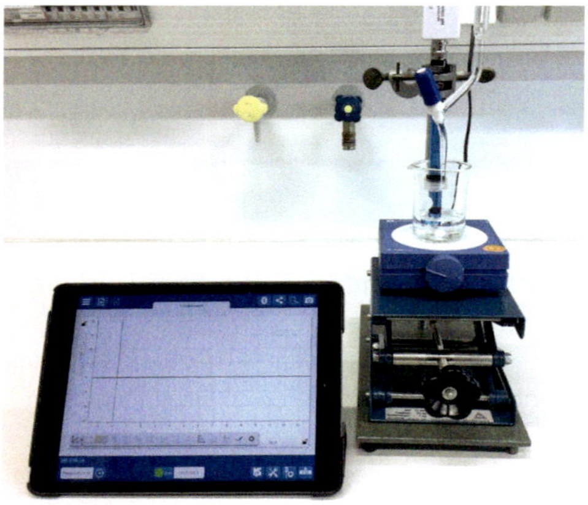

B1 Eine pH-Sonde ist über Bluetooth mit der Messwerterfassungssoftware verbunden.

2. Verbinden Sie den entsprechenden Messsensor mit der dazugehörigen Software. Bei einer pH-Titration wird eine pH-Sonde benötigt, bei einer konduktometrischen Titration kommt ein Leitfähigkeitsprüfer zum Einsatz.
3. (Optional): Verfügt Ihr System über einen Tropfenzähler, so verbinden Sie diesen ebenfalls mit der Software.
4. Stellen Sie in der Messwerterfassungssoftware die Parameter ein, die Sie messen wollen, z. B. den pH-Wert bzw. wählen Sie den zu verwendenden Sensor (**B2**).

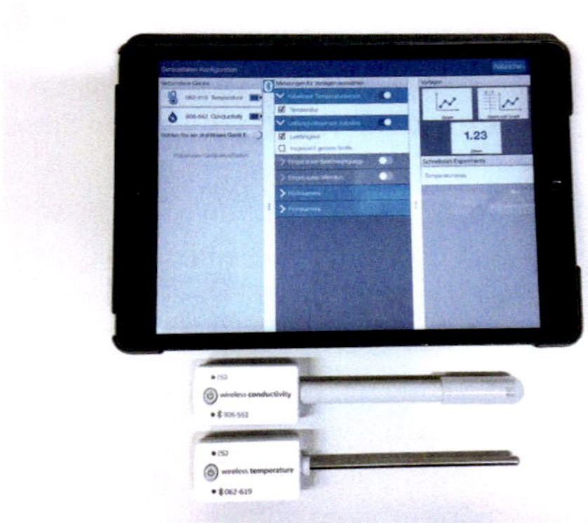

B2 Auswahl des Messsensors in der Messwerterfassungssoftware

   Einige Programme bieten Voreinstellungen für Titrationen und leiten Sie anschaulich durch den Prozess.
   Hinweis: Ist kein Tropfenzähler angeschlossen, so messen einige Programme nur die abgelaufene Zeit. Um die vergangene Zeit später in das zugegebene Volumen umrechnen zu können, müssen Sie bestimmen, wie viel Milliliter Lösung innerhalb einer bestimmten Zeiteinheit aus der Bürette tropfen. Dies können Sie dadurch erreichen, dass Sie sich das zugetropfte Volumen am Ende der Titration notieren.
   Hinweis: Ist ein Tropfenzähler vorhanden, müssen Sie berechnen, wie groß das Volumen eines Tropfens ist. Dazu können Sie zählen lassen, wie viele Tropfen 1 mL ergeben, dies kann zum Beispiel im Zuge von Schritt **5.** erfolgen.
5. Führen Sie vor der Titration einen Probedurchlauf durch. Dazu können Sie den pH-Wert von entsprechenden Pufferlösungen messen. Dies stellt sicher, dass die digitale Messwerterfassung auch tatsächlich Messwerte erfasst, die für Sie relevant sind.
6. Führen Sie die Titration mithilfe der Messwerterfassung durch. Beachten Sie, dass Sie – sofern kein Tropfenzähler vorhanden ist – die Zutropfgeschwindigkeit nicht mehr ändern.

7. Werten Sie Ihre Ergebnisse mithilfe der Messwerterfassungssoftware aus.

Stolpersteine beim Auswerten

Die digitale Messwerterfassung ist nicht perfekt. Es kann zu Messfehlern kommen, die sich später z. B. in merkwürdigen Spitzen in der erhaltenen Grafik äußern können (**B3**). Bei der Auswertung ist es daher wichtig zu wissen, woher diese Probleme stammen und ob die „fehlerhaften" Messwerte bei der Auswertung aussortiert werden sollten. So kann der Messwert des pH-Wertes bis zur vollständigen Durchmischung vom eigentlichen Wert abweichen, sodass es für einen kurzen Moment im Bereich knapp vor und nach dem Äquivalenzpunkt zu hohen Schwankungen beim Messwert kommen kann.

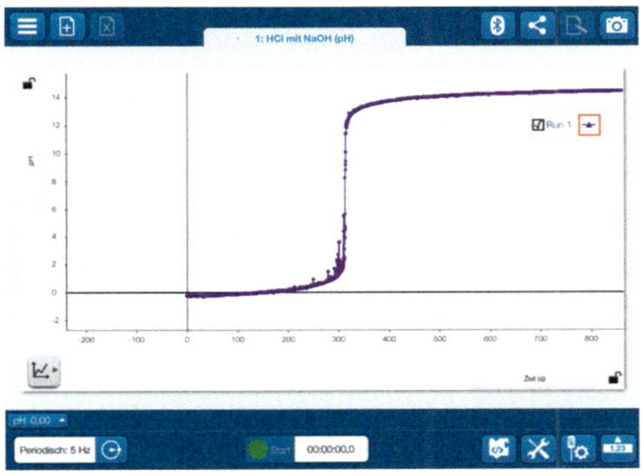

B3 Die erhaltene Titrationskurve aus dem Aufbau aus B1

In diesem Fall, der in **B3** dargestellt ist, erfolgte die Erfassung der Messwerte ausschließlich in festen Zeitintervallen.

In **B4** ist das Ergebnis einer konduktometrischen Titration (vgl. S. 334) dargestellt. Hier hat man sich für die klassische Methode der Datenerfassung entschieden, bei der links die Tabellenwerte eingetragen sind und rechts durch die Messwerterfassungssoftware direkt der daraus entstehende Graph ausgegeben wird. Es fällt auf, dass sich die ersten zehn Messwerte im Vergleich zu den restlichen kaum unterscheiden. Dies ist hier darauf zurückzuführen, dass der eigentliche Messwert oberhalb dessen liegt, was der Sensor erfassen kann. In diesen Fällen ist es hilfreich, eine zusätzliche Messmethode einzusetzen, z. B. die Messung der Stromstärke, die durch eine Lösung geleitet werden kann, um solche Limitationen zu umgehen.

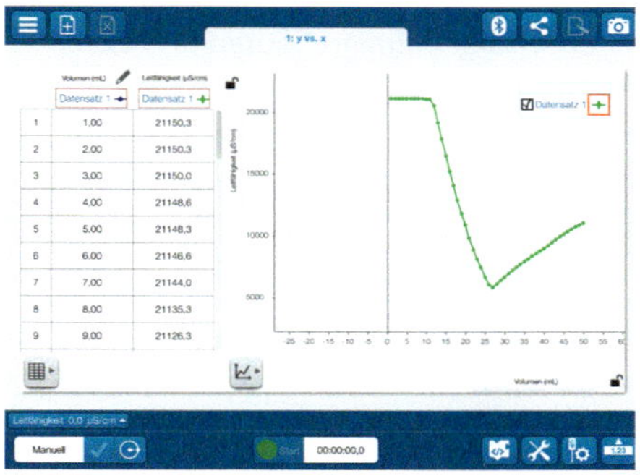

B4 Ergebnis einer konduktometrischen Titration

AUFGABEN

A1 Nennen Sie Vor- und Nachteile der digitalen Messwerterfassung bei einer Titration.

A2 Bewerten Sie die Einsatzmöglichkeiten einer digitalen Messwerterfassung und nennen Sie mögliche Fehlerquellen bei der Durchführung, die zu fehlerhaften Ergebnissen führen können.

A3 Eine Neutralisationsreaktion verläuft unter Abgabe von Neutralisationswärme. **B5** zeigt die Kurve einer Titration, bei der ein Temperaturfühler als Messsonde eingesetzt wurde. Vergleichen Sie den Kurvenverlauf des Graphen aus **B5** mit dem aus **B4**.

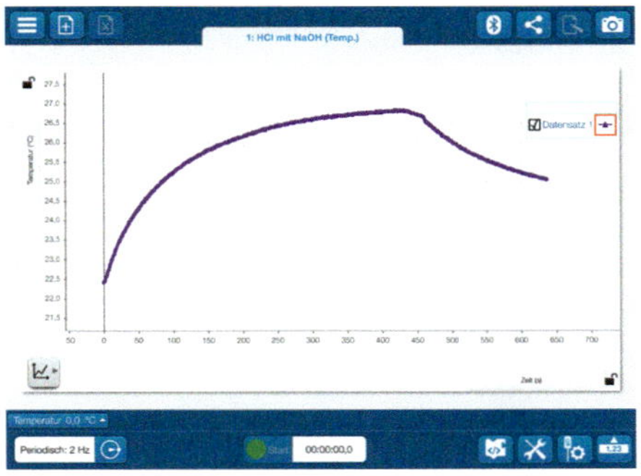

B5 Ergebnis einer Titration unter Einsatz eines Temperatursensors

A4 Diskutieren Sie Vor- und Nachteile des Einsatzes eines Temperaturfühlers bei einer Titration im Vergleich zu den etablierteren Verfahren (**B3**, **B4**).

A5 Es sollen die pH-Werte von Pufferlösungen, die zur Kalibrierung von Messsonden eingesetzt werden, überprüft werden. Begründen Sie, ob in diesem Fall der Einsatz der digitalen Messwerterfassung sinnvoll ist.

Zum Üben und Weiterdenken

A1 Ein Mitschüler definiert Säuren und Basen folgendermaßen: „Säuren sind Flüssigkeiten, in denen Oxonium-Ionen vorliegen, Basen sind Flüssigkeiten, in denen Hydroxid-Ionen vorliegen." Bewerten Sie diese Aussage mithilfe der Definition des Säure-Base-Begriffs nach BRØNSTED.

A2 Löst man jeweils Methansäure (Ameisensäure), Natriumphosphat (Na_3PO_4) und Kaliumhydroxid (KOH) in Wasser, ändert sich der pH-Wert der Lösung, was durch Zugabe einiger Tropfen Bromthymolblaulösung sichtbar gemacht werden kann.
a) Erläutern Sie unter Verwendung von Reaktionsgleichungen, welche Färbung des Indikators Sie in den Lösungen erwarten würden.
b) Kennzeichnen Sie, wo es möglich ist, jeweils die Säure-Base-Paare in den Reaktionsgleichungen aus a).

A3 Erklären Sie den Begriff „Ampholyt" anhand der Neutralisationsreaktion zwischen Oxonium- und Hydroxid-Ionen.

A4 a) Stellen Sie die folgenden Säuren und ihre korrespondierenden Basen in LEWIS-Strukturformeln dar: Bromwasserstoff, Kohlensäure, Schwefelwasserstoff und Essigsäure.
b) Klassifizieren Sie die Säuren aus a) in ein- und mehrprotonige Säuren.
c) Formulieren Sie für die mehrprotonigen Säuren die Reaktionsgleichungen für die einzelnen Protolysestufen.
d) Kennzeichnen Sie alle Ampholyte in c).
e) Erklären Sie, wie sich die Zugabe einer sauren bzw. einer alkalischen Lösung auf die Protolysen in c) auswirkt.

A5 Korrigieren Sie, falls nötig, die Aussagen zum pH- bzw. pOH-Wert:
- In alkalischen Lösungen liegen neben Hydroxid-Ionen auch Oxonium-Ionen vor.
- Bei pH = 5 gilt $c(H_3O^+)$ = 0,00001 mol/L.
- Der pOH-Wert entspricht dem negativen Zehnerlogarithmus des Zahlenwertes der Konzentration der Hydroxid-Ionen.
- Lösungen sind neutral, wenn in ihnen nur Wasser-Moleküle vorliegen.
- Die Einheit des pH-Werts und des pOH-Werts ist mol/L.

A6 In 10 mL Wasser (Lösung 1) bzw. 100 mL Wasser (Lösung 2) werden jeweils 0,741 g Calciumhydroxid ($Ca(OH)_2$) gelöst.
a) Berechnen Sie die Konzentration der Hydroxid-Ionen in beiden Lösungen.
b) Erklären Sie, ob sich der pOH-Wert in Lösung 1 ändert, wenn man 90 mL Lösung daraus entnimmt.

A7 Die Tabelle zeigt die Temperaturabhängigkeit des Ionenprodukts des Wassers.

ϑ in °C	K_W in mol²/L²
10	$0{,}36 \cdot 10^{-14}$
18	$0{,}74 \cdot 10^{-14}$
20	$0{,}86 \cdot 10^{-14}$
25	$1{,}00 \cdot 10^{-14}$
30	$1{,}89 \cdot 10^{-14}$
50	$5{,}60 \cdot 10^{-14}$

a) Leiten Sie aus den Werten für K_W ab, ob die Ionenbildung bei der Autoprotolyse des Wassers endotherm oder exotherm verläuft.
b) Diskutieren Sie, ob sich eine Temperaturerhöhung bzw. -verringerung auf den pH-Wert auswirkt.

A8 Planen Sie einen Versuch, wie Sie mithilfe einer 5 mL-Vollpipette und eines 100 mL-Messzylinders aus einer Salzsäurelösung mit der Konzentration von c = 1 mol/L 50 mL einer Salzsäurelösung mit einem pH-Wert von 4 herstellen können.

A9 Erklären Sie mit dem MWG, dass starke Säuren hohe K_S-Werte und schwache Säuren niedrige K_S-Werte besitzen.

A10 Ordnen Sie gleich konzentrierte, verdünnte wässrige Lösungen von Butansäure (pK_S = 4,82), Salpetersäure, Schwefelsäure und Monochloressigsäure nach aufsteigendem pH-Wert. Begründen Sie Ihre Anordnung.

A11 Gibt man Kalk zu Salzsäure-, Schwefelsäure- und Ameisensäurelösung mit der Konzentration jeweils c = 0,1 mol/L beobachtet man bei Salzsäure- und Schwefelsäurelösung eine gleich starke Gasentwicklung, die jedoch stärker ist als die Gasentwicklung bei Ameisensäurelösung.
a) Stellen Sie die Reaktionsgleichung für die Reaktion von Kalk (Calciumcarbonat, $CaCO_3$) in saurer Lösung auf.
b) Erklären Sie die unterschiedliche Gasentwicklung mit der Säurestärke.
c) Berechnen Sie die pH-Werte der Lösungen.

A12 Bei der Arbeit mit Cyaniden muss unbedingt darauf geachtet werden, dass die Salze nicht mit starken Säuren in Kontakt kommen, da es sonst zu lebensgefährlichen Unfällen kommen kann. Beschreiben Sie die Gefahr, die von Cyaniden ausgeht.

A13 Ammoniumcarbonat ($(NH_4)_2CO_3$) wird in Lebensmitteln als Backtriebmittel und Säureregulator eingesetzt. Bis Anfang des 20. Jahrhunderts setzte man dieses Salz auch als Riechsalz zur Behandlung von Ohnmacht und Schwindel ein.
a) Beim Backen zersetzt sich Ammoniumcarbonat u. a. zu Ammoniak, das dem Gebäck einen charakteristischen Geschmack, ähnlich dem von Laugengebäck, verleiht. Begründen Sie, worauf dies zurückzuführen ist.
b) Säureregulatoren verwendet man in Lebensmitteln, um zu verhindern, dass sich deren pH-Wert verändert. Leiten Sie aus dem Aufbau von Ammoniumcarbonat dessen Einsatz als Säureregulator ab.
c) Die Verwendung als Riechsalz beruht darauf, dass geringe Mengen Ammoniak aus dem Salz entweichen. Erläutern Sie den Vorgang anhand der Säurestärke von Ammonium-Ionen und Hydrogencarbonat-Ionen.
d) In einigen Sportbereichen wird Ammoniumcarbonat noch heute verwendet. Recherchieren und beurteilen Sie dessen dortigen Einsatz. MK

A14 Berechnen Sie die pH-Werte der folgenden Lösungen.
a) 1,56 g Natriumoxid (Na_2O) werden in 750 mL Wasser gelöst.
b) LK 0,32 g Sorbinsäure (C_5H_7COOH) mit einem pK_S-Wert von 4,76 werden in 250 mL Wasser gelöst.

A15 LK Ermitteln Sie die Masse an Natriumhydrogencarbonat ($NaHCO_3$), die in 100 mL Wasser gelöst wird, um eine Lösung mit pH = 10 herzustellen.

A16 Der saure Geschmack von Rhabarber beruht auf seinem Gehalt an Oxalsäure (HOOCCOOH) mit den pK_S-Werten von 1,46 und 4,29.
a) Auf der Basis von Oxalsäure kann eine Pufferlösung hergestellt werden. Erläutern Sie die Vorgänge, die beim Abpuffern einer zugesetzten alkalischen Lösung ablaufen.
b) LK Begründen Sie, in welcher Konzentration die Pufferbase vorliegen muss, wenn die Konzentration der Puffersäure c = 0,7 mol/L beträgt.

A17 LK Die Titrationskurve zeigt den pH-Verlauf bei der Titration von 50 mL Ammoniaklösung unbekannter Konzentration mit einer Salzsäurelösung der Konzentration c = 0,1 mol/L.

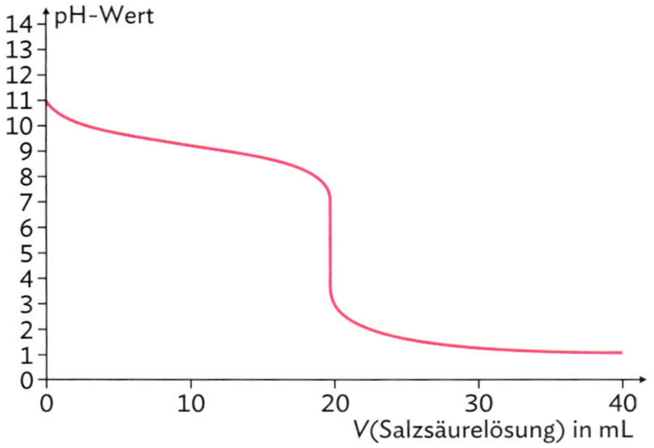

a) Ermitteln Sie den Äquivalenzpunkt und die Konzentration der titrierten Ammoniaklösung.
b) Nennen Sie einen für diese Titration geeigneten Indikator. Begründen Sie Ihre Wahl.
c) Nennen Sie die Teilchen, die bei V(Salzsäurelösung) = 0 mL, 10 mL, 20 mL und 30 mL vorliegen und ordnen Sie diese für jedes Volumen nach absteigender Konzentration.
d) Vergleichen Sie die Titrationskurve mit der Kurve, die Sie für die Titration von Natronlauge identischer Konzentration erwarten würden.

A18 LK Natriumbenzoat (C_6H_5COONa) wird als Konservierungsstoff z. B. für Ketchup oder Mayonnaise verwendet. Im Magen (pH = 1,4) stellt sich ein Gleichgewicht zwischen Benzoesäure (C_6H_5COOH) und Benzoat-Ionen ($C_6H_5COO^-$) ein. Berechnen Sie das Verhältnis von $c(C_6H_5COOH)$ zu $c(C_6H_5COO^-)$ im Magen nach dem Verzehr von Pommes frites mit Ketchup. Der pK_S-Wert von Benzoesäure beträgt 4,2.

A19 LK Sorbinsäure ($CH_3(CH)_4COOH$) mit pK_S = 4,76 ist als Konservierungsmittel (E 200) erst dann wirksam, wenn mehr als 2 % der Säure nicht protolysiert vorliegen. Berechnen Sie den pH-Wert, der bei einem Lebensmittel nicht überschritten sein darf, das mit dieser Säure konserviert wurde.

Alles im Blick

1 BRØNSTED Säure-Base-Theorie

Nach BRØNSTED sind Säuren **Protonendonatoren**, d. h. Teilchen, die Protonen abgeben. Reagiert eine Säure mit Wasser-Molekülen, entstehen **Oxonium-Ionen**, die charakteristisch sind für **saure Lösungen**. Basen sind **Protonenakzeptoren**, d. h. Teilchen, die Protonen aufnehmen. Reagiert eine Base mit Wasser-Molekülen, entstehen **Hydroxid-Ionen**, die charakteristisch sind für **alkalische Lösungen**. Säure-Base-Reaktionen sind **Protonenübertragungsreaktionen** (**Protolysen**). Teilchen, die sowohl als Protonendonator als auch als Protonenakzeptor reagieren können, nennt man Ampholyte oder amphotere Teilchen. **Korrespondierende Säure-Base-Paare** sind Teilchenpaare, die sich nur um ein Proton unterscheiden. Bei Protolysen stehen immer zwei korrespondierende Säure-Base-Paare HA/A^- bzw. B^-/HB im Gleichgewicht.

korrespondierend

$$HA + B^- \rightleftharpoons A^- + HB$$

korrespondierend

2 pH-Wert

Wasser-Moleküle sind amphotere Teilchen und bilden durch **Autoprotolyse** in sehr geringer Konzentration Oxonium- und Hydroxid-Ionen:

$$H_2O + H_2O \rightleftharpoons H_3O^+ + OH^- \quad K_c = 3{,}258 \cdot 10^{-18}$$

Da das Gleichgewicht fast vollständig auf der Seite der Edukte liegt, betrachtet man die Konzentration des Wassers als konstant und leitet über das MWG das **Ionenprodukt des Wassers** (**K_W**) ab:

$$K_c \cdot c^2(H_2O) = c(H_3O^+) \cdot c(OH^-) = K_W = 10^{-14}\ mol^2/L^2$$

Für die Konzentration der Oxonium- und Hydroxid-Ionen in Wasser gilt damit:
$c(H_3O^+) = c(OH^-) = 10^{-7}$ mol/L.

Der **pH-Wert** einer Lösung entspricht dem negativen dekadischen Logarithmus des Zahlenwertes der Konzentration der Oxonium-Ionen, der pOH-Wert dem der Konzentration der Hydroxid-Ionen:
$pH = -lg\ c(H_3O^+)$, $pOH = -lg\ c(OH^-)$.

Außerdem gilt: **pH + pOH = 14**.

3 Säure- und Basenstärke

Die **Säure-** und die **Basenstärke** lassen auf die Lage eines Protolysegleichgewichts schließen. Säuren und Basen protolysieren in wässriger Lösung fast vollständig, schwache Säuren und Basen hingegen kaum. Quantitativ gibt man die Säure- bzw. Basenstärke mit der **Säure-** bzw. **Basenkonstante** (**K_S** bzw. **K_B**) an. Diese beschreiben das Konzentrationsverhältnis zwischen protolysierten Produkt-Teilchen und unprotolysierten Edukt-Teilchen einer Säure bzw. Base:

$$K_S = \frac{c(H_3O^+) \cdot c(A^-)}{c(HA)} \quad \text{bzw.} \quad K_B = \frac{c(OH^-) \cdot c(HA)}{c(A^-)}$$

Analog zum pH-Wert verwendet man die **pK_S-** bzw. die **pK_B-Werte** zur Klassifizierung von Säuren und Basen:

Stärke der Säure bzw. Base	pK_S- bzw. pK_B-Wert
stark	pK_S bzw. p$K_B \leq 1{,}5$
mittelstark	$1{,}5 <$ pK_S bzw. p$K_B < 4$
schwach	pK_S bzw. p$K_B \geq 4$

Für korrespondierende Säure-Base-Paare gilt:
pK_S + pK_B = 14.

4 Berechnung von pH-Werten

Da starke Säuren und Basen **vollständig protolysieren**, gilt für diese:
$c(H_3O^+) = c_0(HA)$ bzw. $c(OH^-) = c_0(B)$

und der pH- bzw. pOH-Wert kann aus der Anfangskonzentration c_0 berechnet werden.

starke Säure	starke Base
$pH = -\lg c_0(HA)$	$pH = 14 - (-\lg c_0(B))$

LK Schwache und mittelstarke Säuren und Basen **protolysieren nicht vollständig**, für diese gilt:
$c(HA) \approx c_0(HA)$ bzw. $c(B) \approx c_0(B)$

und der pH- bzw. pOH-Wert wird **näherungsweise** berechnet.

schwache Säure	schwache Base
$pH = \frac{1}{2}(pK_S - \lg c_0(HA))$	$pH = 14 - \frac{1}{2}(pK_B - \lg c_0(B))$

5 Puffer und Indikatoren

Puffersysteme (**Säure-Base-Puffer**) sind wässrige Lösungen korrespondierender Säure-Base-Paare schwacher Säuren bzw. Basen. Innerhalb der Pufferkapazität (Pufferbereich) ändert sich ihr pH-Wert bei Zugabe von Hydroxid- und Oxonium-Ionen kaum.
LK Den **pH-Wert eines Puffersystems** bestimmt man mit der **HENDERSON-HASSELBALCH-Gleichung**:

$$pH = pK_S + \lg \frac{c(A^-)}{c(HA)}$$

Der **Pufferbereich** eines Puffersystems liegt bei:
$\mathbf{pH = pK_S \pm 1}$.

Als **Indikatoren** verwendet man korrespondierende Säure-Base-Paare schwacher Säuren bzw. Basen, die bei der Protolyse ihre Farbe verändern.
Zwischen der **Indikator-Säure** und der korrespondierenden **Indikator-Base** stellt sich ein Protolysegleichgewicht ein, das durch Zugabe von Oxonium- oder Hydroxid-Ionen beeinflusst wird.
Je nach Lage des Gleichgewichts verändert sich die Farbe der Lösung.

$$\underset{\text{Farbe A}}{HInd} + H_2O \rightleftharpoons \underset{\text{Farbe B}}{Ind^-} + H_3O^+$$

Der **Umschlagsbereich** eines Indikators liegt bei:
$\mathbf{pH = pK_S\,(HInd) \pm 1}$.

6 Titrationen

Eine Titration ist ein analytisches Verfahren zur Konzentrationsbestimmung saurer bzw. alkalischer Lösungen. Bei einer Titration findet die **Neutralisation** der Probelösung mit der **Maßlösung** statt. Titriert man eine saure Lösung, so ist am **Äquivalenzpunkt** die Stoffmenge der zugegebenen Base genauso groß wie die ursprüngliche Stoffmenge an Säure in der Probe. Am Äquivalenzpunkt sind die Stoffmengen der Säure und der Base gleich (vorausgesetzt, sie sind gleichprotonig). Aus dem Volumen und der Konzentration der verbrauchten Maßlösung sowie dem Volumen der Probelösung lässt sich die unbekannte Konzentration berechnen. Der Äquivalenzpunkt lässt sich durch den **Farbumschlag** eines geeigneten Indikators oder durch die deutliche Veränderung der Leitfähigkeit der Problelösung bestimmen. In wässrigen Lösungen starker Säuren bzw. Basen liegt der Äquivalenzpunkt bei pH = 7. In wässrigen Lösungen schwacher Säuren bzw. Basen ist er in den alkalischen bzw. sauren Bereich verschoben.

Ziel erreicht?

Verfügen Sie über die Kompetenzen dieses Kapitels? Lösen Sie die entsprechenden Aufgaben auf dem Arbeitsblatt unter QR-/Mediencode 06007-063 und bewerten Sie sich mithilfe der Tabelle rechts unten.

06007-063

Unter QR-/Mediencode 06007-064 finden Sie außerdem eine Lernanwendung zur digitalen Überprüfung der geforderten Kompetenzen.

06007-064

KOMPETENZ A: Säure-Base-Reaktionen als Protolysen mit korrespondierenden Säure-Base-Paaren beschreiben

A1 Entscheiden Sie begründet, ob es sich bei den folgenden Reaktionen um Säure-Base-Reaktionen handelt. Beschriften Sie korrespondierende Säure-Base-Paare und kennzeichnen Sie alle amphoteren Teilchen.

a) $I^- + NH_4^+ \rightleftharpoons HI + NH_3$

b) $3\,HCl + Al(OH)_3 \rightleftharpoons Al^{3+} + 3\,Cl^- + 3\,H_2O$

c) $HCO_3^- + HS^- \rightleftharpoons CO_2 + H_2O + S^{2-}$

KOMPETENZ B: Die Säure- und Basenstärke zur Beschreibung von Säure-Base-Gleichgewichten anwenden und Reaktionsverhalten damit begründen

B1 Erläutern Sie anhand der pK_S-Werte, ob bei einer Konzentration von c = 1 mol/L der pH-Wert von Salpetersäure- oder Blausäurelösung (Molekülformel Blausäure: HCN) niedriger ist.

B2 Löst man 0,1 mol Methansäure (Ameisensäure) in 1 L Wasser, beträgt die Konzentration der Methanoat-Ionen (Formiat-Ionen) im Gleichgewicht c = 0,004 mol/L.

a) Stellen Sie die Reaktionsgleichung auf.

b) LK Erklären Sie anhand der Konzentrationen der Methanoat-Ionen im Gleichgewicht, dass Methansäure keine starke Säure ist.

c) LK Ermitteln Sie durch Berechnung des pK_S-Werts, ob es sich bei Methansäure um eine mittelstarke oder eine schwache Säure handelt.

B3 a) Ermitteln Sie mithilfe von pK_S-Werten die pK_B-Werte für das Hydrogensulfit- (HSO_3^-), Hydrogensulfid- (HS^-), Hydrogenoxalat- ($HC_2O_4^-$), Oxid-Ion (O^{2-}) und für Chlorwasserstoff (HCl).

b) Leiten Sie aus pK_S- und pK_B-Werten ab, ob die wässrigen Lösungen der folgenden Salze sauer, neutral oder alkalisch reagieren: Natriumchlorid, Natriumacetat und Ammoniumchlorid.

KOMPETENZ C: Den pH-Wert mithilfe der Autoprotolyse bestimmen und für Lösungen starker und schwacher Säuren und Basen berechnen

C1 a) Vervollständigen Sie die Tabelle.

$c(H_3O^+)$ in mol/L	pH	$c(OH^-)$ in mol/L	pOH
?	2	?	?
$5 \cdot 10^{-9}$	?	?	?
?	?	?	10

b) Geben Sie den Faktor an, um den sich die Konzentration der Oxonium-Ionen verändert, wenn der pH-Wert von 2 auf 4 steigt.

c) Das Ionenprodukt des Wassers K_W ist temperaturabhängig. Bei 50 °C beträgt sein Wert etwa $5{,}6 \cdot 10^{-14}\ mol^2/L^2$. Berechnen Sie den pH-Wert von Wasser bei dieser Temperatur.

C2 Berechnen Sie die pH-Werte folgender Lösungen der angegebenen Konzentrationen:

a) Salpetersäurelösung c = 0,05 mol/L

b) Natronlauge c = 1 mol/L

c) Schwefelsäurelösung c = 0,02 mol/L

d) LK Ammoniumchloridlösung c = 0,01 mol/L

C3 LK Der pH-Wert einer Essigsäurelösung ist 3,1. Ermitteln Sie die Anfangskonzentration c_0 der Essigsäure in der Lösung.

KOMPETENZ D: Die Wirkungsweise von Puffersystemen erklären

D1 Erläutern Sie, wie sich die Konzentrationen der Teilchen in einem Puffersystem bei Zugabe einer sauren bzw. alkalischen Lösung verändern.

D2 LK Eine $H_2PO_4^-/HPO_4^{2-}$-Pufferlösung soll einen pH-Wert von 7,1 aufweisen. Berechnen Sie, in welchem Konzentrationsverhältnis die beiden Ionensorten hierzu in der Pufferlösung vorliegen müssen.

D3 Ergänzen Sie die folgende Tabelle:

Puffersystem	Name	Pufferbereich
HAc/Ac^-	?	?
$?/CO_3^{2-}$	?	?
?	?	6,12 – 8,12
?	Ammoniak-Ammonium-Puffer	?

KOMPETENZ E: Titrationskurven erklären und damit Konzentrationen ermitteln

E1 LK Vervollständigen Sie die Sätze zum Verlauf der Titrationskurve einer schwachen Säure. Ordnen Sie die Beschreibungen a) – f) den entsprechenden Bereichen der abgebildeten Titrationskurve zu.

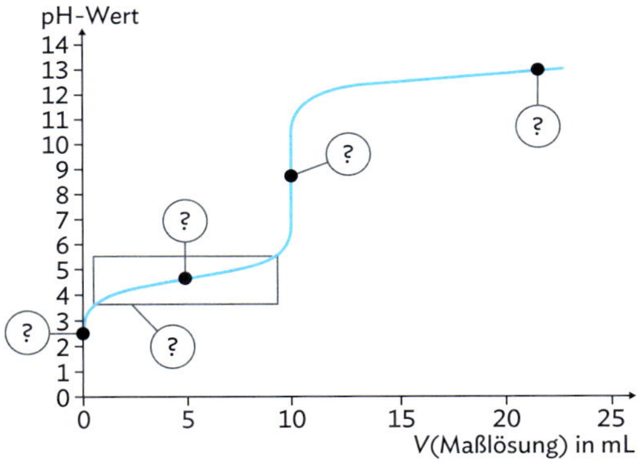

a) Am zweiten Wendepunkt der Titrationskurve befindet sich der .... Es gilt: $n(...) = n$(Maßlösung).
b) Der ... -äquivalenzpunkt, an dem die Hälfte der Stoffmenge der schwachen Säure neutralisiert ist, ist erreicht, wenn der pH-Wert dem ... der Säure entspricht. Die Stoffmengen der Säure und ihrer ... sind an diesem Punkt ...
c) Der pH-Wert am Anfang der Titration wird mit der Formel $\text{pH} = \frac{1}{2}(\text{p}K_S - \lg c_0(\text{HA}))$ berechnet, da die Säure ... protolysiert vorliegt.
d) Der ... -bereich liegt bei $\text{pH} = \text{p}K_S \pm 1$. Dort ändert sich der pH-Wert ....
e) Der Äquivalenzpunkt befindet sich nicht bei pH = 7, da die korrespondierende Base mit Wasser ... reagiert.
f) Am Ende der Titration beträgt der pH-Wert der Lösung ...

E2 LK Berechnen Sie die Konzentration der Säure in **E1**. Es wurde 50 mL Säurelösung gegen Natronlauge mit einer Konzentration von c = 0,1 mol/L titriert.

E3 50 mL Kalilauge (KOH (aq)) werden mit Salzsäurelösung der Konzentration c = 0,2 mol/L titriert. Die Farbe des Indikators schlägt nach dem Verbrauch von V(Salzsäurelösung) = 25 mL um. Berechnen Sie die Konzentration der titrierten Kalilauge sowie die Masse des in der Kalilauge enthaltenen Kaliumhydroxids.

Vergleichen Sie Ihre Antworten mit den Lösungen auf Seite 552 ff. und kreuzen Sie auf dem Arbeitsblatt an.

Kompetenz	ja	nein	zum Nachlesen
A Säure-Base-Reaktionen als Protolysen mit korrespondierenden Säure-Base-Paaren beschreiben	?	?	S. 304 – 305, 308 – 309
B Die Säure- und Basenstärke zur Beschreibung von Säure-Base-Gleichgewichten anwenden und Reaktionsverhalten damit begründen	?	?	S. 316 – 319
C Den pH-Wert mithilfe der Autoprotolyse bestimmen und für Lösungen starker und schwacher Säuren und Basen berechnen	?	?	S. 312, 320 – 321
D Die Wirkungsweise von Puffersystemen erklären	?	?	S. 324 – 327
E Titrationskurven erklären und damit Konzentrationen ermitteln	?	?	S. 334 – 339

Klausuraufgaben

T1 Triebmittel

Soda, Natron und Hirschhornsalz sind bekannte Stoffe im Haushalt.
Soda (Natriumcarbonat) spielt z. B. als Bestandteil von Geschirrspülmitteln für die Spülmaschine eine wichtige Rolle. Natron (Natriumhydrogencarbonat) ist wesentlicher Bestandteil von Backpulvern (E 405), Brausetabletten bzw. von Tabletten gegen Übersäuerung des Magens. Als Backtriebmittel, das seine volle Aktivität bei Backtemperaturen von über 60 °C entfaltet, wird Hirschhornsalz (Ammoniumhydrogencarbonat, E 503) verwendet (**B1**).

B1 Beim Kuchenbacken werden häufig Backtriebmittel verwendet.

AUFGABEN

A1 Geben Sie die Reaktionsgleichung für die Zersetzung von Natron beim Backen an.

A2 Einige Triebmittel enthalten neben Natron auch feste Säuren, z. B. Citronensäure. Erläutern Sie die besondere Eignung dieses Gemisches als Backtriebmittel unter Einbeziehung von Reaktionsgleichungen.
Wenden Sie auf die Beschreibung der Reaktion das Donator-Akzeptor-Prinzip an.

A3 Formulieren Sie die Gleichungen für das Lösen von Natron, Soda und Hirschhornsalz in Wasser. Berechnen Sie die pH-Werte dieser Lösungen mit der Stoffmengenkonzentration c = 0,1 mol/L.

A4 Begründen Sie die Tatsache, dass Soda im Gegensatz zu Natron keinen Einsatz als Mittel gegen Sodbrennen findet.

T2 Entkalker

Entkalker sind säurehaltige Reinigungsmittel zum Entfernen von Kalkablagerungen, welche im Wesentlichen aus Calciumcarbonat bestehen.
Einige Entkalkerlösungen enthalten neben einer Säure den Indikatorfarbstoff Methylorange, der im pH-Bereich 3,1 – 4,4 seine Farbe von rot nach gelb ändert.
Zur Bestimmung des Säuregehaltes eines flüssigen Entkalkers wird 1 mL der Entkalkerlösung auf 100 mL verdünnt und mit Natronlauge der Konzentration c = 1 mol/L unter Verwendung eines pH-Meters titriert. Man erhält die in **B2** dargestellte Kurve.

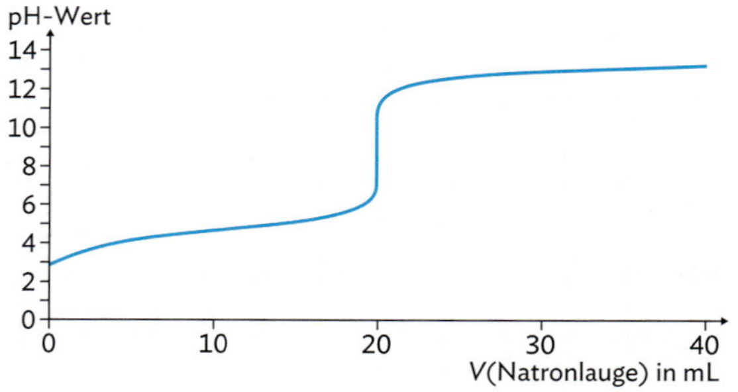

B2 Titrationskurve eines flüssigen Entkalkers mit Natronlauge

AUFGABEN

A1 Formulieren Sie die Reaktionsgleichung für den Entkalkungsvorgang.

A2 LK Interpretieren Sie den Verlauf der Titrationskurve in **B2**. Kennzeichnen Sie in der Kurve die markanten Punkte und geben Sie ihre Bedeutung an.

A3 LK Ermitteln Sie die Säure, die in der Entkalkerlösung enthalten sein könnte.
Berechnen Sie die Stoffmengenkonzentration und die Masse der in einem Liter der Entkalkerlösung enthaltenen Säure.
Leiten Sie daraus Schlussfolgerungen für den Umgang mit Entkalkerlösungen ab.

A4 Formulieren Sie eine begründete Vermutung über die Rolle von Methylorange in der Entkalkerlösung.

T3 *Helicobacter pylori*

Harnstoff $(NH_2)_2CO$ war der erste organische Stoff, der aus anorganischen Ausgangsstoffen hergestellt werden konnte. Durch hydrolytische Spaltung wird Harnstoff in Ammoniak und Kohlenstoffdioxid zerlegt.
Die Harnstoffzersetzung wird bei der Erkennung des Bakteriums *Helicobacter pylori* im Körper genutzt. Das Bakterium siedelt sich bevorzugt im Magen an und verursacht Schmerzen und Veränderungen der Magenschleimhaut. Es trägt auf seiner Oberfläche das Enzym Urease, welches Harnstoff hydrolytisch spaltet. *Helicobacter pylori* kann auch selbst Ammoniak bilden.

Modellexperiment: „Überlebensstrategie" von *Helicobacter pylori* im Magen:
Zwei Petrischalen werden mit Salzsäurelösung befüllt und mit einigen Tropfen Mischindikator versetzt. Ein Schaumstoffstreifen wird mit 3 – 4 Tropfen Ammoniaklösung, ein anderer mit 3 – 4 Tropfen Wasser versetzt und in die Petrischalen überführt. Nach etwa 5 Minuten treten Farbveränderungen auf (**B3**).

Medizinische Tests zur Identifizierung von *Helicobacter pylori*:
A: HU-Test (*Helicobacter*-Urease-Test)
Es wird eine Gewebeprobe des Magens entnommen und in ein Testmedium gegeben, welches aus einer Nährlösung für Bakterien, Harnstoff und einem Säure-/Base-Indikator besteht. Die Farbreaktion des Indikators zeigt eine Infektion mit *Helicobacter pylori* an (**B4**).
B: Atem-Test
Dem Patienten wird ein z. B. mit dem Kohlenstoff-Isotop ^{13}C markierter Harnstoff verabreicht. Direkt vor der Verabreichung und 30 Minuten danach wird die ausgeatmete Luft auf das Vorhandensein dieses Isotops untersucht.

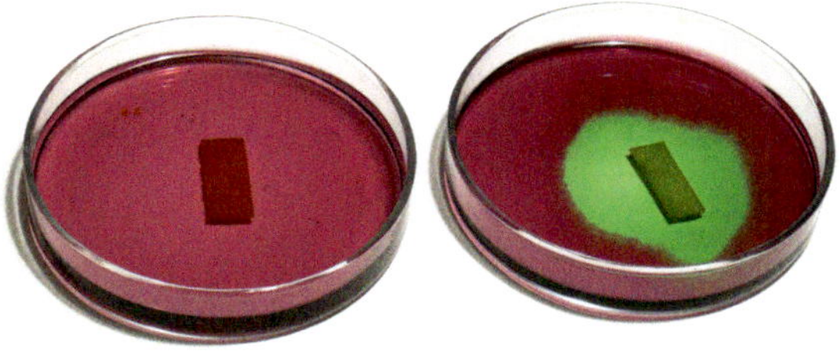

B3 „Überlebensstrategie" von *Helicobacter pylori* im Magen

AUFGABEN

A1 Erläutern Sie die Charakteristika einer Säure-Base-Reaktion am Beispiel der Reaktion von gasförmigem Ammoniak mit Wasser.

A2 Bei der Reaktion aus **A1** stellt sich in einem verschlossenen Gefäß ein Gleichgewicht ein. Die Lösung besitzt einen pH-Wert von 11.
Berechnen Sie die Konzentration von Oxonium- und Hydroxid-Ionen in dieser Lösung.
Das Gefäß wird über längere Zeit geöffnet. Dabei findet eine Veränderung des pH-Wertes statt. Erklären Sie diese Beobachtung.

A3 Gedankenexperiment:
Zu einer Ammoniaklösung mit pH = 9 werden einige Tropfen Universalindikator gegeben. Anschließend gibt man in kleinen Portionen festes Ammoniumchlorid hinzu, bis eine deutliche Farbveränderung auftritt.
Beschreiben und erklären Sie die zu erwartenden Beobachtungen.

A4 Entwickeln Sie eine Tabelle, aus der der Zusammenhang zwischen Modell und Wirklichkeit im oben beschriebenen Modellexperiment dargestellt wird.
Erläutern Sie die „Überlebensstrategie" von *Helicobacter pylori* im Magen (**B3**).

A5 Formulieren Sie die Reaktionsgleichung für die hydrolytische Zersetzung von Harnstoff.
Erläutern Sie die Grundlagen des HU-Tests.
Interpretieren Sie das in **B4** dargestellte Diagramm.
Leiten Sie begründet einen geeigneten Säure-/Base-Indikator für den HU-Test ab.

A6 Vergleichen Sie die Grundlagen der beiden Tests zum Erkennen einer *Helicobacter*-Infektion.

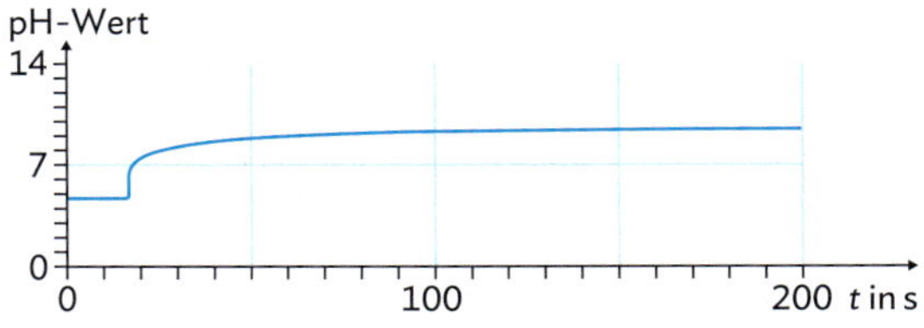

B4 Messergebnisse eines HU-Tests

7 Redoxgleichgewichte

06007-065
Arbeitsblatt unter QR-/Mediencode 06007-065

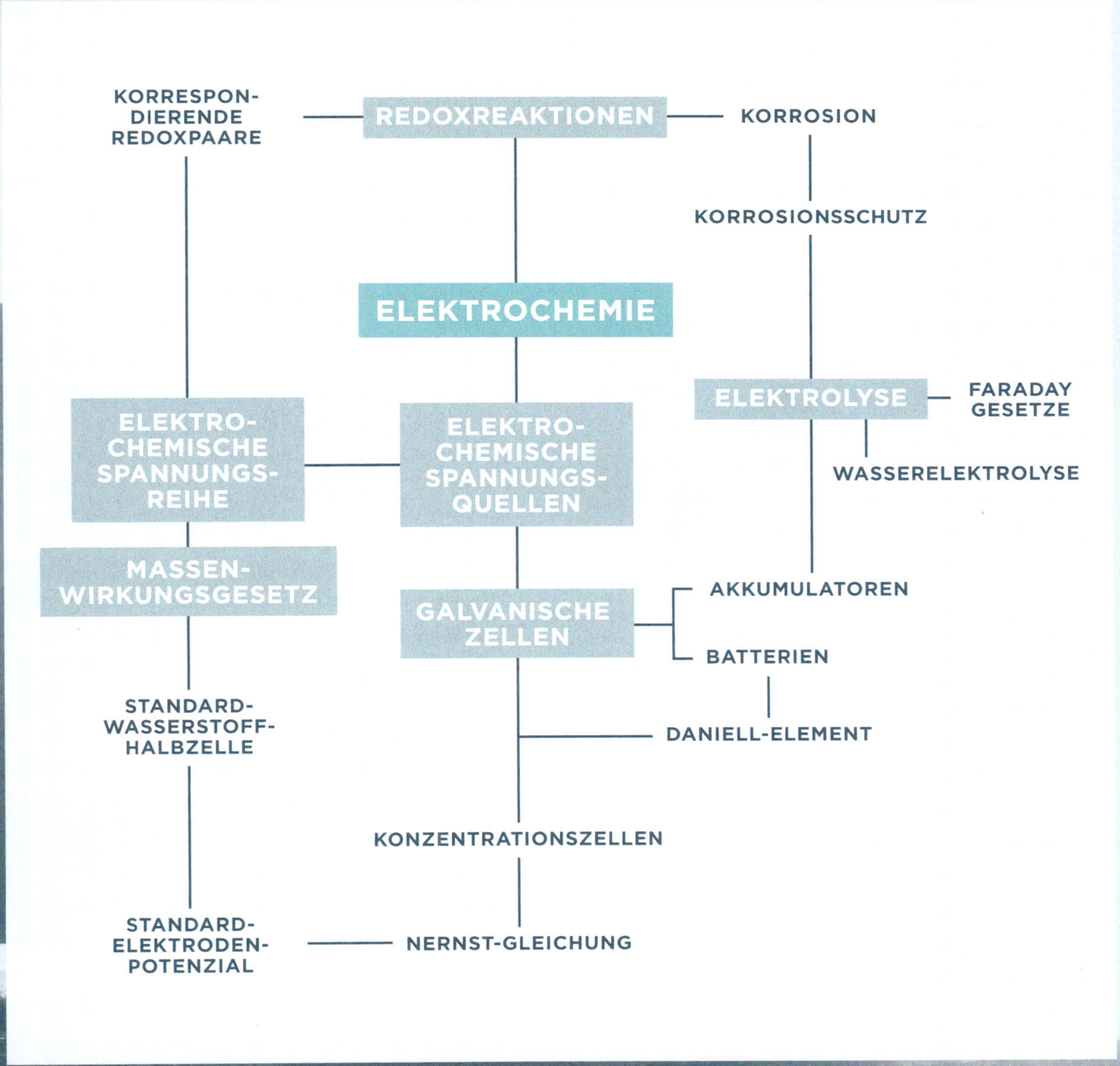

Startklar?

Schätzen Sie Ihre Kompetenz in den Bereichen A bis D ein und prüfen Sie sich anhand der entsprechenden Aufgaben (Arbeitsblatt unter QR-/Mediencode 06007-066).

06007-066

Unter QR-/Mediencode 06007-067 finden Sie außerdem eine Lernanwendung zur digitalen Überprüfung der geforderten Kompetenzen.

06007-067

Kompetenz	sehr gut	gut	schwierig
A Reaktionsgleichungen von Redoxreaktionen als Elektronenübergänge darstellen	?	?	?
B Den Aufbau und die Eigenschaften von Salzen erklären	?	?	?
C Bestimmen von Oxidationszahlen mithilfe von Strukturformeln	?	?	?
D Die Redoxreihe der Metalle anwenden	?	?	?

KOMPETENZ A: Reaktionsgleichungen von Redoxreaktionen als Elektronenübergänge darstellen

A1 Bei der Bildung von Salzen aus Elementen finden Elektronenübergänge statt. Erklären Sie den Vorgang der Elektronenübertragung bei der Bildung von Magnesiumiodid aus den Elementen anhand der Abbildung. Dargestellt ist der Elektronentransfer zur Bildung einer Ionengruppe des Salzkristalls.

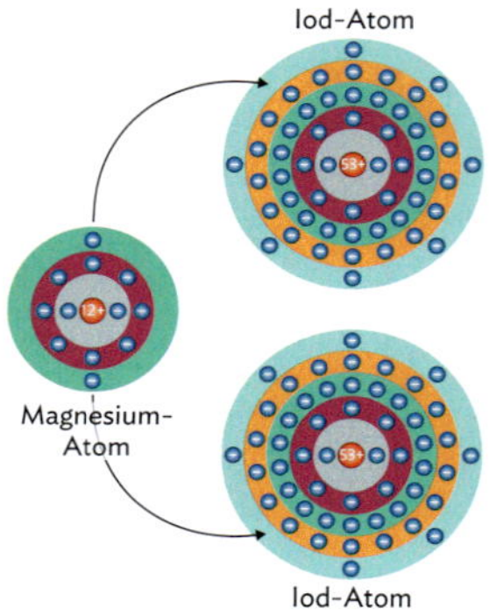

A2 Vervollständigen Sie die Teilgleichungen der Reaktion von Magnesium mit Iod und geben Sie die Gesamtgleichung an:
Oxidation: $Mg\ (s) \longrightarrow Mg^{2+}\ (aq) + ?\ e^-$
Reduktion: $I_2\ (g) + ?\ e^- \longrightarrow ?\ I^-\ (aq)$
Gesamtgleichung: ?

A3 Bei der Reaktion von Aluminium und Brom entsteht Aluminiumbromid.
a) Formulieren Sie die Teilgleichungen für die Oxidation und die Reduktion sowie die Gesamtgleichung der ablaufenden Reaktion.
b) Kennzeichnen Sie das Reduktionsmittel und das Oxidationsmittel.

KOMPETENZ B: Den Aufbau und die Eigenschaften von Salzen erklären

B1 Beschreiben Sie den Aufbau von Calciumfluorid und benennen Sie die Teilchen, aus denen es besteht.

B2 Erklären Sie mithilfe der folgenden Abbildung die elektrische Leitfähigkeit von Salzen in wässriger Lösung und in der Salzschmelze.
Beschreiben Sie auf Teilchenebene die Unterschiede beider Vorgänge.
Erklären Sie, dass Salze als Feststoff den elektrischen Strom nicht leiten.
Hinweis: Wasser-Moleküle sind für die Salzlösung aus Gründen der Übersichtlichkeit nicht dargestellt.

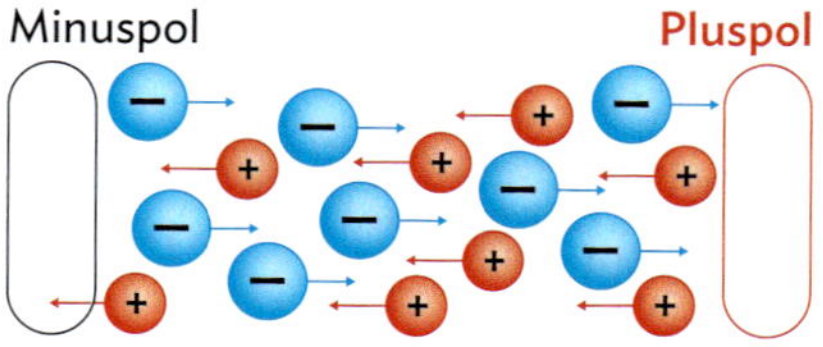

B3 Erläutern Sie folgende Eigenschaften von Salzen unter Anwendung des Struktur-Eigenschafts-Konzepts:
- Salze weisen hohe Schmelztemperaturen auf.
- Salze bestehen aus regelmäßig geformten Kristallen.
- Salzkristalle sind spröde und können nicht verformt werden.

KOMPETENZ C: Bestimmen von Oxidationszahlen mithilfe von Strukturformeln

C1 Bei Oxidationszahlen handelt es sich um „gedachte Ladungen", welche dazu beitragen, die Übertragung von Elektronen bei Redoxreaktionen nachvollziehen zu können.

a) Zeichnen Sie die LEWIS-Strukturformeln folgender Verbindungen: H_2O, CHOH, CH_2O, CH_3COOH.

b) Ermitteln Sie mithilfe eines geeigneten Periodensystems die Elektronegativitäten der in den Molekülen aus a) enthaltenen Atome.

c) Bestimmen Sie auf Basis der Elektronegativitäten die Oxidationszahlen aller in den Verbindungen aus a) vorliegenden Atomen.

C2 Vervollständigen Sie die folgenden Sätze:

- Die Oxidationszahl eines (ungeladenen) Atoms in einem Element ist __?__.
- Die Summe aller Oxidationszahlen in einem Molekül entspricht __?__.
- In einatomigen Ionen entspricht die Oxidationszahl __?__.
- Sauerstoff-Atome haben in Verbindungen stets die Oxidationszahl __?__. (Ausnahmen: Peroxide, __?__).
- Wasserstoff-Atome haben in Verbindungen die Oxidationszahl __?__ (Ausnahme: Metallhydride).

KOMPETENZ D: Die Redoxreihe der Metalle anwenden

D1 Die Tendenz von Metall-Atomen, Elektronen abzugeben ist umso größer, je unedler das Metall ist. Bei Metall-Kationen ist die Tendenz, reduziert zu werden, umso größer, je edler das Metall des entsprechenden Kations ist. Diese Zusammenhänge können in der Redoxreihe der Metalle veranschaulicht werden.

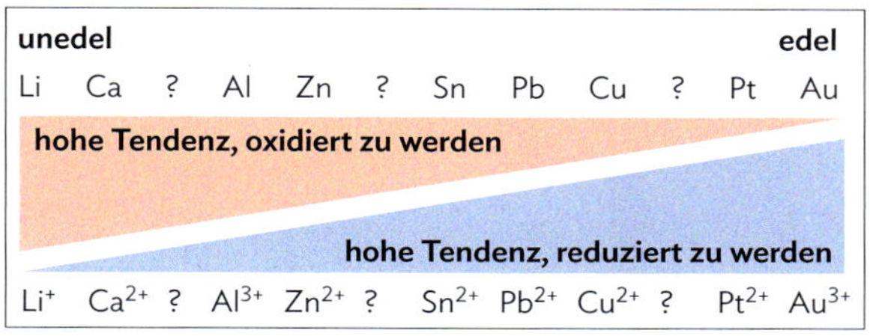

Vervollständigen Sie die Redoxreihe mit den Metall-Atomen von Silber, Eisen und Magnesium und deren Kationen Ag^{+}, Fe^{2+} und Mg^{2+}.

D2 Entscheiden Sie begründet, ob bei den folgenden Experimenten eine Redoxreaktion stattfindet. Sollte eine Reaktion möglich sein, formulieren Sie die Teilgleichungen sowie die Gesamtgleichung.

a) Ein Eisennagel wird in eine Lösung mit Zink-Ionen (Zn^{2+}) getaucht.

b) Ein Aluminiumblech wird in eine Lösung mit Zinn(II)-Ionen (Sn^{2+}) gelegt.

c) Ein Bleiblech wird in eine Lösung mit Silber-Ionen (Ag^{+}) gegeben.

Vergleichen Sie Ihre Antworten mit den Lösungen auf Seite 554 f. und geben Sie sich die entsprechende Punktzahl.

Kompetenz	sehr gut	gut	schwierig	zum Nachlesen
A Reaktionsgleichungen von Redoxreaktionen als Elektronenübergänge darstellen	15 – 12	11 – 7	6 – 5	S. 17
B Den Aufbau und die Eigenschaften von Salzen erklären	17 – 14	13 – 8	7 – 5	S. 20 – 21, 36
C Bestimmen von Oxidationszahlen mithilfe von Strukturformeln	21 – 17	16 – 13	12 – 8	S. 107
D Die Redoxreihe der Metalle anwenden	19 – 15	14 – 9	8 – 6	S. 21

7.1 Oxidation und Reduktion

Redoxreaktionen sind die Grundlage elektrochemischer Prozesse und im Alltag allgegenwärtig. Der Rostvorgang oder auch komplexe Prozesse, z. B. in Elektroautos, basieren auf Elektronenübergängen bei chemischen Reaktionen. Wann verlaufen diese selbsttätig und wann müssen sie erzwungen werden?

7.1.1 Versuche und Material

V/M Überzüge auf Metallen

2 5 7 9

Metallische Überzüge auf Dekorationsartikeln sind sehr beliebt, um Gegenstände hochwertig erscheinen zu lassen. Eine Rostschicht auf der Fahrradkette ist dagegen sehr ärgerlich. Wie entstehen diese Überzüge?

M1 Betrachten Sie die Reaktionen der verschiedenen Metalle mit Sauerstoff unter QR-/Mediencode 06022-62.

06022-62

V2 Stellen Sie einen blank geschmirgelten Eisennagel in eine Kupfer(II)-sulfatlösung (c = 0,1 mol/L).

V3 Befüllen Sie ein Becherglas mit Eisenpulver und einer Kupfer(II)-sulfatlösung (c = 0,1 mol/L) und schwenken Sie die Suspension. Geben Sie nach einiger Zeit einige Tropfen einer Lösung von Kaliumhexacyanidoferrat(III) („Rotes Blutlaugensalz") in das Becherglas.

AUSWERTUNG

a) Ordnen Sie die Metalle aus **M1** nach steigender Reaktivität. Stellen Sie jeweils die Reaktionsgleichungen auf (Hilfen unter QR-/Mediencode 06022-63).

06022-63

b) Vergleichen Sie den Eisennagel vor und nach Eintauchen in die Kupfer(II)-sulfatlösung in **V2**. Benennen Sie den auf dem Nagel gebildeten Stoff und stellen Sie zu dessen Bildung eine Teilgleichung auf.

c) Eine Lösung von Kaliumhexacyanidoferrat(III) dient zum Nachweis von Eisen(II)-Ionen. Formulieren Sie eine Teilgleichung zu deren Bildung in **V3**.

d) Formulieren Sie für die Reaktionen in **V2** und **V3** die Gesamtgleichung und kennzeichnen Sie Oxidation und Reduktion.

ENTSORGUNG G1, G2, G3

V Reaktionen von Metallen mit Metallsalzlösungen

Um Kosten zu sparen und Rohstoffe zu schonen, spielt die Wiedergewinnung von Metallen, insbesondere von Edelmetallen, aus Metallsalzlösungen eine große, wirtschaftliche Rolle. Welche chemischen Vorgänge laufen dabei ab?

V4 Geben Sie in einer Versuchsreihe blanke Streifen verschiedener Metalle nacheinander in verschiedene Metallsalzlösungen. Verwenden Sie die Metalle Eisen, Kupfer, Silber und Zink sowie die entsprechenden Salzlösungen dieser Metall.

AUSWERTUNG

a) Halten Sie Ihre Beobachtungen aus **V4** in tabellarischer Form nach dem Beispiel in **B1** fest.

b) Formulieren Sie für alle ablaufenden Reaktionen die Reaktionsgleichungen.

	Zn	Fe	Cu	Ag
Zn^{2+}	?	?	?	?
Fe^{2+}	?	?	?	?
Cu^{2+}	?	?	?	?
Ag^{+}	?	?	?	?

+ = Reaktion – = keine Reaktion

B1 Tabelle zu **V4**

c) Ordnen Sie die Metalle aufsteigend nach guter Oxidierbarkeit.

d) Begründen Sie, dass z. B. Abwässer, die Silber-Ionen enthalten, mit Eisenwolle behandelt werden.

ENTSORGUNG G2

V Oxidation und Reduktion als umkehrbare Vorgänge

Oxidationen und Reduktionen beschreiben Teilprozesse der Übertragung von Elektronen bei chemischen Reaktionen. Welche Rolle spielt die Wahl bestimmter Reaktionspartner für die Elektronenübertragung?

V5 Vermischen Sie in einem Reagenzglas jeweils 3 mL Eisen(II)-sulfatlösung und Silbernitratlösung und erwärmen Sie dieses Gemisch vorsichtig mithilfe des Gasbrenners. Geben Sie zu dem Gemisch 2-3 mL einer Lösung von Kaliumhexacyanidoferrat(II) („gelbes Blutlaugensalz", **B2**).

V6 Fügen Sie zu 3 mL Eisen(III)-chloridlösung 2 mL Kaliumiodidlösung hinzu. Geben Sie zum Gemisch 2 mL einer Lösung von Kaliumhexacyanidoferrat (III) („rotes Blutlaugensalz", **B2**).

AUSWERTUNG

a) Recherchieren Sie die Verwendung von gelbem und rotem Blutlaugensalz in der Analytik. MK

b) Beschreiben Sie die Versuchsbeobachtungen in **V5** und **V6**.

c) In **V5** reagieren Eisen(II)-Ionen zu Eisen(III)-Ionen und Silber-Ionen zu Silber-Atomen. Stellen Sie diese Teilchenveränderungen in zwei Teilgleichungen dar. Begründen Sie, dass hier eine Elektronenübertragung zwischen zwei Teilchenarten stattfindet.

d) Formulieren Sie die Teilgleichungen zu **V6** und fassen Sie diese in einer Gesamtgleichung zusammen.

e) Erläutern Sie die Rolle der Eisen-Ionen in **V5** und **V6**.

B2 Gelbes und rotes Blutlaugensalz, jeweils als Feststoff und in Wasser gelöst

ENTSORGUNG G2

7.1.2 Elektronenübertragungsreaktionen

Metalle sind aus unserem Alltag nicht wegzudenken. Doch nicht jedes Metall ist für jeden Zweck gleichermaßen geeignet. Während Gold seinen metallischen Glanz lange behält, rostet Eisen oder überzieht sich Kupfer mit einem typischen Belag. Woran liegt das?

Metalle reagieren mit Sauerstoff

Bei **M1** werden die Metalle Kupfer, Eisen, Zink und Magnesium in Form von Pulver des gleichen Zerteilungsgrades in eine rauschende Brennerflamme gestreut (**B1**). Welche Reaktionen laufen dabei ab?

B1 Magnesium (links) reagiert deutlich heftiger als Kupfer (rechts).

Bei den gezeigten Reaktionen handelt es sich um die Reaktionen der Metalle mit dem Luftsauerstoff. Es laufen folgende Reaktionen ab:

$$2\,Cu\,(s) + O_2\,(g) \longrightarrow 2\,CuO\,(s)$$
$$2\,Fe\,(s) + O_2\,(g) \longrightarrow 2\,FeO\,(s)$$
$$2\,Zn\,(s) + O_2\,(g) \longrightarrow 2\,ZnO\,(s)$$
$$2\,Mg\,(s) + O_2\,(g) \longrightarrow 2\,MgO\,(s)$$

Redoxreaktionen

Oxidationszahlen
→ FM S. 358

Bei allen Reaktionen handelt es sich um **Redoxreaktionen**, d. h. **Elektronenübertragungsreaktionen**.
Die Metall-Atome Me sind **Elektronendonatoren** und geben Elektronen ab. Sie werden oxidiert. Den Aufbau von Metallen stellt man sich mit dem **Elektronengasmodell** vor. Zwischen den positiv geladenen **Atomrümpfen** auf festen Gitterplätzen bewegen sich die freibeweglichen Valenzelektronen der Metall-Atome. Diese freien Elektronen nennt man **Elektronengas**. Aufgrund der relativ schwachen Bindung der Valenzelektronen an die Atomrümpfe fungieren Metall-Atome in der Regel als Elektronendonatoren.

Oxidation: $2\,\overset{0}{Me} \longrightarrow 2\,\overset{+II}{Me}{}^{2+} + 4\,e^-$

Die gebunden vorliegenden Sauerstoff-Atome dienen als **Elektronenakzeptor** und werden reduziert.

Reduktion: $\overset{0}{O}_2 + 4\,e^- \longrightarrow 2\,\overset{-II}{O}{}^{2-}$

Die Metall-Atome reduzieren die Sauerstoff-Atome und wirken somit als **Reduktionsmittel**, die Sauerstoff-Atome hingegen als **Oxidationsmittel**. Dass eine Elektronenübertragung abläuft, erkennt man an der Veränderung der Oxidationszahlen der beteiligten Atome und Ionen. Bei der Oxidation erhöht sich die Oxidationszahl, bei einer Reduktion erniedrigt sie sich.
Auch wenn man einen Eisennagel in eine Kupfer(II)-sulfatlösung hält, findet eine Redoxreaktion statt (**V2**). Auf dem Eisennagel bildet sich eine kupferfarbene Schicht. Es scheidet sich Kupfer ab (**B2**).

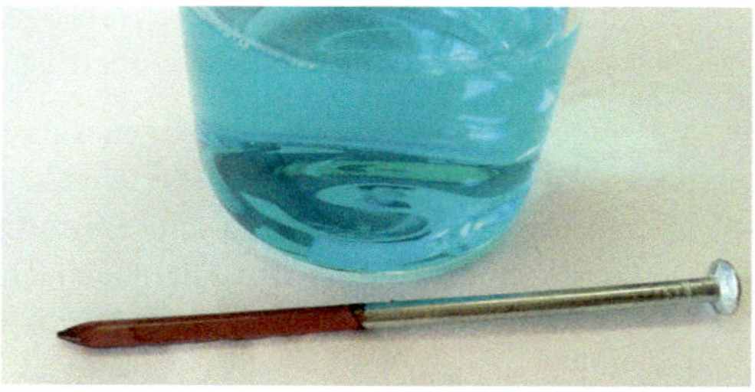

B2 Hält man einen Eisennagel in eine Kupfer(II)-sulfatlösung, scheidet sich elementares Kupfer auf dem Nagel ab.

Gibt man analog Eisenpulver in eine Kupfer(II)-sulfatlösung und gibt eine Lösung von Kaliumhexacyanidoferrat(III) („Rotes Blutlaugensalz") hinzu, färbt sich die Lösung dunkelblau. Dies ist ein Nachweis für Eisen(II)-Ionen. Die Eisen-Atome und die Kupfer(II)-Ionen haben folglich miteinander zu Eisen(II)-Ionen und Kupfer-Atomen reagiert.

Oxidation: $\overset{0}{Fe} \longrightarrow \overset{+II}{Fe}{}^{2+} + 2\,e^-$

Reduktion: $\overset{+II}{Cu}{}^{2+} + 2\,e^- \longrightarrow \overset{0}{Cu}$

Redoxreaktion: $Fe + Cu^{2+} \longrightarrow Fe^{2+} + Cu$

Die Eisen-Atome geben Elektronen ab, die Kupfer(II)-Ionen nehmen sie auf. Die Oxidationszahl der Eisen-Atome ändert sich bei der Reaktion zu Eisen(II)-Ionen von 0 auf +II, die der Kupfer(II)-Ionen zu Kupfer-Atomen von +II auf 0.
Hält man dagegen ein Kupferblech in eine Eisen(II)-Salzlösung, findet keine Reaktion statt (**V4**). Woran liegt das?

Die Redoxreihe der Metalle

In **V4** werden verschiedene Kombinationen aus Metallen und Metallsalzlösungen getestet. Nur bei bestimmten Kombinationen kann eine Reaktion festgestellt werden (**B3**).

	Zn	Fe	Cu	Ag
Zn^{2+}		–	–	–
Fe^{2+}	+		–	–
Cu^{2+}	+	+		–
Ag^{+}	+	+	+	

B3 Ergebnisse zu **V4** (+ es findet eine Reaktion statt; – es findet keine Reaktion statt)

Dies ist mit der Stellung der Metalle und ihrer Ionen in der **Redoxreihe der Metalle** zu begründen. In der Redoxreihe der Metalle werden die Metalle nach ihrem Redoxverhalten geordnet (**B4**).

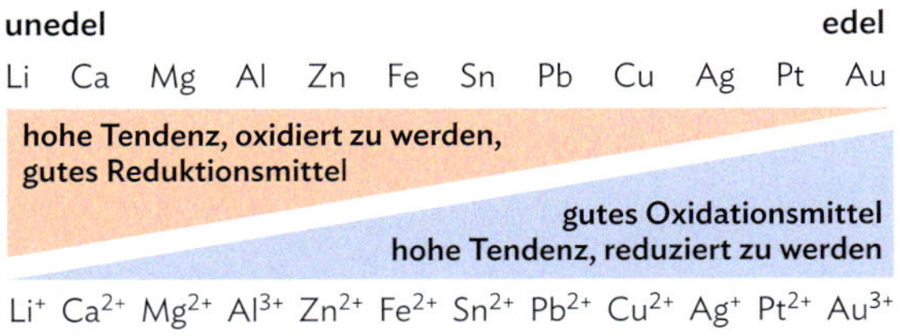

B4 Die Redoxreihe der Metalle

Lithium-Atome haben eine höhere Tendenz, Elektronen abzugeben als Calcium-Atome. Calcium-Atome wiederum haben eine höhere Tendenz, Elektronen abzugeben als Magnesium-Atome usw. Innerhalb der Redoxreihe nimmt die Tendenz des Metalls, z. B. als Reduktionsmittel zu reagieren, von Lithium nach Gold ab.

Die Redoxreihe hilft, schlüssige Vorhersagen über den Ablauf einer Reaktion zu treffen. Mit ihr kann auch die unterschiedliche Heftigkeit der Reaktion der Metallpulver des gleichen Zerteilungsgrads mit Sauerstoff erklärt werden (**M1**). Je höher die Tendenz eines Metall-Atoms ist, Elektronen abzugeben, d. h. je unedler das Metall, desto heftiger die Reaktion. Je edler das Metall ist, desto geringer ist die Tendenz der Metall-Atome, Elektronen abzugeben und desto weniger heftig läuft die Reaktion ab.
Wird ein Metall mit einer Metallsalzlösung kombiniert (**V2**, **V4**), so findet eine Reaktion nur statt, wenn eine Metallsalzlösung des edleren Metalls und das unedlere Metall elementar vorliegt. Die Atome des unedleren Metalls übertragen Elektronen auf die Kationen des edleren Metalls. Das edlere Metall scheidet sich elementar ab.

In einer Redoxreaktion laufen gleichzeitig eine Oxidation und eine Reduktion ab. Dabei erfolgt eine Elektronenübertragung. Elektronendonatoren werden oxidiert. Elektronenakzeptoren werden reduziert. Die Tendenz, Elektronen abzugeben und damit als ein Reduktionsmittel zu wirken, ist bei den Metallen unterschiedlich stark ausgeprägt und wird in der Redoxreihe der Metalle dargestellt.

AUFGABEN

A1 Erläutern Sie den historisch bedingten Hintergrund der Bezeichnung Oxidation.

A2 Erklären Sie den allgemeinen Ablauf einer Redoxreaktion und verwenden Sie die Begriffe Elektronendonator, Elektronenakzeptor, Reduktions- und Oxidationsmittel.

A3 Formulieren Sie für die Reaktion von Magnesium und Chlor die Teilgleichungen für Oxidation und Reduktion sowie die Redoxreaktion. Nennen Sie das Reduktions- und Oxidationsmittel.

A4 Beschreiben Sie das experimentelle Vorgehen, um das Metall Chrom korrekt in die Redoxreihe einzuordnen.

7.1.3 Redoxgleichungen

Elektronenübergänge sind umkehrbar

korrespondierende Säure-Base-Paare → S. 308

Metalle können als Reduktionsmittel reagieren. Sie unterscheiden sich in der Tendenz ihrer Atome, Elektronen abzugeben. Nach der Elektronenabgabe liegen positiv geladene Metall-Kationen vor. Diese können prinzipiell wieder Elektronen aufnehmen. Metallsalzlösungen können auch als Oxidationsmittel verwendet werden. Reagieren Eisen(II)-Ionen mit den einfach positiv geladenen Ionen des edleren Metalls Silber aus der Silbernitratlösung kann man mit gelbem Blutlaugensalz die Anwesenheit von Eisen(III)-Ionen nachweisen (**V5**). Bei dieser Reaktion findet eine Elektronenübertragung von den Eisen(II)-Ionen (Fe^{2+}) auf die Silber-Ionen (Ag^{+}) statt. Die Silber-Ionen werden zu Silber-Atomen reduziert.

Oxidation

$$Fe^{2+}(aq) + Ag^{+}(aq) \longrightarrow Fe^{3+}(aq) + Ag(s)$$

Reduktion

Mit einem geeigneten Reduktionsmittel können Eisen(III)- wieder zu Eisen(II)-Ionen reduziert werden. Auch Ionen von Nichtmetallen können an Redoxreaktionen beteiligt sein und dann reduzierend wirken. Iodid-Ionen (I^{-}) geben bei der Reaktion mit Eisen(III)-Ionen jeweils ein Elektron ab. Die entstehenden Eisen(II)-Ionen können durch Zugabe von rotem Blutlaugensalz (durch intensive Blaufärbung der Lösung) nachgewiesen werden (**V5**).

Oxidation

$$2\,Fe^{3+}(aq) + 2\,I^{-}(aq) \longrightarrow 2\,Fe^{2+}(aq) + I_2(g)$$

Reduktion

FM Oxidationszahlen zuordnen

Unter der Oxidationszahl eines Atoms in einer Verbindung versteht man die formale Ladung, die dieses Atom erhalten würde, wenn man sich die Verbindung aus Ionen aufgebaut denkt, wobei die bindenden Elektronen jeweils vollständig dem elektronegativeren Element zugeordnet werden. Es gelten folgende Regeln:

- Atome in elementaren Stoffen haben die Oxidationszahl 0.

  Bsp.: $\overset{0}{Mg}$, $\overset{0}{H}_2$

- Das Wasserstoff-Atom hat in Verbindungen die Oxidationszahl + I (Ausnahme: Hydride).

  Bsp.: $\overset{+I}{H}_2O$, $N\overset{+I}{H}_3$

- Das Sauerstoff-Atom hat in Verbindungen die Oxidationszahl – II (Ausnahme: Peroxide).

  Bsp.: $C\overset{-II}{O}_2$, $H_2\overset{-II}{O}$

- In einer Verbindung ist die Summe der Oxidationszahlen aller beteiligten Atome Null.

  Bsp.: $\overset{+IV}{Si}\overset{-I}{F}_4$, $\overset{+I}{H}_2\overset{+VI}{S}\overset{-II}{O}_4$

- Bei einem (einfachen) Ion ist die Oxidationszahl gleich der Ionenladung.

  Bsp.: $\overset{+I}{Na}^{+}$, $\overset{-II}{O}^{2-}$

- Für ein zusammengesetztes Ion ist die Summe der Oxidationszahlen aller beteiligten Atome gleich der Ionenladung.

  Bsp.: $\overset{+IV}{C}\overset{-II}{O}_3{}^{2-}$

Bestimmung der Oxidationszahlen

Um die Reaktionsgleichungen für Redoxreaktionen aufstellen zu können, muss zunächst ermittelt werden, welche Teilchen oxidiert bzw. reduziert werden. Sind bei einer Redoxreaktion (einfache) Ionen beteiligt, so lässt sich an der Veränderung der Ladung leicht eine Elektronenaufnahme oder -abgabe feststellen. Bei Molekülen oder Molekül-Ionen bedient man sich der **Oxidationszahlen**.

Korrespondierende Redoxpaare

Mit einem entsprechenden Reduktions- bzw. Oxidationsmittel sind Elektronenübertragungsreaktionen also umkehrbar (**V5**). Atome oder Ionen eines Reduktionsmittels (Red) geben Elektronen ab und bilden das korrespondierende Oxidationsmittel (Ox). Atome oder Ionen eines Oxidationsmittels nehmen Elektronen auf und bilden das korrespondierende Reduktionsmittel. Bei Elektronenübertragungen sind – analog zu korrespondierenden Säure-Base-Paaren bei Säure-Base-Reaktionen – zwei **korrespondierende Redoxpaare** beteiligt (**B5**). Sie können als Kurzschreibweise Red/Ox dargestellt werden, z. B. Fe^{2+}/Fe^{3+} oder Ag/Ag^{+}.

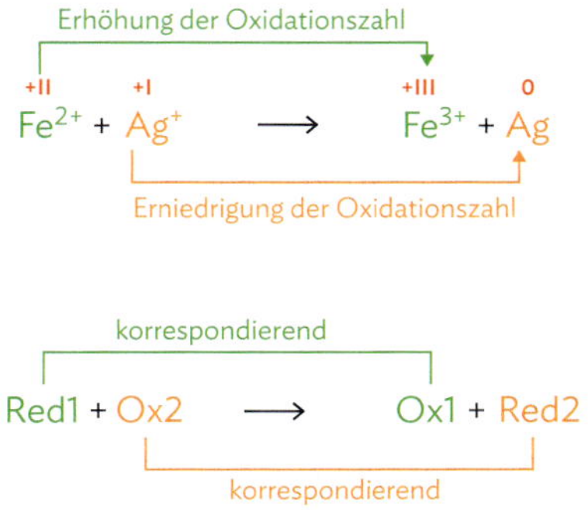

B5 Korrespondierende Redoxpaare

Ausgleich von Redoxgleichungen

Bei Redoxreaktionen werden immer gleich viele Elektronen aufgenommen wie abgegeben. Das muss beim Aufstellen der Gesamtgleichung der Redoxreaktion rechnerisch berücksichtigt werden. Bei Redoxreaktionen in saurer oder alkalischer Lösung muss neben dem Ausgleich der Anzahl an übertragenen Elektronen zwischen den korrespondierenden Redoxpaaren auch ein Ladungs- und Atomausgleich erfolgen. Dies geschieht mittels Oxonium-Ionen H_3O^+ in saurer Lösung bzw. Hydroxid-Ionen OH^- in alkalischer Lösung und Wasser-Molekülen (vgl. **FM** S. 360).

Synproportionierung

Auf „chlorhaltigen" Sanitärreinigern findet man den Warnhinweis „Nicht zusammen mit sauren Reinigern verwenden." Diese Reiniger enthalten kein elmtentares Chlor, sondern meist **Hypochlorit**, eine chlorhaltige Verbindung. Bei der Reaktion von Hypochlorit-Ionen ClO^- mit sauren Lösungen kann das gefährliche Chlorgas entstehen. Betrachten wir die Reaktion, die durch Vermischen eines hypochlorithaltigen Sanitärreinigers mit einem Reiniger, der Salzsäurelösung enthält, ablaufen würde:

Oxidation: $2\,Cl^- \longrightarrow Cl_2 + 2\,e^-$

Reduktion: $2\,ClO^- + 2\,e^- \longrightarrow Cl_2$

Sowohl bei der Oxidation als auch bei der Reduktion entsteht das gleiche Produkt. Die Oxidationszahl der Chlor-Atome hat sich erhöht (Oxidation) bzw. verringert (Reduktion). Solch einen Spezialfall einer Redoxreaktion, bei der Atome eines Elementes in unterschiedlichen Oxidationsstufen ein Produkt mit mittlerer Oxidationsstufe bilden, nennt man Synproportionierung. Stellt man die Redoxgleichung auf, so stimmt die Atombilanz im Hinblick auf die Sauerstoff-Atome noch nicht. Da diese Reaktion nur im sauren Milieu abläuft, gleicht man die Redoxreaktion mit Oxonium-Ionen und Wasser-Molekülen aus:

$$ClO^-\,(aq) + Cl^-\,(aq) + 2\,H_3O^+\,(aq) \longrightarrow Cl_2\,(g) + 3\,H_2O\,(l)$$

An Redoxreaktionen sind stets zwei korrespondierende Redoxpaare beteiligt. Zum Aufstellen einer Redoxgleichung muss zunächst anhand der Reaktionsgleichung bestimmt werden, welche Teilchen oxidiert bzw. reduziert werden. Der Ausgleich von Sauerstoff- oder Wasserstoff-Atomen erfolgt bei Bedarf mit Oxonium- oder Hydroxid-Ionen und Wasser-Molekülen.

AUFGABEN

A1 Vergleichen Sie Protolysereaktionen und Elektronenübertragungsreaktionen hinsichtlich des Donator-Akzeptor-Prinzips.

06007-068 Arbeitsblatt zu **A1** unter QR-/Mediencode 06007-068

A2 Benennen Sie folgende Verbindungen und geben Sie jeweils die Oxidationszahlen aller Atome an: NaOH, $HClO_3$, SO_3^{2-}, HNO_3, Cu_2O.

A3 Um zu überprüfen, ob ein Speisesalz „iodiert" ist, gibt man eine saure Kaliumiodidlösung hinzu. „Iodierte" Speisesalze enthalten Iodat-Ionen IO_3^-. Es entsteht elementares Iod. Entwickeln Sie die Redoxgleichung und geben Sie den Reaktionstyp an.

7.1.4 Redoxgleichungen aufstellen

alternative Vorgehensweise unter QR-/Mediencode 06007-069 06007-069

Bei einfachen Redoxreaktionen wie der von Eisen(II)-Ionen mit Silber-Ionen lassen sich anhand der Ladungszahl z sehr einfach Teilgleichungen und daraus die gesamte Redoxgleichung ableiten (vgl. S. 358 f.). Bei komplexeren Reaktionen wie z. B. der pH-Wertabhängigen Reaktion von Kaliumpermanganat-Ionen mit Chlorid-Ionen ist das Aufstellen von Redoxgleichungen schwieriger. Im Folgenden wird eine bewährte Methode an diesem Beispiel aufgezeigt:

VORGEHEN

1. Notieren Sie die korrespondierenden Redoxpaare.

Redoxpaar 1: Mn^{2+}/MnO_4^-

Redoxpaar 2: $2\ Cl^-/Cl_2$

An jeder Redoxreaktion sind zwei korrespondierende Redoxpaare beteiligt, welche sich z. B. in Tafelwerken oder Formelübersichten finden lassen.

2. Formulieren Sie die Teilgleichungen für Oxidation und Reduktion mithilfe der Oxidationszahlen.

Oxidation:

$$2\ \overset{-I}{Cl^-} \longrightarrow \overset{0}{Cl_2} + 2\ e^-$$

Reduktion:

$$\overset{VII}{Mn}\overset{-II}{O_4^-} + 5\ e^- \longrightarrow \overset{II}{Mn^{2+}}$$

Durch die Bestimmung der Oxidationszahlen der relevanten Atome wird festgestellt, wie viele Elektronen e^- abgegeben bzw. aufgenommen werden:

- Oxidationszahl wird größer: Oxidation (Elektronenabgabe, e^- stehen auf Produktseite)
- Oxidationszahl wird kleiner: Reduktion (Elektronenaufnahme, e^- stehen auf Eduktseite)

3. Stellen Sie die Elektronenbilanz durch Multiplikation und Addition der Teilgleichungen her.

Oxidation:

$$2\ Cl^- \longrightarrow Cl_2 + 2\ e^- \quad | \cdot 5$$

Reduktion:

$$MnO_4^- + 5\ e^- \longrightarrow Mn^{2+} \quad | \cdot 2$$

Redoxreaktion:

$$10\ Cl^- + 2\ MnO_4^- + 10\ e^- \longrightarrow 5\ Cl_2 + 10\ e^- + 2\ Mn^{2+}$$

Die Zahl der bei der Reduktion aufgenommenen Elektronen muss mit der Zahl der bei der Oxidation abgegebenen Elektronen übereinstimmen. Dies wird erreicht, indem die Teilgleichungen gegebenenfalls so multipliziert werden, dass sich für die Faktoren beider Elektronenanzahlen das kleinste gemeinsame Vielfache ergibt. Nach der Addition der Teilgleichungen ist die Elektronenanzahl gleich und kann gestrichen werden.

4. Stellen Sie eine ausgeglichene Ladungsbilanz mithilfe von H_3O^+- (in saurer Lösung) oder OH^--Ionen (in alkalischer Lösung) her.

Redoxreaktion:

$$10\ Cl^- + 2\ MnO_4^- + 16\ H_3O^+ \longrightarrow 5\ Cl_2 + 2\ Mn^{2+}$$

Beide Seiten der Redoxgleichung müssen dieselbe Ladung aufweisen. Durch Hinzufügen von 16 H_3O^+-Ionen auf der Eduktseite können die 12 negativen Ladungen auf der Eduktseite und die 4 positiven Ladungen auf der Produktseite ausgeglichen werden (funktioniert vereinfacht auch mit H^+-Ionen).

5. Stellen Sie eine ausgeglichene Atombilanz mithilfe von H_2O-Molekülen her.

Gesamtgleichung:

$$10\ Cl^- + 2\ MnO_4^- + 16\ H_3O^+ \longrightarrow 5\ Cl_2 + 2\ Mn^{2+} + 24\ H_2O$$

Auf Edukt- und Produktseite der Gesamtreaktionsgleichung muss für jedes Element die gleiche Zahl an Atomen vorhanden sein. Auf der Eduktseite sind 24 Sauerstoff-Atome vorhanden, die auf der Produktseite durch Hinzufügen von Wasser-Molekülen ergänzt werden müssen.

AUFGABEN

A1 Bei der Reaktion von Kaliumpermanganat mit Sulfit-Ionen SO_3^{2-} in alkalischer Lösung bilden sich Manganat-Ionen MnO_4^{2-} und Sulfat-Ionen SO_4^{2-}. Stellen Sie die Redoxgleichung für diese Reaktion auf.

A2 Kaliumdichromat reagiert mit Eisen(II)-Ionen zu Chrom(III)-Ionen Cr^{3+} und Eisen(III)-Ionen. Entwickeln Sie die Redoxgleichung dieser Reaktion im sauren Milieu.

7.1.5 Eine Redoxtitration durchführen und auswerten LK

Titrationen dienen allgemein zur Bestimmung von Stoffmengenkonzentrationen gelöster Stoffe in einer wässrigen Lösung. Durch **Redoxtitrationen** lassen sich Stoffmengenkonzentrationen von Teilchen bestimmen, die oxidiert oder reduziert werden können. Wie geht man dabei vor?

Im Gegensatz zur Säure-Base-Titration (vgl. S. 334 ff.) ist der Reaktionsendpunkt bzw. der Äquivalenzpunkt (ÄP) bei der Redoxtitration nicht immer durch einen pH-Indikator anzeigbar. Bei der **Manganometrie** erkennt man ihn daran, dass keine Entfärbung der zugetropften violetten Permanganatlösung mehr eintritt und die Probelösung schwach rosa verbleibt. Sie lässt sich nach dem unten beschriebenen Vorgehen auswerten.
Neben der Manganometrie existieren auch weitere Methoden der Redoxtitration wie z. B. die **Bromatometrie** oder die **Iodometrie** (Informationen unter QR-/Mediencode 06002-58).

06002-58

Wenden Sie das Verfahren der Redoxtitration zur Ermittlung der Konzentration von Eisen(II)-Ionen in einem Eisenmangelpräparat an.

VORGEHEN

1. Legen Sie ein bekanntes Volumen V_P = 1 mL (20 Tropfen) des zu untersuchenden Eisenmangelmedikaments in einem Erlenmeyerkolben vor.
2. Verdünnen Sie das Präparat mit 50 mL destilliertem Wasser und geben Sie 5 bis 10 mL verdünnte Schwefelsäure hinzu.
3. Befüllen Sie eine Bürette mit Kaliumpermanganatlösung der Konzentration c_M = 0,01 mol/L (Maßlösung) und notieren Sie den Stand.
4. Titrieren Sie die Medikamentenlösung gegen die Kaliumpermanganatlösung bis keine Entfärbung mehr eintritt und die Probelösung schwach rosa verbleibt (Endpunkt der Titration) (**B1**).
5. Notieren Sie das Volumen an verbrauchter Maßlösung V_M.
   In diesem Versuch wurden 9,8 mL Kaliumpermanganatlösung verbraucht.
6. Formulieren Sie die zugrunde liegende Reaktionsgleichung.
   Die im Medikament enthaltenen Eisen(II)-Ionen werden zu Eisen(III)-Ionen oxidiert:
   $Fe^{2+} \longrightarrow Fe^{3+} + e^-$
   Permanganat-Ionen werden im sauren Milieu zu Mangan(II)-Ionen reduziert:
   $MnO_4^- + 8\,H_3O^+ + 5\,e^- \longrightarrow Mn^{2+} + 12\,H_2O$

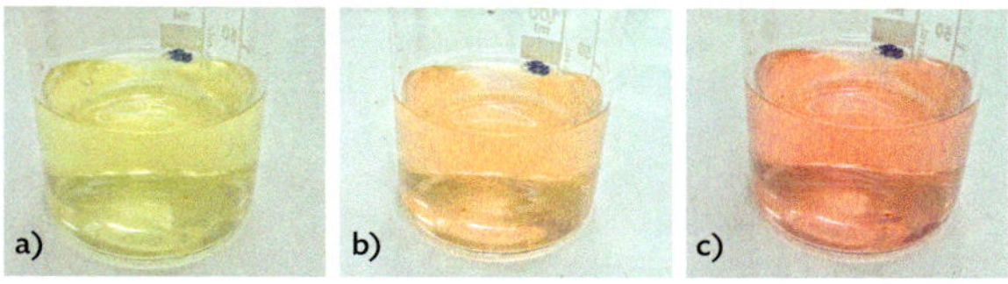

B1 Ergebnisse der Titration: a) vor dem ÄP, b) am ÄP, c) nach dem ÄP

   Die Gesamtgleichung lautet demnach:
   $MnO_4^-\,(aq) + 5\,Fe^{2+}\,(aq) + 8\,H_3O^+\,(aq) \longrightarrow Mn^{2+}\,(aq) + 5\,Fe^{3+}\,(aq) + 12\,H_2O\,(l)$
7. Berechnen Sie die Stoffmenge n_M der verbrauchten Permanganat-Ionen.
   $n_M = c_M \cdot V_M = 0{,}01\,mol/L \cdot 0{,}0098\,L = 0{,}000098\,mol$
8. Ermitteln Sie anhand der Reaktionsgleichung das Verhältnis der oxidierten zu reduzierten Teilchen.
   $n(MnO_4^-) : n(Fe^{2+}) = 1:5$
   Daraus ergibt sich der folgende Zusammenhang:
   $n_M : n_P = 1:5$
9. Ermitteln Sie die Stoffmenge der gesuchten Ionensorte Fe^{2+} in der Probe.
   $n_P = 5 \cdot n_M = 0{,}00049\,mol$
10. Berechnen Sie die Konzentration der gesuchten Ionensorte:
   $$c_P = \frac{n_P}{V_P} = \frac{0{,}00049\,mol}{0{,}001\,L} = 0{,}49\,\frac{mol}{L}$$
11. Aus dem Ergebnis aus **9.** kann ebenfalls die in der Probe enthaltene Masse der gesuchten Substanz ermittelt werden:
   $m_p = M(Fe^{2+}) \cdot n_p = 56\,\frac{g}{mol} \cdot 0{,}00049\,mol = 27{,}4\,mg$

Die Konzentration an Eisen(II)-Ionen im Eisenmangelpräparat beträgt 0,49 mol/L.

AUFGABEN

A1 Laut Hersteller enthält 1 mL des untersuchten Eisenmangelmedikaments 30 mg gebundenes Eisen. Vergleichen Sie den angegebenen mit dem ermittelten Wert von 27,4 mg und diskutieren Sie, worauf eventuell niedrigere Werte zurückzuführen sein könnten.

A2 Der Gehalt an Wasserstoffperoxid in einer Probe kann mittels Manganometrie bestimmt werden. Formulieren Sie hierzu die Reaktionsgleichung.

A3 Informieren Sie sich unter QR-/Mediencode 06002-58 über die Iodometrie und vergleichen Sie das Verfahren mit der Manganometrie.

7.2 Galvanische Zellen

Die Elektronenübertragung bei einer Redoxreaktion kann in geeigneten Zellanordnungen auch nutzbar gemacht werden. Einer der ersten Forscher, der dieses Prinzip entdeckt und somit die Grundlage für die heutige Nutzung von Batterien und Akkumulatoren gelegt hat, war JOHN F. DANIELL. Welche Prozesse spielen dabei eine Rolle und wie sah das erste DANIELL-Element zur Stromerzeugung aus?

7.2.1 Versuche und Material

V Strom durch Redoxreaktionen

Elektrischer Strom kommt durch Elektronenfluss zustande. Welchen Versuchsaufbau hat JOHN F. DANIELL genutzt, um elektrischen Strom zu erzeugen?

V1 Füllen Sie, wie in **B1** dargestellt, ein Becherglas mit Kupfer(II)-sulfatlösung (c = 0,1 mol/L) und ein weiteres Becherglas mit Zinksulfatlösung (c = 0,1 mol/L). Tauchen Sie in die Kupfer(II)-sulfatlösung ein Kupferblech und in die Zinksulfatlösung ein Zinkblech. Schließen Sie an beide Bleche einen Spannungsmesser an. Verbinden Sie beide Halbzellen über eine Elektrolytbrücke (in gesättigter Kaliumnitratlösung getränktes Filterpapier). Messen Sie die Spannung.

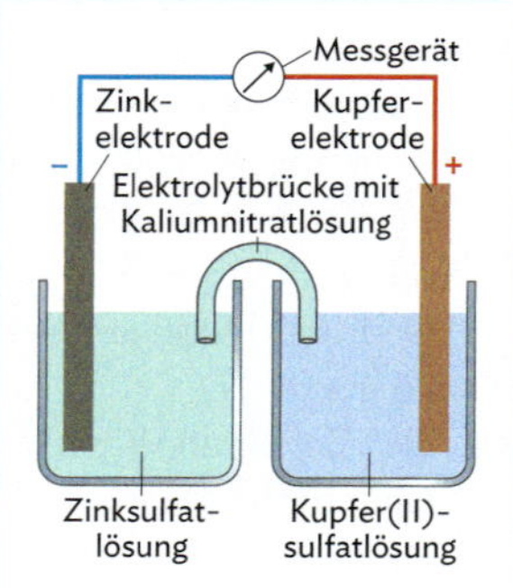

B1 Versuchsaufbau zu **V1**

Hinweis: Die Metall-Elektroden in ihren Metallsalzlösungen werden als Halbzellen bezeichnet. Ein Elektrolyt leitet den elektrischen Strom durch bewegliche Ionen. Als Elektrolyte fungieren Lösungen und Schmelzen, die Ionen enthalten, beispielsweise Lösungen und Schmelzen von Salzen.

AUSWERTUNG

a) Formulieren Sie die Reaktionsgleichungen für die Reaktionen an den Elektroden in **V1**.

b) Stellen Sie die in **V1** an den Elektroden ablaufenden Reaktionen auf der Teilchenebene dar.

ENTSORGUNG G2

V Kombination verschiedener Redoxpaare

Grundsätzlich kann man alle Redoxpaare miteinander kombinieren. Gibt es dabei Unterschiede?

V2 Stellen Sie in vier 100-mL-Bechergläsern die angegebenen Halbzellen her (**B2**).

Befestigen Sie die Metallstäbe oder -bleche an Stativen. Verbinden Sie jeweils zwei Halbzellen miteinander und verwenden Sie als Elektrolytbrücke einen mit gesättigter Kaliumnitratlösung getränkten Filterpapierstreifen. Messen Sie die Spannungen, die sich bei jeder Halbzellenkombination einstellt (Durchführung im Mikromaßstab unter QR-/Mediencode 06007-070).

Halbzelle	Metall	Lösung, c = 0,1 mol/L
1	Zink	Zinksulfat
2	Eisen	Eisen(II)-sulfat
3	Kupfer	Kupfer(II)-sulfat
4	Silber	Silbernitrat

B2 Halbzellen für **V2**

06007-070

AUSWERTUNG

a) Fassen Sie die in **V2** gemessenen Spannungen tabellarisch zusammen.

b) Vergleichen Sie Ihre Versuchsergebnisse mit der Stellung der Redoxpaare in der Redoxreihe (vgl. **B4** auf S. 357).

c) Formulieren Sie für die entsprechenden Halbzellenkombinationen die Reaktionsgleichungen der Gesamtreaktion.

d) Benennen Sie jeweils die oxidierte und reduzierte Teilchenart.

ENTSORGUNG G2

V Standardwasserstoff- und Halogenhalbzelle

Um Zellspannungen kombinierter Halbzellen abschätzen zu können, benötigt man einen Bezugspunkt. Welche Zellspannungen lassen sich bezogen auf eine Wasserstoffhalbzelle ermitteln?

V3 Tauchen Sie ein Zinkblech in eine Zinksulfatlösung (c = 1 mol/L) und eine Platinelektrode in eine verdünnte Salzsäurelösung (c = 1 mol/L). Verbinden Sie die Elektroden mit einem Voltmeter und die Elektrolyte über einen mit gesättigter Kaliumnitratlösung getränkten Filterpapierstreifen. Leiten Sie mithilfe eines gewinkelten Glasrohres Wasserstoff über das Platinblech und lesen Sie die Spannung ab (Versuchsaufbau unter QR-/Mediencode 06007-071).

06007-071

V4 Wiederholen Sie **V3** mit dem Redoxpaar Cu/Cu^{2+} statt Zn/Zn^{2+}.

V5 Füllen Sie ein U-Rohr mit Salzsäurelösung (c = 1 mol/L). Tauchen Sie eine Graphit- und eine Platinelektrode ein. Verbinden Sie die Platinelektrode mit dem Minus-, die Graphitelektrode mit dem Pluspol einer Gleichspannungsquelle und elektrolysieren Sie für 1 Minute bei 5 V. Ersetzen Sie die Gleichspannungsquelle durch ein Voltmeter und lesen Sie die Spannung ab.

AUSWERTUNG

a) Die Reaktion des Redoxpaares $H_2/2\,H^+$ mit dem Redoxpaar Zn/Zn^{2+} in **V3** bzw. Cu/Cu^{2+} in **V4** liefert unterschiedliche Ergebnisse. Stellen Sie anhand dieser Ergebnisse aus **V3** und **V4** eine Vermutung hinsichtlich der Unterschiede auf.

b) Formulieren Sie für **V3** und **V4** die Teilgleichungen für die Oxidationen und die Reduktionen sowie die Gesamtgleichungen für die entsprechenden Halbzellenkombinationen.

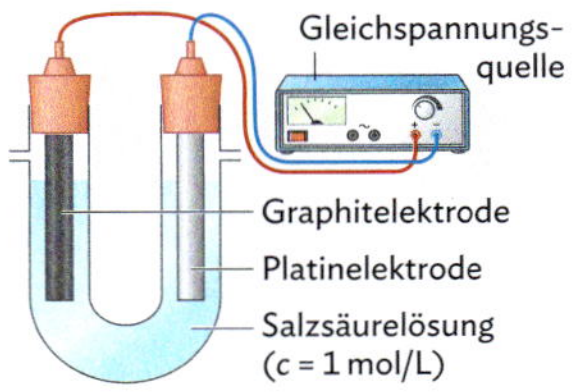

B3 Versuchsaufbau zu **V5**

c) Formulieren Sie die Reaktionsgleichung für die Elektrolyse und die Halbzellenmessung in **V5**.

ENTSORGUNG R, G1, G2

7.2.2 Stromfluss durch chemische Reaktionen

Elektroden sind Elektronenleiter, die in einen anderen Stoff (z. B. einen Elektrolyten) hineinragen. Bestimmte Elektroden dienen nur als Elektronenleiter, oft sind die Teilchen der Elektrode aber auch Reaktionspartner.

Atome und Ionen verschiedener Metalle unterscheiden sich in ihrer Tendenz, Elektronen abzugeben bzw. aufzunehmen. Dies lässt sich nutzen, um unterschiedlich große elektrische Spannungen zu erzeugen und elektrischen Strom aus chemischen Reaktionen zu gewinnen.

Das DANIELL-Element

Bei der Kombination der Redoxpaare Zn/Zn^{2+} und Cu/Cu^{2+} lässt sich anhand der Redoxreihe der Metalle abschätzen, dass von Zink-Atomen Elektronen auf Kupfer-Ionen übertragen werden. In einem entsprechenden Versuchsaufbau mit zwei **Halbzellen** kann der Elektronenfluss durch einen äußeren Kreislauf geführt und als elektrischer Strom gemessen werden (**V1**). In der Apparatur gelingt dies, da der Ort der Oxidation und der Ort der Reduktion räumlich voneinander getrennt werden.

Die Zink-Atome der Zinkelektrode geben jeweils zwei Elektronen ab und bilden dabei Zink-Ionen. Dadurch liegt an der Zinkelektrode ein Elektronenüberschuss vor. Die Zinkelektrode bildet den **Minuspol**. Die abgegebenen Elektronen wandern durch den äußeren Stromkreis zum **Pluspol**. Am Pluspol nehmen Kupfer-Ionen aus der Elektrolytlösung je zwei Elektronen auf und werden zu Kupfer-Atomen reduziert (**V1**):

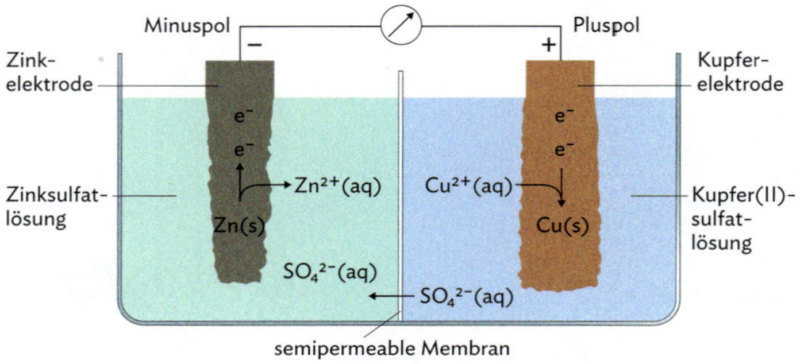

B1 Elektronenfluss und Ionenwanderung in einem DANIELL-Element

Elektronendonator ⇌ Elektronenakzeptor + e⁻

Stärke des Elektronendonators und Reduktionsvermögen nehmen ab.

Na (s)	⇌	Na^{+} (aq)	+ e⁻
Mg (s)	⇌	Mg^{2+} (aq)	+ 2 e⁻
Zn (s)	⇌	Zn^{2+} (aq)	+ 2 e⁻
Fe (s)	⇌	Fe^{2+} (aq)	+ 2 e⁻
Ni (s)	⇌	Ni^{2+} (aq)	+ 2 e⁻
Sn (s)	⇌	Sn^{2+} (aq)	+ 2 e⁻
Pb (s)	⇌	Pb^{2+} (aq)	+ 2 e⁻
Cu (s)	⇌	Cu^{2+} (aq)	+ 2 e⁻
Ag (s)	⇌	Ag^{+} (aq)	+ e⁻
Hg (l)	⇌	Hg^{2+} (aq)	+ 2 e⁻
Au (s)	⇌	Au^{3+} (aq)	+ 3 e⁻

Stärke des Elektronenakzeptors und Oxidationsvermögen nehmen ab.

Ist ein Metall-Atom ein starker Elektronendonator (z. B. Zn), dann ist das korrespondierende Ion ein schwacher Elektronenakzeptor (z. B. Zn^{2+}).
Ist ein Metall-Ion ein schwacher Elektronendonator (z. B. Ag), dann ist das korrespondierende Ion ein starker Elektronenakzeptor (z. B. Ag^{+}).
Ein Metall-Atom kann ein Metall-Ion, das in der Redoxreihe unterhalb seines konjugierten Ions steht, reduzieren (grüner Pfeil)). Eine Reaktion in der umgekehrten Richtung läuft nicht spontan ab (roter Pfeil)).

B2 Redoxreihe einiger Metalle

Oxidation: $Zn (s) \longrightarrow Zn^{2+} (aq) + 2\,e^-$

Reduktion: $Cu^{2+} (aq) + 2\,e^- \longrightarrow Cu (s)$

Redoxreaktion: $Zn (s) + Cu^{2+} (aq) \longrightarrow Zn^{2+} (aq) + Cu (s)$

Entsprechend der Reaktion nimmt die Anzahl der positiv geladenen Kationen in der Zinkhalbzelle zu und in der Kupferhalbzelle ab. Verbindet man zwei Halbzellen leitend miteinander, so wird dies als **galvanische Zelle** bezeichnet. Beide Halbzellen einer galvanischen Zelle trennt oft eine semipermeable Membran voneinander. Diese ermöglicht einen Ionenaustausch zwischen den beiden Halbzellen. Alternativ kann auch eine Elektrolytbrücke oder ein Filterpapierstreifen, der mit einer Salzlösung getränkt wurde, als Salzbrücke verwendet werden (**V1**). Erst wenn auch der innere Stromkreis durch eine Elektrolytbrücke geschlossen ist, kann eine elektrische Spannung gemessen werden. Das DANIELL-Element (**B1**) liefert eine Spannung von $U = 1{,}1$ V. Diese Spannung ist unabhängig vom Aufbau des Elements.

Die elektrochemische Doppelschicht

Die gemessene Spannung im DANIELL-Element kommt durch die unterschiedliche Tendenzen von Zink-Atomen und Kupfer-Atomen, Elektronen abzugeben und als Kationen in Lösung zu gehen, zustande. So ist Zink das unedlere Metall und

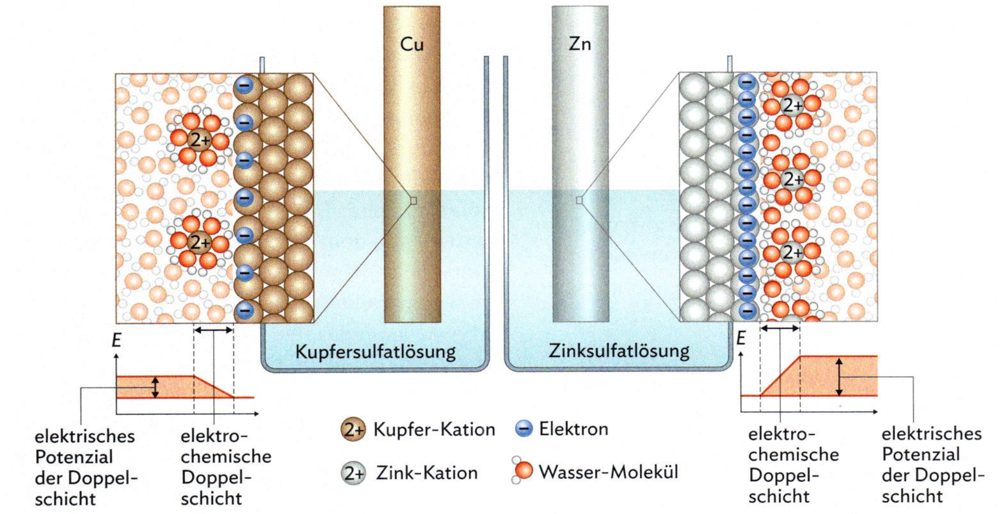

B3 Schematische Darstellung der elektrochemischen Doppelschicht von Zink und Kupfer

daher ein stärkerer Elektronendonator als das edlere Metall Kupfer (**B2**). Es geht daher leichter unter Ionenbildung in Lösung.
Gehen Metall-Ionen aus der Metalloberfläche in Lösung, so bleiben die Elektronen im Metall zurück. Es lädt sich negativ auf. Aus Kationen an der Metalloberfläche und Elektronen im Inneren des Metalls bildet sich eine **elektrochemische Doppelschicht** aus (**B3**). Diese ist dynamisch, d.h. dass auch jederzeit wieder Metall-Kationen zu Metall-Atomen zurückreagieren. Es bildet sich daher ein Gleichgewicht zwischen Metall-Atomen und Metall-Ionen aus:

$$Me \rightleftharpoons Me^{z+} + z\,e^-$$

Me: Metall
z: Anzahl der abgegebenen Elektronen

Die Lage dieses Gleichgewichts ist für jedes Metall charakteristisch. Bei Zink liegt es weiter auf der Produktseite, es liegen mehr gelöste Zink-Kationen in der Lösung und mehr Elektronen im Metall vor. Bei Kupfer ist die Tendenz der Elektronenabgabe durch die Kupfer-Atome geringer. Das Gleichgewicht liegt stärker auf Eduktseite, es liegen weniger Kupfer-Kationen in Lösung und weniger Elektronen im Metall vor. Die Zinkelektrode lädt sich insgesamt stärker negativ auf, sie bildet den Minuspol, während die Kupferelektrode den Pluspol bildet.

In galvanischen Zellen wie dem DANIELL-Element finden Oxidation und Reduktion in zwei räumlich getrennten Halbzellen statt. Der Elektronenfluss in galvanischen Zellen kann zum Betrieb eines Verbrauchers genutzt werden. An der Grenzfläche zwischen der Elektrode und der Lösung bildet sich durch Elektronen in der Metalloberfläche und den Metall-Kationen in der Lösung die elektrochemische Doppelschicht aus.

AUFGABEN

A1 Erläutern Sie anhand von **B2**, welche der folgenden Metall-Atome das größere Reduktionsvermögen aufweisen: Pb/Hg, Mg/Ni, Ag/Na.

A2 Skizzieren Sie eine galvanische Zelle aus einer Mg/Mg^{2+} und einer Ag/Ag^{+}-Halbzelle analog zu **B1**. Geben Sie den Plus- und den Minuspol an und kennzeichnen Sie die Richtung des Stromflusses.

A3 Ergänzen Sie begründet: Je unedler ein Metall, desto ... ist die elektrochemische Doppelschicht.

7.2.3 Redoxpaare im Vergleich

Vom DANIELL-Element zur Batterieforschung

Das DANIELL-Element stellt die Grundlage der bis heute andauernden Batterieentwicklung dar. Eine der Grundgrößen, die bei Batterien eine wichtige Rolle spielen, ist ihre Spannung. Beim DANIELL-Element kann zwischen den beiden Halbzellen aufgrund der unterschiedlich stark ausgeprägten elektrochemischen Doppelschichten der Redoxpaare Zn/Zn^{2+} und Cu/Cu^{2+} eine Spannung erzeugt werden.
Bei der Wahl einer Halbzelle ist man jedoch nicht auf die Elemente Zink und Kupfer beschränkt, es ist eine Vielzahl an Kombinationsmöglichkeiten und galvanischen Zellen denkbar (**V2**), die unterschiedlich hohe Spannungen liefern. Eine Kombination aus galvanische Zellen lässt sich im Labor auch in Petrischalen erzeugen (**B4**).

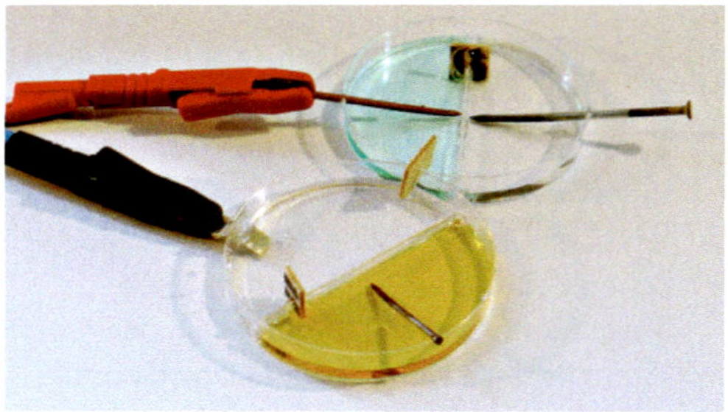

B4 Kombination von zwei Halbzellen benachbarter Petrischalen

Von der Spannung zum Redoxpotenzial

Wird eine Zinkelektrode in Zinksulfatlösung oder (nur) in Wasser getaucht, gehen einige Zink-Atome als Zink-Ionen in Lösung. Durch den Aufbau der elektrochemischen Doppelschicht kommt dieser Vorgang bei einer gewissen Ionenkonzentration zum Erliegen. Metall-Atome und Metall-Ionen liegen im Gleichgewicht vor. Die Lage dieses Gleichgewichts wird über die Ausprägung der elektrochemischen Doppelschicht beschrieben: Je größer die Tendenz der Elektronenabgabe, desto weiter liegt das Gleichgewicht auf der Seite der gelösten Ionen. Ein solcher Gleichgewichtszustand wird definiert als das **Elektrodenpotenzial *E*** einer Halbzelle. Es kann nicht direkt, sondern nur im Vergleich mit einem zuvor definierten Nullpunkt gemessen werden.

Redoxreihe der Metalle → S. 357

Beim DANIELL-Element besitzen die Atome der Zinkelektrode eine größere Tendenz, als Kationen in Lösung zu gehen, als die Atome der Kupferelektrode. Die Zn/Zn^{2+}-Halbzelle ist die **Donator-Halbzelle**, die Cu/Cu^{2+}-Halbzelle die **Akzeptor-Halbzelle**. Die Messung der Zellspannung basiert auf dem Vergleich der unterschiedlich stark ausgeprägten elektrochemischen Doppelschichten beider Halbzellen.
Ebenso kann das Redoxpaar Fe/Fe^{2+} sowohl mit der Zink – als auch mit der Kupferhalbzelle verglichen werden. Bezieht man alle Redoxpaare auf das willkürlich als Nullpunkt der Skala gewählte Redoxpaar Zn/Zn^{2+}, ergeben sich die in **B5** gezeigten Potenzialdifferenzen. Auf diesem Weg lässt sich jedem Redoxpaar ein bestimmtes **Redoxpotenzial *E* [V]** in Bezug zu einem gewählten Standard-Redoxpaar zuordnen. Dieser Wert kann als Maß für die reduzierende Wirkung des Atoms bzw. für die oxidierende Wirkung des Kations herangezogen werden.

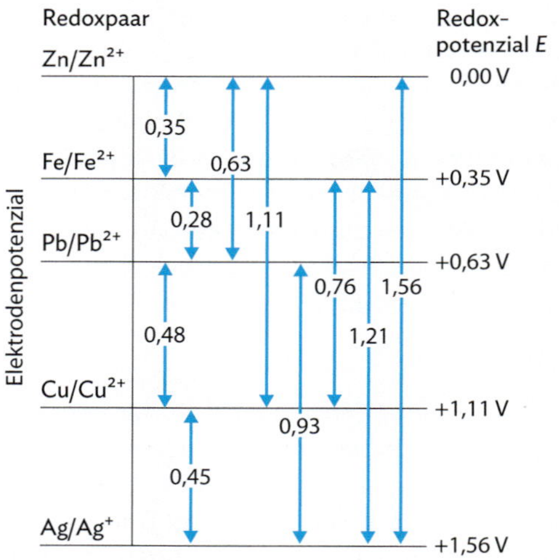

B5 Potenzialdifferenz zwischen einigen Redoxpaaren mit dem Redoxpaar Zn/Zn^{2+} als willkürliches Bezugs-Redoxpaar und damit „Nullpunkt" der Skala

Aus den so definierten Redoxpotenzialen lassen sich mehrere Erkenntnisse ableiten:

1. Je weiter die beiden Redoxpaare in der Redoxreihe auseinander stehen, desto größer ist die

Spannung zwischen den betreffenden Halbzellen.

2. Das in **B5** oben stehende Redoxpaar bildet in einer galvanischen Zelle stets die Donator-Halbzelle, das weiter unten stehende Redoxpaar die Akzeptor-Halbzelle mit dem Metall als Pluspol.
3. Die Spannung *U*, die zwischen zwei Redoxpaaren zu messen ist, ergibt sich als Differenz der Redoxpotenziale:
$U = \Delta E = E_A - E_D$.
4. Aus den gemessenen Spannungen zweier Zellen, bei denen jeweils ein Redoxpaar identisch ist, lässt sich sie Spannung der dritten möglichen Zelle, bestehend aus den beiden noch nicht kombinierten Halbzellen, berechnen.

Standardwasserstoffhalbzelle

Bei den bisherigen Betrachtungen wurde das Redoxpaar Zn/Zn^{2+} als Bezugspunkt gewählt. International hat man sich jedoch auf ein anderes Redoxpaar als Bezugs-Redoxpaar verständigt, das Redoxpaar $H_2/2\,H^+$ (vereinfacht für $H_2/2\,H_3O^+$) der **Standardwasserstoffhalbzelle**. In ihr läuft folgende Redoxreaktion ab:

$$H_2\,(g) \rightleftharpoons 2\,H^+\,(aq) + 2\,e^-$$

Da keine Elektrode aus Wasserstoffgas gebaut werden kann, ist die technische Umsetzung dieser Halbzelle komplexer (**V3, V4**). Ein inertes Platinblech taucht in verdünnte Salzsäurelösung, bei der die Konzentration der Protonen (bzw. Oxonium-Ionen) $c = 1$ mol/L beträgt. Diese Elektrode wird unter Atmosphärendruck (p = 1013 hPa) von Wasserstoffgas umspült (**V3, V4, B6**). Die Oberfläche der Platinelektrode adsorbiert einen Teil der Wasserstoff-Moleküle, die so gemeinsam mit den Protonen der sauren Lösung für das Redoxpaar zur Verfügung stehen.
Für das Potenzial der Standardwasserstoffhalbzelle hat man festgelegt:

$$E^0(H_2(Pt)/2\,H^+) = 0{,}0\ V.$$

Das **Standardelektrodenpotenzial** oder **Redoxstandardpotenzial E^0 (Me/Me^{z+})** eines Redoxpaares Me/Me^{z+} ist die gemessene Potenzialdifferenz zwischen dieser Halbzelle und der Standardwasserstoffhalbzelle bei $\vartheta = 25\,°C$ und unter Standardbedingungen (p = 1013 hPa, $c(H^+) = 1$ mol/L). Ein Redoxpaar, das gegenüber der Standardwasserstoffhalbzelle den negativen Pol bildet, erhält einen negativen Potenzialwert, eines, das den positiven Pol darstellt, einen positiven. In **V3** und **V4** werden die Standardelektrodenpotenziale der Redoxpaare Zn/Zn^{2+} und Cu/Cu^{2+} gemessen. Die Zinkhalbzelle stellt den Minus-, die Kupferhalbzelle den Pluspol gegenüber der Standardwasserstoffelektrode dar. So betragen die Standardelektrodenpotenziale:
$E^0\,(Zn/Zn^{2+}) = -0{,}76$ V
$E^0\,(Cu/Cu^{2+}) = +0{,}35$ V

A = Akzeptor-Halbzelle
D = Donator-Halbzelle

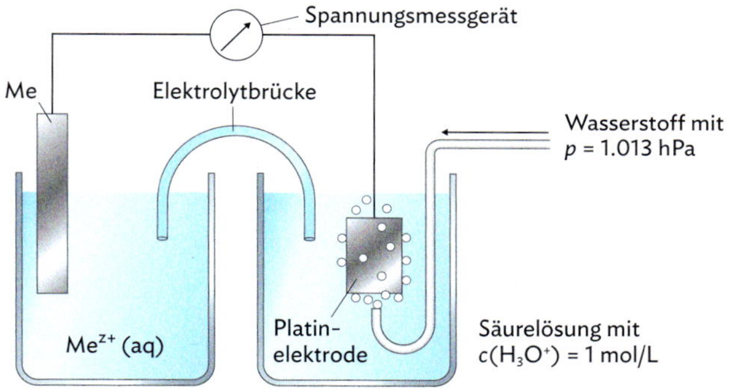

B6 Messung des Potenzials zwischen einer Metallhalbzelle und der Standardwasserstoffhalbzelle

Die unter Standardbedingungen gemessene Potenzialdifferenz zwischen einer Halbzelle Me/Me^{z+} und der Standardwasserstoffhalbzelle bezeichnet man als Standardelektrodenpotenzial E^0 des Redoxpaares Me/Me^{z+}: $E^0(Me/Me^{z+})$.

inert:
lat. träge; Substanzen, die mit einem Reaktionspartner nicht oder nur in unwesentlichem Maße reagieren

AUFGABEN

A1 Zeichnen Sie eine galvanische Zelle, bestehend aus den zwei Redoxpaaren Cd/Cd^{2+} und Ag/Ag^+, bei der man eine Spannung von $U = 1{,}2$ V messen kann. Ordnen Sie das Redoxpaar Cd/Cd^{2+} in **B5** ein.

A2 Stellen Sie ein Schema analog zu **B5** auf, indem Sie das Redoxpaar Pb/Pb^{2+} als Nullpunkt wählen.

7.2.4 Die Spannungsreihe und ihre Erweiterung

Die elektrochemische Spannungsreihe

Die unter Standardbedingungen ermittelten Standardelektrodenpotenziale (auch: Standardpotenzial) E^0 der Redoxpaare werden in der **elektrochemischen Spannungsreihe** oder Redoxreihe geordnet aufgelistet (**B7**). Mithilfe der Spannungsreihe können Vorhersagen getroffen werden, welche Redoxreaktionen ablaufen. Je negativer das Potenzial eines Redoxpaares ist, umso stärker reduzierend wirkt die reduzierte Form, je positiver das Potenzial ist, umso stärker oxidierend wirkt die oxidierte Form eines Redoxpaares.

Red	$\rightleftharpoons$	Ox	+ z e⁻		E^0 in V
Li (s)	$\rightleftharpoons$	Li^+ (aq)	+	e^-	−3,04
K (s)	$\rightleftharpoons$	K^+ (aq)	+	e^-	−2,92
Ca (s)	$\rightleftharpoons$	Ca^{2+} (aq)	+ 2	e^-	−2,87
Na (s)	$\rightleftharpoons$	Na^+ (aq)	+	e^-	−2,71
Mg (s)	$\rightleftharpoons$	Mg^{2+} (aq)	+ 2	e^-	−2,36
Al (s)	$\rightleftharpoons$	Al^{3+} (aq)	+ 3	e^-	−1,66
Mn (s)	$\rightleftharpoons$	Mn^{2+} (aq)	+ 2	e^-	−1,18
Zn (s)	$\rightleftharpoons$	Zn^{2+} (aq)	+ 2	e^-	−0,76
Cr (s)	$\rightleftharpoons$	Cr^{3+} (aq)	+ 2	e^-	−0,74
Fe (s)	$\rightleftharpoons$	Fe^{2+} (aq)	+ 2	e^-	−0,41
Cd (s)	$\rightleftharpoons$	Cd^{2+} (aq)	+ 2	e^-	−0,40
Co (s)	$\rightleftharpoons$	Co^{2+} (aq)	+ 2	e^-	−0,28
Ni (s)	$\rightleftharpoons$	Ni^{2+} (aq)	+ 2	e^-	−0,23
Sn (s)	$\rightleftharpoons$	Sn^{2+} (aq)	+ 2	e^-	−0,14
Pb (s)	$\rightleftharpoons$	Pb^{2+} (aq)	+ 2	e^-	−0,13
H_2 (g)	$\rightleftharpoons$	2 H^+ (aq)	+ 2	e^-	0,00
Cu (s)	$\rightleftharpoons$	Cu^{2+} (aq)	+ 2	e^-	+0,35
Ag (s)	$\rightleftharpoons$	Ag^+ (aq)	+	e^-	+0,80
Hg (l)	$\rightleftharpoons$	Hg^{2+} (aq)	+ 2	e^-	+0,85
Pt (s)	$\rightleftharpoons$	Pt^{2+} (aq)	+ 2	e^-	+1,20
Au (s)	$\rightleftharpoons$	Au^{3+} (aq)	+ 3	e^-	+1,41

B7 Spannungsreihe der Metalle und ihre Standardelektrodenpotenziale. Die Standardwasserstoffhalbzelle ist rot hervorgehoben.

Darstellung von Zelldiagrammen

Der Aufbau einer galvanischen Zelle, bestehend aus zwei Halbzellen zweier Redoxpaare, sowie die ablaufenden Redoxreaktionen lassen sich durch ein einfaches **Zelldiagramm** übersichtlich darstellen:

$Me_D/Me_D^{z+}//Me_A^{z+}/Me_A$

In diesem Diagramm steht die Donator-Halbzelle, die in der galvanischen Zelle den Minuspol darstellt, links. Der Doppelstrich symbolisiert eine poröse Trennwand oder die Elektrolytbrücke. Die Akzeptor-Halbzelle, die den Pluspol darstellt, steht rechts. Man liest:
Me_D-Atome des ersten Metalls werden zu Me_D^{z+}-Kationen oxidiert, indem sie z Elektronen abgeben. Diese werden von den Me_A^{z+}-Kationen der Akzeptor-Halbzelle aufgenommen, die damit zu Me_A-Atomen des zweiten Metalls reduziert werden.
Ist die Ionenkonzentration von Bedeutung, wird diese in Klammern mit angegeben.

Erweiterung der Spannungsreihe um die Halogene

Die bisherigen Betrachtungen galvanischer Zellen bezogen sich ausschließlich auf Metalle. Deren Standardelektrodenpotenziale sind in **B7** aufgeführt.
Iodid-Ionen I^- reduzieren Eisen(III)-Ionen zu Eisen(II)-Ionen und werden dabei selbst zu Iod-Molekülen I_2 oxidiert (Kap. 7.1, **V6**). Dies legt den Schluss nahe, dass sich auch andere Nichtmetalle, wie z. B. die Halogene zur Stromgewinnung mithilfe von Redoxreaktionen nutzen lassen. Das Oxidationsvermögen der Halogene nimmt analog zur Elektronegativität innerhalb der Hauptgruppe von oben nach unten ab.
Auch für die Redoxpaare der Halogene lassen sich Standardelektrodenpotenziale bestimmen. Hierzu wird eine ähnliche Versuchsanordnung wie schon bei der Standardwasserstoffhalbzelle benötigt. Eine Elektrode aus inertem Material ist in eine Halogenid-Ionen X^- enthaltende Lösung getaucht und wird vom jeweiligen Halogen X_2 umspült bzw. umgeben. Es stellt sich ein chemisches Gleichgewicht ein:

$$2\,X^- \rightleftharpoons X_2 + 2\,e^-$$

Eine galvanische Zelle bestehend aus einer Chlor- und einer Wasserstoff-Halbzelle lässt sich durch die Elektrolyse einer Salzsäurelösung herstellen. Hierbei erzeugt man an den Elektroden Wasserstoff und Chlor (**V5**). Nach der Elektrolyse lässt sich eine Spannung von U = 1,3 V ablesen. Es ist eine galvanische Zelle aus den Redoxpaaren

$$H_2\,(g) \underset{\text{Elektrolyse}}{\overset{\text{galvanische Zelle}}{\rightleftharpoons}} 2\,H^+\,(aq) + 2\,e^-$$ und

$$Cl_2\,(g) + 2\,e^- \underset{\text{Elektrolyse}}{\overset{\text{galvanische Zelle}}{\rightleftharpoons}} 2\,Cl^-\,(aq)$$

entstanden.

Die in der galvanischen Zelle ablaufende **Zellreaktion** ist eine Umkehrung der Elektrolysereaktion.

$$H_2\,(g) + Cl_2\,(g) \underset{\text{Elektrolyse}}{\overset{\text{galvanische Zelle}}{\rightleftharpoons}} 2\,H^+\,(aq) + 2\,Cl^-\,(aq)$$

Mit dieser Anordnung erhält man Werte, die, obwohl die Standardbedingungen nicht genau umgesetzt werden, den Standardredoxpotenzialen der Halogene sehr nahe kommen (**B8**).

reduzierte Form	$\rightleftharpoons$	oxidierte Form		E^0 in V
$2\,I^-\,(aq)$	$\rightleftharpoons$	$I_2\,(s)$	$+\,2\,e^-$	+0,54
$2\,Br^-\,(aq)$	$\rightleftharpoons$	$Br_2\,(l)$	$+\,2\,e^-$	+1,07
$2\,Cl^-\,(aq)$	$\rightleftharpoons$	$Cl_2\,(g)$	$+\,2\,e^-$	+1,36
$2\,F^-\,(aq)$	$\rightleftharpoons$	$F_2\,(g)$	$+\,2\,e^-$	+2,87

B8 Spannungsreihe und Standardelektrodenpotenziale der Halogene

Aus **B8** geht hervor, dass das Redoxpotenzial des Redoxpaares $2\,F^-/F_2$ unter den Standardelektrodenpotenzialen den größten positiven Wert besitzt. Tatsächlich existiert damit kein Oxidationsmittel, welches Fluorid-Ionen zu elementarem Fluor oxidieren kann.

Erweiterung der Spannungsreihe um komplexe Redoxpaare

Die bisher betrachteten Redoxpaare entsprachen immer den Typen Me/Me^{z+} oder $2\,X^-/X_2$. In vielen technischen Prozessen spielen jedoch Redoxreaktionen mit komplexeren Redoxpaaren eine Rolle. Bei diesen liegen die oxidierte oder reduzierte Form oft in Lösung vor. Auch Hydroxid- oder Oxonium-Ionen können daran beteiligt sein (**B9**).

reduzierte Form	$\rightleftharpoons$	oxidierte Form	+ z e⁻	E^0 in V
$S^{2-}\,(aq)$	$\rightleftharpoons$	$S\,(s)$	$+\,2\,e^-$	−0,51
$4\,OH^-\,(aq)$	$\rightleftharpoons$	$O_2\,(g) + 2\,H_2O\,(l)$	$+\,4\,e^-$	+0,40
$Fe^{2+}\,(aq)$	$\rightleftharpoons$	$Fe^{3+}\,(aq)$	$+\,e^-$	+0,77
$NO\,(g) + 2\,H_2O\,(l)$	$\rightleftharpoons$	$NO_3^-\,(aq) + 4\,H^+\,(aq)$	$+\,3\,e^-$	+0,96
$2\,H_2O\,(l)$	$\rightleftharpoons$	$O_2\,(g) + 4\,H^+\,(aq)$	$+\,4\,e^-$	+1,23
$Mn^{2+}\,(aq) + 2\,H_2O\,(l)$	$\rightleftharpoons$	$MnO_2\,(s) + 4\,H^+\,(aq)$	$+\,2\,e^-$	+1,23
$Mn^{2+}\,(aq) + 4\,H_2O\,(l)$	$\rightleftharpoons$	$MnO_4^-\,(aq) + 8\,H^+\,(aq)$	$+\,5\,e^-$	+1,51

B9 Standardelektrodenpotenziale einiger komplexerer Redoxpaare

Die Standardelektrodenpotenziale E^0 von Redoxpaaren können in der elektrochemischen Spannungsreihe geordnet zusammengefasst werden. Die Redoxpaare von Halbzellen können hierbei vom Typ Me/Me^{z+}, $2\,X^-/X_2$ oder auch komplexere sein.

AUFGABEN

A1 Geben Sie die Zelldiagramme folgender Redoxpaare in Kombination mit der Standardwasserstoffelektrode an: Cd/Cd^{2+}, Ni/Ni^{2+}, Au/Au^{3+}.

A2 Formulieren Sie jeweils die Reaktionsgleichungen der Teilreaktionen an den Elektroden und der Gesamtreaktion in den Zellen aus **A1**.

A3 Kombiniert man die Halbzelle Pd/Pd^{2+} mit der Standardwasserstoffhalbzelle, so misst man eine Spannung von U = 1,0 V. Die Wasserstoffhalbzelle bildet dabei den Minuspol. Ordnen Sie das Redoxpaar Pd/Pd^{2+} in die Spannungsreihe ein und formulieren Sie das Zellendiagramm zu dieser galvanischen Zelle.

A4 Benennen Sie aus der folgenden Auswahl an Teilchen das stärkste bzw. schwächste Oxidations- bzw. Reduktionsmittel: Co, Ag, Fe^{2+}, Li^+, Br^-, OH^-.

A5 Salpetersäure HNO_3 wird auch „Scheidewasser“ genannt, da sich Silber in Salpetersäure „auflöst“, Gold jedoch nicht. Begründen Sie diesen Sachverhalt mithilfe der elektrochemischen Spannungsreihe.

7.3 Konzentrationszellen LK

Bei der Funktionsweise von Nervenzellen spielt die Konzentration von Ionen eine bedeutende Rolle. Die Zellmembranen trennen Bereiche unterschiedlicher Ladungskonzentrationen. Dies führt zum einen zur Diffusion bestimmter Ionen, zum anderen zu einer Spannung an der Membran. Diese lässt sich mit der NERNST-Gleichung berechnen und damit die Funktionsweise der Signalweiterleitung erklären.

7.3.1 Versuche und Material

V Konzentration und Zellspannung

In den Nervenzellen spielen nur vier Ionensorten eine größere Rolle. In der Elektrochemie können grundsätzlich alle Redoxpaare mit unterschiedlichen Konzentrationen der Elektrolytlösungen miteinander gekoppelt werden. Welchen Einfluss hat hierbei die Konzentration?

V1 Füllen Sie in zwei Bechergläser Zinksulfatlösung gleicher Konzentration (c = 0,1 mol/L) und tauchen Sie jeweils ein Zinkblech hinein. Verbinden Sie die Bleche über ein Voltmeter und beide Lösungen durch eine mit Kaliumnitratlösung getränkte Elektrolytbrücke miteinander. Messen Sie die Spannung. Ersetzen Sie zuerst eine der beiden Lösungen durch eine konzentriertere, anschließend durch eine verdünntere Zinksulfatlösung. Vergleichen Sie die gemessenen Spannungen.

V2 Füllen Sie zwei 100-mL-Bechergläser jeweils mit 50 mL Silbernitratlösung (c = 0,1 mol/L). Tauchen Sie in jedes Becherglas eine Silberelektrode ein. Verbinden Sie beide Halbzellen über eine mit Kaliumnitratlösung gefüllte Elektrolytbrücke. Messen Sie die Spannung mit einem Voltmeter.

Stellen Sie weitere Silbernitratlösungen mit den folgenden Konzentrationen her: c = 0,01 mol/L, c = 0,001 mol/L und c = 0,0001 mol/L, indem Sie jeweils 5 mL der Silbernitratlösung mit c = 0,1 mol/L mit Kaliumnitratlösung der Konzentration c = 0,1 mol/L in einem Messzylinder auf 50 mL auffüllen usw.

Kombinieren Sie jeweils zwei Halbzellen miteinander zu einer galvanischen Zelle. Messen Sie die Zellspannungen und kennzeichnen Sie jeweils Donator- und Akzeptor-Halbzelle (Video zur Durchführung unter QR-/Mediencode 06011-51).

06011-51

Nutzen Sie ein Tabellenkalkulationsprogramm und tragen Sie die Messwerte nach dem folgenden Muster ein:

Donator-Halbzelle	Akzeptor-Halbzelle	Konzentrationsverhältnis	Logarithmus	Zellspannung in V
c_D	c_A	$\frac{c_A}{c_D}$	$\lg \frac{c_A}{c_D}$	U

B1 Tabelle zu **V2**

AUSWERTUNG

a) Kennzeichnen Sie für die ablaufenden Messungen in **V1** jeweils den Plus- und Minuspol.

b) Begründen Sie mithilfe des chemischen Gleichgewichts, dass in **V1** zu Beginn keine Spannung messbar ist.

c) Vergleichen Sie die Bedingungen, unter denen sich bei **V1** und **V2** eine Spannung einstellt. Stellen Sie Gemeinsamkeiten bezüglich der Konzentrationen in den Halbzellen, die den Plus – bzw. Minuspol bilden, fest.

d) Stellen Sie die Versuchsergebnisse aus **V2** grafisch dar. Tragen Sie dabei auf der x-Achse die Werte $\lg c_A(Ag^+)/c_D(Ag^+)$ und auf der y-Achse die Zellspannung U auf.

e) Interpretieren Sie die Ergebnisse aus **V2** anhand des Graphen aus **d)** und formulieren Sie eine Gesetzmäßigkeit.

f) Vergleichen Sie die galvanische Zelle aus **B2** mit dem Aufbau der galvanischen Zelle in **V1** und begründen Sie die Unterschiede.

ENTSORGUNG R, G2

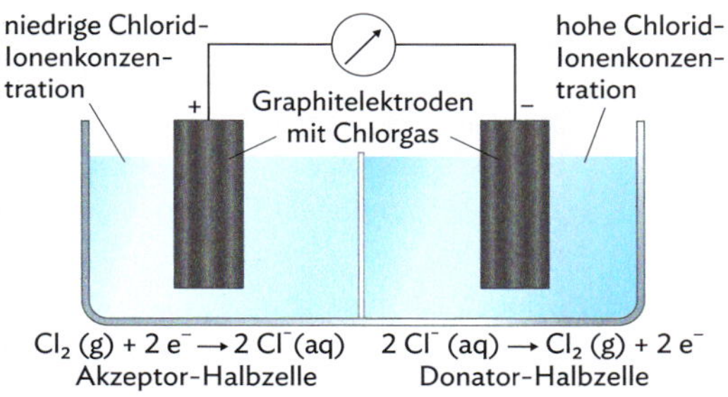

B2 Galvanische Zelle aus zwei Chlorhalbzellen

V Ermittlung des Elektrodenpotenzials E

Das Elektrodenpotenzial beliebiger Halbzellen kann auch rechnerisch ermittelt werden. Wie funktioniert das und welcher Zusammenhang besteht zwischen der Ionenkonzentration und dem Elektrodenpotenzial einer Halbzelle?

V3 Stellen Sie durch Elektrolyse von Salzsäurelösung (c = 1 mol/L) eine Standardwasserstoffhalbzelle her (vgl. S. 363). Stellen Sie durch Verdünnung einer Silbernitratlösung (c = 0,1 mol/L) verschiedene Silbernitratlösungen mit den folgenden Konzentrationen her: c = 0,01 mol/L, c = 0,001 mol/L und c = 0,0001 mol/L. Kombinieren Sie nacheinander die Wasserstoffhalbzelle mit den Silberhalbzellen der angegebenen Konzentrationen und messen Sie die Spannungen.

AUSWERTUNG

a) Tragen Sie die bei **V3** gemessenen Spannungen in ein Koordinatensystem gemäß **B3** ein und vergleichen Sie die beiden Graphen.

b) Erläutern Sie, wie man mithilfe einer Rechnung den Wert für $E(Ag/Ag^+)$ bei $-\lg c(Ag^+) = 6$ ermitteln kann. Geben Sie die Konzentration der Silber-Ionen in der Lösung mit dem ermittelten Elektrodenpotenzial an.

ENTSORGUNG G1, G2

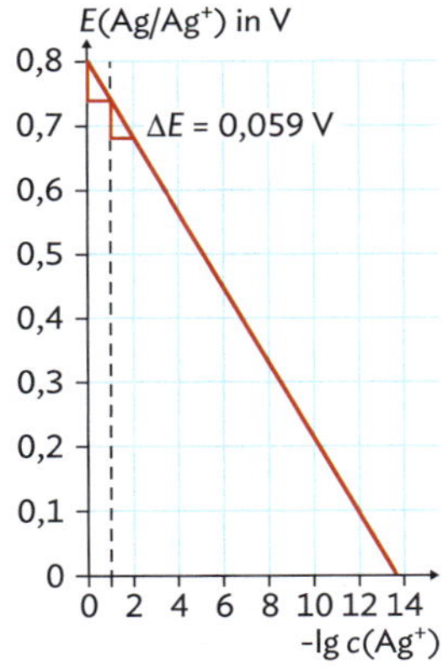

B3 Elektrodenpotenziale von Silberhalbzellen mit unterschiedlicher Konzentration an Silber-Ionen

7.3.2 Der Einfluss der Konzentration

Konzentrationszellen

Die bisherigen Betrachtungen galvanischer Zellen befassten sich ausschließlich mit Anordnungen, in denen zwei unterschiedliche Redoxpaare mit unterschiedlichen Standardpotenzialen kombiniert werden. Was passiert jedoch, wenn man Halbzellen des gleichen Redoxpaares elektrisch leitend miteinander verbindet? Überraschenderweise ergeben sich auch hier messbare Spannungen, sobald sich die Konzentrationen der beiden Halbzellen unterscheiden (**V1**). Woran liegt das? Bei der Reaktion zwischen Elektrode und den gelösten Ionen des Elektrolyten handelt es sich um eine Gleichgewichtsreaktion, die dem Prinzip von LE CHATELIER folgt. Taucht ein Zinkblech in eine Zinksalzlösung, stellt sich das folgende Gleichgewicht ein:

Prinzip von LE CHATELIER → Kap. 5.2.5

$$Zn\ (s) \rightleftharpoons Zn^{2+}\ (aq) + 2\ e^-$$

Das Zinkblech lädt sich aufgrund der verbleibenden Elektronen negativ auf. Wird die Lösung nun verdünnt, verringert sich die Konzentration der Zink-Ionen in Lösung. Nach dem Prinzip von LE CHATELIER verstärkt dies die Nachbildung von Zink-Ionen. Dadurch erhöht sich zusätzlich die Anzahl überschüssiger negativer Ladungen im Zinkblech. Das Potenzial der Halbzelle verschiebt sich zu negativeren Werten.

06007-072
Herleitung der NERNST-Gleichung unter QR-/Mediencode 06007-072

Eine galvanische Zelle, deren zwei Halbzellen aus dem gleichen Redoxpaar bestehen und die sich lediglich in der Konzentration der Lösungen unterscheiden, nennt man **Konzentrationszelle**.
Die Teilreaktionen in der Zinkkonzentrationszelle können wie folgt zusammengefasst werden:

$$Zn\ (s) \underset{\text{konzentrierte Lösung}}{\overset{\text{verdünnte Lösung}}{\rightleftharpoons}} Zn^{2+}\ (aq) + 2\ e^-$$

In ihr bildet die Halbzelle mit der niedrigeren Konzentration die Donator-Halbzelle (Minuspol). Die Halbzelle mit der höheren Konzentration stellt die Akzeptor-Halbzelle und damit den Pluspol der Zelle dar.

Zusammenhang zwischen Konzentration und Spannung

Untersucht man die zwischen zwei Silberhalbzellen einer Konzentrationszelle entstehende Spannung, stellt man fest, dass diese jeweils um den Betrag $U = 0{,}059$ V abnimmt, wenn sich die Konzentrationen c_A der Akzeptor-Halbzelle A und c_D der Donator-Halbzelle D jeweils um eine Zehnerpotenz unterscheiden, d. h. $c_A(Ag^+)/c_D(Ag^+) = 10$ (**V2**).
Die Funktion der Zellspannung in Abhängigkeit von der Differenz der Konzentrationen lässt sich damit durch eine lineare Funktion U mit der Steigung 0,059 und der Variablen $x = \lg c_A(Ag^+)/c_D(Ag^+)$ beschreiben.
Somit gilt für die Spannung U zwischen zwei Silberhalbzellen verschiedener Konzentration mit den Elektrodenpotenzialen E_A und E_D:

$$U = 0{,}059\ \text{V} \cdot \lg c_A(Ag^+)/c_D(Ag^+) = E_A - E_D$$

Das Zelldiagramm wird wie folgt angegeben:
Ag/Ag^+, $c = 0{,}01$ mol/L // Ag^+, $c = 0{,}1$ mol/L/Ag.

Die NERNST-Gleichung

Aus den experimentellen Ergebnissen lässt sich die **NERNST-Gleichung** (vgl. Info) ableiten. Mit ihr lässt sich das Elektrodenpotenzial E der Elektrode einer Halbzelle mit beliebiger Elektrolytkonzentration berechnen:

$$E = E^0 + \frac{R \cdot T}{F \cdot z}\ \ln \frac{\{c(\text{Ox})\}}{\{c(\text{Red})\}}$$

Hierbei bedeutet:
- R molare Gaskonstante $R = 8{,}3144$ J/(mol · K)
- F FARADAY-Konstante $F = 96\,487$ C/mol
- T Temperatur in K
- z Anzahl der übertragenen Elektronen
- $\{c\}$ Stoffmengenkonzentration der gelösten Teilchen.

Ox und Red stellen jeweils die oxidierte bzw. reduzierte Form eines korrespondierenden Redoxpaares dar. E^0 gibt das Standardelektrodenpotenzial des Systems Me/Me^{z+} unter Standardbedingungen ($c = 1$ mol/L) an.
Am Beispiel der Silberkonzentrationszelle sei aus der NERNST-Gleichung die **vereinfachte NERNST-Gleichung** mit folgenden Annahmen hergeleitet: Die Akzeptor-Halbzelle ist eine Standardhalbzelle mit $z = 1$, $c(\text{Ox}) = c(Ag^+)$ und $E^0 = 0{,}8$ V. Die Konzentration $c(\text{Red})$, also die Konzentration des elementaren Silbers, kann als konstant angesehen werden, da die Anzahl der in Lösung gehenden

Ionen im Vergleich zur Atomanzahl in der Elektrode vernachlässigbar gering ist. Damit lässt sich diese Konzentration gemeinsam mit den Konstanten *R* und *F* zu einer gemeinsamen, neuen Konstante zusammenfassen. Diese Konstante ist für bestimmte Temperaturen tabelliert, sodass auch T nicht mehr explizit in der Gleichung aufgeführt werden muss. Nach dem Wechsel vom natürlichen zum dekadischen Logarithmus ($\ln x = 2{,}3 \cdot \lg x$) erhält man die vereinfachte NERNST-Gleichung (hier für $T = 298\ \text{K}$):

$$E = E^0 + \frac{0{,}059\ \text{V}}{z} \cdot \lg \{c(\text{Ox})\}$$

z beschreibt hierbei die Anzahl der übertragenen Elektronen und Ox entspricht der oxidierten Form eines korrespondierenden Redoxpaares. Im konkreten Fall der Silberkonzentrationszelle beträgt $z = 1$ und $c(\text{Ox})$ steht für die Konzentration der Silber-Ionen in der Lösung.

Die Ergebnisse aus **V3** zeigen, dass das Elektrodenpotenzial einer Silberhalbzelle um einen konstanten Betrag von $U = 0{,}059\ \text{V}$ abnimmt, wenn die Konzentration um jeweils eine Zehnerpotenz herabgesetzt wird. Für den Graphen in **B3** (S. 371) ergibt sich dadurch die folgende Geradengleichung:

$$E(\text{Ag/Ag}^+) = E^0(\text{Ag/Ag}^+) + 0{,}059\ \text{V} \cdot \lg \{c(\text{Ag}^+)\}$$

Diese aus experimentellen Daten (**V4**) ermittelte Gleichung bestätigt die NERNST-Gleichung in ihrer vereinfachten Form. Der Wert von 0,059 V ist aus **V2** bereits bekannt.

Berechnungen mit der NERNST-Gleichung

Neben der Berechnung von Elektrodenpotenzialen kann die NERNST-Gleichung für die Berechnung von Ionenkonzentrationen aus gemessenen Potenzialdifferenzen genutzt werden. Besonders bei sehr geringen Ionenkonzentrationen bietet dieses Vorgehen Vorteile, etwa bei der Untersuchung von Trinkwasser. In diesem darf z. B. die Massenkonzentration von Nickel(II)- bzw. Chrom(III)-Ionen den Grenzwert von 0,02 bzw. 0,05 mg/L nicht überschreiten.

Der deutsche Physikochemiker **WALTHER NERNST** (1864 – 1941) entwickelte die nach ihm benannte NERNST-Gleichung, welche den Zusammenhang zwischen Ionenkonzentration und Elektrodenpotenzial *E* eines Redoxpaares beschreibt. Er erhielt 1920 den Nobelpreis für Chemie für seine Arbeiten zur Thermochemie. Wie viele andere Nobelpreisträger war er im 1. Weltkrieg an der Entwicklung chemischer Kampfstoffe beteiligt.

Konzentrationszellen sind galvanische Zellen, deren Halbzellen aus dem gleichen Redoxpaar bestehen und die sich lediglich in der Konzentration der Elektrolytlösungen unterscheiden. Die Spannung einer Halbzelle der Konzentrationszelle lässt sich mithilfe der NERNST-Gleichung berechnen.

AUFGABEN

A1 Beschreiben Sie am Beispiel von Cu/Cu^{2+} und $2\ \text{Cl}^-/\text{Cl}_2$, wie sich Metall- und Nichtmetallkonzentrationszellen unterscheiden.

A2 Berechnen Sie die Zellspannung einer Konzentrationszelle aus zwei Silberhalbzellen mit $c(\text{Ag}^+) = 0{,}1\ \text{mol/L}$ und $c(\text{Ag}^+) = 0{,}3\ \text{mol/L}$.

A3 Berechnen Sie die Elektrodenpotenziale *E* für Cu/Cu^{2+}, Au/Au^{3+} und $2\ \text{Cl}^-/\text{Cl}_2$ bei einer Ionenkonzentration von jeweils $c = 0{,}2\ \text{mol/L}$ und $c = 0{,}005\ \text{mol/L}$ und bei $T = 298\ \text{K}$.

A4 Eine Halbzelle A, bestehend aus Lösungen von Eisen(II)- und Eisen(III)-Ionen im Verhältnis 1:2, in die eine inerte Platinelektrode eintaucht, wird mit einer Zinkhalbzelle B mit $c(\text{Zn2+}) = 0{,}1\ \text{mol/L}$ kombiniert. Die Platinelektrode nimmt an der Redoxreaktion nicht teil. Das Redoxpaar von Halbzelle A lautet daher $\text{Fe}^{3+}/\text{Fe}^{2+}$. Berechnen Sie die Zellspannung.

7.3.3 Die Spannung galvanischer Zellen berechnen

Mit der NERNST-Gleichung lassen sich sowohl die Spannung galvanischer Zellen aus bekannten Konzentrationen als auch Ionenkonzentrationen aus gemessenen Spannungen berechnen. Wie geht man dabei vor?

a) Die Spannung aus Konzentrationen ermitteln

Berechnen Sie die Elektrodenpotenziale E für Cu/Cu^{2+}-Halbzellen mit einer Ionenkonzentration von $c = 0{,}2$ mol/L und $c = 0{,}005$ mol/L bei einer Temperatur von $T = 298$ K. Ermitteln Sie die Spannung U dieser Konzentrationszelle.

VORGEHEN

1. Notieren Sie für beide Halbzellen das Redoxpaar und das Standardelektrodenpotenzial E^0 (vgl. **B7** auf S. 368).

   $E^0 (Cu/Cu^{2+}) = +0{,}35$ V

2. Formulieren Sie zur gegebenen galvanischen Zelle das Zelldiagramm.
   Cu/Cu^{2+}, $c = 0{,}005$ mol/L // Cu^{2+}, $c = 0{,}2$ mol/L/Cu

3. Berechnen Sie für beide Halbzellen einzeln mit der vereinfachten NERNST-Gleichung die Elektrodenpotenziale.

   $E_D = 0{,}35\,V + \frac{0{,}059}{2}\,V \cdot \lg 0{,}005 = 0{,}28\,V$

   $E_A = 0{,}35\,V + \frac{0{,}059}{2}\,V \cdot \lg 0{,}2 = 0{,}33\,V$

4. Berechnen Sie daraus die messbare Spannung zwischen beiden Halbzellen nach $U = E_A - E_D$.

   $U = 0{,}33\,V - 0{,}28\,V = 0{,}05\,V$

   Die Spannung, die sich zwischen den beiden Halbzellen der Kupferkonzentrationszelle einstellt, beträgt $U = 0{,}05$ V.

b) Die Konzentrationen aus einer Spannung ermitteln

Die Nickel-Ionenkonzentration in einer Wasserprobe soll untersucht werden. Dazu wird eine Nickelelektrode in das Trinkwasser getaucht. Diese Halbzelle wird mit einer Nickelhalbzelle (Nickelelektrode und Nickelsulfatlösung mit $c = 0{,}1$ mol/L) verbunden. Es wird eine Spannung von $U = 0{,}2065$ V gemessen.
Berechnen Sie die Konzentration der Nickel-Ionen in der Lösung.

VORGEHEN

Verfahren Sie mit den Schritten **1.** bis **3.** wie in **a)** beschrieben.

1. $E^0 (Ni/Ni^{2+}) = -0{,}23$ V
2. Ni/Ni^{2+}, $c = x$ mol/L // Ni^{2+}, $c = 0{,}1$ mol/L/Ni

   Hinweis: Hier darf davon ausgegangen werden, dass die Nickel-Ionenkonzentration im Trinkwasser unter $c = 0{,}1$ mol/L liegen wird und die Trinkwasserprobe daher im Zelldiagramm links steht.

3. $0{,}2065\,V = \frac{0{,}059}{2}\,V \cdot \lg \frac{0{,}1}{x}$

4. Lösen Sie die in **3.** aufgestellte NERNST-Gleichung nach der gesuchten Konzentration x der Nickel-Ionen in der Lösung auf:

   $\frac{0{,}2065\,V}{0{,}059/2\,V} = \lg 0{,}1 - \lg x$

   $\lg x = \lg 0{,}1 - \frac{0{,}2065\,V}{0{,}059/2\,V}$

   $\lg x = -1 - 7 = -8$

   $x = 10^{-8}$ mol/L $= c_D$

   Die Nickel-Ionenkonzentration der Trinkwasserprobe beträgt $c(Ni^{2+}) = 10^{-8}$ mol/L.

AUFGABEN

A1 Permanganat-Ionen MnO_4^- sind in saurer Lösung gute Oxidationsmittel. Begründen Sie mithilfe der folgenden Tabelle, dass die Oxidationswirkung einer Permanganatlösung mit geringer werdender Säurekonzentration abnimmt.

Redoxpaar	NERNST-Gleichung
$Mn^{2+}(aq) + 4\,H_2O\,(l) \rightleftharpoons MnO_4^-(aq) + 8\,H^+(aq) + 5\,e^-$	$E = E^0 + \frac{0{,}059}{5}\,V \cdot \lg \left\{ \frac{c(MnO_4^-) \cdot c^8(H^+)}{c(Mn^{2+})} \right\}$

A2 Zur Bestimmung der Chrom(III)-Ionenkonzentration einer Wasserprobe wird eine Chromelektrode in die Probe eingetaucht. Diese wird mit der Nickelhalbzelle aus **b)** zu einer galvanischen Zelle verbunden. Die gemessene Spannung beträgt $U = 0{,}6575$ V, wobei die Chromelektrode den negativen Pol bildet. Berechnen Sie die Konzentration der Chrom(III)-Ionen in der untersuchten Wasserprobe.

7.3.4 Angewandte Elektrochemie – Trinkwasseranalyse

Wasser ist für lebende Organismen eine der wichtigsten Ressourcen: Stoffwechselprozesse wie z. B. die Verdauung oder Stofftransporte innerhalb von Zellen setzen wässrige Medien voraus, in welchen Mineralien in gelöster Form transportiert werden können. Auch im Zusammenhang mit immer häufiger vorkommenden Dürreperioden hat der Zugang zu einwandfreiem Trinkwasser für den Menschen größere Bedeutung erlangt. Was zeichnet „einwandfreies" Trinkwasser aus? Und wie stellt man fest, ob Wasser „einwandfrei" ist?

Schadstoffe im Grundwasser

Neben den vergleichsweise knappen Süßwasservorkommen stellen Schadstoffe einen weiteren einschneidenden Faktor in der Trinkwasserversorgung dar. Neben auf natürliche Weise eingebrachten Schadstoffen aus tierischen Ausscheidungen sind es vor allen Dingen anthropogene Einflüsse, z. B. aus Haushalten und Industrie, welche die Schadstoffkonzentrationen in unseren Süßwasserquellen erhöhen. So setzt der übermäßige Einsatz von Düngemitteln leichtlösliche Nitrate frei, welche in den Gewässern zu stark vermehrtem Pflanzenwachstum führen (Eutrophierung) und über das Grundwasser in unser Trinkwasser gelangen können. Nitrate und Nitrite im Trinkwasser können z. B. durch die Bildung von cancerogenen Nitrosaminen gesundheitliche Schäden hervorrufen. Bei Verbrennungen fossiler Energieträger wird u. a. Schwefeldioxid freigesetzt, welches in der Atmosphäre mit Wasser zu schwefliger Säure H_2SO_3 (aq) reagiert und als **saurer Regen** den pH-Wert des Grundwassers absenkt.

Auch von anderen Ionen wie Quecksilber oder Blei und organischen Verbindungen wie Benzol gehen in zu hohen Konzentrationen Gefahren für Mensch und Umwelt aus, weshalb strenge Grenzwerte dafür festgesetzt wurden (vgl. QR-/Mediencode 06007-073).

06007-073

Parameter zur Beurteilung einer Wasserprobe

Die Wasserqualität kann anhand verschiedener Parameter beurteilt werden. Es gibt verschiedene Messmethoden, die Hinweise auf die Stärke und Art der Kontamination liefern. Für alle Messungen gibt es feste Grenzwerte für die Verwendung als Trinkwasser. Eine Abweichung von den Werten deutet auf eine Kontamination des Wassers hin.

Die Messung der **spezifischen elektrischen Leitfähigkeit (LF)** gibt Aufschluss über den Mineralisationsgrad des Wassers: Je höher die Konzentration an gelösten Ionen – z. B. durch Kontaminationen aus der Industrie – desto höher ist die elektrische Leitfähigkeit der Wasserprobe.

Die Messung des **pH-Wertes** erfolgt mit einem pH-Meter. Die gängigste Messung ist hier die mit einer Glaselektrode. Sie beinhaltet eine Halbzelle, welche durch eine Glasmembran mit der Analysenlösung verbunden und deren elektrisches Potenzial in direkter Abhängigkeit zur H_3O^+-Konzentration der Analysenlösung steht. Über die Messung der Potenzialdifferenz sind Rückschlüsse auf den pH-Wert der Lösung möglich.

Die allgemeine Messung des **Redoxpotenzials E_h** gibt Aufschluss über das Konzentrationsverhältnis von oxidierenden und reduzierenden Stoffen. Die Potenziale können zwischen 800 mV (stark oxidierendes Milieu) und – 300 mV (stark reduzierendes Milieu) variieren. Die Potenzialmessung erfolgt ebenfalls mithilfe von Elektroden und macht Aussagen über den Gehalt an reduzierenden Eisen- und Manganverbindungen, Nitraten, Sulfaten und organischen Substanzen möglich.

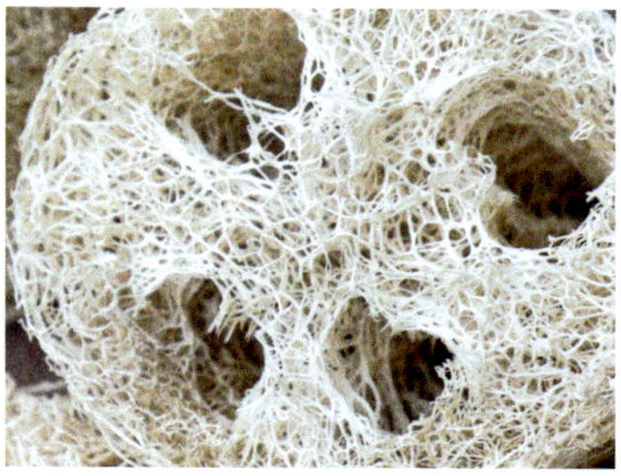

B1 Luffaschwammstruktur

Sauberes Wasser für jeden

Eine Forschungsgruppe der Universität Princeton forscht an Möglichkeiten, sauberes Trinkwasser aus bedenklichen Quellen zu gewinnen und für jeden genießbar zu machen. Dazu dient ein gelartiges Polymer (Poly(N-Isopropylacrylamid)) mit einer dem Luffaschwamm (**B1**) ähnlichen Struktur, welches Wasser bei Temperaturen unter 33 °C aufsaugt und bei Temperaturen darüber wieder abgibt. Bei der Wasserabgabe werden Schadstoffe, insbesondere Schwermetalle und organische Substanzen, herausgefiltert und das Wasser so trinkbar gemacht.

AUFGABEN

A1 MK Recherchieren Sie die Wirkungsweise des Hydrogels Poly(N-Isopropylacrylamid) und erstellen Sie einen Informationsflyer zu einem möglichen, zukünftigen Produkt.

7.4 Primär- und Sekundärzellen

Moderne Smartwatches sind inzwischen Multifunktionsgeräte, Schrittzähler, Pulsmesser und GPS-Navigationsgerät in einem. Ohne die Entwicklung kleinster Stromspeicher wäre dies unmöglich. Die Speicherung von elektrischer Energie in Batterien und Akkumulatoren ist deshalb bis heute Gegenstand vieler Forschungsgruppen.

7.4.1 Versuche und Material

V Klassische LECLANCHÉ-Zelle

Die Forschung an Batterien begann bereits sehr früh. Klassische LECLANCHÉ-Zellen (**B1**) wurden schon 1867 in Paris vorgestellt. Wie sind diese aufgebaut?

V1 Durchlöchern Sie den Spritzenzylinder einer 10-mL-Spritze (ohne Stempel) im Bereich der unteren 3 cm mehrfach mit einem heißen Nagel. Kleiden Sie die Spritze anschließend mit passend zugeschnittenem Filterpapier aus. Vermengen Sie Mangan(IV)-oxid (Braunstein) und Graphitpulver in einem Massenverhältnis von 1:1 mit wenig Ammoniumchloridlösung (w = 20 %). Füllen Sie das Gemisch anschließend in die mit Filterpapier ausgekleidete und durchlöcherte Spritze, bis diese fast gefüllt ist. Stecken Sie in die Mitte eine Kohleelektrode. Verbinden Sie ein Zinkblech und die Braunstein-Graphit-Spritzenelektrode über Krokodilklemmen mit einem Spannungsmessgerät. Tauchen Sie diesen Aufbau anschließend in ein Becherglas mit Ammoniumchloridlösung (w = 20 %) und messen Sie die Spannung.

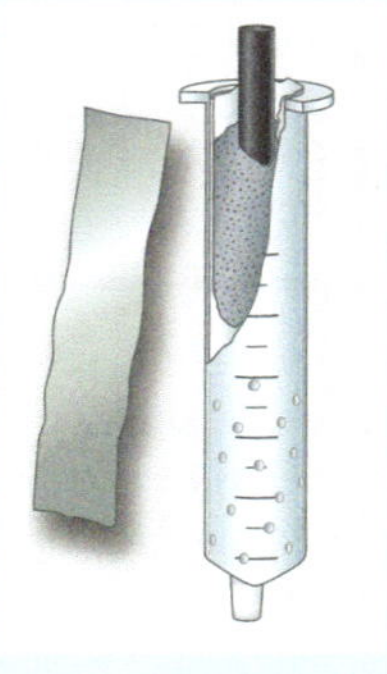

B1 Material für V1

B2 Durchgesägte LECLANCHÉ-Zelle mit links Braunstein-Graphit-Gemisch sowie Graphitstab und rechts Zinkbecher (vgl. QR-/Mediencode 06022-69)

06022-69

AUSWERTUNG

a) Erläutern Sie die Funktion des Graphitpulvers im Braunstein-Graphit-Gemisch in **V1**.

b) **B2** zeigt eine durchgesägte Taschenlampenbatterie (LECLANCHÉ-Zelle). Stellen Sie eine Vermutung auf, woran man erkennt, dass es sich um eine verbrauchte Batterie handelt.

ENTSORGUNG R, G1, G2

V Elektrodenmaterial Lithium

Bei der Wahl von Materialien für Batterien spielen neben den Kosten auch deren Eigenschaften eine wichtige Rolle. Aus diesem Grund ist Lithium ein interessantes Material für Batterien. Welche Eigenschaften sind hier relevant?

LV2 Ein Stück Kupferblech (ca. 3 x 5 cm) wird mit einem doppellagigen Stück Filterpapier bedeckt, welches zuvor in Kupfersulfatlösung (c = 1 mol/L) getaucht wurde. Ein ca. 3 mm dickes Stück Lithium mit einem Durchmesser von ca. 15 mm wird mit Zellstoffpapier vom anhaftenden Paraffinöl befreit und auf das Filterpapier auf dem Kupferblech gelegt. Eine möglichst dicke Graphitelektrode und das Kupferblech werden über Krokodilklemmen mit einem Voltmeter verbunden. Anschließend wird die Graphitelektrode auf das Lithiumstück gedrückt. Messen Sie die Spannung dieser Modellbatterie (**B3**).

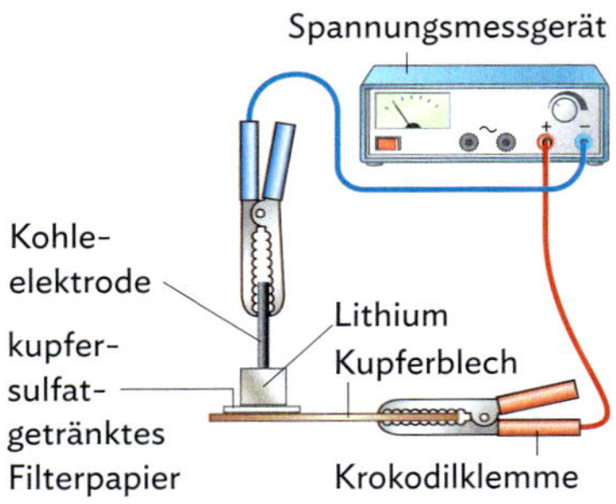

B3 Lithium-Kupfer-Batterie aus **LV2**

AUSWERTUNG

a) Erklären Sie das Zustandekommen der Zellspannung in **LV2**.

b) Diskutieren Sie mit Bezug auf eine Versuchsbeobachtung, ob die Zellanordnung in **LV2** über einen längeren Zeitraum einsetzbar ist.

c) Nennen Sie Eigenschaften von Lithium, die vorteil- bzw. nachteilhaft für den Einsatz in Batterien sind.

d) Recherchieren Sie die Kosten und die Gewinnung von Lithium. MK

ENTSORGUNG R, G1, G2

V Aufbau und Funktion moderner Knopfzellen

Kosten- und umwelttechnisch attraktiv ist die Verwendung von Luftsauerstoff in Batterien. Das wird in modernen Knopfzellen z. B. für Hörgeräte genutzt. Wie funktionieren diese Batterien?

V3 Tauchen Sie in ein Becherglas mit Kalilauge (c = 6 mol/L) ein Zinkblech als Minuspol und ein Stück Holzkohle als Pluspol. Verbinden Sie beide Elektroden mit einem Voltmeter oder einem Verbraucher.

LV4 Eine neue Zink-Luft-Batterie wird an ihrem Mantel (Pluspol) mit einer Krokodilklemme eingespannt. Dabei soll es trotz Klemme möglich sein, die Schutzfolie zu entfernen und wieder anzubringen. Ein zweites Kabel ohne Klemme berührt den Minuspol. Der Stromkreis wird über einen Verbraucher oder Voltmeter geschlossen. Die Schutzfolie wird entfernt und nach einiger Zeit wieder angebracht.

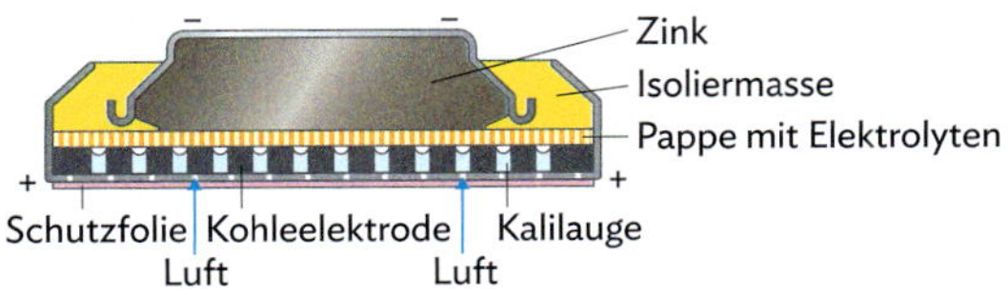

B4 Aufbau einer Zink-Luft-Zelle

AUSWERTUNG

a) Vergleichen Sie verwendete Materialien und den Aufbau der Zellen in **V3** und **LV4** unter Einbezug von **B4**.

b) Formulieren Sie die Reaktionsgleichungen für die Reaktionen an Minus- und Pluspol der Zink-Luft-Zelle aus **LV4** bei Stromentnahme.

c) Erklären Sie die Funktionsweise von musikalischen Glückwunschkarten mit Ihren Beobachtungen aus **LV4**.

d) Berechnen Sie die Spannung der Zink-Luft-Zelle in **LV4**, wenn kein Verbraucher angeschlossen ist (Leerlaufspannung).

ENTSORGUNG R, G1, G2

7.4.2 Tragbare Energie

Klassische LECLANCHÉ-Zelle

Die Möglichkeit der Umwandlung **chemischer Energie** in **elektrische Energie** war und ist ein vielversprechendes Forschungsgebiet. Die frühen galvanischen Zellen von GALVANI und VOLTA besaßen jedoch einen Nachteil – durch die großen Mengen an flüssigem Elektrolyt (vgl. S. 362) waren sie noch groß und unhandlich. In modernen Batterien lässt sich meist jedoch kaum mehr flüssiger Elektrolyt finden.

Den Grundstein für die heutigen „**Trockenbatterien**" legte 1867 der französische Chemiker GEORGES LECLANCHÉ. Die Besonderheit der LECLANCHÉ-Zelle (**V1**) lag in der geleeartigen Elektrolytpaste. 1867 erhielt LECLANCHÉ für seine Weiterentwicklung der galvanischen Zellen die Bronze-Medaille der Weltausstellung in Paris. In Trockenbatterien liegt der Elektrolyt nicht mehr flüssig, sondern als Paste oder in einem getränkten Papierträger gebunden vor.

In der klassischen LECLANCHÉ-Zelle (**B2** auf S. 376) besteht der Minuspol aus Zink und der Pluspol aus einem gepressten Braunstein- und Kohlenstoffgemisch. Als Elektrolyt dient mit Stärke geliertes Ammoniumchlorid.

Viele Jahre nutzte man solche LECLANCHÉ-Zellen zum Betrieb von Telegrafen und Hausklingeln. Die heutige **Zink-Kohle-Zelle** und die daraus entworfene **Alkali-Mangan-Batterie** stellen Weiterentwicklungen der klassischen LECLANCHÉ-Zelle dar.

In **V1** wird der Aufbau der klassischen LECLANCHÉ-Zelle untersucht. Die ablaufenden Reaktionen müssen bei dieser Zelle differenzierter betrachtet werden.

An der Zinkelektrode werden Zink-Atome durch Elektronenabgabe zu Zink-Ionen oxidiert. Es entsteht ein Elektronenüberschuss, weshalb die Zinkhalbzelle den Minuspol der Batterie bildet:

Minuspol: $Zn\,(s) \longrightarrow Zn^{2+}\,(aq) + 2\,e^-$ (Oxidation)

Durch die Aufnahme jeweils eines Elektrons werden an der Braunsteinelektrode Mn^{4+}-Ionen zu Mn^{3+}-Ionen reduziert. Durch den entstehenden Elektronenmangel fungiert die Braunsteinelektrode als Pluspol der Batterie:

Pluspol: $2\,\overset{+IV}{Mn}O_2\,(s) + 2\,H_2O\,(l) + 2\,e^- \longrightarrow$

$2\,\overset{+III}{Mn}O(OH)\,(s) + 2\,OH^-\,(aq)$ (Reduktion)

Die Zelle liefert eine Spannung von $U = 1{,}5\,V$.

Nebenreaktionen der LECLANCHÉ-Zelle

Wird der Batterie in **V1** für eine geraume Zeit elektrische Energie entzogen, machen sich Veränderungen in der Zelle bemerkbar. Die Zinkelektrode löst sich langsam erkennbar auf und zersetzt sich bei längerer Laufzeit schließlich gänzlich.

Grund hierfür ist die Bildung von Zink-Ionen aus der Elektrode sowie die folgenden Nebenreaktionen, durch die sich die Zinkelektrode langsam im wässrigen Elektrolyten auflöst. Daher besteht bei gealterten Batterien die Gefahr des „Auslaufens".

Die am Pluspol entstehenden Hydroxid-Ionen reagieren mit Ammonium-Ionen aus dem Elektrolyten nach der folgenden Reaktion zu Ammoniak und Wasser:

$OH^-\,(aq) + NH_4^+\,(aq) \longrightarrow NH_3\,(g) + H_2O\,(l)$

Das gebildete Ammoniakgas trennt Braunstein und Graphitelektrode, sodass die Stromstärke der Zelle während des Betriebs stetig abnimmt. Ammoniak diffundiert jedoch auch langsam aus der Zelle und reagiert mit den gebildeten Zink-Ionen zu einem wasserlöslichen Komplex:

$Zn^{2+}\,(aq) + 2\,NH_3\,(g) \longrightarrow [Zn(NH_3)_2]^{2+}\,(aq)$

In einer weiteren Sekundärreaktion reagieren die gebildeten Zink-Ionen mit Hydroxid-Ionen aus der Kathodenreaktion zu Zinkhydroxid:

$Zn^{2+}\,(aq) + 2\,OH^-\,(aq) \longrightarrow Zn(OH)_2\,(s)$

Aus diesem Zinkhydroxid bildet sich im Laufe der Zeit unter Wasserabspaltung schwerlösliches Zinkoxid:

$Zn(OH)_2\,(s) \longrightarrow ZnO\,(s) + H_2O\,(l)$

Dieser weiße Feststoff lässt sich in gealterten Batterien finden (vgl. QR-/Mediencode 06022-70).

06022-70

Von LECLANCHÉ zu modernen Trockenzellen

Eine Weiterentwicklung in der Batterietechnik sind moderne Trockenzellen wie z. B. **Zink-Silberoxid-Batterien**. Sie bestehen aus Zinkpulver und Silberoxid. Getrennt werden diese Bestandteile durch einen Separator und ein Quellblatt. Dieses ist mit einem Elektrolyten, meist Kalilauge oder Natronlauge, getränkt (**B1**).
Das Zinkpulver besitzt direkten Kontakt zum negativen Pol der Batterie, während das Silberoxid in Kontakt mit dem positiven Pol steht. Beim Entladen der Batterie laufen die folgenden Reaktionen ab:

Minuspol:
$$Zn\,(s) \longrightarrow Zn^{2+}\,(aq) + 2\,e^- \text{ (Oxidation)}$$

Pluspol:
$$Ag_2O\,(s) + 2\,e^- \longrightarrow 2\,Ag\,(s) + O^{2-}\,(aq) \text{ (Reduktion)}$$

Durch einen Separator werden Minus- und Pluspol räumlich getrennt, um einen Kurzschluss zu vermeiden. Über ein Quellblatt wird dennoch der Ladungsausgleich zwischen der Zink- und der Silberoxidelektrode gewährleistet.

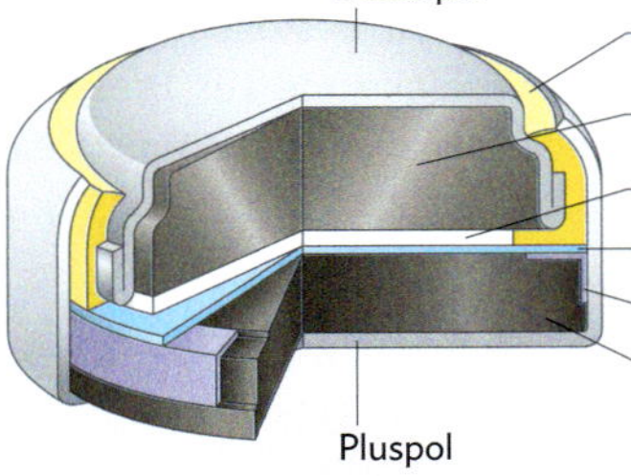

B1 Aufbau einer Zink-Silberoxid-Batterie

Alternative Elektrodenmaterialien

Neben der Bauform sind Kosten und Eigenschaften der Materialien zu beachten. Da das Redoxpaar Li/Li^+ das negativste Standardelektrodenpotenzial ($E^0 = -3{,}04$ V) hat (vgl. S. 368), erzielt man mit Lithium als negativer Elektrode in Knopfzellen eine Spannung von bis zu 3 V. Die geringe Dichte des Metalls bringt ebenso Gewichtsvorteile.
In **LV2** werden Cu^{2+}-Ionen reduziert. Insgesamt läuft bei der Lithium-Kupfer-Batterie folgende Redoxreaktion ab:

$$2\,Li\,(s) + Cu^{2+}(aq) \longrightarrow 2\,Li^+\,(aq) + Cu\,(s)$$

In Lithiumbatterien wird statt Kupfer aus Kostengründen meist eine Mangandioxidpaste wie in der LECLANCHÉ-Zelle als Elektrodenmaterial verwendet. Diese Anordnung ist als Lithium-Mangan-Zelle bekannt, in der folgende, stark vereinfachte Gesamtreaktion abläuft:

$$Li\,(s) + MnO_2\,(s) \longrightarrow LiMnO_2\,(s)$$

Nachteilig ist bei der Versuchsanordnung aus **LV2**, dass Lithium sehr reaktiv ist und mit Luftsauerstoff sowie Wasser Verbindungen bildet, die sich auf seiner Oberfläche absetzen. Dadurch bricht die Zellspannung nach längerer Zeit ein. Will man Lithium in Batterien verwenden, darf man keine wässrigen Elektrolytlösungen einsetzen und muss die Zelle nach außen hin versiegeln.

Beispiele für nicht wässrige Elektrolytlösungen sind z. B. Propylencarbonat und Dimethylsulfoxid DMSO.

Batterien sind elektrochemische Spannungsquellen, in denen chemische Energie in elektrische Energie überführt wird. Als Elektrodenmaterial verwendet man häufig Zink oder Braunstein. Der Elektrolyt liegt in modernen Batterien in einer fast trockenen Paste vor.

AUFGABEN

A1 Erklären Sie, dass ältere, verbrauchte LECLANCHÉ-Zellen eher zum „Auslaufen“ neigen als frische.

A2 Die klassische LECLANCHÉ-Zelle wird auch als Zink-Kohle-Batterie bezeichnet. Nehmen Sie Stellung zu dieser Benennung.

A3 LK Begründen Sie mithilfe der NERNST-Gleichung, dass das Potenzial des Redoxpaares $MnO(OH)/MnO_2$ während des Betriebs der LECLANCHÉ-Zelle stetig sinkt.

A4 Lithium-Mangan-Zellen werden wegen ihrer langen Lebensdauer in Fotoapparaten und Taschenrechnern eingesetzt. Begründen Sie die luftdichte Versiegelung und die Verwendung nicht wässriger Lösemittel in diesen Batterien.

7.4.3 Die Vielfalt der modernen Batterien

Bei modernen Batterien wird inzwischen mit einer Vielzahl von Elektrodenmaterialien experimentiert. Ausschlaggebend für die Wahl und das Durchsetzen neuer Batterietypen sind aus chemischer Sicht das Standardpotenzial und die möglichen chemischen Gefahren durch die verwendeten Stoffe. Industriell und gesellschaftlich hingegen spielt die Verfügbarkeit der Materialien eine große Rolle. Zum einen bestimmt diese die Produktionskosten der Batterie und damit ihre Anschaffungskosten für Kunden, zum anderen haben Wirtschaft und Politik großes Interesse an einer langfristigen, verlässlichen und nachhaltigen Versorgungssicherheit. Sie garantiert Unternehmen größtmögliche Planbarkeit und sichert Arbeitsplätze. Außenpolitisch hingegen ist der Kampf um Rohstoffe schon heute ein gern genutztes politisches Druckmittel verschiedener Staaten. Eine Übersicht der Verfügbarkeit gibt das „Periodensystem der bedrohten Elemente" (**B2**).

Aufgrund der immer größeren Bedeutung von Nachhaltigkeitsaspekten sind inzwischen auch die ökologischen sowie die sicherheits- und arbeitsrechtlichen Bedingungen bei der Gewinnung und der Verarbeitung der Materialien ein Politikum. Gerade die Lithiumgewinnung geriet hier in den letzten Jahren immer wieder negativ in die Schlagzeilen (vgl. Kap. 10.1.5).

Alkaline – Weiterentwicklung der LECLANCHÉ-Zelle

Während Lithium hauptsächlich für wiederaufladbare Batterien (Akkus, vgl. Kapitel 7.4.4) benötigt wird, beruhen viele Einwegbatterien auf einer Weiterentwicklung der LECLANCHÉ-Zelle. Diese Alkali-Mangan-Batterie (**B3**) ist heute im Handel meist als „Alkaline-", „Mikro-" oder „Mignon-" Batterie zu finden.

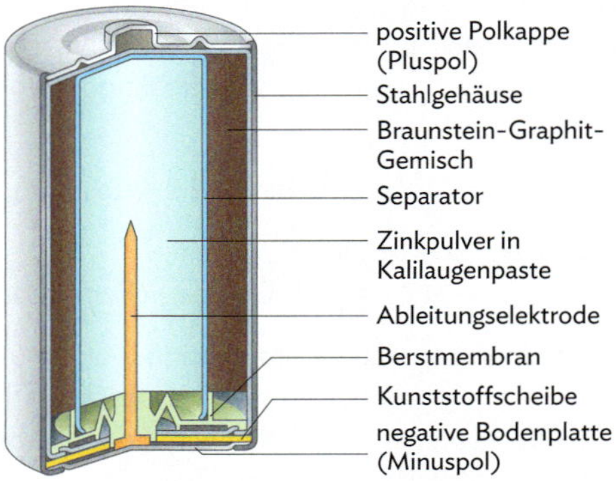

B3 Aufbau einer Alkali-Mangan-Batterie

Wie der Name schon verrät, besteht auch bei diesem Batterietyp eine Elektrode aus Braunstein MnO_2. Bei der anderen Elektrode kommt wie bei

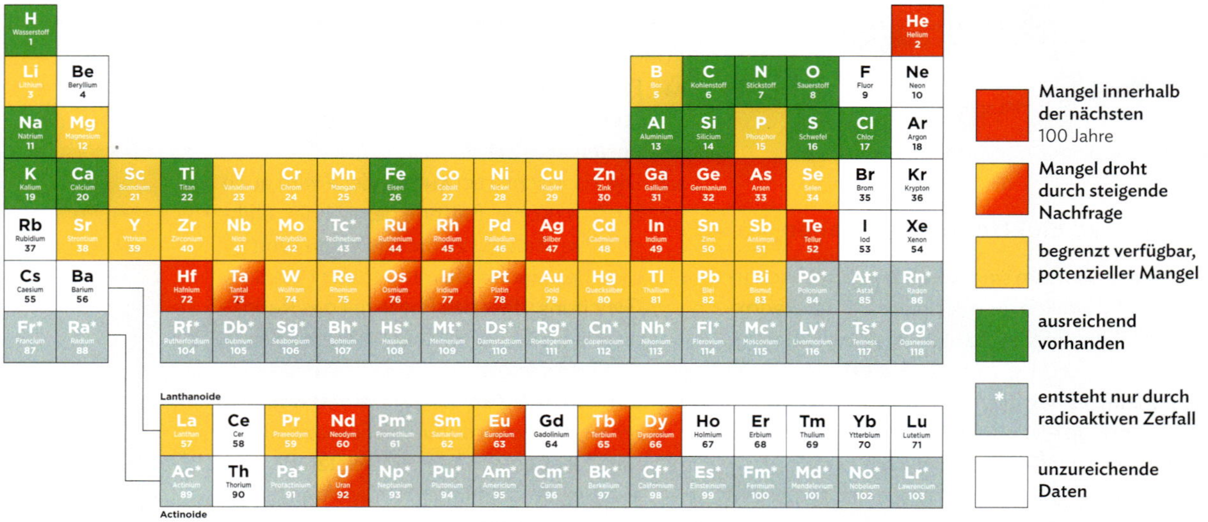

B2 Periodensystem der bedrohten Elemente

der LECLANCHÉ-Zelle Zink zum Einsatz (**B3**), jedoch in Pulverform. Der Unterschied liegt in der Wahl des Elektrolyten, welcher im Falle der „Alkaline"-Batterie aus einer Kalilaugenpaste besteht.

Die Zink-Luft-Zelle

Bei der Verwendung von Zink-Silberoxid-Batterien entsteht im Inneren der Batterie elementares Silber. Bei der Menge an Batterien, die in unserer modernen Gesellschaft täglich benötigt werden, ist dies eine auf Dauer teure Art der Energiebereitstellung. Es wurde deshalb versucht, Silberoxid in Knopfzellen zu ersetzen. Dies gelang unter anderem in der **Zink-Luft-Zelle** (**B4**).

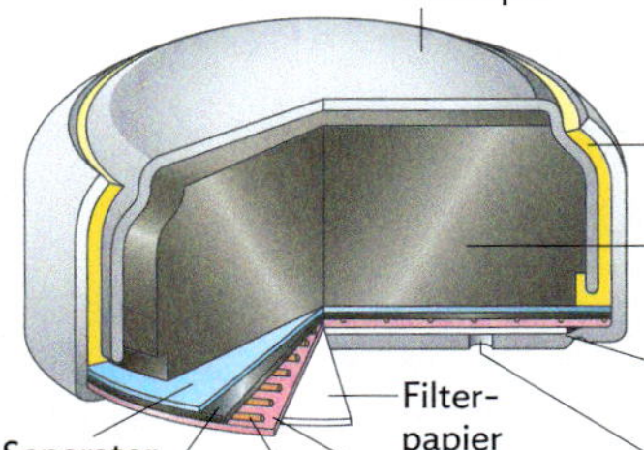

B4 Aufbau einer Zink-Luft-Batterie

Exakter sollte die Batterie als Zink-Sauerstoff-Zelle bezeichnet werden, denn sie nutzt den in der Luft kostenlos enthaltenen Sauerstoff zur Oxidation der Zink-Atome (**V3** und **LV4**).

INFO

Lithium-Mangan-Batterien werden häufig in Geräten verwendet, die lange gelagert werden und nach dieser Zeit trotzdem zuverlässig eine hohe Stromstärke liefern müssen. So findet man sie in Notsendern, Ortungsgeräten und auf Platinen von Datenspeichern. Auch in Defibrillatoren sind sie verbaut.

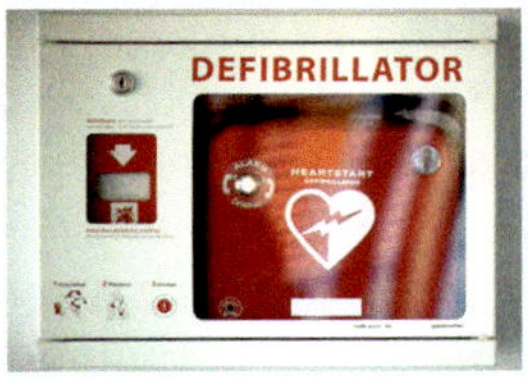

Zink-Luft-Zellen (**B4**) sehen rein äußerlich den Zink-Silberoxid-Zellen sehr ähnlich. Sie besitzen aber am Pluspol einen Aufkleber, der vor Gebrauch entfernt werden muss. Der Aufkleber verschließt kleine Poren in der Elektrode, durch die Sauerstoff in die Batterie dringen kann. Der Sauerstoff wird an der Aktivkohle adsorbiert und stellt eine leitende Verbindung zur Zinkelektrode her:

$$2\,O_2\,(g) + 4\,e^- \longrightarrow 4\,O^{2-}\,(aq)\ \text{(Reduktion)}$$

Braunstein wird in diesen Zellen nicht mehr benötigt. Am Minuspol läuft die bereits bekannte Oxidation ab:

$$Zn\,(s) \longrightarrow Zn^{2+}\,(aq) + 2\,e^-\ \text{(Oxidation)}$$

Wie die LECLANCHÉ-Zelle ist auch die Zink-Luft-Zelle nicht wieder aufladbar.

Moderne Batterien haben den Anspruch der nachhaltigen Energiebereitstellung. Da in Batterien irreversible Prozesse ablaufen, werden unterschiedliche Kosten-Nutzen-Abwägungen getroffen, welche ökologische Aspekte, z. B. Ressourcenschonung und Wirkungsgrad von Batterien, abhängig für ihren Einsatzweck, berücksichtigen.

AUFGABEN

A1 Vergleichen Sie den Aufbau der Zink-Silberoxid-Zelle (**B1** auf S. 379) mit dem der Zink-Luft-Zelle (**B4**).

A2 Im Gegensatz zur klassischen LECLANCHÉ-Zelle besteht eine Elektrode von Alkaline-Batterien aus Zinkpulver. Erläutern Sie den Vorteil dieser Bauweise.

A3 MK Informieren Sie sich über weitere Batteriesysteme mit Zink als Elektrodenmaterial. Einige haben sich nicht durchsetzen können. Geben Sie einen Grund dafür an.

A4 MK Recherchieren Sie zur Verfügbarkeit und Gewinnung des Elementes Lithium und stellen Sie die Verwendung von Lithium in Batterien mehrperspektivisch dar.

Lithiumgewinnung → S. 496 f.

7.4.4 Akkumulatoren

Umkehrbarkeit von chemischen Reaktionen

Batterien als sogenannte **Primärzellen** haben den Nachteil, dass sie nach Gebrauch nicht mehr geladen werden können. Bei den **Akkumulatoren** (kurz: Akkus) dagegen lassen sich die chemischen Reaktionen, die für die Spannungserzeugung verantwortlich sind, durch Laden von außen wieder umkehren. Man spricht daher bei den Akkumulatoren auch von **Sekundärzellen**.

Der Bleiakkumulator

Bleiakkumulatoren sind schon seit über 150 Jahren bekannt. Sie werden häufig als Starterbatterien in Kraftfahrzeugen verwendet. Für die Verwendung als Starterbatterie werden mehrere Elektrodenplatten parallel geschaltet (**B1**), damit genug Strom zum Starten des Motors geliefert werden kann.

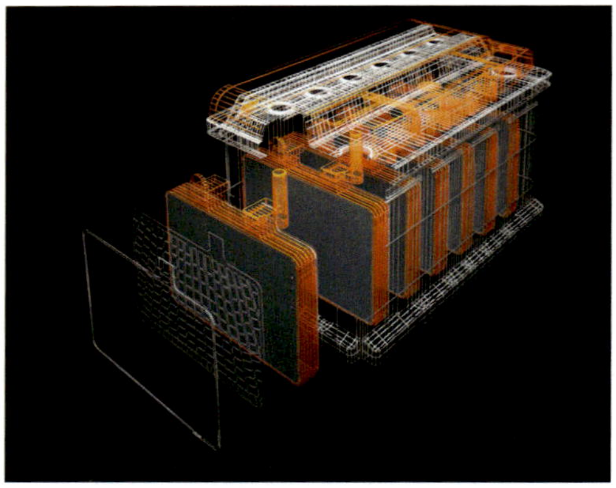

B5 Bleiakkumulator im Auto

06007-074

Beim Aufladen des Bleiakkumulators (Anleitung für einen Modellversuch unter QR-/Mediencode 06007-074) bildet sich an der Anode eine bräunliche Schicht aus Blei(IV)-oxid PbO_2. An der Kathode scheidet sich weiteres elementares Blei ab (**B6**):

Anode (Oxidation) Elektrolyse +Pol, galvanische Zelle -Pol

Anode: $\overset{+II}{Pb^{2+}}$ (aq) + 6 H_2O (l) $\longrightarrow$ $\overset{+IV}{PbO_2}$ (s) + 4 H_3O^+ (aq) + 2 e^-

Kathode (Reduktion) Elektrolyse -Pol, galvanische Zelle +Pol

Kathode: $\overset{+II}{Pb^{2+}}$ (aq) + 2 e^- $\longrightarrow$ $\overset{0}{Pb}$ (s)

Schaltet man nach dem Laden die Spannungsquelle ab, so liegt eine galvanische Zelle aus einer

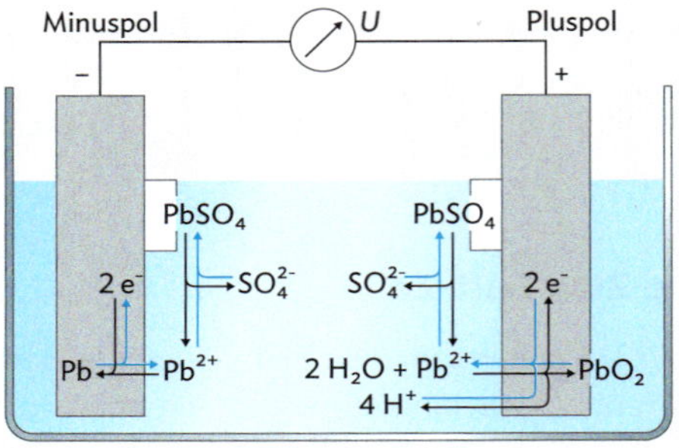

B6 Ablaufende Reaktionen beim Aufladen und Entladen eines Bleiakkumulators

Bleihalbzelle und einer Blei(IV)-oxidhalbzelle vor. Diese liefert eine Spannung von ca. 2 V. Beim Entladen laufen folgende Reaktionen ab (**B6**):

Anode: $\overset{0}{Pb}$ (s) + SO_4^{2-} (aq) $\longrightarrow$ $\overset{+II}{PbSO_4}$ (s) + 2 e^-

Kathode: $\overset{+IV}{PbO_2}$ (s) + 4 H_3O^+ (aq) + SO_4^{2-} (aq) + 2 e^- $\longrightarrow$ $\overset{+II}{PbSO_4}$ (s) + 6 H_2O (l)

In beiden Halbzellen scheidet sich schwerlösliches Blei(II)-sulfat $PbSO_4$ auf den Elektroden ab. Beim Aufladen des Bleiakkus werden die Vorgänge des Entladens wieder umgekehrt. Insgesamt lässt sich der Gesamtvorgang zusammenfassen zu:

$$Pb\ (s) + PbO_2\ (s) + 4\ H_3O+\ (aq) + 2\ SO_4^{2-}\ (aq) \underset{\text{Laden}}{\overset{\text{Entladen}}{\rightleftharpoons}} 2\ PbSO_4\ (s) + 6\ H_2O\ (l)$$

Beim Wiederaufladen können die in der Verbindung Blei(II)-sulfat vorliegenden Blei(II)-Ionen am Minuspol direkt zu Blei-Atomen reduziert bzw. am Pluspol zu Blei(IV)-Ionen oxidiert werden.

Theoretisch ist beim Aufladen des Bleiakkumulators die Bildung von Sauerstoff und Wasserstoff denkbar. Die Abscheidung der Gase ist aber aufgrund der Überspannung nicht möglich (vgl. S. 387). Sobald der Akkumulator jedoch vollständig geladen ist und alle Blei(II)-Ionen reagiert haben, wird bei einem weiteren Aufladen die Bildung von Sauerstoff und Wasserstoff begünstigt. Hierbei kann es zur Bildung des explosiven Knallgasgemisches kommen. Man spricht dann auch vom „Ausgasen" der Batterie.

Der Nickel-Metallhydrid-Akkumulator

Für den Einsatz in Haushaltsgeräten oder im Bereich der Elektronik hat sich der Bleiakkumulator auch aufgrund seines Gewichtes nicht durchgesetzt. Hier kommt u. a. der **Nickel-Metallhydrid-Akkumulator** (Anleitung für einen Modellversuch unter QR-/Mediencode 06007-245) zum Einsatz.

Er liefert eine Spannung von 1,2 V. Den Pluspol bildet ein Nickelblech, das mit Nickel(III)-hydroxidoxid überzogen ist. Als Minuspol wird eine Metalllegierung verwendet, die Wasserstoff absorbieren kann. Vereinfacht läuft folgende Reaktion ab:

$$NiO(OH)\ (s) + Metall\text{-}H\ (s) \underset{Laden}{\overset{Entladen}{\rightleftharpoons}} Ni(OH)_2\ (s) + Metall\ (s)$$

Akkumulatoren (Sekundärzellen) lassen sich durch das Anlegen einer äußeren Spannung wieder aufladen. Hierbei werden die Reaktionen, die beim Entladen von selbst ablaufen wieder umgekehrt. Durch die reversiblen Reaktionen sind Akkus langlebiger als Batterien und können vielfältig eingesetzt werden.

06007-245

AUFGABEN

A1 Begründen Sie, dass der Ladezustand eines Bleiakkus über die Dichte der Schwefelsäure kontrolliert werden kann.

A3 MK Recherchieren Sie Unterschiede hinsichtlich der Entladeeigenschaften, der Ladezyklen und der Lebensdauer der beiden genannten Akkumulatortypen.

06013-61
Entsorgung und Recycling von Batterien und Akkumulatoren unter QR-/Mediencode 06013-61

BNE Nachhaltige Energieversorgung und -speicherung

Die Energieversorgung in Deutschland wird durch mehrere verschiedene Energiequellen sichergestellt. Mit dem Ausstieg aus der Atomenergie wurde beschlossen, bis 2030 über 65 % der Energie durch regenerative Energieträger zur Verfügung zu stellen. Im Gegensatz zu Kern-, Kohle- und Gaskraftwerken, die zuverlässige und konstante Energiemengen liefern können, ist dies bei vielen regenerativen Energiequellen nicht möglich. Die **Fotovoltaik** unterliegt starken tageszeitlichen Schwankungen – nachts ist keine Energiebereitstellung möglich. Auch das Wetter hat großen Einfluss auf die Stromerzeugung durch Fotovoltaikanlagen, ebenso wie bei der **Windkraft**. Die Energiebereitstellung durch Biomasse ist dagegen stark von strukturellen Bedingungen abhängig. Mit **Biogas** lässt sich zwar zuverlässig ein Kraftwerk betreiben, allerdings reichen die verfügbaren Biomassen nicht aus, die Grundlast des Stromnetzes zu versorgen. Die **Wasserkraft** spielt als Gezeitenkraft eine eher untergeordnete Rolle, ist jedoch eine der effektivsten Möglichkeiten der Energiespeicherung. Moderne **Pumpspeicherkraftwerke** können kontrolliert und bedarfsgerecht gesteuert werden. Dort wird elektrische Energie in Zeiträumen niedrigen Energiebedarfs in potenzielle Energie umgewandelt und Wasser von einem unteren Becken in ein erhöht liegendes Becken gepumpt. In nachfragestarken Zeiten wird das Wasser durch Turbinen hindurch wieder zu Tal gelassen, wobei es elektrische Energie erzeugt. Damit kann auf Schwankungen im Energiebedarf reagiert werden. Demgegenüber stellen **Batteriespeicherkraftwerke** momentan einen verschwindend geringen Anteil an gespeicherter Energie zu Verfügung. **Wärmekraftspeicher** befinden sich momentan in der Entwicklung. Mit dem geplanten Kohleausstieg bis zum Jahr 2038 wird erforscht, ob sich Kohlekraftwerke in Wärmespeicherkraftwerke umrüsten lassen.

Nichtsdestotrotz stellt die Energiespeicherung in großem Maßstab nach wie vor eine Herausforderung dar.

7.5 Elektrolysen wässriger Lösungen

Bedeutende Zwischenprodukte der chemischen Industrie sowie das Gebrauchsmetall Aluminium sind über eine Elektrolyse zugänglich. Zudem werden wichtige Materialien des Alltags vor Korrosion geschützt, indem sie durch Elektrolyse mit einer metallischen Schutzschicht überzogen werden. Welche Vorgänge laufen dabei ab und welche Gesetzmäßigkeiten liegen diesen Vorgängen zugrunde?

7.5.1 Versuche und Material

V Elektrolyse einer Kupfer(II)-chloridlösung

3 5 6 7 9

Vergoldete Oscartrophäen, verchromte Autofelgen und silbernes Besteck haben eine Gemeinsamkeit: Ihre Oberflächen bestehen jeweils aus einer dünnen Metallschicht. Wie erhält man solche dünnen Metallschichten?

LV1 Ein U-Rohr wird senkrecht in ein Stativ eingespannt und Kupferchloridlösung (c = 0,1 mol/L) in das U-Rohr gegeben. In jede Öffnung des U-Rohrs taucht eine Graphitelektrode wenige Zentimeter in die Lösung ein (**B1**). In den Stromkreislauf wird ein kleiner Propeller integriert und eine Gleichspannung von 10 V angelegt. Die eingestellte Spannung wird regelmäßig mit dem Multimeter kontrolliert. Beobachten Sie nach dem Abschalten der Spannungsquelle den Propeller. Die Elektroden werden nach dem Experiment aus der Lösung genommen. Betrachten Sie diese.

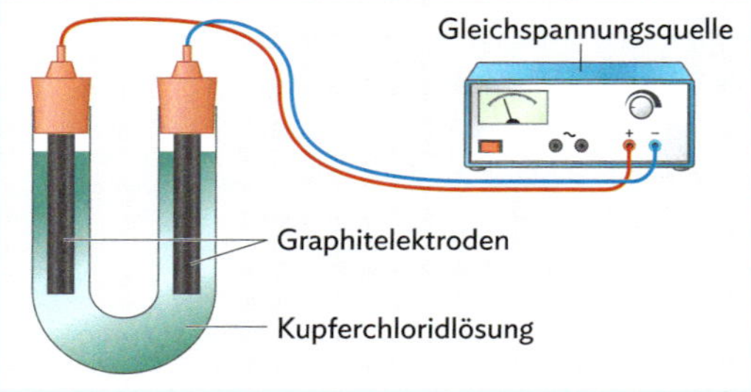

B1 Schematischer Aufbau der Elektrolyse einer Kupferchloridlösung

AUSWERTUNG

a) Deuten Sie die Beobachtungen an den Elektroden sowie bei der Drehrichtung des Propellers aus **LV1**.
b) Formulieren Sie die Reaktionsgleichungen für die an den Elektroden ablaufenden Prozesse.
c) Vergleichen Sie die hier ablaufenden Prozesse mit denen in einer galvanischen Zelle aus Kupfer und Chlor ($Cu/Cu^{2+}//2\,Cl^-/Cl_2$).

ENTSORGUNG G2

V Chlor-Alkali-Elektrolyse

Die Stoffabscheidung beim Anlegen einer elektrischen Spannung an Elektroden benötigt einige Zeit. Wie ist dies zu erklären?

V2 Geben Sie Graphitelektroden und eine mit etwas Thymolphthaleinlösung versetzte Natriumchloridlösung (c = 1 mol/L) in ein U-Rohr ohne Diaphragma und elektrolysieren Sie. Starten Sie die Elektrolyse und erhöhen Sie die Gleichspannung in 0,2 V-Schritten. Messen Sie die jeweiligen Stromstärken zur eingestellten Spannung.

V3 Wiederholen Sie **V2** mit Platinelektroden.

AUSWERTUNG

a) Vergleichen Sie Ihre Beobachtungen in **V2** und **V3**.
b) Erläutern Sie den beobachtbaren Stoffumsatz. Formulieren Sie Reaktionsgleichungen zu **V2** und **V3**.
c) Begründen Sie den Farbumschlag bei den Elektrolysen aus **V2** und **V3**.
d) Legen Sie für die Messwerte zu **V2** und **V3** eine Wertetabelle an und zeichnen Sie aus den Wertepaaren die Strom-Spannungs-Kurven.
e) Erklären Sie den Verlauf der beiden Kurven aus **d)**.

ENTSORGUNG A

V Quantitative Betrachtung der Elektrolyse LK

MICHAEL FARADAY untersuchte die Elektrolyse genauer. Was konnte er feststellen?

V4 Wiegen Sie zwei gründlich mit Wasser und Ethanol gereinigte und getrocknete Kupferbleche möglichst genau ab. Tauchen Sie sie in eine Kupfer(II)-sulfatlösung ein und elektrolysieren Sie für eine genau gemessene Dauer (20-30 min) bei einer festgelegten Stromstärke (0,5-1 A). Prüfen Sie alle 30 s, ob die Stromstärke noch konstant ist und regeln Sie ggf. nach. Entfernen Sie nach der Elektrolyse die Kupferbleche, tropfen Sie diese vorsichtig mit Ethanol ab und trocknen sowie wiegen Sie diese erneut.

V5 Wiederholen Sie **V4** arbeitsteilig mit einer Kombination aus Silberblechen und Silbernitratlösung bei verschiedenen Stromstärken und Elektrolysedauern.

AUSWERTUNG

a) Ermitteln Sie anhand der Massenänderungen bei beiden Blechen die jeweilige Stoffmengenänderung in den Versuchsreihen von **V4** und **V5** und notieren Sie die Polung.
b) Formulieren Sie jeweils Jedesto-Beziehungen zwischen der verwendeten Stromstärke und der Stoffmengenänderung sowie der Elektrolysedauer und der Stoffmengenänderung.
c) Vergleichen Sie die Ergebnisse der Elektrolyse in **V4** und **V5**.

ENTSORGUNG G2, G3

V Technische Anwendung der Elektrolyse

Wie kann die Elektrolyse technisch zur Herstellung einer metallischen Schutzschicht genutzt werden?

V6 Lösen Sie 10 g Zinksulfat in 50 mL destilliertem Wasser. Geben Sie 5 mL Essigsäurelösung (c =1 mol/L) zu. Verbinden Sie einen entfetteten Eisennagel (Kathode) mit dem Minuspol einer Spannungsquelle. Verbinden Sie eine Graphitelektrode (Anode) mit dem Pluspol. Tauchen Sie beide Elektroden in die Lösung und legen Sie eine Spannung von 5 V an. Messen Sie die Stromstärke für 10 Minuten.

AUSWERTUNG

a) Formulieren Sie eine Reaktionsgleichung für die am Minuspol ablaufende Reaktion.
b) Begründen Sie, dass das Eintauchen des Eisennagels in eine Zinksulfatlösung alleine nicht zum gewünschten Ergebnis führt.
c) Beschreiben Sie die Veränderung des Eisennagels nach der Elektrolyse. Nennen Sie den Vorteil des veränderten Nagels.

ENTSORGUNG G1, G2

7.5.2 Die Elektrolyse

Elektrolyse einer Kupferchloridlösung

Taucht man zwei Graphitelektroden in eine Kupferchloridlösung und legt eine Gleichspannung an, so bildet sich an der am Pluspol angeschlossenen Elektrode ein nach Schwimmbad riechendes Gas, während an der Oberfläche der Elektrode am Minuspol ein rötlicher metallischer Belag zu erkennen ist (**LV1**). Durch die angelegte Spannung bewegen sich die Kationen und Anionen im Elektrolyten zu den entsprechenden Polen. Da negativ geladene Chlorid-Ionen vom Pluspol angezogen und dort zu Chlor-Molekülen oxidiert werden, nennt man diese Elektrode **Anode**. Positiv geladene Kupfer-Ionen wandern zum Minuspol, diese Elektrode wird daher **Kathode** genannt. Sie werden dort zu Kupfer-Atomen reduziert. Es bildet sich ein metallischer Überzug.

Oxidation: $2\ Cl^- (aq) \longrightarrow Cl_2 (g) + 2\ e^-$

Reduktion: $Cu^{2+} (aq) + 2\ e^- \longrightarrow Cu (s)$

Redoxreaktion:
$Cu^{2+} (aq) + 2\ Cl^- (aq) \longrightarrow Cu (s) + Cl_2 (g)$

06022-71
Animation zu den Vorgängen auf Stoff- und Teilchenebene bei der Elektrolyse einer Zinkiodidlösung unter QR-/Mediencode 06022-71

Unterbricht man das Experiment, so lässt sich zwischen den Elektroden eine elektrische Spannung messen. Es haben sich eine Kupfer- und eine Chlorhalbzelle gebildet. Der Elektronenfluss hat sich umgekehrt. Dies erkennt man an der Änderung der Drehrichtung des Propellers.

Bei einer **Elektrolyse** wird durch das Anlegen einer elektrischen Spannung eine Redoxreaktion erzwungen und die Ionen einer Elektrolytlösung werden an den Elektroden entladen. Die Reaktionen an den Elektroden stellen die Umkehrung der Vorgänge in einer galvanischen Zelle dar (**B1**).

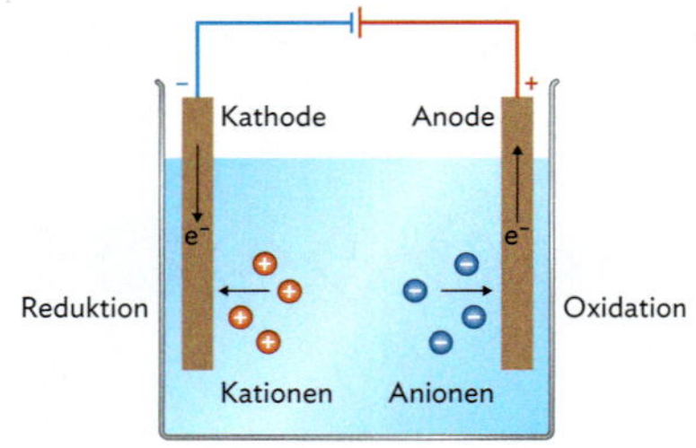

B1 Vorgänge an den Elektroden bei der Elektrolyse

Zersetzungsspannung LK

Elektrolysiert man eine Natriumchloridlösung und steigert dabei die Spannung, so ist erst ab einem ganz bestimmten Punkt eine merkliche Stoffabscheidung zu beobachten (**V2**, **V3**). Vor diesem Punkt fließt kein elektrischer Strom, da sich bereits bei einer geringeren Spannung kleine Mengen an Chlor und Wasserstoff an den Elektroden bilden. Dort entstehen somit eine Chlor – bzw. Wasserstoffhalbzelle. Die Zellspannung dieser galvanischen Zelle wirkt der angelegten Elektrolysespannung entgegen. Die Mindestspannung, ab der die Stoffabscheidung an den Elektroden beginnt, nennt man **Zersetzungsspannung U_Z**. Wird sie überschritten, läuft die Elektrolysereaktion schneller ab als die Umkehrreaktion der galvanischen Zelle. Dadurch steigt die Stromstärke bei Erhöhung der Spannung deutlich und linear an (**B2**). Sobald U_Z erreicht ist, beobachtet man an beiden Elektroden die deutliche Bildung von Gasbläschen und an der Kathode zusätzlich eine Blaufärbung des Indikators (**V2**, **V3**), die auf das Vorhandensein von Hydroxid-Ionen schließen lässt. An der Anode bildet sich Chlorgas, an der Kathode u. a. Wasserstoff:

Anode:
$2\ Cl^- (aq) \longrightarrow Cl_2 (g) + 2\ e^-$ $\quad E^0 = +1{,}36\ V$

Kathode:
$2\ H_2O (l) + 2\ e^- \longrightarrow H_2 (g) + 2\ OH^- (aq)$
$E^0 = -0{,}41\ V$

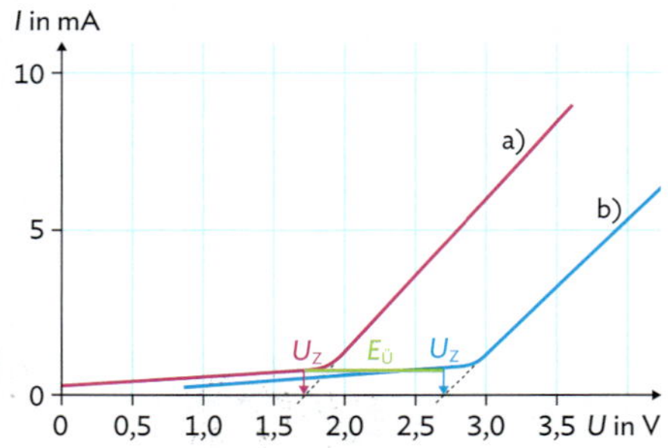

B2 Strom-Spannungs-Kurve bei der Elektrolyse einer Kochsalzlösung an a) Platin- und b) Graphitelektroden

Man bezeichnet diese Elektrolyse als **Chlor-Alkali-Elektrolyse**. Die Zersetzungsspannung U_Z der Chlor-Alkali-Elektrolyse ergibt sich als Differenz der Elektrodenpotenziale:

$$U_Z = E^0 (Cl^-/Cl_2) - E^0 (H_2/OH^-)$$
$$= 1{,}36\ V - (-0{,}41\ V)$$
$$= 1{,}77\ V$$

Überspannung und Abscheidepotenzial LK

In der wässrigen Lösung bei der Chlor-Alkali-Elektrolyse (**V2**) ist als Reaktion an der Kathode auch die Reduktion von Natrium-Ionen denkbar:

$Na^+ (aq) + e^- \longrightarrow Na (s) \qquad E^0 = -2{,}71\ V$

Vergleicht man die Elektrodenpotenziale der möglichen Kathodengleichungen, so wird klar, dass zur Reduktion der Wasser-Moleküle eine geringere Spannung nötig ist, als zur Reduktion der Natrium-Ionen. An der Kathode kommt es also zur Bildung von Wasserstoff anstatt zur Natriumbildung. An der Anode wäre auch folgende Oxidation möglich:

$2\ H_2O (l) \longrightarrow O_2 (g) + 4\ H^+ (aq) + 4\ e^-$
$E^0 = +0{,}82\ V$

Auch dieses Elektrodenpotenzial spräche für die Bildung von Sauerstoff an der Anode. Tatsächlich bildet sich aber Chlorgas.
Die Abscheidung von Sauerstoff benötigt also offenbar eine höhere Spannung. Diese Differenz zum Elektrodenpotenzial wird als **Überspannung** $\boldsymbol{E_Ü}$ bezeichnet. Sie ist z. B. abhängig von dem Elektrodenmaterial oder der Stromdichte, und spielt besonders bei Gasen eine große Rolle. Untersuchungen deuten darauf hin, dass die Überspannung dadurch zu erklären ist, dass die Gase am Ablösen von den Elektroden gehemmt werden.
B3 zeigt, dass die Überspannung von Sauerstoff an Graphit besonders hoch ist. Das tatsächliche **Abscheidepotenzial** $\boldsymbol{E_A}$ an einer Elektrode ist also die Summe des Redoxpotenzials E(Red/Ox) und der **Überspannung** $\boldsymbol{E_Ü}$: $E_A = E(\text{Red/Ox}) + E_Ü$
Das Abscheidepotenzial von Sauerstoff ist also größer als das von Chlor.

Gas	Elektrode	Überspannung
Wasserstoff	Platin	−0,05 V
	Graphit	−0,97 V
Sauerstoff	Platin	+0,65 V
	Graphit	+1,09 V
Chlor	Platin	+0,03 V
	Graphit	+0,25 V

B3 Ausgewählte Überspannungen von Gasen.

Trägt man für die möglichen Stoffabscheidungen die Abscheidepotenziale und Überspannungen grafisch auf, so lässt sich sehr gut ablesen, welche Reaktionen bevorzugt ablaufen.
Aus der Abbildung lässt sich nun die für die Chlor-Alkali-Elektrolyse nötige Zersetzungsspannung $U_Z = 2{,}99\ V$ ablesen (**B4**).

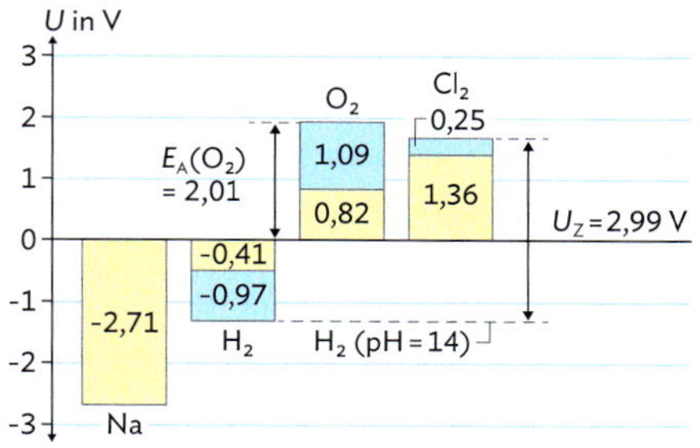

B4 Redoxpotenziale (gelb) und Überspannungen (blau), Abscheidepotenzial von Sauerstoff $E_A(O_2)$ und die Zersetzungsspannung U_Z bei der Elektrolyse einer Natriumchloridlösung an Graphitelektroden

In einer Elektrolysezelle finden die gegenläufigen Prozesse einer galvanischen Zelle statt. Bei einer Elektrolyse erfolgt die Oxidation bzw. Reduktion erst ab einer gewissen Mindestspannung, der Zersetzungsspannung. Es muss ebenfalls eine materialspezifische Überspannung berücksichtigt werden. Sie tritt vor allem bei Gasen auf und ist zusätzlich zur Zersetzungsspannung aufzubringen. Es läuft derjenige Vorgang ab, der insgesamt das geringste Abscheidepotenzial erfordert.

AUFGABEN

A1 Wird eine Kaliumsulfatlösung an Platinelektroden elektrolysiert, so entstehen Wasserstoff und Sauerstoff. Erklären Sie dies und stellen Sie die Reaktionsgleichungen für die Kathoden- und Anodenreaktion auf.

A2 Skizzieren Sie eine Strom-Spannungs-Kurve für die Elektrolyse von Wasser an Graphit- und an Platinelektroden.

7.5.3 Die FARADAY-Gesetze und ihre Bedeutung LK

Stoffmengenänderungen bei der Elektrolyse

B5 MICHAEL FARADAY

Die Einheit C der Ladungsmenge steht für Coulomb. Sie ist das Produkt der Stromstärke (Ampere) und der Zeit (Sekunden): 1 C = 1 A · 1 s

Der britische Forscher MICHAEL FARADAY (1791 – 1867, **B5**) führte die ersten quantitativen Untersuchungen bei Elektrolysen durch. Um das Jahr 1834 suchte er dabei nach Gesetzmäßigkeiten, die einen Zusammenhang zwischen der abgeschiedenen Stoffmenge einer Substanz und den verschiedenen Einflussgrößen bei einer Elektrolyse darstellten.

Bei der Untersuchung der Elektrolyse von Kupfer(II)-sulfatlösung in **V4** kann man beobachten, dass sich die Massen der beiden verwendeten Kupferelektroden verändern. Durch genaues Arbeiten und Wiegen stellt man fest, dass sich die Masse der Anode um den Betrag verringert, um den sich die Masse der Kathode erhöht, was auf entgegengesetzt verlaufenden Reaktionen beruht:

Anode: $Cu\ (s) \longrightarrow Cu^{2+}\ (aq) + 2\ e^-$ (Oxidation)

Kathode: $Cu^{2+}\ (aq) + 2\ e^- \longrightarrow Cu\ (s)$ (Reduktion)

Über die molare Masse lässt sich die Änderung der Stoffmenge an Kupfer ermitteln. Die Änderung der Stoffmengen steht in einem direkten Zusammenhang zu den in diesem Versuch variierten Einflussgrößen auf die Elektrolyse: der Zeit und der Stromstärke, bei der elektrolysiert wurde.

Das 1. FARADAY-Gesetz

Betrachtet man in **V4** zunächst die Elektrolysezeit *t*, so kann man festhalten, dass die abgeschiedene Stoffmenge *n* an Kupfer umso größer ist, je länger die Elektrolyse betrieben wird:

$$n(Cu) \sim t$$

Des Weiteren fällt auf, dass je höher die Stromstärke *I* ist, desto größer ist die Kuperabscheidung an den Kathoden der jeweiligen Versuchsreihen. Es gilt also:

$$n(Cu) \sim I$$

Allgemein ist die abgeschiedene Stoffmenge *n* eines Stoffes X also direkt proportional zur Elektrolysezeit *t* und der Stromstärke *I*.

Das Produkt aus Stromstärke *I* [A] und Zeit *t* [s] nennt man Ladungsmenge *Q*[C]: $Q = I \cdot t$. Insgesamt lässt sich mit der Ladungsmenge das **1. FARADAY-Gesetz** formulieren:

$$n(X) \sim Q \qquad (1)$$

Das 2. FARADAY-Gesetz

Vergleicht man die in **V4** abgeschiedenen Stoffmengen an Kupfer mit den in **V5** abgeschiedenen Stoffmengen an Silber bei gleicher Stromstärke, so zeigt sich, dass in derselben Elektrolysezeit nur halb so viel Kupfer wie Silber abgeschieden wird:

$$n(Cu) = \frac{1}{2} n(Ag)$$

Wie lässt sich dieser Zusammenhang erklären? Die Abscheidung beider Metalle an den Kathoden lässt sich mit den folgenden Gleichungen für die Reduktionen darstellen:

$Cu^{2+}\ (aq) + 2\ e^- \longrightarrow Cu\ (s)$
$Ag^+\ (aq) + e^- \longrightarrow Ag\ (s)$

Die Reaktionsgleichungen zeigen, dass mit derselben Anzahl an Elektronen die doppelte Stoffmenge an Silber abgeschieden werden kann. Folglich besteht auch ein Zusammenhang zwischen der Anzahl der für die Bildung der Teilchen des Stoffes X benötigten Elektronen *z* und der Stoffmenge *n*. Jedoch ist dieser Zusammenhang umgekehrt proportional: Je mehr Elektronen benötigt werden, umso geringer ist die Stoffmenge:

$$n(X) \sim \frac{1}{z}$$

Mit diesem Zusammenhang lässt sich nun Gleichung (1) zum **2. FARADAY-Gesetz** erweitern:

$$n(X) \sim \frac{Q}{z} \qquad (2)$$

Die abgeschiedene Stoffmenge *n* [mol] ist also abhängig von der Ladungsmenge *Q* [C] und der benötigen Elektronenanzahl *z*.

Die FARADAY-Konstante

Anhand der geflossenen Ladung *Q* und der abgeschiedenen Stoffmenge *n* lässt sich berechnen, welche Ladung für die Abscheidung von 1 mol eines Stoffes notwendig ist. Die Ladungsmenge, die zur Abscheidung von 1 mol Silber bei einer Ladung von 200 C nötig ist, beträgt z. B. (**B6**):

$$\frac{200\ \text{C}}{2{,}07 \cdot 10^{-3}\ \text{mol}} = 96\,618\ \text{C/mol}$$

Elektrolyseprodukt	z	abgeschiedene Stoffmenge	errechnete FARADAY-Konstante
Silber: Ag	1	$2{,}071 \cdot 10^{-3}$ mol	96 571 C/mol
Kupfer: Cu	2	$1{,}037 \cdot 10^{-3}$ mol	96 432 C/mol
Sauerstoff: O_2	4	$0{,}519 \cdot 10^{-3}$ mol	96 339 C/mol

B6 Experimentell ermittelte Stoffmenge verschiedener Elektrolyseprodukte bei einer Ladungsmenge von 200 C

Hierbei handelt es sich um eine Konstante, die als **FARADAY-Konstante *F*** bezeichnet wird. Mit ihr kann man die bisher erarbeitete Gesetzmäßigkeit wie folgt zusammenfassen:

$$n(\text{X}) = \frac{Q}{z \cdot F}$$

Mit dieser Gleichung lässt sich nun die Stoffmenge eines elektrolytisch abgeschiedenen Stoffes berechnen.

Technische Bedeutung

In der Industrie ist der von FARADAY entdeckte Zusammenhang entscheidend für die Produktion von Metallen und metallischen Überzügen. So lassen sich die Zeit oder Stromstärke berechnen, die zur Produktion einer bestimmten Menge an Metall benötigt werden. Ein Beispiel ist die Gewinnung von Aluminium aus Aluminiumoxid (Al_2O_3). Das unedle Aluminium besitzt ein niedriges Standardelektordenpotenzial und kann daher nicht aus einer wässrigen Lösung abgeschieden werden. Stattdessen wird eine **Schmelzflusselektrolyse** durchgeführt. Durch Elektrolyse der Salzschmelze entsteht an den Kohleanoden Sauerstoff, welcher mit dem Anodenmaterial weiter zu Kohlenstoffdioxid reagiert. Als Kathode dient eine Kohlewanne, in welcher sich das an der Kathode gebildete reine, flüssige Aluminium sammelt. In der Industrie läuft die Elektrolyse bei einer Spannung von etwa 5 V und einer Stromstärke von 100 bis 150 kA ab.

1. FARADAY-Gesetz:
Die elektrolytisch abgeschiedene Stoffmenge *n* eines Stoffes X ist zu der durch den Stromkreis geflossenen Ladungsmenge *Q* proportional.
2. FARADAY-Gesetz:
Die Ladungsmenge *Q*, die zur Abscheidung einer bestimmten Stoffmenge *n* eines Stoffes X benötigt wird, ist proportional zu der Anzahl an Elektronen *z*, die für die Bildung der Teilchen von X erforderlich ist.
Mithilfe der FARADAY-Konstante *F* lassen sich die umgesetzte Ladungsmenge *Q* und die Stoffmenge *n* quantitativ bestimmen. Sie beträgt *F* = 96 485 C/mol.

Die exakte Größe der FARADAY-Konstante lässt sich aus der AVOGADRO-Konstante N_A und der Elementarladung *e* berechnen. Für die Abscheidung von 1 mol Silber mit der Ladung *z* = 1 ergibt sich:

$$F = \frac{Q}{n} = N_A \cdot e = \frac{6{,}022 \cdot 10^{23}}{\text{mol}} \cdot 1{,}6022 \cdot 10^{-19}\ \text{C} = 96\,485\ \text{C/mol}$$

AUFGABEN

A1 Geben Sie die Reaktionsgleichungen an Anode und Kathode bei der elektrolytischen Aluminiumgewinnung an.

A2 Berechnen Sie die Masse an Aluminium, die in einer Stunde bei einem Elektrolysestrom von 100 kA gewonnen werden kann.

A3 Recherchieren Sie ökonomische und ökologische Aspekte der Aluminiumgewinnung und bewerten Sie diese.

A4 Ein Schmuckstück soll durch Elektrolyse einer Gold(III)-Salzlösung mit 3 g Gold überzogen werden. Die Elektrolyse soll 5 Minuten dauern. Ermitteln Sie die nötige Stromstärke.

A5 Bei einer Elektrolyse werden mit einer Ladungsmenge von 200 C unter Standardbedingungen 11 mL Sauerstoff abgeschieden. Ermitteln Sie den Wert von *F* und diskutieren Sie Unterschiede zu **B6**.

7.5.4 Technische Anwendungen der Elektrolyse

Die Chlor-Alkali-Elektrolyse

Zahlreiche Produkte des Alltags sind entweder über Reaktionsschritte zugänglich, die Chlor benötigen, oder sie enthalten selbst Chlorverbindungen. Chlor ist eine wichtige Grundchemikalie und elementar für die Chemieindustrie. Wie erhält man das benötigte Chlor?
Großtechnisch wird Chlor durch Elektrolyse einer wässrigen Lösung von Natriumchlorid, der **Sole**, gewonnen. In **V2** wird die Elektrolyse im Labormaßstab untersucht. Großtechnisch unterscheidet man mehrere Verfahren der Chlor-Alkali-Elektrolyse, die sich im Wesentlichen im Energieverbrauch und der Art der Trennung zwischen Anoden- und Kathodenraum unterscheiden. Allen Verfahren ist gemeinsam, dass erst durch den Effekt der Überspannung die Chlorgewinnung bei der Elektrolyse möglich wird. Dabei sollten folgende drei Aspekte beachtet werden:

- Die Bildung von Sauerstoff anstatt von Chlor muss verhindert werden. Alle Verfahren arbeiten daher mit Titananoden.
- Chlor darf sich nicht mit Wasserstoff mischen. Es könnte sonst ein explosives Chlorknallgasgemisch entstehen.
- Die Produkte Natronlauge und Chlor dürfen sich nicht vermischen.

Die Elektrolyse wird meist bei einer Spannung von 4,5 V und einer Stromstärke von 450 000 A betrieben.

Das Membranverfahren

Beim **Membranverfahren** (**B7**) wird Chlor an einer Titananode abgeschieden. An der Stahlkathode bilden sich direkt Wasserstoff und Natronlauge. Für die Elektrolyse wird die Sole in den Anodenraum eingeleitet und die entstehende Natronlauge aus dem Kathodenraum abgezogen. Der Anoden- und Kathodenraum der Elektrolysezelle sind durch eine Kationenaustauschmembran aus Kunststoff voneinander getrennt, die jedoch nur für die Natrium-Ionen durchlässig ist, nicht aber für Chlorid- und Hydroxid-Ionen. Die entstehende Natronlauge ist dadurch chloridfrei und hochwertig. Für die empfindliche Membran muss die Sole jedoch von Calcium- und Magnesium-Ionen befreit werden, da sonst innerhalb der Membran schwerlösliche Hydroxide ausfallen und die Membran verstopfen können. Der Anteil dieses Verfahrens an der Gesamtproduktion der Chlor-Alkali-Elektrolyse liegt aktuell bei über 60 %.

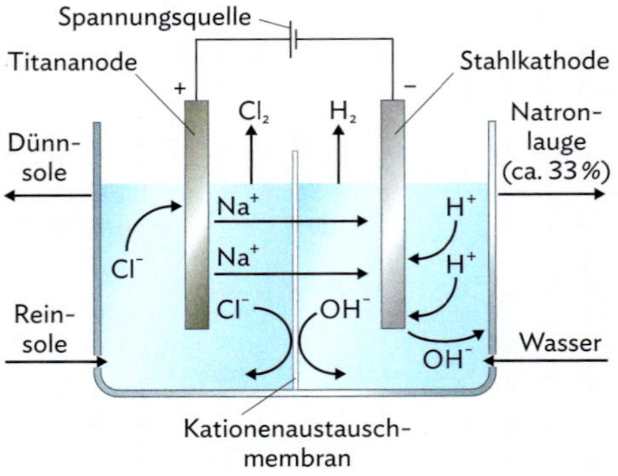

B7 Das Membranverfahren

Sauerstoffverzehrkathode

Dieses relativ neue Verfahren wurde um das Jahr 2000 erstmals eingesetzt. Es ähnelt dem Membranverfahren. Die poröse Kathode wird hierbei mit Sauerstoff umspült (**B8**). Es findet die folgende Reduktion statt:

$$2\,H_2O\,(l) + O_2\,(g) + 4\,e^- \longrightarrow 4\,OH^-\,(aq)$$

An der Kathode entsteht nun kein Wasserstoff mehr, jedoch kann die Betriebsspannung der Zelle auf 2 V gesenkt werden.

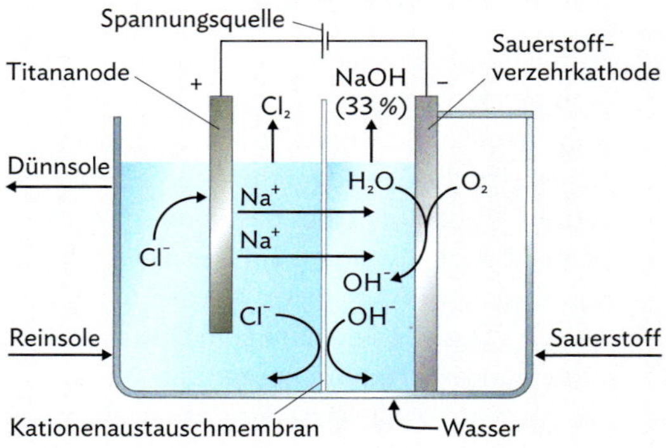

B8 Chlor-Alkali-Elektrolyse mit einer Sauerstoffverzehrkathode

Würden alle deutschen Chlor-Hersteller das Verfahren der **Sauerstoffverzehrkathode** flächendeckend einsetzen, so ließe sich der gesamte Energieverbrauch um einen Betrag senken, der mehr als dem Jahresverbrauch einer Großstadt wie Hannover entspricht.

Metallische Überzüge durch Galvanotechnik

Bei der Elektrolyse eines Eisennagels in einer Zinksulfatlösung kann die Bildung eines grauen Überzugs auf dem Eisennagel beobachtet werden (**V6**). Durch das Anlegen einer Spannung findet an den beiden Elektroden folgende Reaktion statt:

Kathode: Zn^{2+} (aq) + 2 e^- $\longrightarrow$ Zn (s)

Anode: Zn (s) $\longrightarrow$ Zn^{2+} (aq) + 2 e^-

Auf dem Eisennagel scheidet sich somit eine dünne Schicht des unedleren Metalls Zink ab. Dieses Verfahren der **Galvanotechnik** beruht auf dem Abscheiden von dünnen metallischen Schichten aus Metallsalzlösungen durch Anlegen einer elektrischen Spannung. Mit dieser Methode wird z. B. versilberter Schmuck, ein vergoldeter Pokal oder aber eine verchromte Autofelge hergestellt. Beim Galvanisieren wird das Werkstück an den Minuspol einer Gleichspannungsquelle angeschlossen. Das Metall, das abgeschieden werden soll, wird mit dem Pluspol verbunden. Auf diese Weise können auch unedle Metalle aus ihren Metallsalzlösungen abgeschieden werden (**B9**).
Besondere Bedeutung bekommt die Galvanotechnik, wenn es darum geht, Gegenstände vor Korrosion zu schützen.

B9 Galvanisierungsbad mit Metallablagerung

Galvanotechnische Überzüge dienen somit nicht nur einer verbesserten Optik, sondern sie haben zudem eine Schutzwirkung.

Korrosionsschutz → S. 400 f.

Technisch ist die Elektrolyse von großer Bedeutung. Bei der Chlor-Alkali-Elektrolyse werden Natronlauge, Wasserstoff und Chlor hergestellt. Die Abscheidung von Chlorgas ist auf die Überspannung von Sauerstoff an den verwendeten Elektroden zurückzuführen. Bei den meisten Verfahren wird eine Titananode genutzt. Anoden- und Kathodenraum sind dabei voneinander getrennt.
Eine weitere technische Anwendung ist das Überziehen von Gegenständen mit einer Metallschicht. Das Galvanisieren bietet neben einer optischen Veränderung auch einen wirksamen Schutz vor Materialzerstörung.

AUFGABEN

A1 Erklären Sie, dass sich bei der Elektrolyse Chlor und Wasserstoff nicht mischen dürfen.

A2 MK Recherchieren Sie die Bedeutung von Chlor in der Industrie. Bereiten Sie ein Kurzreferat vor und stellen Sie dabei auch einen „Chlorstammbaum" vor.

A3 Stellen Sie die Vor- und Nachteile der einzelnen Elektrolyseverfahren bei der Chlor-Alkali-Elektrolyse tabellarisch gegenüber.

A4 Eine Zitronenbatterie liefert eine Leistung von ca. 0,016 W. Ermitteln Sie die Anzahl an notwendigen Zitronenbatterien in Reihenschaltung für den Betrieb der Chlor-Alkali-Elektrolyse (Hilfen unter QR-/Mediencode 06022-72).

06022-72

A5 Für das Versilbern eines Besteckstücks werden 90 g Silber elektrolytisch auf Edelstahl aufgezogen. Ideale Ergebnisse erhält man bei einer langsamen Elektrolyse über 2 Stunden. Ermitteln Sie die notwendige Stromstärke.

7.5.5 Wasserelektrolyse

06007-075
Video zum HOFMANNschen Zersetzungapparat unter QR-/Mediencode 06007-075

Wasserstoff als Energieträger

Um den Ausstoß klimaschädlichen Kohlenstoffdioxids zu reduzieren, sollen verstärkt Energieträger verwendet werden, bei deren Verbrennung kein Kohlenstoffdioxid entsteht. Hierfür bietet sich unter anderem das Element Wasserstoff an.

Wasserstoff ist ein guter Energieträger, seine Verbrennung verläuft stark exotherm. Die dabei freiwerdende Energie kann zum Antrieb von Autos (**B10**) oder Raketen genutzt werden.

> **INFO** Es gibt zwei Möglichkeiten, Autos mit Wasserstoff anzutreiben: über **Verbrennungsmotoren** oder mithilfe von **Brennstoffzellen**. In den Verbrennungsmotoren wird ein Gemisch aus Wasserstoff und Luft gezündet. Bei Brennstoffzellenautos wird ein Elektromotor mit Wasserstoff-Sauerstoff-Brennstoffzellen angetrieben.

Als Verbrennungsprodukt entsteht Wasser:

$$\text{Wasserstoff (g)} + \text{Sauerstoff (g)} \longrightarrow \text{Wasser (g)} \quad | \text{ exotherm}$$

Dass bei dieser Reaktion viel Energie freigesetzt wird, kann man schon erahnen, wenn man eine Mischung von Wasserstoff und Luft im Reagenzglas zündet: Zwischen Wasserstoff und dem in der Luft enthaltenen Sauerstoff findet die **Knallgasreaktion** statt. Die Reaktion verläuft mit einem deutlichen Ploppgeräusch. Erst ein Gemisch aus reinem Wasserstoff und Sauerstoff, das sogenannte **Knallgasgemisch**, kann nach dem Anzünden explosionsartig reagieren. Wasser ist als Verbrennungsprodukt weitaus weniger umweltschädlich und gesundheitsschädlich als Kohlenstoffdioxid. Dies macht Wasserstoff zu einem attraktiven und umweltfreundlicheren Energieträger im Vergleich zu fossilen Brennstoffen, die bei der Verbrennung Kohlenstoffdioxid freisetzen.

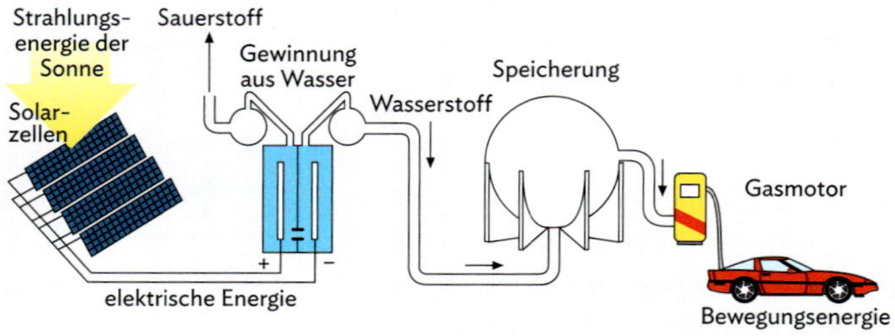

B10 Von der Energie der Sonne bis zur genutzten Energie im Auto

Die Gewinnung von Wasserstoff

Der **HOFMANNsche Zersetzungsapparat** (**B11**), benannt nach dem deutschen Chemiker AUGUST WILHELM VON HOFMANN, ist ein Laborgerät, das zur Durchführung der Wasserelektrolyse verwendet wird. Bei diesem Prozess reagiert Wasser zu Wasserstoff und Sauerstoff, indem ein elektrischer Strom durch das Wasser geleitet wird.

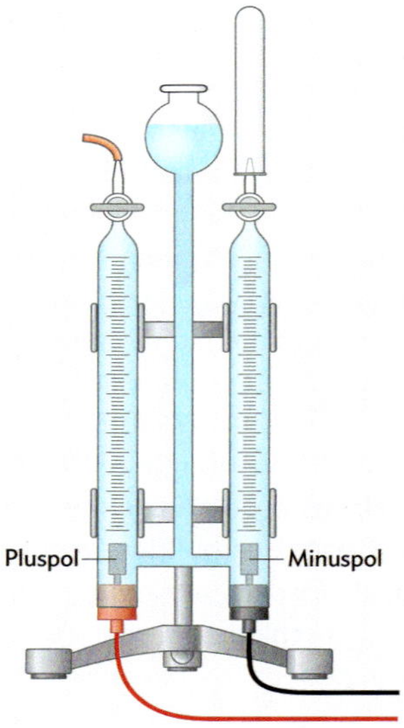

B11 HOFMANNscher Zersetzungsapparat

Der Apparat besteht aus drei vertikalen, miteinander verbundenen Glasröhren. Die mittlere Röhre enthält die Elektrolytlösung, meist verdünnte Schwefelsäure, um die elektrische Leitfähigkeit zu erhöhen. Die linke und rechte Röhre dient zum Sammeln der entstehenden Gase. Eine Elektrode ist am Boden jeder dieser Röhren platziert. Eine Gleichstromquelle wird an die Elektroden angeschlossen, wobei die Anode (+) in einer Röhre und die Kathode (–) in der anderen Röhre platziert ist.

Folgende Reaktionen finden statt:

Anode (Oxidation):

$$2\ H_2\overset{-II}{O}\ (l) \longrightarrow \overset{0}{O}_2\ (g) + 4\ H^+\ (aq) + 4\ e^-$$

Kathode (Reduktion):

$$4\ \overset{+I}{H}_2O\ (l) + 4\ e^- \longrightarrow 2\ \overset{0}{H}_2\ (g) + 4\ OH^-\ (aq)$$

Gesamtreaktion:

$$2\ H_2O\ (l) \longrightarrow 2\ H_2\ (g) + O_2\ (g)$$

Aufgrund des stöchiometrischen Verhältnisses der Reaktionsprodukte (2 : 1) sammelt sich in der Röhre über der Kathode doppelt so viel Wasserstoff wie Sauerstoff in der Röhre über der Anode. Die industrielle Wasserelektrolyse verwendet große Elektrolyseure, um Wasser effizient in Wasserstoff und Sauerstoff zu zerlegen, wobei Energieeffizienz und Skalierbarkeit wichtige Herausforderungen darstellen. Im Gegensatz zum HOFMANNschen Zersetzungsapparat, der für Bildungzwecke genutzt wird, sind diese Anlagen für den Dauerbetrieb und hohe Stromstärken optimiert und nutzen fortschrittliche Materialien und Steuerungstechnologien zur Verbesserung von Effizienz und Kosten.

Die Umweltfreundlichkeit von Wasserstoff auf dem Prüfstand

Wasserstoff ist ein Gas, das in der Luft nur zu 0,00005 % vorkommt. Es muss daher produziert werden, bevor man es als Energieträger nutzen kann. Um zu beurteilen, ob Wasserstoff tatsächlich eine umweltfreundliche Alternative darstellt, muss man sich seine Gewinnung anschauen:
Die Herstellung von Wasserstoff mittels Wasserelektrolyse ist eine endotherme Reaktion, bei der viel Energie zugeführt werden muss. Entscheidend für die Umweltfreundlichkeit ist daher, dass diese Energie aus erneuerbaren Energiequellen gewonnen wird (vgl. Kap. 10.1.3). Dazu zählen Sonnenenergie und Windenergie, die über Solarzellen bzw. Windkrafträder nutzbar gemacht werden können (**B10**).
Ein großer Teil des Wasserstoffs wird bisher jedoch aus Erdgas erzeugt, einem fossilen Energieträger. Auf diesem Wege wird also bereits bei der Herstellung von Wasserstoff klimaschädliches Kohlenstoffdioxid erzeugt (vgl. S. 494). Die Herstellung von Wasserstoff eignet sich daher besonders als Methode zur Speicherung von überschüssiger erneuerbarer Energie.
Im Vergleich zu anderen Energiespeichermethoden hat die Speicherung von Energie in Wasserstoff einen geringeren Wirkungsgrad. Dies ist hauptsächlich auf die Energieverluste bei der Elektrolyse, Speicherung, Transport und Rückverstromung zurückzuführen, obwohl sie dennoch eine wichtige Rolle in der langfristigen Energiestrategie spielen kann, insbesondere für die Langzeitspeicherung und den Transport von Energie über große Entfernungen.

Wasserstoff verbrennt in einer stark exothermen Reaktion zu Wasser. Da Wasser unschädlich ist, gilt Wasserstoff daher als umweltfreundlicher Energieträger, der z. B. zum Antrieb von Fahrzeugen genutzt werden kann. Wasserstoff wird mit der Knallgasprobe nachgewiesen und durch Wasserelektrolyse hergestellt. Die Wasserelektrolyse kann daher als Energiespeichermethode eingesetzt werden.

AUFGABEN

A1 „Wasserstoff ist ein umweltfreundlicher Energieträger." Notieren Sie Argumente für und gegen diese Aussage.

A2 Beurteilen Sie die Angst von Verbraucherinnen und Verbrauchern vor Explosionen bei der Verwendung von Wasserstoff als Energieträger.

A3 Geben Sie die Reaktionsgleichungen mit Aggregatszuständen für a) die Gewinnung von Wasserstoff aus Wasser und b) für die Nutzung von Wasserstoff als Energieträger in Brennstoffzellen an.

A4 Beschreiben Sie alle Energieumsätze, die in **B10** angedeutet werden. Geben Sie dabei jeweils die umgewandelten Energieformen und den Ort des Umsatzes an.

06007-076
Animation zu Energieformen und Energieumwandlungen unter QR-/Mediencode 06007-076

7.5.6 Sachtexte verstehen mithilfe von Lesestrategien (1)

Lesestrategien sind Handlungsabfolgen, die helfen sollen, Texte durch systematisches Vorgehen zu erschließen. Die Gliederung des Leseprozesses in drei Phasen – *vor dem Lesen, während des Lesens* und *nach dem Lesen* – ermöglicht es, unterschiedliche Lesestrategien zu nutzen. *Vor dem Lesen* sollten Sie ausgehend vom Leseauftrag und nach dem Überfliegen des Textes Ihr Vorwissen zum Thema reaktivieren. *Während des Lesens* orientieren Sie sich im Text, klären Unverstandenes und ermitteln zentrale Aussagen. *Nach dem Lesen* verarbeiten Sie das Gelesene und reflektieren es mit anderen.

Leseauftrag:

- Lesen Sie den Sachtext aus einem Chemielehrbuch zur Gewinnung von Aluminium (Text zur Textbearbeitung unter QR-/Mediencode 06007-077).

06007-077

- Entwickeln Sie mithilfe des Textes eine Übersicht zur Gewinnung von Aluminium aus Bauxit auch unter Angabe von Reaktionsgleichungen.

VORGEHEN

1. *Vor dem Lesen* – Vorwissen aktivieren und bereitstellen:
   - Tauschen Sie sich in Partnerarbeit über Eigenschaften und Verwendungsmöglichkeiten von Aluminium aus.
   - Reaktivieren Sie Ihre Kenntnisse zur Elektrolyse einer Salzschmelze.

2. *Während des Lesens* – im Text orientieren, Unverstandenes klären und zentrale Aussagen ermitteln:
   - Lesen Sie den Text und geben Sie den Abschnitten passende Überschriften.
   - Legen Sie eine Tabelle gemäß **B1** an und lesen Sie den Text erneut. Notieren Sie dabei alle unbekannten Fachbegriffe in die erste Tabellenspalte.
   - Erschließen Sie deren Bedeutung zunächst am Kontext und umschreiben Sie die Fachbegriffe in der mittleren Tabellenspalte.

Fachbegriff	Ermittlung der Bedeutung aus dem Kontext	Lehrbuchdefinition
?	?	?
?	?	?
?	?	?
?	?	?

B1 Tabelle zur Bearbeitung des Sachtextes

   - Recherchieren Sie ggf. die korrekte Wortbedeutung im Lehrbuch oder in der Fachliteratur und tragen Sie eine kurze Definition in die dritte Spalte der Tabelle ein.
   - Schreiben Sie an jeden Textabsatz eine Randnotiz mit der zentralen Textaussage.
   - Markieren Sie im Text die Bausteine, die Sie in Ihrer Übersicht zum Herstellungsprozess von Aluminium aus Bauxit verwenden möchten.

3. *Nach dem Lesen* – Anschlusskommunikation initiieren:
   - Entscheiden Sie sich für eine geeignete Darstellungsform für die Übersicht zum Herstellungsprozess von Aluminium (Mindmap, Conceptmap, Flussdiagramm o. ä., vgl. **MK** S. 49)
   - Fertigen Sie die Übersicht zum Leseauftrag ggf. unter Nutzung digitaler Tools an.
   - Diskutieren Sie Unterschiede zu Übersichten von anderen Kursteilnehmern bzw. Kursteilnehmerinnen in einer Ergebnispräsentation.
   - Schätzen Sie den Sachtext unter Nutzung der folgenden Kriterien ein:
     – Sprachliche Verständlichkeit (Satzbau, Anzahl unbekannter Fachbegriffe, Formelschreibweisen, ...)
     – Textstruktur (Absätze, Überschriften, Hervorhebungen, ...)
     – Aussagekraft der Abbildung
     – Aktualität

AUFGABEN

A1 Wenden Sie die Leseaufträge und -strategien der Lesephasen auf den Sachtext unter QR-/Mediencode 06007-077 an.

A2 Vergleichen Sie den Text aus QR-/Mediencode 06007-077 mit dem eines Fachbuchs (vgl. S. 395) zum gleichen Thema nach den folgenden Kriterien (**B2**).

Kriterium	Lehrbuchtext	Fachbuchtext
Lesemotivation / Einleitung	?	?
Gliederung	?	?
Verständlichkeit	?	?
Formelschreibweisen	?	?
Aussagekraft der Abbildungen	?	?

B2 Kriterien zum Vergleich eines Lehrbuchtextes mit einem Fachbuchtext

7.5.7 Sachtexte verstehen mithilfe von Lesestrategien (2)

Sachtext aus: Peter W. Atkins, Jo A. Beran, übers. von K.-H. Loebel, Chemie einfach alles, VCH Verlagsgemeinschaft mbH, Weinheim, 1998, S. 735-737.

„*Aluminium.* Aluminium ist das metallische Element, das in der Erdkruste am häufigsten vorkommt – nach Sauerstoff und Silicium ist es das dritthäufigste Element überhaupt. In den meisten Mineralien ist Aluminium nur zu geringen Anteilen enthalten, und auch die kommerziell genutzte Quelle für Aluminium, das Bauxit, ist ein hydratisiertes, unreines Oxid, $Al_2O_3\ x\ H_2O$, mit variablen Wassergehalt x. Bedeutende Bauxitlagerstätten finden sich in Australien, Jamaika und Sumatra; seinen Namen erhielt das Mineral nach seinem Fundort bei Les Baux in Südfrankreich. Als häufigste Verunreinigungen treten die Oxide von Eisen, Titan und Silicium auf.

Das Bauxiterz ist wegen der enthaltenen Eisenoxide rot. Man verarbeitet es im **Bayer-Verfahren** zu Aluminiumoxid, Al_2O_3. Dabei behandelt man das rohe Bauxit zunächst mit wäßriger Natronlauge, die das amphotere Aluminiumoxid sowie das saure Siliciumdioxid auflöst und Eisen- und Titanhydroxid als sogenannten Rotschlamm ausfällt:

$$Al_2O_3\ x\ H_2O\ (s) + 2\ OH^-\ (aq) + 3\ H_2O\ (l) \xrightarrow{170\,°C} 2\ Al(OH)_4^-\ (aq) + x\ H_2O\ (l)$$

$$Fe_2O_3\ x\ H_2O\ (s) + 3\ H_2O\ (l) \xrightarrow{170\,°C} Fe(OH)_3\ (s) + x\ H_2O\ (l)$$

Durch die Lösung des Aluminats leitet man anschließend Kohlenstoffdioxid, ein saures Oxid. Es senkt die Konzentration der OH^--Ionen und verursacht damit eine teilweise Zersetzung der Aluminat-Ionen sowie den Niederschlag von Aluminiumhydroxid:

$$Al(OH)_4^-\ (aq) + CO_2\ (g) \longrightarrow Al(OH)_3\ (s) + HCO_3^-\ (aq)$$

Nun isoliert man das Aluminiumhydroxid und entwässert es durch Erhitzen auf 1 200 °C zum Oxid:

$$Al(OH)_3\ (s) \xrightarrow{1200\,°C} Al_2O_3\ (s) + 3\ H_2O\ (g)$$

Das metallische Aluminium stellt man im **Hall-Héroult-Prozeß** her, der unabhängig voneinander im Jahr 1886 von Charles Hall am Oberlin-College in Ohio und von Paul Héroult in Frankreich entwickelt wurde. Beide Entdecker waren damals 22 Jahre alt. Sie fanden heraus, daß eine Mischung von Aluminiumoxid und dem Mineral Kryolith, NaAlF6, bereits bei 950 °C schmilzt (reines Aluminium schmilzt bei 2.050 °C). Die Schmelze elektrolysiert man in einer Stahlwanne mit Kohleauskleidung, die als Kathode dient (**B3**).

Als Anoden setzt man Graphit (...) ein. Bei der Elektrolyse laufen folgende Reaktionen ab:

Kathodenreaktion: Al^{3+} *(Schmelze)* $+ 3\ e^- \longrightarrow Al\ (l)$

Anodenreaktion: $2\ O^{2-}$ *(Schmelze)* $+ C$ (*s*, Graphit) $\longrightarrow CO_2(g) + 4\ e^-$

Die Bruttoreaktion lautet:

$$4\ Al^{3+}\ (Schmelze) + 6\ O^{2-}\ (Schmelze) + 3\ C\ (s, Graphit) \longrightarrow 4\ Al\ (l) + 3\ CO_2\ (g)$$

Aus der Kathodenreaktion können wir ableiten, daß 80 Stunden ein Strom von 1 A fließen muß, damit 1 mol Al (27 g Aluminium) entsteht. Diese Menge reicht ungefähr zur Herstellung einer Getränkedose aus. Der sehr hohe Verbrauch an elektrischer Energie – die Stromquelle muß drei Elektronen für jedes produzierte Al-Atom liefern – hat zur Folge, daß die Stromkosten für die Aluminiumherstellung von überragender Bedeutung sind. Als das Recycling von Aluminium noch nicht in größerem Maßstab durchgeführt wurde, benötigte die Aluminiumindustrie der USA in einem Tag soviel Strom, wie 100.000 Menschen in Industrienationen in einem Jahr verbrauchten!“

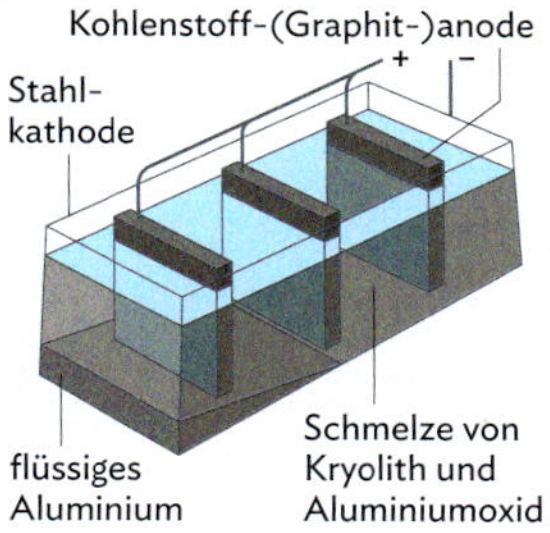

B3 Beim Hall-Héroult-Verfahren löst man Aluminiumoxid in geschmolzenem Kryolith und elektrolysiert die Mischung in einer Zelle mit Kohlenstoffanoden und einer Stahlkathode.

AUFGABEN

A1 Markieren Sie im Text die Wörter mit alter Orthografie.

A2 Beurteilen Sie die Verwendbarkeit des verhältnismäßig alten Textes für die Erschließung chemischer und ökonomischer Sachverhalte.

A3 Beurteilen Sie die Angaben zum Energieverbrauch im Text sowie die Angaben dazu unter QR-/Mediencode 06007-077 (vgl. S. 394) hinsichtlich der Aussagekraft bei aktuellen Diskussionen zur Nachhaltigkeit.

A4 Vergleichen Sie die Aussagekraft der Abbildungen zur Schmelzflusselektrolyse von Aluminium auf dieser Seite und der unter QR-/Mediencode 06007-077 (vgl. S. 394).

7.6 Korrosion und Korrosionsschutz

Elektrochemische Vorgänge haben bei der Verwendung von Batterien oder Akkumulatoren einen praktischen Nutzen. Auch Elektrolysen werden zur Herstellung von Alltagsprodukten angewandt. Unerwünschte elektrochemische Reaktionen durch die sogenannte Korrosion können jedoch zu großen, wirtschaftlichen Schäden führen. Wodurch zeichnet sich Korrosion aus und wie funktioniert Korrosionsschutz?

7.6.1 Versuche und Material

V Bildung von Lokalelementen

Regenrinnen aus unterschiedlichen Metallen bei eng benachbarten Häusern dürfen sich nicht berühren, denn unerwünschte elektrochemische Reaktionen können großen Schaden anrichten. Welche Prozesse laufen dabei ab?

V1 Geben Sie in ein Reagenzglas Salzsäurelösung (c = 1 mol/L) und eine Zinkgranalie. Beobachten Sie einige Zeit. Fangen Sie das entstehende Gas z. B. mit einer Spritze oder einem umgedrehten kleinen Reagenzglas auf, um es später nachzuweisen. Berühren Sie anschließend die Zinkgranalie mit einem Kupfer- oder Platindraht.

V2 Wiederholen Sie **V1**, indem Sie die Zinkgranalie mit einem Magnesiumband berühren.

V3 Geben Sie in ein Reagenzglas ca. 10 mL Schwefelsäurelösung (c = 0,5 mol/L) sowie eine Zinkgranalie. Beobachten Sie. Geben Sie anschließend einige Tropfen verdünnte Kupfer(II)-sulfatlösung (w = 1 %) hinzu und beobachten Sie erneut.

AUSWERTUNG

a) Stellen Sie eine Hypothese auf, welches Gas bei **V1** entstanden ist. Überprüfen Sie Ihre Hypothese nach Rücksprache mit Ihrer Lehrkraft in einem Experiment.

b) Deuten Sie die Beobachtungen in **V1** und **V2**. Beachten Sie dabei auch den unterschiedlich edlen Charakter der Metalle.

c) Stellen Sie die Reaktionsgleichungen für die in den Reagenzgläsern bei **V1** und **V2** ablaufenden Reaktionen auf (Hilfen unter QR-/Mediencode 06022-79).

06022-79

d) Deuten Sie die Beobachtungen in **V3**. Gehen Sie dabei auf die Rolle der Kupfer-Ionen in diesem Versuch ein.

ENTSORGUNG G1, G2

V Einfluss verschiedener Metalle auf das Rosten von Eisen

Die Korrosion von Eisen läuft in Gegenwart von verschiedenen Metallen unterschiedlich ab. Welche Vorgänge finden dabei statt?

V4 Stellen Sie in einem Becherglas eine Lösung aus 1 g Kaliumnitrat, einigen Tropfen Thymolphthaleinlösung ($w < 1\,\%$) und einigen Kristallen Kaliumhexacyanidoferrat(III) her. Geben Sie etwa 2 g Gelatine hinzu und erwärmen Sie die Lösung, bis sich die Gelatine gelöst hat.
Übergießen Sie a) einen geschmirgelter Eisennagel, b) einen Eisennagel, der mit Kupferdraht in der Mitte umwickelt ist und c) einen Eisennagel, der mit Zinkblech oder Magnesiumband umwickelt ist, in je einer Petrischale vorsichtig mit der noch warmen Lösung.

AUSWERTUNG

a) Skizzieren Sie die Farbveränderungen in den Petrischalen in **V4**.
b) Die Blaufärbung einer Lösung aus Kaliumhexacyanidoferrat(III) ist ein Nachweis für Eisen(II)-Ionen. Geben Sie an, welche Ionen mit einer Phenolphthaleinlösung nachgewiesen werden können.
c) Erläutern Sie die Beobachtungen in den Petrischalen in **V4** mithilfe von Reaktionsgleichungen.
d) Leiten Sie aus den Beobachtungen aus **b)** und **c)** den Einfluss der Metalle auf die Korrosion von Eisen begründet ab.

ENTSORGUNG G2

V Korrosionsschutz durch Anlegen einer Gleichspannung

Trassen aus Metallrohren werden durch das Anlegen einer externen Spannung vor Korrosion geschützt. Wie muss dies erfolgen und was passiert dort chemisch?

V5 Geben Sie in eine Petrischale etwas Nachweislösung aus **V4** (ohne Gelatine) sowie zwei blanke Eisennägel, sodass sich diese nicht berühren. Verbinden Sie die Nägel mit einer Gleichspannungsquelle (2 V) und schalten Sie die Spannungsquelle ein.

B1 Auch nichtmetallische Objekte können mit Metallüberzügen versehen werden, wenn sie vorher leitend gemacht wurden.

V6 Geben Sie eine Lösung aus 25 g Kupfer(II)-sulfat-Pentahydrat ($CuSO_4 \cdot 5\,H_2O$), 20 mL Essigsäurelösung ($w = 5\,\%$) und 200 mL Wasser in ein Becherglas und setzen Sie ein Kupferblech als Pluspol ein. Besprühen Sie ein Blatt einer Pflanze mit Graphitspray so, dass es mit einer gleichmäßigen, leitfähigen Schicht versehen ist (**B1**). Geben Sie das Blatt nach dem Trocknen der leitfähigen Schicht zusammen mit dem Kupferblech in das Becherglas. Verbinden Sie das Blatt anschließend mit dem Minuspol einer Spannungsquelle. Legen Sie für 15 Minuten eine Gleichspannung von 5 V an.

AUSWERTUNG

a) Deuten Sie die Farbveränderungen an den Eisennägeln in **V5**.
b) Formulieren Sie Reaktionsgleichungen für die am Plus- und Minuspol ablaufenden Reaktionen in **V5**.
c) Vergleichen Sie die Ergebnisse aus **V5** und **V4**.
d) Erklären Sie, dass das Blatt in **V6** zunächst mit Graphitspray behandelt werden muss.
e) Formulieren Sie eine Reaktionsgleichung, die die Veränderung auf dem Blatt in **V6** erklärt.

ENTSORGUNG R, G1, G2

7.6.2 Die Korrosion

Korrosion ist ein globales Problem. Besonders betroffen sind Stahlbrücken und -tragwerke aber auch z. B. Bahngleise, Fahrzeuge und Rohre. Was sind Bedingungen und typische Abläufe der Korrosion?

Die Bildung eines Lokalelements

Gibt man eine Zinkgranalie in verdünnte Salzsäurelösung, so beobachtet man an der Oberfläche eine schwache Gasentwicklung (**V1**), es handelt sich dabei um Wasserstoff. Dies lässt sich mit einer Knallgasprobe nachweisen. An der Zinkgranalie werden Zink-Atome zu Zink-Ionen oxidiert und zeitgleich werden Oxonium-Ionen zu Wasserstoff-Molekülen reduziert:

Oxidation: $Zn\ (s) \longrightarrow Zn^{2+}\ (aq) + 2\ e^-$

Reduktion: $2\ H_3O^+\ (aq) + 2\ e^- \longrightarrow H_2\ (g) + 2\ H_2O\ (l)$

Berührt man nun die Zinkgranalie mit einem Kupfer- oder Platindraht, so wird die Gasentwicklung stärker und es steigen deutlich mehr Gasblasen empor (**B1**). Sie entwickeln sich dabei jedoch überwiegend an der Oberfläche des edleren Metalls (Kupfer oder Platin in **V1**, Zink in **V2**, vgl. QR-/Mediencode 06007-078). Lässt man die Reaktion einige Zeit ablaufen, verschwindet das unedlere Metall schließlich ganz. Man spricht hierbei auch von Korrosion.

06007-078

Durch Redoxreaktionen können Gegenstände aus unedlen Metallen also zerstört oder beschädigt werden. Besonders korrosionsanfällig sind dabei Kontaktstellen zwischen zwei unterschiedlichen Metallen. Der Grund dafür ist die Bildung von **Kontakt-** oder **Lokalelemente.** An der Kontaktfläche der beiden Metalle bildet sich eine kurzgeschlossene galvanische Zelle. Durch diesen Kurzschluss ist ein maximaler Elektronenfluss von der Anode (Minuspol) zur Kathode (Pluspol) gewährleistet. Die Atome des Metalls mit dem negativeren Redoxpotentials werden oxidiert und das Metall korrodiert langsam.

Allerdings können auch reine Metalle, die offensichtlich mit keinem anderen Metall in Kontakt sind, korrodieren. Bei **V3** erkennt man, dass die Zinkgranalie in der Schwefelsäurelösung nur eine ganz schwache Gasentwicklung zeigt. Erst bei Zugabe von Kupfer(II)-Ionen setzt die Gasentwicklung merklich ein. Man beobachtet außerdem, dass sich ein rötliches Metall, also elementares Kupfer, auf der Zinkoberfläche abscheidet. Dort bilden sich an vielen verschiedenen Stellen Lokalelemente. Es reagieren Kupfer(II)-Ionen mit Zink-Atomen gemäß:

$Zn\ (s) + Cu^{2+}\ (aq) \longrightarrow Zn^{2+}\ (aq) + Cu\ (s)$

Die gleichzeitig entstehenden Zink-Ionen bilden eine elektrochemische Doppelschicht an der Metalloberfläche des Zinks aus. Diese Zink-Ionen und die Oxonium-Ionen der Lösung stoßen sich gegenseitig ab, weshalb die Reduktion an der Metalloberfläche des Zinks gehemmt ist (**B1**). Da die elektrochemische Doppelschicht am edleren Kupfer schwächer ausgeprägt ist, läuft die Reduktion von Oxonium-Ionen zu Wasserstoff-Molekülen bevorzugt an der Kupfer-Lokalkathode ab. Kleine Verunreinigungen beschleunigen also die Korrosion. Durch Verunreinigungen, z. B. im Stahl, kann es dort entsprechend zur Korrosion kommen.

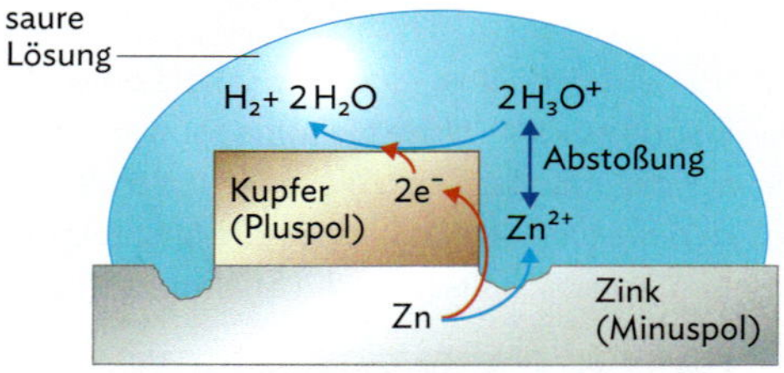

B1 Reaktionen von Lokalelementen

Säure- und Sauerstoffkorrosion

Man unterscheidet zwei Arten von Korrosion. Bei beiden läuft am lokalen Minuspol die Oxidation von z. B. Eisen-Atomen ab:

$Fe\ (s) \longrightarrow Fe^{2+}\ (aq) + 2\ e^-$

Die abgegebenen Elektronen fließen zum Pluspol und werden dort von der Oberfläche an Teilchen aus der Umgebung übertragen.

Bei der **Säurekorrosion** (**B2**, oben) werden die Elektronen an Oxonium-Ionen aus einer sauren Lösung abgegeben:

$2\ H_3O^+\ (aq) + 2\ e^- \longrightarrow 2\ H_2O\ (l) + H_2\ (g)$

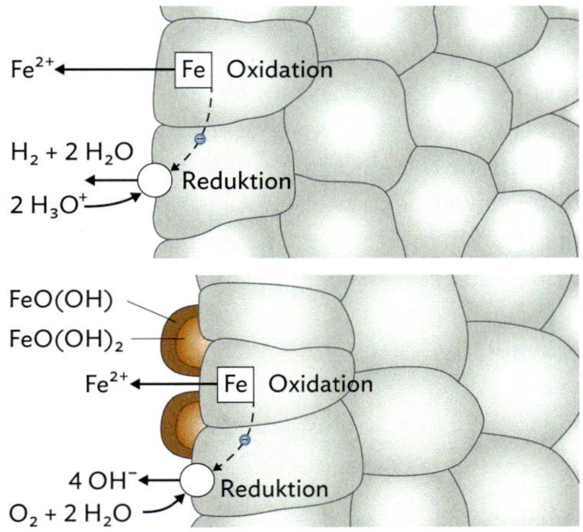

B2 Säurekorrosion (oben) und Sauerstoffkorrosion (unten) von Eisen

Bei Anwesenheit von Sauerstoff und Wasser in neutraler oder alkalischer Lösung findet hingegen die **Sauerstoffkorrosion** (**B2**, unten) statt. Sauerstoff-Moleküle werden hierbei bevorzugt an der Grenzfläche Wasser-Luft zu Hydroxid-Ionen reduziert:

$$O_2\,(aq) + 2\,H_2O\,(l) + 4\,e^- \longrightarrow 4\,OH^-\,(aq)$$

Die Bildung der Lokalelemente kann auch in **V4** beobachtet werden. Die mit Kaliumhexacyanidoferrat(III) versetzte Gelatine färbt sich um den Eisennagel an einigen Stellen blau – ein Nachweis für Eisen(II)-Ionen. Die Elektronen, die bei der Oxidation der Eisen-Atome freigesetzt werden, reagieren an einer anderen Stelle des Nagels mit den in der Lösung befindlichen Wasser- und Sauerstoff-Molekülen. Die entstandenen Hydroxid-Ionen können durch die blaue Farbe des Thymolphthaleins nachgewiesen werden.
Während das edlere Kupfer die Korrosion des Eisens verstärkt (stärkere Blaufärbung), schützen das unedlere Magnesium bzw. Zink den Eisennagel vor Korrosion (schwache Blaufärbung).

Rosten von Eisen

Die Korrosion von Eisen wird umgangssprachlich auch als **Rosten** bezeichnet. Rostbildung tritt insbesondere bei der Sauerstoffkorrosion auf. Rost ist chemisch betrachtet ein Gemisch aus Eisen(II)-oxid, Eisen(III)-oxid und Kristallwasser. Eisen(II)-Ionen bilden mit den Hydroxid-Ionen schwerlösliches Eisen(II)-hydroxid:

$$Fe^{2+}\,(aq) + 2\,OH^-\,(aq) \longrightarrow Fe(OH)_2\,(s)$$

Dieses wird durch den in der wässrigen Lösung vorhandenen Sauerstoff teilweise zu Eisen(III)-hydroxidoxid oxidiert:

$$4\,Fe(OH)_2\,(s) + O_2\,(aq) \longrightarrow 4\,FeO(OH)\,(s) + 2\,H_2O\,(l)$$

Beim Verdunsten bilden diese Hydroxide durch Abgabe von Wasser Oxide:

$$Fe(OH)_2\,(s) \longrightarrow FeO\,(s) + H_2O\,(g)$$

$$2\,FeO(OH)\,(s) \longrightarrow Fe_2O_3\,(s) + H_2O\,(g)$$

Da die gebildete Rostschicht spröde und porös ist, kann sauerstoffhaltiges Wasser fortwährend in das Material eindringen und so zu weiterer Korrosion führen.
Korrosion ist ein schleichender Prozess, der jährlich einen Schaden in Höhe von 3 – 6 % des Bruttoinlandsprodukts verursacht.

Bei der Korrosion kommt es zur Zerstörung von Metallen durch saure Lösungen oder durch sauerstoffhaltige wässrige Lösungen. Die Korrosion wird durch die Bildung von Lokalelementen, d. h. kurzgeschlossenen galvanischen Zellen, beschleunigt. Die Bildung von Rost ist ein Beispiel für die Korrosion von Eisen. Sie führt zu großem wirtschaftlichen Schaden.

AUFGABEN

A1 Günstige Zinkperlen enthalten oft Verunreinigungen aus Eisen oder Kupfer und zeigen im Gegensatz zu hochreinen eine heftige Gasentwicklung mit Salzsäurelösung. Erklären Sie den Unterschied.

A2 MK Beurteilen Sie die wirtschaftlichen Folgen, die mit dem durch Korrosion ausgelösten finanziellen Schaden verbunden sind.

7.6.3 Schutz vor Korrosion

Passiver Korrosionsschutz

Eisen rostet gerade dann, wenn es mit Sauerstoff und Wasser in Berührung kommt. Aufgrund seiner porösen Struktur schützt der Rost jedoch nicht vor weiterer Korrosion. Eine Schutzmöglichkeit ist das Beschichten mit einem Korrosionsschutzmittel, z. B. einem Lack, wie er bei Autokarosserien häufig eingesetzt wird. Die Barrierewirkung dieses **passiven Korrosionsschutzes** hält jedoch nur solange, wie die Lackschicht intakt ist.

B3 Feuerverzinkte Stahlteile werden einem Zinkbad entnommen.

Auch der komplette Überzug von Metallen mit einer Schicht eines anderen Metalls schützt vor Korrosion, z. B. durch Eintauchen von Eisenblechen in geschmolzenes Zink. Man spricht von der Feuerverzinkung (**B3**). Auch in diesen Fällen sorgt die Barrierewirkung der schützenden Metallschichten für einen passiven Korrosionsschutz, der verhindert, dass als Oxidationsmittel wirkende Teilchen aus der Umgebung an das zu schützende Metall gelangen.

Aktiver Korrosionsschutz

Aktiver Korrosionsschutz liegt vor, wenn unmittelbar in die elektrochemischen Abläufe der Korrosion eingegriffen wird. Beim aktiven Korrosionsschutz wird das zu schützende Metall in Kontakt mit einem anderen Metall gebracht. Dabei ist es wichtig, geeignete Metalle zu verwenden. Ein mit Kupferdraht umwickelter Eisennagel korrodiert schneller (**V4**). Es bildet sich wie bei **V1** ein Lokalelement. Kontaktiert man das Eisen hingegen mit unedlen Metallen wie Magnesium oder Zink, lassen sich keine Eisen-Ionen nachweisen und es findet keine Korrosion des Eisens statt (**V4**). Stattdessen gehen die unedleren Metalle in Lösung und bilden sogenannte **Opferanoden** (**B4**, **V4**). Geeignetes Material sind Metalle, deren Atome aufgrund ihres kleineren Redoxpotenzials leichter oxidiert werden, sodass die freiwerdenden Elektronen am Minuspol die Oxidation des Eisens verhindern. Die Oxidation läuft bei galvanischen Zellen am Minuspol ab, der in diesem Zusammenhang auch als Anode bezeichnet wird. Das Anodenmaterial wird entweder direkt oder leitend mit dem zu schützenden Metall verbunden.
Opferanoden aus Magnesium werden zum Schutz vor Korrosion z. B. in Warmwasserbereitern verwendet. Werden diese Opferanoden nicht rechtzeitig ausgetauscht, kommt es zur Korrosion des Kessels. Schiffsrümpfe werden z. B. mit Zinkblöcken als Opferanoden vor Korrosion geschützt.

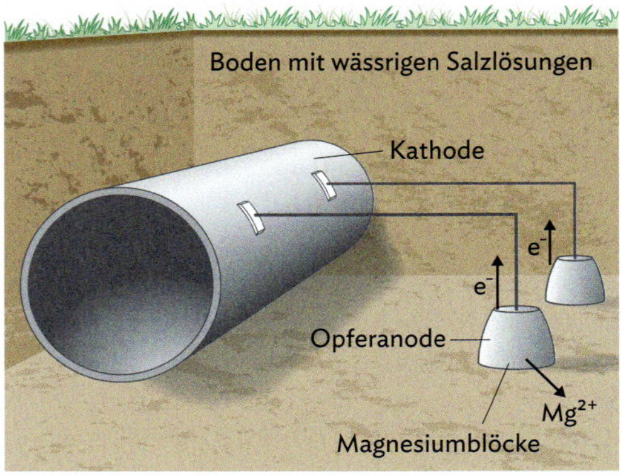

B4 Korrosionsschutz einer Pipeline durch Opferanoden aus Magnesium

Korrosionsschutz mit Fremdstrom

Verbindet man zwei Eisennägel mit einer Gleichspannungsquelle (**V5**), so beobachtet man nach Einschalten der Spannungsquelle am Nagel, der mit dem Minuspol verbunden ist, eine durch den Indikator Phenolphthalein verursachte Rosafärbung, die die Bildung von Hydroxid-Ionen anzeigt. Der Bereich des Nagels am Pluspol verfärbt sich hingegen blau. Hier werden Eisen(II)-Ionen mit einer Lösung von Kaliumhexacyanidoferrat(III) nachgewiesen.
Die Nachweisreagenzien weisen auf folgende Reaktionen hin:

Minuspol: $O_2\,(aq) + 2\,H_2O\,(l) + 4\,e^- \longrightarrow 4\,OH^-\,(aq)$

Pluspol: $Fe\,(s) \longrightarrow Fe^{2+}\,(aq) + 2\,e^-$

Dieses Prinzip ist eine spezielle Form des **kathodischen Korrosionsschutzes** und funktioniert durch das Anschließen einer **Fremdstromanode**.

Hierbei wird ähnlich wie bei einer Elektrolysezelle ein metallischer Gegenstand als Kathode an den Minuspol einer Gleichspannungsquelle angeschlossen. Der Pluspol wird an eine Opferanode, z. B. aus billigem Eisenschrott, angebracht. Der Stromkreis wird durch die im Boden befindlichen Elektrolyte geschlossen (**B5**). Wie bei einer Elektrolyse erfolgt an der Kathode die Reduktion und an der Anode die Oxidation.

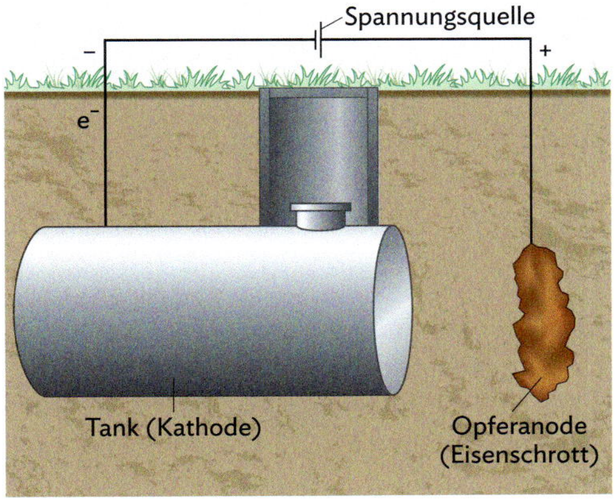

B5 Korrosionsschutz mittels Fremdstromanode

Weitere Verfahren zum passiven Korrosionsschutz

Eine weitere Möglichkeit des Korrosionsschutzes ist das **Galvanisieren** von Gegenständen, z. B. das Verzinken von Schrauben, Verchromen von Radkappen oder Versilbern von Besteck. Dabei geht es neben der optischen Verschönerung vor allem darum, Metalle durch eine Schicht aus einem oxidationsbeständigen Metall vor Korrosion zu schützen. Die Metallschicht wird durch Elektrolyse einer entsprechenden Metallsalzlösung auf das Werkstück aufgetragen. Möchte man nicht leitfähige Objekte galvanisieren, müssen diese zuerst leitfähig gemacht werden, z. B. mit Graphitspray (**V6**).

Aluminium müsste entsprechend seines Standardpotenzials ($E^0 = -1{,}66\,V$) eigentlich sehr leicht oxidiert werden können und damit korrodieren. Aluminium ist aber sehr korrosionsbeständig. Dies liegt daran, dass Aluminium an der Oberfläche eine dünne, etwa 10^{-5} mm dicke, schützende Schicht aus Aluminiumoxid bildet. Diese Oxidschicht kann durch das **Eloxal-Verfahren** (**E**lektrische **O**xidation des **A**luminiums) bis auf ca. 10^{-2} mm verstärkt und angefärbt werden, wobei sich seine Schutzwirkung um ein Vielfaches erhöht. Die Reaktionsgleichung für das Eloxieren lautet vereinfacht:

$$2\,Al\,(s) + 3\,H_2O\,(l) \longrightarrow Al_2O_3\,(s) + 6\,H^+\,(aq) + 6\,e^-$$

Die beim Eloxal-Verfahren gebildete Oxidschicht eignet sich aufgrund ihrer Oberfläche gut, um eloxierte Gegenstände einzufärben.

Die Oberflächen unedler Metalle lassen sich durch Beschichten vor Korrosion schützen. Hierzu können beim passiven Korrosionsschutz dünne Schichten aus Lacken oder edleren Metallen aufgetragen werden. Beim aktiven Korrosionsschutz werden elektrochemische Vorgänge genutzt, um die Korrosion zu verhindern. Das Prinzip der Opferanoden basiert darauf, dass unedle Metalle Elektronen liefern und so die Oxidation des zu schützenden Metalls verhindern. Bei dem Prinzip der Fremdstromanode wird die zu schützende Konstruktion zusätzlich als Kathode an eine Gleichspannungsquelle angeschlossen.

AUFGABEN

A1 Zink wird als Opferanode an Schiffsrümpfen verwendet. Zink-Ionen sind als „gewässergefährdend" eingestuft. Beurteilen Sie die Eignung als Opferanode und schlagen Sie gegebenenfalls Alternativen vor.

A2 MK Informieren Sie sich über den Korrosionsschutz von Metallen durch Eloxieren und stellen Sie das Prinzip dar.

A3 Ein Automobilkonzern hat als Werbung für die Rostbeständigkeit seiner Fahrzeuge ein Foto von einem Auto in der Meeresbrandung veröffentlicht. Nehmen Sie hierzu Stellung.

Zum Üben und Weiterdenken

A1 Bestimmen Sie die Oxidationszahlen der Atome der Teilchen mit den folgenden chemischen Formeln: SO_3, SO_3^{2-}, N_2O, N_2, P_4O_{10}, PO_4^{3-}, C_2H_6, $Cr_2O_7^{2-}$.

A2 Handelsübliche Entfärber enthalten Natriumdithionit $Na_2S_2O_4$. In wässriger Lösung entsteht beim Entfärben von Textilien Schwefeldioxid SO_2.
a) Entscheiden Sie begründet, ob Natriumdithionit beim Entfärben oxidiert wird.
b) LK Beurteilen Sie, ob der Gehalt an Natriumdithionit in Entfärbern über eine Redoxtitration ermittelt werden kann.

A3 Erläutern Sie, wie man mit einem Kupfer- und einem Zinkstab folgende Lösungen eindeutig voneinander unterscheiden kann: Silbernitratlösung, Zinksulfatlösung, Kupfersulfatlösung und Salzsäurelösung.

A4 Silber läuft nach einiger Zeit an. Hierbei bildet sich schwarzes Silbersulfid (Ag_2S). Ein angelaufener Silberlöffel kann in einem Reinigungsbad gereinigt werden. Hierzu wird der Löffel in Aluminiumfolie gewickelt und in eine heiße Kochsalzlösung gelegt. Erklären Sie die Reinigung auch unter Angabe von Teilgleichungen und einer Gesamtgleichung für diesen Redoxvorgang.

A5 Zur Gewinnung von Kupfer werden Kupfererze aufgearbeitet, die etwa 1% bis 2% Kupfer(II)-oxid enthalten. Dazu werden in einem ersten Schritt die fein gemahlenen Kupfererze mit verdünnter Schwefelsäurelösung behandelt, wobei sich Kupfer(II)-oxid löst. Die dabei entstehende Kupfersulfatlösung wird in einem zweiten Schritt mit Eisen versetzt. Dabei setzt sich das elementare Kupfer am Eisen ab.
a) Entwickeln Sie ein Laborexperiment, mit dem die beiden Schritte nachvollzogen werden können und erläutern Sie die zu erwartenden Beobachtungen.
b) Erklären Sie die ablaufenden Reaktionen unter Anwendung des Donator-Akzeptor-Konzepts und stellen Sie die entsprechenden Reaktionsgleichungen auf.

A6 Eine galvanische Zelle besteht aus einer Zinn- und einer Nickelhalbzelle, die über eine Salzbrücke miteinander verbunden sind. Als Elektrolyt in der Salzbrücke dient eine Ammoniumchloridlösung.
a) Fertigen Sie eine beschriftete Skizze dieser galvanischen Zelle an.
b) Beschreiben Sie die Vorgänge an den Elektroden auch unter Angabe von Reaktionsgleichungen. Geben Sie die Richtung des Elektronenflusses an und beschreiben Sie die Ionenwanderung in den Elektrolytlösungen.

A7 LK Eine Standardsilberhalbzelle wird über ein Voltmeter mit einer Wasserstoffhalbzelle (Minuspol) verbunden. Man misst eine Spannung von $U = 0{,}918$ V. Berechnen Sie die Oxonium-Ionenkonzentration $c(H_3O^+)$ und den pH-Wert der Lösung in der Wasserstoffhalbzelle.

A8 Eine relativ neue Batterie ist die Lithium-Iod-Batterie, deren Stromerzeugung durch Oxidation von Lithium und durch Reduktion von Iod erfolgt.
a) Stellen Sie die Reaktionsgleichungen (Teil- und Gesamtgleichungen) der stromliefernden Vorgänge auf und ermitteln Sie die theoretisch zu erzielende Spannung dieser Batterie.
b) LK Begründen Sie mithilfe der NERNST-Gleichung, dass die Spannung im Laufe des Betriebs der Batterie abnimmt.

A9 Erläutern Sie, dass Batterien beim Entladen immer auch leichter werden.

A10 In der Abbildung wird gezeigt, wie man den Plus – vom Minuspol einer Gleichspannungsquelle unterscheiden kann. Die Pole der Batterie wurden auf Filterpapier, das mit Phenolphthalein- und Kaliumnitratlösung getränkt ist, aufgedrückt. Es zeigt sich ein pinkfarbener Ring. Geben Sie begründet an, welcher Pol diesen Ring verursacht hat.

A11 Erläutern Sie die chemischen Vorgänge, die ablaufen, wenn die Zinnschicht im Inneren einer Weißblechdose (mit Zinn beschichtetes Stahlblech) für die Aufbewahrung von Dosenravioli beschädigt ist (Hilfen unter QR-/Mediencode 06022-81).

06022-81

A12 Stellen Sie die Vor- und Nachteile einer Kunststoffinnenbeschichtung im Vergleich zu einer Zinninnenbeschichtung von Konservendosen dar.

A13 Als Korrosionsschutz wird gerade bei Eisenwaren das Phosphatieren genutzt. Informieren Sie sich über dieses Verfahren und recherchieren Sie die chemischen Reaktionen, die beim Phosphatieren ablaufen.

A14 Erstellen Sie eine Übersicht mit den verschiedenen Arten des Korrosionsschutzes und diskutieren Sie diese unter ökonomischen und ökologischen Aspekten.

A15 LK Versilbertes Besteck, z. B. eine Gabel, ist häufig mit der Zahl 90 oder 150 gekennzeichnet. Das bedeutet, dass 90 bzw. 150 g Silber auf 24 dm^2 (ca. 24 Besteckteile) elektrolytisch abgeschieden wurden, indem man die Besteckteile als Kathode in eine Silbersalzlösung getaucht hat. Berechnen Sie, wie lange die zu versilbernden Besteckteile in die Silbersalzlösung getaucht werden müssen, wenn die Stromdichte 1 A/dm^2 beträgt (Stromdichte = Stromstärke/Fläche).

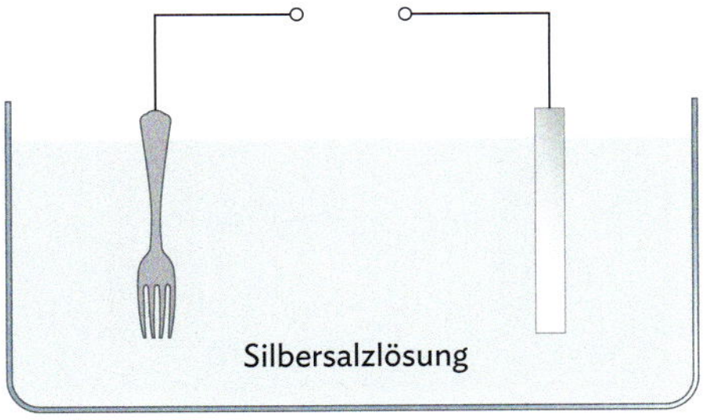

A16 Beim Galvanisieren verwendet man als Anodenmaterial dasjenige Metall, mit dem der als Kathode geschaltete Gegenstand elektrolytisch überzogen werden soll. Erläutern Sie die Vorteile im Vergleich zur Verwendung von Graphit als Anodenmaterial.

A17 LK Drei Elektrolysezellen sind jeweils mit Silbernitrat- $AgNO_3$ (aq), Nickelnitrat- $Ni(NO_3)_2$ (aq) und Bismutnitratlösung $Bi(NO_3)_3$ (aq) gefüllt und hintereinandergeschaltet. Durch jede Zelle fließt die gleiche Ladung. Nach einiger Zeit werden folgende Massen an Metallen an den Elektroden abgeschieden: $m(Ag) = 1{,}079$ g, $m(Ni) = 0{,}2985$ g und $m(Bi) = 0{,}6966$ g. Berechnen Sie a) die Ladung, die durch die Elektrolysezellen geflossen ist und b) die Ionenladungen der Nickel- und Bismut-Ionen.

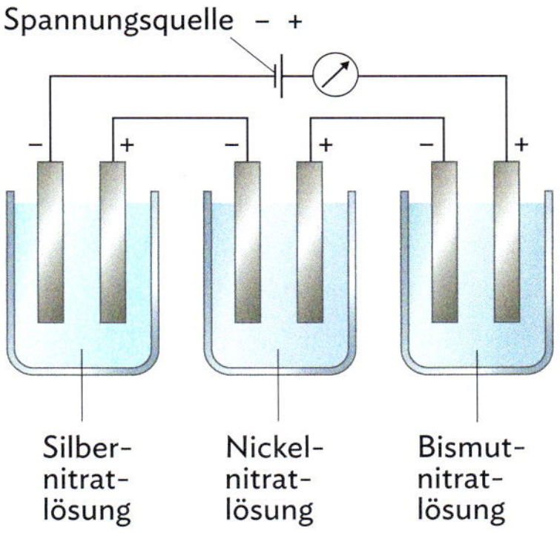

A18 Bei der Gewinnung von Kupfer aus Kupfererzen erhält man ein Rohkupfer, das neben 99 % Kupfer noch weitere Metalle, wie Zink, Blei, Silber, Gold und Platin enthält. Reines Kupfer erhält man durch elektrolytische Raffination. Dabei werden Bleche aus Rohkupfer als Anode und Bleche aus reinem Kupfer als Kathode in eine mit Schwefelsäure versetzte Kupfersulfatlösung getaucht und bei einer Spannung von etwa 0,3 V elektrolysiert. Ein Teil der Metalle wird dabei oxidiert und geht in Ionenform in die Lösung über. Die nicht oxidierten Metalle setzen sich als Anodenschlamm ab. Die Anode zersetzt sich langsam.

a) Erläutern Sie mithilfe von Standardelektrodenpotentialen, welche der im Text genannten Bestandteile von Rohkupfer bei der Elektrolyse oxidieren, und geben Sie die Reaktionsgleichungen an der Anode an.
b) Begründen Sie, dass an der Kathode nur reines Kupfer abgeschieden wird, und geben Sie die Reaktionsgleichung an.
c) Erläutern Sie, wie man aus dem Anodenschlamm der elektrolytischen Kupferraffination Silber gewinnen kann.
d) Bei einer Stromdichte von 200 A/m^2 ist eine Anodenplatte nach ca. einem Monat zu 90 % aufgelöst. Welche Masse an Kupfer kann in dieser Zeit theoretisch an der Kathode abgeschieden werden, wenn das Rohkupferblech eine Oberfläche von 100 cm^2 besitzt?

Alles im Blick

1 Redoxreaktionen

Redoxreaktionen sind **Elektronenübertragungsreaktionen**. Die **Oxidation** ist die Teilreaktion, bei der Elektronen abgegeben werden. Die **Reduktion** ist die Teilreaktion, bei der Elektronen aufgenommen werden. **Reduktionsmittel** geben Elektronen ab und werden oxidiert, **Oxidationsmittel** nehmen Elektronen auf und werden reduziert. Nach dem Donator-Akzeptor-Prinzip werden die von einem Teilchen abgegebenen Elektronen von einem anderen Teilchen aufgenommen, Oxidation und Reduktion laufen daher **immer gleichzeitig** ab.
Zur Ermittlung der Elektronenübergänge bei den Teilreaktionen einer Redoxreaktion nutzt man **Oxidationszahlen**, eine fiktive Ladung eines Atoms in einer Verbindung unter der Annahme, dass alle an der Verbindung beteiligten Atome als Ionen vorliegen.
Die reduzierte Form eines Teilchens und die oxidierte Form bilden dabei ein **korrespondierendes Redoxpaar** Me/Me^{z+}. Die Redoxpaare lassen sich in der **Redoxreihe** nach ihrer Reaktivität ordnen.

korrespondierend

$Fe^{2+} + Ag^{+} \longrightarrow Fe^{3+} + Ag$

korrespondierend

Red1 + Ox2 ⟶ Ox1 + Red2

Bei Elektrolysen laufen erzwungene, in galvanischen Zellen selbsttätig ablaufende Redoxreaktionen ab.

2 Galvanische Zellen

Zwei Redoxpaare in räumlich getrennten **Halbzellen**, die über eine Elektrolytbrücke miteinander verbunden sind, bilden eine **galvanische Zelle**. Die bei der Redoxreaktion übertragenen Elektronen fließen durch einen äußeren Stromkreis und können zum Betrieb eines Verbrauchers genutzt werden.
Beispiel **DANIELL-Element**:
Oxidation: $Zn\,(s) \longrightarrow Zn^{2+}\,(aq) + 2\,e^-$ (Minuspol)
Reduktion: $Cu^{2+}\,(aq) + 2\,e^- \longrightarrow Cu\,(s)$ (Pluspol)
Je weiter die Redoxpaare einer galvanischen Zelle in der Redoxreihe voneinander entfernt stehen, desto größer ist die von der Zelle gelieferte elektrische Spannung.

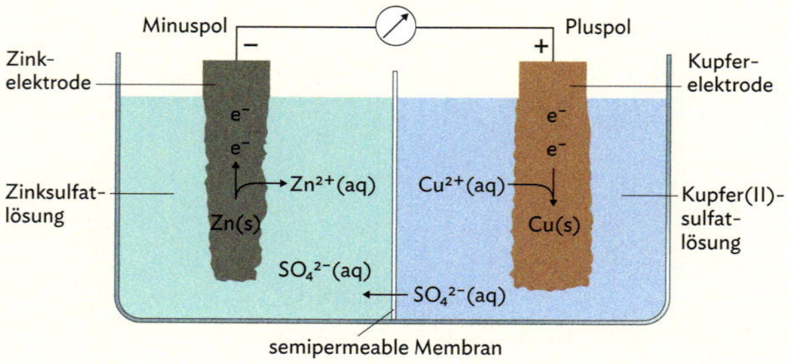

3 Standardpotenzial

Das **Standardpotenzial E^0** eines Redoxpaares Me/Me^{z+} ist die Potenzialdifferenz zwischen einer **Standardwasserstoffhalbzelle** mit $E^0(H_2/2\,H^+)$ = 0,0 V und einer Halbzelle bei Standardbedingungen (c = 1 mol/L, p = 1013 hPa) und T = 25 °C.
LK Mit der **NERNST-Gleichung** lässt sich das Redoxpotenzial einer Halbzelle für Elektrolytkonzentrationen $c \neq 1$ mol/L berechnen:

$$E = E^0 + \frac{R \cdot T}{F \cdot z} \ln \frac{c(\text{Ox})}{c(\text{Red})}\,;$$

vereinfacht: $E = E^0 + \frac{0{,}059\,\text{V}}{z} \cdot \lg\{c(\text{Ox})\}$

Daraus ergeben sich die folgenden Abhängigkeiten der **Elektrodenpotenziale *E*** von der Konzentration der gelösten Metallsalze in einer Elektrolytlösung:
- Die Erhöhung der Elektrolytkonzentration führt zu einem negativeren Elektrodenpotenzial E.
- Die Verringerung der Elektrolytkonzentration führt zu einem positiveren Elektrodenpotenzial E.

4 Batterien

Batterien (**Primärzellen**) sind elektrochemische **Spannungsquellen**, die nach dem Prinzip einer galvanischen Zelle funktionieren.
Beispiel **LECLANCHÉ-Zelle**:
Oxidation: $Zn\ (s) \longrightarrow Zn^{2+}\ (aq) + 2\ e^-$ (Minuspol)
Reduktion: $2\ MnO_2\ (s) + 2\ H_2O\ (l) + 2\ e^-$
$\longrightarrow 2\ MnO(OH)\ (s) + 2\ OH^-\ (aq)$ (Pluspol)

Verschiedene Batterietypen unterscheiden sich nicht nur in Form und Größe, sondern auch in der stofflichen Zusammensetzung und daher auch in der Spannung, die sie liefern. Da die Reaktionen in Batterien irreversibel sind, können sie nicht wieder aufgeladen werden.

5 Elektrolysen und FARADAY-Gesetze

Die **Elektrolyse** ist die **Umkehrung** der in einer galvanischen Zelle ablaufenden Redoxreaktion. Durch die Zufuhr elektrischer Energie findet eine Entladung der Ionen einer Elektrolytlösung an den Elektroden statt.
Beispiel Elektrolyse einer Zinkiodidlösung:
Oxidation: $2\ I^-\ (aq) \longrightarrow I_2\ (aq) + 2\ e^-$ (Anode)
Reduktion: $Zn^{2+}\ (aq) + 2\ e^- \longrightarrow Zn\ (s)$ (Kathode)

LK Bei der Elektrolyse findet zuerst die Reaktion der Teilchen statt, bei der die kleinste **Zersetzungsspannung** benötigt wird. Bei der Abscheidung von Gasen an den Elektroden ist das praktische **Abscheidepotenzial** höher als es zu erwarten wäre. Dies wird als **Überspannung** bezeichnet.
Der Zusammenhang zwischen der Stoffmenge n der Elektrolyseprodukte und der elektrischen Ladung Q, die bei der Elektrolyse geflossen ist, wird durch die **FARADAY-Gesetze** beschrieben:

$$n(X) = \frac{Q}{z \cdot F}$$

6 Akkumulatoren

Akkumulatoren (**Sekundärzellen**) sind wiederaufladbare elektrochemische Zellen, in denen beim Laden und Entladen umkehrbare Reaktionen ablaufen.
Beispiel **Bleiakkumulator**:

$$Pb\ (s) + PbO_2\ (s) + 4\ H^+\ (aq) + 2\ SO_4^{2-}\ (aq) \rightleftharpoons 2\ PbSO_4\ (s) + 2\ H_2O\ (l)$$

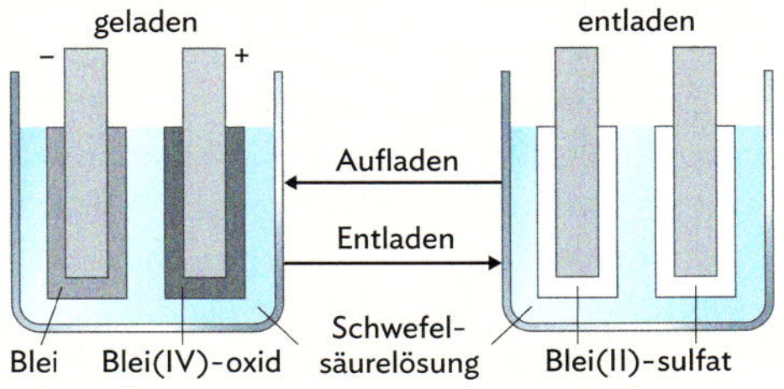

7 Korrosion und Korrosionsschutz

Bei der **Korrosion** kommt es zur Zerstörung von Metallen ,die durch saure oder sauerstoffhaltige wässrige Lösungen oxidiert werden.
Die Bildung von **Rost** (Eisenoxidhydroxid) ist ein Beispiel für die Korrosion von Eisen. Maßnahmen gegen Korrosion sind **passiver** sowie **aktiver Korrosionsschutz** durch **Opferanoden** oder **Fremdstrom.**

Ziel erreicht?

Verfügen Sie über die Kompetenzen dieses Kapitels? Lösen Sie die entsprechenden Aufgaben auf dem Arbeitsblatt unter QR-/Mediencode 06007-079 und bewerten Sie sich mithilfe der Tabelle rechts unten.

06007-079

Unter QR-/Mediencode 06007-080 finden Sie außerdem eine Lernanwendung zur digitalen Überprüfung der geforderten Kompetenzen.

06007-080

KOMPETENZ A: Vorgänge bei Redoxreaktionen erklären

A1 Wird ein Stück Natrium in mit Phenolphthalein versetztes Wasser gegeben, lassen sich eine Blaufärbung des Wassers und mitunter eine Stichflamme beobachten. Dieselben Beobachtungen lassen sich auch mit Lithium machen.

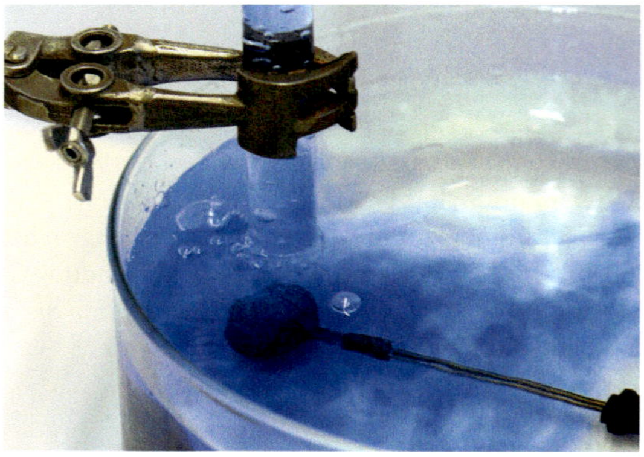

a) Stellen Sie für die Reaktion von Lithium mit Wasser die Teilgleichungen der ablaufenden Oxidation und Reduktion unter Angabe der Oxidationszahlen auf. Formulieren Sie anschließend die Gesamtgleichung der Reaktion.

b) Der beschriebene Versuch lässt sich ebenfalls mit den Erdalkalimetallen Magnesium und Calcium durchführen. Ordnen Sie die drei Metalle Lithium, Magnesium und Calcium nach sinkender Heftigkeit ihrer Reaktion mit Wasser und begründen Sie Ihre Anordnung.

A2 Geben Sie begründet an, in welchen der Lösungen, die die folgenden Ionen enthalten, eine Elektronenübertragung unter Bildung von Eisen(III)-Ionen stattfindet:

a) Fe^{2+} und Cu^{2+}

b) Fe^{2+} und Au^{3+}

c) Fe^{2+} und Ca^{2+}

A3 Geben Sie für die Elektronenübertragungsreaktionen aus **A2** die korrespondierenden Redoxpaare in Kurzschreibweise an.

KOMPETENZ B: Vorgänge in elektrochemischen Zellen und Elektrolysezellen vorhersagen und beschreiben

B1 Übernehmen Sie die folgende Tabelle in Ihre Unterlagen. Füllen Sie die Tabelle aus, indem Sie jeweils die Kästchen der Tabelle mit einem „x" markieren, falls ein Stromfluss in der Zelle zu messen ist bzw. mit einem „–", falls kein Stromfluss messbar ist.

	Elektrodenmaterial				
Ionen in der Lösung	Na	Cr	Pb	Hg	Au
Na^{+}	?	?	?	?	?
Cr^{3+}	?	?	?	?	?
Pb^{2+}	?	?	?	?	?
Hg^{2+}	?	?	?	?	?
Au^{3+}	?	?	?	?	?

B2 a) Skizzieren Sie eine galvanische Zelle bestehend aus einer Eisenelektrode, die in eine Eisen(II)-sulfatlösung taucht und einer Zinnelektrode, die in eine Lösung mit Zinn(II)-Ionen taucht.

b) Formulieren Sie eine Reaktionsgleichung für die Vorgänge, die in der elektrochemischen Doppelschicht der Eisenelektrode während der Nutzung der galvanischen Zelle stattfinden.

c) Die in a) beschriebene Zelle wird zu einer Elektrolysezelle umgebaut. Skizzieren Sie diese Zelle und vergleichen Sie diese mit der Darstellung der galvanischen Zelle.

d) Beim Anlegen einer Spannung von 12 V an die Zelle aus c) beobachtet man die Bildung von farblosen Gasbläschen. Erklären Sie diese Beobachtung.

B3 a) Definieren Sie den Begriff Standardelektrodenpotenzial und erklären Sie, wie dieses für ein bestimmtes Redoxpaar ermittelt wird

b) Formulieren Sie die Reaktionsgleichungen der ablaufenden Reaktionen in den beiden Halbzellen bei der Ermittlung des Standardelektrodenpotenzials des Redoxpaares Ni/Ni^{2+}.
Hinweis: Das Standardelektrodenpotenzial dieses Redoxpaares besitzt ein negatives Vorzeichen.

KOMPETENZ C: Die Entstehung der Zellspannung beschreiben und deren Wert berechnen

C1 Für eine galvanische Zelle stehen vier mögliche Redoxpaare zur Auswahl: K/K^+, Al/Al^{3+}, Ni/Ni^{2+} und Au/Au^{3+}.

a) Geben Sie begründet an, welche der Redoxpaare für eine galvanische Zelle kombiniert werden müssen, um eine größtmögliche Spannung zwischen den Halbzellen zu erhalten.

b) Kennzeichnen Sie in der von Ihnen gewählten galvanischen Zelle die Donator – bzw. Akzeptor-Halbzelle.

c) Berechnen Sie die messbare Spannung der galvanischen Zelle unter Standardbedingungen.

d) Für die hypothetische galvanische Zelle $K/K^+//Co^{2+}/Co$ beträgt die Zellspannung 2,69 V. Bestimmen Sie aus dieser Angabe und dem Ergebnis aus c) die Spannung für die Zellanordnung $Co/Co^{2+}//Au^{3+}/Au$.

C2 LK Zwei Kupferhalbzellen der Konzentrationen $c_1(Cu^{2+})$ = 0,1 mol/L und $c_2(Cu^{2+})$ = 0,01 mol/L sind bei Standardbedingungen leitend miteinander verbunden.

a) Begründen Sie, dass bei dieser Anordnung ein Stromfluss messbar ist.

b) Berechnen Sie die Zellspannung dieser Konzentrationszelle.

KOMPETENZ D: Korrosionsprozesse erläutern

D1 Ein in Öl eingelegter Eisennagel rostet auch nach der Entnahme aus dem Ölbad nicht. Begründen Sie diese Tatsache.

D2 In Lithium-Ionen-Akkus finden an den Elektroden oder sonstigen Bestandteilen aufgrund des im Elektrolyten befindlichen Lithiumnitrats $LiNO_3$ verschiedene elektrochemische Prozesse statt, die den Akkumulator beschädigen können.

a) Formulieren Sie die Reaktionsgleichungen für Korrosionsprozesse an Bestandteilen aus Kupfer, die aufgrund des sauren Elektrolyten ablaufen.

b) Leiten Sie zwei Folgen dieser Korrosionsprozesse für den Akkumulator ab.

Vergleichen Sie Ihre Antworten mit den Lösungen auf Seite 555 ff. und kreuzen Sie auf dem Arbeitsblatt an.

Kompetenz	ja	nein	zum Nachlesen
A Vorgänge bei Redoxreaktionen erklären	?	?	S. 356 – 360
B Vorgänge in elektrochemischen Zellen und Elektrolysezellen vorhersagen und beschreiben	?	?	S. 364 – 369, 386 – 387
C Die Entstehung der Zellspannung beschreiben und deren Wert berechnen	?	?	S. 372 – 375
D Korrosionsprozesse erläutern	?	?	S. 398 – 401

Klausuraufgaben

T1 Korrosion

Korrosionsvorgänge führen häufig zu erheblichen wirtschaftlichen Schäden. Um dies zu verhindern, werden heutzutage verschiedene Möglichkeiten genutzt. Zum Korrosionsschutz von z. B. Eisen werden Zink und Zinn in großem Maßstab eingesetzt. Dabei wird Eisen in einem technischen Verfahren mit einer Schicht aus Zink oder Zinn überzogen (**B1**).
Verzinktes Eisen findet häufig im Außenbereich Anwendung. So sind z. B. Dachrinnen oder Stahlfassaden häufig aus diesem Material geformt. Konservendosen aus Weißblech (Eisenblech, dessen Oberfläche mit einer Schicht Zinn überzogen ist) sind neben Glasgefäßen wichtige Handelsverpackungen für säurehaltige Lebensmittel.

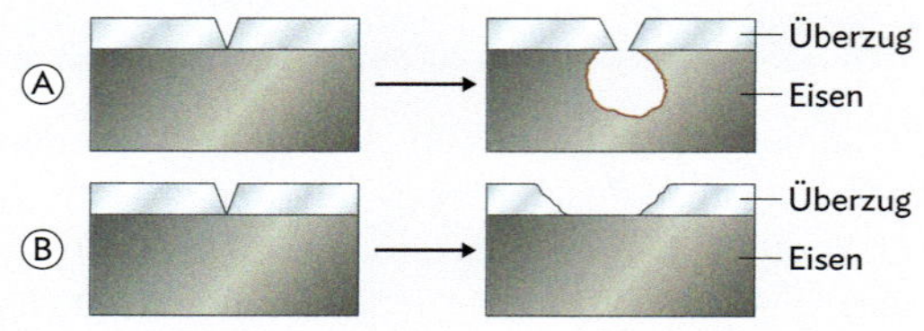

B1 Korrosionsvorgänge an einem verzinkten und einem verzinnten Eisenblech

AUFGABEN

A1 Erklären Sie den Begriff elektrochemische Korrosion. Vergleichen Sie unter Verwendung von Reaktionsgleichungen die Säure- und Sauerstoffkorrosion von Eisen.

A2 Beschreiben Sie ein einfaches Experiment, mit dem gezeigt werden kann, dass beim Rosten von Eisen Sauerstoff verbraucht wird.

A3 Zwei Eisenbleche A und B sind zum Korrosionsschutz mit Metallüberzügen aus Zink und Zinn versehen worden. Ein Riss in den Überzügen hat die in **B1** skizzierten Folgen.
Ordnen Sie den Blechen A und B begründet die verwendeten Metallüberzüge aus Zink und Zinn zu. Geben Sie die Teilgleichungen für die abgelaufenen Reaktionen an.

A4 Nennen Sie zwei Gründe für die Verwendung von Weißblechdosen in der Getränkeindustrie.

A5 Die Korrosion in Stahlrohrleitungen kann gemindert werden, indem dem Wasser Natriumsulfit zugesetzt wird. Begründen Sie diesen Sachverhalt.

T2 Eine historische Energiequelle

Das MEIDINGER-Element (**B2**) ist eine historische galvanische Spannungsquelle, die eine im damaligen Telegrafen- und Eisenbahnverkehr benötigte, konstante Spannung lieferte. Es ist eine Weiterentwicklung des DANIELL-Elements. Bei gleichen räumlichen Abmessungen der Energiequelle kann das MEIDINGER-Element im Vergleich zum DANIELL-Element längere Zeit Strom produzieren.

AUFGABEN

A1 Entwerfen Sie eine beschriftete Skizze für den Aufbau des DANIELL-Elements und erläutern Sie an diesem Beispiel die allgemeine Funktionsweise einer galvanischen Zelle.
Beschreiben Sie die stofflichen Veränderungen im DANIELL-Element während des Stromflusses.

A2 Vergleichen Sie den Aufbau vom MEIDINGER- (**B2**) und dem DANIELL-Element.
Begründen Sie die längere Funktionsfähigkeit des MEIDINGER-Elements.

A3 LK Berechnen Sie die Zellspannung des MEIDINGER-Elements unter der Annahme, dass die Konzentration der Elektrolytlösung $c(Cu^{2+})$ = 1,36 mol/L beträgt und eine Standardzinkhalbzelle vorliegt.

A4 MEIDINGER-Elemente dürfen in befülltem Zustand nicht bewegt werden, da sonst rötliche Verfärbungen am Zinkblech auftreten. Dann müssen sowohl das Zinkblech als auch die Flüssigkeit im oberen Behälterteil ersetzt werden. Erklären Sie diese Beobachtungen und Maßnahmen.

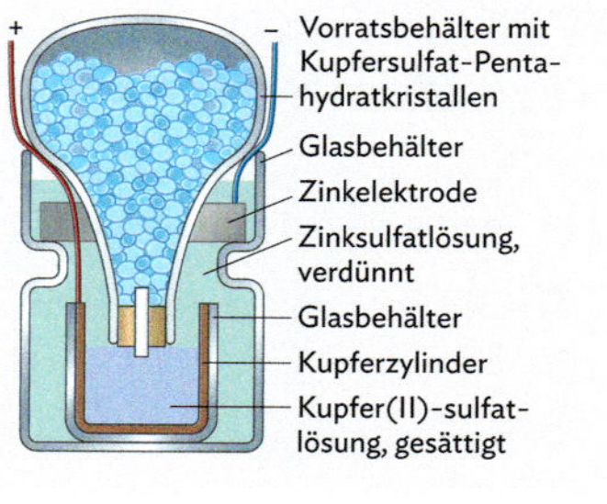

B2 Aufbau eines MEIDINGER-Elements

T3 Gewinnung von Kupfer

B3 Anlage zur Kupferraffination

INFO

Die **elektrolytische Raffination** ist ein Verfahren zur Reinigung von Metallen. Hierbei wird das jeweilige verunreinigte Rohmetall in Form von Blechen als Anode geschaltet, wobei der Elektrolyt aus einer mit Schwefelsäure versetzten Salzlösung des betreffenden Metalls besteht. Reinmetallstäbe dienen als Kathode.
In der Praxis arbeitet man bei einer Spannung von 0,2 bis 0,3 V.

Gas	H_2	O_2
Überspannung in V	-0,2	+0,6

Kupfer wird neben Gold und Silber als Münzmetall verwendet. Zu den wichtigsten Kupfermineralien gehört Kupferglanz (Kupfer(I)-sulfid).
Bei der Gewinnung von Rohkupfer wird Kupferglanz durch Rösten in Kupfer(I)-oxid überführt (Reaktion 1). Durch Säureaufschluss mit Schwefelsäure in Gegenwart von Luftsauerstoff kann Kupfer(I)-oxid zu Kupfer(II)-sulfat umgesetzt werden (Reaktion 2). Aus der Kupfer(II)-sulfatlösung kann Kupfer durch die Reaktion mit Eisen abgeschieden werden (Reaktion 3). Das entstandene Rohkupfer enthält etwa 94 – 97 % Kupfer. Die Beimengungen bestehen u. a. aus Zink, Eisen, Silber und Platin. Zur Befreiung von diesen Fremdstoffen wird das Rohkupfer einer elektrolytischen Raffination unterzogen (**B3**).

AUFGABEN

A1 Formulieren Sie die Reaktionsgleichungen für die Gewinnung von Kupfer aus Kupferglanz. Ordnen Sie die Reaktion 2 begründet einem Reaktionstyp zu. Berechnen Sie die Masse an Kupfer, die aus einer Tonne Kupferglanz gewonnen werden kann.

A2 Fertigen Sie eine beschriftete Skizze zur Durchführung der elektrolytischen Kupferraffination (vgl. Info Elektrolytische Raffination) an. Als Elektrolytlösung soll Kupfer(II)-sulfatlösung eingesetzt werden. Erläutern Sie die theoretischen Grundlagen der elektrolytischen Raffination auch unter Angabe von Reaktionsgleichungen am Beispiel der Rohkupferraffination.
Begründen Sie das Anlegen einer hohen Spannung bei dieser Elektrolyse.

A3 LK Ein metallischer Gegenstand von 10 cm^2 Oberfläche soll elektrolytisch mit einer 15 mm dicken Schicht verkupfert werden. Erklären Sie die theoretischen Grundlagen dieses Vorganges. Berechnen Sie die theoretisch erforderliche Stromstärke, wenn der Vorgang in drei Minuten abgeschlossen sein soll.

A4 LK Ein Verfahren zur quantitativen Analyse von kupferhaltigen Legierungen ist die Elektrogravimetrie. Dabei wird z. B. eine Probe einer Kupfer-Zinn-Legierung zuerst in Schwefelsäurelösung (pH = 0) gelöst, sodass die Stoffmengenkonzentration der Kupfer(II)-Ionen ca. c = 0,5 mol/L und die der Zinn(II)-Ionen ca. c = 0,01 mol/L beträgt. Danach erfolgt eine Elektrolyse an Platinelektroden, wobei an der Anode Sauerstoff gebildet wird. Formulieren Sie alle an der Kathode möglichen Reaktionsgleichungen und ermitteln Sie jeweils das Elektrodenpotential sowie die Zersetzungsspannung.
Das elektrolytische Abscheiden von Zinn ist unter den gegebenen Bedingungen nicht möglich. Begründen Sie diesen Sachverhalt. Erläutern Sie die Vorgehensweise zur Bestimmung der Masse beider Metalle in der Probe.

A5 Blumenwasser, das längere Zeit steht, riecht zunehmend nach faulen Eiern, was auf die Bildung von Schwefelwasserstoff zurückzuführen ist. Erklären Sie diese Beobachtung.
Um diese unangenehme Begleiterscheinung hinauszuzögern, kann man eine Kupfermünze hineingeben. Begründen Sie dieses alte Hausrezept.

8 Kinetik und Katalyse

06007-081
Arbeitsblatt unter QR-/Mediencode 06007-081

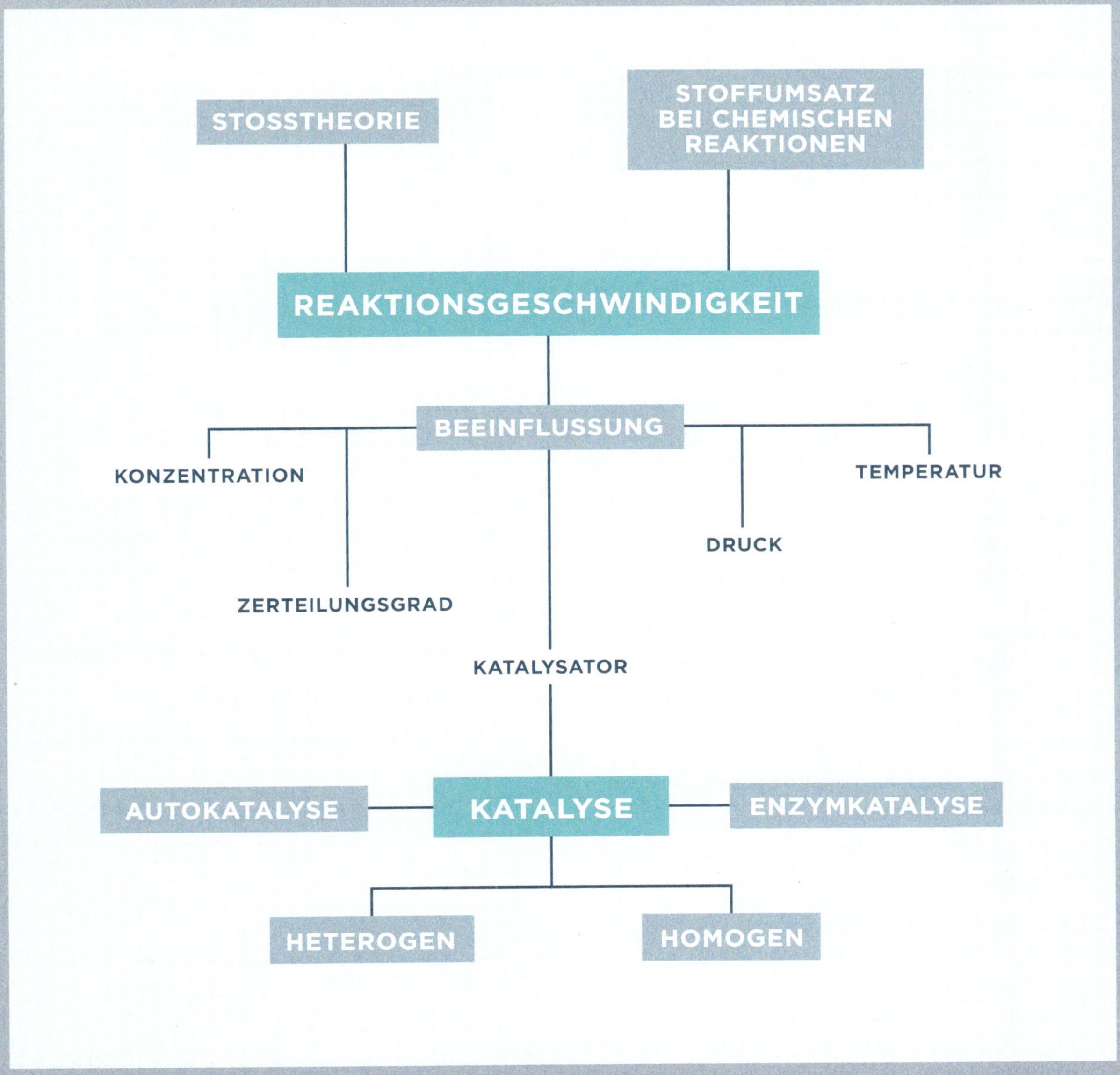

Startklar?

Schätzen Sie Ihre Kompetenz in den Bereichen A bis F ein und prüfen Sie sich anhand der entsprechenden Aufgaben (Arbeitsblatt unter QR-/Mediencode 06007-082).

06007-082

Unter QR-/Mediencode 06007-083 finden Sie außerdem eine Lernanwendung zur digitalen Überprüfung der geforderten Kompetenzen.

06007-083

Kompetenz	sehr gut	gut	schwierig
A Aggregatzustände auf der Teilchenebene erklären	?	?	?
B Den Energieumsatz von chemischen Reaktionen beschreiben	?	?	?
C Chemische Berechnungen durchführen	?	?	?
D Den Einfluss des Zerteilungsgrades auf chemische Reaktionen erklären	?	?	?
E Nachweisreaktionen von Gasen beschreiben	?	?	?
F Den Aufbau von Proteinen beschreiben und den Einfluss der Denaturierung erläutern	?	?	?

KOMPETENZ A: Aggregatzustände auf der Teilchenebene erklären

A1 Die Stoffe Wasserstoffperoxid H_2O_2, Ammoniak NH_3 und Harnstoff $CO(NH_2)_2$ sind aus Molekülen aufgebaut.

a) Zeichnen Sie die LEWIS-Strukturformeln der drei Moleküle.

b) Bestimmen Sie den polaren bzw. unpolaren Charakter der Moleküle und ordnen Sie jeweils wirkende zwischenmolekulare Wechselwirkungen zu.

c) Recherchieren Sie den Aggregatzustand der drei Stoffe bei 25 °C. Erklären Sie Unterschiede mithilfe zwischenmolekularer Wechselwirkungen.

KOMPETENZ B: Den Energieumsatz von chemischen Reaktionen beschreiben

B1 Definieren Sie die Begriffe Aktivierungsenergie und Reaktionsenthalpie.

B2 Beschreiben Sie die beiden abgebildeten Energiediagramme a) und b) unter Verwendung von Fachbegriffen.

B3 Ordnen Sie die Knallgasprobe und die Elektrolyse von Wasser begründet den Energiediagrammen aus **B2** zu.

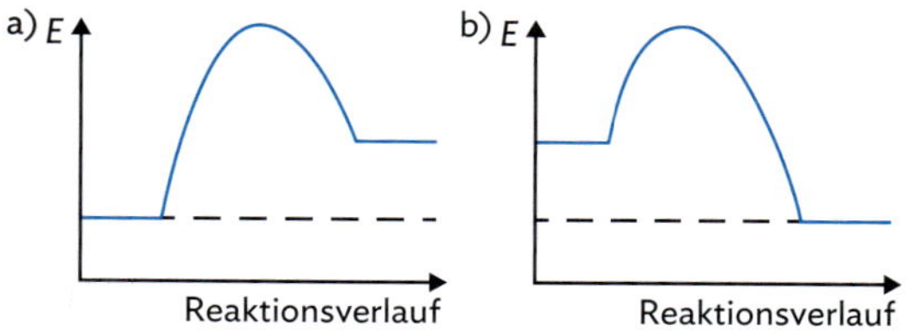

B4 Beschreiben Sie den Einfluss eines Katalysators auf die Aktivierungsenergie und den Reaktionsverlauf und nennen Sie die zwei Arten der Katalyse.

KOMPETENZ C: Chemische Berechnungen durchführen

C1 Ergänzen Sie die folgende Tabelle:

chem. Größe	Größenzeichen	Einheit	Formel
Stoffmenge	n	?	?
?	m	g	$m = M \cdot n$
?	M	g/mol	?
Konzentration	?	?	$c =$
?	?	m^3 oder L	$= V_m \cdot n$

C2 Berechnen Sie das Volumen einer Kochsalzlösung der Konzentration $c = 0{,}5$ mol/L, in der eine Stoffmenge $n(Na^+) = 0{,}35$ mol gelöst ist.

C3 Ermitteln Sie die Masse an Essigsäure in 100 mL Essigsäurelösung der Konzentration $c = 0{,}5$ mol/L.

KOMPETENZ D: Den Einfluss des Zerteilungsgrades auf chemische Reaktionen erklären

D1 Eisenspäne verbrennen in der Brennerflamme in einer exothermen Reaktion mit orangefarbenen Funken. Erklären Sie, dass Brandschutztüren trotzdem aus massivem Stahl, einer Legierung mit dem Hauptbestandteil Eisen, bestehen können.

KOMPETENZ E: Nachweisreaktionen von Gasen beschreiben

E1 Die Glimmspanprobe, die Kalkwasserprobe und die Knallgasprobe sind charakteristische Nachweisreaktionen für drei Gase.
a) Ordnen Sie die drei Nachweise denjenigen Gasen zu, die sich damit nachweisen lassen.
b) Beschreiben Sie jeweils kurz Durchführung und Beobachtung der Nachweisexperimente.
c) Erklären Sie die Beobachtungen der Reaktionen in Worten.
d) Formulieren Sie für die Kalkwasserprobe und die Knallgasprobe jeweils eine Reaktionsgleichung.

KOMPETENZ F: Den Aufbau von Proteinen beschreiben und den Einfluss der Denaturierung erläutern

F1 Die Hauptaufgabe des Blutfarbstoffs Hämoglobin besteht in der reversiblen Bindung und dem Transport von Sauerstoff im Blutkreislauf verschiedener Organismen. Chemisch gesehen handelt es sich um ein Protein.

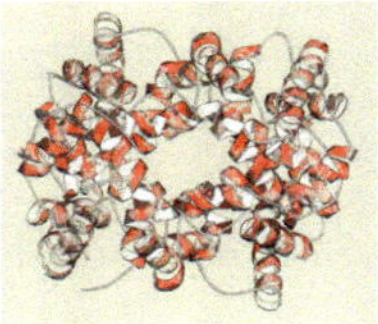

a) Beschreiben Sie den Aufbau eines Hämoglobin-Moleküls.
b) Ergänzen Sie die folgende Tabelle unter Verwendung geeigneter Fachbegriffe:

Strukturebene	Begriffs-erklärung	Zustandekommen durch ...
Primärstruktur	?	?
Sekundärstruktur	?	?
Tertiärstruktur	?	?
Quartärstruktur	?	?

c) Erläutern Sie die im obenstehenden Bändermodell des Hämoglobin-Moleküls dargestellten Strukturebenen von Proteinen.

Vergleichen Sie Ihre Antworten mit den Lösungen auf Seite 523 ff. Geben Sie sich die entsprechende Punktzahl und tragen Sie sie auf dem Arbeitsblatt ein.

Kompetenz	sehr gut	gut	schwierig	zum Nachlesen
A Aggregatzustände auf der Teilchenebene erklären	12–10	9–7	6–4	S. 14
B Den Energieumsatz von chemischen Reaktionen beschreiben	16–12	11–8	7–5	S. 16–17
C Chemische Berechnungen durchführen	18–14	13–9	8–5	S. 28–29
D Den Einfluss des Zerteilungsgrades auf chemische Reaktionen erklären	3	2	1	S. 17
E Nachweisreaktionen von Gasen beschreiben	18–14	13–9	8–5	S. 26
F Den Aufbau von Proteinen beschreiben und den Einfluss der Denaturierung erläutern	14–11	10–7	6–4	S. 162, 164–165

8.1 Reaktionsgeschwindigkeit

Die Putzmittelregale in den Supermärkten sind meist prall gefüllt mit unterschiedlichsten Putzmitteln für alle möglichen Anwendungen. Häufig helfen aber auch einfache Hausmittel. Sollen z. B. lästige Kalkflecken in Bad oder Küche entfernt werden, greift man oftmals auf Essigreiniger zurück. Wie schnell reagiert der Reiniger nach dem Auftragen mit dem Kalk?

8.1.1 Versuche und Material

V Ermitteln der Reaktionsgeschwindigkeit

Kalkflecken werden oftmals mit Essigreiniger entfernt (**B1**). Was passiert dabei genau und wie schnell reagiert der Reiniger mit dem Kalk?

V1 Geben Sie 3–4 Spatelspitzen Kalk (Calciumcarbonat) in Pulverform in ein Reagenzglas und fügen Sie 5 mL Essigsäurelösung (c = 1 mol/L) hinzu. Leiten Sie das entstehende Gas in Kalkwasser.

V2 Wiegen Sie 8 g gekörnten Kalk ab. Stellen Sie einen 250-mL-Erlenmeyerkolben auf eine Waage. Messen Sie in einem Messzylinder 50 mL Essigsäurelösung (c = 1 mol/L) ab. Geben Sie die Lösung in den Erlenmeyerkolben und stellen Sie die Waage auf Null. Geben Sie die Kalkportion auf einmal hinzu. Lesen Sie in Zeitabständen von jeweils 30 s die Masseanzeige ab.

AUSWERTUNG

a) Benennen Sie das Gas in **V1**.

b) Notieren Sie Ihre Messwerte bei **V2** tabellarisch.

c) Ergänzen Sie die Tabelle aus **b)** um die Masse m und die Stoffmenge n von Kohlenstoffdioxid.

d) Tragen Sie zu **V2** die Stoffmenge n von Kohlenstoffdioxid grafisch gegen die Zeit t auf. Begründen Sie, dass die Stoffmengenänderung an Kohlenstoffdioxid in einem bestimmten Zeitintervall Aufschluss über die Geschwindigkeit der Reaktion gibt.

ENTSORGUNG A, R, G1

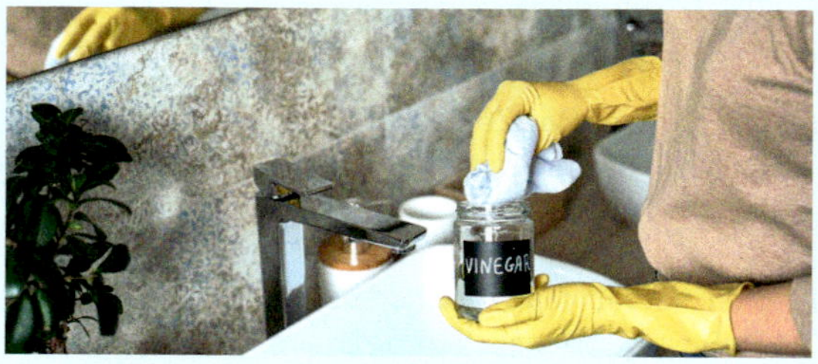

B1 Kalkflecken können mit Essigreiniger entfernt werden.

V Die Reaktionsgeschwindigkeit grafisch erfassen

Bei der Reaktion von Magnesium mit Salzsäurelösung entsteht ebenfalls ein Gas. Welches Gas entsteht dabei und kann man das Gasvolumen zur Bestimmung der Reaktionsgeschwindigkeit nutzen?

V3 Geben Sie in ein Reagenzglas ein kleines Stück Magnesiumband (ca. 1 cm). Geben Sie dazu etwa 2 mL Salzsäurelösung (c = 1 mol/L).
Fangen Sie das entstehende Gas in einem weiteren Reagenzglas auf, indem Sie es für eine Weile über das Reaktionsgefäß halten. Führen Sie mit dem Gas die Knallgasprobe durch.

V4 Überprüfen Sie eine 5-mL- und eine 60-mL-Spritze auf Leichtgängigkeit. Befüllen Sie die 5-mL-Spritze mit 3 mL Salzsäurelösung (c = 1 mol/L). Verbinden Sie diese mit der 60-mL-Spritze über einen Dreiwegehahn. Falten Sie 2 cm Magnesiumband und schieben Sie es in die 60-mL-Spritze. Drehen Sie den Hahn so auf, dass Sie die Luft aus der Spritze mit dem Magnesium drücken können. Geben Sie nun die Salzsäurelösung zum Magnesium, indem Sie den Hahn entsprechend aufdrehen (**B2**). Verschließen Sie den Hahn zur 60-mL-Spritze direkt nach der Zugabe und starten Sie gleichzeitig Ihre Zeitmessung. Lesen Sie das entstehende Gasvolumen in gewissen Zeitabständen (zu Beginn etwa alle 5 s, nach 30 s etwa alle 10 s, nach 90 s etwa alle 20 s) an der 60-mL-Spritze ab.

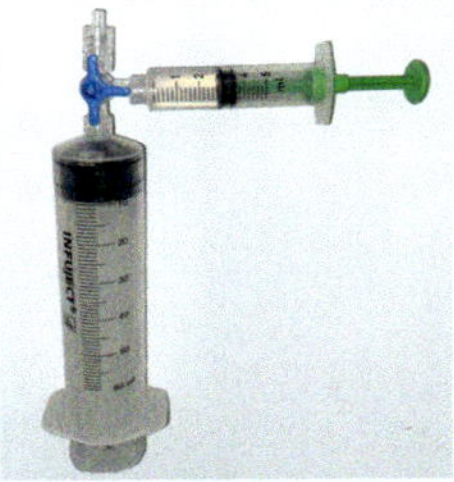

B2 Versuchsaufbau zu **V4** (direkt vor der Zugabe der Salzsäurelösung zum Magnesium)

AUSWERTUNG

a) Benennen Sie das Gas in **V3**.
b) Notieren Sie Ihre Messwerte bei **V4** tabellarisch und ergänzen Sie die Tabelle um die Stoffmenge n an Wasserstoff.
c) Tragen Sie zu **V4** die Stoffmenge n von Wasserstoff grafisch gegen die Zeit t auf.
d) Beschreiben Sie die Änderung der Reaktionsgeschwindigkeit im Verlauf der Reaktion bei **V4** anhand des Diagramms aus Aufgabe **c)**.

ENTSORGUNG R, G1

M Simulation der Teilchenbewegung und deren Energieverteilung

Über die Bewegung von Teilchen lassen sich viele Fragen im Zusammenhang mit der Reaktionsgeschwindigkeit auf der Teilchenebene erklären. Wie kann man sich die Bewegung der Teilchen einer Stoffportion und damit einhergehend deren Energie vorstellen?

M5 Mithilfe der Apparatur aus **B3** (links) kann die Bewegung und die Energieverteilung der Teilchen einer Stoffportion vereinfacht simuliert werden.
Die Kügelchen verlassen die Kammer mit unterschiedlicher Geschwindigkeit. Je schneller sie sind, desto weiter entfernt vom Loch landen sie in der Auffangvorrichtung.

AUSWERTUNG

Übertragen Sie die Verteilung der Kügelchen im Modellexperiment auf die Energieverteilung der Teilchen.

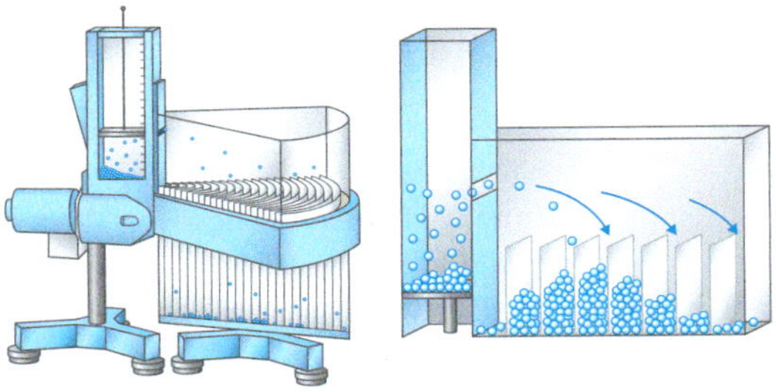

B3 Modellapparatur zur kinetischen Gastheorie (links) Zustandekommen einer Kügelchenverteilung (rechts)

8.1.2 Die Reaktionsgeschwindigkeit

Im Alltag verwendet man saure Lösungen, die z. B. Essigsäure enthalten, um Kalkreste zu entfernen. Dabei reagiert die Essigsäurelösung mit dem Calciumcarbonat (Kalk) unter Bildung von Kohlenstoffdioxid (**V1**):

$$CaCO_3\,(s) + 2\,H_3O^+\,(aq) \longrightarrow CO_2\,(g) + Ca^{2+}\,(aq) + 3\,H_2O\,(l)$$

Es stellt sich die Frage: Wie schnell wirkt der Reiniger? Zur Beantwortung muss die Reaktionsgeschwindigkeit betrachtet werden.

Reaktionsgeschwindigkeiten messen

Die Geschwindigkeit kennen wir aus dem Alltag. Die Geschwindigkeit eines Autos (mit der Einheit km/h) lässt sich beispielsweise aus dem Quotienten einer zurückgelegten Strecke und der dafür benötigten Zeit berechnen. Die Geschwindigkeit einer chemischen Reaktion beschreibt den Stoffumsatz pro Zeiteinheit.

Untersucht man bei der Reaktion von Essigsäurelösung mit Kalk die Massenänderung des Reaktionsgemischs, beobachtet man mit fortlaufender Bildung von entweichendem Kohlenstoffdioxid eine Massenabnahme des Reaktionsansatzes (**V2**). Diese entspricht der Masse des gebildeten Kohlenstoffdioxids. Aus den Messwerten lässt sich mithilfe der molaren Masse die zum jeweiligen Zeitpunkt gebildete Stoffmenge an Kohlenstoffdioxid berechnen. Trägt man diese Werte gegen die Zeit auf, lässt sich aus dem Diagramm die Reaktionsgeschwindigkeit als Änderung der Stoffmenge Δn in einem Zeitintervall Δt berechnen (**B1**). Diese Änderung der Stoffmenge Δn eines Edukts oder Produkts in einem bestimmten Zeitintervall Δt wird **mittlere Reaktionsgeschwindigkeit $\bar{v}_R$** genannt.

Gesetz der Massenerhaltung → S. 15

Bezieht man sich auf ein Edukt, nimmt die Stoffmenge während der Reaktion ab, die umgesetzte Stoffmenge hat einen negativen Wert. Um einen positiven Wert für die Reaktionsgeschwindigkeit zu erhalten, wird daher der Betrag der umgesetzten Stoffmenge gebildet.

$$\bar{v}_R = \frac{|\Delta n|}{\Delta t} = \frac{|n_2 - n_1|}{t_2 - t_1} \quad \text{Einheit: } \frac{\text{mol}}{\text{s}} = \text{mol} \cdot \text{s}^{-1}$$

Da viele Reaktionen in Lösung verlaufen, findet man häufig die auf die Stoffmengenkonzentration *c* bezogene Definition der Reaktionsgeschwindigkeit:

$$\bar{v}_R = \frac{|\Delta c|}{\Delta t} = \frac{|c_2 - c_1|}{t_2 - t_1} \quad \text{Einheit: } \frac{\text{mol}}{(\text{L} \cdot \text{s})} = \text{mol} \cdot L^{-1} \cdot s^{-1}$$

Momentane Reaktionsgeschwindigkeit

Wie schnell die Essigsäurelösung mit Kalk reagiert, ist nicht eindeutig zu beantworten, denn die Kalkentfernung scheint direkt nach der Zugabe des Essigreinigers schneller abzulaufen als nach einigen Minuten. Offenbar verändert sich die Reaktionsgeschwindigkeit im Verlauf des Experiments. Die Messdaten bestätigen dies. Aus **B1** lässt sich ablesen, dass im Zeitintervall von 0 s bis 60 s ca. 4,5 mmol Kohlenstoffdioxid gebildet werden. Nach einiger Zeit wird die in einem vergleichbar großen Zeitintervall gebildete Stoffmenge an Gas immer kleiner. Nach 300 s ist sie gleich Null.

Häufig interessiert aber v. a. die Reaktionsgeschwindigkeit zu einem bestimmten Zeitpunkt *t*, die **momentane Reaktionsgeschwindigkeit $v_R(t)$**. Da zur Bestimmung der momentanen Reaktionsgeschwindigkeit kein Zeitintervall, sondern ein Zeitpunkt *t*, betrachtet wird, hilft die Formel für die mittlere Reaktionsgeschwindigkeit nicht weiter. Δt würde Null betragen. Das Dividieren durch Null ist mathematisch nicht definiert. Wie bestimmt man dann aber die momentane Reaktionsgeschwindigkeit, beispielsweise nach 100 s, also $v_R(100\,s)$? Über die Formel für die mittlere Reaktionsgeschwindigkeit kann man durch die Betrachtung eines kleinen Zeitintervalls, z. B. t_1 = 100 s und t_2 = 105 s, und der Ermittlung der zugehörigen Stoffmengen einen guten Näherungswert für die momentane Reaktionsgeschwindigkeit nach 100 s bestimmen:

$$v_R(100\text{ s}) \approx \bar{v} = \frac{|6{,}1\text{ mmol} - 6\text{ mmol}|}{(105\text{ s} - 100\text{ s})} = 0{,}02\text{ mmol} \cdot \text{s}^{-1}$$

Der Ansatz des „kleinen Intervalls“ ist der, der letztendlich zur mathematischen Definition der momentanen Reaktionsgeschwindigkeit führt. Es wird nämlich der Grenzwert (*Limes*) der mittleren Reaktionsgeschwindigkeit für ein unendlich kleines Zeitintervall („Δt gegen Null“) gebildet:

$v_R(t) = \lim_{\Delta t \to 0} \left(\frac{|\Delta n|}{\Delta t}\right)$ Einheit: $mol \cdot s^{-1}$

Aber auch diese Formel hilft bei ermittelten Messwerten erst einmal nicht weiter.

Grafische Ermittlung von Reaktionsgeschwindigkeiten

Die mittlere Reaktionsgeschwindigkeit im Zeitintervall zwischen t_1 und t_2 entspricht dem Betrag der Steigung der **Sekante** (Steigungsdreieck), die durch die zugehörigen Punkte des Graphen verläuft (**B1**):

$m_{Sek} = \frac{|\Delta n|}{\Delta t} = \frac{|n_2 - n_1|}{t_2 - t_1} = \bar{v}_R$

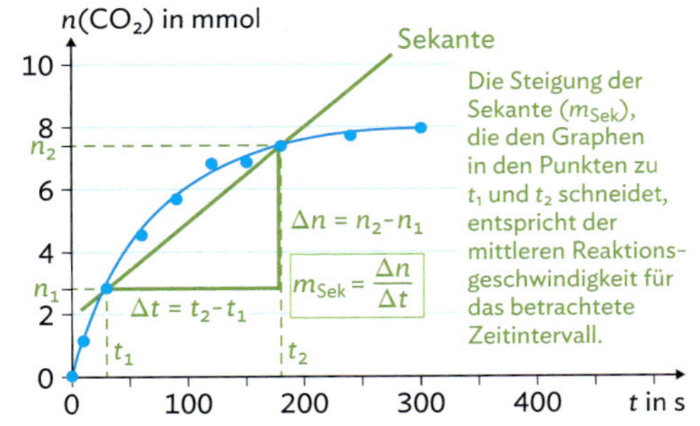

B1 Grafische Bestimmung der mittleren Reaktionsgeschwindigkeit

Da die momentane Reaktionsgeschwindigkeit die Geschwindigkeit zu einem Zeitpunkt *t* beschreibt, wird keine Sekante durch zwei Punkte des Graphen gelegt, sondern die **Tangente**, die den Graphen nur in dem zu *t* gehörigen Punkt berührt (**B2**). Der Betrag der Tangentensteigung entspricht der momentanen Reaktionsgeschwindigkeit. Um die momentane Reaktionsgeschwindigkeit zu bestimmen, muss man also nur die Steigung dieser Tangente über ein *beliebiges* Steigungsdreieck bestimmen:

$m_{Tan} = v_R(t)$

Für die momentane Reaktionsgeschwindigkeit nach 100 s ergibt sich damit (**B2**):

$v_R(100\ s) = \frac{2\ mmol}{75\ s} \approx 0{,}027\ mmol \cdot s^{-1}$

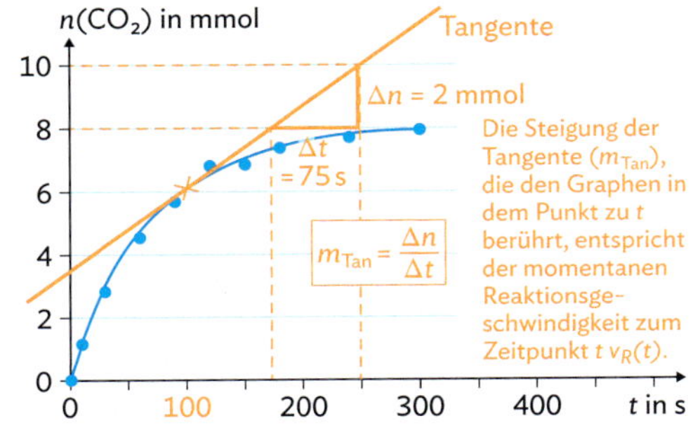

B2 Grafische Bestimmung der momentanen Reaktionsgeschwindigkeit

Die mittlere Reaktionsgeschwindigkeit $\bar{v}_R$ ist die mittlere Änderung der Stoffmengenkonzentration bzw. der Stoffmenge eines Reaktionspartners im Zeitintervall Δt:

$\bar{v}_R = \frac{|\Delta c|}{\Delta t} = \frac{|c_2 - c_1|}{t_2 - t_1}$ bzw. $\bar{v}_R = \frac{|\Delta n|}{\Delta t} = \frac{|n_2 - n_1|}{t_2 - t_1}$

Grafisch entspricht sie der Steigung der zu Δt gehörigen Sekante im *c*-*t*- bzw. *n*-*t*-Diagramm.

Die momentane Reaktionsgeschwindigkeit $v_R(t)$ ist die Änderung der Stoffmengenkonzentration bzw. der Stoffmenge eines Reaktionspartners zu einem bestimmten Zeitpunkt t:

$v_R(t) = \lim_{\Delta t \to 0} \frac{|\Delta c|}{\Delta t}$ bzw. $\bar{v}_R(t) = \lim_{\Delta t \to 0} \left(\frac{|\Delta n|}{\Delta t}\right)$

Grafisch entspricht sie der Steigung der zum Zeitpunkt t gehörigen Tangente im *c*-*t*- bzw. *n*-*t*-Diagramm.

AUFGABEN

A1 Bestimmen Sie anhand Ihrer Tabelle aus **V4** die mittleren Reaktionsgeschwindigkeiten für die Zeitintervalle [0 s; 20 s], [50 s; 70 s], [200 s; 220 s] und für die gesamte Reaktionsdauer.

A2 Veranschaulichen Sie für eines der ersten drei Zeitintervalle aus **A1** die mittlere Reaktionsgeschwindigkeit im *n*-*t*-Diagramm.

A3 Ermitteln Sie mithilfe des *n*-*t*-Diagramms aus **V4** die momentanen Reaktionsgeschwindigkeiten nach 20 s und nach 200 s.

8.1.3 Die Stoßtheorie

Stoßtheorie

Damit eine chemische Reaktion zwischen zwei Reaktionspartnern A und B sattfinden kann, müssen diese aufeinandertreffen. Das Modell der **Stoßtheorie** hilft, den Ablauf chemischer Reaktionen auf der Teilchenebene zu veranschaulichen und experimentelle Befunde zur Reaktionsgeschwindigkeit zu erklären. Sie wurde zwischen 1916 und 1918 von MAX TRAUTZ und WILLIAM LEWIS bezogen auf Reaktionen in der Gasphase entwickelt. Vereinfacht lassen sich die Erkenntnisse jedoch auch auf andere Reaktionen übertragen.

Die Stoßtheorie besagt grundsätzlich, dass Edukt-Teilchen miteinander zusammenstoßen müssen, um zu Produkt-Teilchen reagieren zu können. Dabei werden bestehende Bindungen gebrochen und neue geknüpft. Ist das der Fall, spricht man von einem **wirksamen Zusammenstoß**. Es ist jedoch nur ein Bruchteil aller Zusammenstöße wirksam. Die beiden Hauptfaktoren für die Wirksamkeit eines Zusammenstoßes sind

- der **Orientierungsfaktor** und
- die **Mindestenergie E_{min}**.

Zusammenstöße sind nur dann wirksam, wenn Edukt-Teilchen in einem günstigen Winkel aufeinandertreffen (Orientierungsfaktor, **B3**).

Darüber hinaus müssen die Edukt-Teilchen über eine Mindestenergie E_{min} verfügen. Solche Teilchen bezeichnet man als **aktive Teilchen**.

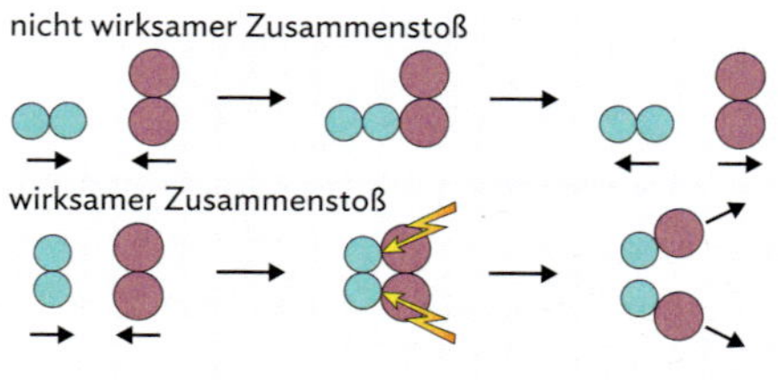

B3 Einfluss des Orientierungsfaktors auf die Wirksamkeit eines Zusammenstoßes

Energieverteilung nach BOLTZMANN

Teilchen haben alle eine bestimmte Energie, die sich in der Geschwindigkeit zeigt, mit der sie sich bewegen (Bewegungsenergie). Je schneller ein Teilchen sich bewegt, desto größer ist dessen Bewegungsenergie. Die Teilchen einer Stoffportion bewegen sich nicht alle gleich schnell, haben also unterschiedliche Bewegungsenergien.

Die Verteilung der Bewegungsenergien der Teilchen einer Stoffportion lässt sich mittels der Apparatur zur kinetischen Gastheorie modellieren (**M5**, S. 415 **B3**). Die Kügelchen, die durch die Vibrationsbodenplatte in Bewegung gesetzt werden, bewegen sich in der Kammer unterschiedlich schnell und verlassen die Kammer durch das Loch mit unterschiedlichen Geschwindigkeiten. Je größer die Geschwindigkeit einer Kugel, desto weiter fliegt sie. Es ergibt sich somit eine von den Geschwindigkeiten der Kügelchen abhängige Verteilung (S. 415 **B3**). Diese veranschaulicht modellhaft die unterschiedlichen Bewegungsenergien der Teilchen einer Stoffportion.

1860 beschrieb erstmals der Physiker LUDWIG BOLTZMANN die Teilchengeschwindigkeiten einer Stoffportion. Im Energieverteilungsdiagramm wird der Anteil an Teilchen einer Stoffportion in Abhängigkeit der Bewegungsenergie dargestellt (**B4**).

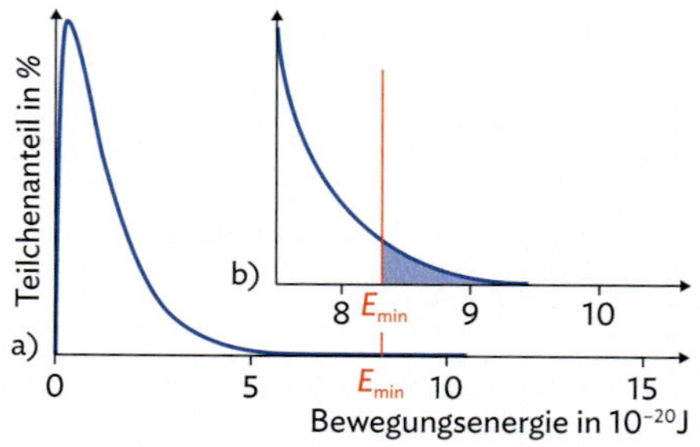

B4 a) Energieverteilung nach BOLTZMANN
b) Vergrößerter Ausschnitt zur Betrachtung der Verteilung in der Nähe der Mindestenergie

Nur derjenige Anteil an Teilchen, der die Mindestenergie E_{min} überschreitet (schraffierte Fläche **B4b**), ist aktiv. In einer Stoffportion ist also immer nur ein sehr geringer Anteil an Teilchen zu wirksamen Zusammenstößen in der Lage.

Zusammenhang zwischen Aktivierungsenergie und Mindestenergie

Die **Aktivierungsenergie E_a** und die Mindestenergie E_{min} sind nicht gleichzusetzen. Man definiert die Aktivierungsenergie E_a auf der Stoffebene als denjenigen Energiebetrag, der Edukten zu-

zuführen ist, um deren Reaktion auszulösen. Dabei wird von einem Ausgangszustand bei Raumtemperatur ausgegangen.
Mit Bezug zur Teilchenebene lässt sich die Aktivierungsenergie einer Reaktion als Differenz der mittleren Energie aller aktiven Teilchen $\bar{E}^*$ und der mittleren Energie aller Teilchen $\bar{E}$ beschreiben (**B5**): $E_a = \bar{E}^* - \bar{E}$.

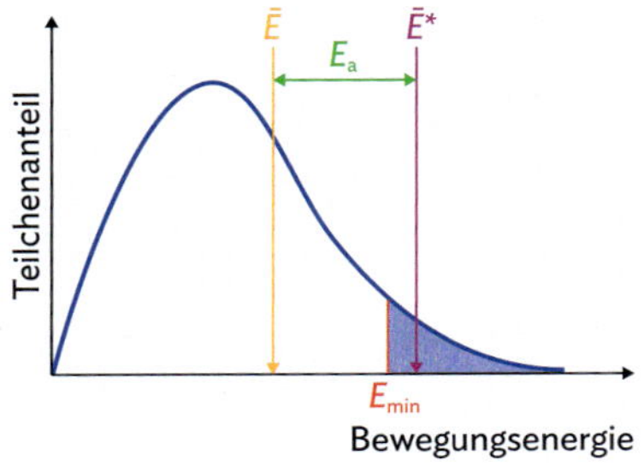

B5 Vereinfachtes Energieverteilungsdiagramm zur Veranschaulichung der Aktivierungsenergie

Anzahl möglicher Zusammenstöße

B6 veranschaulicht den Zusammenhang zwischen der Edukt-Teilchenanzahl und der Anzahl möglicher Zusammenstöße.
Es wird von dem einfachsten Fall zweier Edukt-Teilchensorten (A und B) ausgegangen.
Zunächst betrachtet man den Fall, dass von beiden Teilchensorten je zwei Teilchen vorliegen. Die Anzahl möglicher Zusammenstöße zwischen den Teilchensorten A und B ergibt sich als Produkt der jeweiligen Edukt-Teilchenanzahlen. Verdoppelt man die Teilchenanzahl N einer der beiden Teilchensorten, so verdoppelt sich auch die ursprüngliche Anzahl möglicher Zusammenstöße – sie nimmt proportional zu. Verdoppelt man jedoch die Anzahl beider Edukt-Teilchensorten, so quadriert sich die Anzahl möglicher Zusammenstöße – sie nimmt quadratisch zu.
Die Gesamtanzahl möglicher Zusammenstöße ergibt sich allgemein aus dem Produkt der jeweiligen Edukt-Teilchenanzahlen N.

Ein Zusammenstoß zwischen Teilchen ist nur dann wirksam, wenn sie in einem günstigen Winkel und mit einer bestimmten Mindestenergie E_{min} zusammenstoßen.
Teilchen einer Stoffportion bewegen sich unterschiedlich schnell. Nur ein kleiner Anteil aller Teilchen hat die Mindestenergie.
Die Aktivierungsenergie E_a lässt sich auf die Stoff- und auf die Teilchenebene bezogen definieren.
Die Anzahl möglicher Zusammenstöße ergibt sich durch Multiplikation der Edukt-Teilchenanzahlen.

AUFGABEN

A1 Erklären Sie, dass Teilchen nur dann wirksam zusammenstoßen können, wenn sie die Mindestenergie haben oder überschreiten.

A2 Stellen Sie eine begründete Hypothese zur Erklärung der Abnahme der Reaktionsgeschwindigkeit mit der Zeit bei der Reaktion von Kalk mit Essigsäurelösung (**V2**) auf.

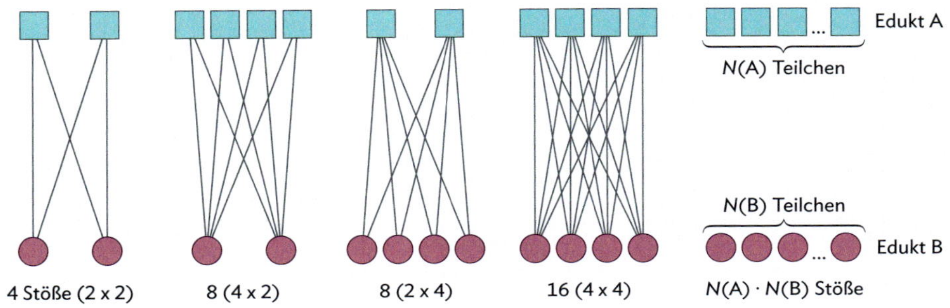

B6 Zusammenhang zwischen den Edukt-Teilchenanzahlen und der Anzahl möglicher Zusammenstöße

8.2 Beeinflussung der Reaktionsgeschwindigkeit

In der Industrie sind schnelle Reaktionen oft rentabel. Zur Beobachtung des Reaktionsverlaufs ist eine langsame Reaktionsgeschwindigkeit dagegen von Vorteil. Was beeinflusst die Reaktionsgeschwindigkeit und wie lässt sich der Einfluss erklären?

8.2.1 Versuche und Material

V Einfluss von Temperatur und Konzentration

5 6 7

Bei der Reaktion einer Natriumthiosulfatlösung mit einer sauren Lösung entsteht elementarer Schwefel, der das Reaktionsgemisch trübt. Anhand der Trübung lässt sich der Fortschritt der Reaktion gut beobachten. Welchen Einfluss haben Temperatur und Konzentration auf die Reaktionsgeschwindigkeit?

V1 Bereiten Sie vier unterschiedlich temperierte (ca. 10 °C, 20 °C, 30 °C & 40 °C) Wasser- bzw. Eisbäder in 400-mL-Bechergläsern vor.
Geben Sie in vier 100-mL-Weithals-Erlenmeyerkolben je 20 mL Natriumthiosulfatlösung (c = 0,05 mol/L, Herstellung unter QR-/Mediencode 06022-141) und temperieren Sie diese Lösungen in den Wasser-/Eisbädern vor. Nehmen Sie den jeweiligen Erlenmeyerkolben beim Erreichen der gewünschten Temperatur aus dem Wasser-/Eisbad heraus, trocknen Sie ihn ab und stellen Sie ihn auf ein mit dunklem Filzstift auf ein weißes Blatt Papier gezeichnetes Kreuz (**B1**).
Geben Sie dann zügig genau 2 mL Salzsäurelösung (c = 2 mol/L) in den Erlenmeyerkolben. Starten Sie Ihre Messung der Reaktionszeit direkt bei der Zugabe der Salzsäurelösung und stoppen Sie die Messung, sobald das Kreuz nicht mehr zu erkennen ist (t_R). Ermitteln Sie auch die genaue Reaktionstemperatur nach der Zugabe der Salzsäurelösung für Ihre Auswertung. Wiederholen Sie diese Messung bei den weiteren Temperaturen.

06022-141

B1 Verschwindendes Kreuz zur Bestimmung der Reaktionszeit

V2 Geben Sie in fünf 100-mL-Weithals-Erlenmeyerkolben je 20 mL Natriumthiosulfatlösung mit den Konzentrationen c = 0,25 mol/L, c = 0,2 mol/L,

c = 0,15 mol/L, c = 0,1 mol/L und c = 0,05 mol/L (Herstellung der Verdünnungsreihe unter QR-/Mediencode 06022-142).

06022-142

Geben Sie genau 2 mL Salzsäurelösung (c = 2 mol/L) zur Natriumthiosulfatlösung mit c = 0,05 mol/L hinzu und messen Sie wie bei **V1** die Dauer, bis das Kreuz nicht mehr zu erkennen ist (t_R). Wiederholen Sie mit den höherkonzentrierten Natriumthiosulfatlösungen.

AUSWERTUNG

a) Notieren Sie Ihre Messwerte zu **V1** und **V2** tabellarisch. Ergänzen Sie die Tabellen um den Kehrwert der Reaktionszeit $\left(\frac{1}{t_R} = t_R^{-1}\right)$.

b) Der Kehrwert der Reaktionszeit ist ein geeignetes Maß zur Beschreibung der (mittleren) Reaktionsgeschwindigkeit. Erläutern Sie diesen Zusammenhang und leiten Sie ihn auch mathematisch her.

c) Tragen Sie für **V1** den Kehrwert der Reaktionszeit (t_R^{-1}) grafisch gegen die Temperatur (ϑ) auf und beschreiben Sie den Zusammenhang zwischen Temperatur und Reaktionsgeschwindigkeit.

d) Tragen Sie für **V2** den Kehrwert der Reaktionszeit (t_R^{-1}) grafisch gegen die Thiosulfatkonzentration auf und beschreiben Sie den Zusammenhang zwischen Konzentration und Reaktionsgeschwindigkeit.

ENTSORGUNG G2

M Der geschwindigkeitsbestimmende Schritt

Reaktionen setzen sich meist aus verschiedenen, unterschiedlich schnell ablaufenden Schritten zusammen. Kann dies in einem einfachen Modellexperiment simuliert werden?

M3 In Ihrer Lerngruppe soll ein Gegenstand reihum gereicht werden. Alle reichen den Gegenstand schnell weiter. Nur eine von der Lehrkraft beauftragte Person A behält ihn für eine längere, von der Lehrkraft vorgegebene Zeit. Messen Sie a) die Dauer, bis der Gegenstand eine vollständige Runde herumgereicht wurde und b) die Dauer, die der Gegenstand bei Person A verweilt.

AUSWERTUNG

Erklären Sie unter Einbeziehung Ihrer Messzeiten a) und b) die Aussage „Der langsamste Reaktionsschritt bestimmt die Geschwindigkeit der Gesamtreaktion." mit Bezug zu **M3**.

V Einfluss des Zerteilungsgrads

5

Für feste Edukte lässt sich keine Konzentration angeben. Kann man bei einer Reaktion mit einem Feststoff dennoch die Reaktionsgeschwindigkeit beeinflussen?

V4 Ermitteln Sie die Masse eines Kalkstücks. Wiegen Sie etwa die gleichen Massen an gekörnten Kalk und an Kalkpulver ab.
Geben Sie die drei Stoffportionen in die drei Fächer einer dreigeteilten Petrischale (oder in drei kleine Petrischalen).
Geben Sie zu den drei Kalkportionen schnell nacheinander je 4 mL Essigsäurelösung (c = 1 mol/L) hinzu.

AUSWERTUNG

a) Beschreiben Sie Ihre Beobachtungen.

b) Durch die Verfeinerung des Kalks wird dessen Zerteilungsgrad erhöht. Dadurch wird auch die Oberfläche, an der die Reaktion stattfinden kann, vergrößert. Erklären Sie Ihre Beobachtungen mit Bezug zur Stoßtheorie.

ENTSORGUNG G1

8.2.2 Einfluss der Temperatur

Das Salz Natriumthiosulfat wird z. B. in der Medizin als Gegenmittel bei Cyanidvergiftungen eingesetzt. Um die Wirkgeschwindigkeit von Stoffen beeinflussen zu können, ist es von Bedeutung, den Einfluss unterschiedlicher Faktoren auf die Reaktionsgeschwindigkeit zu kennen. Welche Faktoren haben einen Einfluss?

RGT-Regel: Reaktionsgeschwindigkeits-Temperatur-Regel

Die RGT-Regel

Bei der Reaktion von Thiosulfat-Ionen mit Oxonium-Ionen (**V3**) entsteht elementarer Schwefel. Dieser trübt die Lösung:

$$S_2O_3^{2-}(aq) + 2\,H_3O^+(aq) \longrightarrow S\,(s) + SO_2\,(aq) + 3\,H_2O\,(l)$$

Bestimmt man die Reaktionszeit $\Delta t = t_R$ bis zur Bildung einer gewissen Schwefelmenge bei unterschiedlichen Temperaturen (**V1**), stellt man fest: Je höher die Temperatur, desto schneller entsteht die gleiche Menge an Schwefel. Es wird jeweils ein konstanter Stoffumsatz betrachtet, d. h. $\Delta n(S)$ = konst. Daher ist die mittlere Reaktionsgeschwindigkeit umgekehrt proportional zur gemessenen Reaktionszeit t_R:

$$\bar{v}_R = \frac{\Delta n(S)}{t_R} = \text{konst.} \cdot \frac{1}{t_R} \Rightarrow \bar{v}_R \sim \frac{1}{t_R}$$

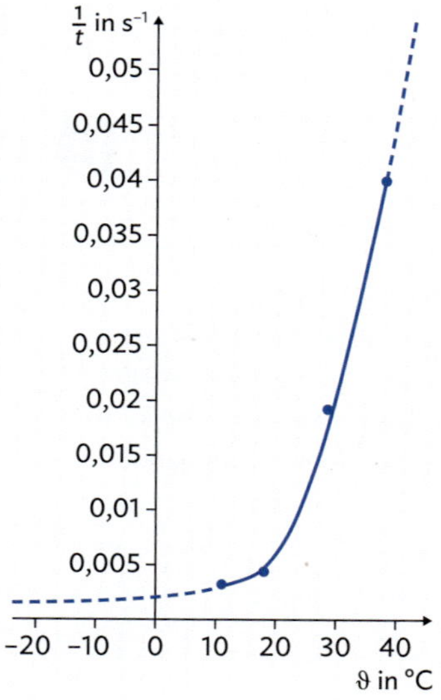

B1 Temperatur-Geschwindigkeits-Diagramm zur Reaktion von Thiosulfat- mit Oxonium-Ionen

Der Kehrwert der Reaktionszeit ist ein geeignetes Maß zur Beschreibung der jeweils gemessenen mittleren Reaktionsgeschwindigkeiten.

Die Reaktionsgeschwindigkeit nimmt mit steigender Temperatur annähernd exponentiell zu (**B1**). Der niederländische Chemiker JACOBUS HENRICUS VAN'T HOFF stellte zu diesem Zusammenhang 1884 die sogenannte **RGT-Regel** auf. Sie besagt, dass sich bei einer Temperaturerhöhung um 10 °C bzw. 10 K die Reaktionsgeschwindigkeit verdoppelt bis vervierfacht.

Erklärung des Temperatureinflusses

Um den Einfluss der Temperatur auf die Reaktionsgeschwindigkeit zu erklären, wird die Stoßtheorie herangezogen. Diese besagt, dass nur Teilchen, die die **Mindestenergie E_{min}** haben, wirksam zusammenstoßen können.

Das Diagramm (**B2a**) zeigt die Energieverteilung der Teilchen einer Stoffportion bei verschiedenen Temperaturen. Bei höherer Temperatur liegt ein deutlich größerer Anteil energiereicher, schneller, aktiver Teilchen vor. Bereits durch eine geringe Temperaturerhöhung nimmt dieser Anteil deutlich zu, wodurch insgesamt mehr wirksame Zusammenstöße pro Zeiteinheit stattfinden. Dementsprechend steigt auch der Stoffumsatz pro Zeiteinheit, d. h. die Reaktionsgeschwindigkeit.

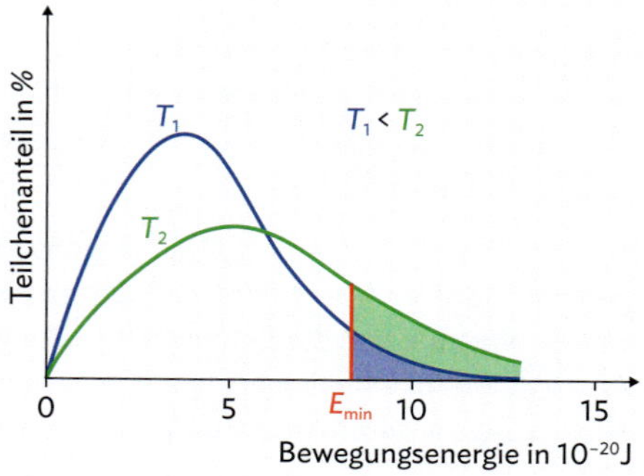

B2 Energieverteilungen der Teilchen einer Stoffportion bei zwei unterschiedlichen Temperaturen

Mindest- und Aktivierungsenergie sind temperaturunabhängig

Die Mindestenergie E_{min} beschreibt die Energie, die Teilchen haben müssen, um wirksam zusammenstoßen zu können. Da sich bei einer Temperaturänderung an der Art der Bindungen, die gebrochen und derjenigen, die neu geknüpft werden müssen, nichts verändert, ist die Mindestenergie temperaturunabhängig (**B3**).

Die Energieverteilung der Teilchen ist dagegen temperaturabhängig. Bei einer Temperaturerhöhung bewegen sich die Teilchen insgesamt schneller. Die mittlere Energie aller Teilchen einer Stoffportion $\bar{E}$ nimmt also zu. Zudem erreichen bzw.

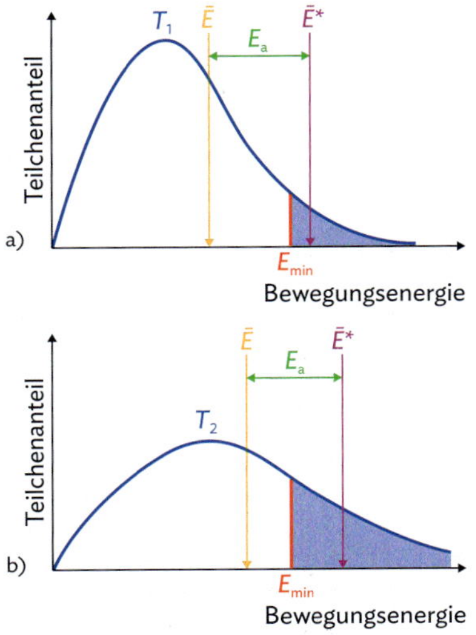

B3 Vereinfachte Energieverteilungsdiagramme derselben Stoffportion bei unterschiedlichen Temperaturen ($T_2 > T_1$) zum Vergleich der mittleren Teilchenenergien sowie der Mindest- und der Aktivierungsenergie

überschreiten mehr Teilchen die Mindestenergie, sodass auch die mittlere Energie aller aktiven Teilchen $\bar{E}^*$ zunimmt. Das wird durch die Verschiebung von E und E* in **B3b** verdeutlicht.
Vergleicht man die Aktivierungsenergien $E_a = \bar{E}^* - \bar{E}$ der beiden Diagramme **B3a** und **B3b**, stellt man fest, dass diese sich nicht verändern. Eine Temperaturerhöhung einer Stoffportion führt also zur gleichen Erhöhung der mittleren Energie aller Teilchen und der aller aktiver Teilchen, sodass deren Differenz, die Aktivierungsenergie E_a, sich nicht verändert. Sie ist also, wie die Mindestenergie, temperaturunabhängig. Diese Aussage mag zunächst im Widerspruch zur Definition der Aktivierungsenergie auf Stoffebene zu stehen scheinen. Es ist schließlich so, dass bei höherer Ausgangstemperatur einer Eduktportion weniger Energie zugeführt werden muss, um die Reaktion auszulösen. Wenn man aber bedenkt, dass die Definition der Aktivierungsenergie von Eduktportionen bei Raumtemperatur ausgeht, ist bei höherer Temperatur bereits ein Teil der benötigten Aktivierungsenergie zugeführt. Um die Reaktion auf Stoffebene auszulösen, muss also nur noch der Restbetrag der Aktivierungsenergie zugeführt werden.

Die RGT-Regel besagt, dass eine Temperaturerhöhung um 10 K eine Verdopplung bis Vervierfachung der Reaktionsgeschwindigkeit bewirkt.
Bei einer Erhöhung der Temperatur einer Stoffportion nimmt der Anteil aktiver Teilchen deutlich zu, wodurch die Reaktionsgeschwindigkeit stark ansteigt.
Die Aktivierungs- und die Mindestenergie sind temperaturunabhängige Größen.

AUFGABEN

A1 Bei einer Reaktion wird die Geschwindigkeit v in Abhängigkeit der Temperatur ϑ untersucht.
Es werden folgende Wertepaare ermittelt: (10 °C / 0,023 $mol \cdot L^{-1} \cdot s^{-1}$) und (30 °C / 0,207 $mol \cdot L^{-1} \cdot s^{-1}$).
Bestimmen Sie den Faktor, um den die Reaktionsgeschwindigkeit bei einer Erhöhung der Temperatur um 10 °C zunimmt.

A2 Erläutern Sie die in **B3** dargestellte Verschiebung der mittleren Energie aller Teilchen und aller aktiven Teilchen nach rechts bei höherer Temperatur.

A3 Erklären Sie die Aussage: Bereits vor der Zufuhr der benötigten Aktivierungsenergie reagiert ein bestimmter Anteil an Edukt-Teilchen – und sei er noch so klein – zu Produkt-Teilchen.

A4 Erklären Sie, dass manche Reaktionen bereits bei Raumtemperatur, also ohne Zufuhr von Aktivierungsenergie in Form von Wärme ablaufen.

8.2.3 Einfluss der Konzentration

Untersuchung der Konzentrationsabhängigkeit

Die Untersuchung der Abhängigkeit der Reaktionsgeschwindigkeit von der Thiosulfat-Ionenkonzentration (**V4**) liefert einen proportionalen Zusammenhang (**B4**): $v = k \cdot c(S_2O_3^{2-})$

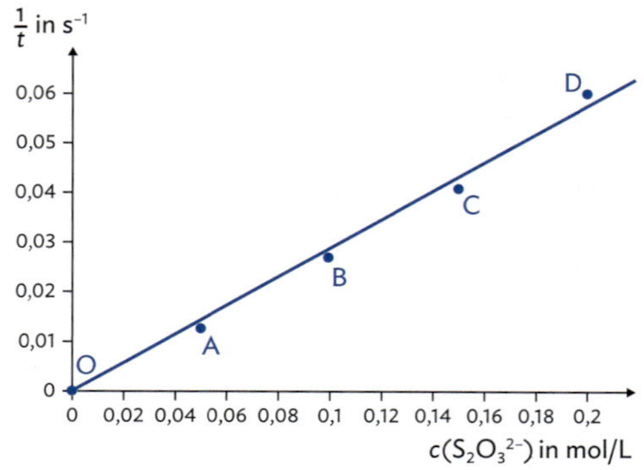

B4 Konzentrations-Reaktionsgeschwindigkeits-Diagramm

Man nennt diese Art der Gleichung eine **Geschwindigkeitsgleichung**. Sie beschreibt die Reaktionsgeschwindigkeit *v* in Abhängigkeit von der Edukt-Konzentration. Ergibt sich wie für **V4** eine proportionale Geschwindigkeitsgleichung, spricht man von einer **Reaktion erster Ordnung**. Der Wert für *k* (hier der Proportionalitätsfaktor) ist für die betrachtete Reaktion bei gleichen Bedingungen charakteristisch. Man nennt *k* die **Geschwindigkeitskonstante** (vgl. S. 264). Sie ist von mehreren Faktoren, u. a. der Temperatur, abhängig.
Es ist allerdings naheliegend, dass nicht nur die Thiosulfat-Ionenkonzentration, sondern auch die des zweiten Edukts, der Oxonium-Ionen, die Reaktionsgeschwindigkeit beeinflusst. Weiterführende experimentelle Untersuchungen zeigen ebenso eine Abhängigkeit der Reaktionsgeschwindigkeit von der Oxonium-Ionenkonzentration. Um bei der experimentellen Untersuchung der Konzentrationsabhängigkeit der Thiosulfat-Ionen den Einfluss der Oxonium-Ionenkonzentration jedoch auszuklammern, muss diese konstant gehalten werden. Praktisch wird dies durch den Einsatz einer konzentrierten Salzsäurelösung, also einem Überschuss an Oxonium-Ionen, realisiert. So ist der Anteil an Oxonium-Ionen, der an der Reaktion teilnimmt, so gering, dass deren Gesamtkonzentration sich kaum verändert. Der proportionale Zusammenhang ergibt sich hier also für die Reaktionsgeschwindigkeit nur in Abhängigkeit von den Thiosulfat-Ionen. Da jedoch eine Abhängigkeit von der Oxonium-Ionenkonzentration vorliegt, diese aber durch die gewählten Reaktionsbedingungen kaschiert wird, spricht man von einer **Reaktion pseudo-erster Ordnung**.

Konzentrationsabhängigkeit und die Stoßtheorie

Dass die Reaktionsgeschwindigkeit proportional zur Thiosulfat-Ionenkonzentration ist, steht im Einklang mit der Stoßtheorie. Erhöht man nämlich die Konzentration, also die Teilchenanzahl eines Edukts im gegebenen Volumen, so nimmt die Anzahl möglicher Zusammenstöße proportional zu (vgl. S.419).
Gemäß der Reaktionsgleichung (vgl. S. 422) würde sich jedoch für die Abhängigkeit der Reaktionsgeschwindigkeit von beiden Eduktkonzentrationen folgender mathematischer Zusammenhang ergeben:

$$v = k \cdot c(S_2O_3^{2-}) \cdot c^2(H_3O^+)$$

Es würde sich bezüglich der Eduktkonzentrationen um einen kubischen Zusammenhang bzw. um eine Reaktion 3. Ordnung handeln. Das bedeutet, dass drei Teilchen (ein Thiosulfat-Ion und zwei Oxonium-Ionen) zusammenstoßen müssten, damit es zu einer Reaktion kommt. Statistisch ist dieser Fall eher unwahrscheinlich. Die Annahme lässt sich auch experimentell nicht bestätigen. Daher muss der Schluss gefasst werden, dass die Reaktion auf anderem Wege als in der Reaktionsgleichung dargestellt (vgl. S. 422) abläuft.

Elementarreaktionen und der geschwindigkeitsbestimmende Schritt

In der Tat verlaufen die meisten Reaktionen nicht wie in der Reaktionsgleichung als Gesamtgleichung dargestellt. Sie erfolgen meist in mehreren Teilschritten. Diese sogenannten **Elementar-**

reaktionen beschreiben die tatsächlich stattfindenden Zusammenstöße. Daher ist es auch *nur* für Elementarreaktionen zulässig, Geschwindigkeitsgleichungen, die sich aus der Stoßtheorie ableiten lassen, aufzustellen.
Um den Ablauf einer Reaktion über mehrere Elementarreaktionen und den Zusammenhang mit der Reaktionsgeschwindigkeit zu verdeutlichen, wird folgende hypothetische Reaktion betrachtet: Elementarreaktionen (Teilschritte):

① $A + B \longrightarrow C + D$ (schnell)
② $D + F \longrightarrow E$ (langsam)

Im ersten Teilschritt reagieren je ein Teilchen A und B zu je einem Teilchen C und D. D ist ein Zwischenprodukt welches dann im zweiten Teilschritt mit einem Teilchen F zum Teilchen E weiterreagiert. So ergibt sich folgende Gesamtreaktionsgleichung:

$A + B + F \longrightarrow C + E$

Die Geschwindigkeitsgleichungen lauten:

① $v_1 = k_1 \cdot c(A) \cdot c(B)$ bzw.
② $v_2 = k_2 \cdot c(D) \cdot c(F)$

Die am langsamsten ablaufende Elementarreaktion ② ist der **geschwindigkeitsbestimmende Schritt** (**M3**). Da das Zwischenprodukt *D* in diesem Reaktionsschritt nur langsam weiterreagiert, ist es unerheblich, dass *D* in der ersten Elementarreaktion schnell gebildet wird.

Systematisierung der Reaktionsordnung

Die **Reaktionsordnung** beschreibt, wie viele Teilchen im Rahmen einer Elementarreaktion zusammenstoßen. Sie lässt sich aus der Geschwindigkeitsgleichung als Summe der Konzentrationsexponenten ermitteln. Ist die geschwindigkeitsbestimmende Elementarreaktion einer Reaktion also bekannt, kann die zugehörige Geschwindigkeitsgleichung aufgestellt und so die Reaktionsordnung ermittelt werden.
Die Reaktion von Stickstoffmonooxid mit Sauerstoff zu Stickstoffdioxid läuft z. B. in einem Schritt ab:

$2\,NO\,(g) + O_2\,(g) \longrightarrow 2\,NO_2\,(g)$

Die Geschwindigkeitsgleichung ist somit

$v = k \cdot c^2(NO) \cdot c(O_2)$

Da zwei Stickstoffmonooxid-Moleküle mit einem Sauerstoff-Molekül reagieren, wird der Stöchiometriekoeffizient „2“ als Quadrat der zugehörigen Eduktkonzentration in der Geschwindigkeitsgleichung aufgeführt. Die Summe der Konzentrationsexponenten entspricht der Reaktionsordnung: 2 + 1 = 3. Reaktionen 3. Ordnung kommen selten vor.
Die Geschwindigkeitsgleichung und somit auch die Reaktionsordnung einer Reaktion kann nur experimentell bestimmt werden. Mithilfe dieser experimentellen Erkenntnisse können dann Hypothesen über die ablaufenden Elementarreaktionen überprüft werden.

Für die allgemeine Elementarreaktion
$a\,A + b\,B \longrightarrow f\,F + g\,G$
ergibt sich die Geschwindigkeitsgleichung
$v = k \cdot c^a(A) \cdot c^b\,(B)$
Die Reaktionsordnung beschreibt die Anzahl der in einer Elementarreaktion zusammenstoßenden Edukt-Teilchen.
Sie entspricht der Summe der Eduktkonzentrationsexponten a + b.
Die langsamste Elementarreaktion bestimmt die Geschwindigkeit und Reaktionsordnung der Gesamtreaktion.

AUFGABEN

A1 Erklären Sie, dass es nicht immer richtig ist, zu behaupten, dass die Reaktionsgeschwindigkeit zunimmt, wenn die Konzentration eines Edukts erhöht wird.

A2 Bestimmen Sie die Reaktionsordnung der hypothetischen Reaktion und begründen Sie, dass diese nicht (wie durch die Gesamtgleichung suggeriert) 3. Ordnung ist.

A3 Erklären Sie, dass Reaktionen 3. Ordnung recht selten vorkommen.

8.2.4 Weitere Einflussfaktoren auf die Reaktionsgeschwindigkeit: Zerteilungsgrad und Druck

Chemische Reaktionen finden nicht nur in Lösung statt. Es ist also nicht immer möglich, die Reaktionsgeschwindigkeit in Abhängigkeit von der Stoffmengenkonzentration c zu beschreiben. Im Zusammenhang mit Reaktionen, die einen oder mehrere Feststoffe bzw. ein oder mehrere Gase als Reaktionspartner aufweisen, betrachtet man die Größen **Zerteilungsgrad** und **Druck** bzw. **Volumen**.

Zerteilungsgrad

Bei der Reaktion von Kalk mit Essigsäurelösung lässt sich der Zerteilungsgrad des festen Kalks variieren (**V5**). Es ist gut zu erkennen, dass die Bildung von Kohlenstoffdioxid umso stärker ist, je feiner verteilt der Kalk vorliegt. Die Reaktionsgeschwindigkeit nimmt also mit zunehmendem Zerteilungsgrad der festen Reaktionskomponente zu. Die Zersetzung des Kalks stellt die geschwindigkeitsbestimmende Elementarreaktion dar:

$$CaCO_3\,(s) + H_3O^+\,(aq) \longrightarrow Ca^{2+}\,(aq) + HCO_3^-\,(aq) + H_2O\,(l)$$

Damit diese stattfinden kann, müssen wirksame Zusammenstöße zwischen Oxonium-Ionen der sauren Lösung und dem Ionengitter des Kalks erfolgen. Durch die Erhöhung des Zerteilungsgrades des Kalks wird die Oberfläche, an der Zusammenstöße zwischen den Edukt-Teilchen erfolgen können, vergrößert (**B5**). Damit steigt die Anzahl wirksamer Zusammenstöße und somit auch die Reaktionsgeschwindigkeit.

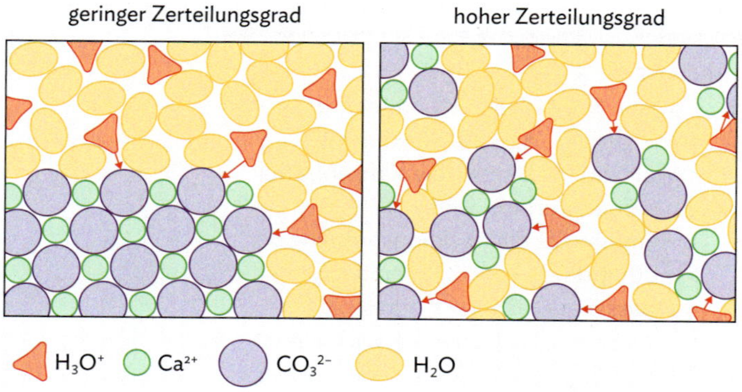

B5 Zunahme von Zusammenstößen durch Verfeinerung des Kalks

Druck

Betrachtet man zwei gleiche Volumina eines Gases, so enthalten diese nach dem Satz von AVOGADRO gleichem Außendruck und gleicher Temperatur gleich viele Teilchen. Erhöht man den Außendruck auf eine Gasportion, verringert sich das Volumen. Ähnlich wie bei einer Erhöhung der Stoffmengenkonzentration einer Teilchensorte in einer Lösung, befinden sich bei der Volumenverringerung einer Gasportion mehr Teilchen auf kleinerem Raum. Diese stoßen dann häufiger miteinander zusammen.
Ist nun an der geschwindigkeitsbestimmenden Elementarreaktion mindestens ein gasförmiges Edukt beteiligt, erhöht sich bei steigendem Außendruck die Anzahl an Zusammenstößen. Da damit auch die Zahl wirksamer Zusammenstöße steigt, nimmt die Reaktionsgeschwindigkeit zu.

Ist an der geschwindigkeitsbestimmenden Elementarreaktion ein festes Edukt beteiligt, so nimmt die Reaktionsgeschwindigkeit durch Erhöhung des Zerteilungsgrades zu.
Gleiches gilt bei Beteiligung eines gasförmigen Edukts durch Erhöhung des Drucks.

AUFGABEN

A1 Nennen Sie Vorgänge aus dem Alltag, die mit dem Prinzip der Oberflächenvergrößerung durch einen höheren Zerteilungsgrad beschleunigt werden.

A2 Berechnen Sie die Oberfläche eines Würfels mit der Kantenlänge 8 cm. Berechnen Sie die Gesamtoberfläche, wenn dieser Würfel in Würfel der Kantenlänge a) 4 cm und b) 2 cm zerteilt wird. Erläutern Sie den Zusammenhang zum Zerteilungsgrad.

8.2.5 Quantitative Betrachtungen von Gasen

Für quantitative Untersuchungen von Gasen ist das Volumen eine leicht messbare Größe. Da dieses aber von dem (Außen-)Druck und der Temperatur abhängig ist, wurde nach einer Beziehung zwischen den Variablen Druck, Temperatur und Volumen gesucht.

Ideales Gasgesetz

Zwischen den Teilchen eines Gases, die sich frei bewegen und große Abstände voneinander aufweisen, herrschen nur sehr geringe Wechselwirkungen. Diese Tatsache führt dazu, dass sich nahezu alle Gase sehr ähnlich verhalten. So können Gase im Allgemeinen hinreichend gut über das sogenannte ideale Gasgesetz beschrieben werden. Dieses Gesetz beruht auf folgenden Vereinfachungen:

- Zwischen den Teilchen eines Gases herrschen keinerlei Wechselwirkungen.
- Das Eigenvolumen der Teilchen der Gasportion ist vernachlässigbar gering.

Das ideale Gasgesetz lautet:

$$p = \frac{n \cdot R \cdot T}{V}$$

p: Druck [hPa]
V: Volumen [L]
n: Stoffmenge [mol]
T: Temperatur [K]
R: allgemeine Gaskonstante
8,3145 $J \cdot mol^{-1} \cdot K^{-1}$

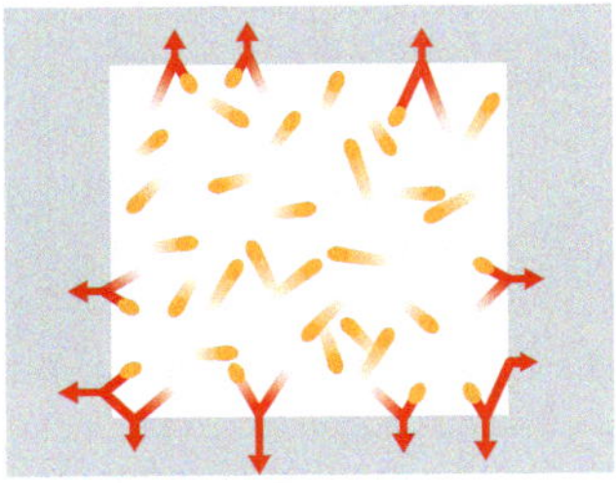

B1 Gasdruck

Der Druck *p*, um den es sich hier handelt, ist der vom Gas ausgeübte Gasdruck. Die Teilchen eines Gases stoßen ständig mit den Wänden des Gefäßes, in dem es sich befindet, zusammen (**B1**). So wirkt eine Kraft *F* senkrecht auf diese Fläche *A* ($p = F \cdot A$). Dem idealen Gasgesetz sind insbesondere zwei wichtige Beziehungen zu entnehmen:

1. Gesetz von BOYLE und MARIOTTE: Der Gasdruck ist umgekehrt proportional zum Volumen der Gasportion (bei *T*, *n* = konst.):

$$p \sim \frac{1}{V}$$

2. Gesetz von GAY-LUSSAC: Der Gasdruck ist direkt proportional zur Temperatur (bei *p*, *n* = konst.): $p \sim T$

Die Beziehung in **1.** lässt sich leicht veranschaulichen (**B2**). Eine Gasportion befindet sich in einem Gefäß mit dem Volumen V_1. Wenn das Volumen bei konstanter Temperatur halbiert wird (V_2), haben gleich viele Teilchen nun weniger Raum. Darin gibt es mehr Zusammenstöße zwischen den Teilchen und den Gefäßwänden, was zu einem größeren Gasdruck führt. Der Gasdruck *p* ist umgekehrt proportional zum Volumen *V*. Deshalb verdoppelt er sich bei einer Halbierung des Volumens (**B2**). In der Praxis wird eine Volumenverringerung durch die Erhöhung des Außendrucks erreicht, z. B. durch Herunterdrücken eines Stempels in einer Spritze. Die Beziehung in **2.** ist anhand der Stoßtheorie nachzuvollziehen. Bei Wärmezufuhr nimmt die durchschnittliche Teilchengeschwindigkeit einer Stoffportion zu. Erhöht man also bei gleichbleibendem Volumen, die Temperatur einer Gasportion, bewegen sich die Teilchen auf gleichem Raum deutlich schneller. Somit stoßen sie öfter und mit einer durchschnittlich größeren Kraft gegen die Gefäßwände. Verdoppelt man die Temperatur, so verdoppelt sich auch der Gasdruck (usw.).

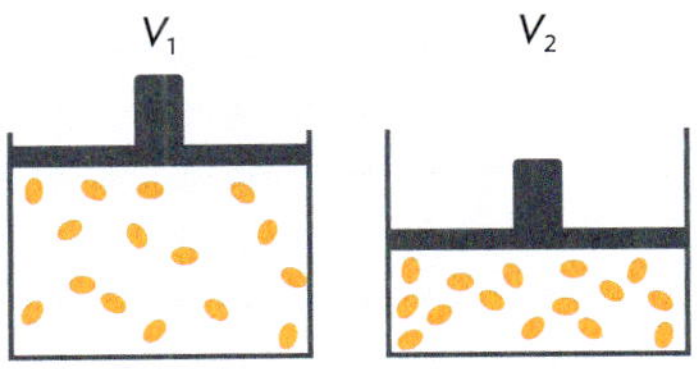

B2 Halbierung des Volumens einer Gasportion ($V_1 = 2 \cdot V_2$)

Der Gasdruck *p* und die Stoffmengenkonzentration *c* einer Lösung ähneln sich. Je mehr Teilchen in einem bestimmten Volumen einer Flüssigkeit bzw. eines Gases vorliegen, desto konzentrierter ist die Lösung bzw. desto höher ist der Gasdruck.

Gasgemische

Da das vereinfachte ideale Gasgesetz für alle Gase gilt, kann es auch auf Gasgemische, z. B. aus den Gasen A, B und C angewendet werden. In Bezug auf die Stoffmengen der einzelnen Gase lassen sich ihre Anteile am Gesamtdruck, die sog. **Partialdrücke**, wie folgt beschreiben. Für den Partialdruck von Gas A gilt:

$$p(A) = \frac{n(A) \cdot R \cdot T}{V}$$

Entsprechendes gilt für die Gase B und C.

Der messbare Gasdruck des Gasgemischs p_{ges} ergibt sich aus der Summe der Partialdrücke:

$$p_{ges} = p(A) + p(B) + p(C)$$

AUFGABE

A1 Erklären Sie, dass Gase bei hohen Drücken und niedrigen Temperaturen Abweichungen vom idealen Verhalten zeigen.

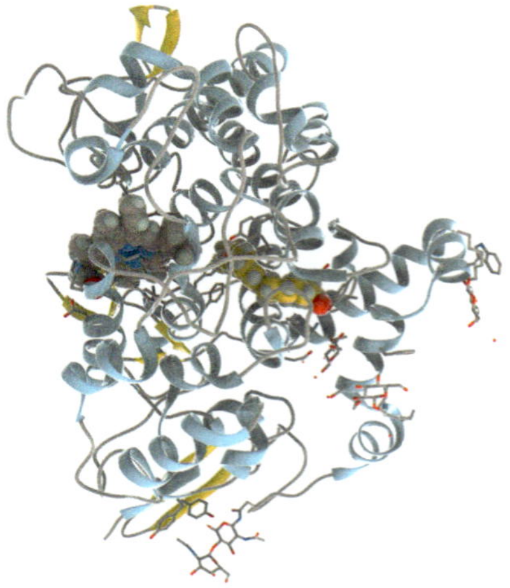

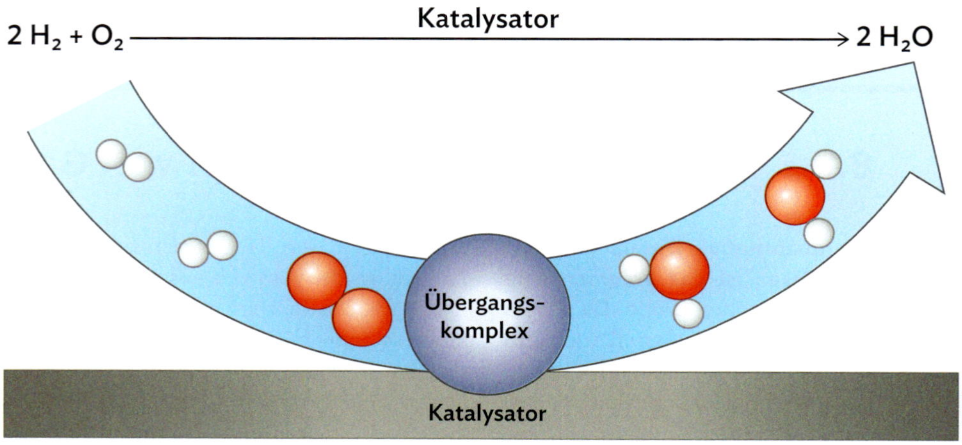

8.3 Katalyse

Katalysatoren eröffnen der chemischen Industrie energiesparende Alternativen zur Erhöhung der Reaktionsgeschwindigkeit bei chemischen Synthesen. Auch in Lebewesen werden biochemische Reaktionen und Stoffwechselvorgänge durch Katalysatoren überhaupt erst möglich. Was genau sind Katalysatoren und wie wirken sie?

8.3.1 Versuche und Material

M Verlauf einer homogenen Katalyse

Weinsäure (2,3-Dihydroxybutandisäure) reagiert mit Wasserstoffperoxid H_2O_2 in einer exothermen und langsamen Reaktion zu Kohlenstoffdioxid und Wasser. In Anwesenheit von Cobalt(II)-Ionen verläuft diese Reaktion jedoch schlagartig und heftig (**B1**). Wie ist das zu erklären?

M1 In einem Standzylinder werden 40 mL Weinsäurelösung mit 0,2 g Cobalt(II)-chlorid verrührt. Anschließend werden 20 mL Wasserstoffperoxidlösung (w = 20 %) hinzugegeben. Der Verlauf des Versuchs ist in **B1** abgebildet.

AUSWERTUNG

a) Beschreiben Sie die in **B1** gezeigten Beobachtungen.

b) Formulieren Sie eine Reaktionsgleichung für die untersuchte Reaktion von Weinsäure und Wasserstoffperoxid.

c) Schlussfolgern Sie aus **B1** drei typische Eigenschaften von Katalysatoren.

d) Formulieren Sie eine Reaktionsgleichung, in die der Katalysator – in diesem Fall Cobalt(II)-Ionen – einbezogen wird.

B1 Katalytische Oxidation von Weinsäure mit Wasserstoffperoxid: Die Dauer des abgebildeten Versuchs beträgt 3 Sekunden.

V Katalysatoren

Manche Reaktionen laufen unter Standardbedingungen (T = 273,15 K ≙ 0 °C; p = 101,3 kPa = 1,013 bar) nur langsam oder gar nicht ab. Wie können diese Reaktionen beschleunigt werden, ohne die Konzentration, den Zerteilungsgrad oder die Temperatur zu verändern (vgl. S. 429 f.)?

V2 Legen Sie zwei Platin-Aluminiumpellets (oder Braunsteintabletten) in einem Reagenzglas vor und geben Sie 3 mL Wasserstoffperoxidlösung (w = 30 %) hinzu. Halten Sie einen glühenden Glimmspan in die Reagenzglasöffnung. Entnehmen Sie die Pellets mit einer Pinzette und geben Sie sie in 3 mL frische Wasserstoffperoxidlösung. Führen Sie die Glimmspanprobe über 3 mL Wasserstoffperoxidlösung in einem Reagenzglas zum Vergleich ohne Pellets durch.

V3 Zerreiben Sie Kartoffeln mit einer Reibe (**B2**), sodass ein feiner Brei entsteht. Mörsern Sie den Brei mit Sand und etwas Wasser und filtrieren Sie den Saft in ein Becherglas. Füllen Sie ca. 3 mL Wasserstoffperoxidlösung (w = 30 %) in ein Reagenzglas. Geben Sie eine kleine Menge Kartoffelsaft hinzu und halten Sie einen Glimmspan in die Reagenzglasöffnung.

B2 Kartoffeln reiben

V4 Erhitzen Sie Kartoffelsaft auf 80 bis 90 °C und lassen Sie ihn anschließend abkühlen. Wiederholen Sie damit **V3**.

AUSWERTUNG

a) Beschreiben Sie das Aussehen der Pellets in **V2** vor und nach dem Versuch.
b) Platin (bzw. Braunstein) fungiert in **V2** als Katalysator. Erklären Sie die Bedeutung dieses Begriffs.
c) Entwickeln Sie anhand der Beobachtungen eine Reaktionsgleichung für die Reaktion in **V2**. *Hinweis:* Als Nebenprodukt entsteht Wasser.
d) Vergleichen Sie **V2** und **V3** hinsichtlich der Reaktionsbedingungen und Versuchsergebnisse.
e) Kartoffeln enthalten das Enzym Katalase. Stellen Sie anhand Ihrer Beobachtungen zu **V4** eine begründete Hypothese auf, was bei der Verwendung von Enzymen zu beachten ist.
f) Wasserstoffperoxid ist ein Zellgift, das in Stoffwechselprozessen entsteht. Erläutern Sie mithilfe dieses Hintergrundwissens die biologische Bedeutung des Enzyms Katalase in der Kartoffel.

ENTSORGUNG A, R

V Autokatalyse LK

Oxalsäure reagiert mit violetter Kaliumpermanganatlösung, wobei sich Permanganat-Ionen in Mangan(II)-Ionen umwandeln. Die Entfärbung der Lösung zeigt das Ende der Reaktion an. Was läuft hierbei ab?

V5 Versetzen Sie in einem Becherglas 300 mL destilliertes Wasser mit 50 mL Schwefelsäure- (c = 1 mol/L) und 25 mL Oxalsäurelösung (c = 1 mol/L). Geben Sie anschließend 20 mL Kaliumpermanganatlösung (c = 0,1 mol/L) schnell hinzu. Rühren Sie die Lösung gut um und messen Sie die Zeit vom Eingießen bis zur völligen Entfärbung der Lösung. Fügen Sie zur selben Lösung anschließend noch zweimal je 20 mL Kaliumpermanganatlösung hinzu. Messen Sie erneut die Zeit bis zur jeweiligen Entfärbung.

V6 Wiederholen Sie **V5**, fügen Sie jedoch vor der ersten Zugabe von Kaliumpermanganatlösung 1 mL Mangan(II)-sulfatlösung (c = 0,1 mol/L) hinzu.

AUSWERTUNG

a) Formulieren Sie eine Hypothese für die Erklärung der Dauer bis zur Entfärbung bei der zweiten und dritten Zugabe von Kaliumpermanganatlösung bei **V5**.
b) Widerlegen Sie Ihre Hypothese aus **a)** und erklären Sie Ihre Beobachtungen bei **V5**.
c) Beurteilen Sie die Rolle der Mangan(II)-Ionen unter Einbezug des Versuchsergebnisses aus **V6**.

ENTSORGUNG G2

8.3.2 Einfluss von Katalysatoren auf die Reaktionsgeschwindigkeit

Aktivierungsenergie → S. 282 f.

Stoßtheorie → S. 418

Einteilung

Als **Katalysatoren** werden im Allgemeinen Stoffe bezeichnet, die die Reaktionsgeschwindigkeit erhöhen. Liegen Sie im gleichen Aggregatzustand wie die Edukte vor, spricht man von **homogener Katalyse**, und haben sie einen anderen Aggregatzustand von **heterogener Katalyse**. Stoffe, die chemische Reaktionen verlangsamen bzw. hemmen nennt man **Inhibitoren**.

Wirkungsweise

Bei der Oxidation von Weinsäure durch Wasserstoffperoxid dienen Cobalt(II)-Ionen als Katalysator (**M1**). Die Reaktionsprodukte sind Kohlenstoffdioxid und Wasser:

$$C_4H_6O_6\,(aq) + 5\,H_2O_2\,(l) \xrightarrow{[Co^{2+}]} 4\,CO_2\,(g) + 8\,H_2O\,(l)$$

Wie die Beobachtungen in **M1** nahelegen, nehmen die Cobalt(II)-Ionen zwar an der Reaktion teil, liegen aber nach der Reaktion wieder unverändert vor. Während der Reaktion ist der Farbwechsel nach Grün ein Hinweis auf das Vorhandensein von Cobalt(VI)-Ionen. Die wiederkehrende violette Farbe der Lösung am Ende der Reaktion zeigt dann das erneute Vorliegen von Cobalt(II)-Ionen an (vgl. **B1** auf S. 428). Eine ähnliche Beobachtung zeigt sich in **V2**. Die Reaktion von Wasserstoffperoxid zu Sauerstoff und Wasser läuft nur bei Zugabe der Platin- oder Braunsteinpellets ab. Diese liegen nach der Reaktion wieder unverändert vor.

Die Erklärung dieser Beobachtung beruht darauf, dass der Katalysator mit einem Edukt zwischenzeitlich einen sogenannten **Zwischenkomplex**, eingeht, für dessen Bildung eine geringere **Aktivierungsenergie** nötig ist (**B1**). Daher haben mehr Edukt-Teilchen die notwendige Mindestenergie für wirksame Zusammenstöße. Katalysatoren erhöhen somit indirekt die Reaktionsgeschwindigkeit , indem sie einen anderen Reaktionsweg mit einer geringeren Aktivierungsenergie ermöglichen. Der Zwischenkomplex reagiert weiter zu den Produkten und der Katalysator bildet sich dabei wieder zurück. Deswegen wirken Katalysatoren bereits in geringsten Mengen.

Eine **Katalyse**, also die von einem Katalysator K begleitete chemische Reaktion, verläuft demzufolge stufenweise und lässt sich für eine allgemeine Reaktion wie z. B.

Edukt A + Edukt B ⟶ Produkt C

in folgenden Schritten darstellen:

A + K ⟶ AK
AK + B ⟶ C + K

Aus dem technisch wichtigen Synthesegas (vgl. Info), einer Mischung aus Kohlenstoffmonooxid und Wasserstoff, kann man durch Wahl eines bestimmten Katalysator unterschiedliche Produkte herstellen (**B2**). Diese Wirkung von Katalysatoren nennt man **Selektivität**. Bestimmte chemische Reaktionen benötigen bestimmte Katalysatoren.

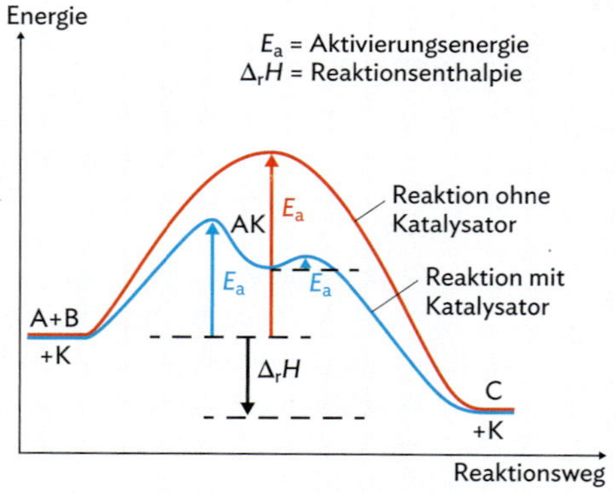

B1 Energieprofile mit und ohne Katalysator

INFO
Synthesegas ist eine Mischung aus Kohlenstoffmonooxid und Wasserstoff und kommt in der chemischen Industrie in vielen Synthesereaktionen zum Einsatz.
Am häufigsten wird es zur Herstellung von Ammoniak nach dem HABER-BOSCH-Verfahren (vgl. S. 256 ff.), zur Synthese von Methanol, Benzin- bzw. Dieselkraftstoffen sowie zur Herstellung von Wasch- und Reinigungsmitteln oder Weichmachern für Kunststoffe (vgl. S. 92 ff.) verwendet.

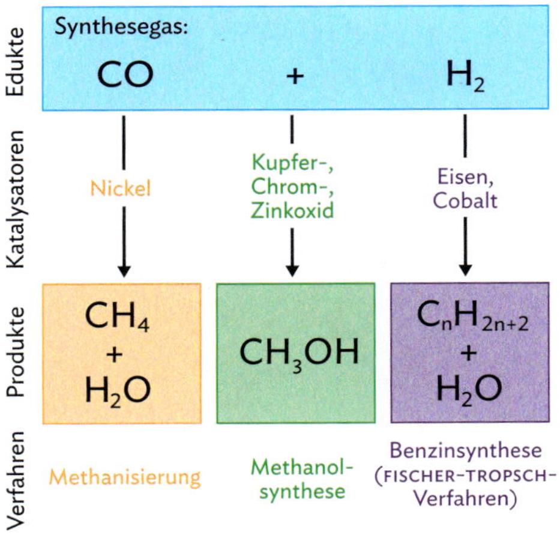

B2 Selektivität von Katalysatoren

Eigenschaften

Betrachtet man die Wirkungsweise von Katalysatoren genauer, lassen sich fünf typische Eigenschaften ableiten:

Katalysatoren ...

- erhöhen die Reaktionsgeschwindigkeit chemischer Reaktionen.
- ermöglichen neue Reaktionswege, für die eine geringere Aktivierungsenergie notwendig ist.
- liegen nach der Reaktion wieder unverändert vor.
- wirken in geringsten Mengen.
- wirken selektiv.

Inhibitoren unterscheiden sich in zwei Merkmalen von Katalysatoren. Zum einen verringern sie die Reaktionsgeschwindigkeit chemischer Reaktionen, zum anderen bilden sie meistens zu stark bindende Zwischenkomplexe, sodass sie nach der Reaktion verändert vorliegen.
In der chemischen Industrie können Inhibitoren chemische Reaktionen kontrollieren. Sie werden z. B. genutzt, um den Polymerisationsgrad von Kunststoffen zu steuern. In der Lebensmittelchemie hemmen Konservierungsstoffe als Inhibitoren die Oxidation von Nahrungsmitteln. Kommt es zur Oxidation der Nahrungsmittel bzw. deren Inhaltsstoffe, wirkt sich dies auf die Qualität der Lebensmittel aus. Die Farbe, der Geschmack oder die Textur können sich ändern. Eine Oxidation kann aber auch einen Einfluss auf die Nährwerte haben (vgl. Kap. 2.7.2).

Katalysatoren sind bedeutende Substanzen, die in ca. 80 % aller chemisch-industriellen Prozesse zum Einsatz kommen. Sie schaffen einen alternativen Reaktionsweg mit geringerer Aktivierungsenergie und beschleunigen bzw. ermöglichen dadurch chemische Reaktionen. Sie wirken selektiv.

AUFGABEN

A1 Der Chemiker WILHELM OSTWALD definierte im Jahr 1894 den Vorgang der Katalyse folgendermaßen: „Katalyse ist die Beschleunigung eines langsam verlaufenden chemischen Vorgangs durch die Gegenwart eines fremden Stoffes.“
Diskutieren Sie die fachliche Richtigkeit dieser Aussage aus heutiger Sicht. Korrigieren Sie gegebenenfalls diese Definition.

A2 Die Oxidation von Schwefeldioxid zu Schwefeltrioxid wird durch Stickstoffdioxid katalysiert. Die Reaktion verläuft in zwei Schritten:
(I) $NO_2\,(g) + SO_2\,(g) \longrightarrow NO\,(g) + SO_3\,(g)$
(II) $2\,NO\,(g) + O_2\,(g) \longrightarrow 2\,NO_2\,(g)$
Leiten Sie die Reaktionsgleichung für die Gesamtreaktion ab. Begründen Sie, dass Stickstoffdioxid in dieser Reaktion als Katalysator und nicht als Zwischenprodukt betrachtet wird.

A3 Zeichnen Sie ein beschriftetes Energiediagramm einer exothermen Reaktion. Markieren und benennen Sie den Kurventeil, der von einem Katalysator beeinflusst wird.

A4 Skizzieren Sie in das Diagramm aus **A3** den Kurvenverlauf für eine Reaktion mit zu stark bindendem Katalysator (Inhibitor).

8.3.3 Enzymkatalyse LK

Proteine
→ S. 162 ff.

Fast alle Reaktionen in biologischen Systemen werden von **Enzymen** (Proteinen) katalysiert. Man spricht von **Biokatalyse**. Enzyme besitzen die einzigartige Fähigkeit, unterschiedlichste Moleküle zu erkennen und mit ihnen in Wechselwirkung zu treten. Das liegt an der Ausbildung einer bestimmten Tertiärstruktur, wobei komplementäre Oberflächen und Vertiefungen in Form von Höhlen und Spalten entstehen. Die große Vielfalt von Seitenketten an diesen Molekülabschnitten bewirkt die Ausbildung von VAN-DER-WAALS-Wechselwirkungen, Wasserstoffbrücken sowie anderen intra- und intermolekularen Wechselwirkungen. Die katalytische Fähigkeit der Enzyme beruht auf der Bindung von Substrat-Molekülen in präziser räumlicher Orientierung und der Stabilisierung von Übergangszuständen beim Lösen und Knüpfen chemischer Bindungen.

Vergleich der Strukturebenen von Proteinen
→ S. 164 f.

Biokatalysatoren

Aktivierungsenergie
→ S. 282 f.

Enzyme sind **Biokatalysatoren**. Durch Reaktionen mit geringerer Aktivierungsenergie ermöglichen sie in Organismen schnelle Stoffumsetzungen, die sonst gar nicht oder erst bei hohen Temperaturen ablaufen würden. Obwohl die Wirkungsweise von Enzymen mit der Funktionsweise technischer Katalysatoren übereinstimmt, verwendet man oft eine an die biologische Fachsystematik angepasste Fachsprache.
Chemisch betrachtet, sind Enzyme entweder reine **Proteine** oder eiweißähnliche **Proteide**. Sie bestehen aus einem Proteinanteil, dem **Apoenzym**, und einem Nichtproteinanteil, dem **Coenzym** – auch als **prosthetische Gruppe** bezeichnet. Apoenzym und Coenzym bilden zusammen das **Holoenzym**.
Etwa 90 % des bei der inneren Atmung als Stoffwechselendprodukt gebildeten Kohlenstoffdioxids werden im menschlichen Organismus als im Blut gelöstes Hydrogencarbonat transportiert. Das Enzym **Carboanhydrase** bewirkt die Kohlenstoffdioxidumwandlung. Es hat als Coenzym ein Zink(II)-Ion an drei Histidin-Resten der Peptid-Kette gebunden (**B3**). Am Zink(II)-Ion haftet ein Wasser-Molekül. Das Zink(II)-Ion liegt am Grund einer tiefen Spalte, ca. 1,5 nm von der Proteinoberfläche entfernt.

$1\,nm = 1 \cdot 10^{-9}\,m = 0{,}000000001\,m$

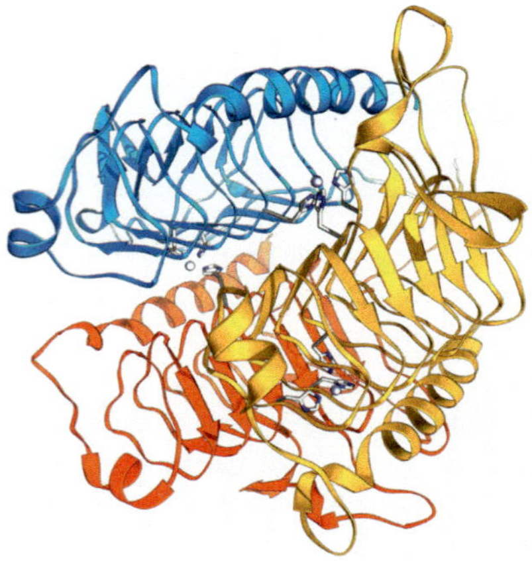

B3 Bändermodell des Enzyms Carboanhydrase

Enzyme wirken hochspezifisch

Obwohl ein Enzym ein großes Molekül ist, wird die Reaktion nur in einem winzigen Molekülbereich katalysiert, dem sogenannten **aktiven Zentrum**. Es ist räumlich so gebaut, dass von einer großen Auswahl zur Verfügung stehender Substanzen nur eine, nämlich das **Substrat**, die geeignete Gestalt besitzt, um in das aktive Zentrum zu gelangen. EMIL FISCHER (vgl. S. 198) prägte im Jahr 1894 dafür den bildlichen Ausdruck **Schlüssel-Schloss-Prinzip**.
Enzyme wirken **substratspezifisch** ① (**B4**). Dabei bildet sich der sogenannte **Enzym-Substrat-Komplex**. Weil jedes Enzym aus einer Fülle von chemischen Reaktionen nur eine ganz bestimmte Reaktion ausführt, sind Enzyme zudem **wirkungsspezifisch** ②. In **B4** wird dies in Fall ⓐ durch die Bildung von Spaltprodukten deutlich. Dagegen zeigt sich in Fall ⓑ die Wirkungsspezifität der Enzyme durch die Umlagerung von Atomgruppen.
Die Carboanhydrase beschleunigt die nachfolgende Reaktion:

$$H_2O\,(l) + CO_2\,(g) \longrightarrow H^+\,(aq) + HCO_3^-\,(aq)$$

Das Enzym Carboanhydrase wirkt als eines der schnellsten aller bekannten Enzyme. Jedes Molekül kann pro Sekunde 100.000 Kohlenstoffdioxid-Moleküle umsetzen. Damit verläuft die katalysierte Reaktion zehn Millionen mal schneller als die unkatalysierte.

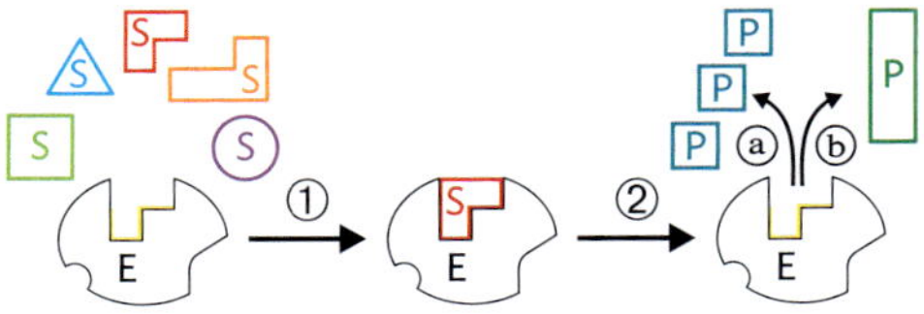

B4 Teilschritte der Biokatalyse (schematisch)
Abkürzungen: E = Enzym; S = Substrat; P = Produkt

Zunächst lagern sich Kohlenstoffdioxid-Moleküle im aktiven Zentrum an Seitenketten an, die sich in der nahen Umgebung des Zink(II)-Ions befinden. Das daran haftende Wasser-Molekül wird sofort in ein Hydroxid-Ion umgewandelt und dabei exakt so ausgerichtet, dass es das in der Nähe befindliche Kohlenstoffdioxid-Molekül angreifen kann (**B5**). Das Zink(II)-Ion ist dabei sowohl an der räumlichen Ausrichtung des Kohlenstoffdioxid-Moleküls beteiligt als auch an der Bildung des Hydroxid-Ions.

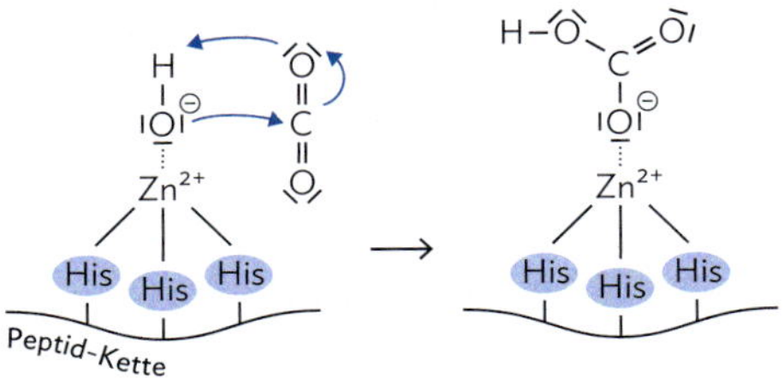

B5 Katalytische Wirkung der Carboanhydrase

Am Beispiel der Carboanhydrase wird deutlich, dass Enzyme aufgrund der Tatsache, dass sie Substrate in unmittelbare Nachbarschaft bringen, so wirkungsvoll sind: Bei diesem Vorgang optimieren sie die für die chemische Reaktion bedeutsame Ausrichtung der Substrate.

Einteilung der Enzyme

Die Einteilung der Enzyme erfolgt entsprechend ihrer Spezifik nach zwei Kriterien:

- nach dem umgesetzten Substrat bzw.
- nach der katalysierten Reaktion.

In jedem Fall lautet die Endung im Enzymnamen „**-ase**“ (**B6**).

Benennung erfolgt nach dem Substrat	
Esterase	Spaltung von Esterbindungen
Protease	Spaltung von Proteinen
Lipase	Spaltung von Fetten
Benennung erfolgt nach der Reaktion	
Hydrolase	Spaltung mithilfe von Wasser
Isomerase	intramolekulare Teilchenumlagerungen
Transferase	Übertragung von Atomgruppen
Oxidoreduktase	Übertragung von Elektronen und Protonen

B6 Beispiele für die Benennung von Enzymen

Enzyme beschleunigen biochemische Reaktionen in Lebewesen nach dem Prinzip eines Katalysators. Dabei wirken sie hochspezifisch bei der Auswahl des Substrats und bei der Art der chemischen Reaktion. Der Enzym-Substrat-Komplex wird durch intermolekulare Wechselwirkungen stabilisiert.

Histidin
→ S. 161

AUFGABEN

A1 Recherchieren Sie zur Bedeutung der Enzyme in Natur und Technik.
MK

A2 Nennen Sie Eigenschaften von Enzymen, die es erlauben, sie als „Biokatalysatoren“ zu bezeichnen.

A3 Ordnen Sie die Enzymkatalyse der homogenen oder heterogenen Katalyse (vgl. S. 282 f.) begründet zu.

A4 Beschreiben Sie den Aufbau des Enzyms Carboanhydrase mithilfe der Begriffe Apoenzym, Coenzym und Holoenzym.

A5 Stellen Sie die typischen Fachbegriffe der Enzymkatalyse den Teilschritten einer technischen Katalyse gegenüber.

A6 Erläutern Sie die intermolekularen Wechselwirkungen bei der katalytischen Wirkung der Carboanhydrase anhand von LEWIS-Strukturformeln.

A7 Erklären Sie die Benennung des Enzyms Carboanhydrase.

8.3.4 Beeinflussung der Enzymaktivität LK

Katalase – ein Schutzenzym

Im Stoffwechsel der Organismen fällt durch verschiedene Abbauprozesse, z. B. die Oxidation von Fettsäuren, das Zellgift Wasserstoffperoxid an. Das Enzym **Katalase** zersetzt Wasserstoffperoxid zu Sauerstoff und Wasser und gilt daher als **Schutzenzym** für die Zellen (**V3**). Es kommt im menschlichen Organismus vor allem in der Leber, den Nieren und in den roten Blutzellen vor. Katalase ist ein Proteid. Es besteht aus vier identischen Untereinheiten, von denen jede eine Häm-Gruppe und eine NADPH-Bindungsstelle als katalytisch wirksame Gruppen enthält (**B7**).

06015-106

Strukturebenen von Proteinen → S. 164 f.

Denaturierung → S. 165 f.

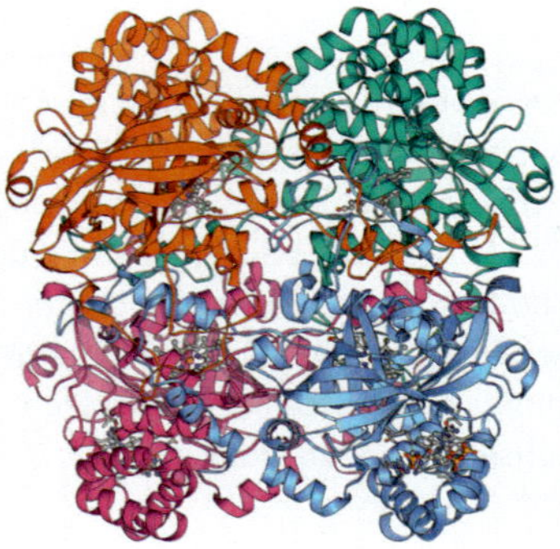

B7 Bändermodell des Enzyms Katalase

Entscheidend für die Zersetzung von Wasserstoffperoxid ist das Eisen(III)-Ion der Häm-Gruppe. Die Zersetzung erfolgt in zwei Stufen (**B8**). Zunächst wird Wasserstoffperoxid reduziert, wobei Wasser entsteht. Die Häm-Gruppe wird oxidiert, indem sich ein Eisen-Sauerstoffkomplex bildet. Dann wird weiteres Wasserstoffperoxid unter Einwirkung der oxidierten Gruppe zu Wasser und Sauerstoff umgewandelt. Dieser kann mit der Glimmspanprobe nachgewiesen werden (**V3**).

06015-107
Video zur Glimmspanprobe unter QR-/Mediencode 06015-107

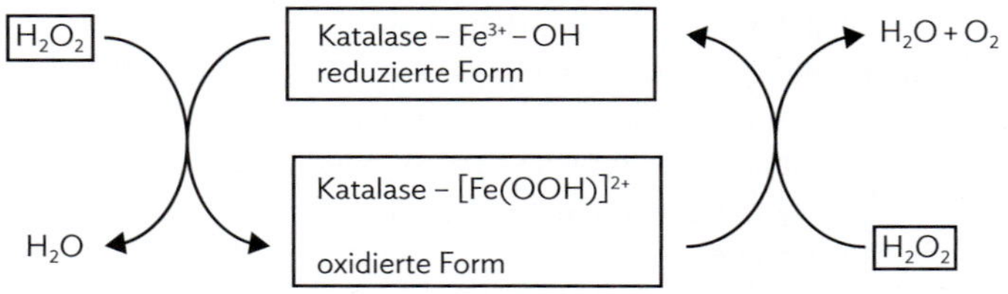

B8 Katalytische Wirkung der Katalase

Einfluss der Temperatur

Enzyme werden in ihrer Wirksamkeit stark durch die Temperatur beeinflusst (**B9**). Sie besitzen ein Temperaturoptimum, das bei vielen Enzymen unter 45 °C liegt. Dabei hängt die Enzymaktivität von zwei gegenläufigen Effekten ab:

- Entsprechend der RGT-Regel (vgl. S. 422) nimmt die Reaktionsgeschwindigkeit mit steigender Temperatur zu.
- Bei höheren Temperaturen denaturiert das Enzym durch den Verlust der Tertiärstruktur und die katalytische Funktion des Enzyms geht verloren (Video unter QR-/Mediencode 06015-106).

Bei **V4** wurde durch das Erhitzen des Kartoffelsaftes auf 80 bis 90 °C das Enzym Katalase inaktiviert, weil der Proteinanteil denaturierte.

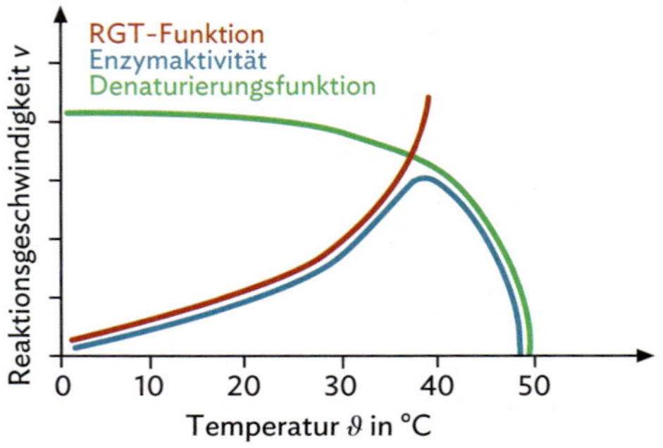

B9 Temperaturabhängigkeit der Enzymaktivität

Einfluss des pH-Wertes

Enzyme zeigen ein pH-Optimum, das bei verschiedenen Enzymen ganz unterschiedlich ist. Das ist insbesondere bei den Verdauungsenzymen von Bedeutung. Während die im Mundspeichel aktive **Amylase** ihr pH-Optimum bei 7 hat, weist **Pepsin**, die Protease des Magens, ein pH-Optimum von 2 und die Protease des Dünndarms, **Trypsin**, ein pH-Optimum von 8 auf (**B10**). pH-abhängige Reaktionen mit Oxonium- oder Hydroxid-Ionen zerstören die Tertiärstruktur von Proteinen, da sich in den Seitenketten saure und basische Molekülgruppen als Reaktionspartner befinden. Der Verlust der Tertiärstruktur bedingt den Ausfall der aktiven Zentren, weil ihre typische räumliche Gestalt verändert wird. Das Enzym verliert dadurch seine Funktion.

Enzyme von	Temperaturoptimum
Forelle	13 °C
Mensch	36 °C
Archaebakterium	85 °C
Enzym	**pH-Optimum**
Pepsin (Magen)	2,0
Katalase (Leber)	7,6
Trypsin (Darm)	8,0

B10 Temperatur- und pH-Optima ausgewählter Enzyme

Hemmung der Enzymaktivität

Die Enzyme, die den ersten Schritt in einer Kette biochemischer Reaktionen katalysieren, werden typischerweise durch das Endprodukt gehemmt (**B11**).

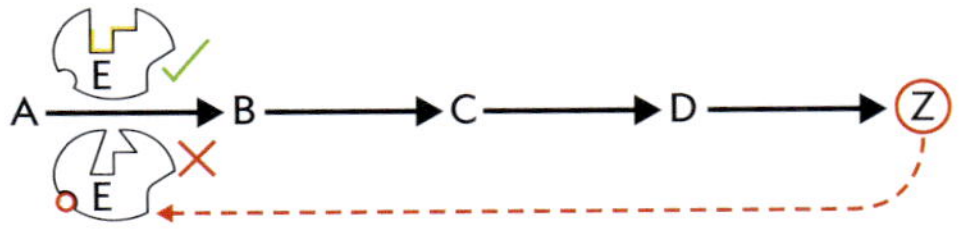

B11 Rückkopplungshemmung des ersten Enzyms einer Reaktionskette

Sobald die Konzentration des Endproduktes einen bestimmten Wert erreicht hat, lagert sich das Produkt-Molekül an einer Stelle am Enzym-Molekül an, die nicht mit dem aktiven Zentrum identisch ist. Die Anlagerung bewirkt eine räumliche Veränderung der Enzymgestalt, sodass die Tertiärstruktur am aktiven Zentrum nicht mehr komplementär zum Substrat-Molekül ist. Folglich unterbleibt die Bildung des Enzym-Substrat-Komplexes (**B11**). Die Anlagerung ist jedoch bei stark sinkender Produktkonzentration reversibel, sodass das Enzym nach Ablösung des Produkt-Teilchens wieder aktiviert wird. Weil diese Art der Enzymhemmung auf eine veränderte räumliche Struktur zurückzuführen ist, wird sie als **allosterische Hemmung** bezeichnet. Sie ist für einen Kontrollmechanismus grundlegend, der eine Art **Rückkopplungshemmung** darstellt.

Enzyme können auch durch andere Moleküle gehemmt werden, die dem Substrat ähnlich sind. Solche, im „Wettkampf" mit dem Substrat stehenden, Inhibitoren führen zur **kompetitiven Hemmung**. Das heißt, sie binden aufgrund ihrer ähnlichen räumlichen Struktur an das aktive Zentrum und besetzen es. Anstatt des Enzym-Substrat-Komplexes bildet sich ein **Enzym-Inhibitor-Komplex** und die Enzymreaktion bleibt aus. Die kompetitive Hemmung kann reversibel sein, dann lässt sich das Enzym durch die Erhöhung der Substratkonzentration wieder aktivieren. Ein irreversibler Inhibitor ist zu stark an das Enzym gebunden. Ein Beispiel ist die Wirkung von Nervengasen auf das Enzym **Acetylcholinesterase**, das eine wichtige Rolle bei der Weiterleitung von Nervenimpulsen an den Synapsen spielt.

kompetitiv
von lat. *competere*, zusammen etwas begehren

Da Enzyme immer über einen Proteinanteil verfügen, bewirken Denaturierungsprozesse den Verlust der Enzymaktivität. Insofern verändern Temperatur, pH-Wert und Lösemittel die Tertiärstruktur. Schwermetall-Ionen oder andere Moleküle können Enzyme kompetitiv oder allosterisch (nichtkompetitiv) hemmen.

AUFGABEN

A1 Entwickeln Sie aus dem Reaktionsschema in **B8** die Gesamtreaktionsgleichung für die Zersetzung von Wasserstoffperoxid durch Katalase.

A2 Stellen Sie kausale Zusammenhänge zwischen den Wirkorten der in **B10** abgebildeten Enzyme und ihren Temperatur- bzw. pH-Optima her.

A3 Begründen Sie, dass enzymhaltige Waschmittel nur in energiesparenden Waschgängen eingesetzt werden dürfen.

A4 LK Erläutern Sie die biologische Bedeutung der Rückkopplungshemmung von Enzymen.

A5 LK Skizzieren Sie ein Modell für die hemmende Wirkung kompetitiver Inhibitoren.

allosterisch
von griech. *allos*, anders und *stereós*, starr

8.3.5 Die Autokatalyse LK

aut bzw. auto
von griech. *autós*, ohne fremdes Zutun

Reaktionsgeschwindigkeit
→ S. 416 ff.

Gibt man in Anwesenheit einer Säure, z. B. Schwefelsäure, Kaliumpermanganatlösung zu einer Oxalsäurelösung, dann entstehen Kohlenstoffdioxid, Wasser und Mangan(II)-Ionen (**V5**). Die Reaktion verläuft unter Standardbedingungen so langsam, dass die Gasentwicklung kaum zu beobachten ist. Dennoch eignet sich der Versuch zur Untersuchung der Reaktionsgeschwindigkeit, denn der Verbrauch von Permanganat-Ionen MnO_4^- lässt sich durch eine Entfärbung der ursprünglich violett gefärbten Lösung optisch gut verfolgen.
Aus Gründen der Übersichtlichkeit wird in der folgenden Reaktionsgleichung auf die Darstellung der nicht an der Reaktion teilnehmenden Teilchen verzichtet:

$$5\,C_2H_2O_4\,(aq) + 2\,MnO_4^-\,(aq) + 6\,H^+\,(aq) \longrightarrow 2\,Mn^{2+}\,(aq) + 10\,CO_2\,(g) + 8\,H_2O\,(l)$$

Volumen zugegebener Kaliumpermanganatlösung in mL	Reaktionszeit bis zur vollständigen Entfärbung der Lösung in s (V5)	Reaktionszeit bis zur vollständigen Entfärbung der Lösung in s (V6)
20	45	25
+ 20	25	20
+ 20	20	18

B12 Ermittelte Messwerte der Versuche **V5** und **V6**

Stoßtheorie
→ S. 418

Die erhaltenen Ergebnisse aus **V5** dürften verblüffen (**B12**). Eigentlich wäre zu erwarten, dass sich bei zweiter und dritter Zugabe von Permanganat-Ionen die Reaktionszeit verlängert, da die Eduktkonzentration, z. B. von Oxalsäure, durch die vorherige Umsetzung mit Permanganat-Ionen abgenommen hat. Dies hätte eine geringere Anzahl an wirksamen Zusammenstößen der Teilchen bewirkt, was sich in einer geringeren Reaktionsgeschwindigkeit zeigen müsste, doch genau das Gegenteil ist festzustellen. Die Reaktionszeit verkürzt sich, die Reaktionsgeschwindigkeit nimmt zu.
Einen Erklärungsansatz liefert **V6**. Im Unterschied zu **V5** sind hier bereits Mangan(II)-Ionen in der Ausgangslösung enthalten. Vergleicht man die Zeit bis zur Entfärbung nach der ersten Zugabe von Kaliumpermanganatlösung, stellt man bei **V6** schon eine deutlich kürzere Reaktionszeit fest. Demzufolge wirken Mangan(II)-Ionen als Katalysator für diese Reaktion.
Weil sie selbst aber als Produkt bei der Reaktion gebildet werden, katalysieren sie ihre eigene Entstehung. Einen solchen Sonderfall in der Chemie bezeichnet man als **Autokatalyse**.
Die entstehenden Mangan(II)-Ionen bei **V5** wirken **autokatalytisch**. Sie häufen sich im Reaktionsverlauf vermehrt an und stehen damit in zunehmender Anzahl für die Bildung von Zwischenkomplexen zur Verfügung. Immer mehr Edukt-Teilchen werden auf diese Weise umgesetzt, was eine exponentielle Steigerung der Reaktionsgeschwindigkeit bewirkt.
Der zeitliche Verlauf einer Autokatalyse in Bezug auf die Konzentration eines Eduktes kann grafisch dargestellt werden (**B13**). Zunächst verläuft die Reaktion gemäßigt (Abschnitt I). In Abschnitt II erkennt man, dass mit fortschreitender Reaktion die Reaktionsgeschwindigkeit immer stärker zunimmt, während sie sich im Abschnitt III verringert und die Eduktkonzentration sich einem konstanten Wert annähert.

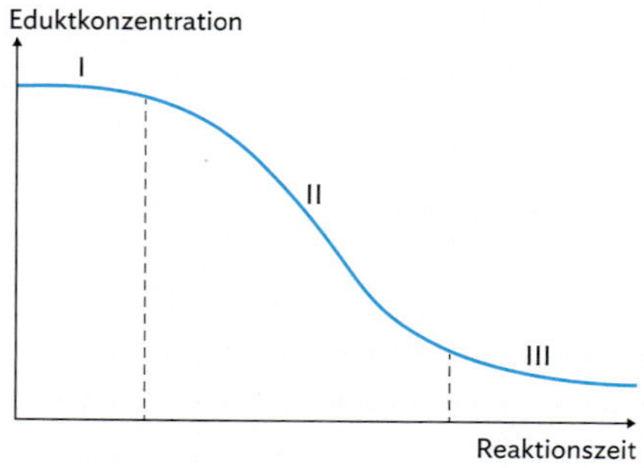

B13 Änderung der Eduktkonzentration einer Autokatalyse

Geschichte der Entdeckung

Das Phänomen der Autokatalyse wurde erstmals 1842 von dem französischen Chemiker und Arzt EUGÈNE MILLON beschrieben. Er untersuchte die Auflösung von Metallen in Salpetersäure und bezeichnete seine Beobachtungen als „chemische Induktion“ oder „Anfangsbeschleunigung“. Viele namhafte Wissenschaftler wie z. B. ROBERT BUNSEN, ADOLF VON BAEYER oder MARCELIN BERTHELOT stießen kurz darauf auf zahlreiche Beispiele ähn-

licher Beobachtungen. Erst JACOBUS VAN'T HOFF ging mit einer Reihe von Messungen der Frage nach, ob die „Anfangsbeschleunigung" zur „inneren Natur" der chemischen Reaktion gehörte oder ob es sich dabei um eine Nebenerscheinung handelte. Seine Untersuchungen blieben allerdings im Hinblick auf die erkenntnistheoretische Durchdringung ergebnislos.
Dem deutschen Chemiker WILHELM OSTWALD gelang es 1896 als Erstem, eine kinetische Theorie der Autokatalyse zu entwickeln, nachdem einer seiner Schüler 1890 endgültig die Möglichkeit einer „Selbstkatalyse" bei der Umwandlung von Hydroxysäuren in Lactone entdeckte. Anlässlich dieser Untersuchungen prägte OSTWALD den Begriff „Autokatalyse".

Bedeutung der Autokatalyse

Autokatalytische Prozesse spielen heute in technischen Anwendungsbereichen eine große Rolle. Als Papierfotos noch auf chemischem Wege entwickelt wurden, zeigte sich die Autokatalyse durch die mit einer immer schneller werdenden Dunkelfärbung verbundene Umwandlung von Silberbromidkristallen, wobei gebildetes Silber autokatalytisch wirkte (**B14**).
Interessant ist die Entdeckung der positiven Autokatalyse unter den Enzymreaktionen, z. B. bei der Wirkung verschiedener Verdauungsenzyme. Die Analogie autokatalytischer Reaktionen mit manchen biochemischen Prozessen wurde von Biologen aufgenommen und bestätigt. So konnte der Biologe JACQUES LOEB belegen, dass die Geschwindigkeit der Kernbildung bei der Befruchtung autokatalytischen Charakter trägt. Die Autokatalyse bildet die Grundlage vieler biologischer Prozesse, einschließlich des modernen Konzepts der Evolution. Sie ist von zentraler Bedeutung für die Ausbreitung des Lebens.

Die Autokatalyse gibt es sowohl in der unbelebten Welt als auch in lebenden Systemen bei der Enzymkatalyse. Es handelt sich um eine positive Rückkopplung, bei der der Katalysator ein Reaktionsprodukt der von ihm selbst katalysierten chemischen Reaktion ist.

AUFGABEN

A1 Erklären Sie den Kurvenverlauf in den Abschnitten I bis III in **B13** auf der Teilchenebene.

A2 Skizzieren Sie ein Diagramm, das die Änderung der Produktkonzentration einer Autokatalyse veranschaulicht.

A3 Skizzieren Sie ein Diagramm, das den zeitlichen Verlauf der Reaktion in **V6** nach der ersten Zugabe von Kaliumpermanganatlösung zeigt.

A4 Gibt man ein Kupferblech in Salpetersäurelösung, entsteht bei dieser Reaktion farbloses Stickstoffmonooxid NO, das durch weitere Oxidation an der Luft in braunes Stickstoffdioxid NO_2 umgewandelt wird.
a) Formulieren Sie die Reaktionsgleichung.
b) Erklären Sie die beschriebenen Beobachtungen anhand des Videos unter QR-/Mediencode 06007-084.

06007-084

B14 Autokatalytische Fotobildentstehung im Entwicklerbad

Zum Üben und Weiterdenken

A1 Mit der folgenden Apparatur wird im Laborversuch die Reaktionsgeschwindigkeit der Reaktion von Zink mit Salzsäurelösung untersucht.

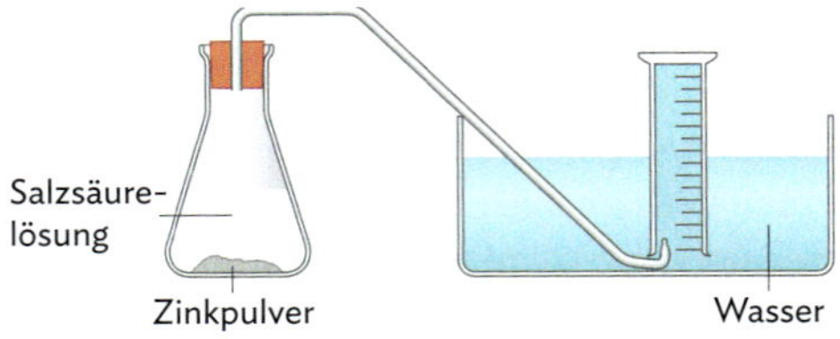

a) Stellen Sie die Reaktionsgleichung für die gezeigte Reaktion auf.
b) Erklären Sie, wie mithilfe der Apparatur die Reaktionsgeschwindigkeit ermittelt werden kann.
c) Schlagen Sie eine Möglichkeit vor, wie die Reaktionsgeschwindigkeit der Reaktion erhöht werden kann.
d) Erklären Sie, dass man die Apparatur nicht nutzen kann, um die Reaktionsgeschwindigkeit der Reaktion von Kalk mit Essigsäure zu ermitteln.

A2 Die Stoffmenge an Wasserstoff, die während der Reaktion von Zink mit verdünnter Schwefelsäure entsteht, verändert sich während der Reaktion.

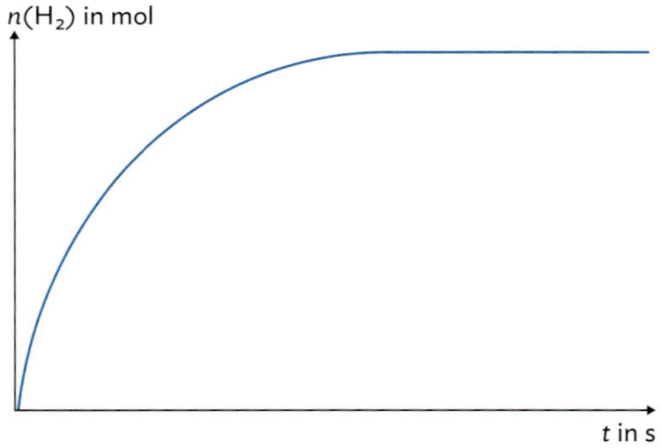

a) Beschreiben Sie die Veränderung der entstehenden Stoffmenge an Wasserstoff im Verlauf der Reaktion.
b) Leiten Sie aus dem Kurvenverlauf die Veränderung der Reaktionsgeschwindigkeit während des Versuchs ab.
c) In einem zweiten Ansatz wird die Reaktion durch Kupfer-Ionen katalysiert. Erklären Sie, wie sich die Reaktionsgeschwindigkeit dadurch verändert.

A3 In einem Versuch (vgl. **V2** auf S. 198) werden zu Marmorstücken (Calciumcarbonat im Überschuss) 40 mL Salzsäurelösung der Konzentration c = 1 mol/L gegeben. Die Masse des Reaktionsgemisches (RG) wird zu verschiedenen Zeitpunkten ermittelt:

t in min	0	0,5	1	1,5	2
m(RG) in g	63,05	62,77	62,54	62,42	62,37
t in min	2,5	3	4	6	10
m(RG) in g	62,33	62,31	62,28	62,24	62,18

a) Berechnen Sie die Masse an gebildetem Kohlenstoffdioxid zu den gegebenen Zeitpunkten.
b) Formulieren Sie die Reaktionsgleichung.
c) **LK** Ermitteln Sie stöchiometrisch die Konzentration an gebildeten Calcium-Ionen zu den gegebenen Zeitpunkten.
d) Zeichnen Sie ein maßstabsgerechtes Konzentrations-Zeit-Diagramm für die gebildeten Calcium-Ionen.
e) Ermitteln Sie grafisch die Durchschnittsgeschwindigkeit zwischen der 4. und 8. Minute.
f) Geben Sie die Bedeutung der grafischen Auswertung zur Ermittlung der Reaktionsgeschwindigkeit an. Nennen Sie Nachteile dieses Verfahrens.
g) Ermitteln Sie grafisch die Momentangeschwindigkeit zum Zeitpunkt t = 1,5 min.

A4 Auf das Reaktionsgemisch aus **A3** wird unterschiedlich Einfluss genommen:
A. Es wird mit einem Glasstab gerührt.
B. Das Volumen der Säure wird durch Wasserzugabe vergrößert.
C. Es wird ein Inhibitor zugesetzt.
D. Die Konzentration der Säure wird erhöht.
a) Ordnen Sie die Versuchsansätze A bis D nach steigender Reaktionsgeschwindigkeit.
b) Begründen Sie Ihre Zuordnung jeweils auf Grundlage der Stoßtheorie der Teilchen.

A5 Berechnen Sie die mittlere Reaktionsgeschwindigkeit für die Bildung von Methansäurepropylester bei 70 °C, wenn die Ausgangskonzentration von Methansäure c = 2,4 mol/L war und ihre Konzentration nach 20 Minuten Reaktionszeit c = 1,6 mol/L beträgt.

A6 Für das vollständige Auflösen einer Portion Aluminium in Natriumhydroxidlösung bei 40 °C wurden 36 Minuten benötigt, bei 30 °C 108 Minuten. Berechnen Sie die Zeit, die für das Auflösen dieser Portion bei 60 °C notwendig ist.

A7 Bei der Synthese von Ammoniak stellt sich ein chemisches Gleichgewicht ein:

$3\ H_2\ (g) + N_2\ (g) \rightleftharpoons 2\ NH_3\ (g)$

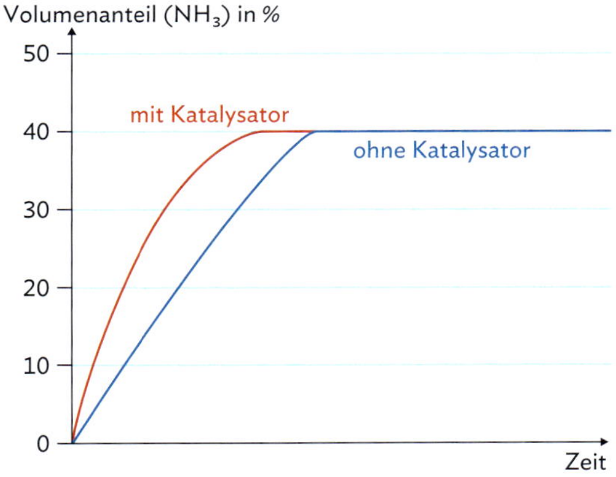

a) Beschreiben Sie Aussagen des Diagramms im Hinblick auf die Steigung, die Reaktionsgeschwindigkeit und den Gleichgewichtszustand.
b) Leiten Sie aus dem Diagramm ab, ob die Gleichgewichtskonstante kleiner oder größer Eins ist.
c) Beschreiben Sie den Einfluss des Katalysators auf die Einstellung des Gleichgewichtszustands.

A8 Im historischen Bleikammerverfahren zur Schwefelsäuregewinnung verwendete man Distickstofftrioxid als Katalysator bei der Umwandlung von Schwefeldioxid zu Schwefeltrioxid:

$$N_2O_3\ (g) + SO_2\ (g) \longrightarrow 2\ NO\ (g) + SO_3\ (g)$$

$$2\ NO\ (g) + \tfrac{1}{2} O_2\ (g) \longrightarrow N_2O_3\ (g)$$

a) Formulieren Sie die Gesamtgleichung für die Herstellung von Schwefeltrioxid im Bleikammerverfahren.
b) Begründen Sie die Rolle von Distickstofftrioxid als Katalysator.
c) Entscheiden Sie begründet, ob es sich hierbei um eine homogene oder heterogene Katalyse handelt.
d) Zeichnen Sie einen schematischen Kreisprozess, der die Schwefeltrioxidherstellung nach dem Bleikammerverfahren visualisiert. Verwenden Sie dabei die Formelschreibweise.

A9 Beschreiben Sie die Vorgänge auf der Teilchenebene, die sich bei der Oxidation von Kohlenstoffmonooxid mit Luftsauerstoff zu Kohlenstoffdioxid an der Platinoberfläche im Autoabgaskatalysator vollziehen.

A10 Erklären Sie, dass die Herstellungsmethode und die Vorbehandlung eines heterogenen Feststoffkatalysators dessen Aktivität maßgeblich bestimmt.

A11 Bewerten Sie die Entwicklung des Autoabgaskatalysators aus ökologischer Sicht.

A12 LK Das Enzym Katalase (vgl. S. 439) bewirkt den Zerfall von Wasserstoffperoxid in Sauerstoff und Wasser.
a) Ermitteln Sie die Anzahl an Wasserstoffperoxid-Molekülen, die ein Katalase-Molekül gleichzeitig in einem Durchlauf umsetzen kann.
b) Planen Sie einen Versuch, mit dem sich der Einfluss des pH-Wertes, von Schwermetall-Ionen und von Ethanol auf die Reaktion ermitteln lässt. Erklären Sie, wie positive oder negative Einflüsse auf die Katalaseaktivität dabei quantitativ erfasst werden können.

A13 LK Erläutern Sie molekulare Eigenschaften, die bei der Veranschaulichung des Schlüssel-Schloss-Prinzips (vgl. S. 439 f.) unberücksichtigt bleiben.

A14 LK Will man Kressesamen zur Keimung bringen, genügt es schon, sie auf einem mit Wasser angefeuchteten Papierstück ins Licht zu stellen. Zunächst geschieht wenig, dann schiebt sich die weiße Keimwurzel aus der braunen Samenschale und entfaltet sich. Nun erscheint auch die hellgrüne Keimpflanze und mit zunehmender Geschwindigkeit entwickelt sie die grünen Blätter. Erklären Sie die Bedeutung der Autokatalyse für das Leben.

Alles im Blick

1 Reaktionsgeschwindigkeit und Stoßtheorie

Unter **Reaktionsgeschwindigkeit** versteht man den Stoffumsatz einer chemischen Reaktion in Abhängigkeit zur Reaktionszeit.
Da die Reaktionsgeschwindigkeit sich während der Reaktion verändert, unterscheidet man zwischen der **mittleren Reaktionsgeschwindigkeit $\bar{v}_r$** und der **momentanen Reaktionsgeschwindigkeit v_r**. Die mittlere Reaktionsgeschwindigkeit beschreibt die Änderung der Stoffmenge Δn oder (bei Lösungen) der Konzentration Δc eines Stoffes in einem bestimmten Zeitintervall Δt:

$\bar{v}_r = \frac{\Delta n}{\Delta t}$ Einheit: $\frac{\text{mol}}{\text{s}} = \text{mol} \cdot \text{s}^{-1}$ bzw.

$\bar{v}_r = \frac{\Delta c}{\Delta t}$ Einheit: $\frac{\text{mol}}{\text{L} \cdot \text{s}} = \text{mol} \cdot \text{L}^{-1} \cdot \text{s}^{-1}$

Für die momentane Reaktionsgeschwindigkeit wird Δt als ein gegen Null strebendes Zeitintervall definiert. Da die Konzentration der Reaktanten im Verlauf der Reaktion abnimmt, wird auch die Reaktionsgeschwindigkeit geringer.

Es gilt:
$v_r = k \cdot c(\text{A}) \cdot c(\text{B})$ (k: Geschwindigkeitskonstante)

Die Reaktionsgeschwindigkeit ist hoch, wenn
- die **Konzentration** der Reaktanten hoch ist.
- der **Zerteilungsgrad** der Reaktanten hoch ist.
- die **Temperatur** hoch ist.
- ein **Katalysator** zum Einsatz kommt.

Die Reaktionsgeschwindigkeit hängt auch von **Licht** und **Wärme** ab, z. B. bei der Synthese von Halogenalkanen nach dem Mechanismus der **radikalischen Substitution** (**S_R**). Dieser läuft in drei Schritten ab: **Startreaktion**, **Kettenreaktion** und **Kettenabbruch** (**Rekombination**).
Die Beeinflussung der Reaktionsgeschwindigkeit kann auf Teilchenebene mit der **Stoßtheorie** erklärt werden. Sie besagt, dass für die Umwandlung von Edukt-Teilchen in Produkt-Teilchen die Edukt-Teilchen mit einer ausreichend hohen Geschwindigkeit zusammenstoßen müssen. Die dafür nötige Mindestenergie entspricht der Aktivierungsenergie der Reaktion.

2 Wirkungsweise von Katalysatoren

Katalysatoren ermöglichen chemische Reaktionen bei niedrigeren Temperaturen und erhöhen die Reaktionsgeschwindigkeit. Sie nehmen zwar an der Reaktion teil, liegen aber nach der Reaktion wieder **unverändert** vor. Bei der Reaktion verbinden sie sich mit einem Edukt zu einem **Zwischenkomplex**, für dessen Bildung eine **geringere Aktivierungsenergie** notwendig ist. An ihrer **Oberfläche** vollzieht sich die Stoffumwandlung vom Edukt zum Produkt. Dabei wirken sie **selektiv**: Jeder Katalysator begleitet jeweils nur eine ganz bestimmte Reaktion. Weil sie andauernd zurückgebildet werden, wirken positive Katalysatoren bereits in **geringsten Mengen**.
Inhibitoren verlangsamen chemische Reaktionen oder unterbinden sie. Auch sie bilden aufgrund einer geringeren Aktivierungsenergie mit einem Edukt einen Zwischenkomplex. Dieser Zustand ist energetisch allerdings günstiger als die Umwandlung des Edukts zum Produkt. Es handelt sich um zu stark bindende Katalysatoren.

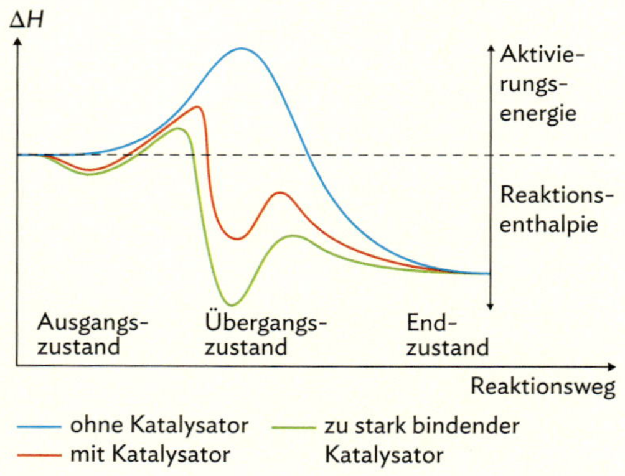

3 Homogene und heterogene Katalyse

Je nach Aggregatzustand und Mischbarkeit des Katalysators und der Edukte unterscheidet man die homogene Katalyse von der heterogenen.
Bei der **homogenen** Katalyse liegen Katalysator und Edukte **im selben Aggregatzustand** und in derselben Phase vermischt vor.
Bei der **heterogenen** Katalyse befinden sich Katalysator und Edukte in **unterschiedlichen Aggregatzuständen** oder Phasen.

homogene Katalyse	heterogene Katalyse
□ niedrige Temperaturen	□ hohe Temperaturen
□ niedriger Druck	□ hoher Druck
□ aufwendige Trennung von Katalysator und Produkten	□ einfache Abtrennung der Produkte vom Katalysator
□ kein Wartungsaufwand des Katalysators	□ Regeneration des Katalysators wegen Verschleißerscheinungen notwendig

4 Enzymkatalyse LK

Die **Enzymkatalyse** bzw. **Biokatalyse** ist eine homogene Katalyse, die in Lebewesen die Stoff- und Energieumwandlung biochemischer Reaktionen ermöglicht.
Enzyme (Proteine) sind **Biokatalysatoren**, die **substratspezifisch** wirken. Das heißt, sie wählen nur ein bestimmtes **Substrat** aus, das sie katalysieren. Aufgrund der räumlichen Gestalt passt das Substrat zum **aktiven Zentrum** des Enzyms – wie ein Schlüssel ins Schloss. So entsteht der **Enzym-Substrat-Komplex**, für dessen Bildung eine geringere Aktivierungsenergie nötig ist. Enzyme sind zudem **wirkungsspezifisch**. Je nach Enzym wird nur eine bestimmte Reaktion bewirkt.

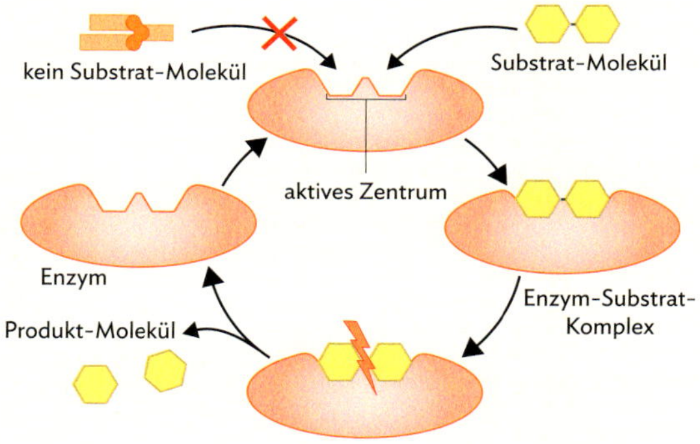

5 Beeinflussung der Enzymaktivität LK

Da Enzyme immer über einen Proteinanteil verfügen, bewirken **Denaturierungsprozesse** den Verlust der Enzymaktivität. Insofern verändern **Temperatur**, **pH-Wert** und **Lösemittel** die Tertiärstruktur. Schwermetall-Ionen oder andere Moleküle können Enzyme **kompetitiv** oder **allosterisch** (nicht-kompetitiv) hemmen.

6 Autokatalyse LK

Chemische Reaktionen, die ohne fremdes Zutun, **zunehmend beschleunigt** verlaufen, fasst man unter dem Begriff **Autokatalyse** zusammen.
Bei einer Autokatalyse wirkt ein **Reaktionsprodukt** als Katalysator, das seine eigene Bildung beschleunigt.
Die im Verlauf der Reaktion zunehmende Anzahl an autokatalytisch wirksamen Produkt-Teilchen ermöglicht eine immer größere Zahl an wirksamen Zusammenstößen mit noch vorhandenen Edukt-Teilchen. Der Stoffumsatz einer autokatalytischen Reaktion steigt daher exponentiell.

Ziel erreicht?

Verfügen Sie über die Kompetenzen dieses Kapitels? Lösen Sie die entsprechenden Aufgaben auf dem Arbeitsblatt unter QR-/Mediencode 06007-085 und bewerten Sie sich mithilfe der Tabelle rechts unten.

06007-085

Unter QR-/Mediencode 06007-086 finden Sie außerdem eine Lernanwendung zur digitalen Überprüfung der geforderten Kompetenzen.

06007-086

KOMPETENZ A: Reaktionsgeschwindigkeit definieren und den Einfluss verschiedener Faktoren erklären

A1 In einem Experiment werden Zinkspäne in eine Salzsäurelösung (c = 0,5 mol/L) gegeben. Es entstehen Wasserstoffgas und eine Salzlösung.
a) Formulieren Sie eine Reaktionsgleichung.
b) Definieren Sie den Begriff Reaktionsgeschwindigkeit. Beschreiben Sie zwei experimentelle Möglichkeiten, mit denen Sie die Reaktionsgeschwindigkeit dieser Reaktion ermitteln können.
c) Nennen Sie Faktoren, mit denen Sie die Reaktion beschleunigen können. Begründen Sie mithilfe der Stoßtheorie.

A2 a) Formulieren Sie je-desto-Beziehungen zum Einfluss der Temperatur, der Konzentration, des Zerteilungsgrades und des Druckes auf die Reaktionsgeschwindigkeit.
b) Begründen Sie Ihre Aussagen aus a) jeweils auf Grundlage der Stoßtheorie der Teilchen.

KOMPETENZ B: Quantitative Untersuchungen zum zeitlichen Verlauf einer chemischen Reaktion anstellen und mit Diagrammen auswerten

B1 1-Chlorbutan C_4H_9Cl wird häufig in der chemischen Industrie bei organischen Synthesen verwendet.

Zeit t in s	Konzentration $c(C_4H_9OH)$ in mol/L
0	0
50	0,0095
100	0,0180
150	0,0259
200	0,0329
300	0,0451
400	0,0552
500	0,0632
800	0,0800

Wenn 1-Chlorbutan in Wasser gegeben wird, reagiert es mit diesem zu Butanol und Chlorwasserstoff. In einem Experiment wird eine wässrige Lösung von 1-Chlorbutan mit der Konzentration c = 0,1 mol/L hergestellt. Danach wird die Konzentration an Butanol zu verschiedenen Zeitpunkten gemessen. Die Tabelle zeigt die ermittelten Messwerte.
a) Formulieren Sie die Reaktionsgleichung für die Zersetzung von 1-Chlorbutan in Wasser.
b) Erklären Sie den Begriff mittlere Reaktionsgeschwindigkeit. Ermitteln Sie diese bei der Reaktion von 1-Chlorbutan mit Wasser zu Beginn (0 – 300 s) und zum Ende der Reaktion (500 – 800 s).
c) Vergleichen Sie die Reaktionsgeschwindigkeiten aus b). Erklären Sie die Unterschiede mithilfe der Stoßtheorie der Teilchen.
d) Stellen Sie die Konzentrationsänderung von Butanol abhängig von der Zeit grafisch dar.
e) LK Beschreiben Sie das Vorgehen zur grafischen Ermittlung der Momentangeschwindigkeit.
f) LK Bestimmen Sie die Momentangeschwindigkeit zum Zeitpunkt t = 400 s.

KOMPETENZ C: Möglichkeiten der Steuerung chemischer Reaktionen durch Variation von Reaktionsbedingungen beschreiben

C1 Eine technische Synthese von 1-Chlorbutan ist die thermische Chlorierung von Butan bei 200 °C in Anwesenheit von Aluminiumoxid. Dabei entsteht das isomere 2-Chlorbutan in etwa gleichem Stoffmengenanteil.
a) Formulieren Sie die Reaktionsgleichung für die Synthese von 1-Chlorbutan unter Beachtung der Reaktionsbedingungen.
b) Begründen Sie die gewählten Bedingungen.
c) Erklären Sie die Bedeutung von Aluminiumoxid für die Reaktion.
d) Zeichnen und vergleichen Sie die Lewis-Strukturformeln von 1-Chlorbutan und 2-Chlorbutan.

e) Beschreiben Sie eine Möglichkeit, die Synthese von Chlorbutan so zu steuern, dass das gewünschte Produkt im Überschuss vorliegt.

KOMPETENZ D: Den Einfluss eines Katalysators auf die Reaktionsgeschwindigkeit erklären

D1 Nennen Sie 5 charakteristische Eigenschaften von Katalysatoren.

D2 Beschreiben Sie die Funktionsweise eines Katalysators mithilfe eines Energiediagramms.

D3 Zeichnen Sie ein Diagramm, in dem die Konzentration des Edukts einer beliebigen Reaktion in Abhängigkeit der Reaktionsdauer dargestellt ist. Erläutern Sie, wie ein Katalysator den Verlauf der Konzentration beeinflusst.

KOMPETENZ E: Wirkung und Aktivität von Enzymen beschreiben LK

E1 Erklären Sie anhand der Eigenschaften von Enzymen, dass diese als Biokatalysatoren bezeichnet werden. Formulieren Sie eine allgemeine Reaktionsgleichung für die Enzymkatalyse.

E2 a) Beschreiben Sie zwei verschiedene Möglichkeiten, um die Aktivität von Enzymen zu beeinflussen.
b) Begründen Sie mithilfe der folgenden Abbildung, dass sehr hohes Fieber (Körpertemperatur über 41 °C) lebensgefährlich sein kann.

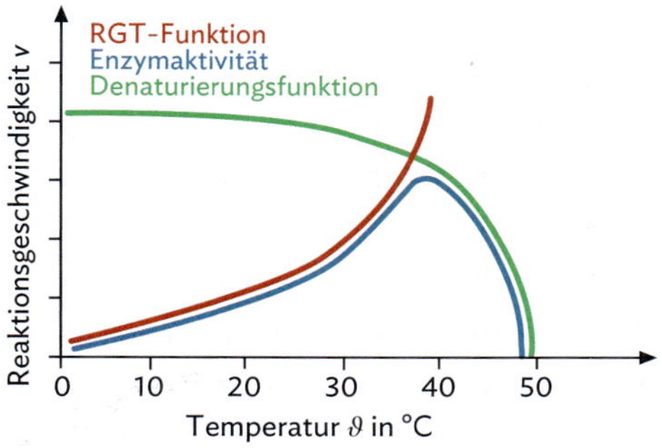

KOMPETENZ F: Den Verlauf der Autokatalyse darstellen LK

F1 Erklären Sie den Begriff Autokatalyse.

F2 a) Skizzieren Sie den Verlauf der Produktkonzentration bei einer autokatalytischen Reaktion.
b) Beschreiben Sie die Änderung der Reaktionsgeschwindigkeit während einer autokatalytischen Reaktion. Stellen Sie den Verlauf grafisch in Ihrer Skizze aus a) dar.

Vergleichen Sie ihre Antworten mit den Lösungen auf Seite 559 ff. und kreuzen Sie auf dem Arbeitsblatt an.

Kompetenz	ja	nein	zum Nachlesen
A Reaktionsgeschwindigkeit definieren und den Einfluss verschiedener Faktoren erklären	?	?	S. 416–419, 422–426
B Quantitative Untersuchungen zum zeitlichen Verlauf einer chemischen Reaktion anstellen und mit Diagrammen auswerten	?	?	S. 417
C Möglichkeiten der Steuerung chemischer Reaktionen durch Variation von Reaktionsbedingungen beschreiben	?	?	S. 422–426, 430–431
D Den Einfluss eines Katalysators auf die Reaktionsgeschwindigkeit und auf die Einstellung des Gleichgewichtszustands erklären	?	?	S. 430–431
E Wirkung und Aktivität von Enzymen beschreiben	?	?	S. 432–435
F Den Verlauf der Autokatalyse darstellen	?	?	S. 436–437

Klausuraufgaben

T1 Reinigung von Kontaktlinsen

Bei der Reinigung von Kontaktlinsen wird Wasserstoffperoxid H_2O_2 verwendet, welches für Mikroorgansimen toxisch ist und die Linsen dadurch desinfiziert. Sauerstoff, der beim Zerfall von Wasserstoffperoxid entsteht, oxidiert organische Ablagerungen, sodass sich diese von der Linsenoberfläche ablösen. Danach muss jedoch Wasserstoffperoxid vollständig verbraucht sein, da es auch für menschliche Zellen gefährlich sein kann. Daher muss die Wasserstoffperoxidkonzentration in der Gebrauchslösung genau eingestellt werden. Zur Entwicklung einer Gebrauchsanweisung wurde die Geschwindigkeit des Zerfalls von Wasserstoffperoxid gemessen. Es wurden 100 mL einer Wasserstoffperoxidlösung der Stoffmengenkonzentration von c = 0,1 mol/L mit einem Katalysator zur Reaktion gebracht (**B1**).

t in s	0	20	40	60	80	100
$V(O_2)$ in mL	0	44,6	89,0	99,0	?	111,7
$n(O_2)$ in mol	0	?	0,00364	0,00400	0,00431	0,00457
$n(H_2O_2)$ in mol	0,01	0,00635	0,00272	?	0,00137	0,00085
$c(H_2O_2)$ in mol/L	?	?	?	?	?	?

B1 Messergebnisse beim Zerfall von Wasserstoffperoxid (Standardbedingungen)

AUFGABEN

A1 Skizzieren Sie eine geeignete Versuchsanordnung zur Ermittlung des in **B1** angegebenen Volumens an Sauerstoff und beschreiben Sie die Durchführung des Versuchs.

A2 Formulieren Sie die Reaktionsgleichung für den Zerfall von Wasserstoffperoxid. Berechnen Sie aus den Angaben in **B1** die fehlenden Stoffmengen von Sauerstoff und Wasserstoffperoxid. Ermitteln Sie zusätzlich die Stoffmengenkonzentrationen von Wasserstoffperoxid.

A3 Stellen Sie Ihre erhaltenen Ergebnisse aus **B1** in geeigneter Weise in einem Diagramm dar. Interpretieren Sie das Diagramm.

A4 Skizzieren Sie in das Diagramm aus **A3** den zu erwartenden Reaktionsverlauf für eine um 10 K höhere Reaktionstemperatur. Begründen Sie Ihre Entscheidung.

T2 Der Abgaskatalysator bei Dieselfahrzeugen

In Fahrzeugen mit Verbrennungsmotoren finden sich Katalysatoren, welche der Abgasnachbehandlung dienen. Auf diesem Weg können die Verbrennungsgase gereinigt werden. Vom Motor eines Dieselfahrzeugs gelangen die Abgase in eine erste Kammer (**B2**). Sie strömen durch hauchdünne Kanäle eines keramischen Elements, dessen Oberfläche mit einer dünnen Platinschicht überzogen ist. Der Filter in der zweiten Kammer ist auch ein Keramikblock mit feinsten Kanälen. Diese sind aber auf einer Seite verschlossen, sodass zwar die Gase hindurchströmen können, feste Rußpartikel jedoch nicht (**B2**). Der Ruß (C) wird durch Reaktion mit dem Stickstoffdioxid umgesetzt.

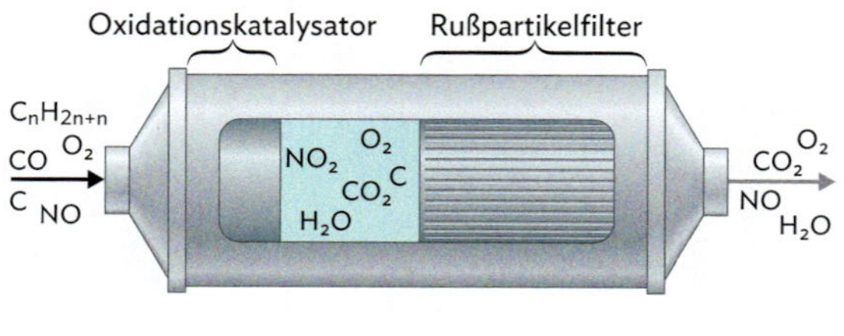

B2 Bau eines Dieselabgaskatalysators

AUFGABEN

A1 Formulieren Sie für die Beseitigung von Kohlenstoffmonooxid sowie von Kohlenwasserstoffen aus den Dieselabgasen die Reaktionsgleichungen.

A2 LK Erläutern Sie an einer der Reaktionen aus **A1** die Arbeitsweise des Platinkatalysators auf der Teilchenebene.

A3 Erklären Sie anhand einer Reaktionsgleichung die Beseitigung von Rußpartikeln aus Dieselabgasen.

A4 Vergleichen Sie die Bauweise beider Kammern im Dieselabgaskatalysator und begründen Sie diese.

A5 Diskutieren Sie die Umweltfreundlichkeit des Dieselabgaskatalysators.

T3 Mit dem richtigen Katalysator zum Partnertausch in der Welt der Moleküle

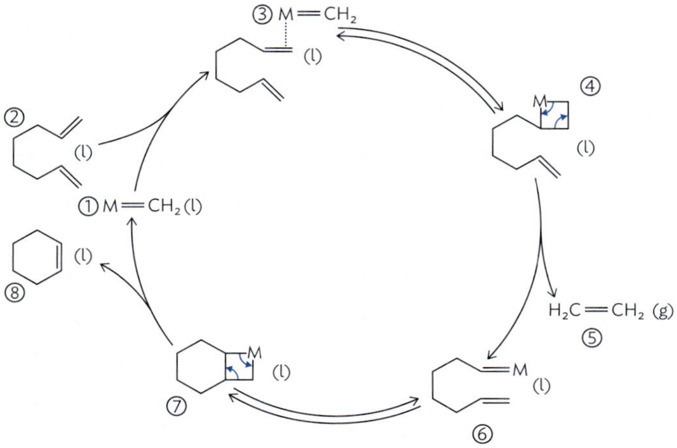

B3 Schematische Darstellung der Reaktionsschritte einer Ringschlussmetathese (RCM – *ring closing metathesis*). *Hinweise:* M wird in der Abbildung für Metall verwendet. Der Metallkatalysator ist in starker Vereinfachung dargestellt.

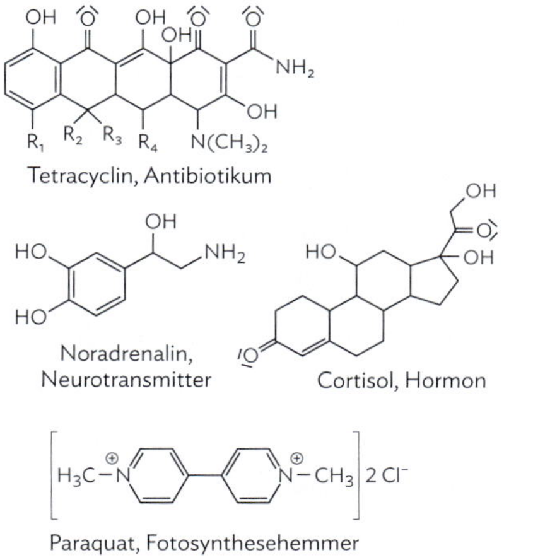

B4 Strukturen einiger organischer Verbindungen, die durch Metathese synthetisiert werden können.

Der Nobelpreis ging im Jahr 2005 an drei Chemiker, die sich um die Entwicklung und Verbesserung einer Synthesemethode für organische Verbindungen, die sogenannte Metathese, verdient gemacht hatten. Das aus dem Griechischen stammende Wort bedeutet Positionswechsel. Es beschreibt den Vorgang, bei dem zwei Moleküle der Ausgangsmaterialien Bausteine so miteinander austauschen, dass zwei vollkommen andere Moleküle entstehen (**B3**). Dieser Tausch funktioniert in der Welt komplexer Kohlenstoff-Moleküle oft nur, wenn ein Hilfsstoff dabei ist.

Der entscheidende Trick bei vielen chemischen Reaktionen ist, den richtigen Katalysator zu finden. Bereits 1970 beschrieb einer der drei Chemiker, wie metallhaltige Kohlenstoffverbindungen, die Metallalkylide genannt werden, als Katalysatoren funktionieren: „Wie zwei Paare bei einem Tanz umkreisen sich die Moleküle des Rohstoffs und des Katalysators. Die Paare schließen sich vorübergehend zu einem Quartett zusammen, dann trennen sie sich wieder – aber tauschen dabei die Partner.“ In den 1990er Jahren entwickelten die beiden anderen Chemiker wirkungsvollere Metallkatalysatoren, die eine Vielzahl neuer Verbindungen aus Kohlenstoff ermöglichen oder Naturstoffe synthetisch herstellbar machten. Dank der Preisträger sei diese Arbeit viel einfacher geworden, benötige weniger Zeit, verursache weniger Abfälle, käme ohne hohen Druck und mit weniger umweltschädlichen Rückständen aus – ein Schritt hin zur Grünen Chemie, hieß es in Stockholm.

AUFGABEN

A1 Formulieren Sie die Gesamtreaktionsgleichung für die in **B3** dargestellte Metathese. Benennen Sie die organischen Reaktanten ②, ⑤ und ⑧ nach der IUPAC-Nomenklatur.

A2 Begründen Sie, dass die Metathese als homogene Katalyse verläuft.

A3 Zu Beginn der Forschungen wurde die Metathese zunächst als Heterogenkatalyse durchgeführt. Erläutern Sie Vor- und Nachteile einer Durchführung als homogene Katalyse.

A4 An Position ④ der Metathese in **B3** wäre die Entstehung des Isomers aus **B5** denkbar. Erklären Sie die Auswirkungen auf den Syntheseverlauf.

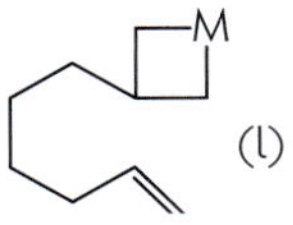

B5 Weiteres mögliches Isomer bei der Metathese

A5 Beurteilen Sie die Bedeutung der Metathese im Hinblick auf **B4**.

A6 Begründen Sie die Beurteilung des Nobelpreiskomitees, welche die Metathese als einen Schritt hin zur Grünen Chemie (vgl. S. 138) beschreibt.

9 Energetik

06007-087

Arbeitsblatt unter QR-/Mediencode 06007-087

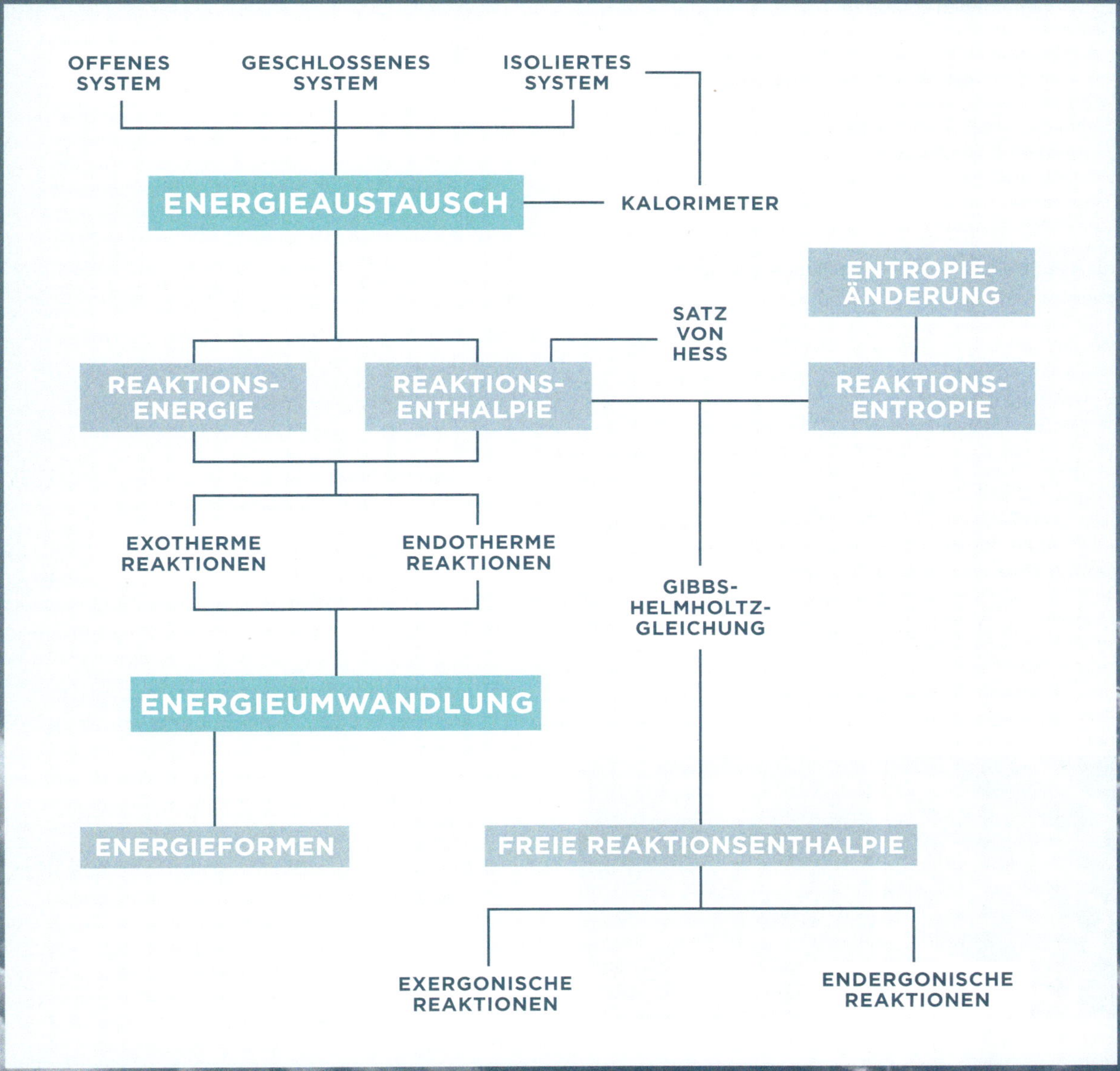

Startklar?

Schätzen Sie Ihre Kompetenz in den Bereichen A bis D ein und prüfen Sie sich anhand der entsprechenden Aufgaben (Arbeitsblatt unter QR-/Mediencode 06007-088).

06007-088

Unter QR-/Mediencode 06007-089 finden Sie außerdem eine Lernanwendung zur digitalen Überprüfung der geforderten Kompetenzen.

06007-089

Kompetenz	sehr gut	gut	schwierig
A Energetische Erscheinungen bei chemischen Reaktionen erklären	?	?	?
B Die Begriffe exotherm und endotherm erklären und entsprechenden Phänomenen zuordnen	?	?	?
C Energetische Zustände der Edukte und Produkte exothermer und endothermer Reaktionen vergleichen	?	?	?
D Die Zufuhr von Energie als Voraussetzung zum Start chemischer Reaktionen erklären	?	?	?

KOMPETENZ A: Energetische Erscheinungen bei chemischen Reaktionen erklären

A1 Geben Sie die Erscheinungsformen von Energie an, die im Verlauf folgender Vorgänge auftreten:
a) Eine Kerze brennt.
b) Ein Knicklicht leuchtet.
c) Führt man einer wässrigen Zinkiodidlösung über eine gewisse Zeit elektrischen Strom zu, scheiden sich an den Elektroden metallisches Zink bzw. Iod ab.
d) Zinkpulver reagiert in einem Reagenzglas mit Salzsäurelösung. Über das Reagenzglas wird ein Luftballon gestülpt, der sich während des Reaktionsverlaufs aufbläht.
e) Eine an eine Zitronenbatterie angeschlossene Diode leuchtet.

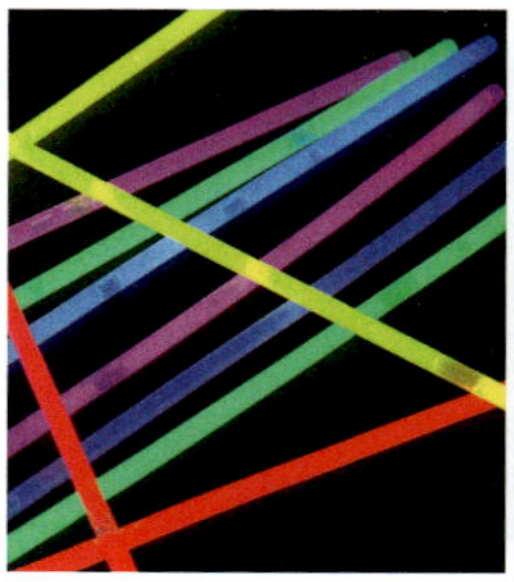

KOMPETENZ B: Die Begriffe exotherm und endotherm erklären und entsprechenden Phänomenen zuordnen

B1 Beschreiben Sie die Beobachtungen, die für eine exotherme bzw. eine endotherme Reaktion in der Regel charakteristisch sind.

B2 Geben Sie für die Vorgänge bei **A1** an, ob für die jeweilige Reaktion Energie benötigt oder freigesetzt wird. Begründen Sie Ihre Auswahl.

B3 Ein stöchiometrisches Gemisch aus Wasserstoff- und Sauerstoffgas (Knallgas) reagiert nach kurzer Zündung in einem Reagenzglas unter Bildung von Wasser. Dabei kann an der Reagenzglaswand eine Temperaturerhöhung festgestellt werden.
a) Geben Sie die bei dieser chemischen Reaktion auftretenden Erscheinungsformen von Energie an.
b) Begründen Sie, ob es sich um eine exotherme oder eine endotherme chemische Reaktion handelt.
c) Beschreiben Sie davon ausgehend ein mögliches Vorgehen zur Umkehrung dieses Prozesses.

KOMPETENZ C: Energetische Zustände der Edukte und Produkte exothermer und endothermer Reaktionen vergleichen

C1 Zeichnen Sie für folgende Vorgänge jeweils ein vollständig beschriftetes Energiediagramm.

a) Bei Zugabe einiger Tropfen Wasser zu wasserfreiem Kupfer(II)-sulfat bildet sich umgehend tiefblaues Kupfer(II)-sulfat-Pentahydrat. Im Reaktionsgemisch kann eine Temperaturerhöhung gemessen werden.

b) Bei starkem Erhitzen von festem Silberoxid in einem schwer schmelzbaren Reagenzglas entstehen Silber und Sauerstoffgas, solange die Wärmezufuhr anhält.

c) Ein Stück metallisches Magnesiumband wird in der Brennerflamme entzündet. Nach dem Herausnehmen aus der Brennerflamme hält die Verbrennung an.

C2 Begründen Sie, welchen der folgenden Aussagen Sie zustimmen bzw. nicht zustimmen.

Auf der x-Achse eines Energiediagramms muss die Zeit stehen.

Die x-Achse eines Energiediagramms beschreibt den Weg von den Ausgangsstoffen zu den Reaktionsprodukten einer Reaktion.

Die x-Achse eines Energiediagramms bezieht sich auf ein einzelnes Teilchen.

KOMPETENZ D: Die Zufuhr von Energie als Voraussetzung zum Start chemischer Reaktionen erklären

D1 Vergleichen Sie die Art der Aktivierung der folgenden Reaktionen.

a) Ein Streichholz wird entzündet, indem man damit an einer rauen Oberfläche entlangstreicht.

b) Ein Gemisch aus Wasserstoff- und Chlorgas reagiert explosionsartig, nachdem einige Sekunden lang Tageslicht einstrahlte.

c) Trockenes Iodstickstoffpulver (NI_3) zersetzt sich explosiv, nachdem mit einem Stab darauf geschlagen wurde.

Vergleichen Sie Ihre Antworten mit den Lösungen auf Seite 474 f. und geben Sie sich die entsprechende Punktzahl.

Kompetenz	sehr gut	gut	schwierig	zum Nachlesen
A Energetische Erscheinungen bei chemischen Reaktionen erklären	12 – 10	9 – 6	5 – 4	S. 16
B Die Begriffe exotherm und endotherm erklären und entsprechenden Phänomenen zuordnen	13 – 10	9 – 6	5 – 4	S. 16
C Energetische Zustände der Edukte und Produkte exothermer und endothermer Reaktionen vergleichen	15 – 12	11 – 7	6 – 5	S. 16
D Die Zufuhr von Energie als Voraussetzung zum Start chemischer Reaktionen erklären	6 – 5	4 – 3	2	S. 16

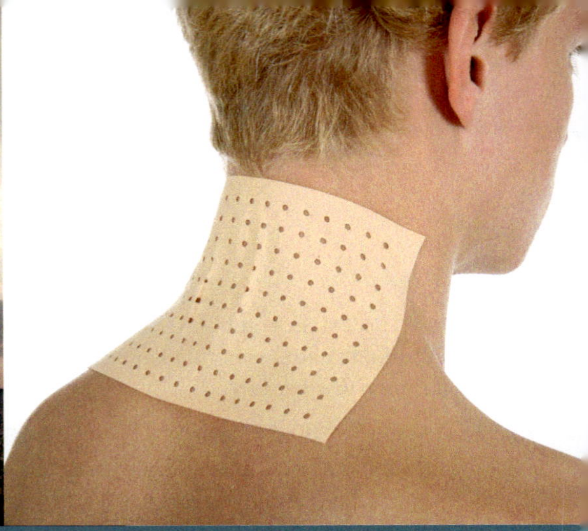

9.1 Energie und Reaktionswärme

Im Verlauf chemischer Reaktionen treten neben neuen Stoffen auch verschiedene Erscheinungsformen von Energie auf. Dies nutzt man in Alltag und Technik. Eine Verbrennungsreaktion setzt z. B. Energie in Form von Wärme frei. In Batterien wird der Hauptteil der in den enthaltenen Stoffen gespeicherten Energie hingegen in elektrische Energie umgewandelt. Explosive Kraftstoffgemische wiederum können bei ihrer Umsetzung mechanische Arbeit verrichten.

9.1.1 Versuche und Material

V Energieumwandlungen bei chemischen Reaktionen

5 7 9

Im Verlauf chemischer Reaktionen werden verschiedene Erscheinungsformen von Energie ineinander umgewandelt. Welche Energieumwandlungen kann man beobachten?

V1 Geben Sie in eine Porzellanschale 2 g wasserfreies Calciumoxid CaO und fixieren Sie ein Thermometer so, dass es in das Pulver eintaucht. Versetzen Sie das Calciumoxid anschließend vorsichtig tropfenweise mit Wasser.

V2 Bauen Sie ein DANIELL-Element. Geben Sie dazu in ein Becherglas eine Kupfersulfatlösung (c = 1 mol/L) und ein Kupferblech. Geben Sie in ein zweites Becherglas eine Zinksulfatlösung (c = 1 mol/L) und ein Zinkblech. Verbinden Sie die beiden Bechergläser, indem Sie die Metallbleche mit einem Kabel und die beiden Lösungen mit einem in Kaliumnitratlösung getränkten Filterpapier verbinden. Schalten Sie zwischen die Metallbleche ein Multimeter und messen Sie die Spannung (Aufbau unter QR-/Mediencode 06022-159).

06022-159

V3 Stellen Sie eine wässrige Lösung aus 2 g rotem Blutlaugensalz und 2,5 g Ammoniumeisen(III)-citrat in 50 mL Wasser her. Tauchen Sie ein Stück weißen Karton in die Lösung, lassen Sie diesen abtropfen und bedecken Sie ihn mit einem Stück Aluminiumfolie, in das Sie vorher ein Muster geschnitten haben. Belichten Sie dann für ca. 5 min auf dem Tageslichtprojektor oder in der Sonne, und tauchen Sie den Karton abschließend in eine Petrischale mit verdünnter Salzsäurelösung.

V4 Aktivieren Sie ein Knicklicht in einem abgedunkelten Raum.

AUSWERTUNG

a) Beschreiben Sie die Beobachtungen, durch die in den Versuchen **V1** bis **V4** deutlich wird, dass bei chemischen Reaktionen neben Stoff- auch Energieumwandlungen auftreten.

b) Nennen Sie die Erscheinungsformen von Energie, die bei **V1** bis **V4** auftreten.

c) Das in **V1** gebildete Reaktionsprodukt ist ein schwerlösliches Salz, das in wässriger Lösung einen Farbumschlag des Universalindikators nach Blau verursacht. Stellen Sie die Reaktionsgleichung für die in **V1** ablaufende chemische Reaktion auf. Formulieren Sie einen Vorschlag, wie aus dem Reaktionsprodukt erneut Calciumoxid hergestellt werden kann.

d) Bei **V2** werden Zink-Atome oxidiert und Kupfer(II)-Ionen reduziert. Erläutern Sie unter Verwendung von Reaktionsgleichungen das Zustandekommen eines Stromflusses.

e) Erläutern Sie anhand Ihrer Beobachtungen in **V3**, dass für die dort ablaufende chemische Reaktion Energie in Form von Licht notwendig ist.

f) Vergleichen Sie die Beteiligung von Licht an den ablaufenden Reaktionen in **V3** und **V4**.

ENTSORGUNG G1, R, A

V Bestimmung einer Reaktionswärme

2 7

Die bei einer chemischen Reaktion auftretende Reaktionswärme kann mithilfe eines Kalorimeters experimentell ermittelt werden. Dazu muss im Folgenden zunächst die Wärmekapazität C_K des Kalorimeters bestimmt werden.

V5 Bauen Sie die Messapparatur wie in **B1** auf und geben Sie 40 g Wasser (Raumtemperatur) hinein. Ermitteln Sie die exakte Temperatur des Wassers, sobald diese konstant ist. Fügen Sie anschließend 40 g warmes Wasser hinzu, dessen Temperatur (zwischen 50 – 60 °C) Sie vorher exakt bestimmt haben. Verrühren Sie das Gemisch und bestimmen Sie dessen konstante Mischungstemperatur.

V6 Füllen Sie in das Reagenzglas des Kalorimeters 4 g eines Eisen-Schwefel-Gemisches aus 1,6 g Schwefel und 2,8 g Eisenpulver. Füllen Sie das Kalorimeter anschließend mit einer genau abgewogenen Wasserportion und messen Sie deren konstante Anfangstemperatur. Zünden Sie das Eisen-Schwefel-Gemisch mithilfe eines glühenden Drahts und messen Sie unter Rühren fortlaufend in regelmäßigen Zeitabständen die Temperatur des Kalorimeterwassers.

AUSWERTUNG

a) Erläutern Sie die Bedeutung der Aluminiumfolie sowie der beiden ineinander gestellten Bechergläser in der verwendeten Messanordnung (**B1**).

b) Ermitteln Sie aus den Messergebnissen von **V5** die Wärmekapazität C_K des Kalorimeters (vgl. **FM** S. 456 f.).

c) Formulieren Sie die Reaktionsgleichung für die Reaktion aus **V6**.

d) Stellen Sie Ihre Messergebnisse aus **V6** grafisch dar und ermitteln Sie daraus die Temperaturdifferenz $\Delta\vartheta$ im Verlauf der Reaktion (vgl. **FM** S. 456 f.).

e) Berechnen Sie die Reaktionswärme Q_r sowie die molare Reaktionswärme $Q_{r,m}$ der Reaktion zwischen Eisen und Schwefel (vgl. **FM** S. 456 f.).

f) Diskutieren Sie mögliche Fehlerquellen Ihrer Messanordnung und begründen Sie Maßnahmen, die zu deren Minimierung beitragen können.

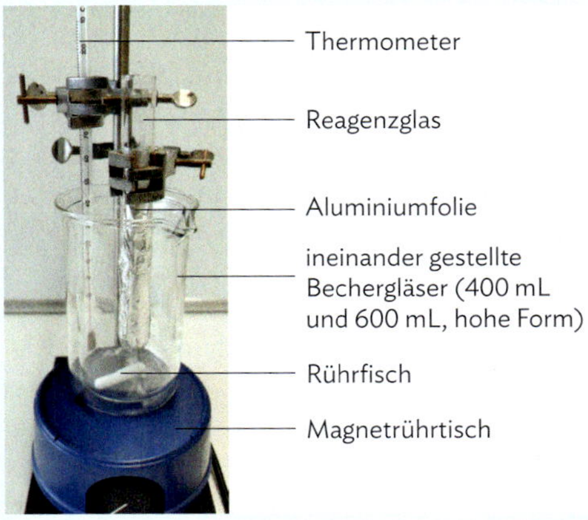

B1 Kalorimeter-Apparatur

Hinweis: Die Temperatur kann in °C (ϑ) und in K (T) angegeben werden.

06022-160
Bau eines einfachen Kalorimeters unter QR-/Mediencode 06022-160

ENTSORGUNG R, G2

9.1.2 Systeme und Energieformen

Mischt man in einem Eimer Zementpulver mit Wasser (**B1**), findet eine Erwärmung statt. Die Ursache dafür ist eine chemische Reaktion zwischen dem „gebrannten Kalk“ (CaO) im Zement und dem zugegebenen Wasser, in welcher auch Wärme freigesetzt wird. Diese Temperaturerhöhung kann man auch im Labormaßstab beobachten (**V1**). Ein Teil dieser Energie wird nicht nur auf das Gefäß übertragen, sondern auch an die Umgebung abgegeben.

B1 Chemische Reaktion zwischen Zement und Wasser. Es wird Wärme freigesetzt.

Der beschriebene Versuchsaufbau ermöglicht nicht, den Energieumsatz dieser Reaktion quantitativ vollständig zu erfassen. Technisch kann gerade dies jedoch von großer Bedeutung sein, denn die bei der Umsetzung von gebranntem Kalk mit Wasser freigesetzte Energie wird in experimentellen Reaktoren z. B. auf flüssiges Wasser übertragen.

Systeme und ihre Umgebung

Zur Beurteilung der Energieeffizienz und damit der Wirtschaftlichkeit solcher chemisch-technischer Verfahren ist eine exakte messtechnische Erfassung der dabei auftretenden Energiebeträge von entscheidender Bedeutung. Dies ist jedoch nur möglich, wenn man den dabei relevanten chemischen Vorgang, hier die Reaktion von Calciumoxid mit Wasser, möglichst isoliert betrachtet. Dazu lässt man diese in einem durch enge Grenzen festgelegten Raum ablaufen, der als **System** bezeichnet wird. Alle Komponenten außerhalb der definierten Systemgrenzen nennt man **Umgebung**.
Beim oben beschriebenen Anmischen von Zement ist ein Austausch von Energie mit der Umgebung des Systems (also mit der Eimerwand und der Umgebungsluft) möglich. Darüber hinaus kann ein Teil des zugegebenen Wassers durch die bei der Reaktion freiwerdende Energie verdunsten und entweichen. Es findet also auch ein Stoffaustausch mit der Umgebung statt. Solche Systeme bezeichnet man als **offen** (**B2** links). Unterbindet man diesen Stoffaustausch, sodass nur Energie mit der Umgebung ausgetauscht werden kann, dann ist das System **geschlossen** (**B2** Mitte). Solche Systeme sind für die exakte quantitative Erfassung von Energieumsätzen chemischer Reaktionen besonders interessant. Gestaltet man den Versuchsaufbau schließlich so, dass auch kein Energieaustausch mit der Umgebung möglich ist, dann ist das System vollständig **isoliert** (**B2** rechts). Allerdings wäre dann auch eine messtechnische Erfassung der auftretenden Energiebeträge und damit eine Quantifizierung des Energieumsatzes einer chemischen Reaktion praktisch unmöglich.

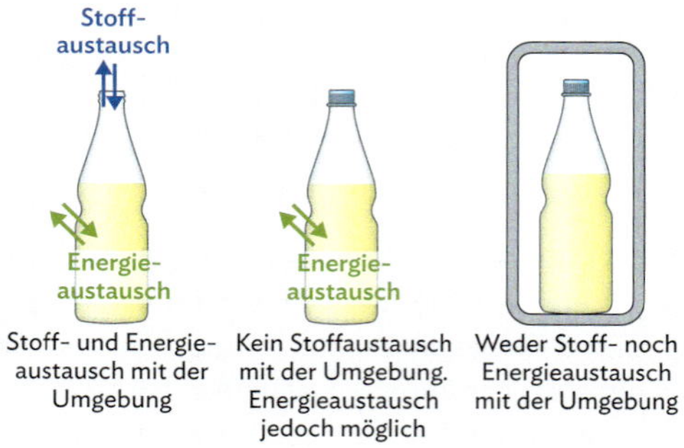

B2 Beispiele für ein offenes (links), geschlossenes (Mitte) und isoliertes System (rechts)

Innere Energie eines Systems

Jedes chemische System verfügt über einen bestimmten Betrag an Energie, der als **innere Energie *U*** (Einheit: **kJ**) bezeichnet wird. Sie befähigt das System, z. B. Arbeit an seiner Umgebung zu verrichten. Ihr Gesamtbetrag setzt sich u. a. aus den folgenden Teilbeträgen zusammen:

- der Kernenergie,
- der chemischen Energie, d. h. den Energiebeträgen, die in den chemischen Bindungen bzw. Wechselwirkungen enthalten sind,
- sowie der thermischen Energie, d. h. der Bewegungsenergie der Teilchen.

Die innere Energie *U* ist eine wegunabhängige Zustandsgröße, denn sie beschreibt den energetischen Zustand eines Systems zu einem bestimmten Zeitpunkt, unabhängig davon, auf welchem

Weg das System in diesen Zustand gelangt ist. Ihr Betrag kann nicht direkt gemessen und deshalb nicht als Absolutwert angegeben werden. Anders verhält es sich mit dem Betrag, um den sich die innere Energie eines Systems (z. B. im Verlauf eines physikalischen Prozesses oder einer chemischen Reaktion) verändert. Im Falle der Reaktion von Calciumoxid mit Wasser kann z. B. über die gemessene Temperaturänderung in der Umgebung des Systems im Verlauf der Reaktion errechnet werden, um welchen Energiebetrag sich die innere Energie dieses Systems im Reaktionsverlauf verändert.

Formen der Energieübertragung: Arbeit und Wärme

Wird im Verlauf einer chemischen Reaktion wie der von Calciumoxid mit Wasser (**V1**) oder der Kupfer-Zink-Zelle (**V2**) Energie vom System an die Umgebung abgegeben, so nimmt die innere Energie *U* des jeweiligen Systems ab. Auf der Teilchenebene betrachtet wird in **V1** Energie auf die Teilchen in der Umgebung des Systems übertragen, sodass sich diese zufällig und ungeordnet bewegen. Diese Form der Energieübertragung bezeichnet man als **Wärme Q**.

In **V2** führt die Abgabe von Energie in der Umgebung hingegen zu einer gerichteten Bewegung von Teilchen, hier von Elektronen, die sich in einem metallischen Leiter bewegen, was wiederum als Stromfluss messbar ist. Wird durch Stromfluss ein Motor angetrieben, nennt man diese Form der Energieübertragung **Arbeit *W***.

Wärme und Arbeit sind verschiedene Erscheinungsformen der allgemeinen Größe Energie. Vereinfachend wird im Folgenden der Begriff Energieform verwendet.

Energieerhaltung

"Energieverschwendung" ist ein im Alltag gebräuchlicher Begriff, z. B. beim Gebrauch elektrischer Geräte. Fachsprachlich ist die Aussage inkorrekt. Der **erste Hauptsatz der Thermodynamik** (“**Energieerhaltungssatz**“) besagt, dass Energie lediglich von einer Energieform in andere Energieformen umgewandelt werden, jedoch nicht erzeugt oder vernichtet werden kann. In einem isolierten System ist die Summe aller Energieformen immer konstant. Da sie aber umgewandelt werden kann, geschieht dies über die Prozessgrößen Wärme und Arbeit. Der **Wirkungsgrad** gibt dabei an, wie viel der umgewandelten Energie tatsächlich in die gewünschte Energieform umgewandelt wird.

Die innere Energie *U* eines Systems ist nicht absolut bestimmbar. Die Energiebeträge, die ein System in Form von Wärme bzw. Arbeit mit der Umgebung austauscht, lassen aber Rückschlüsse auf die Änderung seiner inneren Energie zu.
Der erste Hauptsatz der Thermodynamik besagt, dass Energie weder verbraucht noch erschaffen werden kann. Es finden lediglich Energieumwandlungen statt.

Zustandsgrößen beschreiben die Eigenschaften eines Systems, z. B. Temperatur, Masse, innere Energie.
Prozessgrößen treten nur während einer Zustandsänderung auf. Die Prozessgrößen Arbeit und Wärme beschreiben den Energieaustausch zwischen System und Umgebung.

AUFGABEN

A1 a) Diskutieren Sie für die Versuche **V2** und **V3**, welche Komponenten zum jeweiligen System und welche zu dessen jeweiliger Umgebung gehören.
b) Beurteilen Sie, um welche Art von System es sich in diesen Fällen handelt.
c) Erklären Sie, wie der jeweilige Versuchsaufbau abgewandelt werden muss, sodass das betrachtete System geschlossen ist.

A2 MK Recherchieren Sie die Funktionsweise eines Knicklichts und benennen Sie die dabei beteiligten Energieformen (**V4**, vgl. QR-/Mediencode 06022-161).

A3 Begründen Sie mithilfe des ersten Hauptsatzes der Thermodynamik, dass es keine Maschine geben kann, die Energie „aus dem Nichts“ erzeugt.

06022-161

9.1.3 Chemische Reaktionen und Reaktionswärme

„Thermische Energie" versus Wärme

Umgangssprachlich unterscheidet man verschiedene **Energieformen** wie z. B. chemische Energie, thermische Energie, Licht oder elektrische Energie. Diese Hilfsbegriffe sollen deutlich machen, wie die Übertragung von Energie zwischen System und Umgebung erkennbar wird. Bei der Herstellung von Blaupausen (**V3**) wird Licht in chemische Energie umgewandelt. Schließt man z. B. die Pole einer Batterie an einen Stromkreis an, dann laufen in ihrem Inneren chemische Reaktionen ab, bei denen Energie freigesetzt wird. Diese führt in der Umgebung des Systems, im metallischen Leiter, zu einem messbaren Stromfluss (**V2**). Man kann also sagen, dass im Verlauf dieses Vorgangs die in den Inhaltsstoffen der Batterie gespeicherte chemische Energie in elektrische Energie umgewandelt wird. Tatsächlich führt die Übertragung von Energie an die Umgebung jedoch zu einer **gerichteten Bewegung** von Elektronen im Leiter, es wird also Energie in Form von **Arbeit** übertragen. Zudem wird in der Umgebung der Batterie mit der Zeit auch eine Temperaturerhöhung messbar, was bedeutet, dass ein Teil der freigesetzten Energie in Form von thermischer Energie frei wird. Tatsächlich führt dieser übertragene Energieanteil zu einer **ungerichteten Teilchenbewegung** in der Umgebung, es handelt sich dabei also um die Übertragung von Energie in Form von **Wärme**. Arbeit und Wärme sind keine **Zustandsgrößen** wie die innere Energie oder die Temperatur, sondern **Prozessgrößen**. Die Übertragung von Energie z. B. von einem System auf seine Umgebung wird durch die Prozessgrößen Arbeit und Wärme angegeben.

Prozessgrößen sind im Gegensatz zu Zustandsgrößen **wegabhängig**, d. h. sie sind abhängig davon, auf welchem Weg ein Zustand in einen anderen übergeht.

Da Wärme eine Energie im Übergang bezeichnet, ist der Begriff "Wärmeenergie" nicht zweckmäßig.

Exotherme und endotherme Reaktionen

Der bei einem physikalischen Vorgang (z. B. einer Aggregatzustandsänderung) bzw. einer chemischen Reaktion auftretende Betrag an Wärme wird als **Reaktionswärme Q_r** bezeichnet. Er ist bei zahlreichen technischen Prozessen von besonderer Bedeutung, etwa bei der Verbrennung von Holz, Kohle, Heizöl o. Ä., und macht nicht selten den Hauptanteil des Energieumsatzes eines physikalischen oder chemischen Prozesses aus. Überträgt ein System im Verlauf eines solchen Prozesses einen Teil seiner inneren Energie in Form von Wärme auf die Umgebung, so bezeichnet man diesen Vorgang als **exotherm**. Die Differenz aus den Beträgen der inneren Energie nach der Reaktion und vor der Reaktion ist dann negativ:

$$Q_r = U_{nach} - U_{vor} < 0$$

Für den Fall, dass das System im Prozessverlauf jedoch Energie in Form von Wärme aufnimmt und seine innere Energie zunimmt, gilt hingegen:

$$Q_r = U_{nach} - U_{vor} > 0$$

Der Vorgang wird dann als **endotherm** bezeichnet. Gelegentlich werden die Begriffe exo- und endotherm auch auf andere Energieformen (als die Wärme) angewendet.

Bestimmung der Reaktionswärme

Der Betrag der Reaktionswärme Q_r eines physikalischen Vorgangs oder einer chemischen Reaktion kann meist experimentell bestimmt werden. Dazu kann z. B. die Temperaturänderung in der Umgebung eines Systems, in dem der betreffende Vorgang abläuft, erfasst werden. Um den Betrag der Reaktionswärme dabei möglichst exakt bestimmen zu können, muss das System geschlossen sein, sodass es lediglich Energie mit seiner Umgebung austauschen kann. Bei einem zusätzlichen Stoffaustausch könnte (z. B. über die Abgabe von Reaktionsgasen) auch ein Teil der an die Umgebung abgegebenen Energie ohne messtechnische Erfassung aus dem System entweichen. Außerdem muss sichergestellt sein, dass der im Verlauf einer Reaktion in Form von Wärme übertragene Betrag an Energie vollständig mit der Umgebung ausgetauscht wird, sodass aus einer Temperaturveränderung der Umgebung direkt auf den Betrag an ausgetauschter Wärme geschlossen werden kann.
Dafür muss die Umgebung künstlich auf einen sehr kleinen Bereich eingegrenzt werden, der die gesamte Reaktionswärme aufnimmt bzw. an das System abgibt. Eine solche Umgebung nennt man **Kalorimeter**. Es besteht meist aus einem wärmeisolierten Gefäß, in dem sich ein Rührer und eine

Kalorimeterflüssigkeit mit hoher Wärmekapazität (i. d. R. Wasser) befinden (**B3**). Im Inneren des Kalorimeters wird ein Reaktionsgefäß platziert, in welchem der untersuchte Vorgang kontrolliert abläuft, während die Temperaturänderung der Kalorimeterflüssigkeit kontinuierlich verfolgt wird.

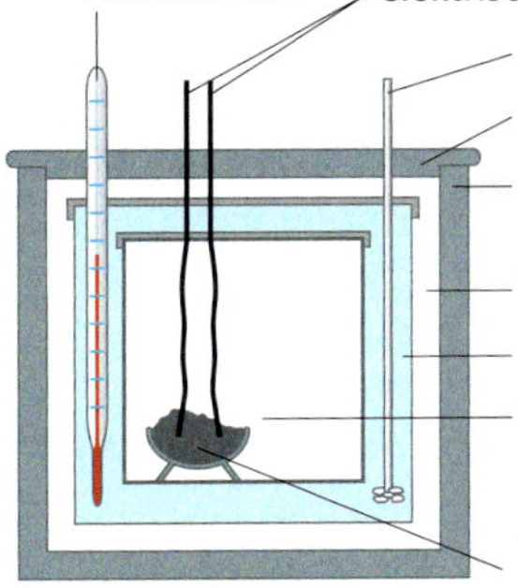

B3 Schematische Darstellung eines Kalorimeters

Die Wärmekapazität und die spezifische Wärmekapazität

Vernachlässigt man den Betrag an Wärme, der im Reaktionsgefäß des Kalorimeters verbleibt, kann angenommen werden, dass die von der Kalorimeterflüssigkeit aufgenommene Wärme Q zur gemessenen Temperaturdifferenz ΔT (in K) proportional ist. Der Betrag dieser Wärme entspricht dem negativen Betrag der Reaktionswärme Q_r, die im Verlauf des Prozesses abgegeben oder aufgenommen wird:

$$Q = C \cdot \Delta T = -Q_r$$

Die Proportionalitätskonstante dieser Gleichung ist die **Wärmekapazität *C*** der gesamten Messanordnung. Sie setzt sich als Summe aus der Wärmekapazität C_K des Kalorimeters und der Wärmekapazität C_W des Kalorimeterwassers zusammen. Letztere lässt sich aus der spezifischen Wärmekapazität c_W und der Masse m_W des Kalorimeterwassers berechnen:

$$C_W = c_W \cdot m_W$$

Die **spezifische Wärmekapazität *c*** ist von Stoff zu Stoff unterschiedlich, für z. B. Wasser beträgt sie in etwa $c = 4.200\ \text{J/(kg} \cdot \text{K)}$ (**B4**).

Die Reaktionswärme Q_r des untersuchten Vorgangs errechnet sich wie folgt:

$$Q_r = -(C_K + C_W) \cdot \Delta T = -(C_K + c_W \cdot m_W) \cdot \Delta T$$

Sie kann auch als molare Reaktionswärme $Q_{r,m}$ bezogen auf den Stoffumsatz eines am Prozess beteiligten Stoffes angegeben werden:

$$Q_{r,m} = \frac{Q_r}{n} \ \left(\text{Einheit: } \frac{\text{kJ}}{\text{mol}} = \text{kJ} \cdot \text{mol}^{-1}\right)$$

Stoff	spezifische Wärmekapazität c in J/(kg · K)
Eisen	444
Beton	880
Aluminium	888
Luft	1.000
Styropor	1.250
Holz	1.700
Wasserdampf	2.020
Eis	2.060
Ethanol	2.428
Wasser	4.183

B4 Die spezifische Wärmekapazität einiger Stoffe

Ein Kalorimeter ist die künstlich begrenzte Umgebung eines physikalischen oder chemischen Prozesses. Die bei diesem Prozess auftretende Reaktionswärme Q_r ist proportional zur Temperaturdifferenz ΔT, die dabei im Kalorimeter gemessen werden kann.

AUFGABEN

A1 Stellen Sie einen endo- und einen exothermen Prozess in einem Energiediagramm dar. Wählen Sie dabei die y-Achse für die Energiedifferenz.

A2 In einem Kalorimeter ($C_K = 120$ J/K) mit 500 g Ethanol als Kalorimeterflüssigkeit werden 0,35 mol eines Stoffes in einer kontrollierten Reaktion umgesetzt. Dabei wird eine Temperaturänderung von 21,6 °C auf 25,3 °C beobachtet. Berechnen Sie die Reaktionswärme sowie die molare Reaktionswärme dieser chemischen Reaktion.

Wärmekapazität *C*: Betrag an Wärme, den man einer Stoffportion zuführen muss, um deren Temperatur um 1 K zu erhöhen:

$$C = \frac{Q}{\Delta T} \ \left(\text{Einheit: } \frac{\text{J}}{\text{K}}\right)$$

spezifische Wärmekapazität *c*: Betrag an Wärme, den man einem Gramm bzw. Kilogramm eines Stoffes zuführen muss, um seine Temperatur um 1 K zu erhöhen:

$$c = \frac{Q}{m \cdot \Delta T} \ \left(\text{Einheit: } \frac{\text{J}}{\text{g} \cdot \text{K}}\right)$$

9.1.4 Kalorimetrische Messungen durchführen und auswerten

Mithilfe eines Kalorimeters lassen sich Prozesswärmen physikalischer Vorgänge bzw. Reaktionswärmen chemischer Reaktionen experimentell bestimmen. Dazu lässt man den jeweiligen Vorgang innerhalb des Kalorimeters kontrolliert ablaufen und misst dabei die Temperaturänderung $\Delta\vartheta$ der Kalorimeterflüssigkeit. Außerdem müssen die spezifische Wärmekapazität c_W der Kalorimeterflüssigkeit sowie die Wärmekapazität C_K des Kalorimeters bekannt sein.

a) Die Wärmekapazität des Kalorimeters ermitteln

Mischt man z. B. 40 g Wasser mit einer Temperatur von 80 °C in einem Gefäß mit 40 g Wasser einer Temperatur von 20 °C, so erwartet man eine Gemischtemperatur von 50 °C. Experimentell stellt man jedoch fest, dass die tatsächlich gemessene Temperatur etwas niedriger ist, denn das hinzugegebene Wasser mit höherer Temperatur gibt nicht nur Wärme an die Wasserportion mit niedrigerer Temperatur, sondern auch an das Gefäß ab, in dem sich das Gemisch befindet. Das Absinken der Gemischtemperatur unter den erwarteten Temperatur-Mittelwert kann man nun zur Ermittlung der Wärmekapazität CK des Kalorimeters nutzen.

Ermitteln Sie die Wärmekapazität C_K des folgenden Kalorimeters.

VORGEHEN

1. Bauen Sie die Kalorimeter-Apparatur in **B1** auf.
2. Geben Sie 40 g Wasser (Raumtemperatur) in die Messapparatur und ermitteln Sie dessen exakte Temperatur, sobald diese konstant ist.

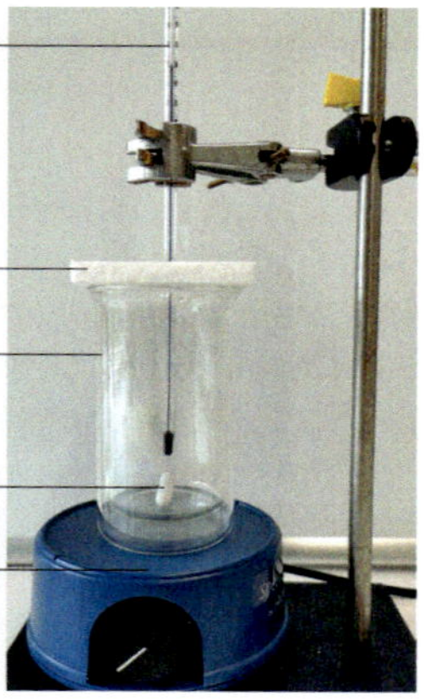

B1 Kalorimeter mit ebenem Boden

3. Fügen Sie 40 g warmes Wasser bekannter Temperatur (zwischen 50 – 60 °C) hinzu.
4. Verrühren Sie das Gemisch und bestimmen Sie die konstante Gemischtemperatur.
5. Berechnen Sie mithilfe Ihrer Messwerte gemäß **B2** die Wärmekapazität C_K ihrer Kalorimeter-Apparatur.

Die Portion kalten Wassers besitzt die Masse m_1 und die Temperatur T_1. Die Portion warmen Wassers besitzt die Masse m_2 und die Temperatur T_2. Die gemessene Mischtemperatur beider Wasserportionen ist T_{misch}.
Hinweis: Da der Wert einer Temperaturdifferenz in beiden Einheiten (°C und K) gleich ist, wird der Einfachheit halber im Folgenden trotz der Einheit Kelvin das Größensymbol T verwendet.

Q_2	Q_1
Das warme Wasser gibt beim Mischen die Wärme Q_2 an seine Umgebung ab. Q_2 ist folglich negativ: $Q_2 = -C \cdot \Delta T$	Das kalte Wasser nimmt die Wärme Q_1 auf. Q_1 ist folglich positiv: $Q_1 = +C \cdot \Delta T$
Mit $\Delta T = T_2 - T_{misch}$ und $C_W = c_W \cdot m_W$ folgt: $Q_2 = (c_W \cdot m_W) \cdot (T_{misch} - T_2)$	Mit $\Delta T = T_{misch} - T_1$ und $C = C_K + c_W \cdot m_W$ folgt: $Q_1 = (C_K + c_W \cdot m_W) \cdot (T_{misch} - T_1)$
Nach dem Energieerhaltungssatz gilt: $Q_{gesamt} = Q_1 + Q_2 = 0$	
Folglich ergibt sich aus der Addition der Terme für die Wärme Q_1 und Q_2 und der anschließenden Umformung nach C_K: $C_K = c_W \cdot \left(m_2 \cdot \frac{T_2 - T_{misch}}{T_{misch} - T_1} - m_1\right)$	

B2 Herleitung zur Berechnung der Wärmekapazität C_K

Beispiel: Für $c_W = 4{,}19\ \text{J/(g} \cdot \text{K)}$, $m_1 = m_2 = 40\ \text{g}$, $T_1 = 20\ °\text{C}$, $T_2 = 80\ °\text{C}$ und $T_{misch} = 45{,}3\ °\text{C}$ erhält man:

$$C_K = 4{,}19\ \frac{\text{J}}{\text{g} \cdot \text{K}} \cdot \left(40\ \text{g} \cdot \frac{80\ °\text{C} - 45{,}3\ °\text{C}}{45{,}3\ °\text{C} - 20\ °\text{C}} - 40\ \text{g}\right) \approx 62{,}3\ \frac{\text{J}}{\text{K}}$$

b) Die Reaktionswärme einer Redoxreaktion ermitteln

Ermitteln Sie die Reaktionswärme Q_r und die molare Reaktionswärme $Q_{r,m}$ bei der Reaktion von Kupfer mit Silbernitratlösung.

VORGEHEN

2 3 5 7 9

1. Entleeren Sie zunächst die Kalorimeter-Apparatur.
2. Geben Sie 100 mL Silbernitratlösung (c = 0,2 mol/L)

in das Kalorimeter und messen Sie dessen konstante Anfangstemperatur.

3. Fügen Sie 2 g Kupferpulver hinzu und verfolgen Sie unter ständigem Rühren in Abständen von 30 Sekunden den Temperaturverlauf (auch über die erreichte Maximaltemperatur hinaus).
4. Stellen Sie Ihre Messergebnisse grafisch dar (**B3**).

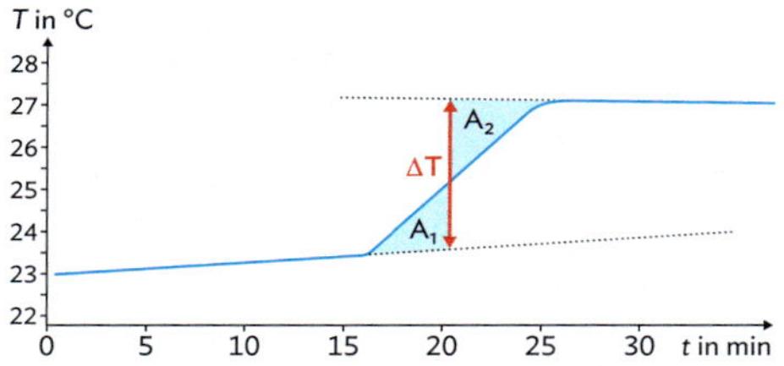

B3 Grafische Auswertung einer kalorimetrischen Messung

5. Verlängern Sie die Abschnitte des Graphen unmittelbar vor bzw. nach dem starken Temperaturanstieg (hellblaue Geraden).
6. Ermitteln Sie die beobachtete Temperaturdifferenz ΔT. Diese entspricht der senkrechten Strecke (rot). Es handelt sich um die Verbindungsstrecke zwischen den beiden extrapolierten Geraden, sodass die Flächen A_1 und A_2 ungefähr gleich groß sind.
7. Die Kalorimeterflüssigkeit, welche die bei der Reaktion freiwerdende Wärme aufnimmt, entspricht in diesem Fall dem flüssigen Anteil des Reaktionsgemisches. Für sie gelten folgende Annahmen:
   - Es handelt sich um eine verdünnte Lösung, deren Dichte in etwa der von reinem Wasser (ρ = 1 g/cm^3) entspricht. Ihre Masse m_W beträgt 100 g.
   - Ihre spezifische Wärmekapazität c_W entspricht etwa der von reinem Wasser (c_W = 4,19 J/(g · K)).

   Berechnen Sie mithilfe dieser Annahmen sowie der ermittelten Temperaturdifferenz ΔT gemäß folgender Gleichung die bei der Reaktion auftretende Reaktionswärme Q_r.

   $$Q_r = -(C_K + C_W) \cdot \Delta T = -(C_K + c_W \cdot m_W) \cdot \Delta T$$

   Beispiel: Für ΔT = 6,0 °C (6,0 K) erhält man:

   $$Q_r = -\left(62{,}3\,\frac{\text{J}}{\text{K}} + 4{,}19\,\frac{\text{J}}{\text{g}\cdot\text{K}} \cdot 100\,\text{g}\right) \cdot 6{,}0\,\text{K}$$
   $$= -2.887{,}8\,\text{J} \approx -2{,}9\,\text{kJ}$$

8. Berechnen Sie außerdem die molare Reaktionswärme $Q_{r,m}$ der Reaktion (bezogen auf den Umsatz an Silber-Ionen).

   $$Q_{r,m} = \frac{Q_{r,m}}{n}$$

   Hierzu muss zunächst die Stoffmenge n an Silber(I)-Ionen berechnet werden, die in 100 mL (also 0,1 L) Silbernitratlösung der Stoffmengenkonzentration c = 0,2 mol/L enthalten ist. Es gilt:

   $$c(\text{Ag}^+) = \frac{n(\text{Ag}^+)}{V(\text{Lösung})}$$

   Daraus ergibt sich durch Umformung:

   $$n(\text{Ag}^+) = c(\text{Ag}^+) \cdot V(\text{Lösung}) = 0{,}2\,\frac{\text{mol}}{\text{L}} \cdot 0{,}1\,\text{L}$$
   $$= 0{,}02\,\text{mol}$$

   Damit ergibt sich für $Q_{r,m}$:

   $$Q_{r,m} = \frac{-2{,}9\,\text{kJ}}{0{,}02\,\text{mol}} = -145\,\frac{\text{kJ}}{\text{mol}}$$

c) Die Reaktionswärme einer Säure-Base-Reaktion ermitteln

Ermitteln Sie die Reaktionswärme Q_r und die molare Reaktionswärme $Q_{r,m}$ bei der folgenden Neutralisation.

VORGEHEN

1. Entleeren und spülen Sie die Kalorimeter-Apparatur.
2. Geben Sie 100 mL Natronlauge (c = 1 mol/L) in das Kalorimetergefäß und bestimmen Sie dessen konstante Anfangstemperatur.
3. Geben Sie rasch 100 mL Salzsäurelösung (c = 1 mol/L) hinzu und messen Sie unter Rühren die konstante Mischungstemperatur.
4. Bestimmen Sie die Temperaturdifferenz ΔT.
5. Fahren Sie mit den Schritten **7.** und **8.** wie in **b)** fort.

AUFGABEN

A1 Ermitteln Sie die Wärmekapazität C_K Ihres Kalorimeters. Führen Sie anschließend **c)** durch und berechnen Sie anhand Ihrer Messwerte die Reaktionswärme Q_r sowie die molare Reaktionswärme $Q_{r,m}$ der Neutralisation.

A2 Erläutern Sie die Unterschiede im Vorgehen zur Ermittlung der Temperaturdifferenz ΔT bei **b)** und **c)**.

9.2 Reaktions- und Bildungsenthalpie

Die Höhe der Energiebeträge, die bei physikalischen oder bei chemischen Reaktionen umgesetzt werden, hängt nicht nur von den Stoffumsätzen dieser Vorgänge ab, sondern auch von den Bedingungen, unter denen sie stattfinden. Um diesem Umstand Rechnung zu tragen, wurde eine weitere Zustandsgröße, die Enthalpie, eingeführt.

9.2.1 Versuche und Material

V Reaktionswärmen bei konstantem Druck bzw. Volumen

2 5

Die Verringerung der inneren Energie eines Systems bei einer chemischen Reaktion kann durch Abgabe von Energie in unterschiedlichen Formen erfolgen. Unterscheidet sich die abgegebene Reaktionswärme, wenn das System zusätzlich Volumenarbeit verrichtet?

06007-090

LV1 Der Versuchsaufbau wird wie in **B1** dargestellt aufgebaut (Vorbereitungen unter QR-/Mediencode 06007-090). Der Hahn wird geöffnet und die Temperaturmessung gestartet. Das Magnesiumband wird durch Schütteln des Reaktionsgefäßes in die Salzsäurelösung gegeben. Ca. 1 Minute nach Verschwinden des Magnesiumbandes wird die Messung gestoppt.

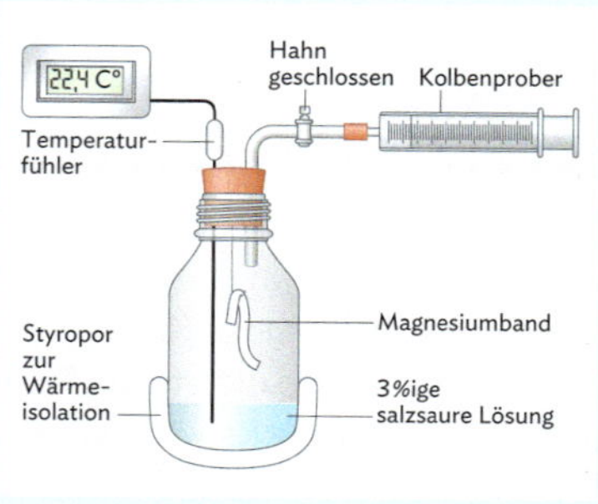

B1 Versuchsaufbau zu **LV1**

LV2 **LV1** wird mit geschlossenem Hahn des Kolbenprobers wiederholt.

AUSWERTUNG

a) Stellen Sie die Reaktionsgleichung für die abgelaufene Reaktion auf. *Hinweis*: Führt man mit dem entstandenen Gas die Knallgasprobe durch, hört man ein „plopp"-Geräusch.

b) Beschreiben Sie die Unterschiede in den Versuchsbedingungen, den Beobachtungen und den Energieformen zwischen den Teilexperimenten **LV1** und **LV2**.

c) Erklären Sie unter Berücksichtigung der Änderung der inneren Energie des Reaktionssystems die Unterschiede der Reaktionswärmen in **LV1** bzw. **LV2**.

ENTSORGUNG A, R, G1, G2

V Bestimmung von Reaktionswärmen bei Verbrennungen

Reaktionswärmen können mithilfe eines Kalorimeters experimentell ermittelt werden.

V3 Bauen Sie ein Verbrennungskalorimeter wie in **B2** auf und bestimmen Sie dessen Wärmekapazität C_K.

V4 Befüllen Sie die Getränkedose dieses Kalorimeters mit einer exakt abgewogenen Menge Wasser und bestimmen Sie dessen konstante Anfangstemperatur. Entzünden Sie anschließend ein Teelicht bekannter Masse und stellen Sie dieses so unter die Dose, dass der Abstand zwischen Flammenspitze und Dosenboden ca. 1 cm beträgt. Messen Sie nun über einen Zeitraum von 5 Minuten in regelmäßigen Abständen die Temperatur des Kalorimeterwassers. Löschen Sie nach 3 Minuten die Flamme. Bestimmen Sie nach Abschluss der Messungen durch Wägung des Teelichts die Masse des verbrannten Paraffins.

B2 Verbrennungskalorimeter für **V3** und **V4**

AUSWERTUNG

a) Stellen Sie Ihre Temperatur-Messwerte aus **V4** grafisch dar. Ermitteln Sie daraus die Temperaturdifferenz ΔT.
b) Berechnen Sie davon ausgehend die Reaktionswärme Q_r der Verbrennung von 1 g Paraffin.
c) Begründen Sie, dass für die Verbrennung von Paraffin keine molare Reaktionswärme $Q_{r,m}$ berechnet werden kann.
d) Beurteilen Sie die Messgenauigkeit der Kalorimeter-Apparatur in **B2**.
e) Formulieren Sie eine Vermutung, wie die Brennwerte von Lebensmitteln ermittelt werden.

ENTSORGUNG A, R

V Reaktionswärmen bei Reaktionen von Salzen

3 5 7

V5 Bauen Sie das Kalorimeter aus **B3**. Lösen Sie darin nacheinander je ca. 10 g folgender Salze in 100 mL demineralisiertem Wasser: Natriumchlorid, Calciumchlorid (wasserfrei), Ammoniumnitrat. Bestimmen Sie jeweils die Temperaturänderung.

V6 Lösen Sie in dem Kalorimeter aus **V5** 4,4 g Natriumhydroxid in 100 mL demineralisiertem Wasser. Bestimmen Sie die Temperaturänderung.

V7 Mischen Sie im Kalorimeter je 50 mL Natronlauge und Salzsäurelösung (je c = 2 mol/L). Bestimmen Sie die Temperaturänderung.

V8 Geben Sie im Kalorimeter aus **B3** 4,4 g Natriumhydroxid zu 100 mL Salzsäurelösung (c = 1 mol/L). Bestimmen Sie die Temperaturänderung.

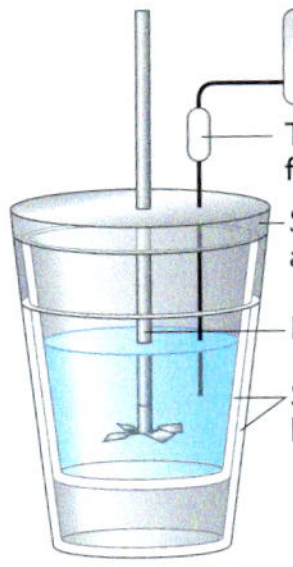

B3 Einfaches Kalorimeter

AUSWERTUNG

a) Berechnen Sie die „Reaktionswärmen" für die Löseprozesse in **V5**. *Hinweis:* Verwenden Sie für diese und die weiteren Berechnungen die spezifische Wärmekapazität von Wasser.
b) Erklären Sie die Temperaturänderung in **V5** und **V6** während des Lösevorgangs der Salze auf Teilchenebene. Verwenden Sie die folgenden Fachbegriffe: Ionenbindung, Gitterenergie, Hydrathülle, Hydratation, Hydratationsenergie.
c) Formulieren Sie die Reaktionsgleichungen zu **V6** – **V8**.
d) Berechnen Sie die Reaktionswärmen für **V6** – **V8**. Stellen Sie die Reaktionen und die auftretenden Reaktionswärmen in einem Diagramm gegenüber.

ENTSORGUNG A, G1

9.2.2 Reaktionsenergie und Reaktionsenthalpie

LV1 und **LV2** veranschaulichen am Beispiel der Reaktion einer sauren Lösung mit einem Metall, dass die Reaktionswärme einer Reaktion davon abhängt, unter welchen Bedingungen diese Reaktion abläuft.
Bei dieser Reaktion entsteht neben Magnesium-Ionen auch gasförmiger Wasserstoff:

$$Mg\,(s) + 2\,H_3O^+\,(aq) \longrightarrow Mg^{2+}\,(aq) + 2\,H_2O\,(l) + H_2\,(g) \mid \Delta_r U < 0$$

Reaktionswärme vs. Reaktionsenergie

In beiden Systemen läuft die gleiche Reaktion ab und es sind die gleichen Stoffmengen eingesetzt worden, sodass die innere Energie um den gleichen Wert abnimmt. Diese Größe $\Delta_r U$ [kJ] wird als **Reaktionsenergie** bezeichnet. Es gilt:

$$\Delta_r U = U_{nach} - U_{vor}$$

Die Temperaturdifferenz zwischen **LV1** und **LV2** zeigt aber, dass die Reaktionswärme im offenen System (**LV1**) etwas geringer ist als im geschlossenen System (**LV2**). Im offenen System muss also ein Teil der inneren Energie in eine weitere Energieform umgewandelt worden sein.

Reaktionswärme und Volumenarbeit

Bleibt der Hahn der Apparatur (S. 458, **B1**) geöffnet, dann können sich die gebildeten Reaktionsgase ausdehnen und der Kolben der Apparatur wird gegen den Luftdruck nach außen gedrückt. Diese gerichtete Bewegung von Teilchen in der Umgebung des Systems bedeutet, dass das System Volumenarbeit W verrichtet. Die bei der Reaktion freiwerdende Reaktionsenergie $\Delta_r U$ wird in diesem Fall also nicht nur in Form von Wärme, sondern z. T. auch in Form von Arbeit freigesetzt, da die gebildeten Reaktionsgase den Kolben der Apparatur bewegen.
In **LV2** bleibt das Volumen des Reaktionsgemisches bei geschlossener Apparatur konstant. Durch die Bildung von Wasserstoffgas erhöht sich im Verlauf der Reaktion der Druck im Reaktionsgefäß, aber das System leistet keine Arbeit. Die unter diesen Bedingungen bestimmte Reaktionswärme ist höher, da die gesamte Änderung der inneren Energie in Form von Wärme abgegeben wird.
Bei Reaktionen, die wie in **LV2** ohne Volumenänderung verlaufen, kommt die Änderung der inneren Energie des Systems lediglich durch die Abgabe oder Aufnahme von Wärme zustande. In diesem Fall kann man über die Ermittlung der auftretenden Reaktionswärme Q_r folglich direkt auf die Änderung der inneren Energie U des Systems schließen. Es gilt:

$$Q_r = \Delta_r U$$

Bei Reaktionen, die wie in **LV1** mit Volumenveränderung verlaufen wird die bei der Reaktion freiwerdende Reaktionsenergie $\Delta_r U$ allerdings nicht nur in Form von Wärme, sondern z. T. auch in Form von Arbeit freigesetzt. Die dabei auftretenden Reaktionswärme Q_r ist folglich kleiner als bei der gleichen Reaktion ohne Volumenarbeit.
Die Reaktionsenergie $\Delta_r U$ ergibt sich in diesem Fall aus der Summe der auftretenden Reaktionswärme Q_r und der auftretenden Arbeit W:

$$\Delta_r U = Q_r + W$$

Arbeit, welche wie in **LV1** durch eine Volumenveränderung verrichtet wird, nennt man **Volumenarbeit W_{Vol}**. Sie errechnet sich gemäß:

$$W_{Vol} = -p \cdot \Delta V$$

Das negative Vorzeichen ergibt sich daraus, dass die Arbeit gegen eine äußere Gegenkraft verrichtet werden muss (**B1**).

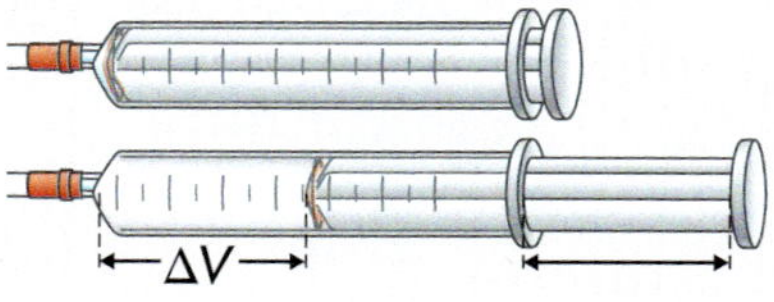

B1 Verrichtung von Volumenarbeit

Mit dem 1. Hauptsatz der Thermodynamik ist dann:

$$\Delta_r U = Q_r + W_{Vol} = Q_r - p \cdot \Delta V$$

Reaktionswärme vs. Reaktionsenthalpie

Die bei der Verbrennung fossiler Rohstoffe (z. B. Erdgas, Heizöl oder Benzin) freigesetzte Reaktionswärme kann z. B. zum Heizen oder zur Erzeugung von elektrischem Strom genutzt werden. In Verbrennungsmotoren wird die Arbeit genutzt, welche die bei der Reaktion entstehenden Gase durch Volumenvergrößerung ermöglichen (**B2**).

B2 Darstellung der Volumenvergrößerung im Viertaktmotor

Die meisten Reaktionen in Alltag und Technik laufen in offenen Systemen ab, bei denen Volumenveränderungen auftreten können. Die Bedingungen entsprechen daher meistens eher denen in **LV1**, bei dem der Druck konstant bleibt. So laufen industrielle Prozesse (z. B. Verbrennungsreaktionen zur Energiebereitstellung) in der Regel ohne Druckerhöhung ab, wenn sich die gebildeten Reaktionsgase ausdehnen können. Meist ist jedoch nicht die dabei auftretende Volumenarbeit, sondern die auftretenden Reaktionswärme Q_r interessant

Da bei solchen Reaktionen nicht immer die gesamte Reaktionsenergie in Form von Wärme ausgetauscht wird, wird für den Wärmeanteil eine neue Größe eingeführt. Die Reaktionswärme bei konstantem Druck wird als **Enthalpie *H*** bezeichnet. Für sie kann, ebenso wie für die innere Energie *U*, kein Absolutwert angegeben werden.

Für die unter konstantem Druck auftretende Reaktionswärme Q_r gilt folglich:

$$Q_r = H_{nach} - H_{vor} = \Delta_r H$$

Die Größe $\Delta_r H$ in kJ wird als **Reaktionsenthalpie** bezeichnet. Da die meisten Reaktionen bei konstantem Druck verlaufen, ist die Reaktionsenthalpie eine wichtige Größe, um Energieveränderungen zu beschreiben (Lernanwendung zur Reaktionsenthalpie unter QR-/Mediencode 06022-163).

06022-163

Bei konstantem Volumen entspricht die Reaktionswärme Q_r der Reaktionsenergie $\Delta_r U$. Bei konstantem Druck entspricht die Reaktionswärme Q_r der Reaktionsenthalpie $\Delta_r H$, also der Differenz aus Reaktionsenergie und auftretender Arbeit. Der 1. Hauptsatz der Thermodynamik kann daher folgendermaßen formuliert werden: Die Änderung der inneren Energie eines Systems ist gleich der Summe der Änderung der Wärme und der Änderung der Arbeit: $\Delta_r U = Q_r + W$

AUFGABE

A1 In einem Experiment werden 2 mol Methan in einem offenen System vollständig verbrannt. Es wird eine Reaktionswärme von $Q_r = -1.775$ kJ bestimmt.

a) Formulieren Sie die Reaktionsgleichung.

b) Berechnen Sie die im Verlauf der Reaktion auftretende Volumenveränderung ΔV unter der Annahme, dass die Verbrennung bei einer Temperatur von $T = 25$ °C stattfindet und dabei nur gasförmige Reaktionsteilnehmer berücksichtigt werden müssen.
Hinweis: Der Druck *p* beträgt = 1,013 bar und das molare Volumen von Gasen bei $T = 25$ °C beträgt $V_m = 24{,}5$ L/mol.

c) Ermitteln Sie die Volumenarbeit W_{Vol}, die aus der auftretenden Volumenveränderung resultiert, und erläutern Sie die Bedeutung des Vorzeichens ihres Wertes.

d) Berechnen Sie davon ausgehend die Reaktionswärme Q_r, die auftreten würde, wenn diese Verbrennungsreaktion ohne Volumenveränderung ablaufen würde.

Enthalpie
griech. *en*: in und *thalpein*: erwärmen
Größensymbol *H*
engl. *heat content*: Wärmeinhalt

9.2.3 Verbrennungsenthalpie, Heiz- und Brennwert

Messtechnische Bestimmung von Verbrennungsenthalpien

Die Verbrennung fossiler oder regenerativer Brennstoffe spielt für die Energieversorgung eine große Rolle. Die dabei auftretende Reaktionswärme $Q_{r,p}$ wird häufig als **Verbrennungsenthalpie $\Delta_c H$** angegeben. Da Verbrennungen meist exotherm verlaufen, besitzt $\Delta_c H$ in der Regel ein negatives Vorzeichen.

Index „c"
engl. *combustion*: Verbrennung

In **V4** wurde die bei der Verbrennung einer Paraffinkerze auftretende Reaktionswärme mithilfe einer Low-Cost-Apparatur (S. 459, **B2**) näherungsweise bestimmt. Exakte Messungen sind damit allerdings nicht möglich, weil ein Teil der Reaktionsgase aufgrund der offenen Bauweise der Apparatur entweicht, ohne dass die Reaktionswärme vollständig an das Kalorimeterwasser in der Getränkedose abgegeben wird.

Eine etwas exaktere Bestimmung bietet die Verwendung eines **Verbrennungskalorimeters**, in dem die Probe im Luftstrom verbrannt wird. Die gebildeten Reaktionsgase werden durch eine Kühlspirale nach außen geleitet und geben dabei Wärme an die Kalorimeterflüssigkeit ab. Da die Verbrennung unter konstantem Druck verläuft, kann man mithilfe der ermittelten Reaktionswärme $Q_{r,p}$ direkt auf die Verbrennungsenthalpie $\Delta_c H$ des Brennstoffes schließen.

Die spezifische Verbrennungsenthalpie kann auch für Reinstoffe angegeben werden und bezieht sich jeweils auf die Masse bzw. das Volumen.

Dass die Reaktionsgase tatsächlich den vollständigen Betrag an Reaktionswärme an das Kalorimeter abgeben, lässt sich lediglich durch Verwendung eines **Bombenkalorimeters** sicherstellen. Ein Bombenkalorimeter ist ein isoliertes System. Darin wird die Brennstoffprobe unter Sauerstoffüberschuss in einem verschlossenen Druckgefäß verbrannt, welches vollständig von einer Kalorimeterflüssigkeit umgeben ist. Da die Verbrennungsreaktion dabei ohne Volumenänderung verläuft, während der Druck im Gefäß durch die Bildung von Reaktionsgasen steigt, entspricht die ermittelte Reaktionswärme $Q_{r,V}$ in diesem Fall der **Verbrennungsenergie $\Delta_c U$**. Aus diesem Wert kann die Verbrennungsenthalpie $\Delta_c H$ rechnerisch ermittelt werden.

Molare und spezifische Verbrennungsenthalpien

Der Betrag der Reaktionsenthalpie einer chemischen Reaktion hängt von ihrem Stoffumsatz ab. Um die Reaktionsenthalpie verschiedener chemischer Reaktionen miteinander vergleichen zu können, bezieht man diese auf den molaren Stoffumsatz der Reaktion und erhält dadurch die **molare Reaktionsenthalpie $\Delta_r H_m$ in kJ/mol**:

$$\Delta_r H_m = \frac{\Delta_r H}{n} = \frac{-Q_{r,p}}{n}$$

Im Falle von Verbrennungsreaktionen bezieht sich die **molare Verbrennungsenthalpie $\Delta_c H_m$** auf die Stoffmenge des verbrannten Reinstoffes. Bei vielen Brennstoffen, z. B. bei Heizöl oder Erdgas, aber auch bei Paraffin (**V4**), handelt es sich jedoch um Stoffgemische. Die bei deren Verbrennung auftretende Reaktionsenthalpie kann folglich nicht auf einen einheitlichen Stoffumsatz bezogen werden. Man gibt in einem solchen Fall stattdessen die **spezifische Verbrennungsenthalpie $\Delta_c H_{spez}$ in kJ/kg** oder **kJ/m³** an. Diese bezieht sich auf die Masse (bei festen oder flüssigen Brennstoffgemischen) bzw. auf das Volumen (bei gasförmigen Brennstoffgemischen) an verbranntem Brennstoffgemisch.

Heizwert und Brennwert von Stoffen

Viele der heute verwendeten Brennstoffe, z. B. Holz, Benzin oder Erdgas, sind organische Stoffe (**B3**), bei deren vollständiger Verbrennung zum Großteil Kohlenstoffdioxid und Wasser entstehen. Es hat sich bewährt, für solche Stoffe lediglich den

Stoff	Heizwert in kJ/g	Brennwert in kJ/g	Dichte in g/cm³
Holz	15	19	0,50
Ethanol	27	30	0,80
Heizöl	40	42	0,85
Benzin	44	47	0,80
Diesel	42	45	0,85
Erdgas (Methan)	50	55	0,81
Wasserstoff	120	143	0,08

B3 Heizwerte, Brennwerte und Dichten verschiedener Brennstoffe

Betrag der molaren bzw. spezifischen Verbrennungsenthalpie (also einen positiven Wert) anzugeben. Die Höhe dieses Betrags hängt allerdings davon ab, ob das bei der Verbrennung gebildete Wasser zum Zeitpunkt der Messung der Verbrennungsenthalpie (also bei Verbrennungstemperatur) gasförmig vorliegt oder (nach Abkühlung auf $T = 25\,°C$) bereits kondensiert ist.
Im ersten Fall bezeichnet man den Betrag der spezifischen Verbrennungsenthalpie als **Heizwert H_i in kJ/kg** oder **kJ/m³**. Im zweiten Fall wird durch die Kondensation des gebildeten Wassers zusätzlich ein bestimmter Betrag an Kondensationswärme frei, sodass der Betrag der spezifischen Verbrennungsenthalpie, den man unter diesen Bedingungen als **Brennwert H_s in kJ/kg** oder **kJ/m³** bezeichnet, höher ist als der Heizwert. Moderne Brennwertheizungen in Wohnhäusern nutzen diese zusätzlich freiwerdende Kondensationswärme zum Heizen (**B4**).

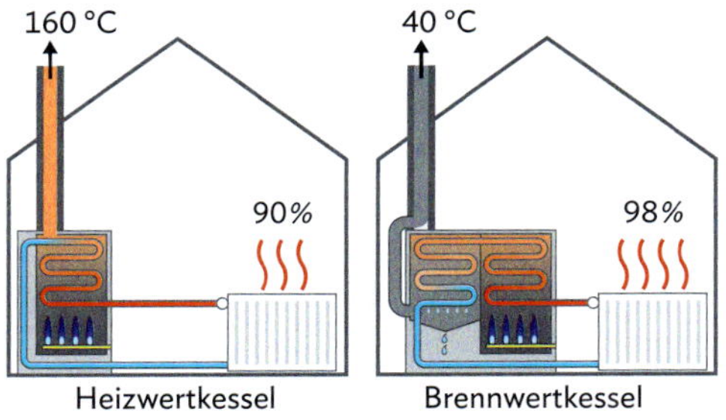

B4 Gegenüberstellung von Heizwert und Brennwert

Biologische Energieträger

Auch der Abbau von Kohlenhydraten und Fetten in den Zellen eines Organismus führt zu den Produkten Kohlenstoffdioxid und Wasser. Umgangssprachlich nennt man dies ebenfalls eine „Verbrennung", weil diese Nährstoffe u. a. in den Mitochondrien der Zellen unter Energiefreisetzung mit Sauerstoff umgesetzt werden. Tierische Organismen erhalten diese Nährstoffe durch Verdauung der aufgenommenen Nahrung. Deshalb hat es sich bewährt, auch für Lebensmittel Brennwerte aufzuführen, die den durchschnittlichen, für einen Organismus nutzbaren Energiegehalt eines Nahrungsmittels in Abhängigkeit von dessen Gehalt an energieliefernden Nährstoffen angeben.
Der **physikalische Brennwert** eines Nahrungsmittels kann mithilfe eines Bombenkalorimeters bestimmt werden, in welchem das Nahrungsmittel bis zur Asche verbrannt wird. Allerdings muss berücksichtigt werden, dass ein Organismus nicht alle enthaltenen energieliefernden Nährstoffe vollständig aufnehmen und verwerten kann. Der **physiologische Brennwert** ergibt sich aus dem physikalischem Brennwert abzüglich dieses nicht nutzbaren Energiebetrags.

Index „i" engl. *inferior*: niedriger

Index „s" engl. *superior*: überlegen

Die molare Verbrennungsenthalpie ist die molare Reaktionsenthalpie bei Verbrennungen bezogen auf die Stoffmenge des Brennstoffs. Die spezifische Verbrennungsenthalpie bezieht sich auf die Masse bzw. das Volumen des Brennstoffs.
Der Heizwert ist ein Maß für die Reaktionswärme, die bei der Verbrennung eines Stoffes auftritt. Der Brennwert eines Stoffes ist um den Betrag der Kondensationswärme höher, die bei der Kondensation des dabei gebildeten Wassers frei wird.

AUFGABEN

A1 Begründen Sie, dass die Angabe der Dichte in **B2** relevant ist.

A2 Bei der vollständigen Verbrennung von 10 g Glucose ($C_6H_{12}O_6$) in einem Bombenkalorimeter wird eine Verbrennungsenergie von $\Delta_c U = -155{,}0$ kJ ermittelt. Das dabei entstehende Wasser ist flüssig.
a) Formulieren Sie die Reaktionsgleichung.
b) Begründen Sie, dass der ermittelte Energiebetrag näherungsweise der Verbrennungsenthalpie entspricht.
c) Ermitteln Sie den spezifischen physikalischen Brennwert von Glucose. Beurteilen Sie, inwiefern der physiologische Brennwert von Glucose von diesem Wert abweichen wird.

9.2.4 Lösungsenthalpien und Satz von HESS

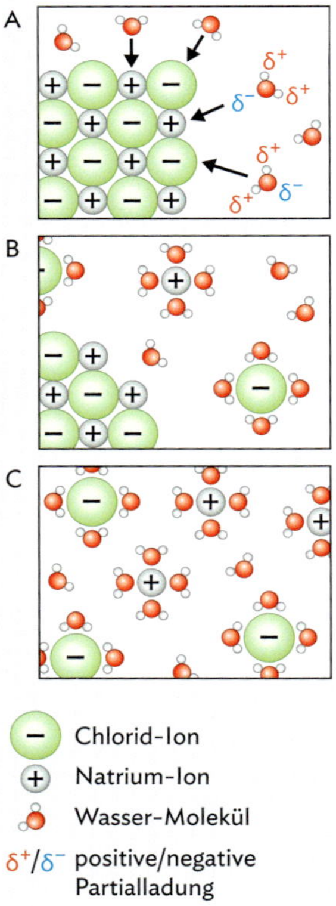

B5 Lösen eines Salzes in Wasser auf Teilchenebene

Löst man verschiedene Salze in Wasser und beobachtet die Temperatur, kann man Unterschiede feststellen (**V5**): Beim Lösen von Natriumchlorid ist praktisch keine Änderung der Temperatur zu beobachten. Löst man wasserfreies Calciumchlorid, erhöht sich die Temperatur der wässrigen Lösung. Löst man Ammoniumnitrat, kühlt die Lösung ab. Wie sind diese unterschiedlichen Enthalpien beim Lösen verschiedener Salze zu erklären?

Lösungsenthalpie

06022-164

Für den Lösevorgang von Salzen (Animation zum Lösevorgang von Salzen unter QR-/Mediencode 06022-164) muss Energie aufgebracht werden, um die Ionenbindung zu überwinden und die Ionen aus dem Ionengitter herauszulösen. Diese Energie nennt man **Gitterenthalpie $\Delta_G H$**. Zum anderen wird Energie freigesetzt, wenn sich Wasser-Moleküle als Hydrathülle an die Ionen anlagern (**B5**). Diese Energie nennt man **Hydratationsenthalpie $\Delta_H H$**. Da bei der Hydratation Wechselwirkungen zwischen Teilchen eingegangen werden, wird hier Energie in Form von Wärme abgegeben, die Hydratationsenthalpie ist daher negativ. Ob sich eine Salzlösung beim Lösevorgang erwärmt (exothermer Vorgang) oder abkühlt (endothermer Vorgang), hängt von der Höhe der jeweiligen Enthalpiebeträge ab (**B6**): Ist die Hydratationsenthalpie gleich der Gitterenthalpie, ist keine Temperaturänderung feststellbar. Ist die Hydratationsenthalpie größer als die Gitterenthalpie, erwärmt sich die Lösung. Ist die Hydratationsenthalpie kleiner als die Gitterenthalpie, kühlt sich die Lösung ab, da die zum Lösen des Salzes benötigte Energie der Lösung entzogen wird. Die Summe aus Gitterenthalpie und Hydratationsenthalpie nennt man **Lösungsenthalpie $\Delta_L H$**.

Es gilt: $\Delta_L H = \Delta_H H + \Delta_G H$

Exotherme Löseprozesse nutzt man z. B. für „selbsterhitzende" Getränke oder Outdoornahrung, endotherme Löseprozesse finden Anwendung in Kältekompressen.

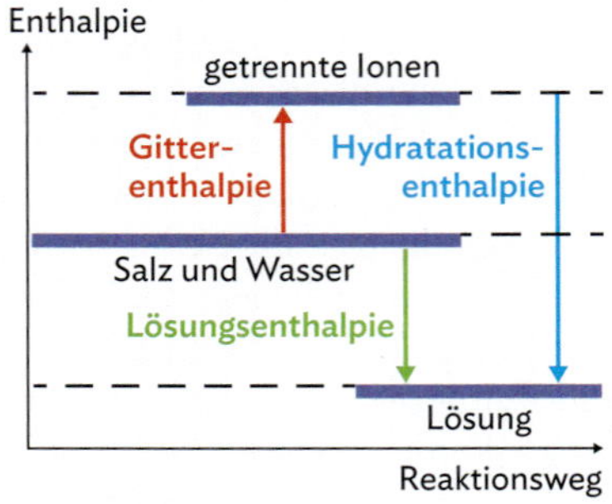

B6 Enthalpiediagramm zu einem exothermen Lösevorgang

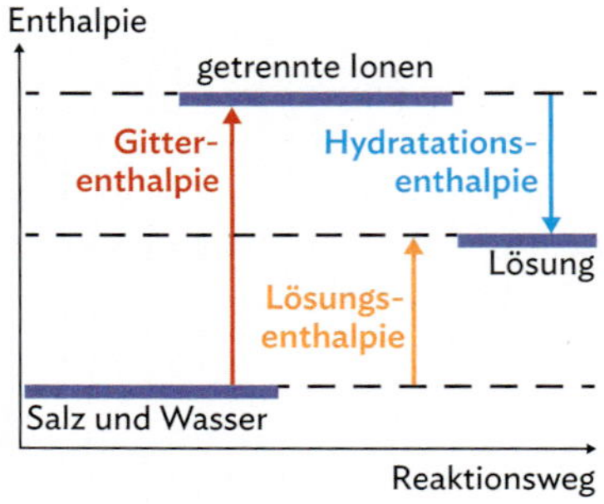

B7 Enthalpiediagramm zu einem endothermen Lösevorgang

Der Satz von HESS

Auch das Lösen von Natriumhydroxid ist ein exothermer Vorgang (**V6**), die freigesetzte Hydratationsenthalpie überwiegt die aufgewendete Gitterenthalpie.

$$NaOH\ (s) \longrightarrow Na^+\ (aq) + OH^-\ (aq) \quad |\ \Delta_L H < 0$$

Die in **V7** und **V8** ablaufenden Reaktionen sind ebenfalls exotherm. Dabei findet in **V7** eine Neutralisationsreaktion zwischen den Hydroxid-Ionen der Natronlauge und den Oxonium-Ionen der Salzsäurelösung statt:

$$OH^-\ (aq) + H_3O^+\ (aq) \longrightarrow 2\ H_2O\ (l) \quad |\ \Delta_r H < 0$$

In **V8** werden der Löseprozess aus **V6** und die Neutralisationsreaktion aus **V7** kombiniert:

$NaOH\ (s) + H_3O^+\ (aq)$
$\longrightarrow 2\ H_2O\ (l) + Na^+\ (aq) \mid \Delta_r H < 0$

Vergleicht man die bei diesen Prozessen freiwerdenden Reaktionswärmen, fällt auf, dass die Summe der Reaktionswärmen aus **V6** und **V7** der Reaktionswärme aus **V8** entspricht. Es ist also für die Reaktionsenthalpien unerheblich, ob der Vorgang in einem Schritt durchgeführt wird oder in mehrere Einzelschritte unterteilt wird. Diese Erkenntnis ist für die energetische Betrachtung chemischer Reaktionen von großer Bedeutung.
Kann eine chemische Reaktion experimentell z. B. nicht als isolierter Vorgang durchgeführt werden, dann ist auch ihre Reaktionsenthalpie kalorimetrisch nicht zugänglich. In solchen Fällen ist es dann also möglich, die Reaktionsenthalpie mathematisch zu ermitteln. Zerlegt man die betrachtete chemische Reaktion in gedachte Teilschritte, deren Reaktionsenthalpien bekannt sind, dann ergibt sich die Reaktionsenthalpie der Gesamtreaktion als Summe aus den Reaktionsenthalpien dieser Teilschritte. Somit ist der Energieumsatz einer chemischen Reaktion unabhängig vom Reaktionsweg, da die Teilschritte von den Edukten zu den Produkten auch anders verlaufen können und die Enthalpie H eines Systems eine wegunabhängige Zustandsgröße ist. Diese Erkenntnis geht auf den Chemiker GERMAIN HENRI HESS (1802 – 1850) zurück und wurde als **Satz von HESS** bekannt.
Für die Verbrennung von Kohlenstoff zu Kohlenstoffdioxid ergibt sich folgende Reaktionsgleichung:

$$C + O_2 \longrightarrow CO_2 \quad \mid \Delta_r H = -393{,}8\ \text{kJ/mol}.$$

Man kann die Reaktion auch in zwei Teilschritte a) und b) zerlegen:

$$\text{a)}\ C + O_2 \longrightarrow CO + \tfrac{1}{2} O_2 \quad \mid \Delta_r H(\text{a}) = -111{,}2\ \text{kJ/mol}$$

$$\text{b)}\ CO + \tfrac{1}{2} O_2 \longrightarrow CO_2 \quad \mid \Delta_r H(\text{b}) = -282{,}6\ \text{kJ/mol}$$

Addiert man die Reaktionsenthalpien der Teilreaktionen, ergibt sich erwartungsgemäß der identische Wert der Gesamtreaktion, die die Reaktion in einem Schritt darstellt.

$$\Delta_r H = \Delta_r H(\text{a}) + \Delta_r H(\text{b})$$

Molare Standardreaktionsenthalpien

Die Reaktionsenthalpie einer chemischen Reaktion hängt nicht nur von deren Stoffumsatz ab, sondern auch von den Bedingungen, unter denen die Reaktion abläuft. Um eine Vergleichbarkeit von Reaktionsenthalpien zu gewährleisten, erfasst man die molare Reaktionsenthalpie $\Delta_r H_m$ in der Regel bei festgelegten Bedingungen, d. h. bei einem Standarddruck von p = 1 bar sowie meist bei einer Temperatur von T = 25 °C. Man erhält dadurch die **molare Standardreaktionsenthalpie $\Delta_r H^0{}_m$ in kJ/mol**. Der Betrag der Reaktionsenthalpie ändert sich in Abhängigkeit von der Reaktionstemperatur allerdings nur sehr geringfügig, sofern sich dabei die Aggregatzustände der beteiligten Stoffe nicht ändern. Daher kann man die für 298 K angegebene molare Standardreaktionsenthalpie eines Prozesses auch betrachten, wenn dieser nicht bei 25 °C abläuft.

Die bei Löseprozessen auftretende Lösungsenthalpie ist die Summe aus aufzuwendender Gitterenthalpie und freigesetzter Hydratationsenthalpie.
Die Enthalpie einer Reaktion entspricht der Summe der Reaktionsenthalpien einer Folge von Reaktionen, in welche die betreffende Reaktion formal zerlegt werden kann. Somit ist die Reaktionsenthalpie einer chemischen Reaktion unabhängig vom Reaktionsweg (Satz von HESS).

In der chemischen Energetik nutzt man in der Regel folgende Standardbedingungen zur Tabellierung thermodynamischer Daten:
p = 1,0 bar bzw.
100 000 Pa
in N/m²

Die Werte werden oft für 298,15 K (25 °C) angegeben, allerdings ist die Temperatur keine offizielle Standardbedingung.

AUFGABEN

A1 MK Recherchieren Sie für die in **V5** eingesetzten Salze die Gitterenthalpien und die Hydratationsenthalpien und berechnen Sie daraus die molaren Lösungsenthalpien.

A2 Berechnen Sie für die in **V6** – **V8** durchgeführten Reaktionen ausgehend von den Versuchsergebnissen die jeweiligen molaren Standardreaktionsenthalpien und setzen Sie sie in Beziehung zueinander.

9.2.5 Bildungsenthalpien

Die molare Standardbildungsenthalpie

Mit dem Satz von HESS (Lernanwendung unter QR-/Mediencode 06007-091) lassen sich prinzipiell die Reaktionsenthalpien aller chemischen Reaktionen bestimmen. Hierzu muss die experimentell nicht messbare Reaktion in bekannte, aber teilweise auch komplizierte Teilschritte zerlegt werden. Einfacher ist es, von den Elementen auszugehen, die Grundlage aller Verbindungen sind. In diesem Zusammenhang kann die **Bildungsenthalpie** von Stoffen verwendet werden, die die bei der Bildung dieses Stoffes freiwerdende oder aufzuwendende Enthalpie angibt.

06007-091

Die **molare Standardbildungsenthalpie $\Delta_f H^0{}_m$ in kJ/mol** eines Stoffes bezieht sich auf die Bildung von 1 mol einer Verbindung aus elementaren Stoffen unter Standardbedingungen.

Aus dieser Definition ergibt sich, dass elementare Stoffe in ihrem energetisch stabilsten Zustand (also z. B. H_2-Moleküle) als Bezugszustand mit einer Standardenthalpie von $H^0 = 0$ definiert werden. Ihre Bildungsenthalpie $\Delta_f H^0{}_m$ beträgt folglich ebenfalls 0.

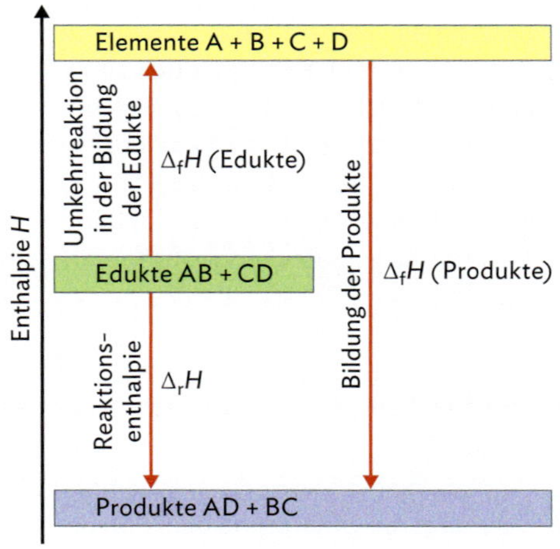

B8 Bestimmung der Reaktionsenthalpien mithilfe von Bildungsenthalpien $\Delta_f H$

Berechnung von Reaktionsenthalpien mittels Bildungsenthalpien

Kombiniert man dies mit dem Satz von HESS, folgt daraus, dass sich die Reaktionsenthalpie einer chemischen Reaktion als Differenz aus den Bildungsenthalpien der an der Reaktion beteiligten Produkte und Edukte unter Berücksichtigung der Stoffmengen im stöchiometrischen Verhältnis (unter Standardbedingungen) ermitteln lässt (**B6**, vgl. **FM**, S. 476). Bei $T = 298{,}15$ K gilt für eine allgemeine Reaktion a A + b B ⟶ c C + d D:

$$\Delta_r H^0 = [n_c \cdot \Delta_f H^0{}_m(C) + n_d \cdot \Delta_f H^0{}_m(D)] - [n_a \cdot \Delta_f H^0{}_m(A) + n_b \cdot \Delta_f H^0{}_m(B)]$$

Um die molaren Standardreaktionsenthalpien zu erhalten, teilt man anschließend die Standardreaktionsenthalpie durch die Stoffmenge der Bezugsgröße.

> Die Bildungsenthalpie gibt die bei der Bildung eines Stoffes aus den Elementen freiwerdende oder aufzubringende Enthalpie an.
> Da die Reaktionsenthalpie einer chemischen Reaktion unabhängig vom Reaktionsweg ist (Satz von HESS), kann die Reaktionsenthalpie aus der Differenz der Bildungsenthalpien der Produkte und der Edukte berechnet werden.

AUFGABEN

A1 Butan kann bei der Reaktion mit Sauerstoff entweder vollständig verbrannt ($\Delta_r H^0{}_m = -2.800$ kJ/mol) oder aber katalytisch zu Butanon und Wasser umgesetzt werden ($\Delta_r H^0{}_m = -433$ kJ/mol). Berechnen Sie mithilfe dieser Angaben die molare Verbrennungsenthalpie $\Delta_r H^0{}_m$ von Butanon.

A2 Berechnen Sie die molare Standardreaktionsenthalpie für die vollständige Verbrennung von Glucose. Vergleichen Sie Ihr Ergebnis mit den Angaben zu **A2** auf S. 463.

A3 Berechnen Sie die Reaktionsenthalpie $\Delta_r H^0$ der Reaktion einer Kupfer(II)-sulfatlösung mit einer Konzentration von $c = 0{,}1$ mol/L mit Zinkpulver.

9.2.6 Standardreaktionsenthalpien berechnen

Für manche Reaktionen sind die Standardreaktionsenthalpien experimentell nicht zugänglich. Um die Standardreaktionsenthalpien dennoch in Erfahrung zu bringen, kann man sie mithilfe des Satzes von HESS berechnen.

1) Berechnung mithilfe der Standardbildungsenthalpien

Berechnen Sie die molare Standardreaktionsenthalpie bei der Verbrennung von Butan mithilfe der Standardbildungsenthalpien der beteiligten Stoffe.

VORGEHEN

1. Formulieren Sie die Reaktionsgleichung.

$$C_4H_{10}\,(g) + 6{,}5\ O_2\,(g) \longrightarrow 4\ CO_2\,(g) + 5\ H_2O\,(g)$$

2. Notieren Sie die zugehörigen Standardbildungsenthalpien der an der Reaktion beteiligten Stoffe.

$$\underset{-126\,\frac{kJ}{mol}}{C_4H_{10}\,(g)} + \underset{0\,\frac{kJ}{mol}}{6{,}5\ O_2\,(g)} \longrightarrow \underset{-394\,\frac{kJ}{mol}}{4\ CO_2\,(g)} + \underset{-242\,\frac{kJ}{mol}}{5\ H_2O\,(g)}$$

3. Berechnen Sie die Standardreaktionsenthalpie.

$$\Delta_r H^0 = \Sigma\left(n_{\text{Produkte}} \cdot \Delta_f H^0{}_{m(\text{Produkte})}\right) - \Sigma\left(n_{\text{Edukte}} \cdot \Delta_f H^0{}_{m(\text{Edukte})}\right)$$

$$\Delta_r H^0 = (4\,\text{mol} \cdot \Delta_f H^0{}_m(CO_2) + 5\,\text{mol} \cdot \Delta_f H^0{}_m(H_2O)) - (\Delta_f H^0{}_m\,(C_4H_{10}) + 6{,}5\,\text{mol} \cdot \Delta_f H^0{}_m\,(O_2))$$

$$= \left(4\,\text{mol} \cdot \left(-394\,\frac{kJ}{mol}\right) + 5\,\text{mol} \cdot \left(-242\,\frac{kJ}{mol}\right)\right) - \left((-126\,kJ) + 6{,}5\,\text{mol} \cdot 0\,\frac{kJ}{mol}\right)$$

$$= -2.260\,kJ$$

4. Berechnen Sie die molare Standardreaktionsenthalpie in Bezug auf die Bezugsgröße.

$$\Delta_r H^0 m = \Delta_r H^0 : n(C_4H_{10}) = -2.260\,kJ : 1\,\text{mol}$$

$$= -2.260\,\frac{kJ}{mol}$$

Die molare Standardeaktionsenthalpie bei der Verbrennung von Butan beträgt $-2.260\,\frac{kJ}{mol.}$

2) Berechnung mithilfe bekannter Standardreaktionsenthalpien

Graphit, **Diamant** oder **Fulleren** sind Modifikationen von Kohlenstoff, die die gleiche chemische Zusammensetzung aber eine unterschiedliche Struktur besitzen. Aufgrund der unterschiedlichen Anordnung der Kohlenstoff-Atome unterscheiden sich diese Modifikationen in ihren Eigenschaften erheblich.

Berechnen Sie die Reaktionsenthalpie für die Umwandlung von der Kohlenstoff-Modifikation Graphit in die Modifikation Diamant (R1).

Folgende Reaktionen sind mit ihren Reaktionsenthalpien bekannt:

(R2) $C(\text{Graphit}) + O_2 \longrightarrow CO_2 \quad | \ \Delta_r H_m = -393{,}43\,\frac{kJ}{mol}$

(R3) $C(\text{Diamant}) + O_2 \longrightarrow CO_2 \quad | \ \Delta_r H_m = -395{,}33\,\frac{kJ}{mol}$

VORGEHEN

1. Formulieren Sie die Reaktionsgleichung für die gesuchte Reaktionsenthalpie.
(R1) $C(\text{Graphit}) \longrightarrow C(\text{Diamant})$

2. Stellen Sie eine Reaktionsfolge bekannter Reaktionen auf.
(R1) kann als Reaktionsfolge aus der Reaktion (R2) und der Rückreaktion von (R3), d. h. ($R3_{\text{rück}}$), dargestellt werden.

$$C(\text{Graphit}) + O_2 \underset{(R2)}{\longrightarrow} CO_2 \underset{(R3_{\text{Rück}})}{\longrightarrow} O_2 + C\ (\text{Diamant})$$

3. Verknüpfen Sie die unbekannte Reaktion mit den bekannten Reaktionen.
$(R1) = (R2) + (R3_{\text{Rück}}) = (R2) - (R3)$

4. Berechnen Sie die gesuchte Reaktionsenthalpie.

$$\Delta_r H_m\,(R1) = \Delta_r H_m\,(R2) - \Delta_r H_m\,(R3)$$

$$= -393{,}43\,\frac{kJ}{mol} - \left(-395{,}33\,\frac{kJ}{mol}\right)$$

$$= +1{,}9\,\frac{kJ}{mol}$$

Für die Umwandlung von 1 mol Graphit in Diamant müssen 1,9 kJ aufgewendet werden. Graphit ist damit die energetisch stabilere Modifikation.

AUFGABEN

A1 Berechnen Sie die molare Standardreaktionsenthalpie für die Reaktion, die abläuft, wenn man einen Eisennagel in eine Silbernitratlösung hält.

A2 Bei der Verbrennung des Raketentreibstoffs Hydrazin N_2H_4 werden die Reaktionsprodukte Stickstoff und Wasser gebildet. Berechnen Sie die molare Standardbildungsenthalpie $\Delta_f H^0{}_m$ von Hydrazin, wenn bei der Verbrennung von 50 g dieses Stoffes eine Reaktionswärme von 972 kJ freigesetzt wird.

9.3 Entropie und freie Enthalpie LK

Weshalb kühlt sich eine heiße Schokolade „wie von selbst" ab oder verbrennt ein Stück Holz „von alleine"? Was treibt diese Prozesse an und warum laufen sie selbsttätig in diese und nicht in die umgekehrte Richtung ab? Die chemische Energetik liefert auch darauf Antworten und ermöglicht Vorhersagen darüber, unter welchen Bedingungen physikalische bzw. chemische Vorgänge selbsttätig ablaufen.

9.3.1 Versuche und Material

V Brausepulver energetisch betrachtet

Die wichtigsten Bestandteile von Brausetabletten und Brausepulver sind Natriumhydrogencarbonat und ein Säuerungsmittel - meistens Citronensäure. Was bewirken diese beiden Bestandteile bei Kontakt mit Wasser und erwärmt sich bei dieser Reaktion die gebildete „Brause" oder kühlt sie sich ab?

V1 Bauen Sie ein einfaches Kalorimeter, indem Sie z. B. zwei Styroporbecher ineinander und diese in ein passendes Becherglas stellen. Wiegen Sie ca. 6 g Natriumhydrogencarbonat $NaHCO_3$ ab und stellen Sie ca. 25 mL Citronensäurelösung (c = 1 mol/L) in einem Messzylinder bereit. Messen Sie die Temperatur der Säurelösung. Mischen Sie dann das Natriumhydrogencarbonat und die Citronensäurelösung portionsweise im Kalorimeter. Ermitteln Sie die Temperaturdifferenz.

AUSWERTUNG

a) Entwickeln Sie eine Reaktionsgleichung für die im Kalorimeter abgelaufene Reaktion. Verwenden Sie für das Citronensäure-Molekül die vereinfachte Formel H_3Cit. (Das Citronensäure-Molekül kann drei Protonen abspalten). Alternativ können Sie auch direkt von den Ionen ausgehen, die in der Citronensäurelösung vorliegen: $3\ H_3O^+ + Cit^{3-}$.

b) Vergleichen Sie den Energieumsatz dieser Reaktion mit dem vieler anderer selbsttätig ablaufender Reaktionen (z. B. Verbrennungsreaktionen).

c) Vergleichen Sie die Teilchenanordnung des Systems vor und nach der Reaktion (Edukte versus Produkte).

ENTSORGUNG A

V Triebkräfte selbsttätig ablaufender Prozesse

Die Voraussetzungen für das selbsttätige Ablaufen physikalischer Vorgänge bzw. chemischer Reaktionen sollen untersucht werden.

V2 Platzieren Sie eine mit Wasser gefüllte Petrischale möglichst erschütterungsfrei auf einem Tisch und geben Sie mithilfe einer Pinzette ein Körnchen Kaliumpermanganat in die Mitte der Schale. Beobachten Sie für längere Zeit.

LV3 Auf den Boden eines Standzylinders werden einige Tropfen Brom getropft. Der Zylinder wird mit einer Abdeckscheibe geschlossen und über einige Minuten beobachtet.

V4 Bereiten Sie zwei Wasserbäder mit einer Temperatur von ca. 10 °C (Eiskühlung) bzw. ca. 60 °C vor. Geben Sie je 4 g Kaliumnitrat KNO_3 in zwei Reagenzgläser. Fügen Sie je 10 mL destilliertes Wasser hinzu. Stellen Sie eines der Reagenzgläser in das kalte Wasserbad, das andere in das warme. Schütteln Sie beide Reagenzgläser in regelmäßigen Abständen kräftig (mit Stopfen, außerhalb des Wasserbades).

AUSWERTUNG

a) Erklären Sie die Versuchsbeobachtungen aus **V2** und **LV3** und stellen Sie eine Vermutung auf, warum diese Vorgänge selbsttätig ablaufen.
b) Vergleichen Sie die Veränderungen auf der Teilchenebene bei diesen beiden Versuchen.
c) Beurteilen Sie, unter welcher Bedingung es sich bei dem in **V4** beobachteten Vorgang um einen selbsttätigen Prozess handelt.
d) Formulieren Sie eine Hypothese, die das Zusammenwirken der Triebkräfte für das selbsttätige Ablaufen eines Vorgangs beschreibt.

ENTSORGUNG A, G2

M Ordnung in Systemen und Wahrscheinlichkeit von Zuständen

M5 Eine Glaskugel wird mit Ioddampf befüllt. Eine andere Glaskugel wird mit Stickstoff befüllt. Beide Glaskugeln werden über einen geschlossenen Hahn verbunden. Der Ioddampf ist lila, Stickstoff ist farblos (**B1** oben). Dann wird der Hahn geöffnet. Die Farben der beiden Kugeln gleichen sich an, bis die Farben in beiden Kugeln gleich (helllila) sind (**B1** unten). **B2a** zeigt den Zustand auf Teilchenebene vor Öffnen des Hahnes (t_0). **B2b – d** zeigen den Zustand auf Teilchenebene zu drei verschiedenen Zeitpunkten (t_1, t_2 und t_3) nach Öffnen des Hahnes.

AUSWERTUNG

a) Stellen Sie einen Bezug zu **LV3** her.
b) Erläutern Sie die Unterschiede, die zwischen den Zeitpunkten t_0 und t_1 auf Teilchenebene beobachtet werden können.
c) Vergleichen Sie die Teilchenbilder zu den Zeitpunkten t_0, t_2 und t_3.
d) Formulieren Sie eine Hypothese, die erklärt, welche der beiden Teilchenanordnungen t_2 bzw. t_3 mit höherer Wahrscheinlichkeit im Stoff beobachtet werden kann.

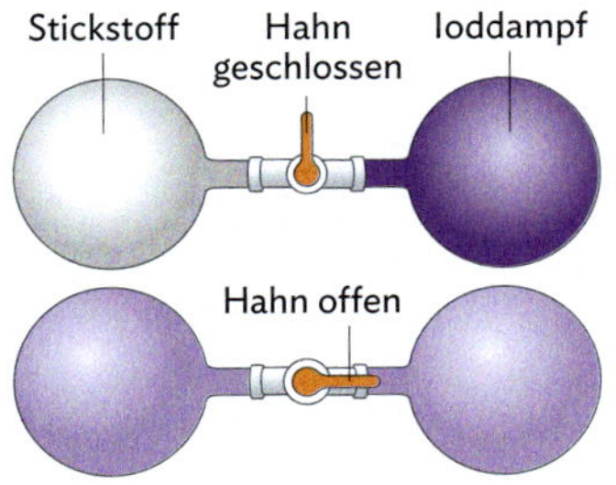

B1 Das System vor (oben) und nach Öffnen des Hahns (unten)

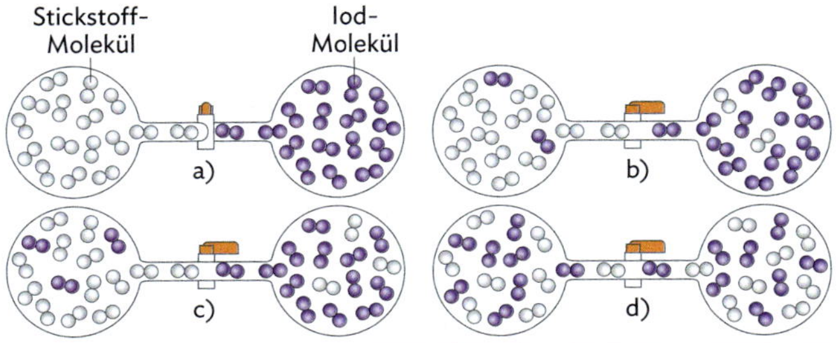

B2 Teilchenanordnungen zu den Zeitpunkten t_0, t_1, t_2 und t_3

9.3.2 Selbsttätigkeit und Unordnung

Gelegentlich wird statt dem Begriffspaar selbsttätig/nicht-selbsttätig auch spontan/nicht-spontan oder freiwillig/nicht-freiwillig verwendet.

Selbsttätige und nicht-selbsttätige Vorgänge

Im Alltag lassen sich zahlreiche Vorgänge beobachten, die mit Ausnahme einer eventuellen energetischen Aktivierung ohne weitere aktive äußere Einwirkung ablaufen. So bilden die Inhaltsstoffe einer Brausetablette bei Kontakt mit Wasser eine sprudelnde Brause (**V1**), heiße Getränke kühlen sich in einer kälteren Umgebung ab, und ein Streichholz verbrennt nach dem Reiben an einer Zündfläche ohne weiteres Zutun (**B1**).
Derartige Vorgänge bezeichnet man als **selbsttätige Vorgänge**. Sie sind prinzipiell umkehrbar. Dennoch kann z. B. nicht beobachtet werden, dass die Bestandteile einer Brausetablette ohne äußere Einwirkung aus einer wässrigen Lösung auskristallisieren, oder dass sich ein heißes Getränk in einer kühleren Umgebung wieder erwärmt. Folglich laufen Vorgänge stets nur in eine Richtung selbsttätig ab. Wodurch wird bestimmt, in welche Richtung ein Vorgang selbsttätig abläuft?

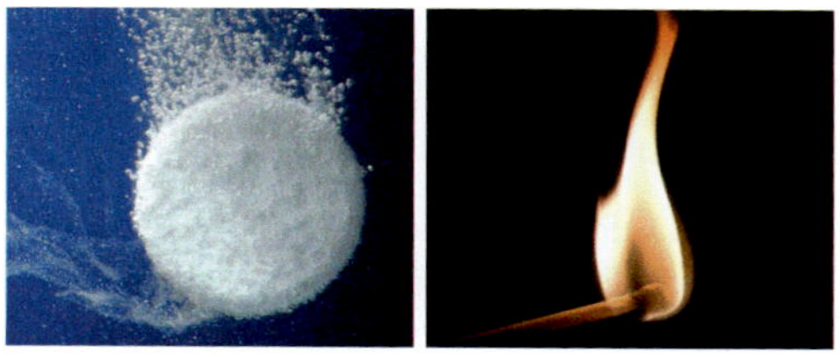

B1 Eine Brausetablette reagiert mit Wasser selbsttätig. Ein Streichholz verbrennt ohne weiteres Zutun.

Entropie
griech. *en*: in und *trope*: Umkehr, Wende

Energieminimum als Triebkraft selbsttätiger Vorgänge

Viele der oben genannten selbsttätigen Vorgänge verlaufen exotherm, also unter Abgabe von Energie. Besonders deutlich wird dies bei zahlreichen Verbrennungsreaktionen (vgl. Kap. 9.2.3) oder nach dem Entzünden eines Streichholzes, das unter Abgabe von Wärme und Licht verbrennt (**B1**). Beobachtungen wie diese legen die Schlussfolgerung nahe, dass die Triebkraft eines selbsttätigen Vorgangs das Erreichen eines energiearmen Zustands (eines **Energieminimums**) sein kann.
Allerdings existieren auch zahlreiche Beispiele für endotherme Vorgänge, die selbsttätig ablaufen. So verläuft z. B. die „Brausepulver"-Reaktion zwischen Natriumhydrogencarbonat (Natron) und Citronensäure (**V1**) unter Abkühlung. Die Produkte (unter anderem Kohlenstoffdioxid und Wasser) entstehen unter Aufnahme von Energie in Form von Wärme aus der Umgebung, und damit nicht unter Erreichen eines Energieminimums.
Was treibt solche selbsttätigen Vorgänge also an?

Maximale „Unordnung" als Triebkraft selbsttätiger Vorgänge

Betrachtet man die selbsttätig ablaufenden Vorgänge aus den Versuchen **V1**, **V2** und **LV3** auf der Teilchenebene, so lässt sich unabhängig vom energetischen Verlauf des jeweiligen Prozesses eine wesentliche Gemeinsamkeit feststellen: Beim Lösen und der Diffusion eines Salzes in Wasser (**V2**) oder beim Verdampfen eines Stoffes (**LV3**) gehen die jeweiligen Teilchen (z. B. die Ionen eines Salzes oder die Moleküle eines flüchtigen Stoffes) von einer vergleichsweise „kompakten" und regelmäßigen Anordnung (z. B. in einem Ionengitter, oder in einer Flüssigkeit mit relativ geringem Abstand der Moleküle) in einen Zustand über, in dem sie sich freier bewegen können und dabei unregelmäßiger bzw. **unordentlicher** angeordnet sind. Man spricht von einer Zunahme der **Entropie**. Selbsttätige Vorgänge können also ebenso vom Erreichen eines möglichst hohen **Grads an Unordnung** angetrieben werden.
Auch bei der endothermen Reaktion einer Brausetablette in Wasser liegen nach der Reaktion gelöste und gasförmige Stoffe vor, während die Edukte als Feststoffe vergleichsweise geordneter aufgebaut waren:

$$3\,NaHCO_3\,(s) + H_3Cit\,(s) \longrightarrow 3\,Na^+\,(aq) + Cit^{3-}\,(aq) + 3\,H_2O\,(l) + 3\,CO_2\,(g) \quad |\,\Delta_r H > 0$$

Unordnung auf Teilchenebene

Das Verdunsten eines Stoffes, z. B. Brom (**LV3**), erfordert Energie. Diese wird in Form von Wärme als „kompaktes Energiepaket" von der Umgebung auf den zunächst flüssigen Stoff übertragen und in viele „kleine Energiepäckchen" aufgeteilt, die von den einzelnen Molekülen des Stoffes aufgenommen werden (**B2**).

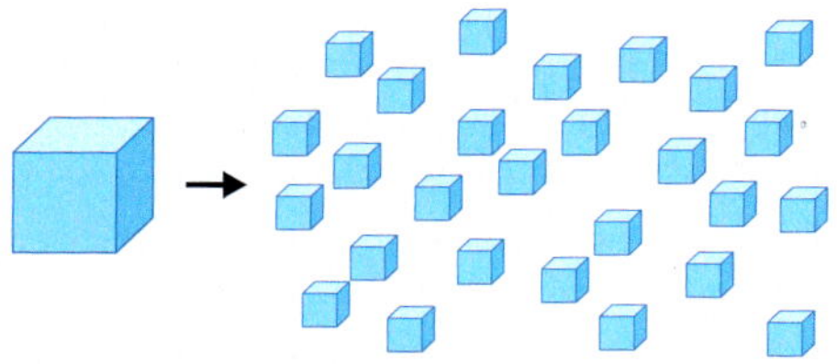

B2 Modellhafte Darstellung der Entstehung von Unordnung

Diese Energieaufnahme führt zur teilweisen Überwindung der anziehenden Wechselwirkungen zwischen den Molekülen z. B. des Broms, welche sich dadurch freier und unregelmäßiger bewegen. Es kommt zu einer Ausbreitung der Teilchen im verfügbaren Raum (Diffusion).

Durch die Aufteilung des kompakten Energiebetrags auf viele kleine Energiepäckchen entsteht im betrachteten System eine gewisse Unordnung. Die Richtung dieses selbsttätigen Vorgangs wird dadurch bestimmt, dass sich die fein verteilten Energiepäckchen nicht „von selbst“ wieder vollständig zu dem ursprünglichen Energiepaket vereinigen lassen. Der beschriebene Aufteilungsvorgang führt also gewissermaßen zu einem stabileren, von selbst nicht vollständig umkehrbaren Zustand, nämlich dem einer größeren Unordnung. Wird einem Feststoff Energie in Form von Wärme zugeführt, wird bereits vor dem Aggregatzustandswechsel eine größere Unordnung erzeugt. Die Teilchen bleiben zwar gitterartig angeordnet, schwingen jedoch heftiger um ihre Gitterplätze.

Entropie und Wahrscheinlichkeit

LUDWIG BOLTZMANN definierte die Entropie als Maß für die Anordnungsmöglichkeiten von Molekülen. Dies kann mit **M5** nachvollzogen werden: Verbindet man eine mit Ioddampf gefüllte Glaskugel mit einer mit Stickstoff gefüllten Glaskugel über einen geschlossenen Hahn und öffnet den Hahn, stellt man nach einiger Zeit ein Angleichen der Farben in beiden Glaskugeln fest. Auf Teilchenebene betrachtet befinden sich in der Ioddampfkugel vor Öffnen des Hahnes nur Iod- und in der anderen Kugel nur Stickstoff-Moleküle (t_0). Nimmt man vereinfacht an, dass in den Kugeln vor Öffnen des Hahnes jeweils vier Moleküle des jeweiligen Gases enthalten sind, so ergeben sich verschiedene Möglichkeiten der Molekülverteilung am Ende des Versuchs:

① 4 Iod-Moleküle
② 3 Iod-Moleküle und 1 Stickstoff-Molekül
③ 2 Iod- und 2 Stickstoff-Moleküle
④ 1 Iod-Molekül und 3 Stickstoff-Moleküle
⑤ 4 Stickstoff-Moleküle.

Für Zustand ③ gibt es die meisten Möglichkeiten für die Molekülanordnung. Dieser Zustand ist demnach am wahrscheinlichsten. Dies erklärt das Angleichen der Farben in den Glaskugeln. Dabei sind alle Molekülanordnungen eines Zustands jeweils gleich wahrscheinlich (t_2 und t_3). Je größer die Teilchenanzahl im System ist, desto mehr Anordnungsmöglichkeiten gibt es und desto wahrscheinlicher ist ein Zustand analog zu Zustand ③. Die Entropie ist bei Zustand ③ am höchsten.

Die Richtung selbsttätiger Vorgänge wird durch das Erreichen eines Zustands minimaler Energie bzw. maximaler Unordnung bestimmt. Je größer die Unordnung, desto größer die Entropie. Sie nimmt mit steigender Temperatur von fest zu flüssig zu gasförmig und mit steigender Teilchenanzahl zu. Die Entropie kann auch als Maß für die Anzahl verschiedener Teilchenanordnungen verstanden werden.

AUFGABEN

A1 Erläutern Sie, dass das Erreichen einer maximalen Unordnung die übergeordnete Triebkraft selbsttätiger Vorgänge ist.

A2 Formulieren Sie eine Vermutung, die erklärt, inwiefern man bei dem in **B2** dargestellten Vorgang von einer „Entwertung“ von Energie sprechen kann.

A3 Erläutern Sie unter Verwendung von Fachbegriffen den Diffusionsprozess bei der Teezubereitung.

9.3.3 Entropie und Reaktionsentropie

Entropie als absolute Zustandsgröße

Je mehr Bewegungsmöglichkeiten die Teilchen in einem System haben, desto mehr (Energie-)Zustände können sie annehmen, und desto größer ist prinzipiell auch die Unordnung im betrachteten System. Sowohl die Teilchenanzahl als auch die Bewegungsmöglichkeiten der Teilchen innerhalb eines Stoffes lassen sich auf der Grundlage ihres geometrischen Baus absolut bestimmen. Es ist folglich möglich, den Grad an Unordnung in einem System unter festgelegten äußeren Bedingungen mithilfe einer **absoluten Zustandsgröße** anzugeben. Diese Größe ist die **Entropie *S*** in **J/K**.

B3 Auskristallisiertes Salz

Entropie am absoluten Nullpunkt

Bei der Angabe der absoluten Entropie einer Teilchenportion geht man davon aus, dass diese Teilchen, insofern sie einem Reinstoff angehören, bei einer absoluten Temperatur von 0 K ein absolut regelmäßiges Teilchengitter bilden, in dem aufgrund der fehlenden Bewegungsenergie keinerlei Teilchenbewegung stattfindet. Diesem Zustand ordnet man eine absolute Entropie von 0 J/K zu.

Molare Standardentropien

Die Unordnung in einem System hängt nicht nur von der Teilchenanzahl (und damit der Stoffmenge), sondern auch vom im System insgesamt verfügbaren Betrag an Bewegungsenergie (und damit der Temperatur) ab. Aus diesem Grund tabelliert man zur besseren Vergleichbarkeit die **molare Standardentropie S^0_m** als auf Standardbedingungen bezogene Größe, i. d. R. bei Raumtemperatur (25 °C):

$$S^0_m = \frac{S^0}{n} \quad \frac{J}{K \cdot mol}$$

Reaktionsentropie

Im Verlauf der Löse- bzw. Verdunstungsvorgänge in **V2** und **LV3** nehmen die Bewegungsmöglichkeiten der Teilchen (also der Ionen bzw. der Moleküle), die am jeweiligen Vorgang beteiligt sind, zu. Folglich erhöht sich auch der Grad an Unordnung im jeweiligen System. Man sagt, es wird Entropie „erzeugt", weil die Entropie des Endzustands größer als die des Ausgangszustands ist. Entropieänderungen können auch bei chemischen Reaktionen auftreten. So lösen sich in **V1** die Ionen im Wasser, sie werden folglich frei beweglich. Zudem entsteht Kohlenstoffdioxidgas, in dem sich Kohlenstoffdioxid-Moleküle frei und unregelmäßig bewegen können. Ein geordneter Kristallzustand der Edukte liegt nach der Reaktion nicht mehr vor. Es wird also zusätzlich Entropie erzeugt. Die auftretende Entropieänderung bezeichnet man als **Reaktionsentropie $\Delta_r S$**:

$$\Delta_r S = S_{nach} - S_{vor} > 0 \quad \text{in } \frac{J}{K}$$

Würde man die Prozesse in **V1** bis **LV3** umkehren, so würde im Verlauf dieser Vorgänge Entropie „vernichtet" werden, weil der Grad an Unordnung beim Auskristallisieren eines gelösten Salzes aus einer Lösung (**B3**) oder dem Kondensieren eines gasförmigen Stoffes nach dem Prozess geringer als vorher ist. Es würde dann gelten:

$$\Delta_r S = S_{nach} - S_{vor} < 0$$

Erfolgt innerhalb des betrachteten Systems im Zuge der Wärmeübertragung eine chemische Reaktion, dann kann die Reaktionsentropie $\Delta_r S$ analog zur Berechnung der Enthalpie als Differenz der molaren Standardentropien der an der Reaktion beteiligten Stoffe berechnet werden:

$$\Delta_r S^0 = \Sigma(n_{Produkte} \cdot S^0_{m(Produkte)}) - \Sigma(n_{Edukte} \cdot S^0_{m(Edukte)})$$

Entropieänderung bei selbsttätigen Vorgängen

Bei endothermen, selbsttätigen Vorgängen wie in **V1** und **LV3** wird jeweils Wärme aus der Umgebung auf das betrachtete System übertragen. In der Folge erhöht sich die Entropie im jeweiligen System, während die Entropie der Umgebung durch den Entzug von Energie abnimmt. Selbsttätig können die jeweiligen Vorgänge deshalb ablaufen, weil dabei trotz des endothermen energetischen Verlaufs so viel Entropie erzeugt wird, dass die Gesamtentropie von System und Umgebung zunimmt. Der **2. Hauptsatz der Thermodynamik** besagt, dass die Entropie für selbsttätige Vorgänge in einem abgeschlossenen (isolierten) System nicht abnehmen kann. Es gilt folglich:

$$\Delta S_{gesamt} = \Delta S_{System} + \Delta S_{Umgebung} \geqq 0$$

Im Gegensatz zur Enthalpie kann die Entropie von Stoffen konkret angegeben werden. Reinstoffe haben am absoluten Nullpunkt die Entropie Null. Die Reaktionsentropie kann als Differenz der Entropien der an der Reaktion beteiligten Stoffe berechnet werden. Bei selbsttätigen Vorgängen nimmt die Gesamtentropie eines Systems und seiner Umgebung zu. Dies wird als zweiter Hauptsatz der Thermodynamik bezeichnet:
$\Delta S_{gesamt} = \Delta S_{System} + \Delta S_{Umgebung} \geqq 0$

FM Berechnung von Standardreaktionsentropien

Berechnen Sie die Standardreaktionsentropie der Knallgasreaktion aus den molaren Standardentropien der beteiligten Stoffe.

VORGEHEN

1. Stellen Sie die Reaktionsgleichung auf.

   $$2\ H_2\ (g) + O_2\ (g) \longrightarrow 2\ H_2O\ (g)$$

2. Listen Sie die gegebenen Werte auf.

   $S^0{}_m(H_2O\ (g)) = 188\ \frac{J}{K \cdot mol}$

   $S^0{}_m(H_2\ (g)) = 131\ \frac{J}{K \cdot mol}$

   $S^0{}_m(O_2\ (g)) = 205\ \frac{J}{K \cdot mol}$

3. Notieren Sie die Gleichung.

   $\Delta_r S^0 = \Sigma(n_{Produkte} \cdot S^0{}_{m(Produkte)}) - \Sigma(n_{Edukte} \cdot S^0{}_{m(Edukte)})$

4. Setzen Sie die Werte in die Gleichung ein.

   $$\Delta_r S^0 = 2\ mol \cdot 188\ \frac{J}{K \cdot mol} - \left(2\ mol \cdot 131\ \frac{J}{K \cdot mol} + 1\ mol \cdot 205\ \frac{J}{K \cdot mol}\right) = -91\ \frac{J}{K}$$

   Die Entropie des Systems nimmt bei Standardbedingungen und 25 °C um 91 $\frac{J}{K}$ ab.

AUFGABEN

A1 Erläutern Sie die Unterschiede zwischen den molaren Standardentropien folgender Stoffe:
a) flüssiges bzw. gasförmiges Wasser
b) festes bzw. gelöstes Natriumchlorid.

A2 Berechnen Sie die Standardreaktionsentropie $\Delta_r S^0$ für den Löseprozess in **V4**. Deuten Sie das Vorzeichen.

A3 Ammoniakgas kann großtechnisch aus den Elementen hergestellt werden.
a) Schätzen Sie ausgehend von der Reaktionsgleichung das Vorzeichen der Reaktionsentropie $\Delta_r S$ ab.
b) Überprüfen Sie Ihre Abschätzung rechnerisch.

A4 Die Abbildung **B4** zeigt das Versuchsergebnis der endotherm verlaufenden Reaktion der kristallinen Feststoffe Citronensäure und Natriumcarbonat-Pentahydrat. Stellen Sie eine Vermutung auf, warum die Reaktion selbsttätig abläuft.

06007-092
Entropiewerte für die Aufgaben unter QR-/Mediencode 06007-092

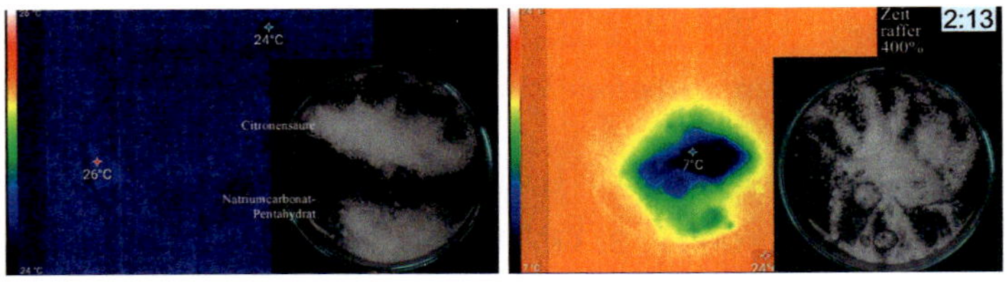

B4 Wärmebildaufnahmen der Reaktion von Citronensäure mit Natriumcarbonat-Pentahydrat

9.3.4 Selbsttätige Prozesse und freie Reaktionsenthalpie

JOSIAH GIBBS (1839 – 1903) amerikanischer Physiker und Mathematiker

HERMANN VON HELMHOLTZ (1821 – 1894) deutscher Physiker und Mediziner

Die freie Enthalpie G ist eine Zustandsgröße und wird gelegentlich auch als „GIBBS-Energie“ bezeichnet.

06007-093

Enthalpie und Entropie als Triebkräfte

Zwei Triebkräfte bestimmen darüber, ob eine Reaktion selbsttätig abläuft oder nicht: die Tendenz zu einem möglichst energiearmen Zustand, dem **Enthalpieminimum** und zu einem möglichst ungeordneten Zustand, dem **Entropiemaximum**. Wie wirken diese Triebkräfte zusammen?
Manche Vorgänge laufen erst bei einer bestimmten Temperatur ab. So kann man Kaliumnitrat bei 60 °C gut in Wasser lösen, während es sich bei 10 °C kaum in Wasser löst (**V4**). Die Temperatur hat bei manchen Prozessen also eine entscheidende Bedeutung. Das Prinzip des Entropiemaximums wird beim Lösen der meisten Salze erfüllt: Die regelmäßig angeordneten Ionen im Feststoff werden in der Lösung frei beweglich: $\Delta_r S^0 > 0$. Die Lösungsenthalpie ist für diesen Prozess ebenfalls positiv (vgl. **FM**), das Prinzip des Enthalpieminimums als zweite Triebkraft wird also nicht erfüllt: $\Delta_r H^0 > 0$. Erst bei höherer Temperatur bekommt die Triebkraft der Entropiezunahme einen so großen Einfluss, dass der Prozess dann selbsttätig abläuft.

GIBBS-HELMHOLTZ-Gleichung

Eine Möglichkeit zur mathematischen Abschätzung der Selbsttätigkeit von Prozessen liefert die sogenannte **GIBBS-HELMHOLTZ-Gleichung** (Herleitung unter QR-/Mediencode 06007-093). Reaktionsenthalpie und Reaktionsentropie werden kombiniert, der Einfluss der Temperatur auf den Entropieanteil wird durch Multiplikation dieses Terms mit $(-T)$ berücksichtigt. Es ergibt sich eine neue Größe, die als **freie Reaktionsenthalpie $\Delta_r G$** in kJ/mol bezeichnet wird:

$$\Delta_r G = \Delta_r H - T \cdot \Delta_r S$$

FM Berechnung der freien Reaktionsenthalpie

Berechnen Sie die freie Standardreaktionsenthalpie für das Lösen von Kaliumnitrat in Wasser bei 60 °C (**V4**).

VORGEHEN

1. Stellen Sie die Reaktionsgleichung auf.
   Anmerkung: Löseprozesse können wie chemische Reaktionen betrachtet werden, dies gilt auch für die energetischen Aspekte.

   $KNO_3\,(s) \longrightarrow K^+\,(aq) + NO_3^-\,(aq)$

2. Berechnen Sie die Standardreaktionsenthalpie (entspricht hier der Lösungsenthalpie).
   $\Delta_r H^0 = \Sigma(n_{Produkte} \cdot \Delta_f H^0{}_{m(Produkte)}) - \Sigma(n_{Edukte} \cdot \Delta_f H^0{}_{m(Edukte)})$

   $\Delta_r H^0 = \left(1\,mol \cdot \left(-252\,\frac{kJ}{mol}\right) + 1\,mol \cdot \left(-205\,\frac{kJ}{mol}\right)\right) - \left(1\,mol \cdot \left(-495\,\frac{kJ}{mol}\right)\right) = 38\,kJ$

3. Berechnen Sie die Standardreaktionsentropie:
   $\Delta_r S^0 = \Sigma(n_{Produkte} \cdot S^0{}_{m(Produkte)}) - \Sigma(n_{Edukte} \cdot S^0{}_{m(Edukte)})$

   $\Delta_r S^0 = \left(1\,mol \cdot 102\,\frac{J}{K \cdot M} + 1\,mol \cdot 146\,\frac{J}{K \cdot mol}\right) - \left(1\,mol \cdot 133\,\frac{J}{K \cdot mol}\right) = 115\,\frac{J}{K}$

4. Berechnen Sie die freie Reaktionsenthalpie unter Berücksichtigung der gegebenen Temperatur (in Kelvin!):
   $\Delta_r G^0 = \Delta_r H^0 - T \cdot \Delta_r S^0$ (GIBBS-HELMHOLTZ-Gleichung)

   $\Delta_r G^0 = 38.000\,J - 333\,K \cdot 115\,\frac{J}{K} = -295\,J$

   Bei 60 °C läuft der Löseprozess von Kaliumnitrat (schwach) exergonisch und damit selbsttätig ab.

Mithilfe der GIBBS-HELMHOLTZ-Gleichung ist es möglich, die freie Reaktionsenthalpie eines Vorgangs aus der Reaktionsenthalpie sowie der Reaktionsentropie dieses Vorgangs zu berechnen (vgl. **FM**). Verwendet man alternativ dazu tabellierte **molare freie Bildungsenthalpien $\Delta_f G^0{}_m$** (Einheit: J/mol), die sich auf Standardbedingungen beziehen, erhält man durch Anwendung des Satzes von HESS ebenfalls die freie Reaktionsenthalpie. Es gilt für die Reaktion a A + b B ⟶ c C + d D:

$$\Delta_f G^0 = [n_c \cdot \Delta_f G^0{}_m(C) + n_d \cdot \Delta_f G^0{}_m(D)] - [n_a \cdot \Delta_f G^0{}_m(A) + n_b \cdot \Delta_f G^0{}_m(B)]$$

Exergonische vs. endergonische Vorgänge

Errechnet man für einen Vorgang eine negative freie Reaktionsenthalpie, so handelt es sich um einen **exergonischen** Vorgang, der selbsttätig abläuft. Vorgänge, deren freie Reaktionsenthalpie positiv ist, sind hingegen **endergonisch** und laufen nicht selbsttätig ab.

Aus der GIBBS-HELMHOLTZ-Gleichung geht hervor, dass es von der jeweils vorherrschenden Temperatur abhängen kann, ob ein Vorgang exergonisch oder endergonisch ist (**B4**). In den Fällen, in denen beide Triebkräfte nicht gleichsinnig für oder gegen das selbsttätige Ablaufen einer Reaktion wirken (**B4**, Fall 1 und 2), gibt es eine **Grenztemperatur**, ab der der Entropieeinfluss den Einfluss der Enthalpie überwiegt. Solche Reaktionen werden dann erst unterhalb (**B4**, Fall 3) oder oberhalb (**B4**, Fall 4) dieser Temperatur exergonisch.

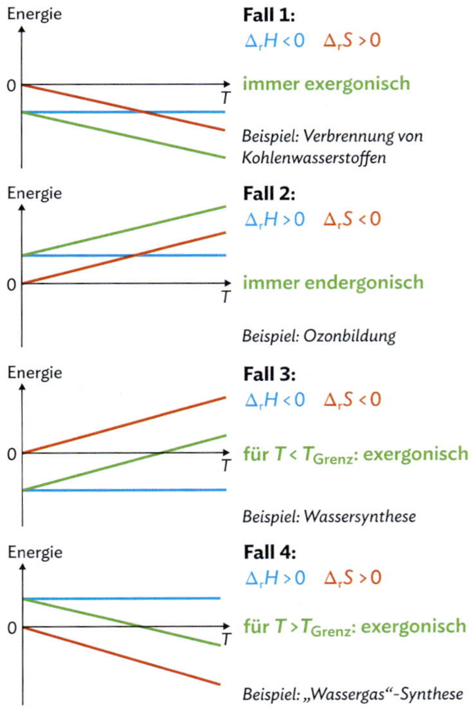

B4 Zusammenspiel von Reaktionsenthalpie und Reaktionsentropie bei verschiedenen Temperaturen

Ein Vorgang läuft bei gegebener Temperatur T selbsttätig ab, wenn dabei die freie Reaktionsenthalpie $\Delta_r G$ des Systems abnimmt. Solche Prozesse sind exergonisch.
Ist die Änderung der freien Enthalpie positiv, ist der Prozess endergonisch und läuft nicht selbsttätig ab.

Da die Enthalpie- bzw. Entropiewerte (im gleichen Aggregatzustand) kaum temperaturabhängig sind, kann man die jeweils auf eine Temperatur von 298 K bezogenen tabellierten Werte auch zur Berechnung der freien Reaktionsenthalpie bei anderen Temperaturen einsetzen.

AUFGABEN

A1 Methangas wird bei Raumtemperatur vollständig verbrannt.
a) Formulieren Sie die Reaktionsgleichung.
b) Berechnen Sie die molare Standardreaktionsenthalpie $\Delta_r H^0{}_m$, die molare Standardreaktionsentropie $\Delta_r S^0{}_m$ sowie die molare freie Standardreaktionsenthalpie $\Delta_r G^0{}_m$.

A2 Zeigen Sie durch Berechnungen, dass die Bildung von Eisen aus Eisen(II)-oxid durch Reaktion mit Kohlenstoffmonooxid bei 25 °C exergonisch, bei 1.000 °C hingegen endergonisch ist.

A3 Ermitteln Sie die Grenztemperatur, bis zu welcher die Bildung von Wasser aus den Elementen (**B4**, Fall 3) exergonisch ist. Gehen Sie von gasförmigem Wasser als Reaktionsprodukt aus.

A4 Betrachten Sie **B4** auf Seite 473 und erläutern Sie die Beobachtungen unter Verwendung der GIBBS-HELMHOLTZ-Gleichung.

9.3.5 Quellen beurteilen und Sachverhalte bewerten

Die Energiewende ist eine häufig geführte Debatte in unserer Gesellschaft (**B1**). Inhalt dieser Debatte ist die Abkehr von Technologien zur Energieversorgung und Mobilität, die klimaschädliche Gase verursachen. Dies ist ein aktuelles Thema mit Bezug zur Chemie, zu dem man sich eine eigene Meinung bilden sollte.

Um einen Sachverhalt beurteilen zu können, muss man in der Lage sein, ihn fachwissenschaftlich begründet einzuschätzen. Außerdem müssen Bezüge zu persönlichen oder gesellschaftlichen Werten hergestellt werden. Beim Bewerten von Sachverhalten sollte man sich darüber bewusst sein, dass man durch Aussagen anderer beeinflusst wird. Damit man bei Sachverhalten zu einem eigenständigen Urteil kommen kann, braucht man zunächst grundlegendes Hintergrundwissen.

> Die CO_2-Steuer fördert die Energiewende.

> Die Energiewende lässt die Strompreise explodieren.

> Mit überschüssigem Windstrom können klimaneutrale synthetische Kraftstoffe mit dem *Power-to-liquid*-Verfahren produziert werden.

> Windkraft und Fotovoltaik sind kein Ersatz für herkömmliche Kraftwerke, da sie entweder zu viel oder zu wenig Strom produzieren. Dann gehen die Lichter aus.

> Die Verstromung von Erdgas hat mit 640 g Kohlenstoffdioxid pro Kilowattstunde Strom eine bessere Klimabilanz als Kohle mit 900 g Kohlenstoffdioxid.

B1 Aussagen zur Energiewende

Quellen beurteilen

Bei der Aneignung von Hintergrundwissen recherchiert man in verschiedensten Medien. Häufig wird als Quelle das schnell und leicht zugängliche Internet genutzt, aber auch Zeitschriften, Zeitungen oder Lehrwerke. Insbesondere im Internet existieren Websites, die **„Fake News“** verbreiten. Fake News sind falsch oder verzerrt dargestellte Sachverhalte, die Leser manipulieren sollen. Um die Glaubwürdigkeit zu prüfen, kann man eine **Quellenanalyse** durchführen.

VORGEHEN

1. Sammeln Sie grundlegende Informationen zu der Quelle:
   - Gibt es ein Impressum?
   - Werden Ansprechpartner mit Kontakt in der Quelle genannt?
   - Wo ist der Standort, von dem die Quelle stammt?
2. Betrachten Sie die Angaben zu Autorinnen bzw. Autoren und Herausgeberinnen bzw. Herausgebern:
   - Werden die Autorinnen bzw. Autoren oder die Herausgeberinnen bzw. Herausgeber für die Quelle genannt?
   - Welche Informationen sind über Autorinnen bzw. Autoren oder Herausgeberinnen bzw. Herausgeber bekannt? Welchen Beruf üben sie aus?
   - Handelt es sich bei den Autorinnen bzw. Autoren oder Herausgeberinnen bzw. Herausgebern um Privatpersonen oder wird eine Institution vertreten?
   - Haben die Autorinnen bzw. Autoren bestimmte Interessen, z. B. da sie eine bestimmte Partei oder ein Unternehmen vertreten?
3. Beurteilen Sie Inhalt und Wissenschaftlichkeit der Quelle:
   - Woher haben die Autorinnen bzw. Autoren oder die Herausgeberinnen bzw. Herausgeber ihr Wissen? Werden Text- oder Bildquellen angegeben?
     Hinweis: Eingebettete Bilder auf Websites können oft auf Suchmaschinenseiten mittels **Rückwärtssuche** auf ihre Quelle geprüft werden.
4. Beurteilen Sie Sprache und Stil der Quelle:
   - Werden die Inhalte im Text sachlich und objektiv dargestellt?
     Meinungen erkennt man oft durch einen **persönlichen Bezug** und deuten auf eine individuelle Anschauung des Verfassers hin.
     Fakten werden in der Regel ohne persönlichen Bezug dargestellt. Die Erwähnung einer zusätzlichen Informationsquelle erhöht die Wahrscheinlichkeit, dass es sich um eine anerkannte Tatsache handelt. Auch hier ist zu klären, wer hinter der

zitierten Quelle steht und welche Absicht verfolgt wird.
- In welchem Stil ist der Inhalt verfasst (Satire, Ironie, Hoax etc.)?
  Meinungen sind oft mit Gefühlen besetzt. Satirische und ironische Texte oder Scherznachrichten, sogenannte Hoax, sprechen bewusst Emotionen an. **Tatsachenberichte** sind dagegen durch **Sachlichkeit** und **Nüchternheit** gekennzeichnet.

5. Betrachten Sie die Darstellung und Formales:
   - Gibt es Rechtschreib- oder Zeichensetzungsfehler?
   - Ist der verfasste Text gut strukturiert?
   - Funktionieren bei einer Website alle Menüpunkte?
   - Enthält die Website Werbung oder Pop-ups?

6. Beurteilen Sie die Aktualität der Quelle:
   - Ist der verfasste Inhalt aktuell?
     Hinter seriösen Quellen steht oft eine Redaktion, die die Informationen auf aktuellem Stand hält.

Ein eigenes Urteil zu einem Sachverhalt fällen

Für die selbstständige Bewertung eines Sachverhaltes mit chemischem Bezug müssen die vorgebrachten Aussagen mit dem eigenen Fachwissen sowie den persönlichen Meinungen und Überzeugungen abgeglichen werden.
Fällen Sie ein Urteil zur folgenden Aussage:
„Mit überschüssigem Windstrom können klimaneutrale synthetische Kraftstoffe mit dem *Power-to-liquid*-Verfahren produziert werden."

VORGEHEN

1. Analysieren Sie Ihr Wissen, indem Sie sich Fragen zur Aussage stellen.
   - Was bedeuten die Fachbegriffe?
   - Was weiß ich über die chemischen Hintergründe zur Aussage, z. B.:
     - *Power-to-liquid*-Verfahren
     - Stand der Technologie
     - Klimaneutralität des Prozesses
     - Nutzungsmöglichkeiten des synthetischen Kraftstoffs
     - weitere Umweltaspekte
   - Vereinfacht oder verfälscht die Aussage chemische Sachverhalte?
2. Beurteilen Sie, inwiefern Sie die Fragen beantworten können. Wenn Sie bereits in der Lage sind, die Fragen zu beantworten, können Sie beginnen, ein Urteil zu bilden. Bleiben Fragen offen, so müssen weitere Informationen zum Thema gesammelt werden.
3. Erstellen Sie eine **SWOT-Analyse** (**B2**), die Ihnen hilft, **Argumente zu vergleichen**. Hierbei gilt es möglichst viele Argumente zusammenzutragen.

Strengths (engl. Stärken) „Synthetische Kraftstoffe können aus elektrolytisch gewonnenem Wasserstoff und Kohlenstoffdioxid im *Power-to-liquid*-Verfahren hergestellt werden."	**Weaknesses** (engl. Schwächen) „Die Herstellung von einem Liter synthetischen Diesel kostet derzeit in den Pilotanlagen 4,50 Euro."
Opportunities (engl. Gelegenheiten) „Die Kosten zur Herstellung synthetischer Kraftstoffe sinken mit der Verwendung großtechnischer Anlagen."	**Threats** (engl. Gefahren) „Das *Power-to-liquid*-Verfahren wird ohne staatliche Förderung nicht großtechnisch realisiert werden können."
positiv	negativ

B2 Schema einer SWOT-Analyse

4. Fällen Sie aufgrund der Überlegungen aus den vorhergehenden Schritten ein Urteil. Ein Urteil muss nicht zwangsläufig eindeutig sein, kann aber in eine Richtung weisen, z. B.:
   „Das *Power-to-liquid*-Verfahren bietet eine Chance mithilfe regenerativer Energien klimaneutrale synthetische Kraftstoffe zu produzieren, die fossile Brennstoffe ersetzen. Damit sich die innovative Technologie durchsetzt, muss ihre Entwicklung von staatlicher Seite gefördert werden."

AUFGABEN

A1 Ordnen Sie die Aussagen in **B1** den Kategorien Fakten oder Meinungen zu. Geben Sie auch an, von welcher Person oder Personengruppe eine solche Aussage stammen könnte.

A2 Bewerten Sie die folgende Aussage: „Erdgas ist ein schlechter Ersatz für Kohle bei der Stromerzeugung."

Zum Üben und Weiterdenken

A1 In einer Kalorimeterbombe werden 10 g Kupfer(II)-oxid (CuO) mit Kohlenstoff zur Reaktion gebracht. Die dabei freiwerdende Reaktionswärme beträgt Q_r = -10,5 kJ.

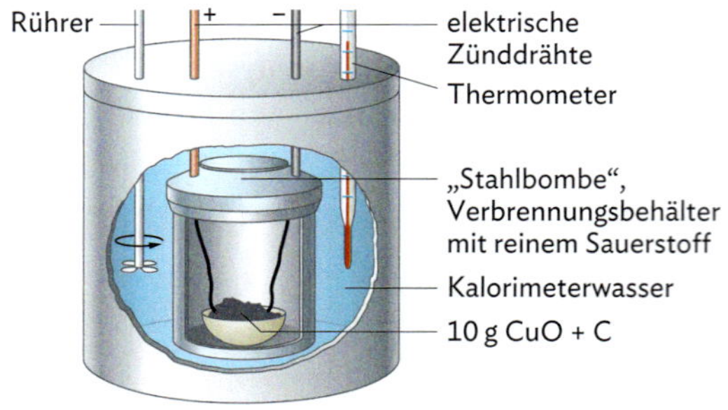

a) Formulieren Sie die Reaktionsgleichung.
b) Begründen Sie, dass der Betrag der Reaktionswärme unter diesen Bedingungen näherungsweise dem Betrag der Reaktionsenergie $\Delta_r U$ der Reaktion entspricht.
c) Berechnen Sie das Volumen des gasförmigen Reaktionsprodukts bei vollständiger Umsetzung der Menge an Kupferoxid.
Hinweis: molares Volumen von Gasen: V_m = 24,5 L/mol.
d) Berechnen Sie die Volumenarbeit W_{Vol}, die auftreten würde, wenn diese Reaktion außerhalb der Kalorimeterbombe unter Standardbedingungen ablaufen würde. Deuten Sie deren Vorzeichen.
Hinweis: p = 1,013 bar = 101.300 N/m^2.
e) Ermitteln Sie mithilfe Ihres Ergebnisses aus **d)** die Standardreaktionsenthalpie $\Delta_r H^0$ dieser Reaktion. Überprüfen Sie die Richtigkeit Ihres Ergebnisses anschließend durch eine entsprechende Berechnung mit dem Satz von HESS.

A2 In Heizkraftwerken werden die verschiedensten Stoffe verbrannt, unter anderem auch Kunststoffabfälle. Aus einer Kunststofffabrik werden Restbestände des Feststoffs Phenol (C_6H_5OH) angeliefert.
a) Berechnen Sie die Reaktionsenthalpie für die Verbrennung von 1 mol Phenol, wobei das dabei gebildete Wasser als Wasserdampf das Kraftwerk verlässt.
b) Ermitteln Sie den Heizwert von Phenol in MJ/kg.
c) LK Schätzen Sie die Entropieänderung bei der Verbrennung ab und begründen Sie Ihre Antwort.

A3 LK In einem Röhrenofen wird Magnesiumcarbonat so stark erhitzt, dass Kohlenstoffdioxid entsteht, das bei konstantem Druck (p = 1013 hPa) entweichen kann. Berechnen Sie die Grenztemperatur, bei der die Zersetzung in Kohlenstoffdioxid (CO_2) und Magnesiumoxid (MgO) beginnt. Benennen Sie den Fehler, der bei dieser Berechnung in Kauf genommen wird.

A4 LK Schätzen Sie für folgende Reaktionen die Reaktionsentropie grob ab (nimmt zu, nimmt ab oder bleibt etwa gleich) und begründen Sie dies kurz. Berechnen Sie anschließend für zwei oder drei geeignete Beispiele $\Delta_r S$ mithilfe der Tabellenwerte.
a) Magnesium verbrennt.
b) Methan verbrennt, wobei flüssiges Wasser entsteht.
c) Kohlenmonooxid verbrennt.
d) Ein Kochsalzkristall wird in Wasser gelöst.
e) Wasser verdunstet in einem offenen Gefäß.
f) Ein Kochsalzkristall wird in Benzin gegeben.
g) Ein Liter Meerwasser wird mit einem Liter destillierten Wasser vermischt.
h) Bromdampf und Luft vermischen sich.

A5 Der Brennwert von Erdgas (Hauptbestandteil: Methan) soll experimentell bestimmt werden. Dafür steht lediglich ein Verbrennungskalorimeter zur Verfügung. Darin werden 50 g Erdgas im Sauerstoffstrom vollständig verbrannt. Das dabei entstehende Wasser entweicht gasförmig. Aus der gemessenen Temperaturänderung des Kalorimeterwassers wird anschließend die bei der Verbrennung freigesetzte Wärmemenge errechnet.
Sie beträgt Q = -2.390,5 kJ.
a) Berechnen Sie ausgehend von diesen Daten näherungsweise den spezifischen Heizwert sowie den spezifischen Brennwert von Erdgas in der Einheit kJ/kg.
Hinweis: molare Kondensationswärme von Wasser: – 44 kJ/mol.
b) Vergleichen Sie die von Ihnen errechneten Werte mit Literaturwerten und erläutern Sie mögliche Gründe für eventuelle Abweichungen.

A6 Berechnen Sie die Standardreaktionsenthalpien für folgende chemische Reaktionen:

a) 2 g Kupfer(II)-oxid reagieren mit Kohlenstoff vollständig zu Kupfer und einem gasförmigen Produkt, mit dem die Kalkwasserprobe positiv verläuft.

b) 5 g Ammoniakgas werden mit Sauerstoffgas zu Stickstoffgas und einem weiteren Produkt umgesetzt, welches ebenfalls gasförmig ist.

c) Die in **b)** beschriebene Reaktion wird unter Reaktionsbedingungen durchgeführt, bei denen das in **b)** genannte weitere Reaktionsprodukt flüssig ist.

A7 Auch für die Bildung von Elektronenpaarbindungen zwischen Atomen gleicher oder verschiedener Elemente können molare Enthalpiewerte, sogenannte molare Standardbindungsenthalpien, angegeben werden. Da bei der Bildung von Elektronenpaarbindungen Energie freigesetzt wird, haben diese Enthalpiewerte stets ein negatives Vorzeichen.
Im Folgenden soll die Verbrennungsreaktion von Ethingas betrachtet werden, das beim sogenannten Acetylen-Schweißen zum Einsatz kommt.

a) Formulieren Sie die Reaktionsgleichung für die vollständige Verbrennung von Ethin mithilfe von Strukturformeln mit allen bindenden und nicht bindenden Elektronenpaaren.

b) Ermitteln Sie durch eine Bilanzierung der entsprechenden Enthalpiewerte (vgl. QR-/Mediencode 06007-094) näherungsweise die molare Standardreaktionsenthalpie für die Verbrennung von Ethin.

06007-094

c) Berechnen Sie die molare Standardreaktionsenthalpie dieser Reaktion anschließend mit dem Satz von HESS. Vergleichen Sie dieses Ergebnis mit dem Ergebnis aus **b)** und geben Sie mögliche Gründe für eventuelle Abweichungen an.

A8 LK Die Raumluft in einem leeren Klassenraum soll im Winter durch einen Heizkörper von 12 °C auf eine Temperatur von 23 °C erwärmt werden. Die Außentemperatur beträgt konstant – 4 °C.

a) Erläutern Sie die Entropieänderung, die im Verlauf der Erwärmung im Klassenraum auftritt, wenn angenommen wird, dass der Raum bei Übertragung einer entsprechenden Wärmemenge vom Heizkörper auf die Raumluft perfekt isoliert ist.

b) Begründen Sie, dass die tatsächlich auftretende Entropieänderung im Raum von der zu erwartenden Entropieänderung abweicht.

c) Begründen Sie, dass die Übertragung einer identischen Wärmemenge auf die Luft im Klassenraum bei einer höheren Ausgangstemperatur der Raumluft zu einer geringeren Entropieänderung führt.

A9 Auch Holzgas versuchte man früher für den Antrieb von Autos zu nutzen. Im Holzgasgenerator wurde Holz zu Holzkohle verschwelt, die anschließend hauptsächlich zu Kohlenstoffmonooxid vergast wurde. Begründen Sie, aus welchen Gründen Benzin der bevorzugte Kraftstoff für den Antrieb von Autos wurde.

A10 LK Wasserstoff und Chlor bilden in einem stöchiometrischen Stoffmengenverhältnis von 1:1 das sogenannte Chlorknallgas. Eine Reaktion der beiden Gemisch-Komponenten erfolgt erst, nachdem das Gemisch einem Lichtblitz oder erhöhter Temperatur ausgesetzt wurde. Als Reaktionsprodukt entsteht Chlorwasserstoffgas.

a) Formulieren Sie die entsprechende Reaktionsgleichung.

b) Ermitteln Sie rechnerisch, dass es sich dabei um eine exotherme Reaktion handelt, die auch unter Berücksichtigung der Entropie begünstigt ist.

A11 Übersetzen Sie die folgende Alltagsbegriffe in Fachsprache: Energiequelle, Wärmeenergie, verbrauchte Energie und Energieverlust.

Alles im Blick

1 Energie und Reaktionswärme

Die Untersuchung von Energieumwandlungen im Verlauf physikalischer bzw. chemischer Prozesse ist nur innerhalb eines durch enge Grenzen definierten Raums, dem sogenannten **System** möglich. Alle Komponenten außerhalb der definierten Systemgrenzen gehören zu dessen **Umgebung**.
Es werden **offene**, **geschlossene** und **isolierte** Systeme unterschieden.

Stoff- und Energieaustausch mit der Umgebung | Kein Stoffaustausch mit der Umgebung. Energieaustausch jedoch möglich | Weder Stoff- noch Energieaustausch mit der Umgebung

Energie kann im Verlauf von chemischen Reaktionen weder verbraucht noch neu geschaffen werden (**1. Hauptsatz der Thermodynamik**), sie kann nur in Form von **Wärme** oder **Arbeit** zwischen System und Umgebung ausgetauscht werden. Im ersten Fall spricht man von **Reaktionswärme Q_r**. Durch diesen Energieaustausch ändert sich die **innere Energie U** des Systems. ΔU nennt man **Reaktionsenergie**.

Wird im Verlauf einer chemischen Reaktion Wärme an die Umgebung abgegeben, so ist die Reaktion im System **exotherm**:

$Q_r = U_{nach} - U_{vor} < 0$

Wird dabei hingegen Wärme vom reagierenden System aufgenommen, so ist die Reaktion **endotherm**:

$Q_r = U_{nach} - U_{vor} > 0$

Der Betrag von Reaktionswärmen kann mithilfe eines sog. **Kalorimeters** experimentell bestimmt werden. Das Kalorimeter tauscht dabei die gesamte Reaktionswärme mit dem untersuchten System aus. Dieser Austausch führt im Kalorimeter zu einer **Temperaturänderung ΔT**, die proportional zum Betrag der vom Kalorimeter aufgenommenen Wärme Q ist. Es gilt:

$Q = C \cdot \Delta T = -Q_r$

Die Proportionalitätskonstante C ist die **Wärmekapazität** der gesamten Versuchsanordnung. Sie setzt sich als Summe aus der Wärmekapazität C_W der Kalorimeterflüssigkeit und der Wärmekapazität C_K des Kalorimeters zusammen. In einfachen Kalorimetern kann näherungsweise mit der Wärmekapazität des Wassers gerechnet werden. Sie ergibt sich aus der **spezifischen Wärmekapazität** des Wasser c_W multipliziert mit der Masse des enthaltenen Wassers: $Q = (c_W \cdot m_W) \cdot \Delta T$.

2 Reaktionsenthalpie und Bildungsenthalpie

Bei chemischen Reaktionen, die ohne Volumenänderung ablaufen, entspricht der Betrag der Reaktionswärme Q_r der Reaktionsenergie $\Delta_r U$.
Bei chemischen Reaktionen, in deren Verlauf es zu Volumenveränderungen kommt, tritt ein Teil der Reaktionsenergie $\Delta_r U$ nicht in Form von Wärme, sondern von **Volumenarbeit W_{Vol}** in Erscheinung.
Die Reaktionswärme bei konstantem Druck Q_r errechnet sich dann aus der Differenz der Reaktionsenergie und dem Betrag an auftretender Volumenarbeit:

$$Q_r = \Delta_r U - W_{Vol} = \Delta_r U + p \cdot \Delta V = \Delta_r H$$

Die Reaktionswärme Q_r wird dann als **Reaktionsenthalpie $\Delta_r H$** bezeichnet. Reaktionsenthalpien verschiedener Prozesse sind nur dann miteinander vergleichbar, wenn sie auf den Stoffumsatz der Reaktion und eine festgelegte Temperatur (meist 25 °C bzw. 298,15 K) bezogen werden:

$$\Delta_r H^0{}_m = \frac{\Delta_r H}{n} = \frac{Q_r}{n}$$

Für die Bildung von Verbindungen aus elementaren Stoffen werden **molare Standardbildungsenthalpien $\Delta_f H^0{}_m$** tabelliert.
Ist die Reaktionsenthalpie experimentell nicht zugänglich, kann sie mithilfe des **Satzes von HESS** näherungsweise aus den molaren Standardbildungsenthalpien der an der Reaktion beteiligten Edukte und Produkte berechnet werden:

$$\Delta_r H^0 = \Sigma(n_{\text{Produkte}} \cdot \Delta_f H^0{}_{\text{Produkte}}) - \Sigma(n_{\text{Edukte}} \cdot \Delta_f H^0{}_{\text{Edukte}})$$

Für Brennstoffe wird die bei der Verbrennung auftretende **Verbrennungsenthalpie $\Delta_c H$** meist als positiver Betragswert angegeben. Dieser Wert wird auch als **Heizwert H_i** bezeichnet und gilt für den Fall, dass bei der Verbrennung gebildetes Wasser gasförmig vorliegt. Kondensiert dieses Wasser, so wird zusätzlich Kondensationswärme frei, wodurch der Betrag der Verbrennungsenthalpie steigt. Dieser höhere Betrag wird dann als **Brennwert H_s** bezeichnet.
Heiz- bzw. Brennwerte von Brennstoffen können nur dann als molare Größen angegeben werden, wenn es sich bei den Brennstoffen um Reinstoffe handelt. Für Brennstoffgemische gibt man hingegen **spezifische Heiz-** bzw. **Brennwerte** an. Deren Beträge beziehen sich auf die Masse bzw. das Volumen an verbranntem Brennstoffgemisch. Auch für Reinstoffe können spezifische Heiz- und Brennwerte angegeben werden.

3 Entropie und freie Reaktionsenthalpie LK

Die Abnahme der Energie und die Zunahme der **Entropie** sind die Triebkräfte für chemische Reaktionen. Die Entropie S kann als Maß für die Unordnung in einem System bzw. als Maß für die Anzahl verschiedener möglicher Teilchenanordnungen verstanden werden. Sie beträgt bei einem Reinstoff am absoluten Nullpunkt (T = 0 K) S = 0. Die Entropie nimmt bei folgenden Prozessen zu:

- Änderung des Aggregatzustandes von fest zu flüssig zu gasförmig
- Volumenvergrößerung (und Diffusion)
- Durchmischung zweier (oder mehrerer) Stoffe
- Erhöhung der Teilchenanzahl durch eine chemische Reaktion.

Entropien von Stoffen können als molare **Standardentropien $S^0{}_m$** (d. h. unter Standardbedingungen und i. d. R. bei Raumtemperatur (25 °C)) angegeben werden:

$$S^0{}_m = \frac{S^0}{n}$$

Die Entropieänderung kann im Verlauf eines Prozesses näherungsweise analog zur Berechnung der Enthalpie als Differenz der molaren Standardentropien der Edukte und Produkte berechnet werden:

$$\Delta_r S^0 = \Sigma(n_{\text{Produkte}} \cdot S^0{}_{m(\text{Produkte})}) - \Sigma(n_{\text{Edukte}} \cdot S^0{}_{m(\text{Edukte})})$$

Selbsttätige Vorgänge zeichnen sich dadurch aus, dass die Gesamtentropie von System und Umgebung gleichbleibt oder zunimmt (**2. Hauptsatz der Thermodynamik**):

$$S_{\text{gesamt}} = \Delta S_{\text{System}} + \Delta S_{\text{Umgebung}} \geqq 0$$

Die **freie Reaktionsenthalpie $\Delta_r G$** ist ein Maß dafür, ob eine Reaktion bei gegebener Temperatur T selbsttätig abläuft. Sie kann mithilfe der **GIBBS-HELMHOLTZ-Gleichung** näherungsweise unter Berücksichtigung der Standardreaktionsenthalpie und der Standardreaktionsentropie der betrachteten Reaktion berechnet werden:

$$\Delta_r G^0 = \Delta_r H^0 - T \cdot \Delta_r S^0$$

Alternativ ist auch hier eine Berechnung aus den freien Standardbildungsenthalpien der am Vorgang beteiligten Edukte und Produkte in Anlehnung an den Satz von HESS möglich.
Reaktionen mit negativer freier Reaktionsenthalpie laufen selbsttätig ab und werden als **exergonisch** bezeichnet. **Endergonische** Reaktionen mit positiver freier Reaktionsenthalpie laufen nicht selbsttätig ab. Für Prozesse, in denen die beiden Triebkräfte nicht gleichsinnig wirken, kann eine Grenztemperatur bestimmt werden, ab der der Vorgang exergonisch wird.

Ziel erreicht?

Verfügen Sie über die Kompetenzen dieses Kapitels? Lösen Sie die entsprechenden Aufgaben auf dem Arbeitsblatt unter QR-/Mediencode 06007-095 und bewerten Sie sich mithilfe der Tabelle rechts unten.

06007-095

Unter QR-/Mediencode 06007-096 finden Sie außerdem eine Lernanwendung zur digitalen Überprüfung der geforderten Kompetenzen.

06007-096

KOMPETENZ A: Merkmale offener, geschlossener und isolierter Systeme beschreiben

A1 Ordnen Sie begründet den gezeigten Beispielen die Begriffe offenes System, geschlossenes System und isoliertes System zu.

KOMPETENZ B: Eine kalorimetrische Messung auswerten

B1 Die molare Verbrennungsenthalpie $\Delta_c H_m$ von Kohlenstoff soll experimentell bestimmt werden. Dazu wird 1 g Kohlenstoff in einem Verbrennungskalorimeter (C_K = 100 J/K) im Sauerstoffstrom verbrannt. Dabei wird der zeitliche Temperaturverlauf des Kalorimeterwassers (m_W = 500 g, c_W = 4,19 J/(g · K)) gemessen. Es ergeben sich folgende Messwerte:

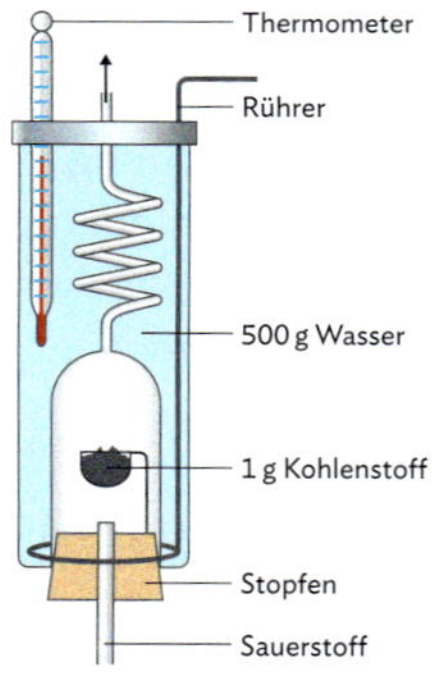

t in s	0	15	30	45	60	75	90
T in °C	21,0	20,8	20,9	21,3	21,5	23,0	25,0
t in s	105	120	135	150	165	180	195
T in °C	27,5	29,5	31,0	32,5	34,0	34,5	34,5
t in s	210	225	240	255	270	285	300
T in °C	34,5	34,0	34,2	34,2	34,5	34,3	34,0

a) Erstellen Sie für die kalorimetrische Messung ein Temperatur-Zeit-Diagramm und ermitteln Sie grafisch die Temperaturdifferenz ΔT des Kalorimeterwassers.

b) Berechnen Sie den Betrag der Wärme *Q*, die im Verlauf des Experiments vom Kalorimeterwasser aufgenommen wird.

c) Ermitteln Sie die Verbrennungsenthalpie $\Delta_c H$ der Kohlenstoff-Portion im Kalorimeter sowie die molare Verbrennungsenthalpie $\Delta_c H_m$ von Kohlenstoff.

d) Vergleichen Sie den von Ihnen ermittelten Wert für die molare Verbrennungsenthalpie von Kohlenstoff mit dem Literaturwert und erläutern Sie zwei mögliche Begründungen für eine eventuelle Abweichung.

KOMPETENZ C: Reaktionsenthalpien und Bildungsenthalpien mit dem Satz von HESS berechnen

C1 Berechnen Sie mithilfe tabellierter Werte die Enthalpieänderungen für folgende Prozesse, bezogen auf den jeweils angegebenen Stoffumsatz:

a) $2\,Mg\,(s) + O_2\,(g) \longrightarrow 2\,MgO\,(s)$
(bezogen auf die Bildung von 2 mol Magnesiumoxid)

b) $C_2H_5OH\,(l) + CuO\,(s) \longrightarrow CH_3\text{-}CHO\,(g) + Cu\,(s) + H_2O\,(l)$
(bezogen auf die Umsetzung von 1 mol Ethanol)

c) $CaCl_2\,(s) \longrightarrow Ca^{2+}\,(aq) + 2\,Cl^-\,(aq)$
(bezogen auf die Bildung von 1 mol freier Chlorid-Ionen)

d) $H_2O\,(g) \longrightarrow H_2O\,(l)$
(bezogen auf die Kondensation von 0,5 mol Wasserdampf)

C2 Für folgende Verbrennungsreaktionen sind die zugehörigen Reaktionsenthalpien experimentell zugänglich:

① $C + O_2 \longrightarrow CO_2$ $\Delta_r H_m$ = –394 kJ/mol

② $CO + ½\, O_2 \longrightarrow CO_2$ $\Delta_r H_m$ = –282 kJ/mol

Ermitteln Sie davon ausgehend die molare Standardbildungsenthalpie $\Delta_f H^0{}_m$ von Kohlenstoffmonooxid.

C3 10 g flüssiges Propan können an einem geeigneten Katalysator mit Sauerstoff zu Propanal umgesetzt werden ($\Delta_r H$ = -85 kJ). Propanal verbrennt vollständig zu Kohlenstoffdioxid und Wasser ($\Delta_r H_m$ = -1.848 kJ/mol). Ermitteln Sie mithilfe dieser Angaben die molare Verbrennungsenthalpie $\Delta_c H_m$ von Propan.

KOMPETENZ D: Änderungen der Entropie bei chemischen Reaktionen erläutern und Reaktionsentropien berechnen LK

D1 Eine Portion Stickstoffgas (m = 10 g) wird unter Standardbedingungen erwärmt. Dabei wird eine Wärmemenge von Q = 20 kJ vollständig auf die Stickstoffportion übertragen. Berechnen Sie die daraus resultierende Reaktionsentropie $\Delta_r S$.

D2 Schätzen Sie das Vorzeichen der Entropieänderung bei den folgenden chemischen Reaktionen ab. Begründen Sie Ihre Abschätzungen auf Teilchenebene.

a) $C\,(s) + O_2\,(g) \longrightarrow CO_2\,(g)$

b) $NH_3\,(g) + HCl\,(g) \longrightarrow NH_4Cl\,(s)$

c) $SO_3\,(g) + H_2O\,(l) \longrightarrow H_2SO_4\,(l)$

d) $2\,NH_4NO_3\,(s) \longrightarrow 4\,H_2O\,(g) + 2\,N_2\,(g) + O_2\,(g)$

D3 Überprüfen Sie Ihre Ergebnisse aus Aufgabe **D2** rechnerisch.

KOMPETENZ E: Berechnungen mithilfe der GIBBS-HELMHOLTZ-Gleichung durchführen, um chemische Reaktionen energetisch zu klassifizieren LK

E1 Erklären Sie die Begriffe exergonischer Vorgang bzw. endergonischer Vorgang.

E2 Entscheiden Sie auf Grundlage entsprechender Berechnungen, ob folgende Prozesse bei 25 °C bzw. bei 100 °C selbsttätig ablaufen können.
Hinweis: Die Temperaturabhängigkeit der entsprechenden tabellierten Werte kann dabei vernachlässigt werden.

a) $2\,NO_2\,(g) \longrightarrow N_2O_4\,(g)$

b) $2\,SO_2\,(g) + O_2\,(g) \longrightarrow 2\,SO_3\,(g)$

c) $2\,Cu_2S\,(s) + 3\,O_2\,(g) \longrightarrow 2\,Cu_2O\,(s) + 2\,SO_2\,(g)$

Vergleichen Sie Ihre Antworten mit den Lösungen auf Seite 475 ff. und kreuzen Sie auf dem Arbeitsblatt an.

Kompetenz		ja	nein	zum Nachlesen
A	Merkmale offener, geschlossener und isolierter Systeme beschreiben	?	?	S. 452
B	Eine kalorimetrische Messung auswerten	?	?	S. 456
C	Reaktionsenthalpien und Bildungsenthalpien mit dem Satz von HESS berechnen	?	?	S. 464 – 467
D	Änderungen der Entropie bei chemischen Reaktionen erläutern und Reaktionsentropien berechnen	?	?	S. 472 – 473
E	Berechnungen mithilfe der GIBBS-HELMHOLTZ-Gleichung durchführen, um chemische Reaktionen energetisch zu klassifizieren	?	?	S. 474 – 475

Klausuraufgaben

T1 Kalorimetrie

In einem Schülerversuch soll die Reaktionsenthalpie folgender Reaktion (Reaktion 1) bestimmt werden:

$CuSO_4 (s) + 5\ H_2O (l) \longrightarrow CuSO_4 \cdot 5\ H_2O (s)$

Dazu werden zwei Experimente durchgeführt.

V1 In ein Kalorimeter werden 30 mL Wasser gefüllt und 1,75 g wasserfreies Kupfer(II)-sulfat hinzugegeben. Die Temperatur steigt von 20,1 °C auf 25,9 °C.

V2 In ein Kalorimeter werden 29 mL Wasser gefüllt und 2,74 g Kupfer(II)-sulfat-Pentahydrat hinzugegeben. Die Temperatur sinkt von 20,1 °C auf 19,5 °C.

AUFGABEN

A1 Beschreiben Sie die Durchführung des Experiments. Werten Sie die Messergebnisse aus.

A2 Begründen Sie anhand einer Berechnung, dass 29 mL das korrekte Wasservolumen für das zweite Experiment war.

A3 Berechnen Sie die molare Lösungsenthalpie für die Lösevorgänge aus **V1** und **V2**.

A4 Ermitteln Sie rechnerisch die Lösungsenthalpien mit dem Satz von HESS (**B1**). Vergleichen Sie Ihre Ergebnisse mit den erhaltenen Werten aus **A3**.

A5 Berechnen Sie die molare Reaktionsenthalpie der Reaktion 1.

A6 Zeichnen Sie ein Enthalpie-Diagramm, das die Enthalpieänderungen der Experimente **V1** und **V2** mit der Enthalpieänderung der Reaktion 1 verknüpft.

Formel	$CuSO_4$ (s)	$CuSO_4 \cdot 5\ H_2O$ (s)	SO_4^{2-} (aq)	Cu^{2+} (aq)	H_2O (l)
$\Delta_f H$ in kJ/mol	– 771	– 2.280	– 909	+ 65	– 286

B1 Ausgewählte molare Standardbildungsenthalpien

T2 Raketentreibstoffe

In der Technik werden chemische Reaktionen sowohl zur Herstellung von Stoffen als auch zur Umwandlung von Energie, z. B. zum Antrieb von Motoren, genutzt.
Der Treibstoff der Mondlandefähre, die im Juli 1969 die ersten Menschen auf den Mond brachte, wird als Aerozin 50 bezeichnet und bestand aus einem Gemisch aus Hydrazin (N_2H_4) ($\Delta_f H$ = – 246 kJ/mol) und 1,1-Dimethylhydrazin ($H_2N\text{-}N(CH_3)_2$).
Bei der Verbrennung beider Stoffe entstehen Stickstoff und Wasserdampf. Als Oxidationsmittel dient flüssiges Distickstofftetraoxid (N_2O_4) ($\Delta_f H$ = 9 kJ/mol).

Für ein Transportsystem für Satelliten und Astronauten wird als Treibstoff ein Gemisch aus Kerosin (im wesentlichen Undecan) und flüssigem Sauerstoff eingesetzt.

AUFGABEN

A1 Bei der Wärme- und Energieerzeugung in der Industrie erweist sich die Verwendung von Bildungs- und Verbrennungsenthalpien von Brennstoffen für Berechnungen als unpraktisch.
a) Nehmen Sie zu dieser Aussage begründet Stellung.
b) Beschreiben Sie eine Möglichkeit, die Effektivität von verschiedenen Brennstoffen zu vergleichen.

A2 Prüfen Sie durch entsprechende Berechnungen, ob Undecan oder Hydrazin der bessere Brennstoff ist.

A3 a) Berechnen Sie die Masse von Undecan und Sauerstoff in 21.000 kg Treibstoff. Gehen Sie dabei von einem stöchiometrischen Verhältnis aus.
b) Berechnen Sie die Reaktionsenthalpie bei der Verbrennung von 21.000 kg dieses Treibstoffs.

T3 Kartoffelchips

B2 Kartoffelchips

Kartoffelchips (**B2**) sind beliebte Snacks, die aus frittierten Kartoffelscheiben hergestellt werden. Die in Kartoffeln enthaltene Stärke besteht aus Amylose und Amylopektin. Bei der Verdauung findet ein hydrolytischer Abbau von Stärke (Spaltung durch Reaktion mit Wasser) statt, wobei Glucose entsteht, über das Blut in die einzelnen Zellen transportiert und durch biologische Oxidation abgebaut wird.

Die Oxidation von Nährstoffen in der Zelle liefert dem Organismus die Energie, die er zur Aufrechterhaltung der Lebensprozesse benötigt. Die Energiemenge, die bei Oxidation von einem Gramm des Nährstoffs zu Kohlenstoffdioxid, Wasser und ggf. Harnstoff ($(NH_2)_2CO$) in der Zelle freigesetzt wird, bezeichnet man als *physiologischen Brennwert*.

Die pro Gramm Nährstoff bei der vollständigen Oxidation zu Kohlenstoffdioxid, Wasser und Stickstoff freigesetzte Energie wird als *physikalischer Brennwert* eines Nährstoffs bezeichnet.

Für Jugendliche im Alter zwischen 15 und 19 Jahren mit leichten körperlichen Aktivitäten wird eine durchschnittliche tägliche Energiezufuhr von ca. 10.894 kJ empfohlen. Diese sollte sich laut Empfehlung der Deutschen Gesellschaft für Ernährung aus 55 % Kohlenhydrate, 30 % Fett und 15 % Eiweiß zusammensetzen.

Durchschnittlicher Gehalt an Inhaltsstoffen je 100 g	
Fette	34,0 g
Kohlenhydrate	50,5 g
Ballaststoffe	4,0 g
Eiweiß	3,5 g
Salz	2,5 g
Sonstige	5,5 g

B3 Angaben auf einer Tüte Kartoffelchips

AUFGABEN

A1 Beschreiben Sie den molekularen Aufbau von drei in Kartoffeln enthaltenen Nährstoffen, die in **B3** aufgeführt sind.

A2 Formulieren Sie eine Reaktionsgleichung für den Abbau vom Kohlenhydrat Amylose (Stärke) unter Verwendung von Strukturformeln.
Aus 50,5 g Stärke werden bei dieser Reaktion ca. 56 g Glucose gebildet. Begründen Sie die Zunahme der Masse.

A3 Berechnen Sie die molare Standardreaktionsenthalpie und die molare Standardreaktionsenergie für die vollständige Verbrennung des Kohlenhydrats Glucose, dem Fett Tripalmin und der Aminosäure Alanin (**B4**).

A4 LK Weisen Sie am Beispiel der Verbrennung von Glucose den selbsttätigen Verlauf dieser Reaktion bei 37 °C nach.

A5 a) Berechnen Sie den physikalischen Brennwert für Glucose, Tripalmin und Alanin (**B4**).
b) Für Glucose und Tripalmin stimmen jeweils ihr physiologischer und physikalischer Brennwert überein. Bei Alanin ist der physiologische Brennwert deutlich geringer als der physikalische. Erklären Sie diesen Unterschied.

A6 Ein Jugendlicher, der schon 8.000 kJ zu sich genommen hat, möchte noch ein Tüte Kartoffelchips (100 g) essen. Prüfen Sie durch entsprechende Berechnung, ob er dabei seine täglich empfohlene Energiezufuhr überschreiten würde.

A7 Überprüfen Sie, ob Kartoffelchips der von der Deutschen Gesellschaft empfohlenen Nährstoffrelation entsprechen.

Nährstoff	Formel	$\Delta_f H$ in kJ/mol
Glucose	$C_6H_{12}O_6$	– 1.274
Tripalmin	$C_{51}H_{98}O_6$	– 2.468
Alanin	$CH_3CH(NH_2)COOH$	– 561

B4 Bildungsenthalpien ausgewählter Nährstoffe

10 Nachhaltigkeit – nicht ohne Chemie!

06007-097

Arbeitsblatt unter QR-/Mediencode 06007-097

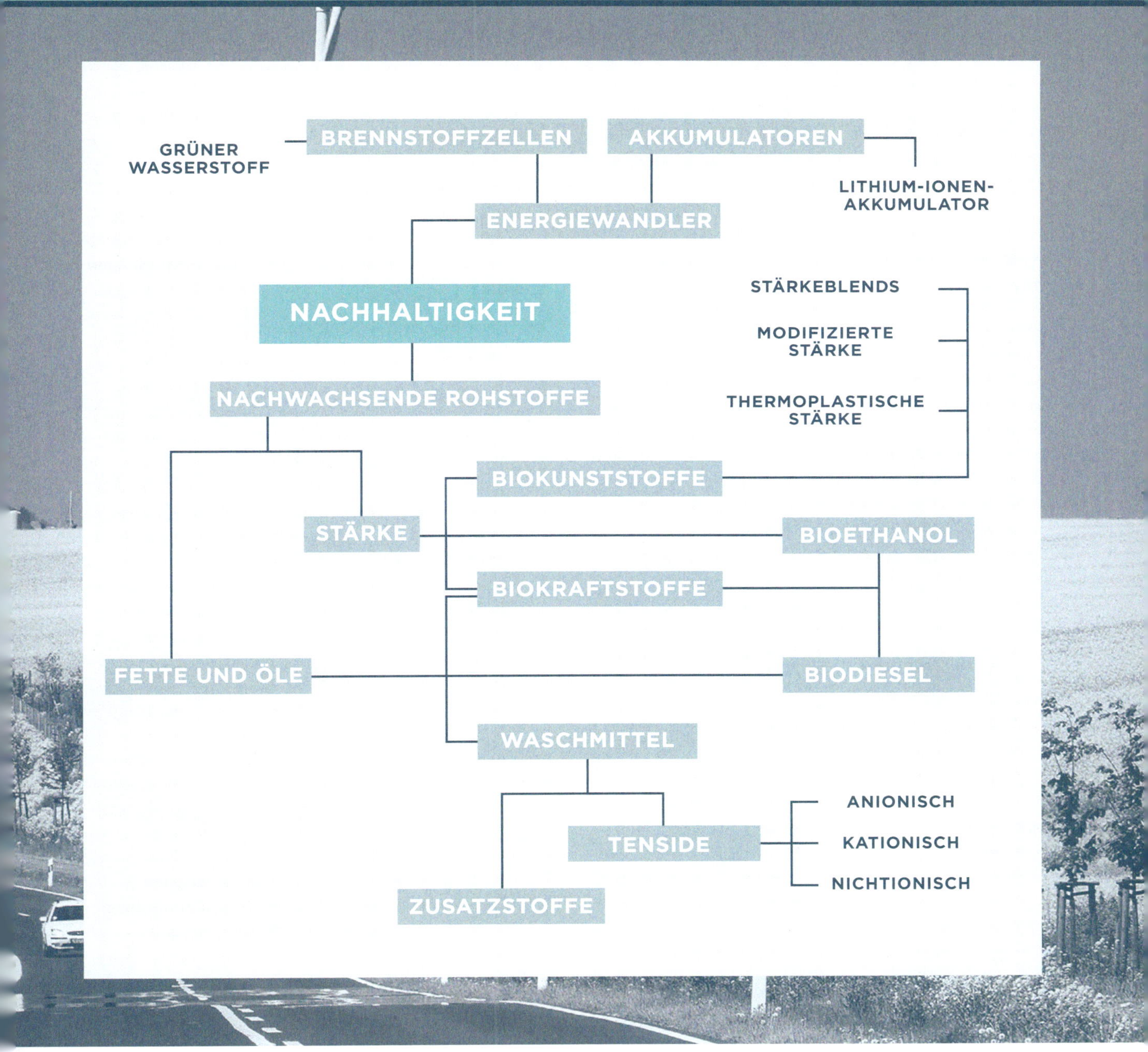

Startklar?

Schätzen Sie Ihre Kompetenz in den Bereichen A bis E ein und prüfen Sie sich anhand der entsprechenden Aufgaben (Arbeitsblatt unter QR-/Mediencode 06007-098).

06007-098

Unter QR-/Mediencode 06007-099 finden Sie außerdem eine Lernanwendung zur digitalen Überprüfung der geforderten Kompetenzen.

06007-099

Kompetenz	sehr gut	gut	schwierig
A Die Vorgänge bei einer Elektrolyse und in einer galvanischen Zelle erklären	?	?	?
B Reaktionen organischer Verbindungen zuordnen	?	?	?
C Die Struktur und Reaktionen von Fetten beschreiben	?	?	?
D Struktur-Eigenschafts-Beziehungen auf Seifen anwenden	?	?	?
E Die Bedeutung von Stärke als Naturstoff erläutern	?	?	?

KOMPETENZ A: Die Vorgänge bei einer Elektrolyse und in einer galvanischen Zelle erklären

A1 Die Elektrolyse einer Kupfer(II)-chloridlösung ist eine erzwungene Redoxreaktion.
- a) Formulieren Sie die Teilgleichungen für die Vorgänge an der Anode und an der Kathode.
- b) Erstellen Sie die Gesamtgleichung und kennzeichnen Sie Oxidation, Reduktion, Reduktions- und Oxidationsmittel.
- c) Erläutern Sie die Beobachtungen an beiden Elektroden bei der Elektrolyse.

A2 In der Abbildung ist die Elektrolyse von Wasser dargestellt. Formulieren Sie die Teilgleichungen an der Anode und Kathode sowie eine Gesamtgleichung für die Reaktion.

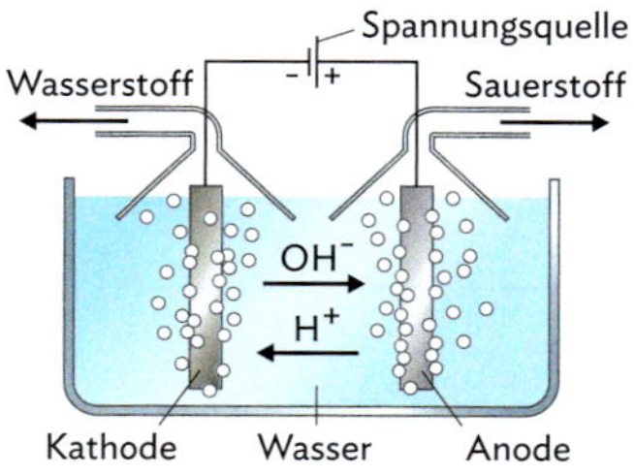

A3 Das Prinzip einer galvanischen Zelle wird z. B. in Batterien genutzt.
- a) Vergleichen Sie Eigenschaften und Vorgänge der Elektrolyse und einer galvanischen Zelle durch Gegenüberstellung in einer Tabelle.
- b) Erklären Sie den generellen Unterschied zwischen Batterien und Akkumulatoren.

KOMPETENZ B: Reaktionen organischer Verbindungen zuordnen

B1 Benennen Sie die Reaktionstypen der folgenden Reaktionen:
- a) $CH_3{-}CH_2{-}CH{=}CH_2 + I_2 \longrightarrow CH_3{-}CH_2{-}CHI{-}CH_2I$
- b) $CH_4 + 2\,O_2 \longrightarrow CO_2 + 2\,H_2O$
- c) $CH_3\text{-}COOH + CH_3\text{-}CH_2\text{-}OH \longrightarrow CH_3\text{-}COO\text{-}CH_2\text{-}CH_3 + H_2O$

B2 Propan-1-ol reagiert mit heißem Kupfer(II)-oxid CuO gemäß der folgenden Reaktionsgleichung:
$$CH_3{-}CH_2{-}CH_2OH + CuO \longrightarrow CH_3{-}CH_2{-}CHO + Cu + H_2O$$
- a) Bestimmen Sie die Oxidationszahlen der Kohlenstoff-Atome, an denen funktionelle Gruppen gebunden sind oder die selbst Teil einer funktionellen Gruppe sind.
- b) Ordnen Sie die Reaktion begründet einem Reaktionstyp zu.

KOMPETENZ C: Die Struktur und Reaktionen von Fetten beschreiben

C1 Beschreiben Sie den allgemeinen Aufbau von Fett-Molekülen und erläutern Sie den Einfluss der Bausteine auf die Eigenschaften des Fetts.

C2 Die Fetthärtung ist ein industrieller Prozess, bei dem aus preiswerten Pflanzenölen Produkte mit anderen Eigenschaften gewonnen werden, die z. B. in Frittierfetten und Margarine enthalten sind. Bei der Fetthärtung findet eine Reaktion der fetten Öle mit Wasserstoff statt. Vergleichen Sie die Halbstrukturformeln des Edukt- und des Produkt-Moleküls und erläutern Sie die unterschiedlichen physikalischen Eigenschaften der Fette vor und nach der Reaktion.

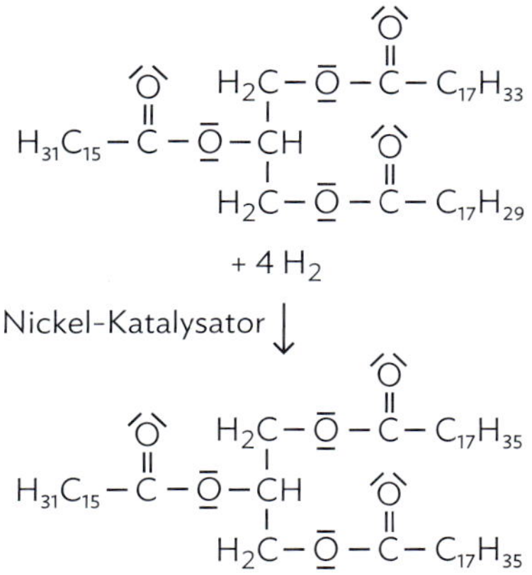

C3 Erklären Sie den Begriff der Umesterung in Bezug auf Fette.

KOMPETENZ D: Struktur-Eigenschafts-Beziehungen auf Seifen anwenden

D1 Beschreiben Sie die Herstellung von Seife aus natürlichen Fetten.

D2 Beschreiben Sie den Aufbau eines Tensid-Moleküls nach dem abgebildeten Modell und begründen Sie, dass Seifen aus Ölen und Fetten zu den Tensiden gehören.

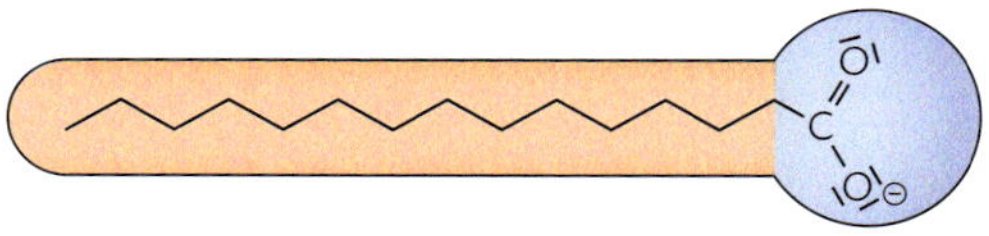

D3 Erklären Sie die emulgierende und die waschaktive Wirkung von Seifen mit deren Struktur.

KOMPETENZ E: Die Bedeutung von Stärke als Naturstoff erläutern

E1 Stärke ist ein in makromolekularer Stoff, welcher in vielen pflanzlichen Nahrungsmitteln enthalten ist. Beschreiben Sie den Aufbau von Stärke und dessen Bedeutung in der Ernährung.

E2 Nennen Sie zwei Beispiele für die Nutzung von Stärke als nachwachsender Rohstoff.

Vergleichen Sie Ihre Antworten mit den Lösungen auf den Seiten 565 ff. und geben Sie sich die entsprechende Punktzahl.

Kompetenz	sehr gut	gut	schwierig	zum Nachlesen
A Die Vorgänge bei einer Elektrolyse und in einer galvanischen Zelle erklären	20 – 16	15 – 10	9 – 6	S. 364 – 365, 386 – 387, 378 – 383
B Reaktionen organischer Verbindungen zuordnen	6 – 5	4 – 3	2 – 1	S. 56 – 57, 120 – 121, 354 – 355,
C Die Struktur und Reaktionen von Fetten beschreiben	16 – 12	11 – 8	7 – 4	S. 182 – 187
D Struktur-Eigenschafts-Beziehungen auf Seifen anwenden	12 – 10	9 – 6	5 – 3	S. 128 – 129
E Die Bedeutung von Stärke als Naturstoff erläutern	14 – 11	10 – 7	6 – 3	S. 178-179

10.1 Moderne Energiewandler

Die Forderung nach Elektromobilität als Nachfolge der Verbrennungstechnik wird gerade in Zeiten des Klimawandels häufig genannt. Grundlage hierfür ist aber eine effektive Energiespeicherung in wieder aufladbaren Akkumulatoren bzw. eine direkte Energiewandlung durch Brennstoffzellen. Wie funktionieren beide Techniken und welche Vorteile bieten sie?

10.1.1 Versuche und Material

V Modellversuch zur Brennstoffzelle

2 3 5 7

Brennstoffzellen werden als Energiequellen der Zukunft bezeichnet (**B1**). Welche Vorgänge laufen in ihnen ab?

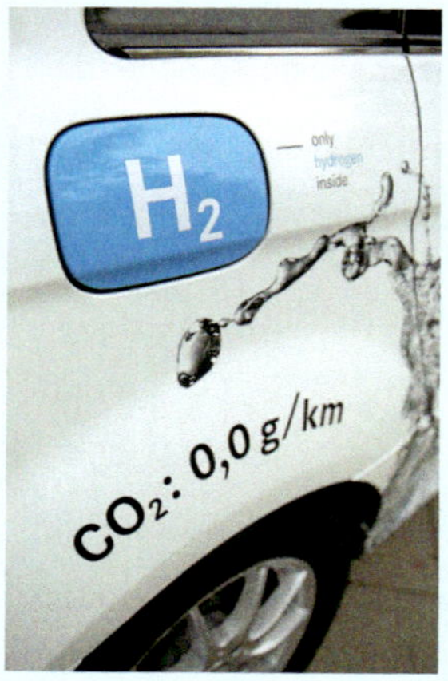

B1 Tankklappe eines Brennstoffzellenautos

V1 Tauchen Sie zwei Graphitelektroden in Kalilauge (c = 5 mol/L) und verbinden Sie diese mit einer Gleichspannungsquelle. Alternativ können auch zwei Rasierscherfolien oder zwei Elektroden, die aus Eisenwolle geformt wurden, verwendet werden. Elektrolysieren Sie zunächst vorbereitend einige Minuten bei 4 V. Messen Sie nach Abschalten der Spannungsquelle mit einem Spannungsmessgerät die Zellspannung. Verbinden Sie anschließend mit einem kleinen Motor (Video unter QR-/Mediencode 06002-75).

06002-75

AUSWERTUNG

a) Beschreiben Sie die Beobachtungen während der Elektrolyse an den Elektroden in **V1**. Begründen Sie, ob eine Identifikation der Gase anhand der Beobachtungen möglich ist.

b) Formulieren Sie Reaktionsgleichungen für die ablaufenden Reaktionen beim Betrieb eines Verbrauchers.

c) Benennen Sie den Brennstoff der Brennstoffzelle und diskutieren Sie, ob man diese Zelle als Vertreter einer „reversiblen Brennstoffzelle" betrachten kann.

ENTSORGUNG R, G1

V Die biologische Brennstoffzelle

Auch organische Stoffe können als Brennstoffe genutzt werden. Wie funktionieren biologische Brennstoffzellen?

V2 Füllen Sie ein 100 mL-Becherglas mit Glucoselösung (w = 10 %). Stellen Sie eine mit einer Hefe-Glucosesuspension (2,5 g Glucose und 1,5 g Trockenhefe auf 25 mL Wasser) gefüllte SOXHLET-Hülse in das Becherglas und befestigen Sie die Hülse mit einer Büroklammer am Rand des Glases. Verwenden Sie zwei Eisenbleche als Elektroden und verbinden Sie diese mit einem Spannungsmesser.

AUSWERTUNG

a) Hefepilze verstoffwechseln Glucose $C_6H_{12}O_6$ u. a. zu Kohlenstoffdioxid. Bestimmen Sie die Oxidationszahlen der Atome in den beiden Molekülen.

b) Als Reaktionspartner in der Glucoselösung dient gelöster Sauerstoff. Formulieren Sie die Teilgleichungen für Oxidation und Reduktion in **V2**.

ENTSORGUNG A, R

V Modellexperiment zum Lithium-Ionen-Akkumulator LK

Der Lithium-Ionen-Akkumulator ist aktuell der leistungsfähigste, wiederaufladbare Akkumulator weltweit. Dieses Modellexperiment zeigt seine grundlegende Funktion.

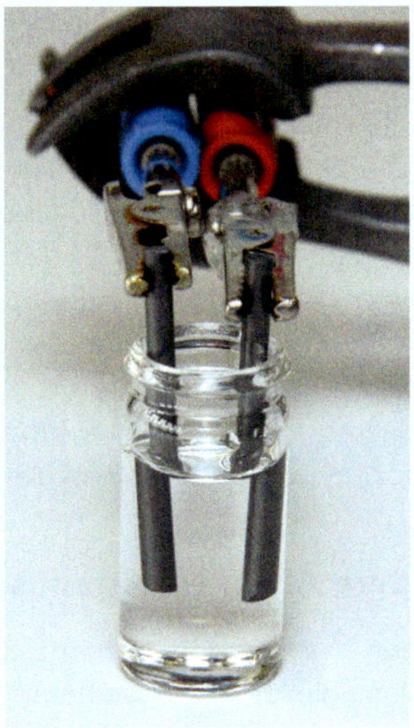

B2 Aufbau zu **V3**

V3 Füllen Sie in ein Schnappdeckelglas eine Lösung aus 0,6 g Lithiumchlorid und 15 mL Dimethylsulfoxid DMSO. Setzen Sie als Elektroden zwei Graphitminen (Härte HB) ein. Verbinden Sie diese leitend mit einem Spannungsmesser und einer Gleichspannungsquelle. Laden Sie den Akkumulator bei 4,5 V für 6 Minuten. Verbinden Sie anschließend den Akkumulator mit einem Motor oder einer Leuchtdiode (**B2**).

AUSWERTUNG

a) Im Modellversuch findet eine Wanderung von Lithium-Ionen in die jeweiligen Elektrodenmaterialien statt. Die Ionen werden in die jeweiligen Gitterstrukturen eingelagert. Nennen Sie eine Beobachtung, die das bestätigt und deuten Sie die Veränderungen an den Graphitminen beim Laden und Entladen in **V3.**

b) Planen Sie ein Experiment mit dem man Lithium-Ionen in der Graphitmine des Minuspols bei **V3** nachweisen kann und führen Sie das Experiment durch. Spülen Sie hierfür die Graphitmine zunächst mit Wasser und trocknen Sie die Mine anschließend (Hilfen unter QR-/Mediencode 06022-73).

06022-73

c) Durch das Einlagern von Lithium-Ionen wird das Elektrodenpotenzial von Graphit erniedrigt. Erklären Sie Auswirkungen, die sich hierdurch für die Verwendung des Akkus ergeben.

ENTSORGUNG R, G3

10.1.2 Die Brennstoffzelle

Brennstoffzellen sind Klassiker

Bei Batterien sind die energieliefernden chemischen Reaktionen zeitlich begrenzt und Akkumulatoren müssen regelmäßig aufgeladen werden. **Brennstoffzellen** hingegen sind kontinuierliche Energiewandler. Im Gegensatz zu einer herkömmlichen Batterie liegen die energieliefernden Edukte nicht in der Brennstoffzelle vor, sondern werden von außen zugeführt. Die Brennstoffzelle liefert folglich elektrische Energie, solange Brennstoffe zu- und Reaktionsprodukte abgeführt werden.

Prinzip der Brennstoffzelle

06022-75
Video zur Knallgasreaktion unter QR-/Mediencode 06022-75

Häufig findet man im Zusammenhang mit der PEM-Brennstoffzelle auch die englischsprachige Abkürzung **PEMFC** (Proton exchange membrane fuel cell).

1870 beschrieb JULES VERNE Wasser, das durch elektrischen Strom zerlegt wird, als die Kohle der Zukunft. Mit dieser Aussage hatte er nicht ganz unrecht. In der Brennstoffzelle wird die unkontrolliert ablaufende Knallgasreaktion von Wasserstoff und Sauerstoff zu Wasser aufgrund der Zellanordnung zu einer kontrollierten und energetisch nutzbaren Reaktion. Man spricht hier von einer **kalten Verbrennung**.

Es gibt eine Vielzahl verschiedener Brennstoffzellen. Schon Mitte der 1960er Jahre wurden z. B. **alkalische Brennstoffzellen** in der Raumfahrt verwendet. Im Modellversuch zur alkalischen Brennstoffzelle aus **V1** reagiert ebenfalls der Brennstoff Wasserstoff mit Sauerstoff zu Wasser. Es finden folgende Teilreaktionen statt:

Minuspol: $2\,H_2\,(g) + 4\,OH^-\,(aq) \longrightarrow 4\,H_2O\,(l) + 4\,e^-$

Pluspol: $O_2\,(g) + 2\,H_2O\,(l) + 4\,e^- \longrightarrow 4\,OH^-\,(aq)$

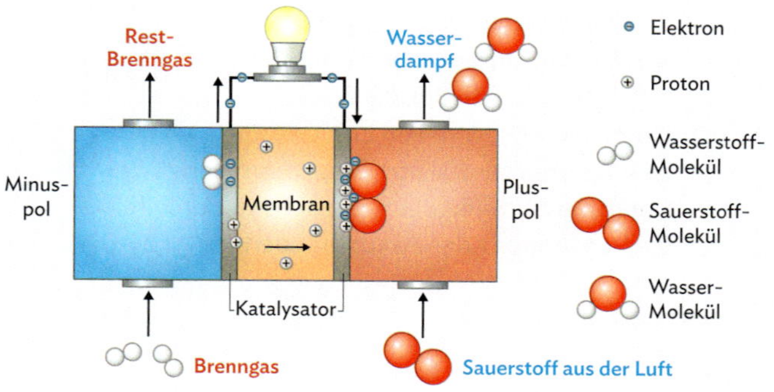

B1 Schematischer Aufbau einer PEM-Brennstoffzelle

Zusammengefasst erhält man die bekannte Knallgasreaktion als Gesamtreaktion:

$2\,H_2\,(g) + O_2\,(g) \longrightarrow 2\,H_2O\,(l)$

Die Spannung, die bei dieser Reaktion gemessen werden kann, beträgt 1,23 V.

Für den ökologisch sinnvollen Einsatz der Brennstoffzelle ist die Bereitstellung von Wasserstoff ein ausschlaggebender Punkt. Die Erzeugung sollte möglichst über regenerative Energiequellen erfolgen, also sogenannter **„Grüner Wasserstoff"** verwendet werden (vgl. S. 494).

Die PEM-Brennstoffzelle

Neben Brennstoffzellen mit flüssigen Elektrolyten, wie der alkalischen (AFC) oder sauren (PAFC) Brennstoffzelle existieren auch Weiterentwicklungen, die keine flüssigen Elektrolyten enthalten. So kann ein Auslaufen der Zelle vermieden werden. Bei der **PEM-Brennstoffzelle** (PEM = *Proton exchange membrane*) ist das Herzstück eine Membran, die nur für Protonen durchlässig ist. Sie dient also als fester Elektrolyt.

Auf die Membran ist ein Katalysator aufgetragen, der die Elektrodenreaktionen ermöglicht. An der Elektrode des Minuspols geben Wasserstoff-Moleküle Elektronen ab. Diese wandern über einen metallischen Leiter in Richtung Pluspol, wobei sie von einem Verbraucher genutzt werden können. Die gebildeten Protonen durchqueren die Membran und reagieren am Pluspol mit Elektronen und Sauerstoff-Molekülen zu Wasser (**B1**).

Andere Arten von Brennstoffzellen

Neben Wasserstoff können z. B. auch Methan, Erdgas, Biogas oder Methanol als Brennstoff eingesetzt werden. In **Methanol-Brennstoffzellen** reagiert Methanol zu Kohlenstoffdioxid und Wasser:

Minuspol: $2\,\overset{-II}{C}H_3OH\,(l) + 14\,H_2O\,(l) \longrightarrow 2\,\overset{+IV}{C}O_2\,(g) + 12\,H_3O^+\,(aq) + 12\,e^-$

Pluspol: $\overset{0}{O}_2\,(g) + 4\,H_3O^+\,(aq) + 4\,e^- \longrightarrow 6\,H_2\overset{-II}{O}\,(l)$

Der Vorteil dieser Brennstoffzelle liegt darin, dass der Brennstoff Methanol im Gegensatz zu Wasserstoff oder Methan in Flüssigkeitstanks transportiert werden kann. Allerdings ist Methanol giftig und korrosiv.
Zur Verwendung von Erdgas als Brennstoff muss zunächst Methan in Wasserstoff und Kohlenstoffdioxid umgewandelt werden. PEM-Brennstoffzellen tolerieren den anfallenden Kohlenstoffdioxidanteil und Verunreinigungen nicht. Beim Einsatz von Methan bieten sich deshalb Festoxid-Brennstoffzellen (SOFC) an.
In **biologischen Brennstoffzellen** (**V2**) werden organische Substrate mithilfe von **Biokatalysatoren** wie Enzymen oder Mikroorganismen umgesetzt. Das Substrat wird in der Halbzelle, die den Minuspol bildet, oxidiert und die Elektronen auf die Elektrode übertragen. Am Pluspol erfolgt dann die Reduktion von Sauerstoff. Ein großer Vorteil biologischer Brennstoffzellen besteht in der Möglichkeit, organische Substrate abzubauen und gleichzeitig Strom zu generieren.

Einsatz in Fahrzeugen

Für den Betrieb in Kraftfahrzeugen werden mehrere solcher Zellen hintereinandergeschaltet. PEM-Brennstoffzellen erreichen dabei einen hohen Wirkungsgrad von bis zu 60 %, während Verbrennungsmotoren nur ca. 38 % erreichen. Damit können weite Strecken zurückgelegt werden. Dazu wird bei der Verbrennung kein klimaschädliches Kohlenstoffdioxid produziert. Brennstoffzellen sind leichter als Elektromotoren, was besonders für den Lkw-, Schiffs-, Flug- und Zugverkehr ein Vorteil ist. Weiterhin lässt sich Wasserstoff schnell und unkompliziert tanken.
Ein Problem für die massentaugliche Anwendung von Brennstoffzellen in Fahrzeugen stellt neben dem schlecht entwickelten Tankstellennetz und der Gewinnung von grünem Wasserstoff vor allem dessen Speicherung dar.
Um Wasserstoff zu verflüssigen und eine ähnliche Energiedichte wie von Benzin und Diesel zu erreichen, muss es bei sehr hohem Druck komprimiert werden. Es gibt Forschungsteams, die sich mit dem Problem bei der Entwicklung von Speichermedien für Wasserstoff auseinandersetzen.

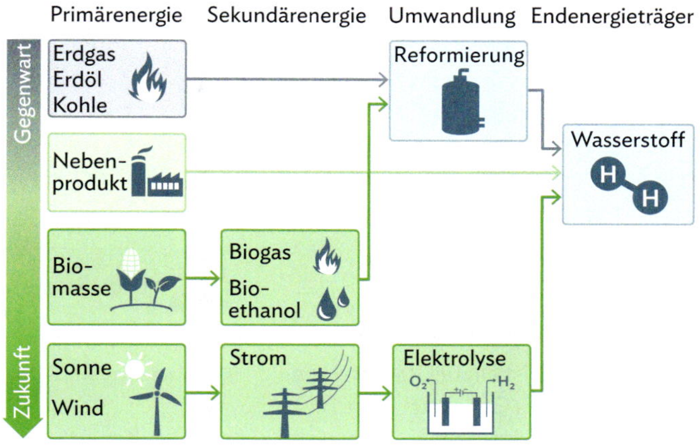

B2 Möglichkeiten der Wasserstoffgewinnung

Bei der „kalten Verbrennung“ in einer Brennstoffzelle entsteht Wasser in einer kontrollierten Knallgasreaktion. Im Gegensatz zur herkömmlichen Verbrennung fallen bei der PEM-Brennstoffzelle keine klimaschädlichen Produkte an, weshalb die Brennstoffzelle als umweltfreundliche Technik gilt. Es gibt noch weitere Arten von Brennstoffzellen (z. B. Methanol-Brennstoffzelle, biologische Brennstoffzellen). Für die Wasserstofferzeugung wird in der Zukunft die Gewinnung von „grünem Wasserstoff“ bedeutend.

AUFGABEN

A1 Stellen Sie tabellarisch Gemeinsamkeiten und Unterschiede sowie ökologische Aspekte zwischen Batterien, Akkumulatoren und Brennstoffzellen gegenüber.

A2 MK Recherchieren Sie u. a. mithilfe von **B2** Informationen zur Wasserstoffgewinnung und bewerten Sie in diesem Zusammenhang die Idee vom „grünen Wasserstoff“.

06007-100 Arbeitsblatt zu A1 unter QR-/Mediencode 06007-100

10.1.3 Der Wettlauf um den „Grünen Wasserstoff“

Für eine Energieversorgung ohne fossile Brennstoffe wird Wasserstoff als wichtiger Baustein angesehen. „Grüner Wasserstoff“ ist einer der Energieträger von morgen. Er soll klimaneutral aus Ökostrom erzeugt werden und könnte in Regionen mit viel Wind, Sonne und Wasser produziert und von dort exportiert werden. Welche Arten der Wasserstoffgewinnung gibt es?

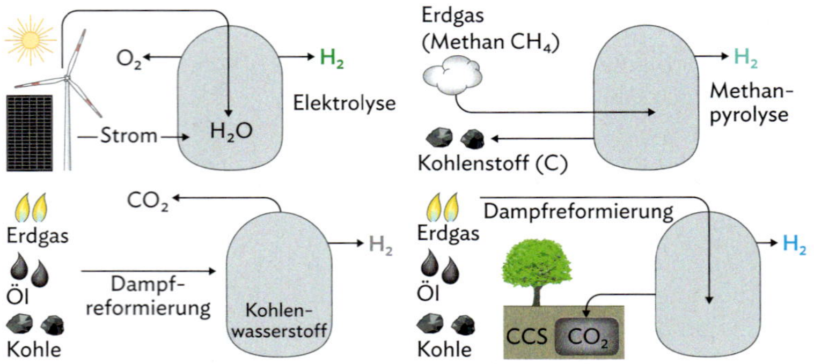

B1 Verschiedene Arten der Wasserstoffgewinnung

Wasserstoff ist ein bei Raumtemperatur farbloses Gas, welches in Tanks gespeichert wird. Er gilt als umweltfreundlicher Energieträger, da bei seiner Verbrennung kein Kohlenstoffdioxid entsteht. Die Gewinnung von Wasserstoff ist jedoch nicht immer klimaneutral. Um erkennen zu können, wie umweltfreundlich der Wasserstoff gewonnen wurde, gibt es eine verbindliche Zuordnung durch einen Farbcode (**B1**). Dieser macht eine Einstufung der Wasserstoffnutzung hinsichtlich des CO_2-Fußabdrucks möglich.

Unterschiedliche Gewinnungsmethoden

Wasserstoff kann mithilfe einer Elektrolyse (vgl. S. 144) aus Wasser gewonnen werden. Wird für dessen Erzeugung Strom aus erneuerbaren Energiequellen wie Windkraft, Wasserkraft oder Sonnenenergie verwendet, wird er als **„Grüner Wasserstoff“** bezeichnet (**B1**). Seine Herstellung ist CO_2-neutral, jedoch zurzeit noch mit hohem Energieaufwand verbunden. Auch die fotolytische Erzeugung durch Mikroorganismen mittels Sonnenlicht liefert „Grünen Wasserstoff“. Ein durch Methanpyrolyse hergestellter Wasserstoff wird als **„Türkiser Wasserstoff“** bezeichnet (**B1**). Dabei wird das Methan im Erdgas in Wasserstoff und festen Kohlenstoff gespalten. Der Kohlenstoff liegt dann als Granulat vor, das z.B. in alten Bergwerksstollen sicher gelagert und später wiederverwendet werden kann. „Türkiser Wasserstoff“ ist nur dann CO_2-neutral, wenn die zur Methanpyrolyse benötigte Wärme aus erneuerbaren Energiequellen stammt. Jedoch muss bedacht werden, dass Erdgas ein fossiler und somit endlicher Rohstoff ist.

Auch **„Grauer Wasserstoff“** wird aus fossilen Rohstoffen erzeugt (**B1**). Diese werden bei der Dampfreformierung unter starker Wärmezufuhr und hohem Druck zu Wasserstoff und Kohlenstoffdioxid umgesetzt. Kohlenstoffdioxid wird anschließend in die Atmosphäre abgegeben. „Grauer Wasserstoff“ ist daher nicht klimaneutral.

„Blauer Wasserstoff“ wird ebenfalls durch Dampfreformierung gewonnen (**B1**). Der Unterschied zwischen den beiden Zuordnungen ist, dass das entstandene Kohlenstoffdioxid beim blauen Wasserstoff zunächst eingefangen und unterirdisch gelagert wird (vgl. S. 234 f.).

Blick in die Zukunft

Wasserstoff kann wichtig für die Energiegewinnung der Zukunft sein, sofern er **umweltfreundlich** generiert wird. Hierfür gibt es noch einige logistische und betriebswirtschaftliche Aspekte, die geklärt werden müssen. Es bedarf eines eindeutigen Nachweissystems für Wasserstoff aus erneuerbaren Energien, damit kein Anreiz für die Stromproduktion aus fossilen Energien gegeben ist. Zudem stellt sich die Frage nach sinnvollen Standorten für die Wasserstoffproduktion. Hierfür bieten sich Orte an, an denen erneuerbarer Strom produziert wird. Der Anlagenbau bietet für die zukünftigen Wasserstoffstandorte zahlreiche wirtschaftliche Chancen. Der Wettlauf um den „Grünen Wasserstoff“ hat also gerade erst begonnen und es wird bereits vor einer neuen Art des Kolonialismus gewarnt.

AUFGABEN

A1 MK Recherchieren Sie zu „Weißem Wasserstoff“ und beurteilen Sie ihn hinsichtlich seiner Nachhaltigkeit.

A2 Vergleichen Sie die in **B1** dargestellten Verfahren zur Wasserstoffherstellung unter Nutzung selbstgewählter Kriterien.

A3 MK Recherchieren Sie den Zusammenhang von Kolonialismus und „Grünem Wasserstoff“.

10.1.4 Herzschrittmacher mit Glucose-Brennstoffzellen

Glucose (Traubenzucker) ist der wichtigste Energielieferant im menschlichen Körper. Forschende der Technischen Universität München (TUM) und des Massachusetts Institute of Technology (MIT) nutzen den Zucker im Körper nun auch als Energiequelle für medizinische Implantate. Sie haben eine Glucose-Brennstoffzelle entwickelt, die den Zucker in Elektrizität umwandelt. Wie funktioniert diese Zelle?

Medizinische Implantate, z. B. Sensoren zur Messung der Vitalfunktionen oder Herzschrittmacher (**B1**), benötigen zuverlässige und möglichst kleine Stromquellen. Die ersten dauerhaften Herzschrittmacher benutzten Akkumulatoren, die nach wenigen Stunden Betrieb von außen aufgeladen werden mussten. Später wurden nicht aufladbare Quecksilberoxid-Zink-Batterien verwendet, die mehrere Monate und bis zu drei Jahre ihren Dienst taten. Bald danach setzten sich die Lithium-Iod-Batterien endgültig durch (vgl. S. 467). Diese Energiespeicher bedingen bisher die Größe der Herzschrittmacher (**B1**). Batterien können nämlich nicht beliebig verkleinert werden, da sie ein gewisses Volumen benötigen, um Energie zu speichern.

Redoxreaktion in der Glucose-Brennstoffzelle

Brennstoffzellen (vgl. S. 472 f.) sind galvanische Zellen, die chemische Energie aus kontinuierlich zugeführten Stoffen in nutzbare elektrische Energie umwandeln. Ihre Größe kann also sehr stark verkleinert werden. Durch Parallelschaltung mehrerer Zellen kann leicht eine hohe Spannung erzeugt werden.

Die **Glucose-Brennstoffzelle** besteht aus zwei Elektroden aus katalytisch wirksamem Platin. Die Elektrodenräume werden durch eine selektiv permeable Membran getrennt, die den Durchtritt von Protonen von der Anode zur Kathode ermöglicht. Aufgrund der besonderen Anforderungen medizinischer Implantate besteht die Membran der Glucose-Brennstoffzelle aus Keramik anstelle der sonst gängigen Kunststoffe. An der Anode werden Glucose-Moleküle zu Gluconsäure-Molekülen oxidiert (vgl. S. 414 f.), welche für den Körper unschädlich sind und von Enzymen abgebaut werden. Die Elektronen, die beim Oxidationsprozess frei werden, fließen über einen Verbraucher zur Kathode, an der Sauerstoff-Moleküle reduziert werden. Der Elektrolyt leitet die bei der Oxidation ebenfalls freigesetzten Protonen durch die Brennstoffzelle zur Kathode, wo sie für die Reduktion der Sauerstoff-Moleküle zu Wasser-Molekülen benötigt werden.

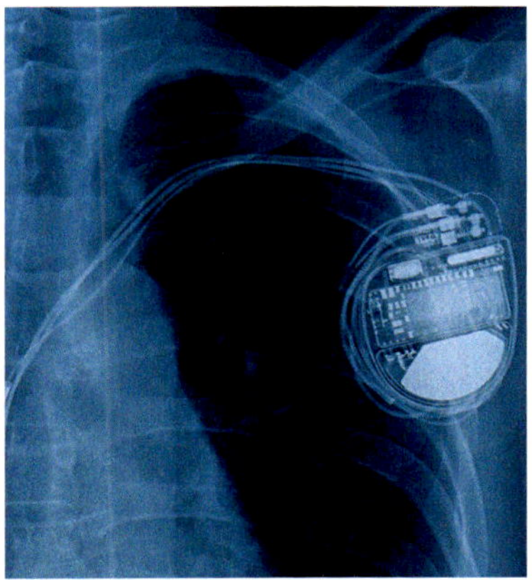

B1 Herzschrittmacher im Röntgenbild

Forschungsgegenstand

Revolutionär dabei ist die Tatsache, dass Glucose und Sauerstoff vom Körper dauerhaft bereitgestellt werden. Die theoretische Lebensdauer dieses Energiewandlers ist unendlich.

Das Team aus TUM und MIT stellte **Nanochips** her, die Platz für 150 Glucose-Brennstoffzellen haben. Die Forschenden brachten die Zellen auf Siliziumwafer auf und zeigten so, dass die Geräte mit einem gängigen Halbleitermaterial kombiniert werden können. Viele der Zellen erzeugten eine Spannung von etwa 80 mV. Diese Spannung ist ausreichend, um Sensoren und viele andere elektronische Geräte für Implantate zu betreiben.

Aktuell existieren jedoch noch viele Probleme, die eine flächendeckende Nutzung der Glucose-Brennstoffzelle verhindern. Zum einen ist die Entwicklung kleinster Brennstoffzellen sehr kostenintensiv. Andererseits verhindern die natürlichen Bedingungen im menschlichen Körper den reibungslosen Ablauf der Brennstoffzelle. So wirken v. a. basische Aminosäuren als **Katalysatorgifte**. Da diese natürlicherweise in den Gewebeflüssigkeiten vorkommen, die Glucose und Sauerstoff zur Brennstoffzelle liefern, stellen sie einen großen Nachteil dar. Ansätze, um dem entgegenzuwirken, sind z. B. positiv geladene Schutzmembranen um die Elektroden oder eine angepasste Platinlegierung als Katalysatormaterial.

AUFGABEN

A1 Entwickeln Sie eine beschriftete Skizze der beschriebenen Glucose-Brennstoffzelle.

A2 Formulieren Sie die Teilgleichungen für die Anoden- und Kathodenreaktion der Glucose-Brennstoffzelle.

A3 Berechnen Sie die Spannung der Brennstoffzelle aus **A2**.

A4 Diskutieren Sie den Einsatz von Glucose-Brennstoffzellen als Energiequellen für medizinische Implantate.

10.1.5 Der Lithium-Ionen-Akkumulator LK

Umkehrbarkeit von chemischen Reaktionen

Batterien als sogenannte **Primärzellen** haben den Nachteil, dass sie nach Gebrauch nicht mehr geladen werden können. Bei den **Akkumulatoren** (kurz: Akkus) dagegen lassen sich die chemischen Reaktionen, die für die Spannungserzeugung verantwortlich sind, durch Laden von außen wieder umkehren. Man spricht daher bei den Akkumulatoren auch von **Sekundärzellen** (vgl. Kapitel 7.4).

Der Lithium-Ionen-Akkumulator

Der Begriff „**Lithium-Ionen-Akku**" ist sehr allgemein. Auf dem Markt sind verschiedene Typen dieses Akkumulators erhältlich. Ihnen gemeinsam ist, dass der aktive Teil des Pluspols aus einem Mischmetalloxid wie z. B. Lithiummanganoxid $LiMnO_2$ oder Lithiumcobaltoxid $LiCoO_2$ besteht. Diese Metalloxide lagern Lithium-Ionen in ihre Kristallstruktur ein und können diese auch leicht wieder abgeben. Als Ableitelektrode wird ein Metallstab oder Graphit genutzt. Den Minuspol bildet ebenfalls häufig Graphit. Als Elektrolyt kommen Lithiumsalze in einem organischen Lösemittel zum Einsatz (**V3**). Beim Laden geben die Metall-Ionen (z. B. Co^{3+}) am Pluspol Elektronen ab. Am Minuspol nimmt das Graphit-Gitter die Elektronen auf und zieht hierdurch Lithium-Ionen aus dem Metalloxid-Gitter durch einen Separator zu sich hin. Hier werden die Lithium-Ionen jedoch nicht reduziert, sondern lagern sich zwischen die Schichten des Graphit-Gitters ein. Bei diesem Vorgang kann unter Umständen die Graphitelektrode aufplatzen. Diese Einlagerung von Lithium-Ionen (Interkalation) lässt sich bei **V3** nachweisen, indem die benutzten Graphitelektroden in eine rauschende Brennerflamme gehalten werden. Die Flamme färbt sich rot, was charakteristisch für die Anwesenheit von Lithium-Ionen ist. Beim Entladen werden die Lithium-Ionen wieder aus dem Graphit-Gitter aus- und in das Metalloxid-Gitter eingelagert (**B1**):

Minuspol: $C_n + x\,Li^+ + x\,e^- \underset{\text{Entladen}}{\overset{\text{Laden}}{\rightleftharpoons}} Li^+xC_n^-$

Pluspol:
$LiMn_2O_4 \underset{\text{Entladen}}{\overset{\text{Laden}}{\rightleftharpoons}} Li_{1-x}Mn_2O_4 + x\,e^- + x\,Li^+$

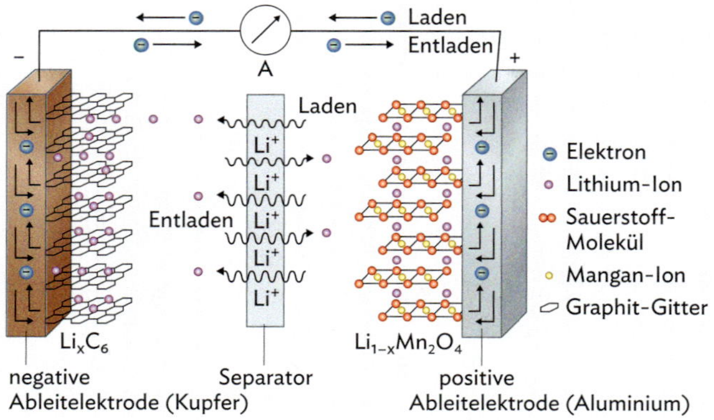

B1 Prozesse im Lithium-Ionen-Akkumulator

Vorteile und Nachteile

Lithium-Ionen-Akkumulatoren weisen verschiedene Vorteile gegenüber herkömmlichen Batterien und anderen Akkumulatoren auf. Sie sind im Gegensatz zu Batterien wiederaufladbar und zeigen eine geringe Selbstentladung. Außerdem sind sie kleiner und leichter als andere Akkus, bei einer höheren Kapazität und längeren Lebensdauer. Sie kommen daher oft in mobilen Geräten, wie Kameras, Tablets und Smartphones zum Einsatz. Aufgrund des unedlen Charakters von Lithium liefert der Akku im Modellexperiment **V3** eine Spannung von etwa 3,3 – 3,8 V.
Allerdings gibt es auch Nachteile dieser Akkumulatoren. Sie sind empfindlich gegenüber Überspannung, Hitze- und Kälteeinwirkungen sowie mechanischen Beschädigungen, wobei es im schlimmsten Fall durch Freisetzung von Wasserstoff zu Bränden oder Explosionen kommen kann. Die richtige Nutzung und Lagerung der Akkumulatoren ist deshalb für eine lange Lebensdauer von Bedeutung.

Die Gewinnung von Lithium

Lithium kommt durch seine hohe Reaktivität in der Natur nicht gediegen vor. Seine Erze und Verbindungen finden sich an vielen Stellen der Erde. Reiche Vorkommen gibt es in Australien, wo Erze im Tagebau abgebaut werden oder in den südamerikanischen Anden, wo es aus lithiumsalz-

B2 Soleförderung in Südamerika

haltigen hochkonzentrierten Salzlösungen, sogenannten Solen, gewonnen wird (**B2**). Die Solen haben einen Salzgehalt von 300 g/L, wovon etwa 0,2 % Lithiumsalze sind. Für die Weiterverarbeitung wird hochaufgereinigtes Lithiumcarbonat benötigt. Dieses kann gewonnen werden, indem die Sole in große Becken gepumpt wird.
Durch Versetzen mit Soda (Natriumcarbonat) fällt der schwerlösliche, weiße, kristalline Feststoff Lithiumcarbonat aus. Durch nachfolgende Waschschritte und Ionenaustausch kann die Reinheit des Lithiumcarbonats auf „Battery Grade", eine für Akkumulatoren benötigte hohe Reinheit, gesteigert werden. Die Gewinnung des Lithiumcarbonats ist langwierig und damit kostenintensiv. Um das in Lithium-Knopfzellen benötigte elementare Lithium zu gewinnen, wird Lithiumcarbonat durch Zugabe von Salzsäurelösung zu Lithiumchlorid umgesetzt, welches dann elektrolytisch in Lithium und Chlor zerlegt wird (Arbeitsblatt unter QR-/Mediencode 06007-101).

06007-101

Nimmt die Anzahl der Elektrofahrzeuge und damit die Zahl der benötigten Lithium-Ionen-Akkumulatoren zu, wird Recycling von Lithium an Bedeutung gewinnen. Transport und Recycling der Lithium-Ionen-Akkumulatoren erfordern hohe Sicherheitsstandards. Da die Komponenten in Lithium-Ionen-Akkumulatoren häufig verklebt oder in Kunststoff eingegossen sind, ist die Trennung der Akkumulatoren in einzelne Komponenten schwierig. Um Lithiumrecycling rentabel zu machen, müssen Recyclingprozesse optimiert werden und für unterschiedliche Batterietypen kompatibel sein.

Lithium-Ionen Akkus gehören zu den am häufigsten eingesetzten Akkumulatoren. Sie zeigen eine geringe Selbstentladung und sind kleiner und leichter als andere Akkus, bei einer höheren Kapazität und längeren Lebensdauer. Allerdings sind sie empfindlich gegenüber Überspannung, Hitze- und Kälteeinwirkungen sowie mechanischen Beschädigungen, wobei es im schlimmsten Fall zu Bränden oder Explosionen kommen kann. Außerdem ist die Förderung von Lithium kritisch zu betrachten und das Recycling von Lithium-Ionen-Akku schwierig.

AUFGABEN

A1 Bei der Einlagerung von Lithium-Ionen kann es zum Aufplatzen des Elektrodenmaterials kommen, wenn die Lithium-Ionen von einer Hülle von Lösemittel-Teilchen umgeben sind. Erläutern Sie die Folgen in der technischen Anwendung.

A2 Formulieren Sie die Reaktionsgleichung der Ausfällung von Lithiumcarbonat aus Lithiumchloridlösung mit Natriumcarbonat.

10.1.6 Entscheidungen bewusst treffen und reflektieren

In **Dilemma-Situationen** („Zwickmühlen") gibt es für jede Handlungsoption sowohl Pro- als auch Contra-Argumente, die jeweils gegeneinander abgewogen werden müssen. Folgende Schritte helfen dabei, eine **reflektierte Entscheidung** zu treffen.
Treffen Sie eine reflektierte Entscheidung zu der folgenden Frage: Soll die Nutzung von Fahrzeugen mit Verbrennungsmotor in den Innenstädten Deutschlands verboten werden?

VORGEHEN

1. Recherchieren Sie die **Fakten** zu der Dilemma-Situation.
   *Ein Verbrennungsmotor wandelt die chemische Energie eines Kraftstoffs in mechanische Arbeit um. Bei diesem Prozess werden vor allem Stickstoff N_2, Kohlenstoffdioxid CO_2, Kohlenstoffmonooxid CO und Stickstoffoxide NO_x ausgestoßen (**B1**). Die Abgase sind giftig für Lebewesen und tragen teilweise als Treibhausgase zum Klimawandel bei.*
   Die Infrastruktur für Autos mit Verbrennungsmotoren ist gut ausgebaut. Die meisten Haushalte besitzen ein oder mehrere dieser Fahrzeuge und die Autos lassen sich effizient reparieren.
   *(Die Fakten können hier nur sehr verkürzt dargestellt werden. Die tatsächliche Recherche sollte deutlich umfangreicher sein (vgl. auch **MK** auf S. 426 f.)).*

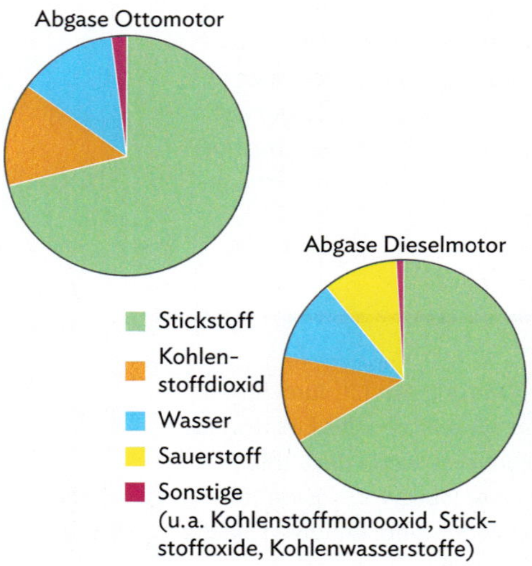

B1 Abgaszusammensetzung beim Ottomotor (Benzin) und Dieselmotor

2. Formulieren Sie verschiedene **Handlungsoptionen**.
   Beispiele für Handlungsoptionen:
   A) Jegliche Nutzung von Fahrzeugen mit Verbrennungsmotor in Innenstädten ist untersagt.
   B) Das Verbot für Verbrennungsmotoren gilt nur für Privatpersonen. Öffentliche Verkehrsmittel mit Verbrennungsmotoren dürfen nach wie vor in Innenstädten betrieben werden.
   C) Die Nutzung von Fahrzeugen mit Verbrennungsmotor in Innenstädten ist ohne Einschränkung erlaubt.
3. Überlegen Sie sich betroffene **Werte** und ob diese durch die Handlungsoptionen beeinträchtigt oder unterstützt werden (**B2**).
   Auswirkungen von Handlungsoption A auf
   ***die Werte Umweltschutz und Gesundheit:** Durch ein Verbot der Verbrennungsmotoren wird die Abgasbelastung in Innenstädten enorm reduziert. Dies schont die Umwelt und dient der Gesundheit der Menschen in der Stadt.*
   ***die Werte Freiheit, Selbstbestimmung und Wohlstand:** Ein Verbot bedeutet, dass der Einzelne nicht mehr selbst entscheiden kann, mit welchem Verkehrsmittel er sich fortbewegt. Die Selbstbestimmung ist im Grundgesetz verankert und somit ein Grundrecht. Außerdem entstehen zusätzliche Kosten, wenn ein anderes Verkehrsmittel benutzt bzw. angeschafft werden muss.*

betroffene Werte	Auswirkung der Entscheidung auf die Werte
Umweltschutz, Gesundheit	Verbot ja → Unterstützung der Werte Verbot nein → Einschränkung der Werte
Freiheit, Selbstbestimmung, Wohlstand	Verbot ja → Einschränkung der Werte Verbot nein → Unterstützung der Werte

B2 Auswirkungen verschiedener Handlungsoptionen (Verbot ja oder nein) auf betroffene Werte

4. Werte sind in der Gesellschaft anerkannte Beurteilungsgrundlagen für ein erstrebenswertes und moralisch gutes Verhalten. Die betroffenen Werte können jedoch innerhalb einer **Wertehierarchie** unterschiedlich gewichtet werden (**B3**). Wenn verschiedene Werte je nach **Perspektive** einem unterschiedlichen Stellenwert zugeordnet werden,

fallen die Entscheidungen unterschiedlich aus. Fällen Sie durch Abwägen der betroffenen Werte hinsichtlich ihrer Wichtigkeit ein **persönliches Urteil**.
Für den Einzelnen kann z. B. „Selbstbestimmung" oder „Wohlstand" der wichtigste Wert sein, sodass die Einschränkung in der Wahl des Fortbewegungsmittels zu der Ablehnung des Verbots führt. Aus Sicht der Gesellschaft sind die Werte „Gesundheit" und „Umweltschutz" höher einzuordnen, woraus die Befürwortung des Verbots resultiert.

B3 Unterschiedliche Wertegewichtung

5. Begründen Sie Ihr Urteil mithilfe einer **ethischen Argumentation** (Informationen unter QR-/Mediencode 06002-78).
06002-78
Beispiel 1: „In den Innenstädten Deutschlands wohnen zahlreiche Personen, die ein Fahrzeug mit Verbrennungsmotor besitzen. Die Fahrzeuge verursachten sowohl in der Anschaffung als auch in der Instandhaltung Kosten. Diese Personengruppe würde mit zusätzlichen Kosten für einen Stellplatz außerhalb der Innenstadt oder Tickets für den öffentlichen Nahverkehr belastet werden (Wert: Wohlstand). Die Nutzung von Verbrennungsmotoren sollte ohne Einschränkung erlaubt sein."
Beispiel 2: „Die Belastung der Luft mit Stickstoffoxiden durch die Abgase innerhalb deutscher Großstädte ist maßgeblich mitverantwortlich für sauren Regen. Saurer Regen wirkt sich negativ auf die Böden und die Gewässer in der betroffenen Region aus, wodurch Pflanzen und Tiere geschädigt werden (Wert: Umweltschutz). Die Nutzung von Verbrennungsmotoren sollte verboten werden."
6. Vergleichen Sie **alternative Urteile** und **reflektieren** Sie Ihr eigenes Urteil.
Die beiden oben ausgeführten Argumentationen sind folgerichtig aufgebaut, betrachten die Dilemma-Situation aber aus unterschiedlichen Perspektiven. Um die

B4 Der Blick aus einer anderen Perspektive

*verschiedenen Urteile vergleichen zu können, hilft ein Perspektivenwechsel (**B4**). Dabei versetzt man sich gedanklich in die Lage einer anderen Person und versucht die Situation durch deren Augen zu betrachten. Durch das konkrete Durchdenken von Konsequenzen des eigenen Urteils sowie alternativer Urteile, können neue Aspekte im Hinblick auf die Dilemma-Situation auftauchen. Dies kann einerseits dazu führen, dass das ursprüngliche Urteil angepasst bzw. revidiert werden muss, andererseits kann das gefällte Urteil nach wie vor Bestand haben und durch den Prozess gefestigt und gestärkt werden.*

AUFGABEN

A1 MK Erstellen Sie eine persönliche Wertehierarchie zur Dilemma-Situation des dargestellten Fallbeispiels (Arbeitsblatt unter QR-/Mediencode 06002-79). Diskutieren Sie Ihre Wertehierarchien im Kurs.
06002-79

A2 MK In der Landeshauptstadt Hessens Wiesbaden (**B5**) wurde im Jahr 2013 eingeführt, dass in der Innenstadt nur noch Autos mit gültiger grüner Umweltplakette fahren dürfen. Recherchieren Sie in Kleingruppen die Bedeutung dieser Plakette und diskutieren Sie Gründe für diese Entscheidung der Stadt Wiesbaden.

B5 Luftaufnahme von Wiesbaden

10.2 Produkte aus nachwachsenden Rohstoffen

Mittlerweile müsste jedem bekannt sein, dass der Klimawandel sich nur aufhalten lässt, wenn man den Gebrauch fossiler Rohstoffe beendet bzw. auf ein Minimum reduziert. Jedoch basieren sehr viele Produkte nach wie vor auf fossilen Rohstoffen, z. B. Kraftstoffe oder Kunststoffe. Welche Möglichkeiten gibt es, diese Produkte aus nachwachsenden Rohstoffen herzustellen?

10.2.1 Versuche und Material

V Herstellung von Diesel aus Rapsöl LK

2 5 6 8

Wer kennt sie nicht, die leuchtend gelbblühenden Rapsfelder im Frühjahr. Wie kann man aus den Ölsamen einen Kraftstoff herstellen?

LV1 In einem 150 mL Becherglas werden 0,15 g Natriumhydroxid in 50 mL Methanol gelöst. Es werden 5 mL Rapsöl in ein Reagenzglas gegeben und ein Rührfisch hinzugefügt. Die Lösung wird mit 10 mL der hergestellten Natriummethanolatlösung versetzt und das Reagenzglas mit einem Stopfen mit Glasrohr verschlossen. Das Reaktionsgemisch wird unter Rühren im Wasserbad auf 75 °C (**B1**) erhitzt. Beobachten Sie, wie sich die Trübung nach ca. 5 – 10 Minuten auflöst, und lassen Sie die Lösung für weitere 10 Minuten reagieren.

V2 Geben Sie die warme Lösung zu ca. 50 mL dest. Wasser. Es bildet sich eine klare gelbliche Phase oben und eine trübe weiße Phase unten. Die obere Phase mit dem erhaltenen Biodiesel wird abgetrennt, die untere Phase im Ausguss entsorgt.

V3 Führen Sie anschließend im Abzug die Flammprobe durch. Geben Sie dazu etwa 1 mL Rapsöl in ein Porzellanschälchen und in ein zweites Porzellanschälchen 1 mL Ihres Reaktionsproduktes. Fügen Sie zur besseren Brennbarkeit je ein Wattestückchen hinzu, sodass dieses jeweils vollständig benetzt ist. Zünden Sie die Wattestückchen an und beobachten Sie das unterschiedliche Brennverhalten in den Porzellanschälchen.

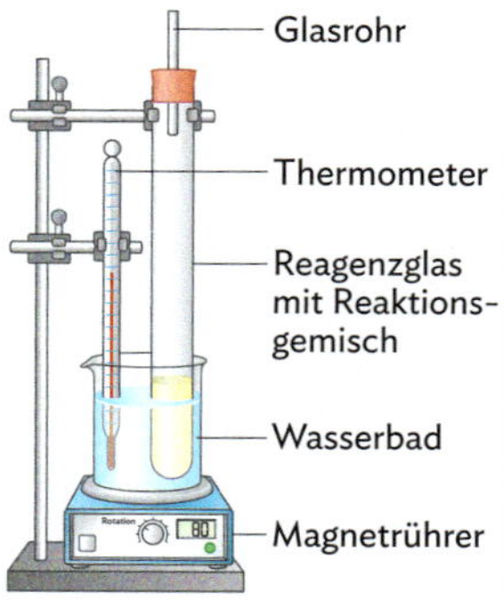

B1 Versuchsaufbau zu **V2**

AUSWERTUNG

a) Erstellen sie ein Versuchsprotokoll zu **LV1 – V3**.

b) Formulieren Sie die Reaktionsgleichung zu **LV1**.

c) Erklären Sie, dass Ihr Reaktionsprodukt in **V2** im Scheidetrichter oben ist und stellen Sie eine Vermutung auf, welche Stoffe sich in der wässrigen Phase befinden.

d) Erklären Sie Ihre Beobachtung zu den unterschiedlichen Brennverhalten von Rapsöl und Ihrem hergestellten Biodiesel in **V3**.

ENTSORGUNG A, R, G3

V Folie aus Maisstärke

Thermoplastische Stärke (TPS) gehört zu den bedeuteten Biokunststoffen. Sie werden unter anderem für Biotragetaschen eingesetzt. Da TPS spröde ist, werden natürliche Weichmacher wie Glycerin zugesetzt.

V4 Geben Sie 5 g Maisstärke in ein 150 mL Becherglas. Fügen Sie 45 mL Wasser, 1 ml Essigessenz und 2 ml Glycerin (100%ige Lösung) hinzu, sowie nach Wunsch 1 – 2 mL Lebensmittelfarbstoff. Erhitzen Sie die Mischung, sodass die Stärke klar und gelartig wird. Lassen Sie das entstandene zähflüssige Gel auf ausgelegtes Backpapier fließen und streichen Sie es dünn aus. Der Kunststoff muss ca. eine Woche trocknen. Wenn er zu trocknen beginnt, können Sie ihn formen und vorsichtig Ränder abschneiden.

Überprüfen Sie mit einem kleinen Stück die Wasserlöslichkeit des Polymers.

AUSWERTUNG

a) Beschreiben Sie Ihre Beobachtungen.

b) Stellen Sie eine Hypothese zur Wirkung von Glycerin als Weichmacher auf.

c) Nennen Sie einen möglichen Nachteil beim Einsatz von TPS für Tragetaschen.

ENTSORGUNG A, R

V Glucoseacetat

Modifizierte Stärke findet vielseitige Anwendungen in der Lebensmittelindustrie u. a. als Verdickungsmittel für Soßen oder Pudding. Zur Anschauung der Reaktionen dient Glucoseacetat.

V5 Geben Sie in ein Reagenzglas drei Siedesteine und eine Spatelspitze Glucose. Fügen Sie unter Schütteln 3 – 4 mL Eisessig (konz. Essigsäure) hinzu. Anschließend geben Sie langsam und vorsichtig 1 mL konzentrierte Schwefelsäure in die Mischung (Glucose verkohlt schnell). Danach erwärmen Sie das Gemisch bis eine klare Lösung entsteht. Überführen Sie die entstandene klare Lösung in ein Becherglas mit ca. 50 mL Wasser und beobachten Sie das Verhalten.

AUSWERTUNG

a) Notieren Sie Ihre Beobachtungen.

b) Geben Sie die Reaktionsgleichung für vollständig acetylierte Glucose mit Essigsäure an und zeichnen Sie die Strukturformel des Produkts.

c) Informieren Sie sich, was man unter Essigsäureanhydrid versteht, und geben Sie die Strukturformel an.

d) Erklären Sie das Verhalten von Glucoseacetat in Wasser im Unterschied zur Glucose.

ENTSORGUNG A, R

10.2.2 Biokraftstoffe

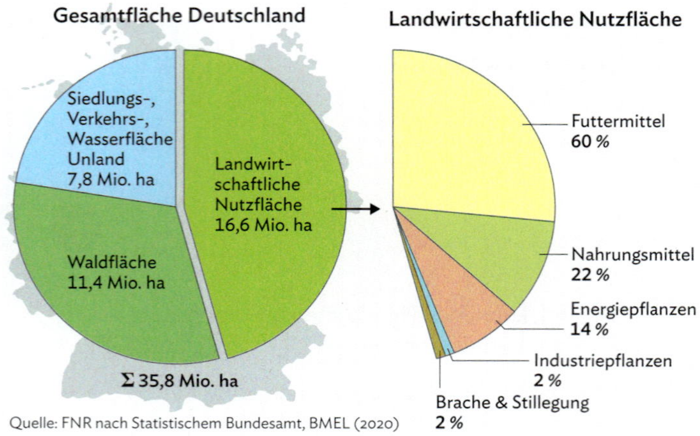

B1 Flächennutzung in Deutschland

Zugelassen ist neben B7 seit 2024 auch B10, sprich eine Erhöhung des Biodieselgehalts auf 10 %.

Weltweit steigt der Energiebedarf stetig an. Dem gegenüber stehen jedoch endliche Vorkommen fossiler Energieträger. Gleichzeitig führen Rodungen von Regenwäldern zum Anbau von nachwachsenden Energieträgern wie Palm- oder Sojaöl in Brasilien, Mittelasien oder anderen tropischen Gebieten zu Klimaveränderungen. Die Nutzung von **Energiepflanzen** zu verschiedenen Zwecken führt auch zur „Teller-oder-Tank-Debatte“. Ökologische und ökonomische Interessen zu vereinen und bioökonomisch zu handeln, ist ein globales Ziel. Auch in Deutschland wird angestrebt, den Energiebedarf möglichst mit eigenen Ressourcen zu decken, um von Importen unabhängiger zu werden. Regionale **Energiepflanzen** wie Weizen, Mais und Raps werden auf 14 % der landwirtschaftlichen Fläche angebaut (**B1**). Aus ihnen werden **Biokraftstoffe** hergestellt. Um zu bewerten, ob diese umweltschonender sind als herkömmliche Kraftstoffe, muss jeweils der gesamte Lebenszyklus analysiert werden, von der Aussaat bis zum Kraftstoff einschließlich Flächennutzung, Düngung, Pflanzenschutz und grauer Energien, die für Herstellung und Transport der Biokraftstoffe benötigt werden.

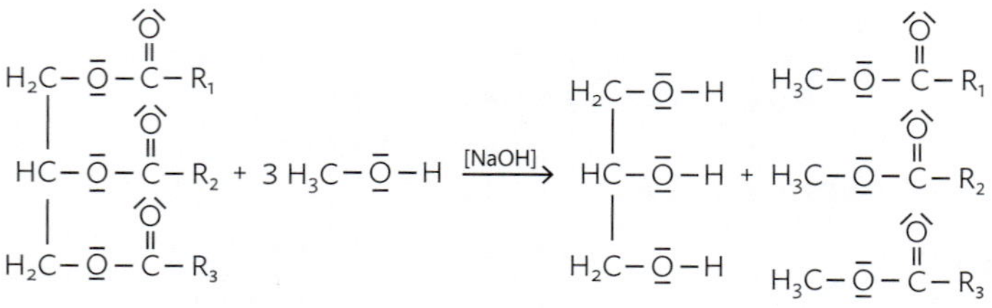

B2 Umesterung eines Fett-Moleküls zu FAME-Molekülen

Bioethanol

Bioethanol wird aus nachwachsenden Rohstoffen hergestellt und E10-Benzin zu 10 % zugesetzt. Als Rohstoffe werden stärke- oder zuckerhaltige Lebensmittel eingesetzt, die im Fermenter unter Zugabe von Hefe zu Ethanol umgesetzt wurden (2022: 10 % Zuckerrüben, 42 % Weizen, 20 % Mais und 28 % diverse andere Getreidearten). Das entstehende Ethanol wird abdestilliert. Die Rückstände werden entweder getrocknet und als Pellets zu Tierfutter verarbeitet oder im Fermenter zu Biogas vergoren.

Biodiesel

Dieselkraftstoff wird mit 7 % Biodiesel versetzt und als B7 vermarktet. Hergestellt wird es in Deutschland fast ausschließlich aus Raps (**V1-V3**). Die Rapspflanze wurde im Mittelalter kultiviert, um Öl für Öllampen zu gewinnen. Erst durch die Züchtung von Doppelnullraps um 1985 wurde Raps für den Lebensmittelbedarf attraktiv. Dabei wurden zwei Fettsäuren durch verträgliche Fettsäuren ersetzt. Aus Raps lässt sich zu 40 % Rapsöl gewinnen. Die restlichen 60 % werden als Kraftfutter für die Tierhaltung eingesetzt und mindern den Import von Soja, welches trotzdem unerlässlich für die Deckung des Futtermittelbedarfs ist.

LK Biodiesel wird durch Umesterung von Rapsöl hergestellt (vgl. S. 187). Dazu wird z. B. Kaliummethanolat eingesetzt, das aus Methanol und Kaliumhydroxid entsteht. Anschließend erfolgt die Umsetzung zu Fettsäuremethylestern (FAME, ***f****atty* ***a****cid* ***m****ethyl* ***e****ster*) (**B2**) und das Auswaschen und Freisetzen der Lauge.

$$CH_3OH + KOH \longrightarrow CH_3O^-K^+ + H_2O$$

Die Verseifungs- und Iodzahl

Bei der Verseifung (vgl. Kap. 2.6) werden pro mol Fett 3 mol Kaliumhydroxid benötigt. Die Moleküle jedes Fettes und jeder Rapssorte enthalten unterschiedliche Fettsäure-Reste mit einer unterschiedlichen Anzahl von ungesättigten Doppelbindungen.
Die **Verseifungszahl** gibt die Menge an Kaliumhydroxid (in mg) an, die für die Verseifung von 1 g Fett benötigt wird (vgl. **FM**). Je höher die Verseifungszahl, desto mehr kurze Fettsäure-Reste sind im Fett-Molekül enthalten. Die Verseifungszahl für Rapsöl schwankt je nach Sorte zwischen 185 – 195 mg KOH/g Öl.
Die **Iodzahl** gibt an, wieviel Gramm Iod zur Halogenierung der Doppelbindungen in 100 g Fett benötig werden und ist ein Maß für die Anzahl der Doppelbindungen im Fett-Molekül (vgl. **FM**). Bei Rapsöl schwankt die Iodzahl zwischen 105 – 126. Aus den Kenngrößen lässt sich z. B. ermitteln, wie viel Kaliummethanolat für die Umesterung zu Biodiesel oder wie viel Wasserstoff für eine Hydrierung der Doppelbindungen benötigt wird.

Biokraftstoffe wie Bioethanol oder Biodiesel werden aus nachwachsenden Rohstoffen wie Weizen, Mais oder Raps hergestellt. Sie gelten als umweltschonender als herkömmliche Kraftstoffe. Eine differenzierte Betrachtung ist jedoch unerlässlich.

AUFGABEN

A1 Recherchieren Sie die Begriffe Bioökonomie und graue Energie.

A2 Biokraftstoffe stellen einen Baustein dar, um unseren ökologischen Fußabdruck zu verringern. Diskutieren Sie, auch unter Einbeziehung der Grafik **B1** wie mögliche Lösungsansätze aussehen könnten.

A3 a) Bestimmen Sie die molare Masse und die Anzahl der Doppelbindungen für ein Fett mit der Verseifungszahl 194 und der Iodzahl 60.
b) Berechnen Sie anhand der Verseifungszahl die Menge an Kaliummethanolat, die mindestens für eine vollständige Umesterung erforderlich ist.

FM Mit der Verseifungs- und der Iodzahl rechnen LK

Berechnen Sie **a)** die mittlere molare Masse einer Rapsölsorte wenn das Rapsöl eine Verseifungszahl von 190 mg KOH/1 g Fett hat und **b)** die Anzahl an Doppelbindungen im Fett-Molekül bei einer Iodzahl von 120.

VORGEHEN

a) Verseifungszahl

1. Berechnen Sie, wie viel Fett bei der Reaktion mit der gegebenen Menge an Kaliumhydroxid ($M = 56{,}1\,g/mol$) reagiert.
1 mol Fett reagiert immer mit 3 mol ($\triangleq 3 \cdot 56{,}1\,g$) KOH.
$\frac{1}{3 \cdot 56{,}1}$ mol Fett reagiert entsprechend immer mit 1 g KOH.
Anwendung der Verseifungszahl von 190: $\frac{0{,}19}{3 \cdot 56{,}1}$ mol Rapsöl reagieren mit 0,19 g KOH.
2. Berechnen Sie die molare Masse des Fettes.
$\frac{0{,}19}{3 \cdot 56{,}1}$ mol entsprechen 1 g des untersuchten Rapsöls.
Die molare Masse des Rapsöls beträgt somit
$$M = \frac{m}{n} = \frac{3 \cdot 56{,}1}{0{,}19}\,g/mol \approx 885{,}79\,g/mol.$$

b) Iodzahl

1. Berechnen Sie mithilfe der Iodzahl die Stoffmenge an Iod (I_2, $M = 253{,}8\,g/mol$), die mit 1 mol Fett ($M = 885{,}79\,g/mol$. vgl. **a) 2)** reagiert.
Anwendung der Iodzahl und der molaren Massen:
100 g Rapsöl reagieren mit 120 g Iod.
1 g Rapsöl ($\triangleq \frac{1}{885{,}79}$ mol) reagiert entsprechend mit 1,2 g Iod ($\triangleq \frac{1{,}2}{253{,}8}$ mol).
1 mol Rapsöl reagiert entsprechend mit $\frac{1{,}2 \cdot 885{,}79}{253{,}8}$ mol $\approx$ 4,19 mol Iod.
2. Schlussfolgern Sie auf die Anzahl an Doppelbindungen in den Rapsöl-Molekülen.
Pro Doppelbindung kann ein Iod-Molekül addiert werden. Das Rapsöl-Molekül enthält meist also 4 Doppelbindungen.

10.2.3 Biokraftstoffe der 2. Generation

Wie ist die Mobilität umweltbewusst zu gestalten? Viele innovative Lösungsansätze werden erforscht. Welche sich durchsetzen, hängt von ökonomischen und politischen Faktoren sowie der Verfügbarkeit der Ressourcen ab.

Seit dem 29.05.2024 dürfen Tankstellen einen neuen Treibstoff für Dieselmotoren anbieten: HVO100, zu 100 % aus alten Speiseölen und tierischen Fetten hergestellt. Dabei steht **HVO** für *hydrotreated* oder *hydrogenated vegetable oil*. Oft findet man auch die Bezeichnung **XTL** (variabler Rohstoff *X to liquid*).
Die Synthese von HVO erfolgt nach der Vorreinigung der Ausgangsstoffe. Unter hohen Drücken und Temperaturen werden sie katalytisch mit Wasserstoff aus bestenfalls erneuerbarer Energie behandelt. Dabei werden ungesättigte Verbindungen hydriert, Fett- und Öl-Moleküle gespalten, und alle Sauerstoff-Atome entfernt. Aus den Fettsäure-Molekülen werden so langkettige Paraffin-Moleküle. Glycerin-Moleküle reagieren zu Propan- und Wasser-Molekülen. Es folgt eine Isomerisierung der Alkane vor der eigentlichen Destillation zum gewünschten HVO-Kraftstoff (HVO-Anlage vgl. QR-/Mediencode 06007-102). HVO ist nicht mit Biodiesel zu verwechseln. Es erfolgt keine Umesterung, sondern eine Spaltung der Fette durch Hydrierungen unter hohen Drücken.

06007-102

Biogasanlagen (Anlage vgl. QR-/Mediencode 06007-103) werden zur Stromerzeugung genutzt. Ihre Produkte können ebenso in weiteren Verfahrensschritten für die Herstellung von Kraftstoffen der 2. Generation eingesetzt werden. Man sieht Biogasanlagen häufig in der Nähe von Kuhställen. Hier werden tierische und pflanzliche Abfälle im Fermenter anaerob durch Mikroorganismen in Methangas als Biogas und in Kohlendioxid umgewandelt. Nebenprodukte, wie die geruchsbelästigenden Gärgase Ammoniak und Schwefelwasserstoff werden vor der Umwandlung in elektrische Energie entfernt. Die Gärreste werden als Dünger wieder fast geruchsneutral auf die Felder aufgebracht. Dabei ist ein angepasstes Düngemanagement ohne Umweltbelastungen Voraussetzung.

06007-103

Synthetische Biokraftstoffe wie BTL oder E-fuels werden derzeit in Pilotanlagen getestet und sind noch nicht auf dem Markt verfügbar. Im **BTL**-Verfahren (*biomass to liquid*) und **PTL**-Verfahren (*power to liquid*) wird Synthesegas auf unterschiedlichen Wegen hergestellt. Synthesegas ist ein Gemisch aus Wasserstoff und Kohlenstoffmonooxid und kann nachgeschaltet im **FISCHER-TROPSCH-Verfahren** zu Kraftstoffen umgesetzt werden.

$$n\,CO + (2n{+}1)\,H_2 \longrightarrow C_nH_{2n+2} + n\,H_2O$$

Bei der **Biomasseverflüssigung** (BTL) wird u. a. Biogas eingesetzt, um mithilfe von Wasserdampf Synthesegas zu erzeugen.

$$CH_4 + H_2O \longrightarrow CO + 3\,H_2$$

Bei **PTL-Kraftstoffen (E-fuels)** wird als ein Ausgangsstoff Wasserstoff eingesetzt, der durch Strom elektrolytisch aus Wasser mithilfe von erneuerbaren Energien wie Windkraft gewonnen wird. Als zweite Komponente wird das Nebenprodukt Kohlenstoffdioxid aus Biogasanlagen verwendet. In der sogenannten reverse Wassergas-Shift-Reaktion werden Wasserstoff und Kohlenstoffdioxid in einer Gleichgewichtsreaktion zu Kohlenstoffmonooxid und Wassergas umgewandelt.

B1 HVO-Kraftstoff

$$H_2 + CO_2 \rightleftharpoons H_2O + CO$$

Dann wird aus Wasserstoff und dem so gewonnenen Kohlenstoffmonooxid das Synthesegas erzeugt.

Die Verwertung von pflanzlichen oder tierischen Rückstanden bzw. Abfällen zur Produktion von Biokraftstoffen ist also vielseitig, energiereich und hat Zukunftspotential. Sie wird attraktiv, wenn erneuerbare Energien den Energiebedarf der Verfahren abdecken können.

AUFGABEN

A1 Diskutieren Sie die Vor- und Nachteile der verschiedenen Verfahren.

A2 MK Die FISCHER-TROPSCH-Synthese wurde schon im 2. Weltkrieg erfolgreich eingesetzt. Informieren Sie sich über den Ablauf der Synthese sowie über den geschichtlichen Hintergrund.

10.2.4 Biokunststoffe auf Stärkebasis LK

Pflanzen wie Mais, Weizen oder Kartoffeln produzieren Stärke als Energiereservestoff und lagern es in ihre Samen bzw. Knollen ein.
Die Stärke macht sich der Mensch auch für die Kunststoffherstellung zu nutze. Sie ist biobasiert und biologisch abbaubar. Im Fermenter wird sie u. a. zu Polymilchsäure verarbeitet, sie kann aber auch direkt eingesetzt werden oder chemisch variiert werden (vgl. Kap. 4.6.2).

Thermoplastische Stärke (TPS)

B1 Waschmittelpads aus TPS/PVA-Mischung

TPS entsteht, wenn sich Stärke-Moleküle durch Hitze entknäulen und in Form langer Ketten ausrichten. Der zugesetzte Weichmacher Glycerin sorgt mittels Wasserstoffbrücken für eine zusätzliche Beständigkeit der Ausrichtungen. Dies verhindert, dass sich die Stränge wieder verfestigen (**V4**). TPS wird oft im Verbund eingesetzt, z. B. in Waschmittelpads (**B1**).

Stärkeblends

Reine thermoplastische Stärke ist wasserlöslich, was nachteilig für die Anwendung ist. Deswegen wird sie in der Regel mit wasserabweisenden, biologisch abbaubaren Werkstoffen kombiniert. Während des Schmelzvorgangs der beiden Stoffe bildet sich eine Dispersion, in der die Stärke fein verteilt im anderen Werkstoff vorliegt. Es bildet sich ein wasserfester Stärkekunststoff aus, auch **Stärkeblend** oder **Stärkemischung** genannt. Sie werden zu vielen verschiedenen Alltagsgegenständen wie Folien, Joghurtbecher oder Pflanztöpfen verarbeitet.

Modifizierte Stärke

Betrachtet man das Stärke-Molekül, so können pro Monomer bis zu drei Hydroxy-Gruppen chemisch verändert werden, entweder durch Ester- oder Etherbildung oder durch Oxidation des C6-Kohlenstoff-Atoms unter Bildung einer Carboxy-Gruppe.
In Versuch **V5** werden beispielhaft jeweils alle drei Hydroxy-Gruppen der Glucose-Moleküle verestert.

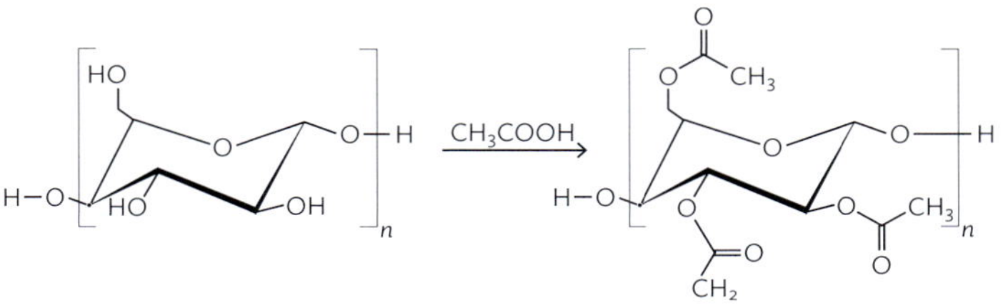

Bildet man Ester mit Fettsäuren wie Laurinsäure, so werden sie als dünner Film von 100 – 200 µm als Oberflächenschutz eingesetzt.
Hauptsächlich kommen modifizierte Stärken aber als Verdickungsmittel oder Emulgatoren in Lebensmitteln vor und müssen entsprechend mit E-Nummern gekennzeichnet sein:

E1404	Oxidierte Stärke
E1410	Monostärkephosphat
E1420	Acetylierte Stärke
E1440	Hydroxypropylstärke
E1451	Acetylierte oxidierte Stärke

Sie sind in Desserts, Fertigsoßen, Backwaren aber auch in Käse und Gummibärchen zu finden.

Bei Stärke handelt es sich um ein Polysaccharid mit langen verknäulten Ketten bestehend aus α-D-Glucose, die vorwiegend 1,4-, aber auch 1,6- glycosidisch verknüpft sind (vgl. Kap. 3.4.3).

Stärke ist ein vielseitig einsetzbares biobasiertes und biologisch abbaubares Polymer. Als thermoplastische Stärke oder in Stärkeblends wird sie für Verpackungen etc. verwendet oder als modifizierte Stärke Lebensmitteln als Verdickungsmittel zugesetzt.

AUFGABEN

A1 Zeichnen Sie Strukturformelausschnitte der angegebenen Lebensmittelzusatzstoffe.

A2 Informieren Sie sich über Einsatzbereiche der modifizierten Stärken.

A3 Analysieren Sie die Zutatenlisten auf abgepackten Lebensmitteln hinsichtlich der Präzisierung der modifizierten Stärkeformen.

10.3 Moderne Waschmittel

Tenside sind als Bestandteile von Wasch- und Reinigungsmitteln, Kosmetika und Pharmazieprodukten bekannt. Auch im Bergbau oder beim Feuerwehreinsatz finden Tenside Verwendung. Durch Waschmittel gereinigte Wäsche soll gut riechen und weich sein, die Farben sollen intensiv wirken. Um diesen Ansprüchen gerecht zu werden, enthalten Waschmittel neben Tensiden weitere Bestandteile. Welche? Und was ist in Bezug auf die Nachhaltigkeit von Waschmitteln zu beachten?

10.3.1 Versuche und Material

V Inhaltsstoffe von Waschmitteln

Optische Aufheller, Bleichmittel und andere Zusätze sind Waschmitteln oftmals zusätzlich zu Tensiden beigemengt. Unterscheiden sich die unterschiedlichen Waschmittel in ihrer Zusammensetzung?

V1 Füllen Sie zwei Reagenzgläser jeweils zur Hälfte mit Leitungswasser. Geben Sie in eines einige Körnchen Colorwaschmittel und in das andere dieselbe Menge Vollwaschmittel und schütteln Sie, bis sich alles gelöst hat. Dunkeln Sie den Raum ab und bestrahlen Sie die Reagenzgläser mit einer UV-Lampe. Achtung: Schauen Sie nicht direkt in die UV-Lampe!

V2 Füllen Sie zwei Reagenzgläser jeweils zur Hälfte mit warmem Wasser und lösen Sie jeweils einen Tropfen blaue Tinte darin. Geben Sie in das eine Reagenzglas einige Körnchen Vollwaschmittel und in das andere dieselbe Menge Colorwaschmittel.

AUSWERTUNG

a) In **V1** und **V2** sollen Aufheller bzw. Bleichmittel nachgewiesen werden. Ordnen Sie den Versuchen begründet je einen der Nachweise zu.
b) Wiederholen Sie beide Versuche mit Fein- und Wollwaschmitteln und vergleichen Sie mit den Ergebnissen von Color- und Vollwaschmittel.
c) Stellen Sie eine Vermutung an, warum manchen Waschmitteln optische Aufheller zugesetzt werden und anderen nicht.

ENTSORGUNG A

M Funktionalität und Umweltverträglichkeit von Waschmitteln

Die Verwendung synthetischer Tenside hat in unserem Alltag Seifen weitgehend abgelöst. Allerdings sind Waschmittel mit synthetischen Tensiden umstritten. Ihnen wird Schädlichkeit für Umwelt und Menschen nachgesagt. Was steckt dahinter?

M3 Unter QR-/Mediencode 06007-104 finden Sie eine Reihe von Internetartikeln zur Umweltverträglichkeit von Waschmitteln. Grundsätzlich können Internetquellen sehr unterschiedlich belastbar und objektiv sein. Manche sind von Wissenschaftlern geschrieben, um die breite Öffentlichkeit zu informieren, während andere eine Meinung vertreten oder schlicht Werbung machen wollen.

06007-104

Stiftung Warentest ist eine gemeinnützige Organisation, die mit Steuergeldern finanziert und als neutral und objektiv eingeschätzt wird. Unter QR-/Mediencode 06007-105 finden Sie die Ergebnisse einer Analyse von Stiftung Warentest zu verschiedenen Flüssigwaschmitteln.

06007-105

AUSWERTUNG

a) Lesen Sie die unter QR-/Mediencode 06007-104 verlinkten Quellen durch und ordnen Sie sie begründet den folgenden drei Kategorien zu: Tatsachen, Meinung und Werbung (vgl. **MK** S. 114 f.).
b) Stellen Sie eine begründete Vermutung an, welche Eigenschaften bei dem Test von Stiftung Warentest unter dem Punkt „Umwelteigenschaften" untersucht wurden.
c) Erklären Sie die in der Tabelle unter QR-/Mediencode 06007-105 angegebene prozentuale Gewichtung der verschiedenen Kategorien. Beurteilen Sie die Gewichtung der Umwelteigenschaften im Vergleich zu den anderen untersuchten Parametern.
d) Auf Grundlage der bisher gesammelten Informationen und Ihres Vorwissens sollen Sie sich für den Kauf eines Waschmittels entscheiden. Wählen Sie hierfür drei mögliche Kandidaten aus. Bewerten Sie die Eignung der drei Waschmittel anhand der Werte Ökonomie und Ökologie und treffen Sie eine begründete Entscheidung für ein Waschmittel (vgl. **MK** S. 498 f.).

V Waschmittel auf dem Prüfstand

Gefährungsbeurteilung schülerabhängig

Neben der Umweltverträglichkeit von Waschmitteln ist die Waschwirkung von entscheidender Bedeutung. Wie lässt sich diese wissenschaftlich prüfen?

V4 Entwerfen Sie eine Versuchsreihe, um die Waschwirkung verschiedener Waschmittel zu vergleichen. Überlegen Sie dafür zunächst, wie Waschwirkung gemessen werden kann. Planen Sie die Versuchsreihe so, dass für alle Proben dieselben Bedingungen gelten. Ihnen stehen folgende Materialien zur Verfügung:

- verschiedene Waschmittel
- Proben eines Textils
- ein Stoff, der Flecken macht
- eine Möglichkeit, die Textilien zu waschen
- eine Lupe oder ein Mikroskop

Beachten Sie bei der Versuchsplanung die Sicherheits- und Entsorgungsvorschriften. Führen Sie den Versuch nach Rücksprache mit der Lehrkraft durch.

AUSWERTUNG

a) Erläutern Sie Schwierigkeiten, die bei der Versuchsplanung aufgetreten sind.
b) Zählen Sie Parameter der Versuchsreihe auf, bei denen Sie aufgrund von Rahmenbedingungen, z. B. der zur Verfügung stehenden Zeit oder Entsorgungs- und Sicherheitsvorschriften, Kompromisse eingehen mussten.
c) Beurteilen Sie die Belastbarkeit Ihrer Ergebnisse.

ENTSORGUNG schülerabhängig

10.3.2 Moderne Waschmittel

Grenzen der Seifen

Seife (vgl. Kapitel 2.6) ist eines der am häufigsten verwendeten **Waschmittel**. Sie ist in ihrer Anwendung jedoch eingeschränkt. So zeigt Seife gegenüber hartem und säurehaltigem Wasser eine verminderte Waschleistung, was an der Bildung von **Kalkseifen** liegt. Diese Kalkseifen lagern sich als schmieriger Rückstand auf den Fasern der Stoffe ab und verursachen so einen Grauschleier und eine erhöhte Brüchigkeit der Faser. Die Waschkraft der Seife kann sich nicht entfalten.
In säurehaltigem Wasser protolysieren die Seifen-Anionen und reagieren zu Fettsäure-Molekülen. Fettsäuren sind wasserunlöslich und bilden in wässriger Lösung einen Niederschlag (**V2**):

$$C_{15}H_{25}COO^- \text{ (aq)} + H_3O^+ \text{ (aq)} \rightleftharpoons C_{15}H_{25}COOH \text{ (s)} + H_2O \text{ (l)}$$

In wässriger Lösung reagiert außerdem ein geringer Teil der Seifen-Anionen mit den Wasser-Molekülen. Dabei entstehen Hydroxid-Ionen, weshalb eine Seifenlösung alkalisch ist. Dies kann zur Verfilzung von Wolle und zu Reizungen der Haut führen.

$$R\text{-}COO^- \text{ (aq)} + H_2O \text{ (l)} \longrightarrow R\text{-}COOH \text{ (s)} + OH^- \text{ (aq)}$$

Moderne Waschmittel

Moderne Waschmittel werden so entworfen, dass sie die Nachteile der Seifen nicht aufweisen. Die verschiedenen Waschmitteltypen (z. B. Vollwaschmittel, Buntwaschmittel, Feinwaschmittel, Spezialwaschmittel, Wollwaschmittel) sind dabei unterschiedlich zusammengesetzt und sollen laut Werbeversprechen unterschiedlichen Zwecken dienen. Neben den waschaktiven Substanzen enthalten sie etliche Zusatzstoffe.

Synthetische waschaktive Substanzen

Der hohe Bedarf und die sich entwickelnde Textilindustrie verlangen nach alternativen waschaktiven Substanzen, sogenannten **Tensiden** (lat. *tensio*, Spannung). Die Strukturen der modernen Tenside lassen sich ebenfalls mit dem Kopf-Schwanz-Modell beschreiben. Der unpolare Rest ist bei allen Tensiden ähnlich und besteht aus einem langkettigen Kohlenwasserstoff-Rest, zuweilen in Verbindung mit einem Benzol-Ring. Der polare Kopf variiert jedoch und ermöglicht eine Klassifizierung der Tenside. Je nach Aufbau unterscheidet man z. B. anionische, kationische und nichtionische Tenside (**B1**).
Anionische Tenside, zu denen auch die Seifen gehören, tragen als polaren Teil Carboxylat-

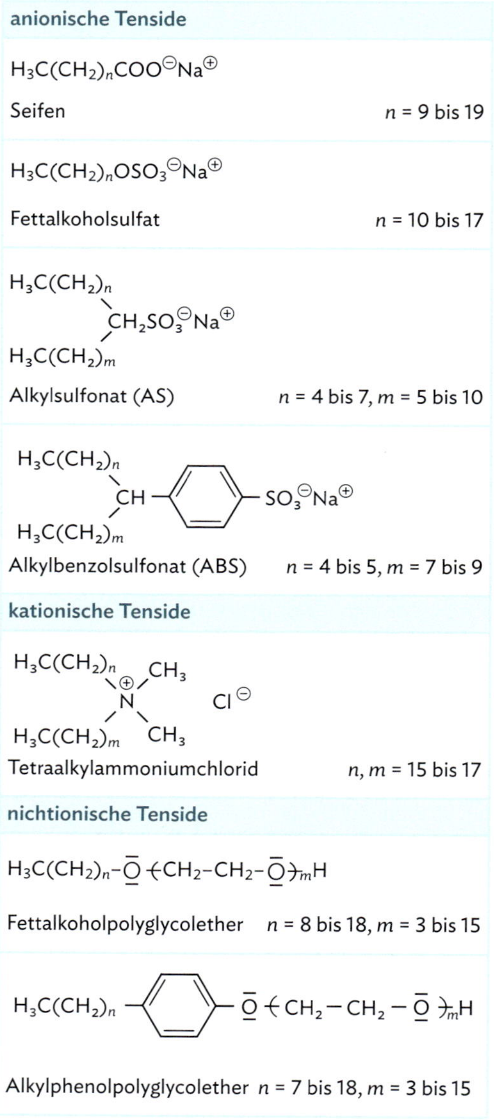

B1 Beispiele für die einzelnen Tensidklassen: anionische, kationische und nichtionische Tenside

$-COO^-$, Sulfat- $-OSO_3^{2-}$ oder Sulfonat-Gruppen $-SO_3^{2-}$ in ihren Molekülstrukturen.
In den Strukturen der **kationischen Tenside** sind häufig positiv geladene Stickstoff-Atome zu finden. Moleküle **nichtionischer Tenside** tragen keine Ladung. Der polare Molekülteil wird hier durch Ether- und Hydroxy-Gruppen gebildet.
Kationische und nichtionische Tenside sind gegenüber säurehaltigem und hartem Wasser unempfindlich.

Bestandteile für die Waschwirkung

In modernen Waschmitteln werden als waschaktive Substanzen synthetische Tenside eingesetzt. Dabei sind anionische Tenside (vgl. S. 508) die am häufigsten verwendete Gruppe. Es handelt sich um Anionen der Alkylsulfonate oder Fettalkoholsulfate. Diese werden in Inhaltsangaben auf Packungen oft mit Sodium Lauryl Sulfate (deutsch: Natriumlaurylsulfat) oder Sodium Laureth Sulfate (deutsch: Natriumlaurylethersulfat) angegeben (Stukturformeln unter QR-/Mediencode 06007-106).
Enthärter sollen die Härte des verwendeten Wassers senken. Unter Wasserhärte versteht man vereinfacht die Konzentration an Magnesium- und Calcium-Ionen im Wasser. Enthärter binden die Magnesium- und Calcium-Ionen, wodurch die Reaktion der Metall-Ionen mit den Tensid-Teilchen unterbunden wird.
Neben Tensiden werden auch **Enzyme** eingesetzt, um die Wäsche zu reinigen. Die verwendeten Enzyme arbeiten ähnlich wie bei der menschlichen Verdauung. Sie können große Moleküle aus Nährstoffen und anderen Bestandteilen der Nahrungsmittel in kleinere Moleküle spalten. Diese können dann wiederum von den Tensid-Teilchen in Micellen eingeschlossen werden. Häufig verwendete Enzyme sind **Cellulasen** (spalten Cellulose-Moleküle), **Lipasen** (spalten Fett-Moleküle), **Proteasen** (spalten Protein-Moleküle) und **Amylasen** (spalten Stärke-Moleküle).

Weitere Waschmittelzusätze

Häufige Waschgänge können zum Vergilben von weißer Wäsche führen. Optische Aufheller absorbieren UV-Licht und emittieren Licht im sichtbaren, bläulichen Bereich (**V1**, **B2**). Das bläuliche Licht verdeckt die gelben Färbungen und wird vom menschlichen Auge als Weiß wahrgenommen. Bestimmte Verschmutzungen, z. B. Rotweinflecken, lassen sich nicht mithilfe von Tensiden entfernen. In diesem Fall werden Bleichmittel eingesetzt (**V2**). Diese entfernen zwar nicht den Schmutz, zerstören aber die Farbstoffe darin und machen ihn somit unsichtbar. Bei Bleichmitteln handelt es sich meist um Oxidationsmittel, z. B. Wasserstoffperoxid. Inhibitoren verhindern unerwünschte Nebenerscheinungen beim Waschvorgang, z. B. Schaumbildung und Verfärbung von Kleidungsstücken.

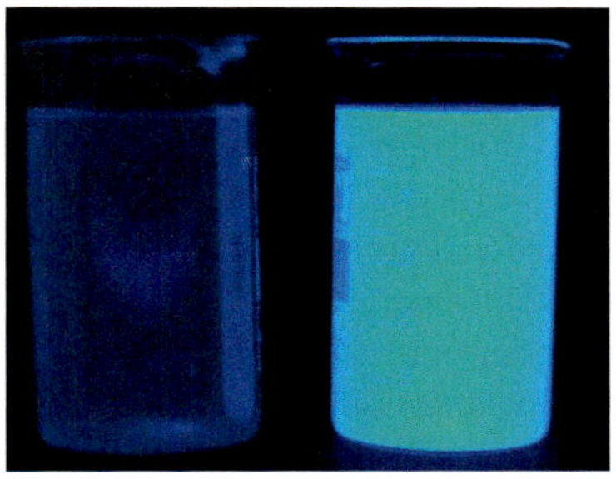

B2 Waschmittel ohne (links) und mit optischem Aufheller (rechts) unter UV-Licht

06007-106

Tenside lassen sich nach der funktionellen Gruppe und deren Ladung im hydrophilen Teil der Molekülstruktur klassifizieren.
Waschmittel sind aus vielen verschiedenen Substanzen zusammengesetzt. Manche davon sind für die Waschwirkung wichtig, z. B. Tenside, Enthärter und Enzyme. Andere haben Zusatzfunktionen, z. B. optische Aufheller, Bleichmittel und Inhibitoren.

AUFGABEN

A1 Vergleichen Sie die Molekülstrukturen von Fettalkoholsulfaten und Alkylsulfonaten (**B1**).

A2 MK Recherchieren Sie die Anteile der Inhaltsstoffe verschiedener Waschmitteltypen. Fassen Sie Ihre Ergebnisse tabellarisch zusammen.2

10.3.3 Nachhaltigkeitsaspekte

Produktion von Tensiden

Die wirtschaftliche Bedeutung der Tenside ist sehr groß. Weltweit werden über 19 Millionen Tonnen Tenside jährlich produziert. 8 Millionen Tonnen davon entfallen allein auf die Seifen. Über die Hälfte der Tenside werden in Wasch- und Reinigungsmitteln eingesetzt.
Für die Tensidproduktion stehen im Wesentlichen zwei Rohstoffquellen zur Verfügung, Fette und Öle aus nachwachsenden Rohstoffen (z. B. Palmkernöl, Kokosöl), jedoch häufig auch noch aus Erdöl oder aus Schlachtabfällen (**B3**).
Bezüglich des Syntheseweges lassen sich die Tenside in drei Klassen einteilen. Während die Seifen nur aus den natürlichen Fetten und Ölen und die ebenfalls wirtschaftlich relevanten Alkylbenzolsulfonate nur aus Erdölfraktionen synthetisiert werden können, sind eine Vielzahl anderer Tenside über die für die Tensidsynthese wichtige Stoffgruppe der **Fettalkohole** darstellbar. Die sogenannten **Zuckertenside** können zudem technisch im großen Maßstab aus Kohlenhydraten hergestellt werden (Arbeitsblatt unter QR-/Mediencode 06007-107). Derzeit ist ihre wirtschaftliche Bedeutung gegenüber den aus anderen Rohstoffen hergestellten Tensiden aufgrund der höheren Produktionskosten allerdings noch gering.

06007-107

Umweltverträglichkeit von Waschmitteln

Die meisten Tenside sind aufgrund ihrer Eigenschaften lebensbedrohlich für Wasserorganismen. Das Herabsetzen der Oberflächenspannung (vgl. S. 220 f.) führt zur Zerstörung des Lebensraums.
Bis in die 1960er Jahre wurden **A**lkyl**b**enzol**s**ulfonate (ABS) als Tenside in Waschmitteln eingesetzt. Deren Teilchen haben verzweigte Alkyl-Reste und sind aufgrund dessen nicht biologisch abbaubar (**B4**).

B4 Schaumberge verursacht durch Waschmittel

Gelangen diese Tenside in die Umwelt, können sie über einen langen Zeitraum Wasserorganismen schädigen. Ihr Einsatz ist daher seit vielen

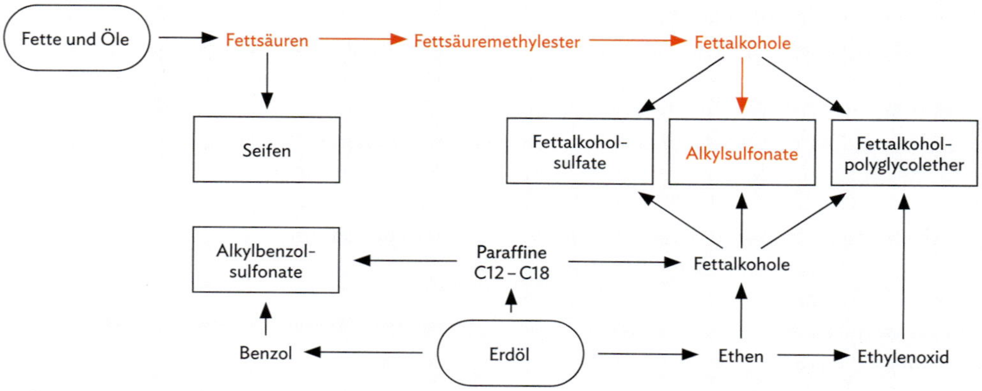

B3 Fließschema für die Herstellung wichtiger anionischer und nichtionischer Tenside aus Rohstoffen

Jahren verboten. Erlaubt sind nur Alkylbenzolsulfonate, deren Anionen unverzweigte Alkyl-Reste haben. Diese können in Kläranlagen durch Mikroorganismen abgebaut werden.
Auch viele Zusätze in Waschmitteln sind eine Belastung für Mensch und Umwelt. So können schädliche Duft- und Farbstoffe meist nur aufwendig oder gar nicht in Kläranlagen entfernt werden und gelangen somit in die Gewässer (**V4**). Beim Menschen können sie zudem Allergien, Asthma und Neurodermitis auslösen bzw. verstärken.
LK Als Enthärter wurden früher meist Phosphatsalze eingesetzt. Gelangen diese in die Umwelt, können sie zu Überdüngung und zum Umkippen von Gewässern führen. Mittlerweile werden daher verstärkt **Zeolithe** verwendet, die die Calcium- und Magnesium-Ionen durch ihre gitterartige Struktur aufnehmen können (**B5**).

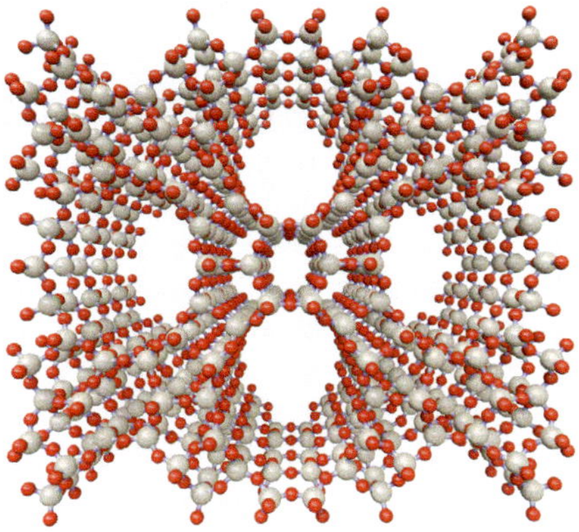

B5 Ausschnitt aus dem Kristallgitter eines Zeolithen (Sauerstoff-Atome: rot; Aluminium- und Silicium-Atome: grau)

Biologischer Abbau von Tensiden LK

In Kläranlagen werden die Tenside abgebaut. Im ersten Schritt verliert das Tensid seine Funktionalität und damit seine Gefährlichkeit für die Gewässer. Es folgen mehrere Abbauschritte, durch die die Moleküle Schritt für Schritt zu Mineralsalzen, Kohlenstoffdioxid und Biomasse abgebaut werden. Der vollständige biologische Abbau ist in der EU für alle Tenside verpflichtend.

Zertifizierungen

Beim Kauf von Waschmitteln lohnt sich der Blick auf die Zertifikate. Doch nicht alle Label sind wirklich aussagekräftig.
Produkte, die das „Nature Care Product“-, das „Ecocert“-, das „Ecogarantie“-Siegel sowie der „Blaue Engel“ oder das EU-Ecolabel tragen, unterlagen zuvor strengen Prüfungen und können daher im Vergleich zu anderen vergleichbaren Produkten als besonders umweltfreundlich betrachtet werden.

Richtiges Konsumverhalten ist wichtig

Werden Waschmittel sparsam eingesetzt, können Umweltbelastungen minimiert werden. Entscheidend dabei ist das Konsumverhalten der Anwenderinnen und Anwender (**V4**).

Vorherrschend dienen natürliche Fette und Erdöl als Rohstoffe für die Herstellung von Tensiden.
In der EU zugelassene Tenside müssen biologisch vollständig abbaubar sein, da sie aufgrund ihrer Eigenschaften lebensbedrohlich für Wasserorganismen sind.
Konsumentinnen und Konsumenten können die Umweltbelastung durch den sparsamen Einsatz von Waschmitteln minimieren.

AUFGABEN

A1 MK Recherchieren Sie mögliche Probleme des sogenannten Klärschlamms sowie dessen fachgerechter Entsorgung.

A2 MK Vergleichen Sie die Vergabekriterien der genannten „Nachhaltigkeitslabel“ mithilfe von Internetrecherche.

A3 MK Erstellen Sie ein Poster zum umweltbewussten Konsumverhalten in Bezug auf Waschmittel.

A4 Formulieren Sie einen Infotext zur Herstellung von Tensiden aus fossilen und nachwachsenden Rohstoffen basierend auf **B3**.

Zum Üben und Weiterdenken

A1 Nennen Sie die Arten von Wechselwirkungen, die innerhalb einer Micelle und zwischen Micelle und Umgebung auftreten. Unterscheiden Sie zwischen ionischen und nichtionischen Tensiden.

A2 Wasser, das einen hohen Anteil an gelöstem Kalk enthält, wird als hartes Wasser bezeichnet. Entsprechend wird kalkarmes Wasser als weiches Wasser bezeichnet. Hartes und weiches Wasser lassen sich mithilfe einer Seifenlösung voneinander unterscheiden. Erklären Sie diesen Sachverhalt

A3 In einer Versuchsreihe zur Waschwirkung von Seifen wird eine Seifenlösung in drei verschiedene Gefäße gegeben.
Gefäß 1: Wasser und Salzsäure
Gefäß 2: Wasser und Calciumchlorid
Gefäß 3: Wasser, Calciumchlorid und einen Zeolith
Beurteilen Sie die Waschwirkung der Seifen in den 3 Gefäßen.

A4 Auf Waschmittelverpackungen sind Dosierungsanleitungen für effektives Waschen mit Angabe der Wasserhärte in „Grad deutscher Härte" (°dH) abgebildet:

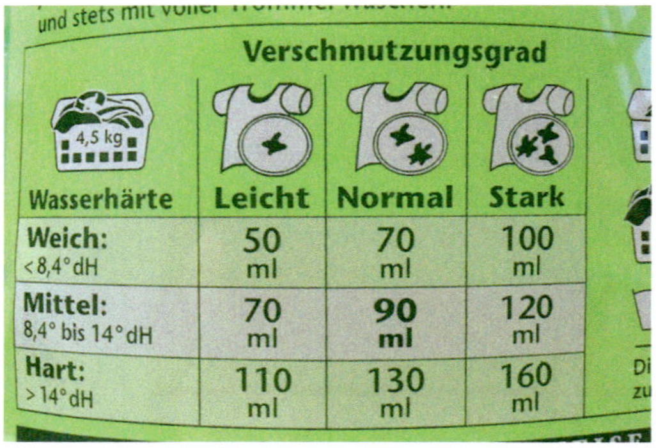

Wasserhärte (4,5 kg)	Verschmutzungsgrad: Leicht	Normal	Stark
Weich: <8,4°dH	50 ml	70 ml	100 ml
Mittel: 8,4° bis 14°dH	70 ml	90 ml	120 ml
Hart: >14°dH	110 ml	130 ml	160 ml

a) Erklären Sie die unterschiedlichen Dosierungsvorgaben.
b) Beschreiben Sie die möglichen Folgen einer fehlerhaften Dosierung.

A5 Beschreiben Sie die Schritte zur Synthese von Alkylsulfonaten aus Fetten und Ölen mithilfe von Reaktionsgleichungen.

A6 Schaum kann als Mischung von Gas (Luft) und Flüssigkeit (Waschwasser) definiert werden. Zu viel Schaum beeinträchtigt jedoch die Waschleistung, daher werden vielen Waschmitteln Schaumregulatoren zugesetzt. Siliconöl ist ein solcher Schauminhibitor. Es ist ein Polymer, das aus einer Kette alternierender Silicium- und Sauerstoff-Atome aufgebaut ist. An den Silicium-Atomen sind jeweils zwei langkettige Alkyl-Reste gebunden.
a) Erklären Sie die Entstehung von Schaum mit der Grenzflächenaktivität von Tensiden.
b) Zeichnen Sie eine allgemeine Strukturformel für Siliconöl. Die Alkyl-Reste können mit –R abgekürzt werden.
c) Siliconöl stört die Schaumbildung, indem es sich in die Phasengrenzfläche einlagert und so die Stabilität der Schaumblasen verringert. Benennen Sie die Strukturmerkmale und Wechselwirkungen, auf die dieses Phänomen zurückzuführen ist.
d) Erklären Sie, welche Strukturmerkmale ein Molekül besitzen muss, das als Schaumstabilisator wirkt. Nennen Sie ein Beispiel.
e) Recherchieren Sie Vor- und Nachteile der Schaumbildung und beurteilen Sie den Einsatz von Schauminhibitoren in Waschmitteln.

A7 In der Tabelle sind die Fettsäurezusammensetzungen (in Prozent) von drei Fetten bzw. Ölen gegeben.

Fettsäure		Butter	Rapsöl	Olivenöl
Buttersäure	C_3H_7COOH	4	0	0
Capronsäure	$C_5H_{11}COOH$	3	0	0
Caprylsäure	$C_7H_{15}COOH$	1	0	0
Caprinsäure	$C_9H_{19}COOH$	2	0	0
Laurinsäure	$C_{11}H_{23}COOH$	4	0	0
Myristinsäure	$C_{13}H_{27}COOH$	11	0	1
Palimitinsäure	$C_{15}H_{31}COOH$	28	5	12
Stearinsäure	$C_{17}H_{35}COOH$	10	2	3
Ölsäure	$C_{17}H_{33}COOH$	32	60	74
Linolsäure	$C_{17}H_{31}COOH$	3	22	9
Linolensäure	$C_{17}H_{29}COOH$	0	10	1

a) Zeichnen Sie je ein mögliches Molekül der drei Stoffe.
b) Ordnen Sie den Ölen die Iodzahlen 30, 80 und 110 sowie die Verseifungszahlen 180, 190 und 225 zu. Begründen Sie Ihre Entscheidung.

c) Formulieren Sie am Beispiel Ihrer Moleküle aus a) die Reaktionsgleichungen bei der Bestimmung von Iod- und Verseifungszahl.

A8 Recherchieren Sie den Begriff „Power-to-X" oder kurz „P2X" und erstellen Sie eine Übersicht verschiedener Power-to-X Technologien.

A9 Bei der Wassergas-Shift-Reaktion handelt es sich um eine Gleichgewichtsreaktion. Dabei reagiert Kohlenstoffmonoxid mit Wasserdampf zu Kohlenstoffdioxid und Wasserstoff. Die Rückreaktion dieses Gleichgewichts wird verwendet, um Kohlenstoffmonoxid für die Herstellung von Synthesegas zu gewinnen, welches wiederum zu Kraftstoffen umgesetzt werden kann.

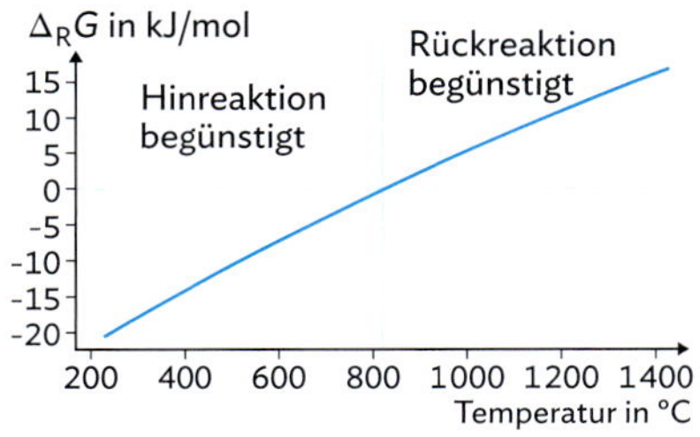

a) Stellen Sie die Reaktionsgleichung für die Wassergas-Shift-Reaktion auf.
b) Überlegen Sie, wie Sie das Gleichgewicht zugunsten von Kohlenstoffmonoxid verschieben können. Beachten sie dabei auch die Temperaturabhängigkeit des Gleichgewichts.

A10 Recherchieren Sie weitere Einsatzgebiete der Tenside neben den Wasch- und Reinigungsmitteln. Geben Sie an ausgewählten Beispielen die Funktionen an, die die Tenside in diesen Einsatzgebieten besitzen.

A11 LK Begründen Sie, dass Lithium-Ionen-Akkumulatoren für Tablets und Mobiltelefone besser geeignet sind als Bleiakkumulatoren.

A12 Stellen Sie tabellarisch Gemeinsamkeiten und Unterschiede sowie ökologische Aspekte zwischen Batterien, Akkumulatoren und Brennstoffzellen gegenüber.

A13 Erstellen Sie eine Präsentation zur Funktionsweise einer heterogenen Katalyse am Beispiel einer Brennstoffzelle.

A14 a) Skizzieren und erläutern Sie Aufbau sowie Funktionsweise einer Wasserstoff-Brennstoffzelle.
b) Nennen Sie Gemeinsamkeiten und Unterschiede zwischen einer Wasserstoff-Brennstoffzelle und einem DANIELL-Element.

A15 Diskutieren Sie die Bezeichnung von E-Autos als „Null-Emissions-Fahrzeuge".

A16 Setzt man für ein fiktives Mittelklasse-E-Auto eine Batterie von 60 kWh und einen Elektromotor von 150 kW an, wären in der Batterie ca. 6 kg Lithium und 8 kg Cobalt verbaut. Für das Jahr 2030 wird für Deutschland eine Zahl von 15 Millionen EAutos anvisiert. Berechnen Sie die Menge an dafür notwendigen Metallen und vergleichen Sie mit recherchierten Zahlen für Fördermengen von Lithium und Cobalt. Beschreiben Sie daraus erwachsende Probleme und mögliche Lösungsansätze.

A17 Der Heizwert H ist ein Maß für die bei der vollständigen Verbrennung von Brennstoffen freiwerdenden Wärme. Der Heizwert ist der Quotient aus freigesetzter Reaktionsenthalpie $\Delta_R H$ und der Masse m des Brennstoffs.
a) Erklären Sie mithilfe der Tabelle, dass Fahrzeuge, die mit Biokraftstoffen betrieben wurden, einen höheren Kraftstoffverbrauch aufweisen.
b) Begründen Sie, dass die Angabe der Dichte in der Tabelle sinnvoll ist.

Stoff	Heizwert in kJ/g	Dichte in g/cm³
Bio-Ethanol	26,7	0,82
Bio-Diesel	42,8	0,88
Benzin	40,0	0,76
Diesel	37,1	0,83

A18 Fossile Rohstoffe existieren nur endlich. Als Alternativen zu Erdöl, Erdgas und Kohle werden daher vermehrt nachwachsende Rohstoffe als Ausgangsstoffe eingesetzt. Neben der Endlichkeit fossiler Rohstoffe gibt es weitere sinnvolle Argumente, vermehrt auf nachwachsende Rohstoffe zu setzen. Nennen Sie die Gründe und bewerten Sie den vermehrten Einsatz nachwachsender Rohstoffe.

Alles im Blick

1 Die Brennstoffzelle

Brennstoffzellen sind **Energiewandler**, die elektrischen Strom erzeugen können. Im Gegensatz zu Batterien und Akkumulatoren werden die energieliefernden Edukte dabei kontinuierlich zugeführt. Die **alkalische Brennstoffzelle** nutzt das Prinzip der **kalten Verbrennung**, bei der die Knallgasreaktion

$2\ H_2\ (g) + O_2\ (g) \longrightarrow 2\ H_2O\ (l) 2\ H_2O\ (l)$

kontrolliert abläuft. Am Minuspol wird Wasserstoff oxidiert und am Pluspol Sauerstoff reduziert.

Minuspol: $2\ H_2\ (g) + 4\ OH^-\ (aq) \longrightarrow 4\ H_2O\ (l) + 4\ e^-$

Pluspol: $O_2\ (g) + 2\ H_2O\ (l) + 4\ e^- \longrightarrow 4\ OH^-\ (aq)$

Dabei entsteht Wasser als Produkt. Deshalb gelten Brennstoffzellen als klimafreundlicher als herkömmliche Verbrennungsmotoren.

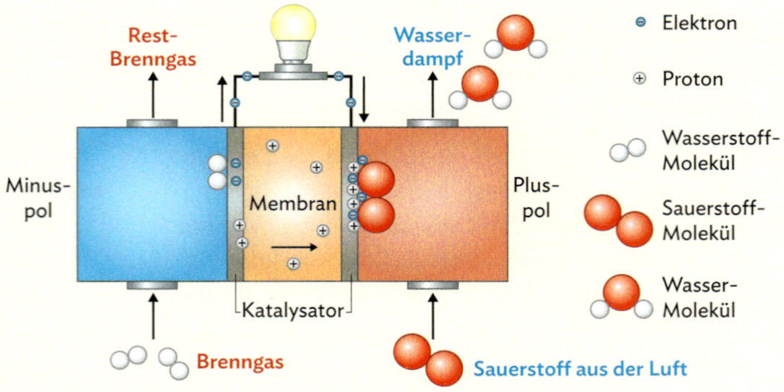

Bestimmte Brennstoffzellen können auch andere Rohstoffe, wie Methanol, Erdgas oder Biogas, zur Energiegewinnung nutzen.

Es existieren verschiedene Bauweisen von Brennstoffzellen, z. B. mit flüssigen Elektrolyten (alkalische Brennstoffzelle) oder festen Elektrolyten in Form einer Membran (**PEM-Brennstoffzelle**).

2 Der Lithium-Ionen Akkumulator LK

Lithium-Ionen-Akkumulatoren sind **Sekundärzellen**. Der Pluspol besteht aus einem Mischmetalloxid, das Lithium-Ionen enthält, und einer Ableitelektrode. Der Minuspol besteht aus Graphit. Lithium-Ionen können zwischen den Graphitschichten interkalieren. Die Lithium-Ionen werden beim Laden bzw. Entladen des Akkumulators nicht oxidiert oder reduziert, sondern in die Graphit- bzw. Metalloxidelektrode eingelagert. Es laufen folgende Reaktionen ab:

Minuspol: $C_n + x\ Li^+ + x\ e^- \underset{\text{Entladen}}{\overset{\text{Laden}}{\rightleftharpoons}} Li^+xC_n^-$

Pluspol:
$LiMn_2O_4 \underset{\text{Entladen}}{\overset{\text{Laden}}{\rightleftharpoons}} Li_{1-x}Mn_2O_4 + x\ e^- + x\ Li^+$

Vorteile von Lithium-Ionen-Akkumulatoren sind ihre Wiederaufladbarkeit, Langlebigkeit und hohe Kapazität, bei geringer Größe und Gewicht. Nachteile sind die Empfindlichkeit gegen Hitze, Kälte und mechanischen Beschädigungen, sowie Schwierigkeiten bei Förderung und Recycling von Lithium.

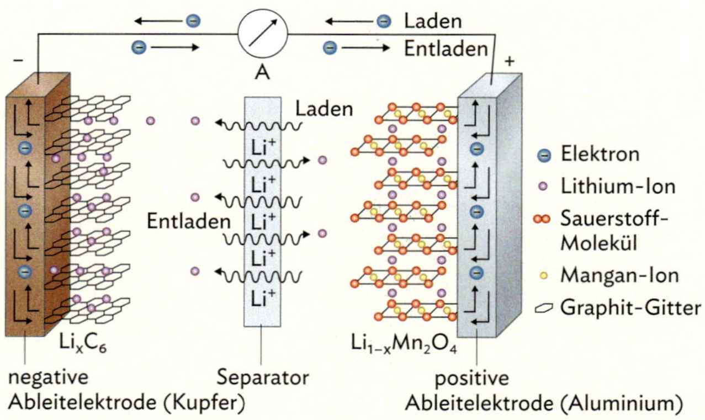

3 Biokraftstoffe aus nachwachsenden Rohstoffen

Aus **Energiepflanzen** wie Raps, Mais und Weizen können **Biokraftstoffe** hergestellt werden. **Bioethanol** wird aus stärke- oder zuckerhaltigen Pflanzen durch Fermentation mit Hefen erzeugt. E10-Benzin enthält bis zu 10 % Bioethanol.
Zur Herstellung von **Biodiesel** werden Pflanzenöle durch Umesterung mit Methanol in **Fettsäuremethylester** (FAME) umgewandelt. B7-Diesel enthält 7 % Biodiesel.

Biokraftstoffe haben eine bessere Kohlenstoffdioxidbilanz als fossile Kraftstoffe, da bei der Verbrennung von Biokraftstoffen zwar ebenfalls Kohlenstoffdioxid ausgestoßen wird, aber die Pflanzen zuvor auch Kohlenstoffdioxid gebunden haben. Trotzdem müssen bei der Beurteilung der Umweltverträglichkeit biologische Kraftstoffe verschiedene Faktoren der Produktion (z. B. Platzbedarf, Düngung, Transport) beachtet werden.

4 Biokunststoffe auf Stärkebasis LK

Aus dem Biopolymer Stärke können verschiedene Kunststoffe hergestellt werden. Durch Erhitzen entsteht **thermoplastische Stärke (TPS)**. Dieser Kunststoff ist biologisch abbaubar und wasserlöslich. Durch Zusätze wie Glycerin können die Verarbeitungseigenschaften verbessert werden. Durch Kombination mit anderen (biologisch abbaubaren) Kunststoffen entstehen **Stärkeblends**, in denen TPS dispergiert vorliegt.

Modifizierte Stärke erhält man durch chemische Modifikation der Hydroxy-Gruppen in den Stärke-Molekülen. Die Produkte werden als Lebensmittelzusatzstoffe eingesetzt und erhalten E-Nummern.

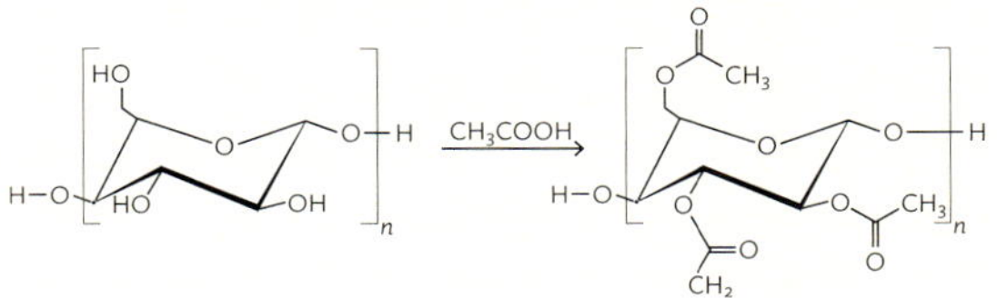

5 Waschaktive Substanzen und moderne Waschmittel

Tenside sind **waschaktive Substanzen**. Sie bestehen nach dem **Kopf-Schwanz-Modell** aus einem polaren und einem unpolaren Anteil. Man unterscheidet **anionische, kationische** und **nichtionische** Tenside. Moderne Waschmittel enthalten synthetische Tenside, die die Nachteile herkömmlicher Seifen, wie Bildung von Kalkseifen und Hydroxid-Ionen, nicht aufweisen. Sie können außerdem weitere Zusätze enthalten, die verschiedene Aufgaben besitzen. Seifen werden aus nachwachsenden Rohstoffen (Fetten und Ölen) hergestellt, Alkylbenzolsulfonate können hingegen nur aus fossilen Rohstoffen synthetisiert werden. Tenside auf Basis von **Fettalkoholen** können sowohl aus nachwachsenden als auch aus fossilen Rohstoffen stammen.

Waschmittelzusatz	Aufgabe
Tensid	Waschwirkung, Grenzflächenaktivität, Emulgierende Wirkung
Enthärter	bindet Kationen (Mg^{2+}, Ca^{2+}) im Waschwasser, erhält die Waschwirkung
Enzyme	spalten Makromoleküle im Schmutz (z. B. aus Nahrungsmitteln)
Optische Aufheller	verdecken gelbliche Verfärbungen bei weißer Kleidung
Bleichmittel	zerstören Farbstoffe von Schmutzpartikeln (z. B. bei Rotweinflecken)
Inhibitoren	Verhindern unerwünschte Nebenreaktionen, z.B. Schaumbildung oder Verfärbungen

Ziel erreicht?

Verfügen Sie über die Kompetenzen dieses Kapitels? Lösen Sie die entsprechenden Aufgaben auf dem Arbeitsblatt unter QR-/Mediencode 06007-108 und bewerten Sie sich mithilfe der Tabelle rechts unten.

06007-108

Unter QR-/Mediencode 06007-109 finden Sie außerdem eine Lernanwendung zur digitalen Überprüfung der geforderten Kompetenzen.

06007-109

KOMPETENZ A: Aktuelle Entwicklungen und Anordnungen von Energiewandlern erklären und bewerten

A1 LK Lithium-Ionen-Akkumulatoren gehören zu den am häufigsten eingesetzten Akkumulatoren.
a) Beschreiben Sie den Aufbau eines Lithium-Ionen-Akkumulators.
b) Erklären Sie die Vorgänge beim Laden und Entladen des Akkumulators.
c) Nennen Sie Vor- und Nachteile von Lithium-Ionen-Akkumulatoren.

A2 Eine Brennstoffzelle kann man als langlebigen, kontinuierlichen Energiewandler bezeichnen.
a) Erläutern Sie diese Aussage.
b) Geben Sie die Gesamtreaktionsgleichung der kalten Verbrennung sowie die Reaktionen an Plus- und Minuspol der Brennstoffzelle an.
c) Begründen Sie, unter welchen Umständen die Verwendung von Brennstoffzellen in Fahrzeugen ökologisch sinnvoll sein kann.
d) Die Brennstoffzelle ist älter als die Taschenlampenbatterie und der Bleiakkumulator. Nennen Sie Gründe, warum die technische Nutzung so lange vernachlässigt wurde

A3 a) Beschreiben Sie die Erzeugung und Nutzung von Wasserstoff, die in der untenstehenden Abbildung dargestellt ist.
b) Bewerten Sie beide Möglichkeiten zur Gewinnung von Wasserstoff unter dem Aspekt der Nachhaltigkeit.

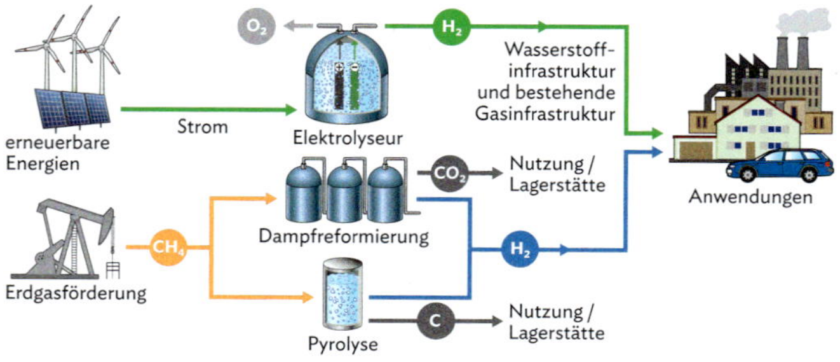

KOMPETENZ B: Moderne Waschmittel klassifizieren und ihre Zusammensetzung und Eigenschaften erklären

B1 Benennen Sie Vor- und Nachteile herkömmlicher Seifen als Waschmittel.

B2 Überprüfen Sie die folgenden Aussagen über Waschmittelzusätze und korrigieren Sie gegebenenfalls falsche Aussagen:
1. In einem Waschmittel ist nur das Tensid für die waschaktive Wirkung verantwortlich.
2. Anionische Tenside sind gegenüber säurehaltigem und hartem Wasser empfindlich.
3. Enzyme dienen der Spaltung von Makromolekülen im Schmutz und erleichtern so den Abtransport durch das Tensid.
4. Enthärter binden Anionen im Waschwasser.
5. Bleichmittel wie Wasserstoffperoxid reduzieren Schmutzpartikel und entfernen sie so aus der Wäsche.
6. Eine übermäßige Schaumbildung beim Waschen kann durch Inhibitoren verhindert werden
7. Optische Aufheller verstecken gelbe Verfärbungen bei weißer Wäsche durch Emission von UV-Licht.

B3 Nennen Sie die drei Klassen von Tensiden und ordnen Sie die dargestellten Tensid-Moleküle den entsprechenden Klassen zu.

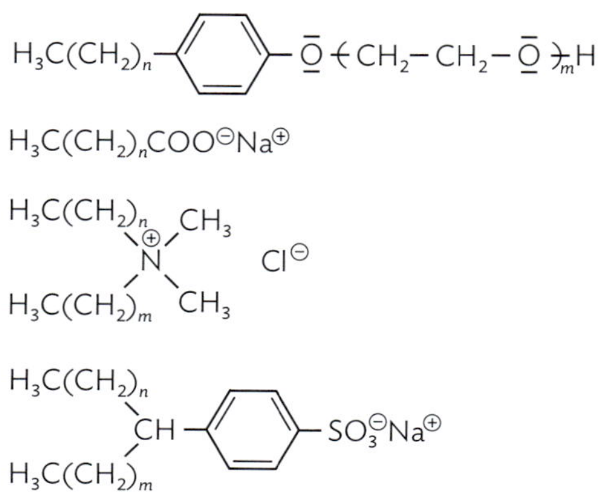

B4 Geben Sie für die Tenside a) b) und d) aus **A3** jeweils an, ob diese aus nachwachsenden oder fossilen Rohstoffen hergestellt werden.

B5 Erklären Sie, welche Gefahren von Waschmitteln für die Umwelt ausgehen können.

KOMPETENZ C: Die Bedeutung von Biokraftstoffen beurteilen

C1 Erklären Sie die Herstellung von Bioethanol und Biodiesel aus Energiepflanzen.

C2 Nennen Sie Faktoren, welche zur Beurteilung der Umweltverträglichkeit von Biokraftstoffen beachtet werden müssen.

C3 „Biokraftstoffe besitzen eine bessere Kohlenstoffdioxid-Bilanz als herkömmliche fossile Brennstoffe. Trotzdem kann ihre Herstellung den Treibhauseffekt verstärken."
Beurteilen Sie diese Aussage.

KOMPETENZ D: Biokunststoffe auf Stärkebasis klassifizieren LK

D1 Stärke ist ein wichtiger Rohstoff für die Herstellung von Biokunststoffen. Der einfachste Biokunststoff auf Stärkebasis ist thermoplastische Stärke (TPS).

a) Beschreiben sie die Herstellung von thermoplastischer Stärke.
b) Reine thermoplastische Stärke ist spröde und wasserlöslich. Nennen Sie zwei Möglichkeiten, diese Eigenschaften von TPS zu beeinflussen.
c) Begründen Sie anhand von Beispielen, dass die Wasserlöslichkeit von TPS sowohl ein Vorteil als auch ein Nachteil sein kann.

D2 Stärke kann physikalisch oder chemisch modifiziert werden. Stärkekleister entsteht beim Erhitzen von Stärke mit gleichzeitiger Einlagerung von Wasser zwischen die Makromoleküle. Ordnen Sie Stärkekleister und acetylierte Stärke begründet den beiden Formen der Modifizierung zu.

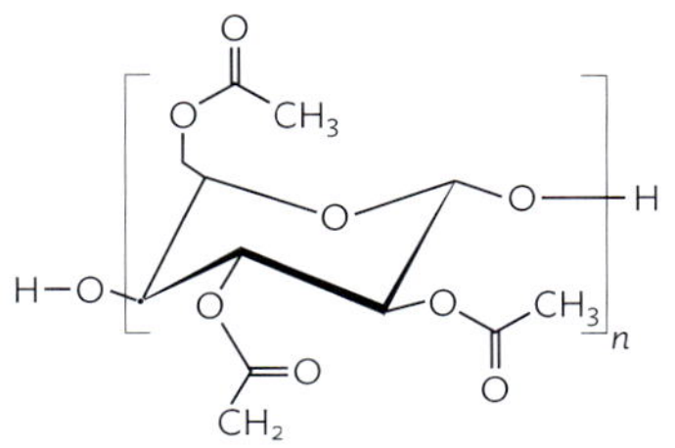

D3 TPS, Stärkeblends, modifizierte Stärke und Polymilchsäure (PLA) sind allesamt Biokunststoffe, die auf Basis von Stärke hergestellt werden. Beschreiben Sie Gemeinsamkeiten und Unterschiede dieser Kunststoffe.

Vergleichen Sie ihre Antworten mit den Lösungen auf Seite 567 f. und kreuzen Sie auf dem Arbeitsblatt an.

Kompetenz	ja	nein	zum Nachlesen
A Aktuelle Entwicklungen und Anordnungen von Energiewandlern erklären und bewerten	?	?	S. 492 – 497
B Moderne Waschmittel klassifizieren und ihre Zusammensetzung und Eigenschaften erklären	?	?	S. 508 – 511
C Die Bedeutung von Biokraftstoffen beurteilen	?	?	S. 502 – 503
D Biokunststoffe auf Stärkebasis klassifizieren	?	?	S. 505

Klausuraufgaben

T1 Phosphoglyceride

Phosphoglyceride sind Hauptbestandteile der Zellmembranen von Bakterien und höheren Lebewesen. Ihr Grundgerüst besteht aus Glycerin. Zwei Hydroxy-Gruppen des Glycerin-Moleküls sind mit Fettsäure-Resten verestert, an der dritten Hydroxy-Gruppe befindet sich eine Phosphat-Gruppe, die mit einem Alkohol-Molekül verestert ist. In der Zellmembran bilden Phospholipide, zu denen die Phosphoglyceride gehören, eine Lipiddoppelschicht aus. Sie können auch Liposomen oder Micellen ausbilden (**B1**).

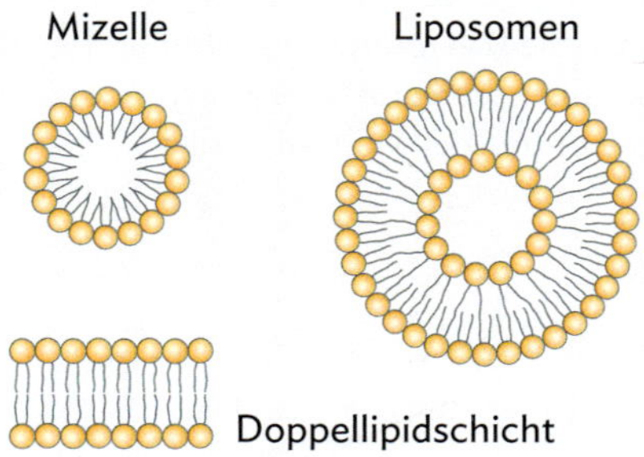

B1 Durch Phospholipide gebildete Strukturen

AUFGABEN

A1 Zeichnen Sie die Strukturformel eines Phosphoglycerid-Moleküls. Begründen Sie anhand der Struktur, dass es sich bei Phospholipiden um natürliche Tenside handelt.

A2 Erklären Sie die Ausbildung von Micellen in wässrigen Lösungen und die Ausbildung der Lipiddoppelschicht in Organismen.

A3 Waschmittel sind oft toxisch für Wasserorganismen. Erläutern Sie diesen Sachverhalt.

A4 Der Abbau von Waschmitteln in Kläranlagen wird in Primär- und Endabbau unterteilt. Im Primärabbau verlieren Tenside ihre Waschwirkung, Im Endabbau werden sie zu Kohlenstoffdioxid, Wasser und Mineralsalzen zersetzt. Erklären Sie die Bedeutung beider Schritte für die Umweltverträglichkeit.

T2 „Grüner Wasserstoff" aus der Luft

„Grüner Wasserstoff" gilt als wichtiger Baustein der Energiewende und wird idealerweise mittels Elektrolyse mit Strom aus erneuerbaren Energien gewonnen. Dafür wird allerdings flüssiges Wasser benötigt, was den Wassermangel in vielen Regionen der Welt verstärken würde. Aber selbst in Trockenregionen gibt es eine bisher ungenutzte Wasserressource: Forscherinnen und Forscher haben ein Elektrolysesystem entwickelt, das statt flüssigem Wasser die Luftfeuchtigkeit nutzen kann. Dieses sogenannte Direct-Air-Elektrolysemodul (DAE) (**B2**) kann selbst mit nur vier Prozent Luftfeuchtigkeit arbeiten. Konkret besteht das System aus zwei gitterförmigen Platinelektroden, die jeweils mit einem Gasauffangbehälter verbunden sind. Zwischen den Elektrodenplatten liegt ein schwammartiger Block aus Glaswolle, der mit einem flüssigen, wasseranziehenden Elektrolyten (z. B. Schwefelsäure) getränkt ist. Auch Kalilauge wäre als Elektrolyt denkbar, da sie eine noch bessere Absorption aufweist. Da sie jedoch mit dem Kohlenstoffdioxid der Luft reagiert, müsste dieses zuvor herausgefiltert werden.

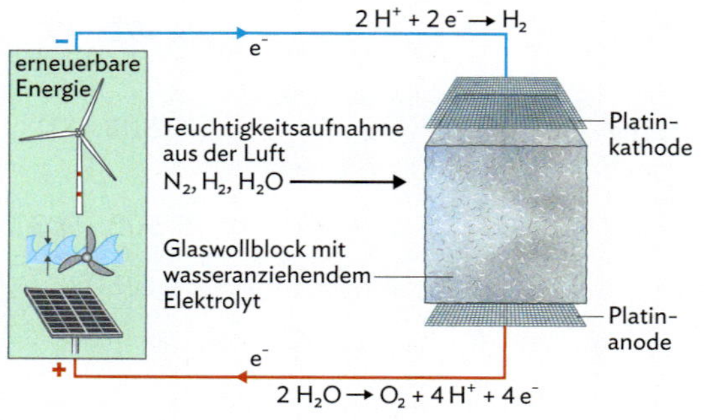

B2 Schematischer Aufbau eines DAE-Moduls

AUFGABEN

A1 Erläutern Sie die Funktionsweise eines DAE-Moduls anhand von **B2** mithilfe der Reaktionsgleichungen der ablaufenden Elektrodenreaktionen in Abhängigkeit des eingesetzten Elektrolyten.

A2 Vergleichen Sie das DAE-Modul mit gängigen Elektrolysezellen und erläutern Sie die Vorteile.

A3 Beurteilen Sie die Nachhaltigkeit des Einsatzes der DAE-Module auch unter Berücksichtigung der eingesetzten Stoffe.

T3 Bioepoxid

Epoxidiertes Sojabohnenöl

Pflanzenöle, die einen hohen Anteil ungesättigter Fettsäuren besitzen, polymerisieren von selbst mit dem Sauerstoff der Luft. So z. B. das Leinöl, welches in der Malerei als Leinölfirnis eingesetzt wird, oder Tungöl, welches zur Behandlung von Holzoberflächen verwendet wird, wo es einen harzartigen Lack bildet.
Darüber hinaus können die Doppelbindungen in Pflanzenölen auch funktionalisiert werden. So kann aus dem Öl der Sojabohne, das zu mehr als 80 % aus ungesättigten Fettsäuren besteht, durch Reaktion mit einem Peroxid oder einer Persäure ein Epoxid hergestellt werden (**B3**). Dabei werden die Doppelbindungen durch Hinzufügen eines Sauerstoffatoms in eine Epoxidgruppe umgewandelt. Die entstehenden epoxidierten Sojaöle (ESBO) werden als Weichmacher und Stabilisatoren für Polyvinylchlorid-Kunststoffe eingesetzt.

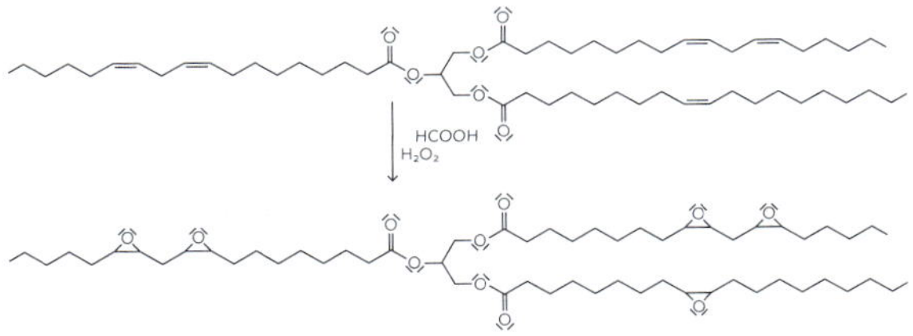

B3 Epoxidierung von Sojabohnenöl

Lignin

Lignine sind sehr komplexe Biopolymere, die neben Cellulose den Hauptbestandteil von holzigen Pflanzen ausmachen. Jährlich fallen etwa 50 Millionen Tonnen Lignin als Nebenprodukt in der Papierindustrie an. Größtenteils wird Lignin dabei als Abfall verbrannt, obwohl es ein Vielzahl an aromatischen Verbindungen enthält, die in der chemischen Industrie als Plattformchemikalien genutzt werden könnten. Eine große Herausforderung stellt jedoch die Aufspaltung des Lignins dar, an der vielseitig geforscht wird.
Eine Anwendung der in der Papierindustire anfallenden Ligninsulfonsäure ist die Herstellung von Vanillin, dem Hauptaromastoff der Vanillepflanze (**B4**). Auch ein Derivat des Vanillins, der Vanillylalkohol (4-(Hydroxymethyl)-2-methoxyphenol, Summenformel $C_8H_{10}O_3$) kann aus Lignin gewonnen werden. Es handelt sich um einen aromatischen Stoff, der zwei Hydroxy-Gruppen enthält, wovon eine direkt am Aromaten gebunden ist. Eine weitere Hydroxymethyl-Gruppe $-CH_2-OH$ steht dazu in para-Stellung (am C4-Atom). Die Methoxygruppe $-O-CH_3$ befindet sich am C2-Atom.

B4 Vanillin kann aus Lignin synthetisiert werden

AUFGABEN

A1 Zeichnen Sie die Struktur von Vanillylalkohol und markieren Sie die funktionellen Gruppen.

A2 Beschreiben Sie eine Möglichkeit, die vollständige Epoxidierung des Öls in **B3** nachzuweisen.

A3 a) Nennen Sie die nötigten Edukte für eine Polyaddition, deren Produkt ein Epoxidharz ist.
b) Begründen Sie, dass es theoretisch möglich ist, ein biobasiertes Epoxidharz aus den Rohstoffen Sojabohnenöl und Lignin zu synthetisieren.
c) Zeichnen Sie einen Strukturausschnitt eines solchen Epoxidharzes.

A4 In **B5** sind die Iodzahlen der drei beschriebenen Pflanzenöle angegeben.
a) Erklären Sie die Aussage der Iodzahl über die Struktur der drei Öl-Moleküle.
b) Begründen Sie, dass stets ein Iodzahl-Bereich angegeben wird.
c) In der Malerei kann bis zu 20 % Tungöl zum Leinöl zugesetzt werden, um eine schnellere Trocknung (Polymerisation) des Firnis zu erreichen. Begründen Sie dieses Vorgehen.

Pflanzenöl	Iodzahl
Leinöl	170 – 190
Tungöl	150 – 210
Sojaöl	115 – 140

B5 Iodzahlen ausgewählter Pflanzenöle

A5 Diskutieren Sie Vor- und Nachteile der Verwendung von epoxidiertem Sojaöl und Lignin für die Herstellung von Biokunststoffen. Gehen Sie dabei besonders auf Aspekte der Nachhaltigkeit ein.

Verknüpfende Klausuraufgaben

T1 Malonsäure – Edukt für ein Schlafmittel

Vor über 100 Jahren kam es auf den Markt: Barbital (5,5-Diethylbarbitursäure) (**B1** rechts) – ein damals neuartiges Hypnotikum, das in geringen Dosen schlaffördernd und in größeren Dosen narkotisierend wirkte.
Die Synthese von Barbital erfolgt durch eine Kondensationsreaktion von Diethylmalonsäurediethylester (**B1** links) mit Harnstoff (**B1** Mitte) in Anwesenheit von Natriumethanolat C_2H_5ONa als Katalysator.
Malonsäure (Propan-1,3-disäure, pK_{S1} = 2,80 und pK_{S2} = 5,85) kommt in der Natur in den grünen Teilen von Getreidepflanzen und in Runkelrüben sowie in Zuckerrübensaft vor. Beim Erhitzen von Malonsäure entstehen Essigsäure und ein weiteres, gasförmiges Reaktionsprodukt.

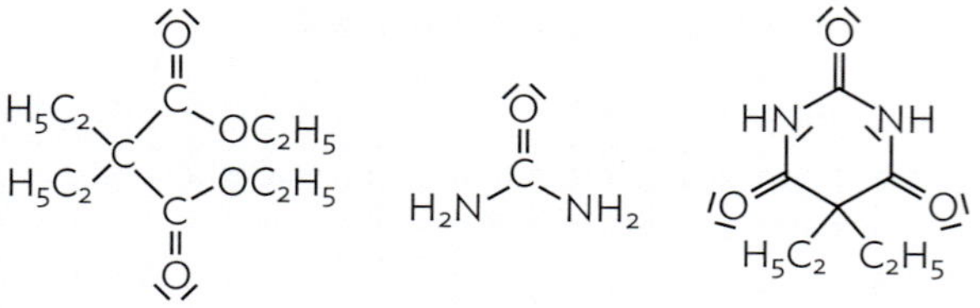

B1 Strukturformeln von Diethylmalonsäurediethylester- (links), Harnstoff- (Mitte) und 5,5-Diethylbarbitursäure-Molekülen (rechts)

AUFGABEN

A1 Geben Sie die jeweiligen Strukturformeln von Propan, Propanol, Propansäure und Malonsäure an und erklären Sie die unterschiedlichen Schmelztemperaturen dieser Substanzen (**B2**).

A2 Eine verdünnte wässrige Lösung von Malonsäure zeigt eine deutlich höhere elektrische Leitfähigkeit als eine Lösung von Propansäure gleicher Konzentration. Erklären Sie diesen Sachverhalt unter Angabe von Reaktionsgleichungen.

Verbindung	Schmelztemperatur in °C
Propan	-188
Propanol	-126
Propansäure	-21
Propan-1,3-disäure (Malonsäure)	136

B2 Schmelztemperaturen ausgewählter Verbindungen

A3 Beim Erhitzen von Malonsäure in einem Reagenzglas über die Schmelztemperatur hinaus zersetzt sich diese unter Bildung von zwei Reaktionsprodukten. Hält man ein Stück angefeuchtetes Universalindikatorpapier über die Reagenzglasöffnung, färbt sich dieses rot. Leitet man die Reaktionsprodukte in eine Calciumhydroxidlösung ein, bildet sich ein weißer Niederschlag.
Werten Sie das beschriebene Experiment aus und prüfen Sie mittels Oxidationszahlen, ob bei der Zersetzung von Malonsäure eine Elektronenübertragung stattfindet.

A4 Zur Konzentrationsbestimmung einer Malonsäurelösung wurde eine Probe (V = 20 mL) mit Natronlauge (c = 1 mol/L, V = 0,6 mL) titriert.
a) Erläutern Sie die theoretischen Grundlagen einer Säure-Base-Titration.
b) Berechnen Sie die Konzentration der Malonsäure in dieser Lösung.
c) LK Berechnen Sie den pH-Wert beider Äquivalenzpunkte sowie den Anfangs- und den End-pH-Wert der Lösung.
d) LK Zeichnen Sie für diese Titration die Titrationskurve unter Beschriftung aller markanten Punkte.
e) LK Wählen Sie begründet die Indikatoren aus **B3** aus, mit welchen die beiden Äquivalenzpunkte zu erkennen sind.

Indikator	Umschlagsbereich (pH)	Farbumschlag
Methylorange	3,1 – 4,4	rot/gelborange
Methylrot	4,2 – 6,3	rot/gelb
Phenolphthalein	8,2 – 9,8	farblos/rosa
Thymolphthalein	9,3 – 10,5	farblos/blau

B3 Umschlagsbereiche einiger Indikatorfarbstoffe

A5 Geben Sie eine Definition für den Begriff Kondensationsreaktion am Beispiel der Synthese von Barbital an.
Formulieren Sie die Reaktionsgleichung für diese Reaktion. Stellen Sie eine begründete Vermutung über die katalytische Wirkung von Natriumethanolat auf.

T2 Biogas – Energie aus der Natur

B4 Biogasanlage auf einem Bauernhof

Biogas ist ein Gasgemisch, das durch Verwertung von Biomasse **(B4)** hergestellt und als Energieträger verwendet wird. Unter Biomasse versteht man hier sowohl Pflanzen und Pflanzenteile als auch Wirtschaftsdünger (z. B. Gülle oder Mist) sowie landwirtschaftliche Nebenprodukte (z. B. Traubentrester und Getreidestäube).
Hauptinhaltsstoffe des Biogases sind Methan (60 %) und Kohlenstoffdioxid (35 %). In Spuren sind meist noch Stickstoff, Sauerstoff, Schwefelwasserstoff, Wasserstoff und Ammoniak enthalten. Für die energetische Verwertung von Biogas ist nur der Methananteil von Bedeutung. Bei der Erzeugung von Biogas sind mehrere Prozessschritte notwendig:
Es beginnt mit einer Hydrolyse von Makromolekülen unter Mitwirkung von Enzymen. Die gebildeten Spaltprodukte werden zu Ethanol vergoren. Dann erfolgt die Bildung von Essigsäure, die schließlich mithilfe von Bakterien zu Methan und Kohlenstoffdioxid umgesetzt wird.
In der Technik kann Methan durch eine Reinigung von Erdgas gewonnen werden. Eine Möglichkeit der Herstellung über eine chemische Reaktion ist die Hydrolyse von Aluminiumcarbid (Al_4C_3), bei der auch Aluminiumhydroxid entsteht. Aluminiumcarbid bildet sich bei einer Temperatur von 2.000 °C neben Kohlenstoffdioxid durch die Reaktion von Aluminiumoxid mit Kohlenstoff.
Zur Gewinnung von Synthesegas (Gemisch aus Kohlenstoffmonooxid und Wasserstoff) wird Methan in einer endothermen Gleichgewichtsreaktion mit Wasserdampf umgesetzt.

AUFGABEN

A1 Fassen Sie die beschriebenen Verfahren zur Gewinnung von Biogas in einem Fließschema zusammen und formulieren Sie die entsprechenden Reaktionsgleichungen. Gehen Sie davon aus, dass nur Kohlenhydrate als Rohmasse zur Verfügung stehen.

A2 Biogas ist im Vergleich zu Kohle ein qualitativ wertvollerer Brennstoff. Diskutieren Sie diese Behauptung aus ökologischer und ökonomischer Sicht auch unter Verwendung von Berechnungen.

A3 Ein Projektentwurf für die Einrichtung einer Biogasanlage geht von folgenden Annahmen aus:
- Güllemenge: 108 m^3 pro Tag
- Biogasmenge: 2.000 L pro m^3 Gülle bei Normbedingungen

Berechnen Sie mithilfe der Angaben in **B5** die Verbrennungswärme für die täglich gewinnbare Biogasmenge, wenn die Dichte von Methan 0,717 g/L beträgt.

A4 Vergleichen Sie allgemein zwei Donator-Akzeptor-Reaktionen hinsichtlich selbstgewählter Kriterien miteinander.

Formel	CH_4 (g)	O_2 (g)	CO_2 (g)	H_2O (l)
$\Delta_f H^0$ in kJ/mol	–74,6	0	–392,5	–285,7

B5 Bildungsenthalpien für die Edukte und Produkte der Verbrennung von Methan

A5 Formulieren Sie ausgehend von Aluminiumoxid (Al_2O_3) die Reaktionsgleichungen für die Gewinnung von Methan und bestimmen Sie die Reaktionstypen. Ordnen Sie für die Hydrolyse von Aluminiumcarbid begründet die korrespondierenden Teilchen zu.

A6 Formulieren Sie die Reaktionsgleichung für die Bildung von Synthesegas. Erläutern Sie die theoretisch günstigen Bedingungen für eine hohe Wasserstoffausbeute.

A7 LK Berechnen Sie die Gleichgewichtskonstante K für die Gewinnung von Synthesegas bei einer Temperatur von ϑ = 500 °C mithilfe der folgenden Gleichung:

$$\Delta_R G = -R \cdot T \cdot \ln\{K\}$$

Treffen Sie eine begründete Aussage über die Lage dieses chemischen Gleichgewichts.

T3 Chlor und Chlorverbindungen

Im Jahre 1774 experimentierte der schwedische Apotheker C. W. SCHEELE mit Chlorwasserstoffsäure – oft Salzsäure genannt – und Mangan(IV)-oxid. Er beobachtete das Aufsteigen eines gelbgrünen, stechend riechenden Gases, das erst im Jahr 1818 vom englischen Chemiker H. DAVY als Chlor erkannt und entsprechend seiner gelbgrünen Farbe benannt wurde.
Leitet man Chlorgas in Wasser ein, so entstehen Chlorwasserstoffsäure und hypochlorige Säure (HClO). Zwischen diesen beiden Stoffen stellt sich ein chemisches Gleichgewicht ein. Diese Reaktion beschreibt vereinfacht die Wirkung von Chlorreinigern und Desinfektionsmitteln, da hypochlorige Säure durch ihre oxidierende Wirkung Bakterien und Pilze abtötet. Auf Chlorreinigern findet man folgenden Warnhinweis: „Dürfen nicht mit sauren Sanitärreinigern gemischt werden".
Chlorgas wird auch zur Desinfektion von Wasser in Schwimmbädern verwendet. Enthält Schwimmbeckenwasser eine zu hohe Anzahl an Bakterien, so ist eine sogenannte Stoßchlorung erforderlich. Hierunter versteht man ein direktes Einleiten von Chlorgas in Wasser. Dadurch wird ein kompletter Wasseraustausch vermieden. Überschüssiges Chlor wird anschließend durch die Zugabe von Natriumthiosulfat ($Na_2S_2O_3$) abgebaut. Man spricht hierbei von Entchlorung:

$$2\,Na^+\,(aq) + S_2O_3^{2-}\,(aq) + 4\,Cl_2\,(aq) + 13\,H_2O\,(l) \longrightarrow 2\,Na^+\,(aq) + 2\,HSO_4^-\,(aq) + 8\,H_3O^+\,(aq) + 8\,Cl^-\,(aq)$$

Um 1 mg/L Chlor zu beseitigen, sind 0,88 g Natriumthiosulfat pro m^3 Beckenwasser notwendig.
Großtechnisch kann Chlor durch Chlor-Alkali-Elektrolyse einer wässrigen Kochsalzlösung hergestellt werden.

AUFGABEN

A1 Chlor ist ein sehr reaktionsfähiges Element und reagiert mit vielen Metallen und Nichtmetallen wie z. B. mit Natrium und Wasserstoff. Geben Sie die Formeln und Namen der Reaktionsprodukte dieser beiden Reaktionen an und beschreiben Sie den Aufbau der jeweiligen Verbindungen.

A2 Entwickeln Sie für die im Text erwähnte Möglichkeit der großtechnischen Herstellung von Chlor eine Reaktionsgleichung. Begründen Sie den Verlauf dieser Reaktion mithilfe der elektrochemischen Spannungsreihe.

A3 LK In einer Chlor-Alkali-Elektrolysezelle wird innerhalb eines Tages eine Natriumchloridlösung bei einer Stromstärke von I = 30 kA und einem Wirkungsgrad von η = 70 % elektrolysiert. Berechnen Sie das unter Standardbedingungen abgeschiedene Chlorvolumen.

A4 Formulieren Sie die Reaktionsgleichung für die Reaktion von Chlorgas in Wasser.
Erklären Sie den Warnhinweis auf Chlorreinigern unter Einbezug des mathematischen Ausdrucks für das Massenwirkungsgesetz.
Begründen Sie die gleichzeitige Zugabe von Natriumhydrogencarbonat während der Entchlorung.

A5 Berechnen Sie die notwendige Masse an Natriumthiosulfat, um den Chlorgehalt von 800 m^3 Beckenwasser von 4,3 mg/L auf den Idealwert von 0,6 mg/L abzusenken.

A6 Durch Reaktionen von Chlor mit Methan, Ethen und Benzol entstehen Verbindungen, die auch als Zwischenprodukte, z. B. bei der Herstellung von Chlorkautschuk, Farbstoffen und Kunststoffen, gebildet werden können. Formulieren Sie für die genannten Reaktionen jeweils eine Reaktionsgleichung und benennen Sie den ablaufenden Reaktionstyp.

A7 Auf ein mit Rotkohlsaft (**B6**) und Kochsalzlösung getränktes weißes Filterpapier werden zwei Elektroden einer Gleichspannungsquelle in geringem Abstand voneinander gedrückt. Nach kurzer Zeit sind an den Elektroden Farbveränderungen zu beobachten. Formulieren Sie begründete Vermutungen zu den zu erkennenden Farbreaktionen an den Elektroden.
Ein auf diese Weise präpariertes Filterpapier kann man auch als Polindikatorpapier bezeichnen. Erklären Sie diesen Begriff.

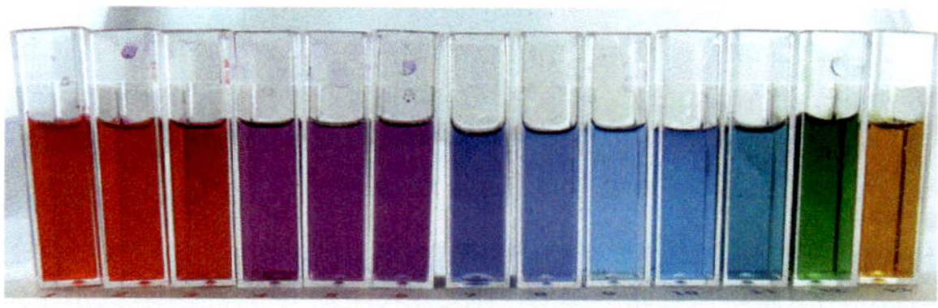

B6 Rotkohlsaft als pH-Indikator

T4 Chemie in der Küche

Die MAILLARD-Reaktion ist eine der wichtigsten Reaktionen beim Kochen. Lebensmittel wie Fleisch und Backwaren werden beim Braten, Grillen und Backen gebräunt und aromatisiert, es bilden sich Röstaromen (**B7**). Diese sind für den typischen Geruch und Geschmack verantwortlich. Vereinfacht dargestellt bilden dabei z. B. Aminosäuren oder Proteine unter Hitzeeinwirkung und Abspaltung von Wasser mit reduzierenden Monosacchariden neue Verbindungen aus.

B7 Durch die MAILLARD-Reaktion gebräuntes Fleisch

Bereits ab einer Temperatur von 120 °C kann aus den Reaktionsprodukten einer MAILLARD-Reaktion das gesundheitlich bedenkliche Acrylamid (C_3H_5NO) entstehen (**B8**). Dies ist besonders beim Erhitzen von Lebensmitteln, die sowohl reduzierende Zucker als auch Aminosäuren enthalten, der Fall, z. B. Kartoffeln.

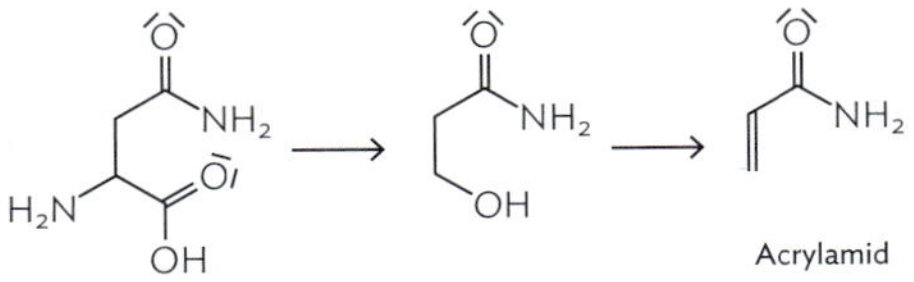

B8 Bildung von Acrylamid aus Asparagin

In der sogenannten Molekularen Küche wird z. B. Natriumalginat (Salz der Alginsäure) als Texturgeber eingesetzt. Dies sind Stoffe, die eine Eigenschaftsänderung der Lebensmittel bewirken. So werden z. B. Schäume und Gelees aus Gemüse hergestellt. Alginsäure ist ein Inhaltsstoff von Braunalgen, der ähnlich wie Cellulose eine Stützfunktion in den Zellwänden ausübt. Die langen Ketten dieses wasserunlöslichen Polysaccharid-Makromoleküls bestehen aus β-D-Mannuron- und α-L-Guluronsäure-Monomeren (**B9**) und bilden eine Faltblattstruktur aus.

Alginate werden vom Körper nicht aufgenommen, größere Mengen im Darmtrakt verringern jedoch durch die Bildung schwerlöslicher Salze die Aufnahme von Eisen- und Calcium-Ionen sowie anderen Spurenelementen. Unter sauren Bedingungen reagieren sie zu einem gelartigen Schaum.

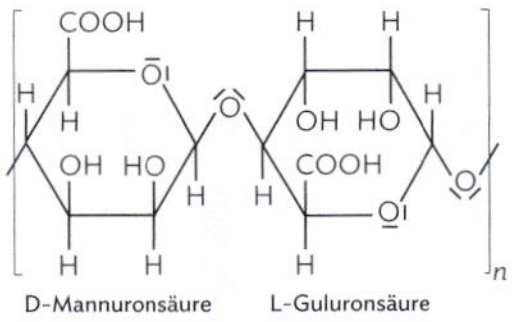

B9 Strukturformelausschnitt eines Alginsäure-Moleküls

AUFGABEN

A1 Fleisch besteht zu einem sehr großen Teil aus Proteinen. Kocht man Fleisch bei 100 °C, verändert es sich. Erläutern Sie diese Veränderungen.

A2 Formulieren Sie eine mögliche Reaktionsgleichung für die MAILLARD-Reaktion zwischen α-D-Glucose und Asparagin.
Hinweis: Im Reaktionsprodukt sind die beiden Molekül-Reste über das Stickstoff-Atom verknüpft.
Um die MAILLARD-Reaktion zu fördern, wird empfohlen, das Fleisch vor dem Grillen abzutupfen und mit einer Traubenzucker-Wasserlösung zu bepinseln. Erklären Sie diese Empfehlung.

A3 Asparagin wird bei der Bildung von Acrylamid zuerst hydrolytisch zu einem Zwischenprodukt umgewandelt, woraus sich in einem zweiten Schritt Acrylamid bildet (**B8**). Benennen Sie den im zweiten Schritt erfolgenden Reaktionstyp.

A4 Deuten Sie die folgenden Beobachtungen:
a) Beim Lösen von Natriumalginat in Wasser entsteht zunächst eine klare, dünnflüssige Lösung, die zunehmend viskoser wird.
b) Eine Natriumalginatlösung wird in eine Calciumchlorid- bzw. eine Eisen(III)-chloridlösung getropft. Es entstehen sofort kleine, farblose bzw. gelb-orange Kapseln mit einem flüssigen Kern. Bei der Eisen(III)-chloridlösung ist der Effekt der Verkapselung etwas stärker.

A5 Diskutieren Sie den Einsatz von Natriumalginat als Texturgeber. Natriumalginat kann auch als Inhaltsstoff von Medikamenten gegen Sodbrennen eingesetzt werden. Erläutern Sie diesen Einsatz anhand zweier Eigenschaften.

T5 Lebensmittelzusatzstoffe

B10 Mit Lebensmittelzusatzstoffen gefärbte Götterspeise

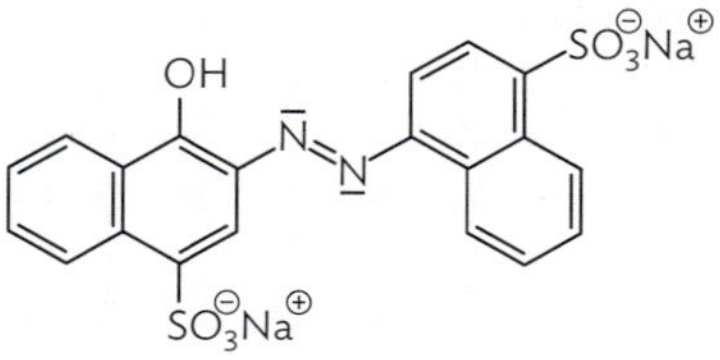

B11 Strukturformel des Azorubin-Moleküls

Lebensmittelzusatzstoffe sind Substanzen, die Lebensmitteln zugesetzt werden, um bestimmte technologische Funktionen zu erfüllen. In der Europäischen Union werden alle Lebensmittelzusatzstoffe mit E-Nummern gekennzeichnet und auf den Verpackungen angegeben. Ein Beispiel sind Emulgatoren (z. B. Mono- und Diglyceride, E 471), bei welchen es sich um Lösevermittler zwischen Fett und Wasser handelt. Sie verbessern den Zusammenhalt der Zutaten.
Azorubin (E 122) (**B11**) ist ein licht- und hitzebeständiger, für Getränke, Süßwaren, Götterspeise (**B10**) und viele andere Lebensmittel zugelassener Zusatzstoff. Die Europäische Behörde für Lebensmittelsicherheit (EFSA) gestattet für Azorubin einen ADI-Wert (Acceptable Daily Intake) von 4 mg pro kg Körpergewicht. Für die Färbung von Lebensmitteln besteht eine Mengenbeschränkung von 200 mg pro kg Körpergewicht.

AUFGABEN

A1 Beschreiben Sie den Aufbau eines Fett-Moleküls. Leiten Sie aus der Fettstruktur die Notwendigkeit der Verwendung von Emulgatoren ab.

A2 Monoglyceride wirken als Emulgatoren. Bei der Herstellung eines Monoglycerids reagiert Propan-1,2,3-triol (Glycerin) mit einer langkettigen Carbonsäure. Entwickeln Sie für diese Reaktion eine Reaktionsgleichung und erklären Sie die Emulgatorwirkung des entstehenden Monoglycerids.

A3 Beschreiben Sie den Mechanismus einer Veresterung am Beispiel der Reaktion von Essigsäure mit Methanol.

A4 LK Bei der Reaktion aus **A3** stellt sich ein chemisches Gleichgewicht ein. Beschreiben Sie die Merkmale eines chemischen Gleichgewichts an diesem Beispiel. Berechnen Sie die Ausbeute an Ester, wenn zu Beginn der Reaktion 5 mol Essigsäure und 3 mol Methanol vorliegen. Die Gleichgewichtskonstante beträgt $K_c = 4$.

A5 Begründen Sie die Zuordnung von Azorubin zur Stoffklasse der Aromaten. Kennzeichnen Sie in der Strukturformel aus **B11** das System der konjugierten Doppelbindungen und die Donator- bzw. Akzeptor-Gruppen.

A6 Beurteilen Sie auch unter der Berücksichtigung der Molekülstruktur die Eignung von Azorubin als Lebensmittelfarbstoff für Getränke (**B12**).

A7 Berechnen Sie die Masse an einem mit Azorubin gefärbten Getränk, welches 150 mg Farbstoff pro Liter enthält, die ein Kind mit 35 kg Körpergewicht maximal zu sich nehmen dürfte, um den ADI-Wert nicht zu überschreiten. Beurteilen Sie das Ergebnis.

B12 Rotes Getränk

T6 Ascorbinsäure – Vitamin C

Ascorbinsäure (**B13**) ist als Vitamin C bekannt und in vielen Früchten und Gemüsesorten enthalten. Kinder ab 10 Jahren und Erwachsene sollen etwa 75 mg Vitamin C pro Tag zu sich nehmen.

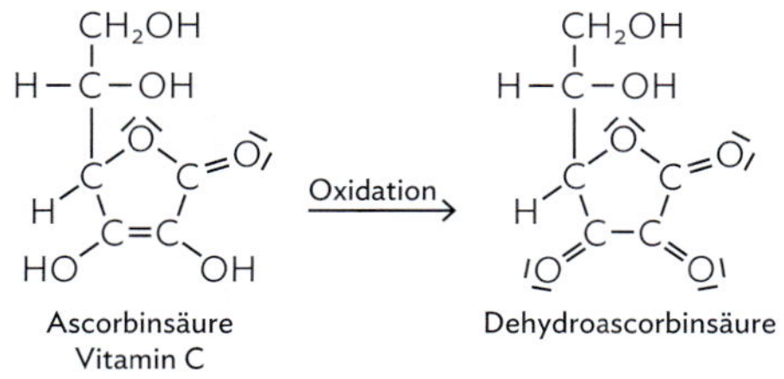

B13 Ascorbinsäure ist oxidationsempfindlich und schmilzt bei 191 °C bei gleichzeitiger Zersetzung.

AUFGABEN

A1 Das Ascorbinsäure-Molekül kommt in der Enol-Form (hier ein Endiol) und in der Keto-Form vor:

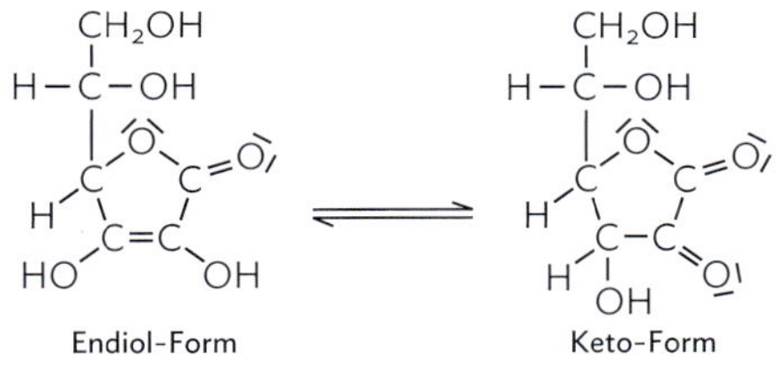

Die Endiol-Form ist stabiler, da das Molekül durch zwei intramolekulare Wasserstoffbrücken stabilisiert wird. Übernehmen Sie die Formel in Ihr Heft und zeichnen Sie diese Wasserstoffbrücken ein. Begründen Sie, dass in der Keto-Form eine dieser beiden Wasserstoffbrücken nicht möglich ist.

A2 LK Das Ascorbinsäure-Molekül in der Endiol-Form enthält zwei asymmetrisch substituierte Kohlenstoff-Atome und damit zwei Chiralitätszentren. Markieren Sie diese Zentren und vergleichen Sie mit den Chiralitätszentren in der Keto-Form.

A3 Ascorbinsäure ist eine zweiprotonige Säure. Formulieren Sie die beiden Protolysestufen von Ascorbinsäure in Wasser.

A4 LK Die pK_S-Werte der beiden Protolysestufen der Ascorbinsäure betragen pK_{S1} = 4,17 und pK_{S2} = 11,6. Für eine andere zweiprotonige Säure, die Butandisäure (Bernsteinsäure) $HOOCCH_2CH_2COOH$, gilt: pK_{S1} = 4,19 und pK_{S2} = 5,48. Erklären Sie den vergleichsweise großen Unterschied zwischen den beiden pK_S-Werten für die Protolysestufen der Ascorbinsäure mithilfe der in **A1** angesprochenen Wasserstoffbrücken und der folgenden mesomeren Grenzformeln:

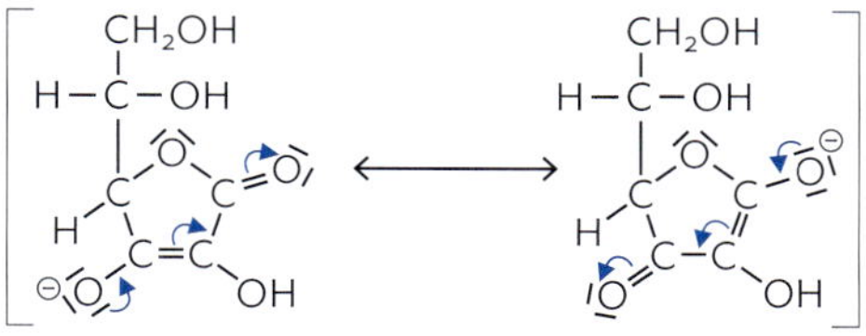

A5 LK Zeichnen Sie mithilfe der pK_S-Werte aus **A4** die zu erwartende Titrationskurve bei der Titration von 100 mL Ascorbinsäure der Konzentration c = 0,1 mol/L mit Natronlauge der Konzentration c = 1 mol/L. Beenden Sie die Titrationskurve bei einem Verbrauch von 25 mL Natronlauge und begründen Sie den von Ihnen vorgeschlagenen Verlauf.

A6 Frischer Zitronensaft enthält ca. 420 mg Ascorbinsäure pro Liter Flüssigkeit. Nach sechstägiger Lagerung im verschlossenen Gefäß im Kühlschrank fällt der Vitamin C-Gehalt auf 320 mg/L, im unverschlossenen Gefäß auf 100 mg/L. Erklären Sie diesen Sachverhalt mithilfe der Angaben aus **B13**.

A7 Die Oxidation von Ascorbinsäure kann vereinfacht folgendermaßen formuliert werden:
$2\ AscH_2 + O_2 \rightleftharpoons 2\ Asc_{ox} + 2\ H_2O$
Setzen Sie für $AscH_2$ und Asc_{ox} die Formeln aus **B13** ein und ermitteln Sie die für diese Redoxreaktion relevanten Oxidationszahlen. Begründen Sie die in **B13** angegebene Bezeichnung Dehydroascorbinsäure.

A8 Ascorbinsäure reduziert Eisen(III)-Ionen nach der folgenden Reaktionsgleichung:
$AscH_2 + 2\ Fe^{3+} + 2\ H_2O \rightleftharpoons Asc_{ox} + 2\ Fe^{2+} + 2\ H_3O^+$
Erläutern Sie anhand dieser Eigenschaft, dass Ascorbinsäure als Antioxidationsmittel bezeichnet wird und dass Ascorbinsäure in sauren Lösungen, z. B. in Zitrusfrüchtesaft, besonders lange haltbar ist.

A9 LK Bei pH = 2 beträgt das Redoxpotenzial für das Redoxpaar $AscH_2/Asc_{ox}$ $E(AscH_2/Asc_{ox})$ = 0,2 V, bei pH = 7 dagegen nur $E(AscH_2/Asc_{ox})$ = 0,06 V. Erklären Sie diesen Sachverhalt mithilfe der Reaktionsgleichung aus **A8** und der NERNST-Gleichung.

T7 Aluminium

Aluminium gehört zu den häufigsten Metallen der Erdkruste und kommt aufgrund seiner Sauerstoffaffinität nicht in elementarer Form vor.
Technisch wird Aluminium durch Schmelzflusselektrolyse (**B14**) aus Aluminiumoxid (Bauxit) gewonnen. Die Elektrolyse findet in einer Kohlewanne statt, die mit dem negativen Pol (Kathode) einer Spannungsquelle verbunden ist. In der Wanne befindet sich eine Salzschmelze aus Aluminiumoxid und dem Mineral Kryolith ($Na_2(AlF_6)$). Die Kohleblöcke, die an einem Tragegerüst hängen und in die Salzschmelze eintauchen, sind mit dem positiven Pol (Anode) einer Spannungsquelle verbunden. An der Anode reagieren Sauerstoff-Ionen zu Sauerstoff-Molekülen. Sauerstoff reagiert jedoch direkt mit den Kohleelektroden und es entsteht Kohlenstoffdioxid. Das entstehende flüssige Aluminium sammelt sich am Boden der Wanne. Von dort kann es abgesaugt werden.
Aluminium gilt trotz seiner hohen Affinität zu Sauerstoff als sehr beständiges Metall. Der Grund dafür ist eine fest anhaftende Oxidschicht auf der Metalloberfläche. Diese Oxidschicht wird durch Reaktion mit Chlorid-Ionen in wässriger Lösung zerstört und reagiert zu einer wasserlöslichen Komplexverbindung, die z. B. folgende Zusammensetzung haben kann: $[Al(OH)_2Cl]$. Als Nebenprodukt bilden sich Hydroxid-Ionen.

AUFGABEN

A1 Beschreiben Sie den Aufbau des Metalls Aluminium mithilfe eines Modells. Erläutern Sie den Zusammenhang zwischen Aufbau, Eigenschaften und Verwendung von Aluminium.

A2 Formulieren Sie die Reaktionsgleichungen für die Vorgänge an den Elektroden und die Gesamtgleichung für die Schmelzflusselektrolyse von Aluminiumoxid.
Begründen Sie, dass die als Anoden geschalteten Kohleblöcke im Verlauf der Elektrolyse stetig nachgeschoben werden müssen.

A3 LK Aluminium lässt sich aus wässrigen Aluminiumlösungen nicht elektrolytisch abscheiden. Erläutern Sie diese Tatsache.

A4 LK Berechnen Sie die elektrische Arbeit W für die Produktion von drei Tonnen Aluminium bei einer angelegten Spannung von $U = 4{,}5\ V$ und einer Ausbeute von 75 %.
Bewerten Sie das Ergebnis unter dem Aspekt des verstärkten Einsatzes von Aluminium in der Wirtschaft.

A5 Gedankenexperiment zum Recycling von Aluminium:
In eine Natriumchloridschmelze wird ein Teelichtbehälter aus Aluminium gegeben. Es wird gewartet, bis das Gemisch nach dem Schmelzen des Aluminiums abgekühlt ist. Der Schmelzkuchen wird mit einem Hammer zerschlagen. Parallel wird ein Teelichtbehälter direkt in der Brennerflamme erhitzt.
Beobachtungen:
In der Salzschmelze schmilzt das Aluminium, in der Brennerflamme hingegen nicht.
Erläutern Sie diese Beobachtungen.

A6 LK Beim aluminothermischen Schweißen wird Eisen(III)-oxid durch Aluminium reduziert, wobei flüssiges Eisen entsteht. Entscheiden Sie ohne Berechnung begründet, ob die molare Reaktionsentropie dieser Reaktion einen wesentlichen Beitrag zum spontanen Ablauf der Reaktion leistet.
Berechnen Sie, ab welcher Temperatur diese Reaktion theoretisch nicht mehr spontan ablaufen würde.

A7 Alufolie wird genutzt, um polierte Eisenelektroden aufzubewahren. Dafür werden die Eisenelektroden in einem mit Alufolie ausgelegten und mit Natriumchloridlösung ($c = 1\ mol/L$) gefüllten Gefäß gelagert. Erklären Sie die elektrochemischen Grundlagen dieser Lagerung.
Formulieren Sie die Reaktionsgleichung für die Bildung der Komplexverbindung $[Al(OH)_2Cl]$.
Erläutern Sie den Reaktionstyp dieser Reaktion und wenden Sie ein geeignetes Donator-Akzeptor-Prinzip an.

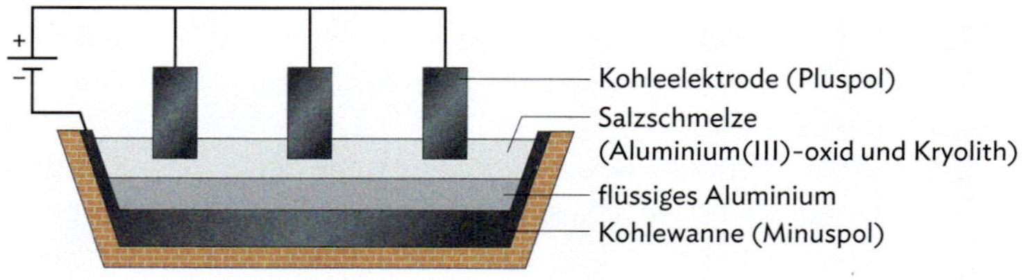

B14 Schmelzflusselektrolyse zur Herstellung von Aluminium

T8 Hämoglobin

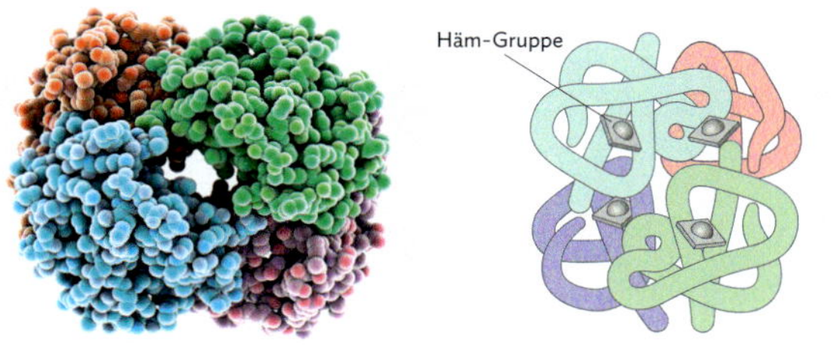

B15 Molekülmodell von Hämoglobin (links) und Quartärstruktur des Hämoglobins (rechts)

Hämoglobin (**B15** links) ist ein eisenhaltiger Proteinkomplex, der als Blutfarbstoff in den roten Blutkörperchen von Wirbeltieren enthalten ist, Sauerstoff bindet und ihn im Blutkreislauf transportiert. Ein Teil der Primärstruktur des menschlichen Hämoglobins lautet:
Val–Lys–Gly–Trp–Ala–Ala– ...
Seine Quartärstruktur besteht aus vier Peptid-Ketten, an die je eine Häm-Gruppe gebunden ist (**B15** rechts). Im Zentrum der Häm-Gruppe befindet sich ein Eisen(II)-Ion, über das Sauerstoff-Moleküle gebunden werden können. Der bei der Atmung aufgenommene Sauerstoff wird in einer exothermen Reaktion durch das Hämoglobin (HbH^+) reversibel gebunden und entbunden:

$$HbH^+ + O_2 + H_2O \rightleftharpoons HB(O_2) + H_3O^+$$

Beim Menschen liegen etwa 2 % des Eisen(II)-Ionenhaltigen Hämoglobins als Methämoglobin vor, in welchem sich das Eisen-Ion in der Oxidationsstufe +III statt +II befindet und welches keinen Sauerstoff bindet. Nur in Anwesenheit des Enzyms Diaphorase kann Methämoglobin wieder in Hämoglobin überführt werden. Menschen, bei denen das genannte Enzym defekt ist, leiden an einer Krankheit, die an einer Blaufärbung der Haut (Cyanose) zu erkennen ist. Zur Behandlung der Krankheit nutzte man in der Vergangenheit Methylenblau (**B15**). Die Haut der Betroffenen nahm nach kurzer Zeit wieder eine rosa Farbe an.

AUFGABEN

A1 Beschreiben Sie den Aufbau einer biogenen Aminosäure und die Bildung eines Zwitterions am Beispiel von Alanin (2-Aminopropansäure, IEP = 6,1) unter Verwendung der FISCHER-Projektion. Erläutern Sie das unterschiedliche Verhalten dieser Aminosäure im elektrischen Feld bei pH = 4,7 und pH = 11.

A2 Zeichnen Sie einen Ausschnitt aus der Strukturformel eines Tripeptids des Hämoglobin-Moleküls.

A3 Im Krankheitsfall fährt die körpereigene Abwehr die Körpertemperatur hoch. Erläutern Sie diese „Fieber-Reaktion“ aus biochemischer Sicht und begründen Sie die Gefahren bei langanhaltendem hohen Fieber.

A4 Cola-Getränken wird oft Phosphorsäure (E 338) zugesetzt. Ein Glas (200 mL) eines solchen Getränks enthält Oxonium-Ionen einer Stoffmenge von n = 0,2 mmol.
Berechnen Sie die Änderung des pH-Werts des Blutes nach dem Trinken von 200 mL Cola, wenn kein Puffersystem im Blut vorhanden wäre. Gehen Sie bei Ihrer Berechnung von einem Blutvolumen von 5 L und einem natürlichen pH-Wert des Blutes von pH = 7,4 aus.
Begründen Sie, dass es lebensgefährlich sein kann, wenn der pH-Wert des Blutes zu stark abfällt.

A5 Erklären Sie die Blaufärbung der Haut bei der im Text beschriebenen Form von Cyanose.
Erläutern Sie den Einsatz von Methylenblau zur Behandlung dieser Erkrankung.

A6 Die molare Masse von Hämoglobin beträgt 64.458 g/mol. Hämoglobin enthält 0,33 % gebundenes Eisen. Berechnen Sie die Anzahl der Eisen-Ionen in einem Hämoglobin-Molekül.

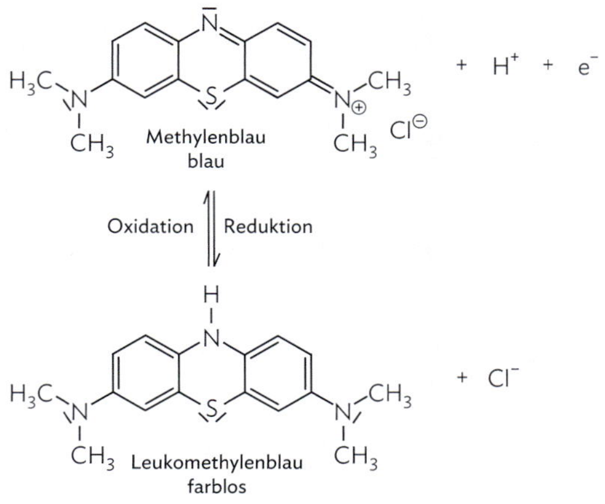

B16 Reaktionsgleichung der reversiblen Reaktion von Methylenblau zu Leukomethylenblau

Anhang

Die folgenden Seiten enthalten die Lösungen zu den Aufgaben aller „Startklar?“- und „Ziel erreicht?“-Seiten. Verbessern Sie Ihre Lösungen und bewerten Sie sie anhand der angegebenen Punkte (P) neben jeder Aufgabe. Addieren Sie die Punkte für jeden Kompetenzbereich und vergleichen Sie mit den Auswertungstabellen der „Startklar?“-Seiten. Diese zeigen Ihnen, wie gut Sie die Kompetenzerwartungen erfüllen. **Beachten Sie**, dass es sich hier um erweiterte **Lösungsansätze** handelt, die teilweise sehr umfassend bzw. erklärend gestaltet sind.

Lösungen zu „Startklar?“ Kapitel 1

6P **A1** Metalle: Kupfer, Aluminium
Salze: Kochsalz, Bittersalz
molekulare Stoffe: Wasser, Kohlenstoffdioxid

4P **A2** Die Probe Kochsalz löst sich nur im Lösemittel Wasser, nicht jedoch in den organischen Lösemitteln. Die Wasser-Moleküle lösen die Ionen aus dem Gitter über starke Ionen-Dipol-Wechselwirkungen. Die Moleküle von Stoffen wie Pentan, Hexen und Gemische wie Benzin verfügen über unpolare Bindungen und bilden nur temporäre Dipole aus. Die VAN-DER-WAALS-Wechselwirkungen reichen nicht aus, um die elektrostatischen Anziehungskräfte der Ionen im Gitter zu überwinden.

3P **A3** Methan-Moleküle sind unpolar und können nur sehr schwache VAN-DER-WAALS-Wechselwirkungen ausbilden. Wasser-Moleküle sind Dipole und können Wasserstoffbrücken ausbilden. Um diese Wechselwirkungen zu überwinden, muss mehr Energie aufgebracht werden. Die Siedetemperatur von Wasser ist daher deutlich höher als die von Methan.

3P **A4** Aufgrund des Dipol-Charakters ziehen sich Wasser-Moleküle untereinander an. Die Anziehungskräfte wirken zwischen den partiell positiv geladenen Wasserstoff-Atomen eines Moleküls und einem nichtbindenden Elektronenpaar des partiell negativ geladenen Sauerstoff-Atoms eines anderen Wasser-Moleküls. Man nennt diese Kräfte zwischen den Molekülen Wasserstoffbrücken. Sie sind in der Abbildung durch eine grüne gestrichelte Linie gekennzeichnet.

2P **A5** Elektronendichte wird die Aufenthaltswahrscheinlichkeit eines Elektrons bezeichnet. Je größer die Aufenthaltswahrscheinlichkeit an einem Ort ist, desto größer ist die Elektronendichte.

B1 Alkan mit einem Kohlenstoff-Atom im Molekül: 4P
Methan CH_4
Alkan mit drei Kohlenstoff-Atomen im Molekül:
Propan C_3H_8
Alkan mit fünf Kohlenstoff-Atomen im Molekül:
Pentan C_5H_{12}
Alkan mit sieben Kohlenstoff-Atomen im Molekül:
Heptan C_7H_{16}

B2 $CH_2{=}CH{-}CH_2{-}CH_2{-}CH_2{-}CH_3$ Hex-1-en 3P
$CH_3{-}CH{=}CH{-}CH_2{-}CH_2{-}CH_3$ Hex-2-en
$CH_3{-}CH_2{-}CH{=}CH{-}CH_2{-}CH_3$ Hex-3-en

B3 10P

Name	Ethan	Ethen	Ethin
Summenformel	C_2H_6	C_2H_4	C_2H_2
LEWIS-Strukturformel	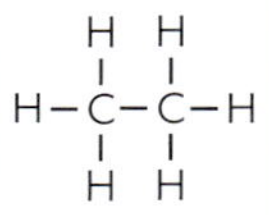	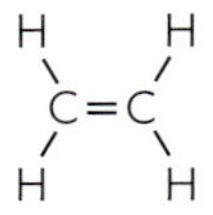	H−C≡C−H
Vorteile	Mit der Angabe von Summenformeln wird das Ausgleichen bei Reaktionsgleichungen erleichtert. Bei der Verwendung von LEWIS-Strukturformeln bei Reaktionsgleichungen lässt sich der Umbau chemischer Bindungen bei chemischen Reaktionen darstellen.		
Nachteile	Hinter einer Summenformel können sich unterschiedliche Isomere verbergen. Die LEWIS-Strukturformel gibt keinen Aufschluss über tatsächliche räumliche Anordnungen und Abstände zwischen den Atomen.		

B4 1) 3-Methylbut-1-in 2P
2) 2-Methylbut-1-en

C1 Die Verbindungen in einer homologen Reihe gehören derselben Stoffklasse an und haben eine allgemeine Summenformel, (z. B. bei den Alkanen C_nH_{2n+2}). Die Reihe wird durch Hinzufügen eines Kettengliedes (bei den Alkanen $-CH_2-$) verlängert. Je größer die zwischenmolekularen Wechselwirkun- 4P gen sind, desto mehr Energie wird benötigt, um die Moleküle voneinander zu trennen, und desto höher ist die Siedetemperatur einer Verbindung. Je länger die Kohlenstoff-Kette in den Molekülen eines Alkans ist, umso größer ist die Oberfläche und umso stärker sind die VAN-DER-WAALS-Wechselwirkungen zwischen den Molekülen.

3P **C2** Mit einer unterschiedlichen Verknüpfung der Atome im Molekül verändert sich auch dessen Oberfläche. Aufgrund einer verringerten Moleküloberfläche des 2,2,4-Trimethylpentans im Vergleich zum n-Octan sind die VAN-DER-WAALS-Wechselwirkungen weniger stark ausgeprägt. 2,2,4-Trimethylpentan verdunstet deshalb schneller und besitzt eine geringere Flammtemperatur.

6P **C3** Methan (– 161,5 °C), Propan (– 42,1 °C), Isobutan (– 11,7 °C), n-Butan (–0,5 °C), n-Pentan (36,1 °C). Die Stärke der zwischenmolekularen Wechselwirkungen steigt mit zunehmender Moleküloberfläche.

2P **C4** Hexan ist hydrophob, da die Wasserstoffbrücken zwischen den Wasser-Molekülen so stark sind, dass sich Hexan-Moleküle über die schwächeren VAN-DER-WAALS -Wechselwirkungen nicht dazwischen drängen können. Hexan und Heptan sind lipophil. Zwischen ihren Molekülen bilden sich VAN-DER-WAALS -Wechselwirkungen zwischen temporären Dipolen aus.

10P **D1** a) CH_4 (g) + 2 O_2 (g) CO_2 (g) + 2 H_2O (g)
Produkte: Kohlenstoffdioxid und Wasserdampf

b)

Beobachtung	Erklärung
Erdgas verbrennt mit blauer Flamme.	Erdgas besteht hauptsächlich aus Methan CH_4, in dem ein C : H-Verhältnis von 1 : 4 vorliegt. Da der Kohlenstoff-Anteil relativ gering ist und Erdgas sich als Gas einfach mit Luft vermischen kann, findet eine vollständige Verbrennung statt.
Erdöl verbrennt mit orange-leuchtender, oft stark rußender Flamme.	Erdöl ist ein Gemisch langkettiger Kohlenwasserstoffe, in dem ein C : H-Verhältnis von ca. 1 : 2 vorliegt. Der höhere Kohlenstoff-Anteil und die geringere Kontaktoberfläche im flüssigen Aggregatzustand führen zu einer unvollständigen Verbrennung. Dabei entstehen Kohlenstoffdioxid, Kohlenstoffmonooxid (CO) und elementarer Kohlenstoff (schwarzer Ruß).

D2 a) Unter Lichtausschluss wird sich nur die braune Lösung aus Brom und Hexen spontan entfärben, während bei der Lösung aus Brom und Hexan keine Entfärbung auftritt. Dies bedeutet, dass sich dann kein elementares Brom mehr in der Flüssigkeit befindet. 12P

b) Gesättigte Kohlenwasserstoffe bestehen aus Molekülen, die zwischen den Kohlenstoff-Atomen nur Einfachbindungen besitzen (z. B. Hexan). Ungesättigte Kohlenwasserstoffe bestehen aus Molekülen zwischen deren Kohlenstoff-Atomen auch Doppel- oder Dreifachbindungen bestehen (z. B. Hex-1-en).

c) Bei der Reaktion von Hexan mit Brom entstehen 1-Bromhexan und Bromwasserstoff. Es handelt sich um eine Substitutionsreaktion. Hex-1-en reagiert mit Brom in einer Additionsreaktion, dabei entsteht 1,2-Dibromhexan.

d) Unter Lichtausschluss addiert Brom an Alkene, wobei die Doppelbindung aufgelöst wird und sich 1,2-Dibromhexan bildet. Dadurch tritt eine Entfärbung der Lösung ein, die bei Alkanen nicht beobachtet werden kann. Ohne Lichtausschluss kann durch die Einwirkung der Lichtenergie jedoch auch eine radikalische Substitution am Alkan stattfinden, wodurch ebenfalls eine Entfärbung eintritt. Der Nachweis ist dann nicht mehr eindeutig.

Lösungen zu „Ziel erreicht?“ Kapitel 1

A1 Hexan reagiert mit Brom in einer Substitutionsreaktion, bei der als Produkte Monobromhexan und gasförmiger Bromwasserstoff entstehen. Hex-1-en reagiert mit Brom in einer Additionsreaktion, bei der als Produkt 1,2-Dibromhexan entsteht.

A2 Bromwasserstoff reagiert mit Wasser unter Protonenabgabe, also als Säure. Es lässt sich deshalb mit einem feuchten Universalindikatorpapier im Gasraum über dem Reaktionsgefäß nachweisen.

A3 Spontan läuft nur die Additionsreaktion von Brom an Hex-1-en ab. Dabei stellt die Doppelbindung aufgrund der erhöhten Elektronendichte im Hex-1-en-Molekül die reaktive Stelle dar, an der die Brom-Moleküle angreifen. Die Substitutionsreaktion von Hexan mit Brom lässt sich durch Belichtung starten. Die zugeführte Lichtenergie bewirkt dabei eine homolytische Spaltung des Brom-Moleküls in zwei sehr reaktive Brom-Radikale, die im Anschluss die reaktionsträgen Hexan-Moleküle angreifen können.

B1 Folgende Aussagen sind richtig:
- Halogen-Radikale entstehen durch homolytische Spaltung eines Halogen-Moleküls bei Energiezufuhr in Form von Licht oder Wärme.
- Die charakteristischen Reaktionsschritte der radikalischen Substitution sind Startreaktion, Kettenreaktion und Kettenabbruch.
- Bei der radikalischen Substitution können Kohlenwasserstoffe als Produkte entstehen, deren Kettenlänge größer als die der Edukte ist.

B2 vgl. S. 46/47, ein Wasserstoff-Atom am Methan-Molekül/Radikal muss ersetzt werden durch eine Methyl-Gruppe

B3 Alkyl-Gruppen haben einen elektronenschiebenden Effekt und stabilisieren so das Radikal. Tertiäre Halogenalkane sind damit wahrscheinlicher als sekundäre und diese wiederum sind wahrscheinlicher als primäre.

C1

Fachbegriff	Definition
Additionsreaktion	Eine Addition ist eine Reaktion, bei der sich die Summenformel des Produkts aus der Summe der Summenformeln der Edukte ergibt.
Alken	Eine Stoffklasse der Kohlenwasserstoffe, deren Moleküle min. eine C=C-Doppelbindung in den Strukturen besitzen.
Bromonium-Ion	Ein Molekül mit positiv geladenem Brom Atom.
Elektrophil	Ein Teilchen, das Regionen eines Moleküls mit hoher Elektronendichte angreift.
heterolytisch	Eine ungleiche Auftrennung zwischen zwei Bindungspartnern.
polarisierte Bindung	Die Bindungselektronen sind zu einem der Bindungspartner verschoben.
Rückseitenangriff	Das angreifende Teilchen nähert sich bei der Anlagerung von der zum erst eingetretenen Teilchen abgewandten Seite an.

C2 Die Additionsreaktion des Alkens Propen mit Brom verläuft in zwei Schritten:
1. Schritt: Durch die Annäherung an die elektronenreiche Doppelbindung des Propen-Moleküls kommt es zu einer polarisierten Bindung im Brom-Molekül, in deren Folge sich die Elektronenpaarbindung im Brom-Molekül heterolytisch spaltet. Das positiv geladene Brom-Kation, das als Elektrophil wirkt, bindet an die beiden Kohlenstoff-Atome der Doppelbindung des Propen-Moleküls, wodurch diese aufgelöst wird. Es bildet sich ein kurzlebiges cyclisches Bromonium-Ion.
2. Schritt: Im zweiten Reaktionsschritt greift das Bromid-Ion in einem Rückseitenangriff an einem der positivierten Kohlenstoff-Atome an. Zwischen dem Kohlenstoff-Atom und dem angreifenden Bromid-Ion bildet sich eine Elektronenpaarbindung aus. Gleichzeitig wird die Bindung zum im ersten Reaktionsschritt addierten Brom-Atom gespalten. Als Produkt der elektrophilen Addition eines Brom-Moleküls an ein Propen-Molekül erhält man ein 1,2-Dibrompropan-Molekül.

D1 a) 1. Das Molekül muss ein Ringsystem besitzen, dessen Atome alle in einer Ebene liegen (cyclisches, planares Molekül).
2. Es muss ein durchgängiges System delokalisierter Elektronen (oft konjugierte Doppelbindungen) vorliegen.
3. Die Anzahl der delokalisierten Elektronen muss der HÜCKEL-Regel entsprechen: $4n + 2$.

b)
- Cyclohepta-1,3,5-trien (a) ist nicht aromatisch, da das 7. Kohlenstoff-Atom keinen Anteil an einer Doppelbindung hat. An diesem Kohlenstoff-Atom liegen deshalb tetraedrische Bindungswinkel vor, das Molekül ist an der Stelle nicht planar.
- Pyrrol (b) ist ein Heteroaromat: Das freie Elektronenpaar am Stickstoff-Atom kann mit delokalisiert werden, es liegen insgesamt also 6 delokalisierte Elektronen vor ($n = 1$ in der HÜCKEL-Regel). Das Molekül ist cyclisch, alle Ringatome liegen in einer Ebene.
- Hydrochinon (c) ist ein Aromat: Es entspricht einem zweifach substituierten Benzol-Grundgerüst (cyclisch, planar, konjugiertes Elektronensystem mit $n = 1$ in der HÜCKEL-Regel).

- Cyclobutadien (d) ist nicht aromatisch: Es liegen zwar konjugierte Doppelbindungen und ein cyclisches, planares Molekül vor, aber die HÜCKEL-Regel wird nicht erfüllt.

E1 Molekülformel von Benzol: C_6H_6
Bei gesättigten Kohlenwasserstoffen ist das C : H-Verhältnis größer als 1 : 2. Da jede Mehrfachbindung zwischen Kohlenstoff-Atomen die Anzahl der Wasserstoff-Atome reduziert, weist das C : H-Verhältnis von 1 : 1 bei Benzol auf einen ungesättigten Kohlenwasserstoff hin.

E2

	Alkane	Alkene	Aromaten
Reaktionsprodukte bei Reaktion der angegebenen Beispielverbindung mit Brom	n-Hexan + Br_2 ⟶ Monobromhexan + Bromwasserstoff	Hex-1-en + Br_2 ⟶ 1,2-Dibromhexan	Benzol + Br_2 ⟶ Brombenzol + Bromwasserstoff
Reaktionsbedingungen	Belichtung notwendig	läuft spontan ab	Katalysator notwendig
Reaktionstyp	Substitution	Addition	Substitution

E3 a) Unter der Delokalisation von Elektronen versteht man eine besondere Art der räumlichen Verteilung der Doppelbindungselektronen eines Moleküls: Die bindenden Elektronenpaare befinden sich nicht lokalisiert zwischen zwei konkreten Atomen, sondern über mehrere Atome verteilt. Aus diesem Grund reagiert Benzol mit Brom in einer Substitutionsreaktion statt in einer Additionsreaktion. Die Delokalisierung der Doppelbindungselektronen bewirkt, dass die Doppelbindungen – anders als die Doppelbindungen im Hex-1-en – keine reaktiven Stellen im Molekül darstellen.

b)

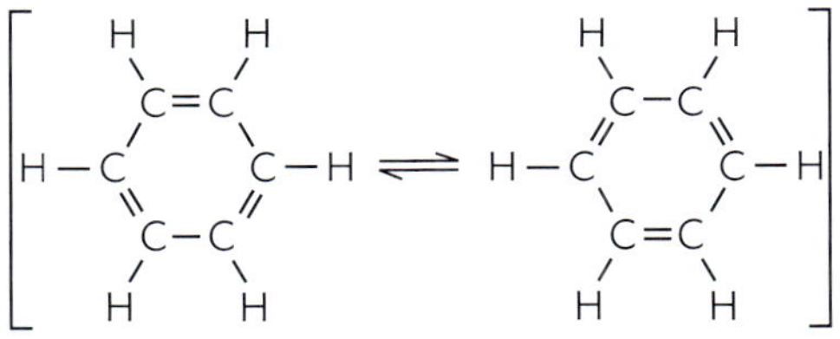

Nach KEKULÉS Oszillationstheorie wechseln die Doppelbindungselektronen im Benzol-Molekül permanent ihre Position, es finden also ständige Hin- und Rückreaktionen zwischen den beiden dargestellten Strukturformeln statt. Die mesomeren Grenzformeln beschreiben dagegen einen stabilen Zustand, der zwischen den beiden abgebildeten Strukturformeln liegt.

c) Bei einer elektrophilen Substitution greift ein Elektrophil (ein elektronenliebendes Teilchen, hier das Brom-Molekül) an einer Molekülstelle mit hoher Elektronendichte an. Bei Aromaten wird diese hohe Elektronendichte durch das delokalisierte Ringelektronensystem hervorgerufen. An dieser Stelle findet eine Addition des Elektrophils an das Ringsystem statt. Hierdurch wird die Aromatizität des Moleküls gestört, was energetisch ungünstig ist. Daher spaltet sich in einem nächsten Schritt direkt das am gleichen Kohlenstoff-Atom befindliche Wasserstoff-Atom ab, um das aromatische Ringelektronensystem wiederherzustellen.
Das hypothetische Additionsprodukt wäre hingegen kein Aromat mehr und es gäbe keine Mesomeriestabilisierung. Die Addition wäre deshalb in Summe eine endotherme Reaktion und findet daher nicht statt.

E4 Richtige Aussagen:
Bei der vollständigen Hydrierung eines Benzol-Moleküls werden drei Moleküle Wasserstoff addiert. → Es existieren drei Doppelbindungen, an welche drei Moleküle Wasserstoff addiert werden können.
Die Hydrierungsenthalpie von Benzol ist geringer als erwartet. → Die Delokalisierung der Doppelbindungselektronen macht Benzol-Moleküle energieärmer und damit stabiler, als sie es mit lokalisierten Elektronen wären.
Benzol ist energetisch stabiler als ein hypothetisches Cyclohexa-1,3,5-trien. → Delokalisierung der Doppelbindungselektronen führt zu einer höheren energetischen Stabilität.

E5 Unter Mesomeriestabilisierung versteht man eine energetische Stabilisierung eines Moleküls durch die Delokalisierung von Elektronen über mehrere Atome des Moleküls.
Die Mesomerieenergie quantifiziert die Mesomeriestabilisierung für ein konkretes Molekül als Energiemenge.

E6

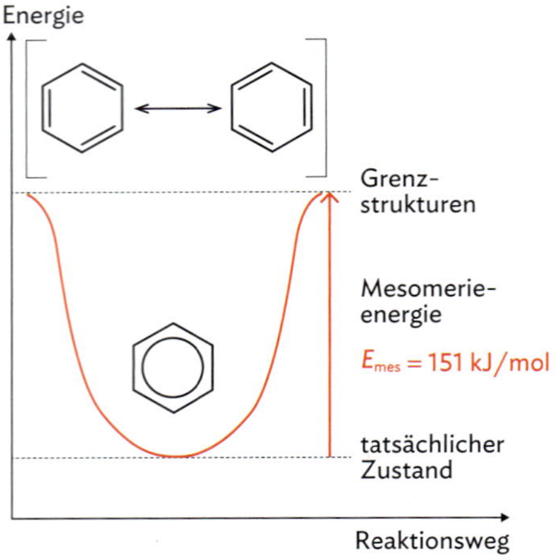

Lösungen zu „Startklar?“ Kapitel 2

5P A1 Richtige Merkmale einer homologen Reihe:
- Aufeinanderfolgende Vertreter einer homologen Reihe unterscheiden sich jeweils durch eine Methylen-Gruppe $-CH_2-$.
- Die Moleküle in einer homologen Reihe haben einen ähnlichen Aufbau.
- Der Begriff „homologe Reihe“ ist nur für organische Moleküle anwendbar.

3P A2 homologe Reihe der Alkane, homologe Reihe der Alkene, homologe Reihe der Alkine

3P A3

allgemeine Summenformel	homologe Reihe
C_nH_{2n-2}	Alkine
C_nH_{2n+2}	Alkane
C_nH_{2n}	Alkene

3P A4 Die Endung -an bei den Alkanen bedeutet, dass nur Einfachbindungen zwischen den Kohlenstoff-Atomen im Molekül vorkommen.
Die Endungen -en bei den Alkenen bzw. -in bei den Alkinen bedeutet, dass eine Doppel- bzw. Dreifachbindung zwischen zwei Kohlenstoff-Atomen im Molekül vorkommt. Die restlichen Bindungen sind Einfachbindungen.

B1 Seitenketten bezeichnet man als Alken-Gruppen. → falsch. Seitenketten bezeichnet man als Alkyl-Gruppen. **5P**
Die waagerecht angeordnete Kohlenstoff-Kette gibt den Stammnamen an. → falsch. Die längste nicht verzweigte Kette aus Kohlenstoff-Atomen gibt den Stammnamen an.
Ist eine Alkyl-Gruppe mehrfach vorhanden, wird die Anzahl durch die Zahlwörter di-, tri-, tetra- usw. angegeben. → richtig.

B2 a) 2-Methylpent-1-en **2P**
b) 3-Ethyl-2,3,4-trimethylheptan

B3 **2P**

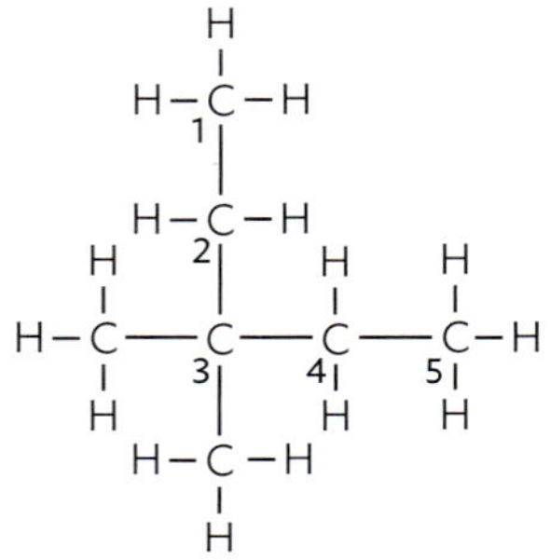

Die Ermittlung der längsten unverzweigten Kohlenstoff-Kette führt zum Stammnamen Pentan. Die angegebene Bezeichnung von 2-Ethyl-2-methylbutan ist daher falsch. Die korrekte Bezeichnung der Verbindung lautet 3,3-Dimethylpentan.

B4 Summenformel: $C_{17}H_{36}$ **3P**
Halbstrukturformel:

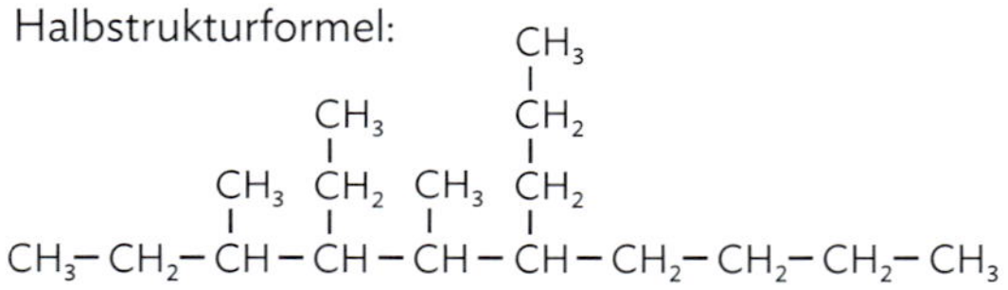

LEWIS-Strukturformel:

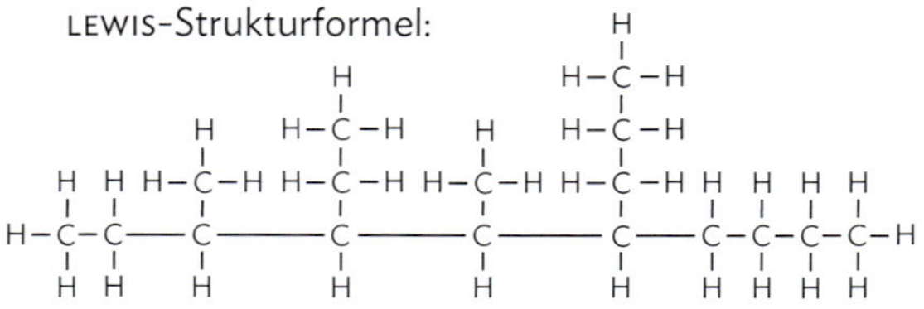

C1 Richtige Aussagen: **4P**
- mit zunehmender Kettenlänge der Moleküle.
- mit zunehmender molekularer Masse der Moleküle.
- mit stärker werdenden VAN-DER-WAALS-Wechselwirkungen zwischen den Molekülen.

3P C2 *n*-Butan (– 0,5 °C), 2-Methylbutan (27,8 °C), *n*-Pentan (36,1 °C).
Butan-Moleküle haben die kleinste Masse und Oberfläche und daher die schwächsten zwischenmolekularen Wechselwirkungen. 2-Methylbutan und *n*-Pentan sind Isomere: Verzweigte Isomere haben eine geringere Oberfläche, folglich schwächere zwischenmolekulare Wechselwirkungen und daher niedrigere Siedetemperaturen.

4P C3 Pentan ist hydrophob und die Wasserstoffbrücken zwischen den Wasser-Molekülen sind so stark, dass sich Pentan-Moleküle nicht dazwischen platzieren können. Pentan und Heptan sind lipophil. Zwischen ihren Molekülen bilden sich Wechselwirkungen zwischen temporären Dipolen aus.

2P C4 Die Viskosität steigt mit zunehmender Kettenlänge der Moleküle an, da die Wechselwirkungen zwischen den Teilchen mit zunehmender Elektronenanzahl und Oberfläche der Moleküle zunehmen. Daher ist Hexan bei Raumtemperatur flüssig und Dodecan, dessen Moleküle doppelt so viele Kohlenstoff-Atome enthalten, nur noch zähflüssig.

4P D1 Nachweis von **Wasser**: Prüfung der Flüssigkeit mit Watesmo-Papier. Das Papier färbt sich bei Anwesenheit von Wasser blau.
Nachweis von **Kohlenstoffdioxid**: Einleiten des Gases in Kalkwasser. Das Kalkwasser trübt sich bei Anwesenheit von Kohlenstoffdioxid.

10P D2

Nachweis-methode	nachzuweisender Stoff	Beobachtung
Kalkwasserprobe	Kohlenstoffdioxid	weißer Niederschlag
Knallgasprobe	Wasserstoff	Ploppgeräusch und helle Flamme
Glimmspanprobe	Sauerstoff	glimmender Holzspan flammt auf
Prüfen einer Flüssigkeit mit Watesmo-Papier	Wasser	Blaufärbung des Watesmo-Papiers
Probe mit Universalindikator	Oxonium-Ionen, saure Lösung Hydroxid-Ionen, basische Lösung	Rotfärbung Blaufärbung

D3 Wasserstoff: Ein mit Wasserstoffgas gefülltes Reagenzglas wird vorsichtig an die Flamme eines Bunsenbrenners gehalten (Knallgasprobe). **3P**
Reaktionsgleichung: $2\,H_2\,(g) + O_2\,(g) \longrightarrow 2\,H_2O\,(g)$
Sauerstoff: In ein mit Sauerstoffgas gefülltes Reagenzglas führt man einen glimmenden Holzspan ein (Glimmspanprobe).

Lösungen zu „Ziel erreicht?“ Kapitel 2

A1 a)

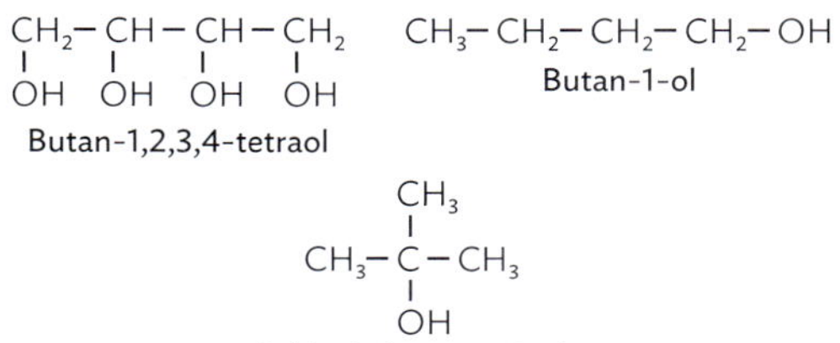

Butan-1,2,3,4-tetraol; Butan-1-ol; 2-Methylpropan-2-ol

b) 2-Methylpropan-2-ol: 83 °C
Butan-1-ol: 118 °C
Butan-1,2,3,4-tetraol: 330 °C
Die Verzweigung beim 2-Methylpropan-2-ol-Molekül führt zu geringeren Wechselwirkungen unter den Molekülen als beim isomeren Butan-1-ol-Molekül. Zwischen Butan-1,2,3,4-tetraol-Molekülen wirken die stärkeren Wasserstoffbrücken aufgrund der hohen Anzahl an Hydroxy-Gruppen. Daher besitzt dieser mehrwertige Alkohol die höchste Siedetemperatur.

c) Löslichkeit, Viskosität

A2 a)

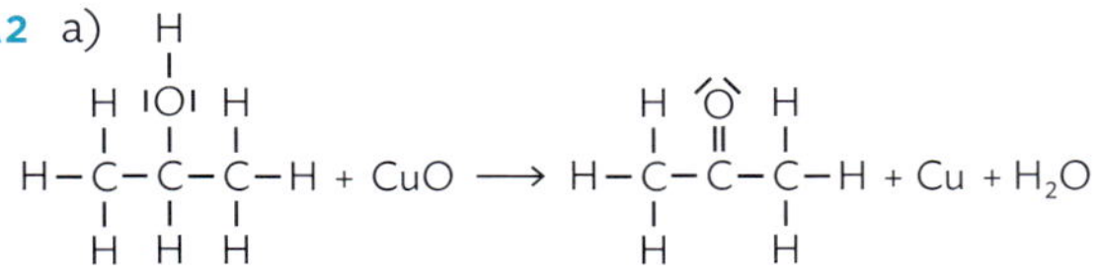

Propan-2-ol Propanon

b) Aceton besitzt sowohl polare (Carbonyl-Gruppe) als auch unpolare (Methyl-Gruppen) Anteile im Molekül. Es ist daher als Lösemittel für hydrophile und lipophile Stoffe geeignet.

A3 Kraftstoff, Brennspiritus: brennbar
Desinfektionsmittel: antibakteriell
in Medikamenten: hydrophil
Haushaltsreiniger: lipophil
Getränk: berauschend

B1 a)

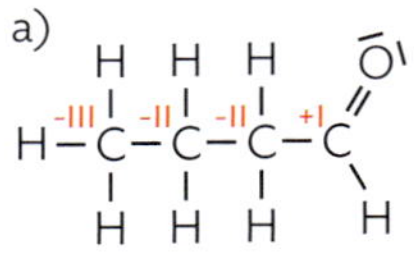

Butanal

b)

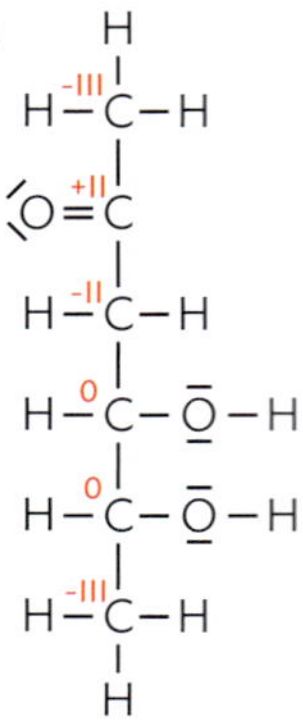

4,5-Dihydroxyhexan-2-on

c)

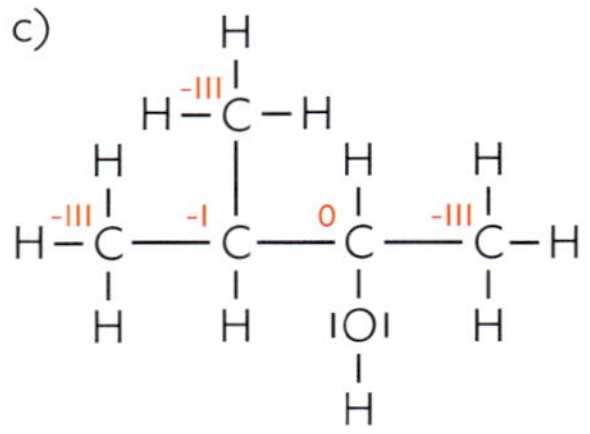

3-Methylbutan-2-ol

B2 a)

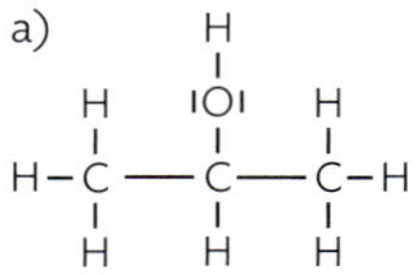

b)

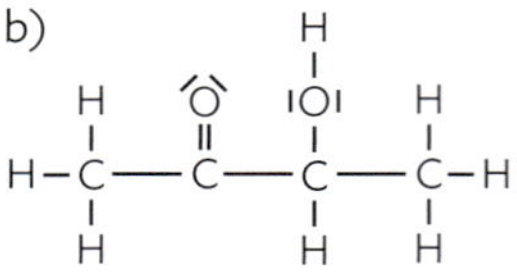

c)

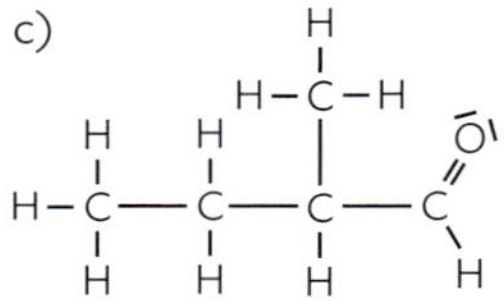

C1

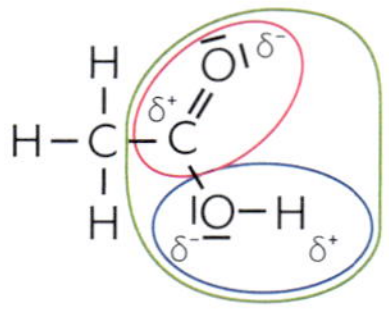

C2 Mit Zunahme der Kettenlänge nimmt der Einfluss der polaren Carboxy-Gruppe auf das Löslichkeitsverhalten einer Carbonsäure ab (Wasserstoffbrücken), der Einfluss der unpolaren Alkyl-Gruppe nimmt zu (VAN-DER-WAALS-Wechselwirkungen). Aus diesen Grund sinkt die Löslichkeit in Wasser und die Löslichkeit in Benzin steigt innerhalb der homologen Reihe der Alkansäuren.

C3 Die Carboxy-Gruppe eines Essigsäure-Moleküls kann über Wasserstoffbrücken mit der Carboxy-Gruppe eines anderen Essigsäure-Moleküls Dimere bilden. Diese besitzen eine größere Oberfläche bzw. Masse als Ethanol-Moleküle, was stärkere zwischenmolekulare Wechselwirkungen und damit eine höhere Siedetemperatur bewirkt.

D1 CH_3-COOH — Essigsäure; $CH_3-CH(CH_3)-CH_2-CH_2-OH$ — 3-Methylbutanol

D2 a)

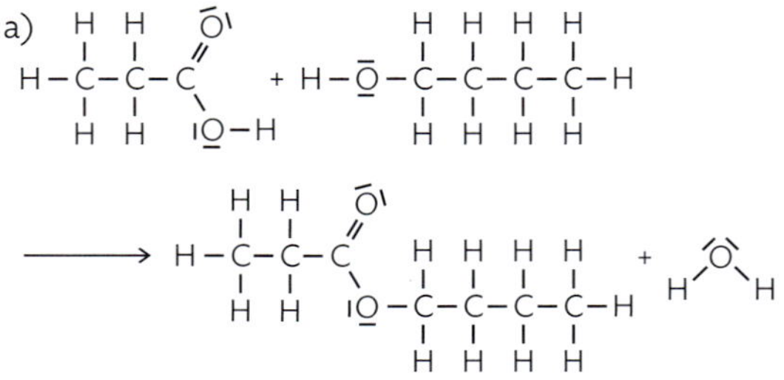

b) Durch die Verbindung des Säure- und des Alkohol-Moleküls zu einem Ester-Molekül wird ein Wasser-Molekül abgespalten (Kondensation), das sich aus der Hydroxy-Gruppe der Säure und dem Wasserstoff-Atom der Hydroxy-Gruppe des Alkohols zusammensetzt.

c) Es handelt sich bei dieser Reaktion um eine Kondensation. Die Rückreaktion der Kondensation ist die Hydrolyse.

d) Das Propansäure-Molekül wird durch ein Proton des Katalysator-Moleküls protoniert. Das Carbenium-Ion ermöglicht durch die positive Ladung einen nucleophilen Angriff des Butanol-Moleküls. Dieses stellt ein nichtbindendes Elektronenpaar für die Ausbildung einer neuen Elektronenpaarbindung zur Verfügung. Dann spaltet sich ein Proton ab und die Elektronenpaarbindung verbleibt als freies Elektronenpaar am Sauerstoff-Atom. Danach wird eine der verbleibenden Hydroxy-Gruppen protoniert (Umprotonierung). Das entstandene Kation spaltet dann ein Wasser-Molekül ab. Durch Deprotonierung und die Ausbildung einer Doppelbindung entsteht ein Propansäurebutylester-Molekül.

E1 Tenside sind nach dem Kopf-Schwanz-Modell aufgebaut. Der Kopf wird als hydrophiler Teil eines Tensids aus einer polaren funktionellen Gruppe gebildet. Der Schwanz wird durch einen unpolaren, hydrophoben Alkyl-Rest in der Molekülstruktur dargestellt.

E2 Seifen werden durch alkalische Hydrolyse in der Verseifungsreaktion hergestellt. Dabei werden natürliche Fette mit Natron- oder Kalilauge erhitzt. Man erhält so als Reaktionsprodukte die Natrium- bzw. Kaliumsalze der Fettsäuren, die als Seifen bezeichnet werden, und Glycerin.

E3 Innerhalb des Tropfens wirken die gleichen Kräfte in alle Richtungen, an der Phasengrenze zwischen Wasser und Luft wirken sie hingegen nur nach innen. Durch diese Oberflächenspannung bildet Wasser auf dem Stoff eine Form mit einer möglichst kleinen Oberfläche den Tropfen. Tensid-Moleküle ordnen sich an der Phasengrenze mit ihren polaren Anteilen im Wasser und den unpolaren Anteilen in der Luft an. Durch ihre geringeren Anziehungskräfte untereinander verringern sie die Oberflächenspannung, und die Seifenlösung kann den Stoff benetzen.

E4 Seifen-Moleküle adsorbieren durch die Grenzflächenaktivität mit ihrem lipophilen Alkylrest am Fett. Der Fettschmutz wird aufgrund elektrostatischer Abstoßungskräfte zu einer Kugel geformt und durch mechanische Einwirkung beim Waschen dann gänzlich von der Faser abgelöst. Die so entstehenden kleinen Öltröpfchen werden in Form einer Emulsion in der Lösung gehalten.

F1 Folgende Aussagen sind richtig:
- Beim monomolekularen Mechanismus der nucleophilen Substitution wird ein Carbenium-Ion als Zwischenprodukt gebildet.
- Im Reaktionsverlauf des S_N2-Mechanismus bildet sich den Angriff des Nucleophils ein Übergangszustand aus.

F2 a) $C_3H_7Br + OH^- \rightleftharpoons C_3H_7OH + Br^-$

b) S_N1-Mechanismus:

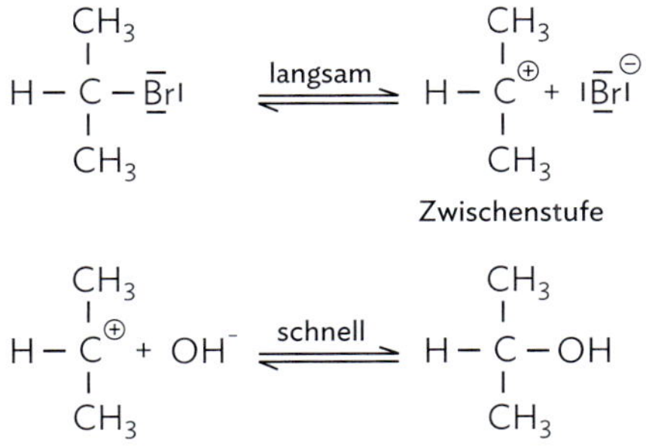

S_N2-Mechanismus:

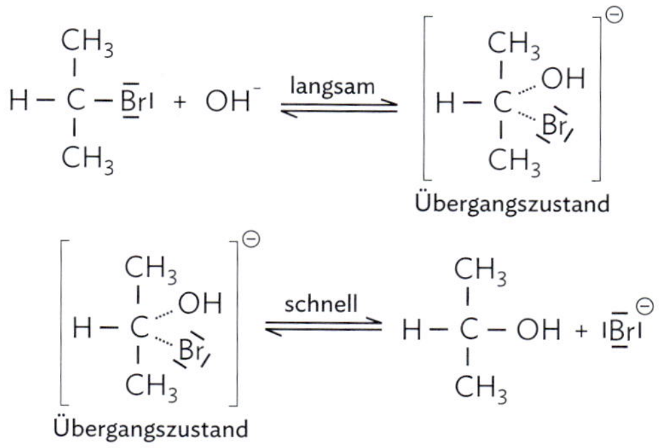

c) Ein polares Lösungsmittel als Reaktionsmedium kann beispielsweise den monomolekularen Mechanismus bevorzugen. Unpolare Lösemittel als Reaktionsmedium begünstigen den bimolekularen Mechanismus.

Lösungen zu „Startklar?" Kapitel 3

A1 **12P**

C=C-Doppelbindung: Alken	Keto-Gruppe: Alkanon (Keton)
Aldehyd-Gruppe: Alkanal (Aldehyd)	Hydroxy-Gruppe: Alkanol (Alkohol)
Carboxy-Gruppe: Carbonsäure	Ester-Gruppe: Alkansäurealkylester

A2 **12P**

a)

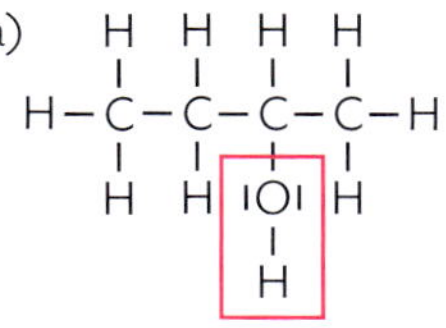

b)

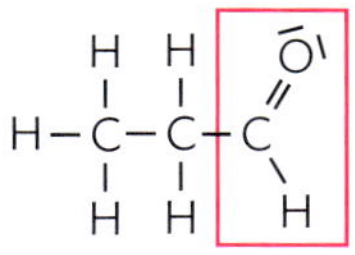

c)

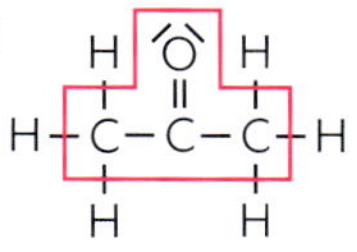

d)

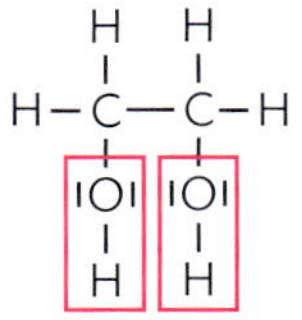

e)

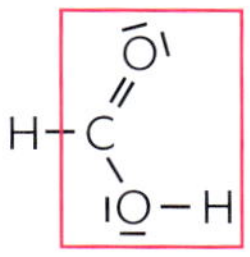

f)

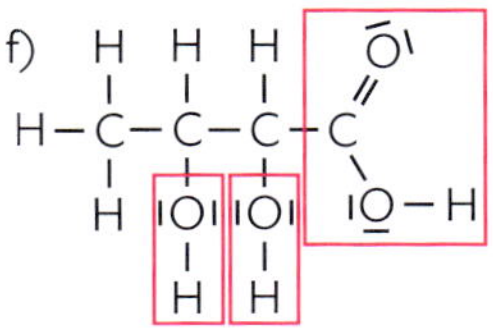

5P **B1** Auflistung der zwischenmolekularen Wechselwirkungen in steigender Stärke: VAN-DER-WAALS-Wechselwirkungen zwischen temporären Dipolen, VAN-DER-WAALS-Wechselwirkungen zwischen permanenten Dipolen, Wasserstoffbrücken.

5P **B2** a) Wasserstoffbrücken
b) Wasserstoffbrücken
c) VAN-DER-WAALS-Wechselwirkungen zwischen temporären Dipolen
d) VAN-DER-WAALS-Wechselwirkungen zwischen temporären Dipolen und Wasserstoffbrücken
e) Wasserstoffbrücken

3P **C1** Zwischen Alkanen wirken nur VAN-DER-WAALS-Wechselwirkungen. Die Stärke der VAN-DER-WAALS-Wechselwirkungen ist abhängig von der Anzahl der Elektronen eines Moleküls sowie seiner Oberfläche. Sowohl Elektronenzahl als auch Oberfläche des Moleküls steigen im Verlauf der homologen Reihe der Alkane, sodass die zwischenmolekularen Kräfte ebenfalls größer werden. Beobachtbar ist dies durch die steigenden Schmelz- und Siedetemperaturen.

2P **C2** Die Viskosität steigt mit zunehmender Kettenlänge der Moleküle an, da die Wechselwirkungen zwischen den Teilchen mit zunehmender Elektronenanzahl und Oberfläche der Moleküle zunehmen. Daher ist Hexan bei Raumtemperatur flüssig und Dodecan, dessen Moleküle doppelt so viele Kohlenstoff-Atome enthalten, nur noch zähflüssig.

6P **C3**

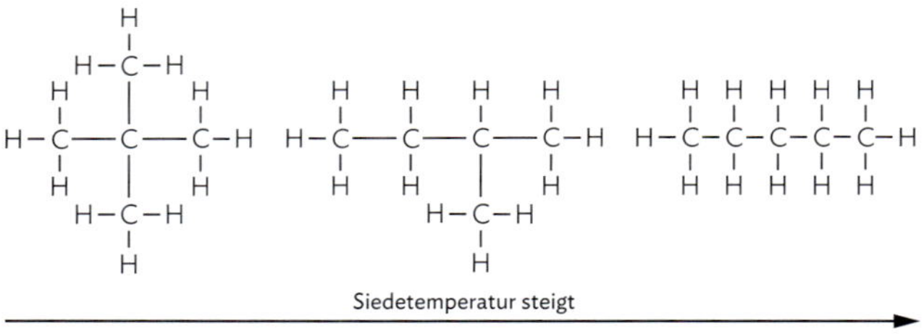

Mit abnehmender Verzweigung des Isomers steigt die Oberfläche des Moleküls. So können die zwischenmolekularen VAN-DER-WAALS-Wechselwirkungen der temporären Dipole stärker wirken. Dies zeigt sich in einer steigenden Siedetemperatur.

C4 Allgemein gilt der Grundsatz: „**Ähnliches löst sich in Ähnlichem**“. Stoffe lösen sich in den Lösemitteln, die ihrem Aufbau und somit auch ihrer Polarität ähnlich sind. 2P

C5 Pentan ist hydrophob und die Wasserstoffbrücken zwischen den Wasser-Molekülen so stark, dass sich Pentan-Moleküle nicht dazwischen platzieren können. Pentan und Heptan sind lipophil. Zwischen ihren Molekülen bilden sich Wechselwirkungen zwischen temporären Dipolen aus. 4P

D1 Eine Kondensation bzw. Kondensationsreaktion ist eine chemische Reaktion, bei der zwei Moleküle unter Abspaltung eines kleinen Moleküls (häufig Wasser) miteinander reagieren und sich zu einem Molekül verbinden. 2P
Eine Hydrolyse ist die Rückreaktion einer Kondensationsreaktion, das heißt eine chemische Reaktion, bei der ein Molekül unter Einbau eines kleinen Moleküls (in der Regel Wasser) gespalten wird.

D2 Bei der Esterspaltung handelt es sich um eine Hydrolyse, die Umkehrung der Estersynthese bzw. Kondensation. Dabei wird in der Regel durch saure Katalyse und unter Einbau eines Wasser-Moleküls das Ester-Molekül gespalten. Es entsteht ein Carbonsäure-Molekül sowie ein Alkohol-Molekül. 4P

D3 a) 6P

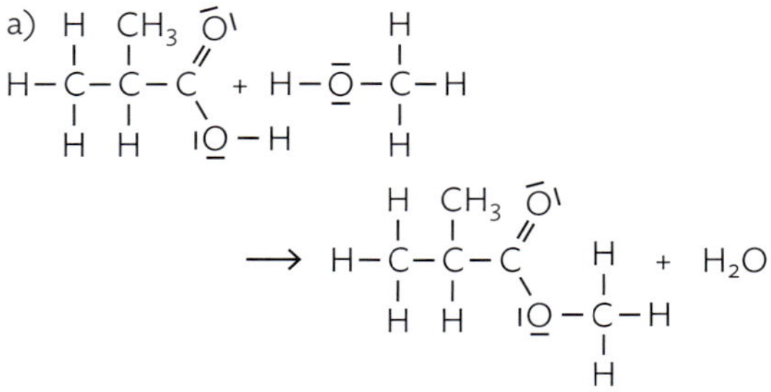

2-Methylpropansäuremethylester

b)

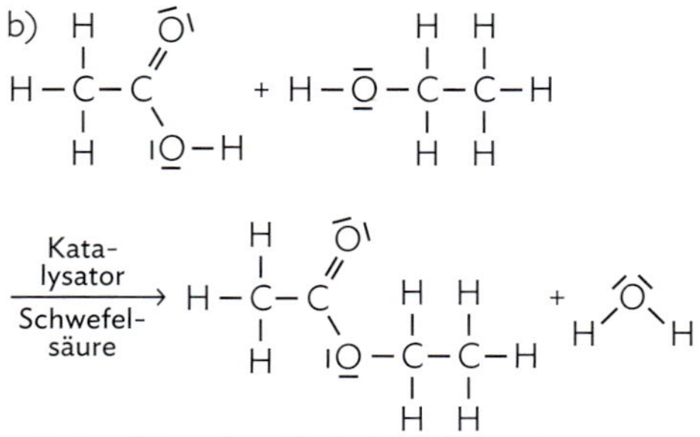

Edukte: Ethansäure (Essigsäure), Ethanol

3P E1 Tritt bei starker Belichtung der beiden Phasen eine Entfärbung des Bromwassers ein und die wässrige Phase wird sauer, so handelt es sich bei der nichtwässrigen Phase um ein Alkan. Bei dieser Reaktion wird ein Brom-Atom an das Alkan substituiert. Es entstehen als Reaktionsprodukte ein Bromalkan, das in der nichtwässrigen Phase verbleibt, und Bromwasserstoff, das sich in der wässrigen Phase löst.

8P E2 a) positive FEHLING-Probe: rotbrauner Niederschlag von Kupfer(I)-oxid
positive TOLLENS-Probe: Silberspiegel an der Reagenzglaswand
b) nachgewiesene Stoffklasse: Aldehyde
c) Produkt: Alkansäure
Reaktionstyp: Redoxreaktion

3P E3 Bei der Reaktion tritt eine Entfärbung des Broms ein. Die Addition von Brom an Alkene dient als Nachweis von Doppelbindungen, wie am Beispiel von Ethen dargestellt:

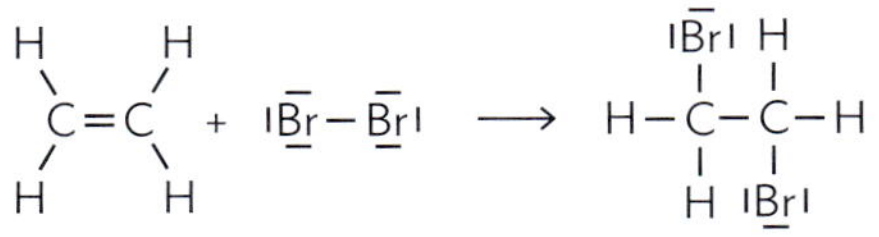

Lösungen zu „Ziel erreicht?“ Kapitel 3

A1 Bei Propan-1,2,3-triol (Glycerin) handelt es sich nicht um eine chirale Substanz, da die Propan-1,2,3-triol-Moleküle keine asymmetrischen Kohlenstoff-Atome aufweisen.

A2 a)

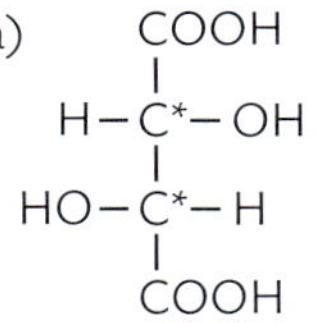

L-Weinsäure

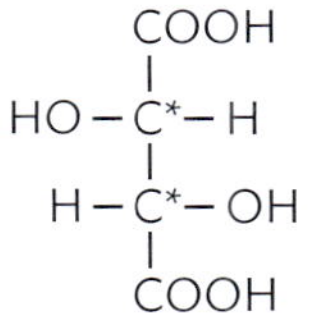

D-Weinsäure

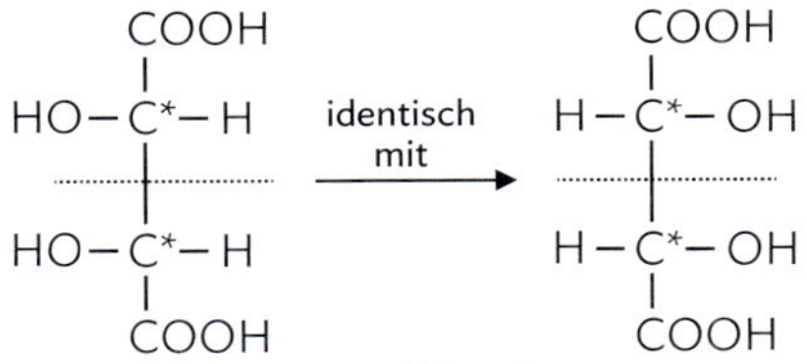

meso-Weinsäure

b) Die Moleküle der D-Weinsäure und der L-Weinsäure besitzen zwei asymmetrische Kohlenstoff-Atome und sind nicht symmetrisch gebaut. Sie sind daher chiral. Es handelt sich um Enantiomere. Die Moleküle der meso-Weinsäure sind symmetrisch gebaut und daher trotz zweier asymmetrischer Kohlenstoff-Atome nicht chiral.
c) Mithilfe der Polarimetrie kann man nachweisen, dass D- bzw. L-Weinsäure optisch aktiv sind. Dazu bringt man die D-Weinsäure bzw. L-Weinsäure im Probenröhrchen zwischen Polarisator und Analysator eines Polarimeters. Es tritt eine Aufhellung ein. Dreht man den Analysator, bis wieder vollständige Dunkelheit herrscht, kann man messen, um welchen Winkel das polarisierte Licht durch die optisch aktive D- bzw. L-Weinsäure gedreht wurde.

A3

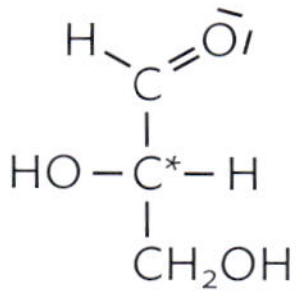

L

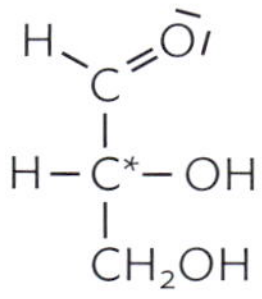

D

Glycerinaldehyd

A4 Ein äquimolares Gemisch von D- und L-2,3-Dihydroxypropanal (Glycerinaldehyd) ist optisch inaktiv, da beide Enantiomere im Gemisch die Schwingungsebene von linear polarisiertem Licht um den gleichen Winkel, aber in entgegengesetzte Richtungen drehen, und sich die Drehrichtungen daher gegenseitig aufheben.

B1 Bei den Aminosäure-Molekülen ist eine Amino-Gruppe jeweils an das Kohlenstoff-Atom gebunden, das der Carboxy-Gruppe benachbart ist. Dieses wird als α-C-Atom bezeichnet, daher nennt man die entsprechenden Aminosäuren α-Aminosäuren. In fast allen Aminosäuren sind die α-C-Atome asymmetrisch substituiert, weshalb eine D- und eine L-Form existieren. In der Natur kommen jedoch nur die L-Formen der Aminosäuren vor. Daher spricht man auch von L-α-Aminosäuren.

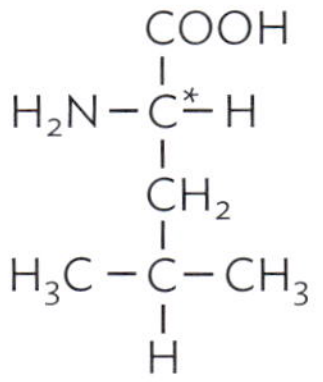

B2 Essenzielle Aminosäuren können vom Körper nicht selbst hergestellt werden, sondern müssen mit der Nahrung aufgenommen werden.

B3 Die Moleküle von Glycin besitzen keine asymmetrisch substituierten Kohlenstoff-Atome, weshalb keine D- und L-Form existieren und damit auch keine optische Aktivität vorliegt.

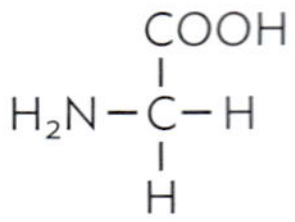

B4 Aminosäure-Moleküle sind Ampholyte, da sie bei Zugabe von Hydroxid-Ionen OH^- zur wässrigen Lösung als Protonendonatoren (Säuren) reagieren und zu Carboxylat-Anionen COO^- werden. Bei Zugabe von Oxonium-Ionen H_3O^+ reagieren sie als Protonenakzeptoren (Basen) und werden zu Ammonium-Kationen NH_4^+

B5 Am isoelektrischen Punkt liegen Aminosäuren als Zwitterionen vor. Diese sind elektrisch neutral, da sich die Summen der positiven und negativen Ladungen gegenseitig aufheben. Sie können dann im elektrischen Feld weder zum Minus- noch zum Pluspol wandern.

C1 a) Die Aminosäurebausteine des Dipeptids sind Leucin und Alanin. Benannt werden kann es mit Leucylalanin Leu-Ala.

b) Es handelt sich um eine Kondensationsreaktion.

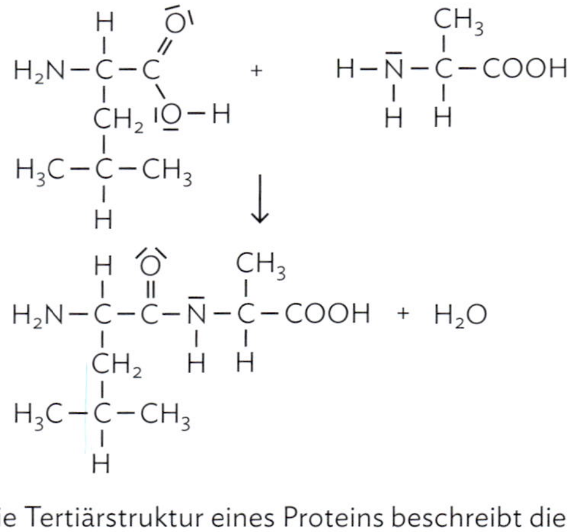

C2 Die Tertiärstruktur eines Proteins beschreibt die gesamte dreidimensionale Architektur dieses Proteins. Sie beruht auf den Wechselwirkungen zwischen den Aminosäure-Resten. Für die Ausbildung der Tertiärstruktur sind folgende Bindungen und intramolekulare Wechselwirkungen verantwortlich:

1. Ionenbindungen zwischen positiv und negativ geladenen Seitenketten
2. Disulfidbrücken durch Reaktion von zwei Cystein-Resten
3. Wasserstoffbrücken
4. VAN-DER-WAALS- Wechselwirkungen zwischen unpolaren Seitenketten

C3 Möglich ist der Nachweis von Proteinen in Milch mit der Ninhydrin-, Biuret- oder Xanthoproteinreaktion. Bei der Zugabe von Ninhydrin-Reagenz zu Milch- oder Milchprodukten beobachtet man eine Rot- bzw. Violettfärbung. Bei der Biuretreaktion wird Natronlauge und Kupfer(II)-sulfatlösung zugegeben und es tritt eine Farbänderung von Hellblau nach Violett auf. Bei Zugabe von konzentrierter Salpetersäure bei der Xanthoproteinreaktion beobachtet man, dass die Milch gerinnt und eine Gelbfärbung eintritt.

C4 Bei Gelatine, Fisch und Joghurt tritt nach Zugabe von Natronlauge und Kupfer(II)-sulfatlösung eine Farbänderung von Hellblau nach Violett auf. Dies entspricht einem positiven Nachweis auf Proteine. Bei Orangensaft ist keine Farbänderung zu beobachten, was einen negativen Proteinnachweis bedeutet.

D1 a), b)

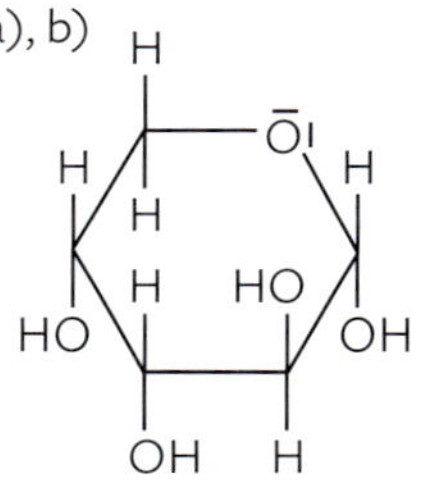

α-D-Arabinose

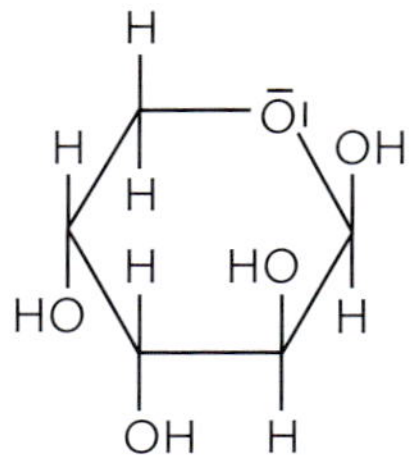

β-D-Arabinose

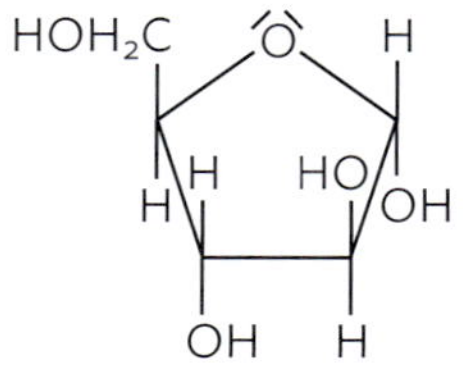

α-D-Arabinose

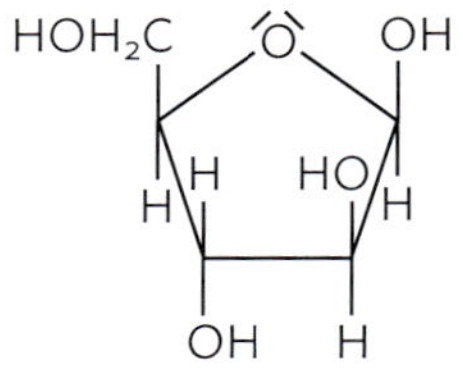

β-D-Arabinose

c) In der FISCHER-Projektionsformel sind drei Kohlenstoff-Atome asymmetrisch: C-2, C-3 und C-4. In der HAWORTH-Projektionsformel weist auch das C-1-Atom vier verschiedene Substituenten auf und ist daher ebenfalls ein asymmetrisches Kohlenstoff-Atom.

D2 Glucose wird mit einem GOD-Teststreifen nachgewiesen: Farbänderung von Gelb nach Grün. Fructose lässt sich mit der SELIWANOW-Probe nachweisen: Rötliche Verfärbung der Lösung beim Erhitzen der Reaktionslösung.

D3 a) Der Dreifachzucker besteht aus zwei α-D-Glucopyranose-Bausteinen und einem β-D-Fructofuranose-Baustein. Die beiden α-D-Glucose-Bausteine sind α-1,4-glycosidisch miteinander verknüpft und ein α-D-Glucose-Baustein bildet mit dem β-D-Fructose-Baustein eine α-1, β-2-glycosidische Bindung.
b) α-Maltose und Saccharose

D4 Die Cellulose-Makromoleküle sind weitgehend parallel orientiert. Die intermolekularen Wechselwirkungen bestehen aus VAN-DER-WAALS-Wechselwirkungen sowie Wasserstoffbrücken (H-Brücken) zwischen den Hydroxy-Gruppen.

E1 a) Fette sind aus Fettsäuren und Glycerin (Propan-1,2,3-triol) aufgebaut. Die Bausteine der Fettsäuren variieren je nach vorliegendem Fett.
b) Fett-Moleküle besitzen drei Fettsäure-Reste. Je nach Kombination der Fettsäure-Reste entstehen in einem Fett unterschiedliche Fett-Moleküle. Fette sind daher Stoffgemische.
c) Fett-Moleküle sind Dreifachester des Glycerins. Jede Fettsäure ist über eine Ester-Gruppe an den tertiären Alkohol Glycerin gebunden.

E2 Ungesättigte Fette enthalten Moleküle, deren Fettsäure-Reste C-C-Mehrfachbindungen enthalten. Die Fettsäure-Reste in Molekülen gesättigter Fette haben ausschließlich C-C-Einfachbindungen.

E3 Je länger die Alkyl-Reste der veresterten Fettsäuren sind, desto höher ist der Schmelzpunkt des Fettes. Je mehr Doppelbindungen die veresterten Fettsäuren des Fetts besitzen, desto niedriger ist der Schmelzpunkt des Fettes.

E4 Durch zu lange oder falsche Lagerung können Fette durch Hydrolysereaktionen in ihre Bausteine Glycerin und die Fettsäuren zerlegt werden. Ungesättigte Fettsäuren reagieren an den C=C-Doppelbindungen mit Luftsauerstoff zu gesundheitsschädlichen Aldehyden.

Lösungen zu „Startklar?“ Kapitel 4

A1 a) Hydroxy-Gruppe, Alkohole **10P**
b) Aldehyd-Gruppe, Aldehyde
c) Keto-Gruppe, Ketone
d) Carboxy-Gruppe, Carbonsäuren
e) Amino-Gruppe, (primäres) Amin

A2 a) **6P**

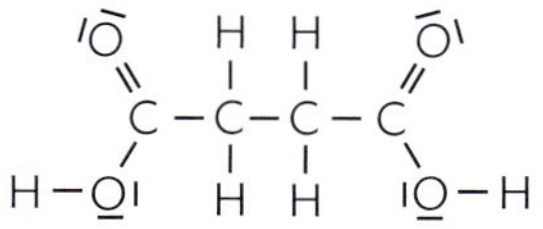

b)

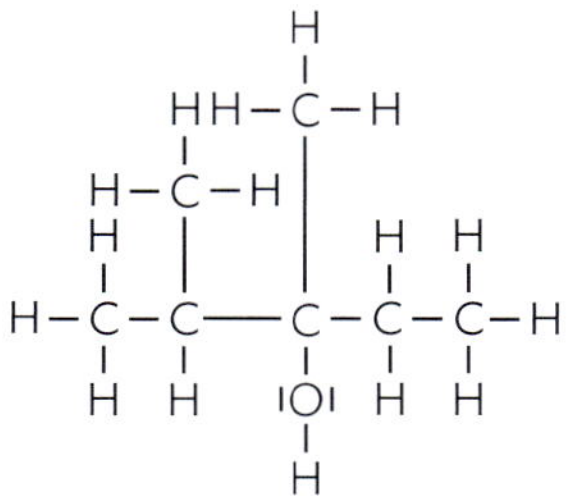

c)

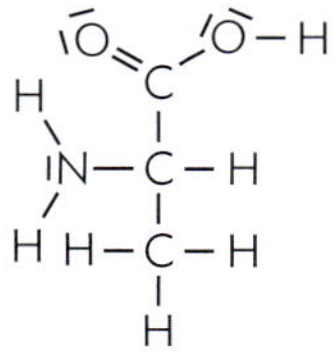

A3 a) But-1,3-dien **2P**
b) 4-Methylpentan-1,2,4-triol

B1 Kondensationsreaktion: Chemische Reaktion, bei der zwei Moleküle unter Abspaltung eines kleinen Moleküls (z. B. Wasser-Molekül) miteinander reagieren und sich verbinden (z. B. Esterbildung). **2P**

B2 Stoffklasse der Alkohole und der Carbonsäuren **2P**

B3 **8P**

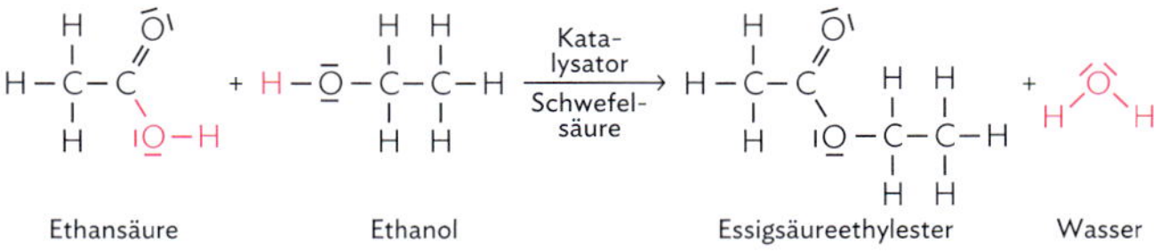

C1 Zwei Aminosäuren können über eine Peptidbindung miteinander verknüpft werden. Dabei bindet unter Abspaltung eines Wasser-Moleküls die Carboxy-Gruppe der einen Aminosäure an die α-Amino-Gruppe der anderen Aminosäure. **3P**

Beispiel:

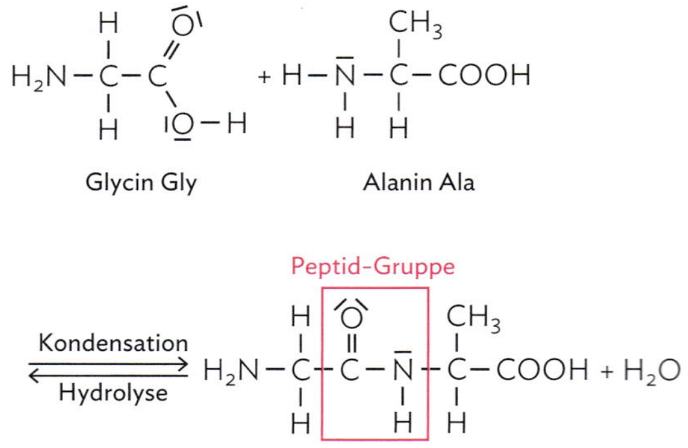

Glycylalanin Gly-Ala

2P C2 Ein Polypeptid ist ein Peptid, das aus mindestens zehn Aminosäuren aufgebaut ist. Diese sind über Peptidbindungen miteinander verknüpft.

3P C3 Beispiel: LEWIS-Strukturformel des Tripeptids Ala-Val-Gly (Alanylvalylglycin)

Alanylvalylglycin

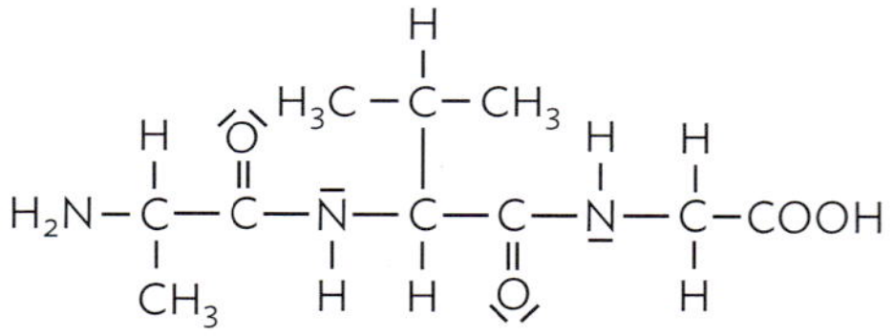

3P C4 Gemeinsamkeiten: Es handelt sich bei beiden Reaktionen um eine Kondensationsreaktion. Dabei werden jeweils kleine Moleküle (Wasser-Moleküle) abgespalten. Ester bzw. Peptide können durch Hydrolyse zerlegt werden.
Unterschiede: Für die Bildung eines Esters sind eine Hydroxy- und eine Carboxy-Gruppe nötig. Für die Bildung eines Peptids werden eine Carboxy- und eine Amino-Gruppe benötigt.

8P D1 a)

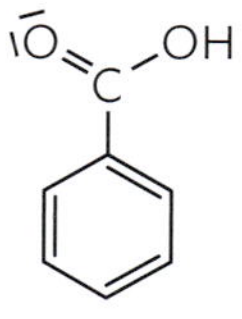

b)

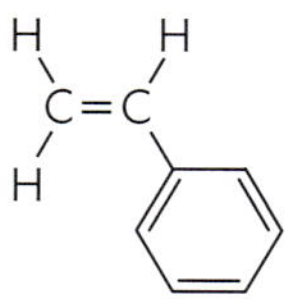

c)

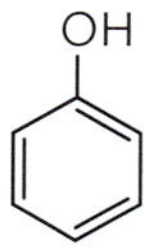

d)

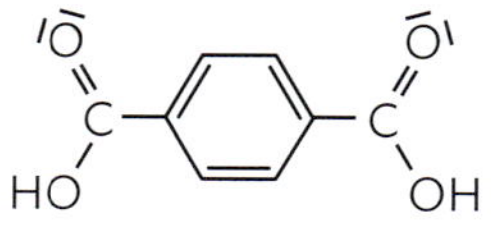

e) Styrol
f) Phenylalanin
g) Terephthalsäure

D2 **4P**

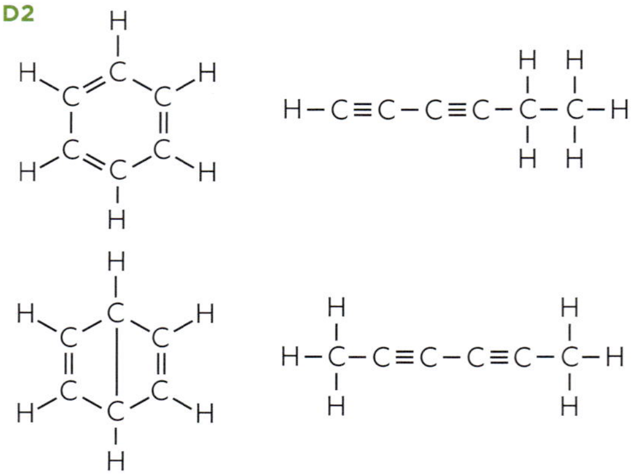

E1 Es handelt sich um den Mechanismus der elektrophilen Substitution. **10P**

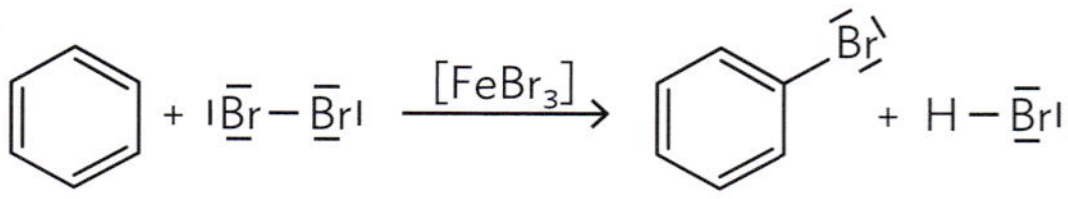

Benzol geht in Anwesenheit von Katalysatoren $[FeBr_3]$ Substitutionsreaktionen ein, wobei das stabile aromatische System erhalten bleibt.
→ S_E-Mechanismus

1. Bildung eines Elektrophils

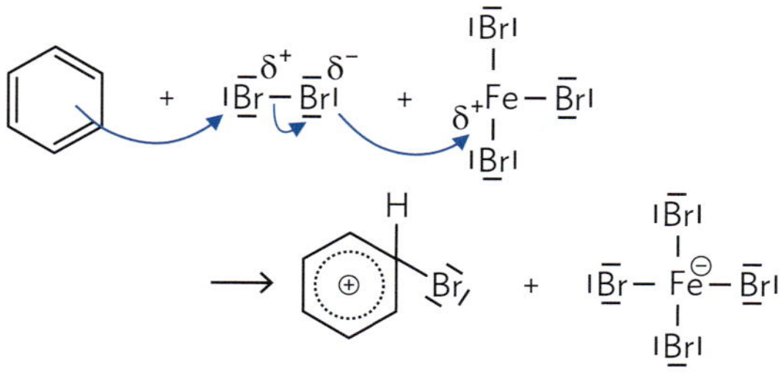

2. Mesomeriestabilisierung des Carbo-Kations

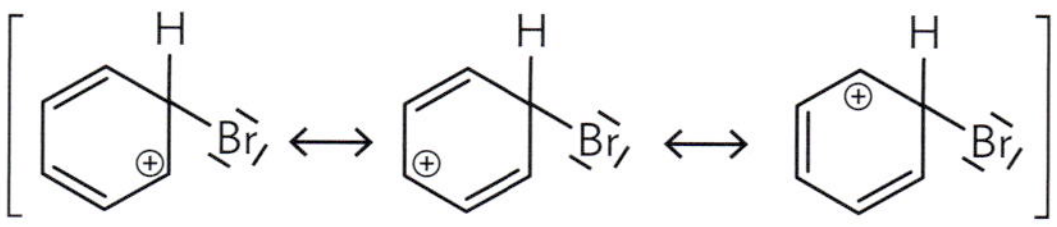

3. Rearomatisierung

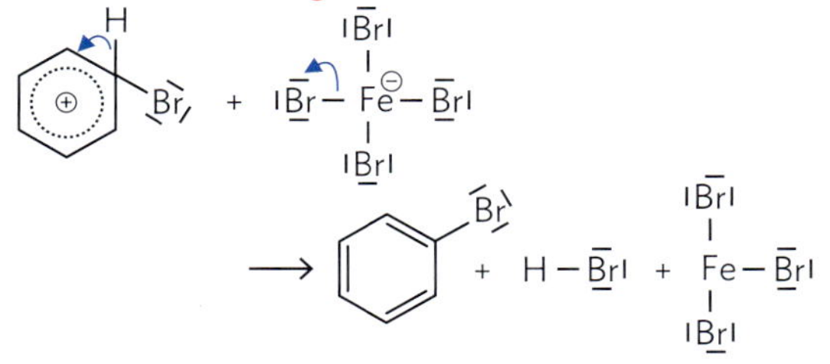

4. Produkte

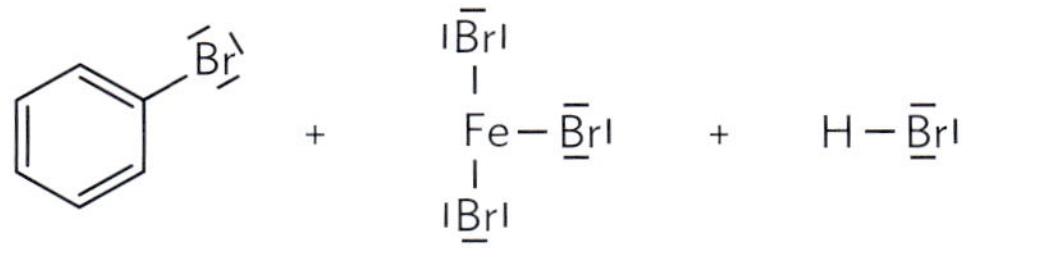

Brombenzol | Eisen(III)-bromid | Bromwasserstoff

Lösungen zu „Ziel erreicht?“ Kapitel 4

A1 a) (1): Thermoplast, lineare oder wenig verzweigte Makromoleküle, amorph oder teilkristallin, wird weich und formbar, behält beim Abkühlen die neue Form, zersetzt sich bei hoher Temperatur

(2): Duromer, engmaschig, dreidimensional vernetzte Makromoleküle, zersetzt sich bei hoher Temperatur

(3): Elastomer, weitmaschig, dreidimensional vernetzte Makromoleküle, erweicht, schmilzt aber nicht, zersetzt sich bei hoher Temperatur

b) Thermoplast: Polyethen
Duromer: Epoxidharze
Elastomer: Gummi

A2 a) In Thermoplasten wird zwischen einer ungeordneten bzw. verknäulten (amorphen) und einer geordneten (teilkristallinen) Anordnung der Makromoleküle unterschieden. In teilkristallinen Bereichen sind die Makromoleküle nahezu parallel angeordnet. Hier wirken im Vergleich zu den amorphen Bereichen stärkere zwischenmolekulare Wechselwirkungen, da die Kontaktfläche benachbarter Makromoleküle größer ist.

b) Im PE niedriger Dichte (PE-LD) sind die Makromoleküle völlig ungeordnet. Das Licht geht durch dieses Material wie durch Glas hindurch. Beim PE hoher Dichte (PE-HD) gibt es teilkristalline Bereiche, in denen Makromolekül-Abschnitte parallel angeordnet sind. An diesen Mikrokristallen wird das Licht gestreut, daher erscheint die Durchsicht getrübt.

B1 a)

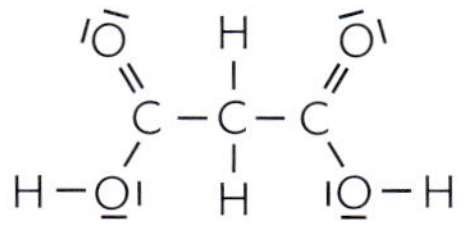

Propandisäure

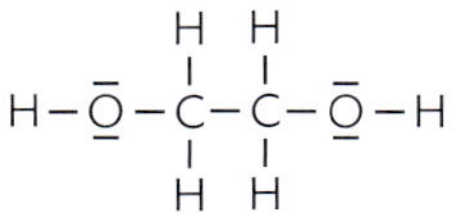

Ethandiol

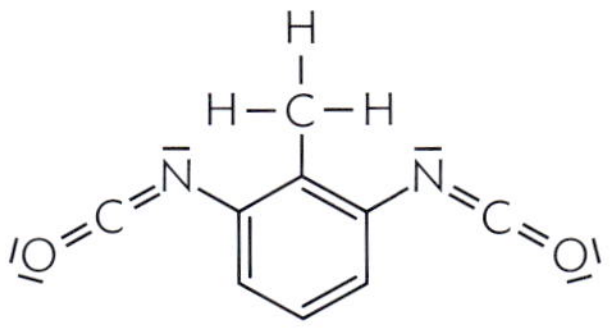

Toluol-2,6-diisocyanat

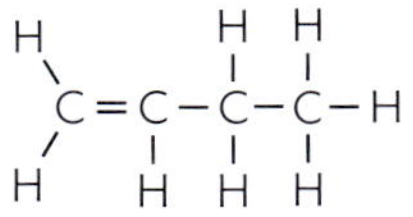

But-1-en

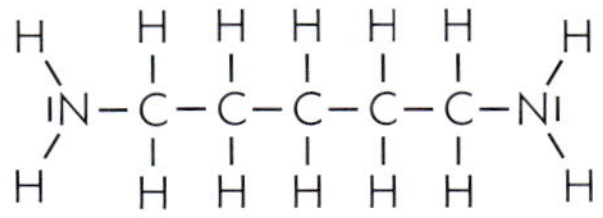

Pentan-1,5-diamin

b) Polymerisat: But-1-en
Polyester: Propandisäure, Ethandiol
Polyamid: Propandisäure, Pentan-1,5-diamin
Polyurethan: Toluol-2,6-diisocyanat, Ethandiol

c)

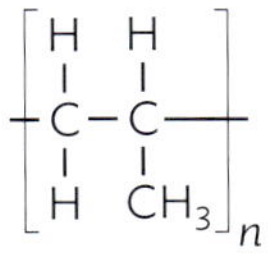

Polymerisat

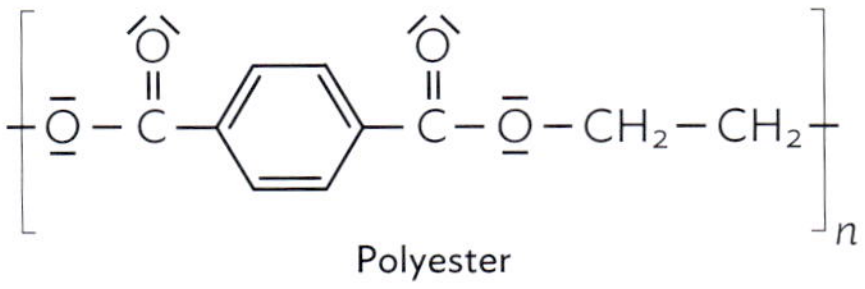

Polyester

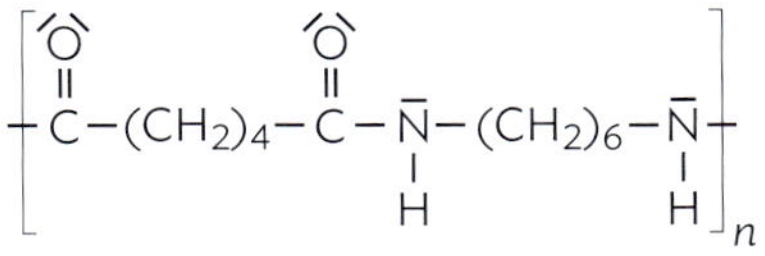

Polyamid

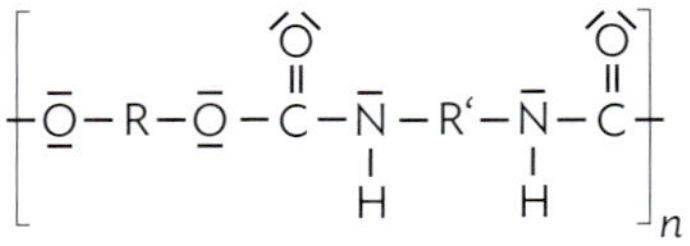

Polyurethan

d) Da Duromere engmaschig und dreidimensional vernetzt aufgebaut sind, benötigt man für deren Synthese Monomere, die mehr als zwei funktionelle Gruppen besitzen, z. B. eine Tricarbonsäure, Triole oder Triisocyanate. Für die Synthese eines duromeren Polymerisats werden entsprechend Monomere mit mindestens zwei Doppelbindungen benötigt.

B2 a) I Polyethylenterephthalat (PET)
II Polypropen (PP)
III Polymilchsäure (PLA)

b) Bei der Milchsäure handelt es sich um ein bifunktionelles Monomer. Es besitzt sowohl eine Carboxy- als auch eine Hydroxy-Gruppe.

B3

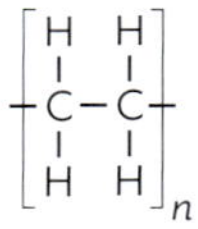

Polyethen

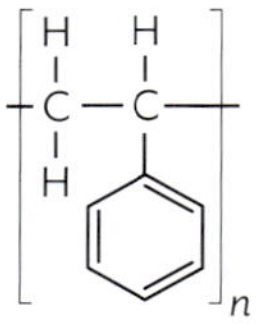

Polystyrol

B4 a)

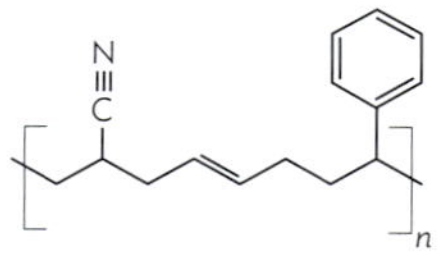

b)

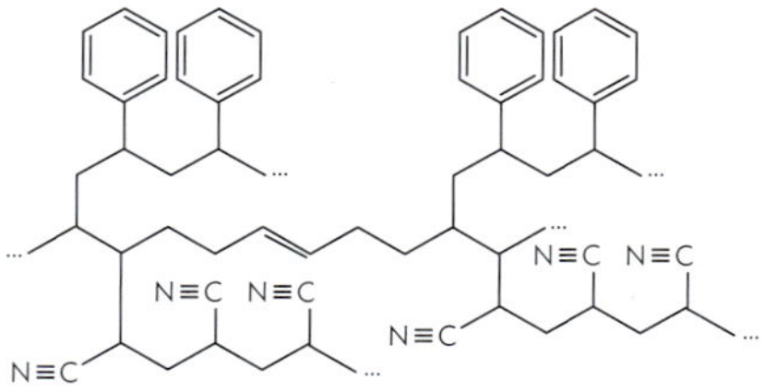

C1 radikalische Polymerisation: Alkene
Polykondensation: mehrwertige Carbonsäuren und mehrwertige Alkohole (Polyester) bzw. mehrwertige Amine (Polyamide)
Polyaddition mehrwertige Isocyanate und mehrwertige Alkohole

C2 a) <u>1. Radikalbildung:</u>

$$R-R \xrightarrow{\text{Licht}} 2\,R\cdot$$

└ Abkürzung für das Startradikal

<u>2. Kettenstart (Erzeugung von Monomer-Radikalen):</u>

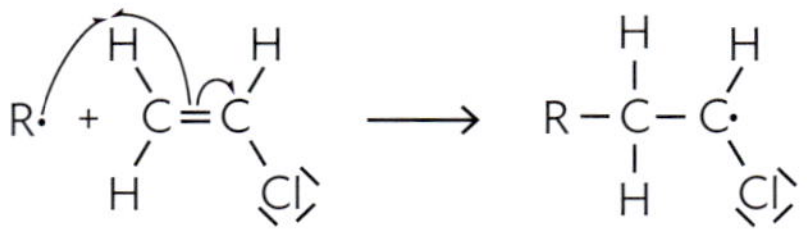

Vinylchlorid

<u>3. Kettenwachstum (Verlängerung der „Radikalkette“):</u>

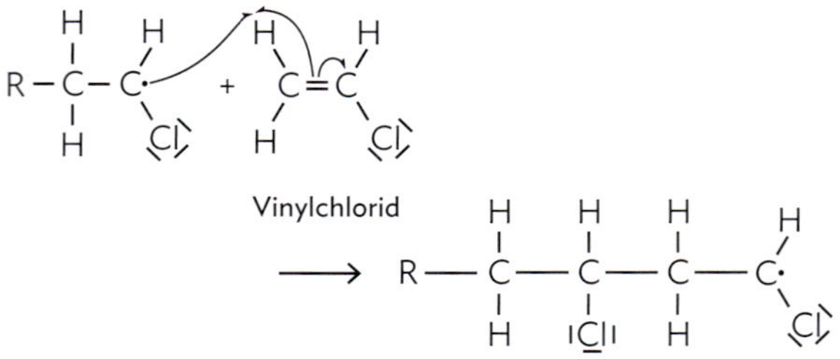

Vinylchlorid

<u>4. Kettenabbruch (Vernichtung von Radikalen):</u>

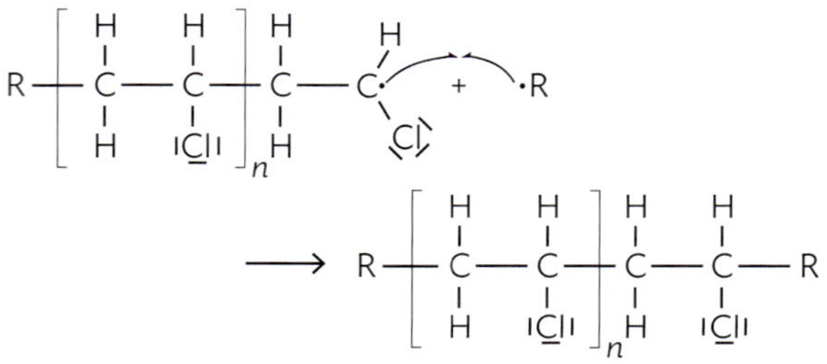

Polymerisat: Polyvinylchlorid (PVC)

b) Butandisäure reagiert einerseits mit Propan-1,3-diol zu einem Polyester und mit Ethandiamin zu einem Polyamid. Beide Reaktionen sind Polykondensationen. Als weiteres Produkt wird Wasser abgespalten. Bei der radikalischen Polymerisation aus a) entsteht neben dem Polymerisat Polyvinylchlorid (PVC) kein weiteres Produkt.
Synthese Polyester:

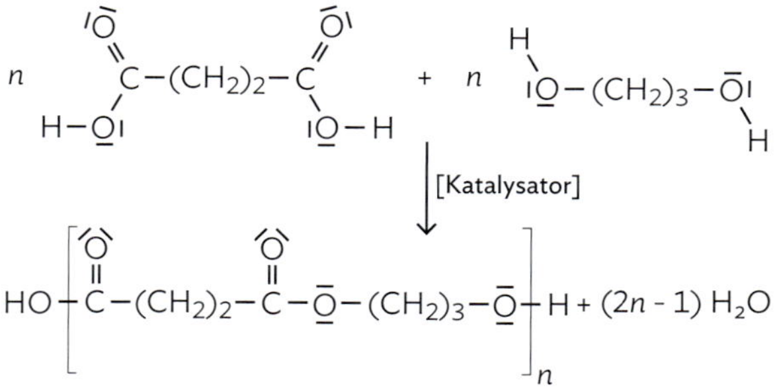

Synthese Polyamid:

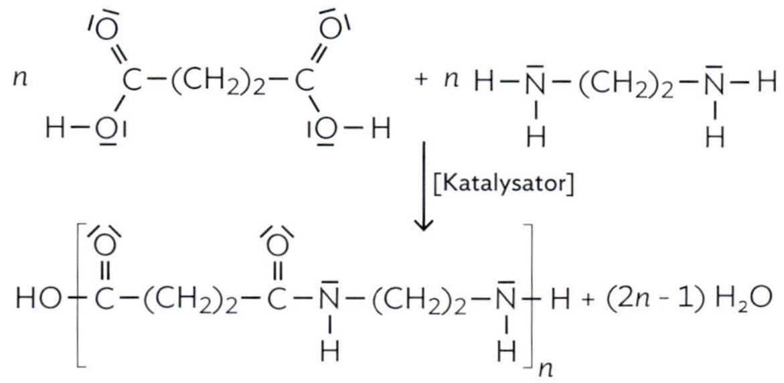

c)

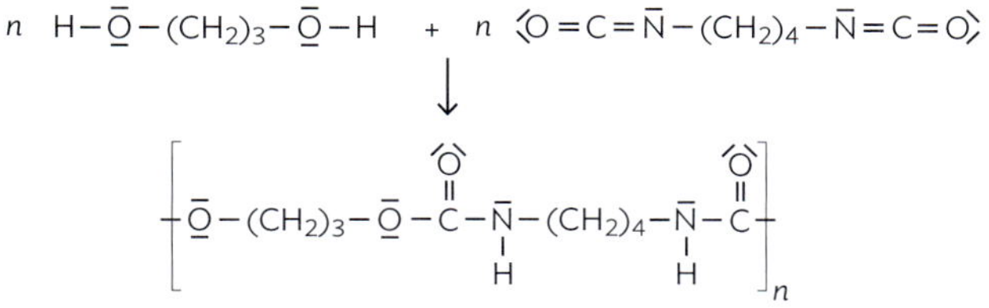

Durch die Anwesenheit von Wasser wird während der Reaktion Kohlenstoffdioxid gebildet, was zu einem Aufschäumen des Reaktionsgemisches führt. Kohlenstoffdioxid entsteht, indem Wasser-Moleküle nucleophil an die Isocyanat-Gruppe addieren.

d) Bei der Reaktion b) findet eine Polykondensation, bei c) eine Polyaddition statt. Bei beiden Reaktionstypen reagiert ein Alkohol (oder Amin) mit einem weiteren Monomer zu einem Polymer. Bei der Polykondensation ist dies eine Carbonsäure, als Produkt entsteht ein Polyester (oder Polyamid). Dabei wird ein kleines Molekül abgespalten und eine Ester-Gruppe (bzw. Amid-Gruppe) gebildet.
Bei der Polyaddition wird stattdessen ein Isocyanat eingesetzt, dabei entsteht unter Protonenwanderung von der Hydroxy-Gruppe (bzw. Amino-Gruppe) zum Stickstoff-Atom ein Polyurethan (oder Polyharnstoff) mit Urethan-Gruppen.

D1 1–1000 nm

D2 Durch die relativ großen Oberflächen und vergleichsweise wenigen Atome von Nanomaterialien steigt der Anteil der an der Oberfläche liegenden Atome. Diese Atome haben eine andere chemische und physikalische Umgebung und beeinflussen im besonderen Maß die Eigenschaften von Nanomaterialien.

D3 Beispiele:
Lotuseffekt: Abperlende Fassaden / Imprägnierungen schützen die Oberflächen effektiv vor Nässe, Schmutz und Korrosion.
Klettverschluss: schnell verschließbare Schuhe durch kleine Häkchen

E1 Energetische Verwertung: Verbrennen
Werkstoffliche Verwertung: Umschmelzen
Rohstoffliche Verwertung: Vergasen, Hydrieren, Thermolyse

E2 Die werkstoffliche Verwertung ist nur sinnvoll, wenn die Kunststoffe sortenrein und wenig verschmutzt sind. Werden bei Verpackungsmaterialien mehrere Kunststoffsorten eingesetzt, können sie nur werkstofflich verwertet werden, wenn sie getrennt vorliegen. Hängen die unterschiedlichen Materialien (z. B. auch Aluminium) zusammen, werden sie energetisch verwertet.

E3 Bei der werkstofflichen Verwertung werden die Polymere nicht verändert, sie verlieren jedoch an Qualität. Die Kunststoffe werden lediglich geschmolzen und zu neuen Gegenständen verarbeitet. Daher können nur sortenreine, wenig verschmutzte thermoplastische Polymere werkstofflich verwertet werden.
Bei der rohstofflichen Verwertung werden die Polymere in kleinere Kohlenwasserstoffe, Oligomere oder Monomere zerlegt, die dann wieder zur Synthese neuer Polymere eingesetzt werden können. Als Edukte eigenen sich verschmutzte und vermischte Kunststoffe.

E4 a) Halogenierte Polymerisate: Handelt es sich um Thermoplaste, können die Polymerisate werkstofflich verwertet werden. Bei der energetischen und rohstofflichen Verwertung muss bedacht werden, dass umweltschädliche Halogenwasserstoffe entstehen.

b) Polykondensate: Thermoplastische Polykondensate können werkstofflich recycelt werden. Außerdem ist eine rohstoffliche Verwertung durch Hydrolyse möglich. Polykondensate sollten nur energetisch verwertet werden, wenn die anderen Verwertungsmöglichkeiten nicht möglich sind.

c) Polyaddukte: Polyaddukte sind in der Regel nicht thermoplastisch und können daher nicht werkstofflich verwertet werden. Die rohstoffliche Verwertung, z. B. durch Thermolyse, ist am sinnvollsten.

d) Duromere Kunststoffe: Diese können nur rohstofflich und energetisch verwertet werden. Vor der energetischen Verwertung sollte jedoch erst eine rohstoffliche Verwertung in Erwägung gezogen werden.

E5 a) Z. B. Polyhydroxybutansäure, Polymilchsäure (PLA), Polyglycolsäure, Polymere aus Stärke.

b) Bei der Kompostierung entstehen, wie bei der Verbrennung von Kunststoffen, Kohlenstoffdioxid und Wasser. Zusätzlich kann Biogas entstehen. Oft entweichen die Gase einfach in die Atmosphäre und können nicht weiter verwertet werden. Der Einsatz bioabbaubarer Kunststoffe ist daher nicht immer umweltverträglicher als mehrfach recycelbare und anschließend energetisch nutzbare Kunststoffe.

Lösungen zu „Startklar?" Kapitel 5

6P A1 a)

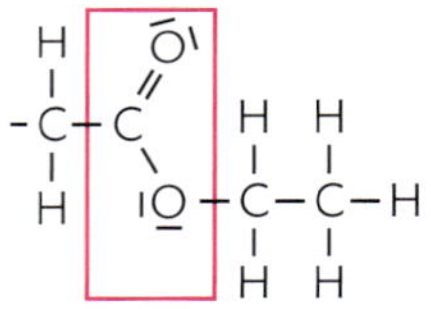

b) Ausgangsstoffe: Ethanol, Essigsäure
Reaktionsgleichung: $CH_3COOH + C_2H_5OH \longrightarrow C_4H_8O_2 + H_2O$
Reaktionstyp: Kondensation

3P A2 $C_4H_8O_2 + H_2O \longrightarrow C_4H_8O_2 + H_2O$
Bei der Kondensationsreaktion entsteht Essigsäureethylester aus Ethanol und Essigsäure, wobei Wasser abgespalten wird. Bei der Hydrolyse reagiert Wasser mit Essigsäureethylester zu Ethanol und Essigsäure. Die Produkte der Kondensation sind die Edukte der Hydrolyse und umgekehrt, weshalb man von Umkehrreaktionen sprechen kann.

6P B1 Unterhalb der Schmelztemperatur liegt ein Stoff im festen Aggregatzustand vor. Die Teilchen haben eine starke Anziehung und daher eine regelmäßige Anordnung, sie schwingen und rotieren an ihrem festen Platz. Beim Erwärmen beginnen die Teilchen, sich schneller zu bewegen, bis die festen Verbindungen aufbrechen. Die Teilchen bewegen sich nun in engen Abständen ungeordnet aneinander vorbei, wobei jedoch weiterhin Anziehungskräfte wirken. Der Stoff liegt nun im flüssigen Aggregatzustand vor. Beim weiteren Erwärmen nimmt die Bewegung der Teilchen weiter zu und die Anziehungskräfte nehmen ab. Der Abstand der Teilchen vergrößert sich, sodass sich die Teilchen im gesamten zur Verfügung stehenden Raum verteilen. Der Stoff geht in den gasförmigen Aggregatzustand über.

B2 Je höher die Temperatur, desto größer das Volumen. Je höher der Druck, desto geringer das Volumen. **2P**

C1 Die Aktivierungsenergie ist die Energiemenge, die einer Eduktportion zugeführt werden muss, um die chemische Reaktion auszulösen. **2P**
Ein Katalysator beschleunigt eine chemische Reaktion, durch die Bildung einer Zwischenverbindung, die eine geringere Aktivierungsenergie benötigt als die Reaktion ohne Katalysator. Der Katalysator liegt nach der Reaktion unverändert vor.

C2 **4P**

a) 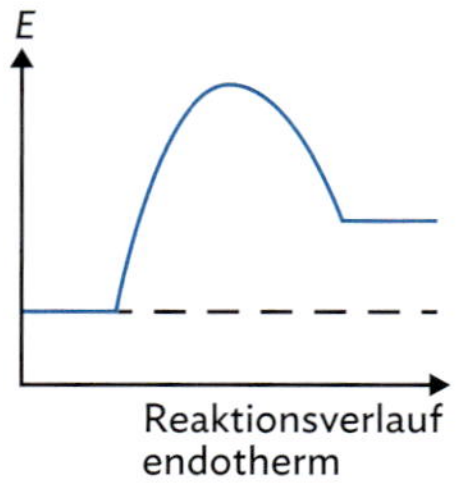

b) 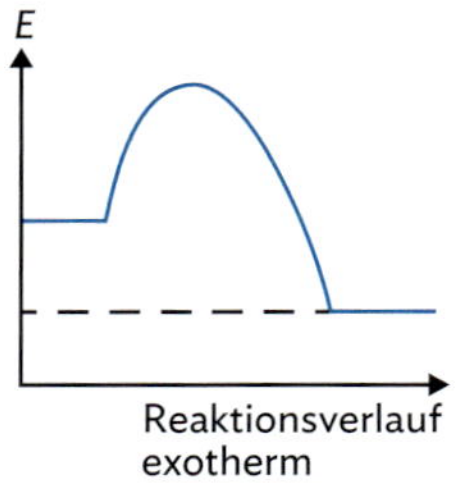

D1 Salze bestehen auf der Teilchenebene aus positiv geladenen Kationen und negativ geladenen Anionen. Wegen ihrer unterschiedlichen Ladungen herrschen zwischen den Kationen und Anionen elektrostatische Wechselwirkungen, die man als Ionenbindungen bezeichnet. Sie bewirken, dass sich die Ionen in einem regelmäßigen Ionengitter anordnen, in welchem Kationen jeweils von Anionen und Anionen jeweils von Kationen umgeben sind. **4P**

D2 a) **10P**

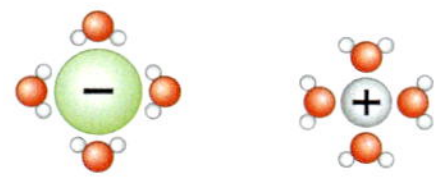

b) Ionen-Dipol-Wechselwirkungen

c) Beim Lösen eines Salzes werden zunächst die Ionen an der Oberfläche des Ionengitters, die in Kontakt mit den Wassermolekülen sind, aus dem

Gitter gelöst. Es stoßen Wassermoleküle gegen das Ionengitter und übertragen dabei kinetische Energie auf die Ionen, wobei Ionenbindungen überwunden werden. Bei diesem Prozess wird also Energie aufgewendet. Beim Lösen der Ionen aus dem Ionengitter bilden sich aufgrund der Ionen-Dipol-Wechselwirkungen Hydrathüllen um die Ionen. Dieser Prozess (Hydratation) ist energetisch günstig, weshalb dabei Energie freigesetzt wird. Je nachdem, ob bei einem Lösevorgang mehr Energie aufgewendet bzw. freigesetzt wird, ist dieser exotherm (Hydratation überwiegt) oder endotherm (Überwindung der Ionenbindungen überwiegt).

6P D3 a) Bei einem positiven Nachweis von Chlorid-Ionen mit Silbernitratlösung ist ein weißer Niederschlag zu beobachten. Bei Bromid-Ionen ist dieser Niederschlag beige, bei Iodid-Ionen gelb.

b) $Ag^+ + Cl^- \longrightarrow AgCl$
$Ag^+ + Br^- \longrightarrow AgBr$
$Ag^+ + I^- \longrightarrow AgI$

4P E1 Dichte: $\rho = \frac{m}{V}$

Molare Masse: $M = \frac{m}{V}$

Stoffmengenkonzentration: $c = \frac{n}{V}$

AVOGADRO-Konstante: $N_A = \frac{N}{n}$

3P E2 Gegeben:
c(Kaliumbromidlösung) = 0,2 $\frac{mol}{L}$
m(Kaliumbromid) = 11,9 g

Gesucht:
V(Kaliumbromidlösung), N(Kaliumbromid)

Rechnung:

$n = \frac{m}{M}$

n(Kaliumbromid) = 0,1 mol

$V = \frac{n}{c}$

V(Kaliumbromidlösung) = 0,5 L = 500 mL

$N = N_A \cdot n$
N(Kaliumbromid) ≈ $6 \cdot 10^{22}$

6P E3 Gegeben:
m(Salz) = 0,58 g
m(Silberiodid) = 4,23 g
V(Salzlösung) = 10 mL

Gesucht:
M(Salz)

Rechnung:
Der weiße Niederschlag bei Zugabe der Silbernitratlösung lässt darauf schließen, dass es sich beim Anion des unbekannten Salzes um Chlorid-Ionen handelt.

$n = \frac{m}{M}$

$n(AgCl) \approx 0{,}018$ mol

Da das Verhältnis der Ionen im Silberchlorid 1:1 ist, gilt $n(AgCl) = n(Cl^-)$.

Das Kation im unbekannten Salz ist zweifach positiv geladen, daher hat das Salz die Formel XCl_2.

Daher gilt: $n(XCl_2) = \frac{n(Cl^-)}{2}$

$n(XCl_2) \approx 0{,}009$ mol
$M = \frac{m}{n}$

$M(XCl_2) \approx 111{,}1$ g/mol

Um das Kation X zu bestimmen, zieht man die Masse der Clorid-Anionen ab und erhält $M(X^{2+}) \approx 40{,}1$ g/mol. Daher muss es sich bei dem unbekannten Salz um Calciumchlorid $CaCl_2$ handeln.

F1 a) Bildung von Stickoxiden: $N_2 + O_2 \longrightarrow 2\,NO$ **5P**
(reagiert weiter: $2NO + O_2 \longrightarrow NO_2$)
Bildung von Ammoniak: $N_2 + 3\,H_2 \longrightarrow 2\,NH_3$

b) Stickstoff ist das häufigste Element in der Atemluft. In organischen Verbindungen spielt Stickstoff eine wichtige Rolle für alle Lebewesen. In der Industrie hat Stickstoff in Grundchemikalien wie Ammoniak NH_3 und Salpetersäure HNO_3 sowie den zugehörigen Ionen (Nitrat-Ionen NO_3^- und Ammonium-Ionen NH_4^+) große Bedeutung.
Im Überschuss können Stickstoffverbindungen jedoch auch Umwelt und Gesundheit schaden, so wie die giftigen Stickoxide (NO und NO_2) oder das Treibhausgas Lachgas (N_2O).

F2 $NH_3 + H_2O \longrightarrow NH_4^+ + OH^-$ **2P**
basische Lösung aufgrund der Bildung von Hydroxid-Ionen führt zur Blaufärbung

Lösungen zu „Ziel erreicht?“ Kapitel 5

A1 a) Bei jeder chemischen Reaktion stellt sich nach einer gewissen Zeit ein Gleichgewicht ein.
→ falsch
Verbessert: Diese Aussage stimmt nur, wenn die Reaktion in einem geschlossenen System abläuft, aus dem keine Stoffe entweichen können. Wenn dabei der Stoffumsatz sehr groß (nahezu 100 %) oder sehr gering ist (nahezu 0 %), werden Reaktionen ebenfalls nicht als Gleichgewichtsreaktionen klassifiziert.

b) Im Gleichgewicht ändern sich die Konzentrationen von Edukten und Produkten nicht mehr.
→ richtig

c) Sobald sich in einem System ein chemisches Gleichgewicht eingestellt hat, kommen Hin- und Rückreaktion zum Erliegen und Produkte und Edukte liegen in gleicher Konzentration vor
→ falsch
Verbessert: Sobald Hin- und Rückreaktion mit gleicher Geschwindigkeit ablaufen, ist ein chemischer Gleichgewichtszustand erreicht und die Konzentrationen aller Stoffe bleiben konstant.

B1 Das MWG beschreibt den Zusammenhang zwischen den Konzentrationen der Edukte und denen der Produkte im chemischen Gleichgewicht mithilfe der Gleichgewichtskonstante. Für eine allgemeine Reaktion der Form a A + b B $\rightleftharpoons$ c C + d D gilt:

$$K_c = \frac{c^c(\text{C}) \cdot c^d(\text{D})}{c^a(\text{A}) \cdot c^b(\text{B})}$$

Mithilfe des MWG lässt sich eine Aussage über die Lage des Gleichgewichts machen: Ist $K_c < 1$, so ist die Konzentration der Edukte größer als die der Produkte. Ist $K_c > 1$, so ist die Konzentration der Produkte größer als die der Edukte. Ist $K_c = 1$, sind Konzentrationen von Edukten und Produkten gleich groß.

B2 a) CH_3COOH (l) + CH_3CH_2OH (l) $\rightleftharpoons$ $CH_3COOCH_2CH_3$ (l) + H_2O (l)

$$K_c = \frac{c(CH_3COOCH_2CH_3) \cdot c(H_2O)}{c(CH_3COOH) \cdot c(CH_3CH_2OH)}$$

b) $K_c = 4$, also $K_c > 1$: Das Gleichgewicht liegt also auf der Seite der Produkte, die Konzentration von Essigsäureethylester und Wasser ist höher als die Konzentration von Essigsäure und Ethanol.

c) Es wird folgendes Gleichgewicht betrachtet:
S + A $\rightleftharpoons$ E + W; mit S: Essigsäure, A: Ethanol, E: Essigsäureethylester und W: Wasser. Nach der Mischung stell sich ein Gleichgewicht aus 2 mol A und 5 Mol S ein.

MWG: $\frac{c(\text{E}) \cdot c(\text{W})}{c(\text{A}) \cdot c(\text{S})} = 4$, falls $T = 20\,°\text{C}$.

Anstelle der Konzentrationen c werden die Stoffmengen n eingesetzt:

$\frac{n(\text{E}) \cdot n(\text{W})}{n(\text{A}) \cdot n(\text{S})} = 4$, falls $T = 20\,°\text{C}$.

x sei die Stoffmenge an Alkohol A, die von den 2 mol der Anfangsstoffmenge reagiert, bis sich das Gleichgewicht eingestellt hat. Aus der Reaktionsgleichung ergeben sich folgende Stoffmengen im Gleichgewicht:
$n(\text{A}) = 2 - \text{x}$, $n(\text{S}) = 5 - \text{x}$, $n(\text{E}) = \text{x}$, $n(\text{W}) = \text{x}$, wobei $0 < \text{x} < 2$.
Hinweis: Die Einheit mol wird für die Rechnung vereinfachend weggelassen.
$n(\text{E})$ ist die gesuchte Größe.
Eingesetzt in das MWG ergibt sich:

$\frac{\text{x} \cdot \text{x}}{(2 - \text{x}) \cdot (5 - \text{x})} = 4$, falls $T = 20\,°\text{C}$.

$\text{x}^2 = 4 \cdot (10 - 2\text{x} - 5\text{x} + \text{x}^2)$

$0 = 3\text{x}^2 - 28\text{x} + 40$

$\text{x}_1 = 7{,}57$.

Dieses Ergebnis ist chemisch nicht sinnvoll. Es liegt nicht im Definitionsbereich für x, da 7,57 > 2.

$\text{x}_2 = 1{,}76$.

Die Stoffmenge des Esters im Gleichgewicht beträgt $n = 1{,}76$ mol.

B3 a) H_2 (g) + I_2 (g) $\longrightarrow$ 2 HI (g)

$$K_c = \frac{c^2(\text{HI})}{c(H_2) \cdot c(I_2)}$$

b) Da der Wert für K_c bei 763 °C kleiner als bei der geringeren Temperatur von 700 °C ist, muss der Produkt-Anteil im chemischen Gleichgewicht bei 763 °C geringer bzw. der Edukt-Anteil größer als bei 700 °C sein. Ein kleinerer Wert im Zähler und ein größerer Wert im Nenner führen zu einem insgesamt kleineren Wert für K_c. Daraus lässt sich schließen, dass es sich bei der Hinreaktion um eine exotherme Reaktion handelt, da sie bei höherer Temperatur langsamer abläuft.

c) Gegeben:
$V = 1\,L$; $n_0(H_2) = 8{,}1\,mol$; $n_0(I_2) = 2{,}94\,mol$;
$n_{GG}(HI) = 5{,}64\,mol$
Gesucht:
$n_{GG}(H_2)$; $n_{GG}(I_2)$; K_c
Rechnung:
Reaktionsgleichung: $H_2\,(g) + I_2\,(g) \rightleftharpoons 2\,HI\,(g)$

$$n_{GG}(H_2) = n_0(H_2) - \frac{5{,}64\,mol}{2} = 8{,}1\,mol - 2{,}82\,mol = 5{,}28\,mol$$

$$n_{GG}(I_2) = n_0(I_2) - \frac{5{,}64\,mol}{2} = 2{,}94\,mol - 2{,}82\,mol = 0{,}12\,mol$$

Für die Bestimmung der Gleichgewichtskonstanten müssen die Stoffmengen zunächst in Konzentrationen umgerechnet werden ($V = 1\,L$). Es ergeben sich: $c_{GG}(H_2)=5{,}28\,mol/L$; $c_{GG}(I_2) = 0{,}12\,mol/L$; $c_{GG}(HI) = 5{,}64\,mol/L$. Daraus kann die Gleichgewichtskonstante berechnet werden.

$$K_c = \frac{c^2(HI)}{c(H_2) \cdot c(I_2)} = 50{,}2$$

B4

Reaktion	MWG	K_c	Gleichgewichtszusammensetzung
$2\,A + B \rightleftharpoons 2\,C$	$K_c = \frac{c^2(C)}{c^2(A) \cdot c(B)}$	$K_c = 0{,}5\,L/mol$	insg. mehr Edukt
$K \rightleftharpoons 2\,E + N$	$K_c = \frac{c^2(C)}{c^2(A) \cdot c(B)}$	$K_c = 2{,}7\,mol^2/L^2$	insg. mehr Produkt
$2\,X + Y \rightleftharpoons 2\,Z$	$K_c = \frac{c^2(C)}{c^2(A) \cdot c(B)}$	$K_c > 1\,L/mol$	eher mehr Produkt

B5 a) Das Löslichkeitsprodukt wird verwendet bei der Betrachtung von Lösevorgängen in einer Salzlösung. Dabei handelt es sich um ein heterogenes Gleichgewicht, dessen Edukt ein Feststoff (Salz) ist. Da die Menge des ungelösten Salzes irrelevant für das Gleichgewicht in der darüberstehenden Salzlösung ist, ist dessen Konzentration als konstant anzusehen und kann in die Gleichgewichtskonstante K_c mit eingerechnet werden. Die daraus ergebende neue Konstante wird Löslichkeitsprodukt K_L genannt.

b) $CaF_2\,(s) \rightleftharpoons Ca^{2+}\,(aq) + 2\,F^-\,(aq)$

$c(Ca^{2+}) = 0{,}5 \cdot c(F^-)$

$$K_L = c(Ca^{2+}) \cdot c^2(F^-) = 0{,}5 \cdot c(F^-) \cdot c^2(F^-) = 0{,}5 \cdot c^3(F^-)$$

$$c(F^-) = \sqrt[3]{\frac{K_L}{0{,}5}} = \sqrt[3]{7{,}8 \cdot 10^{-11}\,mol^3/L^3} \approx 0{,}43\,mmol/L$$

$$c(Ca^{2+}) = 0{,}5 \cdot c(F^-) = 0{,}5 \cdot 0{,}43\,mmol/L \approx 0{,}22\,mmol/L$$

c) $K_L = 4{,}7 \cdot 10^{-9}\,mol^2/L^2$ (Calciumcarbonat)
$K_L = 3{,}9 \cdot 10^{-9}\,mol^2/L^2$ (Calciumfluorid)
Calciumfluorid löst sich schlechter als Calciumcarbonat in Wasser.

C1 Das Prinzip von LE CHATELIER besagt, dass ein im Gleichgewicht befindliches System bei äußeren Einflüssen auf dieses Gleichgewicht immer so ausweicht, dass dieser „Zwang“ von außen minimiert wird. Mögliche Zwänge sind dabei Druckänderungen, Temperaturänderungen und Konzentrationsänderungen durch Zugabe oder Entfernung von Stoffen aus dem Gleichgewicht

C2 Wird der Druck auf ein System erhöht, wird die Hinreaktion vorübergehend beschleunigt → falsch
Wird die Konzentration eines Reaktionsprodukts erhöht, fördert das die Rückreaktion, die Produkte verbraucht und mehr Edukte erzeugt. → richtig
Ändert man Konzentration, Druck oder Temperatur eines im Gleichgewicht befindlichen Systems, weicht das System stets so aus, dass sich der ursprüngliche Wert von K_c einstellt. → falsch

C3 Sprudelwasser wird hergestellt, indem Kohlenstoffdioxid unter Druck in Wasser eingeleitet wird, sich darin partiell löst (und mit Wasser weiterreagiert zu Hydrogencarbonat-Ionen):

$$CO_2\,(g) + 2\,H_2O\,(l) \rightleftharpoons CO_2\,(aq) + 2\,H_2O\,(l)$$
$$(\rightleftharpoons HCO_3^- + H_3O^+)$$

In der verschlossenen Sprudelwasserflasche stellt sich ein Gleichgewicht dieses Reaktionssystems ein, in welchem sich Kohlenstoffdioxidgas unter etwas Druck im Gasraum über der Flüssigkeit befindet. Öffnet man die Sprudelwasserflasche, entweicht ein Teil des Kohlenstoffdioxidgases aus der Flasche, sodass der Druck sinkt. Nach dem Prinzip von LE CHATELIER fördert das die Reaktion, die gasförmiges Kohlenstoffdioxid nachproduziert, also eine Volumenzunahme bewirkt. Da durch das Öffnen der Flasche gleichzeitig auch ein Stoff

(CO_2 (g)) aus dem Gleichgewicht entzogen wird, läuft ebenfalls die Reaktion verstärkt ab, die diesen Stoff nachproduziert.

D1 Ein Katalysator beschleunigt eine chemische Reaktion, indem er eine Zwischenverbindung (Übergangszustand) mit Edukt-Teilchen eingeht. Die Bildung dieser Zwischenverbindung bedarf weniger Aktivierungsenergie als die Bildung des Übergangszustands ohne Katalysator. Aufgrund der räumlichen Nähe der Edukt-Teilchen wird deren Reaktion begünstigt. Der Katalysator liegt nach der Reaktion von Edukt zu Produkt-Teilchen unverändert vor.

D2 Bei einer homogenen Katalyse liegen Edukte und Katalysator in derselben Phase vor, bei der heterogenen Kataylse hingegen in zwei verschiedenen Phasen bzw. Aggregatzustanden.

D3 Da alle an der Reaktion beteiligten Stoffe gasförmig sind, handelt es sich um eine homogene Katalyse.

D4 Katalysatoren beschleunigen sowohl die Hin- als auch die Rückreaktion einer chemischen Reaktion. Da ein chemischer Gleichgewichtszustand sich dann eingestellt hat, wenn Hin- und Rückreaktion mit gleicher Geschwindigkeit ablaufen, bewirkt der Einsatz eines Katalysators, dass dieser Zustand durch die Beschleunigung der Hin- und der Rückreaktion schneller erreicht wird.

E1 a) $3\,H_2\,(g) + N_2\,(g) \rightleftharpoons 2\,NH_3\,(g)$

b) Da die Hinreaktion exotherm ist, wird die Erzeugung des Produkts Ammoniak durch möglichst niedrige Temperaturen begünstigt. Die Hinreaktion verläuft unter Volumenabnahme, sodass ein hoher Druck ebenfalls günstig für eine hohe Ausbeute ist. Ein ständiger Entzug von Ammoniak aus dem Gleichgewicht sowie ständige Zufuhr von Wasserstoff und Stickstoff bewirken ebenfalls ein verstärktes Ablaufen der Hinreaktion und dadurch eine hohe Produktausbeute.

c) Bei den niedrigen Temperaturen, die günstig für die Gleichgewichtslage der Ammoniaksynthese wären, ist die Reaktionsgeschwindigkeit so niedrig, dass faktisch kein Produkt entsteht. Um die Reaktionsgeschwindigkeit zu erhöhen, verwendet man einen Katalysator, der aber erst ab 450 °C ausreichend funktioniert. Man wählt daher, trotz ungünstiger Gleichgewichtslage, diese Temperatur im Reaktor – als Kompromiss zwischen ausreichend hoher Reaktionsgeschwindigkeit und brauchbarer Gleichgewichtslage.

E2 a) $K_c = \frac{c^2(NH_3)}{c(N_2) \cdot c^3(H_2)}$

b) Das Gleichgewicht liegt bei 400 K auf der Seite der Produkte, bei 800 K auf der Seite der Edukte.

E3 Die Ammoniaksynthese aus den Elementen ist eine Form der technischen Stickstofffixierung, also der Übertragung in eine reaktive und damit nutzbare Stickstoffverbindungen. Als Ausgangsstoff für nahezu alle stickstoffhaltigen Verbindungen hat Ammoniak große Bedeutung in der chemischen Industrie und in der Herstellung von Düngemitteln für die Landwirtschaft. Dadurch gelangen reaktive Stickstoffverbindungen jedoch auch in die Umwelt. Sie können schädlich für Ökosysteme und Gesundheit sein. Außerdem beschleunigen sie die Klimaerwärmung durch den Treibhauseffekt.

Lösungen zu „Startklar?“ Kapitel 6

A1 **15P**

Merkmale	saure Lösungen	Alkalische Lösungen
pH-Wert	0 – 6	9 – 14
Farbe des Indikators: ▪ Thymolphthalein ▪ Bromthymolblau ▪ Universalindikator	 farblos gelb rot-orange	 blau blau blaugrün-blau
enthalten ... -Ionen	Oxonium-Ionen Formel: H_3O^+	Hydroxid-Ionen Formel: OH^-
Elektrische Leitfähigkeit	ja	ja
Reaktion mit unedlen Metallen	ja	nein

A2 In sauren und alkalischen Lösungen liegen jeweils Ionen vor. In sauren Lösungen sind dies Oxonium-Ionen (H_3O^+) und in alkalischen Lösungen Hydroxid-Ionen (OH^-). Diese ermöglichen als be- **4P**

wegliche Ladungsträger den Ladungstransport in den Lösungen, die dadurch elektrisch leitend werden.

6P A3 a) $Mg (s) + 2 H_3O^+ (aq) \longrightarrow Mg^{2+} (aq) + H_2 (g) + 2 H_2O (l)$

b) Knallgasprobe: Das Gas wird in einem Reagenzglas aufgefangen und das Reagenzglas verschlossen. Das Reagenzglas wird mit der Reagenzglasöffnung nach unten in der Nähe eines Bunsenbrenners geöffnet. Bei Wasserstoff ist ein Pfeifen, Knall oder Plopp zu hören.

10P A4 a) Stoffebene: Zwischen der sauren und der alkalischen Lösung findet eine Neutralisationsreaktion statt. Die Lösung ist nach der Reaktion neutral.
Teilchenebene: Die Oxonium-Ionen der sauren Lösung reagieren mit den Hydroxid-Ionen der alkalischen Lösung. Als Produkt entstehen Wasser-Moleküle.
$H_3O^+ (aq) + Cl^- (aq) + Na^+ (aq) + OH^- (aq) \longrightarrow Na^+ (aq) + Cl^- (aq) + 2 H_2O (l)$

b) Der pH-Wert der entstehenden neutralen Lösung beträgt 7. In einer neutralen Lösung nehmen die Indikatoren die folgenden Farben an:
- Thymolphthalein: farblos
- Bromthymolblau: grün
- Universalindikator: grün

c) Natriumchlorid NaCl.

10P B1 a) $HCl + H_2O \longrightarrow Cl^- + H_3O^+$

b) $NH_3 + H_2O \longrightarrow NH_4^+ + OH^-$

c) Das Chlorwasserstoff-Molekül ist eine Säure. Als Protonendonator gibt es ein Proton (H^+) an das Wasser-Molekül ab. Dadurch entstehen ein Chlorid-Ion (Cl^-) und ein Oxonium-Ion (H_3O^+). Das Ammoniak-Molekül ist eine Base. Als Protonenakzeptor nimmt es ein Proton vom Wasser-Molekül auf. Es entstehen ein Ammonium-Ion (NH_4^+) und ein Hydroxid-Ion (OH^-).

5P B2 CH_3COO^-: Acetat-Ion (Ethanoat-Ion)
HCO_3^-: Hydrogencarbonat-Ion
CO_3^{2-}: Carbonat-Ion
HSO_4^-: Hydrogensulfat-Ion
SO_4^{2-}: Sulfat-Ion

C1 **6P**

	A +	B ⇌	C +	D
c_0 [mol/L]	1	0,9	0	0
c_{GG} [mol/L]	0,9	0,8	0,1	0,1

C2 a) $K_c = \frac{c(HCO_3^-) \cdot c(H_3O^+)}{c(CO_2) \cdot c^2(H_2O)}$ **6P**

b) Ist $K_c < 1$ ist die Konzentration der Edukte im chemischen Gleichgewicht größer als die der Produkte. Ist $K_c > 1$ ist die Konzentration der Produkte größer als die der Edukte.

c) Durch Zugabe von Natronlauge reagieren die darin enthaltenen Hydroxid-Ionen (OH^-) mit den Oxonium-Ionen (H_3O^+) im chemischen Gleichgewicht zu Wasser-Molekülen. Die Verringerung der Konzentration der Oxonium-Ionen und die Erhöhung der Konzentration von Wasser-Molekülen im chemischen Gleichgewicht führt nach dem Prinzip von LE CHATELIER dazu, dass die Hinreaktion, bei der Oxonium-Ionen gebildet und Wasser-Moleküle gespalten werden, verstärkt stattfindet.

D1 **4P**
$0{,}01 = 10^{-2}$
$0{,}000000000001 = 10^{-12}$
$1 = 10^0$
$10\,000 = 10^4$

D2 **8P**

a)	$10^{-9} \cdot 10^{-10} = 10^{-19}$	$4 \cdot 10^{-5} \cdot 0{,}25 \cdot 10^{-5} = 1 \cdot 10^{-10}$
b)	$\lg 10^{-5} = -5$	$-\lg 10^{-5} \cdot (-\lg 10^{-3}) = 5 \cdot 3 = 15$
c)	$(10^{12})^{1/2} = 10^6$	$\sqrt{10^{12}} = 10^6$
d)	$\lg (10x) = \lg 10 + \lg x = 1 + \lg x$	$\lg 10^{5x} = 5x$

E1 a) Gegeben: V(Natriumchloridlösung) = 1 mL = 0,001 L; c(Natriumchloridlösung) = 0,1 mol/L **4P**
Gesucht: $n(Na^+)$
Rechnung:

$c = \frac{n}{V} \Leftrightarrow n = c \cdot V$

n(Natriumchloridlösung) = 0,1 mol/L · 0,001 L = 0,0001 mol

mit $\frac{n(Na^+)}{n(NaCl)} = \frac{1}{1} \Leftrightarrow n(Na^+) = n(NaCl)$:

Die Stoffmenge der Natrium-Ionen in der Natriumchloridlösung beträgt 0,0001 mol.

b) V(verdünnte Natriumchloridlösung)
= 1 mL + 9 mL
= 10 mL = 0,01 L; $n(Na^+)$ = 0,0001 mol

$$c(Na^+) = \frac{n(Na^+)}{V(\text{Lösung})} = 0{,}0001\ \text{mol}\ 0{,}01\ \text{L} = 0{,}01\ \text{mol/L}$$

c) $c(Na^+)$ = 0,01 mol/L; V(Lösung) = 1 mL = 0,001 L
$n(Na^+)$ = 0,01 mol/L · 0,001 L = 0,00001 mol
V(verdünnte Natriumchloridlösung) = 1 mL + 9 mL = 10 mL = 0,01 L; $n(Na^+)$ = 0,00001 mol

$$c(Na^+) = \frac{n(Na^+)}{V(\text{Lösung})} = \frac{0{,}0001\ \text{mol}}{0{,}001\ \text{L}} = 0{,}001\ \text{mol/L}$$

Die Konzentration der Natriumchloridlösung hat im Vergleich mit b) von 0,01 mol/L auf 0,001 mol/L abgenommen. Das entspricht einer Verdünnung um den Faktor 10. Im Vergleich mit a) hat die Konzentration von 0,1 mol/L auf 0,001 mol/L abgenommen. Das entspricht einer Verdünnung um den Faktor 100.

Lösungen zu „Ziel erreicht?" Kapitel 6

A1 Bei den Reaktionen a), b), c) handelt es sich um Säure-Base-Reaktionen, da bei diesen Reaktionen Protonen übertragen werden. Die korrespondierenden Säure-Base-Paare dieser Reaktionen lauten:
a) HI/I^- und NH_4^+/NH_3
b) HCl/Cl^- und H_2O/OH^-
c) H_2CO_3 ($CO_2 + H_2O$)/HCO_3^- und HS^-/S_2^-
Als Ampholyte bzw. amphotere Stoffe werden Stoffe bezeichnet, die dazu in der Lage sind, sowohl Protonen aufzunehmen als auch abzugeben. In den Reaktionen sind dies die folgenden Teilchen:
H_2O, HCO_3^-, HS^-

B1 Salpetersäure (HNO_3) besitzt einen pK_S-Wert von −1,32. Sie ist eine starke Säure und protolysiert daher vollständig. Blausäure (HCN) hingegen ist mit einem pK_S-Wert von 9,40 eine schwache Säure, welche nur schwach und unvollständig protolysiert. Dadurch entstehen bei der Protolyse von Blausäure weniger Oxonium-Ionen als bei der Protolyse von Salpetersäure. Blausäurelösung hat daher bei gleicher Konzentration von c = 1 mol/L, einen höheren pH-Wert als Salpetersäurelösung.

B2 a) $HCOOH\ (l) + H_2O\ (l) \rightleftharpoons HCOO^-\ (aq) + H_3O^+\ (aq)$

b) Starke Säuren protolysieren vollständig, d. h. es findet so gut wie keine Rückreaktion statt. Wäre Methansäure eine starke Säure, müsste die Konzentration der Methanoat-Ionen im Gleichgewicht, bei vollständiger Protolyse, 0,1 mol/L in der Lösung betragen. Da die Konzentration der Methanoat-Ionen im Gleichgewicht nur c = 0,004 mol/L beträgt und damit deutlich kleiner ist, findet die Protolyse nur unvollständig statt und Methansäure kann keine starke Säure sein.

c)

	HCOOH	$HCOO^-$	H_3O^+
c_0 in mol/L	0,1	0	0
c_{GG} in mol/L	0,096	0,004	0,004

$$K_S = \frac{c(HCOO^-) \cdot c(H_3O^+)}{c(HCOOH)} = \frac{0{,}004 \cdot 0{,}004}{0{,}096} \approx 1{,}67 \cdot 10^{-4}$$

$pK_S = -\lg K_S = -\lg(1{,}67 \cdot 10^{-4}) = 3{,}77$

Mit einem pK_S-Wert von 3,77 ist Methansäure eine mittelstarke Säure.

B3 a) H_2SO_3 (pK_S = 1,96) / HSO_3^- (pK_B = 14 − 1,96 = 12,04)
H_2S (pK_S = 6,90) / HS^- (pK_B = 14 - 6,90 = 7,10)
$H_2C_2O_4$ (pK_S = 1,46) / $HC_2O_4^-$ (pK_B = 14 − 1,46 = 12,54)
OH^- (pK_S = 24,00) / O_2^- (pK_B = 14 − 24,00 = −10,00)
HCl besitzt keine korrespondierende Säure, es gibt daher keinen pK_B-Wert.

b) Die wässrigen Lösungen der Salze enthalten die folgenden Ionen:
Na^+: sehr schwache Base ($pK_B \approx 20{,}00$)
Cl^-: sehr schwache Base (pK_B = 20,00)
CH_3COO^-: schwache Base (pK_B = 9,24)
NH_4^+: schwache Säure (pK_S = 9,24)
Natrium- und Chlorid-Ionen reagieren nicht mit Wasser in einer Säure-Base-Reaktion. Die Natriumchloridlösung ist daher neutral.
Acetat-Ionen reagieren mit Wasser als schwache Basen. Die Natriumacetatlösung ist daher alkalisch.

Ammonium-Ionen reagieren mit Wasser als schwache Säuren. Die Ammoniumchloridlösung ist daher sauer.

C1 a)

$c(H_3O^+)$ in mol/L	pH	$c(OH^-)$ in mol/L	pOH
10^{-2}	2	0	12
$5 \cdot 10^{-9}$	8,3	$0{,}2 \cdot 10^{-5}$	5,7
10^{-4}	4	10^{-10}	10

b) Wenn der pH-Wert von 2 auf 4 steigt, dann ändert sich die Konzentration der Oxonium-Ionen von 0,01 mol/L auf 0,0001 mol/L um den Faktor 1/100.

c) $K_W = c(H_3O^+) \cdot c(OH^-) = 5{,}6 \cdot 10^{-14}\ mol^2/L^2$

Da in Wasser die Konzentration der Oxonium-Ionen der Konzentration der Hydroxid-Ionen entspricht, gilt:

$$c(H_3O^+) \cdot c(H_3O^+) = 5{,}6 \cdot 10^{-14} \Leftrightarrow c(H_3O^+) = \sqrt{5{,}6 \cdot 10^{-14}} = 2{,}37 \cdot 10^{-7}$$

$$pH = -\lg(2{,}37 \cdot 10^{-7}) = 6{,}6$$

Der pH-Wert des Wassers bei einer Temperatur von 50 °C beträgt 6,6.

C2 a) Salpetersäure ist eine starke Säure.
Daher gilt: $c(H_3O^+) = c_0(HNO_3)$.
Der pH-Wert berechnet sich daher wie folgt:
$pH = -\lg c_0(HNO_3) = -\lg 0{,}05 = 1{,}3$.

b) Natronlauge ist eine starke Base.
Daher gilt: $c(OH^-) = c_0(NaOH)$.
Der pOH-Wert berechnet sich daher wie folgt:
$pOH = -\lg c_0(NaOH) = -\lg 1 = 0$
$pH = 14 - pOH = 14 - 0 = 14$.

c) Schwefelsäure ist eine starke zweiprotonige Säure.
Daher gilt: $c(H_3O^+) = 2 \cdot c_0(H_2SO_4) = 2 \cdot 0{,}02\ mol/L = 0{,}04\ mol/L$.
Der pH-Wert berechnet sich daher wie folgt:
$pH = -\lg(2 \cdot c_0(H_2SO_4)) = -\lg 0{,}04 = 1{,}40$.

d) Ammoniumchloridlösung reagiert als schwache Säure.
Daher gilt: $c(NH_4Cl) \approx c_0(NH_4Cl)$.
Der pH-Wert berechnet sich daher wie folgt:

$$pH = \frac{1}{2}(pK_S - \lg c_0(NH_4Cl)) = \frac{1}{2}(9{,}24 - \lg 0{,}01) = \frac{1}{2}(9{,}24 - (-2)) = 5{,}62.$$

C3 Berechnung mit der Gleichung:

$$pH = \frac{1}{2}(pK_S - \lg c_0(CH_3COOH))$$

$$3{,}1 = \frac{1}{2}(4{,}76 - \lg c_0(CH_3COOH))$$

$\Leftrightarrow 6{,}2 - 4{,}76 = -\lg c_0(CH_3COOH)$
$\Leftrightarrow -1{,}44 = \lg c_0(CH_3COOH)$
$\Leftrightarrow c_0(CH_3COOH) = 10^{-1{,}44} \approx 0{,}036$

Die Anfangskonzentration c_0 der Essigsäure in der Lösung beträgt ca. 0,036 mol/L.

D1 In einer Pufferlösung steht eine schwache Säure mit ihrer korrespondierenden Base im Gleichgewicht: $HA + H_2O \rightleftharpoons H_3O^+ + A^-$.
Bei Zugabe von Oxonium-Ionen (aus einer sauren Lösung) fangen die Säurerest-Ionen die Oxonium-Ionen ab, indem sie mit diesen zu Säure- und Wasser-Molekülen reagieren. Hierbei läuft also die Rückreaktion verstärkt ab. Die Konzentration der Säure und des Wassers wird dadurch erhöht. Die Konzentration der korrespondierenden Base wird gleichzeitig geringer. Da die zugegebenen Oxonium-Ionen mit den Ionen der korrespondierenden Base reagieren, bleibt die Konzentration der Oxonium-Ionen nahezu unverändert. Der pH-Wert bleibt annähernd konstant.
Werden der Lösung Hydroxid-Ionen (aus einer alkalischen Lösung) hinzugefügt, fangen die Säure-Moleküle die Hydroxid-Ionen ab, indem sie mit diesen zu Säurerest-Ionen und Wasser-Molekülen reagieren: $HA + OH^- \rightleftharpoons A^- + H_2O$.
Die Konzentrationen der korrespondierenden Base und des Wassers nehmen daher zu und die Konzentration der Säure nimmt ab. Auch hier ändert sich der pH-Wert kaum.

D2 Berechnung mit der Gleichung:

$$pH = pK_S + \lg \frac{c(A^-)}{c(HA)}$$

$$7{,}1 = 7{,}12 + \lg \frac{c(A^-)}{c(HA)}$$

→ Das Konzentrationsverhältnis zwischen $c(A^-)$ und $c(HA)$ muss 0,95 : 1 betragen.

D3

Puffersystem	Name	Pufferbereich
HAc/Ac^-	Essigsäure-Acetat-Puffer	3,76 – 5,76
HCO_3^-/CO_3^{2-}	Hydrogencarbonat-Carbonat-Puffer	9,40 – 11,40
$H_2PO_4^-/HPO_4^{2-}$	Dihydrogenphosphat-Hydrogenphosphat-Puffer	6,12 – 8,12
NH_4^+/NH_3	Ammoniak-Ammonium-Puffer	8,24 – 10,24

E1 a) Äquivalenzpunkt; Säure
b) Halb; pK_S-Wert; korrespondierenden Base; gleich groß
c) unvollständig
d) Puffer; kaum
e) alkalisch
f) 13; pH = 14 + lg c(B)

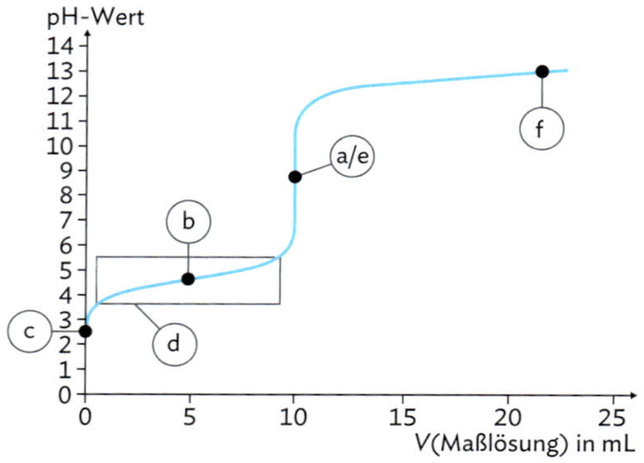

E2 Aus der Titrationskurve lässt sich ablesen, dass die Säure einprotonig ist. Der Äquivalenzpunkt wurde nach Zugabe von 10 mL Natronlauge erreicht.

$$c(\text{saure Lösung}) = \frac{c(\text{Natronlauge}) \cdot V(\text{Natronlauge})}{V(\text{saure Lösung})}$$

$$= \frac{0{,}1\ \text{mol}}{\text{L} \cdot 0{,}01\ \text{L}/0{,}05\ \text{L}} = 0{,}02\ \text{mol/L}$$

Die Konzentration der sauren Lösung aus **E1** betrug 0,02 mol/L.

E3 $$c(\text{Kalilauge}) = \frac{c(\text{Salzsäurelösung}) \cdot V(\text{Salzsäurelösung})}{V(\text{Kalilauge})}$$

$$= \frac{0{,}2\ \text{mol}}{\text{L} \cdot 0{,}025\ \text{L}/0{,}05\ \text{L}} = 0{,}1\ \text{mol/L}$$

$$n(\text{KOH}) = c(\text{Kalilauge}) \cdot V(\text{Kalilauge}) = 0{,}1\ \text{mol/L} \cdot 0{,}05\ \text{L} = 0{,}005\ \text{mol}$$

$$m(\text{KOH}) = n(\text{KOH}) \cdot M(\text{KOH}) = 0{,}005\ \text{mol} \cdot 56{,}1\ \text{g/mol} = 0{,}2805\ \text{g}$$

Lösungen zu „Startklar?“ Kapitel 7

A1 Die Abbildung zeigt, dass zwei Elektronen von einem Magnesium-Atom auf zwei Iod-Atome übertragen werden. Das daraus resultierende zweifach positiv geladene Magnesium-Ion besitzt die Edelgaskonfiguration eines Neon-Atoms. Beide Iod-Atome werden durch die Aufnahme von jeweils einem Elektron reduziert. Es entstehen einfach negativ geladene Iodid-Ionen mit Edelgaskonfiguration eines Xenon-Atoms. **3P**

A2 Oxidation: $Mg\ (s) \longrightarrow Mg^{2+}\ (aq) + 2\ e^-$ **4P**
Reduktion: $I_2\ (g) + 2\ e^- \longrightarrow 2\ I^-\ (aq)$
Gesamtgleichung: $Mg\ (s) + I_2\ (g) \longrightarrow MgI_2\ (s)$

A3 a) Oxidation: $2\ Al\ (s) \longrightarrow 2\ Al^{3+}\ (aq) + 6\ e^-$ **8P**
Reduktion: $3\ Br_2\ (g) + 6\ e^- \longrightarrow 6\ Br^-\ (aq)$
Gesamtgleichung: $2\ Al\ (s) + 3\ Br_2\ (g) \longrightarrow 2\ AlBr_3\ (s)$
b) Reduktionsmittel: Aluminium
Oxidationsmittel: Brom

B1 Calciumfluorid ist aus zweifach positiv geladenen Calcium-Ionen und einfach negativ geladenen Fluorid-Ionen aufgebaut. Im Ionengitter liegen doppelt so viele Fluorid-Ionen wie Calcium-Ionen vor. **4P**

B2 In einer wässrigen Lösung und einer Salzschmelze bewegen sich die positiv geladenen Kationen zum Minuspol und die negativ geladenen Anionen zum Pluspol. Die Salzschmelze besteht aus unterschiedlich geladenen Ionen, während in wässriger Lösung die verschieden geladenen Ionen von einer Hydrathülle umgeben sind. **7P**
Liegt das Salz als Feststoff vor, können sich die Ionen nicht frei bewegen, da jedes Ion durch die Ionenbindung an seinem Platz im Ionengitter gehalten wird und das Salz leitet den elektrischen Strom nicht.

B3 **6P**
- Die elektrostatischen Anziehungskräfte zwischen den verschieden geladenen Ionen eines Ionengitters sind sehr stark. Beim Schmelzen müssen diese Anziehungskräfte und damit die Gitterenergie überwunden werden.
- In einem Ionengitter sind negativ geladene Anionen und positiv geladene Kationen regelmäßig angeordnet. Das zahlenmäßige Verhältnis von Kationen und Anionen wird durch

die Ionengruppe bzw. die Verhältnisformel angegeben.

- Im Ionengitter wechseln sich positiv geladene und negativ geladene Ionen ab, was zu einer elektrostatischen Anziehung der Ionen führt. Wird auf einen Salzkristall eine Kraft ausgeübt, verschieben sich die Ionenschichten so, dass gleichnamig geladene Ionen direkt nebeneinander liegen und sich abstoßen. Der Salzkristall kann nicht verformt werden und zerbricht stattdessen.

15P C1 a) + c)

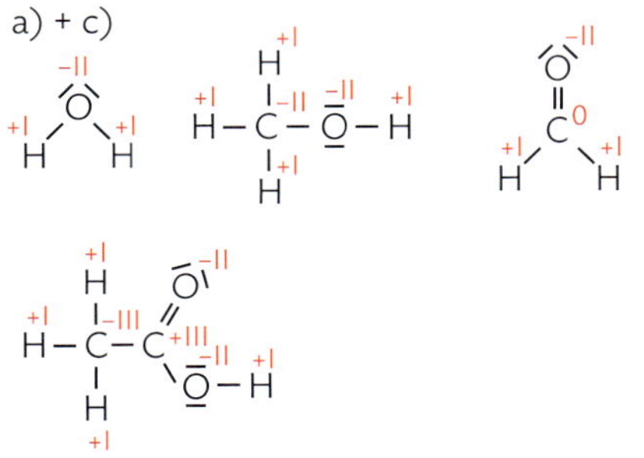

b) EN(H) = 2,1
EN(O) = 3,5
EN(C) = 2,5

7P C2
- 0
- der Ladung des Moleküls
- der Ionenladungszahl
- – II; Sauerstoffffluoride
- +I

3P D1

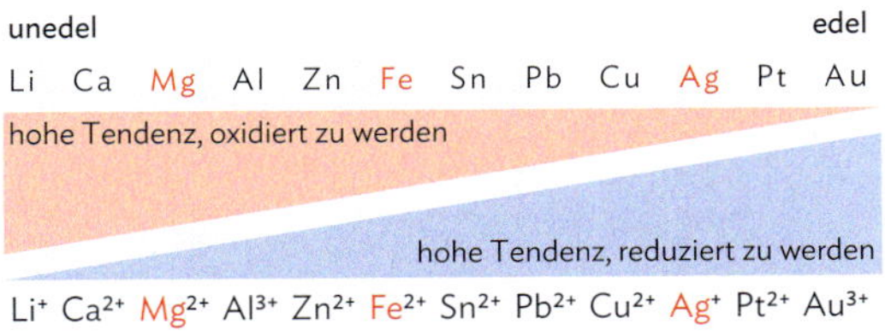

16P D2 a) Eisen ist edler (ein schlechteres Reduktionsmittel) als Zink. Es findet keine Redoxreaktion statt, da positiv geladene Zink-Ionen nicht mit elementarem Eisen reduziert werden können.

b) Aluminium ist unedler (ein besseres Reduktionsmittel) als Zinn. Es findet eine Redoxreaktion statt, bei der die Zinn-Ionen reduziert und die Aluminium-Atome oxidiert werden:

Oxidation: $2\ Al\ (s) \longrightarrow 2\ Al^{3+}\ (aq) + 6\ e^-$
Reduktion: $3\ Sn^{2+}\ (aq) + 6\ e^- \longrightarrow 3\ Sn\ (s)$
Gesamtgleichung: $2\ Al\ (s) + 3\ Sn^{2+}\ (aq) \longrightarrow 2\ Al^{3+}\ (aq) + 3\ Sn\ (s)$

c) Silber ist edler (ein schlechteres Reduktionsmittel) als Blei. Es findet eine Redoxreaktion statt, bei der die Silber-Ionen reduziert und die Blei-Atome oxidiert werden:

Oxidation: $Pb\ (s) \longrightarrow Pb^{2+}\ (aq) + 2\ e^-$
Reduktion: $2\ Ag^+\ (aq) + 2\ e^- \longrightarrow 2\ Ag\ (s)$
Gesamtgleichung: $Pb\ (s) + 2\ Ag^+\ (aq) \longrightarrow Pb^{2+}\ (aq) + 2\ Ag\ (s)$

Lösungen zu „Ziel erreicht?“ Kapitel 7

A1 a) Oxidation: $2\ \overset{0}{Li}\ (s) \longrightarrow 2\ \overset{+I}{Li^+}\ (aq) + 2\ e^-$

Reduktion: $2\ \overset{+I}{H_2}\overset{-II}{O}\ (l) + 2\ e^- \longrightarrow \overset{0}{H_2}\ (g) + 2\ \overset{-II}{O}\overset{+I}{H^-}\ (aq)$

Gesamtgleichung: $2\ Li\ (s) + 2\ H_2O\ (l) \longrightarrow 2\ Li^+\ (aq) + 2\ OH^-\ (aq) + H_2\ (g)$

b) Nach der Redoxreihe der Metalle haben Lithium-Atome eine höhere Tendenz Elektronen abzugeben als Calcium-Atome. Calcium-Atome wiederum haben eine höhere Tendenz Elektronen abzugeben als Magnesium-Atome. Damit ergibt sich die folgende Reihenfolge nach sinkender Heftigkeit:
1. Reaktion von Lithium mit Wasser
2. Reaktion von Calcium mit Wasser
3. Reaktion von Magnesium mit Wasser

A2 a) und b)
In den Lösungen aus a) und b) lassen sich Eisen(III)-Ionen nachweisen. Die Eisen(II)-Ionen stellen hierbei jeweils das Ion des unedleren Elements dar. Daher reagieren diese in der Lösung als Reduktionsmittel und werden selbst zu Eisen(III)-Ionen oxidiert. In der Lösung aus c) ist Calcium unedler als Eisen. Demzufolge wird hier keine Reaktion beobachtet.

A3 Fe^{2+}/Fe^{3+} und Cu/Cu^{2+}
Fe^{2+}/Fe^{3+} und Au/Au^{3+}

B1

	Elektrodenmaterial				
Ionen in der Lösung	Na	Cr	Pb	Hg	Au
Na^+	–	–	–	–	–
Cr^{3+}	+	–	–	–	–
Pb^{2+}	+	+	–	–	–
Hg^{2+}	+	+	+	–	–
Au^{3+}	+	+	+	+	–

B2 a)

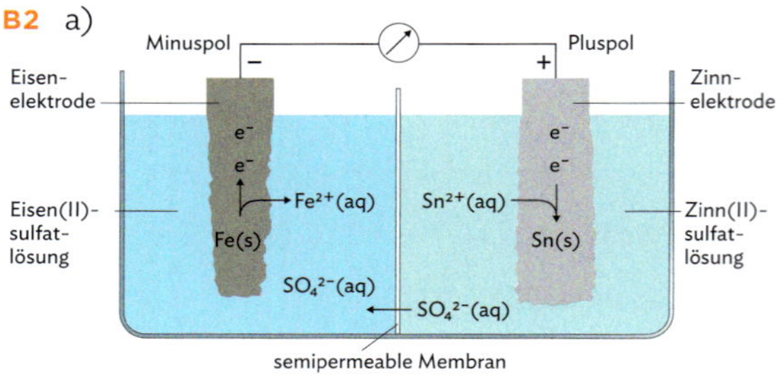

b) $Fe\ (s) \rightleftharpoons Fe^{2+}\ (aq) + 2\ e^-$

c)

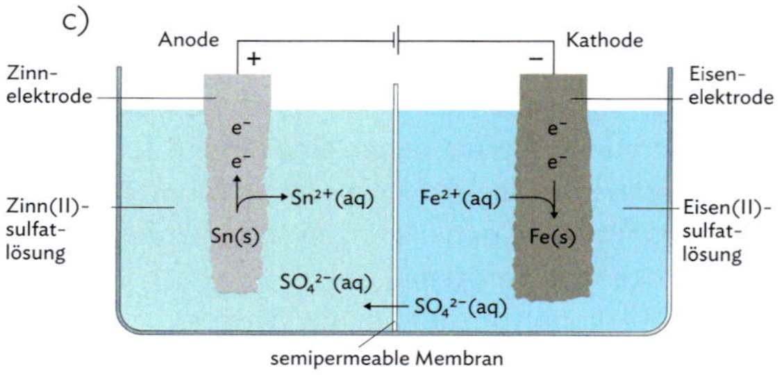

d) Beim Anlegen einer genügend hohen Spannung findet eine Wasserelektrolyse statt. Man beobachtet die Bildung von Wasserstoff als farblose Gasbläschen.

B3 a) Das Standardelektrodenpotenzial oder Redoxstandardpotenzial $E^0(Me/Me^{z+})$ eines Redoxpaares Me/Me^{z+} ist die gemessene Potenzialdifferenz zwischen dieser Halbzelle und der Standardwasserstoffhalbzelle unter Standardbedingungen (p = 1013 hPa, $c(H^+)$ = 1 mol/L) und bei Raumtemperatur (25 °C). Ein Redoxpaar, das gegenüber der Standardwasserstoffhalbzelle den negativen Pol bildet, erhält einen negativen Potenzialwert, eines, das den positiven Pol darstellt, einen positiven Potenzialwert.
Beispiel: Die Standardelektrodenpotenziale der Redoxpaare Zn/Zn^{2+} und Cu/Cu^{2+} werden ermittelt. Die Zinkhalbzelle stellt dabei den Minus-, die Kupferhalbzelle den Pluspol gegenüber der Standardwasserstoffelektrode dar. Dementsprechend betragen die Standardelektrodenpotenziale:
$E^0(Zn/Zn^{2+}) = -0{,}76$ V
$E^0(Cu/Cu^{2+}) = +0{,}35$ V

b) Da das Standardelektrodenpotenzial des Redoxpaares Ni/Ni^{2+} negativ ist, stellt es gegenüber der Standardwasserstoffhalbzelle den Minuspol dar. Es laufen die folgenden Reaktionen ab:
Minuspol: $Ni\ (s) \longrightarrow Ni^{2+}\ (aq) + 2\ e^-$
Pluspol: $2\ H^+\ (aq) + 2\ e^- \longrightarrow H_2\ (g)$

C1 a) Der Abstand zwischen zwei Redoxpaaren in der elektrochemischen Spannungsreihe ist ein Maß für die zu messende Spannung zwischen diesen beiden Halbzellen. Damit ergibt sich zwischen einer K/K^+- und Au/Au^{3+}-Halbzelle die größtmögliche Spannung, da diese beiden Redoxpaare in der elektrochemischen Spannungsreihe am weitesten auseinander stehen.

b) Die Halbzelle, deren Redoxpaar weiter oben in der elektrochemischen Spannungsreihe steht, bildet stets die Donator-Halbzelle. Damit bildet in der vorliegenden galvanischen Zelle die K/K^+-Halbzelle die Donator-Halbzelle, die Au/Au^{3+}-Halbzelle die Akzeptor-Halbzelle.

c) $U = \Delta E = E_A - E_D = +1{,}41\ V - (-2{,}92\ V) = +4{,}33\ V$

d) Bei zwei bekannten Halbzellenkombinationen kann die Spannung der dritten möglichen Kombination berechnet werden. Besteht bei der Halbzellenkombination $K/K^+//Au^{3+}/Au$ eine Zellspannung von 4,33 V, bei der Halbzellenkombination $K/K^+//Co^{2+}/Co$ eine Zellspannung von 2,69 V, dann muss bei der galvanischen Zelle mit der Halbzellenkombination $Co/Co^{2+}//Au^{3+}/Au$ eine Spannung von U = 4,33 V - 2,69 V = 1,64 V gemessen werden.

C2 a) Bei der Reaktion zwischen Elektrode und Elektrolyt handelt es sich um eine Gleichgewichtsreaktion, die dem Prinzip von LE CHATELIER folgt. Taucht ein Kupferblech in eine Kupfersalzlösung, stellt sich das folgende Gleichgewicht ein:
$Cu\ (s) \rightleftharpoons Cu^{2+}\ (aq) + 2\ e^-$
Wird die Lösung nun verdünnt, verringert sich die Konzentration der Kupfer-Ionen in Lösung. Dies verstärkt die Nachbildung von Kupfer-Ionen. Dadurch erhöht sich zusätzlich die

Anzahl überschüssiger negativer Ladungen im Kupferblech. Das Potenzial der Halbzelle verschiebt sich zu negativeren Werten und ein Stromfluss ist messbar.

b) Für die Berechnung ergibt sich unter Berücksichtigung, dass die Halbzelle mit der höheren Konzentration die Akzeptor-Halbzelle, die mit der niedrigeren Konzentration die Donator-Halbzelle darstellt, die folgende Gleichung:

$$U = \Delta E = E^0 + \frac{0{,}059\ \text{V}}{z} \cdot \lg c_A - E^0 + \frac{0{,}059\ \text{V}}{z} \cdot \lg c_D$$

$$= 0{,}059\ \frac{\text{V}}{2} \cdot \lg \left[\frac{0{,}1}{0{,}01}\ \text{mol/L}\right] = 0{,}03\ \text{V}$$

D1 Der Eisennagel ist auch nach Entnahme aus dem Ölbad mit einem Ölfilm überzogen. Der Ölfilm verhindert den Kontakt des Eisennagels mit dem in der Luft enthaltenen Sauerstoff, der zum Rosten benötigt wird.

D2 a) I: $Cu + 2\ HNO_3 + 2\ H_3O^+ \longrightarrow Cu^{2+} + 2\ NO_2 + 4\ H_2O$

II: $Cu + HNO_3 + H_3O^+ \longrightarrow Cu^+ + NO_2 + 2\ H_2O$

b) Die Kupferelektrode wird beschädigt und büßt dabei bei ihrer Funktion ein. Außerdem entwickeln sich unerwünschte Nebenprodukte (Stickstoffdioxid und Wasser), die zum Aufblähen des Akkus und zur weiteren Korrosion führen.

Lösungen zu „Startklar?" Kapitel 8

9P **A1** a) Wasserstoffperoxid Ammoniak Harnstoff

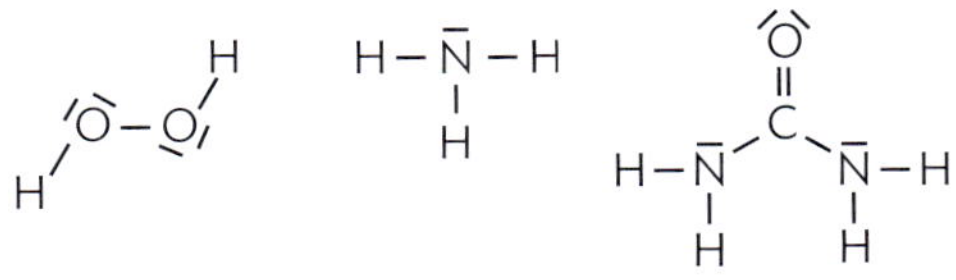

b) Die drei Moleküle Wasserstoffperoxid, Ammoniak und Harnstoff sind aufgrund ihrer polaren Bindungen und Molekülgeometrie polar. Sie alle können untereinander Dipol-Dipol-Wechselwirkungen und Wasserstoffbrücken ausbilden.

- Wasserstoffperoxid: Die beiden O–H-Bindungen im Wasserstoffperoxid-Molekül sind polar (Elektronegativitätsdifferenz = 3,5 – 2,1 = 1,4). Die positive Partialladung sitzt jeweils beim Wasserstoff-Atom, die negative Partialladung beim Sauerstoff-Atom. Aufgrund der verdrehten Molekülgeometrie gleichen sich die Partialladungen gegenseitig nicht aus und das Molekül ist insgesamt polar.
- Ammoniak: Die drei N–H-Bindungen im Ammoniak-Molekül sind polar (Elektronegativitätsdifferenz = 3,0 – 2,1 = 0,9). Die positive Partialladung sitzt jeweils beim Wasserstoff-Atom, die negative Partialladung beim Stickstoff-Atom. Aufgrund der pyramidalen Molekülgeometrie gleichen sich die Partialladungen gegenseitig nicht aus und das Molekül ist insgesamt polar.
- Harnstoff: Die vier N–H-Bindungen im Harnstoff-Molekül sind polar (Elektronegativitätsdifferenz = 3,0 – 2,1 = 0,9). Die zwei N–C-Bindungen sind ebenfalls polar, jedoch weniger ausgeprägt (Elektronegativitätsdifferenz = 3,0 – 2,5 = 0,5). Auch die O=C-Bindung ist polar, hier liegt die Elektronegativitätsdifferenz bei 3,5 – 2,5 = 1,0. Am Sauerstoff-Atom und den beiden Stickstoff-Atomen sitzt jeweils eine negative Partialladung, am Kohlenstoff-Atom und den vier Wasserstoff-Atomen sitzt jeweils eine positive Partialladung. Insgesamt gleichen sich die Partialladungen jedoch nicht aus: Das Harnstoff-Molekül ist polar.

c) Ammoniak (17 g/mol) ist bei Raumtemperatur gasförmig, Wasserstoffperoxid (34 g/mol) flüssig und Harnstoff (60 g/mol) fest. Neben der steigenden molekularen Masse der jeweiligen Moleküle spielen auch die zwischenmolekularen Wechselwirkungen bei den unterschiedlichen Aggregatzuständen der Stoffe eine Rolle. Je mehr Wasserstoffbrücken zwischen den Molekülen ausgebildet werden können, desto stärker die Anziehungskräfte und umso mehr Energie wird für den Übergang vom festen zum flüssigen bzw. gasförmigen Aggregatzustand benötigt. Harnstoff-Molekülke können mehr Wasserstoffbrücken ausbilden als Wasserstoffperoxid-Moleküle und diese mehr als Ammoniak-Moleküle, was die Aggregatzustände der Stoffe erklärt.

B1 Aktivierungsenergie ist die Energiemenge, die den Edukten einer Reaktion zugeführt werden muss, um sie in einen reaktionsfähigen Zustand zu versetzen. Reaktionsenergie ist die bei einer chemischen 4P

Reaktion aus der Umgebung aufgenommene oder an die Umgebung abgegebene Energie.

6P B2 Die beiden Energiediagramme zeigen den Energiegehalt der an der Reaktion beteiligten Stoffe (y-Achse) während des Reaktionsverlaufes (x-Achse). Das Energiediagramm a) zeigt eine endotherme Reaktion: Die Edukte (auf der linken Seite) weisen einen niedrigeren Energiegehalt als die Produkte auf. Es muss also Energie aus der Umgebung zugeführt werden. Das Energiediagramm b) zeigt eine exotherme Reaktion: Die Produkte (auf der rechten Seite) weisen einen geringeren Energiegehalt als die Edukte auf. Es wird also Energie in die Umgebung freigesetzt. Bei beiden Reaktionen muss zu Beginn Aktivierungsenergie zugeführt werden, um die Reaktion in Gang zu setzen.

4P B3 Knallgasprobe: Energiediagramm b) (exotherme Reaktion, Reaktionsenergie wird in Form von Schall und Wärme freigesetzt)
Elektrolyse von Wasser: Energiediagramm a) (endotherme Reaktion, Reaktionsenergie muss in Form von elektrischer Energie zugeführt werden)

2P B4 Ein Katalysator beschleunigt die Reaktion indem er einen Übergangszustand mit dem Edukt bldet, der eine niedrigere Aktivierungsenergie besitzt. Dadurch verläuft die Reaktion schneller. Man unterscheidet homogene und heterogene Katalyse.

12P C1

chem. Größe	Größen-zeichen	Einheit	Formel
Stoff-menge	n	mol	$n = \frac{m}{M}$ oder $n = c \cdot V$
Masse	m	g	$m = M \cdot n$
Molare Masse	M	g/mol	$M = \frac{m}{n}$
Konzen-tration	c	mol/L	$c = \frac{n}{V}$
Volumen	V	m^3 oder L	$V = V_m \cdot n$ oder $V = \frac{n}{c}$

C2 c(Natriumchloridlösung) = 0,5 mol/L; **3P**
$n(Na^+) = n(NaCl)$ = 0,35 mol

Gesucht: V(Natriumchloridlösung)

$c = \frac{n}{V} \Leftrightarrow V = \frac{n}{c}$

$V(\text{Natriumchloridlösung}) = \frac{0{,}35\ \text{mol}}{0{,}5\ \text{mol/L}}$
$= 0{,}7\ \text{L} = 700\ \text{mL}$

C3 V(Essigsäurelösung) = 100 mL **3P**
c(Essigsäurelösung) = 0,5 mol/L

Gesucht: m(Essigsäure)

$M = \frac{m}{n} \Leftrightarrow n = \frac{m}{M}$

$c = \frac{n}{V} = \frac{m}{M \cdot V} \Leftrightarrow m = c \cdot M \cdot V$

$m(\text{Essigsäure}) = 0{,}5\ \text{mol/L} \cdot 60{,}05\ \text{g/mol} \cdot 0{,}1\ \text{L} \approx 3{,}0\ \text{g}$

D1 Eisen ist prinzipiell brennbar: **3P**
Eisen + Sauerstoff ⟶ Eisenoxid.
Ob die Verbrennung in relevantem Umfang stattfindet, hängt vom Zerteilungsgrad des Stoffes ab: Eisenspäne weisen eine große Oberfläche auf, an der die Reaktion mit dem in der Luft befindlichen Sauerstoffgas gleichzeitig stattfinden kann. Im Gegensatz dazu besteht die Brandschutztür aus einem großen, massiven Block, bei dem nur die vergleichsweise wenigen Eisen-Atome an der Oberfläche mit Sauerstoff reagieren können, nicht aber die weiter innenliegenden Eisen-Atome im Block. Je feiner ein Stoff zerteilt ist, desto größer ist seine reaktionsfähige Oberfläche und desto stärker läuft eine chemische Reaktion ab.

18P E1

	Glimmspanprobe	Kalkwasserprobe	Knallgasprobe
a) Nachweis für	Sauerstoff	Kohlenstoffdioxid	Wasserstoff
b) Durchführung	Ein glimmender Holzspan wird in ein Reagenzglas mit dem zu untersuchenden Gas gehalten.	Das zu untersuchende Gas wird in eine gesättigte Calciumhydroxidlösung (Kalkwasser) geleitet.	Das zu untersuchende Gas wird in einem Reagenzglas mit der Öffnung nach unten an eine Zündquelle gehalten.
b) Beobachtung	Der Holzspan flammt hell auf.	Das Kalkwasser trübt sich.	Man hört einen Knall oder Plopp. Bei einem Wasserstoff-Luft-Gemisch ertönt ein Pfeifen.
c) Erklärung	Sauerstoff ist brandfördernd und entfacht den glimmenden Holzspan wieder.	Es bildet sich Kalk ($CaCO_3$), ein schwerlösliches Salz, das in Wasser eine Suspension bildet.	Die durch die exotherme Reaktion freigesetzte Wärme führt zur schnellen Volumenausdehnung, die eine Druckwelle hervorruft, welche als Geräusch hörbar ist.
d) Reaktionsgleichung		$Ca(OH)_2\ (s) + CO_2\ (g) \longrightarrow CaCO_3\ (s) + H_2O\ (l)$	$2\ H_2\ (g) + O_2\ (g) \longrightarrow 2\ H_2O\ (g)$

14P F1 a) Die Quartärstruktur des Hämoglobins besteht aus vier Peptid-Ketten, an die je eine Häm-Gruppe gebunden ist. Im Zentrum der Häm-Gruppe befindet sich ein Eisen(II)-Ion, welches Sauerstoff reversibel binden kann und mit dem freien Elektronenpaar der Stickstoff-Atome des Ringsystems eine koordinative Bindung eingeht.

b)

Strukturebene	Begriffserklärung	Zustandekommen durch ...
Primärstruktur	Aminosäuresequenz, d. h. die Reihenfolge der Aminosäure-Bausteine	Peptid-Gruppen
Sekundärstruktur	räumliche Anordnung einzelner Abschnitte einer Peptid-Kette, die sich regelmäßig wiederholen: α-Helix, β-Faltblatt	Wasserstoffbrücken zwischen der N–H-Gruppe des einen und der C=O-Gruppe eines anderen Aminosäure-Bausteins
Tertiärstruktur	gesamte dreidimensionale Architektur eines Protein-Moleküls durch weitere Bindungen und intramolekulare Wechselwirkungen	Ionenbindungen Disulfidbrücken Wasserstoffbrücken VAN-DER-WAALS-Wechselwirkungen
Quartärstruktur	Protein besteht aus mehreren Peptid-Ketten oder weist zusätzlich Bindungen bzw. intermolekulare Wechselwirkungen zu anderen Molekülen auf	Ionenbindungen Disulfidbrücken Wasserstoffbrücken VAN-DER-WAALS-Wechselwirkungen

c) Das Bändermodell des Hämoglobin-Moleküls zeigt die Strukturebenen von der Sekundärstruktur (sichtbar durch die schraubenförmig gewundenen α-Helix-Abschnitte) bis hin zur Quartärstruktur (vier Peptid-Ketten). Grundsätzlich ist allerdings durch die einheitliche Farbgebung des Bändermodells nur schwer zu erkennen, dass es sich um vier Peptid-Ketten handelt. Lediglich die Primärstruktur, d. h. Aminosäuresequenz der Peptid-Ketten, ist in dem Bändermodell nicht dargestellt.

Lösungen zu „Ziel erreicht?“ Kapitel 8

A1 a) $Zn\ (s) + 2\ H_3O^+\ (aq) + 2\ Cl^-\ (aq) \longrightarrow Zn^{2+}\ (aq) + 2\ Cl^-\ (aq) + 2\ H_2O\ (l) + H_2\ (g)$

b) Die Reaktionsgeschwindigkeit beschreibt die Änderung der Stoffmenge bzw. der Stoffmengenkonzentration eines Reaktanten in einem bestimmten Zeitintervall. Die Reaktionsgeschwindigkeit der oben aufgeführten Reaktion lässt sich messen durch

- das Auffangen des Wasserstoffgases und das Aufzeichnen der Zunahme des Wasserstoffvolumens oder
- durch das Messen des pH-Werts der Salzsäurelösung und das Aufzeichnen der Abnahme der Oxonium-Ionenkonzentration

c) Die Reaktion lässt sich beschleunigen durch
- Erwärmen der Lösung (bewirkt schnellere Bewegung der Teilchen und erhöht so den Anteil der Teilchen, die die Mindestenergie für eine Reaktion aufweisen)
- Verwendung einer höher konzentrierten Salzsäurelösung (erhöht die Wahrscheinlichkeit eines Zusammenstoßes zwischen Zink-Atomen und Oxonium-Ionen),
- Zugabe von mehr Zinkspänen (erhöht die Wahrscheinlichkeit eines Zusammenstoßes zwischen Zink-Atomen und OxoniumIonen)
- Verwendung von Zinkpulver statt Zinkspänen (bietet eine größere Oberfläche für die gleichzeitige Reaktion der Zink-Atome mit den Oxonium-Ionen an mehreren Stellen).

A2 a) 1. Je höher die Temperatur, desto höher ist die Reaktionsgeschwindigkeit.
2. Je höher die Konzentration, desto höher ist die Reaktionsgeschwindigkeit.
3. Je höher der Zerteilungsgrad eines Ausgangsstoffes, desto höher ist die Reaktionsgeschwindigkeit.
4. Je höher der Druck bei einer Gasreaktion, desto höher ist die Reaktionsgeschwindigkeit.

b) Die Reaktionsgeschwindigkeit steigt, wenn es zu mehr wirksamen Zusammenstößen kommt. Dies geschieht durch:
1. Erhöhung der Temperatur und damit der kinetischen Energie der Teilchen
2. höhere Konzentration und damit höhere Teilchenanzahl im gleichen Volumen
3. größeren Zerteilungsgrad und dadurch größere Kontaktoberfläche der Teilchen
4. höheren Druck und damit gleiche Teilchenanzahl in geringerem Volumen

B1 a) $C_4H_9Cl + H_2O \longrightarrow C_4H_9OH + HCl$

b) Die mittlere Reaktionsgeschwindigkeit entspricht der Konzentrationsänderung eines Produktes in einem bestimmten Zeitintervall.

$$t(0\,s...300\,s) - \frac{c(300\,s) - c(0\,s)}{t_2 - t_1} = \frac{0{,}0451\,\frac{mol}{L} - 0\,\frac{mol}{L}}{300\,s - 0\,s}$$
$$= 1{,}5 \cdot 10^{-4}\,\frac{mol}{L \cdot s}$$

$$t(500\,s...800\,s) = \frac{c(800\,s) - c(500\,s)}{t_2 - t_1} = \frac{0{,}0800\,\frac{mol}{L} - 0{,}0632\,\frac{mol}{L}}{800\,s - 300\,s} = \frac{0{,}0168\,\frac{mol}{L}}{500\,s} = 3{,}36 \cdot 10^{-5}\,\frac{mol}{L \cdot s}$$

c) $1{,}5 \cdot 10^{-4}\,\frac{mol}{L \cdot s} > 3{,}36 \cdot 10^{-5}\,\frac{mol}{L \cdot s}$

Zu Beginn der Reaktion ist die Reaktionsgeschwindigkeit höher als zum Ende der Reaktion. Am Anfang der Reaktion ist die Eduktkonzentration sehr hoch. Daraus resultiert eine sehr hohe Wahrscheinlichkeit von wirksamen (reaktiven) Zusammenstößen der Eduktteilchen. Mit der Zeit nimmt die Produktkonzentration durch den Stoffumsatz zu und die Konzentration der Eduktteilchen sinkt. Die Wahrscheinlichkeit wirksamer Zusammenstöße zwischen den Eduktteilchen nimmt demzufolge ab. Das äußert sich in einer abnehmenden Reaktionsgeschwindigkeit.

d)
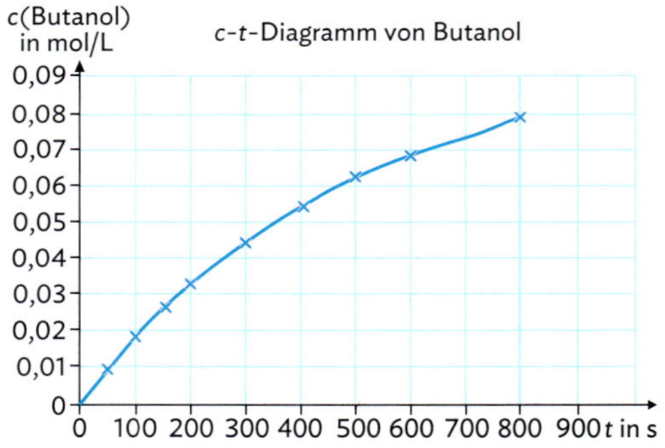

e) Vorgehen zur Bestimmung der Momentangeschwindigkeit:
- Erstellen eines *c*-*t*-Diagramms
- Anlegen der Tangente, der Schnittpunkt entspricht dem untersuchten Zeitpunkt
- Ermitteln des Anstiegs der Tangente mithilfe des Steigungsdreiecks
- Anstieg der Tangente m = Momentangeschwindigkeit v

$$m = \frac{\Delta y}{\Delta x} = \frac{y_2 - y_1}{x_2 - x_1} \triangleq v$$

f) 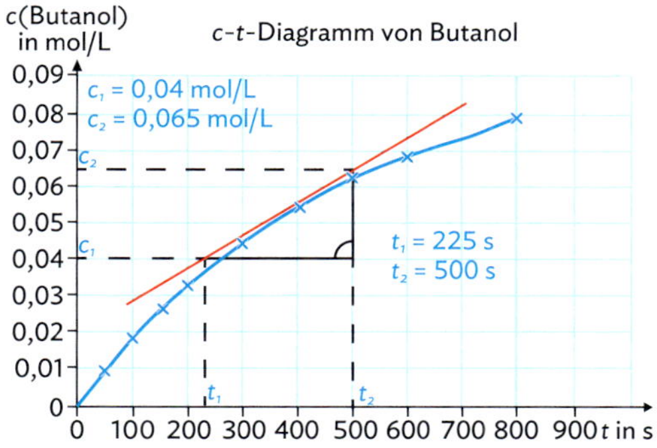

$$t(400\,\text{s}) = \frac{c_2 - c_1}{t_2 - t_1} = \frac{0{,}065\,\frac{\text{mol}}{\text{L}} - 0{,}04\,\frac{\text{mol}}{\text{L}}}{500\,\text{s} - 250\,\text{s}} = \frac{0{,}025\,\frac{\text{mol}}{\text{L}}}{275\,\text{s}}$$
$$= 0{,}91 \cdot 10^{-5}\,\frac{\text{mol}}{\text{L} \cdot \text{s}}$$

C1 a) $C_4H_{10} + Cl_2 \xrightarrow[\text{Aluminiumoxid}]{\vartheta = 200\,°\text{C},} C_4H_9Cl + HCl$

b) Die Wahl einer höheren Temperatur (ϑ = 200 °C) führt zur Erhöhung der Reaktionsgeschwindigkeit und damit zu einer höheren Produktkonzentration in vergleichbarer Zeit. Die Zugabe von Aluminiumoxid bewirkt eine weitere Erhöhung der Reaktionsgeschwindigkeit durch Katalyse.

c) Aluminiumoxid dient in der Reaktion als Katalysator. Die Reaktionsgeschwindigkeit wird durch die Bildung eines Übergangszustandes mit geringerer Aktivierungsenergie erhöht

d) Beide Strukturen enthalten vier Kohlenstoff- und neun Wasserstoff-Atome sowie ein Chlor-Atom. In beiden Molekülen sind die Kohlenstoff-Atome über Einfachbindungen miteinander verknüpft. Der Unterschied besteht in der Stellung des Chlor-Atoms, das entweder am ersten oder am zweiten Kohlenstoff-Atom gebunden ist. Während im 2-Chlorbutan-Molekül zwei endständige Methyl-Gruppen vorhanden sind und das chloratomtragende Kohlenstoff-Atom ein Wasserstoff-Atom gebunden hat, gibt es im 1-Chlorbutan-Molekül nur eine endständige Methyl-Gruppe und das chloratomtragende Kohlenstoff-Atom hat zwei Wasserstoff-Atome gebunden.

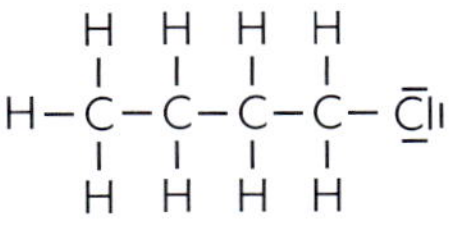
1-Chlorbutan

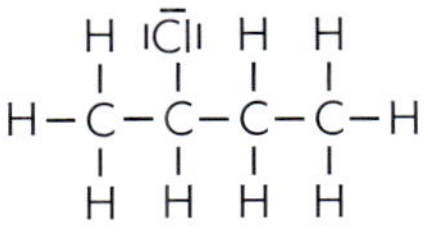
2-Chlorbutan

e) Bei der Reaktion entsteht Chlorwasserstoffgas, das sehr gut mit Wasser zu Salzsäure reagiert. Dadurch würde dem Reaktionsgemisch ein Produkt entzogen, wodurch dieses nachgebildet würde. Bei der Nachbildung von Chlorwasserstoff entsteht auch immer das gewünschte organische Reaktionsprodukt.

D1 Merkmale von Katalysatoren:
1. beschleunigen die chemische Reaktion
2. schlagen neue Reaktionswege ein
3. verringern die Aktivierungsenergie
4. liegen nach der Reaktion wieder unverändert vor
5. wirken in geringsten Mengen
6. wirken selektiv

D2 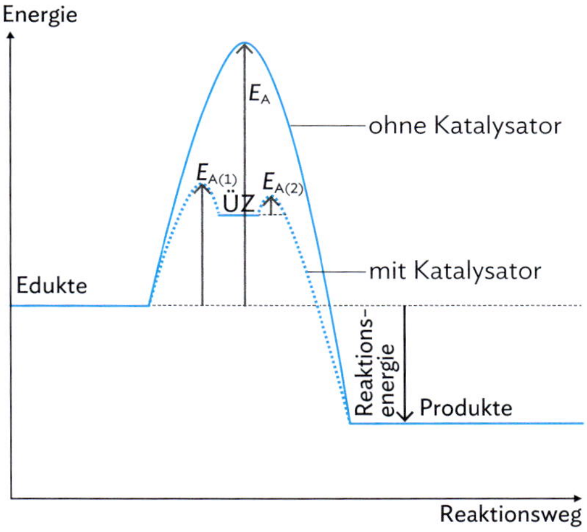

Ein Katalysator bildet mit einem Edukt vorübergehend einen Zwischenkomplex (Übergangszustand), dessen Aktivierungsenergie geringer ist, als die Aktivierungsenergie der eigentlichen Reaktion. Dadurch kann die Reaktion schneller stattfinden und es muss weniger Energie zum Start der Reaktion aufgewendet werden. Der Katalysator verändert jedoch nicht die Energie der Edukte oder Produkte. Er liegt nach der Reaktion wieder unverändert vor.

D3 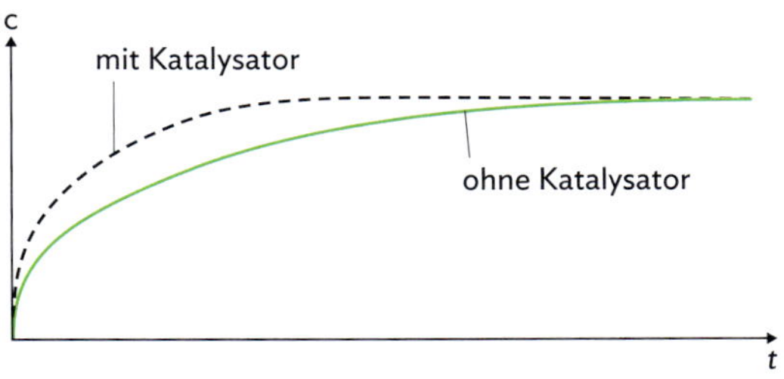

Mit Katalysator stellt sich die Gleichgewichtskonzentration schneller ein, doch die Lage des Gleichgewichts ändert sich nicht.

E1 Enzyme sind Proteine oder Peptide, die Reaktionen im Körper ermöglichen, die sonst nur bei höheren Temperaturen ablaufen würden. Sie bilden einen Enzym-Substrat-Komplex, der eine geringere Aktivierungsenergie besitzt. Enzyme sind sehr spezifisch auf ihr Substrat (Schlüssel-Schloss-Prinzip). Nach der Reaktion liegen sie, wie Katalysatoren, wieder unverändert vor.
E (Enzym) + S (Substrat) ⟶ E-S (Enzym-Substrat-Komplex) ⟶ E + P (Produkt)

E2 a) Die Enzymaktivität kann durch Temperaturerhöhung (RGT-Regel) oder Änderung des pH-Wertes zum pH-Optimum des Enzyms erhöht werden. Entfernt sich der pH-Wert vom Optimum des Enzyms, denaturiert man es durch Hitze oder Lösemittel oder setzt man Inhibitoren zur kompetitiven Hemmung ein, wird die Enzymaktivität verringert
b) Bei steigender Temperatur (rote Kurve) nimmt die Enzymaktivität zunächst zu (blaue Kurve). Jedoch beginnen bei steigenden Temperaturen die Proteine auch zu denaturieren (grüne Kurve). Bei Temperaturen oberhalb von 40 °C ist die Denaturierung so stark, dass die Enzymaktivität nicht aufrechterhalten werden kann.

F1 Autokatalyse ist eine positive Rückkopplung, bei der der Katalysator ein Reaktionsprodukt der von ihm selbst katalysierten chemischen Reaktion ist.

F2 a)

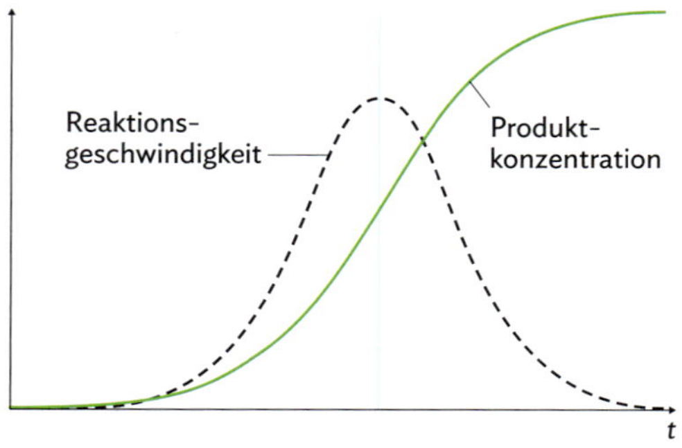

b) Die Reaktionsgeschwindigkeit ist zuerst langsam und es wird wenig Produkt gebildet. Durch die Entstehung des Produktes nimmt die Reaktionsgeschwindigkeit zu und es wird schnell mehr Produkt gebildet. Durch geringere Eduktkonzentration nimmt die Reaktionsgeschwindigkeit schließlich wieder ab, und die Gleichgewichtskonzentration des Produktes stellt sich ein.

Lösungen zu „Startklar?“ Kapitel 9

A1 a) In chemischer Form (in den Stoffen des Kerzenwachses) gespeicherte Energie; Energie in Form von Licht und Wärme **12P**
b) In chemischer Form (in den Stoffen der Knicklichtfüllung) gespeicherte Energie; Energie in Form von Licht
c) Elektrische Energie; chemische Energie, die in den an den Elektroden gebildeten Stoffen Zink und Iod steckt
d) In chemischer Form (in den Stoffen des Reaktionsgemischs im Reagenzglas) gespeicherte Energie; mechanische Arbeit (Aufblähen des Luftballons)
(*Hinweis*: Ein Teil der in chemischer Form gespeicherten Energie wird bei der Reaktion auch in Form von Wärme freigesetzt.)
e) In chemischer Form (in den Stoffen der Zitrone bzw. den Elektrodenmetallen) gespeicherte Energie; elektrische Arbeit (Stromfluss im elektrischen Leiter); Energie in Form von Licht
(*Hinweis*: Energie in Form von Wärme tritt bei Dioden nur in sehr geringem Umfang auf.)

B1 **4P**
- exotherme Reaktion: läuft (ggf. nach anfänglicher energetischer Aktivierung) von alleine ab; verläuft unter Freisetzung von Energie (in verschiedenen Erscheinungsformen)
- endotherme Reaktion: läuft nur ab, so lange Energie zugeführt wird; kommt bei Wegfall der Energiezufuhr zum Erliegen

B2 **4P**
- exotherm: a, b, d, e
  → Energie wird bei der Reaktion freigesetzt
- endotherm: c
  → Energie wird für die Reaktion benötigt

B3 a) In chemischer Form (in den Stoffen des Reaktionsgemischs im Reagenzglas) gespeicherte **5P**

Energie; Energie in Form von Wärme (ggf. Energie in Form von mechanischer Arbeit bzw. Schall)

b) Exotherme Reaktion, da sie nach anfänglicher Zündung auch ohne weitere Energiezufuhr weiterläuft und dabei Energie freigesetzt wird.

c) Chemische Reaktionen sind prinzipiell umkehrbar, die Umkehrreaktionen exothermer Reaktionen verlaufen stets endotherm. → Zufuhr von mindestens dem Energiebetrag, der bei der exothermen Reaktion freigesetzt wurde, durch z. B. starke Erwärmung des Reaktionsprodukts.

9P C1 a)

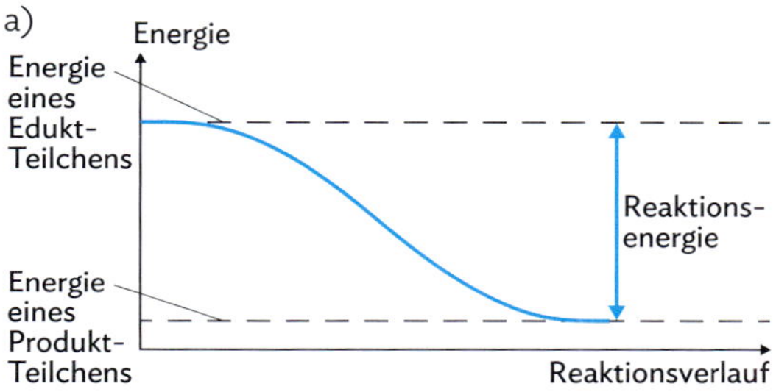

b)

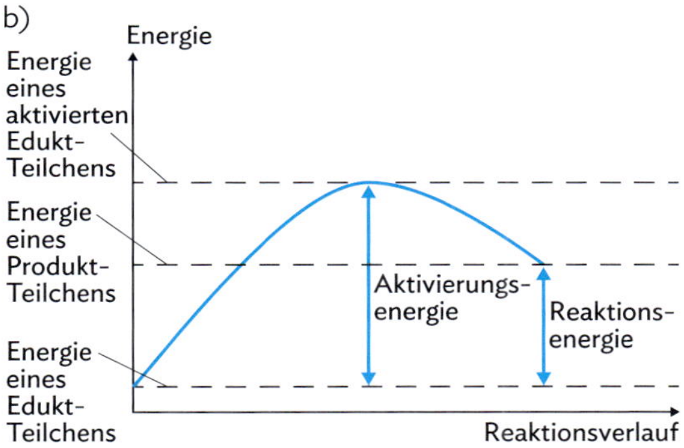

c)

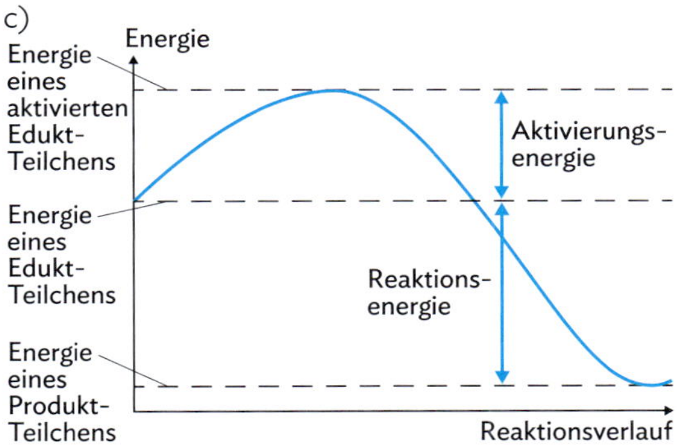

6P C2
- Aussage „Auf der x-Achse eines Energiediagramms muss die Zeit stehen.“: Diese Aussage ist falsch. Es ist unmöglich, zu sagen, zu welchem Zeitpunkt die Teilchen einer Stoffportion reaktionsbereit sind, also die nötige Aktivierungsenergie besitzen.
- Aussage „Die x-Achse eines Energiediagramms bezieht sich auf ein einzelnes Teilchen“: Diese Aussage ist richtig. Der im Diagramm gezeigte Energieverlauf gilt für ein Durchschnitts-Teilchen in einer bestimmten Stoffportion. Der Energieverlauf einiger Teilchen in dieser Portion sieht ggf. anders aus, weil diese bereits von Beginn an reaktionsbereit sind.
- Aussage „Die x-Achse eines Energiediagramms beschreibt den Weg von den Ausgangsstoffen zu den Reaktionsprodukten einer Reaktion.“: Diese Aussage ist in Anknüpfung an die vorangegangene Aussage falsch. Denn die Energieverläufe der einzelnen Teilchen in einer Stoffportion sehen, je nach individueller Anfangsenergie der einzelnen Teilchen, unterschiedlich aus.

D1 a) Übertragung von Energie in Form von Wärme auf Teilchen im Zündgemisch am Streichholzkopf macht diese reaktionsbereit. **6P**

b) Übertragung von Energie in Form von energiereicher Strahlung auf Teilchen im Gasgemisch macht diese reaktionsbereit.

c) Übertragung von mechanischer Energie auf Teilchen im Iodstickstoffpulver macht diese reaktionsbereit.

Lösungen zu „Ziel erreicht?“ Kapitel 9

A1 Thermoskanne → isoliertes System, da durch Verschluss kein Stoffaustausch und durch Isolierung im Idealfall kein Energieaustausch mit der Umgebung stattfinden kann.
Wasserflasche → geschlossenes System, da durch Verschluss kein Stoffaustausch mit der Umgebung, aber über die Wandung ein Energieaustausch mit der Umgebung möglich ist.
Kerze → offenes System, da sowohl ein Stoff- als auch Energieaustausch mit der Umgebung möglich ist.

B1 a)

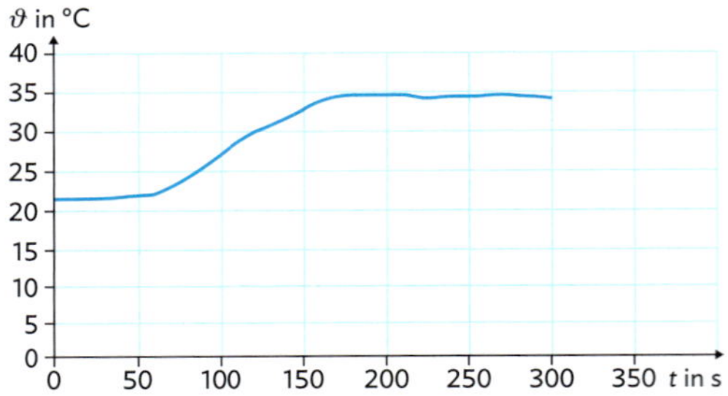

Ermittlung der korrekten Temperaturdifferenz: ca. 13,2 C.

b) $Q = (C_K + c_W \cdot m_W) \cdot \Delta T = 28\,974\ J \approx 28{,}97\ kJ$

c) $\Delta_c H = -Q = -28{,}97\ kJ$

$\Delta_c H_m$
$= -Q/n_{Kohlenstoff} = -28{,}97\ kJ/(1\ g / 12{,}01\ g/mol)$
$= -347{,}93\ kJ/mol$

d) Literaturwert: $\Delta_c H_m = -394\ kJ/mol$

Mögliche Gründe für die Abweichung, z. B.:

- unvollständige Verbrennung der Kohlenstoff-Portion im Kalorimeter, dadurch zu geringe Wärmemenge auf Kalorimeterwasser übertragen und damit zu geringe Temperaturdifferenz im Kalorimeterwasser messbar.
- unvollständige Übertragung der freigesetzten Energie in Form von Wärme von Reaktionsprodukten auf Kalorimeterwasser (gasförmige Reaktionsprodukte entweichen ohne vollständige Abkühlung aus der Apparatur), dadurch zu geringe Temperaturdifferenz im Kalorimeterwasser messbar.

C1 a) $\Delta_r H = -1202\ kJ$

b) $\Delta_r H = -19\ kJ$

c) $\Delta_r H = -40{,}5\ kJ$

d) $\Delta_r H = -22\ kJ$

C2 Kombination beider Reaktionsgleichungen zur Bildungsreaktion von Kohlenstoffmonooxid (dazu muss Gleichung 2 umgekehrt werden, wodurch sich auch das Vorzeichen der entsprechenden molaren Reaktionsenthalpie umkehrt); anschließend Addition der Reaktionsenthalpien:

(1)	$C + O_2 \longrightarrow CO_2$	$\Delta_r H_m = -394\ kJ/mol$
(2)	$CO_2 \longrightarrow CO + ½\ O_2$	$\Delta_r H_m = +282\ kJ/mol$
(1) + (2)	$C + ½\ O_2 \longrightarrow CO$	$\Delta_r H_m = -112\ kJ/mol = \Delta_f H^0{}_m(CO)$

C3 Aufstellen der Reaktionsgleichungen für beide beschriebenen Reaktionen:

(1) $C_3H_8 + O_2 \longrightarrow C_3H_6O + H_2O$
(2) $C_3H_6O + 4\ O_2 \longrightarrow 3\ CO_2 + 3\ H_2O$

Addition der beiden Reaktionsgleichungen zur Verbrennungsgleichung von Propan:

(1) + (2) $C_3H_8 + 5\ O_2 \longrightarrow 3\ CO_2 + 4\ H_2O$

Berechnung der molaren Reaktionsenthalpie aus der Reaktionsenthalpie von Reaktion (1) und der Stoffmenge des eingesetzten Propans:

$n = m/M = 10\ g / 44\ g/mol \approx 0{,}23\ mol$

$\Delta_r H_m = -85\ kJ / 0{,}23\ mol \approx -374\ kJ/mol$

Berechnung der molaren Verbrennungsenthalpie von Propan durch Addition der molaren Reaktionsenthalpien der Reaktionen (1) und (2):

$\Delta_c H_m = -374\ kJ/mol + (-1848\ kJ/mol)$
$= -2\,222\ kJ/mol$

D1 $\Delta_r S = Q/T = 20\ kJ / 298{,}15\ K = 20\,000\ J / 298{,}15\ K \approx 67{,}1\ J/K$

D2 Mit Blick auf die den Teilchen jeweils zur Verfügung stehenden Bewegungsmöglichkeiten sind die an den Reaktionen beteiligten Feststoffe bzw. Flüssigkeiten vernachlässigbar. Für die Entropieänderung im Verlauf eines Prozesses ist in erster Näherung entscheidend, ob und inwiefern sich die Menge an Gas-Teilchen dabei verändert, da den Stoff-Teilchen im gasförmigen Aggregatzustand des jeweiligen Stoffes die bei weitem größte Anzahl an Bewegungsmöglichkeiten zur Verfügung steht.

a) Stoffmenge an Gas-Teilchen ändert sich im Reaktionsverlauf nicht (pro Mol verbrauchter Sauerstoff-Moleküle werden 1 mol Kohlenstoffdioxid-Moleküle gebildet). → vermutlich keine oder nur geringfügige Entropieänderung: $\Delta_r S \approx 0\ J/K$

b) Pro Mol gebildeten Feststoff-Teilchens werden 2 mol Gas-Teilchen ohne Neubildung von Gas-Teilchen verbraucht. → vermutlich Entropieabnahme im Reaktionsverlauf: $\Delta_r S < 0\ J/K$

c) Pro Mol gebildeten Flüssigkeits-Teilchens wird 1 mol Gas-Teilchen ohne Neubildung von Gas-Teilchen verbraucht. → vermutlich Entropieabnahme im Reaktionsverlauf: $\Delta_r S < 0\ J/K$

d) Aus der Umsetzung von 2 mol Feststoff-Teilchen gehen 7 mol Gas-Teilchen hervor. → vermutlich starke Entropiezunahme im Reaktionsverlauf: $\Delta_r S > 0$ J/K

D3 Überprüfung der Schätzungen aus **D2** durch Berechnung der jeweiligen Standardreaktionsentropie $\Delta_r S^0$ mit dem Satz von HESS mithilfe tabellierter Werte:

a) $\Delta_r S^0 = +3$ J/K ≈ 0 J/K → Schätzung bestätigt
b) $\Delta_r S^0 = -285$ J/K < 0 J/K → Schätzung bestätigt
c) $\Delta_r S^0 = -170$ J/K < 0 J/K → Schätzung bestätigt
d) $\Delta_r S^0 = +1043$ J/K > 0 J/K → Schätzung bestätigt

E1
- exergonischer Vorgang: Vorgang, dessen freie Reaktionsenthalpie bei gegebener Temperatur negativ ist; kann bei gegebener Temperatur selbsttätig ablaufen
- endergonischer Vorgang: Vorgang, dessen freie Reaktionsenthalpie bei gegebener Temperatur positiv ist; läuft bei gegebener Temperatur nicht selbsttätig ab

E2 Jeweils Berechnung der entsprechenden Reaktionsenthalpie und -entropie mit dem Satz von HESS; näherungsweise Berechnung der freien Standardreaktionsenthalpie bei 25 °C bzw. bei 100 °C mithilfe der GIBBS-HELMHOLTZ-Gleichung aus den Enthalpie- und Entropiewerten:

a) $\Delta_r H^0 = -54{,}9$ kJ/mol; $\Delta_r S^0 = -176$ J/K
→ $\Delta_r G^0 = -2{,}43$ kJ/mol (bei 25 °C)
bzw. $\Delta_r G^0 = +10{,}77$ kJ/mol (bei 100 °C)
→ exergonisch bei 25 °C, endergonisch bei 100 °C

b) $\Delta_r H^0 = -198$ kJ/mol; $\Delta_r S^0 = -187$ J/K
→ $\Delta_r G^0 = -142{,}25$ kJ/mol (bei 25 °C)
bzw. $\Delta_r G^0 = -128{,}22$ kJ/mol (bei 100 °C)
→ bei beiden Temperaturen exergonisch

c) $\Delta_r H^0 = -606$ kJ/mol; $\Delta_r S^0 = -268{,}8$ J/K
→ $\Delta_r G^0 = -525{,}86$ kJ/mol (bei 25 °C)
bzw. $\Delta_r G^0 = -505{,}70$ kJ/mol (bei 100 °C)
→ bei beiden Temperaturen exergonisch

Lösungen zu „Startklar?" Kapitel 10

A1 a) Kathode: Cu^{2+} (aq) + 2 e^- ⟶ Cu (s) **8P**
Anode: 2 Cl^- (aq) ⟶ Cl_2 (g) + 2 e^-

b) Reduktion
Cu^{2+} (aq) + 2 Cl^- (aq) Cu (s) + Cl_2 (g)
Oxidation

Reduktionsmittel: Chlorid-Anionen
Oxidationsmittel: Kupfer(II)-Kationen

c) An der Kathode scheidet sich ein rötlicher Feststoff ab, es entsteht elementares Kupfer. An der Anode entstehen Gasbläschen, die auf die Entstehung von Chlor hindeuten.

A2 Kathode: 4 H_3O^+ (aq) + 4 e^- ⟶ 2 H_2 (g) + 4 H_2O (l) **3P**
Anode: 4 OH^- (aq) ⟶ O_2 (g) + 2 H_2O (l) + 4 e^-
Gesamtgleichung: 4 H_3O^+ (aq) + 4 OH^- (aq)
⟶ 2 H_2 (g) + O_2 (g) + 6 H_2O (l)

A3 a) **9P**

Galvanische Zelle	Elektrolyse
Es findet eine Redoxreaktion statt, bei der die Oxidation von der Reduktion räumlich getrennt abläuft.	Es findet eine Redoxreaktion statt, bei der die Oxidation von der Reduktion räumlich getrennt abläuft.
An der Anode läuft die Oxidation ab und an der Kathode die Reduktion.	An der Anode läuft die Oxidation ab und an der Kathode die Reduktion.
Chemische Energie wird in elektrische Energie umgewandelt.	Durch elektrische Spannung läuft eine Redoxreaktion ab.
Die Redoxreaktion läuft freiwillig ab.	Die Redoxreaktion wird erzwungen.
Die Oxidation findet am Minuspol, die Reduktion am Pluspol statt.	Die Oxidation findet am Pluspol, die Reduktion am Minuspol statt.

b) Im Gegensatz zu Batterien können Akkumulatoren wieder aufgeladen werden. Durch Anlegen einer äußeren, der Zellspannung entgegengesetzten Spannung, werden die in der Zelle ablaufenden Redoxreaktionen umgekehrt. Dies wird als Elektrolyse bezeichnet. In einem Akkumulator kann durch Elektrolyse die Ausgangssituation wiederhergestellt werden, während Batterien durch eine Elektrolyse irreparabel beschädigt werden. Aufgrund der Wahl von Elektroden und Elektrolyten finden hier Zersetzungsvorgänge statt.

3P **B1** a) Addition
b) Redoxreaktion
c) Veresterung

3P **B2** a) Kohlenstoff-Atom, an das die Hydroxy-Gruppe des Alkohols bindet: –I
Kohlenstoff-Atom der Aldehyd-Gruppe des Aldehyds: +I
b) Da sich die Oxidationszahl des Kohlenstoff-Atoms der funktionellen Gruppe ändert, handelt es sich um eine Redoxreaktion.

6P **C1** Fett-Moleküle sind aus Glycerin-Molekülen aufgebaut, die an ihren Hydroxy-Gruppen jeweils mit drei Fettsäure-Resten verestert vorliegen. Die Fettsäureketten können innerhalb eines Fettes unterschiedlich sein, somit sind Fette Stoffgemische. Die Kettenlänge der Fettsäuren, die Anzahl an Doppelbindungen in den Fettsäuren (gesättigte, ungesättigte oder mehrfach ungesättigte Fettsäuren) und deren Art (*cis*- oder *trans*-Doppelbindungen) beeinflussen die Eigenschaften des Fetts maßgeblich.

6P **C2** Vor der Fetthärtung liegt ein fettes Öl vor, da in den Fettsäure-Resten der Moleküle viele Doppelbindungen vorliegen. Durch die cis-Isomerie an der Doppelbindung ist nur eine vergleichsweise schwache Wechselwirkung zwischen den Molekülen möglich und der Schmelzbereich des fetten Öls somit vergleichsweise niedrig.
Nach der Fetthärtung liegt ein festes Fett vor, da keine Doppelbindungen in den Fettsäure-Resten der Moleküle mehr vorhanden sind. Die Fett-Moleküle können daher gut miteinander wechselwirken. Dadurch ist der Schmelzbereich deutlich höher als vor der Fetthärtung.

4P **C3** Bei der Umesterung handelt es sich um eine Reaktion von Fetten oder fetten Ölen, bei denen die Estergruppen zwischen Glycerin und Fettsäure gespalten und neue Esterbindungen zwischen einem anderen Alkohol und den Fettsäuren gebildet werden. Als Produkte entstehen drei Fettsäureester und Glycerin. Die Reaktion wird durch eine Base katalysiert.

D1 Seifen werden durch alkalische Hydrolyse in der Verseifungsreaktion hergestellt. Dabei werden natürliche Fette mit Natron- oder Kalilauge erhitzt. Man erhält so als Reaktionsprodukte die Natrium- bzw. Kaliumsalze der Fettsäuren, die als Seifen bezeichnet werden, und Glycerin. 4P

D2 Tenside sind nach dem Kopf-Schwanz-Modell aufgebaut. Der Kopf wird als hydrophiler Teil eines Tensids aus einer polaren funktionellen Gruppe gebildet. Der Schwanz wird durch einen unpolaren, hydrophoben Alkyl-Rest in der Molekülstruktur dargestellt. Bei Seifen aus Fetten bildet der Alkyl-Rest der Fettsäure den unpolaren Schwanz und die Carboxy-Gruppe den polaren Kopf. 4P

D3 Seifen-Moleküle richten sich an Grenzflächen entsprechend ihrer Struktur aus. So können Sie sich mit dem hydrophilen Kopf zum Wasser und dem hydrophoben Schwanz zum Fettschmutz ausrichten. Aufgrund der Wechselwirkung mit dem Schmutz wird dieser abgelöst, daher sind Tenside waschaktiv. Die emulgierende Wirkung beruht auf der Bildung von Micellen in wässrigen Lösungen, bei denen die polaren Köpfe nach außen und die unpolaren Schwänze nach innen gerichtet sind. Im Inneren der Micelle können Fett-Teilchen aufgenommen und damit in der wässrigen Lösung gehalten werden. 4P

E1 Stärke ist ein Makromolekül, welches aus vielen α-D-Glucose-Monomereinheiten aufgebaut ist. Stärke besteht dabei zu 20 – 30 % aus der linearen wasserlöslichen Amylose, in der die Monomereinheiten nur α-1,4-glycosidisch verknüpft sind, und zu 70 – 80 % aus dem wasserunlöslichen Amylopektin, bei dem die α-1,4-glycosidisch verknüpften Ketten zusätzlich mit α-1,6-glycosidischen Bindungen vernetzt sind. 7P
Stärke ist ein Speicherstoff für Glucose in Pflanzen und damit ein wichtiges Kohlenhydrat in der Ernährung, aus dem Glucose für die Energiebereitstellung gewonnen werden kann.

E2 Nutzung in biobasierten Kunststoffen: 7P
Herstellung von Thermoplastischer Stärke
Umsetzung zu Polymilchsäure

Lösungen zu „Ziel erreicht?“ Kapitel 10

A1 a) Lithium-Ionen-Akkumulatoren existieren in verschiedenen Bauweisen. Der Pluspol setzt sich aus einem aktiven Teil aus einem Mischmetalloxid, welches Lithium enthält, und einer Ableitelektrode (z. B. aus Graphit oder Aluminium) zusammen. Der aktive Teil im Minuspol wird von Graphit gebildet, die Ableitelektrode besteht z. B. aus Kupfer. Getrennt sind die Elektronen durch einen Separator, der den Übergang von Elektronen und somit einen Kurzschluss verhindert. Als Elektrolyt dienen z. B. Lithiumsalze in einem organischen Lösemittel.

b) Beim Laden geben die Metall-Ionen des Mischmetalloxids Elektronen ab, die im Graphitgitter aufgenommen werden. Dadurch werden aus dem Metalloxid Lithium-Ionen abgegeben, die durch den Separator zum Minuspol wandern und dort in das Graphit eingelagert werden. Beim Entladen werden die Lithiumionen wieder freigesetzt und bewegen sich zum Pluspol, wo sie wieder in das Mischmetalloxid eingelagert werden. Dadurch werden auch Elektronen am Minuspol frei und ein Stromfluss entsteht.

c) Vorteile: wiederaufladbar, geringe Selbstentladung, langlebig, hohe Kapazität, klein und leicht
Nachteile: empfindlich gegen Hitze, Kälte und mechanische Beschädigungen, dadurch Brand- und Explosionsgefahr, Recycling und Lithiumabbau schwierig

A2 a) Die energieliefernden Edukte liegen nicht in der Brennstoffzelle vor, sondern werden von außen zugeführt. Solange Brennstoffe zu- und Reaktionsprodukte abgeführt werden, kann die Brennstoffzelle kontinuierlich chemische Energie in elektrische Energie umwandeln.

b) Minuspol: $2\ H_2\ (g) + 4\ OH^-\ (aq) \longrightarrow 4\ H_2O\ (l) + 4\ e^-$

Pluspol: $O_2\ (g) + 2\ H_2O\ (l) + 4\ e^- \longrightarrow 4\ OH^-\ (aq)$

Gesamtreaktion: $2\ H_2\ (g) + O_2\ (g) \longrightarrow 2\ H_2O\ (l)$

c) Die Verwendung von Brennstoffzellen in Fahrzeugen ist nur dann ökologisch sinnvoll, wenn sie mit Wasserstoff aus erneuerbaren Energiequellen betrieben werden können. Mit Strom aus dem herkömmlichen Netz wäre der Kohlenstoffdioxid-Ausstoß um ein Vielfaches zu hoch.

d) Das Prinzip der Brennstoffzelle wurde bereits relativ früh entdeckt. Damals war jedoch die Umsetzung dieser Erfindung zu komplex. Der zur gleichen Zeit erfundene elektrische Generator wurde aufgrund der einfacheren Technik und der verfügbareren Materialien der komplizierten Brennstoffzelle vorgezogen.

A3 a) Die Wasserstoffgewinnung kann auf verschiedene Arten geschehen. Bei der Erzeugung von „blauem Wasserstoff“ wird der Wasserstoff durch Pyrolyse oder Dampfreformierung aus fossilen Kohlenwasserstofffen (z. B. Erdgas) hergestellt. Hierbei liefert der Rohstoff die für den Prozess notwendige Energie.
Bei „grünem Wasserstoff“ stammt die Energie aus erneuerbaren Energien (z. B. Windkraft oder Fotovoltaik). Mithilfe von elektrischem Strom wird ein Elektrolyseur betrieben, der Wasser elektrolytisch in Wasserstoff und Sauerstoff spaltet.

b) Die Erzeugung von grünem Wasserstoff ist nachhaltiger, da der benötigte Strom aus erneuerbaren Energien gewonnen wird, während die Energiegewinnung bei blauem Wasserstoff auf umweltschädlichen und begrenzten fossilen Rohstoffen beruht.

B1 Vorteile: aus natürlichen Rohstoffen herzustellen, einfacher chemischer Herstellungsprozess; Nachteile: Verlust der Waschwirkung bei saurem oder kalkhaltigem Wasser

B2 1) → falsch, auch Enzyme und Enthärter tragen zur Waschaktivität bei
2) → richtig
3) → richtig
4) → falsch, sie binden Kationen wie Mg^{2+}- und Ca^{2+}-Ionen
5) → falsch, Bleichmittel oxidieren die Farbstoffe in Schmutzpartikeln und machen sie so nicht mehr sichtbar
6) → richtig
7) → falsch, sie absorbieren UV-Licht und emittieren blaues Licht

B3 anionische, kationische und nichtionische Tenside
a) nichtionisch, b) anionisch, c) kationisch, d) anionisch

B4 a) sowohl fossile als auch nachwachsende Rohstoffe
b) nachwachsende Rohstoffe
c) fossile Rohstoffe

B5 Gelangen Waschmittel unbehandelt und unzureichend behandelt in die Umwelt, können Sie verschiedene Probleme verursachen: Tenside können Wasserorganismen schaden. Zusätze wie Duft- und Farbstoffe in Gewässern können bei Menschen Allergien und andere Reaktionen auslösen. Phosphate in Enthärtern können den Nährstoffhaushalt aus dem Gleichgewicht bringen.

C1 Bioethanol wird durch Fermentation von stärke- oder zuckerhaltigen Rohstoffen hergestellt. Die Glucose in diesen Rohstoffen wird durch Hefe zu Ethanol umgesetzt.
Biodiesel entsteht durch Umesterung natürlicher Öle (z. B. Rapsöl) mit Kaliummethanolat, wobei Fettsäuremethylester entstehen, die nach Auswaschen der Kalilauge als Biodiesel verwendet werden können.

C2 Zur Beurteilung der Umweltverträglichkeit muss der gesamte Lebenszyklus der Pflanze und die Herstellung des Kraftstoffes betrachtet werden. Faktoren sind bspw. Flächennutzung, Einsatz von Dünge- und Pflanzenschutzmitteln, Einsatz von grauen Energien, Transport, und zur Umsetzung verwendete Chemikalien und Lösemittel.

C3 Biokraftstoffe besitzen eine bessere Kohlenstoffdioxidbilanz als fossile Brennstoffe, da bei Ihrer Verbrennung nur so viel Kohlenstoffdioxid freigesetzt wird, wie die Pflanzen zuvor aus der Atmosphäre gebunden haben. Durch die Verarbeitung, Transport und weitere Faktoren kann jedoch zusätzlich Kohlenstoffdioxid freigesetzt werden. Durch Dünung können außerdem Stickstoffverbindungen wie Lachgas (Distickstoffmonoxid N_2O) in die Umwelt freigesetzt werden. Dieses ist ein etwa 100-mal stärkeres Treibhausgas als Kohlenstoffdioxid.

D1 a) TPS entsteht durch Erhitzen von Stärke, wodurch sich die gewundenen Strukturen der Stärke-Moleküle strecken und formbar werden.
b) Durch Zugabe von Weichmachern (z. B. Glycerin) können zusätzliche Wasserstoffbrücken gebildet werden, die den Stoff elastischer und weniger spröde machen. Durch Dispergieren der Stärkemoleküle in anderen, wasserabweisenden Kunstoffen wird ein wasserfester Stärkeblend erzeugt.
c) Die Wasserlöslichkeit kann für bestimmte Anwendungen von Vorteil sein, z. B. bei der Anwendung in Waschmittelkapseln, da sich hier die Hülle um das Waschmittel beim Waschen auflösen soll. Für andere Verwendungen, z. B. bei Verpackungmaterialien für Lebensmittel, ist eine Wasserlöslichkeit hingegen unerwünscht.

D2 Bei Stärkekleister handelt es sich um eine physikalische Modifikation, da sich die Bindungsverhältnisse in der Stärke nicht ändern, Wassermoleküle werden lediglich zwischen den Stärke-Molekülen eingelagert. Acetylierte Stärke ist eine chemische Modifikation, da durch Reaktion mit Essigsäureanhydrid die Hydroxid-Gruppen der Moleküle verestert werden.

D3 Thermoplastische Stärke und Stärkeblends enthalten Stärke in ihrer natürlichen Form. Bei Stärkeblends liegt die Stärke jedoch nicht allein vor, sondern ist in einem anderen Kunststoff dispergiert. modifizierte Stärke wurde chemisch verändert, besitzt aber noch das Grundgerüst von Stärke. PLA besitzt eine vollkommen andere Grundstruktur, da die Stärke bei der Herstellung von PLA in ihre Glucose-Einheiten zerlegt wird und diese fermentiert werden. Alle vier Stoffe sind biologisch abbaubar, wobei Stärkeblends theoretisch auch mit nicht biologisch abbaubaren Kunststoffen möglich wären.

GHS – Das international gültige System zur Kennzeichnung von Gefahrstoffen

Es gibt viele verschiedene Länder auf der Welt, die alle mit Gefahrstoffen arbeiten und mit diesen untereinander Handel treiben. Um weltweit sichere Handhabung, Transport und Entsorgung zu gewährleisten, wurde das international gültige GHS-System ins Leben gerufen. Inzwischen sind die GHS-Angaben auf allen Chemikalienverpackungen Pflicht, die in den Verkauf gebracht werden, egal ob es Reinstoffe sind oder ob es sich um Stoffgemische handelt.
Eine Pflicht zur Umettiketierung von dem zuvor in Deutschland gültigen System existiert nicht. Es dürfen jedoch nicht beide Systeme auf ein und derselben Verpackung verwendet werden.
Die Gefahrstoffkennzeichnungen erfolgen über Piktogramme, ein Signalwort sowie über H- und P-Sätze, die über die Gefahren (Hazards) und Sicherheitsmaßnahmen (Precautions) Auskunft geben, wobei letztere ebenfalls über Piktogramme erfolgen können.

Piktogramme

GHS 1
Instabile explosive Stoffe und Gemische
Explosive Stoffe/Gemische und
Erzeugnisse mit Explosivstoff
Selbstzersetzliche Stoffe und Gemische
Organische Peroxide

GHS 2
Entzündbare Gase/Aerosole/Flüssigkeiten/Feststoffe
Selbstzersetzliche Stoffe und Gemische
Pyrophore Flüssigkeiten/Feststoffe
Selbsterhitzungsfähige Stoffe und Gemische
Stoffe und Gemische, die bei Berührung mit Wasser entzündbare Gase abgeben
Organische Peroxide

GHS 3
Oxidierende Gase/Flüssigkeiten/Feststoffe

GHS 4
Gase unter Druck: verdichtete Gase/verflüssigte Gase/tiefgekühlt verflüssigte Gase/gelöste Gase

GHS 5
Auf Metalle korrosiv wirkend
Hautätzend
Schwere Augenschädigung

GHS 6
Akute Toxizität (oral, dermal, inhalativ)

GHS 7
Akute Toxizität (oral, dermal, inhalativ)
Reizung der Haut
Augenreizung
Sensibilisierung der Haut
Spezifische Zielorgan-Toxizität (einmalige Exposition)
Atemwegsreizung
Narkotisierende Wirkungen

GHS 8
Sensibilisierung der Atemwege
Keimzellmutagenität
Karzinogenität
Reproduktionstoxizität
Spezifische Zielorgan-Toxizität (einmalige Exposition)
Spezifische Zielorgan-Toxizität (wiederholte Exposition)
Aspirationsgefahr

GHS 9
Gewässergefährdend
— akut gewässergefährdend
— chronisch gewässergefährdend

Signalwörter
Die oben angegebenen Piktogramme werden mit Signalwörtern unterstützt, die eine relative Abstufung der von dem Stoff/der Mixtur ausgehenden Gefahr angeben sollen. Diese Wörter können jedoch auch ohne Piktogramm auftauchen:
Achtung warnt vor weniger schwerwiegenden Gefahrenkategorien, z. B. gesundheitsschädlich.
Gefahr warnt vor schwerwiegenden Gefahrenkategorien, z. B. giftig.

Hazard-Statements (H-Sätze, Gefahrensätze)
Die Gefahrsätze besitzen einen Code, der bereits bei den R- und S-Sätzen Verwendung fand. So sind jegliche H-Sätze mit dem Buchstaben H und einer dreistelligen Nummer versehen, wobei die erste Ziffer den Typ der Gefahr angibt. Sätze, die mit H2 beginnen, beziehen sich somit auf physikalische Gefahren (Explosionen, Feuergefahr etc.), Sätze, die mit H3 beginnen, auf gesundheitliche Gefahren (giftig, krebserregend etc.) und Sätze, die mit H4 beginnen, bezeichnen Umweltgefahren. Kombinationen der H-Sätze werden durch ein Plus-Zeichen angegeben (z. B. H312+H332).

Precautionary-Statements (P-Sätze, Sicherheitssätze)
Ähnlich wie bei den Hazard-Statements findet sich auch hier ein dreistelliger Code. Die erste Ziffer gibt dabei an, um was für einen Typ dieser Sicherheitssätze es sich handelt. Beginnend mit P1(Allgemeines) sind generelle Angaben, beginnend mit P2(Prävention) sind Sätze, die Vorbeugung und Vermeidung von Gefahren beschreiben. P3(Reaktion)-Sätze beschreiben Vorgehensweisen, wie auf bestehende Gefahren zu reagieren ist (Metallbrände mit Sand löschen). P4(Aufbewahrung)-Sätze bezeichnen Maßnahmen zur sicheren Lagerung und P5(Entsorgung)-Sätze beschreiben Maßnahmen zur Entsorgung. Kombinationen der P-Sätze werden durch ein Plus-Zeichen angegeben (z. B. P402+P404).

Gebotszeichen

Schutzbrille

Schutzhandschuhe

Abzug

Lüftungsmaßnahmen

Entsorgung von Gefahrstoffabfällen

Nach einem Experiment hat man neben den Reaktionsprodukten häufig auch noch Reste der Edukte vorliegen. Selbst wenn nur einer dieser Stoffe zu den Gefahrstoffen gehört, darf der Abfall nicht einfach in den Ausguss oder in die Restmülltonne gegeben werden. Diese Abfälle werden in speziell gekennzeichneten Behältern (**B1**) gesammelt und müssen von Entsorgungsunternehmen abgeholt werden.
Aus Umwelt- und Kostengründen sollte die Entstehung unnötiger Gefahrstoffabfälle vermieden werden.

B1 Fässer zum Sammeln von Gefahrstoffabfällen

Auf den **Versuche und Material**-Seiten in diesem Buch werden bei jedem Versuch entsprechende Entsorgungshinweise in Form von Kürzeln gegeben. Die folgende Übersicht erklärt deren Bedeutung:

A: Ausguss

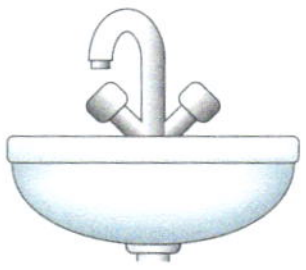

Ungefährliche und wasserlösliche Stoffe dürfen über den Ausguss dem kommunalen Abwassernetz zugeführt werden.
Beispiele: Zucker, Natriumchloridlösung, Rotkohlsaft, Backpulver, Lebensmittel wie Milch oder Tee

R: Restmüll

Unproblematische und ungefährliche Feststoffe werden im Restmüll entsorgt.
Beispiele: Filterpapier, Indikatorpapier, Sand, Aluminiumfolie

G1: Gefäß für saure und alkalische Lösungen

In diesem Gefäß werden saure und alkalische Lösungen gesammelt. Bevor der Behälter vollständig gefüllt ist, muss der Inhalt von der Lehrkraft neutralisiert werden.
Beispiele: Salzsäurelösung, Natronlauge

G2: Gefäß für giftige anorganische Stoffe

Gifte und umweltschädliche Chemikalien, z. B. Schwermetallsalze und deren Lösungen, werden in Gefäß 2 gesammelt, das alkalisch gehalten werden muss.
Beispiele: Kupfersulfat, Kupfersulfid, Zinksulfid, Zinkoxid

G3: Gefäß für halogenfreie organische Stoffe

In diesem Gefäß werden wasserlösliche und wasserunlösliche organische Stoffe gesammelt, die keine Halogene enthalten.
Beispiele: Brennspiritus, Octan, Benzin

G4: Gefäß für halogenhaltige organische Stoffe

Organische Verbindungen, die Halogene enthalten, werden in Gefäß 4 bis zur endgültigen Entsorgung durch ein Unternehmen aufbewahrt.
Beispiele: Bromheptan, Polyvinylchlorid (PVC)

H200-Reihe: Physikalische Gefahren

H200 Instabil, explosiv.
H201 Explosiv, Gefahr der Massenexplosion.
H202 Explosiv; große Gefahr durch Splitter, Spreng- und Wurfstücke.
H203 Explosiv; Gefahr durch Feuer, Luftdruck oder Splitter, Spreng- und Wurfstücke.
H204 Gefahr durch Feuer oder Splitter, Spreng- und Wurfstücke.
H205 Gefahr der Massenexplosion bei Feuer.
H206 Gefahr durch Feuer, Druckstoß oder Sprengstücke; erhöhte Explosionsgefahr, wenn das Desensibilisierungsmittel reduziert wird
H207 Gefahr durch Feuer oder Sprengstücke; erhöhte Explosionsgefahr, wenn das Desensibilisierungsmittel reduziert wird
H208 Gefahr durch Feuer; erhöhte Explosionsgefahr, wenn das Desensibilisierungsmittel reduziert wird
H220 Extrem entzündbares Gas.
H221 Entzündbares Gas.
H222 Extrem entzündbares Aerosol.
H223 Entzündbares Aerosol.
H224 Flüssigkeit und Dampf extrem entzündbar.
H225 Flüssigkeit und Dampf leicht entzündbar.
H226 Flüssigkeit und Dampf entzündbar.
H228 Entzündbarer Feststoff.
H229 Behälter steht unter Druck: kann bei Erwärmung bersten.
H230 Kann auch in Abwesenheit von Luft explosionsartig reagieren.
H231 Kann auch in Abwesenheit von Luft bei erhöhtem Druck und/oder erhöhter Temperatur explosionsartig reagieren.
H240 Erwärmung kann Explosion verursachen.
H241 Erwärmung kann Brand oder Explosion verursachen.
H242 Erwärmung kann Brand verursachen.
H250 Entzündet sich in Berührung mit Luft von selbst.
H251 Selbsterhitzungsfähig; kann in Brand geraten.
H252 In großen Mengen selbsterhitzungsfähig; kann in Brand geraten.
H260 In Berührung mit Wasser entstehen entzündbare Gase, die sich spontan entzünden können.
H261 In Berührung mit Wasser entstehen entzündbare Gase.
H270 Kann Brand verursachen oder verstärken; Oxidationsmittel.
H271 Kann Brand oder Explosion verursachen; starkes Oxidationsmittel.
H272 Kann Brand verstärken; Oxidationsmittel.
H280 Enthält Gas unter Druck; kann bei Erwärmung explodieren.
H281 Enthält tiefgekühltes Gas; kann Kälteverbrennungen oder -verletzungen verursachen.
H290 Kann gegenüber Metallen korrosiv sein.

H300-Reihe: Gesundheitsgefahren

H300 Lebensgefahr bei Verschlucken.
H301 Giftig bei Verschlucken.
H302 Gesundheitsschädlich bei Verschlucken.
H304 Kann bei Verschlucken und Eindringen in die Atemwege tödlich sein.
H310 Lebensgefahr bei Hautkontakt.
H311 Giftig bei Hautkontakt.
H312 Gesundheitsschädlich bei Hautkontakt.
H314 Verursacht schwere Verätzungen der Haut und schwere Augenschäden.
H315 Verursacht Hautreizungen.
H317 Kann allergische Hautreaktionen verursachen.
H318 Verursacht schwere Augenschäden.
H319 Verursacht schwere Augenreizung.
H330 Lebensgefahr bei Einatmen.
H331 Giftig bei Einatmen.
H332 Gesundheitsschädlich bei Einatmen.
H334 Kann bei Einatmen Allergie, asthmaartige Symptome oder Atembeschwerden verursachen.
H335 Kann die Atemwege reizen.
H336 Kann Schläfrigkeit und Benommenheit verursachen.
H340 Kann genetische Defekte verursachen <Expositionsweg angeben, sofern schlüssig belegt ist, dass diese Gefahr bei einem anderen Expositionsweg besteht>.
H341 Kann vermutlich genetische Defekte verursachen <Expositionsweg angeben, sofern schlüssig belegt ist, dass diese Gefahr bei keinem anderen Expositionsweg besteht>.
H350 Kann Krebs erzeugen <Expositionsweg angeben, sofern schlüssig belegt ist, dass diese Gefahr bei keinem anderen Expositionsweg besteht>.
H350i Kann bei Einatmen Krebs erzeugen.
H351 Kann vermutlich Krebs erzeugen <Expositionsweg angeben, sofern schlüssig belegt ist, dass diese Gefahr bei keinem anderen Expositionsweg besteht>.
H360 Kann die Fruchtbarkeit beeinträchtigen oder das Kind im Mutterleib schädigen <konkrete Wirkung angeben, sofern bekannt><Expositionsweg angeben, sofern schlüssig belegt ist, dass die Gefahr bei keinem anderen Expositionsweg besteht>.
H360F Kann die Fruchtbarkeit beeinträchtigen.
H360D Kann das Kind im Mutterleib schädigen.
H360FD Kann die Fruchtbarkeit beeinträchtigen. Kann das Kind im Mutterleib schädigen.
H360Fd Kann die Fruchtbarkeit beeinträchtigen. Kann vermutlich das Kind im Mutterleib schädigen
H360Df Kann das Kind im Mutterleib schädigen. Kann vermutlich die Fruchtbarkeit beeinträchtigen.
H361 Kann vermutlich die Fruchtbarkeit beeinträchtigen oder das Kind im Mutterleib schädigen <konkrete Wirkung angeben sofern bekannt> <Expositionsweg angeben, sofern schlüssig belegt ist, dass die Gefahrbei keinem anderen Expositionsweg besteht>.
H361f Kann vermutlich die Fruchtbarkeit beeinträchtigen.
H361d Kann vermutlich das Kind im Mutterleib schädigen.
H361fd Kann vermutlich die Fruchtbarkeit beeinträchtigen, kann vermutlich das Kind im Mutterleib schädigen
H362 Kann Säuglinge über die Muttermilch schädigen.
H370 Schädigt die Organe <oder alle betroffenen Organe nennen, sofern bekannt><Expositionsweg angeben, sofern schlüssig belegt ist, dass diese Gefahr bei keinem anderen Expositionsweg besteht>.
H37 Kann die Organe schädigen <oder alle betroffenen Organe nennen, sofern bekannt> <Expositionsweg angeben, sofern schlüssig belegt ist, dass diese Gefahr bei keinem anderen Expositionsweg besteht>.
H372 Schädigt die Organe <alle betroffenen Organe nennen> bei längerer oder wiederholter Exposition <Expositionsweg angeben, wenn schlüssig belegt ist, dass diese Gefahr bei keinem anderen Expositionsweg besteht>.
H373 Kann die Organe schädigen <alle betroffenen Organe nennen, sofern bekannt> bei längerer oder wiederholter Exposition <Expositionsweg

angeben, wenn schlüssig belegt ist, dass diese Gefahr bei keinem anderen Expositionsweg besteht>.

H300+H310 Lebensgefahr bei Verschlucken oder Hautkontakt
H300+H330 Lebensgefahr bei Verschlucken oder Einatmen
H310+H330 Lebensgefahr bei Hautkontakt oder Einatmen
H300+H310+H330 Lebensgefahr bei Verschlucken, Hautkontakt oder Einatmen
H301+H311 Giftig bei Verschlucken oder Hautkontakt
H301+H331 Giftig bei Verschlucken oder Einatmen
H311+H331 Giftig bei Hautkontakt oder Einatmen
H301+H311+H331 Giftig bei Verschlucken, Hautkontakt oder Einatmen
H302+H312 Gesundheitsschädlich bei Verschlucken oder Hautkontakt
H302+H332 Gesundheitsschädlich bei Verschlucken oder Einatmen
H312+H332 Gesundheitsschädlich bei Hautkontakt oder Einatmen
H302+H312+H332 Gesundheitsschädlich bei Verschlucken, Hautkontakt oder Einatmen

H400-Reihe: Umweltgefahren

H400 Sehr giftig für Wasserorganismen.
H410 Sehr giftig für Wasserorganismen mit langfristiger Wirkung.
H411 Giftig für Wasserorganismen, mit langfristiger Wirkung.
H412 Schädlich für Wasserorganismen, mit langfristiger Wirkung.
H413 Kann für Wasserorganismen schädlich sein, mit langfristiger Wirkung.
H420 Schädigt die öffentliche Gesundheit und die Umwelt durch Ozonabbau in der äußeren Atmosphäre.

P100-Reihe: Allgemeines

P101 Ist ärztlicher Rat erforderlich, Verpackung oder Kennzeichnungsetikett bereithalten.
P102 Darf nicht in die Hände von Kindern gelangen.
P103 Vor Gebrauch Kennzeichnungsetikett lesen.

P200-Reihe: Prävention

P201 Vor Gebrauch besondere Anweisungen einholen.
P202 Vor Gebrauch alle Sicherheitshinweise lesen und verstehen.
P210 Von Hitze, heißen Oberflächen, Funken, offenen Flammen und anderen Zündquellen fernhalten. Nicht rauchen.
P211 Nicht gegen offene Flamme oder andere Zündquelle sprühen.
P220 Von Kleidung und anderen brennbaren Materialien fernhalten.
P221 Mischen mit brennbaren Stoffen /... unbedingt verhindern. (Gestrichen mit der 8. ATP)
P222 Keinen Kontakt mit Luft zulassen.
P223 Keinen Kontakt mit Wasser zulassen.
P230 Feucht halten mit ...
P231 Inhalt unter inertem Gas /... handhaben und aufbewahren.
P232 Vor Feuchtigkeit schützen.
P233 Behälter dicht verschlossen halten.
P234 Nur im Originalbehälter aufbewahren.
P235 Kühl halten.
P240 Behälter und zu befüllende Anlage erden.
P241 Explosionsgeschützte elektrische Betriebsmittel / Lüftungsanlagen / Beleuchtung / ... verwenden.
P242 Nur funken freies Werkzeug verwenden.
P243 Maßnahmen gegen elektrostatische Entladungen treffen.
P244 Ventile und Ausrüstungsteile öl- und fettfrei halten.
P250 Nicht schleifen / stoßen /... / reiben.
P251 Nicht durchstechen oder verbrennen, auch nicht nach Gebrauch.
P260 Staub / Rauch / Gas / Nebel / Dampf / Aerosol nicht einatmen.
P261 Einatmen von Staub / Rauch / Gas / Nebel / Dampf / Aerosol vermeiden.
P262 Nicht in die Augen, auf die Haut oder auf die Kleidung gelangen lassen.
P263 Berührung während der Schwangerschaft und der Stillzeit vermeiden.
P264 Nach Gebrauch ... gründlich waschen.
P270 Bei Gebrauch nicht essen, trinken oder rauchen.
P271 Nur im Freien oder in gut belüfteten Räumen verwenden.
P272 Kontaminierte Arbeitskleidung nicht außerhalb des Arbeitsplatzes tragen.
P273 Freisetzung in die Umwelt vermeiden.
P280 Schutzhandschuhe / Schutzkleidung / Augenschutz / Gesichtsschutz tragen.
P282 Schutzhandschuhe mit Kälteisolierung und zusätzlich Gesichtsschild oder Augenschutz tragen.
P283 Schwer entflammbare / flammhemmende Kleidung tragen.
P284 [Bei unzureichender Belüftung] Atemschutz tragen.
P231 + P232 Unter inertem Gas handhaben. Vor Feuchtigkeit schützen.
P235 + P410 Kühl halten. Vor Sonnenbestrahlung schützen.

P300-Reihe: Reaktion

P301 BEI VERSCHLUCKEN:
P302 BEI BERÜHRUNG MIT DER HAUT:
P303 BEI BERÜHRUNG MIT DER HAUT (oder dem Haar):
P304 BEI EINATMEN:
P305 BEI KONTAKT MIT DEN AUGEN:
P306 BEI KONTAMINIERTER KLEIDUNG:
P308 BEI EXPOSITION ODER FALLS BETROFFEN:
P310 Sofort GIFTINFORMATIONSZENTRUM / Arzt ... anrufen.
P311 GIFTINFORMATIONSZENTRUM / Arzt ... anrufen.
P312 Bei Unwohlsein GIFTINFORMATIONSZENTRUM / Arzt ... anrufen.
P313 Ärztlichen Rat einholen / ärztliche Hilfe hinzuziehen.
P314 Bei Unwohlsein ärztlichen Rat einholen / ärztliche Hilfe hinzuziehen.
P315 Sofort ärztlichen Rat einholen / ärztliche Hilfe hinzuziehen.
P320 Besondere Behandlung dringend erforderlich (siehe ... auf diesem Kennzeichnungsetikett).
P321 Besondere Behandlung (siehe ... auf diesem Kennzeichnungsetikett).
P330 Mund ausspülen.
P331 KEIN Erbrechen herbeiführen.
P332 Bei Hautreizung:
P333 Bei Hautreizung oder -ausschlag:
P334 In kaltes Wasser tauchen / nassen Verband anlegen.
P335 Lose Partikel von der Haut abbürsten.
P336 Vereiste Bereiche mit lauwarmem Wasser auftauen. Betroffenen Bereich nicht reiben.
P337 Bei anhaltender Augenreizung:
P338 Eventuell vorhandene Kontaktlinsen nach Möglichkeit entfernen. Weiter ausspülen.
P340 Die Person an die frische Luft bringen und für ungehinderte Atmung sorgen.
P342 Bei Symptomen der Atemwege:
P351 Einige Minuten lang behutsam mit Wasser ausspülen.
P352 Mit viel Wasser / ... waschen.
P353 Haut mit Wasser abwaschen [oder duschen].
P360 Kontaminierte Kleidung und Haut sofort mit viel Wasser abwaschen und danach Kleidung ausziehen.
P361 Alle kontaminierten Kleidungsstücke sofort ausziehen.
P362 Kontaminierte Kleidung ausziehen.
P363 Kontaminierte Kleidung vor erneutem Tragen waschen.

P364 Und vor erneutem Tragen waschen.
P370 Bei Brand
P371 Bei Großbrand und großen Mengen:
P372 Explosionsgefahr.
P373 KEINE Brandbekämpfung, wenn das Feuer explosive Stoffe / Gemische / Erzeugnisse erreicht.
P374 Brandbekämpfung mit üblichen Vorsichtsmaßnahmen aus angemessener Entfernung.
P375 Wegen Explosionsgefahr Brand aus der Entfernung bekämpfen.
P376 Undichtigkeit beseitigen, wenn gefahrlos möglich.
P377 Brand von ausströmendem Gas: Nicht löschen, bis Undichtigkeit gefahrlos beseitigt werden kann.
P378 ... zum Löschen verwenden.
P380 Umgebung räumen.
P381 Bei Undichtigkeit alle Zündquellen entfernen.
P390 Verschüttete Mengen aufnehmen, um Materialschäden zu vermeiden.
P391 Verschüttete Mengen aufnehmen.
P301 + P310 BEI VERSCHLUCKEN: Sofort GIFTINFOMATIONSZENTRUM / Arzt ... anrufen.
P301 + P312 BEI VERSCHLUCKEN: Bei Unwohlsein GIFTINFORMATIONSZENTRUM / Arzt ... anrufen.
P301 + P330 + P331 BEI VERSCHLUCKEN: Mund ausspülen. KEIN Erbrechen herbeiführen.
P302 + P334 BEI KONTAKT MIT DER HAUT: In kaltes Wasser tauchen / nassen Verband anlegen.
P302 + P335 + P334 BEI BERÜHRUNG MIT DER HAUT Lose Partikel von der Haut abbürsten. In kaltes Wasser tauchen [oder nassen Verband anlegen].
P302 + P352 BEI KONTAKT MIT DER HAUT: Mit viel Wasser / ... waschen.
P303 + P361 + P353 BEI KONTAKT MIT DER HAUT (oder dem Haar): Alle kontaminierten Kleidungsstücke sofort ausziehen. Haut mit Wasser abwaschen oder duschen.
P304 + P312 BEI EINATMEN: Bei Unwohlsein GIFTINFORMATIONZENTRUM oder Arzt anrufen.
P304 + P340 BEI EINATMEN: Die Person an die frische Luft bringen und für ungehinderte Atmung sorgen.
P305 + P351 + P338 BEI KONTAKT MIT DEN AUGEN: Einige Minuten lang behutsam mit Wasser spülen. Vorhandene Kontaktlinsennach Möglichkeit entfernen. Weiter spülen.
P306 + P360 BEI KONTAKT MIT DER KLEIDUNG: Kontaminierte Kleidung und Haut sofort mit viel Wasser abwaschen und danach Kleidung ausziehen.
P308 + P311 Bei Exposition oder falls betroffen: GIFTINFORMATIONSZENTRUM / Arzt ... anrufen.
P308 + P313 Bei Exposition oder falls betroffen: Ärztlichen Rat einholen / ärztliche Hilfe hinzuziehen.
P332 + P313 Bei Hautreizung: Ärztlichen Rat einholen / ärztliche Hilfe hinzuziehen.
P333 + P313 Bei Hautreizung oder -ausschlag: Ärztlichen Rat einholen / ärztliche Hilfe hinzuziehen.
P335 + P334 Lose Partikel von der Haut abbürsten. In kaltes Wasser tauchen / nassen Verband anlegen.
P336 + P315 Vereiste Bereiche mit lauwarmem Wasser auftauen. Betroffenen Bereich nicht reiben. Sofort ärztlichen Rat einholen/ärztliche Hilfe hinzuziehen.
P337 + P313 Bei anhaltender Augenreizung: Ärztlichen Rat einholen / ärztliche Hilfe hinzuziehen.
P342 + P311 Bei Symptomen der Atemwege: GIFTINFORMATIONSZENTRUM / Arzt ... anrufen.
P361 + P364 Alle kontaminierten Kleidungsstücke sofort ausziehen und vor erneutem Tragen waschen.
P362 + P364 Kontaminierte Kleidung ausziehen und vor erneutem Tragen waschen.
P370 + P376 Bei Brand: Undichtigkeit beseitigen, wenn gefahrlos möglich.
P370 + P378 Bei Brand: ... zum Löschen verwenden.
P370 + P380 Bei Brand: Umgebung räumen.
P370 + P380 + P375 Bei Brand: Umgebung räumen. Wegen Explosionsgefahr Brand aus der Entfernung bekämpfen.
P370 + P372 + P380 + P373 Bei Brand: Explosionsgefahr. Umgebung räumen. KEINE Brandbekämpfung, wenn das Feuer explosive Stoffe/ Gemische/Erzeugnisse erreicht.
P370 + P380 + P375 + P378 Bei Brand: Umge bung räumen. Wegen Explosionsgefahr Brand aus der Entfernung bekämpfen. [... zum Löschen ... verwenden.]
P371 + P380 + P375 Bei Großbrand und großen Mengen: Umgebung räumen. Wegen Explosionsgefahr Brand aus der Entfernung bekämpfen.

P400-Reihe: Aufbewahrung

P401 ... aufbewahren.
P402 An einem trockenen Ort aufbewahren.
P403 An einem gut belüfteten Ort aufbewahren.
P404 In einem geschlossenen Behälter aufbewahren.
P405 Unter Verschluss aufbewahren.
P406 In korrosionsbeständigem /... Behälter mit korrosionsbeständiger Innenauskleidung aufbewahren.
P407 Luftspalt zwischen Stapeln / Paletten lassen.
P410 Vor Sonnenbestrahlung schützen.
P411 Bei Temperaturen nicht über ... °C / ... aufbewahren.
P412 Nicht Temperaturen über 50 °C aussetzen.
P413 Schüttgut in Mengen von mehr als ... kg bei Temperaturen nicht über ... °C aufbewahren
P420 Getrennt aufbewahren.
P422 Inhalt in / unter ... aufbewahren
P402 + P404 In einem geschlossenen Behälter an einem trockenen Ort aufbewahren.
P403 + P233 An einem gut belüfteten Ort aufbewahren. Behälter dicht verschlossen halten.
P403 + P235 An einem gut belüfteten Ort aufbewahren. Kühl halten.
P410 + P403 Vor Sonnenbestrahlung geschützt an einem gut belüfteten Ort aufbewahren.
P410 + P412 Vor Sonnenbestrahlung schützen. Nicht Temperaturen über 50 °C aussetzen.
P411 + P235 Kühl und bei Temperaturen von nicht mehr als ... °C aufbewahren.

P500-Reihe: Entsorgung

P501 Inhalt / Behälter ... zuführen.
P502 Informationen zur Wiederverwendung/Wiederverwertung beim Hersteller/Lieferanten erfragen.

1,6-Diisocyanatohexan
$C_8H_{12}N_2O_2$
H302, H330, H314, H317, H334, H335
P260, P280, P301+P312, P303+P361+P353, P304+P340+P310, P305+P351+P338
GEFAHR
G4

2-Brom-2-methylpropan
C_4H_9Br
H225
P210, P233, P240, P241, P242, P243
GEFAHR
G4

2-Brompropan
$CH_3BrCHCH_3$
H225, H373, H360F, EUH066
P201, P210, P308+P313
GEFAHR
G4

2-Chlor-2-methylpropan
$(CH_3)_3CCl$
H225
P210, P233, P240, P241, P242, P243
GEFAHR
G4

2-Hydroxypropansäure, c = 0,1 mol/L
H315, H318
P280, P305+P351+P338
GEFAHR
G4

2-Methylpropan-2-ol
C_4H_9OH
H225, H319, H332, H335, H336
P210, P240, P403+P233, P305+P351+P338
GEFAHR
G3

Aceton, s. Propan-2-on

Adipinsäuredichlorid
$C_6H_8Cl_2O_2$
H314, EUH014
P280, P308+P310, P301+P330+P331, P305+P351+P338
GEFAHR
G3

Alanin, 2-Aminopropansäure
$CH_3CH(NH_2)COOH$

Aluminium, Folie
Al

Aluminiumkaliumsulfat Dodecahydrat, Kalialaun
$KAl(SO_4)_2 \cdot 12H_2O$
G1

Ammoniak, Gas
NH_3
H221, H331, H314, H400, EUH071
P210, P260, P280, P273, P304+P340, P303+P361+P353, P305+P351+P338, P315, P377, P381
GEFAHR

Ammoniaklösung, s. Azanlösung

Ammoniumacetat
CH_3COONH_4
G1

Ammoniumchlorid
NH_4Cl
H302, H319
P264, P270, P280, P301+P312, P337+P313, P305+P351+P338
ACHTUNG
G2

Ammoniumchloridlösung, w = 20 %
NH_4Cl (aq)
H319
P305+P351+P338
ACHTUNG
G2

Ammoniumeisen(III)-citrat
$C_6H_8O_7 \cdot x\,Fe \cdot yH_3N$

Ammoniumnitrat
NH_4NO_3
H272, H319
P210, P220, P280, P305+P351+P338
ACHTUNG
G2

Apfel

Arginin
$C_6H_{14}N_4O_2$
H319
P305+P351+P338
ACHTUNG
G3

Ascorbinsäure, Vitamin C
$C_6H_8O_6$

Ascorbinsäurelösung w = 10 %
$C_6H_8O_6$ (aq)

Ascorbinsäurelösung,
c = 0,1 mol/L
$C_6H_8O_6$ (aq)

Asparaginsäure
G3

Azanlösung, konzentriert,
w = 30 %
NH_3 (aq)
H314, H335, H410
P261, P271, P273, P280,
P303+P361+P353,
P305+P351+P338
GEFAHR
G1

Azanlösung, w = 10 %
NH_3 (aq)
H314, H335, H410
P261, P271, P280,
P303+P361+P353,
P305+P351+P338
GEFAHR
G1

BENEDICT-Reagenz
H319, H411
P273, P280, P501,
P305+P351+P338
ACHTUNG
G2

Bonbons, Eis-, Ananas

Braunstein,
s. Mangan(IV)-oxid

Brom
Br_2
H314, H330, H400
P260, P273, P280,
P303+P361+P353,
P304+P340+P310,
P305+P351+P338
GEFAHR
Durch Eintragen in Natriumthiosulfatlösung (ggf. unter Ansäuern) in weniger gefährliche Reduktionsprodukte überführen (pH 6–8)
G2

Bromthymolblaulösung,
w = 0,1 % in Ethanol
H225, H319
P210, P240, P403+P235,
P305+P351+P338
GEFAHR
G3

Bromwasser, wässrige
Bromlösung, gesättigt
Br_2 (aq)
H314, H332
P261, P280, P310,
P304+P340,
P305+P351+P338
GEFAHR
G4

Butan-1,4-diol
$C_4H_8(OH)_2$
H302, H336
P301+P312+P330
GEFAHR
G3

Butan-1-ol

Butter

Butterschmalz

Calciumcarbonat, Körner
$CaCO_3$

Calciumcarbonat, Pulver
$CaCO_3$

Calciumcarbonat, Stücke
$CaCO_3$
WIEDERVERWENDUNG

Calciumchlorid, wasserfrei
$CaCl_2$
H319
P305+P351+P338
ACHTUNG
G2

Calciumchloridlösung,
gesättigt
$CaCl_2$ (aq)
H319
P305+P351+P338
ACHTUNG
G2

Calciumhydroxid
$Ca(OH)_2$
H315, H318, H335
P280, P305+P351+P338
GEFAHR
G2

Calciumoxid, wasserfrei
CaO
H315, H318, H335
P261, P264, P271,
P280, P302+P352,
P305+P351+P338
GEFAHR
G2

Cellobiose
$C_{12}H_{22}O_{11}$

Cerammonium-
nitratreagenz
H302, H314
P280, P305+P351+P338
GEFAHR
G2

Chlorwasserstofflösung,
c < 0,1 mol/L
HCl (aq)

Chlorwasserstofflösung, c = 0,1 mol/L
HCl (aq)
H290
ACHTUNG

Chlorwasserstofflösung, c = 1 mol/L
HCl (aq)
H290
ACHTUNG

Chlorwasserstofflösung, c = 2 mol/L
HCl (aq)
H290
ACHTUNG

Chlorwasserstofflösung, c = 5 mol/L
HCl (aq)
H290, H314, H335
P260, P280, P303+P361+P353, P304+P340+P310, P305+P351+P338
ACHTUNG
G1

Chlorwasserstofflösung, konzentriert, w = 35 %
HCl (aq)
H290, H314, H335
P260, P280, P303+P361+P353, P304+P340+P310, P305+P351+P338
GEFAHR
G1

Chlorwasserstofflösung, w = 20 %
HCl (aq)
H290, H314, H335
P260, P280, P303+P361+P353, P304+P340+P310, P305+P351+P338
GEFAHR
G1

Chlorwasserstofflösung, w = 3 %
HCl (aq)
H290
ACHTUNG

Citronensäurelösung, c = 1 mol/L
$C_6H_8O_7$ (aq)
H319
P280, P305+P351+P338, P337+P313
ACHTUNG

Citronensäure-Monohydrat
$C_6H_8O_7 \cdot H_2O$
H319, H335
P261, P264, P271, P280, P304+P340+P312, P305+P351+P338
ACHTUNG

Cyclohexan
C_6H_{12}
H225, H304, H315, H336, H410
P210, P240, P273, P301+P330+P331, P302+P352, P403+P235
GEFAHR
G3

Cyclohexen
C_6H_{10}
H225, H302, H304, H411
P210, P262, P273
GEFAHR
G3

D-Fructose
$C_6H_{12}O_6$

Dimethylsulfoxid, DMSO
$(CH_3)_2SO$
G3

Dodecan, n-
$C_{12}H_{26}$
H304
P301+P310, P331
GEFAHR
G3

Eisen(II)-oxalat-Dihydrat
$Fe(C_2O_4)_2 \cdot 2H_2O$
H302+H312
P280, P312, P302+P352, P301+P330+P331
ACHTUNG
G3

Eisen(II)-sulfatlösung, c = 0,1 mol/L
$FeSO_4$ (aq)
G2

Eisen(III)-chlorid
$FeCl_3$
H302, H315, H318
P280, P301+P312+P330, P302+P352, P305+P351+P338, P310
GEFAHR
G2

Eisen(III)-chloridlösung, c = 0,012 mol/L
$FeCl_3$ (aq)
H290, H319
P280, P337+P313
ACHTUN G
G2

Eisen(III)-nitratlösung,
c = 0,004 mol/L
$Fe(NO_3)_3$ (aq)

Eisen, Blech
Fe
Wiederverwendung

Eisen, Nagel
Fe
Wiederverwendung

Eisen, Pulver
Fe
H228, H252
P210, P235, P240, P241, P280, P403+P235
ACHTUNG
Wiederverwendung/ Sammelbehälter für regenerierbare Metallsalz-Rückstände

---

Eisen, Wolle
Fe
Wiederverwendung

Essigsäurelösung, s. Ethansäurelösung

Essigsäure, s. Ethansäure

Essigsäureethylester, Ethylethanoat
$CH_3COOC_2H_5$
H225, H319, H336, EUH066
P210, P233, P240, P403+P235, P305+P351+P338
GEFAHR
G3

Essigsäurelösung, s. Ethansäurelösung

Ethan-1,2-diol
$C_2H_4(OH)_2$
H302, H373
P314, P301+P312+P330
ACHTUNG
G3

Ethandisäure Dihydrat, Oxalsäure
$(COOH)_2 \cdot 2H_2O$
H302, H312, H318
P280, P305+P351+P338
GEFAHR
G3

Ethandisäurelösung,
c = 1 mol/L
$(COOH)_2$ (aq)
H302+H312, H318
P280, P305+P351+P338
GEFAHR
G3

Ethanol
C_2H_5OH
H225, H319
P210, P240, P305+P351+P338, P403+P233
GEFAHR

Ethansäure
CH_3COOH
H226, H314
P210, P280, P301+P330+P331, P303+P361+P353, P305+P351+P338
GEFAHR
G1

Ethansäurelösung,
c = 1 mol/L
CH_3COOH (aq)
H290
ACHTUNG

Ethansäurelösung,
c ≤ 0,1 mol/L
CH_3COOH (aq)

Ethansäurelösung, konzentriert, w = 60 %
CH_3COOH (aq)
H290, H314
P280, P308+P310, P301+P330+P331, P303+P361+P353, P305+P351+P338
GEFAHR
G1

Ethansäurelösung, w = 20 %
CH_3COOH (aq)
H290, H314
P280, P301+P330+P331, P305+P351+P338
GEFAHR

Ethansäurelösung, w = 5 %
CH_3COOH (aq)
H290
ACHTUNG

Ethen, Druckgas
C_2H_4
H220, H280, H336
P210, P260, P315, P377, P381, P403, P405, P304+P340
GEFAHR

FEHLING I, s. Kupfer(II)-sulfatlösung w = 17,29 %

FEHLING II, s. Kaliumnatriumtartratlösung, alkalisch

Fruchtsaftgetränk

Fructose
$C_6H_{12}O_6$

Galactose

Gelatine

Glaswolle
H351
ACHTUNG
Gesonderte Entsorgung

Glucose
$C_6H_{12}O_6$

Glucoselösung
$C_6H_{12}O_6$ (aq)

Glutathion
$C_{10}H_{17}N_3O_6S$

Glycerin,
s. Propan-1,2,3-triol

Glycin, Aminoethansäure
NH_2CH_2COOH

Glykol, s. Ethan-1,2-diol

Gold(III)-chloridlösung,
c = 0,00044 mol/L
$AuCl_3$ (aq)
H314, H317
P260, P280, P301+P330+P331, P303+P361+P353, P305+P351+P338
GEFAHR
Wiederverwendung/ Sammelbehälter für regenerierbare Metallsalz-Rückstände

Graphit, Mine HB
C
Wiederverwendung

Graphit, Pulver
C

Graphit, Spray
Gefahrstoffangaben des Herstellers beachten
gesonderte Entsorgung

Graphit, Stab
C
Wiederverwendung

Härterpaste
Gefahrstoffangaben des Herstellers beachten
gesonderte Entsorgung

Hefe

Heftfaden, wasserlöslich

Heptan, n-
C_7H_{16}
H225, H304, H315, H336, H410
P210, P240, P273, P301+P330+P331, P302+P352, P403+P233
GEFAHR
G3

Hex-1-en
C_6H_{12}
H225, H304, EUH066
P210, P243, P280, P331, P301+P310, P403+P233
GEFAHR
G3

Hexan, n-
C_6H_{14}
H225, H304, H315, H336, H373, H411, H361f
P201, P210, P273, P302+P352, P308+P313, P301+P330+P331
GEFAHR
G3

Himbeersaft

Holzkohle
C

Honig

Iod-Kalium(I)-iodidlösung
H373
P260, P314
ACHTUNG
G2

Kalilauge,
s. Kaliumhydroxidlösung

Kaliumalaun,
s. Aluminiumkaliumsulfat Dodecahydrat

Kaliumbromid
KBr
H319
P305+P351+P338
ACHTUNG
G2

Kaliumcarbonat
K_2CO_3
H315, H319, H335
P261, P264, P271, P280, P302+P352, P305+P351+P338
ACHTUNG
G2

Kaliumchlorid
KCl

Kaliumchloridlösung, gesättigt
KCl (aq)

Kaliumhexacyanido-ferrat(II)-lösung
$K_4[Fe(CN)_6]$ (aq)

Kaliumhexacyanido-ferrat(III)
$K_3[Fe(CN)_6]$
H319, H411, EUH032
P264, P273, P280, P391, P337+P313, P305+P351+P338

Kaliumhexacyanido-ferrat(III)-lösung
$K_3[Fe(CN)_6]$ (aq)

Kaliumhydrogensulfat
$KHSO_4$
GEFAHR
H314, H335
P260, P271, P280, P301+P330+P331, P303+P361+P353, P305+P351+P338

Kaliumhydroxidlösung, c = 2 mol/L in Ethanol
GEFAHR
H225, H290, H314
P210, P240, P280, P303+P361+P353, P305+P351+P338, P310

Kaliumhydroxidlösung, c = 5 mol/L
KOH (aq)
GEFAHR
H290, H314
P280, P303+P361+P353, P305+P351+P338

Kaliumhydroxidlösung, c = 6 mol/L
KOH (aq)
GEFAHR
H290, H314
P280, P303+P361+P353, P305+P351+P338

Kaliumiodatlösung, c = 0,0333 mol/L
KIO_3 (aq)
ACHTUNG
H315, H319, H335
P305+P351+P338

Kaliumiodid
KI
GEFAHR
H372, H372isdd
P260, P264, P270, P314

Kaliumiodidlösung, w = 5 %
KI (aq)

Kaliumnatriumtartrat-lösung, alkalisch
GEFAHR
H290, H314
P280, P303+P361+P353, P305+P351+P338, P310

Kaliumnitrat
KNO_3
ACHTUNG
H272
P210, P221

Kaliumnitratlösung, c = 0,1 mol/L
KNO_3 (aq)

Kaliumnitratlösung, gesättigt
KNO_3 (aq)
ACHTUNG
H272
P210, P221

Kaliumperchlorat
$KClO_4$
GEFAHR
H271, H302
P210, P220, P264, P270, P280, P301+P312

Durch Eintragen in Natriumthio-sulfatlösung (ggf. unter Ansäuern) in weniger gefährliche Reduktionsprodukte überführen (pH 6–8), dann

Kaliumperchloratlösung, gesättigt
$KClO_4$ (aq)
GEFAHR
H271, H302
P210, P220, P264, P270, P280, P301+P312

Durch Eintragen in Natriumthio-sulfatlösung (ggf. unter Ansäuern) in weniger gefährliche Reduktionsprodukte überführen (pH 6–8), dann

Kaliumpermanganat
$KMnO_4$
GEFAHR
H272, H302, H314, H373, H410, H361d
P210, P220, P280, P310, P301+P330+P331, P303+P361+P353, P305+P351+P338

Durch Eintragen in Natriumthio-sulfatlösung (ggf. unter Ansäuern) in weniger gefährliche Reduktionsprodukte überführen (pH 6–8), dann

Kaliumpermanganatlösung, c = 0,1 mol/L
$KMnO_4$ (aq)
H315, H319, H411
P273, P280, P305+P351+P338
ACHTUNG

Kaliumthiocyanat
KSCN
H332, H312, H302, H412, H318, EUH032
P273, P301+P312, P302+P352+P312, P304+P340+312, P305+P351+P338
GEFAHR

Kaliumthiocyanatlösung, c = 0,012 mol/L
KSCN (aq)

Kalk, s. Calciumcarbonat

Kalkwasser, s. Calciumhydroxid w = 10 %

Kartoffel

Kernseifenlösung, w = 2 %

Kerzenwachs

Ketchup

Klebstoff, Alleskleber
Gefahrstoffangaben des Herstellers beachten

Kochsalz, s. Natriumchlorid

Kochsalzlösung, s. Natriumchloridlösung

Kohle, Stab
C
Wiederverwendung

Kohle, Pulver
C

Kohlenstoffdioxid, Druckgas
CO_2
H280
P403
ACHTUNG

Kokosfett

Kunststoffgegenstände, z. B. Plastiklöffel, Joghurtbecher
Kunststoffentsorgung (gelber Sack)

Kunststoffproben
Wiederverwendung

Kupfer(II)-oxid
CuO
H410
P273, P391
ACHTUNG

Kupfer(II)-sulfat, wasserfrei
$CuSO_4$
H302, H315, H319, H410
P273, P305+P351+P338, P302+P352
ACHTUNG

Kupfer(II)-sulfatlösung w = 17,29 %
$CuSO_4$ (aq)
H318, H411
P273, P302+P352, P305+P351+P338
GEFAHR

Kupfer(II)-sulfatlösung, c = 0,1 mol/L
$CuSO_4$ (aq)
H319, H411
P273, P280, P305+P351+P338
ACHTUNG

Kupfer(II)-sulfatlösung, c = 1 mol/L
$CuSO_4$ (aq)
H318, H411
P273, P301+P352, P305+P351+P338
GEFAHR

Kupfer(II)-sulfatlösung, w = 1 %
$CuSO_4$ (aq)
H319, H411
P273, P337+P313
ACHTUNG

Kupfer(II)-sulfat-Pentahydrat
$CuSO_4 \cdot 5H_2O$
H302, H318, H410
P273, P280, P313, P305+P351+P338
GEFAHR

Kupfer, Blech
Cu
Wiederverwendung

Kupfer, Draht
Cu
Wiederverwendung

Kupfer(II)-chloridlösung, c = 0,1 mol/L
$CuCl_2$ (aq)
H412
P273
ACHTUNG

Lactose
$C_{12}H_{22}O_{11}$

Lebensmittelfarbstoff

Limettensaft

Lithium
Li
H260, H314, EUH014
P233, P280, P422, P231+P232, P370+P378, P305+P351+P338
GEFAHR
Gesonderte Entsorgung (In einem inerten Lösungsmittel vorlegen und durch tropfenweise Zugabe von 2-Propanol unter Rühren desaktivieren. Beachten: Der entstehende Wasserstoff kann zu Knallgasexplosionen führen, Vorkehrungen treffen. Nach Beendigung der Reaktion wird tropfenweise Wasser zugegeben, neutralisieren und in Sammelbehälter für Salzlösungen geben.)

Lithiumchlorid
LiCl
H302, H315, H319
P302+P352, P305+P351+P338
ACHTUNG

LUGOLsche Lösung, s. Iod-Kalium(I)-iodidlösung

Lysin

Magnesium, Band
Mg
H228, H252, H261
P210, P223
GEFAHR
In kleinsten Mengen abbrennen, nicht aufbewahren.

Magnesium, Gries, Span
Mg
H228, H252, H261
P210, P223
GEFAHR
In kleinsten Mengen abbrennen, nicht aufbewahren.

Magnesium, Pulver
Mg
H228, H251, H261
P210, P223, P231+P232, P235, P240, P403
GEFAHR
In kleinsten Mengen abbrennen, nicht aufbewahren.

Maltose
$C_{12}H_{22}O_{11}$

Mangan(II)-sulfatlösung, c = 0,1 mol/L
$MnSO_4$ (aq)
H319
P273, P280, P314, P305+P351+P338
ACHTUNG

Mangan(IV)-oxid, Braunstein
MnO_2
H373, H302+H332
P264, P270, P314, P360, P301+P312, P304+P340+P312
GEFAHR

Methanol
CH_3OH
H225, H331, H311, H301, H370
P210, P233, P280, P302+P352, P304+P340, P308+P310, P403+P235
GEFAHR

Methansäure, c = 1 mol/L
HCOOH
H315, H319
P280, P305+P351+P338
ACHTUNG

Methylmethacrylat
$CH_2C(CH_3)COOCH_3$
H225, H315, H317, H335
P210, P233, P280, P302+P352, P304+P340, P403+P235
GEFAHR

Methylrotlösung, w = 0,1 % in Ethanol
H225, H319
P337+P313, P305+P351+P338
GEFAHR

Milchsäure, s. 2-Hydroxypropansäure

Mineralwasser

Natrium
Na
H260, H314, EUH014
P223, P231+P232, P280, P305+P351+P338, P370+P378, P422
GEFAHR
Gesonderte Entsorgung (In einem inerten Lösungsmittel vorlegen und durch tropfenweise Zugabe von 2-Propanol unter Rühren desaktivieren. Beachten: Der entstehende Wasserstoff kann zu Knallgasexplosionen führen, Vorkehrungen treffen. Nach Beendigung der Reaktion wird tropfenweise Wasser zugegeben, neutralisieren und in Sammelbehälter für Salzlösungen geben.)

Natriumacetat
CH_3COONa

Natriumacetatlösung, c = 0,1 mol/L
CH_3COONa (aq)

Natriumbromid
NaBr
H336, H361fd, H373
ACHTUNG

Natriumcarbonat
Na_2CO_3
H319
P264, P280, P337+P313, P305+P351+P338
ACHTUNG
G2

Natriumcarbonatlösung, c = 0,1 mol/L
Na_2CO_3 (aq)
H314
P280, P303+P361+P353, P304+P340+P310, P305+P351+P338
GEFAHR
G2

Natriumchlorid
NaCl

Natriumchloridlösung, c = 1 mol/L
NaCl (aq)

Natriumchloridlösung, gesättigt
NaCl (aq)

Natriumchloridlösung, w = 1%
NaCl (aq)

Natriumcitratlösung, w = 1%
$C_6H_5Na_3O_7$ (aq)

Natriumdihydrogenphosphatlösung, c = 0,1 mol/L
NaH_2PO_4

Natriumhydrogencarbonat
$NaHCO_3$

Natriumhydrogenphosphatlösung, c = 0,1 mol/L
Na_2HPO_4 (aq)

Natriumhydrogensulfat
$NaHSO_4$
H318
P280, P305+P351+P338+P310
GEFAHR
G2

Natriumhydroxid
NaOH
H290, H314
P280, P308+P310, P301+P330+P331, P305+P351+P338
GEFAHR
G1

Natriumhydroxidlösung, c = 0,1 mol/L
NaOH (aq)
H290
ACHTUNG

Natriumhydroxidlösung, c = 0,5 mol/L
NaOH (aq)
H290, H314
P280, P303+P361+P353, P305+P351+P338
ACHTUNG

Natriumhydroxidlösung, c = 1 mol/L
NaOH (aq)
H290, H314
P280, P303+P361+P353, P305+P351+P338
GEFAHR

Natriumhydroxidlösung, c = 2 mol/L
NaOH (aq)
H290, H314
P280, P308+P310, P303+P361+P353, P305+P351+P338
GEFAHR

Natriumhydroxidlösung, $c = 5\ mol/L$
NaOH (aq)
H290, H314
P280, P308+P310, P303+P361+P353, P305+P351+P338
GEFAHR
G1

Natriumhydroxidlösung, konzentriert, $w = 40\ \%$
NaOH (aq)
H290, H314
P280, P308+P310, P303+P361+P353, P305+P351+P338
GEFAHR
G1

Natriumiodid
NaI
H400
P273
ACHTUNG

Natriumnitrat
$NaNO_3$
H272, H319
P220, P305+P351+P338
ACHTUNG
G2

Natriumthiosulfatlösung
$Na_2S_2O_3$ (aq)

Natronlauge, s. Natriumhydroxidlösung

Ninhydrin
$C_9H_6O_4$
H302, H315, H319
P301+P312+P330, P305+P351+P338
ACHTUNG
G3

Olivenöl

Ölsäure
$CH_3(CH_2)_7CH{=}CH(CH_2)_7COOH$
G3

Oxalsäure, s. Ethandisäure

Parmesankäse

Pentan-1-ol
$C_5H_{11}OH$
H226, H315, H318, H332, H335
P210, P233, P280, P303+P361+P353, P304+P340+P312, P305+P351+P338
GEFAHR
G3

Perchlorsäurelösung, $w = 60\ \%$
$HClO_4$ (aq)
H271, H290, H302, H314, H373
P210, P280, P301+P330+P331, P303+P361+P353, P305+P351+P338, P310, P314
GEFAHR
Anorganische Säuren und deren Anhydride ggf. zunächst verdünnen (vorsichtig in Eiswasser einrühren, pH 6–8), dann
G1

Pfeffer, Pulver

Pflanzenblätter, mit und ohne Lotuseffekt

Phenolphthaleinlösung, $w < 1\ \%$ in Ethanol
H225, H319
P201, P210, P305+P351+P338
GEFAHR

Platin, Draht
Pt
Wiederverwendung

Platin-Aluminiumpellets
Wiederverwendung

Plexiglas®
Wiederverwendung

Polycarbonat
$(C_{16}H_{14}O_3)_n$
Wiederverwendung/Restmüll

Polyethen, PE
$(C_2H_4)n$
Kunststoffentsorgung („gelber Sack“)

Polyethylenterephthalat, PET
$(C_{10}H_8O_4)n$
Kunststoffentsorgung („gelber Sack“)

Polystyrol, s. Styropor®

Propan-1,2,3-triol
$HOCH_2CH(OH)CH_2OH$
G3

Propan-1-ol
C_3H_7OH
H225, H318, H336
P210, P240, P280, P313, P403+P233, P305+P351+P338
GEFAHR

Propan-2-on, Aceton
C_3H_6O
H225, H319, H336, EUH066
P210, P240, P305+P351+P338, P403+P233
GEFAHR

Propansäure, c = 0,1 mol/L
C_2H_5COOH (aq)

Propansäure, c = 1 mol/L
C_2H_5COOH (aq)

Propen, Druckgas
C3H6
H220, H280
P210, P377, P381, P403
GEFAHR

Resorcin, Benzen-1,3-diol, 1,3-Dihydroxybenzol
$C_6H_4(OH)_2$
H302, H315, H317, H318, H370, H371, H410
P273, P280, P301+P312, P302+P352, P308+P311, P305+P351+P338
GEFAHR

Resorcinlösung, in Ethanol
H225, H319, H317, H371
P210, P240, P305+P351+P338, P403+P233
GEFAHR

Rosenblätterlösung

Rotkohlsaft

Rumaroma

Saccharose
$C_{12}H_{22}O_{11}$

Salpetersäurelösung, halbkonzentriert, w = 25 %
HNO_3 (aq)
H290, H314, H332, EUH071
P260, P280, P310, P303+P361+P353, P305+P351+P338
GEFAHR
Anorganische Säuren und deren Anhydride ggf. zunächst verdünnen (vorsichtig in Eiswasser einrühren, pH 6–8), dann G1

Salpetersäurelösung, konzentriert, w = 53 %
HNO_3 (aq)
H290, H314, H331, EUH071
P260, P280, P310, P303+P361+P353, P305+P351+P338
GEFAHR
Anorganische Säuren und deren Anhydride ggf. zunächst verdünnen (vorsichtig in Eiswasser einrühren, pH 6–8), dann G1

Salzsäurelösung, s. Chlorwasserstofflösung

Sand

Sauerkrautsaft

Schwefel, Pulver
S_8
H228, H315
P210, P240, P241, P264, P280, P302+P352
ACHTUNG
Kleinmengen im Abzug abbrennen (Achtung: Schwefeldioxidentstehung)

Schwefelsäure, konzentriert, Dihydrogensulfat, w = 96 %
H_2SO_4
H290, H314
P280, P301+P330+P331, P303+P361+P353, P305+P351+P338+P310
GEFAHR
Anorganische Säuren und deren Anhydride ggf. zunächst verdünnen (vorsichtig in Eiswasser einrühren, pH 6–8), dann G1

Schwefelsäurelösung, c = 0,5 mol/L
H_2SO_4 (aq)
H290, H314
ACHTUNG

Schwefelsäurelösung, c = 1 mol/L
H_2SO_4 (aq)
H290, H319, H315
P280, P302+P352, P305+P351+P338
ACHTUNG

Seife, Pulver

Silber(I)-nitratlösung, c < 0,1 mol/L
$AgNO_3$ (aq)
H290, H411
P273
ACHTUNG

Stoff	Gefahren	Entsorgung
Silber(I)-nitratlösung, c = 0,1 mol/L **$AgNO_3$ (aq)** H290, H315, H319, H410 P273, P280, P302+P352, P305+P351+P338	ACHTUNG	G2
Silber, Blech **Ag** P273		Wiederverwendung
Silber(I)-nitratlösung, w = 2 % **AgNO3 (aq)** H290, H315, H410 P273, P280, P310, P303+P361+P353, P305+P351+P338	ACHTUNG	G2
Sonnenblumenkerne		
Sorbinsäure, (2E,4E)-Hexa-2,4-diensäure **C_5H_7COOH** H319, H335 P305+P351+P338	ACHTUNG	G3
Sorbit		
Speisefett, Speiseöl		mit viel Wasser in den Ausguss
Spülmaschinentabs	Gefahrstoffangaben des Herstellers beachten	
Spülmittel	Gefahrstoffangaben des Herstellers beachten	
Stärke, Weizen, Reis, Kartoffel, Pulver **$(C_6H_{10}O_5)_n$**		
Stärkelösung, w = 1 % lösliche Stärke		
Stearinsäure, Octadecansäure **$CH_3(CH_2)_{16}COOH$**		
Styrol, Phenylethen **$C_6H_5CHCH_2$** H226, H304, H315, H319, H332, H335, H372, H412, H316d P210, P280, P331, P301+P310, P304+P340, P303+P361+P353	GEFAHR	G3
Styropor®, Polystyrol **$(C_8H_8)_n$**		Kunststoffentsorgung („gelber Sack“)
Superabsorber H319 P305+P351+P338	ACHTUNG	
Thymolphthaleinlösung, w = 0,1 % in Ethanol H225, H319 P210, P240, P403+P233, P305+P351+P338	GEFAHR	
Tinte, blau		
TOLLENS-Reagenz H290, H315, H319, H410 P273, P302+P352, P305+P351+P338	ACHTUNG	G2
Toluol **$C_6H_5CH_3$** H225, H361d, H304, H373, H315, H336, H412 P210, P273, P301+P310, P303+P361+P353, P331	GEFAHR	G3
Universalindikatorlösung 113 H225 P210, P233	GEFAHR	
Waschbenzin H225, H304, H315, H336, H411 P101, P210, P271, P301+P310, P331, P405	GEFAHR	G3
Waschmittel, verschiedene	Gefahrstoffangaben des Herstellers beachten	
Waschmittelkapseln	Gefahrstoffangaben des Herstellers beachten	
Wasser, demineralisiert		

Wasser, destilliert

Wasserstoff, Druckgas
H_2
H220, H280
P210, P377, P381, P403
GEFAHR

Wasserstoffperoxid, w = 30 %
H_2O_2
H318
P280, P305+P351+P338, P313
GEFAHR
G2

Watte

Zink(II)-sulfat-Heptahydrat
$ZnSO_4 \cdot 7H_2O$
H302, H318, H410
P273, P280, P313, P305+P351+P338
GEFAHR
G2

Zink(II)-sulfatlösung, c = 0,1 mol/L
$ZnSO_4$ (aq)
H319, H411
P273, P280, P305+P351+P338, P337+P313, P501
ACHTUNG
G2

Zink(II)-sulfatlösung, c = 1 mol/L
$ZnSO_4$ (aq)
H318, H411
P273, P280, P305+P351+P338
GEFAHR
G2

Zink, Blech
Zn
Wiederverwendung

Zink, Granalie
Zn
G2

Zinn(II)-chlorid
$SnCl_2$
H290, H302, H332, H314, H317, H335, H373, H412
P280, P304+P340, P301+P330+P331, P303+P361+P353, P305+P351+P338, P310
GEFAHR
G2

Zitronensaft

Zweikomponenten-Epoxidharzklebstoff
Gefahrstoffangaben des Herstellers beachten

α-D-Glucose
$C_6H_{12}O_6$

Die Daten sind überwiegend den Angaben namhafter Chemikalienanbieter entnommen. Daten für Stoffgemische, zu denen keine offiziellen Datenblätter vorlagen, wurden mit dem GisChem-Gemischrechner der BG RCI - Berufsgenossenschaft Rohstoffe und chemische Industrie bestimmt. Grundsätzlich sind die P-Sätze der Kategorien dringend empfohlen und nach Empfehlung angegeben. Bei einigen Stoffen waren keine P-Sätze verfügbar. Sollten Herstellerangaben vorliegen, sind diese vorzuziehen.

Haftungshinweis: Die Chemikalienliste wurde sorgfältig geprüft. Da sich Verordnungen zur Kennzeichnung ändern und Fehler nie ganz ausgeschlossen werden können, übernehmen der Verlag sowie die Autorinnen und Autoren keine Haftung für Folgen veralteter oder fehlerhafter Einträge.

A

Abscheidepotenzial: Das Abscheidepotenzial an einer Elektrode ist die Summe des Redoxpotenzials und der Überspannung, also das tatsächliche Potenzial, bei dem eine Abscheidung eines Stoffes bei einer Elektrolyse erfolgt.

Acetale: Acetale sind chemische Verbindungen mit zwei Alkoxy- oder Aryloxygruppen (–OR) am selben Kohlenstoff-Atom.

Addition: Bei der Addition werden unter Aufspaltung einer Doppelbindung andere Atome oder Atomgruppen gebunden (addiert).

Akkumulator: Ein Akkumulator ist eine wiederaufladbare galvanische Zelle (Beispiele: Bleiakkumulator, Nickel-Metallhydrid-Akkumulator, Lithium-Ionen-Akkumulator). Man bezeichnet diese Zellen auch als Sekundärzellen.

Aktivierungsenergie: Auf der Stoffebene versteht man unter der Aktivierungsenergie die einem System anfänglich zuzuführende Wärme, um darin eine Reaktion auszulösen. Auf der Teilchenebene kann die Aktivierungsenergie als Differenz zwischen der mittleren Energie der „aktiven" Teilchen und der mittleren Energie aller Teilchen gedeutet werden.

Aldehyd: Aldehyde sind organische Verbindungen, deren Moleküle mindestens eine Aldehyd-Gruppe enthalten.

Aldehyd-Gruppe: Die Aldehyd-Gruppe -CHO ist eine funktionelle Gruppe, bei der das Kohlenstoff-Atom einer Carbonyl-Gruppe an mindestens ein Wasserstoff-Atom gebunden ist.

Alkan: Alkane sind gesättigte Kohlenwasserstoffe, bei denen zwischen den Kohlenstoff- und Wasserstoff-Atomen nur Einfachbindungen vorliegen. Die allgemeine Summenformel lautet C_nH_{2n+2}.

Alkanal: Alkanale bilden eine organische Stoffklasse, deren Moleküle jeweils aus einer Aldehyd-Gruppe und einem Alkyl-Rest bestehen.

Alkanol: Alkanole sind Alkohole, die sich von den Alkanen ableiten. Die Hydroxy-Gruppe ist hierbei an einen Alkyl-Rest gebunden.

Alkanon: Alkanone sind organische Verbindungen, deren Moleküle aus einer Carbonyl-Gruppe und zwei Alkyl-Resten bestehen.

Alkansäure: Alkansäuren sind Carbonsäuren, die sich von den Alkanen ableiten. Die Carboxy-Gruppe -COOH ist hierbei an einen Alkyl-Rest gebunden.

Alken: Alkene sind ungesättigte Kohlenwasserstoffe, deren Moleküle mindestens eine C=C-Doppelbindung enthalten. Alkene mit einer C=C-Doppelbindung im Molekül haben die allgemeine Summenformel C_nH_{2n}.

Alkin: Alkine sind ungesättigte Kohlenwasserstoffe, deren Moleküle mindestens eine C≡C-Dreifachbindung enthalten. Alkine mit einer C≡C-Dreifachbindung haben die allgemeine Summenformel C_nH_{2n-2}.

Alkyl-Gruppe: Alkyl-Gruppen sind Seitenketten organischer Verbindungen, die nur aus Kohlenstoff- und Wasserstoff-Atomen bestehen. Dem Alkan-Rest mit der Endung -yl fehlt ein Wasserstoff-Atom. Beispiele sind die Methyl-Gruppe $-CH_3$ und die Ethyl-Gruppe $-CH_2-CH_3$.

Aminosäure: Aminosäuren sind Verbindungen mit mindestens je einer Carboxy- und Amino-Gruppe im Molekül. Von besonderer Bedeutung sind die 22 α-Aminosäuren ($H_2NCHRCOOH$), aus denen in Organismen die körpereigenen Proteine synthetisiert werden.

Amphiphil: Amphiphile Stoffe sind sowohl wasser- als auch fettlöslich. Tenside sind amphiphile Stoffe, da ihre Moleküle sowohl einen polaren als auch einen unpolaren Molekülteil haben.

Ampholyt: Ein Ampholyt kann sowohl als Säure (Protonendonator) als auch als Base (Protonenakzeptor) wirksam werden. Der wichtigste Ampholyt ist das Wasser-Molekül.

Anode: Die Anode bezeichnet die Elektrode, bei der eine Oxidation abläuft. Bei der Elektrolyse bildet die Anode den Pluspol, bei der galvanischen Zelle den Minuspol.

Äquivalenzpunkt: Beim Äquivalenzpunkt einer Säure-Base-Titration sind die Stoffmengen der titrierten Säure (Base) und der Base (Säure) aus der Maßlösung gleich. (*Hinweis*: Das bis zum Äquivalenzpunkt verbrauchte Volumen an Maßlösung geht in die rechnerische Auswertung der Titration ein. Da beim Äquivalenzpunkt die Lösung des Salzes aus der titrierten Säure (Base) und der Base (Säure) aus der Maßlösung vorliegt, kann der pH-Wert im neutralen, sauren oder alkalischen Bereich liegen.)

Aromatische Verbindungen (Aromaten): Aromaten sind eine Stoffklasse der organischen Chemie. Das charakteristische strukturelle Merkmal der aromatischen Verbindungen ist der aromatische Ring, mit über den gesamten Ring delokalisierten Elektronen. Der Hauptvertreter der Aromaten ist das Benzol C_6H_6, dessen Molekül drei über den Ring delokalisierte Elektronenpaare hat (aromatisches Elektronensextett). Viele Aromaten sind Derivate des Benzols (Alkylbenzole, Phenol, Anilin u. a.). Ringförmige Moleküle, die auch Heteroatome (z. B. Sauerstoff-, Stickstoff- oder Schwefel-Atome) enthalten, können ebenfalls aromatisch sein, wenn die Elektronenpaare aus Doppelbindungen und freien Elektronenpaaren der Heteroatome zusammen ein aromatisches Elektronensextett ausbilden.

Asymmetrisches Kohlenstoff-Atom: Ein asymmetrisches/asymmetrisch substituiertes Kohlenstoff-Atom ist ein Kohlenstoff-Atom mit vier verschiedenen Substituenten. Es stellt in einem Molekül ein Chiralitätszentrum dar.

Autokatalyse: Die Autokatalyse ist eine Sonderform der Katalysereaktion, bei der ein Produkt der Reaktion diese katalysiert.

Autoprotolyse: Die Autoprotolyse ist ein Protonenübergang zwischen gleichartigen Teilchen, z. B. zwischen Wasser-Molekülen.

B

Base nach BRØNSTED: Eine Base ist ein Protonenakzeptor, d. h. ein Teilchen, das Protonen aufnehmen kann.

Basenkonstante K_B: Die Basenkonstante K_B ist eine Gleichgewichtskonstante, die angibt, in welchem Maße eine Base in Wasser alkalisch reagiert. Sie setzt sich mathematisch aus dem Quotienten des Produkts der Konzentrationen der H-droxid-Ionen $c(OH^-)$ und der Ionen der korrespondierenden Säure $c(HB^+)$ durch die Konzentration der Base $c(B)$ zusammen. Je größer der K_B-Wert ist, desto stärker ist die Base.

Batterie: Eine Batterie ist eine einmalig entladbare und nicht wiederaufladbare galvanische Zelle. Man bezeichnet diese Zellen auch als Primärzellen.

BENEDICT-Probe: Die BENEDICT-Probe ist eine Nachweismethode für u.a. reduzierende Zucker (Aldehyde und Ascorbinsäure). Das Nachweisreagenz besteht aus einem Gemisch von wässrigen Lösungen von Natriumcitrat (Natriumsalz der Citronensäure), Natriumcarbonat und Kupfer(II)-sulfat. In der Lösung fällt ein Niederschlag aus, der je nach Zuckerkonzentration rot, gelb oder grün ist.

Bionik: Die Bionik ist eine Wissenschaft, die die Disziplinen Biologie und Technik kombiniert. Es werden dabei Strukturen aus der Natur auf technische Anwendungen übertragen (Beispiel: Lotuseffekt).

Biuretreaktion: Die Biuretreaktion ist eine chemische Nachweisreaktion für z. B. Peptidbindungen in Eiweißen. Die Biuretreaktion beruht darauf, dass die Protein-Moleküle an den Stickstoff-Atomen der Peptidbindungen mit Kupfer(II)-Ionen farbige Komplexe bilden.

Brennstoffzelle: Eine Brennstoffzelle ist eine galvanische Zelle, die die innere Energie des zugeführten Brennstoffs (z. B. Wasserstoff oder Methanol) und Sauerstoffs direkt in elektrische Energie umwandelt.

Brennwert: Der Brennwert H_s eines Brennstoffs ist die pro Masseneinheit (oder pro Volumeneinheit) bei der Verbrennung des betreffenden Brennstoffs abgegebene thermische Energie (Wärme), wobei das Verbrennungsprodukt Wasser in flüssiger Form erhalten wird.

Bromwasserprobe: Die Bromwasserprobe beschreibt die Addition von Brom-Atomen an Atome einer Doppelbindung. Dabei wir die braune Bromwasserlösung entfärbt. Das bromierte organische gesättigte Produkt ist farblos. Diese Probe dient zum Nachweis von Mehrfachbindungen.

C

Carbonyl-Gruppe: Die Carbonyl-Gruppe $>C=O$ ist eine funktionelle Gruppe, in der ein Sauerstoff-Atom über eine Doppelbindung an ein Kohlenstoff-Atom gebunden ist.

Carboxy-Gruppe: Die Carboxy-Gruppe -COOH ist die funktionelle Gruppe der Carbonsäuren. In der Carboxy-Gruppe ist eine Hydroxy-Gruppe an das Kohlenstoff-Atom einer Carbonyl-Gruppe gebunden.

Chemisches Gleichgewicht: Im Zustand des chemischen Gleichgewichts liegen Reaktionsprodukte und Ausgangsstoffe in bestimmten, konstanten Konzentrationen nebeneinander vor. Stoff- und Energieumsatz sind nicht beobachtbar. Der Zustand kann nur in einem geschlossenen System eingenommen werden, in dem die Reaktion, die zur Ausbildung des Gleichgewichtszustands führt, auch umkehrbar (reversibel) ist. Auf der Teilchenebene herrscht beim chemischen Gleichgewicht kein Stillstand; sowohl die Hin- als auch die Rückreaktion laufen weiter ab, aber ihre Reaktionsraten sind gleich. Das chemische Gleichgewicht ist also ein dynamisches Gleichgewicht.

Chiralität: Chiralität ist eine Eigenschaft von Objekten, die keine Spiegelebene haben. Zwei Moleküle, die sich wie ein Objekt und sein Spiegelbild zueinander verhalten, sind chiral. Chirale Moleküle haben gleiche Konstitution, aber unterschiedliche Konfiguration. Chiralität ist die Voraussetzung für optische Isomerie.

Chlor-Alkali-Elektrolyse: Bei der Chlor-Alkali-Elektrolyse werden aus einer Natriumchloridlösung unter Zufuhr von elektrischer Energie drei industrielle Grundchemikalien gewonnen: Chlor, Wasserstoff und Natronlauge. Die Chlor-Alkali-Elektrolyse kann z. B. nach dem Membranverfahren oder dem Verfahren der Sauerstoffverzehrkathode durchgeführt werden.

***cis-/trans*-Isomerie**: Die *cis-/trans*-Isomerie ergibt sich aus der unterschiedlichen räumlichen Anordnung von Atomen in einem Molekül, die auf der fehlenden Drehbarkeit um eine C=C-Doppelbindung beruht.

CMR-Stoff: CMR-Stoffe sind Stoffe, die krebserzeugend, erbgutverändernd und fruchtbarkeitsgefährdend sein können.

Copolymer: Ein Copolymer bezeichnet eine makromolekulare Verbindung, die durch Polymerisation zweier (oder mehrerer) verschiedener Monomere erhalten wird, beispielsweise das Copolymer ETFE (aus Ethen- und Tetrafluorethen-Einheiten).

Cracken: Cracken ist ein Verfahren zur Stoffumwandlung, bei dem langkettige in kurzkettige Kohlenwasserstoff-Moleküle gespalten werden

D

DANIELL-Element: Das DANIELL-Element ist eine galvanische Zelle bestehend aus einer Donator-Halbzelle mit dem Redoxpaar Zn/Zn^{2+} und einer Akzeptor-Halbzelle mit dem Redoxpaar Cu/Cu^{2+}. Sie liefert unter Standardbedingungen eine Leerlaufspannung von $U = 1{,}1\,V$.

Delokalisierte Elektronen: Delokalisierte Elektronen sind dadurch gekennzeichnet, dass sie über mehr als zwei Atome verteilt sind. Das trifft für Elektronenpaare aus konjugierten Doppelbindungen (und ggf. freien Elektronenpaaren aus benachbarten Heteroatomen) zu.

Denaturierung: Die Denaturierung ist eine strukturelle Veränderung von Biomolekülen wie zum Beispiel der DNA. Dabei wird durch bestimmte äußere Einflüsse die Proteinstruktur verändert. Das betrifft insbesondere die Sekundärstruktur, Tertiärstruktur und zum Teil auch die Quartärstruktur der Proteine.

Disaccharid: Disaccharide (Zweifachzucker) sind Kohlenhydrate, deren Moleküle aus zwei glycosidisch miteinander verknüpften Monosaccharid-Bausteinen bestehen. Saccharose (Rohrzucker, Haushaltszucker) ist das bekannteste Disaccharid.

Donator-Akzeptor-Prinzip: Das Donator-Akzeptor-Prinzip findet Anwendung bei Säure-Base-Reaktionen und Redoxreaktionen. In beiden Fällen werden bestimmte Teilchen (Protonen bzw. Elektronen) übertragen, d.h. es gibt jeweils einen Reaktionspartner, der das Teilchen abgibt (Donator), während der andere dieses Teilchen aufnimmt (Akzeptor).

Dünnschichtchromatografie (mobile Phase, Laufmittel): Die Dünnschichtchromatografie ist eine Trennmethode von z. B. Farbstoffgemischen, bei der als mobile Phase ein Lösemittel verwendet wird, welches durch Kapillar-

kräfte in der stationären, porösen Phase hochsteigt. Da die Substanzen auf der Dünnschichtfolie laufen, heißt das verwendete Lösemittel, welches für diesen Umstand verantwortlich ist, Laufmittel.
Duromer/Duroplast: Duromere bzw. Duroplaste sind feste Kunststoffe, die auch beim Erwärmen formstabil und fest bleiben. Bei hohen Temperaturen zersetzen sie sich thermisch. Sie bestehen aus engmaschigen, dreidimensional dicht vernetzten Makromolekülen.

E

Elastomer: Elastomere sind Kunststoffe mit elastischen Eigenschaften, d. h. Materialien, die sich bei Krafteinwirkung verformen und danach wieder ihre ursprüngliche Form einnehmen. Elastomere bestehen aus linearen Makromolekülen mit einer relativ geringen Anzahl von Quervernetzungen zwischen den Makromolekülen.
Elektrochemische Doppelschicht: Die elektrochemische Doppelschicht bildet sich aus, wenn Metall-Ionen aus der Metalloberfläche einer Elektrode in Lösung gehen und die Elektronen im Metall zurückbleiben. Sie besteht aus Kationen an der Metalloberfläche und Elektronen im Inneren des Metalls.
Elektrochemische Spannungsreihe: vgl. Spannungsreihe
Elektrode: Als Elektrode bezeichnet man in der Elektrochemie den Teil eines Elektronenleiters (Metalle, Graphit), der in einen Elektrolyt eintaucht und dessen Teilchen Elektronen aufnehmen oder abgeben können.
Elektrolyse: Die Elektrolyse ist eine Reaktion, die bei fortlaufender Zufuhr von elektrischer Energie durch eine elektrische Energiequelle, abläuft. Dabei erhöht sich die innere Energie der Produkte. Die positiv geladenen Ionen (Kationen) werden am Minuspol (Kathode) durch Aufnahme von Elektronen reduziert, die negativ geladenen Ionen (Anionen) am Pluspol (Anode) durch Abgabe von Elektronen oxidiert.
Elektrolyt: Ein Elektrolyt leitet den elektrischen Strom durch bewegliche Ionen. Als Elektrolyte fungieren Lösungen und Schmelzen, die Ionen enthalten, beispielsweise Lösungen und Schmelzen von Salzen.
Elektrophil: Ein Elektrophil ist eine Verbindung oder funktionelle Gruppe mit Elektronenpaarlücken, positiven Ladungen oder Partialladungen. Elektrophil bedeutet „elektronenliebend“ und bezeichnet so die Eigenschaft, dass diese Verbindungen ein Elektronendefizit aufweisen und bevorzugt mit Teilchen hoher Elektronendichte reagieren.
Elektrophile Addition: Die elektrophile Addition ist eine Reaktion, bei der eine Atomgruppe an ein Molekül angelagert wird, wobei der langsamste, geschwindigkeitsbestimmende Schritt der Reaktion eine elektrophile („elektronenliebende“, „elektronensuchende“) Anlagerung eines Teilchens an das Molekül, an das die Addition erfolgt, ist. Elektrophile Additionen (z. B. von Halogenen, Halogenwasserstoffen und Wasser) sind typische Reaktionen bei Alkenen.
Elektrophile Substitution: Die elektrophile Substitution ist eine Reaktion, bei der ein Atom oder eine Atomgruppe an einem Molekül durch ein anderes Atom oder eine andere Atomgruppe ersetzt wird, wobei der langsamste, geschwindigkeitsbestimmende Schritt der Reaktion eine elektrophile („elektronenliebende“, „elektronensuchende“) Anlagerung eines Teilchens an das Molekül, an dem die Substitution erfolgt, ist. Elektrophile Substitutionen (z. B. Halogenierung, Alkylierung und Nitrierung) sind typische Reaktionen bei Aromaten.
Enantiomer (optisches Isomer): Enantiomere (optische Isomere) sind Stereoisomere, die sich wie Bild und Spiegelbild verhalten.
Endergonisch: Für endergonische Reaktionen gilt: $\Delta_r G > 0$. Die freie Reaktionsenthalpie nimmt bei der Reaktion zu, diese kann nur erzwungen ablaufen.
Endotherm: Für endotherme Reaktionen gilt: $\Delta_r H > 0$. Die Reaktionsenthalpie nimmt bei der Reaktion zu und muss in der Regel als thermische Energie (Wärme) zugeführt werden.
Energiestufenmodell: Das Energiestufenmodell besagt, dass Elektronen in Molekülen nur bestimmte erlaubte Energiestufen (Energieniveaus) besetzen können. Die erlaubten Energiestufen werden mit je einem Elektronenpaar „von unten nach oben“ aufgefüllt. Durch Absorption eines Energiequants geeigneter Energie kann ein Elektron aus der höchsten besetzten in die niedrigste unbesetzte Energiestufe angehoben werden. Das Molekül geht dabei aus dem Grundzustand in den elektronisch angeregten Zustand über. Mit dem Energiestufenmodell kann die Farbigkeit durch Lichtabsorption (normale Farben) und Lichtemission (Leuchtfarben) erklärt werden.
Entropie: Die Entropie ist eine Größe, die vereinfacht als das Maß für die Unordnung eines Systems interpretiert werden kann. Nach dem Entropieprinzip laufen Reaktionen dann selbsttätig (spontan) ab, wenn die Entropie dabei zunimmt.
Enzym: Enzyme sind Biokatalysatoren. In der Regel sind es Proteine, die Reaktionen in Organismen katalysieren. Viele Enzyme katalysieren nur einen bestimmten Reaktionstyp (z. B. Hydrolysen) und nur die Reaktion eines bestimmten Stoffes (Substrats).
Ester: Ester sind organische Verbindungen, deren Moleküle eine oder mehrere Ester-Gruppen enthalten. Ester entstehen durch die Reaktion von Carbonsäuren mit Alkoholen.
Ester-Gruppe: Die Ester-Gruppe -COO- ist die funktionelle Gruppe der Ester. Die Ester-Gruppe ist eine Carbonyl-Gruppe, an die ein weiteres Sauerstoff-Atom über eine Einfachbindung gebunden ist. An dieses Sauerstoff-Atom wiederum ist ein organischer Rest, z. B. eine Alkyl-Gruppe, gebunden.
Exergonisch: Für exergonische Reaktionen gilt: $\Delta_r G < 0$. Die freie Reaktionsenthalpie nimmt bei der Reaktion ab, diese kann selbsttätig ablaufen.
Exotherm: Für exotherme Reaktionen gilt: $\Delta_r H < 0$. Die Reaktionsenthalpie nimmt bei der Reaktion ab und wird in der Regel als thermische Energie (Wärme) an die Umgebung abgegeben.

F

FARADAY-Gesetze: Die FARADAY-Gesetze beschreiben den Zusammenhang zwischen der Stoffmenge n an einem Elektrolyseprodukt X und der durch die Elektrolysezelle geflossenen elektrischen Ladung Q. Die FARADAY-Gesetze werden in folgender Gleichung zusammengefasst: $Q = n(X) \cdot z \cdot F$ oder $I \cdot t = n(X) \cdot z \cdot F$ (F: FARADAY-Konstante, z: Anzahl der Elektronen, die zur Bildung eines Teilchens X aufgenommen oder abgegeben werden, I: Stromstärke, t: Zeit).

FEHLING-Probe: Die FEHLING-Probe ist eine Nachweismethode für Stoffe, deren Moleküle Aldehyd-Gruppen enthalten. Bei positivem Verlauf der Probe werden Kupfer(II)-Ionen zu Kupfer(I)-Ionen reduziert und es bildet sich ein rotbrauner Niederschlag aus Kupfer(I)-oxid.

Fett: Fette sind allgemein Ester des dreiwertigen Alkohols Glycerin (Propan-1,2,3-triol) mit Fettsäuren.

Fettsäure: Fettsäuren sind Monocarbonsäuren, deren Moleküle neben einer Carboxy-Gruppe langkettige Alkan- oder Alken-Reste, vorwiegend aus 11 bis 17 Kohlenstoff-Atomen, enthalten.

FISCHER-Projektionsformel: Die FISCHER-Projektionsformeln sind eindeutige Darstellungen dreidimensionaler Molekül-Konfigurationen in der zweidimensionalen Ebene. Sie eignen sich gut für die Darstellung von Monosaccharid-Molekülen in der Kettenform und für Aminosäure-Moleküle (bzw. Aminosäure-Zwitterionen).

Fossiler Rohstoff: Fossile Rohstoffe haben sich in Millionen von Jahren aus abgestorbenen Pflanzen oder Kleinstlebewesen tief unter der Oberfläche der Erde gebildet und sind daher nur begrenzt verfügbar. Dazu gehören Kohle, Erdgas und Erdöl.

Freie Reaktionsenthalpie: Die freie Reaktionsenthalpie Δ_rG ist die maximale Nutzenergie einer Reaktion (vgl. auch GIBBS-HELMHOLTZ-Gleichung).

Funktionelle Gruppe: Eine funktionelle Gruppe ist ein Atom oder eine Atomgruppe im Molekül, die die Eigenschaften der entsprechenden organischen Stoffklasse maßgeblich bestimmt.

G

Galvanische Zelle: Die galvanische Zelle ist ein Energiewandler, der innere Energie in elektrische Energie umwandelt. Sie liefert Gleichstrom. In einer galvanischen Zelle laufen die Oxidation und die Reduktion von Teilchen in räumlich getrennten, durch eine Elektrolytbrücke oder poröse Wand verbundenen Halbzellen ab.

Gekoppeltes Gleichgewicht: Das gekoppelte Gleichgewicht ist eine chemische Gleichgewichtsreaktion, die aus mehreren Teilreaktionen besteht, bei denen sich ebenfalls jeweils ein chemisches Gleichgewicht einstellt. Beispiele sind die Protolysegleichgewichte mehrprotoniger Säuren oder das Lösen schwer löslicher Salze durch Zugabe von Säuren oder Basen, wobei eine Ionensorte des Salzes aus dem Löslichkeitsgleichgewicht gleichzeitig an einem Säure-Base-Gleichgewicht beteiligt ist.

Gesättigte Kohlenwasserstoffe: Gesättigte Kohlenwasserstoffe sind Kohlenwasserstoffe, in denen alle Bindungen zwischen den Kohlenstoff-Atomen eines Moleküls Einfachbindungen sind (Alkane).

Gesättigte Lösung: Die gesättigte Lösung ist eine Lösung, in der das Lösemittel die maximale Menge gelöster Substanz enthält und keine weitere Substanz mehr lösbar ist. Weitere hinzugefügte Substanzmengen setzen sich dann als Bodenkörper ab. Die Konzentration einer Substanz in einer gesättigten Lösung ist temperaturabhängig.

Geschlossenes System: Das geschlossene System ist ein System, in welchem ein Energieaustausch, aber kein Stoffaustausch mit der Umgebung stattfindet.

Geschwindigkeitskonstante *k*: Die Geschwindigkeitskonstante k ist ein konzentrationsunabhängiger Proportionalitätsfaktor zwischen der Reaktionsgeschwindigkeit v und den Konzentrationen c der an der Reaktion beteiligten Stoffen.

GIBBS-HELMHOLTZ-Gleichung: Mit der GIBBS-HELMHOLTZ-Gleichung kann die freie Reaktionsenthalpie Δ_rG aus der Reaktionsenthalpie Δ_rH, der Reaktionsentropie Δ_rS und der absoluten Temperatur T berechnet werden. Sie lautet: $\Delta_rG = \Delta_rH - T \cdot \Delta_rS$.

Gleichgewichtskonstante K_c: Die Gleichgewichtskonstante K_c ist eine charakteristische Größe für das chemische Gleichgewicht einer reversiblen Reaktion bei einer bestimmten Temperatur. Sie nimmt den Wert des Massenwirkungsquotienten beim chemischen Gleichgewicht ein.

Gleichgewichtsreaktion (Hin- und Rückreaktion): Die Gleichgewichtsreaktion ist eine umkehrbare, chemische Reaktion, bei der die Hinreaktion (Bildung von Produkten) und die Rückreaktion (Rückbildung der Edukte) gleichzeitig und mit gleicher Geschwindigkeit ablaufen.

Glucose-Oxidase-Test (GOD-Test): Der Glucose-Oxidase-Test ist eine enzymatische Nachweismethode zur Bestimmung von Glucose.

Glycosid: Glycoside sind organische chemische Verbindungen der allgemeinen Struktur R–O–Z. Dabei ist ein Alkohol (R–OH) über eine glycosidische Bindung mit einem Zucker (*Z*) verbunden.

Glycosidische Bindung: Die glycosidische Bindung bezeichnet die Verknüpfungseinheit zwischen Monosaccharid-Bausteinen, die durch Abspaltung eines Wasser-Moleküls zwischen zwei Hydroxy-Gruppen verschiedener Monosaccharid-Moleküle zustande kommt.

H

HABER-BOSCH-Verfahren: Das HABER-BOSCH-Verfahren dient zur industriellen Herstellung der Grundchemikalie Ammoniak (NH_3). Zunächst wird aus den Rohstoffen Luft, Wasser und Methan (oder Erdöl bzw. Kohle) ein Gemisch aus Wasserstoff und Stickstoff hergestellt, das anschließend im Synthesereaktor bei Drücken von ca. 15 – 30 MPa und bei einer Temperatur von ca. 400 bis 500 °C in Gegenwart eines Katalysatorsystems zu Ammoniak umgesetzt wird.

Halbacetal: Ein Halbacetal ist eine organische Verbindung, bei der am selben Kohlenstoff-Atom eine Hydroxy-Gruppe -OH und eine Alkoxy- oder Aryloxy-Gruppe -OR gebunden sind.

Halbäquivalenzpunkt: Der Halbäquivalenzpunkt ist bei einer Säure-Base-Titration der Punkt, bei dem man die Hälfte einer bestimmten Stoffmenge Säure (Base) mit der entsprechenden Stoffmenge Base (Säure) neutralisiert hat, die zur vollständigen Neutralisation geführt hätte. Bei schwachen Basen ist der Punkt gleich dem pK_S-Wert der konjugierten Säure (und umgekehrt).

Halbstrukturformel: Die Halbstrukturformel ist eine vereinfachte Darstellung der Strukturformel. Sie fasst Teile des Moleküls zusammen. Die Verknüpfung zwischen den Kohlenstoff-Atomen bleibt klar erkennbar (Beispiel: CH_3-$(CH_2)_3$-CH_3).

Halogenalkan: Bei der Stoffgruppe der Halogenalkane sind ein oder mehrere Wasserstoff-Atome im Alkan-Molekül durch Halogen-Atome ersetzt.

HAWORTH-Projektionsformel: Die HAWORTH-Projektionsformeln sind eindeutige Darstellungen dreidimensionaler Molekül-Konfigurationen in der zweidimensionalen Ebene. Sie eignen sich gut für die Darstellung von Ringen in Zucker-Molekülen.

Heizwert: Der Heizwert H_i ist die bei der Verbrennung einer Massen- oder Volumeneinheit eines Brennstoffs abgegebene thermische Energie (Wärme), die tatsächlich übrig bleibt, wenn das Verbrennungsprodukt Wasser in der gasförmigen Form berücksichtigt wird. Um den Heizwert zu berechnen, muss man daher vom Brennwert die Verdampfungswärme des gebildeten Wassers abziehen.

HENDERSON-HASSELBALCH-Gleichung: Die HENDERSON-HASSELBALCH-Gleichung beschreibt ein Säure-Base-Gleichgewicht einer teilweise protolysierten, also schwachen Säure oder Base in wässriger Lösung, mit der der pH-Wert einer solchen Lösung berechnet werden kann.

Heteroaromaten: Heteroaromaten sind aromatische Verbindungen, deren ringförmige Moleküle auch Heteroatome wie Sauerstoff-, Stickstoff- oder Schwefel-Atome enthalten.

Heterogenes Gleichgewicht: Das heterogene Gleichgewicht ist eine Form des chemischen Gleichgewichts, bei dem die sich im Gleichgewicht befindlichen Substanzen in verschiedenen Phasen vorliegen.

HÜCKEL-Regel: Mit der HÜCKEL-Regel lässt sich vorhersagen, ob es sich bei einer chemischen Verbindung um ein aromatisches Molekül handelt. Nach HÜCKEL ist ein cyclisches Molekül dann aromatisch, wenn $(4n + 2)$ delokalisierte Elektronen vorliegen.

Hybridorbital: Hybridorbitale ergeben sich durch Wechselwirkung und Durchmischung von Atomorbitalen.

Hydrolyse: Die Hydrolyse ist die Spaltung einer chemischen Verbindung durch Reaktion mit Wasser. Die Umkehrung der Hydrolyse ist eine Kondensationsreaktion.

I

Indikator: Säure-Base-Indikatoren sind Stoffe, die durch ihre Farbe anzeigen, ob eine saure oder alkalische Lösung vorliegt. (Es gibt auch Redox-Indikatoren, die durch ihre Farbe den Oxidationszustand eines Redoxsystems anzeigen.) Säure-Base-Indikatoren enthalten eine Indikatorsäure HInd und ihre korrespondierende Indikatorbase Ind^-, deren Farben unterschiedlich sind. Zwischen ihnen stellt sich ein Protolysegleichgewicht ein, bei dem je nach pH-Wert der Lösung, in die der Indikator gegeben wird, die Farbe von HInd oder die von Ind- vorherrscht. Jeder Indikator hat einen charakteristischen Umschlagsbereich, der sich über ca. zwei pH-Einheiten erstreckt.

Induktiver Effekt (I-Effekt): Der I-Effekt beschreibt den Einfluss der unterschiedlichen Elektronegativitäten von Atomen auf die Ladfungsverteilung im Molekül. Funktionelle Gruppen können elektronenschiebend (+I-Effekt) oder elektronenziehend (-I-Effekt) wirken. Induktive Effekte beeinflussen die Säurestärke, die elektrophile Addition und die elektrophile Zweitsubstitution an Aromaten.

Innere Energie: Die innere Energie ist der gesamte Energieinhalt eines Systems. Die innere Energie eines Systems besteht dabei im Wesentlichen aus der thermischen Energie, der chemischen Energie und der Kernenergie. Addiert man somit diese drei Energieanteile zusammen, erhält man die innere Energie eines Systems.

Iodprobe: Die Iodprobe ist eine Reaktion zum Nachweis von Stärke mit LUGOLscher Lösung (Iod-Kaliumiodid-Lösung). Bei Vorhandensein von Stärke zeigt sich eine tiefviolette Farbe.

Ionenprodukt des Wassers K_W: Das Ionenprodukt des Wassers K_W ist das Produkt der Konzentrationen der Oxonium- und Hydroxid-Ionen, $K_W = c(H_3O^+) \cdot c(OH^-)$. In verdünnten wässrigen Lösungen nimmt es bei einer Temperatur von $\vartheta = 25\,°C$ folgenden Wert an: $KW = 10^{-14}\ mol^2/L^2$.

Isoelektrischer Punkt: Der isoelektrische Punkt IEP einer Aminosäure ist der pH-Wert, bei dem die Konzentrationen der Aminosäure-Kationen und der Aminosäure-Anionen gleich sind, also praktisch alle Aminosäure-Moleküle in Form eines Zwitterions vorliegen.

Isoliertes System: Das isolierte System ist ein System, in welchem weder Energieaustausch noch Stoffaustausch mit der Umgebung stattfindet.

Isomer: Isomere sind Stoffe mit gleicher Molekülformel, aber verschiedener Molekülstruktur (Konstitution oder Konfiguration).

K

Kalorimeter: Das Kalorimeter ist ein Messgerät zur Bestimmung der Wärmemenge, die bei physikalischen, chemischen oder biologischen Prozessen abgegeben oder aufgenommen wird. Mithilfe eines Kalorimeters kann die spezifische Wärmekapazität eines Stoffes ermittelt werden.

Katalysator: Ein Katalysator ist ein Stoff (oder ein Stoffsystem), der eine Reaktion beschleunigt, ohne dabei verbraucht zu werden. In Gegenwart eines Katalysators verläuft die Reaktion über einen anderen Reaktionsweg mit niedrigerer Aktivierungsenergie. Dabei geht der Katalysator mit dem Edukt (den Edukten) Zwischenverbindungen ein und versetzt es (sie) so in einen reaktionsfähigen Zustand. Der Katalysator liegt nach der Reaktion wieder unverändert vor.

Kathode: Die Kathode bezeichnet die Elektrode, bei der eine Reduktion abläuft. Bei der Elektrolyse bildet die Kathode den Minuspol, bei der galvanischen Zelle den Pluspol.

Keto-Enol-Tautomerie: Die Keto-Enol-Tautomerie ist eine spezielle Form der Isomerie. Dabei liegt eine Gleichgewichtsreaktion zwischen zwei Konstitutionsisomeren, einem Keton und einem Endiol, vor. Durch Protonenübergang vom α-C-Atom zur Keto-Gruppe wird die C=O-Doppelbindung aufgelöst und eine C=C-Doppelbindung sowie eine Hydroxid-Gruppe gebildet. Bedeutsam ist diese Reaktion z.B. im Stoffwechsel, da Fructose so über die Enol-Form in Glucose umgewandelt werden kann.

Keto-Gruppe: Die Keto-Gruppe ist eine funktionelle Gruppe, bei der das Kohlenstoff-Atom einer Carbonyl-Gruppe an zwei weitere Kohlenstoff-Atome gebunden ist.

Keton: Ketone sind organische Verbindungen, deren Moleküle mindestens eine Keto-Gruppe enthalten.

Komplex: In Komplexen oder Komplexverbindungen ist ein Zentralteilchen durch Liganden umgeben. Die Zentralteilchen können Metall-Atome oder -Ionen sein, die Liganden müssen über freie Elektronenpaare verfügen. Die Bindung in Komplexen nennt man koordinative Bindung.

Kondensation: Die Kondensation ist eine Reaktion, bei der sich zwei Moleküle unter Abspaltung von Wasser (oder anderen Molekülen) miteinander verbinden.

Konduktometrie: Die Konduktometrie ist eine quantitative Analysenmethode, bei der die Änderung der elektrischen Leitfähigkeit bei z. B. einer Säure-Base-Titration gemessen wird. Bei dieser Messmethode werden Ionen mit einem sehr hohen Leitvermögen (z. B. Protonen oder Hydroxid-Ionen) durch Zugabe von Ionen mit entgegengesetzter Ladung neutralisiert. Protonen reagieren beispielsweise mit den Hydroxid-Ionen einer Natronlauge zu Wasser-Molekülen. Wasser und Salz haben ein geringeres Leitvermögen als eine Säure. Dies macht sich in einer Abnahme der Leitfähigkeit bemerkbar. Sobald bei einer Titration alle Protonen mit Hydroxid-Ionen reagiert haben, steigt bei weiterer Laugenzugabe die Leitfähigkeit wieder an, da nun wieder Ionen mit hoher Leitfähigkeit (Hydroxid-Ionen) vorliegen. Wenn man die Titration mit standardisierten Lösungen durchführt, erkennt man am Leitfähigkeitsanstieg den Titrationsendpunkt und die Ionenmenge (z. B. Säuregehalt) einer Probe.

Konjugierte Doppelbindungen: Konjugierte Doppelbindungen entstehen aus mehreren alternierenden Einfach- und Doppelbindungen. Dabei kommt es zu delokalisierten Elektronen, bei denen die Doppelbindungselektronen über den gesamten Bereich der konjugierten Doppelbindungen verteilt sind.

Kontaktelement (Lokalelement): Ein Kontaktelement (Lokalelement) ist eine galvanische Zelle, bei der die beiden Elektroden in Kontakt oder über einen metallischen Leiter kurzgeschlossen sind. Bei einem Kontaktelement wird das unedlere Metall oxidiert und schützt das edlere Metall vor Korrosion.

Konzentrationszelle: Eine Konzentrationszelle ist eine galvanische Zelle, bei der die beiden Halbzellen die gleichen Redoxpaare enthalten und sich nur durch die Konzentrationen der gelösten, an den Redoxreaktionen beteiligten Teilchenarten (i. d. R. Ionen) unterscheiden.

Koordinative Bindung: Eine koordinative Bindung entsteht, wenn in einer Elektronenpaarbindung die Bindungselektronen nur von einem der beiden Bindungspartner stammen. Der Elektronenakzeptor, der eine entsprechende Elektronen-Lücke aufweist, wird hier Zentralatom genannt, der oder die Elektronendonatoren werden als Liganden bezeichnet. Koordinative Bindungen sind typisch für Komplexverbindungen.

Korrespondierendes Redoxpaar: Ein korrespondierendes Redoxpaar besteht aus einem Reduktionsmittel und dem daraus durch Abgabe von z Elektronen gebildeten Oxidationsmittel, z. B. Zn/Zn^{2+}, Ag/Ag^{+}, $2\ Cl^{-}/Cl_2$.

Korrespondierendes Säure-Base-Paar: Ein korrespondierendes Säure-Base-Paar besteht aus einer Säure und der bei der Abgabe eines Protons daraus gebildeten Base, z. B. HCl/Cl^{-}, HSO_4^{-}/SO_4^{2-}.

Korrosion: Die Korrosion ist die Zerstörung eines Werkstoffes durch chemische Prozesse. Metalle werden durch Oxidationsprozesse korrodiert, bei denen Metall-Atome zu Metall-Kationen oxidiert werden. Das Rosten von Eisen und Stahl ist das bekannteste und wirtschaftlich relevanteste Beispiel von Korrosion.

Korrosionsschutz: Der Korrosionsschutz bezeichnet ganz allgemein den Schutz vor Korrosion. Beim passiven Korrosionsschutz überzieht man die Metalloberfläche mit einer vor korrosiven Medien schützenden Schicht, beim aktiven Korrosionsschutz erzeugt man z. B. mit Opferanoden oder durch Verbindung mit dem Minuspol einer Gleichstromquelle elektrochemische Kontaktelemente (Lokalelemente).

Kunststoff: Kunststoffe sind synthetische makromolekulare Verbindungen (z. B. Polyethen (PE), Polypropen (PP), Polystyrol (PS), Polyethylenterephthalat (PET), Polyvinylchlorid (PVC)).

L

Linear polarisiertes Licht: Linear polarisiertes Licht ist Licht, welches ausschließlich Strahlen gleicher Schwingungsrichtung enthält. Sonnenlicht ist unpolarisiert. Das bedeutet, es schwingt in beliebige Richtungen, senkrecht zur Ausbreitungsrichtung. Licht schwingt also nicht nur hoch und runter, sondern auch rechts und links oder in beliebig viele andere Richtungen, aber immer senkrecht zum Strahl. Wenn das aber nicht der Fall ist und Licht nur in einer Ebene schwingt, dann nennt man es linear polarisiert.

Löslichkeitsgleichgewicht: Das Löslichkeitsgleichgewicht ist das dynamische Gleichgewicht zwischen Bodenkörper und der gesättigten Lösung. In einer gesättigten Lösung erfolgt ein ständiger Stoffaustausch zwischen den Teilchen des Bodenkörpers, die in Lösung gehen und den Teilchen aus der Lösung, die in den Bodenkörper übergehen (Kristallisation). Es herrscht also ein dynamisches Gleichgewicht, in welchem die Geschwindigkeit des Lösevorgangs gleich der Kristallisationsgeschwindigkeit ist.

Löslichkeitsprodukt K_L: Das Löslichkeitsprodukt K_L eines schwerlöslichen Salzes ist aus der Gleichgewichtskonstante des heterogenen Gleichgewichts bei der Lösung bzw. Kristallisation des Salzes abgeleitet und enthält das Produkt der Konzentrationen der Ionen in der gesättigten Lösung dieses Salzes. Beispiel: $K_L(PbI_2) = c(Pb^{2+}) \cdot c^2(I^{-})$. Das Löslichkeitsprodukt K_L ist eine temperaturabhängige Stoffkonstante.

M

Makromolekül: Makromoleküle sind sehr große Moleküle mit Molekülmassen von mehreren Tausend atomaren Masseneinheiten. Aus Makromolekülen bestehen sowohl Naturstoffe wie Cellulose, Stärke, Proteine und Nucleinsäuren als auch Kunststoffe wie Polyethen, Polyester und Polyamide.

Massenwirkungsgesetz MWG: Das Massenwirkungsgesetz MWG ist eine mathematische Gleichung, die den Zusammenhang zwischen den Gleichgewichtskonzentrationen c der Reaktionsteilnehmer beim chemischen Gleichgewicht und der Gleichgewichtskonstante K_c ausdrückt. Für eine Reaktionsgleichung mit verschiedenen Stöchiometriefaktoren gilt:

$$a\,A + b\,B \rightleftharpoons c\,C + d\,D$$

$$K_c = \frac{c^c(C) \cdot c^d(D)}{c^a(A) \cdot c^b(B)}$$

Mesomerer Effekt (M-Effekt): Der M-Effekt beschreibt eine Wirkung von funktionellen Gruppen auf die Elektronendichte eines Systems konjugierter Doppelbindungen. Ein +M-Effekt fügt dem System durch freie Elektronenpaare Elektronendichte hinzu, ein -M-Effekt entzieht dem System durch Mehrfachbindungen Elektronendichte. Der mesomere Effekt hat einen Einfluss auf die elektrophile Zweitsubstitution.

Mesomerie: Mesomerie liegt dann vor, wenn die Elektronenverteilung in einem Atomverband (Molekül oder Ion) nicht durch eine einzige LEWIS-Formel dargestellt werden kann, sondern zwischen mehreren mesomeren Grenzformeln liegt.

Mesomerieenergie: Die Mesomerieenergie bezeichnet den Energiebetrag, um den ein Molekül oder Ion energieärmer ist, als es aufgrund der mesomeren Grenzformeln sein müsste (Mesomeriestabilisierung).

meso-Verbindung: meso-Verbindungen sind Moleküle, die ein Stereozentrum besitzen, das achiral ist.

Molare Standardbildungsenthalpie: Die molare Standardbildungsenthalpie ist die Enthalpie, die bei der Bildung von einem Mol einer Substanz aus den Elementen unter Standardbedingungen frei wird (exotherme Reaktion, negatives Vorzeichen) oder zu deren Bildung erforderlich ist (endotherme Reaktion, positives Vorzeichen). Sie wird in der Einheit Kilojoule pro Mol angegeben und symbolisch mit $\Delta_f H^0{}_m$ bezeichnet.

Molare Standardreaktionsenthalpie: Die molare Standardreaktionsenthalpie ist die die Reaktionsenthalpie auf die Stoffmenge von einem Mol bezogen. Sie wird in der Einheit Kilojoule pro Mol angegeben und symbolisch mit $\Delta_R H^0{}_m$ bezeichnet.

Monomer: Monomere sind Stoffe, deren Moleküle bei der Synthese von Kunststoffen zu Makromolekülen (Polymeren) reagieren. Beispiele: Ethen ist das Monomer von Polyethen, das durch Polymerisation von Ethen entsteht, 1,6-Diaminohexan und Hexandisäure sind die Monomere von Nylon 6.6, das durch Polykondensation der beiden Monomere gebildet wird.

Monosaccharid: Monosaccharide (Einfachzucker) sind Kohlenhydrate mit der Summenformel $C_nH_{2n}O_n$, wobei in der Natur am häufigsten Monosaccharide mit $n = 6$ oder $n = 5$, also Hexosen und Pentosen, vertreten sind. Darunter gibt es Aldosen und Ketosen. Glucose und Fructose sind die beiden bekanntesten Monosaccharide.

N

Nachhaltigkeit: Nachhaltigkeit bedeutet die dauerhafte Entwicklung menschlicher Tätigkeiten mit dem Ziel, die heutigen Bedürfnisse zu befriedigen, ohne dabei die Bedürfnisse zukünftiger Generationen zu beeinträchtigen.

Nachwachsender Rohstoff: Nachwachsende Rohstoffe sind pflanzliche Produkte wie Cellulose, Stärke, Saccharose, Fette und Öle, die als Rohstoffe in der Industrie verwendet werden können.

Nanomaterial: Nanomaterialien sind Materialien mit äußeren Abmessungen von einer Größe von 1 – 100 nm. Nanomaterialien können andere Eigenschaften aufweisen als die entsprechenden Materialien mit größeren Abmessungen.

NERNST-Gleichung: Die NERNST-Gleichung beschreibt die Konzentrationsabhängigkeit des Redoxpotenzials E (Elektrodenpotenzials) eines Redoxpaares Red/Ox:

$$E = E^0 + \frac{0{,}059\,\text{V}}{z} \cdot \lg \{c(\text{Ox}\}$$

Hier steht E^0 für das Standardelektrodenpotenzial und z für die Anzahl der übertragenen Elektronen.

Neutralisation: Die Neutralisation ist eine chemische Reaktion, bei der sich alkalische und saure Eigenschaften gegenseitig aufheben, weil die Oxonium-Ionen aus der sauren Lösung mit den Hydroxid-Ionen der alkalischen Lösung zu Wasser-Molekülen reagieren. Wasser reagiert neutral.

Ninhydrinreaktion: Die Ninhydrinreaktion ist eine Nachweisreaktion für Aminosäuren und kurzkettige Peptide. Sie bilden mit dem Ninhydrinreagenz (das auf eine Probe gesprüht werden kann) beim kurzen Erwärmen unterschiedlich gefärbte Verbindungen.

Nucleophil: Ein Nucleophil ist eine Verbindung oder funktionelle Gruppe mit negativen Ladungen oder Partialladungen. Nucleophil bedeutet „kernliebend" und bezeichnet so die Eigenschaft, dass diese Verbindungen einen Elektronenüberschuss aufweisen und bevorzugt mit Teilchen niedriger Elektronendichte reagieren.

Nucleophile Substitution (S_N): Die nucleophile Substitution ist eine Reaktion, bei der durch die Anlagerung eines nucleophilen Teilchens ein anderes Teilchen aus einem Molekül abgespalten wird. Je nach Reaktionsmechanismus unterscheidet man unimolekulare (S_N1) und bimolekulare (S_N2) nucleophile Substitutionen.

O

Offenes System: Das offene System ist ein System, in welchem sowohl Energieaustausch als auch Stoffaustausch mit der Umgebung stattfindet.

Optische Aktivität: Die optische Aktivität bezeichnet die Drehung der Ebene des polarisierten Lichts. Es handelt sich um eine Eigenschaft von Stoffen, deren Moleküle chiral sind.

Orbitalmodell: Das Orbitalmodell ist ein Atommodell. Bei Betrachtungen mit dem Orbitalmodell stehen die Räume, in denen sich die Elektronen eines Atoms höchstwahrscheinlich aufhalten (Orbitale), im Mittelpunkt.

Oxidation: Die Oxidation ist die Veränderung eines Systems, bei der Elektronen abgegeben werden.

Oxidationsmittel: Das Oxidationsmittel ist ein Elektronenakzeptor.

Oxidationszahl: Die Oxidationszahl ist ein Hilfsmittel, um festzustellen, ob ein System oxidiert oder reduziert wird. Bei Atom-Ionen entspricht sie der Ladungszahl des Ions. Die Oxidationszahl von Atomen in Molekülen entspricht der Ladungszahl, die man durch formale Zerlegung des Moleküls oder Molekül-Ions erhalten kann. Bei dieser formalen Zerlegung des jeweiligen Teilchens in fiktive Atom-Ionen werden die Valenzelektronen nach Maßgabe der Elektronegativitäten zugeordnet.

P

Peptid: Peptide sind Kondensationsprodukte aus Aminosäuren, in deren Molekülen die Aminosäure-Reste jeweils durch Peptid-Gruppen (Peptidbindungen) verknüpft sind.

Peptid-Gruppe (Amid-Gruppe): Die Peptid-Gruppe –NH–CO– bildet sich bei der Abspaltung eines Wasser-Moleküls zwischen einer Amino-Gruppe und einer Carboxy-Gruppe. Sie ist die Repetiereinheit in Peptid-, Protein- und Polyamid-Makromolekülen.

pH-Wert: Der pH-Wert ist der negative dekadische Logarithmus aus dem Betrag der Konzentration der Oxonium-Ionen einer Lösung: $pH = -\lg c(H_3O^+)$. Er dient zur Kennzeichnung saurer, neutraler und alkalischer Lösungen.

pOH-Wert: Der pOH-Wert ist der negative dekadische Logarithmus aus dem Betrag der Konzentration der Hydroxid-Ionen einer Lösung: $pOH = -\lg c(OH^-)$. Es gilt: pH + pOH = 14.

Polyaddition: Die Polyaddition ist ein Reaktionstyp zur Erzeugung von Makromolekülen aus zwei verschiedenen Monomeren, wobei jeweils ein Molekül des einen Monomers an ein Molekül des anderen addiert wird. Beispiel: Herstellung eines Polyurethans aus einem Diisocyanat-Molekül und einem Diol-Molekül.

Polyester: Polyester sind durch Polykondensationsreaktionen gebildete Kunststoffe, deren Moleküle zahlreiche Ester-Gruppen enthalten. Voraussetzung sind Alkohole bzw. Säure mit mindestens zwei funktionellen Gruppen.

Polykondensation: Die Polykondensation ist ein Reaktionstyp zur Erzeugung von Makromolekülen aus verschiedenen oder identischen bifunktionellen Monomeren, wobei jeweils aus zwei Monomer-Molekülen ein kleines Molekül abgespalten wird. Beispiele: Polyamid aus einem Diamin-Molekül und einem Dicarbonsäure-Molekül, Polymilchsäure aus Hydroxypropansäure.

Polymer: Polymere sind streng genommen Makromoleküle, die nur aus einer Art Monomer-Einheit aufgebaut sind, z. B. Polyethen, Polystyrol, Polymethylmethacrylat, Poly-ε-aminocapronsäure, Polymilchsäure u. a. Die Bezeichnung Polymer wird aber häufig auch allgemein für synthetische Makromoleküle verwendet, selbst wenn sie aus mehreren verschiedenen Monomer-Einheiten aufgebaut sind.

Polymerisation: Die Polymerisationen ist eine Reaktion, bei der gleiche Monomer-Moleküle, i. d. R. Moleküle mit Doppelbindungen, miteinander zu Makromolekülen reagieren, ohne dass dabei andere kleine Moleküle abgespalten werden. Polymerisationen können über radikalische, kationische oder anionische Interdukte (reaktive Zwischenstufen) verlaufen.

Polysaccharid: Polysaccharide (Vielfachzucker) sind makromolekulare Kohlenhydrate, die aus sehr vielen Monosaccharid-Einheiten bestehen. Die bekanntesten Polysaccharide sind Stärke und Cellulose.

Primärstruktur: Die Primärstruktur eines Protein-Moleküls wird durch die Art, Anzahl und Verknüpfungsfolge (die Sequenz) der Aminosäure-Reste festgelegt.

Prinzip vom kleinsten Zwang (Prinzip von LE CHATELIER): Das Prinzip vom kleinsten Zwang besagt, dass sich bei der Einwirkung eines äußeren Zwangs (z. B. einer Temperatur-, Konzentrations- oder Druckänderung) auf ein chemisches Gleichgewicht eine neue Gleichgewichtslage einstellt, in der die Wirkung des ausgeübten Zwangs so klein wie möglich gehalten wird.

Protein: Proteine sind Polypeptide, die aus mehr als 100 Aminosäure-Einheiten zusammengesetzt sind. Proteine dienen in Organismen als Bausubstanz, Enzyme, Hormone und Antikörper.

Protolyse: Die Protolyse ist eine Reaktion, bei der ein Proton von einer BRØNSTED-Säure auf eine BRØNSTED-Base übertragen wird.

Protolysegleichgewicht: Protolysegleichgewichte stellen sich zwischen reversiblen Protolysen, d. h. Reaktionen mit Protonenübergängen zwischen den Teilchen ein. Protolysegleichgewichte zwischen korrespondierenden Säure-Base-Paaren bilden die Grundlage der Vorgänge bei Puffersystemen, Indikatoren und Titrationen.

Pufferlösung (Puffersystem): Eine Pufferlösung ist i. d. R. eine Lösung, die bei Säure- oder Basezugabe ihren pH-Wert nur geringfügig ändert. Das Puffersystem in einer Pufferlösung besteht aus einer schwachen Säure und ihrer konjugierten Base. Beispiel: $H_2PO_4^-/HPO_4^-$ (Dihydrogenphosphat-Hydrogenphosphat-Puffer).

Q

Quartärstruktur: Die Quartärstruktur von Proteinen ist die vollständige dreidimensionale Anordnung, die sich bei der Zusammenlagerung mehrerer Protein-Makromoleküle (oft auch zusätzlicher Einheiten, die nicht Polypeptide sind) ergibt.

R

Racemat: Ein Racemat ist ein äquimolares Gemisch von zwei Enantiomeren.

Radikal: Ein Radikal ist ein Teilchen mit einem ungepaarten Elektron, das bei der symmetrischen Spaltung von Elektronenpaarbindungen entsteht (homolytische Spaltung).

Radikalische Substitution: Die radikalische Substitution ist eine Reaktion, bei der ein Atom oder eine Atomgruppe an einem Molekül durch ein anderes Atom oder eine andere Atomgruppe ersetzt wird, wobei als reaktive Zwischenprodukte Radikale, d. h. Atome oder Atomgruppen mit einem ungepaarten Elektron, auftreten. Radikalische Substitutionen verlaufen oft kettenartig. Dabei werden in der Startreaktion hoch reaktive Radikale gebildet, die in der Kettenreaktion weiterreagieren. In Abbruchreaktionen werden die reaktiven Radikale wieder zu Molekülen abgebaut. Typische radikalische Substitutionen sind die Halogenierungen von Alkanen.

Reaktionsenergie: Die Reaktionsenergie ist die Energie, die ein System an die Umgebung abgibt oder dieser entzieht.

Reaktionsenthalpie: Die Reaktionsenthalpie $\Delta_R H$ ist die Energie, die bei einer unter konstantem Druck verlaufenden Reaktion als Wärme abgegeben wird oder zugeführt werden muss.

Reaktionsgeschwindigkeit: Die mittlere Reaktionsgeschwindigkeit ist die Änderung der Stoffmenge Δn eines Reaktionsteilnehmers (Edukts oder Produkts) in einem Zeitintervall Δt. Bezieht man sich auf immer kürzere Zeitintervalle, so entspricht der Grenzwert der Stoffmengenänderung für gegen null gehende Zeitintervalle der momentanen Reaktionsgeschwindigkeit. Bei Reaktionen, die in Lösung ablaufen, wird die Stoffmengenänderung Δn durch die Konzentrationsänderung Δc des entsprechenden Reaktionsteilnehmers ersetzt.

Reaktionsmechanismus: Der Reaktionsmechanismus ist eine modellhafte Darstellung über den detaillierten Verlauf einer chemischen Reaktion in allen Teilschritten (Übergangszustände und Zwischenprodukte).

Reaktionswärme: Die Reaktionswärme ist die bei einer chemischen Reaktion umgesetzte Wärmemenge.

Redoxreaktion: Die Redoxreaktion stellt die Kombination einer Reduktion und Oxidation dar. Dabei findet eine Übertragung von Elektronen von einem Elektronendonator (Reduktionsmittel) auf einen Elektronenakzeptor (Oxidationsmittel) statt.

Reduktion: Die Reduktion ist die Veränderung eines Systems, bei der Elektronen aufgenommen werden.

Reduktionsmittel: Das Reduktionsmittel ist ein Elektronendonator.

Repetiereinheit: Die Repetiereinheit ist die kleinste sich wiederholende Einheit in einem Makromolekül.

Retentionsfaktor R_f: Der Retentionsfaktor R_f ist ein Maß für die Wanderungsgeschwindigkeit einer Substanz während des chromatografischen Trennprozesses. Der R_f-Wert berechnet sich aus dem Quotienten der Laufstrecke der Substanz zur Laufstrecke des Laufmittels vom Startpunkt aus.

S

Satz von HESS: Nach dem Satz von HESS (Satz von den konstanten Wärmesummen) ist die Reaktionsenthalpie einer Reaktion nur von den Edukten und Produkten dieser Reaktion und nicht vom Reaktionsweg von den Edukten zu den Produkten abhängig.

Säure nach BRØNSTED: Eine Säure ist ein Protonendonator, d. h. ein Teilchen, das Protonen abgeben kann.

Säure-Base-Reaktion: Die Säure-Base-Reaktion ist eine Gleichgewichtsreaktion einer Säure HA zu ihrer korrespondierende Base A^- und einer Base B zu ihrer korrespondierenden Säure HB^+.

Säurekonstante K_S: Die Säurekonstante K_S ist eine Gleichgewichtskonstante, die angibt, in welchem Maße eine Säure in Wasser protolysiert. Sie setzt sich mathematisch aus dem Quotienten des Produkts der Konzentrationen der Oxonium-Ionen $c(H_3O^+)$ und der Ionen der korrespondierenden Base $c(A^-)$ durch die Konzentration der Säure $c(HA)$ zusammen. Je größer der K_S-Wert ist, desto stärker ist die Säure.

Sekundärstruktur: Die Sekundärstruktur der Protein-Moleküle bezeichnet deren dreidimensionale Struktur (Konformation), die sich durch die Wasserstoffbrücken zwischen den Peptid-Gruppen innerhalb einer Kette (α-Helixstruktur) oder zwischen benachbarten Ketten (β-Faltblattstruktur) ergibt.

SELIWANOW-Probe: Die SELIWANOW-Probe ist eine Reaktion zur Unterscheidung von Aldosen (Zucker mit einer Aldehyd-Gruppe) und Ketosen (Zucker mit einer Keto-Gruppe). Ketosen zeigen bei der SEILWANOW-Probe eine Rotfärbung.

Silberspiegel-Probe (TOLLENS-Probe): Die Silberspiegel-Probe ist eine Nachweismethode für Stoffe, deren Moleküle Aldehyd-Gruppen enthalten. Bei positiver Silberspiegel-Probe werden Silber(I)-Ionen aus einem farblosen Komplex zu metallischem, glänzendem Silber reduziert.

Spannungsreihe/Redoxreihe: In der Spannungsreihe sind die Redoxpaare nach ihrem Standardpotenzial E^0 geordnet.

Standardpotenzial E^0 (Standardredoxpotenzial): Das Standardpotenzial E^0 eines Redoxpaares Me/Me^{z+} ist die Potenzialdifferenz zwischen einer Standardwasserstoffhalbzelle mit $E^0(H_2/2\ H^+) = 0{,}0$ V und einer Halbzelle bei Standardbedingungen (c = 1 mol/L, p = 1013 hPa) und ϑ = 25 °C.

Standardwasserstoffhalbzelle: Die Standardwasserstoffhalbzelle enthält das Redoxpaar $H_2/2\ H_3O^+$ bei Standardbedingungen (c = 1 mol/L, p = 1013 hPa) und ϑ = 25 °C. Sie besteht aus einer salzsauren Lösung (c = 1 mol/L, ϑ = 25 °C), in die eine mit Wasserstoff (p = 1013 hPa) umspülte Platinelektrode eintaucht. Für diese Halbzelle wurde festgelegt: $E^0 = 0{,}0$ V.

Substituent: Ein Substituent ist ein Atom (Brom-Atom, Chlor-Atom) oder eine Atomgruppe (Alkyl-Rest oder sonstiger Rest), der in einem Molekül jeweils ein Wasserstoff-Atom ersetzt, dieses also substituiert.

Substitution: vgl. elektrophile Substitution, nucleophile Substitution und radikalische Substitution

T

Tensid: Tenside sind Stoffe, deren Teilchen amphiphil, d. h. sowohl hydrophil als auch lipophil sind. Sie setzen die Oberflächenspannung des Wassers herab, unterstützen den Waschprozess und stabilisieren Emulsionen

Tertiärstruktur: Die Tertiärstruktur der Protein-Moleküle bezeichnet deren vollständige dreidimensionale Struktur (Konformation), die sich aus der Primär- und Sekundärstruktur und den Wechselwirkungen zwischen den Aminosäure-Resten (Wasserstoffbrücken, Ionenbindungen, VAN-DER-WAALS-Wechselwirkungen und Disulfidbrücken) ergibt.

Thermoplast: Thermoplaste sind Kunststoffe, die beim Erwärmen verformbar sind und nach dem Abkühlen die Form, in die sie gebracht wurden, beibehalten.

Titration: Die Säure-Base-Titration ist ein quantitatives Verfahren, bei dem der Gehalt einer Lösung an einer Säure oder an einer Base durch Neutralisation mit einer Lösung bekannter Konzentration einer Base bzw. Säure (Maßlösung) ermittelt wird.

Triglycerid: Triglyceride sind Dreifachester des Glycerins (Propan-1,2,3-triol) mit Fettsäuren. In Fetten sind vorwiegend Reste aus gesättigten Fettsäuren enthalten, in Ölen Reste aus ungesättigten Fettsäuren.

U

Überspannung: Die Abscheidung von Gasen benötigt oft eine höhere Spannung als das Elektrodenpotenzial. Die Differenz zum Elektrodenpotenzial wird als Überspannung bezeichnet. Sie ist abhängig von verschiedenen Faktoren, wie dem Elektrodenmaterial oder der Stromdichte.

Umesterungsreaktion: Die Umesterungsreaktion ist eine chemische Reaktion, bei der bei einem Ester ein Alkohol-Rest durch einen anderen Alkohol-Rest ersetzt wird.

Umschlagsbereich: Der Umschlagsbereich ist der Bereich z. B. bei einer Säure-Base-Titration, der bei Verwendung von Farbindikatoren im pH-Sprung einen Farbwechsel anzeigt.

Ungesättigter Kohlenwasserstoff: Ungesättigte Kohlenwasserstoffe sind Kohlenwasserstoffe, die über eine oder mehrere Mehrfachbindungen verfügen. Bei den Molekülen der Alkene sind es Doppelbindungen, bei den Molekülen der Alkine Dreifachbindungen.

V

Verbrennungsenthalpie: Die Verbrennungsenthalpie gibt an, wie viel thermische Energie bei der Verbrennung von einem Mol eines brennbaren Stoffes freigesetzt wird.

Verseifung: Die Verseifung ist die alkalische Hydrolyse eines Esters. Dabei entstehen Seifen. Sie ist im Gegensatz zur sauren Esterhydrolyse irreversibel.

Verwertung von Kunststoffabfällen: Kunststoffabfälle können durch Werkstoffrecycling (z. B. durch Schreddern und Pressen von neuen Formteilen), Rohstoffrecycling (z. B. durch Rückgewinnung der Monomere durch Depolymerisation oder anderer Chemikalien durch Pyrolyse des recycelten Kunststoffs), energetisch (z. B. durch Energienutzung bei der Verbrennung der Kunststoffabfälle) oder mittels Kompostierung verwertet werden.

Volumenarbeit: Die Volumenarbeit ist die an einem geschlossenen System zu leistende Arbeit, um ein bestimmtes Volumen V_1 auf das Volumen V_2 zu komprimieren ($V_1 > V_2$) oder durch Expansion ($V_1 < V_2$) zu vergrößern.

W

Wasserhärte: Die Wasserhärte wird durch Calcium-, Magnesium-, Hydrogencarbonat- und Sulfat-Ionen hervorgerufen und in der Einheit Grad deutscher Härte °d angegeben.

X

Xanthoproteinreaktion: Die Xanthoproteinreaktion ist eine Nachweisreaktion für aromatische Aminosäuren in Proteinen. Bei der Zugabe von Salpetersäure findet eine Nitrierung am Benzol-Ring statt, wobei eine gelbe Nitroverbindung entsteht.

Z

Zelldiagramm: Das Zelldiagramm einer galvanischen Zelle ist eine verkürzte Darstellung der in den beiden Halbzellen beteiligten Redoxpaare. So lautet beispielsweise das Zelldiagramm des DANIELL-Elements: $Zn/Zn^{2+}//Cu^{2+}/Cu$.

Zersetzungsspannung U_z: Die Zersetzungsspannung U_z ist die Mindestspannung, bei der bei einer Elektrolyse Stoffe abgeschieden werden.

Zwitterion: Zwitterionen sind Teilchen mit elektrisch positiver und negativer Ladung. Aminosäure-Moleküle haben Zwitterionenstruktur, die durch intramolekulare Protolyse zwischen der Carboxy-Gruppe und der Amino-Gruppe zustande kommt.

α

α-Helix: Die α-Helix ist eine Ausprägung der Sekundärstruktur eines Proteins. Die Helix hat die Form einer gedehnten, linksgängigen Spirale.

β

β-Faltblatt: Das β-Faltblatt ist eine Ausprägung der Sekundärstruktur von Proteinen, bei dem verschiedene Polypeptidstränge in gestreckter Form nebeneinanderliegen. Wasserstoffbrücken stabilisieren die Struktur.

123RF / marctran – S. 124; AdobeStock / Africa Studio – S. 278; – / Anchalee – S. 330; – / Antonioguillem – S. 216; – / bit24 – S. 5, 86/87, 175,; – / Cezanne-Fotografie – S. 391; – / denio109 – S. 6, 142/143; – / Michael Derrer Fuchs – S. 233; – / dywandrewniany – S. 228; – / exclusive-design – S. 523; – / ExQuisine – S. 176; – / Ana Fidalgo – S. 375; – / FotoHelin – S. 314; – / Funtay – S. 409; – / ginton – S. 381; – / gpointstudio – S. 414; – / grafikplusfoto – S. 450; – / Tilo Grellmann – S. 11, 486/487; – / HandmadePictures S. 524; – / karaboux – S. 214; – / Vladimir Kolesnikov – S. 470; – / Henri Koskinen – S. 278; – / Kseniia_designer – S. 482; – / lorenza62 – S. 84; – / maykal – S. 128; – / MigrenArt – S. 244; – / murat – S. 243; – / New Africa – S. 506; – / ON-Photography – S. 228; – / Peter – S. 325; – / Photocreo Bednarek – S. 4, 30/31; – / pioneer111– S. 252; – / Pixel-Shot – S. 222; – / Robert Poorten – S. 327; – / Printermps – S. 519; – / Olivier Rapin – S. 200; – / ricardo-reitmeyer – S. 226; – / robertoa – S. 50; – / roostler – S. 253; – / Strajinsky – S. 382; – / Syda Productions – S. 225; – / Anke Thomass – S. 229; – / travelguide – S. 400; – / VLADISLAV – S. 222; Alamy Stock Photo / Alpha Stock – S. 373; – / FLHC 2021BB – S. 150; – / imageBROKER – S. 110, 470; Ulrich Bee, Konstanz – S. 250; Claudia Bohrmann-Linde, Wuppertal – S. 26 (3), 27 (3), 63, 103, 148 (2), 150, 175, 184, 189 (2), 233, 291, 309, 316, 340 (2), 341 (3), 355, 397, 473 (2); Christopher-Yannik Egler, Hameln – S. 356 (2), 361 (3); Stefanie Faas, Straubenhardt – S. 21, 206, 208 (4), 356; Fotolia / Jan Felber – S. 330; – / vector_art – S. 106; Getty Images Plus / DigitalVision, Image Source – S. 96; – / Hemera, Ulrich Mueller – S. 570; – / iStock Editorial, pwmotion – S. 240; – / iStockphoto, AlexRaths – S. 166; – / iStockphoto, alffalff – S. 141; – / iStockphoto, AlinaMD – S. 170; – / iStockphoto, amnachphoto – S. 472; – / iStockphoto, andhal – S. 414; – / iStockphoto, andreygonchar – S. 452; – / iStockphoto, angkhan – S. 495; – / iStockphoto, antoniokhr – Cover; – / iStockphoto, ArisSu – S. 8, 298/299; – / iStockphoto, ArtmannWitte – S. 458; – / iStockphoto, audioundwerbung – S. 9, 350/351; – / iStockphoto, Bebenjy – S. 132; – / iStockphoto, BlackMagic – S. 302; – / iStockphoto, BWFolsom – S. 163; – / iStockphoto, cheche22 – S. 180; – / iStockphoto, CreativeNature_nl – S. 521; – / iStockphoto, demarco-media – S. 174; – / iStockphoto, designprojects – S. 286; – / iStockphoto, doubleus – S. 206; – / iStockphoto, dramer – S. 163; – / iStockphoto, DuncanL – S. 448; – / iStockphoto, elxeneize – S. 500; – / iStockphoto, eskymaks – S. 327; – / iStockphoto, FotografieLink – S. 50; – / iStockphoto, fotokostic – S. 278; – / iStockphoto, gavran333 – S. 230; – / iStockphoto, geargodz – S. 277; – / iStockphoto, GeorgeDolgikh – S. 468; – / iStockphoto, GlobalP – S. 226; – / iStockphoto, goinyk – S. 328; – / iStockphoto, Kyryl Gorlov – S. 34; – / iStockphoto, HandmadePictures – S. 195; – / iStockphoto, hanieriani – S. 258; – / iStockphoto, hayatikayhan – S. 127; – / iStockphoto, helivideo – S. 110; – / iStockphoto, HomePixel – S. 236; – / iStockphoto, HQuality Video – S. 200; – / iStockphoto, https://www.facebook.com/PlargueDoctor/ – S. 354; – / iStockphoto, iv-serg – S. 285; – / iStockphoto, Ivanbalvan – S. 42; – / iStockphoto, JMGehrke – S. 396; – / iStockphoto, jonathanfilskov-photography – S. 164; – / iStockphoto, karandaev – S. 482; – / iStockphoto, khuntapol – S. 236; – / iStockphoto, kzenon – S. 608; – / iStockphoto, lantapix – S. 429; – / iStockphoto, libre de droit – S. 370; – / iStockphoto, Olena Lialina – S. 285; – / iStockphoto, LoveTheWind – S. 322; – / iStockphoto, Damian Lugowski – S. 506; – / iStockphoto, luiscarlosjimenez – S. 176; – / iStockphoto, Madeleine_Steinbach – S. 102; – / iStockphoto, marcociannarel – S. 499; – / iStockphoto, Anna Martianova – S. 234; – / iStockphoto, matka_Wariatka – S. 120; – / iStockphoto, Willy Mobilo – S. 117; – / iStockphoto, monticelllo – S. 4, 12/13; – / iStockphoto, Motortion – S. 70; – / iStockphoto, mpessaris – S. 348; – / iStockphoto, Nadezhda_Nesterova – S. 108; – / iStockphoto, Maksym Narodenko – S. 149; – / iStockphoto, Nataba – S. 314; – / iStockphoto, nd3000 – S. 214; – / iStockphoto, Andriy Nekrasov – S. 200; – / iStockphoto, nitrub – S. 330; – / iStockphoto, okugawa – S. 124; – / iStockphoto, PamWalker68 – S. 60; – / iStockphoto, Petmal – S. 450; – / iStockphoto, PhonlamaiPhoto – S. 322; – / iStockphoto, photomaru – S. 106; – / iStockphoto, Pineapple Studio – S. 485; – / iStockphoto, Placebo365 – S. 328; – / iStockphoto, Plateresca – S. 524; – / iStockphoto, popovaphoto – S. 505; – / iStockphoto, poselenov – S. 468; – / iStockphoto, RG-vc – S. 448; – / iStockphoto, RHJ – S. 232; – / iStockphoto, RobertoDavid – S. 407; – / iStockphoto, Tetiana Rostopira – S. 106; – /iStockphoto, Shaun Roy – S. 223 ; – / iStockphoto, RyanKing999 – S. 156; – / iStockphoto, scanrail – S. 362; – / iStockphoto, Scharfsinn86 – S. 500; – / iStockphoto, Alexander Shapovalov – S. 268; – / iStockphoto, SimoneN – S. 70; – / iStockphoto, Smederevac – S. 127; – / iStockphoto, stephanhartmann – S. 290; – / iStockphoto, SuzanaMarinkovic – S. 118; – / iStockphoto, talevr – S. 230; – / iStockphoto, tfoxfoto – S. 458; – / iStockphoto, theevening – S. 113; – / iStockphoto, UltimaSperanza – S. 313; – / iStockphoto, Aras Uludag – S. 106; – / iStockphoto, urfinguss – S. 482; – / iStockphoto, UweMoser – S. 130; – / iStockphoto, vejaa – S. 242; – / iStockphoto, VYCHEGZHANINA – S. 354; – / iStockphoto, Wavebreakmedia – S. 206, 609; – / iStockphoto, whyframestudio – S. 227; – / iStockphoto, wjarek – S. 194; – / iStockphoto, xeni4ka – S. 497; – / iStockphoto, yucelyilmaz – S. 461; – / iStockphoto, yulka3ice – S. 156; – / Photos.com – S. 64; Birgit Goerz-Lorenz, Wiesloch – S. 332 (3); Lydia Greyling, Hannover – S. 269, 270, 271, 272 (3), 274, 415, 420 (3); Kathrin

Gütte, Berlin – S. 10, 410/411, 428, 437 (6), 439; Simon Haselbauer, Dillingen – S. 509; Nina Heldt, Michendorf – S. 349; Alina Hermann, Eichstätt – S. 26, 288; imago images / CHROMORANGE – S. 242; iStockphoto / CatLane – S. 414; – / denisk0 – S. 306; – / EasyBuy4u – S. 7, 254/255, 268; – / esolla – S. 230; – / Joa_Souza – S. 60; – / mariusFM77 – S. 149; – / pepifoto – S. 420; – / theasis – S. 511; – / vgajic – S. 6, 196/197; Matthias Jachan, Berlin – S. 134; Hans-Jürgen Jäger, Kaiserslautern – S. 18, 28 (3), 406; Thomas Kohn, Tettnang – S. 27 (2), 103; Simone Kröger, Münster – S. 26, 135; Patrick Krollmann, Köln – S. 26, 376; Klaus-Dieter Krüger, Friedland – S. 26 (3), 27 (2), 44, 92, 247, 332, 522; Mauritius Images / Alamy Stock Photo, Historic Images – S. 306; – / Alamy Stock Photo, Josef Kubes – S. 140; – / Alamy Stock Photo, Pictorial Press Ltd – S. 284; – / Alamy Stock Photo, Morley Read – S. 277; – / SuperStock, Scott Andrews – S. 10, 446/447; Nico Meuter, Erkrath – S. 171, 174, 366; Sabine Neumann, Petershagen – S. 201 (3), 203 (4); Jean Marc Orth, Enger – S. 59, 512; picture-alliance / akg-images – S. 284; – / dpa, Christian Charisius – S. 504; – / dpa, Jan Woitas – S. 490; – / Roland Scheidemann – S. 510; Pixabay / RyanMcGuire – S. 241; Alexander Schönborn, Weinstadt – S. 451, 456, 459; Tim Schulze, Remscheid – S. 491; Science Photo Library / 3dciencia, Ramon Andrade – S. 428; – / Martyn F. Chillmaid – S. 84; – / Mauro Fermariello – S. 157; – / Giphotostock – S. 90 (3); – / Dennis Kunkel Microscopy – S. 179; – / Laguna Design – S. 432, 434, 527; – / Andrew Lambert Photography – S. 157; – / Molekuul – S. 413; – / NOAA – S. 329 (2); Shutterstock / Everett Collection – S. 388; – / lzf – S. 376; – / Milliarden Fotos – S. 310; – / Sopotnicki – S. 490; – / Tim photo-video – S. 384; © Jörg Volle – S. 85; www.wikimedia.org /Silverchemist – S. 222; Yle Archives – S. 479.

Mediencodes

Dreamstime.com / Iseelee – S. 40 (06010-040);
Science Photo Library / Martyn F. Chillmaid; Asbirg Rebekka Englberger, Metzingen – S. 60 (06022-87);
www.wikimedia.org / Datamax; Klaus-Dieter Krüger, Friedland – S. 109 (06015-13);
Science Photo Library / Biocosmos, Francis Leroy & Michael Pierard – S. 162 (06015-25);
Science Photo Library / RHYS LEWIS & MINH TAN PHAM, AHS, DECD, UNISA – S. 195 (06022-23);
Science Photo Library / RHYS LEWIS & MINH TAN PHAM, AHS, DECD, UNISA – S. 202 (06015-42);
Stefanie Faas, Straubenhardt – S. 206 (06011-44);
www.wikimedia.org / Pengeldi – S. 212 (06002-117);
Ulrich Bee, Konstanz – S. 250 (06007-042);
Birgit Goerz-Lorenz, Wiesloch – S. 269 (06022-151);
Mauritius Images / Prisma, Gerth Roland – S. 282 (06015-104);
Hans-Jürgen Jäger, Kaiserslautern – S. 302, 303, 310 (06022-27);
Science Photo Library / Martyn F. Chillmaid – S. 361 (06002-58);
Nico Meuter, Erkrath – S. 363 (06007-070) (3);
Patrick Krollmann, Köln – 376 (06022-69);
Patrick Krollmann, Köln – 378 (06022-70);
Getty Images Plus / iStockphoto, RobertoDavid; Hans-Jürgen Jäger, Kaiserslautern – S. 406 (06007-079);
Science Photo Library / Molekuul – S. 412 (06007-082);
Science Photo Library / Equinox Graphics, Rhys Lewis – S. 434 (06015-106);
Getty Images Plus / iStockphoto, DuncanL; Getty Images Plus / iStockphoto, RG-vc – S. 448 (06007-088);
AdobeStock / Kseniia_designer; Getty Images Plus / iStockphoto, karandaev; Getty Images Plus / iStockphoto, urfinguss – S. 482 (06007-095);
AdobeStock / Africa Studio – S. 499 (06002-78);

Molare thermodynamische Daten bei 25 °C

Organische Stoffe

Formel und Name des Stoffs	Molare Masse M Einheit: g/mol	Molare Standardverbrennungsenthalpie $\Delta_c H^0_m$ Einheit: kJ/mol	Molare Standardbildungsenthalpie $\Delta_f H^0_m$ Einheit: kJ/mol	Molare freie Standardbildungsenthalpie $\Delta_f G^0_m$ Einheit: kJ/mol	Molare Standardentropie S^0_m Einheit: J/(K · mol)
Kohlenwasserstoffe					
CH_4 (g), Methan	16,04	−890	−74,81	−50,72	186,26
C_2H_2 (g), Ethin	26,04	−1300	226,73	209,20	200,94
C_2H_4 (g), Ethen	28,05	−1411	52,26	68,15	219,56
C_2H_6 (g), Ethan	30,07	−1560	−84,68	−32,82	229,60
C_3H_6 (g), Propen	42,08	−2058	20,42	62,78	266,6
C_3H_8 (g), Propan	44,09	−2220	−103,85	−23,49	270,2
C_4H_{10} (g), Butan	58,12	−2878	−126,15	−17,03	310,1
C_6H_6 (l), Benzol	78,12	−3268	49,0	124,3	173,3
C_6H_6 (g)	78,12	−3302	82,93	129,66	269,20
C_7H_8 (l), Toluol	92,13	−3910	12,0	113,8	221,0
C_7H_8 (g)	92,13	−3953	50	122,30	319,74
C_8H_{18} (l), Octan	114,23	−5471	−249,9	7,41	358
Alkohole und Phenole					
CH_3OH (l), Methanol	32,04	−726	−238,86	−166,27	126,8
CH_3OH (g)	32,04	−764	−200,66	−161,96	239,81
C_2H_5OH (l), Ethanol	46,07	−1368	−277,69	−174,78	160,7
C_2H_5OH (g)	46,07	−1409	−235,10	−168,49	282,70
C_6H_5OH (s), Phenol	94,11	−3504	−164,6	−50,42	144,0
Carbonsäuren					
$HCOOH$ (l), Ameisensäure	46,03	−255	−424,72	−361,35	128,95
CH_3COOH (l), Essigsäure	60,05	−875	−484,5	−389,9	159,8
CH_3COOH (aq)	60,05	–	−485,76	−396,46	86,6
$(COOH)_2$ (s), Oxalsäure	90,04	−254	−827,2	−697,9	120
C_6H_5COOH (s), Benzoesäure	122,13	−3227	−385,1	−245,3	167,6
$C_{15}H_{31}COOH$ (s), Palmitinsäure	256,43	10030,6	−892	–	452,37
Aldehyde und Ketone					
$HCHO$ (g), Formaldehyd	30,3	−571	−115,9	−110	218,77
CH_3CHO (l), Acetaldehyd	44,05	−1166	−192,30	−128,12	160,2
CH_3CHO (g)	44,05	−1192	−166,19	−133,72	265,68
CH_3COCH_3 (l), Aceton	58,08	−1790	−248,1	−155,4	200
Ester					
$HCOOCH_3$	60,1	−972,5	−386,1	−297,4	180,3
$CH_3COOC_2H_5$	88,1	−2237,9	−479,0	−327,6	242,78
Zucker					
$C_6H_{12}O_6$ (s), Glucose	180,16	−2808	−1268	−910	212
$C_6H_{12}O_6$ (aq)	180,16	–	–	−917	–
$C_6H_{12}O_6$ (s), Fructose	180,16	−2810	−1266	–	–
$C_{12}H_{22}O_{11}$ (s), Saccharose	342,30	−5645	−2222	−1545	360
Stickstoffverbindungen					
$CO(NH_2)_2$ (s), Harnstoff	60,06	−632	−333,51	−197,33	104,60
$C_6H_5NH_2$ (l), Anilin	93,13	−3393	31,6	149,1	191,3
NH_2CH_2COOH (s), Glycin	75,07	−969	−532,9	−373,4	103,51
CH_3NH_2 (g), Methylamin	31,06	−1085	−28,03	27,61	243,41

Anorganische Stoffe und Ionen

Formel und Name des Stoffs	Molare Masse M Einheit: g/mol	Molare Standardbildungs-enthalpie $\Delta_f H^0{}_m$ Einheit: kJ/mol	Molare freie Standardbildungs-enthalpie $\Delta_f G^0{}_m$ Einheit: kJ/mol	Molare Standardentropie $S^0{}_m$ Einheit: J/(K · mol)
Aluminium				
Al (s)	26,98	0	0	28,33
Al^{3+} (aq)	26,98	– 524,7	– 481,2	– 321,7
Al_2O_3 (s)	101,95	– 1675,7	– 1582,3	50,92
$Al(OH)_3$ (s)	78,00	– 1276	– 1154,4	85,4
$AlCl_3$ (s)	133,24	– 704,2	– 628,8	110,67
Brom				
Br_2 (l)	159,82	0	0	152,23
Br_2 (g)	159,82	30,91	3,11	245,46
Br (g)	79,91	111,88	82,40	175,02
Br^- (aq)	79,91	– 121,55	– 103,96	82,4
HBr (g)	80,92	– 36,2	– 53,45	198,70
Calcium				
Ca (s)	40,08	0	0	41,42
Ca (g)	40,08	178,2	144,3	154,88
Ca^{2+} (aq)	40,08	– 542,83	– 553,58	– 55,2
CaO (s)	56,08	– 635,09	– 604,03	39,75
$Ca(OH)_2$ (s)	74,10	– 986,09	– 898,49	83,39
$Ca(OH)_2$ (aq)	74,10	– 1002,82	– 868,07	– 74,5
$CaCO_3$ (s), Calcit	100,09	– 1206,9	– 1128,8	92,9
$CaCO_3$ (s), Aragonit	100,09	– 1207,1	– 1127,8	88,7
$CaCO_3$ (aq)	100,09	– 1219,97	– 10181,39	– 110,0
CaF_2 (s)	78,09	– 1219,6	– 1167,3	68,87
CaF_2 (aq)	78,09	– 1208,09	– 111,15	– 80,8
$CaCl_2$ (s)	110,99	– 795,8	– 748,1	108,4
$CaCl_2$ (aq)	110,99	– 877,1	– 816,0	59,8
$CaBr_2$ (s)	199,90	– 682,8	– 663,6	130
CaC_2 (s)	64,10	– 62,8	– 67,8	69,96
$CaSO_4$ (s)	136,14	– 1434,11	– 1321,79	106,7
$CaSO_4$ (aq)	136,14	– 1452,10	– 1298,10	– 33,1
Chlor				
Cl_2 (g)	70,91	0	0	223,07
Cl (g)	35,45	121,68	105,68	165,20
Cl^- (aq)	35,45	– 167,16	– 131,23	55,1
HCl (g)	36,46	– 92,31	– 95,30	186,91
HCl (aq)	36,46	– 167,16	– 131,23	56,5
Eisen				
Fe (s)	55,85	0	0	27,28
Fe^{2+} (aq)	55,85	– 89,1	– 84,94	– 113,4
Fe^{3+} (aq)	55,85	– 48,5	– 10,54	– 293,3
FeO (s), Eisen(II)-oxid	71,84	– 272	– 250,9	58,82
Fe_3O_4 (s), Magnetit	231,54	– 1118,4	– 1015,4	146,4
Fe_2O_3 (s), Hämatit	159,69	– 842,2	– 742,2	87,40
FeS (s)	87,91	– 95,06	– 97,57	67,40
FeS (aq)	87,91	–	6,9	–
FeS_2 (s)	119,98	– 178,2	– 166,9	52,93

Formel und Name des Stoffs	Molare Masse M Einheit: g/mol	Molare Standardbildungs-enthalpie $\Delta_f H^0{}_m$ Einheit: kJ/mol	Molare freie Standardbildungs-enthalpie $\Delta_f G^0{}_m$ Einheit: kJ/mol	Molare Standardentropie $S^0{}_m$ Einheit: J/(K · mol)
Iod				
I_2 (s)	253,81	0	0	
I_2 (g)	253,81	62,44	19,33	
I^- (aq)	126,90	– 55,19	– 51,57	
HI (g)	127,91	26,48	1,57	
Kohlenstoff				
C (s), Graphit	12,011	0	0	5,740
C (s), Diamant	12,011	1,895	2,9000	2,377
C (g)	12,011	716,68	671,26	158,10
CO (g)	28,01	– 110,53	– 137,17	197,67
CO_2 (g)	44,01	– 393,51	– 394,36	213,74
$CO_3{}^{2-}$ (aq)	60,01	– 677,14	– 527,81	– 53,1
CCl_4 (l)	153,82	– 139,3	– 68,6	216,40
CS_2 (l)	76,14	89,70	63,6	151,34
HCN (g)	27,03	135,1	124,7	201,78
HCN (l)	27,03	105,44	121,34	112,84
Kupfer				
Cu (s)	63,54	0	0	33
Cu^+ (aq)	63,54	51,9	49,98	– 26,4
Cu^{2+} (aq)	63,54	64,77	65,49	– 99,6
Cu_2O (s)	143,08	– 168,06	– 146,0	100,8
CuO (s)	79,54	– 157,3	– 129,7	43
$CuSO_4$ (s)	159,60	– 771,36	– 661,8	113,4
$CuSO_4 \cdot 5\,H_2O$ (s)	249,68	– 2279,7	– 1879,7	300,4
Magnesium				
Mg (s)	23,31	0	0	32,5
MgO (s)	40,3	– 601,8	– 569,6	26,8
$MgCO_3$ (s)	84,31	– 1112,9	– 1029,3	65,7
Natrium				
Na (s)	22,99	0	0	51,21
Na (g)	22,99	107,32	76,76	153,71
Na^+ (aq)	22,99	– 240,12	– 261,91	59,0
NaOH (s)	40,00	– 425,61	– 379,49	64,46
NaOH (aq)	40,00	– 470,11	– 419,15	48,1
NaCl (s)	58,44	– 411,15	– 384,14	72,13
NaBr (s)	102,90	– 361,06	– 348,98	86,82
NaI (s)	149,89	– 287,78	– 286,06	98,53
Sauerstoff				
O_2 (g)	32,00	0	0	205,14
O_3 (g)	48,00	142,7	163,16	238,93
OH^- (aq)	17,01	– 229,99	– 157,32	– 10,75

Formel und Name des Stoffs	Molare Masse M Einheit: g/mol	Molare Standardbildungsenthalpie $\Delta_f H^0_m$ Einheit: kJ/mol	Molare freie Standardbildungsenthalpie $\Delta_f G^0_m$ Einheit: kJ/mol	Molare Standardentropie S^0_m Einheit: J/(K · mol)
Schwefel				
S (s), rhombisch	32,06	0	0	31,80
S (s), monoklin	32,06	0,33	0,10	32,6
S^{2-} (aq)	32,06	33,1	33,1	−14,6
SO_2 (g)	64,06	−296,83	−300,16	248,22
SO_3 (g)	80,06	−395,72	−371,07	256,76
H_2SO_4 (l)	98,08	−813,99	−690,0	156,90
H_2SO_4 (aq)	98,08	−909,27	−909,27	20,1
SO_4^{2-} (aq)	96,06	−909,27	−741,99	17,2
H_2S (g)	34,08	−2042	−33,28	205,79
H_2S (aq)	34,08	−39,7	−39,7	121
SF_6 (g)	146,05	−1209	−1116,99	291,82
Silicium				
Si (s)	28,09	0	0	18,83
SiO_2 (s)	60,09	−910,94	−856,48	44,59
Stickstoff				
N_2 (g)	28,01	0	0	191,61
NO (g)	30,01	90,25	86,55	210,76
N_2O (g)	44,01	82,05	104,20	219,85
NO_2 (g)	46,01	33,18	51,31	240,06
N_2O_4 (g)	92,01	9,16	97,89	304,29
HNO_3 (l)	63,01	−174,10	−80,71	155,60
HNO_3 (aq)	63,01	−207,36	−111,25	146,4
NO_3^- (aq)	62,01	−205,0	−108,74	146,4
NH_3 (g)	17,03	−46,11	−16,45	192,45
NH_3 (aq)	17,03	−80,29	−26,50	111,3
NH_4^+ (aq)	18,04	−132,51	−79,31	113,4
NH_2OH (s)	33,03	−114,2	−67,1	236,18
HN_3 (g)	43,03	294,1	328,1	238,97
N_2H_4 (l)	32,05	50,63	149,34	121,21
NH_4NO_3 (s)	80,04	−365,56	−183,87	151,08
NH_4Cl (s)	53,49	−314,43	−202,87	94,6
NH_4ClO_4 (s)	117,49	−295,31	−88,75	186,2
Wasserstoff				
H_2 (g)	2,016	0	0	131
H (g)	1,008	217,97	203,25	114,71
H^+ (aq)	1,008	0	0	0
H_2O (l)	18,02	−285,8	−237,13	70
H_2O (g)	18,02	−241,82	−228,57	188,83
H_2O_2 (l)	34,02	−187,78	−120,35	109,6
H_2O_2 (aq)	34,02	−191,17	−134,03	143,9
Zink				
Zn (s)	65,37	0	0	41,63
Zn^{2+} (aq)	65,37	−153,89	−147,06	−106,48
ZnO (s)	81,37	−348,28	−318,30	43,64

Chemische Berufe

Es gibt viele Berufe im Bereich der Chemie, die entweder in einer Ausbildung oder über das Studium an einer Hochschule bzw. Universität erlernt werden können. Wenn Sie eine besondere Begeisterung an dieser Naturwissenschaft haben, informieren Sie sich hier! Weitergehende Informationen können Sie z. B. bei der Agentur für Arbeit erhalten.

Chemielaborantin/Chemielaborant und Chemisch-technische Assistentin/Chemisch-technischer Assistent

Inhaltlich sind diese drei Ausbildungen vergleichbar. Der wesentliche Unterschied liegt darin, dass die dreieinhalbjährige Ausbildung zur Chemielaborantin bzw. zum Chemielaboranten dual ist. Das heißt, sie findet im Betrieb und in der Berufsschule statt und wird vergütet. Die CTA-Ausbildung erfolgt nur an einer Berufsfachschule und dauert zwei Jahre. Die Ausbildungszeit verlängert sich beim Anstreben weiterer Zusatzqualifikationen. Zu den Aufgaben in beiden Berufen gehört das Untersuchen von Stoffen und Produkten chemischer Reaktionen und weiterhin das Herstellen von Stoffgemischen sowie das Entwickeln und Optimieren von Syntheseverfahren. Die Versuchsdurchführung wird dabei selbstständig überwacht und digital protokolliert. In der Ausbildung wird auch das Warten von Laborgeräten, die Überwachung des Lagerbestands und die fachgerechte Entsorgung von Gefahrstoffen erlernt. Eine dreieinhalbjährige Ausbildung zur Chemikantin oder zum Chemikanten ist technischer orientiert. Inhalte sind die Herstellung von Grundchemikalien (z. B.: Farben, Lacke, Kunststoffe), Kontrolle, Wartung und Bedienung von Fertigungsstraßen. Qualitätsprüfungen, sowie Analyse von Stichproben zählen ebenso zu den Aufgaben, wie das Protokollieren von Daten und die Gewährleistung von Sicherheit und Umweltschutz im Unternehmen.

Arbeitsplätze:
- Chemische, pharmazeutische und Kunststoffindustrie
- Nahrungsmittel- und Kosmetikindustrie
- Medizinische und naturwissenschaftliche Institute und Untersuchungslabors
- Umweltämter

Umweltigenieurin/Umweltingenieur

Umweltschutz und Nachhaltigkeit werden in Zeiten des voranschreitenden anthropogenen Klimawandels immer wichtiger. Umweltingenieurinnen und -ingenieure sind gefragt wie nie zuvor. Sie befassen sich mit der Prävention, Kontrolle und Minimierung der negativen Auswirkungen des Menschen auf die Umwelt. Dafür entwickeln sie technische Lösungen (z. B. zur Reduktion von Schadstoffen, zum Müllrecycling bzw. -entsorgung, zur Wasseraufbereitung). Sie überwachen und beraten Unternehmen und Betriebsabläufe bezüglich einer umweltfreundlichen und ressourcenschonenden Produktion bzw. zur Einhaltung von Entsorgungs- und Umweltbestimmungen. Die Grundlagen können dabei im Studiengang Umweltingenieurswesen erlangt werden. Neben naturwissenschaftlichen Basics warten auch Themen der Geophysik, der Umweltchemie und Ökologie auf die Studierenden. Diese können mit technischem Wissen aus Bionik, Ingenieurswesen und Verfahrenstechnik kombiniert werden.

Arbeitsplätze:
- Umweltämter, Prüf- und Beratungsstellen und Institute
- jegliche Unternehmen (z. B. Chemie- oder Pharmaunternehmen)
- Umweltorganisationen

Ingenieurin/Ingenieur in Chemie-, Verfahrens- oder Werkstofftechnik

Ein Studium in diesem Bereich ermöglicht die Arbeit in vielfältigen Zweigen der Forschung und Entwicklung, auch um z. B. Herausforderungen wie die Energiewende oder die Klimaproblematik zu meistern. Ausgefeilte Kenntnisse der chemischen Analytik helfen hier beispielsweise bei der Analyse von Boden- oder Gewässerproben unter Zuhilfenahme modernster Verfahrenstechnik. Außerdem zählen zu den möglichen Tätigkeiten der Betrieb und die Optimierung von komplexen Produktionsanlagen, aber auch die Organisation und Überwachung bei wichtigen Einrichtungen wie z. B. Behörden. Ingenieure und Ingenieurinnen der Verfahrens- und Werkstofftechnik sind auch gefragt in den Feldern der petrochemischen Industrie, die sich mit der Verarbeitung und Entwicklung von erdölbasierten Produkten beschäftigt. Werkstofftechniker und -technikerinnen befassen sich u. a. mit der Prüfung von Werkstoffen und bedienen sich dabei verschiedener Messmethoden.

Arbeitsplätze:
- Chemische und pharmazeutische Industrie sowie Energiesektor
- Kunststoff- und Automobilindustrie
- Universitäten und Institute
- Behörden, Organisationen und Verbände

Lebensmittelchemikerin/ Lebensmittelchemiker

Im Studium der Lebensmittelchemie werden zahlreiche chemische Grundlagen sowie vertiefende Kenntnisse zur Zusammensetzung und Analyse von Lebensmitteln vermittelt. Lebensmittelchemikerinnen und -chemiker analysieren die Zusammensetzung von Lebensmitteln und führen Qualitätskontrollen durch. Auch die Kontrolle der Lebensmittelechtheit von Verpackungsmaterialien gehört zu den Aufgaben einer Lebensmittelchemikerin bzw. eines -chemikers. Die (Weiter-)Entwicklung von Lebensmitteln (z. B. vegane Fleischalternativen) ist ein spannendes und zukunftsträchtiges Feld der Lebensmittelchemie.

Arbeitsplätze:
- Lebensmittelindustrie und chemische Industrie
- Prüfstellen und Aufsichtsbehörden
- Medizinische und naturwissenschaftliche Institute und Untersuchungslabors

Pharmazeutin/Pharmazeut

Für diesen Beruf werden ein Studium der Pharmazie und eine sogenannte pharmazeutische Prüfung benötigt. Zu den Tätigkeitsfeldern gehört das Erforschen und Herstellen neuer Wirkstoffe gegen Krankheiten sowie die großtechnische Produktion dieser Wirkstoffe mithilfe von Maschinen und Anlagen. Ein anderes Tätigkeitsfeld ist die Arbeit als Apothekerin bzw. Apotheker. Diese versorgen die Bevölkerung mit medizinischem Rat und Fertigarzneimitteln. Bei Bedarf stellen sie selbst Salben und Lösungen her.

Arbeitsplätze:
- Chemische und pharmazeutische Industrie
- Nahrungsmittel- und Kosmetikindustrie
- Naturwissenschaftliche und medizinische Institute von Hochschulen
- Apotheken

Chemielehrerin/Chemielehrer

Ein abgeschlossenes Hochschulstudium mit einem zweiten Unterrichtsfach sowie eine abschließende stark praxisorientierte Ausbildung an den verschiedenen Schularten sind dafür nötig. Zu den Aufgaben gehört das Begeistern von Kindern und Heranwachsenden für die faszinierende Welt der Stoffe und deren Reaktionen. Mithilfe von anschaulichen und spannenden Experimenten führen sie ihre Schülerinnen und Schüler an den naturwissenschaftlichen Erkenntnisweg heran und meistern dabei pädagogische und entwicklungspsychologische Herausforderungen wie z. B. die Pubertät.

Arbeitsplätze:
- Verschiedene schulische Einrichtungen
- Behörden

Periodensystem der Elemente (PSE)

mittlere Atommasse in u	23,0
Elementsymbol	Na
Elementname	Natrium
Ordnungszahl	11
Elektronegativität	0,9

Periode / Schale	I (Hauptgruppen)	II (Hauptgruppen)	III (Nebengruppen)	IV	V	VI	VII	VI
1 K	1,0 H Wasserstoff 1 2,1								
2 L	6,9 Li Lithium 3 1,0	9,0 Be Beryllium 4 1,5							
3 M	23,0 Na Natrium 11 0,9	24,3 Mg Magnesium 12 1,2							
4 N	39,1 K Kalium 19 0,8	40,1 Ca Calcium 20 1,0	45,0 Sc Scandium 21 1,3	47,9 Ti Titan 22 1,5	50,9 V Vanadium 23 1,6	52,0 Cr Chrom 24 1,6	54,9 Mn Mangan 25 1,5	55,8 Fe Eisen 26 1,8	58,9 Co Coba 27
5 O	85,5 Rb Rubidium 37 0,8	87,6 Sr Strontium 38 1,0	88,9 Y Yttrium 39 1,3	91,2 Zr Zirconium 40 1,4	92,9 Nb Niob 41 1,6	95,9 Mo Molybdän 42 1,8	[98] Tc* Technetium 43 1,9	101,1 Ru Ruthenium 44 2,2	102,9 Rl Rhodi 45
6 P	132,9 Cs Caesium 55 0,7	137,3 Ba Barium 56 0,9		178,5 Hf Hafnium 72 1,3	180,9 Ta Tantal 73 1,5	183,8 W Wolfram 74 1,7	186,2 Re Rhenium 75 1,9	190,2 Os Osmium 76 2,2	192,2 Ir Iridiu 77
7 Q	[223] Fr* Francium 87 0,7	226,0 Ra* Radium 88 0,9		[261] Rf* Rutherfordium 104	[262] Db* Dubnium 105	[266] Sg* Seaborgium 106	[264] Bh* Bohrium 107	[277] Hs* Hassium 108	[268] Mt Meitne 109

Lanthanoide 6. Periode

138,9 La Lanthan 57 1,1	140,1 Ce Cer 58 1,1	140,9 Pr Praseodym 59 1,1	144,2 Nd Neodym 60 1,2	[145] Pm* Promethium 61 1,2	150,4 Sr Samar 62

227,0 Ac* Actinium 89 1,1	232,0 Th* Thorium 90 1,1	231,0 Pa* Protactinium 91 1,5	238,0 U* Uran 92 1,7	[237] Np* Neptunium 93 1,3	[244] Pu Pluton 94

Actinoide 7. Periode

* radioaktives Element

[Atommasse eines wichtigen Isotops]